KB023506

세계철학사 2

세계철학사 2

아시아세계의 철학

이정우 지음

도서출판 길

소운(逍雲) **이정우**(李正雨)는 1959년 충청북도 영동에서 태어났다. 서울대학교에서 공학, 미학, 철학을 공부했으며, 아리스토텔레스 연구로 석사학위를, 미셸 푸코 연구로 박사학위를 받았다. 2000년에 대안공간 철학아카데미를 창설해 시민 교육에 힘썼으며, 현재는 소운서원, 경희사이버대학교, 카이스트에서 후학 양성과 집필에 몰두하고 있다.

소운의 사유는 '전통, 근대, 탈근대'를 화두로 한 보편적인 세계철학사의 서술, 시간·생명·사건 등의 개념들을 중심으로 한 생성존재론의 구축, 그리고 '타자-되기의 윤리학'과 그 정치철학적 구체화의 세 갈래로 전개되어왔다. 초기 저작으로 『소운 이정우 저작집』(전6권, 그린비)이 나와 있으며, 철학사적 저술로 『세계철학사』 4부작(도서출판 길, 2011~2024)이 완간되었다. 아울러 '철학 대계'(그린비, 2022~)로서 1~3권(『신족과 거인족의 투쟁』, 『동일성과 차이생성』, 『파라-독사의 사유: 장자와 철학』)이, '이정우 에크리'로서 『무위인-되기』(그린비, 2023)가 나와 있다. 현재는 철학 대계 4권인 『타자-되기의 에티카』와 에크리 2권인 『아이온의 시간』을 집필하고 있다. paideia@khcu.ac.kr

세계철학사 2
아시아세계의 철학

2017년 11월 30일 제1판 제1쇄 펴냄
2022년 3월 31일 제1판 제7쇄 펴냄

2024년 3월 15일 제1판 제8쇄 찍음
2024년 3월 25일 제1판 제8쇄 펴냄

지은이 | 이정우
펴낸이 | 박우정

기획 | 이승우
편집 | 좌세훈·천정은
전산 | 한향림

펴낸곳 | 도서출판 길
주소 | 06032 서울 강남구 도산대로 25길 16 우리빌딩 201호
전화 | 02) 595-3153   팩스 | 02) 595-3165
등록 | 1997년 6월 17일 제113호

ISBN 978-89-6445-153-3 93100

부모님의 크나큰 은혜에
큰절 올리며
이 책을 바칩니다.

여는 말

철학적 사유의 요람이었던 유라시아 대륙은 흥미로운 구조를 띠고 있다. 거대한 이 대륙은 불모의 땅인 북방과 정주문명들이 나란히 늘어선 남방 그리고 유목적 삶이 펼쳐진 중앙으로 구성된다. 차가운 북방에서는 추위에 견딜 수 있는 생명체들의 삶이 펼쳐졌고, 그 반대편 남쪽에서는 동 → 서에 걸쳐 동아시아, 인도, 오리엔트, 유럽으로 이어지는 위대한 문명들이 전개되었다. 그리고 그 한가운데인 중앙아시아에서는 각종 형태의 유목적 삶이 비-역사적 역사를 수놓았다. 세계철학사의 흐름 전체를 조망하기 위해서는 공간적으로 이 유라시아 대륙 전체를 조망할 필요가 있다. 21세기 철학의 한 추동력은 우리가 '유로-아시아 횡단철학'이라고 불러볼 법한 사유 운동에서 찾을 수 있을 것이기 때문이다.

유라시아 대륙 아래쪽으로 빙 둘러 있는 정주문명들 중 동북아, 인도, 이슬람, 서구는 철학적 담론을 양산해낸 대표적인 문명들이다. 어떤 사람들에게 이슬람은 "동양"의 범주로 다가오는 듯하다. 오늘날 이슬람은 지리학상 '서남아시아' 또는 '중동'으로 분류되며, 그 문명도 '아시아 문명'의 일부로 다루어진다. 또 오늘날, 원래 동남아의 일부 지역을 가리켰던 "동양

7

(東洋)"이라는 말도 종종 '오리엔트'의 번역어로서 받아들여지고 있다.[1] 나아가 어떤 사람들은 지리학적 맥락을 넘어 이슬람 철학의 내용 자체에서 "동양적인 것"을 읽어내기도 한다.[2] 그러나 동북아·인도·이슬람 모두를 "동양"으로 묶어 부르고, 이슬람 철학 전통도 "동양 철학"의 일부로서 다루는 것은 적어도 철학사적으로는 적절치 않다. 정치경제적 맥락이 아닌 철학사적 맥락에서 이슬람 사상은 어디까지나 유대-기독교 사상의 연장선상에 존재한다. 아울러 정치경제적으로도 오리엔트 지역은 (인도와의 관계와 더불어) 늘 서방과 착잡한 관계를 맺어왔다. 또한 아프리카 북부의 역사도 오리엔트 지역과 뗄 수 없는 관련성을 맺으면서 진행되어왔다. 서구, 동구, 오리엔트, 그리고 아프리카의 북부는 '지중해세계'로서 하나의 역사적 전통을 이루어온 것이다. 유라시아 대륙 전체에서 서구의 동쪽 전부를 "동양" 또는 "아시아"라 부르는 것은 근대적 서구중심주의의 산물이다. '아시아세계'라는 말은, 적어도 철학사적으로는 그리고 근대 이전의 맥락에서는 이 지중해세계 동쪽의 세계를 가리키는 말로 사용하는 것이 적절하다.

인도의 경우도 간단치 않다. 인도의 사상은 대표적으로 힌두교와 불교를 낳았고, 그중 불교는 동아시아[3]로 전파되었다. 이로써 유·불·도로 구

---

1) 이 때문에 예컨대 동아시아의 철학 전통이 때때로 "Oriental Philosophy"라는 제하에서 다루어지고 있음을 볼 수 있다. 그러나 이는 부정확한 용법이다. 오리엔트는 어디까지나 '오리엔트'로서 표기되어야 하며, "Oriental Philosophy"라는 말은 이슬람 지역의 철학 전통을 가리키는 말로 사용되어야 한다. 동아시아 철학의 정확한 번역어는 "East-Asian Philosophy"이다.
2) 이슬람 연구의 거장 이즈쓰 도시히코의 작업이 대표적이다. 다음 책들이 번역되어 있다. 『의미의 깊이』(이종철 옮김, 민음사, 2004), 『이슬람』(조영렬 옮김, 무우수, 2007), 『의식과 본질』(박석 옮김, 위즈덤하우스, 2013).
3) 많은 사람들이 '동아시아'는 '동북아시아'의 의미로 쓰고 이와 대조해서 '동남아시아'를 이야기한다. 그러나 이런 용법은 비정합적인 용법이 아닐까 싶다. '동아시아'에 '동북아시아'와 '동남아시아'가 포함된다고 해야 한다. 한자문명권을 가리킬 때는 '동북아'로 변별해 부르는 것이 좋다.

성된 동북아시아 철학과 주로 불교로 구성된 동남아시아 철학이 성립했다. 인도의 철학이 "동양 철학"으로 분류되는 것은 이 때문이다. 그러나 인도 자체의 맥락을 놓고 볼 때, 인도 철학은 인도-유럽어라는 언어적 측면에서나, 논리학·인식론의 발달 같은 사유의 양태에서나, 또 페르시아 지역과의 본래적 친연성, 알렉산드로스의 원정 이래 지중해세계와 가졌던 역사적 연관성에서나 오히려 지중해세계의 철학에 더 가깝다고 해야 하지 않을까. 인도는 동아시아에서 볼 때는 '서역'이지만 서구에서 볼 때는 '동양'이다. 엄밀히 말한다면 인도는 그저 인도일 뿐이다. 그러나 철학사적 전개 과정을 볼 때 그리고 고중세에 초점을 맞추는 한에서, 결과적으로 인도 철학 — 핵심적으로는 불교 — 은 동아시아로 전파되어 이 세계의 일부로 자리 잡았다. 이 점에 비중을 둘 때 우리는 인도와 동아시아로 이루어진 '아시아세계'의 철학을 이야기할 수 있다. 전통 철학의 전개 과정을 '지중해세계'와 '아시아세계'로 양분한 것은 이 때문이다.

본 철학사의 1권이 지중해세계의 철학을 다루었다면, 2권은 아시아세계의 철학을 다룬다. 거의 대부분의 사조들이 그리스 철학에 뿌리 두고 있는 지중해세계의 철학에 비해, 아시아세계의 철학은 다질적(多質的)이다. 우선 이 세계의 철학은 기본적으로 인도 철학과 동북아 철학의 두 축으로 구성된다고 할 수 있다. 지중해세계의 철학도 동방과 서방이라는 두 축에 입각해 전개되었지만, 아시아세계에서의 이질성이 더 크다. 동북아세계의 경우 중국·한국·일본·베트남(특히 북부)·중앙아시아(의 일부)가 한자문명권을 이루었음에도, 지리적인 장벽 등 여러 이유로 지중해세계에 비해 그 통일성이 현저하게 떨어진다. 철학사의 서술에서도 대체적으로 인도·중국·한국·일본이 따로 논의되어왔을 뿐, 아직도 '아시아 철학'의 개념은 물론이고 '동아시아 철학사', '동북아 철학사' 같은 개념들 자체가 정확히 서 있지 않다. 서구 및 관련 지역들을 포괄하는 서구 철학사가 비교적 일정한 틀을 갖추고서 내려온 것과 대조적이다.[4] 여기에서 나는 인도와 동아시아를 포괄하는 '아시아세계의 철학'에 대한 역사적 서술을 시도할 것이다. 선구적인 작업들이 대개 그렇듯이, 이 저작 역시 아직 서투른 면을 많이 포함하고 있으리라 본다. 그러나 이번의 시도로써 '아시아 철학'이라는 개념이 정립되고, 나아가 '세계철학사'의 개념이 새롭게 정초되기를 희망한다.

당연한 일이라 해야겠지만, 아시아세계의 철학을 논하는 이 2권은 1권에서 다룬 지중해세계 철학과의 비교를 통해서 진행될 것이다. 따라서 이 2권은 일종의 '비교철학'의 성격을 띤다고 할 수 있다. 개별적인 비교 연구가 아니라 지중해세계의 철학과 아시아세계의 철학을 전체적으로 비교한다는 데에 의미가 있다. 물론 아시아세계 내 여러 철학 전통들 사이의 비교도 포함하지만, 그보다는 아시아세계의 철학 전체를 지중해세계의 철학과 비교하는 것이 핵심이다.

지중해세계와 아시아세계는 철학적 사유의 흐름에서 나타난 각 단계들에서 서로 동조(同調)하면서 철학사를 이루어왔다. BC 6세기를 전후해서 사유에 눈뜬 많은 선구자들, 최초의 철학자들이 이후 모든 사상들의 뿌리가 될 다채로운 사상들을 쏟아냈다. '제자백가'라는 개념이 이를 상징하며, 이 점은 인도 철학이나 그리스 철학에도 해당된다. 이런 과정은 소크라테스, 예수, 붓다, 공자 같은 성인들과 플라톤, 아리스토텔레스, 나가르주나, 바수반두, 노자, 장자, 맹자, 순자를 비롯한 위대한 철학자들을 낳았다. 수백 년간 지속된 이와 같은 과정은 최초의 철학자들이 행했던 사유 실험들로부터 점차 학파적 활동으로 이행하고, 급기야는 교파, 정치 세력 등으로 변질되기에 이른다. 이윽고 거대한 제국들(로마 제국, 페르시아 제국, 마우리아 제국, 한 제국 등)이 등장하면서, 고대의 사유 실험들 중 어떤 특정한 사

---

4) 사실 서구 철학사도 생각만큼 일정하지 않다. 같은 서구 철학사여도 프랑스에서 쓰는 철학사, 영미에서 쓰는 철학사, 독일에서 쓰는 철학사가 적지 않게 다르다. 예컨대 근대 철학사의 서술에서 프랑스는 17세기 형이상학에, 영국은 영국 경험론에, 독일은 독일 이념론에 큰 비중을 둔다. 또, "영·불·독" 중심의 철학사라는 구도 자체가 가지고 있는 편향도 감안해야 한다. 서구 철학사 역시 비판적 안목으로 들여다볼 필요가 있다.

조가 삶의 정답으로서, "정통"으로서 채택된다. 이로써 철학은 종교화 또는 정치화하며, 철학사에서의 "중세"는 이렇게 교조화한 사상들 — 유대교, 기독교, 이슬람교, 힌두교, 불교, 유교, 도교 — 로 특징지어진다.

중세에 다른 문명들에 비해 여러모로 조잡한 수준에 머물러 있던 유럽은 르네상스를 거치면서 현실적 힘에서나 사상적 성과에서나 급작스럽게 도약하게 되며, 다른 문명들 역시 제국주의의 형태로든 자발적 형태로든 서서히 서구화를 겪기 시작한다. 이렇게 형성된 문명사의 흐름은 '근대성=모더니티'라 일컬어지며, 이 근대성은 서서히 전(全) 지구적 보편성으로 자리 잡아 오늘날에 이르고 있다. 유럽 문명의 거대한 성취라 할 이 근대성이 20세기에 들어와 여러 한계들을 드러내면서 극복의 대상이 되기에 이르고, 오늘날 우리는 '탈-근대'의 다양한 시도들이 새로운 제자백가를 이루는 시대를 살고 있다. 지중해세계와 아시아세계는 근대에 와서 (양자 융합의 형태가 아니라 일방적 영향의 형태로이긴 하지만) "보편적" 지평을 형성하게 되었다. 그러나 오늘날의 철학적 사유는 다시 이 지평을 해체하면서 새로운 사유 실험들을 쏟아내고 있다.

물론 우리는 무한히 복잡하고 다채로운 역사의 흐름을 간단한 도식으로 밀어 넣어 정리하고픈 유혹을 경계해야 한다. 베르그송이 줄곧 역설했듯이, 지속을, 질적 다양체를 공간적 도식으로 환원하려는 지능의 경향에 저항해야 하는 것이다. 이는 누구보다도 특히 역사가에게 요구되는 태도이다. 역사는 과학이 아니며 과학이 되고자 해서도 안 된다. 사실 '난세'를 '치세'로 바꾸는 데 일생을 바친 동북아의 철학자들과 인생의 '고(꿈)'를 넘어 '해탈'을 찾은 인도의 철학자들 그리고 '허무주의'를 넘어서기 위해 '퓌지스', '아르케'를 탐구한 그리스의 철학자들은 그 출발점에서부터 크게 달랐다고 해야 하리라. 이런 근본적인 차이점 외에도, 고중세 철학의 갈래들을 보다 자세히 들여다볼수록 우리는 거기에서 적지 않은 크고 작은 차이들을 읽어낼 수 있다. 그럼에도 멀리 떨어져서 철학의 역사를 회고해볼 때, 처음으로 사유에 눈뜬 최초의 철학자들이 각종 실험을 펼치던 고대,

그중 일정한 대안들이 '채택'되어 '~교'의 형태를 띠게 되는 "중세", 새롭게 등장한 근대성이 전-지구적 보편성의 지평을 획득해간 근대, 근대성에 대한 비판·해체와 새로운 탈-근대적 실험들이 쏟아지고 있는 현대라는 일반적 도식은 우리로 하여금 철학사의 밀림에서 길을 잃고 헤매지 않도록 나침판의 역할을 해주리라고 본다.

이하 유라시아의 동과 서에서 전개된 철학적 흐름들을 이러한 유사점과 차이점에 동시에 주목하면서 논하고자 한다. 유라시아 대륙을 오가면서 행할 비교철학적 작업은 인류 역사에 등장한 가장 위대한 사유들을 가로지르는 지적 희열을 제공할 것이다.

그러나 고중세의 철학 전통들을 반추해보는 작업이 지적 희열을 위한 것만은 아니다. 현재 우리의 삶은 근대성의 여러 형태들, 그 극단화된 형태들에 의해 지배되고 있고, 오늘날 이와 같은 흐름에 대한 각종 대안들이 새로운 백가쟁명의 시대를 열고 있다. 근대성을 극복하고서 나아가려는 이 각종 흐름들은 흔히 '탈-근대적' 사유의 시도로 불린다. 그러나 근대성의 극복이 우리 시대의 화두라 할 때, 잊지 말아야 할 하나는 근대성이 묻어버린 전통적 사유들의 재음미가 아닐까. 순수 학문적 방식으로 전파되기도 했지만 그에 못지않게 제국주의라는 강압적 방식으로 강요되기도 했던 근대성을 극복하려면, 그 근대성의 그늘 아래에서 너무 쉽게 포기되고 묻혀버린 전통 사유들 ─ 고중세의 사유들 ─ 에 대한 새로운 반추를 거쳐야 하지 않을까. 물론 단순한 재현이나 철지난 지역주의를 단호히 경계하면서. 우리의 사유는 늘 **탈주**와 **회귀** 사이에서 이루어져야 하는 것이다. 고중세의 사유들을 가로지르는 데에는 여러 가지의 의미가 내장되어 있지만, 이 의미 즉 탈-근대를 향한 길에 포함되어야 할 필수 요소로서의 의미는 핵심적이다. 본 저작이 이런 거시적 구도와 문제의식에 입각해 읽히기를 바란다.

2017년 가을

逍雲

	지중해세계	아시아세계
원시 시대(절편성의 시대) 소규모 집단들이 산발적으로 존재	전(前) 역사의 시기	
상고 시대(거대 권력의 탄생) 약 BC 10000~500년 농업혁명에 의한 잉여가치의 발생. 거대 제국들의 탄생. 파라오 등으로의 권력 집중. 대규모 군대의 탄생. 관료제. 성의 구축. 문자의 사용. 역사의 기록. 화폐에 의한 세금 징수. 사제 계층의 권력.	나일 강, 메소포타미아 유역에서 잉여가치 발생. 이집트, 아시리아, 바뷜로니아 등 거대 제국들의 탄생. 권력 집중의 시작. 신화와 전설, 사제들의 권력	황하, 양자강, 인더스 강, 갠지스 강 등에서 잉여가치 발생. 권력 집중의 시작. 상 왕조의 대두, '왕(王)'의 등장. 신화와 전설, 바라문, 샤먼/무(巫)들의 권력
기축 시대(철학과 정치의 탄생) BC 5세기 전후의 수백 년 거대 권력의 약화/해체, 다원적 권력들의 등장. 상업의 발달. 본격적인 의미에서의 정치의 탄생. 철학의 탄생. 고전 문화의 융성.	폴리스의 탄생. 그리스와 페르시아의 항쟁. 고전 문화의 발달. 그리스 민주정의 성립. 로마의 대두. 상업의 발달. 그리스 철학자들의 활동	바라문 권력의 약화, 서주 체제의 해체, 춘추전국시대의 약육강식. 왕조들의 명멸. 동북아 고전 문화의 형성. 제자백가의 활동(동북아) 사문(沙門)들의 활동(인도)
전통 시대(종교의 시대) 대규모 제국들의 탄생. "정통" 또는 통치 이데올로기로서의 종교들. 철학의 교조화. '전통(tra-ditio)'의 지속.	일신교(一神敎)의 시대. 서방·비잔티움·이슬람으로 삼분. 철학의 종교화/신학화. 종교와 권력의 결합. 일신교 세력들의 종교전쟁. 유대교, 기독교, 이슬람교	통일 왕조들의 등장. 한족과 북방 유목민들의 대립. 한반도, 일본, 동남아의 제국(諸國)들. 인도의 마우리아 왕조 등. 종교와 권력의 분리. 유교, 도교, 힌두교, 불교
근대(주체의 시대) 국민국가의 탄생. 자본주의의 탄생. 인간 주체의 긍정. 개인적 주체/정치적 주체의 탄생. 기술에 의한 세계 정복 시작.	절대 왕정에서 입헌 군주제로. 국민국가의 발달. 시민사회의 등장. 자본주의의 본격화. 과학기술의 발달. 시민사회의 철학, 근대적 주체의 철학	왕조 시대의 존속. 성리학적 세계관의 해체. 서세동점(西勢東漸)의 시대. 근대적 주체의 탄생. 전통과의 대결, 서구 철학과의 마주침

일러두기

- 인명 및 지명은 가능한 한 국립국어원의 외래어표기법에 따랐으나, 경우에 따라 원래의 발음을 살려 표기하기도 하였다.
- 인물들의 생몰 연도는 브리태니커사전에 따랐다. 브리태니커사전에서도 연도가 분명치 않아 추정한 결과로 나오는 경우가 많으나, 이 책에서는 일일이 "추정"임을 표시하지 않았다.

세계철학사 2

아시아세계의 철학

세계철학사 1

지중해세계의 철학

여는 말

세계철학사 3

근현대세계의 철학 (예정 차례)

여는 말

1부

잃어버린 길을
찾아서

1장 동북아세계의 형성

    한자(漢字)를 통해 이루어진 철학 전통을 서구인들은 흔히 "중국 철학"이라 부른다. 그러나 고대 문명에 관한 한 '중국'보다는 '동북아'가 적절할 것이다. '중국'은 원래 동북아의 특정한 지역 또는 그 지역에 들어선 여러 국가들을 의미하는 개념이기 때문이다. 철학사적 맥락에서 '고대 그리스'가 지금의 국민국가로서 그리스와 다른 개념이듯이, '고대 중국'이라는 철학사적 개념은 오늘날의 국민국가로서 중국 — 정확히는 중화인민공화국 — 과는 다른 개념이다. 그리고 우리가 지금 '중국 문명'이라고 부르는 것은 사실상 어떤 단일한 문명이 아니라 숱하게 많은 민족들, 문화들, 체제들이 함께 이루어온 문명일 뿐이다. 그리고 이 점은 정도는 훨씬 약하지만 '한국', '일본' 같은 이름들에 대해서도 마찬가지로 이야기할 수 있다. 훗날 이런 다양성이 '중국', '한국', '일본'이라는 이름 아래 통일되면서, 오늘날 많은 이들이 이 이름들을 과거로 사후적으로 투사해 역사를 이해하고 있을 뿐이다. 오해를 피하기 위해서는, 이와 같은 특정한 국민국가의 이름보다는 '동북아'라는 지역명, 또는 철학적 사유에서 사용되는 언어에 기준해 '한자문명권'이라는 이름이 더 적절하다. 동북아의 중원에 통일국가가 존재하지 않았던 시대에 대해서는 특히 그렇다. 여기에서는 진한(秦漢)에 의한 중원 통일 이전의 세계에 대해서는 '고대 동북아'라는 말을 사용할 것이다.

고대 동북아의 지리적 환경은 헬라스의 경우와는 판이했다. 헬라스세계가 안으로는 에게 해를 둘러싸고서 그리고 밖으로는 지중해를 둘러싸고서 형성된 두 겹의 고리 모양, 작은 고리를 다시 큰 고리가 에워싼 형태를 띠었다면, 고대 동북아세계는 대륙, 대하(大河), 거대한 산맥, 사막과 초원, 반도, 섬 등 다양한 지리적 요소들로 구성되어 있다. 고대 동북아 철학의 요람이었던 황하 유역이 그 중심의 역할을 했으며, 양자강 이남에는 이북과는 또 다른 각종 문명들이 존재했다. 시대가 흘러가면서 중원의 왕조들이 양자강 유역 아래에까지 영토를 넓혀갔으며, 이로써 '중원'이라는 개념 역시 계속 확대되었다. 이 확대된 중원 지역이 전통적으로 동북아세계의 중심 지역('중국')으로서 인식되었다. 그 북쪽과 서쪽으로는 흉노족을 비롯한 다양한 유목민들이 그들 고유의 '역사'를 이어갔다. 그 동쪽으로는 한반도가 있어 중원과 밀접한 연관성을 가지면서 한자문명권의 또 다른 축을 이어갔고, 다시 바다 건너에서는 일본 열도가 있어 다른 지역들과는 구분되는 독자적인 문명을 만들어갔다. 그리고 남쪽 지역에서도 여러 형태의 독자적인 문명들이 전개되었다. 지중해를 고리처럼 둘러싸고서 전개된 지중해세계와는 달리, 동북아세계는 이렇게 중원을 한가운데 놓고서 동·서·남·북에 다른 문명들이 자리 잡은 십자가형의 문명이 전개되었다.

대체적으로 보아, 고대 동북아세계는 지중해세계에 비해 더 분절되어 있었다. 각 지역이 이런저런 연관성을 가지긴 했지만, 지중해세계에 비해서 상대적으로 고유한 문명들이 이어졌다고 볼 수 있다. 이는 지중해세계가 로마라는 문명을 통해 적어도 페르시아 서쪽에 관한 한 거대한 통일을 본 세계인 데 비해, 동북아세계는 그 중심인 중원의 통일 왕조들조차도 전체를 포괄한 적은 없기 때문이다. 또 산맥, 사막, 바다 등이 각 문명들을 자연적으로 분절해놓았던 이유도 있다. 대체적으로 북방의 유목적 문명, 중원과 한반도의 대륙적 문명, 일본의 섬나라 문명이라는 세 문명이 굵직한 흐름을 형성했으며, 그 외에도 숱한 작은 민족들과 지역들이 이 세계를 수놓아왔다. 여기에 동남아와 인도까지 포함한 '아시아세계'를 생각해본다면, 그 다양성은 더욱더 두드러진다. 지중해세계가 대체적으로 동방과 서방이라는 간단한 이원 구조를 띠었다면, 아시아세계는 줄잡아본다 해도 인도, 중앙아시아, 동북아시아, 동남아시아라는 사원 구조를 띠었다고 할 수 있다.

이런 다원성으로 인해 이 세계의 문화 또한 다원적이라고 할 수 있으며, 간단히 정리할 수 없는 복잡성을 띤다. 그렇다면 애초에 '아시아세계'라는 이 개념 자체가 다소 허구적인 것이었다고 해야 할까? 하지만 이 개념이 허구적이라거나 억지스럽다고까지는 할 수 없다. 불교와 유교, 도교를 비롯한 여러 종교적 사상들의 공유, 또 제도·문화에서의 공통분모들, 그리고 근대 이후에 겪은 역사적 경험의 동질성 등, 이 세계를 느슨하게나마 '아시아세계'로 묶을 수 있는 근거는 분명 존재한다. 어쨌든 이 지역의 문화는 매우 다질적이었으며, 철학의 경우 오늘날까지도 '아시아세계의 철학'이라는 범주가 성립되어 있지 않은 까닭이 여기에 있다고 하겠다. 묘한 것은 같은 한자문명권인 중국·한국·일본을 통일적으로 서술한 철학사마저 보기 드물다는 사실이다. 유라시아의 문명사 전체를 넓게 바라보기 이전에, 우선 시급한 것은 '아시아세계의 철학사'를 정립하는 일이라 하겠다.

그리스 철학의 출발점과 고대 동북아 철학의 출발점은 크게 달랐다. 그리스에서 철학의 출발점이 허무주의를 극복하기 위해 퓌지스를 탐구한 사유, 그래서 지금식으로 말하면 이론적인, 과학적인 철학, 더 핵심적으로는 형이상학적인 철학이었다면, 동북아 지역에서의 철학적 사유는 이와 달리 '난세'를 극복하고 '치세'로 가려는 정치적 관심사에서 출발했다. 그리스의 철학이 자연철학/형이상학에서 시작했다면, 동북아에서의 철학은 정치철학에서 출발했던 것이다. 이러한 차이는 그 후로도 두 철학 전통에 지속적인 차이를 가져온다.[1]

그리스의 철학이 자연＝퓌지스의 탐구에서, 동북아의 철학이 정치적 모색에서 출발했다면, 인도의 철학은 **종교적** 갈망에서 시작되었다고 할 수 있다. 삶을 '고(苦)'로서 이해한 인도인들은 이 '고'로부터의 '해탈'을 지상 과제로 삼았다. 흔히 말하듯이, 인도의 경우 철학이 곧 종교이고 종교가 곧 철학인 것이다. 직접적인 해탈의 길을 가면 종교이고 그 이론적 기초를 파고들면 철학이 되지만, 양자는 결코 분리될 수 없는 하나라고 할 수 있다. 인도의 불교는 동아시아로 흘러들어와 이 문명의 빼놓을 수 없는 요소로 자리 잡게 되며, 동북아의 경우 다국화 시대(대략 AD 3~6세기)에 유교·도교·불교의 삼교정립(三敎鼎立)이 이루어진다. 이로써 인도의 힌두교를 포함해서 아시아세계 철학의 기본 형태가 완성되기에 이른다.

지중해세계의 철학과 아시아세계의 철학을 비교해볼 때 가장 두드러진 차이점들 중 하나는 경험적 세계에 대한 상이한 태도에 있다. 대체적으로 말해, 지중해세계의 철학이 현상세계의 실재성을 부정하는 데에서 출발한 데 비해 아시아세계의 철학 특히 동북아세계의 철학은 현상세계의 실재성을 긍정하는 태도를 취하면서 출발했다.[2] 서구 존재론에 드리워진 파르메니데스의 긴 그림자와 그에 대조적으로 공자 등이 형이상학적 문제들에 대해 취한 태도 사이의 근본적인 차이를 상기해보라. 출발점에서 양자의 이와 같은 차이는 물론 시간이 지나면서 바뀌어갔지만, 결국 양대 철학 전통에 깊은 흔적을 각인하게 된다. 특히 동북아의 철학은 다른 어떤 철학 전

---

1) 늘 그렇듯이 지나치게 이분법적으로 보면 곤란하다. 1권에서 지적했거니와, 그리스의 경우 'philosophia'가 본격화하기 전에 정치적 차원에서의 'sophia'가 등장했다. 동북아의 사유 역시, 그리스의 경우만큼 본격적이진 않았지만, 우주(天地)를 이해하려는 여러 시도들이 전개되었다는 점을 지적해야 한다. 그러나 더 본질적인 것은 동북아 철학에서의 윤리적-정치적 담론들이 항상 자연 즉 퓌지스로서의 역(易), 기(氣), 도(道), 천지와 맞물려 전개되었다는 사실이다. 동북아 사유 전통에서 '하늘의 길＝天道'와 '땅의 길＝地道' 그리고 '사람의 길＝人道'는 서로 굳게 맞물려 이해되었다.

2) 다만 인도의 철학 전통은 오히려 서구 전통과 마찬가지로 현상세계의 실재성을 부정하는 데에서 출발했다. 앞에서 지적했듯이 인도의 철학은 어떤 면에서는 서구의 철학에 보다 가까운데, 바로 이 점이 그 핵심적 측면들 중 하나라 할 수 있다.

통에 비해서도 현실에 충실하려는 태도를 보여준다. 이런 태도는 우선 세계에서 가시적으로 나타나는 것들(現象)이 뜻하는 바가 도대체 무엇인지에 대한 고민과 탐색으로 나타났다.

§1. 점복에서 '역(易)'으로

주로 황하 유역에서 발달하기 시작한 동북아 문명은 주(周) 왕조 이후의 시대가 많이 알려져 있었다. 20세기에 들어와 비약적으로 발달한 고고학은 역사적 시야의 지평을 몇백 년 더 넓혀주었다. 크레타 섬의 불에 구워진 점토판이 지중해세계 역사의 상한선을 500년 가까이 앞당겨준 것과 유사한 일이 동북아세계에서도 발생했다. 사상사 연구의 중요한 한 기초는 고고학이다. 땅 밑의 유물들이 땅 위의 지식들을 뒤흔든다.

동북아에서 현대 고고학의 발달은 주 왕조(BC 11~8세기의 서주와 8~3세기의 동주=춘추전국시대) 이전 문명들의 상당 부분을 빛 아래에 드러내주었다. 유럽 고고학의 발달이 크레타 문명을 가시화해주었듯이, 동북아 고고학의 발달은 상(商) 문명(BC 17~11세기로 추정)을 가시화해주었다. 상이전의 하(夏)(BC 21~17세기로 추정. '하'가 과연 왕조인지는 논란의 대상이 될수 있다) —— 는 아직 가시화되어 있지 않지만,[3] 적어도 서주 시대는 물론이고 상 문명에 대해서는 머릿속에서만 맴돌던 많은 생각들이 이제 눈앞에서 형상화되고 있다.[4] 이 모든 것이 갑골문의 발견에서 시작되었다.

----

3) 물론 이리두(二里頭) 문명의 발굴 이래 하 왕조 역시 이제는 전설로만 생각되지는 않는다.(貝塚茂樹·伊藤道治, 『古代中國』, 講談社, 2013) 사실 현대의 비판적 학문이 발달하면서 서적 중심으로만 연구되던 기존 학문 전통이 도마 위에 올랐다. 그러나 고고학의 발달은 오히려 전해내려오던 설(說)들을 일정 정도 강화해주는 결과를 가져왔다. 20세기 초 '의고학파(疑古學派)'는 하 왕조를 비롯해 문헌으로 전해내려오는 내용 대다수를 신화/전설에 불과한 것들로 보았으나, 20세기 고고학의 발달은 역사적 기록들의 상당 부분이 근거가 없지 않음을 밝혀주고 있는 것이다.

철학사 연대표 1 지중해세계와 동북아세계

지중해세계	동북아세계
이집트(BC 3200?~343)	
아시리아(BC 2300?~612)	
	하(夏) 왕조(BC 2070?~1600) 등
바빌로니아(BC 1900?~520?)	상(商) 왕조(BC 1600?~1046)
서사시 시대, 호메로스(BC 8세기)	주(周) 왕조(BC 1046~256)
폴리스의 성립, 민주주의의 씨앗	
서정시 시대, 참주들의 활동(BC 7세기)	
자연철학자들의 등장(BC 6세기)	춘추시대(春秋時代, BC 770~467)
페르시아(BC 550~AD 651. 아케메네스조에서 사산조까지)	
	노자(?~?)
페르시아 전쟁(BC 499~450)	공자(BC 551/552~479)
아테네 전성기	
드라마 시대, 소피스트들의 등장(BC 5세기)	
펠로폰네소스 전쟁(BC 431~404)	전국시대(BC 475~221)
소크라테스(BC 469~399)	
플라톤(BC 427~347)	묵자(BC 470~391)
디오게네스(BC 412/404~323)	
아리스토텔레스(BC 384~322)	
	맹자(BC 372~289)
알렉산드로스(BC 356~323)의	장자(BC 369~286)
지중해 정복	
퓌론(BC 360~270)	
에피쿠로스(BC 341~270)	
제논(BC 335~263)	순자(298?~238?)
	한비자(BC 280?~233?)
	진(秦)에 의한 천하통일(BC 221)

현대에 들어와 중국의 은허(殷墟)에서 갑골문이 대량으로 출토되면서 상 왕조 시대의 생활상이 상당 부분 드러나게 되었다.[5] 갑골문 이전의 시기 또는 그와 비슷한 시기의 자료로는 끈을 묶어 의사를 전달한 결승(結繩), 바위에 그림을 새겨넣은 암각화(岩刻畵), 토기에 그림이나 문자를 새겨넣은 토기문자 = 도문(陶文), 청동 제기(祭器)에 새겨넣은 도철(饕餮)이나 명문(銘文) 등이 있다. 이것들은 모두 상고사 연구의 귀중한 자료들이다. 그러나 20세기 한자문명권 인문학의 지평을 크게 넓혀놓은 핵심적인 계기는 역시 갑골학의 발달에 있다. 크레타 섬 점토판들의 해독이라든가 로제타석의 해독이 추동력이 되어 발달한 이집트학 등이 지중해세계 이해의 지평을 크게 넓혀주었듯이, 동북아의 갑골학은 갑골문을 하나씩 독해해냄으로써 상고 시대 연구에 활력을 불어넣었다.

갑골문(甲骨文)의 '갑골'이란 거북의 배껍질/등껍질이나 소의 어깨뼈 등 다른 동물들의 뼈를 뜻한다. 갑골문이란 거기에 글자를 새겨넣은 것이다. 예전에도 이 갑골문들은 종종 발견되었다. 그러나 그것이 띠는 의미를 알지 못했기에, 사람들은 이 귀중한 유물들을 들판에 버리곤 했었다. 인간이

---

4) 물론 해명되어야 할 사실들은 아직도 산더미처럼 많다. 나아가 더 본질적인 것으로, 고대 동북아의 문명을 하·상·주 3대를 중심으로 서술하는 것은 사실 후대의 관점에서 전대를 사후적으로 재구성하는 것일 뿐이라는 사실이다. 동북아세계의 중원에만 주목한다 해도, 하 왕조 시대 그리고 또한 상 왕조 시대에도 매우 다양한 국가들이 산재했다. '하-상-주'라는 구도는 상고 시대의 국가들이 일단 주 왕조로 통일된 후에 주 왕조의 역사에 직접 상관적인 은으로 또 하로 소급해 연결함으로써 하나의 계열을 사후적으로 재구성해낸 것이다. 장광즈(張光直)의 화하족 중심의 일원론적 설명이 그 전형이다. 푸쓰녠(傅斯年)이 행한, 화하족과 동이족 중심의 이원론적 설명은 이러한 구도를 탈피하고 있으나, 역시 너무 단순화된 구도라 해야 할 것이다. 실제의 역사는 한두 개의 선이 아니라 복잡한 면에서 이루어졌음을 염두에 둘 필요가 있다. 상고 시대는 매우 다원적인 시대였으며, 예컨대 갑골문에는 은 왕조가 다른 국가들을 가리키기 위해 사용한 '~방(方)'이라는 표현이 많이 나온다. 다만 역사가 진행되면서 서서히 헤게모니가 형성되었다고 해야 할 것이다. 최초의 뚜렷한 헤게모니를 보여주는 국가가 바로 상 왕조이다.

5) 상 왕조는 훗날 은허로 수도를 옮기는데, 이 때문에 후기의 상 왕조는 '은'으로 더 많이 알려져 있다. '殷'은 멸시의 뉘앙스를 담고 있는 말로도 해석할 수 있는데, 주 왕조가 부여한 명칭일 수도 있다.

란 의미를 투영해서 사물을 바라보기에, 의미가 없는 곳에는 봄도 없는 법이다. 마침내 20세기에 들어와 갑골문의 의미가 알려지면서 역사와 사상 이해에 커다란 분기점이 마련된다.[6] 이후 갑골학이 중요한 학문 분야로서 자리 잡게 되었고, 상/은 왕조는 전설의 존재에서 역사의 존재로 화하게 되었다. 갑골문의 대부분은 상 시대에 만들어졌다. 그 후에는 갑골보다는 주로 대나무를 쪼개 묶은 것이나 비단에 글을 쓰게 된다.[7]

갑골문이 주로 상 시대에 만들어졌다는 것은 의미심장한 함축을 담고 있다. 갑골문의 내용은 대부분 점을 친 결과를 적어놓은 것들이다. 일부 역사학자들에 따르면, 은을 세운 종족은 지금의 한족(漢族)이 자신들의 조상이라고 생각하는 종족이 아니다. 한족의 시조라고 추측되는 종족은 '화하족(華夏族)'이거니와, 은은 외부에서 하를 무너뜨린 북방 유목민으로 추측된다. 어떤 이들은 이 유목민이 지금의 한국인들의 조상이라고 생각한다. 하 왕조와 주 왕조가 지금의 화하 민족이고 상/은 왕조는 북방에서 내려와 하를 정복한 민족이라면, 상 문명과 하·주 문명은 성격이 상당히 다르

---

6) 갑골문의 의미를 처음 알아본 사람은 왕이룽(王懿榮)으로 알려져 있다. 갑골문이 초기에 내랑 출토되어있던 하남싱 안양현 소둔촌은 나름 아니라 상 왕조의 수도였던 은허였다.

7) 갑골이나 청동 등이 귀족들의 전유물이었던 데 반해, 대나무로 된 죽간(竹簡), 비단으로 된 백서(帛書), 나무로 된 목간(木簡)/목독(木牘) 등은 일반적으로 사용되었다. 대나무에 쓰인 글들은 묶여서 '책(册)'을 이루었다. 죽간의 모양과 길이는 엄격하게 정해져 있었으며, 신분 질서를 반영했다.(임형석, 『중국 간독시대, 물질과 사상이 만나다』, 책세상, 2002, 도미야 이타루, 임병덕 옮김, 『목간과 죽간으로 본 중국 고대 문화사』, 사계절, 2005) 마왕퇴 1호 무덤에서 출토된 화려한 그림이 잘 보여주듯이, 비단의 경우에는 글만 쓰인 게 아니라 그림이 그려지기도 했다. 지중해세계의 점토판들이 불에 구워짐으로써 존속되었다면, 동북아의 죽간, 목간, 백서 등은 극히 건조한 기후의 지방에서 보존될 수 있었다. 이것들이 주로 로프노르, 감숙성, 신강위구르 자치구 등 서역에서 발견되는 것은 이 때문이다. 또, 상식과 달리 목간 등을 부장한 무덤이나 우물터 등은 호북성, 호남성 등 강우량이 많은 곳에서 주로 발견되는데, 이는 "연평균 강수량이 많은 지역적 특성 때문에 무덤에 스며든 물기가 토양과 섞여 부장된 목간과 공기의 접촉을 차단함으로써 자연히 부식을 막아주는 역할을 하였기 때문"이다.(이승률, 「중국의 목간」, 『죽간·목간에 담긴 고대 동아시아』, 권인한·김경호·이승률 책임 편집, 성균관대학교출판부, 2011, 91쪽)

다고 보아야 할 것이다. 이런 이야기들이 역사학적으로 견고한 것들은 아니다. 중요한 것은 정복자인 주 문명이 피정복자인 상 문명을 주술적 문화, 샤머니즘의 문화로서 배척했다는 사실이다.[8] 이는 정복 왕조인 주가 피정복 왕조인 상/은을 폄하하려는 것이기도 했으나, 상/은의 문명이 샤머니즘적이었다는 것은 사실에 가까운 듯하다.(물론 점을 치는 것이 샤머니즘만의 특징은 아니었다. 그리스인들과 로마인들은 예컨대 새들이 날아가는 방향이나 정황을 보고서 점을 쳤다. 헥토르는 이런 관습을 개탄했고, 카이사르는 그것을 이용했다) 또, 상/은 문화가 순장을 많이 실시했던 것도 분명한 사실이다.

무(巫) → 사(史) → 유(儒)

이 주술문명에서 가장 중요한 역할을 담당했던 집단이 무 계층이다. 이집트를 비롯한 오리엔트 문명에서 발달한 것은 사제 계층이었다. 모든 담론적 권력을 사제들이 장악하고 있었고 따라서 당연히 그런 문명 하에서는 철학이 발달할 수 없었다. 인도 문명도 처음에는 마찬가지였다. 그와 같은 곳에서는 사상들이 난립하고, 논쟁들이 벌어지고, 이질적인 텍스트들이 유통되는 현상이 있을 수가 없다. 이에 반해 그리스 문화에서는 통치자 자신이 사제를 겸했으며, 시간이 흐르면서 정치가 종교를 흡수한 형태의 문명을 이룩하게 된다.[9] 그러나 그리스-로마를 뒤이은 서구 문명은 어느 문

---

8) 은 왕조에서 주 왕조로 이행하면서 무(巫)의 집단 난무(亂舞)는 '예'에 입각한 엄숙한 제의로 바뀌게 되며, 무 계층은 상층부에서 밀려나게 된다. 주 왕조에 이르러서는 상 왕조의 점복문화가 쇠퇴해감을 『좌전』의 여러 곳에서 확인할 수 있다. 특히 안영, 정자산을 비롯한 당대의 뛰어난 지식인-정치가들은 주술의 세계로부터 이미 멀리 떨어져 있었다.

9) 나중에는 사제가 하나의 관직으로 분리된다. 이 섬에서 호메로스의 주인공들을 가리키던 '바실레우스' — 왕이라기보다는 차라리 족장을 가리키는 말 — 가 훗날 사제직을 지칭하는 말이 된 것은 시사적이다. 이는 곧 종교적-주술적 권력이 정치적-군사적 권력에 흡수된 구조를 함축한다. 물론 그리스에는 교회라든가 하는 종교적 장치들도 없었다. 대중들의 믿음의 대상으로서, 그리고 국가의 한 부분으로서 종교가 있었을 뿐이다. 로마의 경우, '사제 계층'이라 할 만한 계층은 없었으며, 훗날의 대주교에 해당하는

명 못지않게 사제들이 득세한 문명이었다. 이에 비해 동북아 문명은 사제라는 계층이 없는 문명이다. 사제 계층이 절대 권력을 가졌던 인도 문명, 왕과 나란히 막강한 권력을 유지했던 이집트, 오리엔트 문명, 국가의 핵심 공직이었던 그리스, 로마 문명 등과 달리 동북아 문명은 사제라는 개념이 없었고, 그 대신 지식인 계층이 역사를 이끌어갔다. 사제 계층의 부재는 동북아 문명을 여타의 문명과 구분 지어주는 결정적인 측면이다. 앞으로 보겠지만, 이는 매우 심대한 결과를 가져온다. 하지만 상고 시대에 한해 동북아에도, 다른 지역들의 경우와 성격이 매우 다르긴 했지만 '사제'에 해당하는 역할을 했던 존재가 있었다. 바로 '무'이다.

무는 '무격'으로 이야기되었는데, '무'는 여자 무당을 '격(覡)'은 남자 무당을 가리킨다. 상고 시대의 무당은 지금의 무당과는 전혀 다른 개념으로서, 상/은 왕조의 지배 계층이었다. 갑골을 관리하던 계층인 '정인(貞人)'도 무 계층의 일종으로 볼 수 있다. 사실 무 계층은 막강한 권력을 소유했으며, 어떤 의미에서 동북아의 철학은 이 '무'의 샤머니즘에서 출발했다고 할 수 있다. '무술(巫術)'에서 '역(易)'이 나오고 역을 기반으로 동북아 사유가 전개되었기 때문이다. 또, 도교는 물론 유교도 이 무의 존재와 일정한 연계성을 가진다. '무'가 연단술, 방중술, 신선술, 양생술을 비롯한 각종 도교문화와 관련을 가졌고, 다른 한편 '유(儒)'가 창안해낸 '예(禮)' 역시 '무'를 비판적으로 이어받은 것이기 때문이다.[10]

무 계층이 하는 일은 어떤 현상을 보고 거기에서 무엇인가를 읽어내는 것이다. 무지개가 떴다, 머리가 두 개인 뱀이 발견되었다 하는 식의 현상

'pontifex maximus'는 어디까지나 공공 직함들 중 하나였다.

10) '예'는 '무'와 단절키 위해 생겨난 것이지만, 근본적으로 본다면 '무'의 역할을 이어받은 것이다. '유'는 '무'가 맡았던 역할을 이어받았으나 그것을 크게 변형해서 '예'를 만들었다. 예컨대 제의 후의 오르지(orgy)는 오늘날까지도 남아 있는 음복(飮福)으로 전환된다. 공자는 이 '예' 개념을 보다 인문주의적인 방향으로 확장해서 유교를 창시할 수 있었다.

들/사건들을 두고서 그로부터 어떤 의미를 읽어내는 것이다.[11] 자연 현상을 오늘날과 같이 자연과학적 메커니즘으로서가 아니라 특정한 의미의 현현(顯現)으로 보았다는 점이 핵심이다. 동북아 문명은, 기학(氣學)에 입각한 자연철학이 발달하기도 했지만, 근본적으로는 인문학에 기초한 문명이다. 정확히 말해 양자는 혼연일체를 이룬다. 지중해세계의 경우 자연철학이 기저를 이루었고 때문에 인문 현상들도 '퓌지스'로 환원해서 설명코자 했다면(그 극한은 원자론이다), 동북아세계의 경우 인문학이 기저를 이루었기 때문에 자연 현상들도 그 의미에 기반을 두고서 해석되었다. 그런 만큼이 문명에서 자연(天地)은 그리스 철학자들이 탐구했던 객관적 대상으로서의 자연이 아니라, 우리에게 무언가를 말해주는, 의미로서의 자연이다. 그리스의 자연철학자들은 우리에게 나타나는 현상 이면에서 어떤 본질을 읽어내려 했고, 이 본질은 '실재'였다. 반면 동북아의 '무' 등은 자연 현상에서 인간적인, 역사적이고 문화적인 의미를 읽어내려 한 것이다. 전자의 경우 자연 현상 저편으로 넘어가 실재를 찾았고, 후자의 경우 자연 현상 이편에서 그 의미를 읽어내려 했다. 이 차이는 두 사유 전통을 특징짓는 근본적인 차이들 중 하나이다.[12]

자연 현상에 대한 '해석'은 '점복'으로서 남게 된다. 거북의 배껍질에 구

---

11) 점복은 흔히 '하늘의 뜻'을 알기 위한 행위로 해석되었으나, 세라 앨런은 점복의 목적이 미래를 예측하려는 것보다는 "희생을 통해 미래를 통제하려는 것"이었다는 흥미로운 가설을 제출하고 있다.(오만종 옮김, 『거북의 비밀: 중국인의 우주와 신화』, 예문서원, 2002, 182쪽)

12) 여기에서도 사태를 이분법적으로 과장하면 곤란하다. 그리스 철학은 소피스트들 이후 인문주의로 돌아섰고, 동북아 철학의 경우 인문적 해석은 농사라든가 자연적 문제들과 얽혀 있었다. 또 애초에 그리스의 'physis'는 오늘날의 자연이 아니었고, 동북아의 '인도'는 항상 '천도'를 전제했다. 그럼에도 동과 서의 철학사 전반을 살펴볼 때, 지중해세계의 사유들은 자연 현상 저편으로 가서 궁극의 실재를 찾고자 한 데 비해 동북아세계의 사유들은 자연 현상 이편으로 와서 문화적 의미를 찾고자 했다는 일반적인 이해가 가능하다. 지중해세계 철학의 핵은 형이상학이었고, 동북아세계 철학의 핵은 정치철학이었다.

멍을 뚫고서 불에 구우면 "퍽!" 소리를 내면서 균열이 생긴다. 그때에 생기는 모양을 그대로 상형(象形)한 것이 '卜'자이다. '복'이라는 발음은 바로 "퍽!"이라는 소리를 그대로 딴 것이다. 그리고 이렇게 해서 생긴 '卜'을 말〔口〕로써 해석한 결과가 바로 점(占)이다.('口'를 입/말이 아니라 일종의 그릇, 받침대로 보기도 한다) '점복'이라는 말은 여기에서 유래한다.[13)]

이와 같이 점복을 다룬 결과로 생겨난 갑골문들이 오늘날의 한자의 원형이며, 글자라기보다는 차라리 그림에 가깝다. 한자는 그 자체로서는 아무 의미도 없는 요소들을 조합해서 어떤 의미를 창출해내는 서구어와는 근본적으로 다른 방식의 언어이다.(사실 알파벳도 상형문자의 흔적을 담고 있다. 'A'는 소의 머리를 그린 것이며, 'B'는 이층집을 그린 것이다) 현대 식으로 말해 서구어가 구조주의적이라면 한자는 현상학적이다. 갑골학의 일차적인 작업은 바로 이 '그림들'을 현대의 언어로 판독해내는 것이다. 물론 갑골문의 자형들을 단순한 상형으로만 간주하는 것은 단견일 수 있다. 이 자형들은 구체적='상형적'이기만 한 것이 아니라 어떤 면에서는 추상적인 것들이며, 그 안에 들어 있는 '상징적 의미'를 읽어내도록, 당대 사람들의 '생활세계'를 이해하도록 노력해야 한다. 현재까지 발견된 갑골문의 문자 수는 5,000자가량 되는데, 여전히 해독이 진행 중이다.

아리스토텔레스도 "신화를 사랑하는 것은 이미 철학을 사랑하는 것"이라 했거니와, 이렇게 점을 치는 문화는 이미 과학적-철학적 사유의 씨앗을 담고 있다. 질서를 갖춘 세계라는 관념, 그 질서를 인식해나가고 그로써 미래를 예측/제어하려는 시도, 대상을 기호화하는 방법의 개발 등은 이미

13) 갑골문은 대체적으로 네 부분으로 나뉘어 있다. 예컨대 "壬申卜□貞畢丙子穽麋允畢二百又九"라는 문장에서 '壬申卜□貞'은 점친 날짜와 점친 사람의 이름으로서, 이 경우에는 임신 날에 □이라는 이름의 정인이 복을 행했음을 뜻한다. '畢'은 물음의 내용으로서 "사냥을 나가도 좋겠습니까?"라고 묻는 것이다. '丙子穽麋'는 점복을 친 결과를 말하는 것으로서, "병자 날에 함정을 파〔穽〕 순록〔麋〕을 사냥하라"는 점괘이다. '允畢二百又九'는 점괘에 따라 행했을 때 나타난 결과로서, "점괘대로 했더니 과연〔允〕 순록 209마리를 사냥했다"를 뜻한다.

학문의 시작인 것이다. 그래서 상고 시대의 점복문화는 훗날의 역학(易學)의 씨앗을 뿌리게 된다. 그러나 시간이 흐르면서 점복은 귀복(龜卜)＝거북점에서 서복(筮卜)＝시초점(蓍草占)으로 옮아가게 된다. 춘추시대가 되면 이미 시초점이 유행하기에 이른다. 이 변화는 중요한 의미를 함축하는바, 바로 '형태'의 사유로부터 '수'의 사유로의 이행을 보여주기 때문이다.[14] 동북아에서의 수 이해에서도 역시 퓌타고라스학파에서 보았던 수비학(數秘學)의 측면이 강하게 나타나지만, 형태로부터 수로의 진행은 인지의 발달을 잘 보여준다.

'무'로부터 훗날의 '유'로 가는 중간에 '사(史)'가 중요한 역할을 했다.[15] 공자는 '사'란 천수(天數)를 알지만 아직 덕의 차원으로까지는 가지 못한 존재라고 파악했다. 여기에서 "천수를 알았다"는 것은 이들이 일종의 자연철학자들이었음을 뜻하며, "덕의 차원으로까지는 가지 못했다"는 것은 공

---

14) 진(晉) 헌공이 딸 백희를 진(秦)으로 시집보내려 하면서 시초점을 쳤고, 점괘에 대해 묻자 담당자인 사소가 불길한 해석을 했다. 그때 한간이 나서서 말했다. "거북점은 형상으로 나타나고 시초점은 수로 나타납니다. 만물은 생장한 후 형상이 나타나고, 형상이 나타난 후 번성하며, 번성한 후에야 수가 나타나게 됩니다. 그러나 과연 선군(先君)의 패덕(敗德)을 수가 완전히 드러난 것으로 볼 수 있겠습니까. 사소의 점괘를 따랐다 한들 무슨 이익이 있었겠습니까."(『춘추좌씨전』, 「희공 15년」) 여기에서 거북점과 시초점의 비교가 나타난다. 이 인용문에는 또 점복의 효험에 대한 회의, 점복에 얽매이기보다는 자율적으로 이해되는 '덕' 개념의 출현을 확인할 수 있다. 그러나 물론 점을 치는 행위는 그 후로도 계속 이어져갔으며, 사실상 오늘날까지도 그 흔적을 남기고 있다.
좌구명의 『춘추좌씨전』은 다음 판본들을 참조해 인용한다. 『춘추좌전』, 신동준 옮김 (한길사, 2006); 『춘추좌전』, 장세후 옮김(을유문화사, 2012); 『春秋左氏傳』, 小倉芳彦 譯(岩派文庫, 1988~1989).

15) 상 왕조에서 주 왕조로 이행하면서 점복에서 점성학(占星學)으로의 이행도 함께 일어난다. 점복이 특정한 상황, 인물, 인과관계에 중점을 두는 특수한(자의적인) 인과에 기반을 둔다면, 점성학은 천문 현상(星象)의 관찰을 통해 보편적인 상황, 인물, 인과관계를 읽어내는 보편적 인과에 기반을 둔다. 이는 곧 '무'의 수준으로부터 '사'의 수준으로의 이행을 뜻하며, 이 점에서 인지의 발달을 보여준다. 그러나 그리스 철학의 경우에도 그랬듯이(1권, 2장, §1에서 논한 '부분 단절' 문제) 이런 이행은 부분적이었으며, 그리스 자연철학의 단절만큼 크지 않았다고 할 수 있다. '점성 - 학'이라는 어중간한 표현은 이 점에 기인한다.

자 자신이 생각하는 윤리와 인문의 차원으로까지는 이르지 못했음을 뜻한다. 자연철학에 대한 소크라테스의 회의를 연상시킨다. 사/사관/태사(太史)는 하늘의 이치를 읽어내되 그것을 신비주의적으로 파악해 해석한 존재였을 것이다.(여기에서 "신비주의"란 초월자와의 직접적 접촉을 뜻하는 지중해 세계에서의 신비주의와는 구별된다) 그리고 이것이 '역사'의 원래 개념이었을 것이다. 다시 말해, 이 시대의 "역사"란 사람의 삶에 대한 것이 아니라 하늘의 삶과 땅/사람의 삶 사이의 상응을 연구하는 행위였다. 말하자면 '사'란 천문학자이되 주술적 성격을 띤 점성술사이자, 사관이되 현대적 의미에서의 역사가 아니라 하늘과 사람 사이 상응의 역사를 기록한 자연철학자였던 셈이다.[16]

'사'(와 '고')가 읽어내는 천도란 곧 우주적 질서였다. 이 점에서 '무'에서 나타나는 개별적인 접신술을 넘어 일반성 즉 하늘의 이치를 읽어냄에 대한 이해가 나타나게 된다. 그러나 '사'의 작업 역시 오늘날의 관점에서 본다면 신비주의적이었는데, 그 또한 하늘, 땅, 사람의 신비한 일치라는 가정 하에서 이루어졌기 때문이다. 예컨대 하늘의 7정(政)과 28수(宿)는 땅의 각 해당 지역과 '감응'해 길흉화복을 관장한다. "월(越)이 세성(歲星)=목성을 얻었으니[세성의 해당 지역에 위치하니] 필히 [오(吳)의 공격으로] 흉한 꼴을 볼 것입니다"와 같은 구절이 이를 잘 말해준다. 나아가 역사 또한 천도에 입각해 이해되었다. "천도는 멀고 인도는 가깝다"고 했던 정자산조차도 "좋은 일이든 나쁜 일이든, 세성이 한 바퀴 돌아서 오면 반드시 되돌아오게 된다"고 했다. 공자가 '사'는 덕의 차원으로까지는 가지 못했다고 한

---

16) '사' 외에 고(瞽) 또한 유사한 역할을 했고 그래서 함께 '고사'로 칭해지기도 했다. 『국어』, 「주어(하)」에 "제가 '고'도 아니고 '사'도 아닌데 어찌 천도를 알겠습니까?"라는 말이 나온다. 소경을 뜻하는 '고'는 악사(樂史)로서 눈이 멀었기에 오히려 소리를 관장할 수 있었을 것이다. 소리를 관장하는 인물이 천도를 담당했다는 것은 곧 '하늘의 소리'를 듣고서 천도를 읽어내는 능력을 암시한다. 이 대목 역시 우주론과 음악을 신비주의적인 방식으로 연결했던 퓌타고라스학파를 연상시킨다.
『국어』는 다음 판본을 참조해 인용한다. 『國語』, 許鎬九 外 譯註(傳統文化硏究會, 2006).

것은 '사'가 천수를 읽어 하늘과 땅의 감응을 읽어낼 뿐[17] 인간 자신의 내면의 힘을 타인과의 관계 및 정치적 제도로 표현해 인문세계(人文世界), 이화세계(理化世界)에 이르는 길을 닦지는 못했음을 뜻한다.

주공과 공자를 이은 철학자들은 '무'의 샤머니즘을 유교적 '예'로, '사'의 신비주의를 유교적 '덕'으로 변환해나감으로써 본격적인 철학의 장을 열어젖혔다고 할 수 있다.[18] 그리고 '무'와 '사'는 자연철학 — 그리스적 의미의 자연철학과는 다른 동북아 특유의 자연철학 — 의 관점에서는 '역'의 개념으로 승화된다. 그러나 '무'·'사'로부터 '유'로의 이행 역시, 'mythos'에서 'logos'로의 이행과 마찬가지로, 그리 간단한 문제는 아니었다. 그리고 '무'와 '사'의 문화는 이후에도 동북아 문명에 깊이 스며들어 오늘날에까지 이어지고 있다.[19] 특히 '역'의 세계관에는 '사'가, 나아가 어떤 맥락들에서는 '무'가 개발해낸 갖가지 개념적 장치들이 상당 부분 받아들여져 있는 것이다.('부분 단절') '무' → '사' → '유'로의 이행은 보다 많은 연구가 필요한 문제이다.

지중해세계에서 자연철학이 탄생했을 때 발생한 가장 큰 성취이자 문제점 — 성취와 문제점은 흔히 동전의 양면이다 — 은 환원주의에 있었다고 할 수 있다. 세계의 다양성을 넘어 하나의 또는 소수의 아르케를 찾기, 생

---

17) 주 왕조는 그 시조인 후직(后稷)의 이름이 시사하듯이 농업을 국가의 핵심으로 삼은 나라였다. '稷'은 바로 토지신인 '社'와 더불어 '사직'을 형성한 곡물신이자, 오곡 — 쌀, 보리, 조, 콩, 수수 — 의 으뜸인 곡물이기도 하다. 바로 이런 농업국가에서 하늘과 땅의 감응은 무엇보다 중차대한 일이었다.

18) 그러나 훗날의 조비가 "말세가 오면 쇠미하고 혼란스러워지므로 사람들은 무·사를 숭배하고 궁전 안과 창문 사이에 술을 뿌리고 귀신에게 제사를 지내니, 심하도다! 그 미혹됨이여! 지금부터 감히 지낼 수 없는 제사를 진행하고 무당의 말을 쓰는 자는 모두 사악한 도를 받드는 것으로 간주할 것이니, 법전에 기술하라"고 조서를 내린 점을 보면, '무'와 '사'의 전통은 민간 차원에서 꾸준히 내려왔던 것으로 보인다.

19) 은 왕조가 멸망했을 때 주 왕조는 유민들을 송(宋) 지역에 머물게 해 그 문화를 이어가게 했다. 이 문화는 그 후 초나라와 월나라 사이에서 성했다고 하며, 후에는 도교 계통의 문화로 흡수된다. 이는 도가철학이 초 문화와 밀접하다는 사실과도 연관된다. '사'는 일부 춘추시대의 사상들에 흡수되며, 다른 한편 오늘날 의미에서의 역사로 변형된다.

성을 넘어 영원한 것을 찾기, 개별성을 넘어 보편성을 찾기, 차이생성을 넘어 동일성을 찾기와 같은 자연철학의 성격은 다른 문명들에서는 보기 어려운 그리스 특유의 지적 성취를 가져다주었다. 그러나 동시에, 그러한 환원주의는 결국 세계의 다양성, 생성, 우발성, 개별성, 차이/차이생성의 실재성을 부정하기에 이르고, 철학자들은 실재에 대한 지식과 현실에 대한 경험 사이에서 이율배반에 빠지고 만다(물론 이 과정을 통해서 현실과 실재를 오가는 수준 높은 사유들이 개발된 것 또한 사실이다). 그리고 이런 식의 환원주의는 필연적으로 '일신교'로 귀착되었고, 초월적 차원에의 강박으로 흘러갔다. 게다가 일신교 '들'에 기반을 둔 초월성의 희구는 걸핏하면 전쟁으로 흘렀고, 이로부터 숱한 비극이 양산되었다. 환원주의 그리고 일신교적 초월주의야말로 지중해세계 사유의 질곡이었다.

이에 비해, 동북아세계에서의 철학은 다른 형태의 질곡을 보여준다. 고대 동북아의 철학은 '하늘의 길'과 '사람의 길'과 '땅의 길'이 서로를 이반(離反)함 없이 유기적인/조화로운 체계를 이룬다. 즉, 하늘의 저편으로 나아가 실재를 찾기보다는 현실에 드러나는 하늘 그대로와 땅, 사람의 유기적인 관계를 근간에 놓았다. 그렇기 때문에 동북아 사유는 환원주의의 질곡을 피해갈 수 있었고, 인간과 유리된 세계가 아니라 인간을 포함한 세계 속에서 살아갈 수 있었다. 그러나 동북아 철학은 '하늘의 길'(과 '땅의 길')을 그 자체로서 탐구하기를 게을리하고 그것을 너무 쉽게 인간 쪽으로 잡아당겨 '해석'함으로써 사유의 자의성을 벗어나지 못했는데, 이는 곧 이 문명 근저에 스며든 주술성으로 나타난다. 그 자체로서 탐구된 객체성보다는 주체성의 편의에 너무 쉽게 종속시킨 객체성은 곧 주술성으로 나타난다. 거칠게 말해, 서양이 객관주의라는 병에 걸렸다면 동양은 주관주의라는 병에 걸렸다고 하겠다. 동북아세계에 깊이 스며들어 있는 이 주술성은 심지어 오늘날까지도 동북아 문명의 곳곳에서 나타난다.[20] 지중해세계

---

20) 대한민국 땅에 무수히 널려 있는 "철학관"들을 생각하면 될 것 같다. 한 조사에 따르면,

와 그로부터 뻗어나온 사상들이 환원주의와 초월주의라는 병을 앓았고 지금도 앓고 있다면, 동북아를 포함한 아시아세계의 사상들은 인간중심주의와 주술성이라는 병을 앓았고 지금도 앓고 있다.[21] 이 문제는 뒤에 역학에 대해 다루면서 보다 상세히 논의할 것이다.

§2. 동북아 왕조국가의 구조

주 왕조 이전의 역사가 갑골문을 통해 파헤쳐지고 있지만, 상세한 파악은 아직도 쉽지 않다. 오늘날 상고 시대의 인식은 주로 고고학 등 기초 과학들을 통해 이루어지고 있지만, 전통적인 문헌학적 이해도 여전히 중요하다.

오늘날 좁은 의미에서의 역사학적 논의가 가능한 것은 BC 11세기 은이 멸망하고 주가 성립한 시점부터이다. 이후에도 줄곧 이어질 고대 동북아 문명의 기틀이 마련된 것이 바로 이 시기이기 때문이다. 그 후 서주의 체제가 흔들리기 시작한 BC 771년 이래 동주＝춘추전국시대가 이어진다. 그러나 서주 시대에 뚜렷하게 형성된 동북아 '왕조국가(dynasty)'의 구조는 그 후에도 동북아세계에 면면히 내려왔으며, 그 심리적 - 문화적 특성은 오늘날까지도 이 지역에 강렬한 흔적을 남기고 있다. 그렇다면 그 구조의 기본 요소들은 어떤 것이었을까?

한국인의 21%가 철학을 점치는 것으로 알고 있다고 한다.(한국갤럽조사연구소 편집부, 『한국인의 철학』, 한국갤럽조사연구소, 2011) 조사 방법을 감안할 때, 아마 퍼센티지는 더 높을 것이다.

21) 물론 여기에서도 또한 단적인 이분법은 곤란하다. 오늘날의 서양 문명에 주술성이 없는 것도 아니고, 아시아 문명에 환원주의나 초월주의가 없는 것도 아니다. 그럼에도 두 종류의 질병이 양대 문명에서 각각 상이한 비율과 방식으로 나타난다는 사실은 분명하다.

동북아 왕조국가와 종법제

'왕조'란 말 그대로 '왕(王)'이라는 존재가 '조(朝)'를 이어가는 정치체제이다. 왕은 그 글자의 모양이 시사하듯이 천·지·인이라는 삼재(三才)를 꿰는 존재 즉 고대 동북아에서 삶의 기본 축이었다.[22] 사실상 그리스와 로마의 공화정을 예외로 한다면 전통 사회는 대부분 왕조국가의 형태를 띠었다. 유목민들의 경우는 일정 정도 다르지만, 그 기본 구조는 같았다고 보아야 한다. 또, 폴리스들과 로마도 원래는 왕조국가였다. 우리가 상상하는 전통 사회의 평균적인 이미지는 곧 왕에 의해 다스려지는 곳이다.

왕이란 고도의 권력 집중을 함축한다. 거대 권력의 탄생은 지금으로부터 10,000~5,000년 전에 일어난 농업혁명에 의해, 더 구체적으로는 그것이 낳은 '잉여가치'에 의해 가능해졌을 것으로 짐작된다. 고대 동북아의 경우 특히 황하 유역과 장강 유역에서 생겨난 잉여가치가 빈부의 격차를 낳고, 부를 둘러싼 투쟁을 발생시키고, 결국 전쟁을 통한 정복과 피정복을 귀결시켰을 것이다. 전쟁에서의 승패는 한쪽으로는 권력의 집중을 다른 한쪽

---

22) 사실 이는 후대에 정립된 해석이다. 발생적으로 본다면, 왕이란 여러 '후(侯)'들 중에서 가장 강한 후를 뜻했다. '후'는 글자 자체가 시사하듯이 "화살을 잘 쏘는 사람"을 뜻했으며, 전쟁에서 탁월한 능력을 발휘하는 전사를 가리켰다. 따라서 '왕'이란 이 후들 중에서도 가장 탁월한 전사를 말했으며, 상고 시대 그리스에서의 '바실레우스'와 거의 같은 것을 의미했다고 할 수 있다. 바실레우스의 아레테가 '안드레이아=용기'였던 점도 고대 동북아의 경우와 유사한데, 왕의 아레테로서 흔히 드는 덕 — 본래는 '덕(悳)'으로 쓰였다 — 의 원래 의미도 '힘'이었다.
권력 집중이 항상 전쟁을 통해서만 형성된 것은 아니다. 반대로 협력의 과정에서 형성되는 경우들도 있었는데, 대표적인 경우가 치수(治水) 과정을 통한 집중이다. 황하는 진진 대협곡(秦晋大峽谷)을 따라 남북으로 위협적으로 흘러내린 후 화산(華山)에 부딪치면서 동쪽으로 꺾인 다음부터 발해만으로 방향을 잡는데, 이 지역 — 중원(中原) — 에서 위수(渭水), 낙수(洛水), 필수(泌水), 분수(汾水) 같은 여러 지류들이 합쳐진다. 이 때문에 한번 홍수가 나면 걷잡을 수 없는 상황이 벌어지곤 했고, 이 사태를 해결하는 일은 한 나라로서는 감당할 수 없는, 중원 지역 모든 나라들의 공통의 과제였다. 이 공통 과제를 해결하는 과정에서 자연히 권력의 집중이 일어나게 된다. 현시점에서는 전설적인 이야기이지만, 하 왕조의 시조인 우(禹)가 치수의 업적을 통해 권력을 부여받은 것이 대표적인 예이다.

으로는 평민의 몰락을 가져왔으며, 이러한 과정을 통해 한편으로는 거대 권력이 다른 한편으로는 노예들이 출현했다. 이와 같은 왕화(王化) 즉 소박한 수평사회로부터 잔혹한 수직사회로의 이행이 성립하면서[23] 신분제, 관료제, 가부장제의 성립, 성의 구축, 역사 편찬, 화폐 사용과 세금 징수 등등이 이루어졌음에 틀림없다. 고고학적 증거들은 삶의 형태에서의 이런 거대한 전환을 적지 않게 드러내주고 있다. 고대 동북아의 경우 약 BC 3500년을 전후해서 이와 같은 거대한 전환이 발견된다.

'朝'는 아침을 뜻한다. 아침이 되면 왕과 신하들은 '조정(朝廷)'/'조당(朝堂)'에서 국사를 논한다. 왕은 남쪽을 향해 앉았는데, 제왕학/통치술을 '남면술(南面術)'이라 부르는 것은 이 때문이다.[24] 이렇게 신하들 = '조신(朝臣)'들이 '조복(朝服)'을 입고 아침에 왕을 뵙는 것이 '조회(朝會)'이며, 한 사람의 왕이 이런 식의 삶을 이어간 시간대가 바로 '조'이다. 왕은 조사(朝

---

23) 수평적 사회 ── 잘게 절편성(切片性 = segmentarité)을 형성했던 사회 ── 에서의 권력은 기본적으로 종교적이었을 것으로 짐작된다. 병을 고쳐준다거나, 비를 내리게 해준다거나("레인 메이커"), 사람들의 마음을 움직인다거나 하는 식의 종교적 - 주술적 능력을 갖춘 인물들이 권력을 가졌을 것이다. 이런 사회가 일정한 규모를 갖추었을 때 '방(邦)'이라든가 '읍(邑)', 후에는 '가(家)' 등으로 불린 작은 나라가 되었고, 그 후에는 상당한 규모의 '국'이 탄생했다. "國"이라는 글자 자체가 작은 나라들이 전쟁을 벌여 큰 나라가 형성되는 과정을 잘 보여준다. 물론 부드러운 형태의 전쟁 즉 복속도 포함된다. 큰 국가가 작은 국가들을 복속시켜 일종의 연맹을 구성하곤 했는데, 상 왕조는 이러한 연맹의 맹주였을 것이다. 이와 같은 과정이 종교적 - 주술적 권력으로부터 정치적 - 군사적 권력으로의 이행을 만들어낸 것으로 볼 수 있다. 물론 이 두 권력의 성격과 관계는 지역에 따라 다양하게 나타난다.

24) 남면술은 우주론적 배치에 입각해 정립되었다. 왕이 앉아 있는 곳은 천하의 중심이고, 이 중심을 중심으로서 정위(定位)해주는 것은 북극성이었다. 말하자면 왕의 자리는 북극성이 천하에 투사된 자리이다. 왕은 천자(天子)이고, 따라서 왕을 볼 때 그 뒤에서 북극성을 보는 것은 아들 뒤에서 (그 아들의 권력을 보장해주는) 아버지를 보는 것과 같았다.(따라서 왕이 북면할 때는 곧 하늘에 제사를 지내는 때이다) 그리고 신민들이 왕을 중심으로 도는 것은 뭇별들이 북극성을 중심으로 도는 것과 유비적이었다. 지중해세계의 왕권이 신학적(theological) 기반을 가졌다면 동북아세계의 왕권은 우주론적(cosmological) 기반을 가졌으며, 이 기반이 무너지면서 근대 정치철학이 도래하게 된다.

事)를 관장함으로써 조사(朝社) — 조정과 사직[25] — 를 보존할 의무가 있었고, 따라서 한 국가의 알파요 오메가였다. 왕이 죽고 아들이 그를 이으면, 이제 새로운 '조'가 시작된다. 왕조사회에서 시간의 분절은 바로 왕의 죽음과 새로운 왕의 등극이라는 사건을 기준으로 그어졌다. 이렇게 '조'가 이어져가는 것이 왕조국가였으며, 그 상징적 표현은 성(姓) — 하위 단위로는 씨(氏) — 이었다. 하나의 성이 혈연을 통해 계속 이어질 때 하나의 왕조국가가 성립했으며, 성이 바뀔 경우 이는 다른 왕조가 들어서는 것을 뜻했다. 성과 성의 관계는 결연을 통해 형성되었으며, 결연을 통해서 왕조를, 그 아래로는 '가', '문', '족', '벌'을 강화해나가는 것이 핵심이었다. 이들은 왕·후·장·상을 형성했다. 따라서 왕조국가는 **혈연**을 통해 이어져가는 '조'와 **결연**을 통해 형성되는 '가'·'문'·'족'·'벌'로 구성되었다고 할 수 있다. 최고의 가문/족벌이 왕족이 되고, 그 아래로 크고 작은 가문/족벌들이, 가장 아래에는 천민 - 가족들이 피라미드를 이루었으며, 기본적으로는 지금도 마찬가지이지만 '가문의 영광'이 한 인간의 삶의 가장 기본적인 의미를 형성했다고 할 수 있다.

이와 같은 왕조국가의 구조는 전통 사회의 도처에서 발견되지만, 동북아의 경우는 그 구조가 유난히 견고하고 정치했다고 볼 수 있다. 그렇다면 서주 시대에 본격화된 이 구조의 구체적인 내용은 무엇인가? 그 핵심은 '예(禮)'라는 말로 표현된다. '예'란 인간 삶의 선험적 구조, 코드, 노모스이다. 어떤 상황에서 어떻게 말하고 행동해야 하는지, 내가/우리가 다른 사람들과 어떻게 관계 맺어야 하는지, 어떤 행위가 옳은 것인지 그른 것인지, 삶, 죽음, 가족, 나라, 제사, 전쟁, …… 등의 의미가 도대체 무엇인지 등등을 전

---

25) '社'는 제단(示) 위에 흙(土)을 얹어놓은 것으로서, 한 지역의 신, 그 신을 제사 지내는 집단(社會), 제사 지내는 행위, 제사 지내는 장소 즉 종묘(宗廟) 등을 가리킨다. '稷'은 오곡의 신이다. 왕들은 사직단(社稷壇)에서 땅의 신과 곡식의 신에게 제사를 지내면서 왕조의 무궁함을 기원했다. 왕조가 위태로운 상황이면 신하들은 왕에게 "종묘사직을 보존하소서!"라고 주청했다.

반적으로 규정함으로써 삶의 일정한 구도/면(plan)으로서, 생활의 코드로서 기능하는 것이 '예'이다. 이 '예'는 자의적이어서는 안 되며, 따라서 인간이 만든 것이 아니라 인간보다 더 위대한 어떤 차원에서 내려오는 것이어야 했다. 플라톤이 'kata physis'에 입각해 사유한 것이나 스토아학파가 '자연법'을 찾은 것과 같은 맥락이다. 이런 맥락에서, 삶의 선험적 구조를 가리키기 위해 왜 '禮'라는 말 — 본래는 제사/의식을 뜻한다 — 을 사용했는지 이해할 수 있다. '예'란 바로 인간이 하늘[26]로부터 부여받은 자연법인 것이다. 따라서 이 시대에 '제사'란 지금과는 비교할 수 없을 정도로 무거운 의미를 띤 행위였다. 무기와 더불어 청동이 가장 많이 사용된 곳이 제기, 예기에서였다. 주 왕조의 '예'란 결국 상 왕조의 정문(貞問) — 점복을 통해 '하늘=상제의 뜻'을 묻는 행위 — 을 이어받아 그것을 승화시킨 것이라고 할 수 있다.

서주 시대에 주공(周公) 단(旦)에 의해 확립된 이 '예'의 일차적인 내용은 '종법제(宗法制)'였다. '종'은 신사(神事)를 행하기 위해 배치된 사당을 뜻한다. 사당은 한 혈연 집단의 중심을 차지하는 집에 설치되었으며, 이 집의 장은 곧 '족장'이었다. '족'은 같은 혈족 — 중심의 성과 주변의 씨의 조직체 — 으로 구성된 군사조직이었으며, '종'이란 이 조직의 위계 또는 위계의 중심을 뜻했다. 결국 종법제란 위계적 혈연관계를 뜻한다. 이는 공동 주상에 대한 제사, 가부장제, 부자 상속제, 적장자 상속제, 종가 중심주의 등으로 구성된 삶의 선험적 구조였다. 종법제란 한마디로 인간의 자연적 본성 즉 혈연관계에 입각해 인간세계를 분절한 체제, 인간과 인간의 관계, 더 정확히는 집단과 집단의 관계를 조직화한 거대한 체제, 라캉 식으로 말하면 거대한 상징계/대타자였다. 인간은 '개인'이 아니라 어디까지나 거대한

---

26) '天'은 후대에는 일반적이고 형이상학적인 개념으로서 사용되지만, 이 말이 처음 본격적으로 사용되기 시작한 서주 시대에는 주 왕조 고유의 신을 뜻했다. 상/은 왕조의 신인 '帝'/'上帝'와 대비되었던 신이다.

'항렬(行列)'의 특정한 자리에 배치된 존재였다. 종법제는 서주 시대에 이미 흔들리기 시작하지만, 그 기본 윤곽은 사실상 오늘날까지도 일정 정도 동북아세계를 지배하고 있다고 볼 수 있다.[27]

'예'에서 또 하나의 핵심 측면은 삶에서의 行爲 양식들을 수립한 점에 있다. 제사 지내는 방식, 왕을 접견하는 방식, 군사를 움직이는 방식, 가족들이 관계 맺는 방식(특히 '효'의 중시), 사회생활의 세세한 방식 등등, 요컨대 "어떻게 행위해야 하는가?"라는 물음에 대한 체계적인 답안을 제시했다는 점이다. 이 또한 동북아 사회에 깊은 영향을 각인하게 되며, 지금도 동북아인들은 '무례'하게 구는 사람에 대해 "예의가 없다"고 말한다. 지금은 이 말이 '매너', '에티켓' 정도의 의미로 축소되었지만 전통 사회에서는 훨씬 무거운 뉘앙스를 함축했다고 하겠다. 행위에 대한 이런 세세한 규정은 현대인의 감각으로는 갑갑하고 억압적인 것으로 느껴질 수 있고, 그래서 어떤 사람들은 '예'를 전통 사회의 질곡을 대표하는 개념으로 언급하기도 한다.[28] 그러나 현대적 감각을 전통 사회에 그대로 투사하는 것은 일방적인 생각이다. 주공은 '예'의 수립을 통해 이전의 야만적인 행위 양식들 —

---

27) 진국시대에 이르면 대가족이 성딩 부분 해체되고 '가가호호'로 구성된 소가족들이 등장하게 된다. 하층민으로 갈수록 소가족의 형태를, 상층부로 갈수록 대가족의 형태를 띠었다. 이 과정에서 혈연을 기반으로 한 씨족사회가 해체되고 직업 — 사·농·공·상 — 을 기반으로 한 '사민(四民)' 사회가 도래하게 된다. 진한 시대에 이르러서는 다시 대규모의 겸병(兼幷)이 이루어지면서 거족들/호족들이 탄생하기에 이른다.

28) 실제 '예'는 사회에 위계를 세워 강력한 통치체제를 수립하려는 이데올로기로서 작용했다. 예컨대 세 발 달린 솥인 '정(鼎)'은 실질적으로만이 아니라 상징적으로도 사용되었다. 상징으로서의 거대한 '정'을 소유하는 데에는 엄격한 규칙이 있었는데, 천자는 아홉 개, 제후는 일곱 개, 경·대부는 다섯 개, 사는 세 개를 소유할 수 있었다. '예'란 들뢰즈/가타리 식으로 말해 '기호체제(régime de signes)'로서 작동했다고 할 수 있다. 국제적 맥락에서 볼 때 중원 사람들은 이 예를 근거로 중원 바깥의 사람들을 '오랑캐'로 간주했다. 역의 방향에서, 이 예/기호체제 바깥에 있었던 초의 장왕이 '구정(九鼎)'을 비웃었다는 사실은 시사적이다. "구정을 믿지 마십시오. (그따위 것은) 우리 군사들의 창날만 녹여도 만들 수 있습니다." 또는 초 장왕의 말은 '예'의 형식성을 비웃으면서 그 실질 — 덕 — 을 강조한 것으로도 볼 수 있다. 어느 경우든 '예'란 중원의 것이었음을 시사한다. 그러나 이 '예'는 이후 동북아세계 전반으로 퍼져나가게 된다.

예컨대 순장 — 을 일소했으며, 인간을 자연과 분리해 이화세계/문화세계 속에서 살 수 있도록 해주었다고 할 수 있다. 주공에 의한 '예'의 정식화는 세계사에서 이루어진 가장 위대한 문명적/문화적 발명의 하나였다고 할 수 있으리라. "주공이 예를 세우고 음악을 울리게 하자 사람들이 모두 그에 따랐다"고 한 것은 이 점을 가리킨다. 훗날 주공의 이 '문화혁명'을 완성코자 한 인물이 공자이다.

이렇게 동북아세계는 기본적으로 '왕조'라는 정치체제와 '예'라는 사회체제를 통해서 존립했다. 여기에 우리는 한자라는 언어의 성격, '문(文)'을 중시하는 나아가 때로는 거의 신성시하는 경향, 문관과 무관의 분리, 문사-관료의 핵심적 역할, 귀족과 관료의 대립, 환관과 외척의 발호, 거대한 궁궐 등등 다양한 요소들을 동북아 왕조국가의 성격으로서 덧붙일 수 있다. 이제 이 체제를 발생적 맥락에서 재음미해보자.

『서경』과 천명사상

현재 역사적으로 일정 정도 재구성할 수 있는 왕조 교체는 상/은 왕조에서 주 왕조로의 교체이다. 이를 통해 서주가 성립했고, 서주의 '예'가 이후 동북아적 삶의 선험적 구조를 형성했다는 점을 감안하면, 이 교체의 과정은 음미해볼 만하다. 이 과정 및 서주의 확립을 기록해놓은 사서가 『서경』이다. 아울러 이 시기를 전후해 다양한 지역들에서 전해진 시들을 모아놓은 『시경』 또한 핵심적인 자료이다. 고대 동북아의 상고 시대를 이해하는 데 『서경』과 『시경』이 차지하는 중요성은 헬라스 상고 시대를 이해하는 데 호메로스와 헤시오도스의 서사시 및 그 후의 서정시들이 차지하는 중요성에 버금간다. 우리는 '시서(詩書)'의 세계를 이해함으로써 고대 동북아세계의 전체 이미지를 어렴풋하게나마 그려볼 수 있다.[29]

---

29) 이하 『시경』과 『서경』은 다음 판본들에 입각해 인용한다. 『시경』, 류종목 외 옮김(명문당, 2012). 『詩經』, 石川忠久 譯註(明治書院, 1997). 『서경』, 김학주 옮김(명문당,

『서경』=『상서』는 공자가 역사 자료를 모아 편찬한 서적으로 알려져 있지만, 공자가 편찬했는가는 논쟁적 문제이다. 아니, 사실 이 저작이 과연 '역사서'인가 자체가 문제가 된다고 하겠다. 지금으로 말하면 '문서들(documents)'을 모아놓은 서적인 『서경』은 『펠로폰네소스 전쟁사』가 그렇듯이 '발문(跋文)'을 많이 수록하고 있다. 그러나 『펠로폰네소스 전쟁사』에서처럼 불꽃 튀기는 논쟁들은 수록되어 있지 않고 일방적인 '훈(訓)'들만을 모아놓았기 때문에, 상대적으로 문학적 가치는 떨어진다. 저작 전체가 앞에서 언급한 하·상·주 구도를 취하고 있거니와, "하의 걸왕이 덕을 잃어서 우리가 그를 친다", "은의 주왕이 덕을 잃어서 우리가 그를 친다"는 식으로, 후대의 왕조가 전대의 왕조를 정복한 것을 정당화하는 이야기들로 차 있다. 한 왕조를 다른 왕조가 대체하는 과정도 어떤 '공식' —— 예컨대 걸왕의 매희, 주왕의 달기, 또 후대의 일이지만 서주 유왕의 포사 등 '경국지색의 요부'들 —— 을 띠는데, 이는 곧 『서경』이 순수한 기록이기보다는 어떤 역사철학적 구도를 구성해서 그것을 전대에 투사한 작품임을 시사한다. 역시 '사후적 구성'이다. 역사를 연구할 때 가장 조심할 점은 역사를 일방적인 역사철학 또는 더 심하게는 소설적 허구/'스토리텔링'으로 각색해버리는 태도이다. 이 점에서 『서경』은 날카로운 비판정신으로 무장하고서 읽어야 할 서물(書物)이라 하겠다.

『서경』은 우(虞)·하·상·주 시대의 일들을 적어놓고 있다. 요·순·우에서 시작해서 서주에서 동주로 천도할 때까지 —— 주가 사실상 망할 때까지 —— 의 역사가 기록되어 있다. 이 점에서 헤로도토스의 『역사』나 투퀴디데스의 『펠로폰네소스 전쟁사』와 비교해 사후적 구성의 성격이 더 강하며, 시각도 다각적이지 않다. 「우서」는 요와 순의 치적을, 「하서」는 우의 치적을 담고 있다. 그러나 이 전적들은 오히려 그 뒤에 나오는 「주서」보다 늦게 쓰였음이 틀림없다. 다시 말해, 후대의 학자들이 '성인(聖人)' 개념을 정립하

2002).『書經』, 加藤常賢 譯註(明治書院, 1983).

46

는 과정에서 성립한 문헌으로 보아야 한다. 성인이란 일찍 문물을 깨달아 사람들에게 사는 법을 가르친 인물들이다. 의식주 등 기초적인 삶의 조건들과 나아가 예·악·형·정(禮樂刑政)을 가르친 인물들이라 할 수 있다. 이 점에서 비극과 초월의 성격을 띠는 지중해세계의 '성인'들과는 그 성격을 달리한다. 요, 순, 우는 아직까지는 전설적인 인물들이라 할 수 있지만 고고학의 발달에 따라 그 실상이 드러날 개연성을 부정할 수는 없다. 그러나 '우하서'가 순수한 기록물이 아니라 후대에 구성된 이야기라는 점은 분명하다. 이런 구성은 사마천의 『사기』에서 굳게 확립된다.

「우하서」는 요, 순, 우 및 이들의 신하인 고요, 익직의 이야기이다. 전체적으로 보아 피비린내 나는 이야기들이 드물고 일종의 교훈서처럼 소박하고 아름다운 이야기들이 전경을 차지한다. 다만 이민족들, 특히 묘족[30])에 대한 경계가 가끔씩 등장한다. 이는 '중화사상(中華思想)'이 생각보다 일찍 나타났음을 시사한다고 볼 수 있다.(물론 이때의 '중화'의 외연은 훗날에 비해 훨씬 작았지만) 이 점은 여타의 지역들, 특히 지중해 지역과 대조적이다. 지중해 지역의 상고 시대는 말 그대로 피비린내가 진동하는 역사였으며, 전쟁의 연속으로 이루어진 역사였다. 이에 비하면 동북아의 상고사는 오히려 순박하고 정감이 넘친다. 그러나 이는 『서경』의 성격이지 실제 역사의 성격은 아닐 것이다. 예컨대 하 왕조는 자주 질박하고 평화로운 시대로 묘사되지만, '夏'라는 갑골문자는 도끼를 든 무시무시한 형상을 띠고 있다.(물론 이 명칭이 하 왕조를 정복한 상 왕조에 의해 부여되었을 가능성도 있다) 정도의 차이가 있었겠지만, 어떤 본질적인 차이가 있었다고는 할 수 없다.[31]

---

30) 흔히 묘족(苗族)은 황제(黃帝)와 천하를 다투었던 치우(蚩尤)의 족속이라고 알려져 있다. 어떤 이들은 이 족속을 지금의 한국 민족의 선조로 보지만(축구 응원팀의 '붉은 악마'의 티셔츠에 치우천왕의 얼굴이 그려져 있다), 김인희의 연구에 따르면 이 삼묘족과 고구려 유민인 먀오족은 서로 다른 갈래라 한다.(『1300년 디아스포라, 고구려 유민』, 푸른역사, 2010)

31) 특히 계급 간의 차별과 갈등은 지중해세계의 경우에 못지않게 분명하다. 상 왕조의 왕은 스스로를 "여일인(余一人)"이라 불렀다. 규모는 판이했지만, 로마에서의 "princeps"

요, 순은 선양(禪讓)을 통해 왕위를 이어갔으며, 우왕에 의해 세습제가 성립한 것으로 되어 있다. 이 시기를 서술하는 부분에서 '혼천의(渾天儀)', '홀(笏)', '사이(四夷)', '사(士)' 같은 개념이나 거북에게 앞일을 물어보았다는 구절 등을 발견할 수 있는데, 이런 대목들이 전해 내려온 이야기들인지 편찬자들이 당대의 개념들을 과거에 투영한 것인지는 판단하기가 쉽지 않다. 후자일 가능성이 높다. 하 왕조의 시조인 우에 대한 서술에서는 그가 어떻게 치수에 성공했는가가 상세하게 기록되어 있다. 이는 고대의 지리 지식을 이해하는 데 자주 참조가 되는 글이며, 상고 시대에 치수가 매우 중요했음을 확인해주는 글이기도 하다.

상/은은 전설상의 나라로 알려져 있었지만 앞에서 말했듯이 갑골문의 발견으로 그 실체가 드러나게 되었다. 따라서 『상서』의 내용을 갑골문에 비추어 해명하는 작업이 진행되었고 지금도 진행 중이다. 『상서』의 첫 대목은 하의 폭군 걸을 탕과 이윤이 쳐서 상을 세우는 이야기로 채워져 있다. 이후에는 탕을 도와 상을 세운 명재상 이윤이 탕의 손자로서 왕위에 오른 태갑에게 훈계한 내용들, 상의 수도를 은으로 옮긴 반경이 백성들에게 천도의 당위를 설명한 글들, 상/은을 중흥시키려 한 고종 무정과 그 신하인 열의 이야기, 고종의 아들 조경이 아버지에게 융제(肜祭) ── 제사 지낸 이튿날 지내는 제사 ── 를 바칠 때 신하 조기가 조경에게 올린 가르침 등이 전개된다. 「서백감려(西伯戡黎)」는 주 왕조를 세운 문왕=서백이 반란을 일으킨 려(黎)를 정벌했을 때 신하 조이가 은의 쇠락과 주의 흥기를 예감하면서 주왕 ── 상/은의 마지막 임금 ── 에게 간언한 내용이다. 「미자(微子)」는 주왕의 형으로서 은이 멸망할 때 다른 곳으로 피신한 미자가 떠

────

를 상기시킨다. 그리고 백성(百姓) ── 이때는 귀족 계층을 가리켰다 ── 과 소인(小人) ── 일반 민중 ── 이 구분되었다. 또, 이와 같은 신분적 차별을 공고히 하기 위해서 귀족들에게 도전하는 평민들을 톱으로 허리를 자르는 등 극악한 형벌로 다스렸으며, 이런 신분 질서에 대해 "예는 평민 이하로 내려가지 않으며, 형은 대부 이상으로 올라가지 않는다"고 표현했다. 나아가 왕후가 죽으면 대규모 순장을 실시하기도 했다.

나기 전에 기자, 비간과 상의한 내용을 담고 있다. 전하는 말에 의하면, 미자는 은거했고, 기자는 훗날 무왕에 의해 고조선(古朝鮮)의 왕이 되었으며 (이는 신빙성이 떨어지는 설로서, 훗날 중화사상의 구도에서 나온 이야기로 해석되고 있다), 비간은 주왕에게 간하다가 죽임을 당했다고 한다. 이는 왕조 교체 시 신하들이 걸어간 세 길을 예감케 한다.

주 왕조는 고래로 문헌들을 통해서 많이 연구된 시대로서 BC 1046년에서 BC 256년까지 지속되었으나, BC 771년 서주가 망하고 낙양으로 천도해 동주가 된 후에는 사실상 유명무실했다고 할 수 있다. 「우하서」와 「상서」가 시대상으로는 앞서지만 작성된 연대는 오히려 후이며, 「주서」는 시대상으로는 후대의 일이지만 작성된 연대는 오히려 앞선다. 즉, 「주서」는 역사적 신빙성이 비교적 높은 문헌이라고 할 수 있다. 앞에서 언급했듯이, 주가 은을 치는 정당성을 역설하는 연설들이 등장한다. 주왕이 오상(五常)을 어겨 그를 치러 간다는 생각이 뼈대를 이루고 있다. 또, 이어지는 「여오(旅獒)」는 '여(旅)'라는 곳에서 주 무왕에게 큰 개를 바쳤을 때 태보(太保)라는 중책을 맡고 있던 소공이 무왕에게 간한 내용을 담고 있다. 당시 사람들 ─ 주로 황하 유역에 살았던 사람들 ─ 은 자신들의 세계를 "구주(九州)"로 생각했으며, 「여오」에서는 그 바깥의 민족들을 "구이팔만(九夷八蠻)"이라고 표현하고 있다. '이'는 동쪽의 이민족들을, '만'은 서쪽의(훗날에는 남쪽의) 이민족들을 가리킨다. 이때 이미 화이관(華夷觀) ─ '중화'의 민족과 '이'를 비롯한 다른 이민족들의 구별/차별 ─ 이 성립했다고 볼 수 있다. 화이관은 사실 이때만 해도 그다지 심각한 것이 아니었으며, 유대인들의 선민사상처럼 그저 일개 종족의 자기중심주의였다. 그러나 이후 진한에 의해 중원이 통일되고 "중국"이 성립하면서 큰 함축을 띠게 되며 동북아 국제질서에 영향을 끼치게 된다.

『서경』이 사후적 구성의 성격이 강한 작품이라고 했거니와, 이 서물을 지배하는 핵심 역사철학은 무엇이었던가? 바로 '천명사상'이다. 이는 추상적으로는 하늘이 정의로운 국가로 하여금 불의한 국가를 치도록 명을 내린다는 것, 덕이 없는 국가를 덕이 있는 국가가 정복함은 '하늘의 뜻'이라는 것을 말하지만, 구체적으로는 주 왕조가 상 왕조를 친 일은 '하늘의 뜻'이라는 주장이다. 하늘의 뜻이 창 — 훗날의 문왕 — 에게 있으니, 그가 폭군 주왕을 치는 일은 정당하다는 것이다. 이 논리는 주가 이미 상을 정복한 후에도 반복되어 나타났는데, 이는 은 멸망의 정당성을 강조함으로써 은 유민의 반격을 무마하기 위한 것이었다. 이 점에서 이 논리는 본격적인 역사철학이기보다는 이데올로기의 성격이 더 강했다고 할 수 있다.[32] 이것이 성공해서인지, 그 후 은은 다시는 일어서지 못한다. 이 강력한 이데올로기는 서주의 체제가 흔들린 춘추시대까지도 유지되었다. 그리고 훗날까지도 정권의 정당화 논리로 유지되었으며, 다른 한편으로는 형이상학으로 승화되어 보다 일반적 지평에서의 정치철학으로서 작동하기도 했다. 전자의 예로는 진 제국으로부터 한 제국으로의 이행을 천명사상으로 정당화한 동중서가 대표적이고, 후자의 예로는 천명사상으로 패권정치를 비판하고 도덕정치를 주장한 맹자가 대표적이다.

봉건제의 탄생

주 왕조는 이렇게 천명사상을 통해서 왕조의 '정당성'을 획득했으나, 이 왕조를 오래도록 지속하게 만든, 나아가 지금까지도 그 흔적을 남길 수 있도록 만든 더 심층적인 체제가 앞에서 언급한 종법제이다. 종법제를 통해

32) '하늘의 뜻'이라는 말은 "우리의 신인 天의 뜻"을 가리킨다고 볼 수 있다. 콘스탄티누스와 리키니우스가 싸우면서 각각 "우리의 신"인 야훼와 유피테르를 내세운 것과 유사한 상황이다. 야훼가 유피테르를 물리치고 로마의 신이 됨으로써 서양 문명의 신 개념으로 자리 잡게 된 것은 주의 '천'이 은의 '제'를 물리치고 동북아 문명의 신 개념으로 자리 잡게 된 것과 유사한 과정이다. 그 후 '천'은 '제'보다 더 보편적인 신으로서 간주되기에 이르는데, 이는 『구약』의 야훼보다 『신약』의 야훼가 더 보편적인 신으로 표상된 것과 유비적이다. 하지만 훗날 '제'는 부활하게 되며, 이제는 은의 제와 주의 천이 아니라 도교의 제와 유교의 천으로서 다시 자웅을 겨루게 된다. 그 후 서양의 신 개념 즉 '데우스(Deus)'가 들어왔을 때 이 개념은 '제' 또는 '상제(上帝)'로 번역되었으니, '천' 못지않게 '제' 역시 오랜 생명력을 유지했던 셈이다.

주 왕조는 동북아 왕조체제의 전형적이고 견고한 모델을 완성하게 된다. 그러나 혈연관계의 구조화와 일치되도록 지역적 배분, 장소의 배치가 보완되어야 했다. 종법제라는 시간의 구조를 보완할 공간의 구조를 만들어야 했던 것이다. 이렇게 해서 등장한 것이 '봉건제'이다. 종법제가 한 인간이 항렬의 구조에서 차지하는 '이름'의 문제라면, 봉건제는 그의 신체가 실제 위치해야 할 '자리'의 문제이다. 전자가 '언표적 배치'의 문제라면, 후자는 '신체적 배치'의 문제이다.[33] 이 두 배치가 결합됨으로써 비로소 한 인간의 동일성/정체성 즉 '이름-자리'='위(位)'가 확립될 수 있었다. 주 왕조가 그토록 오래 존속하고 또 멸망한 이후에도 동북아 왕조체제의 기본 모델이 된 것은 이 이름-자리의 체제를 확고하게 정립할 수 있었기 때문이다.

'봉건(封建)'이란, 글자 자체가 잘 보여주듯이, 땅을 나누어 각 지역에 국가를 수립하게 하는 방식이다.[34] 즉 종법제의 공간적 현실화이며, 이름과 자리를 결합해 '위'를 체계화하는 방식이라고 할 수 있다. 주 왕실은 본래는 서쪽의 기산과 화산 사이를 흐르는 위수에 자리 잡았으며, 수도를 장안 즉 지금의 시안(西安)에 두었다. 그러나 중원을 정복하면서 수도를 동쪽으로, 중원의 중심부라 할 낙수와 숭산이 있는 곳 즉 낙양으로 옮기게 된다. 그리고 서쪽에는 진(秦)을 두어 강력한 융족(戎族)을 막게 하고, 동쪽으로는 관(管), 정(鄭), 허(許), 진(陳), 채(蔡) 등을 두어 방어벽을 구축했다. 은 왕조가 있던 곳(지금의 허난(河南)성 부근)에는 송(宋)을 두어 유민들로 하여금 살게 했으며, 그 주변에 '삼감(三監)' 즉 주공의 세 형제인 관숙, 채숙, 곽숙을 배치해 그들을 감시하게 했다. 그리고 멀리 산동반도 쪽에는 제

---

33) 들뢰즈와 가타리의 언표적 배치와 신체적 배치 개념 쌍에 대해서는 이정우, 『천하나의 고원』(돌베개, 2008)에서 논했다.

34) '封'은 땅을 나누어서 국가들을 세우는 것을 뜻하기도 하지만, 국가들 사이의 경계선을 뜻하기도 했다. 경계에 도랑을 파서 표식하고 파낸 흙을 양쪽에 쌓은 후, 거기에 나무를 심었다.

(齊), 노(魯) 등을 분봉한다. 이 분봉은 종법제라는 혈연관계에 따라 이루어졌으며, 이로써 혈연관계라는 시간적 질서와 분봉이라는 공간적 질서가 하나로 짜이게 된다.[35] 이 구도는 오래도록 동북아 전통 사회를 틀 짓는 구도로서 존속하게 된다.

이미 언급했듯이, 천명사상과 종법제·봉건제를 마련한 인물들 중 핵심은 주공 단이다. 이 때문에 「주서」에는 주공 관련 항목이 많이 나온다. 『서경』에 주인공이 있다면 그는 바로 주공일 것이다. 주공은 노를 분봉받아 거기에 '예'와 '덕'의 문화를 심었으며, 이런 그의 사상은 공자에게로 이어진다. 공자는 주공의 사상을 '정통'으로 보고서 그를 계승코자 했다. "심하구나, 내 노쇠함이. 오래되었구나, 꿈에서 주공을 만나뵌 지가"라는 공자의 한탄이 이 점을 잘 보여준다. 『서경』이 유교적 가치를 담고 있는 서적이라는 점은 주공과 공자 사이의 연계 고리를 통해 분명히 드러난다고 할 수 있다.

천명사상, 종법제, 봉건제는 매우 강력한 통치 이데올로기였지만, 그 행로가 순탄치만은 않았다. 무왕이 죽은 후 어린 아들 성왕(BC 1115~1079년 재위)이 등극하자 삼촌인 주공이 섭정을 맡게 되었다. 이때 관숙, 채숙, 곽숙이 주공이 딴마음을 먹고 있다는 소문을 퍼뜨렸고, 이에 주공은 몸을 피하게 된다. 이들은 은의 마지막 왕이었던 주왕의 아들 무경을 내세워 반란을 일으켰다. 이때 주공은 이들을 쳐 무찔렀고, 무경이 다스리던 곳의 한쪽은 주왕의 형인 미자에게 주어 송이라 불렀고, 다른 한쪽은 동생인 강숙에게 주어 위(衛)라 불렀다. 그러나 그 후에도 성왕은 주공에 대한 의심을 풀

---

35) 따라서 이때의 '봉건제'는 지중해세계의 중세나 막부 시대 일본의 '봉건제'와는 성격이 다르다는 점에 유의해야 한다. 주의 봉건제는 어디까지나 혈연관계와 종교적 형식을 통해서 성립한 것이지만, 지중해세계나 일본에서의 봉건제란 큰 영주와 작은 영주들 사이의 서약('오마주')에 의해 성립한 것이기 때문이다. 그러나 춘추시대에서 전국시대로 이행하면서 주의 봉건제도 점차 혈연적 봉건제에서 서약적 봉건제로 이행하게 된다. 이는 씨족의 해체, 사(士) 계층의 등장과 관료제의 형성, 종교적 믿음/형식의 붕괴, 도시국가에서 영토국가로의 전환 등과 맥을 같이하는 변화였다.

지 못했다. 이때 주공은 성왕에게 시를 바치는데, 이 시가 유명한「올빼미」
로서『시경』,「빈풍(豳風)」에 들어 있다.

鴟鴞鴟鴞!

旣取我子 無毀我室.

恩斯勤斯 鬻子之閔斯!

올빼미야! 올빼미야!

내 자식 잡아먹었으면 내 집일랑 헐지 말아라.

안타까이 길러온 어린 자식이 가엾도다![36]

　그러던 중 무왕이 위독했을 때 주공이 지었던 간곡한 축문이 발견되면
서 성왕의 의심이 풀리게 된다. 축문의 내용은「금등」에 실려 있다. "金縢"
은 쇠줄로 묶는다는 뜻으로, 축문을 궤짝에 넣고 쇠줄로 묶어 봉했기 때문
에 이런 제목이 붙었다. 이 진심 어린 축문을 보고서 성왕은 오해를 완전히
풀게 된다. 축문에서 주공은 스스로를 "어질어 돌아가신 아버님의 뜻을 잘
따르고, [학문적] 재능과 기예에 능해 귀신을 잘 섬긴다"고 묘사하고 있다.
주공은 이 말로써 귀신들에게 무왕 대신 자신을 데려가달라고 빌고 있다.
그 후 주공은 성왕이 장성하자 그에게 정권을 넘겼으며 주 왕실에 끝까지
충실했다.

---

36) "치효(鴟鴞)"는 '올빼미'라고 번역했지만 정확히 그에 상응하는 새는 아니다. '부엉이'
라고 번역할 수도 있다. 어쨌든 악조(惡鳥)로 일컬어진 새이다. 여기에서는 삼감 즉 관
숙, 채숙, 곽숙을 뜻한다. "내 자식 잡아먹었다"는 것은 무경이 자신이 받은 땅을 망쳐
놓았다는 것을, "내 집일랑 헐지 말아라"는 것은 주 왕실까지도 무너뜨리는 말라는
것을 뜻한다. "안타까이 길러온 어린 자식"은 물론 무왕의 어린 아들 성왕을 뜻한다. 동
북아 왕조국가의 역사를 이루는 핵심 요소들 중 하나는 삼촌과 조카의 관계이다. 왕이 일
찍 죽었을 때, 삼촌이 형의 아들을 잘 보필해 순탄하게 왕조를 이어가느냐 아니면 조카
를 삼켜버리느냐가 중요했다. 전자의 예로는 지금의 주공을, 후자의 예로는 조선조의
수양대군을 들 수 있다.

지중해세계의 역사가 수많은 민족들의 난립과 투쟁의 역사인 데 반해 고대 동북아세계의 역사는 "한족(漢族)"이라는 단일 민족의 왕조들이 교체되어간 역사라고 생각한다면, 그것은 큰 오해이다. 지중해세계와 지리적 구조는 전혀 달랐지만, 고대 동북아세계 역시 무수한 이민족들이 명멸한 공간이었다. '중국'의 역사가 마치 어떤 공동의 틀 내에서 성씨들만 교체되어간 역사라고 보는 것은 훗날 중원 대륙을 차지한 사람들이 사후적으로 구성한 역사일 뿐이다. 사마천은 『사기』에서 '오제' — 황제, 전욱, 제곡, 요, 순 — 를 정립하고 하·은·주 삼대에 연속성을 부여했다. 아울러 염제와 치우 등을 악역으로 배치함으로써 동북아의 역사를 일종의 선/악의 구도로, 정통/이단의 구도로 정립했다. 이렇게 본래 극히 이질적이고 역동적이었던 역사를 추후에 매끄럽게 재단하고, 또 선/악, 정통/이단의 구도로 구성해냄으로써 비로소 "중국"이라는 하나의 동일성을 마련했던 것이다. 그리고 그 이전에 바로 『서경』이 이미 이러한 재구성의 원형을 마련했다고 할 수 있다.[37] 상고 시대를 논할 때, 우리는 사후적으로 구성된 이 동일성 아래로 내려가 다채롭고 역동적인 차이생성을, 실제 역사를 들여다볼 필요가 있다. 동북아 '중원'의 역사를 말할 수는 있어도 '중국'이라는 특정한 나라의 역사를 말할 수는 없다.[38] 그리고 그 중원의 역사는 다양한 종족들이 복잡하게 얽히면서 만들어낸 역사일 뿐이다.

---

37) 니콜라 디코스모, 이재정 옮김, 『오랑캐의 탄생』(황금가지, 2005). 헤로도토스와 투퀴디데스의 역사서에도 이런 면이 없다고는 할 수 없다. 그러나 상대적으로 이 저작들은 페르시아와 헬라스, 아테네와 스파르타의 관계를 공정하게 다루고 있다. 이 점에서 『서경』, 『사기』는 오늘날의 개념을 사용한다면 훨씬 "이데올로기적인" 역사서이다.
38) '중국'이라는 말은 중원의 바깥에 위치했던 여러 국가들이 그때그때 중원에 위치했던 나라를 부르는 별칭일 뿐이다.

§3. '천하무도'의 시대와 '사'의 등장

주 왕조는 강력한 국가를 형성했으며, '예'의 체제를 확립하고 고전 문화를 정착시켰다.[39] 그러나 주 왕조를 떠받쳐주던 종법제가 서서히 흔들리면서 왕조 자체도 점차 쇠미해진다. 서역 융족의 압력을 못 이겨 마침내 BC 770년에 낙양으로 천도한 후에도 주 왕조 — 동주 — 는 명목상으로는 '주'라는 이름을 유지했다. 그러나 실질적으로 중앙의 천자는 유명무실해지고 각 지방의 제후들이 서로 세력 다툼을 벌이기에 이른다. 명목상의 동주는 결국 후대에 '춘추전국시대'라 불리게 된다. 전반부는 춘추시대를, 후반부는 전국시대를 형성한다.[40] 동주는 내내 혼란기였다. 형제끼리 죽이는 것은 다반사고 때때로 아버지가 자식을 죽이고 자식이 아버지를 죽이는 일까지 일어난 이 시대를 공자(BC 551/552~479)는 '천하무도(天下無道)'의 시대라고 불렀다. 그러나 이 천하무도의 시대가 역설적으로 갖가지 도(道)를 찾는 철학들을 풍부하게 발전시켰다.

동주에 이르러 이런 변화가 나타난 이유는 물론 여러 가지가 있지만, 늘 그렇듯이 가장 중요한 이유들 중 하나는 경제적 변화에 있었다. 중원 대륙만이 아니라 동북아 역사 전체를 놓고서 볼 때 가장 중요한 것은 땅=토지

---

39) 주공의 봉토가 노 지역이어서 주 왕조의 문화는 노나라를 요람으로 했다. 노 소공 2년 (BC 540년) 진(晉)에서 파견된 사절인 한선자가 노나라가 보존하고 있는 서주의 문화를 발견하고는 "주례(周禮)가 모두 이 노에 있었구나. 내 이제야 주공의 덕을, 주가 천하를 통일한 이유를 알겠구나" 하고 경탄했다는 기록이 남아 있다.(『좌전』,「소공 2년」) 훗날 이러한 경탄은 사마천에 의해, 이번에는 공자를 향해 발해진다.(『사기』,「공자세가」, 정범진 외 옮김, 까치, 1994) 주공이 분봉받았던 노의 수도가 곡부(曲阜)였고 훗날 이곳에서 공자가 태어나게 된다.

40) '춘추'는 공자가 편집한 『춘추』에서, '전국'은 전한 시대의 유향이 편찬한 『전국책』에서 유래한다. 춘추시대와 전국시대의 구분에 대해서는 몇 가지 이설이 있다. 사마천은 「육국연표」에서 원왕 원년(BC 475년)으로 잡고 있고, 사마광은 『자치통감』에서 주 위렬왕 23년(BC 403년)으로 잡고 있다. 그러나 중원의 강국이었던 진이 한(韓), 위(魏), 조(趙) 삼국으로 갈라진 해인 BC 453년으로 보는 것이 일반적이다. 이견이 많은 것은 물론 이 이행이 여러 단계에 걸쳐 일어났기 때문이다.

이다. 대개의 다른 지역 역시 마찬가지였지만, 농업에 근간을 두었던 동북아의 역사는 땅의 역사, 토지의 역사였다. 숱한 사건들이 토지를 둘러싸고 발생했다. 근대 이후 산업혁명의 역할에 대해 많이 논의하지만, 전통 사회에서의 농업혁명 역시 핵심적인 역할을 했다. 여러 차례의 농업혁명이 있었거니와, 사실 상고 시대 농업혁명의 결과는 19세기 산업혁명의 결과보다도 컸다고 보아야 한다. 농업혁명이 일어나면 사회 전반이 흔들리게 되고 커다란 변화가 도래한다. 이 '땅'의 맞은편에 '하늘'이 존재한다. '하늘'은 역사를 통해 두텁게 쌓인 의미론적 두께를 담고 있는 말이지만, 기본적으로는 형이상학적 가치를 담고 있는 말이다. 그리고 그 사이에 '사람'이 있다. 동북아 사람들의 삶과 사상은 늘 하늘과 땅 사이에서, 형이상학과 사회경제사 사이에서 전개되었다.

서주 시대 말에 이르러 몇 가지 중요한 기술적 발전이 있었고, 이를 통해 농업혁명이 일어난다. 가장 핵심적인 것은 철기의 사용이다.(본격화하는 것은 춘추 후반기에 이르러서이다) 보습은 땅을 깊게 팔 수 있게 해주고, 괭이, 호미, 삽, 낫 등의 농기구들이 노동력을 크게 강화해주게 된다. 농기구들이 철로 만들어지면서 생산력이 놀랍도록 증가하게 된 것이다. 청동기 시대에서 철기 시대로의 전환은 많은 변화를 가져온 세계사적 사건으로서, 고대 동북아 역시 유사한 변이를 겪기에 이른다. 여기에 우경이 또한 중요한 역할을 해서, 소를 이용함으로써 생산량이 비약적으로 증가하게 된다. 또, 분뇨를 비료로 이용하는 법도 알게 된다. 더불어 이모작의 방법도 발견된다. 아울러 황무지들이 개간되기 시작하면서 농토 자체가 크게 넓어진다. 이런 여러 기술 개발 및 새로운 농법들을 통해 농업의 생산력이 비약적으로 높아진 것이다.

생산력의 비약적인 발달은 오히려 인간사회에 갈등과 분쟁을 가져온다. 새로운 기술이 발견되고 생산력이 크게 증가할 때면, 빈부의 격차가 심해지고 계급의 분화가 발생한다. 이는 세계사의 거의 철칙과도 같다. 변화의 바람을 타고서 부자가 되는 사람이 있는가 하면, 새로운 환경에 적응하지 못해 낙오하는 사람도 있게 된다. 고대 동북아에서 부자가 된다는 것은 곧 부농이 된다는 뜻이며, 부농이 된다는 것은 그만큼 넓은 땅과 많은 노동력을 독점한다는 이야기이다. 이런 흐름의 대척점에는 자신의 땅을 빼앗기고 소작인으로 전락한 빈농들이 존재했다. 자영농이 몰락해 소작농이 되는 현상이 심화되는 것은 곧 그 사회가 멸망의 길에 접어들었음을 보여주는 바로미터였다. 왕조의 붕괴를 암시하는 결정적 징후는 곧 소작민의 증가인 것이다. 소작농이 더욱 전락하면 유민이 되고, 그중 힘이 센 자들은 산적, 화적, 해적 등이 된다. 소작민들은 왕족의 대척점에 존재하지만, 왕족의 운명을 보여주는 것은 곧 소작민들의 상황이다.

부농들은 축적된 잉여가치를 세금으로 냄으로써 신체적 속박, 더 넓게 말해 신분적 속박에서 벗어나기 시작했다. 이것이 종법제 붕괴의 핵심적 이유이다. 그들은 오늘날의 졸부와 같은 존재가 되어 기존의 사회질서를 무너뜨리게 된다. 공자가 '소인'이라는 말로 뜻하는 바는 여러 가지가 있거니와, 그중 하나는 바로 당대의 졸부들이다. '군자(君子)'와 '소인'은 귀족과 평민을 가리켰지만, 공자는 이 개념 쌍을 신분적 의미로부터 인성적 의미로 변환했다. 그리스에서 '아레테' 개념의 변환과 유사한 맥락을 띠고 있다 하겠다. '소인'이 증가하는 사회적 혼란을 통해 기존의 질서, 특히 종법제와 봉건제가 흔들리게 되고 '천하무도'의 시대가 도래하게 되었다. 그러나 또한 이런 카오스로부터 여러 새로운 사상과 문화가 꽃필 수 있었던 것도 사실이다. 이는 아테네의 카오스적 상황 — 물론 이때의 카오스는 판이한 뉘앙스에서의 카오스이지만 — 에서 소피스트들이 쏟아져 나온 것과 유사한 상황이다.

기존 질서가 붕괴된 장소들에서 갖가지 새로운 문제들이 발생했고, 시대는 이 문제들을 해결해줄 '전문가들'을 요청했다. 사회가 복잡해지고 난해해지면 질수록 전문가/지식인이 요청된다. 예전에 단지 대부(大夫) 이하의 하급 관리들을 뜻했던 '사(士)'라는 존재가 새로운 뉘앙스를 띠면서 시대를 담지하게 된 것이 이 시대였다. 복잡해진 사회 속에서 난해한 문제들을 맡게 될 '지식인 계층'이 등장하기 시작한 것이다. 과거에 지식인의 역할을 했던 '무'와 '사(史)'가 물러가고 이제 새로운 계층인 '사'가 등장하기에 이른다.[41] 이 '사' 계층은 자신들의 전문 지식을 내세워 점점 힘을 키워갔고 후에는 마침내 '사대부' 계층이 된다. 그러나 이 시대의 사 계층은 공·경·대부 계층에 비해 훨씬 낮은 지위에 속했다. 귀족 계층은 혈연관계를 통해 귀족으로 태어난 사람들이었던 데 비해 '사' 계층은 실력으로 관료가 된 사람들이었다. 따라서 이 두 집단 사이에는 넘기 힘든 장벽이 존재했고, 늘 갈등이 있을 수밖에 없었다. 물론 성공한 '사' 계층이 자식들을 낳으면 그 자식들은 귀족으로 태어나게 된다. 그러면 이제 이 귀족과 새로운 관료 계층이 대립하게 된다. 동북아의 역사는 **지식인 계층과 귀족 계층 사이 투쟁의 역사**로 볼 수 있다.

이 '사'들은 하급 관리로 봉사하기도 했지만 또한 세객(說客), 유협(遊俠), 자객(刺客), 예인(藝人) 등등이 되어 중원을 떠돌아다녔다. 자신들의 재능을 알아봐주고 자신을 써줄 왕·후나 경·대부를 찾아서 유행(流行)했던 것이다. 춘추전국시대는 이렇게 왕후·경대부 같은 가장 상위의 존재들과 소작민 같은 가장 하위의 존재들은 토지에 정착해 있고, 그 사이의 중간 계층은 중원 전역을 떠돌아다니는 모양새를 띠었다. 그리고 이 '사'들 중 특히 문사(文士) 집단은 당대를 이끌어갈 각종 사상을 쏟아냄으로써 이 시대를 '제자백가'의 시대, '백가쟁명'의 시대로 만든다. '사'의 직책은 극히 다양했으나 역시 '정치적 의견'을 낸 문사 집단이 핵심이었다. 소피스트들

---

41) 이 '사'의 의미에 대한 한 해석이 공자의 해석이고, 이는 '유' ─ 원래 제사를 담당해 주는 전문가 집단이었다 ─ 의 개념에 대한 재규정으로 이어진다. 앞에서 언급했듯이, 공자는 '유'를 '무' 및 '사'와 분명하게 구분한다. "신명(神明)에 들어 점을 치되 천수를 모르면 '무'일 뿐이고, 천수를 안다 해도 덕을 모르면 '사'일 뿐이다. 신명에 들어 점을 치되 천수로 나아가고 나아가 천수를 밝히되 덕으로 나아가면 비로소 '유'라 할 것이다."(마왕퇴 백서『역전』,「요(要)」) 이 백서에서는 공자가 '무', '사', '유'를 뒤의 것들이 앞의 것들을 포괄하면서 발전해나가는 것으로 묘사하고 있으나, 공자는 '사'는 '무'를, '유'는 '무'·'사'를 극복해간 것으로 파악했다는 점도 염두에 두어야 한다.

의 핵심 영역이 정치 연설과 재판에서의 연설이었던 점과 유사하다. 이들은 이 혼란한 시대를 어떻게 끌고 갈 것인가에 대한 각종의 해(解)를 내놓음으로써 시대를 이끌어가려 했던 것이며, 바로 이들이 동북아적 의미에서의 '철학자'들이었다고 할 수 있다. 이 점에서 동북아의 철학은 그 핵심에 있어 정치철학이다. 춘추전국시대는 '사'의 시대, '~자(子)'·'~가(家)'의 시대, '세객'의 시대이며, 무수한 인물들과 사상들이 역사를 수놓은 흥미진진한 시대이다.

이런 과정은 곧 사학의 시대가 활짝 열렸음을 보여준다. 상고 시대에 '사학(私學)'이란 존재할 수 없었다. 일반인이 책을 쓰고 유통시키고 토론하고 강의하는 등의 행동은 허용되지 않았다. 대체적으로 자연 현상은 '무'가, 역사 – 문화 현상은 '사'가 담당했던 것이다. 이집트, 인도를 비롯한 다른 지역들에서도 그랬듯이, 언어 특히 글은 신성한 것이었고 따라서 글은 항상 권력을 함축했다. 글은 국가에서 관리하는 것이었다. 이제 이 시대에 와서 처음으로 민간에서 자유롭게 행하는 사학이 등장한다. '~자'라고 불린 학문의 선생들이 이렇게 해서 등장할 수 있었다. 비로소 '자학'의 시대가 열릴 수 있게 된 것이다. '경학(經學)'과 '자학(子學)'은 다르다. 경학은 상고 시대부터 내려오는 어떤 보물, 일종의 기밀 같은 것이었고, 자학은 민간에서 이뤄지는 자유로운 학문이었다. 이제 자학이 성립하면서 제자백가들에 의해 난세 극복의 사상들이 봇물 터지듯 쏟아지게 된다.

그러나 이 시대의 제자백가들은 소피스트들과 그 성격이 달랐다. 민주주의의 장 속에서 활동했던 소피스트들의 상대는 시민들이었다. 원칙적으로 모든 이들이 정치적 연설을 해야 하고 재판정에서 고발 또는 자기변호를 해야 했던 상황에서, 소피스트들은 시민들에게 '말로 이기는 법'을 가르칠 수 있었다. 반면 제자백가는 어디까지나 왕조사회에서 활동했던 인물들·학파들이었다. 그들의 상대는 시민들이 아니라 권력자들이었다. 이들이 설득해야 했던 상대는 왕후들, 경대부들이었던 것이다. 이 때문에 유사한 상황(거대 권력이 해체된 자유공간)에서 또 유사한 방식(정치적 언설들의 제시)으로 활동했지만, 이 두 집단의 담론적 행위는 판이했다고 할 수 있다. 소피스트들은 자유롭고 활기찬 공기를 호흡했으며 기본적으로 사적인 담론행위에 몰두했다. 그러나 제자백가는 잔혹하고 무거운 공기를 호흡했으며, 이들의 담론행위는 민중의 삶과 죽음에 직결되는 극히 진중한 것이었다. 이들에게 소피스트적인 농변 같은 것은 상상조차 하기 어려운 것이었다. 지중해세계에서와 동북아세계에서 지식인들의 성격은 이렇게 판이했다.

2장 '역'의 사유: 사건, 의미, 행위

    동북아 철학의 전사를 이야기했거니와, 이제 제자백가에 대한 본격적인 논의에 들어갈 차례이다. 하지만 이 논의 이전에 우선 동북아 철학사의 '공통필수과목'을 다루는 것이 필요하다. 어떤 정치적 입장을 취하는가에 관계없이 동북아 지식인들이 공유했던 지적 지평을 우선 음미해볼 필요가 있다. 이는 곧 동북아 지식인들이 일반적으로 가졌던 자연관·세계관이 어떤 것이었는가와 관련된 문제이다. 동북아 철학자들 대부분에게 공통의 기초를 제공했다고 할 수 있는 두 담론은 곧 '역학'과 '기학'이다. 역학과 기학은 지중해세계의 철학에서 자연철학·형이상학이 맡았던 역할을 동북아세계에서 수행했다.

    지중해세계의 철학이 궁극적인 존재, 영원한 존재를 찾아 나섰다면, 동북아세계의 철학은 인간이 걸어가야 할 길='도'를 찾아 나섰다고 할 수 있다. 서구 전통 철학의 핵이 '아르케' 탐구에 있다면, 동북아 전통 철학의 핵은 '도'의 탐색에 있다 하겠다. 서구 철학이 어떤 근원적인 점(點)을 찾아 헤맸다면, 동북아 철학은 어떤 근원적인 선(線)을 찾아 헤맸다고 할 수 있다. 그러나 '도'를 찾는 것은 일정한 이론적 토대 위에서 가능했다. 이 토대를 구성하는 핵심적인 두 개념을 동북아인들은 '역'과 '기'로 보았다. 역학과 기학이 동북아인들의 공통필수과목인 것은 이 때문이다. '역'은『주역』에서 다루어졌고, '기'는『황제내경』을 비롯한 여러 저작들에서 다양한 방식으로 다루어졌다.

§1. '역'이란 무엇인가

'역(易)'은 세계에 대한 동북아 사람들의 가장 기본적인 직관을 담고 있다. 이 직관은 헤라클레이토스의 그것과 유사하게 세계란 끝없는 생성임을 보았다. 보다 엄밀히 말해, 끝없는 생성이 세계의 '본질'이라는 생각이다. 현상적으로 세계가 끝없는 생성이라는 사실은 누구나 인정하는 사실이기에 말이다. 헤라클레이토스와 '역'은 이 보편적인 직관을 단지 재확인한 것이 아니라 세계의 본질로서 확립한 것이다. 지중해세계의 철학사가 파르메니데스의 그림자 아래에서 그것과 투쟁하면서 전개되었다면, 동북아세계의 철학사는 기본적으로 헤라클레이토스적인 직관을 토대로 전개되었다.

'역'은 일차적으로 끝없이 생성하는 세계의 성격을 가리킨다. 그래서 일찍이 "生生之謂易", 낳고 또 낳는 것, 끊임없이 생기하는 것, 항구적인 생성을 '역'이라 했다. 그러나 헤라클레이토스에게서 "만물 유전"이 결국 로고스에 의해서 지배되듯이, '역'의 사유에서도 '생생'의 현실은 단순한 카오스가 아니라 그 근원에서 이법의 지배를 받는 것으로 이해된다. 바로 그렇기 때문에 세계의 항구적이고 다채로운 생성은 결국 어떤 간명한 원리에 따라 이루어지는 것으로 이해되었다.[1] 바로 이 로고스적 생성을 사유하고

---

1) '역'에는 세 가지 뜻이 있다. 1) 이간(易簡)은 간명함을 뜻한다. 천지의 모든 현상이 음양 두 효(爻)의 조화이기에 역은 간명하다. "건(乾)은 알기 쉽고 곤(坤)은 행하기에 간

개념화하고 부호화하고 거기에서 의미를 읽어내려는 것이 '역학'이다.

『주역』을 생성의 서책이라고 할 때 이 '생성(becoming)'이라는 말을 어떻게 이해할 것인가? 생성에는 무수한 종류가 존재하고, 이 때문에 변화(change), 변형/변환(transformation), 운동(movement/motion), 전이(transition), 전환(translation), 이동(transfer), 변이(variation), 변동/변질(alteration), …… 등 상당히 많은 개념들이 존재한다. 세계가 생성을 그 핵으로 하느니만큼 생성의 양상들도 극히 다양하다.

생성을 분류한 대표적인 경우들 중 하나인 아리스토텔레스의 분류를 상기해보자.(1권, 7장, §2) 존재론적 어휘, 즉 가장 넓고 근본적인 개념은 '생성'이다. 아리스토텔레스는 그 자신의 존재론에 입각해 생성을 실체에서의 '변화'와 성질에서의 '운동'으로 구분했다. 실체의 변화는 실체의 생성 즉 '탄생'과 '소멸'까지 포함하지만, 성질들의 운동은 실체가 보존되는 한에서의 생성을 뜻한다. 그리고 운동은 다시 세 가지로 구분된다. '질적 변화'는 우리가 일반적으로 '변화'라는 말로 가리키는 것이다. '양적 증감'은 사물들에서의 수적인 변화를 가리킨다. '장소의 이동'은 오늘날의 공간 이동에 해당하는, 공간적인 변화를 가리킨다. 공간적 'motion'은 질적인 생성까지 포함하는 'movement'의 한 종류이다. 그리스어의 번역은 일본 철학자들에 의해 전통 문헌들을 참조해서 이루어졌거니와, 두 언어를 상응시킬 때 거기에는 작지 않은 뉘앙스 차이가 개재하기에 완벽하게 상응시키는 것은 불가능하다. '生成', '變化', '運動', '變質', '增減', '移動' 같은

명하니, 쉬워서 알기에 용이하고 간명해서 따르기에 용이하다."(「계사전 상」, 1장) "무릇 건은 씩씩하여 용이함을 드러내며, 곤은 부드러워 간명함을 드러낸다."(「계사전 하」, 1장) 2) 변역(變易)은 끝없는 생성을 뜻한다. "끝없이 생하는 것이 역이다."(상, 5장) 동시에 3) 불역(不易)은 이법 그 자체는 변하지 않음을 뜻한다. "움직임과 멈춤에는 법칙성이 있으니, 그로써 강함과 유함이 결정된다."(상, 1장) 물은 늘 흐르지만 그 흐름의 이법 자체는 변하지 않는다. 인간은 늘 태어나고 죽지만 인간의 인간-됨 자체는 변하지 않는다. 그래서 변역이자 불역이다. 역은 모순 가운데 통일이 있고, 복잡함 가운데 조화가 있음을 믿는 사상으로서 '분석적 사유'와 구별되는 특성을 갖는다.

말들은 모두 해당 서구어의 뉘앙스에 정확히 상응하지 않지만, 일단 위와 같이 정리해볼 수 있다. 그렇다면 동북아 전통 자체 내에서 생성은 어떻게 구분되었을까? 이 경우에도 매우 복잡한 개념적 구조와 변화가 존재하지만, 가장 기본적인 것으로서 운·동·변·화라는 네 개념을 구분할 필요가 있다.

'운'의 뉘앙스는 경제학에서 "자금을 운용한다", 한의학에서 "운기를 조절한다", 일상어에서 "운전하면서 돌아다닌다", "회사를 운영한다", "운신의 폭이 좁다" 같은 말들에 잘 나타나 있다. 이렇게 '운'은 순환의 이미지, 돌고 도는 이미지를 함축한다. '運'이라는 글자는 본래 전차들을 빙 둘러서 배치하고서 작전하는 것을 뜻했다. 이런 맥락에서 "운이 좋다/나쁘다", '운명', "가운이 기울었다" 같은 말들의 뉘앙스도 잘 음미해볼 수 있을 것이다. 이 '운'은 지중해세계의 철학에서는 상응하는 말을 찾기가 쉽지 않은, 세계와 삶에 대한 동북아인 특유의 직관을 담고 있는 개념이다.

'동'의 뉘앙스는 물리학이나 공학에서 "동력을 전달하다", 군대에서 "동작 봐라 이거!", 형사들이 말하는 "동태가 좀 수상한데?" 같은 말들에 잘 나타나 있다. 아리스토텔레스의 '장소 이동'에 비교적 가깝지만, 좀 더 질적인 뉘앙스를 담고 있다. 또, '동'에는 일반적인 맥락에서의 운동과 더불어 어떤 움직임이 처음 발생할 때의 상황의 의미도 들어 있다. "마음이 동할 때마다" 같은 표현에 이런 뉘앙스가 잘 나타나 있다. 이 점에서도 'motion'으로 환원되지 않는 복합적인 의미가 깃들어 있음을 확인할 수 있다. '운'의 개념에서도 그렇고 '동'의 개념에서도 그렇거니와, 동북아의 개념들은 지중해세계의 개념들에 비해 좀 더 많은 의미를 압축하고 있다. 의미론적 주름(semantic fold)이 더 많다고 표현할 수 있을 듯하다.[2] 이 점은

---

2) '의미론적 주름' 개념을 '의미론적 거리' 개념과 구분해 이해할 필요가 있다. '의미론적 거리' 개념은 이정우, 『진보의 새로운 조건들』(인간사랑, 2012)에서 규정한 바 있다. '의미론적 주름'은 맥락에 따라 '의미론적 두께'로도 쓰고자 한다.

한자의 성격이자 동북아 문명 전반의 성격이기도 하기에, 이 문명을 연구할 때 반드시 염두에 두어야 하는 점이다.

'변'은 남녀 사이에서 "애인이 변심했어", 미술에서 "그림이 오래되어 변색되었다", 음악에서 "변성기에 들어선 청소년들" 같은 말들에서 그 뉘앙스를 알 수 있다. 잘 살펴보면 알 수 있지만, '변'이라는 말에는 질적으로 바뀜이라는 어감이 깃들어 있다. 차에 시동이 걸려 나아가는 것은 '동'이고 도시 안을 돌아다니는 것은 '운'이지만, 그 차에 색을 다시 칠했다면 그것은 '변'이다. 연인들이 도서관에서 영화관으로 가는 것은 '동'이고 서울 거리를 쏘다니는 것은 '운'이지만, 마음이 변해서 헤어지는 것은 '변'인 것이다. 역학에서 다루는 것에는 '운'이나 '동'도 포함되지만 기본적으로 '변'이라고 할 수 있다. '변괘(變卦)', '변역(變易)'을 비롯한 많은 용어들이 이 점을 시사한다. 『주역』이 서구어로 때로 "Book of Change"로 번역되는 것은 이런 맥락에서이다.

'화'는 '화학'이라든가 일상어에서 "책상이 불에 타 잿더미로 화했다", 일본 전통 문화에서의 '화학'(예컨대 너구리가 인간으로 변하는 식의 변신술), 장자가 말한 "化而爲鳥", 일반적으로 많이 쓰이는 '~화'와 같이 사용되는 말들에서 볼 수 있다. 이 예들을 살펴보면 알 수 있듯이, '화'는 '변'보다 더 근본적인 바뀜의 뉘앙스를 함축한다. '化' 자는 본래 사람들이 죽어 누워 있는 모양을 뜻했다. 실체 자체에서의 변화를 함축한다. '변'의 경우 연인들, 그림, 청소년들, 자동차라는 실체는 그대로이다. 반면 화학적 변화라든가, 책상이 연소된 경우라든가, 너구리의 변신, "화이위조"의 경우는 실체 자체에서의 바뀜을 뜻한다. 근본적인 변화를 뜻하는 것이다. 『주역』은 때로 "Book of Change and Transformation"으로 번역되기도 하는데, 이는 '변'과 '화'를 구분해 번역한 경우라 할 수 있다.

이렇게 운·동·변·화는 각기 뉘앙스를 달리한다. 물론 언제나 명확히 구분되는 것은 아니고, 또 모든 사람들이 보편적인 규정하에 이 말들을 사용하는 것도 아니다. 그리고 각각이 다른 글자와 결합되어 사용되는 경우가 대부분이기 때문에 그때마다 뉘앙스가 바뀌기도 한다. 그러나 우선은 이 네 개념을 정확히 구분해놓을 필요가 있다.

역학은 운·동을 포함해서 변·화를 다루는 학문이다.[3] 고대 동북아인들은 변화에서 세계의 본성을 찾았고, 그 변화의 이치를 알고자 했다. 지중해 세계의 자연철학이 변화를 넘어서는 영원한 것을 찾고자 했다면, 동북아인들은 변화 자체를 존재론적으로 긍정한 후에 그 이치를 찾고자 했다. 변화하는 것들을 넘어 영원하고 순수한=자기동일적인 것을 찾으려 한 지중해세계의 철학에 비해, 동북아의 사유에는 변화에 보다 밀착된 감응이 짙게 스며들어 있다. 그러나 지중해세계의 철학은 생성/변화를 점차 긍정하면서 그것을 설명코자 했고 동북아세계의 철학은 변화를 받아들이면서도 그 속에서 어떤 이법을 찾으려 했다는 점을 감안한다면, 이 두 철학 전통의 차이가 얼핏 느껴지는 것처럼 큰 것은 아니다. 두 전통 사이의 보다 큰 차이는 다른 점들에서 찾아야 한다. 그러나 우선은 '역'의 기초적 사항들을 잠시 짚어보자.

'역'이란?

"역"이라는 말은 무엇을 뜻하는가? 역은 무엇을 하는 학문인가? 기본적으로 생성을 다루는 학문이다. 그렇다면 어떤 생성을 다루는가? 우선 '운동'보다는 '변화'를 다룬다고 할 수 있다. 자연철학의 맥락에서 볼 때 운동은 물리적 맥락에서 성립하는 반면, 변화는 화학적 맥락에서 성립한다. 그러나 "사회 운동"과 "사회 변화" 같은 말에서 볼 수 있듯이, 이 말들이 자

---

3) 역학(易學)과 역학(力學)의 차이는 동북아 문명과 서구 문명의 차이를 상징적으로 드러낸다. 동북아인들이 '易'을 탐구해 자연과 인간의 관계 및 사건, 의미, 행위를 탐구했다면, 서구인들은 '力'을 탐구해 자연을 과학기술적으로 다루었다고 할 수 있다. 전자의 경우는 객관세계에 대한 탐구가 상대적으로 결여되어 근대 문명의 흐름에서 뒤처지게 되었고, 후자의 경우는 인류를 자연의 과학기술적 조작으로 인한 후유증에 시달리게 하고 있다.

연철학적 맥락 이상의 훨씬 복잡한 맥락에서 사용될 수도 있다. 역은 일단 변화를 다룬다고 할 수 있지만, 그 의미는 운동을 포함해 매우 넓은 맥락에 걸쳐 있다. 기본적으로, 역의 변화는 세계의 시간적 변화와 공간적 변화를 뜻한다.[4] 또 괘를 놓고서 생각할 경우, 양효에서 음효로의 그리고 음효에서 양효로의 이행을 비롯한 다양한 형태의 변환을 뜻하기도 한다.(때로, '변'은 음에서 양으로의, '화'는 양에서 음으로의 이행을 뜻하는 것으로 변별되기도 한다) 전자는 세계 자체에서의 변화이고, 후자는 세계에 대한 표상체계에서의 변화이다. 물론 양자는 상응한다.

'역'은 어떤 맥락에서 생겨났는가? 극히 다양한 해석이 존재하거니와, 우선 분명한 것은 '역'이 점복에서 출발했다는 점이다. 단옥재의『설문해자주』에 따르면, 이 글자는 도마뱀을 뜻하는 '蜴(척)'/'蜥蜴(석척)'에서 왔다고 한다.[5] 도마뱀은 역과 어떤 관련이 있을까? 도마뱀은 늘 색깔이 변한다는 사실이 변화='역'을 시사했을 것이다. 이 관련성은 동북아 샤머니즘이 무격에 의해 즉『좌전』이나『사기』에 나오는 '환룡씨(豢龍氏)', '어룡씨(御龍氏)', '축룡씨(畜龍氏)' 등에 의해 주도되었다는 점을 감안하면 잘 이해할 수 있다. 이들은 바로 우룡신(雨龍神)을 통어하는 무축(巫祝), 하늘의 정령을 통어하는 우사(雨師)였다. 여기에서 파충류, 비, 농사, 주술이라는 네 항의 연관성이 떠오른다. 용은 파충류이다. 파충류는 비와 밀접한 관련을 가진다. 그리고 비는 농사와 밀접한 관련을 가진다. 농업이 주축이었던

---

4) 주희는 '교역(交易)'과 '변역'을 구분해주고 있다. "음양에는 시간적 측면[流行]과 공간적 측면[定位]이 있다. '한번 동(動)하고 한번 정(靜)하니, 서로가 그 뿌리가 된다'는 말은 그 시간적 측면을 말하는 것이니, 추위와 더위가 교대로 오고 감이 바로 그것이다. '음과 양이 나뉘어 양의(兩儀)가 선다'는 말은 그 공간적 측면을 말하는 것이니, 천지가 상하 및 동서남북으로 되어 있음이 그것이다. 이렇게 '역'에는 두 가지 뜻이 있다. 하나는 변역으로서 그 시간적 측면이고, 다른 하나는 교역으로서 그 공간적 측면이다."(「易一」,『朱子語類』, 卷65, 1602頁)『주자어류』는 다음 판본에서 인용한다. 朱熹,『朱子語類』(中華書局出版, 1994).

5) 段玉裁,『說文解字注』(上海古籍出版社, 1988), 459頁. 위서(緯書)에서는 일(日)과 월(月)의 조합으로 보는 견해도 나타난다.

전통 사회에서 비는 핵심적인 자연현상이었고, 따라서 농사일은 파충류와 연관되었다. 첫 번째 괘인 건괘에 용이 등장하는 것도 이와 연관된다. 그렇다면 환룡씨, 어룡씨, 축룡씨는 바로 파충류들을 관찰함으로써 비를 예측했던 샤먼이었을 것이다. 제자백가가 등장하기 이전에 담론계를 지배했던 존재인 '무'는 자연현상 특히 비를 관장했던 샤먼이기도 했다. 그렇다면 왜 '역'이 '척'에 연관되는지가 분명해진다. 팔괘를 그렸다고 하는 복희는 "사람 머리에 뱀의 몸을 가진" 존재였다고 하며, 또 '용사(龍蛇)'로 불렸다고도 한다. 복희는 파충류를 통해서 비를 예측했던 '우사(레인 메이커)'였을 것이다. 물론 역의 형성은 농사일에 관련해서만이 아니라 인간사의 여러 대소사를 망라하는 다양한 맥락에서 이루어졌을 것이다. 그 후 '수'의 원리에 입각한 시초점, '상'의 원리에 입각한 효와 괘, '사'의 원리에 입각한 괘사와 효사가 형성되어 『역경』이 성립되었다. 그리고 후에는 단전과 상전이 쓰여서 각 괘에 배치된다.

역은 이렇게 '무'의 주술에서 시작되었다. 그렇다면 언제부터 구체적으로 '역'의 형태를 띠었을까? 『한서』에는 "복희가 괘를 그리고, 문왕이 중괘(重卦)하고 사를 붙였으며, 공자가 전(傳)을 지었다"는 입장이 게재되어 있다. 그러나 그 후 이런 생각은 여러모로 비판적으로 검토되었다. 예컨대 「계사전」 하에 "역을 지은 자는 우환이 있었을 것이다"라 했고 이것은 흔히 문왕이 유리라는 곳에서 7년 동안 유폐되어 있을 때 역의 '사'를 지었다는 이야기와 통하는 것으로 받아들여졌으나, 이와 맞지 않는 곳이 여럿 존재한다. 하나의 예로서 승괘(升卦) 4 - 六[6]의 상사는 "왕께서 기산에서 제사를 지내는 것은 사리를 따르는 것이다"인데, 여기에서의 왕을 전통에 따라 문왕으로 이해할 경우 이것은 시대적으로 맞지 않다. 은을 무너뜨린 무왕이 아버지 문왕을 추호(追號)했는데, 효사에 문왕이 나오는 것은

----

6) 전통적인 표기법과 달리 표기했다. 보다 알기 쉽도록 효의 순서는 아라비아 숫자로, 음/양의 구분은 전통에 따라 '六', '九'로 했다.

이해하기 어렵다. 훗날에는 이런 점들을 감안해 괘사·단사는 문왕이, 효사·상사는 주공이 지었다는 설이 정착하게 된다. 주희는 "경은 복희가 그린 것이고, 문왕과 주공이 사를 붙였으며, 거기에 공자가 열편의 전을 지어 붙였다"는 설을 정착시켰다. 그러나 이 설도 이후 의문에 붙여지게 된다. 「역경」은 아마도 서주 초기, 더 넓게 잡아 전기에 성립했을 것으로 추정되며, 문왕, 주공과 복관(卜官)들이 '사'들을 붙이거나 정리하고,[7] 그 후 많은 수정을 거쳐 오늘날의 형태에 이르른 것으로 보인다.

십익(十翼)을 공자가 지었다는 것에 대해서도 여러 이설이 있다. "공자께서 만년에 역을 사랑하여 위편(韋編)이 세 번이나 끊어졌다." "내 오십이 되어 역을 배운다면 큰 허물[大過]이 없을 것이다." 이와 같은 말들은 공자가 십익을 지었다는 설을 지지해준다. 그러나 『논어』의 구절들 자체에 대해서 이설이 많아 논쟁거리가 된다. 십익 중에서 「단전」 상하와 「상전」 상하는 『춘추』, 『논어』의 문장과 유사점이 많아, 어떤 사람들은 단·상 두 전만큼은 공자가 지었을 것이라고 주장하기도 한다. 그러나 공자가 직접 지은 글만이 아니라 전국시대에 이르러 후학들이 공자의 말에 가탁해 지은 부분들도 있는 듯하다. 아니면 아예 다른 가능성, 즉 기존의 『역경』——『백서주역』—— 을 통행본 『주역』으로 개찬한 인물(들)에 의해 이루어졌을 가능성도 높다. 「계사전」 상하와 「문언전(文言傳)」은 「단전」, 「상전」 이후에 쓰인 것으로 보이며, 『맹자』, 『중용』 등과 유사점이 많다. 따라서 이 또한 공자의 후학들에 의한 것일 개연성이 높다. 또 「서괘전(序卦傳)」, 「설괘전(說卦傳)」, 「잡괘전(雜卦傳)」은 전국 말~한초의 문장으로 보이고, 내용상

---

7) 역이 무왕의 사공(司空) 즉 재정 출납 관리자에 의해 만들어졌다는 설도 있다. 이 경우 역의 기원이 점복에 있기보다는 상업적/회계적 맥락에 있다는 것이 되며, 기존의 설과는 상당히 다른 또 하나의 해석 갈래가 성립한다. 특히 '역'에 등장하는 수적 측면이 이런 맥락에서 이해된다. 괘들은 수의 원리에 따라, 즉 소양의 수인 7, 소음의 수인 8, 노양의 수인 9, 노음의 수인 6을 토대로 그려졌던 것으로 보이기 때문이다. 이 경우 '易' 자도 도마뱀이 아니라 '日'과 '月' 또는 '日'과 '勿'이 결합된 것으로 이해된다. 이는 매우 흥미로운 문제이며, 특히 이 두 해석 갈래의 관련성이 논쟁적인 주제가 된다.

으로도 이 시대를 반영하는 것으로 보인다. 결국 십익 역시 한꺼번에 지어진 것이 아니라 공자 시대나 그 이후에 「단전」 상하와 「상전」 상하가, 전국시대에 「계사전」 상하와 「문언전」이, 그리고 전국 말에서 진한 시대를 거치면서 「서괘전」, 「설괘전」, 「잡괘전」이 저술되었을 것으로 짐작된다.

역의 의미

역에는 여러 측면이 혼재되어 있지만, 가장 큰 구도에서 본다면 자연의 관찰을 중시하는 면이 있고 인간사를 통찰하는 면이 있다. 그렇기에 상수학(象數學)과 의리학(義理學)이 나뉜다. 그러나 정확히 말한다면, 역의 사유는 항상 자연과 인간의 접면(接面)에서 펼쳐진다고 할 수 있다. 그것은 인간사에서 자연으로 올라가 자연이 인간세계에 처음으로 드러나는 차원에 주목하며, 반대 방향으로 말해 자연의 운행이 의미와 문화/역사의 차원으로 편입되어 들어오는 최초의 면에서 포착된다. 이 점에서 역은 '사건의 철학'과 근저에서 통한다.[8]

> 『역』은 천지에 준(準)해서 이루어진 책이며, 따라서 능히 천지의 도를 두루 통찰한다(彌綸). 우러러 하늘의 무늬(天文)를 읽어내고 굽히어 땅의 얼개(地理)를 살피니, 그로써 어두운 곳과 밝은 곳의 까닭(幽明之故)을 알겠도다.(「계사전 상」, 4장)[9]

---

8) 이정우, 『사건의 철학』(그린비, 2011). 이와 같은 이유에서, 전자의 측면에만 주목할 경우 역은 사이비 자연과학이 되어버리고 후자의 측면에만 주목할 경우 역 고유의 자연철학적 맥락은 누락되어버린다. 역의 사유는 자연과 문화의 접면에서 펼쳐지는 사건의 철학으로 이해되어야 하며, 상수학과 의리학은 따로 떨어져서가 아니라 이 접면에서 서로 닿아 있을 때에만 의미를 가질 수 있다.
9) 『주역』은 다음 판본들을 참조해 인용한다. 『주역』, 정병석 역주(을유문화사, 2010). 鈴木由次郎, 『周易』(弘文堂, 1957). *Yi King, Le livre des transformations*, par Richard Wilhelm/Etienne Perrot(Médicis‐Entrelacs, 1973). *I Ching, Book of Changes*, by James Legge(Random House, 1996).

역학은 어디까지나 천지에 근거한다는 것이 중요하다. 이 점에서 단순한 작위가 아니다. 고대인들에게 "천지에 준한다"는 것은 곧 하늘 - 땅과 인간 사이에 간극을 만들지 않음을 뜻했다. '산다'는 것, 더 넓게는 '존재한다'는 것은 때로는 몹시 힘겹고 두려운 것으로 다가오곤 한다. "왜 살아야 하는가?", "도대체 왜 세계가 존재하는가?", "죽음을 포함해, 세상의 이 모든 고통과 비극의 이유/의미는 도대체 무엇인가?", 이런 물음들을 반추하면서 인간은 삶에 대해, 존재/세계에 대해 앙심(怏心)을 품게 된다. 철학의 목적은 무엇일까? 그것은 삶 ── 생로병사를 모두 포괄하는 의미에서의 삶 ── 과 더 나아가 존재, 존재한다는 것과 자신의 간극을 메우려는 인간의 노력이다. '산다는 것', '존재한다는 것'과 화해하기, 더 나아가 그것들을 사랑하기, 함께 노닐기. 사실, 철학의 본질적 문제는 단 하나이다: 어떻게 인생을 사랑할 수 있을 것인가? 나아가 어떻게 존재/세계와 함께 노닐 수 있을 것인가? 이 문제에 대해 감성적인/즉물적인 해결로 만족하거나, "좋은 게 좋다"는 식의 간단한/게으른 결론으로 치닫거나, 외부적인/제도적인 장치들에 내맡기거나 하지 않고, 사유로써 집요하게 길을 찾아갈 때 철학이 성립한다. 동북아세계의 철학자들은 이렇게 해서 도달하고자 하는 경지를 '천인합일(天人合一)'이라 표현했다. "천지에 준한다"는 것은 바로 이 천인합일의 추구를 함축한다. 그것은 '산다는 것', '존재한다는 것'이 함축하는 아픈 간극이 소멸된 경지이다. 그렇기 때문에 이들에게 천지는 '설명'의 대상이 아니었다. 더 정확히 말해, '대상'이 아니었다. 무엇인가를 '대상화'한다는 것은 이미 주체가 그것을 장악하는 것을 함축하기 때문이다. 이들에게 천지는 나타남〔象〕 자체였고, 그 뜻을 기다리고 따라야 할 존재였다. "천지에 준한다"는 것은 이 점을 뜻하며, 『역』은 바로 이러한 정신에 입각해 만들어진 서물이다.

『역』은 이렇게 만들어졌기에, 천지의 도 ── 자연의 길 ── 를 두루 통찰한다.[10) 하늘의 길은 천지의 운행을 뜻하며, '미륜'은 부분적 지식이 아니라 전체적 통찰을 말한다. 이는 역학이 일단 그리스적 의미에서의 자연철학임을 뜻한다. 하늘의 현상과 땅의 조리를 관찰해 만든 것이 역이며, 그로써 그 다양한 것들을 모두 꿰어서 일이관지(一以貫之)하고 있음을 말하고 있다. 바로 그렇기 때문에 역은 어두운 곳과 밝은 곳, 즉 음과 양, 곤과 건의 이치를 환하게 밝혀준다고 할 수 있다. 한강백(韓康伯)은 "유명(幽明)이란 형태가 있는 것과 형태가 없는 것의 상(象)"이라고 했다.[11] 이는 현재의 인간세계를 '유'로, 과거와 미래의 인간세계를 '명'으로 이해하는 것으로 볼 수 있다. 가시와 비가시를 존재 양상에 입각해 또는 현실성과 잠재성에 입각해 설명한 것이다. 그러나 이는 진·당(晉唐) 역학 특유의 추상화된 해석으로 보이며, 위의 구절 "우러러 하늘의 무늬를 읽어내고 굽히어 땅의 얼개를 살피니"와 썩 잘 조응하지는 않는 듯하다. 음양/건곤의 이치로 이해하는 편이 좋을 것이다. 역이란 일단은 자연에 관한 경건한 관찰에서 시작한다고 할 수 있다.

역에서 중요한 것은 괘와 상과 사이다. '卦'는 글자 자체가 보여주듯이 땅 위에 효들을 그으면서 점을 치는 행위에서 유래했다. '효'란 어떤 정황에 대한 판단을 담고 있는 최소 단위의 부호로서, 양효와 음효 — 기(奇)인 — 그리고 우(偶)인 -- — 로 구성된다. 양효와 음효는 뜨거움과 차가움, 남성과 여성, …… 같은 '대립자'가 아니다. 음과 양 개념 쌍과 음효와 양효 개념 쌍을 구분해야 한다.[12] 그것은 '임'과 '아님'이라는 원초적인 판단의 부호이다. 괘는 효들의 계열이다. 효들이 선형으로 그리고 일정한 방향으

---

10) '미륜'에 대해 주자는 "'미'는 '미봉(彌縫)'의 미와 같으니, 연합하여 맺는다는 뜻이 있다. '륜'은 조리(條理)를 선택한다는 뜻이 있다"는 주를 붙이고 있다.(주희, 백은기 역주, 『주역본의』, 여강, 1999) 레그는 "shows us, without rent or confusion"으로, 빌헬름/페로는 "on peut grâce à lui comprendre et diviser"로 번역하고 있다.

11) 韓康伯, 『周易正義』(九州出版社, 2010), 361頁.

12) 이는 곧 「역경」의 체계와 「역전」의 체계 사이에 간극이 있음을 말한다. 전자는 어디까지나 점서이지만, 후자는 거기에 철리(哲理)를 투영한 것이다. 핵심적인 것으로, 「역경」에서의 음효와 양효는 0과 1의 관계이지만 「역전」에서의 음효와 양효는 이미 음양오행설의 관점이 스며들어 있는 이항대립자인 것이다. 두 사유체계는 상당히 다르다. 이는 상수학과 의리학이 갈라지게 되는 또 하나의 맥락이다.

72

로(아래에서 위로) 배열된다는 점이 중요하다. 괘는 3개(예컨대 ☷) 또는 6개(예컨대 ䷀)의 효들로 구성된 것이기에 'diagram'(레그)으로, 더 정확하게는 'hexagramme'(빌헬름/페로)으로 번역된다. 괘는 여러 정황, 여섯 단계의 정황들이 계열화된 것을 부호화한 계열이다. 각각의 부호는 '요소'를 형성하고, 세 요소 즉 세 효가 하나의 괘를 구성한다. 세 효로 이루어진 두 괘가 중괘되어 여섯 효로 이루어진 하나의 괘가 구성되며, 이때 두 소괘가 '부분'을 형성하고 이 두 부분이 모여 하나의 대괘를 형성한다. 이런 식의 구조가 매우 흥미롭고 또 중요한 의미들을 담고 있다. 여섯 요소와 두 부분으로 구성된 이 괘(대괘)는 예컨대 양-양-음-음-양-양(䷄) 같은 계열, 또는 다른 방식으로 표현한다면 1-1-0-0-1-1, 채움-채움-비움-비움-채움-채움 같은 구조를 띠는 계열이다. 요컨대 괘란 '또는'/택일의 형식을 띠는 두 부호 중 하나를 각 경우의 요소로 해서 세 요소로 구성되는 계열, 또는 더 완정하게는 여섯 요소(두 부분)로 구성되는 계열을 뜻한다. 이런 부호체계는 다른 문명에서는 보기 힘든 고대 동북아 문명의 독특한 산물이다.

괘는 '상'을 상징/표상한다. '상'은 단순한/물리적 의미에서의 기호가 아니라, 어떤 의미, 특정한 정황이 함축하는 의미를 담고 있는 형태(figure)이다. '상'은 어떤 실체로서 우리에게 나타나는 것이라는 점에서는 자연적인 것이며, 무엇인가를 뜻하는 의미로서 나타나는 것이라는 점에서는 문화적인 것이다. '상'은 자연과 문화의 접면에서 태어나는 사건-의미 이중체 또는 기화-사건-의미 삼중체이다. 「계사전 상」(2장)에서는 "성인이 '괘'를 긋고, '상'을 관찰해 '사'를 겹으로써, 길함과 흉함을 밝히려 했다"라 했지만, 사실 '상'은 괘 이전에 존재하며 괘는 '상'을 부호화한 것이다. 인용문에서 '상'은 괘가 형성된 이후 그 표상물에서 읽어내는 이차적 층위에서의 '상' 즉 괘상(卦象)이다. 각 사건-의미는 어떤 특정한 정황을 나타내며, 하나의 사건이 하나의 효로 그리고 사건들의 계열 즉 전체 정황은 효들의 계열로 표상된다. 요컨대 '상'이란 하나의 사건-의미, 나아가 여러 사건-의미들의 계열이며, 효에 의해 또 집합적으로는 괘에 의해 표상된다.

'상'을 관찰해서 만든 것이 '효'이고, 그 효에 붙인 말이 '사'이다. 효는 '상'을 표상한다. 각각의 효는 부호와 더불어 '사' 즉 '효사'로 구성된다. 효사는 특정한 정황에 대한 원초적인 보고이다. 이 효사에 대한 메타적인 판단이 상사이며 핵심적 역할을 한다. 상사와 단사는 본래 '전'으로서 따로 편집된 것이었으나, 후에 앞으로 빼서 각각의 괘효에 붙게 된다. 그리고 하나의 정황을 부호화하는 한 괘 전체에 대한 판단으로서 괘사가 있다. 결국 역경은 괘와 상과 사로 구성된다. '상'은 특정한 정황이 띠는 사건 - 의미이며, 이것이 효와 괘로서 부호화된다. 그리고 이렇게 표상된 상에 대한 언어적 판단으로서 사가 각 효와 괘에 붙는다. 그렇다면 각 사는 무엇을 말하고 있는가? 결국 각 효의, 전체적으로는 각 괘의 '길함'과 '흉함'을 말한다. 사건 - 의미(들)에 대한 판단, 그것은 곧 길함과 흉함이다. 이는 역학이 점복의 연장선상에서 성립했음을 잘 보여준다. 이상이 "성인이 괘를 긋고, 상을 관찰해 사를 걺으로써, 길함과 흉함을 밝히려 했다"는 말의 의미이다.

괘의 구조와 작동 방식에서 가장 기본적인 것은 강유의 밀고 당김 — 헤라클레이토스의 구도에서처럼, 강함과 유함(건괘와 곤괘, 양과 음)의 투쟁이 만물을 낳는다 — 을 통해서 양에서 음으로의 또 음에서 양으로의 이행이 생겨난다는 점이다. 이 이행 — 사건들의 계열화 — 을 효들의 이행으로 부호화하고, 효들의 이 계열화를 통해서 괘를 파악한다. 무엇을 위해서일까? 우리 삶은 얻기도 하고 잃기도 하는 것이요, 지나간 일을 안타까워하기도 하고 닥쳐올 일에 짓눌리기도 하는 것이요, 나아가기도 하고 물러나기도 하는 것이요, 낮을 맞이하기도 하고 밤을 맞이하기도 하는바, 이 얻음과 잃음, 안타까움과 짓눌림, 나아감과 물러남, 낮과 밤이라는 현상들의 의미를 파악하려면 바로 길흉, 회린, 변화, 강유라는 사건 - 의미들을 읽어내야 하기 때문이다. 바로 그렇기 때문에 길흉, 회린, 변화, 강유는 득실, 우우, 진퇴, 주야의 '상'인 것이다. 읽어내야 할 의미는 득실, 우우, 진퇴, 주야이고,

의미를 담고 있는 독해 대상 즉 현상/사건은 길흉, 회린,[13] 변화, 강유이다.

하나하나의 사건, 나아가 각 사건이 띠는 정황들은 하나의 효로 부호화된다. 그리고 여섯 효가 일정한 순서로 계열화되어 하나의 괘를 형성한다. 이를 '6효의 움직임'이라 부르고 있다. 예컨대 서른세 번째 괘[14]인 둔괘(遯卦)는 음-음-양-양-양-양(☰)으로 구성되어 있으며(간하건상), 열 번째 괘인 이괘(履卦)는 양-양-음-양-양-양(☰)으로 구성되어 있다(태하건상).[15] 효들은 계열을 형성하기 때문에 기본적으로 **계열학적으로** 분석될 수 있다.[16] 각 효가 자리 잡고 있는 위(位),[17] '하'괘와 '상'괘의 관련

---

13) '후회(悔)'와 '큰 후회(吝)'는 '흉'보다는 정도가 낮다. 또, '구(咎)'는 재앙을 만남을 뜻하며 '려(厲)'는 위기를 만남을 뜻한다. 『주역』에는 '무구(無咎)'가 특히 많이 나오는데, 역학이 지향하는 바를 함축하는 말이다.

14) 「서괘전」의 순서가 합리적인가에 대해서는 고래로 많은 논의가 있다. 괘명들이 반드시 논리적으로 배치되어 있는 것은 아니기 때문에, 그 순서에 대한 해설은 다소간 무리를 동반한다고 해야 한다. 각 괘의 명칭은 일관된 방식으로 만들어진 것이 아니며, 따라서 괘서 또한 충분히 일관된 방식으로 배치된 것은 아니라고 해야 할 것이다. 물론 건괘와 곤괘가 가장 앞에 온 것을 비롯해서 괘서가 단순히 무작위적인 것은 아니다.

15) 일반적으로는 '건상간하(乾上艮下)', '건상태하(乾上兌下)' 식으로 표기한다. 그러나 효의 생성은 아래쪽에서 위쪽으로 이루어지므로, 위에서와 같이 하는 편이 더 자연스러울 것이다.

16) 역학에서 효들의 계열학적 이해는 핵심적이지만, 6효의 흐름이 반드시 일관되지는 않다. 예컨대 신체의 아래에서 위로 이행하면서 6효가 진행되는 간괘(艮卦)나 함괘(咸卦) 같은 일관된 괘도 있지만, 그렇지 않은 괘들이 많다. 이는 역경이 처음에는 점 친 결과들을 단순히 모아놓은 것이었으나(또는 더 단순한 의미에서의 기록일 수도 있다) 후에 점차 철학적 의미를 부여받아왔음을 가리키며, 그런 과정이 충분히 완정한 결과에 다다르지 못했음을 가리키기도 한다. 따라서 6효의 계열학도 충분히 정합적이라고 하기는 어렵다. 이는 곧 역의 사유가 어느 순간 경으로 인정됨으로써 그 후에는 그것에 주석을 달 수는 있을지언정 그 내용 자체를 고칠 수는 없게 되었음을 함축한다. 하나의 텍스트가 '경(經)'이 되는 순간 그 수정이 불가능하게 되고, 그 결과 불완전성이 고착되는 이런 과정은 담론사에서 종종 목격된다.

17) 이 '위'는 공간적 맥락에서의 위 즉 괘의 구조에서 차지하는 위치를 가리킬 수도 있지만, 내용상으로는 시간의 흐름 속에서 각 사건들의 순서 즉 시위(時位) — 현대 식으로 표현해 '시계열' — 를 가리키기도 한다. 사실상 시위가 먼저 존재하며, 효들의 '위'는 이 시위를 공간적으로 표상하는 것이라는 사실을 염두에 둘 필요가 있다.

성, 이웃하는 효들 사이의 관련성(현대 식으로 말해 '이웃관계'), 효들의 '위'
가 가지는 각종 의미, 계열에서의 주효(主爻) ── 특이점 ── 의 핵심적 역
할, 또 다양한 방식의 계열학적 변환[18] ── 내용은 다르지만, 지중해세계
논리학에서의 '환위', '환질', '이환' 등과 통한다(1권, 7장, §1) ── 이 가져
오는 흥미로운 결과들 등등, 이 모두가 6효가 계열학을 통해 분석될 수 있
음을 말해준다. 이것이 곧 '육효지동(六爻之動)'이다.

이와 같은 여섯 효의 움직임이 하늘·땅·사람의 도를 말해주고 있다. 흔
히 아래의 두 효를 땅에, 중간의 두 효를 사람에, 위의 두 효를 하늘에 대응
시킨다. 그래서 하나의 괘는 '천지인 삼재'가 걸어가는 하나의 길을, 삶의
한 유형을, 사건들의 한 계열화 방식을 말해준다. 그러나 이런 해석은 무리
를 동반한다.[19] 요소(각 효들)와 부분(두 소성괘) 그리고 전체(대성괘)라는
체계와 충돌을 일으키기 때문이다. 물론 두 관점을 괘효의 구조에 대한 두
해석체계로 볼 수는 있으나, 역학 전체로 볼 때 후자가 일관성이 있다. '천
지인 삼재'라는 현실의 3항을 효의 구조에 무리하게 대응시키기보다는,
6효 특히 효사에 대한 이해가 하늘의 길과 땅의 길과 사람의 길을 밝혀준
다는 원칙론의 표명으로 이해해야 할 것이다.

누가 '역'의 이치에, 효와 괘의 계열화, 유형, 방식에 관심을 가졌을까?
바로 목숨을 걸고 정치를 하는 군자들, 지식 - 관료들이다. 그래서 군자들

18) 음효의 자리 옮김에 따라 음괘(손괘 ☴, 리괘 ☲, 태괘 ☱)가 그리고 양효의 자리 옮김
에 따라 양괘(진괘 ☳, 감괘 ☵, 간괘 ☶)가 정해지는 구도(대괘의 경우도 성립한다),
음효가 양효로 변하고 양효가 음효로 변함으로써 본괘(本卦)가 지괘(之卦)가 되는 구
도, 6효 중 특정한 세 자리(2 - 3 - 4나 3 - 4 - 5)를 가지고서 소괘를 만드는 '호체(互體)'
등 많은 형태의 계열학적 해석체계가 존재한다. 다산 정약용이 『주역사전(周易四箋)』
(방인/장정욱 옮김, 소명출판, 2007)에서 전개한 논의가 그 백미를 이룬다.
19) 이외에도 괘효의 구조를 다른 사항들에 상응시키려는 다양한 시도들, 예컨대 8괘를 가
족관계에 대응시키는 것 등이 존재하지만, 견강부회(牽强附會)가 많고 게다가 체계들
사이에 일관성도 없어 혼란스럽다. 이런 현상은 동북아 철학의 도처에서 나타난다. 지
중해세계의 철학이 플라톤적인 '실체화'의 병을 앓았다면, 아시아세계의 철학은 역학
에서 전형을 볼 수 있는 '견강부회'의 병을 앓았다.

은 물러나 있을 때에는 역을 연구하고, 조정에 나와 있을 때에는 점을 친다. 역학/역술이 세상의 변화에 민감할 수밖에 없는 지식 - 관료들이 정세의 '변동'을 파악하기 위해서, '시세(時勢)'를 읽고 대처하기 위해서, 특히 '봉변(逢變)'을 당하지 않기 위해서 행한 것이라는 사실을 짐작할 수 있다. '역'은 애초에 주로 자연세계를 겨냥해서 만들어졌지만, 유리에 갇힌 문왕의 역할이 사실이라고 한다면 거기에 '우환의식'이 투영되어 새롭게 의미를 부여받은 것이라 보아야 한다. 역의 사유는 결국 '길흉'의 예측을 그 핵으로 했던 것이다. 각종 '사'들에서 신중함을 그토록 반복해서 강조하는 것 또한 이와 같은 맥락에서 이해할 수 있다. 이 점에서 역은 일종의 정치철학서이기도 하다.[20]

역은 변화를 부호화했다. 이때의 부호는 단지 어떤 사물/사태를 지시할 뿐인 기호도, 또 어떤 숨겨진 의미를 담고 있는 상징 — 해석학에서의 '상징' — 도 아니다. 따라서 역에 대한 '과학'적 접근이나 '해석학'적 접근은 방향을 잘못 잡은 것이다. 부호는 자연과 문화의 접면에서 파열하는 어떤 현상/사태의 의미 — 특히 가치론적 맥락에서의 의미 즉 길흉 — 를 부호화한 것이며, 어떤 일정한 '정황'을 가리킨다. 한 정황은 '효'에 의해 부호화되며, 일정하게 계열화된 효들은 '괘'에 의해 부호화된다. 효의 계열화는 여러 사건들의 계열화를 뜻하며, 하나의 사건이 아니라 사건들의 계열화를 통해 의미, 판단, 행위가 성립한다는 점에 역의 핵심이 있다. '역'은 그 근본에 있어 사건의 철학에 의해 이해되어야 하는 것이다.

---

20) 역의 정치철학은 단지 군자들의 처신이라는 소극적 내용만을 담고 있는 것은 아니다. 사괘(師卦)라든가 임괘(臨卦), 정괘(井卦) 등에서 잘 볼 수 있듯이 이 정치철학은 기본적으로 민본사상이며, 혁괘(革卦)의 경우가 그렇듯이 때로는 혁명의 사상도 보여준다. 그러나 이런 생각들도 어디까지나 전통 사회의 신분질서를 전제하는 한에서 이루어졌다.

§2.『역경』의 구조

『역경』의 구조는 우리에게 무엇을 말해주고 있을까?『역경』이 구성되어 있는 방식 자체가 우리에게 동북아 사유의 여러 중요한 성격을 말해준다. 21번째 괘인 서합괘를 예로 들어보자.

서합(噬嗑)

뢰화서합(雷火噬嗑)

噬嗑 亨 利用獄.

象曰, 頤中有物 曰 '噬嗑'. '噬嗑而亨' 剛柔分 動而明 雷電合而章 柔得中而上行 雖不當位 '利用獄'也.

象曰 雷電噬嗑 先王以明罰勅法.

初九 屨校滅趾 无咎. 象曰, '屨校滅趾' 不行也.
六二 噬膚滅鼻 无咎. 象曰 噬膚滅鼻 乘剛也.
六三 噬腊肉 遇毒 小吝 无咎. 象曰 遇毒 位不當也.
九四 噬乾胏 得金矢 利艱貞 吉. 象曰 利艱貞吉 未光也.
六五 噬乾肉 得黃金 貞厲 无咎. 象曰 貞厲无咎 得當也.
上九 何校滅耳 凶. 象曰 何校滅耳 聰不明也.

첫 번째 괘인 '건'에서 마지막 괘인 '미제'에 이르기까지 64괘 모두에는 '괘명'이 붙어 있다. 지금의 경우는 '서합'이다. 각 괘명은 각 괘 의미의 핵심을 포착해주고 있거니와, 그 성격은 괘마다 미세하게 다르다. 어떤 것들은 보다 추상적인 의미를 담고 있는 반면, 어떤 것들은 보다 구체적인 것을 의미한다. 서합괘는 이미지의 성격이 두드러지는 괘라 하겠다. '서'는 음식물을 씹는 것을 뜻하며, '합'이란 윗니와 아랫니를 가지런히 해서 입을 절도 있게 다무는 것을 뜻한다. 서합괘는 형벌에 관련된 괘로서, 입안의 음식물을 씹어 없앰으로써 입을 차분하게 닫는 이미지에 입각해 있다. 괘가 뜻하는 바와 괘명 사이의 '의미론적 거리'가 꽤나 큰 괘이다. 여기에서 음식물은 사회적 범죄 또는 범죄 요인을, 씹는 것은 이것들을 소멸시킴을, 입을 다무는 것은 사회를 안정시킴을 뜻한다. 모든 괘는 이렇게 각각의 괘명을 가지고 있다. 그러나 그 작명의 원칙이라든가 본문과의 관계가 수미일관하지는 않다.

『역경』은 추상적인 것을 구체적인 것으로 형상화하고 있다. 크게는 여섯 개 사건이 계열을 이루면서 이루어지는 정황/의미라는 비교적 추상적인 것들을 하늘/乾, 연못/兌, 불/離, 우레/震, 바람/巽, 물/坎, 산/艮, 땅/坤이라는 구체적 형상들로 표현하고 있다. 거꾸로 말한다면, 이 형상적인 것들은 매우 다양하게 '해석'될 수 있는 내용들을 담을 수 있다. 이는 곧 형상으로서의 괘와 의미로서의 괘 사이에 존재하는 의미론/지시관계가 매우 복잡하고 자의적일 수 있음을 뜻한다. 복잡한 경우는, 그것이 'complicated'가 아니라 'complex'인 한에서, 문제가 되지 않으며 오히려 흥미로울 수 있다. 그러나 자의적인 것은 문제이다. 역학이 흔히 견강부회로 흐르는 것은 바로 이 때문이다. 이는 뒤에서 다룰 오행 이론의 성격과 유사하다. 우리가 든 예의 경우, '뢰화'라는 구도는 이 괘가 우레를 뜻하는 진괘와 불을 뜻하는 리괘로 구성되어 있음을 말하고 있다. 이 괘는 진괘와 리괘가 중괘된 것이다.[21] 이 중괘의 구조가 이 괘의 의미를 핵심적으로 지배한다. 해석할

---

21) 앞에서도 말했듯이, 역학 전체가 아래에서 위로 진행된다는 점에서 '화뢰'보다는 '뢰화'로 아래에서 위로 읽는 것이 좋지 않을까 싶다.

때에는 아래에서 위로 올라가면서 해석한다. 즉물적으로 해석해서 이 괘는 천둥 위에 불이 있는 형상이다. 이처럼 괘의 상을 자연철학적으로 해석하고 그것을 바탕으로 인간사를 논하는 방식을 '괘기설(卦氣說)'이라 한다. 각 괘의 '기'를 본다는 뜻이다. 의미론/지시관계가 자의적일 수 있는 해석이다. 상수학에서는 괘의 이런 구조를 '상'과 '수'로서 해석한다.

'괘상'은 역경의 핵심을 이루는 알맹이이다. 괘상은 사건들의 계열이 형성하는 정황=의미를 상(象)/형상(形象)으로서 즉 이미지로서 표현한 것이다. '상'에 대해서 왕필은 다음과 같이 말한다.

> 무릇 '상'이란 뜻[意]에서 나온다. 말[言]은 형상을 밝혀주는 것이다. 뜻을 밝혀내는 데에는 형상만 한 것이 없고, 형상을 밝혀내는 데에는 말만 한 것이 없다. 말은 형상에 근거하기에 말을 살펴 형상을 볼 수 있고, 형상은 뜻에 근거하기에 형상을 살펴 뜻을 볼 수 있다. 뜻은 형상을 통해 드러나고, 형상은 말을 통해 드러난다. 따라서 말은 형상을 밝혀주기 위한 것이기에 형상을 얻었다면 말은 잊어야 할 것이요, 형상은 뜻을 존재케 하기 위한 것이기에 뜻을 얻었다면 형상은 잊어야 하리라.(「주역약례(周易略例)」)

괘상이란 어떤 정황의 뜻=의미를 밝혀주는 것이다.[22] 뜻을 밝히기 위해 형상을 이용한 것이 『역경』이다. 따라서 괘상은 형상에 근거하며 뜻을 밝히기 위한 도구이다. 따라서 장자의 말마따나[23] 토끼를 잡으면 올가미는 잊어야 하고 물고기를 잡으면 통발은 잊어야 하듯이, 형상을 얻었으면

---

22) 이로써 왕필은 괘상을 수리적으로 즉 일종의 수비학으로 푼 한대 상수역(象數易)에서 벗어나 새로운 역 즉 의리역(義理易)에로의 길을 열었다. 즉, 역/괘상의 본질을 '상'과 '수'에서가 아니라 인문학적 의미에서 찾은 것이다.

23) "통발은 물고기를 잡기 위한 것이니 물고기를 잡으면 통발은 잊어야 할 것이오, 올가미는 토끼를 잡기 위한 것이니 토끼를 잡으면 올가미는 잊어야 하리라. 마찬가지로 말이란 뜻을 얻기 위한 것이니, 뜻을 얻었으면 말은 잊어야 할 것이다. 나도 이렇게 말을 잊은 사람을 만나 함께 이야기를 나누고 싶구나!"(『장자』, 「외물」)

말은 잊어야 하고 뜻을 얻었으면 형상은 잊어야 한다. 이로써 왕필은 역학의 근본 목표는 어디까지나 뜻＝의미에 있음을 분명히 하고 있다.

괘상은 우리 삶에서 사건들의 계열이 빚어내는 정황들을 이미지로 표현하고 있다. 우리 삶에서의 정황은 반복된다. 이를테면 빈한한 곳에서 태어났으나 귀인(貴人)을 만나 출세를 거듭하게 되고 마침내 세상을 호령하기에 이르렀으나 욕심이 지나쳐 결국 몰락하는 삶, 예컨대 카이사르, 정도전, 나폴레옹 등등의 삶은 세계사에서 반복적으로 나타난다. 이런 정황은 건괘로 표현된다.[24] 삶에서의 사건-계열들 즉 정황들은 일정하게 반복된다. 괘상이란 바로 이렇게 반복되는 정황들을 64개의 이미지로 표현하고 있다. 역학이란 인생에서의 반복을 사유하는 존재론이자 정치철학이다. 그래서 왕필은 "비슷한 것들을 찾아서 그것을 '상'으로 표현하고, 〔그것들의〕 뜻에 합치하는 것을 찾아 '징'으로 삼는다"고 말하고 있다. 괘상이란 사건-계열들 즉 정황의 '상-징(象-徵)'임을 잘 말해주고 있다.

'괘사'는, 우리의 예의 경우 "噬嗑 亨 利用獄"은 괘 전체의 의미를 간명하게 요약한다. 마찬가지로 "1-九: 屨校滅趾 无咎"에서 "6-九: 何校滅耳 凶"까지의 '효사'는 각 효 전체의 의미를 간명하게 요약한다. 우리의 괘사에서 '형'은 길흉 판단의 대체들 중 하나인 '형통(亨通)'을 말한다. 괘사의 처음에 길흉 판단이 나옴은 무엇을 뜻할까? 역학의 최종 목표는 곧 길흉 판단에 있음을 말한다. 최종적 길흉 판단에 이어, 괘의 핵심적 내용이 언표

---

24) 건괘(乾卦)의 여섯 효는 다음과 같다. "〈1-九〉물에 잠긴 용(龍)이니 쓰지 말라. 〈2-九〉밭에 용이 나타났으니 대인을 보아 이로우리라. 〈3-九〉군자가 온종일 굳세게 머물러 저녁에 이르기까지도 몸조심을 하면, 위태하다 할지라도 허물이 없으리라. 〈4-九〉기회를 잘 봐서 연못으로 솟아오르면 허물이 없으리라. 〈5-九〉하늘로 용이 날아오르니 대인을 보아 이로우리라. 〈6-九〉지나치게 솟은 용, 후회가 있으리라." 전반부(하괘)에서 잠재적 정황에서 대인을 만나는 2-九와 후반부(상괘)에서 현실적 정황에서 대인을 만나는 5-九가 절묘하게 대조되면서 육효가 구성되어 있다. 하괘의 중앙인 2효와 상괘의 중앙인 5효를 '중(中)'으로 보고서 중시해 해석하는 경우가 있는데, 건괘는 이 해석 틀에 잘 들어맞는다. 이 괘에서 역이 정치가들-사대부들의 처세와 밀접하게 연관되어 있음을 분명하게 확인할 수 있다.

된다. 그 내용은 "利用獄"으로서 옥사를 쓰는 데 이익을 준다는 뜻이다. 여기에서 '옥'은 물리적 의미에서의 감옥이 아니라 형법 일반을 뜻한다. 형법이란 아랫니와 윗니 사이에 끼어 불화를 가져오는 범죄들을 척결하는 일이며, 피지배층과 지배층 사이에 존재하는 알력을 제거함으로써 봉건적 신분질서를 온전케 한다는 이미지가 투영되어 있다고 할 수 있다. 괘사는 괘상과 더불어 『역경』 전체의 핵이다. 64개 괘사는 '역'이 다루는 64개 핵심 정황을 보여주기 때문이다. 때로는 길흉 판단만 있고 구체적인 내용은 단사, 상사를 거쳐야만 알 수 있기도 하다. '주역'이란 결국 인간사의 64가지 반복되는 정황들을 논하고 있다고 할 수 있다.

괘사는 너무 간명하기에 단사를 통해 풀이한다. 지금의 괘(서합괘)의 경우 "頤中有物 曰 '噬嗑'. 噬嗑而亨, 剛柔分 動而明 雷電合而章. 柔得中而上行, 雖不當位 '利用獄'也"라고 풀고 있다. 우선 "입 가운데 음식물이 있는 것이 '서합'이다"라고 괘명을 풀이해주고 있다. 그다음 "씹어서 (윗니와 아랫니를) 합하니 형통하다"고 이 괘의 길/흉 여하를 전체적으로 판단해주고 있다. 다음으로는 "강함과 유함이 나뉘어 움직여 밝게 되고, 우레와 번개(불)가 합해 밝아진다"[25]고 말해 서합괘의 전체적인 성격을 밝혀주고 있다. 마지막으로는 "유함이 중을 얻어 위로 오르니, 비록 마땅한 위치는 아니지만 '옥사를 처리하는 데 이롭다'고 한 것이다"[26]로 풀고 있다. 단사는 괘사를 풀어 한 괘의 전체 뜻을 이해하는 데 도움을 준다. '彖'은 끊음이다. 즉, '판단(判斷)'은 일종의 끊음인 것이다. 단사는 괘에 대해 총체적으로 판단을 내리는 것이며, 한 괘의 핵심을 들어 밝혀주는 말이다. 그래서 왕필도

---

25) 강함과 유함이 나뉘었다는 것은 음괘인 리괘와 양괘인 진괘가 분명하게 나뉘어 있음을 뜻하며, 움직여 밝게 된다는 것은 옥사를 행함에 광명정대해야 함을 뜻한다. 우레와 번개는 옥사란 천둥과 번개처럼 밝게 해야 함을 뜻한다.

26) 이 풀이는 〈5-六〉효에 대한 것이다. 이 5효는 괘상에 있어 옥사를 주관하는 인물을 뜻한다. 오효에 음효가 왔으니 부당위이다. 하지만 "유함이 중을 얻어 위로 오르니"라 한 것은 옥사의 주관자가 강과 유를 겸하는 중을 얻어 위에 올라 있음(5효에 있음)을 뜻한다. 역학에서는 정(正)보다 중(中)을 더 앞세운다.

"단사를 보면 사유의 절반을 이룬 것"이라고 말했다.

단사가 괘사에 대해 존재하는 데 비해, 상사는 괘사에 대한 부분과 각 효사에 대한 부분들로 되어 있다. 그래서 괘사에 대해 전체적으로 논하는 앞부분('대상사')은 단사 바로 뒤에 붙이지만, 각 효사들에 대해 논하는 부분들('소상사'들)은 각 효사들 뒤에 분배해서 붙어 있다. 지금의 예에서 대상사는 "雷電噬嗑 先王以明罰勅法"이다. 단사가 주로 괘'사'를 풀이한다면, 상사는 주로 괘'상'을 풀이한다. 먼저 "우레와 번개가 서합"이라고 해 괘상을 형상적으로 풀이한 후, 내용상 형법의 진행은 엄중하고 광명정대해야 함을 강조하고 있다. 그리고 "선왕들이 그로써 벌을 분명케 하고 법을 널리 폈다"고 말함으로써, 괘 전체의 역사적 – 정치적 의미를 분명히 하고 있다. 자연의 차원과 역사의 차원이 서로 조응하면서 전체 내용을 이루고 있다.

괘명, 괘상, 괘사, 그리고 단사, 대상사가 한 괘의 전체를 논한다면, 여섯 효사들과 각각에 해당하는 소상사들은 한 괘를 구성하는 여섯 사건들 하나하나를 논한다.

> 1 – 九: 형구[校]를 채워 발을 못 쓰게 하니, 허물이 없을 것이다. 상 왈 "형구를 채워 발을 못 쓰게 한다"는 것은 다닐 수 없게 만듦을 뜻한다.[27]
>
> 2 – 六: 부드러운 살코기를 코가 파묻히도록 씹으니, 허물이 없을 것이다. 상 왈 "부드러운 살코기를 코가 파묻히도록 씹는다"는 것은 강(剛)을 타기 때문이다.[28]
>
> 3 – 六: 마른 고기를 씹다가 독을 만나니, 매끄럽지는 못하나[吝] 탈은 없을 것이다. 상 왈 "독을 만난다"는 것은 위(位)가 부당하기 때문이다.
>
> 4 – 九: 질긴 고기를 씹다가 금 화살을 얻으니, 어렵더라도 바르게 하는 것이 이롭다. 그리하면 길(吉)하리라. 상 왈 "어렵더라도 바르게 하는 것이 이롭다. 그리하면 길

---

27) 〈1 – 九〉에서의 "滅趾"를 『본의』 한글본에서는 "발꿈치를 자르다"로 번역했는데, 이것은 너무 강한 번역이다. 비형(剕刑)은 목숨만 살리는 매우 큰 벌이라 할 수 있다. 6효의 흐름으로 볼 때 〈1 – 九〉는 범죄도 가볍고 옥사도 쉬운 경우를 뜻한다고 보아야 한다.

28) "강을 탄다"는 것은 옥사, 특히 형벌을 단호하게 함을 뜻한다.

하리라"는 것은 빛이 나지 않음을 뜻한다.[29]

5-六: 딱딱한 고기를 씹다가 황금을 얻으니, 바른 마음으로 힘쓰면 허물이 없으리라. 상 왈 "바른 마음으로 힘쓰면 허물이 없으리라"는 것은 당(當)을 얻은 것이다.[30]

6-九: 형구를 씌워 귀를 가리니, 흉하다. 상 왈 "형구를 씌워 귀를 가린다"는 [죄인이] 듣는 데 밝지 않다는 뜻이다.[31]

이상의 논의에서 확인할 수 있듯이, 여섯 효가 어떤 관련성을 맺고 있는가를 파악하는 것이 핵심이며 그에 근거해 전체 괘의 의미를 파악해야 한다.[32] 그러나 애초에 그런 연관성이 없음을 주장하는 사람들도 있다. 역전은 일정한 철학적 원리들을 제창하고 있지만 그것들을 역경에 투사하는 것은 잘못이며, 역경이란 그저 일어난 사건들을 기록한 것일 뿐이라는 생각이다. 이미 말했듯이, 역경과 역전 사이에 간극이 있는 것은 사실이다. 그러나 역경 자체도 이미 체계화된 것이고, 일정한 구조를 띠는 상징체계이다. 역경에 매끈한 질서를 부여하기가 어려운 점들도 있지만, 일단은 역경 자체도 일정하게 정돈된 사유의 전개로 보아야 한다. 그러나 효들의 연관성을 파악하는 것이 간단하지 않은 것은 사실이다. 위의 서합괘 여섯 효

---

29) 많은 복선이 깔려 있는 효이다. '금 화살'을 무엇으로 해석하느냐에 따라 다양한 관점들이 가능하다. 다음과 같은 해석도 가능하다.(이는 상상력을 꽤나 발휘한 해석이다) 금 화살이 왕이 쓰는 화살이라고 한다면, 취조 중에 범인이 왕과 연루되어 있음이 드러나 취조관이 곤란해지는 상황을 생각하면 될 것 같다. 그러나 이 난해한 국면을 정(貞)한 마음으로 처리해나가면 길할 것이다. 물론 상황이 상황인지라 빛은 안 나겠지만.

30) 〈4-九〉와 유사한 상황을 생각해볼 수 있다. "당을 얻었다"는 것은 〈5-六〉이면 부당위이나 정려(貞勵)함으로써 당위로 전환할 수 있음을 뜻한다. 왕필은 '주효'를 강조했거니와, 5효가 주효인 경우가 많다. 이 서합괘에서도 5효가 주효이다.

31) 형구를 귀에 씌운다는 것은 곧 가형(枷刑)을 뜻한다. 귀를 자르는 형보다 더 큰 형으로, 아무리 말해도 통하지 않는 죄인에게 무거운 형벌을 내리게 되어 흉함을 뜻하고 있다.

32) 이때 핵심은 각 효의 '위'이다. 각 위의 당위와 부당위, 특히 '중' 등이 기초적이며, 하괘와 상괘의 상응관계, 효들의 이웃관계와 사이관계, 2-3-4효와 3-4-5효로 새로운 효들을 만들어내어 해석하는 호체 등 다양한 해석 틀들이 존재한다.

의 번역도 이미 그 자체가 하나의 해석이다. 어떤 관점을 가지고서 보는 가에 따라 해석이 달라진다. 특히 형을 내리는 사람을 육효로 보는가, 형을 받는 사람을 육효로 보는가, 아니면 두 경우가 섞여 있는가가 문제가 된다.[33] 하괘의 중심인 2효와 상괘의 중심인 5효 등 어떤 특정한 효를 중심으로 보는 경우도 있고, 기타 다양한 관점으로 육효를 보기 때문에, 급기야는 "귀에 걸면 귀걸이 코에 걸면 코걸이" 식이 되어버린다. 우선은 해석의 패러다임 자체를 분명하게 하는 것이 핵심일 것이다.

각 효들은 매우 성긴 기표를 형성한다고 볼 수 있다. 그렇기 때문에 사람들은 그 성긴 기표에 자의적인 지시대상을 부여한다거나, 또 다양한 해석틀에 따라 달라질 수밖에 없는 각종 기의를 부여함으로써 '해석'하고자 해왔다. 사실 이는 인간이 사용하는 언어의 피할 길 없는 속성이라고 해야 한다. 다만 『역경』의 경우 그 성김이 매우 크다고 해야 하며, 이런 성긴 기표의 성격에서 '취상설(取象說)', '취의설(取義說)', '효위설(爻位說)' 등등 숱한 해석의 체계가 나왔다고 보아야 한다. 그러나 달리 본다면, 바로 그 성김이 허용하는 넓은 공간에서 원본보다도 오히려 더 흥미로운 각종 주석이 쏟아져 나왔다고도 볼 수 있다. 그리고 그 주석의 역사는, 때로는 쓸모없는 한담으로 흐르기도 했지만, 그 자체로서 흥미로운 사유의 대상이 될 수 있다. 역학에서 어떤 '정답'을 요구한다거나 점쟁이들이 하듯이 미래를 '예측'하려고 하는 것은 금물이다. 오히려 그 해석체계의 다양성을 어떻게 활용하고 열어나가느냐가 관건이다.

역학의 다이어그램들

괘효는 추상적 부호들과 구체적인 언표들로 구성된 독특한 체계이거니

---

33) 「계사전 하」(2장)에서는 서합괘에 대한 전혀 다른 맥락이 등장하기도 한다. "한낮에 시장을 열어 천하의 백성들을 오게 하고, 천하의 재화를 모아서 교역하고 물러가게 함으로써, 각자가 그 원하는 바를 얻게 하니, 이 모두는 '서합'에서 취한 것이다." 물론 이를 형벌이라는 문맥의 반면(反面)으로 이해할 수도 있다.

와, 각 괘의 의미/성격 못지않게 중요한 것은 괘들이 형성하는 구조이다. 역학은 각 괘에 대한 연구와 더불어, 아니 그 이상으로 괘들 사이의 관련성이나 괘들의 전체적 배치에 관심을 두어왔다. 그래서 사람들은 역의 여러 맥락에서의 구조/배치를 다이어그램＝도상(圖像)으로 표현하곤 했다. 역학의 역사, 특히 송대 이래의 역사는 곧 다이어그램들의 역사이기도 하다. 다이어그램들은 특히 송대에 들어와서 흥기했으며, 송대 이후 중원의 왕조들과 조선의 역학자들이 수많은 도상들을 만들어냈다. 이 도상들은 처음에는 도교 계열에서 나온 것으로 알려져 있으며, 특히 송대의 소옹 등에 의해 성리학의 맥락으로 도입되었다. 『주역전의대전(周易傳義大全)』의 초입에는 9개의 도상과 그 해설이 들어 있다.

'다이어그램'이란 무엇인가? 역학의 다이어그램은 사태를 도표로 정리하는 오늘날의 다이어그램을 뜻하지 않는다. 그것은 단순히 편리한 장치가 아니라 세계의 구조를 가장 추상적인 차원에서 포착한 존재론적 그림(ontological picture)이라고 할 수 있다. 그것은 각종 사건과 의미, 행위가 그 장에서 이루어지는 '면(plan)'＝'존재론적 장(ontological field)'을 표상한 것이다. 가장 기본적인 그림인 팔괘도(八卦圖)는 8괘를 원형으로 늘어놓음으로써 그 괘들 사이의 관계를 표현하고 있다. 복희 팔괘도 즉 선천도와 문왕 팔괘도 즉 후천도가 구분된다.

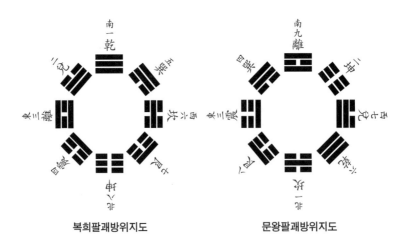

복희팔괘방위지도　　　　　　문왕팔괘방위지도

'선천도'란 천지개벽 이전부터 있었던 괘로 이해되었으며, 자연의 이치에 따른 도상이다.[34] 건천(乾天)은 남, 곤지(坤地)는 북, 리화(離火) —— 이때의 '화'는 해(日)를 가리킨다 —— 는 동, 감수(坎水) —— 이때의 '수'는 달(月)을 가리킨다 —— 는 서에 배치된다. 그리고 간산(艮山)은 서북, 태택(兌澤)은 동남, 손풍(巽風)은 서남, 진뢰(震雷)는 동북으로 추정된다. 건곤감리는 '사정괘(四正卦)'라 하고, 간태손진은 '사유괘(四維卦)'라 한다.(오늘날 대한민국의 태극기는 사정괘로 되어 있다) 수는 건1, 태2, 리3, 진4, 손5, 감6, 간7, 곤8로 배정되어 있고, 맞은편 괘의 수와 합치면 항상 노양의 수인 9가 되도록 배치되어 있다. '후천도'란 천지개벽이 있은 연후에 나온 괘로 이해되며, 만물의 운행 이치에 따라 정해진 도상이다. 후천도의 배치는 「설괘전」, 5장에 등장하는 배치와 일치한다. 이 선천도와 후천도는 괘들의 관계에서 패러다임으로 작용했으며, 천문학 등 많은 분야들이 이 다이어그램을 참조해 이루어졌다.[35]

더불어 〈복희팔괘차서지도(伏羲八卦次序之圖)〉는 "역에 태극이 있어, 이것이 양의를 낳고, 양의가 사상을 낳고, 사상이 팔괘를 낳는다"고 한 「계사전 상」(11장)의 사상을 도식한 것이다.

〈복희팔괘차서지도〉는 태극으로부터 팔괘에 이르기까지 "一陰一陽之謂道"에 따른 괘의 생성을 그린 것으로서, 가장 기초적인 그림들 중 하나라 하겠다. 이 그림을 중괘한 경우들까지 확장한 것이 〈복희육십사괘차서지

---

34) '선천도'·'후천도'라는 말은 건괘 「문언전」에 나오는 "선천에서 하늘은 결코 어긋남이 없으니, 후천에서 하늘의 때를 받들라"(先天而天弗違 後天而奉天時)고 한 구절에서 연원한다.

35) 후천팔괘는 각 괘를 선천팔괘의 맞은편 괘와 각각 교차시킨 후 상호 위치를 바꿈으로써 성립했다. 예컨대 곤의 중효가 건괘와 결합해 리괘가 되고, 건의 중효가 곤괘와 결합해 감괘가 된다. 그 결과 리괘는 남에 있게 되고, 감괘는 북에 있게 된다. 선천팔괘가 대칭의 원리로 이루어져 있다면, 후천팔괘는 운행을 위주로 구성되어 있다. 소옹은 "선천은 후천이 아니면 변화를 이룰 수 없고, 후천은 선천이 아니면 스스로 운행될 수 없다"고 했다.

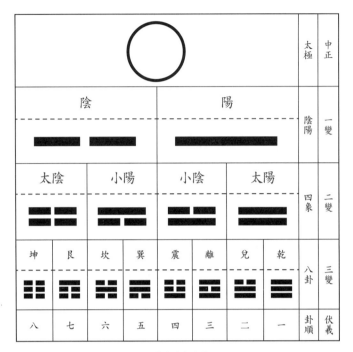

								太極	中正
陰				陽				陰陽	一變
太陰		小陽		小陰		太陽		四象	二變
坤	艮	坎	巽	震	離	兌	乾	八卦	三變
八	七	六	五	四	三	二	一	卦順	伏羲

복희팔괘차서지도

도(伏羲六十四卦次序之圖)〉이다. 그리고 64괘를 둥글게 배열한 것이 〈복희
육십사괘방위지도(伏羲六十四卦方位之圖)〉이다.

　또 하나의 중요한 그림은 〈하도(河圖)〉와 〈낙서(洛書)〉이다. 「계사전」에
이미 하도와 낙서에 대한 언급이 나오거니와, 오늘날 이 대목은 훗날에 삽
입된 구절로 본다. 〈하도〉와 〈낙서〉를 중시해서 연구하는 경향은 특히 소
옹 이래의 송대 역학에서 생겨났으며, 주희에 의해 역학의 첫머리에 놓이
게 된다. 『주역전의대전』에서도 가장 앞부분에 〈하도〉와 〈낙서〉를 배치해
놓고 있다.

　〈하도〉와 〈낙서〉는 수리학과 수비학이 뒤엉킨 숱한 논의들을 낳았으나,
북송의 구양수 이래 역학의 본류가 아닌 것으로 많은 비판을 받기도 했다.
〈하도〉·〈낙서〉란 결국 한대 상수학의 위서들에서 출현했고, 도교 계통의
전적들에 실려 있다가, 당말의 진단(陳摶)이라는 인물에 의해 수거되어 송

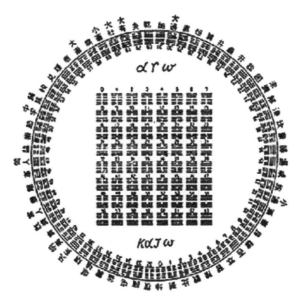

복희육십사괘방위지도
(부베 신부가 라이프니츠에게 보낸 『주역본의』 괘상도)

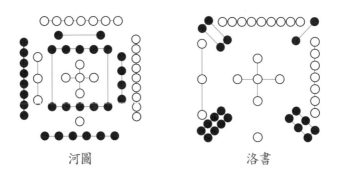

河圖   洛書

대 성리학자들에게로 흘러 들어왔다고 볼 수 있다. 〈하도〉·〈낙서〉에 입각
한 숫자 놀이가 어떤 대목들에서는 흥미로운 결과를 낳기도 했으나, 결국
역학의 본류가 아님은 물론 더더구나 그 첫머리에 놓일 수는 없다고 해야
할 것이다.

§3. 역(易)의 사상

이미 말했듯이, 『주역』은 점복서로서의 「역경」으로부터 철학서로서의 「역전」으로 이행해갔다. 특히 공자에 의해 밑그림이 그려지고 그 후 점차 다듬어져간 「계사전」은 동북아 세계관의 핵심으로 자리 잡게 된다. 「계사전」에서 우리는 춘추전국시대에 이르기까지 전개된 고대 동북아의 철학적 사유가 응축된 형태로 정리되어 있음을 볼 수 있다. 이 점에서 많은 사람들이 「계사전」을 「역경」으로 투영해서 경을 논하곤 한 이유를 볼 수 있다. 그러나 이미 말했듯이, 「역경」이 「계사전」의 철학을 전제하는 것은 아니다. 그렇다면 「계사전」의 세계관은 어떤 것이었는가?

「계사전」은 이미 상당히 추상화된 사유를 보여주며 그 언어 또한 『시경』의 언어와 비교해보면 현격하게 다르다. 사유가 이미 체계화되어 있고, 언어 또한 상당히 개념화되어 있다.[36] 그러나 전체적으로 잘 짜인 문헌은 아니어서 중복도 많고 체제도 엉성하다. 흔히 주희가 분절한 상·하 각 12장의 체제를 사용하고 있지만, 이 또한 절대적인 분절은 아니다.

> 하늘은 높고 땅은 낮으니 건곤이 정해졌다. 높고 낮음이 배치되니 귀천이 자리를 잡았다. 움직임과 멈춤에는 이치가 있으니 강유가 나뉘었다. 성향에 따라 종류가 무리 지어지고 물성에 따라 무리가 나뉘니, 길흉이 생겨났다. 하늘에는 현상들이 땅에는 형태들이 이루어지니 변화가 나타났다.(상/1장)
>
> 天尊地卑 乾坤定矣. 卑高以陳 貴賤位矣. 動靜有常 剛柔斷矣. 方以類聚 物以群分 吉凶生矣. 在天成象 在地成形 變化見矣.

---

36) 우리가 오늘날 많이 쓰고 있는 철학 용어들은 대부분 서구 철학 개념들이 일본 학자들에 의해 번역된 것이다. 그리고 이때 번역자들이 참조했던 가장 핵심적인 고전 문헌이 「계사전」이다. 일일이 예를 들 것도 없을 정도로, 상당수 철학 개념들이 모두 「계사전」의 개념들로부터 유래했다. 이렇게 보면 「계사전」의 그림자는 전통 사유만이 아니라 지금 우리의 사유 속에서도 계속 작동하고 있다고 볼 수 있다.

「계사전」은 도입부에서 천지, 비고, 동정, 방물, 상형이라는 객관적 존재들과 건곤, 귀천, 강유, 길흉, 변화라는 역의 원리들을, 즉 실제 존재하는 세계와 그 세계를 사유하는 역의 개념들을 대응시키고 있다. 전체적으로 대대(待對)의 구조를 띠고 있음을 알 수 있다. 대대 구조는 동북아세계에서 사유의 내용에만이 아니라 글쓰기에도 스며들어 있으며, 궁극의 원점을 찾으려는 지중해세계 철학의 경향과 비교되는 동북아세계 철학의 핵심적 특징이다. 이 특징은 곧 음양의 존재론과 조응한다. 거칠게 대비하는 한에서, 대대 구조는 서구 존재론에서처럼 선형적인(linear) 사유[37]가 아니라 원환적인(circular) 사유를 구사한다. 두 사유의 이런 대비는 다양한 국면들에서 확인할 수 있는 중요한 차이이다.

인용문 첫 대목은 하늘과 땅을 구분하여 거기에 높음과 낮음을 부여하고 그로써 건괘와 곤괘가 정해졌음을 말하고 있다.[38] 논의의 첫머리에 천지를 놓았고, 이때 천지란 객관세계 전체를 일컫는다. 세계를 바라보는 시선이 극히 내재적이어서, 천지가 궁극이므로 여기에는 지중해세계의 철학과 종교에서 볼 수 있는 창조주 같은 개념은 아예 보이지 않는다. 또, 전체적으로 대대적이고 원형적이다. 하늘은 건괘로 표현되고 땅은 곤괘로 표현되기에, 모든 괘들 중에서 건괘와 곤괘가 으뜸이다. 건괘와 곤괘가 역 전체를 지배한다. 그리고 논의 구도에는 이미 음양사상이 매개되어 있다. 하늘 – 양은 움직임을, 땅 – 음은 멈춤을 속성으로 한다. 물론 여기에서 '움직

---

37) 선형적인 사유의 전형은 아리스토텔레스와 데카르트에게서 찾아볼 수 있다. 이들의 학문이 서구 고전 학문과 근대 학문의 전범이 되었다는 점에서, 서구 사유의 전범을 선형적인 사유로 이해할 수 있다.

38) 물론 여기에서의 높고 낮음은 일반적 가치 평가의 맥락에서 이해되어서는 안 된다. 다음 구절이 이를 잘 보여준다. "공자께서 말씀하셨다. 『역』은 참으로 지극하도다. 무릇 역이란 성인이 그로써 덕을 높이고〔崇德〕 사업을 넓히는 것이라〔廣業〕. 지혜는 높이는 것이고 예의는 낮추는 것이니, 높임은 하늘을 본받는 것이고 낮춤은 땅을 본받는 것이다. 하늘과 땅이 자리를 잡으면 역은 그 가운데를 가니, 그 본성을 이루어 지키는 것이 도의(道義)의 문이다."(「계사전」, 상, 7장)

임'과 '멈춤'은 물리적 의미보다 훨씬 넓은 의미로 이해되어야 한다. 동정
에는 일정한 법칙성〔常〕이 존재하며, 그에 따라 강과 유 즉 건괘와 곤괘가
나뉜다. 움직임은 양의 법칙이고, 멈춤은 음의 법칙이라고 할 수 있다.[39]

　'方'[40]은 일의 정황, 사물의 성격에 따라 무리가 지어지고 그로써 길함
과 흉함이 생겨남을 뜻한다. 역의 사유에서 가장 핵심적인 것들 중 하나는
'길흉'이다. 점복서로서 『역경』의 궁극적 목표는 결국 길과 흉을, 좋음과
나쁨을 점치는 것이다. 인용문에서 길흉은 성향 및 물성에 따라 무리가 나
뉨으로써 생겨난다고 했다. 매우 많은 해석을 가능케 하는 언표이다. 지금
문단에서는 앞뒤의 연결을 고려할 때 자연철학의 맥락에서 해석하는 것이
좋으며, 생명체들 또는 경우에 따라서는 무기물들이 그 본성에 입각해 무
리 지어지고, 그 무리 지어짐이 결과적으로 길 또는 흉을 가져온다는 뜻으
로 이해할 수 있다. 다소 비약하면, 진화론적 뉘앙스를 풍긴다고 할 수도

---

39) 동북아의 음양사상에 대해서 흔히 '변증법'이라는 말을 쓴다. 그러나 이때 '변증법' 개
　 념이 무엇을 뜻하는지는 분명하지 않은 듯하다. 제논의 변증법은 'para-doxa'로서의
　 변증법이며, 이는 기본적으로 순환적 형태를 띠는 동북아 사유와 대비적이다. 서로 대
　 립하는 두 견해가 부딪치면서 점차 옳은 의견을 찾아가는, 궁극에서는 순수 논리적 사
　 유를 통해 이데아의 차원을 찾아가는 플라톤의 변증법 역시 동북아 사유와는 거리가
　 있다. 대립자들의 투쟁이라는 측면은 음양사상과 통하는 바가 있지만("剛柔相推", "陰
　 陽相推"), 동북아 사유는 원환적 변화를 그릴 뿐("而生變化", "原始反終") 플라톤의 경
　 우처럼 근본 진리로 상승해가는 과정이 아니다. 나아가 헤겔의 경우처럼 '정'과 '반'의
　 투쟁이라는 측면을 함축하지만, 이 경우에도 '정'과 '반'은 철저히 상대적이며(헤겔적
　 목적론을 함축하지 않는다) 또 '합'으로 지양되지도 않는다. 굳이 '변증법'이라는 말을
　 쓴다면 근본 실체 = '기'가 음의 경향과 양의 경향이라는 두 경향을 띠며, 이 두 경향이
　 교차배어법을 이루면서("일음일양지위도") 부분적으로는 각종 '변화'를 전체적으로는
　 순환적 생성을 이루는 과정이라고 파악할 수 있다. 서구 철학사에서 이런 형태의 사유
　 를 찾기는 어려우며(굳이 찾는다면 베르그송의 사유가 가장 가까울 듯하다) '변증법'
　 이라는 말은 신중하게 사용되어야 할 것이다.
40) '方'의 이해에는 이견이 많다. 주희는 일의 정황〔事情〕의 방향으로 이해했다. 스즈
　 키 유지로는 동서남북의 사방(四方)으로 이해했다. 레그는 'affairs'로, 빌헬름/페로는
　 'événements'으로 번역했고, 최근 번역 중에서는 'regular tendency'도 있다(*The Classic
　 of Changes*, Richard John Lynn trans., Columbia University Press, 2004).

있겠다.

하늘의 '象'은 일·월·성·신을 말하고, 땅의 '形'은 산천초목과 동식물을 말한다. 이 만물에서 변화가 나타난다('見'은 '現'이다). 주희는 음에서 양으로 가는 것을 '변'으로, 양에서 음으로 가는 것을 '화'로 파악하고 있으나 보편적인 규정은 아니다. 어쨌든 변화는 음양의 갈마듦을 함축하며, 양효와 음효의 계열화를 암시한다. 변화를 효의 운동으로 연결할 때, 이 구절은 '괘기설'의 생각을 함축하는 것으로 이해할 수도 있다. 괘·효란 결국 '상'과 '형'을 본뜬 것이며, 따라서 그 해석도 상과 형을 통해서 가능하다. 이를테면 리괘는 불이요, 감괘는 물이다. 이러한 해석이 '역'이 점복서에서 철학서로 전환할 때 나타난 가장 원초적인 방향이 아니었을까 싶다. 효를 철학적으로 분석하는 것은 일정한 시간이 지나면서 성립했다. 다시 말해, 점복서에서 철학서로 건너가면서 자연의 현상들이 점복의 대상이 아니라 '변화'를 보여주는 실재로서 파악되었던 것이다. 이는 우리가 살아가는 구체적인 자연을 최초로 부호화하는 국면, 말과 사물이 처음으로 반성적으로 분리되면서 동시에 관계 맺어진 이중 분절의 국면을 보여준다고 하겠다.

> 하여 강함과 유함이 서로 다투고 여덟 괘가 서로 얽히니, 그 울림이 우레를 낳고 그 적심이 비바람을 낳는다. 해와 달이 차례로 돌고 추위와 더위가 서로를 잇는다. 건의 도로써 남자가 생겨나고 곤의 도로써 여자가 생겨난다.(상, 1장)
>
> 是故 剛柔相摩 八卦相盪. 鼓之以雷霆 潤之以風雨. 日月運行 一寒一暑. 乾道成男 坤道成女.

'강유상마'는 건괘와 곤괘가, 양과 음이 서로 밀고 다투면서도 서로 교감(交感)하여 우주를 조화로 이끌어감을 잘 표현하고 있다.[41] 이 개념은

---

41) 레그는 '摩'를 "manipulated together"로 번역했는데, 그다지 뉘앙스가 살아나지 않는

역의 세계 전체에서 빼놓을 수 없는 중요성을 품고 있다고 보아야 한다. 뒤에서는 "剛柔相推而生變化"라 했으니, 여기에서의 '推'가 곧 '摩'와 통한다. '강'과 '유'가 서로 밀어서 변화를 낳고, 또 서로 비벼서 팔괘가 '상탕'하도록 한다는 이 생각은 역의 세계가 그리는 존재론 전체의 이미지를 압축적으로 드러내고 있다. 강과 유, 음과 양이라는 대립자가 서로 밀고 비비면서, 그러나 단순히 배척/대립하기보다는 또한 서로 교감하면서 생성하는 모습을 그리고 있다. 세계를 역동적으로 전개해가는 이 이미지는 지중해세계 철학에서 '변증법'의 이미지, "dialegesthai"의 이미지와 흡사하다. 그러나 이미 말했듯이, 플라톤의 변증법이 대립자들의 투쟁이 어떤 결말로 수렴해가는 구도를 띤다면 역학에서의 변증법 ── 이 개념을 사용한다면 ── 은 두 대립적 경향이 상호 순환적, 상호 침투적으로 갈마듦을 뜻한다. 두 변증법의 구도는 크게 다르다.

'팔괘상탕'은 여덟 괘(건, 태, 리, 진, 손, 감, 간, 곤)가 8·8=64괘로 중괘되는 것을 묘사하고 있다.[42] 「역경」은 결국 8괘라는 부분 또는 384효라는 요소가 가능한 모든 조합을 이루는 체계이다. 그리고 이와 같은 조합의 일차적인 의미론적 맥락은 곧 자연의 운행과 조화이다. 역의 사유는 실재론적이고 상응론적이다. 결국 음과 양의 갈마듦, 여덟 정황의 갖가지 중첩이 자연의 울림과 적심을 낳는다. "日月運行 一寒一暑. 乾道成男 坤道成女"는 음과 양의 '마'와 팔괘의 '탕'이 빚어내는 구체적 '상형' 또는 '물상'이다.

동북아적 자연철학의 이런 구도의 핵심은 '일음일양지위도'라는 구절에 압축되어 있다.

한 번 음이요 한 번 양임을 도라 한다. 그 도를 잇는 것이 선이요 이루는 것이 성이다.

다. 빌헬름/페로는 "서로를 쫓다(se chasser)"로 번역했는데, 레그의 번역보다는 한결 낫지만 역시 모자라다. 이 번역어는 '일음일양'의 도는 잘 표현해주지만 음과 양의 투쟁, 부딪침, 밂이라는 헤라클레이토스적인 뉘앙스는 전달해주지 못하고 있다.

42) 빌헬름/페로는 '盪'을 '서로를 이끌어내다(se dégager)'로 번역했는데, 무난한 번역이다.

음과 양의 갈마듦이 우주의 길이다. 그 길을 이어 도덕을 세우고, 갈무리해 인격을 이룬다.(상, 5장)

一陰一陽之謂道 繼之者善也 成之者性也.

앞의 것은 직역이고, 뒤의 것은 의역이다. 주희는 "음양이 갈마드는(迭運) 것이 '기'이다. 그 이치가 이른바 '도'이다"라고 풀고 있다. 낮과 밤, 더위와 추위, 남과 여를 비롯해 만물이 '일음일양'으로 움직이며, 그 움직임의 이치가 도임을 말하고 있다. 이것은 존재론적 - 우주론적 언표이다. 그러나 바로 이 도를 이음으로써 도덕적 선이 가능해지고, 도덕을 완성함으로써 한 사람의 본성이 이루어진다. 이 구절은 우주와 인간의 연속성, 존재와 당위의 연속성을 두드러지게 나타내며, 동북아 사유의 한 성격을 뚜렷하게 보여준다. 「계사전」에 나타나는 많은 구절들 중에서도 특히 역의 정신을 가장 농밀하게 압축하고 있다.

'일음일양지위도'의 의미를 보다 구체적이고 구조론적으로 밝히고 있는 구절은 다음 구절이다.

역에 태극이 있어, 이것이 양의를 낳고, 양의가 사상을 낳고, 사상이 팔괘를 낳는다. 팔괘가 길함과 흉함을 정하니, 길흉이 대업을 낳는다.(상, 11장)

易有太極 是生兩儀 兩儀生四象 四象生八卦. 八卦定吉凶 吉凶生大業.

"일음일양지위도"를 풀어서 "역유태극 시생양의 양의생사상 사상생팔괘"라 하고 있다. 태극은 역의 도이다. 즉, 역이 움직이는 이치가 태극이다. '極'은 집이나 배를 만들 때의 용마루를 뜻한다. 따라서 지중해세계의 사유에서처럼 어떤 '점'이기보다는 모든 것을 꿰고 있는 '선'의 이미지를 품고 있다. 역의 길, 역의 이치는 곧 일음일양이다. 그렇기 때문에 역에는 태극이 있고(일정한 법칙성이 있고), 이 법칙성에 입각해서 양의(음과 양)가 생겨난다고 했다. 여기에서 '낳다'/'생겨나다'[43]는 외적 인과로서 이해할 수 없다. A와 B의 인과관계로서 파악할 수 없다. 도＝태극 바깥에 음과 양이 생겨나는 것이 아니다. 도＝태극의 표현이 음과 양일 뿐이다. 스피노자에게서 속성들이 실체 바깥에 따로 존재하는 것이 아니라 실체의 표현들인 것과 같다.[44] 도＝태극이 작동하는 구체적인 방식이 일음일양, 일합일벽(一闔一闢), 일정일동(一靜一動)이라고 할 수 있다.[45]

우리는 '생'을 생성론적 전개로 이해할 수 있다. 역은 끊임없는 생성이지만("生生之謂易") 그 생성에는 존재론적 이치 즉 태극이 있고, 그 이치는 곧 태극→양의→사상→팔괘로 나아가는 이분 '화'의 이치이다. 이는 근본 이치가 양과 음으로 이분되고, 다시 음과 양이 음과 양을 낳는 구조이다. 그리고 역을 지배하는 이 8괘 또는 64괘의 구조가 자연과 인간에게 길함과 흉함을 낳는 것이다.

'일음일양지위도'의 이치와 그것이 삶에 대해 가지는 함의는 다음 구절에도 잘 나타나 있다.

> 문을 닫는 것을 일러 '곤'이라 하고 여는 것을 일러 '건'이라 하니, 한 번 닫고 한 번 여는 것을 '변'이라 하고 오고감이 가없는 것을 '통'이라 한다. 나타나는 것을 '상'이라 하고 형태를 이루는 것을 '기'라 하며, 정하여 사용하는 것을 '법'이라 하고 이롭게 써 드나들며 백성이 널리 쓰는 것을 '신'이라 한다.(상, 11장)
> 闔戶謂之坤 闢戶謂之乾, 一闔一闢謂之變 往來不窮謂之通. 見乃謂之象 形乃謂之器 制而用之謂之法 利用出入民咸用之謂之神.

---

43) '生'의 개념은 동북아 존재론에서 가장 중요한 개념들 중 하나이다. 지중해세계 철학의 핵심을 플라톤으로 볼 경우, 역의 사유는 플라톤적 '作'의 사유 즉 제작적 사유와 대비된다. 역의 사유는 제작적 사유와 대비되는 낳음/생겨남의 사유이다.

44) 그러나 스피노자에게서 정신－속성과 물질－속성은 그것들 자체로서도 실체이지만, 음과 양은 존재론적으로 실체가 아니다. 음과 양은 기의 두 **표현** 경향일 뿐이다.

45) 태극을 이치라기보다는 궁극의 '기'로 볼 수도 있다. 궁극의 기로 볼 경우, 태극은 '무엇', 어떤 '것'이 아니다. 어떤 '것'들은 사물들[物]이며, 사물들의 실체가 '기', 기의 작동방식이 일음일양, 일합일벽이다.

문이란 특이점에 존재하는 것이다. 특이점에는 항상 문이 있다. 문을 열 것인가 닫을 것인가. 어떤 문을 열 것인가. 우리는 늘 이런 'pro-blēma' 앞에 놓인다.[46] 그것이 우리 삶에서의 매듭들을 형성하며, 각 매듭에서 시간의 지도리가 도래한다. 어느 문을 여느냐에 따라 우리의 삶은 달라진다. 그래서 "한 번 닫고 한 번 여는 것을 '변'이라 한다"고 했다. 이것은 앞에서 나온 "일음일양지위도"와 조응한다. 주자는 "합과 벽은 동정의 지도리〔機〕이다. 먼저 곤을 말한 것은 정에서 시작해 동으로 가기 때문이다"라 해설하고 있다. 이러한 일합일벽이 막힘없이 이어지는 것이 '통(通)'이다.

일음일양의 도를 이어 선을 이루고 완성시켜 본성/인격을 이룬다는 것은 세계에 대한 존재론적 파악으로부터 인간세에 대한 윤리학적 파악으로의 연결 고리를 드러내고 있다. 이는 곧 역의 의미가 자연의 이해와 문화의 창달을 잇는 점에 있음을 잘 보여준다. 역의 사유는 자연과 문화의 접면에서 이루어지는 사건의 철학인 것이다. 이 점의 의미는 다음 구절에 좀 더 구체적으로 나타나 있다.

> 무릇『역』은 성인이 그로써 심층을 드러내고 지도리를 파악하는 바이다. 세계의 근저를 연구하기에, 천하의 뜻을 간파해낼 수 있다. 지도리를 파악하기 때문에, 천하의 의무를 다할 수 있다.(상, 10장)
>
> 夫『易』聖人之所以極深而研幾也, 唯深也 故能通天下之志, 唯幾也 故能成天下之務.

'深'을 세계=' 천지'의 심층으로 읽을 수도 있고 세상=' 천하'의 심층으로 읽을 수도 있다. 여기에서는 후자의 맥락으로 읽어야 할 것이다. '심'은 실재하지만 현실로 드러나 있지 않은 이치, 현대 식으로 말해 '잠재성'이다. 그러나 잠재성과 현실성은 칸트에서처럼 날카롭게 분리되는 두 차원

---

46) 특이점과 '문제', 시간의 지도리, 갈래, 운명, 'pro-blēma' …… 등에 관해서는 이정우, 『사건의 철학』(그린비, 2011)에서 논한 바 있다.

이 아니다. 드러난 실재가 현실이요, 숨어 있는 현실이 실재일 뿐이다. 따라서 실재는 현실에 그 '기'를 보여준다.[47] 현대 식으로 말해, 세계에는 실재가 주체에게 얼굴을 드러내는 장소들, '기호'/'징후'들이 도래한다. 성인은 이 '기'/'기미(幾微)'를 실마리 삼아 '심'을 해명해간다.

'기'는 또한 '지도리'로서 이해할 수 있다. 지도리란 둘 이상의 상이한 사건-계열이 갈라지는/모이는 지점이다. 기미는 대개 이런 지도리에서 등장한다. 시간을 단일하고 절대적인 존재가 아니라 사건들의 계열화를 통해 성립하는 존재로 본다면, 지도리란 두 가지 시간이 갈라지는/모이는 지점이라 할 수 있고, 바로 이 지점에서 그 자체로 하나의 사건인 기미가 솟아오른다. 이 지점, 현대적으로 말해 특이점은 바로 문을 열 수도 있고 닫을 수도 있는 시간의 지도리, 'pro-blēma'의 지점이다. 성인이 세계/세상의 심층을 궁구(窮究)한다는 것은 곧 이와 같은 지도리들의 잠재적 구조를 밝힌다는 뜻이다. 그렇게 함으로써 바로 '천하의 뜻'을 간파해낼 수 있다. 역의 체계란 바로 이렇게 성인이 궁구한 삶의 조감도, 잠재적 지도리들의 총체적 연관관계이다. 그리고 이러한 작업의 토대 위에서 비로소 천하에 의무를 다할 수 있는 것이다. 이 대목에 역이 전통 사회에서 가졌던 의미가 잘 드러나 있다.

§4. '역'과 동북아 사유의 전개

역학과 동북아 철학사

지중해세계 철학에서 자연철학자들의 단편들이나 인도 철학에서 '우파

---

47) "공자 이르기를, '기(幾)'를 안다는 것이란 얼마나 신묘한 것인가! 군자는 윗사람과 사귀더라도 아첨하지 않으며 아랫사람을 사귀더라도 함부로 굴지 않으니, 이것이 바로 기미를 아는 것이로구나. '기'란 움직임의 미묘한 징후(動之微)요 길함이 미리 얼굴을 드러낸 것이니, 군자는 그 '기'를 간파하고서 행위하느니."(「계사전 하」, 5장)

니샤드'처럼, 동북아 철학 전통에서 『주역』은 긴 세월을 관통하면서 연구되고 활용되어 옴으로써 각종 사유의 원천이 되었다.[48] 동북아 철학사 전반을 일관된 관점에서 이해할 수 있는 한 방식, 아마도 가장 대표적인 방식은 그것을 곧 '역'의 해석사로 보는 것이다. 각각의 시대와 각각의 철학 전통은 그 나름의 관점에서 새로운 역학을 시도함으로써 각 시대 사유의 근간으로 삼았다.

앞에서 논했듯이(1장, §1), 동북아의 사유는 '무' → '사' → '유'의 과정을 겪으면서 발전했거니와 '역'의 사유 또한 이런 과정을 밟았다. 처음에 역은 점복을 위한 '효'와 '괘'에 점에 대한 해석으로서 '사'가 첨가된 정도의 의미를 띠었으나, 시간이 흐르면서 특히 공자의 작업을 분기점으로 해서 점차 철학서로서의 성격을 갖추어갔다. 이는 곧 「역경」에서 「역전」으로의 전이를 의미하기도 한다. 그러나 이 과정에서 뚜렷한 분열이 생겨나기 시작했다. 그 한 갈래는 비-지식인들 ── 민중만이 아니라 비-지적인 귀족들까지 포함해서 ── 을 사로잡은 점복서로서의 『주역』이고, 다른 한 갈래는 이미 탈신화화/탈신학화하기 시작한 지식인들을 사로잡은 철학서로서의 『주역』이다. 전국시대의 주요 사상가 대부분은 『주역』을 의리의 측면에서 읽었고, 점복서로서의 의미는 거의 부정했다.[49] 훗날 전자의 측면은 점차 '의리학'으로서 체계화되었고, 후자의 측면은 '상수학'으로 체계화되었다.

『주역』은 서주 시대에 이미 형태가 잡혔고, 대부분의 고전들이 그랬듯이 춘추시대를 거쳐 전국시대에 경전화된 것으로 보인다. 이 과정에서 '십익'은 「역전」으로 편집되어 『역경』과 합본된다. 이로써 「역전」 역시 경전의 일부가 되어 그 자체가 주석의 대상이 된다. 『주역』이 성립한 것이다. 이후

---

48) 주백곤, 김학권 외 옮김, 『역학철학사』(소명출판, 2012); 료명춘 외, 심경호 옮김, 『주역철학사』(예문서원, 1994).

49) 흥미롭게도 주요 사상들 중 법가사상만이 『주역』을 점복서로서 해석했다.(黎翔鳳 撰, 梁運華 整理, 『管子校注』, 中華書局, 2004, 1310頁) 진시황은 분서갱유 때에 『주역』만은 남겨두었는데, 이는 그가 법가사상의 관점을 따랐음을 뜻한다.

한대에는 상수역학이 그리고 다국화 시대[50]에는 의리역학이 성행했으며, 송-원-명·조선 시대에는 의리학이 위주가 되어 두 흐름이 통합된다. 청대, 조선 후기, 에도 막부에 이르러서는 주로 '실학'적 접근이 이루어지게 되어 오늘날에 이른다. 현대에 이르러서는 서구의 철학자들도 역학 연구 대열에 합류하게 되었다.

처음에 역은 수 위주로 이루어졌으며 점복의 성격을 띠었다. 『춘추좌전』을 필두로 한 여러 저작에서 이를 확인할 수 있다. 대연지수(大衍之數)를 사영삼변(四營三變)하면 7(소양), 8(소음), 9(노양), 6(노음)이 나오며, 9, 7은 양효가 되고 6, 8은 음효가 된다. 7, 8은 불변효이고, 9, 6은 변효이다.[51] 선택/결단이 어려운 문제를 이렇게 얻은 괘를 점괘로 해석해 처리했다. 그러나 시간이 흐르면서 괘를 상(象)으로 이해하려는 경향이 나타났다. 이런 흐름은 「설괘전」에서 두드러지게 나타난다. 건은 하늘, 태는 연못, 리는 불,

---

50) 내가 본 저작에서 '다국화 시대'라 부르는 것은 중원이 양자강을 기준으로 강북과 강남으로 쪼개져 무려 22개 국가가 명멸하고(북방의 '5호 16국'과 남방의 '6조'), 동방의 3국(고구려, 백제, 신라)을 비롯해 다른 지역들에서도 다양한 형태의 국가가 난립한 시대를 말한다. 이 시기는 대략 3세기에서 6세기에 이르기까지 4세기가량 전개되었으며, 그 후에는 동북아세계가 중원의 당과 북방의 돌궐-위구르, 동방의 발해·통일신라를 비롯한 몇 개의 굵직한 국가들로 재편된다.

51) "대연지수는 50이나 그중 49개만을 사용한다. 이를 둘로 나누어 음양을 상징하고, 하나를 걸어 천지인 삼재를 상징하고, [양손의 시초를] 네 개씩 세어 사시를 상징하고, 나머지를 손가락 사이에 끼워 윤달을 상징한다. 윤달은 5년에 두 번 있으므로, 두 번 끼운 후에 건다."(「계사전 상」, 9장) 나누고 걸고 세고 끼우는[分掛揲扐] 네 행위가 '사영(四營)'이다. 4영이 끝나면 일변(一變)이고 3변을 하면 하나의 효가 얻어진다. 따라서 총 18변을 했을 때 하나의 괘가 얻어진다. 대연지수에 관련해 고래로 두 문제가 논의되어왔다. 첫째, 천지의 수는 55인데(천수 25(1+3+5+7+9)+지수 30(2+4+6+8+10)) 대연지수는 왜 50인가? 둘 사이의 관계는 무엇인가? 둘째, 왜 대연지수에서 하나를 빼고서 사영삼변을 진행하는가? 상수학자들은 다양한 상응체계를 동원해 설명했고, 왕필과 한강백 같은 현학자들은 빼놓는 하나를 '무'로 해석해 "萬物生於有 有生於無"라는 도가적-현학적 구도로 설명했다. 그러나 현대의 진징팡(金景芳) 같은 이는 대연지수가 50인 것은 천지지수 '五十有五'에서 '有五'가 탈락된 것일 뿐이라고 본다. 하나를 빼고 49를 쓰는 것도 아무 심오한 뜻이 없음을 주장한다. 49를 써야 7, 8, 9, 6의 수가 나와 효를 정할 수 있기 때문이라는 것이다.

…… 식의 이미지 또는 상징을 통해서 괘를 해석한 것이다. 이 점에서 상고시대에 대개 '상→수'로 흐르곤 했던 일반적인 방향과 반대의 과정을 겪었다고 할 수 있다. 이와 같이 형성된 수와 상의 해석체계가 훗날의 '상수' 역학의 기초가 된다. 시각적 이미지들과 구조적 수들을 결합해 점을 친 것이다. 그러나 이러한 방식에는 또 하나 필수적인 측면이 가미되었는데, 이는 곧 '변괘'의 사상이다. 변괘란 하나의 괘에서 하나의 효 또는 몇 개의 효가 바뀜으로써 다른 괘로 변하는 것을 말한다. 예컨대『춘추좌전』,「소공 5년」에는 본괘가 명이(明夷, ䷣)이고 지괘=변괘가 겸(謙, ䷎)이 나왔다고 보고되고 있다. 1 - 九가 1 - 六으로 변효되었음을 확인할 수 있다. 주대에 괘와 괘 사이에서의 이런 이행은 매우 중요한 위상을 띠었다. 그러나「역 전」에는 변괘에 대한 논의가 나오지 않으며, 아마도 전국시대를 거치면서 쇠퇴한 것으로 보인다. '수'와 '상'에 대한 이와 같은 논의 전통은 한대 상수역학의 전통으로 이어진다.

그러나 선진(先秦) 시대의 상수역학은 아직은 너무 서툴렀고, 그나마 한대의 것처럼 체계를 갖추지도 못했다. 이 때문에 벌써부터 일부 선진 지식인들에게는 점복에 대한 회의가 등장하기 시작한다. 이런 흐름 속에서 '상'이나 '수'보다는 '사'에 초점을 맞추어 역을 해석하려는 사조가 나타나게 된다. 이는 곧『주역』을 일반적 의미에서의 사상서/철학서로 보려는 흐름이다. 이 흐름은 곧 모든 것을 하느님〔帝·天〕의 뜻으로 돌리던 시대로부터 "天道遠 人道邇"(천도는 멀고 인도는 가깝다)의 시대로의 이행을 함축한다. 이러한 역 해석의 방식은 훗날 의리역학으로 이어진다. 그러나 이때 당시의 의리역학이 역의 해석으로부터 덕이라든가 충효 같은 가치들을 이끌어내는 성과를 거두었음에도, 대부분의 해석들이 견강부회를 면치 못했다. 이와 같은 상황에서 역학에 철학적 - 윤리적 가치를 부여하고 의리역의 확고한 기초를 세운 이가 공자이다. 특히 결정적으로, 공자는「문언전」을 써서『주역』을 철학서로 만들었으며 역학을 점술을 넘어 철학으로 승화시켰다. 공자의 이런 노력이 유가 사상가들로 이어졌다. 특히 순자는 역학에 밝았다. 그 역시 "역을 잘하는 자는 점치지 않는다"는 명언을 남겼다. 그 후 「계사전」을 포함한 『역전』이 성립한다.[52]

그러나 한 제국의 시대에 이르면 이런 철학적 사유보다는 오히려 상수학이 발달하게 되며, 양한 시대의 상수학은 이후의 모든 상수학의 원형을 이루게 된다. 한초 특히 문제와 경제의 시대, 이른바 '문경지치'의 시대에는 진대의 강고한 법가사상에 대한 반동으로 황로지학이 발달하게 되며, 이에 따라 역학을 황로지학의 맥락에서 연구하는 흐름이 나타나며,[53] 엄군평의 『도덕경지귀』, 양웅의 『태현』 같은 책들이 이와 같은 흐름을 대변한다.[54] 시대가 흐르면서 도가사상은 점점 도교로 화해가며, 이러한 맥락

---

52) 그러나 「계사전」 등의 내용이 모두 이 시대에 만들어진 것은 아니다. 특히 하도와 낙서에 관한 이야기 등은 후대에 첨가된 구절이라고 보아야 할 것이다. 복희가 팔괘를 그렸다는 이야기도 후대의 첨가로 보는 사람들이 있으나, 반드시 그렇게 보아야 할 필요는 없을 듯하다.

53) 사실 상/은의 『귀장역(歸藏易)』은, 유교의 테두리 내에서 형성되고 연구된 『주역』과는 달리, 애초에 도가적 맥락에서 형성된 것으로 보인다. 『귀장역』은 곤괘에서 출발하며, 전체적으로 유교적인 '자강불식(自强不息)'이 아니라 도가적 '무위자연(無爲自然)'의 사상이 표현되고 있기 때문이다.

54) 『도덕경지귀(道德經指歸)』는 황로지학의 기초인 음양 이론을 『주역』을 동원해 해설한다. 음양 이론으로 역을 해설하는 것이 아니라 그 반대이다. 이런 이유 때문에 때로 도가철학의 해설에 유가 학설들을 개입시키는 경향을 보인다. 엄군평의 제자인 양웅 역시 황로지학을 역학과 융합하려는 시도를 이어갔다. 그는 『주역』을 해설한 것이 아니라 자신의 체계에 따라 아예 새로운 책을 만들었다. 이 때문에 그의 저작인 『태현』은 때로 『태현경(太玄經)』이라 불린다. 양웅은 이 책에서 음양 2효를 일·이·삼 3획(劃)으로, 6위를 4종(種)으로, 384효를 792찬(贊)으로, 64괘를 81수(首)로 바꾸었다. 『주역』의 최고 원리가 '태극'이고 『도덕경』의 경우는 '도'인 데 비해, 양웅은 도가철학의 개념인 '현(玄)'을 제시했다. 주역은 '태극 → 음양 → 사상 → 팔괘'라는 '1 → 2 → 4 → 8'의 구도를 띠고, 『도덕경』은 '도 → 일 → 이 → 삼'이라는 '무 → 1 → 2 → 3'의 구도를 띠는 데 비해, 양웅은 『주역』과 『노자』를 섞어 도=태극=현의 구도를 취했다. 태극을 유=기로 본다면, 이 구도는 유=무가 되어 모순에 빠진다. 태극을 무=도로 본다면, 무 → 음양이 되어 논리적 비약이 일어난다. 가능한 길은 무=기로 보아(잠재성으로서의 무) 태극=무=기로 보는 길이다. 그러나 이 경우 도=무=기가 되어 노자의 생각과 부딪친다.(물론 다소 파격적으로, 노자의 도를 기로 보는 방식도 있다) 양웅은 이 점을 그다지 명료하게 밝히지 않은 채 도=태극=현의 구도에 입각해 자신의 사유를 전

에서 방사(方士)들이 나타나 연단술을 비롯한 도교적 문화를 펼치게 된다. 이와 같은 흐름에서 역학 연구와 도교가 결합되기에 이르며, 위백양(魏伯陽)의『주역참동계』가 이런 경향을 대변한다.[55] 그러나 이후 다국화 시대가 되면 왕필이 나타나 도교적 흐름을 일신하고 본래의 도가사상의 입장에서 역학을 연구함으로써 의리학의 시대가 열리게 된다. 이 의리학의 흐름은 특히 송·원·명과 조선의 역학으로 이어지며, 한대 상수학과 더불어 양대 조류를 형성하게 된다.

한 제국의 4대 황제인 한 무제 이후 점차 유학이 지배하는 시대가 열리게 되며, 이에 따라 '경학'이 크게 성하게 된다. '금문경학'이 발달하고 '장구지학(章句之學)' — 기존 문헌들을 장과 구로 나누어 문헌학적으로 꼼꼼하게 분석하는 학문 — 이 흥성해 훈고학의 전통이 마련된다. 그러나 금문경학은 한대 특유의 주술적 경향[56]과 얽히면서 '천인감응(天人感應)'의 설을 비롯한 신비주의적 이론으로 기울었다. 한대의 금문 상수학은 맹희, 경방 등으로 대표된다. 동한에 이르러서는 마융, 정현, 순상, 우번 등이 한대 역학을 종합하고 완성했다. 한대 상수학의 성과들은 주로 당대 이정조의『주역집해』에 수록되어 전해진다. 이후 고문경학이 발달하면서 금문경학과는 달리 장구지학에 얽매이지 않는 연구가 진행된다. 사실 한초에 역

개했다. 양웅의『태현경』은『주역』이나『노자』를 대체하지는 못했지만, 이후의 도가 및 도교의 역학설에 큰 영향을 주게 된다.

55) 『주역참동계(周易參同契)』는 연단술에 역학을 적용한 저작으로서, 특히 감괘와 리괘 (물과 불)를 중심으로 연단을 연구했다. 방술에 속하는 책이기는 하지만, 주희가 주석 서를 썼을 정도로 상당한 영향력이 있었다.

56) 한대에는 참위, 연단술, 금단술을 비롯한 온갖 형태의 주술이 횡행했으며, 당대의 모든 담론 속에 많게 또는 적게 스며들어갔다. 한대는 그야말로 '위(緯)'의 시대였다. 얄궂게도 이 시대는 또한 동시에 자연과학이 발달했던 시대이기도 하다. 의학이 발달해『황제내경』,『신농본초경(神農本草經)』,『상한론(傷寒論)』등의 의학서들이 나왔고, 천문학, 역법, 수학(『구장산술九章算術』같은 명저가 나왔다) 등등도 발달했다. 흥미로운 것은 이 두 경향이 때로는 마구 뒤섞였다는 사실이다. 다른 각도에서 본다면, 당대에는 주술과 과학의 구분 같은 것은 희박했으며 우리가 현대의 관점을 투영하여 구분해보는 것일 뿐이라고도 할 수 있겠다.

학서가 아닌 여러 저작, 예컨대 한영의 『한시외전』, 육가의 『신어』, 가의의 『신서』, 유안의 『회남자』, 동중서의 『춘추번로』 등을 보면 상수보다는 의리의 맥락에서 『주역』을 언급하고 있음을 확인할 수 있다. 그러나 본격적인 역학은 금문경학의 상수지학에서 시작되고, 의리지학은 이후 고문경학이 등장하면서 성립한다. 전한의 비직 같은 인물이 이 경향을 대변한다. 금문경학이 '정통적'/'공식적' 지위를 점하고 있어서 고문경학은 주로 민간에서 전개되었다. 이 때문에 고문경학은 관련 문헌들이 많이 일실되었고 그 흐름은 상수지학에 묻혀버리지만 훗날의 위진 시대 의리지학의 기초를 이루게 된다.

한대 상수지학의 기초를 만든 인물은 맹희(孟喜)이다. 맹희의 역학은 '괘기설'이라 불린다. 이는 음기와 양기의 변화로 역을 해석하며, 주역의 괘상을 시절의 변화에 대응시키는 체계이다. 그는 역학의 구조와 자연의 진행 사이에 '상응체계', '구조적 동형성(isomorphism)'을 만들어 세계를 설명코자 했다. 64괘를 1년의 절기들에 대응시킨 체계, 12벽괘(辟卦)를 12개월에 대응시킨 체계, 60괘를 12개월에 대응시킨 체계, 중부괘(中孚卦)를 동지 초에 배당한 체계가 있었다. 맹희의 괘기설은 경방(京房)에 의해 계승되어 다양하게 변이된다. 한대 상수지학의 대표자인 경방은 음양 이론에 입각해 광범위한 역학을 전개했으며, 『경씨역전(京氏易傳)』에서 웅대한 역학 체계를 세웠다. 특히 경방은 오행의 구도를 가지고서 더욱 복잡한 상응체계를 만들어내는 길을 열었다. 나아가 괘효를 12간지에 상응시키는 '납갑설(納甲說)'을 전개하기도 했다. 맹희와 경방의 역학은 자체만 놓고 본다면 흥미로운 점이 없지 않고 요새 식으로 말해 '구조적 분석'의 극치를 보여주지만, 근본적으로는 주술적 의미론에 입각한 사유라 해야 할 것이다. 한대에는 주술적 사고가 만연했고, 이러한 흐름이 상수지학과 결합해 숱한 역위(易緯) 서적을 낳았다. 결국 한대는 '경학'과 '위학'이 복합하게 얽힌 시대였다고 하겠다. 이와 같은 흐름을 대표하는 위서가 『역위건착도(易緯乾鑿度)』이다. 이 책은 경방 역학의 해설서라 할 수 있으며, 내용 중 흥미롭고 또 영향력 큰 대목들도 적지 않으나 전체적으로는 역시 주술적 저작이라고 할 수 있다. 상수지학은 한말 우번(虞翻)에 의해 대성된다.

상수지학의 흐름은 동한=후한에 이르러서도 계속되나, 고문경학의 발달이 매개가 되어 일부에서는 상수지학과 의리지학을 결합하려는 시도가 나타나게 된다. 마융(馬融)과 그의 제자인 정현(鄭玄), 그리고 순상(荀爽) 등이 대표적이다. 한대 최대의 경학자인 정현은 방대한 경학 연구서들을 펴냈으며, 그의 사유에 대한 연구는 훗날 '정학(鄭學)'으로 불릴 정도로 큰 흐름을 이루었다. 정현은 한편으로는 맹희·경방, 『역위건착도』 등을 이어 상수지학을 펼쳤지만, 다른 한편으로는 고문경학 연구에 근거한 의리지학적 통찰도 보여주었다. 그러나 훗날의 철학자들이 역학에 관련해 '정학'과 '왕학(王學)' ─ 왕필의 의리지학 ─ 의 투쟁에 대해 이야기한 데에서도 볼 수 있듯이, 정현의 역학 또한 기본적으로는 한대 상수지학에 속한다. 정현은 다른 경학 연구서에서 이룬 만큼의 성과를 『주역』 연구에서는 이루지 못했다. 동탁 제거 시도에도 몸을 담았던 순상은 음양 이기의 승강(昇降) ─ 양기의 올라감과 음기의 내려감 ─ 에 입각한 이론을 펼쳤으며, 이 이론은 우번에게만이 아니라 왕필에게까지 영향을 끼친다. 순상의 학문은 북방에서 계속 발달했으며 왕학이 대세가 된 동진 시대까지도 이어졌다. 한대 상수지학은 역학에 근간을 두고서 일종의 거대한 우주론적 지도 ─ 세계의 모든 것들의 장대한 상응체계 ─ 를 그려 길흉화복을 점치려는 시도를 보여주었고, 그중에는 무척 흥미로운 내용이 적지 않게 담겨 있다. 그러나 전체적으로 평가한다면 그러한 우주론적 지도는 대개는 자의적이었고, 또 주술적이고 신비주의적인[57) 면모를 많이 띠었다.

---

57) 이미 말했듯이, 지중해세계에서의 신비주의와 동북아에서의 신비주의는 의미가 다르다. 전자에서의 신비주의는 초월자와 한 개인이 직접 접한다는 것을 뜻한다. 이는 곧 초월자와 개인 사이에 있는 교회를 건너뛴다는 것을 뜻하며, 이 때문에 기성 종교 권력에 대한 강한 도전을 함축했다. 이에 비해 동북아 사유에서 '신비주의'란 표현을 쓴다면, 이는 여러 존재자들 사이에 (상식적/경험적으로 간단히 이해하기는 어려운) 어떤

4正卦	坎		震		離		兌			
12辰	子	丑	寅	卯	辰	巳	午	未	申	酉	戌	亥
12月	十一月	十二月	正月	二月	三月	四月	五月	六月	七月	八月	九月	十月
侯卦	未濟	屯	小過	需	豫	旅	大有	鼎	恒	巽	歸妹	艮
大夫卦	蹇	謙	蒙	隨	訟	師	家人	豐	節	萃	无妄	既濟
卿卦	頤	睽	益	晉	蠱	比	井	渙	同人	大畜	明夷	噬嗑
公卦	中孚	升	漸	解	革	小畜	咸	履	損	賁	困	大過
辟卦	復	臨	泰	大壯	夬	乾	姤	遯	否	觀	剝	坤

八卦	乾	坤	震	巽	坎	離	艮	兌
上爻	土	金	土	木	水	火	木	土
五爻	金	水	金	火	土	土	水	金
四爻	火	土	火	土	金	金	土	水
三爻	土	木	土	金	火	水	金	土
二爻	木	火	木	水	土	土	木	木
初爻	水	土	水	土	木	木	木	火

팔괘 간지 효위	乾	坤	震	巽	坎	離	艮	兌
上爻	壬戌	癸酉	庚戌	辛卯	戊子	己巳	丙寅	丁未
五爻	壬申	癸亥	庚申	辛巳	戊戌	己未	丙子	丁酉
四爻	壬午	癸丑	庚午	辛未	戊辰	己酉	丙戌	丁亥
三爻	甲辰	乙丑	庚辰	辛酉	戊午	己亥	丙申	丁丑
二爻	甲寅	乙巳	庚寅	辛亥	戊辰	己丑	丙午	丁卯
初爻	甲子	乙未	庚子	辛丑	戊寅	己卯	丙辰	丁巳

한대 상수지학에서의 상응체계
(왼쪽 위부터 시계방향으로 맹희의 '12벽괘',
경방의 '오행효위도(伍行爻位圖)', '팔괘납갑도(八卦納甲圖)')

그러나 이런 흐름은 격동의 다국화 시대에 접어들면서 달라지기 시작했다. 한초에 형성된 황로지학적인 상수지학을 언급했거니와, 중원의 위진 시대에 들어오면 이제 『주역』, 『노자』, 『장자』를 핵으로 삼아 도가사상과 유가사상을 결합하려 한 현학(玄學)이 등장해 의리지학을 열게 된다.[58] 물

상응이 존재한다는 생각을 뜻한다고 할 수 있다.
58) 도교적 형태의 상수지학도 소멸되지 않고 이어져갔다. 위백양의 『주역참동계』가 근간이 되어 도교적 연구와 실천이 지속되었으며, 당대(唐代)에 이르면 특히 도교가 성행하게 된다. 이와 아울러 다국화 시대에 꽃피기 시작해 당대에 전성기를 맞게 되는 불교

론 상수지학의 흐름이 끊긴 것은 아니다. 상수지학은 위진 시대 내내 의리지학과 논쟁했으며, 남북조 시대가 되면 의리지학의 기세에 덮이게 되지만 여전히 이어져갔다. 이 시대 상수지학의 토대는 조위 정권의 관로(管輅)에 의해 놓였으며, 이후 상수학자 대부분이 관로를 이어갔다. 관로는 의리학자인 하안을 공격하면서 상수지학의 "정통"을 잇고자 했으며, 순상의 전통을 이은 순씨 집안이라든가 손성을 비롯한 많은 상수학자들이 이를 따랐다. 그러나 정학＝북학과 왕학＝남학 사이의 긴 대결은 동진 정도에 이르면 결국 왕학의 승리로 끝나게 되며, 이후 역학사에서 상수지학은 다시는 예전과 같은 지위를 차지하지 못하게 된다.

위진 현학, 좁게는 역학에서의 의리지학이 성하게 된 것은 동한 말부터 형성된 거대한 시대적 변환을 배경으로 해서였다. 한말에 어린 황제들이 연이어 등극하면서 외척과 환관이 발호하기 시작했다. 어지러운 시대를 맞이해 동탁 등등의 광폭한 무리가 국정과 백성들을 짓밟았다. 견디다 못한 하층민들은 황건적을 비롯한 각종 혁명군을 만들어 난을 일으켰다. 여기저기에서 군벌들이 등장해 끝없이 전쟁을 일삼았고, 부패한 기득권자들이었던 족벌·사족들은 자신들의 가문을 지키기에 급급했다. 이런 시대에 경전들에 대한 세세한 주석에 주력했던 장구지학/훈고학은, 서구의 스콜라철학이 14세기에 그랬듯이 더 이상 시대의 담지자가 될 수 없었다. 경학의 시대가 거하고, 직관적이고 은미한 언어로 삶의 근간을 들여다보려는 사유들이 등장한 것이다. 기존의 천하가 제시했던 관방(官方) 학문을 거부하는 "강호"의 인재들이 다양한 사상적 - 문화적 흐름을 만들어내 백화만발을 이루었다. 위진남북조 시대 역시 같은 시기의 서구처럼 '암흑시대'를 거쳤으나, 말 그대로 암흑시대였던 서구와는 대조적으로, 혼란과 고통의 시대를 배경으로 오히려 숱한 사상적 - 문화적 꽃들이 피었던 것이다. 위진

에서도 역학에 관심을 가지고서 불교적 입장에서 역을 읽거나 반대로 역을 가지고서 불교 교리를 설명하게 된다. 종밀(宗密)이라든가 이통현(李通玄) 등이 대표적이다.

현학은 이런 흐름 중 하나였다.

위진 현학은 도가사상의 새로운 단계를 나타내거니와[59] 역학을 그 필수적인 한 갈래로 포함했다. 역학과 황로지학·도교 사이의 결합은 한초에 이미 시작되었으나, 위진 시대를 맞이해 철학적으로 좀 더 정련되면서 동북아의 가장 빼어난 존재론들 중 하나를 낳았던 것이다. 한말에 등장한 고문경학은 유표가 선비들을 비호했던 형주에서 꽃피었으며, 이에 발맞추어 비직 계통의 의리지학이 새롭게 흥기하기 시작했다. 그러나 이 시대 의리지학의 대표자는 오히려 조위 정권, 사실상은 사마씨 정권의 왕숙이었고, 그의 학문은 서진까지 이어졌다. 같은 시대의 하안과 왕필도 의리지학을 이어갔으며, 의리지학의 대표자이자 역학사에서 결정적 변환을 이룩한 인물인 왕필은 명대까지도 이어질 새로운 역학의 틀을 만들어냈다. 이 흐름은 이른바 '죽림칠현'으로 이어졌고, 이에 속하는 완적, 혜강, 상수 등은 역학 관련 저작들을 썼다. 이른바 중조(中朝) 시대(AD 3세기 말~4세기 초)에 이르면 곽상 등이 등장해 현학과 의리지학을 이어갔고, 동진 시대에는 특히 한강백이 왕필을 이어 의리지학을 대성했다. 남북조 시대는 이런 흐름을 이어 경학을 크게 발달시켰다. 그리고 이 시대에 '의소지학(義疏之學)'의 발달은 『오경정의(五經正義)』 같은 종합적 저작을 낳았다. 다른 한편 유·불·도의 종합이 시도되기도 했지만, 이렇다 할 독창적인 성과를 내지는 못했다.

조위의 말기에 활동한 왕필(AD 226~249년)은 스물넷의 짧은 생애를 살았으면서도 걸출한 업적을 남긴 천재였다. 그는 주로 『주역』, 『노자』, 『장

---

59) 위진 현학을 비롯해 당대의 많은 사조들은 종합적 면모를 띠었다. 여러 사조들이 기본적으로는 도가사상을 근간으로 했지만, 거기에는 유가사상도 들어 있고(당대는 한대의 '예교사회'에 대한 거부로 특징지어지는 시대이지만, 현학적 논의들에서도 여전히 유교적 가치들을 확인할 수 있다. 아니, 현학자들은 유교의 재정립을 위해 도가적 기초를 필요로 했다고 할 수 있다), 명가사상도 큰 역할을 했으며(당대의 가장 큰 철학적 문제가 '명'과 '실'의 관계 문제였다), 법가사상, 상수지학 등도 일정 정도 들어 있었다. 따라서 당대의 의리지학도 종합적 면모를 띠었다고 해야 한다.

자』를 '삼현경'으로서 확립해 연구했지만, 『논어』에 대한 글도 남겼다. 그의 도가적 사유에는 유가적 사유가 깊이 상감되어 있다.[60] 앞에서도 인용했듯이, 왕필은 상수지학을 단호하게 비판했으며 뜻을 얻었으면 상은 버리라고 역설했다. 왕필이 볼 때, '사'는 '상'을 위해 있는 것이고 상은 '의'를 위해 있는 것이다. 반대로 말해 의는 상으로 표현되고 상은 사로 표현된다. 결국 왕필에게 역학의 요체는 어디까지나 뜻과 이치 즉 '義理'에 있다. 그러나 왕필이 그림이나 말을 부정했다고 볼 수는 없다. 그가 경계한 것은 말로부터 그림으로, 그림으로부터 뜻으로 거슬러 올라가 역의 본질을 파악하기보다는 '상'과 '수'에 대한 자의적 해석을 일삼으면서 '의'를 도외시하는 것이었다. "득의망상(得意忘象)", "득상망언(得象忘言)"은 '의'와 '상'과 '언' 사이의 연결을 부정하는 것이 아니라 그 순위에 대한 올바른 파악을 강조하는 것이다. "역은 그림이다. 하지만 그림은 뜻에서 생겨난다. 뜻이 있은 뒤에야 그에 상응하는 구체적인 것〔物〕이 존재한다. 그래서 건괘의 뜻은 용으로, 곤괘의 뜻은 말〔馬〕로 그리는 것이다." 취상(取象)은 반드시 취의(取義)를 근거로 해야 한다. 뜻을 읽어내기 위해서도 우리는 말에서 출발해야 하며, 그림을 거쳐야 뜻에 도달할 수 있다.

왕필이 하나의 괘에서 읽어내고자 하는 뜻은 정적이고 단일한 뜻이 아니라 동적이고 중층적인 뜻이다. 물론 한 괘의 전체 뜻은 단사에 단일하고 정적으로 집약되어 있다. 왕필에 따르면, '단(彖)'이란 "한 괘의 전체를 통틀어 논하는 것이며, 그 괘가 근거하는 핵심을 들어 밝혀주는 것"이다. 그러나 역의 핵심은 이 단으로 그치기보다는 오히려 그 단이 결과적으로 압

---

60) 더 정확히 말해, 왕필은 도가적 기초 위에 유가를 새롭게 정립했다고 할 수 있다. 앞에서 '단사'에 관련해 인용한 구절에는 '귀일(歸一)'의 사상, 중심주의가 짙게 배어 있으며, 또 "當其列貴賤之時 其位不可犯也" 같은 구절에서나 '적소(適所)'를 논하는 구절들에서 볼 수 있듯이, '위(位)'에 대한 즉 신분 질서에 대한 결정론적 사유가 깊이 깃들어 있다. '위' 개념은 왕필의 존재론의 중심 개념이기도 하며, 그의 사유는 이 '위' 개념을 중심으로 이루어져 있다고 할 수 있다.

축하고 있는 내용 즉 동적이고 중층적인 의미를 파악하는 데 있다. 왕필에 따르면 "괘는 시(時)이고, 효란 적시지변(適時之變)이다." 가장 중요한 것은 효를 잘 관찰해 변화를 읽어내고 그에 잘 대처하는 것이다. 효는 사건들의 계열을 형성하며, 그 계열의 흐름을 정확히 읽어내야 하는 것이다. 그래야만 한 괘의 의미=뜻을 알아낼 수 있고, 그에 입각해 적절한 행위를 할 수 있다.

하지만 변화무쌍한 효들/사건들의 흐름에서 어떻게 핵심을 잡아낼 것인가? 여기에서 왕필의 사유는 뜻→그림→말이라는 의미론을 보충해줄 구조론 ── '효위설(爻位說)'이라 한다 ── 을 동원한다. 이는 효변과 괘변을 위주로 하면서 괘기설을 구사하는 한대 상수지학과 대조적인 것이다. 왕필의 구조론에서 핵심적 역할을 하는 것은 '위=자리'이다. 왕필은 효들/사건들의 흐름에는 항상 결정적 역할을 하는 것이 존재함을 역설한다.

> 대저 무리가 무리를 다스릴 수는 없는 법이니, 극소수가 무리를 다스리는 법이다. 무릇 움직임이 움직임을 제어할 수는 없는 법이니, 천하의 움직임을 제어하는 존재는 오로지 일자(一者)일 뿐이다. 하여 무리가 함께 존재할 수 있는 까닭은 그 중심이 오로지 하나일 뿐이기 때문이고, 움직임이 조화롭게 이루어질 수 있는 까닭은 그 원인이 둘이 아니기 때문이다.[61]

앞에서 우리는 서합괘에서 5효가 주효임을 보았거니와, 이 '주효'라는 개념은 곧 왕필의 개념이라 할 수 있을 것이다. 하나의 효만이 그 외의 다섯 효와 다른 경우는 그 다른 효가 주효가 된다. 5음 1양의 괘로는 복괘(䷗), 사괘(䷆), 겸괘(䷠), 예괘(䷏), 비괘(䷇), 박괘(䷖) 여섯 개가 있고, 5양 1음의 괘로는 구괘(䷫), 동인괘(䷌), 리괘(䷝), 소축괘(䷈), 대유괘(䷍), 쾌괘(䷪) 여섯 개가 있다. 나머지 괘들에 대해서는 2효 또는/그리고 5효에서 주

---

61) 王弼, 『周易略例』, 「明卦適變通爻」.

효를 찾는다. 그 괘들은 각각 상괘와 하괘의 '중'을 형성하기 때문이다.

이처럼 왕필은 어디까지나 뜻→그림→말의 구도를 취해 괘기설을 부정한 의미론과 괘변 및 효변의 번쇄한 해석을 부정한 구조론을 동원해 역학을 전개했다. 왕필의 이러한 구도는 세부적인 면에서는 무리가 동반되기도 하지만 오늘날까지도 의미를 가지는 해석체계를 정립했다고 할 수 있다. 그러나 왕필은 여기에 역학 전체에 대한 현학적인 해석을 덧씌워놓았다. 현학은 노자를 따라서 기본적으로 "萬物生於有 有生於無"의 입장을 취한다. 만물은 '유'에서 생겨나지만, 유 자체는 '무'에서 생겨난다는 것이다. 이른바 '귀무론(貴無論)' 즉 무를 귀하게 여기는 이론이다. 왕필과 그를 이은 한강백은 이런 현학의 존재론을 역학에 투사했다. 이는 대연지수의 해석과 관련된다. 상수학자들은 늘 그렇듯이 50이라는 숫자를 4계절, 5행, 10천간, 12지지, 28수 등 다른 숫자들의 조합으로 해석해 상응체계를 구축하고자 했고, 빼놓는 하나도 북신(北辰)이라든가 하는 식으로 배당했다. 이에 비해 왕필과 한강백은 쓰지 않는 하나를 '무'로 해석해, 이 무가 '유'를 가능케 한다고 보았다. 이들에게 이 무는 곧 태극이다.[62] 한강백은 「계사

---

62) 왕필 - 한강백 식으로 해석할 경우, "무릇 유는 반드시 무에서 비롯한다. 그렇기에 태극이 양의를 낳는 것이다. 태극이란 말할 수 없는 것을 말함이요, 이름 붙일 수 없으나 그지극한 바에 입각해 '태극'이라 이름 지은 것"이라 할 수 있다. 그러나 무＝태극에서 양의가 곧장 나오는 구도는 적절치 않다. 태극을 유＝기로 해석해서 무/도→유/태극/기→양의 식으로 해석하는 것이 더 일관성이 있을 듯하다. 태극을 무와 동일시한다면, 그 사이에 유＝기를 삽입해 무/도/태극→유/기→양의 식의 해석이 될 것이다. 이렇게 해야만 "道生一 一生二 二生三 三生萬物"이라는 『도덕경』의 생각에 일치하게 된다. 태극을 유와 동일시할 것인가 무와 동일시할 것인가는 중요한 문제이다. 그러나 「계사전」의 해당 구절("易有太極 是生兩儀 兩儀生四象 四象生八卦")에서 논리적 비약을 범하지 않는 이상, 태극은 유＝기가 되어야 한다. 『도덕경』, 42장과 「계사전 상」, 11장은 다른 구도이다.
그러나 뒷부분, 즉 『도덕경』에서의 "二生三 三生萬物"과 「계사전」에서의 "兩儀生四象 四象生八卦"는 다음과 같이 조합될 수 있다. "二生三"은 양효와 음효 두 효에 충기의 효가 부가됨으로써 삼효 즉 하나의 괘가 나오는 과정을 말하며, '兩儀生四象'은 양효와 음효가 태양(＝), 소음(＝＝), 소양(＝＝), 태음(＝＝)이 나오는 과정을 말한다. 전자와 후자는 모순되지 않으며(후자는 음효와 양효의 네 결합 방식을 뜻하고, 후자는 음효와 양효

전」을 철저하게 현학적 관점에서 해석해 「계사전」에 『도덕경』을 투영했다. 이들의 의리지학은 송대 이후의 성리학에 뿌리를 제공하게 된다.

이렇게 역학은 왕필을 분기점으로 새로운 단계로 접어들거니와, 남북조 시대와 수당 시대에는 주목할 만한 역학상의 발전이 이루어지지 못했다. 다만 이 시대에는 이전의 연구들을 집결한 종합 편집본 두 권이 나왔다. 공영달(孔穎達) 등은 당 태종의 명을 받아 '오경정의'의 하나인 『주역정의(周易正義)』를 편찬했다. 이 책은 왕필와 한강백의 주석을 편집해놓고서 거기에 소(疏)를 붙인 것이다. 소를 붙이는 과정에서 왕필·한강백의 생각만이 아니라 그때까지 쌓인, 상수지학까지 포함하는 다양한 성과들을 적절히 종합해서 반영해놓아 매우 유용한 책이라고 할 수 있다. 앞에 붙인 두 서론도 큰 도움이 된다. 이 책은 단순한 편집본이 아니라 이론적인 변화도 시도했다. 여기에서 공영달은 태극을 무로 보되, 이 무를 혼돈, 결국 기로 보았다. 이렇게 되면 무=기가 되어 현학적인 무 개념을 빼내고 무를 태극과 동일시하여 (앞의 각주 62에서 보았던) 현학적 해석에서의 논리적 비약을 피할 수 있게 된다. 이런 관점은 성리학으로 이어지게 된다.[63] 요컨대 『주역정의』는 왕필과 한강백을 중심에 놓되 다른 이론들도 종합해 그 한계를 극복하고자 했으며, 특히 현학의 '귀무론'을 버리고 무=태극=기의 관점을 취함으로써 역학을 보다 기학적으로 만들었다. 이 저작은 역학 연구자들에 의해 지금도 인용되고 있다. 『주역정의』가 의리지학 위주의 저작이라

가 2가 아닌 3으로써 조합되는 방식을 뜻한다), 2효가 3효로 되면서 팔괘가 성립한다. 결국 사상에서 팔괘가 나오는 과정은 곧 다른 축에서 보면 '二生三'의 과정인 것이다. 그리고 팔괘가 중괘되어 만물이 나오는 것은 '삼생만물'의 과정을 뜻한다.

63) 그러나 성리학이 장재에서 정이로 이행하면서, 태극은 기가 아니라 리로 규정되기 시작한다. 바로 이 과정에서 리 개념은 기=유를 벗어난 무라는 성격과 기를 특징짓는 결여가 없는 충만하고 절대적인 유라는 성격을, 이 모순된 두 성격을 동시에 가지게 된다. 한편으로 그 어떤 규정성도 벗어나버리는 무이면서도 동시에 모든 것이 그곳에서 나와 그리고 돌아가는 절대 유라는(아무-것도-아닌 것이면서 동시에 모든-것인) 이 무 개념은 지중해세계의 사유와 동북아세계의 사유를 구분해 주는 핵심 요소이다.

면, 이정조(李鼎祚)의 『주역집해(周易集解)』는 상수학자들의 설을 모아놓은 편집본이다. 그러나 이 저작 역시 의리지학을 배척하지는 않았고 적지 않게 함께 수록했다. 이 저작이 없다면 한대 상수지학의 구체적 모습을 알기는 불가능하다는 점에서, 『주역집해』는 사료로서의 가치가 무척 높은 책이다. 남북조·당대의 역학은 큰 발전을 이루지는 못했지만 이처럼 『주역정의』와 『주역집해』라는 두 귀중한 문헌을 후대에 남겼다.

송대와 이를 이은 원대·명대, 그리고 한반도의 고려·조선 시대는 역학의 전성기라고 할 수 있다. 이 시대에 이르러 유학은 거대한 부활을 이루어냈으며, 그래서 '신유학'이라 불리기도 한다. 이 부활의 핵은 역학이었다. 성리학은 사실상 역학의 재해석이라고 해도 과언이 아니기 때문이다. 중원 대륙은 위진남북조 시대에 사분오열되어 혼란스러운 세월을 보냈으며, 이후 당에 의해 통일되어 화려한 극성기를 맞이한다. 그러나 송대에 이르면 다시 혼란스러운 세상이 도래하게 된다. 국제적으로는 북방의 다양한 민족들이 할거하게 되며, 내부적으로도 무능하고 부패한 왕조가 지속되어 불평등이 점차 극단화했다. 이러한 상황은 유학자들을 분기탱천하게 만들어 유학의 새로운 기초를 고민하게 했다.[64] 이론적 측면에서도 위진남북조·당대는 불교와 도교의 전성기로서 유교는 그 위세에 눌려 지냈다고 할 수 있다. 유학자들은 한편으로 불교와 도교의 영향을 받으면서도 유교를 부활시키는 데 온 힘을 쏟았다. 이 과정에서 유·불·도 삼교를 유교 중심으로 통합한 장대한 신유교 철학이 성립했다. 역학은 그 한가운데에 있었다.

송대의 역학은 상수지학과 의리지학을 두루 포괄했다. 그러나 상수지학에서는 한대 특유의 주술적 요소를 떨어버리고 과학적 – 철학적 성격을 강

---

64) 송대 정권은 군사적으로 무능했지만, 한편으로는 문치를 위주로 한 정권이어서 학문 발달을 위한 인프라를 많이 만들어냈다. 다양한 형태의 학술 기관이 생겨나 성리학의 형성에 기반을 마련해주었던 것이다. 또 송대는 과학기술에서도 적지 않은 진전을 본 시대였다. 당시 인쇄술을 비롯한 송대의 과학기술과 비견할 수 있는 경우는 이슬람의 과학기술밖에는 없었다. 이런 흐름 또한 성리학 속으로 흡수된다.

화했으며, 의리지학에서는 불교적-도교적 통찰까지 아우르는 치밀한 철학사상을 구축할 수 있었다. 상수지학에서는 하도와 낙서의 연구를 중시해 '도서학(圖書學)'이 발달했고, 이와 같은 흐름은 주돈이(周敦頤)와 소옹(邵雍)이 상수를 '리'에 연결하면서 성리학의 형태로 발전할 수 있었다. 남송의 주진은 이런 흐름을 이어 의리지학을 겸비한 상수지학을 더 멀리 전개할 수 있었다. 장재와 정이는 송대 의리지학의 토대를 만들었으며, 이 사유의 틀은 이후 동북아의 많은 유학자들에 의해 '정통'으로 받아들여지게 된다. 이 흐름은 주희(朱熹)에 의해 상수지학을 포용하는 형태로 집대성되기에 이른다. 주희의 사유는 당대까지 진행된 모든 사유의 최종판이라고 해도 좋을 정도로 방대하고 정교한 체계로서, 이후 '주자학'으로서 연구된다. 특히 조선의 유학은 주자학을 그 최고의 경지로 만개시켰다. 역학에 국한해보아도, 주희의 역학은 이후 전개된 원·명의 역학과 조선·에도 막부의 역학에 지대한 영향을 주었다. 후에는 '리' 중심의 사유에 반기를 든 육구연 등의 '심' 중심의 사유가 등장해 역학 또한 새로운 관점에서 연구되기 시작한다.

원·명과 조선의 역학자들은 송대에 이루어진 발전을 기반으로 삼아 다양한 논의를 이어가게 된다. 그로써 이황, 이이, 왕부지 등이 송대 이후 이어져온 역학의 흐름을 완성하기에 이른다.[65] 그러나 이 시대의 역학은 풍부하게 넓어졌다기보다는 주희의 사유를 핵으로 해서 일정 주제들을 심화했다고 할 수 있다. 이는 명이나 조선이 유난히 자기동일성이 강한 왕조였다는 점과도 관련된다. 어쨌든 역학은 북송에서 시작해 명대와 조선 중기에 이르기까지의 수백 년에 걸쳐 유례없이 풍성한 성과를 맺게 된다. 그러나 청대·조선 후기에 이르면 이런 흐름이 일변해 실학의 흐름이 일어나게 되며, 역학 또한 실학적인 방식으로 연구되기 시작한다. 이는 세계 전

---

65) 김상일은 『대각선 논법과 조선역』(지식산업사, 2013)에서 조선 역학을 칸토어의 대각선 논법을 활용해 흥미롭게 설명해주고 있다.

시대	일반사	역학사
춘추전국시대	서주의 몰락과 동주의 도래 제후들 간의 전쟁 중원에서의 고대 문화 전개 제자백가의 활약	「역전」의 성립 초보적 형태의 해석들이 각종 문헌에 산재 공자가 『역경』에 전을 붙이기 시작하면서 역의 철학화가 이루어짐
한대	중원 제국의 등장 사마천의 『사기』 동북아 국제 질서의 형성 예교사회/유교사회의 성립 경학의 발달, 주술적 우주론의 전개	한대 상수지학의 발달 맹희, 경방 등의 역학 거대한 상응체계에 입각해 일종의 '우주론적 지도'를 작성
다국화 시대	중원의 분열, 남과 북의 대립 동북아 국제사회의 전개 한반도 문명의 개화 불교의 발달 천하의 철학과 강호의 철학	위진 현학과 의리지학의 발달 왕필의 의리역학 현학적인 역 해석 불승들의 역 연구
송대, 원대, 명대 조선 전기	중원의 남북 분할 고려의 무신정권 몽골의 세계 정복 명의 중원 회복 조선의 건국	성리학에 의한 역학의 종합과 재해석 정이, 주희, 이황, 이이, 왕부지 등의 역학
청대 조선 후기 에도 막부	만주족의 중원 지배 근대적 경향의 도래 일본의 메이지유신	고증학과 실학의 발달, 역학의 근대적 연구 시작
현대	전통 왕조의 해체와 근대 국민국가의 형성 서구 문명의 도입 민주주의의 형성	서구 과학 및 철학과의 만남 현대적 역학의 전개

체에 걸쳐 일어난 '근대성' 도래와 일치하는 흐름이라고 할 수 있다. 이러한 흐름은 오늘날까지 이어지고 있다. 오늘날에는 1) 고증학을 이어, 역사학적 탐구를 통해 『주역』을 철저하게 실증적인 방식으로 연구하려는 경향, 2) 상수지학을 이어, 현대의 자연과학적 성과를 역에 연결해 연구하려는 경

향, 3) 의리지학을 이어, 역학을 현대 철학적 맥락에서 재사유하려는 경향이 전개되고 있다. 첫 번째 길은 우리에게 역사적 탐구를 통해 『주역』에 대한 진실을 알려주지만, 이와 같은 역사적 탐구와 역학에서 의미 있는 사유를 길어내려는 철학적 사유는 구분되어야 한다. 두 번째 길은 매우 세심하게 전개하면 뜻하지 않은 흥미로운 결과를 낳는 경우도 있지만, 여전히 견강부회의 위험이 도사리고 있는 길이다. 철학적으로 의미 있는 길은 세 번째 길로서, 역학은 오늘날에도 인생에서 벌어지는 숱한 사건들을 계열화해 그 의미를 읽어내고 그로써 행위의 기반을 마련하는 사유로서 여전히 의미를 가진다 하겠다.

역의 문화

역은 동북아 문명의 심장부에 존재하며, 이 때문에 동북아의 다양한 문명들은 역과 불가분의 관계를 맺으면서 발전해왔다. 청대에 이루어진 「사고전서총목제요」에는 역학을 기반으로 하는 문화로서 천문, 지리, 악률(樂律), 병법, 운학(韻學), 산술, 연단술 등을 열거하고 있다. 전통 문화의 중심에는 역이 있다고 하겠다. 역의 문화라 할 수 있는 분야 중 몇 가지를 보면서 그 성격을 음미해보자.

동북아의 학문에서는 천지자연에 대한 형이상학적 통찰과 자연과학적 설명이 혼연일체가 되어 있었다. 천문, 지리, 역법, 역사, 물후[66]를 비롯한 다양한 분야가 거대한 상응체계를 형성했다. 그리고 이런 상응체계 전체를 지배한 존재론은 역학과 기학이었다.

우선 오늘날처럼 천문학과 지리학이 별개의 분야가 아니라 혼연일체를 이루었던 점이 고중세의 천문지리를 특징짓는다. 이미 보았듯이, 상고 시대 이래 동북아인들은 하늘과 땅의 신비한 일치를 통해 세계를 보았다. 하

---

66) 물후학(物候學)은 산천초목과 춘하추동을 밀접하게 관련시켜 세계를 연구하는 분야였으며, 현대 식으로 말해 기상학·생태학·동식물학·농학 등을 종합하는 분야였다.

늘에서 일어나는 일은 곧 땅에 영향을 끼치고, 땅에서 일어나는 일은 곧 사람에게 영향을 끼쳤다. 하늘은 질서정연하게 배치되어 있고 조화롭게 운행하고 있는 '우주'였다. 『시자(尸子)』에서는 "상하사방을 우(宇)라 하고, 고금왕래를 주(宙)라 한다"고 했다. 질서정연한 우주로서의 세계는 곧 수에 의해 지배되는 곳으로서도 이해되었다. 역학 자체가 그 한 측면에서 수적 체계를 이루고 있다. 이 우주의 구조는 여러 가지로 이해되었지만,[67] 어느 경우에나 "天尊地卑"라든가 "在天成象 在地成形"이라든가 "一陰一陽之謂道" 등 역학의 사유를 배경으로 해서 전개되었다. 하늘에 대한 고찰은 낮에는 해의 그림자를 관찰하고 밤에는 별들을 관찰함으로써 이루어졌다. 이로써 '황도', '백도', '자오선', 묘유선(卯酉線), 회삭현망(晦朔弦望) 등의 개념들이 성립했고, 북극성, 북두칠성[68], 28수(宿)[69] 등의 별들이 확인되었다. 목·화·토·금·수의 5성(星)은 특별한 관찰의 대상이 되었다. 하늘에 대한 이런 관찰에 입각해 역법이 만들어졌고, 각종 기일이 행해졌다. 하늘의 분절체계에 사람/역사의 분절체계가 상감되었다고 할 수 있다.

이와 같은 분절체계는 방위와 계절을 비롯한 각종 사항을 포괄하면서 발달했고, 하늘과 땅을 하나로 파악하는 체계를 낳았다. 이로써 '풍수지리'라는 동북아 특유의 기술이 성립하기도 했다. 이러한 상응체계 중 하나를

---

67) 개천설(蓋天說)에서는 하늘은 삿갓을 덮어놓은 것 같고 땅은 쟁반을 엎어놓은 것 같다고 했고, 혼천설(渾天說)에서는 하늘의 형태는 마치 정원에 탄환이 섞여 있는 것 같다고 했으며(장형(張衡)은 『혼천의』에서 하늘을 달걀 껍질에, 땅을 노른자위에 비유했다), 선야설(宣夜說)에서는 하늘은 밝지만 텅 비어 우러러 살펴도 끝없이 높고 멀어 일월성신이 떠다니면서 가고 멈춤이 모두 기를 따를 뿐이라 했다.

68) 표주박의 몸 부분을 '두괴(斗魁)'라 했고, 자루 부분을 '두병(斗柄)'이라 했다. 초혼(初昏)에 두병이 가리키는 방향이 동쪽이면 봄으로, 서쪽이면 가을로, 남쪽이면 여름으로, 북쪽이면 겨울로 간주되었다.

69) 동방의 7수는 각항저방심미기(角亢氐房心尾箕)로서 '창룡'/'청룡(蒼龍/靑龍)'이라 하고, 서방의 7수는 규루위앙화자삼(奎婁胃昴華觜參)으로서 '백호(白虎)'라 하고, 남방의 7수는 정귀류성장익진(井鬼柳星張翼軫)으로서 '주작(朱雀)'이라 하며, 북방의 7수는 두우녀허위실벽(斗牛女虛危室壁)으로서 '현무(玄武)'라 한다.

다음 표에서 확인할 수 있다.[70]

월	1월	2월	3월	4월	5월	6월	7월	8월	9월	10월	11월	12월
괘명	泰	大壯	夬	乾	姤	遯	否	觀	剝	坤	復	臨
괘상												
지지	寅	卯	辰	巳	午	未	申	酉	戌	亥	子	丑
24방위	艮寅	甲卯	乙辰	巽巳	丙午	丁未	坤申	庚酉	辛戌	乾亥	壬子	癸丑
24절후	立春 雨水	驚蟄 春分	清明 穀雨	立夏 小滿	芒種 夏至	小暑 大暑	立秋 處暑	白露 秋分	寒露 霜降	立冬 小雪	大雪 冬至	小寒 大寒
태극	元			亨			利			貞		
오행	木			火			金			水		
	土											
방위	東			南			西			北		
계절	春			夏			秋			冬		
	中央											

하늘과 땅이 이처럼 역에 의해 지배되는 것으로 이해되었기에, 그 사이에 존재하는 사람 역시 당연히 역의 지배를 받는 것으로 이해되었다. 한의학과 역학의 관련성은 이미 『좌전』에 나타난다. 진(晉)의 평공이 병이 났을 때 진(秦)의 경공에게 의원을 요청하자, 경공은 명의인 의화를 보냈다. 의화는 평공이 무리하게 여색을 가까이 해 병에 걸린 것으로 진단하고서, 그 양상을 '고(蠱)'로 판단한다. '고'란 "어느 일에 지나치게 빠져 미혹됨으로써 생겨나는 것"이며, "『주역』에서는 여자가 남자를 홀리고, 큰 바람이 산에 있는 나무를 쓰러뜨리는 것"이라고 말한다. 고괘(蠱卦, ䷑)의 괘상은 큰 산이 바람을 막아 사물들이 썩어감을 뜻하며, 중년부인(巽)이 젊은 청년(艮)을 고혹(蠱惑)하는 상이다.[71] 의화는 진 평공의 병을 일은 멀리하고 여

70) 신영대 편저, 『풍수지리학원리』(경덕출판사, 2004).

71) 전통 시대에 '무고죄(巫蠱罪)'란 누군가를 본뜬 인형을 땅에 파묻고 저주한 죄를 뜻했는데, 역시 고괘와 연관된다.

색만 가까이함으로써 생긴 것으로 진단하고, 이를 고괘의 정황으로 풀고 있는 것이다. 역학과 의학의 관련성은 한대 상수학이 발달하면서 더욱 밀접해지며, 역학과 결합한 음양오행설이 의학의 이론적 기초로 자리 잡게 된다. 의학과 밀접한 관련을 맺으면서 발전해온 기공 또한『주역참동계』에 근거해 생겨났으며, '태극→양의→사상→팔괘'의 순서를 거슬러 올라가(팔괘→사상→양의→태극) 태초의 '기 일원'으로의 회귀를 꿈꾸었다.[72]

천지인 사이의 이런 상응관계는 신체만이 아니라 인간사회에 관련해서도 확인된다. 생명의 세계는 남녀의 만남으로부터 생성하니, "乾道成男 坤道成女"라 했다. 남녀가 부부의 연을 맺어 새 생명을 낳고, 이렇게 면면히 이어지는 '생명의 원환(circle of life)'을 근간으로 인간사회가 성립한다. 그래서 팔괘는 가족에 상응되기도 했는데, 건괘(☰)-부와 곤괘(☷)-모의 결합으로 태괘(☱)-소녀(少女), 리괘(☲)-중녀(中女), 진괘(☳)-장남, 손괘(☴)-장녀, 감괘(☵)-중남, 간괘(☶)-소남으로 배정되었다. 이렇게 이루어진 가족들이 모여 사회를 형성하며, 군신·상하·예의라는 인간 고유의 차원── 정치와 역사의 차원── 이 성립한다. 그래서 「서괘전」에서는 "천지가 있은 연후에 만물이 있고, 만물이 있은 연후에 남녀가 있고, 남녀가 있은 연후에 부부가 있고, 부부가 있은 연후에 부자가 있고, 부자가 있은 연후에 군신이 있고, 군신이 있은 연후에 상하가 있고, 상하가 있은 연후에 예의가 자리 잡을 수 있다"고 했다. 「서괘전」은 『역경』 전체의 순서를 이러한 구도에 입각해 해명해주고 있다. 앞에서 지적했듯이 허술한 대목들도 있지만, 여기에는 옛사람들이 생각한 세계의 총체성이 잘 드러나 있다. 역학이란 세계에서 생생하게 발(發)하는 사건들을 이처럼 정연한 의미구조로 정돈해서 이해하고, 이 구도를 본으로 삼아 행위하려 한 동북아 사유의 핵이었다.

따라서 이와 같은 전체적 구도 아래에서 사람들의 구체적인 삶, 행위의

---

72) 곽동렬, 『주역과 한의학』(성보사, 1997).

총체 즉 역사도 다분히 결정론적이고 가치론적으로 이해되었다. 자연과 인간의 밀접한 관련성은 자연의 시간인 '역(曆)'과 역사의 시간인 '역(歷)'의 관련성을 통해서 잘 나타난다. 여기에서 결정론적이란 역사를 발전사관이 아닌 순환사관으로 보았음을 뜻하고, 가치론적이란 역사의 의미를 봉건적 삶의 양식을 유지하는 데 두었음을 뜻한다. 가인괘(家人卦, ䷤)에서는 "아버지는 아버지답고, 아들은 아들답고, 형은 형답고, 동생은 동생답고, 지아비는 지아비답고, 지어미는 지어미다워야 가정의 도가 바로 서니, 가정을 바로 세워야 천하가 안정되리라"고 했다. 모든 사람들이 각자의 '에르곤'을 지켜 '~다움'을 이루어야 한다는 본질주의적 구도라고 할 수 있다. '변화의 서'인『주역』이지만, 그 변화는 어디까지나 원환적이고 평형적인 성격을 유지했다고 할 수 있다. 물론 혁괘(䷰)처럼 변혁을 이야기하는 괘도 있지만, 여기에서의 변혁 역시 사회가 흐트러지기 이전의 원형 즉 주례와 공맹의 도리로의 복귀를 뜻하지, 전혀 새로운 패러다임으로의 전환을 뜻하는 것은 아니다. 원형으로서의 '예의'의 세계로 복귀하는 것이야말로 동북아적 변혁의 지향점이었다고 할 수 있다.

역학은 이처럼 '천지'로부터 '예의'에 이르기까지 세계 전체를 정초해주고 있거니와, 여기에 예술적 차원을 덧붙여야 할 것이다. 천지인 사이의 이런 거대한 상응체계는 각종 예술을 통해서도 잘 나타난다. 음악의 예를 들어보자. 예괘(豫卦, ䷏)에서 이르기를 "우뢰가 땅을 뚫고 나오니 선왕이 이를 본받아 음악을 만들어 덕을 높이고, 성대히 상제께 제사 지내고 조상을 모셨다"[73]고 했는데, 이는 고대에 음악의 역할이 무엇이었는지를 잘 보여준다. 고대 동북아의 음악은 '율려(律呂)'로 일컬어졌는데, '율'이란 "균(均)을 확립해 도(度)를 내는 것"으로서,[74] 퓌타고라스학파가 만든 '옥타

---

73) 이 구절에는 자연(역학적 원리)과 사회/윤리(덕, 의례) 그리고 문화(음악)의 관련성이 잘 드러난다. '예악'이라는 말이 이런 맥락에서 생겨났다. 또, 자연의 시간인 역(曆)은 자연의 소리인 율(律)과도 통했기 때문에 '율력(律曆)'의 개념을 낳기도 했다.

74) '균'은 종(鐘)에 운을 고르게 하는 나무로서, 길이가 7척이다. 줄을 매달아서 종을 고르

브'에 해당한다. 여기에는 현대의 '리듬'의 뉘앙스도 들어가게 된다. 무용에서의 '율동', 시에서의 '율시' 등등. '려'는 양의 소리인 율을 돕는 음의 소리이다. 율과 려는 각각 6개로서, 이 12음은 역학의 12벽괘와 대응하는 것으로 이해되었다. 음악이 수적으로 구성된다는 것은 동서를 막론하고 일찍부터 간파되었는데, 동북아의 음악 역시 역학의 수적 원리 즉 상수학적 원리에 입각해 정리되었다. 각 율·려 사이에서는 여러 상호 변환체계가 성립했는데, 그중 가장 기본적인 것은 '삼분손익법(三分損益法)'이다. 이는 손괘(䷭)와 익괘(䷩)에 근간을 두면서 음양소장(消長)의 이치 — 가장 기초적으로는 노양(태양) → 소음 → 노음(태음) → 소양으로의 이행 원리 — 에 따라 구성되는 음의 체계이다.[75]

12辟卦	復	臨	泰	大壯	夬	乾	姤	遯	否	觀	剝	坤
12月	11月	12月	1月	2月	3月	4月	5月	6月	7月	8月	9月	10月
12支	子	丑	寅	卯	辰	巳	午	未	申	酉	戌	亥
12律 (생성 순서)	황종(黃鐘)	태주(太簇)	고선(姑洗)	유빈(蕤賓)	이칙(夷則)	무역(無射)	임종(林鐘)	남려(南呂)	응종(應鐘)	대려(大呂)	협종(夾鐘)	중려(仲呂)
12律 (차서)	황종	대려	태주	협종	고선	중려	유빈	임종	이칙	남려	무역	응종

12벽괘와 율려

역학은 동북아세계에서 비단 음악만이 아니라 의·식·주에서 시작해 문학, 미술, 무용, 무술, 병법 등등 문화의 모든 측면에서 기초적인 원리로 작동했다. 우리가 지금 본 내용은 거대한 전체에서 몇 군데 지점만을 언급한

게 하는 기구로서, 종의 대소와 청탁을 헤아리는 것이다.(『國語』, 「周語下」)

75) 『여씨춘추』(정현 옮김, 소명출판, 2011)의 「대악」, 「치악」, 「적음」, 「고악」, 「음률」, 「음초」를 참조. 정해임, 『율려와 주역』(소강, 2007)에는 이외에도 여러 변환 방식 및 역학과의 상응 방식이 논의되어 있다.

것이다. 이와 같이 역학이 삶의 거의 모든 분야를 정초할 수 있었던 것은 무엇보다 문화의 형태를 자연의 이치와 동형적으로 구성한다는 이념 및 역학의 형식적 자의성에 모든 것을 맞추어 나가려 한 동북아인들 특유의 가져다 맞추기 식 사고 틀에 힘입어서였다고 할 수 있다. 이 점에서 역학에 기초한 동북아 문명은 한편으로는 자의적인 상응체계에 불과하기도 하지만, 다른 한편으로는 삼라만상을 일정한 원리 아래에서 장대하게 종합할 수 있었던 위대한 체계였다고 할 수 있다.

그리스를 중심으로 펼쳐진 지중해세계에서의 사유는 **존재론적 분열증**을 통해 본격화했다고 할 수 있다. 이 분열증이란 곧 파르메니데스가 실재와 현상 사이에 날카로운 이분법을 도입했을 때 생겨난 병이었다. 지중해세계의 존재론은 곧 이 병을 치유하는 과정과 다름없었다.

후기 자연철학자들은 실재와 현상 사이에 가교를 놓음으로써 "현상을 구제하려" 했다. 원소의 결합과 해체에 의해 생성하는 사물들, 무수한 종자의 상이한 비율에 따른 결합체로서의 생명체들, 순수 양적 존재인 원자의 이합집산으로서의 세계 같은 식의 설명들은 실재에 대한 파르메니데스적 규정을 따르면서도 다자성과 운동을 전제함으로써 가능했던 것이었다. 하지만 이들에게서도 파르메니데스적 분열증은 여전히 잔존했고, 현상은 실재의 그림자들이었다. 이런 식의 불완전한 해결책들에 직면해 그것들을 아예 해체해버림으로써 존재론적 고민 자체를 잘라버리고자 했던 것이 소피스트들이었다. 얄궂게도 이들이 뒤에 숨겨놓고서 전가의 보도처럼 휘두른 것은 다름 아닌 파르메니데스였다. 자연철학자들과는 판이한 방식으로였지만 그리스 존재론의 중심 문제를 다시 세웠던 것은 소크라테스였다.

파르메니데스가 남긴 화두에 비길 데 없이 탁월한 방식으로 답했던 인물은 플라톤이고, 그 탁월함은 너무도 커서 사실상 수천 년이 지난 오늘날에도 그의 사유는 빛을 잃고 있지 않다. 그럼에도 플라톤에게서도 여전히 파르메니데스적 분열증은 드리워져 있었다. 플라톤의 사유가 입체적이고 다채로우며 또 그의 평생에 걸쳐서 수정되어간 것은 사실이다. 하지만 우리는 그의 사유에서도 파르메니데스의 그림자가 결코 사라지지 않았으며 늘 내부에서 어른거리고 있음을 확인하게 된다. 그 그림자를 벗어나 마침내 실재와 현상을 화해시킨 인물은 아리스토텔레스였다. 플라톤과 아리스토텔레스라는 두 거장에 의해 파르메니데스가 남긴 지중해세계의 존재론적 분열증은, 적어도 그리스세계 내에서는, 드디어 높은 수준에서 치유되기에 이르렀다. 바로 이런 치유와 더불어 지중해세계의 사유를 탁월하게 만들었던 존재론적 긴장감도 풀려버린다. 그리고 얄궂게도 그리스 존재론이 적어도 그 자체 내에서는 드디어 완성태에 도달한 바로 그때 현실적인 정치체제로서의 그리스세계는 종말을 고하게 된다.

로마적인 사유는 그리스 사유를 크게 단순화했다. 여기에서 '단순화했다'는 것은 세계의 입체적이고 역동적이며 다채로운 차원들을 포괄적으로 사유하기보다는 어떤 단순한 원리로 모든 것을 귀착시키고자 했음을 뜻한다. 지중해세계 사유는 이처럼 극단적인 단순화의 형태를 띠게 됨으로써 이전의 분열증과는 또 다른 형태의 분열증을 낳게 된다. 원자론과 기독교는 그 두 단적인 형태이다. 모든 것을 원자라는 추상적 존재로 환원하려 한 에피쿠로스학파와 모든 것을 단 하나의 초월적 존재로 환원하려 한 기독교는 로마적 단순성의 두 형태를 보여준다.[76] 흥미롭게도 이슬람의 종교사

---

76) 이러한 이원성은 놀랍게도 오늘날의 서양 특히 미국에서 여전히 생생하게 살아 있다. 한편으로는 DNA니 게놈이니 하는 물질 쪼가리로 삶을 환원하려고 하는, 리처드 도킨스 같은 인물에 의해 대변되는 자연과학적 단순성이, 다른 한편으로는 여전히 중세적 세계관에 머물러 있는 과반수 대중의 종교(기독교)적 단순성이 대립하고 있는 것이다. 한편으로는 조악한 자연과학적 환원주의가 다른 한편으로는 중세적인 일신교적 신학이 대립하는 기이한 풍경이라고 할 수 있다.

상은 원자론과 일신교를 결합한 형태를 띠었다. 로마적 유물론의 형태로
든 동방적 종교의 형태로든, 로마적 단순성은 철학을 성실한 지적 노력이
없이 그저 '안심'을 추구하는 행위로 전락시켰다. 회의주의학파는 이 모든
사변을 거부함으로써 마음의 평화를 얻는, 또 다른 형태의 단순화를 대표
한다. 스토아학파만이 플라톤과 아리스토텔레스에 버금가는 다원적이면
서도 총체적인 사유를 보여주었다.

그리스적인 분열증 및 로마적인 단순성과는 달리, 동북아 사유는 현상과
실재 간의 극단적인 분열도 특정한 원리로의 극단적인 환원도 겪지 않았
다. 역의 사유는 철저히 내재적 사유이다. 그것은 '상(象)'을 중심으로 전
개되는 사유이며, 초월적 창조주 등에 대한 이야기는 그림자도 비치지 않
는다. 역에서 찬양의 대상이 되는 것은 세계 자체이며, 세계를 역의 사유로
서 포착해준 성인들이다. 현상은 환상으로서 또는 극복해야 할 대상으로
서 표상되기보다는, 오히려 그 자체로 인간이 따라야 할 본으로서 표상된
다. '파라데이그마'는 나타나는 대로의 세계 자체에 있다. 또, 역의 사유는
연역적 사유가 아니라 대대적 사유이다. 아르케로부터 모든 것을 설명하
려는 선형적 사유가 아니라 대립자들의 투쟁의 세계를 그리는 사유이다.
하지만 이 투쟁은 어느 하나가 소멸해야 하는 투쟁이 아니라, 오히려 양자
가 서로 밀고 당기면서 또 갈마들면서 그리는 원환적인 생성이다. 물론 이
런 생성을 떠받치는 궁극의 실체로서 '기'가 상정되지만, 이는 모든 것이
그것으로부터 연역되는 아르케라기보다는 차라리 모든 것을 마지막에 보
듬어주는 터라 해야 할 것이다. 또, 역의 사유는 문화의 세계를 자연의 세
계로 환원하려는 자연주의가 아니라 오히려 자연과 문화의 접면에 서서
사건·의미·행위를 사유코자 한 비-환원주의적 사유라는 의의를 갖는
다.[77] 이 점이야말로 역의 사유가 오늘날에까지도 빛을 던져주고 있는 측
면이라 할 것이다.

---

77) 이정우, 『접힘과 펼쳐짐』(그린비, 2011), 「보론 2」를 참조.

그러나 역의 사유는 그 나름으로 또 다른 형태의 존재론적 분열증, 아니 차라리 편집증을 앓았다. 역의 사유는 한편으로 사건·의미·행위의 사유이지만 다른 한편으로 수적 체계이기도 하다. 그리고 이 수들에 과도한 지시대상들이 부여됨으로써 갖가지 형태의 맹랑한 체계가 구축되곤 했다. 이는 성긴 기표로서의 수에 자의적인 지시대상들이 채워지고, 그런 수-기호 체계들이 끝없이 증식해간 것이라 할 수 있다. 이와 같은 **의미론적 과잉**이 역의 사유를 특징지었으며, 이를 통해 퓌타고라스학파 등에서도 볼 수 있었던 수비학이 발달하기에 이른다. 나아가 역의 사유는 3개 효로 한 괘를 구성하고 8개 괘의 체계를 만듦으로써, 그리고 중괘를 통해 64개 괘의 체계를 만듦으로써 고대의 다른 문명에서 볼 수 없는 독특한 체계를 구축했지만, 이 체계를 '닫힌 체계'로 확정함으로써 사유를 자체적으로 한정해버렸다. 물론 이 점을 극복하기 위해 '변괘' 등 다양한 기법을 발전시켰지만, 그 과정에서 숱한 형태의 견강부회가 산출되기도 했다. 이에 대해, 완전하지도 않고 또 해석하기 나름인 역학을 현실, 특히 정치적 현실에 무반성적으로 투영함으로써 적지 않은 비극을 낳기도 했다. 그리고 이런 주술적 측면은 심지어 오늘날까지도 한자문명권의 독특한 문제점으로 남아 있다. 동북아 문명에서 역학이란 'Gift' 즉 약이자 독이었다고 할 수 있다.

동북아의 역학은 헬라스의 자연철학과는 여러 면에서 다르다. 첫째, 역학에서 자연의 관찰은 어디까지나 현상의 의미를 읽어내기 위한 것이다. 그리스 자연철학이 현상적인 것을 넘어서 본체적인 것을 찾으려 했고, 다(多)를 넘어 일(一)을, 시간을 넘어 영원을, 차이생성을 넘어 동일성을 찾으려 했다면, 역학의 관심사는 어디까지나 현상적인 것에 맞추어져 있다. "성인이 계시어 세상 모든 현상들[78]을 관찰하고, 그 모습들[形容]을 본떠서[79]

---

78) "天下之賾"에서의 '색(賾)'을 주희는 '잡란(雜亂)'으로, 빌헬름/페로는 "ensemble de toutes les multiplicités confuses"로, 레그는 "complex phenomena"로 보고 있다.

79) '의(擬)'를 빌헬름/페로는 "observer"로, 레그는 "consider in mind"로 번역했다. 이 '본뜸'은 플라톤의 그것과 대조된다. 이데아계를 본떠 현실계가 만들어지는 플라톤의 구

그 핵심[80]을 표상하니, 이를 일러 '상(象)'이라 한다. 성인이 계셔 세상 모든 움직임들을 관찰하고, 그 총체적 연관성[會通]을 보면서 그 이치[典禮]에 따랐으며, 거기에 말씀을 붙여 그 길함과 흉함에 대해 판단을 내리니, 이를 일러 '효(爻)'[81]라 한다." 물론 세계에 준해서 사유하려는 객관주의/실재론 그리고 세계의 통일적 질서에 대한 믿음은 양대 자연철학에서 공히 전제된다. 그럼에도 동북아 자연철학에는 그리스 자연철학 특유의 환원주의는 배제된다. 역학의 핵심은 '現-象'에 있다.

둘째, 역학은 자연 현상 그 자체에 대한 관심보다는 그 현상이 문화의 장으로, 의미의 장으로 편입되는 장면에서 성립한다. 역은 순수 자연적 과정이 아니라 자연에서의 변화가 문화의 장으로 편입되고 그 결과 어떤 의미로서 파악되는 과정에서 성립한다. 이 점에서 '역'은 단지 생성이나 운동 변화일 뿐인 것이 아니라 사건이라고 해야 한다. 역은 생성의 자연철학이기보다는 오히려 사건의 의미를 읽어내려는 '징후학(symptomatology)'인 것이다. 위 문단의 인용문에 나타나듯이, 역학은 세계의 모습들과 움직임들을 인간사의 길함과 흉함에 연관시킨다. "무릇 역은 성인께서 덕을 높이고 업을 넓히려 함이니, 지혜를 우러르는 것은 하늘을 본받는 것이고 예의를 펼치는 것은 땅을 따르는 것이다. 하늘과 땅이 자리를 잡고 역이 그 한가운데에서 움직이니, 성(性)을 이루어[82] 보존함이야말로 도의의 문이라." 이

도와 달리, 역의 사유는 어디까지나 현실계를 본떠 역이 이루어진다. 이 때문에 동북아 사유에서는 플라톤에게서와 같은 존재론적 층화는 일어나지 않았으며, 초월적 사유가 아닌 내재적 사유가 전개된다.

80) '물의(物宜)'를 빌헬름/페로는 "les choses et leur propriétés"로, 레그는 "material forms and character"로 번역했다. 그러나 여기에서 '물의'는 괘상이 표상하는 바를 가리킨다고 보아야 한다. "meaningful structure of the phenomena/situations" 정도로 번역할 수 있을 것이다.

81) 빌헬름/페로는 '효'를 "jugements"으로 번역했으나 적절치 않다. 레그의 "imitations" 역시 적절치 않다. "jugements"은 오히려 '사(辭)'의 번역어로서 가능하며, "imitations"는 차라리 '상(像)'의 번역어로서 가능하다. '효'는 "mark", "sign", "symbol" 등으로 번역할 수 있다.

렇게 역학은 자연과 인문이 만나는 접면에서 인문이 자연을 본받고 따르는 데에서 성립하며, 자연에서 솟아오르는 사건들의 인문적 의미를 읽어내려는 데에서 출발한다.

셋째, 그리스의 자연철학이 세계의 근저를 '관조'하려 했다면('테오리아'), 동북아의 역학은 현상세계의 의미를 읽어냄으로써 미래를 '통어'하려 했다. 전자가 순수 사변철학이라면, 후자는 세계의 길흉을 판단하고 행위의 방향을 모색하려는 관심사에서 추구되었다고 할 수 있다. "역에는 성인의 길이 넷 있으니, 말하려는 이는 그 사(辭)를 숭상하고, 행동하려는 이는 그 변(變)을 숭상하고, 제작하려는 이는 그 상(象)을 숭상하고, 점치려는 이는 그 점(占)을 숭상하나니. 고로 군자는 장차 행하려 함에 있어 역에 물어 말하기에, 그 명을 받는 것이 마치 메아리를 듣는 것과 같도다. 멀고 가까움을 떠나서, 그윽하고 깊은[83] 곳까지 나아가 장차 도래할 바를 아니, 천하에 지극히 정교한 존재가 아닌가? 다른 무엇이 이리 할 수 있을 것인가?"

이상의 그리스 자연철학과 동북아 역학의 차이는 다음 인용문에 특히 종합적으로 나타나 있다.

> 성인이 '괘'를 긋고 '상'을 관찰해 '사'를 갊으로써 길함과 흉함을 밝히려 했다. 강함과 유함이 서로 밀어〔剛柔相推〕 변화가 생겨나니, 그로써 길함과 흉함은 얻고 잃음의 상이요, 후회와 부끄러움〔悔吝〕은 안타까움과 짓늘림〔憂虞〕의 상이요, 변함과 화함은 나아감과 물러남의 상이요, 강함과 유함은 낮과 밤의 상이다. 6효의 변화가 하늘·땅·사람의 길〔三極之道〕을 세운다.
>
> 하여 군자는 '역'의 배열에 입각해 편안히 안거할 수 있으며, 효사를 읽음으로써 즐

---

82) 이때의 '성'은 "一陰一陽之謂道 繼之者善也 成之者性也"에서의 '성'을 가리킨다.

83) 백서본에는 '유심(幽深)'이 아니라 '유험(幽險)'으로 되어 있어 맥락이 보다 분명하게 드러난다.

거운 시간을 보낼 수 있다. 군자가 거할 때는 '상'을 보고 '사'를 즐기지만 동할 때에는 '변'을 보고 '점'을 치는 것은 이 때문이다. 그래서 "하늘이 그를 도우니 이롭지 않음이 있겠는가"라 한 것이다.(「계사전 상」, 2장)

지중해세계 자연철학과 동북아 역학 사이의 이런 차이에는 양 철학 전통 자체의 차이가 압축되어 있다고 할 수 있다.

3장 기(氣)의 세계: 신체, 생명, 문화

　동북아 세계관의 핵심에 접근하려면 역학이라는 구성적/형식적 측면만
이 아니라 그 속을 채우고 있는 내용적/질료적 측면에도 주목해야 한다.
사건과 의미와 행위가 바로 그 터 위에서 이루어지는 근본 실체를 보아야
하는 것이다.
　'역'이 변천하는 세계의 구조와 의미를 가리킨다면, '기'는 이 흐르는 세
계의 실체를 가리킨다. 역이 사건과 의미·행위라는 문화적 삶의 차원이라
면, 기는 생명과 신체라는 자연적 실체의 차원이다. 역학이 동북아 고대인
들이 현상세계에서 의미를 읽어내는 방식을 말해준다면, 기학은 그 아래
에서 생성하고 있는 궁극의 실재를 말해준다. 역학이 우리 행위의 선험적
조건들인 사건과 의미의 구조를 밝혀주는 선험철학이라면, 기학은 바로
사건이 그 터 위에서 발생하게 되는 근본 실재를 탐구하는 존재론이다. 역
은 '象'과 밀접한 관련이 있다. 여기에 다시 '나타남'을 강조하면 '現象'이라
할 수 있다. 현상이란 우리가 경험하는 한에서의 세계이다. 직접적으로 경
험하는 세계의 변화, 예컨대 비가 내리는 것, 무지개가 뜨는 것, 사람이 태
어나 죽는 것, 문화가 바뀌는 것, 이 모두가 현상이다. 이에 반해 '기'는 현

상의 실체이다. 달리 말해, 현상들은 바로 이 기가 변해 그 결과가 우리에게 나타나는 것이다.[1] 만약 세계에 현상들만 존재한다면 그것은 우리에게 한 겹으로만 보이리라. 그러나 세계는 현실성(actuality)으로서만이 아니라 잠재성(virtuality)으로서도 다가온다. 기는 이 잠재성의 차원을 가리킨다.

기가 머금고 있는 법칙성, 기가 흐르는 길은 '道'라고 불린다. 기와 도를 따로 생각할 수는 없다. 기가 공간을 채우고 있고 시간에 따라 계속 '화'하는 실체라는 뉘앙스를 띤다면,[2] 도는 그 실체가 내포하는/드러내는 일정한 길이다. 양자는 지중해세계 중세 철학의 용어를 쓴다면 '실재적'으로는 구분되지 않고 '형식적'으로만 구분된다.[3] 때로 '도'는 기를 초월하는 것으로 이해되기도 한다. 기가 '유'라면 도는 '무'인 것이다. 도를 내재적으로 이해하는 경우와 초월적으로 이해하는 경우는 상당히 다른 사유가 된다. 나아가 도는 기와 직접적으로 관련되지 않고도 매우 포괄적으로 사용되는 개념이며, 동북아 사유의 궁극적 개념이라고 할 수 있다. 도는 물질적 실체로서의 기와 기화의 방식 및 그 의미로서의 역은 물론이고 그 외의 다

---

1) 그러나 우리 자신도 변한다. 우리가 거울처럼 가만히 있고 대상들의 변화가 그 거울에 차례로 맺히는 것이 아니다. 우리 자신도 기이고 다른 사물들도 기이다. 그래서 정확히 말해 우리가 인식하는 것들, 현상으로서 나타나는 것들은 우리 자신의 변화와 다른 존재들의 변화가 관계 맺을 때('relation'이 아니라 $\frac{dy}{dx}$로서의 'rapport') 성립하는 결과적인 차이라 해야 할 것이다. 의사가 맥을 짚을 때 환자의 기만 변하는 것이 아니라 맥을 짚고 있는 의사의 기도 변한다. 맥의 결과는 객관적인 어떤 존재가 아니라 두 기화(氣化) 사이에서 성립하는 결과적인 차이이다. 또 하나, 현상들이 결국 기가 변한 것이고 기는 이 모든 현상의 실체라면 동북아세계는 근본적으로 일원적 성격을 띠고 있다고 말할 수 있다.

2) 따라서 동북아세계에서 '실체' 개념을 쓴다면, 이는 지중해세계에서의 그것과 대조적인 개념으로 이해되어야 한다.

3) 데카르트에게서 몸과 마음은 '공간적 연장을 가진 실체'와 '사유작용을 본질로 하는 실체'로서 '실재적'으로 구분된다. 두 실재 사이에는 아무런 공통점이 없다. 반면 스피노자의 경우 몸과 마음은 더 근본적인 실체의 두 표현이며, 따라서 실재적으로는 구분될 수 없고 형식적으로만 구분될 수 있다. 기와 도는 후자의 경우처럼 형식적으로만 구분된다. 물질적 실체성의 차원을 강조하면 기 쪽에 방점이 찍히고, 삶에서의 의미, 방향성, 가치를 강조하면 도 쪽에 방점이 찍힌다.

양한 차원도 감싸는 최고의 범주이다. 그러나 도 개념이 보다 구체적인 기반 위에서 논의되려면 반드시 역과 기에 대한 논의가 그 안에 차 있어야 한다. 도 역시 내재적으로 이해되어야 하기 때문이다.

기는 반드시 기'화(化)'로서만 존재한다. 후한의 왕충은 '기변(氣變)'이라는 표현도 썼다. 서구 사유에서는 '존재에서 생성으로'의 이행이 19세기에 이르러서야 등장하지만, 동북아 사유는 그 출발에서부터 철저하게 생성의 사유이다.[4] 멈추어 있는 기란 개념은 아예 성립하지 않는다. 죽음의 경우에만 그와 같은 표현을 쓸 수 있지만, 이 경우에조차도 죽은 그 존재의 기 자체는 또 다른 방식으로 생성한다.(1권, 6장, §1에서 『파이돈』에 대해 논했던 내용과 비교해볼 수 있다) 삶과 죽음은 현상적으로는 단절을 이루지만, 두 현상은 기의 상이한 표현일 뿐이다. 동북아 사유에는 생성을 떠난 그 무엇은 아예 존재하지 않는다. 훗날 성리학의 사유에서 비로소 이런 식의 개념 ― 리(理) ― 이 뚜렷한 무게를 띠기 시작하지만, 그런 생각은 역시나 곧 반론에 부딪친다. 그렇다면 기란 정확히 무엇인가?

§1. '기'란 무엇인가

기는 무엇보다 우선 물질적 실체이다. 물론 이때 "물질적"이라는 말은 좁은 의미, 예컨대 물리학에서 사용하는 의미 이상의 함의를 담고 있다. '물질성'을 빼고서는 기라고 할 수 없지만, 기는 물리학적 물질 개념과는

---

4) 물론 이는 과장할 것은 못 된다. 서양 철학 ― 고중세의 '지중해세계의 철학' 및 근세 이후의 '서구 철학' ― 에서 철저한 생성존재론은 니체와 베르그송에 의해 확립되지만, 그 이전에도 생성을 단순한 현상이 아니라 세계의 실재로 보는 생각은 존재했다. 또, 동북아 사유에서도 기화는 항상 구체적 양상들을 통해서 파악되었다. 이와 같은 파악이 보충되지 않는 절대 생성이란 사실 아무런 얼굴도 없는 추상적 개념에 불과할 것이다. 기가 없는 도는 추상적인 것일 뿐이지만, 도가 없는 기는 카오스에 그친다고 해야 할 것이다.

달리 물질·생명·정신을 포괄하는 개념이다. 더 정확히 말해, 이러한 식으로 개념들이 분화되기 이전의 실체 개념이라 해야 할 것이다. 기는 항상 생성하지만 원자 같은 입자들로 구성된 것은 아니다. 그렇다고 단순히 공간을 꽉 채우고 있는 질료 또한 아니다. 굳이 말한다면 원자들이 아니라 dx들로 구성되어 있다 해야 할 것이다.[5] 요컨대 기란 dx들의 총체이며, 물질성과 생명성과 정신성을 갖춘 궁극의 실재, 또는 철학적 입장에 따라서는 제2의 실재이다.(이 경우 제1의 실재는 도, 무이다) 기란 극히 다양한 현상의 기저에 그 터로서 존재하리라고 상정되는 실체이다.

오늘날 '역'이나 '도'라는 말은 그렇게 자주 쓰이지 않지만, '기' 개념은 여전히 종종 사용되고 있다. 오랜 세월이 지났고 또 현대적 담론의 기준에 비추어보면 좀 아리송하기도 한 개념이지만, 그럼에도 동북아인들이 세계에 대해 가지고 있는 직관을 적절하게 표현해주기에 여전히 매력이 있는 개념이라고 할 수 있다. 기는 근본 실체이므로 그 자체는 경험의 대상이 아니다. 우리가 경험하는 것은 기가 특정한 방식으로 우리에게 나타난 모습들일 뿐이기 때문이다. 우리가 사랑·생명·보편자 등은 물론 힘·물질·에너지 등도 직접 볼 수 없듯이, 기 역시 직접 볼 수는 없다. 기를 어떻게 볼 수 있느냐고 묻는 것 자체가 존재론적/인식론적 반성이 결여된 우문이다. 우리 몸을 극히 작게 만들어서 다른 사람의 몸에 투입하는 경우를 생각해보자. 비행정을 타고 누군가의 몸속을 돌아다니는 사람에게 나타나는 '현상'은 지금 우리가 생각하는 '현상'과 전혀 다를 것이다. 적혈구는 거대한 붉은 괴암(怪巖)처럼 보일 것이고, 허파꽈리는 어마어마하게 큰 동굴처럼

5) 마루야마 도시아키는 『황제내경』에 대한 그의 뛰어난 연구서(丸山敏秋, 『黃帝內經と中國古代醫學』, 東京美術, 1988)에서 기를 만물을 구성하는 "궁극의 극미 요소"라고 정의하고 있으나, 기를 원자 같은 것으로 표상하는 것은 적절치 않다. 그렇다고 기가 플라톤 이래의 'plenum'인 것도 아니다. 기는 입자성을 띠되 x가 아니라 dx로 이해되어야 한다. 물론 이 dx는 라이프니츠적 뉘앙스에서의 dx이다. 기를 현대 철학과 비교할 때 가장 유의미한 비교는 아마도 라이프니츠에서 연원해 베르그송과 들뢰즈로 이어진 사유계열과의 비교일 것이다.

보일 것이다. 경험, 인식이란 항상 인식 주체의 상황·조건에 상관적으로 성립한다. 경험이란 항상 어떤 사물의 '측면(aspect)'을 보는 것이다. 실재는 인식으로 완전 해소되는 것이 아니라 늘 인식 그 이상의 것이다. 언젠가 러시아의 한 과학자가 기를 기계로 찍었다고 해서 흥미를 끈 적이 있다. 그러나 그가 찍은 것은, 그 사건이 정말 근거 있는 것이었다면, 기의 좀 더 심층적인 어떤 규정성이지 기 그 자체는 아니다.

어떤 현상이 일어났을 때 사람들은 그것을 이해하는 방식을 두고서 싸운다. 그러나 사람들은 각자 자신에게 익숙한 개념들을 통해서 그 현상을 서술하는 것뿐이다. 누군가가 어느 날 밤에 "종교적 체험"을 했다고 주장하는 상황은 이 점을 잘 예시해준다. 그 사람이 기독교/이슬람교의 의미패러다임에 속해 있다면 그는 "어젯밤에 야훼의/알라의 은총을 받았다"고 할 것이요, 불교의 의미패러다임에 속해 있다면 "어제 부처님을 만나 뵈었다"고 할 것이다. 현상은 똑같다. 다만 그 현상을 서술하기 위해 선택하는 언어가 다를 뿐이다. 정신분석학자라면 "어제 내 무의식에 묻혀 있던 '억압된 것이 회귀'했다"고 말할 것이다. 그 언어들 중 어느 것이 궁극적으로 옳은 언어인지는 아무도 모른다. 하지만 그렇다고 그 언어들이 모두 동등한 가치를 가지는 것은 물론 아니다. 논리적 정합성, 현상을 포괄하는 방식, 다른 맥락들과의 정합성, 다른 담론들과의 소통 가능성 등 여러 기준을 동원할 때 어느 의미패러다임이 좀 더 "설득력이 높다"고 말할 수 있을 뿐이다. 어떤 담론이 그 자체로서 옳다/그르다는 개념은 성립하지 않는다. 학문적 설득력이란 항상 둘 이상의 담론을 비교하는 과정에서 **상대적으로** 성립한다. 매트릭스 안에서는 그것이 매트릭스인지 알 수가 없는 것이다. 생명체를 기로 서술하든 현대 생물학으로 서술하든 절대적인 차이는 없다. 상대적인 설득력의 정도 차만이 있을 뿐이다. 현대 생물학으로 서술해서 더 잘 밝혀주는 면도 있고, 기학으로 서술해서 더 잘 밝혀주는 면도 있다. 그리고 "더 잘 밝혀준다"는 개념의 이해 자체도 많은 인식론적 논의를 필요로 한다.

인식이란 경험을 통해서 이루어지는 것이 아니라, 오히려 경험의 다양한 측면을 통합적으로 이해할 수 있게 해주는 개념적 – 이론적 틀을 통해서 이루어진다. 기 역시 이런 이해를 위해 생겨난 개념이다. 기라는 개념을 사용한다는 것을 전제할 경우, 결국 우리가 경험하는 것들은 기의 어떤 양태 즉 기가 변해가는 방식들이다. 심기(心氣)이든 허기(虛氣)이든 분위기(雰圍氣)이든 우리는 늘 '~기'를 경험하는 것이다. 만일 우리가 기라는 말을 쓰지 않는다면 내 기분이 좋아지는/나빠지는 현상과 배가 고픈 현상과 어떤 모임의 정황이 썰렁해지는 현상이 서로 연결되지 못할 것이다. 하지만 기 개념을 도입함으로 성격이 전혀 다른 세 현상이 서로 연결된다. 개념이나 이론은 이러한 식으로 우리가 경험하는 단편적인 것들을 어떤 심층적 실재를 가정함으로써 연결해서 보려는 행위이다. 기를 실체로 보고 그것의 양태나 변화 과정을 이야기한다는 것은 세계에 존재하는 여러 양태나 과정, 사건을 기로 소급함으로써 통일적으로 이해하려 한다는 것을 뜻한다. 하지만 이렇게 어떤 개념이나 원리 등으로 현상들을 소급해 이해하는 것은 큰 폐단을 낳기도 한다. 가장 전형적인 예가 로마적 단순성을 언급하면서 예시했던 '원자'나 "신의 뜻" 같은 개념일 것이다. 대개의 경우 설명을 못해서가 아니라 오히려 모든 것을 설명하기 때문에 문제가 생긴다. "만병통치약"이 엉터리 약이듯이 단순한 환원주의 또한 엉터리 담론인 것이다. 우리는 이와 같은 식의 생각을 '개념 페티시즘'이라 부를 수 있다. 기는 분명 존재론적 원리로서의 매력을 가진다. 예컨대 우리는 기 개념을 통해 문학, 서화, 무용, 음악, 무예 등 이질적인 기예들을 통합적으로 볼 수 있다. 그러나 기 개념 역시 전형적인 개념 페티시즘으로 떨어질 위험을 내포하고 있다. 학문이란 사실·현상·사건·체험·상황 같은 구체적인 것들과 이론·가설·원리·법칙·사유 같은 추상적인 것들 사이를 오르내리는 행위이다. 구체적인 것들을 즉물적으로 확인하는 것도 아니고 추상적인 차원에서만 노니는 것도 아니다. 가장 구체적인 체험들과 가장 추상적인 존재론적 원리들 사이를 오르내리면서 사유하는 것이 중요하다. 기학 역시 이런 오르내

림의 운동을 통해서 추구될 때에만 의미를 가진다.[6]

지중해세계의 철학에서 자연철학으로부터 플라톤으로의 이행은 매우 심대한 의미를 띤다. 자연철학은 현실을 밑으로부터 설명한다. 즉, 물질적 운동으로부터 현실의 변화를 설명한다. 이때 당시의 물질 파악은 무척이나 추상적이었지만 말이다. 반면 플라톤과 아리스토텔레스는 현실을 위로부터 설명한다. 탈-물질적 형상, 중세의 경우 본질, 보편자를 통해 설명한다. 전자가 개체 이하의 층위로 내려가 물질적 바탕을 부각한다면, 후자는 개체 이상으로 올라가 탈-물질적 존재들을 부각한다. 근대적 맥락에 이르면, 형상과 물질의 대립이 정신과 물질의 대립으로 이행하게 된다. 형상으로부터 물질로 나아가기보다는 정신/주체로부터 물질/대상으로 나아간다. 이것이 근대적 주체철학의 구도이다.[7] 서양 철학사에서는 이와 같은 이항대립이 중요한 역할을 수행해왔다. 이에 비해서 기 개념에는 이러한 이항대립적 사유와 대비되는 일원성이 내재한다. 주희 등처럼 리를 기로부터 분리해 초월적 원리로 삼는 경우도 있지만, 대개 기를 초월하는 형상적 원

---

6) 이런 측면에서 기는 독특한 매력을 띤다. 기는 현상의 근저에 있는 것으로 상정되지만 현상 속에서 살아가는 우리와 단절되어 있지 않다. 허기가 질 때 우리는 기를 느낀다. 근본 실체인 "그" 기가 아님에도 우리는 기를 느낀다. 기는 현상의 근저에 있기에 우리는 그것을 볼 수도 없고, 측정/양화할 수도 없고, 그릴 수도 없다. 요컨대 표상할 수 없다. 그럼에도 우리는 기를 '느낀다'고 할 수 있다. 기는 '표상되지' 않기에 근대 과학적 의미에서의 대상이 되기 힘들다. 근대 과학은 표상, 특히 시각적 표상을 그 핵으로 하기 때문이다. 그럼에도 강도 높게, 우리 몸 전체로 기를 느낀다는 이 사실은 기 개념이 가진 특이한 점이며, 여기에 이 개념의 중요한 한 매력이 있다.

7) 흔히 말하듯이, 근대 철학이 고중세 철학에 비해 "주체중심적"인지는 매우 미묘한 문제이다. 고대 철학자들은 주체=영혼이 존재의 근원을 인식할 수 있다고 생각했다. 존재론적으로는 영혼이 형상의 일종이지만 다른 한편 적어도 원칙적으로 영혼은 모든 형상을 인식할 수 있다. 즉, 인식적 측면에서 세계는 영혼 속에서 모두 해소된다. 적어도 이런 점에서는 오히려 고대 철학이 주체중심적이라고도 할 수 있다. 중세 철학을 거쳐 근대 철학에서는 예컨대 로크의 "something-I-know-not-what"이라든가 칸트의 "Ding-an-sich" 같은 주체의 타자가 설정되기 때문이다. 물론 로크·칸트 등에게서 논의의 출발점이 주체이고 그 변방이 타자를 형성한다는 점에서는 확실히 주체중심적이다. "주체중심적"이라는 개념은 여러 각도에서 논의되어야 할 개념일 것이다.

리는 인정되지 않았다. 아울러 인식 주체를 독립시켜 그것으로부터 논의를 전개해나가는 경우도 드물다. 따라서 고중세는 객관/형상 중심, 근대는 주관/정신 중심이라는 구도도 성립하지 않는다.

또 하나, 언급했듯이 기라는 개념은 묘한 양극성을 띤다. 그것은 모든 것을 다 꿰는 극히 추상적인 개념인 동시에 우리의 오감으로 확인할 수 있는 가장 감각적인 존재이기도 하다는 점이다. 그것은 형이상학적이고 이론적인 개념인 동시에 현상학적이고 신체적인 개념이다. 기와 관련된 사람들이 한편으로는 철학자들이고 다른 한편으로는 의학을 비롯한 기예의 숙련가들이라는 사실은 의미심장하다. 바로 이 때문에 지중해세계에서 철학적 사유와 신체적 기예들의 거리가 비교적 멀었다면, 동북아세계에서는 매우 가까웠던 것이다. 지중해세계에서 철학자들이 시를 쓰고 그림을 그리고, ⋯⋯ 하는 일은 흔치 않았지만, 동북아 지식인들에게는 일상사였다. 가장 형이상학적인 동시에 가장 현상학적이라는 점에 기 개념의 묘미가 있고, 또 어떤 면에서는 위험성도 있다. 이런 양극성은 예컨대 『논어』와 『도덕경』에서 확인할 수 있다.

> 공자께서 말씀하셨다. 군자에게는 세 가지 계(戒)가 있거늘. 젊을 때는 혈기(血氣)가 안정치 못하니 여색에 빠지지 말아야 할 것이요, 장성해서는 혈기가 한창이니 싸움에 말려들지 말 것이며, 늙어서는 혈기가 이미 쇠하니 탐욕을 경계해야 할지니라.(『논어』, 「태백 7」)

> 도에서 하나가 나오고, 하나에서 둘이 나오며, 둘에서 셋이 나온다. 그리고 셋에서 만물이 나온다. 만물은 음을 지고 양을 품으니, 충기(沖氣)로써 화(和)를 이룬다.(『도덕경』, 42장)[8]

---

8) 흔히 『도덕경』으로 일컬어지는 책에는 사실 세 상이한 버전이 있다. 이하 『도덕경』은 왕필본을 가리킨다. 백서본은 『덕도경』으로, 초간 노자는 『노자』로 각각 지칭한다. 세

공자가 말하는 '기'는 어디까지나 신체의 기이며, 춘추시대의 기는 대체적으로 이와 같은 성격을 띠었다.[9] 전국시대가 되면 '기' 개념에 점차 무거운 형이상학적 의미가 접혀 들어가게 되며, 예컨대 맹자의 '호연지기'는 유가적 개념이면서 다른 한편으로는 "하늘과 땅 사이를 가득 채우는" 것으로 묘사되기도 한다. 그러나 성리학적 사유가 펼쳐지기 전에 유가적 기 개념은 대체적으로 신체적이고 실천적인/생활적인 맥락에서 사용되었다. 이에 비해서 도가적 기 개념은 한편으로 양생술 등의 신체적 맥락도 포함하지만, 다른 한편으로는 우주론적 맥락을 띤다. 위의 인용문에 "天下萬物生於有 有生於無"의 존재론을 투영해 '하나'를 기로 해석할 경우, 결과적으로 "도에서 기가 나오고, 기에서 양기와 음기가 나오고, 충기가 음기·양기와 더불어 세 기를 형성한다. 그리고 이 셋을 통해서 만물이 생성한다. 만물은 음을 지고 양을 품으니, 충기로써 화를 이룬다"로 해석할 수 있다. 도가적 사유에서의 기는 이처럼 매우 형이상학적/존재론적 성격을 띠었다. 특히 『장자』에는 갖가지 형태의 기 개념이 등장한다.[10]

물론 이 두 유형의 기 개념이 동떨어진 것은 아니다. 신체의 기는 결국 생명으로서 기의 한 표현이기 때문이다. 기란 무엇보다도 우주를 가득 채우고 있어 우주를 살아 있게 만드는 생명이다. 그것은 물질의 차원에서는

판본의 관계에 대해서는 뒤에서 논한다

9) 『논어』에는 '사기(辭氣)', '병기(屛氣)', '사기(食氣)' 같은 말들이 나온다. '사기'는 말하는 기/분위기 또는 말과 그 소리의 숨을 뜻한다. '병기'는 숨을 죽이는 것을 말한다. '사기'는 주식(主食)을 말한다. 『묵자』를 비롯해서 『논어』 외의 전적에서도 춘추시대에는 대체적으로 기 개념이 아직 본격적인 철학적 역할을 부여받지 못하고 있음을 확인할 수 있다. 『좌전』에서는 육기(六氣) — 음기, 양기, 풍기(風氣), 우기(雨氣), 회기(晦氣), 명기(明氣) — 가 등장한다. 『국어』에 이르면 음기와 양기에 대한 보다 체계적인 생각들이 등장하게 된다. 또 『주역』에서는 마침내 기 개념이 분명한 철학적 위상을 띠게 된다. 전국시대에 편찬된 것으로 보이는 『노자』 역시 이런 철학적 체계화에 일익을 담당했다고 할 수 있다.

10) 『장자』 못지않게 『순자』에서도 기는 중요한 역할을 맡는다. 아울러 천하통일을 전후해서 나온 『관자(管子)』, 『여씨춘추(呂氏春秋)』, 『덕도경(德道經)』, 『회남자(淮南子)』 등에서도 기 개념의 여러 용례들을 발견할 수 있다.

만물에 깃들어 있는 에네르기이고, 생명의 차원에서는 만물을 살아 있게 해주는 생명이며, 정신의 차원에서는 인간을 신묘(神妙)한 존재로 만들어 주는 놀라운 역능(力能)이다. 그것은 만물의 생명적 근원이라는 점에서는 아낙사고라스의 '스페르마타'와, 만물 속에 깃들어 있는 잠재력, 역능이라는 점에서는 아테네 철학에서의 '뒤나미스'와, 만물의 질서를 잠재적으로 온축하는 정신적/이성적 존재라는 점에서는 스토아학파의 '로고이 스페르마티코이'와 통하는 개념이다. 첫 번째 뉘앙스는 특히 한의학적 맥락에서, 두 번째 뉘앙스는 특히 유가적 맥락에서, 세 번째 뉘앙스는 특히 도가적 맥락에서 자주 만날 수 있다.[11]

물질로서의 기

기 개념은 대체적으로 전국시대가 되면 철학적 뉘앙스를 띠게 되며, 한대에 이르러 우주론적 성격의 기 개념이 성립한다. 이 시대에 동북아인들이 가졌던 우주론 일반은 『회남자』[12]에 다음과 같이 표현되어 있다.

세상에 아직 아무런 형태가 없어, 그저 풍(馮)하고 익(翼)하고 동(洞)하고 촉(灟)할[13] 뿐이었으니, 이를 일러 태소(太昭)[14]라 한다. 도는 허확(虛廓)[15]에서 시작

---

11) 小野澤精一 外, 『氣の思想』(東京大學出版會, 1978). 張立文 主編, 김교빈 외 옮김, 『기의 철학』(예문지, 1992).

12) 회남자는 다음 판본들을 참조해 인용한다. 張引攝 撰, 『淮南子校釋』(北京大學出版社, 1997). 池田知久 譯註, 『淮南子』(講談社, 2012), *The Huainanzi*, translated by John Major et al.(Columbia University Press, 2010). *Philosophes taoistes*, tome 2, par Charles Le Blanc et al.(Gallimard, 2003). 메이저 등은 기를 "vital energy", "vital breadth"로 옮겼고, 르 블랑 등은 "souffle"로 옮겼다.

13) 네 글자 모두 아무런 구체적 규정성이 없는 상태를 가리킨다. 메이저 등은 "ascending and flying, diving and delving"으로 옮겼다. 르 블랑 등은 "vaste et immense, caverneux et informe"로 옮겼다.

14) '태시(太始)'를 가리킨다. 뒤의 '도'는 이하 우주론적 과정 전체를 가리킬 수도 있고, 앞의 태소=태시를 가리킬 수도 있다.

했으니, 허확이 우주를 낳고, 우주가 기를 낳았다.[16] 기에는 경계(涯垠)[17]가 있어, 맑고 밝은 기는 날아올라 하늘이 되고 탁하고 어두운 기는 가라앉아 땅이 되었다. 맑은 기는 모이기 쉽고 탁한 기는 엉기기 어려워, 하늘이 먼저 생기고 땅이 나중에 생겼다. 하늘과 땅의 기가 모여 음양이 되었고, 음양의 분포가 사시가 되었으며,[18] 사시의 기가 흩어짐으로써 만물이 이루어졌다. 양기가 모여 이루어진 열기(熱氣)가 불을 낳고, 화기(火氣)의 모임이 해가 되었다. 음기가 모여 이루어진 한기(寒氣)가 물을 낳고, 수기(水氣)의 모임이 달이 되었다. 해와 달에서 흘러나온 정기(精氣)가 별들(星辰)이 되었다. 하늘은 해·달·별들을 받아들였고, 땅은 빗물과 먼지를 받아들였다.(「천문훈(天文訓)」)

『회남자』에서 그 전형을 볼 수 있는 한대 우주론은 '무규정에서 규정으로' 나아가는 과정으로 되어 있다. 기본적으로 무에서 유로 나아가는 과정이다. 여기에서 '생(生)'은 논리적 낳음으로 볼 수도 있고 시간적 낳음으로 볼 수도 있으나, 위 인용문의 경우에는 시간적 성격이 강하다고 해야 할 것이다. 이 우주론은 무규정이 차츰 규정을 낳아 마침내 만물의 세계가 성립함을 보여준다. 이 점에서 지중해세계의 사유와 통한다. 그러나 플라톤 이래의 지중해세계의 사유는 '구현'의 사유이다. 어떤 종류의 페라스가 아페이론에 구현되어/부여되어 질서가 생겨난다. 반면 동북아세계의 사유는

---

15) '霩'은 '곽(廓)'과 통한다. 『설문』에 "霩, 雨止雲羅貌"라 했다. 텅 비어 있는 상태를 가리킨다.

16) 앞에서도 나왔듯이, '宇'는 상하사방을 가리키며 '宙'는 고금왕래를 가리킨다. 왕염손(王念孫)·왕숙민(王叔岷) 등에 따르면, "宇宙生氣"는 본래 "宇宙生元氣"이다.

17) 구분이라고도 할 수 있다. 기를 아페이론으로 본다면 '페라스'에 해당한다.

18) '기→양기와 음기→사시'의 과정은 "易有太極 是生兩儀 兩儀生四象"의 구조와 일치한다. 그리고 분포란 곧 양기와 음기가 어떻게 조합되어 있는가를 가리킨다. 양양＝태양은 여름에 해당하며, 음음＝태음은 겨울에 해당한다. 양음＝소음과 음양＝소양은 각각 가을과 봄에 해당한다. 전한 시대의 우주론에서는 오행을 대신해서 사시를 사용한 대목이 자주 발견된다. 달리 말해, '사시'는 단순히 네 계절만을 뜻하기보다 네 계절이 함축하는 많은 내용 및 상생상극의 원환적 세계상 전체를 대변했다고 할 수 있다.

'생'의 사유, '표현'의 사유이다. 늘 무언가가 무언가를 '낳는' 사유이다. 그리고 이 '낳음'은 기본적으로 외재적 인과가 아니라 내재적 인과를 따른다. 결과는 원인을 내포한다. 양 사유는 '무규정에서 규정으로'의 논리를 공유하지만, 그 과정은 사뭇 다르다. '구현'의 사유가 기본적으로 초월적이고 논리적인 성격을 띤다면, '생'의 사유는 기본적으로 내재적이고 발생론적인 성격을 띤다.

앞의 인용문에 어떤 초월자나 인격신도 등장하지 않는다는 점도 주목할 만하다. 동북아의 세계관은 이 점에서 지중해세계의 일신교적 우주론과 판이하다. 거듭 말하자면, 그것은 철저하게 내재적인(immanent) 세계관, 더 정확히는 내재적 발생의 세계관이다. 그러나 무규정에서 규정으로 나아가는 과정에 대한 구체적인 설명은 존재하지 않는다. '기' 앞에 태소=태시, 허확, 우주가 존재하는 점이 눈에 띈다. 하지만 태소=태시란 어떤 '것'이 아니라 단지 만물이 생겨나기 이전의 무의 상태 즉 "有生於無"에서의 '무'로 보아야 한다. 그리고 이 무는 절대적 무일 수 없다. 즉, 이 구절이 "creatio ex nihilo"를 뜻할 수 없다. 무에서 갑자기 유가 나올 수 없기 때문이다. 이 무는 곧 '도'로서 만물이 구체적으로 생성하기 이전에 우선 그러한 생성의 근본 이치인 도가 존재했다고 보는 것이다.[19) 허확 역시 별도의 어떤 '것'으로서보다는 태시의 성격, 상태로 보아야 한다. 주목할 것은 도(태소, 허확)와 기 사이에 '우주'가 삽입되어 있다는 점이다. 무=도에서 일단 시간과 공간이 생성하고 그 후에 기가 생성하는 것으로 되어 있다.

훗날 성리학의 이학(理學) 전통에 이르면 도가 리로 대체된다. 물론 이

---

19) 이런 맥락에서는 도를 초월적 원리로 보는 것도 가능하다. 역학을 논할 때도 언급했지만, 이 점에서는 동북아 철학사에서도 초월적 구도를 발견할 수 있고 내재적 구도와 공존했다고 할 수 있다. 그러나 이 경우에조차도 동북아 철학은 대부분 발생론적 구도를 띠었으며, 도'에서' 기가 발생하는 것으로 이해하곤 했다. 이 점에서도, 훗날에는 리가 초월적 성격을 띨 때조차도 전체 구도는 플라톤보다는 플로티노스에 가까웠다고 할 수 있다.

경우는 우주생성론보다는 우주구조론의 성격을 띠지만. 그러나 다른 한 편으로는 도/리를 앞에 놓기보다는 기 자체를 최상의 원리로 놓고서 나아가는 기 일원론이 등장하기도 했다. 태허(太虛)＝기에서 출발하는 장재(張橫渠)의 경우가 그렇다. 이 경우 기가 무의 역할을 하게 된다.[20] 장재의 사유는 '元氣＝太一＝太極＝道'라는 도교적 구도를 이어 기 일원론을 정립했다고 할 수 있다. 그리고 이 경우 "道生一"이라는 노자의 구도가 아니라 '도＝일＝기'의 구도가 된다. 이런 사유는 서경덕, 왕부지, 대진, 최한기 등에 의해 계승된다.

천지가 생겨난 후의 기의 변화는 다음과 같이 그려진다.

> 하늘의 도를 일러 '원(圓)'이라 하고, 땅의 도를 일러 '방(方)'이라 한다. '방'은 어두움(幽)을 주관하며, '원'은 밝음(明)을 주관한다. 밝음이란 기를 토해내는 것을 말하며, 따라서 불은 외경(外景)이라 일컬어진다. 어두움이란 기를 품는 것을 말하며, 따라서 물은 내경(內景)이라 일컬어진다.[21] 기를 토해내는 존재는 베풀며, 기를 품는 존재는 화(化)한다. 고로 양은 베풀고 음은 화한다고 하는 것이다. 하늘의 기가 치우치면 그 노한 것이 바람이 되고, 천지의 기가 품어지면 그 평안함(和)이 비가 된다. 음기와 양기가 서로 맞부딪치면 그 교합(感)이 천둥이 되고, 더 격해지면 번개가 되고, 어지러워지면 안개가 된다. 양기가 승(勝)하게 되면 흩어짐으로써 비와 이슬이 되고, 음기가 승하게 되면 엉김으로써(凝) 서리가 되고 눈이 된다.(『회남자』, 「천문훈」)

---

20) 태시를 '카오스'로 보는 것(마루야마 도시아키, 박희준 옮김, 『氣란 무엇인가』, 정신세계사, 1986, 42쪽)은 적절치 않다. 태시란 『도덕경』(25장)에서 말하는 "寂兮 廖兮"의 상태이며, 도의 차원이기 때문이다. '카오스'에 해당하는 것은 오히려 기이다. 물론 이 경우 카오스는 단순한 혼돈이 아니라 현대적 뉘앙스에서의 '잠재성'이라 해야 한다는 점에 유의해야 한다.

21) "밝음이란 기를 토해내는 것이며, 따라서 외경이다. 어두움이란 기를 품는 것이며, 따라서 내경이다. 고로 불을 일컬어 외경이라 하고, 쇠와 금을 일컬어 내경이라 하는 것이다"로 읽는 경우도 있다. '경'은 빛(光)으로 이해힐 수 있다.

고대인들이 생각했던 자연의 이미지가 생생하게 표현되고 있다. 인용문에서 알 수 있듯이, 천지자연의 현상 대부분이 그 근본에서 기화(氣化)의 결과로서 이해되고 있다. 『회남자』에는 이외에도 일월성신, 춘하추동, 동서남북, 산천초목을 비롯한 숱한 내용이 백과전서적으로 펼쳐져 있다. 천문학에서는 개천설에서 점차 혼천설로 옮아갔는데, 이는 양웅 등이 지적했듯이 개천설로는 일월성신의 나타남과 숨음을 비롯한 많은 문제를 해결할 수 없었기 때문이다. 혼천설에서는 우주를 달걀과 같은 것으로 이해했는데, 하늘은 달걀 껍질이요, 땅은 노른자위에 유비되었다. 그렇다면 흰자위는? 바로 '기'로 가득 차 있다고 이해된 것이다. 땅의 위쪽은 공기로, 아래쪽은 물로 차 있다고 보았다. 천문학적 맥락에서도 역시, 하늘과 땅 자체도 결국은 기라는 점은 접어둔다 해도, 기는 핵심적 위상을 차지하고 있음을 볼 수 있다.

농업이 삶의 핵심을 담당했던 고대 사회에 하늘의 변화는 삶의 희로애락을 좌우했다. 이 때문에 춘하추동의 움직임을 파악하고 농사활동을 그에 맞추려는 노력은 상당히 일찍부터 시작되었다. 이 과정에서 간지가 생겨났다. 십간은 하늘의 움직임을 분절해(articulate) 기의 흐름을 포착하고자 한 것이다. 갑(甲)·을(乙)·병(丙)·정(丁)·무(戊)·기(己)·경(庚)·신(辛)·임(壬)·계(癸)가 그것이다. 이를 오행, 동서남북, 하루의 시간 등등에 상응시켜 세계의 흐름을 질서화했다. 또 십이지는 자(子)·축(丑)·인(寅)·묘(卯)·진(辰)·사(巳)·오(午)·미(未)·신(申)·유(酉)·술(戌)·해(亥)로서, 역시 1년 12개월, 28수를 비롯한 다양한 영역과 상응되었다. 주지하듯이 10간과 12지가 결합해 60년 주기로 출발점에 되돌아오게 된다. 문자 그대로 '還甲'이다. 앞에서도 말했지만, 동북아 사유의 특징은 그 상응체계에 있다. 기, 음양, 사상, 오행, 팔괘, 십간, 십이지, 이십방위, 이십팔수 등 다양한 형태의 분절 방식이 서로서로 상응해 거대하고 복잡한 체계를 이루는 것이다. 이러한 체계를 근간으로 이른바 '시령설(時令說)'/'월령설(月令說)'이라는 형이상학적 사상이 등장하기도 했다. 『여씨춘추』, 『회남자』,

『백호통』등에서 그와 같은 체계를 확인할 수 있으며, 이 모든 상응이 그 근간에서는 기의 흐름과 분절과 순환 —— '운기(運氣)' —— 으로 이해되었다.

하늘과 함께 짝을 이루는 땅 또한 마찬가지로 중요하다. 땅의 구조에 대해서는 이른바 '구주설(九州說)' —— 이에 따르면 '진짜 세상'은 당대인들이 알고 있던 세상보다 훨씬 크다 —— 이 있었는데 그저 상상의 소산에 불과했다. 『회남자』, 「지형훈(地形訓)」에는 산과 강 등등 지리상의 특징들을 모두 기에서의 차이로 설명하면서, 인간의 삶이 그런 특징들에 얼마나 많은 영향을 받는가를 강조하고 있다. 일종의 지리결정론에 가까운 이 관점에서도 역학에서와 마찬가지로 폐쇄적이고 수동적인 세계관이 느껴진다. 동북아의 지리는 이처럼 자연지리와 인문지리를 밀접하게 엮으면서 진행되었으며, 그 과정에서 '풍수지리설'이 생겨나 오늘날까지도 상당한 영향을 끼치고 있다. 여기에서도 역시 모든 것은 기의 흐름을 기반으로 이해되며, "기는 바람을 타면 흩어지고 물을 만나면 멎는다" 같은 식의 이해를 바탕으로 땅을 읽어내고자 했다. 땅은 하늘과 조응한다. 동북아의 우주론에서는 모든 것이 상응한다. 여기에서 세계란 나무·불·흙·쇠·물 같은 오행, 공간적인 방향성들, 별들의 움직임, 땅의 구조와 흐름, 시간의 흐름과 분절, 인체의 구조와 생성 등등 모든 것이 상응하는 거대한 체계인 것이다. 그리고 이런 숱한 형태의 상응/조응이 가능한 것은 이 모두가 궁극적으로는 기의 흐름과 분절, 순환과 다름없기 때문이다.

생명으로서의 기

천문과 지리만이 기의 조화는 아니다. 우주 안에서 살고 있는 생명체들의 본질 또한 기에 있다. 생로병사가 모두 기의 조화인 것이다. 동북아인들의 우주에 대한 파악 자체가 다분히 생명의 뉘앙스를 띠고 있거니와, 좁은 의미에서의 생명은 초목금수와 인간의 그것이다. 상식적인 의미에서의 생(生)·기(氣) 개념은 『논어』에서의 용례들을 보았듯이 춘추시대가 되면 이미 다채롭게 사용되고 있었다. 그러나 기＝생명 개념이 보다 철학적인 뉘앙스를 획득하게 되는 것은 전국시대에 이르러서이다. 『주역』, 『노자』, 『장자』, 『맹자』, 『순자』를 비롯한 다양한 저작들에서 기의 용례들을 확인할 수 있다.

이미 보았듯이, 기 개념은 우주론적 차원에서도 논의되며 생명의 차원에 국한되어 사용된 것은 아니다. 순자는 "물과 불은 '기'는 있으나 생명은 없다"고 했다. 생명은 기라는 일반적인 차원에서 더 나아간 특수한 차원으로 이해되었던 것이다. 기란 가장 보편적인 차원에서 이해되었음을 알 수 있다. 하지만 맥락에 따라서는 생명에 고유한 기가 논의되기도 했다. 『회남자』에서는 "형체는 생명의 집〔舍〕이요, 기는 생명의 실체〔充〕요, 신(神)은 생명의 조절자〔制〕"라 했다. 이때의 기는 좁은 의미에서의 기이다. 생명은 생명체에 깃들며, 따라서 생명체는 생명이 사는 집이다. 또 생명은 x가 아니라 dx로서의 기로 구성되어 있으며, 이때의 기는 생명의 궁극 실체이다. 그리고 생명은 '신'의 활동을 통해 통어되기에 '신'은 생명활동의 조절자 (regulator)라 할 수 있다. 훗날 조선에서 편찬된 『동의보감』에서도 "정·기·신이 장부 백체(百體)의 주(主)"라 했다.[22] '정'은 정기(精氣)로서 생명체의 근본 에네르기이며, '기'는 좁은 의미에서의 생명체의 실체이고, '신'은 역시 생명체를 통어해가는 조절자이다. 하지만 사실 정도 정기이고, 신도 신기(神氣)이다. 궁극적으로는 모두 기이지만, 좁은 의미에서의 생명의 실체도 기로 불렸던 것이다. 이처럼 '기' 개념은 극히 넓은 의미에서 매우 구체적인 의미에 이르기까지 다양한 용례들을 포괄한다. 근본 원리인 기는 숱한 구체적 의미들로 분화되어 사용되었으며, 따라서 '기' 개념에는 여러 의미론적 층차가 내재되어 있음을 염두에 두어야 한다.

기가 우주적 차원과 생명적 차원에서 동시에 쓰인다면, 두 차원은 불연속적으로가 아니라 연속적으로 이해되었음을 짐작할 수 있다. 그렇다면 두 차원을 이어주는 개념은 무엇이었을까? 바로 기의 '취산(聚散)'이라

---

22) 허준, 동의과학연구소 옮김, 『동의보감』(휴머니스트, 2002), 67쪽.

는 개념이다. 『장자』에서는 "인간의 생명이란 기의 모임이다. 모임으로써 [聚] 살아 있게 되고, 흩어짐으로써[散] 죽게 된다"고 했다. 현대 식으로 말해, 기가 열역학 제2법칙에 따라 흩어지면 죽음이고 음의 엔트로피 — 정보 — 에 따라 모이면 삶이다. 그리고 모인 기의 '후박(厚薄)'이 그 수명을 결정한다. 후에 성리학자들은 기의 '청탁(淸濁)'으로써 생명체의 가치를 평가한다. 생명체의 차원과 무생명체의 차원은 모두 기로 되어 있으며, 따라서 연속적이다. 두 차원은 실체적으로 구분되기보다는 기의 존재양식에 따라 구분되는 것이다. 이렇게 동북아의 기 개념은 우주와 생명을 단순하다면 단순하고 명쾌하다면 명쾌한 방식으로 통일적으로 이해한다. 두 차원의 기가 보다 직접적으로 교류하는 것은 호흡을 통해서이다. 호흡이 끊기면 죽는다. 하지만 생명체는 죽어도 그 기는 '혼백(魂魄)' 또는 '귀신(鬼神)'으로서 존속한다. 현대 식으로 말해, 생명체는 실존하지만(exist) 죽음 후에도 기 자체는 잠존하는(subsist)/내존하는(insist) 것이다. 이와 같이 기 개념은 그 근본에서 연속성을 통해 이해되었고, 생명과 자연 일반은 통일적으로 이해되었다.

도가철학은 생명으로서의 기에 관해 깊은 관심을 가졌다. 한편으로는 이론적으로 우주, 생명, 그리고 마음과 몸을 기의 관점에서 이해했으며, 다른 한편으로는 실천적으로 생명의 보존과 고양, 또 그 반대급부로서 죽음의 초탈[23]을 지상의 가치로 설정했다. 도가철학적 양생술은 방사들의 불로장생술과 구분해야 한다. 후자는 한 고조 때나 한 무제 때 특히 득세했던 사술(邪術)로서, 스스로의 노력을 통해서 생명을 보양하게 하는 것이 아니라

---

23) 생명의 보편성을 터득했을 때, 죽음도 생명의 한 매듭으로 편입된다. "열생오사(悅生惡死)"를 극복해야 하는 것이다. "옛 진인(眞人)은 삶을 기뻐할 줄도 모르고 죽음을 꺼릴 줄도 몰라, 태어남을 반기지도 않았고 사라짐을 막으려 하지도 않았다. 그저 홀가분하게 왔다가 홀가분하게 갈 뿐, 삶의 시작을 잊으려[소홀히 하려] 하지도 않았고 그 끝을 알려고 하지도 않았다. 삶을 받으면 반가워하지만, 거두어질 때면 그저 돌아갈 뿐이다. 이를 일컬어 사람 마음으로 도(道)를 손상치 아니하고 사람 행위로 하늘을 도우려 하지 않는다고 하니, 바로 진인이로다."(『장자』, 「대종사」)

존재하지도 않는 선약(仙藥)을 먹으면 불로장생한다고 속여 한몫 챙기는 경우였다. 이외에도 신선술(神仙術), 연단술, 방중술, 호흡술(呼吸術), …… 등이 특히 한대에 유행했다. 이런 각종 '술'에는 비교적 근거 있는 대목도 있고 황당한 대목도 있다. 이미 노자가 억지스러운 양생술을 비판하기도 했거니와, 이러한 기술들은 꽤나 일찍부터 유행했던 것 같다.

신체를 비교적 실증적이고 체계적으로 연구해서 생명의 보양을 꾀했던 사람들은 의사들이었다. 서양(지중해세계)에서와 마찬가지로 동북아에서도 생명의 연구는 의학에 의해 이루어졌다. 사실 서양에서도 현대적 의미에서의 생물학은 19세기에나 성립했다. 그러나 서양과는 달리 동북아의 의학은 한편으로는 철학과 다른 한편으로는 방금 언급한 각종 양생술과 별개로 분리되어 있지 않았다. 서양의 경우와 달리, 동북아 의학은 동북아 사상사에서 빼놓을 수 없는 중요한 갈래이다. 철학이 정상적인 기를 다룬다면, 의학은 비정상적인 기를 다룬다. 철학이 생명과 도덕을 다룬다면, 의학은 병과 죽음을 다룬다. 그러나 양자는 물론 동전의 양면이다. 기의 차원에서 삶과 죽음은 연속적이다. 동북아 사상사에서 철학과 의학은 결국 기학의 양면인 것이며, 특히 도가사상은 이런 양면을 포괄하고 있다. 동북아 사상사에서의 의학이란 넓은 의미에서 도가사상의 한 측면으로 이해할 수 있다.

의학사상에서 기는 끝없이 흐르는 것, 따라서 신체 외부의 바람과 물 그리고 신체 내부의 피에 가까운 것으로 이해되었다.[24] 이는 아낙시메네스가 공기(aēr)와 바람(pneuma)을 영혼＝생명과 거의 동일시한 것과 유사한 맥락이며, 인도에서의 'prāna'(바람, 숨, 영혼＝생명) 개념도 유사한 맥락을 함축하고 있다. 기는 반드시 흘러야 하며, 기가 흐르지 않는다는 것은 곧 죽음을 뜻한다. 기와 바람, 물, 피가 존재론적 친연성을 띠기 때문에, 바람·물의 변화와 혈기의 변화는 건강과 밀접한 관련이 있는 것으로 파악되

---

24) 가노우 요시미츠, 동의과학연구소 옮김, 『몸으로 본 중국 사상』(소나무, 1999).

었다. 더 넓게 본다면, 천지와 인간은 모두 밀접하게 연관되어 있으며 서로 상응하는 것으로 파악되었다. 인간이 소우주라는 것은 단지 유비(analogy) 일 뿐만 아니라 우주와 직접적으로 상관적인(correlative) 것으로 이해되었다. 바람의 종류라든가 물의 흐름 등은 신체와 직접 연결되어 있다고 본 것이다.[25] 기는 흐름이므로 궁극적으로는 하나의 연속체이며 이 점에서 결국 일원론적으로 이해되나, 중요한 것은 다양한 맥락에서 무수한 형태로 분화되어 논의된다는 점이다. 일반적 맥락에서도 여러 형태의 '~기'가 논의되나, 이러한 분화는 특히 의학적 담론들에서 두드러져, '영기(營氣)', '위기(衛氣)', 오장육부 각각의 기가 분화하고, 병을 일으키는 숱한 형태의 기가 분화하는 등 기 개념의 다양한 분화가 보인다. 이와 같은 분화에 주목하지 않으면 기 개념은 막연한 추상 개념으로 그친다.

기 개념의 가장 기본적인 분화는 양기와 음기이지만, 이는 실체적 구분이 아님은 물론 양태적 구분도 아니다. 그 밖에 숱한 '~기' 개념은 대부분 양태적으로 구분되는 개념들이다. 스피노자에 유비할 경우, 다양한 형태의 기들은 기라는 궁극 실체의 양태들이라 할 수 있다. 그중에서도 예컨대 심장의 심기, 산의 산기처럼 특정한 존재자에 특유한 기들도 있고, 수기·목기·화기처럼 어떤 고유한 성격의 과정을 가리키는 기들도 있다. 그러나 그 사이에 속성에 해당하는 기들은 존재하지 않으며, 이 역할을 바로 음기와 양기가 맡는다고 할 수 있다.

숱한 형태의 기 중에서 상식적으로나 의학적으로 중시된 것은 혈기였다. 혈기란 상식적인 신체 이해와 전문 의학적인 신체 이해의 매듭에 위치하는 개념이었다. 앞에서 공자의 말을 인용했거니와 단순한 물질이 아니라, 한 인간의 삶의 양태를 근저에서 좌우하는 존재론적 위상을 띠는 것으로

---

25) 『황제내경 소문(素問)』, 「풍론편(風論篇)」 및 『황제내경 영추(靈樞)』, 「구궁팔풍편(九宮八風篇)」. 앞의 『회남자』, 「지형훈」에는 자연과 인간 사이의 상관관계에 대한 논의가 등장한다. 『황제내경』은 다음 판본에서 인용한다. 김장민 외, 『황제내경강의』(청담, 1999). 張継有 外 編審, 劉之謙 外 編著, 『黃帝内經素問吳注平釋』(中醫古籍出版社, 1998.)

이해된 것이다. 의학적으로 혈기는 정기가 변한 것으로 이해되었다. 정기는 생명의 근본 에네르기로서, 남녀의 교합으로부터 만들어지는 생명체의 궁극적인 에너지원이다. 또, 하늘로부터 받는 기와 땅으로부터 즉 음식물로부터 받는 기가 후천적 정기를 형성한다. 혈기는 이 정기가 변해서 만들어지며, 정기가 혈기보다 더 근원적인 것이지만 사실상 거의 동일시되다시피 했다.[26] 아울러 영기와 위기가 매우 중요하게 다루어졌다. 곡기는 폐에 전달되고 폐로부터 다양한 길로 기가 배급되는데, 그중 맑은 것이 영기이고 탁한 것이 위기이다. 영기는 경락을 흐르는 핵심적인 기이고 혈기의 근본이며, 위기는 말 그대로 사기(邪氣)와 싸워 몸을 보호하는 기이다. 맥을 짚는 것은 특히 이 영기와 위기의 흐름을 짚어보는 것이다. 여기에 호흡의 원동력이 되는 종기(宗氣)라든가 다른 여러 형태의 기가 존재한다.

이처럼 다양한 형태의 기가 있거니와, 신체란 이 무수한 기가 흐르는 역동적인 장이다. 앞에서도 여러 번 강조했지만, 지중해세계의 사유가 어떤 점을 찾아가면서 선을 그 과정으로서만 사유한다면 동북아 사유는 항상 어떤 선=길을 사유하고자 하며 점들은 선이 진행해가는 과정에서의 정거장의 역할을 할 뿐이다. 이 때문에 동북아 의학에서 신체는 고체가 아니라 유체이다.[27] 그렇기 때문에 동북아 의학에서도 해부는 했지만[28] 그 의미가 지중해세계의 그것과는 판이했다. 죽은 시체의 해부는 유체로서의 신체가 이미 고체로 화한 이후의 행위에 불과했던 것이다. 베르그송 식

---

26) "혈(血)과 기(氣)는 다른 이름을 가지고 있으나 동류(同類)이다."(『영추』,「영위생회편(靈衛生會篇)」) 또 『소문』,「혈기형지편(血氣形志篇)」에서는 인간의 본질적인 유형 — 태양, 소양, 양명(陽明), 소음, 궐음(厥陰), 태음 — 이 혈·기의 다소에 의한다고 말하고 있다.

27) 이 점은 동북아 의학이 뼈를 내경(內景)이 아니라 외경(外景)으로 보았던 점에서 특히 극적으로 드러난다. 뼈는 몸의 한가운데에 있지만, 흐름이 아니라 굳어진 것이며 손으로 만져서 알 수 있는 것이다. 바로 이 때문에 외경이다. 반면 뼈 가운데를 흐르는 골수는 흐르는 기이며 형상(形狀)을 넘어서는 것이라는 점에서 내경인 것이다. 이시다 히데미, 이동철 옮김, 『氣, 흐르는 신체』(열린책들, 1996), 34쪽 이하.

28) 山田慶兒, 『中國醫學の起源』(岩波書店, 1999), 7章.

으로 말해, 해부란 운동 자체가 아니라 운동체가 그리고 지나간 궤적을 분해해보는 것에 불과하며 운동하지 않는 것들을 조합해서 운동을 재현하려는 "영화적 사고"에 불과한 것이다. 물론 이것이 기의 흐름은 결코 분석적으로 이해할 수 없음을 뜻하지는 않는다. 살아 있는 몸에서 기가 흐르는 길들과 그 정거장들 —— 특이점들(singular points) —— 을 파악함으로써 기의 흐름을 이해할 수 있기 때문이다. 이 길이 곧 '경락(經絡)'이다. 경맥은 중심적인 맥이고, 여기에서 가지 쳐서 나오는 것이 낙맥이다. 경맥에는 12가지가 있고 낙맥에는 15가지가 있다. 낙맥에서 더욱 분기해나오는 맥들은 '손맥(孫脈)' / '손락(孫絡)'이라 불린다. 그리고 '기경(奇經)'이라 불리는 8가지 경맥이 따로 있다. 서구 의학에서는 혈액의 순환에 관한 파악이 정교하게 행해진 반면, 동북아 의학에서는 기가 순환하는 경락에 대한 파악이 정교하게 행해졌다.[29] 진정한 실체는 몸이 아니라 몸 속에 흐르는 기였으며, 몸 자체는 플라톤-기독교적 뉘앙스와는 다른 뉘앙스에서 껍질일 뿐이었다.

그리스 철학에서 생명이란 어떤 '것'으로서의 실체, 동일성이었다. 『파이돈』에서 그 전형을 발견할 수 있다. 하지만 생명이란 살아 움직이는 것이고 흐름으로서 이어지는 것이기에, 단단한 형상 개념과 흐르는 생명 개념은 쉽게 조화를 이루지 못했다. 플라톤과 아리스토텔레스에게 동적인 것은 아페이론적인 것이었고, 거기에 질서를 부여하는 것은 형상적인 것이었다. 이 난점을 극복하기 위해 플라톤은 '운동의 동일성'을 사유하고자 했고,[30] 아리스토텔레스는 질료와 형상을 가능태와 현실태로서 굳게 상관적인 것으로 만들었다. 하지만 이런 경우에조차도 생명의 핵심은 운동의 동일성에 또는 형상으로서의 '완성태'에 있었다. 흐름인 아페이론은 어

---

29) 다음 저작에 자세한 설명과 그림이 나와 있다. Manfred Forkert, *The Theoretical Foundations of Chinese Medicine: Systems of Correspondence*(The MIT Press, 1974).

30) 이정우, 『소은 박홍규와 서구 존재론사』(도서출판 길, 2016), 3장.

떤 경우에도 형상에 의해 제압되어야 할 무엇이었다. 이에 비해 동북아에
서의 생명 즉 기는 '화(化)'를 그 본질로 하는 것이었으며, 정적인 것들은
생성의 정거장들로서만, 매듭/특이점으로서만 의미를 가졌다. 이미 '역'이
생성이었음을 보았거니와, 기 역시 철저히 생성이었다. 형상들은 이 생성
'의' 형상들이었다. 바로 이 때문에 죽음의 극복의 문제 역시 『파이돈』에서
는 동일성에 입각해 모색된 데에 반해, 『장자』에서는 흐름에 입각해 추구
되었던 것이다.

　　생명을 기의 흐름으로 보았기에, 동북아에서는 일반적인 의미 외에도 이
기를 길러서 장생불사하려는 기법들이 다양하게 발달했다.[31] 여기에는 어
느 정도 실효성이 있는 기의 단련부터 종교적 수양, 문학적 상상에 이르기
까지 여러 요소가 뒤범벅되어 있다고 할 수 있다. 가장 기초적인 것은 기를
순환시키는 '운기(運氣)'로서, 이를 통해 신체 내의 기를 순환시켜 맑게 하
고, 안팎의 사기와 싸우고, 정신을 순화시켜 신선의 경지에 오르고자 했다.
특히 호흡이 기본을 이루어, 태아의 호흡을 이상으로 삼아 여러 호흡의 기
법을 발달시키기도 했다. 이외에도 몸 안의 기를 잃어버리지 않으려는 '폐
기(閉氣)', 신체 내부를 보하려는 '행기(行氣)', 사지를 튼실하게 하려는 '도
인(導引)', 기를 이용해 몸을 실하게 만드는 '기공(氣功)', 나쁜 기를 내뱉
는 기법인 '토기(吐氣)' 등 다양한 방법들이 개발되었다. 나아가 연단술이
라든가 방중술, 환정보뇌(還精補腦) —— 정기를 뇌로 역류시켜 보존하는 기
법 —— 를 비롯한 갖가지 기기묘묘한 기법들을 통해 장생불사하려는 노력
들이 이어졌다. 그런데 이는 생명 일반을 넘어 '정신'에 관련되는 기법이
기도 했다.

---

31) 이시다 히데미의 『氣, 흐르는 신체』에 다양한 기법들이 소개되어 있다. 앙리 마스페로,
　　『도교』(신하령·김태완 옮김, 까치, 1999)에서는 보다 넓은 맥락에서 도교적 실천의 성
　　격을 확인할 수 있다.

정신으로서의 기

그리스 철학에서 '정신'에 해당하는 말은 '영혼(psychē)'이다. 이 말은 본래 생명을 뜻했으나, 소크라테스에 의해 '정신'의 뉘앙스를 부여받기에 이른다. 즉, 생물학적 차원에서 인문학적 차원으로 격상되었다고 할 수 있다. 이후 플라톤적 실체화가 이루어졌고, 근대에 이르러서는 실체로서보다는 기능으로서 이해되기 시작한다. 동북아 철학에서도, 이런 식의 단절을 겪지는 않았지만, '정신'이란 생명의 차원에서 인문의 차원에까지 두루 걸치는 개념으로 사용되었다. 한편으로 그것은 단순한 자연적 차원과 구분되는 형이상학적 차원을 부여받았지만, 그 구분이 날카롭게 그어졌던 것은 아니다. 정신이란 한편으로 생명에 뿌리 두고 있는 것이며, 다른 한편으로 인간 고유의 차원 즉 역사와 문화·사상의 차원을 가능케 하는 것으로 이해되었다.

『회남자』에서는 정신에 대해서 다음과 같이 말하고 있다.

> 무릇 '精神'이란 하늘로부터 받는 것이며, '形體'란 땅으로부터 받는 것이다. 하여 하나가 둘을 낳고, 둘이 셋을 낳고, 셋이 만물을 낳는다 했다. 만물은 음을 지고 양을 안으며, 충기[32]로써 화를 이룬다.(「정신훈(精神訓)」)

일반적인 형체와 정신을 구분해서 그 각각이 땅과 하늘로부터 유래함을 밝히고 있다.[33] 이 점에서 정신은 일반적인 형체와는 구분된다. 하지만 하늘과 땅은 결국 '천지'로서 하나일 뿐 별개의 것은 아니다. 천지라는 하나가 천과 지라는 둘로서 작용해 정신과 형체를 낳은 것이다. 이 때문에 하나가 둘을 낳았다고 했다. "하나가 ……" 대목은 『도덕경』, 42장을 그대로 옮

---

32) 메이저 등은 "the blending of vital energy"로, 르 블랑 등은 "les souffles du vacuum"으로 옮기고 있다.

33) 『관자』, 「내업(內業)」에서도 "무릇 사람의 생명이란 하늘에서 그 '정'을 받고 땅에서 그 '형'을 받은 것이니, 이 둘이 합하여 사람이 된 것"이라 말하고 있다.

겨놓은 것이며 다만 '負'가 '背'로 바뀌어 있다. 여기서 주목할 점은 "道生一"이 빠진 것이다. 그리고 앞의 대목과 "하여〔故〕"로 이어져 있는 점이 눈에 띈다. "道生一"이 빠진 것은 앞에서도 언급했듯이 '기 일원론'을 취했음을 말해준다. 또한 기가 정신의 기와 형체의 기로 나뉜 후, 충기가 그 두 차원을 화합시키고 있음을 말하고 있다. "음을 지고 양을 안는다"고 한 것은 곧 만물이 형체를 지고 정신을 안고 있음을 말한다. 배는 음이고 등은 양이거니와, 등이 음을 지고 배가 양을 안음으로써 '화'를 이루고 있다. 이는 곧 양기로서의 정신과 음기로서의 형체가 화합하고 있음을 뜻한다. 정신과 형체는 '不一而不二'를 형성한다고 하겠다. 이는 동북아적 심신론의 기본 구도이다.

의학적 맥락에서는 당연히 정신은 보다 유물론적으로 이해되었다. 정신이란 정기와 신기이다. 정기는 삶의 근본 에네르기로서 상대적으로 음기에 해당하며, 신기는 정기를 신묘하게 운용하는 기로서 상대적으로 양기에 해당한다.[34] 동북아 사유에서는 정신 역시 초월적인 것으로서 이해되지 않았으나, 기본적으로 탈-물질적인 것이기에 파악하기가 어려웠다, 그에 대한 사람들의 생각은 그야말로 천차만별이었다. 사실 오늘날에도 정신현상에 관련해 논의되는 개념들이 얼마나 혼란스러운지를 생각해보자. 예컨대 "feeling", "emotion", "affect", "sentiment" 등을 정확히 구분하기

---

34) 현대적 뉘앙스에서의 정신을 가리킬 때에는 '정'보다는 '신'을 사용했다. 사실 본래 '정신'이라는 개념이 있었다기보다, 서로 다른 계통에서 성립한 정기 개념과 신기 개념이 연관성을 띠면서 정신 개념이 성립했을 것이다. 물론 『좌전』, 「소공 7년」의 기사에 '정신' 개념이 이미 등장한 것을 보면, 이러한 결합은 매우 일찍 이루어졌던 것으로 보인다. 애초에 이 개념이 어떤 단일한 실체로서가 아니라 다양한 실체들과 기능들의 복합적인 총체로서 이해된 것도 이 때문이다.
'신' 개념은 종교적인 뉘앙스에서의 신 개념과 의미론적으로 얽혀 있다. 예컨대 훗날 도교에서는 천황대제(天皇大帝)는 미간에, 동왕부(東王父)는 왼쪽 눈에, 서왕모(西王母)는 오른쪽 눈에 머무는 것으로 이해했다. 동북아적 형태의 범신론을 뚜렷이 보여주는 예이다. 결국 우리 몸의 각 부위에 신들이 머문다고 할 수 있으며, 이런 상황은 15세기 중엽 조선에서 편찬된 『의방유취(醫方類聚)』에 그림으로 잘 표현되어 있다.

는 쉽지 않다. 그러나 동북아의 고전적인 세계관 형성기인 전국시대로부터 한대에 걸쳐 정신은 우선은 혈기 및 심장과 관련된 것으로서 이해되었다. '心'은 장기로서의 심장과 정신으로서의 '마음'을 동시에 뜻하므로, 이는 자연스러운 귀결이었을 것이다. 『순자』에서는 "하늘과 땅 사이에 살아 있는 모든 것 중에서 혈기가 있는 종류라면 반드시 지각이 있을 것"이라 했다. 지각(知)이란 정신적인 작용이므로, 결국 정신의 존재 조건이 혈기라는 뜻이다. 후한의 왕충 역시 "정신이란 혈기를 근본으로 한다"고 했다. 따라서 정신도 기의 일종이고, 또 기가 흐르는 것인 한 정신 또한 흐르는 것이라는 자연스러운 결론이 나온다. 피는 심장을 중심으로 흐르므로, 자연히 정신은 심장에 위치하는 것으로 이해되었다. 그러나 사실 상황은 훨씬 복잡해서, 정신이 흐르는 것인 한 그것이 심장에 들어 있을 리는 만무하다. 심장이 '군주'에 해당하는 장기이고 따라서 일차적인 정신의 터인 것은 사실이지만, 흐르는 존재인 정신이 몸 전체에 퍼져서 존재하는/생성하는 것이지 한 장기 안에 들어 있는 어떤 실체가 될 수는 없는 것이다. 바로 이런 이유 때문에 동북아에서는 "정신이란 가슴에 있는 것인가, 머리에 있는 것인가?"라는 물음은 중요한 것이 아니었다.

물론 사태를 과장해서는 곤란하다. 동북아에서도 한편에서는 정신을 특정한 장기에 위치시키려는 시도들이 이어져왔다. 정신도 흐름이지만 다른 한편 그것의 구조적인 분포기 있었던 것이다. 흥미로운 것은 많은 사람들이 정신을 특정 기관이 아니라 오장에 분포되어 있는 것으로 본 점이다. 이때의 정신을 '오장신(五臟神)'/'오신(五神)'이라 한다. 이는 호메로스의 경우와 유사하지만, 서구에서는 사유가 진전되면서 점차 통일적 이해와 실체화가 이루어진 반면 동북아에서는 그와 달리 생성론이 견지되었다. 또, 이러한 분포는 음악·윤리의 개념화와도 연관된다. 소리, 장부, 윤리가 상응하는 것으로 이해한 것이다.[35] 다만 전체적으로 중심을 이룬 것은 핵심

---

35) "바른 교화라는 것은 모두 음에서 시작되는 것이니 음이 바르면 행위도 바르다. 그러므

장부인 심장이었다.[36) 반면 뇌는 정신의 장소로서 인정받지 못했다. 고대 문헌들에서 그렇게 본 구절들을 찾을 수 없는 것은 아니지만, 대개 정신이란 삶의 근본 에네르기인 '정'과 그 신묘한 운용으로서의 '신'의 총화로서 이해되었던 것이다. 뇌는 정신의 장소로서보다는 오히려 '수(髓)'의 바다로서 에네르기의 저장소로 이해되었다. 머리에서 정신과 더 밀접한 관련이 있었던 것은 오히려 얼굴이었다. 얼굴은 오장과 직결되는 것으로 이해되었기에 말이다. 심장은 혀, 폐장은 피부, 신장은 귀, 비장은 입, 간장은 눈에 연결되어 이해되었다. 나아가 마음이란 정확히 신체의 외연에 갇히는 무엇이 아니었다. 신체가 마음을 포함하는 것이 아니라 마음이 신체로써 표현되었다고 해야 할 것이다. 이처럼 '마음'을 뇌 또는 다른 어떤 곳에 위치시키기보다는 몸 전체에 다양한 갈래로 분포되어 있는 것으로 본 점, 나아가 더 중요하게는 신체의 내부에만 위치해 있는 것으로 보지 않은 점은 지중해세계 철학의 점의 사유와 동북아세계 사유의 선의 사유를 다시 한번 잘 드러내준다.[37) 이 점은 오늘날 베르그송, 신경과학 등과 연계해 논

로 음악이라는 것은 혈맥을 움직이고 정신을 유통케 하여 마음을 화평하게 하고 바르게 하는 것이다. 그러므로 궁음은 비장을 움직이어 성(聖)을 화정(和正)케 하고, 상음은 폐를 움직이어 의를 화정케 하고, 각음은 간을 움직이어 인을 화정케 하고, 치음은 심장을 움직이어 예를 화정케 하고, 우음은 신장을 움직이어 지를 화정케 한다."(『사기』, 「악서(樂書)」)

36) "간장은 피를 저장하고 피는 혼이 머무는 곳이므로, 간기가 허하면 두려워하고 실하면 화를 잘 낸다. 비장은 영기를 저장하고 영기는 의(意)가 머무는 곳이므로, 비기가 허하면 사지를 쓰지 못하고 오장이 안정되지 못하며, 실하면 복부가 창만(脹滿)하고 월경과 대소변이 통하지 않는다. 심장은 맥을 저장하고 맥은 신(神)이 머무는 곳이므로, 심기가 허하면 슬퍼하고 실하면 웃음이 그칠 줄 모른다. 폐장은 기를 저장하고 기는 백이 머무는 곳이므로, 폐기가 허하면 코가 막혀 통하지 않으므로 숨이 차고 실하면 숨이 차고 천명(喘鳴)이 있으며 흉부가 창만(脹滿)하여 몸을 젖혀 호흡하게 된다. 신장은 정(精)을 저장하고 정은 지(智)를 머물게 하는 것이므로, 신기가 허하면 손발이 차가워지고 실하면 하복부가 창만하고 오장이 안정되지 못한다."(『황제내경 영추』, 「본신(本神)」. 인용자 강조)

37) 동북아 전통에서는 이처럼 '정신'을 기학적으로 이해했기에, 정신병의 치료는 다분히 '유물론적' 성격을 띠었다. 정신병은 처음에는 '무(巫)'의 소관이었으나 춘추전국시대

154

할 수 있는 가장 흥미로운 주제들 중 하나이다.

이와 같이 '정신' 개념은 우선은 자연철학적 - 의학적 개념으로 이해되었다. 그러나 이 개념은 또한 오늘날의 정신 개념에 보다 가까운 개념으로 사용되기도 했다. 이는 인간 고유의 '문화'의 차원을 가능케 하는 선험적 조건으로서의 정신 개념이라고 할 수 있다. 이러한 맥락은 우선은 각종 기예에서 드러나며, 더 나아가 인간의 본성과 세계의 이치, 역사의 의미 등을 사유하는 철학적 담론들에서도 나타난다. 이 맥락에서의 주인공은 어디까지나 '신'이다. 이 개념은 종교적 맥락에서는 음양을 측량하기 어려운 존재들('귀신들')을 가리키고, 의학적 맥락에서는 '신경(神經)'이라는 말이 시사하듯이 정기를 통어하는 신기를 가리키지만, 또 다른 한편 인간 고유의 언어, 역사, 문화의 차원을 가리키는 개념 즉 오늘날의 의미에서의 '정신(the mental)'을 가리키기도 한다. 그러나 이 경우에도 물질과 날카롭게 분리되는 정신보다는 그리스어 'psychē'의 고층대 의미('생명')로부터 소크라테스 혁명 이후의 의미까지 모두 포괄하는 뉘앙스를 띠었다. 다시 말해, '신' 역시 어디까지나 '신기'인 것이다. 이런 '신' 개념은 특히 성리학자들에 의해 세련되게 다듬어지게 된다.

이상 논의했듯이, '기' 개념은 물질과 생명 그리고 정신에 이르기까지 세계를 이루고 있는 모든 차원을 포괄하는 근본 실체로서 이해되었다. 그렇다면 기는 어떻게 자동하는가? 물질로서든 생명으로서든 정신으로서든 기의 근본 성격이 '흐름'에 있다면, 그 흐름에 매듭을 주고 일정한 구조를 띨 수 있게 해주는 원리는 무엇인가? 흐름 자체만으로는 어떤 규정성도 존재하지 않기에 그 상태는 무와 진배없다. 진정한 차이생성이 없는 구조의 동일성도 죽음의 상태이지만, 마찬가지로 어떤 규정성도 없는 흐름 또한 죽

정도가 되면 '의(醫)'의 소관으로 넘어가게 된다. 또, 『장자』의 「달생」, 『황제내경 영추』의 「사전(師傳)」 등에는 오늘날로 말해 상담치료에 해당하는 논의가 나오기도 한다. 하지만 정신병 치료에서의 주술적 측면과 속류 유물론적 측면은 오래도록 유지되었으며, '病魔' 같은 표현이라든가 부적 등 어떤 면에서는 지금까지도 남아 있다고 할 수 있다.

음의 상태이다. 차이생성과 동일성의 교합(交合)이 '생성하는 질서' 또는 '질서가 있는 생성'을 가능케 한다. 이는 우리가 역의 사유에서 이미 보았던 바이다. 그렇다면 기에 질서를 부여해주는 구조적 요인은 어떤 것인가?

§2. 음양과 오행의 존재론

음양과 오행은 기를 구체적으로 다룰 수 있게 해주는 기초적인 논리학/존재론이다. 그러나 이 둘이 합해져 '음양오행론'이라 일컬어지게 된 것은 나중의 일이다. 각각은 서로 다른 사유 갈래에서 유래했다고 할 수 있다.

음양이란 무엇인가

대대를 이루는 개념 쌍을 사용해서 사물/사태를 바라보는 것은 인간이 가진 가장 심층적인 성향 중 하나인 듯하다. 우리는 세계사상사의 도처에서 이런 식의 사유 형식들을 확인할 수 있다. 음과 양이라는 대대항은 그 전형적인 예다. 음과 양이라는 대대항은 어떤 성격을 띠는가?

우리가 경험에서 가장 즉각적으로 지각하는 대대항들은 '양태적 구분'을 통해서 드러난다. "저 고양이는 검은데, 이 고양이는 하얗다"고 말할 때가 이런 경우이다. 어떤 돌은 각지고 어떤 돌은 둥글다. 어떤 날은 맑게 개고 어떤 날은 흐리다. 이와 같은 양태적 구분은 모든 인간이 공유하는 가장 일반적인 구분이다. 동북아 사유에서도 물론 이런 차이들은 지각되었고 흔히 '형(形)', '질(質)', '색(色)'에서 구분되는 것으로 이해되었다. 그러나 이 모든 양태적 차이들이 근본적으로는 기화의 결과로서 파악되었다는 점에서 기는 극히 풍부한 질적 차이를 잠재적으로 머금고 있는 것으로 이해되었다고 할 수 있다.[38] 하지만 음기와 양기는 오로지 둘, 음과 양만이 존

---

38) 이런 식의 논리를 우리는 아낙시만드로스의 아페이론 개념에서 보았다. 벤자민 슈워

재한다. 또, 음과 양은 감각적으로 확인할 수 있는 대대항도 아니다. 이 말은 시원으로 거슬러 올라가면 신체로 확인되는 양달과 음달을 뜻했지만, 춘추전국시대를 거치면서 추상화된 음·양 개념은 이런 감각 연관적 개념이 아니다. 또 하나 중요하게는, 그럼에도 음과 양이 모든 양태적 구분의 상위에 존재하는 일반 개념들만은 아니라는 점이다. 거꾸로 하나의 양태가, 예컨대 배 아픔이라든가 밝음·빠름 등등이 음기일 때도 있고 양기일 때도 있다. 음과 양은 단순히 양태적 차이 위에 존재하는 상위 범주인 것이 아니라, 각각의 양태에서 그때그때 작동하는 대대항이기도 하다. 물론 이런 경우에도 결국 음과 양은 항상 두 대대항으로서 기능한다는 점에서 양태적 구분보다 상위에 위치하는 구분인 것만은 분명하다.

그렇다면 음과 양, 음기와 양기는 '실체적/실재적 구분'을 통해 이해되어야 하는가? 실체적 구분은 데카르트에서의 '연장-실체'와 '사유-실체'의 구분에서처럼 양자 사이에 어떤 공통점도 없는 두 실체에서의 구분이다. 하지만 첫째, 음과 양은 결코 섞이지 않는다기보다 항상 섞여서 작동한다. 음양을 그린 그림들에서 잘 확인할 수 있듯이, 음 속에 양이 있고 양속에 음이 있다. 또, 음기와 양기는 서로가 서로에게로 화한다. 서로가 상호적으로 타자에게로 화한다는 점에서 음과 양은 '대대항'이라는 말 자체가 어색하게 느껴질 정도로 **동적 상관성**(dynamic correlativity)을, 더 나아가 **상호 침투적인 동적 상관성**(inter-penetrating dynamic correlativity)을 형성한다.[39] 이 동적 상관성은 유명한 「태극도」에 잘 나타나 있다. 나아가 음기와

츠도 기 개념을 아페이론에 가까운 것으로 파악한다.(나성 옮김, 『중국 고대 사상의 세계』, 살림, 1996, 283쪽) 하지만 아페이론 개념과 기 개념의 위상은 오히려 대조적이다. 아페이론은 물·불·공기·흙으로 분화되기 이전의 잠재성이라는 뉘앙스 못지않게 4원소 사이의 질서가 붕괴되었을 때 도래하는 카오스라는 뉘앙스가 강하기 때문이다. 서구에서 아페이론이 보다 긍정적으로 개념화되려면 니체와 베르그송을 기다려야 했다. 그러나 기학적 전통은 처음부터 기를 '잠재적 다양체'로 이해했던 것이다.

39) "음과 양이 서로 관통하며 마치 끝이 없는 고리처럼 순환한다. (…) 한밤중은 음기가 성하고, 한밤중이 지나면 음기는 쇠퇴하여 해가 뜰 때에는 음기가 다 없어지고 양이 기

양기는 애초에 어떤 특정한 기가 아니다. 두 기는 어떤 '것'이 아니며, 실사(實辭)의 존재가 아닌 것이다. 오히려 모든 형태의 기는 또한 동시에 음기와 양기의 동적 상관성에 입각해 변해간다. 예컨대 하루의 천기·지기 등등은 음양의 동적 상관성에 따라 변하면서 상호적으로 순환한다. 음기와 양기의 성격이 이렇기에 둘 사이의 관계는 실체적 구분과는 거리가 멀다.

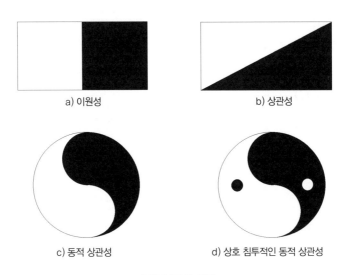

a) 이원성

b) 상관성

c) 동적 상관성

d) 상호 침투적인 동적 상관성

대대(待對)의 종류

양태적 구분도 아니고 실체적 구분도 아니라 할 때, 떠오르는 것은 '형식적/개념적 구분'이다. 예컨대 스피노자는 데카르트의 실체적 구분을 형식적 구분으로 바꿈으로써, 몸과 마음 그리고 신이라는 데카르트적 분열을 넘어서는 일원적 존재론을 정립했다. 여기에서 연장-속성과 사유-속성은 실체적으로가 아니라 형식적으로 구분된다. 몸과 마음은 두 실체가 아

를 받게 된다. 정오에는 양기가 가장 성하고 해가 서쪽으로 기울면 양기가 점차 쇠퇴하여 해가 지면 양기가 다 없어지고 음이 기를 받게 된다. (…) 이처럼 끝없이 반복하는 것은 천지음양의 이치와 같다."(『황제내경 영추』,「영위생회편」) 이러한 과정은 세계의 도처에서, 원칙상 모든 곳에서 발견되며, 이것이 "一陰一陽之謂道"의 의미이다.

니라 한 실체의 형식적으로만 구분되는 두 속성인 것이다.[40] 이렇게 본다면 기를 실체로, 음과 양을 두 속성으로 보는 것이 가능할 듯하다. 하지만 이 경우에도 커다란 차이가 존재한다. 첫째, 스피노자의 속성은 그 자체 실체이다. 다만, 유일 실체의 어떤 한 '측면'으로서의 실체일 뿐이다. 연장 - 속성과 사유 - 속성은, 마치 하나의 수학적 존재가 대수학($x^2+y^2=R^2$)으로도 기하학으로도(반지름이 R인 원) 표현되듯이, 서로 다른 방식으로 표현되는 그 실체일 뿐이다. 반면 음기와 양기는, 분명 기의 두 표현이라는 점에서 스피노자의 속성 개념과 통하지만, 결코 실체가 아니다. 음과 양이란 기라는 실체가 표현되는 과정이 띠는 성격/경향이라고 해야 한다.[41] 음과 양은 기 자체도 아니고 그 표현 양태도 아니며, 기가 각종 양태로 표현될 때 항상 동반되는 두 성격, 경향, 방향성, 구도인 것이다. 둘째, 스피노자에게서 속성들은 결코 섞이지 않은 채 평행을 달리는 존재들이다. 다만 모든 속성은 궁극 실체의 상이한 표현들이기에 결과적으로 서로 상응한다. 반면 음과 양은 섞일 수 있으며, 더 정확히 말해 오로지 교차배어법을 구사함으로써만 잘 작동한다. 음과 양은 서로 얽힘으로써 사태 전체를 통어해가며, 나아가 서로 섞인다. 이는 서로가 용해되어 하나가 된다는 뜻이 아니라 서로가 타자를 내장한다는 뜻이다. 게다가 이런 섞임은 한 차례로 끝나는 것

---

40) 그러나 하나의 실체가 '외연적 구분'에 따라 반분(半分)되어 두 속성이 되는 것은 전혀 아니다. 이는 그 자체로 연장의 사고이다. 연장이 실체의 한 속성이건만, 이렇게 생각하는 것은 거꾸로 연장의 논리를 실체에 적용하는 것이 된다. 연장 - 속성은 연장'으로서의' 실체를 뜻할 뿐이고, 사유 - 속성은 사유 '로서의' 실체를 뜻할 뿐이다. 실체=신=자연은 오로지 하나이지만 무한히 많은 속성의 얼굴로 스스로를 표현한다.

41) "음양은 순수한 논리적 요체로도, 단순한 우주 생성의 원리로도 정의될 수 없다. 음양은 실체도, 힘도, 유(類)도 아니다. 음양은 이 모든 것을 구별하지 않고 포괄하는 것으로서 공통된 사유를 형성한다"(마르셀 그라네, 유병태 옮김, 『중국 사유』, 한길사, 2010, 155쪽)는 언급은 음양 개념의 포괄성을 잘 지적하고 있으나, 다소 막연한 개념 규정에 그치고 있다. 중요한 것은, 음양은 '실사'에 해당하는 범주가 아니라는 점이며, 경향 — 단순히 한 굵은 갈래로 이루어진 것이 아니라 무수한 갈래의 주름 구조로 된 경향 — 으로 이해해야 한다는 점이다.

이 아니라 끝없이 계속되며, '주름'의 논리를 구사하면서 무한히 중층적으로 작동한다.

우리는 음과 양을 '경향적 구분(tendential distinction)'이라는 개념을 써서 구분할 수 있을 것이다. 경향적 구분을 다음과 같이 정의하자: 두 존재가 시간에 따라 일정한 과정을 겪으면서 드러내는 방향성에 따른 구분. 음과 양은 변화의 와중에서 서로 대비되는 방향성을 드러내는, 변화의 상이한 경향을 통해 구분된다. 그러나 핵심적인 구분이 필요하다. 경향적 구분은 예컨대 베르그송에게서처럼 '발산'과 '분리'의 존재론에서 중요하게 활용되지만, 음과 양의 경향적 구분은 반드시 위에서 말한 '상호 침투적인 동적 상관성' 구도의 전제 위에서 이루어진다는 점이다. 같은 경향적 구분이라는 개념을 쓴다 해도, 양자의 경우는 전혀 다르다. 음과 양은 서로 발산하지도 않으며 그렇다고 수렴하지도 않는다. 양자는 항상 교직되고 상호 상감된다. 경향적 구분은 이 대전제 위에서 활용되어야 할 것이다. 우리는 이와 같은 구도를 상관적 경향들(correlative tendencies)이라 부를 수 있을 것이다. 이제 음양의 이런 역동적 구조가 어떻게 작동하는지 일상과 역학 그리고 의학에서 그 예들을 찾아보자.

일상적인 예로서 남과 여의 관계를 생각할 수 있다. 남자와 여자가 겉으로 드러내는 양태들의 차이에 주목할 때 우리는 양태적 구분을 행하는 것이며, 이 양태적 구분들을 정리해서 남자와 여자를 집합론적으로 분류할 때 외연적 구분이 성립한다. 하지만 남녀의 성비(性比)를 관찰하거나, 한 직장에서 남과 여의 역할상의 비례/반비례 관계를 조사하거나, 한 가정에서 남과 여의 경제적 공헌도 추이를 파악할 때, 우리는 남과 여를 그 상관성에서 파악하는 것이다. 그러나 다시 남과 여가 가정을 이루어 서로서로를 보듬어주면서 통일된 하나를 이룰 때, 이는 역동적 상관성의 경지에 달한 것이다. 여기에 남과 여라는 이분법을 넘어 남 속에 여가 그리고 여 속에 남이 존재할 정도로 완벽한 합치를 이룬다면, 이는 상호 침투적인 동적 상관성에 이른 것이다. 역의 방향으로 말한다면, 상호 침투적인 동적 상관성에서 상호 침투성이 빠질 때 동적 상관성으로, 다시 동적 측면이 빠질 때, 상관성으로, 다시 상관성이 빠질 때 단순한 외연적 이항으로 내려와 외적인 관계를 맺는다고 할 수 있을 것이다. 이렇듯 음과 양은 단순한 외연적 관계로부터 고도의 다질-강도적 관계[42]에 이르기까지 다양한 변화의 얼개(configuration of changes)를 조성한다.

이런 맥락에서 역학에서의 음양의 의미를 재음미해보자. 역학에서의 음양은 "一陰一陽之謂道"라는 구절에 가장 압축적으로 들어 있다. 사실상 역 전체가 이 구도에 입각해 있거니와, 특히 "一寒一署", "一闔一闢" 같은 표현을 어떤 구도로 이해하는가는 중요하다. 여기에서도 가장 단순한 이해는 이 추위와 더위, 닫힘과 열림 등을 어떤 전체(이 경우는 1년)의 절반으로, 즉 외연적/집합적 논리에 입각해 이해하는 경우이다. 그러나 두 항이 서로 맞물려 하나의 과정을 이루어간다고 볼 때 상관성에 입각한 이해가 가능하다. "剛柔相推"라든가 "剛柔相摩" 같은 구절은 이 점을 잘 드러낸다. 그러나 더 나아가 음과 양은 보다 역동적인 상관성에 입각해 얽힐 수 있으며, 이는 1년의 추위와 더위가 태극무늬를 그리면서 맞물려 돌아가는 것으로 표상할 때 얻을 수 있는 상관성이다. 여기에 추위 속에도 더위가 더위 속에도 추위가 깃들어 있는 주름 구조를 생각할 때, 상호 침투적인 동적 상관성에 도달하게 된다. "일음일양지위도"의 원리는 궁극적으로는 이와 같은 구두를 통해서 이해되어야 한다. 64괘에서의 음효와 양효의 배치 및 변환의 과정 전체도 이런 구도를 통해서 이해할 수 있다.

이 점은 기학의 맥락에서도 그대로 확인된다. 음기와 양기는 실체적으로

---

42) 우리는 '다질-강도적(hetero-intense)'이라는 개념을 다음과 같이 정의할 수 있을 것이다: 등질적으로 강도적인＝강도 높은(intense) 경우 즉 특정 질의 양적 정도(degree)가 큰 경우와는 달리, 다질-강도적인 경우는 여러 질들이 얽힘으로써(다양체를 형성함으로써) 강도가 높아지는 경우를 뜻한다. 지금의 맥락에서는 남과 여라는 질적으로 구분되는 존재들이 서로 얽혀 다양체를 형성함으로써 다질-강도(hetero-intensity)가 점점 높아지는 경우이다.

구분되는 두 기가 아니다. 음기라는 '것'과 양기라는 '것'은 존재하지 않는다. 그런 '것'들이 존재한다면, 그것은 단지 추상명사로서일 뿐이다. 음기와 양기는 반드시 상관적으로만 기능하며, 이는 곧 '소장(消長)'의 이치에 따르는 두 상관자이다. 따라서 양기와 음기는 양태적으로 구분되는 것도 아니고 실체적으로 구분되는 것도 아니다. 개념적으로 구분될 뿐이다. 나아가 이 상관성은 밋밋한 반비례 관계가 아니라 태극무늬를 그리는 동적 상관성을 보여주며, 더 나아가 양 속에 음이 있고 음 속에 양이 있는, 양 속에 음이 음 속에 양이 주름 – 접혀 있는 상호 침투적인 동적 상관성을 보여준다. 앞에서 〈복희팔괘차서지도〉는 이 점을 잘 보여주는 예이다. 의학적 맥락에서 볼 때에도, 오장은 음기에 속하고 육부는 양기에 속한다 해서 오장에 양기가 있을 수 없고 육부에 음기가 있을 수 없는 것은 아니다. 어떤 경우에도 주가 양/음이면 부는 음/양이고, 이런 구도는 무한히 주름–접힌 구조를 보여준다.

이상 보았듯이, 음과 양의 개념은 심층적인 실체도 또 표면적인 양태도 아닌, 그렇다고 단순한 이항 대립적 항들도 아닌 매우 미묘한 개념 쌍이라 할 수 있다. 그것은 동북아 문명이 고안해낸 유난히 독특한 개념/사유임에 분명하다. 음과 양 개념을 아리스토텔레스의 '대립자들'(1권, 7장, §1)과 비교해보자. 1) 음과 양은 '관계적 대립(opposita relata)'과 유사하다. 두 배와 절반, 지식과 지식의 대상 같은 경우들처럼 음과 양은 상관적으로 성립하기 때문이다. 하지만 상관성은 음양 개념의 전모를 포괄하지 못한다. 2) 반대적 대립(opposita contraria) = 반립(反立)은 흔히 말하는 이항대립이다. 이항대립에는 '정도'에 따라 연속되어 있는 경우와 '대안'으로서 불연속되어 있는 경우가 있다고 했다. 음과 양은 낮과 밤, 남과 여, …… 식으로 이항대립으로 이해되는 전형적인 경우라 할 수 있다. 하지만 음과 양은 그 자체가 이항대립항이 아니라 이항대립항들을 이해할 수 있게 해주는 메타적 개념이다. 또 음양의 논리는 단순한 이항대립의 논리로 소진되는 것도 아니며, 역의 사유에서 보았듯이 0과 1 같은 이항대립이 아닌 경우와도 연계된다는 점을 염두에 두어야 한다. 3) 보유와 결여(habitus et privatio)의 경우는 물론 음양의 경우와 다르다. 음과 양은 '정상과 비정상'의 문제가 아니라 항상 상호 침투적인 동적 상관성을 통해 작동하는 원리이기 때문이다. 4) 음과 양은 '모순적 대립(opposita contradictoria)'은 더더욱 아니다. 음과 양은 모순되기는커녕 서로가 없으면 각각의 의미를 상실해버리는 상관자이기 때문이다. 음양은 실체나 그것의 양태가 아니라 운/동/변/화의 상관적 경향들이며, 이 점에서 지중해세계 철학의 '실체-양태 구조'의 사유와 변별된다. 음양 개념은 이렇게 아리스토텔레스의 어떤 대립자 개념과도 상응하지 않는 흥미로운 대립 쌍이라 할 수 있다.

그러나 음양 개념의 이런 복잡미묘함은 그것이 구체적 맥락들에 적용될 때 다소의 혼란이나 자의성을 야기한다. 이 때문에 음양 개념을 보충해줄 좀 더 실증적인 원리들이 요청되었다.

오행이란 무엇인가

음양의 개념에 비해 오행의 개념은 비교적 늦게 등장했던 것으로 보인다. 그리고 별도로 전개되던 음양론과 오행론은 나중에 가서야 결합되기 시작했으며, 한대에 이르러서야 비로소 '음양오행론'이라는 확고한 이론체계로 화하기에 이른다.

오행의 개념은 『서경』의 「홍범」에 나타난다. 「홍범」은 무왕이 상/은을 무너뜨린 후 기자(箕子)를 찾아가 도움을 청하자 기자가 임금에게 지어 올린 글을 담고 있다. 기자가 아홉 개의 조목을 제시한 데서 "홍범구주(弘範九疇)"라고 부른다.(범주(範疇)라는 말이 여기서 나왔다) 이 홍범구주는 훗날 지대한 영향을 끼치게 된다. 그 목록은 다음과 같다.

1. 오행(五行) —— 물, 불, 나무, 쇠, 흙
2. 오사(五事) —— 몸가짐, 말하기, 보기, 듣기, 생각하기
3. 팔정(八政) —— 식량, 재화, 제사, 토지 관리, 교육, 치안, 외교, 군사

4. 오기(五紀) ── 해, 달, 날[日], 별[星辰], 역법

5. 황극(皇極)[43]

6. 삼덕(三德) ── 정직, 강극(剛克), 유극(柔克)

7. 계의(稽疑)[44]

8. 서징(庶徵)[45] ── 비 오는 것, 햇빛 나는 것, 덥고 추운 것, 바람 부는 것, 계절이 돌아오는 것

9. 오복(五福) ── 장수, 부귀, 안녕, 유호덕(攸[修]好德), 고종명(考終命)[46]

　육극(六極)[47] ── 횡사(橫死)와 요절(夭折), 질환, 근심걱정, 빈곤, 흉악, 유약

　이처럼 기자가 올린 문건에는 오행이 첫머리에 나와 있다. 그러나 이 「홍범」은 사실 전국시대 음양가에 의해 이루어진 글이며, 전국시대가 진행되는 과정에서 오행 개념이 다듬어졌다고 해야 할 것이다. 역사적으로 비교적 뚜렷이 확인할 수 있는 오행설은 전국시대 말에 활동했던 추연(鄒衍)에게서 유래한다. 물·불·나무·쇠·흙·공기 등에 대한 인식이야 그전부터 있었겠지만, '오행 이론'이라 할 만한 체계는 전국시대 중에서도 말기에 이르러서야 형성되었다고 해야 할 것이다. 추연은 오행사상을 자연철학으로서만 제시한 것이 아니라 사회와 역사에 대한 설명까지 포괄하는 거대한 사변체계로서 제시했다. 자연에 관한 담론을 즉물적으로 확장해 인간과

───

43) 임금이 나라를 다스리는 법칙. '極'은 척추의 구조처럼 가운데에 용마루가 놓이고 가지들이 붙은 모양새를 표현하고 있다. 이 말은 이후, 소옹의 책 제목 『황극경세서』에서처럼, 전체를 꿰는 주축(主軸)의 뉘앙스로 사용된다.

44) 의문점들/문제점들에 대해 토의하는 것. 이 대목에서 점복에 대한 이야기가 전개되며, 임금, 거북, 시초, 관리들, 백성들이 의견 일치를 이루는 것을 "대동(大同)"이라고 말하고 있다. 이 대동 개념은 의미가 확장되면서 후세에 큰 영향을 끼친다.

45) 여러 징조들(주로 천문 현상). 여기에서도 점복의 사상이 나타나고 있으며 "징(徵)"이라는 말이 이런 뉘앙스를 띠고 있다. 의미심장한 현상을 해독해내어 의미를 읽어낸다는 이와 같은 생각은 훗날 역학의 기초가 된다.

46) 변을 당하지 않고 자연사하는 것.

47) 하늘이 내리는 여섯 가지 형벌.

사회, 문화를 포괄하는 담론으로 부풀렸을 때 등장하는 것은 십중팔구 '속류 유물론'이다. 21세기인 오늘날의 우리 시대도, 과거보다 많이 세련되기는 하지만, 사회생물학이라든가 '이기적 유전자'라든가 뇌과학으로 인간적 삶 전체를 설명하려는 경향이라든가 하는 식의 속류 유물론이 유행하는 시대가 아닌가. 추연은 이런 속류 유물론적 사유를 가지고서 특히 왕조의 흥망성쇠에 대한 사변[48] ─ 그러나 당대의 사람들 특히 권력자들은 경외심을 가지고서 경청했던 사변 ─ 을 무기로 해서 꽤나 행세를 했던 것 같다. 이런 식의 사변은 훗날 한초의 동중서로 이어진다.

지중해세계에서의 4원소설과 마찬가지로 동북아의 5행설 역시 일상에 대한 관찰에서 시작되었을 것이다. 지중해세계가 흙·물·불·공기를 4원소로 보았다면, 동북아에서는 나무·불·흙·쇠·물(木火土金水)을 5행으로 보았다. 지중해세계가 공기를 원소들 중 하나로 본 데 비해, 동북아에서의 공기는 '기' 개념 자체에 흡수되어 이것의 구체적인 한 양태로 이해되었다고 할 수 있다. 또 동북아세계에서는 나무와 쇠를 오행에 포함했는데, 이는 지중해세계의 경우보다 좀 더 생활에 밀착한 재료들을 생각한 결과가 아니었을까 싶다. 지중해세계의 4원소 역시 생활에서의 관찰에서 시작되었겠지만 이후 점차 추상화된 데 비해, 동북아의 5행은 농업을 중심에 놓는 생활의 맥락으로부터 덜 추상화되었다고 해야 할 것이다. 고대인들의 삶에서 나무와 쇠가 얼마나 중요했을지 상상해보라. 그러나 이런 외형적인 차이보다 더 중요한 것은 여기에서도 역시 지중해세계의 점의 사유와 동북아세계의 선의 사유가 변별된다는 점이다. 4원소는 '소(素)'라는 말이 함축하듯이 점-실체들이지만, 5행은 '행(行)'이라는 말이 함축하듯

---

48) 추연은 오행 사이의 '토→목→금→화→수'의 과정을 주장했는데, 이는 '목→화→토→금→수'의 상생 과정과 짝을 이루는 상극 과정이다. 이에 따르면 화덕(불의 역능)의 지배가 끝난 후에는 수덕(물의 역능)의 지배가 시작된다. 이를 믿은 진시황은 진이 주의 화덕을 이긴 수덕의 나라라 보고 모든 문물을 수덕(색으로는 검은색, 숫자로는 6 등등)에 맞추어 정비했다고 한다.

이 선-과정들이다. '행'은 "phase"라 번역하기도 하는데, 이는 '行' 개념의 뉘앙스를 잘 전달해주는 좋은 번역이다.

4원소설이든 5행설이든 일정 수준의 학문적 담론이 되려면 4원소/5행 사이의 관련성 — 공간적 관련성만이 아니라 시간적 관련성 — 을 밝혀야 했다. 그래서 지중해세계에서는 네 원소 사이의 '변환'이, 동북아세계에서는 다섯 행 사이의 '상생·상극'이 연구되었다. 처음에 오행 사이의 관계는 상극의 측면에서 파악되었고, 특히 왕조의 교체가 바로 뒤의 왕조가 앞의 왕조를 '극(剋)'하는 것으로 이해되었다. 당연히 이는 가장 예민한 문제였고, 많은 관심을 끌었다. 그 후 점차 상생의 측면에 주목하게 됨으로써 상생·상극의 원환적 체계가 완성되기에 이른다. 이러한 연구는 전한에 이르기까지 진행되었으며, 이 점은 『관자』, 『여씨춘추』, 『회남자』, 『춘추번로』, 『황제내경』 등에서 확인할 수 있다. 결국 오늘날 우리가 잘 알고 있는 목 → 화 → 토 → 금 → 수 → 목의 상생 과정과 목 ⇒ 토 ⇒ 수 ⇒ 화 ⇒ 금 ⇒ 목의 상극 과정이 확립되었다.

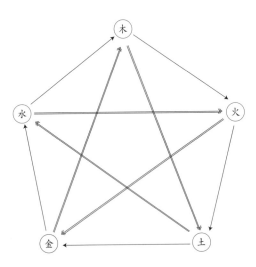

오행의 상생(→)·상극(⇒) 구조

왜 하필 5였을까? 수 특히 1부터 10까지의 자연수는 인류의 삶을 관통하는 극히 중요한 존재였다. 수와 사물 사이의 일치는 사실 수의 특성 즉 추상적 존재라는 특성에 기인하는 것일 뿐이다. 부모와 자식도 3이고, 천지인도 3이고, 3층집도 3이다. 북두칠성이 7이듯이, 7공주도 7이다. 푸앵카레는 수학이란 "다른 것에 같은 이름을 붙이는 것"이라 했다. 그러나 사람들은 종종 거기에 거창하고 신비한 의미를 부여해왔다. 1~10의 자연수 하나하나가 중요한 역할을 했는데, 동북아 문명에서는 5라는 수가 유난히 큰 역할을 했고 이는 바로 오행설 때문이었다. 『관자』, 「오행」에는 1년 동안의 삶의 영위 자체가 오행에 입각해서 이루어지는 광경을 볼 수 있다. 5라는 수는 어디에서 연유했을까? 물론 확인은 불가능하지만, 비교적 개연성이 높은 것은 방위라고 생각된다. 동·서·남·북과 중앙이라는 공간적 구분 — 더 적절히는 장소적 구분(이때의 구분은 추상공간에서의 구분이 아니라 동북아 중원이라는 실제 지리를 놓고서 행한 구분이기에) — 이야말로 5라는 수의 출처가 아니었을까. 또 하나 개연성이 높은 것은 춘·하·추·동이라는 계절이었을 것이다. 계절은 특히 농사에 중요했기에. 하지만 이 경우 4와 5를 어떻게 짜 맞출 것인가가 문제가 되었고, 그 결과 1년을 다섯 계절로 분절하는 시도가 이루어지기도 했다.[49] 어쨌든 결과적으로 방위와 오행은 서로 대응하는 것으로 이해되었고, 동쪽의 나무, 남쪽의 불, 중앙의 흙, 서쪽의 쇠, 북쪽의 물이라는 구도가 형성되었다. 이는 오행의 복잡한 체계를 이해하는 기초적인 구도이다.

---

49) 『회남자』, 「시칙훈(時則訓)」은 1년 12달 각각의 성격과 그달에 해야 할 일 등을 상세히 적어놓은, 고대인들의 생활을 들여다보기에 아주 좋은 글이다. 여기에서는 맹춘(孟春)＝1월(음력)의 성덕(盛德)이 나무에 있다고 보았으며, 맹하(孟夏)＝4월의 성덕은 불에, 계하(季夏)＝6월의 성덕은 흙에, 맹추(孟秋)＝7월의 성덕은 쇠에, 맹동(孟冬)＝10월의 성덕은 물에 있다고 보았다. 「시칙훈」과 같은 구도의 논의가 전개되는 『여씨춘추』의 경우 춘·하·추·동에 목·화·금·수가 배정되어 있었고, 계하에 토가 배정되어 있지는 않았다. 그사이에 일어난 변화를 확인할 수 있다.

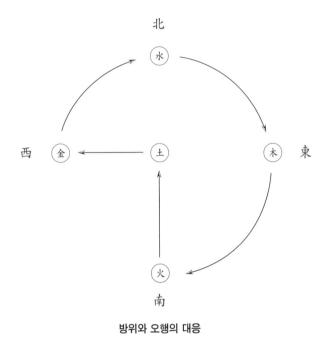

방위와 오행의 대응

　이와 같은 과정이 점차 확장되면서 갖가지 문물을 오행의 구도에 맞추어 거대한 상응체계를 만들어내기에 이른다. 물론 다시, 앞 장에서 논한 역학적 상응체계와 지금의 기학적 상응체계가 통합되어 더욱 거대한 상응체계로 발전하게 된다. 사실, 비행기 전체를 꿰고 있는 사람은 없고 각자 자신이 담당하는 부분만 알고 있듯이, 모든 것을 포괄하는 상응체계가 어떤 것인지는 아무도 모른다. 관여하는 모든 사람이 동의한다는 전제하에서, 동북아에서의 모든 상응체계를 종합한 최종적 상응체계를 그린다면 엄청나게 복잡하고 거대한 것이 될 것이다.

　이러한 식의 세계관은 특히 한대에 와서 확고하게 정립되기에 이르며, 이후에도 동북아의 세계관을 오랫동안 지배하게 된다.

　오행 이론은 '과학'일까 '주술적 사고'일까? 그것은 이 이론이 어디에 적용되는가에 따라 다르다. 어떤 사람의 재주가 그에 딱 맞는 영역을 만나서 꽃필 수도 있고 그렇지 못해서 사장될 수도 있듯이, 한 담론이 유효하기 위해서는 그 담론이 빛을 발할 수 있는 영역이 어디인지를 정확히 파악하는 것이 중요하다. 문학적 상상력으로 천문 현상을 '설명'하려 한다면 상상적인 것과 실재적인 것을 구분하지 못하는 것이 되고, 자연과학적 환원주의를 휘둘러서 사이비철학이 되려 한다면 속류 유물론이 된다. 오행설의 경우는 어떨까? 오행설이 세상의 모든 것을 상응시켜 설명하려는 한에서 그것은 전형적인 주술적 사고이다. 그러나 순수한 상상/허구가 아니라 어떤 형태로든 세계에 대한 탐구를 근거로 한 것인 한, 무조건 폄하할 이유 또한 없다. 과학이냐 주술이냐 하는 식의 이분법은 분명 인식론적으로 필요한 구분이지만, 거기에는 현대인의 편견이 섞여 들어갈 수 있다. 이런 식의 물음보다는 이 이론이 상대적으로 어떤 영역에서 유효한가를 물어야 한다. 오행설이 상대적으로 유효한 영역은 신체 및 신체와 상관적인 영역이고, 허세가 가장 심한 영역은 그것을 역사에 적용한 경우라고 할 수 있다. 오행설은 인간이 신체적으로 살아가는 일상을 관찰해 얻은 결론이고, 그런 한에서 일상의 영역에서 일정한 유효성을 띤다고 할 수 있다. 바슐라르가 과학철학적 맥락에서는 철저하게 수학적 합리주의의 입장을 취하면서도, 현상학적/미학적 맥락에서는 오히려 4원소설을 부활시킨 것을 생각해보자.

그러나 오행설이 이런 소박한 수준을 넘어 동시에 비교적 높은 수준의 설명력을 가지게 된 인상 깊은 영역이 존재한다. 바로 의학 분야이다. 오행설이 일정하게 진행된 후에 오행과 오장의 상응관계에 주목한 것인지, 아니면 오행설의 형성 과정에서 오장과의 상응이 중요한 참조점이 되었는지는 확인하기 어렵다. 어쨌든 오장이 단순히 현상적 차원이 아님에도 오행설이 비교적 잘 적용되는 영역이라는 사실에는 다소간의 신기한 점이 있다. 간장과 목, 심장과 화, 비장과 토, 폐장과 금, 신장과 수의 상응은 단순히 현상적으로는 확인될 수 없는 것임에도, 결과적으로 비교적 높은 설명력을 가지는 상응체계라는 점에서 놀라운 발견이 아닐 수 없다. 현상적으로 관찰해서 얻은 오행설이 우리 몸의 오장에 비교적 잘 들어맞는다는 것은 우연의 일치라고 하기에는 너무 기이해서, 아마도 오행설의 형성 그 자체가 한편으로 우리 몸의 오장을 참조해서 이루어졌으리라고 보는 편이 더 합리적일 것이다. 사실 전국 말 정도가 되면 의학은 이미 상당한 수준에 달했다고 할 수 있으며, 이러한 임상적 경험들이 쌓이면서 오행설의 구도와 서서히 맞물리게 되었을 것이다.

오행 구조에서의 인과는 순환적이고 내재적이다. 인과가 항상 목→화→토→금→수→목의 상생 과정과 목⇒토⇒수⇒화⇒금⇒목의 상극 과정으로 순환하며, 또 각각의 과정/국면이 한편으로는 원인이지만 또 한편으로는 결과이기도 하다. 이 점에서 기학의 구도는 단순하다면 단순하고 복잡하다면 복잡하다. 기·음양·오행이라는 단순·소박한 구도를 띠면서도, 순환적이고 내재적이며 게다가 상호 침투적이기도 해서 몹시 복잡하다. 그런데 순환적이고 내재적이고 상호 침투적인 구도는 이론적으로는 매력적일지 몰라도 현실상으로는 적용이 쉽지 않다. 원인과 결과가 빙빙 돌고, 시작도 끝도 없으며, 하물며 음과 양이 또 오행의 각 행들이 상호 침투적이기까지 하다면, 나중에는 그야말로 뭐가 뭔지 모를 지경에 이른다. 어떤 공리에서 출발해 선형적으로 연역체계를 구축해나가는 방법이나 일정 정도의 경험을 축적한 후 그로부터 일반화를 행하는 방법에 비추어볼 때, 음양오행론은 무척이나 아리송한 데가 있다.(물론 의학적 맥락에서는 연역보다 귀납이 중요하다) 바로 그렇기 때문에 기학에서 핵심적인 것은 곧 변화 즉 '기화'이다. 연역이나 귀납이 아니라 환자의, 더 넓게는 세계 전체의 변화를 계속 따라가면서, 기의 흐름을 계속 감지(感知)하면서, 의사와 환자(넓게는 인식 주체와 대상) 사이에서의 신체적 감응(感應)이 지속되어야 하며, 그때그때의 상황과 맥락을 고려하면서 치료(넓게는 삶)가 행해져야 하는 것이다. 여기에서도 지중해세계 사유의 공간중심적 성격에 비교되는 동북아 사유의 시간중심적 성격, 선을 따라가면서 이루어지는 사유, 추상보다는 구체가 더 핵심적인 역할을 하는 특징이 잘 드러난다.

동북아의 의학은 일찍부터 해부를 포기하고 살아 있는 신체와의 감응쪽으로 방향을 잡았다.[50] 이로써 현상과 실재의 날카로운 이분법과 그에 따른 주관주의 — 근대 인식론으로 말해 관념론의 반동 — 는 생겨나지 않았다. 자연철학자들의 환원주의와 소피스트적 감각주의의 대립, 데카르트적 환원주의와 버클리적 관념론 — 반대 방향에서의 또 하나의 환원주의 — 의 대립 같은 일들은 동북아세계 철학에서는 생겨나지 않은 것이다. 실재는 현상의 안감일 뿐이다. 그렇다고 현상이 주관적인 것으로 이해된 것이 아니다. 어디까지나 실재의 표현으로 이해되었다. 그렇기에 표면과 심층 사이의 거리는 최소화되었고, 의학 역시 "몸속의 병은 겉으로 드러난다"는 생각에 입각해 진행되었다. 이 때문에, 역학적 맥락에서도 지적했듯이, 동북아 사유는 지중해세계 사유처럼 존재론적 분열증에 시달리지 않았다. 그 대신 표현된 것들 사이의 관계에 대해서는 오히려 주도면밀한 관찰이 행해졌고 관련성이 세밀하게 추적되었다. 바로 이런 작업에서 지도의 역할을 한 것이 오행 이론이었다.

기학은 역학과 더불어 또 역학과 혼효하면서 동북아세계의 사상과 문화를 수놓아왔다. 그리고 그것의 논리는 음양오행의 논리였다. 오늘날 우리는 이렇게 물을 수 있다. 기는 꼭 음양오행의 논리에 의해 이해되어야 하는가? 음양·오행은 기라는 궁극 실재를 이해하는 하나의 방식이었을 뿐인가? 만일 그렇다면, 기를 이해하는 다른 논리학, 다른 존재론은 어떤 것일 수 있을까? 근대 기하은 이런 물음을 물었고 일정한 성과를 거두었지만,

---

50) "내 듣자니 옛날 유부라는 의원이 있었다는데, (…) 오장에 있는 수혈(腧穴)의 모양에 따라, 피부를 가르고 살을 열어 막힌 맥을 통하게 하고 끊어진 힘줄을 잇고, 척수와 뇌수를 누르고 고황과 횡격막을 바로 하고, 장과 위를 씻어내고 오장을 씻어내어 정기를 다스리고 신체를 바꾸어놓았다고 합니다. (…) 편작은 하늘을 쳐다보고 '그대가 말하는 의술은 가느다란 관을 통해서 하늘을 보고 좁은 틈으로 무늬를 보는 듯한 것입니다. (…) 몸속의 병은 겉으로 드러나는 것이니 굳이 천리 먼 곳까지 가서 진찰하지 않아도 병을 진단할 수 있는 경우가 아주 많아 감추려 해도 감출 수 없습니다. (…)'라고 하였다."(『사기』, 「편작창공열전(扁鵲倉公列傳)」) 이후 이 열전에는 편작의 관점이 승리했음을 시사하는 기사가 이어진다. 이 기사들이 사실(史實)인지는 단정할 수 없지만, 동북아의 의학이 일찍부터 편작의 관점으로 방향을 잡았다는 것은 분명한 사실이다.

그 성과는 적극적으로 현대로 이어지지는 못했다. 지금도 기는 음양·오행으로 이해되거나 아니면 과거의 유물로 치부된다. 현대 기학이라는 것이 성립할 수 있다면, 그것은 근대 기학의 성과를 적극적으로 이으면서 현대 학문의 장에서 환골탈태(換骨奪胎)시킴으로써 가능할 것이다.

§3. 기학과 동북아 사유의 전개

역학과 마찬가지로 기학 역시 동북아 역사를 관류하면서 거의 모든 사상과 문화의 근간이 되었다. 그러나 기학의 비중은 역학의 비중에는 미치지 못했다. 그 이유는 무엇이었을까? 이는 무엇보다 기학의 텍스트들 중『주역』에 비견할 만한 텍스트가 없었기 때문이라고 해야 할 것이다. 더 정확히 말해, 전통 사상가들이『주역』에 버금가는 기학 텍스트는 없다고 생각했다고 할 수 있다. 이 때문에『주역』에 대해서는 일일이 헤아리기도 힘들 정도의 주석서들이 저술되었지만, 기학의 맥락에서는 그에 버금가는 주석의 역사가 형성되지는 않았다.

그렇다면 동북아 사유는 역학의 역사였던 그만큼 기학의 역사이기도 했다고는 말할 수 없는 것일까? 그렇지는 않다. 동북아 사상사를 장식한 그어떤 담론도 기학과 무관할 수는 없었을 정도로 기학은 동북아 사유의 기본 문법과도 같았다. 역학 또한 기학적 토대 위에서 논의되었던 점을 감안하면, 동북아 학문에서 기학은 역학보다도 더 메타적인 위상을 차지한 담론이었다고 해야 할 것이다. 현대적 맥락에서도, 바로 그 때문에 역학을 변형할 수 있는 가능성의 폭보다도 더 넓은 폭이 기학에 내장되어 있다고 해야 한다. 기학의 중요성과 잠재력은 특정 고전의 주석을 훨씬 넘어설 정도로 크다고 해야 할 것이다.

기학과 동북아 철학사

역 개념의 경우 그 유래를 찾는 작업은, 현대적 문헌 비판을 통해 다분히 허구성이 가미된 것으로 이해되고는 있지만, 일정 정도의 틀을 갖추고서 진행되어왔다. 그러나 기 개념은 상대적으로 그 창시자는 논의되지 않는다. 이는 역 개념이 어떤 일정한 의도를 가지고서 '창제'된 것으로 이해된 반면 기 개념은 특정한 인물들에 의해서 만들어졌다기보다는 말하자면 자연발생적으로 형성된 것으로 이해되었음을 시사한다. 그만큼 기 개념은 동북아 문명에서 거의 무의식적으로 형성된 자연스러운 개념이라 하겠다.

그러나 기 '학'이라고 부를 만한 체계적 사유가 형성된 것은 역시 그것이 음양 개념 및 오행 개념과 결합되어 기·음양·오행의 사유로 확립된 때라고 보아야 한다. 그 시기는 대체적으로 전국시대였고, 한대에 이르러 거대한 우주론으로서 체계화되었다고 할 수 있다. 전국시대의 음양가가 그 출발점이고 『회남자』와 『황제내경』이 그 결정판이라 할 수 있다.

기학이 체계화되고 어떤 측면에서 보면 교조화되기에 이른 것은 그것이 도가사상 — 특히 노자의 사상 — 과 맞물려서 전개되었기 때문이다. 기 개념은 사상적 경향과 관계없이 동북아적 세계관의 일반적인 기초를 형성했지만, 그 핵심 국면에서는 역시 도가사상과 한 덩어리를 이루면서 전개되었다고 보아야 한다. 기학이 자연철학으로서만이 아니라 존재론의 수준에서 동북아 사유를 지배하게 된 것, 정치철학을 비롯한 다른 영역으로까지 확대 적용될 수 있었던 것은 그것이 도가사상과 얽힘으로써 도가적 존재론의 일부를 이루었기 때문인 것이다. 이는 천하통일의 맥락과도 연계된다. 전국시대가 전개되는 과정에서 천하통일의 분위기가 무르익었고, 이런 분위기는 각종 사상의 종합이라는 시대적 요청을 불러왔다. 신체적 배치에서의 천하통일은 동시에 언표적 배치에서의 사상의 통일을 요청한다. 지중해세계에서 로마와 기독교의 관계가 그 전형적인 예이다. 지중해세계의 경우 종교가 그 핵심에 놓였지만, 동북아세계의 경우 철학이 그 핵심에 놓이게 된다. 따라서 **천하통일**에의 열망은 곧 **존재론**의 요청과 맞물린다.

왜일까? 천하통일이 모든 국가의 통일을 뜻하듯이, 존재론이란 모든 철학의 종합을 뜻하기 때문이다. 철학들을 종합하려면 존재론적 사유 즉 사유에서의 보다 '추상적인 틀'이 요청된다. 동북아 사유에서 이 보편적이고 추상적인 틀을 제공하는 것은 어떤 철학인가? 바로 도가철학, 특히 노자의 철학이다.[51] 바로 그렇기 때문에 천하통일에 임박해서 제자백가가 종합될 때 도가철학이 그 전체적 틀로서 역할을 했던 것이다. 그리고 기학/기철학의 체계화도 바로 이런 맥락과 맞물려 진행되었다고 할 수 있다.

이렇게 본다면 제자백가 중 전국 말의 종합 사상에서 주축이 된 것은 도가철학과 기학이었다고 할 수 있으며, 거기에 유가철학 또는/그리고 법가철학이 혼효되었다고 할 수 있다. 직하학파가 그 효시가 되었고, 『순자』, 『한비자』, 그리고 여불위가 편찬한 『여씨춘추』가 그 전형적인 예이다. 이런 흐름은 한초의 『회남자』에서 마침내 장대한 종합을 이루었고, 의학의 맥락에서는 『황제내경』이라는 빼어난 저작이 성립하기에 이른다. 성격이 유사한 다른 저작들 즉 『문자(文子)』, 『할관자(鶡冠子)』 등 나아가 역사서인 『사기』에서까지도 그러한 흐름을 확인할 수 있다. 기학이 도가철학과 일체를 이루어 '존재론'으로서 기능했다는 것은 곧 그것이 역사와 문화의 영역에도 적용되었음을 시사한다. 이는 곧 도가 - 기학 - 유가/법가적인 종합적틀이 천하통일 시대의 통치이데올로기를 제공했다는 점을 말한다. 한초 동중서의 『춘추번로』 같은 저작이 이 점을 전형적으로 드러내고 있다. 이

---

51) 그러나 반대 방향에서 본다면, 노자철학은 바로 천하통일의 맥락에 맞추어서 개작되어야 했다. 천하통일을 위해서 노자의 존재론이 필요했기에, 역으로 노자의 존재론은 천하통일을 위해서 추상적인 존재론, 더 노골적으로는 천하통일을 함축하는 존재론으로 변형되어야 했다. 바로 이런 맥락에서 『초간 노자』=『노자』가 『백서 노자』=『덕도경』으로 개작된 것이다. 이 점에서 백서본은 초간본의 단순한 개정본이 아니다. 둘 사이에는 소박한 서주 시대/춘추시대와 천하통일 시대라는 두 시대 사이에 놓여 있는 큰 간격에 상응하는 간격이 놓여 있다. 백서본은 초간본을 바탕으로 만든 책이지만, 두 책은 사실상 다른 책인 것이다. 이에 비해서 백서본과 왕필본의 차이는 보다 미묘하다고 할 수 있다.

와 같은 과정을 통해서 기 - 음양 - 오행의 사상은 역학과 더불어 동북아 사유의 일반 문법으로서 자리 잡게 된다.

한대의 역학 즉 상수학은 거대한 상응체계를 구축했다. 여기에 보조를 맞추어 한대의 기학은 이른바 '천인감응론'을 구축했다. 세계를 하늘과 땅과 인간 즉 형이상학적 원리와 천지만물 그리고 인간이라는 세 차원의 묘합(妙合)으로 이해한 것이다. 중세 지중해세계 사유에서의 '신과 인간 그리고 세계'라는 구도와 비교할 만하다.

고종[52]은 상(喪)을 지내면서, 3년간 말을 아끼니 천하가 쥐 죽은 듯했으나 한번 입을 여니 세상이 갑자기 시끌벅적해졌다. 하늘의 뜻에 따라 입을 닫고 열었기 때문이다. 그런즉 한번 뿌리가 움직이면 수많은 가지들이 그에 응하는 것은 마치 봄비가 내려 대지를 흐르고 만물을 적시면 살아나지 않는 것이 없고 피어나지 않는 것이 없는 것과도 같다. 하니 성인이란 하늘의 뜻을 가슴에 품고 천하를 동화(動化)[53] 시키는 이가 아니던가. 그런즉 마음속에서 정성이 감(感)하고 하늘에서 형기(形氣)가 동(動)하면, 서성(瑞星)이 나타나고 황룡이 내려오고 상봉(祥鳳)이 날아오를 뿐만 아니라 예천(醴泉)[52]이 솟아오르고 가곡(嘉穀)이 열리고 강과 바다가 평온해진다. (…) 하지만 하늘을 거슬러 사물들을 폭압하면, 해와 달이 좀먹고[55] 오성은 길을 잃어버리며[56] 사시가 어긋날 뿐만 아니라 낮밤이 뒤바뀌고 강산이 피폐해지며[57] 겨울 천둥과 여름 이슬이 생겨난다. (…) 하늘이 사람과 함께 하니 서로가 통

---

52) 은의 고종인 무정(武丁)을 말한다. 『서경』의 「무일」을 보라.

53) 움직이게 하고 변화하게 한다는 뜻으로 이해할 수 있다.

54) 『이아(爾雅)』, 「석천(釋天)」에서 "甘露時降 萬物以嘉 謂之醴泉"이라고 했다.

55) 일식과 월식을 말한다.

56) 화성, 수성, 목성, 금성, 토성이 본 궤도에서 이탈함을 뜻한다. 세차(歲差) 운동을 말하는 것으로 보인다.

57) 산은 무너져 내리고 강은 말라버림을 말한다. 르 블랑 등은 "les montagnes s'écrouleront et les cours d'eau s'assécheront"으로, 메이저 등은 "mountains crumble and rivers flood"로 해석하고 있다.

하기 때문이다. 그래서 나라가 망할 때면 천문에 변화가 오고, 세상이 어지러울 때면 무지개가 나타나며,[58] 만물은 서로 관련되어 있어 정기가 통해 상탕(相蕩)[59] 하는 것이다.(『회남자』, 「태족훈(泰族訓)」)

자연과 사회/문화 사이의 날카로운 구분은 보이지 않으며, 모든 것이 서로서로 연관되어 있고 어느 한 부분에서의 변화 — 좋은 것이든 나쁜 것이든 — 가 다른 모든 부분들에 영향을 끼침을 볼 수 있다. 그리고 '성인'이란 바로 형이상학적 존재로서의 '천심'과 그 표현으로서의 천문·기상 등에서의 징후, 또는 하늘과 땅[60] 사이에 서서 그 매듭을 이루는 인물로 이해되고 있다. 언뜻 보기에 숙명론적 구도 같지만, 사실은 사람의 중요성이 함축되어 있다고도 볼 수 있다. 결국 세계의 매듭에서 사람, 특히 왕이 어떻게 하느냐가 중요했기 때문이다. 그리고, 훗날 맹자에 의해 분명하게 개념화되기에 이르거니와, 통치자들의 잘잘못은 민중의 소리를 매개해서 하늘로 올라간다. 이렇게 보면 한대에 들어 일단 완성된 동북아 세계관은 거대한 유기체론이긴 하지만 그 유기체가 정지되어 있고 닫혀 있는 것은 아니라고 해야 한다. 그 유기체는 발전하기도 하고 퇴락하기도 하는 유기체이며, 그 발전과 퇴락의 열쇠는 결국 인간이 쥐고 있다고 해야 할 것이다.

한대에 유교 중심으로 통합되었던 동북아 사유는 한이 무너지고 다국화 시대에 접어든 이후부터 성리학의 성립 시기에 이르기까지 도가/도교(와 불교)에 의해 주도되었다. 유교는 사람들의 행위를 이끄는 생활윤리로 정착되고 국가 관료들의 필수 교양이 되긴 했지만, 철학으로서는 전락하기에 이른다. 요즈음 식으로 말해 고시 공부를 위한 과목으로 전락한 것이다.

---

58) 고대인들에게 무지개는 흉조였다.

59) "剛柔相磨 八卦相蕩"에서의 '상탕'과 통한다.

60) 천문·기상에서의 징후와 사회경제적 현실(특히 농업 현실)은 사실상 하나를 이루었다. 따라서 천문·기상의 현상은 오늘날로 보면 하늘의 문제이지만, 전통 시대로 본다면 오히려 땅의 문제였다고 할 수 있다.

노자와 장자의 철학은 두 갈래로 퍼져나갔다. 한편으로 도가사상으로서의 노·장 사상은 '위진 현학'이라는 매우 수준 높은 존재론으로 전개되었으며, 동북아 철학의 한 장을 장식하게 된다. 2장에서 만났던 왕필이 그 대표자이다. 다른 한편으로 이 사상 특히 노자의 사상은 종교화되기에 이르며, 점차 확대된 도교는 같은 이(李)씨 성을 가졌다고 해서 노자를 존숭했던 당 왕조에 의해서 제사의 대상이 되기에 이른다. 노자는 '태상노군(太上老君)'이 되고, 마침내 '원시천존(元始天尊)'이라는 최고신이 된다. 또 진시황의 경우에서 이미 잘 볼 수 있듯이, 타락한 형태의 도교는 '방사' 등을 통해서 동북아 문명에 적지 않은 해악을 끼치기도 했다. 물론 방술에 실패해 처형당한 인물들도 있었다.[61] 역학도 적지 않은 해악을 끼쳤지만, 도교야말로 동북아적 주술성을 가장 강하게 표출한 경우였다고 할 수 있다.[62] 그런데 도가철학이든 도교이든 이 계통의 사유는 기학과 본질적인 관련성을

---

61) 다른 문명들에서도 발견되지만, 동북아 문명의 가장 큰 모순 중 하나는 귀족과 지식인들의 관계에 있었다. 왕족을 포함해서 귀족은 신분에서는 지식인 위에 있었지만 대부분의 경우 지적인 존재가 아니었기 때문이다. 이 점에서 동북아의 역사는 귀족과 지식인의 대립의 장으로 볼 수 있다. 지식인인 귀족도 있었고 지식인이 귀족으로 화하는 경우도 많았지만, 대부분 유가철학으로 무장된 지식인들과 대개 도교와 불교에 경도된 귀족들 사이의 대립이 동북아 역사의 중요한 한 갈래를 형성했다. 이는 서구의 경우와 다르다. 기독교 문명과 이슬람 문명에서는 종교와 철학의 갈등이 있기 했지만, 공히 지식인들의 소관사항이었기 때문이다. 이론상으로는 종교와 철학이 강하게 충돌했지만 신분상으로는 지식인이 종교와 철학을 모두 주관했다. 반면 동북아 문명에서는 이론상으로도 종교와 철학이 충돌하긴 했지만, 특히 신분상으로는 귀족과 지식인이 종교와 철학을 나누어서 주관했다고 할 수 있다. 물론 이를 과장해서는 곤란하다. 유교도 '교'라는 말이 함축하듯이 기본적으로 철학이지만 이미 상당히 종교화된 사상이었다고 해야 하며, 또 도교나 불교도 철학적인 탐구들을 포함했기 때문이다.

62) 도교의 이런 주술성은 또 다른 측면을 띠기도 했다. 동북아에서 일어난 다수의 민중혁명에서 그 추동력이 되었던 것은 바로 도교였기 때문이다. 황건기의(黃巾起義)를 이끈 장각의 태평도(太平道) 등 다수의 민중혁명은 도교적 주술성을 매개로 형성되곤 했다. 동북아 문명의 최상층부를 점했던 귀족들과 최하층부를 점했던 민중은 주술적 사고를 공유했으나(중간의 지식층은 이 양자 모두와 대립했다), 얄궂게도 이 주술성은 민중과 귀족 사이의 적대의 구조에서 기이한 양면성을 띠게 된다.

가졌다.

이 관련성 역시 두 갈래로 나누어 생각해볼 수 있다. 하나는 앞에서도 언급한 도인과 연단을 비롯한 도교적 수행이며, 다른 하나는 본격적인 도가철학적 논의이다. 전자의 경우 금단불사(金丹不死)를 추구했던 갈홍 (AD 289~362년)의 『포박자(抱朴子)』 같은 저작이 대표적이다. 후자에서 가장 문제가 된 것 중 하나는 역시 앞에서 언급한 『노자』와 『주역』의 관계였다. 노자의 존재론이 '도 → 일 → 이 → 삼 → 만물'의 구도를 띠고 있다면, 역학의 존재론은 '역 - 태극 → 양의 → 사상 → 팔괘 → 만물'의 구도를 띤다. 여기에서 핵심적인 문제는 태극을 일과 동일시할 것인가 아니면 도와 동일시할 것인가 하는 점이다. 전자의 경우 일 = 태극 = 기('元氣')의 구도를 띠게 되고 그 상위에 도가 위치하게 되나, 후자의 경우 도 = 태극 = 기의 구도를 띠게 된다.[63] 한대의 철학은 대체적으로 상수학을 기반으로 해서 후자의 구도를 띠었고, 결과적으로 거대한 자연철학 — 철학의 한 분과로서가 아니라, 모든 것을 쓸어 담은 거대 담론으로서의 자연철학 — 의 형태를 띠었다. 그러나 위진 시대에 이르러 의리학이 출현하면서 기 = 유 위에 도 = 무를 놓으려는 경향이 등장하게 되며, 이는 완적(AD 210~263년)의 『통노론(通老論)』이라든가, 도홍경(陶弘景, AD 456~536년)의 『진고

---

63) 이 경우 '일'을 어떻게 처리할지가 문제가 된다. 도 = 태극이 '일'의 상위에 있으므로 '일'을 '기'와 동일시할 경우 도 = 태극이 일 = 기보다 상위의 존재가 된다. 이 경우 앞의 구도와 별다른 차이가 없다. 그리고 이 경우 태극과 양의 사이에 기가 빠진다는 문제점이 있다. 그러나 도 = 태극 = 기의 구도를 취할 경우 일의 위상이 불명확해진다. 결국 태극을 기로 보느냐 도로 보느냐가 문제의 핵심이라고 할 수 있다.
보다 설득력 있는 구도는 도를 최상위의 원리로 보고 일 = 태극의 입장을 취하는 것이다. 그러면 '이' = 양의는 자연히 따라 나온다. '삼'은 음기, 양기에 충기가 더한 것으로 보면 될 것이다. 그리고 사물들의 구체적인 규정성들로 들어가 사상과 팔괘가 역할을 하고, 이후 기(氣)의 원리와 역(易)의 원리가 함께 작용해 만물이 생성해가는 것으로 보는 것이 좋을 것이다.

도 ──→ 일 ──→ 이 ──→ 삼 ─────────────→ 만물
태극 ──→ 양의 ─────→ 사상 ──→ 팔괘 ──→ 만물

(眞誥)』, 공영달의『주역정의』등과 같은 저작들에서 잘 나타난다.[64] 그리고 이런 과정을 통해서 '리' 개념에 도=무라는 의미가 부여되기에 이르며,[65] "無極而太極"이라는 생각도 싹트기에 이른다.[66] 한대로부터 위진 시대로의 이행은 이처럼 기 일원론적 자연철학으로부터 리기 이원론적 형이상학으로의 이행을 만들어냈으며, 이후 동북아 전통 존재론은 내내 이 두 갈래의 사유를 둘러싸고서 전개되었다고 할 수 있다.

성리학은 한편으로 전통적으로 내려오던 기 개념을 그리고 다른 한편으로 현학과 불교의 리 개념을 받아들여, 유·불·도를 통합하는 장대한 사유 체계를 구축했다. 성리학은 심(心), 성(性), 정(情), 명(命), 성(誠), 경(敬) 등등 많은 개념들을 새롭게 규정하고 다시 체계화함으로써 유교형이상학을 세웠지만, 그 근간을 이루는 주춧돌은 역시 리 개념과 기 개념이었다. 따라서 핵심적으로 문제가 되는 것은 이 두 개념의 관계 설정이었고, 성리학에 속하는 학자들/학파들을 구분 짓는 일차적 기준도 이 설정의 형태에 있었다. 기를 중심으로 생각할 경우, 이를 리, 심, 성과 어떻게 관련시키느냐가 관건이다. 현대적 맥락에서 기를 들뢰즈의 '내재면'으로 이해한다면,[67] 리와의 관계는 내재면과 그로부터 탄생하는 질서들의 문제이며, 심과의 관계는 내재면과 주체성의 관계이며, 성과의 관계는 내재면과 도덕성의 관

---

64) 이 후자의 입장은 다국화 시대에 본격적으로 발전하기 시작한 불교에 의해서도 공유되었다. 이는 위진 현학('玄'은 곧 '道'이다)에서와 마찬가지로 불교 역시 무의 철학이었기 때문이다. 동진 시대에 활약한 반야학자 지둔(AD 316~370년)의『대소품대비요초서(大小品對比要抄書)』라든가 당 제국 중엽에 활동했던 화엄학자 종밀(AD 780~841년)의『원인론(原人論)』등이 그 예이다. 무/공의 철학인 불교의 입장에서는 기란 애초에 초월해야 할 유의 차원에 불과했다. 그러나 다른 한편 불교인들의 삶, 특히 좌선 등에 있어서는 물론 기가 중시되어 연구·실천되기도 했다.

65) '理' 개념은『장자』에도 적지 않게 등장하며, 곽상의『장자주』를 통해 훗날의 성리학으로 이어지게 된다. 이 과정에서 핵심적인 역할을 한 인물은 지둔으로서, 지둔의 리·사 구도가 성리학에서는 리·기 구도로 변형된다.

66) '무극' 개념은『도덕경』, 28장에서 유래한다.

67) 들뢰즈는 '내재면(plan d'immanence)' 개념을 여러 가지 방식으로 논했거니와, 지금의 맥락에서 핵심적인 곳은『시네마』의 1장, 4절이다.

계라 할 수 있다. 세계의 자연적 기초로서의 기는 세계의 이법성, 정신성, 도덕성과 어떤 관계를 맺는가?

성리학의 단초를 놓은 주돈이(/주렴계)는 유교형이상학의 입장에서 도가사상/도교의 전통을 흡수함으로써 예전부터 내려오던 기 개념에 보다 확고한 존재론적 뉘앙스를 부여했으며, 기 → 음양 → 오행으로 세계를 설명하는 구도를 가다듬었다. 주돈이에게 기는 태극이다. 태극은 음기와 양기로서 생성(化生)하고, 음양과 오행의 조화를 통해 만물이 생성한다. 이러한 생성은 내재적 생성이다. 만물은 태극 바깥에 있지 않다. 기/태극 → 음양 → 오행 → 만물의 '생(生)'은 스피노자에게 있어 실체 즉 신＝자연의 생성이 그렇듯이 자기생성(自己生成)일 뿐이다. 주돈이의 존재론은 후대에 정리된 용어로 기 일원론이라 할 수 있다. 그에게서는 아직 '리' 개념은 적극적 의미를 부여받지 못했다. 사실 주돈이 자신이 자각적으로 기 일원론을 주장했다고 보기는 어렵다. 기 개념에 궁극적 실체의 뉘앙스를 뚜렷이 부여하고서, 명백한 형태의 기 일원론을 제시한 인물은 장재(/장횡거)이다. 모든 현상을 '기의 취산'으로 설명코자 했다는 점에서, 그는 이후 전개될 기 일원론적 사유의 새로운 원형을 제시했다고 할 수 있다. 그에게 있어 모든 것은 태허로서의 기에서 연원하며, 역으로 모든 것(物)은 태허로 돌아간다.

정호(/정명도), 정이(/정이천) 형제는 '리' 개념을 본격적으로 도입함으로써 성리학을 '리기' 구도로 개편하기 시작했다. 리 개념은 많은 경우 '도리'라는 도덕적/윤리적 개념으로 이해되어왔으나, 현학의 전통을 이어 성리학에 이르러 본격적인 존재론적 함축을 띠게 된다. 그러나 두 형제는 주안점을 달리했는데, 정호가 "性卽氣 氣卽性"이라 했을 정도로 기에 무게중심을 두었다면(리는 어디까지나 기 '의' 조리이다) 정이는 기보다는 리를 중시하고 후자를 '소이연'이자 '소당연'으로 사유하는 길을 열었다. 이 길을 이은 이는 주희(/주회암/주자)였다. 주희는 리의 질서를 '본연'으로서 확고히 정립하고 리의 체계를 '원융'하게 파악함으로써, 세계를 완벽하게 이법적인 것으로 이해했다. 물론 현실은 이런 이데아적인 세계가 아니며, 이 점을 설명해야 할 책무는 기 개념에 주어졌다. 이로써 주희의 철학은 전반적으로 보아 아리스토텔레스의 철학과 유사한 형태를 띠게 된다. 소이연으로서의 리는 형상인에, 소당연으로서의 리는 목적인에, 기는 질료인에 가깝다고 할 수 있다. 주희는 태극을 리로, 음양을 기로, 오행을 '질'로 파악했으며, 성의 문제에서는 리를 '본연지성'으로 기를 '기질지성'으로 개념화하게 된다. 일반적으로 도덕법칙으로서 이해되어오던 리 개념은 주희에 와서 확고한 존재론적 위상을 띠게 된다. 주희의 이와 같은 사유는 이후 광범위한 호응을 얻게 되어 송·원·명·조선·에도 막부에 걸쳐 관학으로서 숭배를 받았으며, 동북아의 근세에 이르기까지도 그 영향력은 감퇴하지 않았다.

그러나 근대 세계[68]가 전개되면서 리 중심의 주자학에 반(反)하는 기학적 사유들이 등장하게 된다. 이 사유에서 리는 기를 제압해서 이끌어가는 선험적 원리가 아니라 기 자체 내에 함축되어 있는 조리를 뜻하게 된다.[69] 이 기학적 사유는 주희 이전의 기학적 사유와 달리, 이미 리의 철학, 리기이원론의 철학을 거친 후에 이것을 의식하고서 출현한 갈래이다. 이 흐름은 조선 초의 화담 서경덕, 명대 중기의 나흠순·담약수·왕정상 등에 의해 형성되어 명말청초의 왕부지를 거쳐 청대 중기의 대진과 조선 말의 최한기에 의해 대성된다. 기 일원론의 흐름은 세계관과 인간관에 거대한 변화

---

68) 동북아세계에 관련해 '근대'라는 개념의 용법은 논자마다 상당한 편차를 띤다. 나는 이 용어를 대략 주자학이 전성기를 지나 쇠퇴하기 시작한 시대로부터 탈-근대적 사유들이 나타나기까지의 기간을 가리키기 위해 사용한다. 지역마다 차이가 있긴 하지만, 대략 17세기부터 20세기 중엽까지에 해당한다. 그러나 논의되는 주제와 지역에 따라 규정이 달라질 수 있다는 점을 염두에 두어야 할 것이다.

69) 리 개념을 기 개념에 복속시키기보다는 다른 방식으로 사유해나간 경우들도 있다. 리를 부동의 원리로서가 아니라 그 자체로 활동적인 힘으로 파악한 퇴계 이황의 사유라든가, '심'을 중시하면서 리를 심을 위대한 존재로 만들어주는 것으로 파악한 왕수인(/왕양명)의 사유가 그런 예들이다.

를 도래시켰다. 예전에는 자연철학의 범위에서 이해되던 기 개념이 존재론의 개념으로 승격됨으로써 세계 전체에 대한 이해가 달라지게 되었다. 그 위상은 근대 서구 철학에서 유물론이 띠었던 위상과 같으나, 물론 그 내용은 현격하게 다르다. 아울러 기가 모든 것을 포괄하게 됨으로써 인성론이나 윤리학 또한 달라져야 했다. 과거에는 자연철학에서의 기학과 이와는 다른 토대 위에서 논의된 인성론·윤리학이 구분되어 양립할 수 있었지만, 이제는 인성론이나 윤리학도 어디까지나 기학의 근거 위에서 논의되어야 했기 때문이다. 이는 '정욕(情慾)'의 긍정을 비롯한 다양한 문제들과 연관되는, 동북아적 근대성의 중추를 형성하는 주요 문제였다.

동북아세계에서 기에 대한 관심은 현대에 이르기까지 그 힘을 잃지 않고 있으며, 역에 대한 관심보다는 더 근거가 있고 또 전망도 있어 보인다. 그러나 기를 현대 학문의 수준에서 재사유하려는 차원으로부터 대중적으로 상품화하려는 경우까지 극히 다양한 형태의 시도들이 존재함에도, 최한기 이래 기에 관한 사유가 어떤 결정적인 도약을 이루었다는 증거는 보이지 않는다. 철학의 경우만 놓고 본다면 이러한 도약은 기학적 사유가 베르그송-들뢰즈의 존재론과 융합되어 새로운 수준으로 개념화될 때에만 가능할 것이다. 여기에 21세기 존재론의 핵심 과제들 중 하나가 있다 하겠다.

기학과 동북아 문화

역학과 더불어 기학은 동북아 사유의 가장 기초적이고 보편적인 틀이었으며, 이 점에서 동북아 문화의 다양한 장르들이 기학적 바탕 위에서, 기에 대한 사유와 수련 위에서 성립한 것은 당연한 일이었다. 역의 문화를 이야기하면서 언급했던 천문, 지리, 악률, 병법, 운학, 산술, 연단술만이 아니라 오늘날 식으로 말해 미술, 무용, 문학 등등 모든 문화가 공히 역의 사유뿐만이 아니라 기의 사유를 토대로 하고 있다. 동북아의 철학은 기학이고, 문화는 '기예(氣藝)'인 것이다. '기(技)'에 머물지 않고 '기(氣)'로 나아가는 데에 동북아 문화의 핵심이 있다.

　기학은 동북아 천문학의 기반이 되었다. 기가 중요한 역할을 한 것은 혼천설과 선야설에서다. 개천설의 경우, 주로 논의가 되었던 것은 하늘의 회전이나 극축(極軸)의 기울어짐 등이었다. 혼천설의 경우 기는 중요한 역할을 했는데, 천지 상하의 상대적인 위치가 기에 의해 유지된다고 보았기 때문이다. 특히 선야설에서는 우주가 무한한 공간으로 이해되었고, 이 공간은 곧 기로 충만한 공간이었다. 모든 것이 이 기로부터 비롯된다. 이미 논의한 『회남자』의 우주론이나 훗날 장재의 '태허'론은 이 선야설과 통한다. 이 하늘의 기는 땅의 기와 교감한다. "음양의 기는 숨을 내쉬어 바람이 되고, 하늘로 올라가서는 구름이 되며, 땅으로 내려와서는 비가 되고, 땅속을 돌면 곧 생기가 된다."(곽박(郭璞)) 하늘과 땅 사이에는 사람이, 더 넓게는 생명체들이 산다. 그리고 생명체로서의 인간에게 가장 원초적인 것은 먹고사는 것 즉 농사이다. 천기와 지기가 교감함으로써 농사가 원만히 이루어진다. 고대인들에게 '천지감응'이나 '천인합일'은 형이상학의 문제 이전에 농사의 문제였다. 기는 이처럼 하늘과 땅 그리고 사람을 관류하는 근본 실체였다.

　기의 사유에서 자연과 문화는 날카롭게 분절되지 않는다. 자연의 기와 문화의 기는 연속적이다. 자연과 문화 사이에 존재하는 인간은 한의학이 집중적으로 다루는 신체에서만이 아니라, 정신 및 그것의 구현체인 인간사회에서도 철저히 기학적 토대 위에서 살아간다. 인간사회의 형성은 "乾道成男 坤道成女"를 통해 성립한다고 했거니와, 이는 역의 이치이기도 하지만 동시에 기의 이치이기도 하다. 나아가 모든 인간관계는 구조적/형식적 '예'의 문제인 동시에 또한 근원적 힘인 '기'에 의해 뒷받침되지 않고서는 성립하지 않는다. 제사를 지내는 것은 일정한 예에 따라 이루어지지만, 몸과 마음의 기가 뒷받침되지 않는다면 무의미한 몸짓에 불과하다. 기를 자연철학적 범주로만 이해하는 것은 곤란하다. 기는 사회 – 역사철학적 범주이기도 하며, 동북아 문화에서 기가 행하는 포괄적인 역할을 이해하는 것이 중요하다.

기초적인 사회적 삶만이 아니라 풍부한 문화적 실천에서도 기는 근본적인 역할을 했다. 역학의 경우 음악의 예를 들었거니와, 지금의 경우는 미술과 음식을 예로 들어보자. 동양의 미학은 자주 '무의 미학'이라고 일컬어진다. 이때의 무는 절대 무가 아니라 기이다. 기는 맥락에 따라서는 물론 '유'로서 이해되지만, 그 무엇으로도 구체화하기 이전의 '태허'로서의 기는 사실상 무이다. 그림이 그려지기 전의 백지는 사실상 기로 가득 차 있는 무이며, 그 위에 그려지는 물(物)들은 유이다. 바로 그렇기 때문에 동북아의 그림은 사물을 그 자체로서 묘사하는 데 역점을 두기보다는, 오히려 그것 너머에서 생기하는 기를, '기운생동(氣運生動)'을 얼마나 잘 표현하는가를 중시했다.[70] 사물을 더 정확히 묘사할 수 있는 색채화보다도 오히려 기 자체를 잘 드러낼 수 있는 수묵화가 더 선호된 것도, 또 원근법이라든가 명암 등등 현실세계를 규정하는 요소들을 무시하고 그린 것도 이런 이유에서였다. 예컨대 산 전체를 그리기보다 그중 일정 측면만 부각해서 그린 경우도 있는데, 이는 '주관적'이라기보다는 오히려 그 산의 기를 드러내고자 한 방식이었다고 해야 한다. 또, 달을 그리기 위해 오히려 구름을 그린 것 ─ "홍운탁월(烘雲拓月)" ─ 도 이 때문이다. 이런 태도는 기본적으로 장자의 '만물제동' 사상에 근간을 두고 있는 생각이다.

기의 문화는 음식의 경우에서도 발견된다.[71] 인간은, 더 넓게는 생명체 일반은 공기를 호흡하고 음식을 섭취·배설함으로써만 살 수 있다. 이는 곧 존재자들 사이에서 기가 순환함으로써만 진정한 의미에서의 기화가 성립함을 말한다. 음식은 동기상감(同氣相感)을 파악하는 중요한 통로이다. 먹을 수 있는 것과 먹을 수 없는 것, 맛있는 것과 맛없는 것, 탈나는 것과

70) 김용옥, 『石濤畵論』(통나무, 1992/1995).
71) 박석준, 「한의학에서의 음식과 氣」, 박석준 외, 『기학의 모험 2』(들녘, 2004), 164~235쪽.

탈나지 않는 것 등은 천지의 존재자들을 상생상극의 이치에 따라 주제하는 기화의 이치를 이해할 수 있게 해주기 때문이다. 나아가 음식은 남과 여에 따라서, 나이에 따라서, 지역과 시절에 따라서 달라져야 하며, 이 또한 기화의 총체적 이치에 입각해 이해된다. 더 미시적으로, 개개인의 '체질'은 기화의 한 결이며 다른 무수한 결들과 조화를 이룰 때 건강을 유지할 수 있다. 음식에 관련해서도 기학적 상응체계는 일관되게 적용되며, 신맛은 목기/간장과, 쓴맛은 화기/심장과, 단맛은 토기/비장과, 매운맛은 금기/폐장과, 짠맛은 수기/신장과 상응한다. 다른 영역에서도 그렇지만, 음식에서도 중요한 것은 '중화(中和)'를 이루는 것이다. 예컨대 돼지고기를 소금이나 간장보다는 새우젓에 찍어 먹는 것은 돼지고기의 찬 기운을 새우의 더운 기운으로 중화시키기 위한 것이다.

그림과 음식 두 가지 예만을 들었지만, 굳이 더 열거할 것도 없이 동북아 문화의 모든 장르들은 기학을 그 철학적 토대로서 가진다. 문화의 숱한 장르들이 이런 공통의 토대를 가진다는 점에서 우리는 '동북아 문명/문화'에 대해서 말할 수 있다. 지중해세계에서 유사한 예를 찾는다면 퓌타고라스 학파의 경우를 들 수 있을 것이다. 이는 수를 원리로 모든 종류의 것을 종합적으로 파악하고자 한 경우이다. 그 후의 역사를 보아도, 서양 문명의 수학적 성격과 동북아 문명의 기학적 성격은 뚜렷이 변별된다. 동북아 문명을 변별해주는 이 토대를 현대적으로 개념화하는 것이 현대 기학의 과제라 할 수 있다.

지중해세계가 동북아세계에 비해 상대적으로 더 '분석적'이고 '추상적인' 사유를 펼친 것은 분명하다. 분석적이란 현상으로 나타난 것들을 그 하위 단위들로 계속 쪼개나가면서 그 본질을 해명함을 뜻하며, 추상적이란 질들이 빠진 순수공간=추상공간을 터로 하는 기하학적 사유를 펼침을 뜻한다. 이런 분석적 성격은 우선 지중해세계의 언어적 특성과 뗄 수 없는 연관을 가진다고 할 수 있고, 추상적 성격은 이들이 항해를 통해 삶을 영위해야 했다는 점과 밀접한 관련이 있을 것이다. 물론 이런 연관성들을 충분히 추적하는 일은 꽤나 길고 복잡한 논의를 필요로 할 것이다.[72]

그렇다면 지중해세계 사유의 이와 같은 특성은 언제 뚜렷하게 모습을 드러냈을까? 이 세계의 철학이 처음부터 이처럼 고체적인 사유를 펼친 것은 아니다. 물을 만물의 근원으로 보았던 탈레스나 그의 사유를 좀 더 추상화해 '아페이론'을 사유한 아낙시만드로스, '공기' 개념으로 양자의 사이에서 균형을 잡으려 한 아낙시메네스는 모두 액체적인 사유를 보여주며, 이 점에서 기의 사유와 상통한다. 특히 아낙시만드로스의 아페이론의 사유는 동북아의 '기화'의 사유에 근접한다. 기의 사유는 근본적으로 액체적인 사유이기 때문이다. 두 사유 전통이 갈라지는 결정적인 분기점은 역시 엘레아학파이다. '영원부동의 일자'라는 엘레아적 세계는 그 후 니체와 베르그송 이전 대부분의 서양 존재론에 긴긴 그림자를 드리웠다. 일자가 다자로 분할되었을 때에도 각각의 소(小)일자는 여전히 파르메니데스적이었다. 원자론은 그 극한적 형태를 보여준다. 순수 과학적 – 철학적 탐구라기보다는 자본주의적 – 기술적 그림자 아래에서이긴 하지만, 어떤 면에서는 서구 과학은 오늘날까지도 이 근본 실체를 찾고 있다고 하겠다.

기의 세계와 플라톤의 세계는 그대로 동북아세계와 지중해세계의 차이를 대변해준다. 플라톤의 세계는 제작자, 설계도, 재료의 세계이다. 조물주, 이데아들, 코라의 세계인 것이다. 동북아의 세계는 '작(作)'의 세계가 아니라 '생(生)'의 세계이다. 따라서 조물주 개념은 탈각된다. 역학에도 기학에도 조물주의 개념은 없다. 동북아에도 '신'들은 있지만, 이들은 세계에 내재적

---

72) 특히 소은 박홍규가 해명해준 '군사문화'와 서구 학문의 개념들 사이 연관성은 음미해 볼 필요가 있다.(박홍규, 『형이상학 강의 2』, 민음사, 2004, 355~388쪽)

이다. 또, 이 '생'의 사유에서 설계도 같은 것은 없으며 다만 기 자체에 내재해 있는 질서만이 인정된다. 이 때문에 기에 구현되는 선험적 질서로서의 이데아 개념 또한 없다. 다만 기 안에 잠재해 있고 기가 특정한 물(物)로서 개별화될 때 비로소 확인되는 내재적 질서만이 있을 뿐이다. 결국 기의 세계는 코라의 세계이다. 물론, 이렇게 말할 경우 코라의 의미는 현저하게 바뀐다. 그것은 단순한 재료가 아니라 물질성, 생명성, 정신성을 내함(內含)하고 있는 유일의 실체이다. 철학 체계에 따라 다르지만, 적지 않은 경우 '도', '천', '리'까지도 기에 내재하는 것으로 이해된다. 동북아의 존재론은 철저하게 내재적인 존재론이다.

서양의 존재론은 원자론(넓은 의미)처럼 물질적 실체로 모든 것을 설명하려 한 사유, 플라톤의 형상철학과 그 변형태인 아리스토텔레스·플로티노스 등의 철학사상, 일신교 전통을 그 근간으로 해서 발전해왔다. 원자론은 오늘날의 과학기술 문명으로 이어지고 있고, 플라톤 철학과 그 변형태들은 교양층의 '고전 철학'으로, 일신교사상은 대중의 종교적 믿음으로 여전히 살아 있다고 할 수 있다. 예컨대 오늘날의 미국 사회의 경우, 과학기술은 원자론을, 대중들의 종교적 믿음은 기독교사상을, 인문-사회 계층의 지식인들은 플라톤 이래의 철학 전통을 잇고 있다고 할 수 있을 것이다. 물론 플라톤주의가 자연과학의 배경이 되는 경우도 있는 등(특히 그 수학적 측면), 상황을 간단한 도식으로 재단할 수는 없을 것이다. 어쨌든 오늘날 자본주의와 결합해 있는 과학기술 문명, 서양인들의 전통적 종교인 기독교, 인문-사회 계통 교양층의 철학적 소양(넓은 의미)이 서양의 정신세계를 구성하고 있는 것은 분명하다.

동북아의 기학 전통은 이러한 패러다임과 흥미롭게 비교된다고 할 수 있다. 기학의 전통은 내재적 사유로서 지중해세계의 초월적 사유와 단적으로 구분된다. 기학은 동북아 사유가 '작'의 사유가 아니라 '생'의 사유라는 점을 특히 잘 드러내 주는 사유이다. 그래서 동북아의 문명은 지중해세계의 일신교 문명과는 판이한 형태를 띠었다. 또한 기학적 사유와 실천은 플라톤 이래의 서양식의 교양과는 대비되는 동북아 지식인들 고유의 정신세계를 형성했다고 할 수 있다. 두 세계의 차이는 우선은 플라톤과 공자로 대변되지만, 기학의 존재는 지중해세계와는 판이한 동북아 사유의 또 하나의 특징을 이루고 있는 것이다. 아울러 기학은 원자론적 사유 — 넓게 말해 서양의 '분석적 사유'의 전통 — 와도 판이하다. 액체적 사유를 구사하는 기는 무엇보다도 '흐름'으로서 표상된다. 이 점에서 원자론과 다르다. 물론 원자론과 흐름이 반드시 상반되지는 않는다. 원자들이 집단적으로 공간이동을 할 경우 그 또한 '흐름'이라고 할 수 있다. 그러나 기는 진공을 전제하지 않으며 원자 같은 어떤 동일자를 상정하지도 않는다. 이 때문에 기의 흐름은 원자들의 흐름과는 다르다. 기의 흐름이라는 개념은 연속적인 차이생성을 전제하기 때문이다. 바로 이 때문에 앞에서 기를 x가 아닌 dx로 표현했다. 기학은 기화를 대전제로 하며, 이 '화(化)'는 곧 dx의 운동이다. 잘 알려져 있듯이, 서양 철학사는 동일자들을 사유해왔고 베르그송에 이르러 비로소 이런 전통으로부터 완전히 벗어났다. 이 사유는 동일자들의 '조합'의 사유가 아니라 지속으로부터의 '분화'의 사유이다. 곧 '기'로부터 '물'들이 분화하는 과정을 사유한다. 이 과정에 대한 보다 정치한 개념화는 들뢰즈에 의해 주어졌다. 오늘날 기학은 바로 이 베르그송─들뢰즈의 사유 갈래와 융합함으로써 새로운 생명력을 얻을 수 있을 것이다.

4장 '도'를 찾아서: 난세의 철학자들

지중해세계에서 자연철학이 모든 사유의 근간이 되었다면, 동북아세계에서는 역학과 기학이 그러한 역할을 맡았다. 그러나 동북아에서는 지중해세계에서처럼 '퓌지스에서 노모스로'의 전환 같은 것은 일어나지 않았다. 동북아에서 퓌지스와 노모스의 날카로운 대립 같은 것은 존재하지 않았기 때문이다. 역학과 기학이 동북아 사유의 서두에 위치하는 것은 시간적 순서가 아니라 논리적 순서에 따라서이다.

동북아세계 사유는 지중해세계 사유와는 달리 존재론적 분열로부터 사유를 시작하지 않았다. 지중해세계의 경우 철학적 사유의 탄생 지점에서 이미 실재와 현상의 날카로운 이분법이 작동하고 있었다. 이후 소피스트 운동을 통해서 이러한 본체론에 대한 철저한 부정이 등장했고, 그 과정에서 (종종 무의미한 궤변으로 흐르기도 했으나) 수준 높은 존재론적/인식론적 문제의식과 논쟁이 이루어졌다. 플라톤과 아리스토텔레스의 작업은 이런 과정 전반에 대한 종합이었다. 그러나 동북아세계의 경우 현상과 본체는 애초부터 화해하고 있었고, 바로 그 때문에 그리스에서와 같은 수준 높은 존재론적/인식론적 이론 투쟁이 일어날 수 없었다. "겪음으로써 깨닫는다(pathei mathos)"고 했거니와, 그리스 철학은 스스로의 존재론적 분열증을 치유하는 과정에서 매우 수준 높은 존재론적 사유를 벼릴 수 있었던 것이다. 이에 비해 동북아세계의 사상가들은 다른 형태의 분열증을 앓았다. 바로 '난세'라는 분열증을. 이 때문에 이들의 노력은 다른 영역에 쏟아지게 된다. 곧 윤리와 정치의 영역이다.

삶이 복잡하고 고통스럽고 모순으로 가득 찬 시대일수록 윤리와 정치의 사유는 활짝 피어난다. 지중해세계에서도 갖가지 계급투쟁이 이어지던 시대에 정치적 사유가 움텄으며, 고통과 회한의 아테네 황혼기에 이르러 가장 절박하고 심오한, 삶의 근저를 깊이깊이 들여다보는 윤리적 – 정치적 사유가 피어났다. 다른 한편, 거대 권력이 지배하는 곳에서 정치적 사유는 숨을 죽이게 된다. 그리스보다 훨씬 거대하고 강력했던 제국들에서 정치적 사유가 조산해버린 사실은 정치적 사유란 개인들의 일정 수준의 자유가 존재하는 곳에서 성립한다는 점을 분명하게 시사해준다. 거대 권력이 만물을 제압하는 상황에서 '다른 생각'이란 피어날 수 없다. 특수성과 일반성의 위계적 체제를 깨는 것은 단독자들(singularities)의 혁명적 사유가 보편성을 향해 퍼져나갈 때만 가능하다.[1] 윤리학과 정치철학은 삶이 극히 고통스러우면서도 그 고통에 맞서 사유할 수 있는 일정 수준의 자유가 존재할 때 특히 발달한다. 고통스러운 자유, 자유로운 고뇌가 사유를 가능케 하는 것이다.

동주=춘추전국시대(BC 770~221년)[2]는 바로 이런 시대였다. 대체로 호메로스로부터 크뤼시포스에 이르기까지의 헬라스 문명의 시대와 일치한

---

1) "삶의 가장 광범위하고 보편적인 내용과 형식들은 가장 개별적인 것과 밀접한 연관성을 지닌다. 그리고 이와 같은 연관성은 객관적이고 역사적인 타당성을 지닌다. 가장 보편적인 것과 가장 개별적인 것은 모두 공통적인 단계를 거친다. 다시 말해, 이 양자는 모두 결집력이 강한 조직과 집단을 공동의 적으로 갖는다. [역으로] 이러한 조직과 집단은 자기 보존을 위해서 외부에 있는 광범위하고 보편적인 것뿐 아니라 내부에 있는 자유롭고 개별적인 것을 모두 자신의 적으로 보면서 그들에 맞서 자신을 방어한다."(게오르크 짐멜, 김덕영·윤미애 옮김, 『짐멜의 모더니티 읽기』, 새물결, 2005, 46쪽)

2) 이하 별도로 BC/AD를 표시하지 않은 연도는 모두 BC의 것이다.

다. 서주 시대의 삶이 과연 이상에 가까운 삶이었는지는 논쟁의 여지가 있다. 그러나 혼란이 극에 달한 시대를 살았던 동주 시대의 사람들에게 서주 시대는 삶의 길이 즉 '도'가 있었던 시대로 여겨졌다. 예컨대 춘추시대 말기에 살았던 공자에게는 주공이 세운 삶의 질서야말로 다시 회복해야 할 이상태였다. 서주에 비한다면 동주는 혼란과 고통의 시대였다. 하지만 바로 그랬기 때문에 이후 동북아 사유의 원형으로 자리 잡게 될 위대한 사유들이 바로 이 시대에 출현할 수 있었다. 당대는 삶의 고통이 끝없이 사유를 자극했던 시대였고, 동시에 아직 무소불위의 권력이 사유 자체를 제압하는 시대는 아니었다. 이런 맥락에서 이 시대에 동북아 최초의 철학자들이 등장했고, 이 철학자들은 모두 '도'를 찾았다. 왜냐하면 당대는 세상 그 어디에서도 '도'를 볼 수 없는 시대였기 때문이다.

§1. 헤게모니의 시대

춘추시대(공자의 『춘추』가 다룬 시대)는 서주를 지배했던 종법제와 봉건제가 분열을 일으킨 시대였다. 뒤이은 전국시대(유향이 편찬한 『전국책』이 다룬 시대)에 서주의 사회체제는 완전히 붕괴했으나, 결국 진한 제국에 의해 새로운 형태의 질서가 수립되기에 이른다. 이 분열·해체·재통일로 이어진 시대는 인류 역사상 가장 격동 어린 시대들 중 하나이며, 철학사적으로도 핵심적인 시대들 중 하나이다. 고중세 철학의 세 유형 중 하나인 동북아 철학이 이 시대에 탄생했다.

강력했던 은 왕조를 정벌하고 중원[3]을 장악한 주(周) 왕조는 무왕의 증

---

3) '중원(中原)' — 또는 '중국(中國)' — 개념은 역사가 진행되면서 점차 넓어져갔다. 지금의 중원이란 매우 좁은 범위를 지칭한다. 서쪽의 기산에서 동쪽의 목야(牧野) 정도까지였고, 북쪽으로는 분하 중류를 넘지 않았으며 남쪽으로는 낙수 정도까지였다. 이후 이 말은 춘추시대가 되면 황하 일대 대부분을, 전국시대가 되면 양자강 일대까지 포괄하게

조할아버지에 해당하는 고공단보 시절부터 비교적 구체적인 역사가 남아 있다. 고공단보는 기산 아래의 주원(周原)에 자리 잡았던 것으로 알려져 있고, 위수=위하를 낀 이 지역 ─ 훗날에 '관중(關中)'으로 불린다 ─ 은 곡창지대였다. 훗날에는 진(秦)의 근거지가 된다.

주는 그 시조인 후직(后稷)의 이름이 시사하듯이 농업을 국가의 핵심으로 삼은 나라였다. 이 시대의 농민들이 농노에 가까운 존재였는지 자영농에 가까운 존재였는지에 대해서는 이론(異論)이 있다. 농노에 더 가까웠던 것으로 보인다. 당대 호구 조사의 일부가 상세히 남아 있는데, 세금이 철저하게 징수되었음을 시사한다. 900무(畝)의 정방형 토지를 정(井)의 모양으로 나누어 가운데 땅을 공전(公田)으로 삼았다는 '정전제'의 존재 여부에 대해서도 이론이 있다.

무왕의 아버지 문왕은 은의 핍박을 받았었고, 주와 통혼하기도 했던 강족(姜族)의 대표자인 태공망 여상과 연합해서 주의 기반을 닦았다. 그리고 그 아들인 무왕은 마침내 목야에서 은의 군대를 무너뜨리고 주 왕조를 세우게 된다. 그러나 은의 잔존세력은 여전히 회하에 이르기까지의 주의 동남 방면에 퍼져 있었고, 은의 완전 정복은 무왕의 아들인 성왕 때에 주공 단에 의해 이루어진다. 주공은 낙수 부근의 낙읍을 서쪽의 수도를 이은 제2의 수도로 건설했으며, 대체적으로 보아 서쪽 수도가 장안에 해당하고 동쪽 수도가 낙양에 해당한다. 이 두 도시는 내내 중원 왕조들의 양대 도시로서 기능하게 된다. 서주에서 동주로의 이행은 바로 장안에서 낙양으로의 천도를 통해 성립했다.

이후 주 왕조는 낙읍을 기반으로 황하를 따라가면서 동진 정책을 취하고, 새로운 땅을 얻을 때마다 동성의 제후를 임명해 그 땅을 다스리게 했

───────

된다. 진·한에 의해 통일된 이후에는 그 개념은 황하 유역에서 양자강 유역까지 그리고 이후에는 양자강 이남까지 가리킬 정도로 확대되어, 동방(요하 이동)과 서북방(황하의 서북쪽) 및 남방(장강에서 많이 떨어진 지역들)과 대비되기에 이른다.

다. 주는 이렇게 봉건제를 확립했고, 또한 동진을 통해 대륙 전체를 동서로 가로질러 이 지배 구조를 확장했다. 이미 보았듯이, 당 즉 훗날의 진, 그리고 우·괵·관·정·허 등 작은 봉국들을 만들어 주의 방벽 역할을 맡겼고, 은의 옛 땅의 중심인 위는 무왕의 막내 동생인 강숙이, 그 동쪽의 노는 주공 단의 아들이, 더 동쪽인 제는 태공망 여상이 분봉받았다. 이런 확장은 남북으로도 이어진다. 훗날 중원 대국인 진이 지배하게 되는 분하 유역이 주요 지역으로 개발되었고, 요하 쪽으로의 북진도 시도되었다. 요하 일대는 훗날 소공 석의 일족이 봉해진 연이 들어서게 된다. 후에 요하는 중원과 동방을 가르는 경계선으로 기능하게 된다. 또한 남방으로의 진출도 이루어져, 채·요·신을 비롯한 여러 봉국이 들어서게 된다. 마지막으로, 동주의 서쪽에는 진을 두어 융족을 경계하게 했고 주의 근위병 역할을 하게 했다. 이와 같은 과정을 통해서 '중원'의 개념은 동쪽으로는 발해만까지, 남쪽으로는 회하 유역까지, 북쪽으로는 요하 아래까지 넓어지게 된다. 춘추시대란 바로 이 봉국들이 중앙의 주 왕실에서 이반해 '패권'을 다툰 시대이다.

　하지만 이 과정을 보고서 중원 전체가 주 왕족인 희족에 의해 지배되었고 다른 민족들이 그 동서남북에 포진했다고 생각하면 곤란하다.[4] 교통통신의 발달도 미약했고, 중앙 지배권의 확보도 어려웠던 당시에는 각 민족이 매우 복잡하게 섞여 있었다. 한 국가 안에도 예컨대 험준한 산에는 다른 민족들이 살고 있었고, 국가 사이에 정확한 경계선이 있었던 것도 아니다. 국가적 권력, 정치적 권력은 말하자면 어떤 면을 덮고 있었다기보다는

---

4) 애초에 희족(姬族)은 융족(戎族)과 결탁해서 상을 무너뜨릴 수 있었다. 최근의 고고학적 성과에 입각해, 어떤 사람들은 아예 희족 자체가 여러 융족 중 하나였다고 보기도 한다. 희족은 융족의 일원이었거나, 최소한 융족과 혼인 등을 통해 굳게 결합한 종족이었다고 봐야 할 것이다. 그러나 이후 주는 농업을 국가의 뿌리로 삼는 정주문화를 건설함으로써 유목적인 융 문화에서 떨어져 나왔다고 할 수 있다. 또, 이미 말했듯이 주는 상의 점복문화, 순장문화, 호전성, 노예문명, 향락주의 등을 극복함으로써 인문세계로의 길을 열었다. 실질적으로 몰락한 이후에도 주가 무려 500년에 가까운 세월을 버틸 수 있었던 것은 중원의 국가 대부분이 이 인문세계 즉 주공이 만든 '예'의 세계 자체는 존중했기 때문이다.

차라리 성(城)들을 중심으로 점점이 흩어져 있었다고 보아야 한다. 후대에 명확한 경계선으로 나뉘어 존재하게 될 '영토국가'들을 연상하면 곤란하다. 당대에 다양한 종족은 중원 전체에 흩어져 있었고 섞여 있었다. 그리고 서북방의 융족과 동남방의 동이(東夷)와 회이(淮夷)는 이름 자체가 시사해 주듯이 매우 강력한 종족이었다. 이후 시간이 흐르면서 회이는 중원의 일부로 흡수되고, '동이'는 요하 동쪽 지역을 가리키게 된다. 그러나 주 왕조의 통치체제가 점점 견고해지면서 다른 종족들/문화들이 중원 문화에 흡수되거나 점차 변방으로 밀려나간 것은 사실이다.

종법제와 봉건제는 시간(주 종족의 인척관계)과 공간(중원의 지리적 분포)을 두 축으로 천하를 조직한 체계였다. 시간이 흐르면서 본래의 종법제가 점차 흐트러지게 되었고, 이에 상응해서 봉국들의 충성도도 희박해졌다. 주 왕실 쇠퇴의 주된 이유 중 하나는 제후들이 어떤 공헌을 이루거나 또 왕실이 제후의 도움을 받았을 때마다 땅을 떼어주어야 했기 때문이다. 게다가 주 왕조 중기에 이르러 여러 대에 걸쳐 무능한 왕들이 이어졌고, 이들은 이런 사태를 막을 능력이 없었다. 사태를 반전시켜 전성기를 재현하려 했던 여왕은 오히려 체(彘) 땅으로 도망하기에 이른다. 이후 14년간의 '공화(共和)' 시대가 이어졌고, 이와 같은 상황을 타개하려 한 여왕의 아들 선왕의 중흥 정책도 실패로 돌아가게 된다. 결국 주 왕조는 유왕을 끝으로 몰락하기에 이른다.[5]

주례와 패권 사이에서

공자의 『춘추』는 722~479년의 역사를 다루고 있지만, 보통 '춘추시대'

---

5) 주의 동천(東遷)은 서북방의 융족에게 밀려서 이루어진 것이기도 했다. '융족'이라고 통칭되지만, 아마 구체적으로는 여러 부족이었을 것이다. 이는 십자군 전쟁 시대에 서구인들에게는 이슬람 지역의 모든 종족이 '사라센인들'이었고, 또 무슬림들에게는 서구의 모든 종족이 '프랑크인들'이었던 것과 같은 이치이다. 어쨌든 서주의 쇠퇴와 맞물려 서북방으로부터 가해진 압력이 동천을 강요했던 것으로 보인다.

는 시간대를 앞뒤로 확장해 770년에서 453년까지를 가리킨다. 770~721년을 따로 '동천기'라 부르기도 한다. 춘추시대의 시점은 유왕 살해 후 그 아들인 평왕이 낙양으로 천도한 시점이고, 그 종점은 중원의 진나라가 그 귀족 집단들이었던 한(韓)·위(魏)·조(趙)로 쪼개진 시점이다. 동주 왕조 자체는 256년에 멸망하지만, 낙양 천도 이후 이미 왕조로서의 힘을 상실한 채 제후들에게 끌려다녔다.

춘추시대의 초입에서는 평왕의 동천을 도와 주 왕조를 다시 세우려 했던 정나라가 주도권을 행사했다. 그러나 정은 이내 주 자체를 참월(僭越)하기 시작했고, 결국 주와 정이 격돌하기에 이른다. 이 대결에서 패한 주는 체면을 크게 구기게 되었고, 이후 지속적으로 몰락의 길을 걷게 된다. 제후국들은 여전히 주 왕실에 대해 '후(侯)'였지만 사실상은 주와 대등한 개별 국가로 서게 되고, 주는 점차 왜소해져 그저 약소국들 중 하나가 되어버린다. 그러나 주의 상징적 권력만큼은 상당히 오래 지속되었다는 점은 염두에 두어야 한다. 제후국들의 세력은 춘추시대의 전개에 따라 계속 달라졌는데, 한 시대의 헤게모니=패권을 잡은 제후국이 '패자'로 군림했다. 패자는 주의 왕을 "끼고서" 천하를 호령하는 권세를 누렸고, 다른 국가들은 모두 다음 패자의 자리를 노렸다. 국가들 사이의 세력 다툼이 이어지고, '원교근공(遠交近攻)'을 통한 복잡한 정세가 계속되었다. 평화와 전쟁이 교차적으로 이어졌는데, 막후의 권세 다툼이 반복되다가 결국 큰 전쟁이 일어나곤 했다. 한 국가가 패자의 자리를 차지했음을 공식적으로 인정하는 모임이 '회맹(會盟)'이었다. 회맹에서 패자는 자신이 주 왕조의 맏아들 — 아버지보다 더 힘이 센 맏아들 — 임을 선포하곤 했다. 그러나 이 구도는 서주에서 이어져온 봉건 질서 자체는 인정하는 것이었고, 춘추시대란 이처럼 주례를 완전히 파기하지 않는 한에서의 패권 다툼 시대로 요약된다. 이 시대에 우리는 다수의 어리석거나 광폭한 인간들, 소수의 지혜롭거나 인자한 인물들, 그리고 수많은 가엾고 무지한 민중이 펼치는 무비의 드라마를 볼 수 있다.

패자의 최초의 뚜렷한 예는 동쪽의 제였다. 지금의 산둥성 지역에 자리 잡았던 제는 그 수도 임치의 유적이 잘 말해주듯이,[6] 크게 번영한 국가였다. 춘추 초기에는 제의 애공이 주의 이왕에 의해 팽(烹) — 솥에 삶아서 죽임 — 을 당하는 등 수난을 겪기도 했다. 주 왕조는 이미 실력은 잃었지만 아직 '주례'라는 보이지 않는 힘을 가지고 있었고, 이 상징적 권력을 이용해 제후들을 서로 견제하게 만들거나 특정 제후를 고립시키거나 할 수 있었다. 그러나 제는 정의 세력이 약화된 시점부터 힘을 발휘하기 시작해 환공 때에 마침내 패자의 자리에 오른다. 환공의 패권은 그가 사실상 자신과는 원수 사이였던 관중(管仲)을 포용함으로써 가능했다. 관중은 관리들의 자격과 대우('實'과 '名')를 일치시켜 국가를 건강하게 만들었고, 다양한 경제 정책을 통해 제를 부유하게 했다. 게다가 행정 체제와 군사 편제를 일치시킴으로써 제를 정치적·군사적으로 강력한 국가로 만들었다. 그는 법치를 반석 위에 올려놓음으로써 법가사상의 비조가 되었다. 그의 정치는 훗날 제갈량이 그를 흠모했을 정도로 성공적이었다. 국제관계에 있어서 관중은 서북쪽으로는 위·형·연을 지원해 '융적(戎狄)'을 막았고,[7] 서남쪽으로는 송과 연합해 노를 제압하고,[8] 또한 남방에 웅거하면서 동북으로

---

6) 가이즈카 시게키·이토 미치하루, 배진영·임대희 옮김, 『중국의 역사: 선진시대』(혜안, 2011), 245쪽 이하에 간략한 소개가 나와 있다. 후대의 일이지만, 『전국책』의 「제책」에는 소진(蘇秦)이 제의 선왕에게 한 말이 남아 있다. "수도인 임치(臨淄)에는 7만 호가 있사옵니다. (…) 21만 명이 되는데, 멀리 떨어져 있는 현에서 징병하지 않아도 임치만으로 21만 명의 병력이 있는 셈이지요. 그리고 임치는 대단히 풍족하고 탄탄합니다. (…) 모든 집이 풍족해서 사람들의 마음가짐이 높고 밝습니다."

7) 중앙의 화하족과 다른 종족들("夷狄") 사이에 분명한 이분법을 만들어낸 사람이 관중이었다. 이후 이런 관념은 중원 사람들에게 내면화된다. "관중이 아니었다면, 나도 머리를 늘어뜨리고 옷섶을 왼쪽으로 여몄을 것이다."(공자) 관중 시대에 서북방의 이민족들과 중원의 화하족은 서로 치열하게 싸웠고, 한때는 중원의 존망이 위태로워지기도 했다. 패자는 중원의 존망을 지켜야 하는 의무를 져야 했고, 춘추 초기에 이 역할을 맡은 것은 제 나라였다.

8) '제압하다'는 '멸망시키다'와 대비된다. 노는 주공 단을 시조로 하는 나라이고 문화적으로는 동주의 중심이었다. 지금까지도 유럽의 국가들이 그리스를 어느 정도 존중해주듯

진출하려 한 초를 막고자 했다.

관중의 출현은 여러 가지 의미를 띤다. 1) 환공과 관중은 군주와 신하의 조합에서 이상적인 경우였다. 재상은 나라 안팎의 모든 일을 주관할 수 있는 능력이 있어야 하며 군주는 단지 유일한 능력 즉 그런 인물을 알아보는 능력이 필요한 법인데, 관중과 환공의 관계가 바로 그랬다. 그 반대는 "어리석은 군주는 현명한 신하를 쓰지 않고, 사악한 신하는 군주의 총애를 빙자해 권력을 팔아먹는" 경우이다. 이후에도 이러한 관계가 춘추전국시대의 '특이점들'을 형성하게 된다. 2) '야인'에서 사형수의 위치까지 내려갔다가 일약 재상까지 된 관중의 등장은 신분제의 동요와 새로운 형태의 '인물'들의 등장을 알리는 사건이었다. 한 사람의 인간이 자신의 신분이 아니라 능력으로 위대한 업적을 이룰 수 있는 시대가 도래한 것이다. 3) 관중은 제나라의 귀족-영주들을 누르고 중앙집권적 국가를 만들어낸다. 전국시대에 이르면 귀족들을 누르고 공실(公室)을 강화하려는 경향이 일반화되어, 귀족 세력들의 연합체가 아니라 중앙집권적 국가들이 형성된다. 이미 지적했듯이 지식인-관료와 귀족-영주의 투쟁은 동북아 역사를 관류하는 핵심 테마 중 하나이거니와, 관중이야말로 지식인-관료의 최초의 뚜렷한 모습을 보여준다.

성공적인 정치를 바탕으로 삼아 관중은 환공을 패자의 자리에 올린다. 679년 견(甄)에서 열린 회맹은 환공이 패자임을 인정하는 자리였다. 패자란 곧 위로는 주례를 보존하고, 아래로는 제후들을 관리하며, 바깥으로는 이민족들을 막는 자리였다고 할 수 있다. 이후 환공은 아홉 차례나 회맹을 주관하면서 헤게모니를 유지했으며, 그 절정은 규구(葵丘)의 회맹(651년)

이, 노는 멸망시켜서는 안 되는 나라였다. 뒤에서 논하겠지만, 멸망시키기가 현실적으로도 어려웠다. 더 일반적으로, 춘추시대만 해도 한 국가를 위협해서 복속시키는 것이 주였지 멸망시켜버리는 것이 주가 아니었다. 설사 멸망시킨다 해도 그 제사는 치를 수 있도록 해주는 것이 관례였다. 정치적-군사적 질서가 혈연적-문화적 질서를 완전히 짓밟을 수 없었던 것이 춘추시대였다. 반면 이 암묵적 관례조차도 무너진 시대가 전국시대이다.

이었다. 제나라가 중심이 되어 만든 국제질서는 다음과 같았다.

1. 불효한 자는 주살하고, 적장자를 바꾸어서는 안 되며,[9] 첩을 아내로 삼으면 안 된다.

2. 현자를 높이고 인재를 길러야 하며, 유덕한 자는 표창해야 한다.

3. 노인을 공경하고 어린이를 아끼며, 손님과 나그네를 환대해야 한다.[10]

4. 사(士)의 관직이 세습되어서는 안 되며, 관직에서의 겸직은 금해야 하며, 반드시 인재만을 '사'로 삼아야 하고, 함부로 대부를 죽이면 안 된다.[11]

5. 제방을 아무 곳에나 쌓으면 안 되고,[12] 쌀 수입을 막으면 안 되며, 대부를 봉하면서 [제나라에] 고하지 않으면 안 된다.[13]

6. 부인과 국사를 논하지 않는다.[14]

---

9) "無易樹子"에서의 '樹子'를 태자로 볼 수도 있다. 이 경우, 주 왕실의 태자를 바꾸어서는 안 된다는 것으로 이해할 수 있다. 실제 관중은 "태자(세자)를 바꾸어서는 안 된다"는 점을 역설했다. 그러나 문장의 흐름상 가족관계에서의 예를 말하는 것으로 보는 편이 더 자연스러우며, 태자/세자의 경우도 그 하나로서 포함된다고 할 수 있다.

10) "손님과 나그네를 환대해야 한다"는 조항은 경제적 맥락에서 보면 상인들을 보호하려는 조치라 볼 수 있다. 관중은 특히 경제에 역점을 두어 국정을 운영했고, 이 조치는 오늘날로 말하면 '자유무역'을 관철하려 한 것이었다고 할 수 있다. 5조의 "쌀 수입을 막으면 안 된다" 역시 같은 맥락이다. 쌀의 문제와 같은 경우는 국가적 대립 이전에 생존 문제였기 때문이기도 하지만, 또한 현실적으로는 부유한 국가였고 쌀 수출국이기도 했던 제나라의 입장을 반영한 것이다.

11) 대부를 함부로 죽이면 안 된다는 조항은 귀족들 사이에 '신성 가족(Holy Family)' 의식이 있었음을 말한다. 서로 싸우면서도 귀족의 동일성을 지키려 했던 것이 춘추시대의 '예법'이었다. 이 예법은 전국시대에 이르러 군주권이 강해지면서 무너진다.

12) 『춘추곡량전』에는 "샘을 막지 않는다"로 되어 있다. 어느 경우로 하든 자연의 질서에 개입해 타국에 피해를 입히지 않아야 함을 뜻한다. 이 조약은 특히 강의 하류에 위치한 국가들에는 절실한 조약으로서, 현실적으로는 황하의 하류에 위치한 제나라의 입장을 반영하고 있다고 봐야 할 것이다.(정확히는 7세기 말까지 황하 하류는 지금보다 훨씬 북쪽으로 흘러 발해만으로 흘러들어갔고, 나중에 황하가 되는 이 물줄기는 당시에는 '제수(濟水)'라 불렸다)

13) 이상 『맹자』, 「고자 하」를 보라.

14) 이 조항은 『곡량전』에만 나와 있다. 춘추시대에, 사실상 동북아 전통 사회 일반에서 정

회맹에서 채택된 국제 조약인데도 정치적이기보다는 도덕적이라는 느낌을 준다. 아직은 점잖고 어떤 면에서는 낭만적이기까지 한 시대였다. 당시 제후들이 지키고자 했던 것은 바로 서주 시대의 질서였던 것이다. 각도를 달리해 계급투쟁의 관점에서 본다면, 이들에게 중요했던 것은 사회의 기존 질서를 흔들지 않는 것이었다. 이는 브루투스를 비롯한 공화파가 공화정 질서만 보존하면 자신들에게는 최선이라고 생각했던 것과도 같다. 뒤에서 논하겠지만 이 당시에 '국인'과 '야인'의 입장은 현저하게 달랐고, 아직 기득권 엘리트들의 이해관계는 서로 일치했기 때문이다. 그러나 중요한 점은 이 모든 도덕적 질서는 오직 제나라에 의해 주관된다는 점이다. 이 점에서, 내용 자체는 도덕적이지만 중원 천하의 이 도덕을 지배하는 것은 제라는 점을 분명히 하고 있다고 할 수 있으며, 자세히 음미해보면 대부분 제에 유리하게 정해져 있음을 알 수 있다.

이런 회맹의 질서가 깨진다거나[15] 패권 자체에 대한 도전이 생겨난다거나 할 때면, 전쟁이 일어나곤 했다. 실제 전투는 벌어지지 않았지만 제와 초의 격돌은 이 시기의 성격을 잘 드러내주는 사건이다. 초가 정을 계속 공격하자 656년 제는 중원의 여러 나라(노, 위, 조, 송, 陳, 정, 허)를 이끌고 초를 치러 간다. 제 연합군과 초는 소릉에서 결전 태세를 갖춘다. 이때의 일을 『좌전』은 다음과 같이 기록하고 있다. 초의 성왕이 제의 환공에게 사자를 보내 항의했다. "군주는 북해에 살고 나는 남해에 실고 있으니 '풍마우

치적 질서는 가족적 질서와 복합하게 엉켜 있음을 잘 보여주는 조항이다. 일반적으로 '왕조'의 형태를 띠는 문명들에서는 이 점이 두드러진다. 상대적으로 가족관계가 정치적 질서와 일정 정도 분리되었던 그리스 – 로마의 경우와 대조적이다.

15) 특히 여성들과 관련된 사건들이 자주 국가 간 불화를 낳곤 했다. 귀족들은 서로 통혼하기 마련이므로, 당대의 제후들은 따지고 보면 대부분 친인척지간이었다. 이런 배경 때문에 여성들을 둘러싼 불화가 자주 발생했는데, 관중 시대만 해도 노 환공 부인인 문강이 벌인 근친상간 사건 때문에 결국 노 환공이 죽는 비극이 발생했고, 또 그녀의 동생인 애강마저 문제를 일으키자 결국 오빠인 제 환공이 애강을 주살하는 등등 굵직한 사건들이 꼬리를 이었다. 다른 문명들의 경우도 마찬가지이겠지만, 가족적 질서의 비중이 유별나게 큰 동북아 문명의 역사는 여성들을 둘러싼 사건들을 빼고는 논할 수가 없다.

불상급(風馬牛不相及)'[16]이 아니겠소. 군주가 우리 땅에 들어오리라고는 생각지도 못했소. 나로서는 도무지 그 연고를 알 수가 없구려." 이에 관중이 제 환공을 대신하여 대답했다. "그 옛날 소강공(소공 석)이 제나라 시조인 태공(강태공)에게 명하기를 '오후구백[17]에게 잘못이 있으면 그대가 그들을 쳐 왕실을 보필하라'고 했소. (…) 초에서 포모를 진공(進貢)하지 않으니 축주를 올릴 길이 없어[18] 왕실 제사에 지장이 크구려. 이제 그 공물을 얻고자 왔소이다. 또, 소왕께서 남정(南征)하다가 돌아오지 못하셨으니 이를 문책코자 하오."[19] 이에 초의 사신이 답했다. "포모를 올리지 않은 것은 우리 군주의 잘못입니다. 어찌 올리지 않겠소이까. 그러나 소왕께서 못 돌아가신 것에 대해서는 한수로 가서 물어보시지요." 여름이 되자 성왕이 대부 굴완을 연합군의 군중으로 보냈다. 제 환공이 말하길, "내가 이 많은 군사를 이끌고 공격한다면 누가 감히 대적할 수 있겠는가? 어느 성인들 함락하지 못하리." 굴완이 답하길, "군주께서 덕으로 제후를 다스리신다면 그 누가 복종하지 않겠습니까. 그러나 힘으로 밀어붙인다면, 우리는 방성산을 성벽으로 삼고 한수를 못으로 삼을 터이니, 군주의 군사가 많다 한들 무슨 소용이 있겠습니까?" 이렇게 해서 굴완은 제후들과 결맹했다.

살벌하기 이를 데 없는 전국시대의 분위기와는 사뭇 다른, 아직은 귀족적인 여유와 교양이 넘치는 분위기를 느낄 수 있다. 어쨌든 제도 초도 모험을 하기보다는 탐색전을 이어갔다.

춘추 초기의 전쟁이란 현대인이 겪은 악몽 같은 전쟁의 이미지와 너무나도 다르다. 우선 기술 발달이 미약해, 총·대포 등도 물론 없었고, 총력

---

16) 말과 소가 서로 발정이 난들 서로 교합하겠는가 하는 뜻. 종류가 아예 달라 서로 상관이 없다는 뜻이다.

17) '오후(五候)'는 공후백자남을 뜻하며, '구백(九伯)'은 9주의 통치자들을 말한다.

18) 포모(包茅)는 초나라의 특산품이며, 축주(縮酒)는 포모로 거른 술을 말한다.

19) 제가 패자라는 사실을 강조하고 있다. 소왕은 주의 소왕으로서, 초를 응징하러 갔다가 한수에 빠져 죽었다.

200

전의 개념도 아직 생겨나지 않았다. 전쟁이란 국인의 문제였지 야인의 문제가 아니었다. 참호전이라든가 공중 폭격이라든가 이에 대해 화학무기니 하는 등의 극악한 것들도 당연히 없었다. 아직은 '공성전(攻城戰)'조차 등장하지 않았다. 공성을 할 수 있는 인적·기술적·경제적 조건이 마련되어 있지 않았다. 무기라고는 주로 창, 칼, 활이 전부였다. 활의 경우, 각궁(角弓)이 일찍부터 사용되어 지중해세계의 밋밋한 활들에 비해 훨씬 강력한 파괴력이 있었다. 거의 200~300미터를 날아갔을 것으로 추측된다. 그러나 이런 각궁을 일반 병사들이 보유했을 개연성은 상당히 낮다. 가장 강력한 무기는 전차였다.[20] 또 하나, 매우 중요한 것은 이 시대의 전쟁이란 상대방을 제압하는 것이었지 절멸시키는 것이 아니었다는 점이다. 국가들은 아직 '혈연국가'였지 '영토국가'가 아니었고, 세상을 지배하는 것은 현대적 의미에서의 국민국가적 질서가 아니라 어디까지나 혈연관계, 인간관계였다. 춘추 초기의 전쟁만 해도 어떤 면에서 보면 친척들 사이의 주도권 다툼, 말하자면 형이냐 아우냐를 정하는 싸움의 양상을 띠었다고 할 수 있다.

노골적인 패권의 등장

춘추시대의 '패권'이 어떤 개념인지 알아보았거니와, 이후 패권을 쥐는 국가도 또 패권 자체의 성격도 조금씩 바뀐다. 춘추시대의 패권은 4강 구도를 형성했다. 동쪽의 제, 서쪽의 진(秦), 남쪽의 초, 중앙(보기에 따라 북쪽)의 진(晉)이 4강을 형성했다. 중앙의 진과 동방의 제는 주례를 따르는 국가들이었지만, 초와 서방의 진은 달랐다. 본래 주 왕조의 근위병 역할을 하던 서방 진은 주가 서쪽으로 천도한 이후 관중 지역을 장악하고서 점차 강

---

20) 전차는 당대의 기술이 총집약된 첨단 무기였고, 춘추 중기에 이르기까지 최강의 무기였다. 전차 부대는 보통 3군으로 구성되었고, 가장 강한 군대가 중앙에 포진했다. 때로는 이를 역이용해서 약한 중앙군으로 상대방을 끌어들인 후 좌군과 우군이 양쪽에서 협공하는 전술을 구사하기도 했다.(이순신 장군의 '학익진(鶴翼陣)'을 생각하면 될 것 같다) 그러나 실제 전투에서 제약이 많아 나중에는 보병 그리고 기병으로 대체된다.

국이 되었다. 문화적으로는 중원의 국가들과 판이한 국가였다. 중원 국가들에게 진은 '진융(秦戎)'이었다. 초 역시 주례 바깥의 국가였고, 그 군주는 '왕'을 칭했다. 춘추시대란 이 네 국가의 투쟁 및 그 사이에 낀 소국들의 생존전략으로 점철된 시대였다고 할 수 있다.

제와 연합군이 북의 이민족과 남의 이민족을 막아냄으로써 제 패권하에서의 춘추의 질서는 이어졌다. 그러나 시대는 변하고 있었다. 환공과 관중이후 약화되어가던 제를 대신해 중원의 패자를 꿈꾸었던 송과 동북방으로진출을 꾀하던 초는 홍하에서 격돌했다.(638년) 초가 홍하를 건널 때 송의 신하가 지금이 초군을 칠 기회라고 권하자 송 양공은 준비되지 않은 적을칠 수 없다면서 거부했다. 결과적으로 송은 초에 대패한다. 이 사건을 가리켜 "송양(宋襄)의 인(仁)"이라 부르며, 이제 힘을 동반하지 않은 인은 비웃음의 대상이 되기에 이른다. 아울러 이 전쟁은 '남만'으로 인식되었던 초의힘을 보여준 사건이며, 초가 중원 국가들과 대등한 위상을 차지함으로써'중원'의 개념 자체가 양자강 북쪽으로까지 넓혀지게 되는 계기가 되었다.

춘추 질서에 본격적으로 큰 변화를 일으킨 인물은 진(晉) 문공이다. 포악한 아버지 때문에 무려 19년간 방랑의 세월을 겪은 후 극적으로 군주의자리에 오른 문공은 일단 즉위하자 단 9년 만에 진을 중원의 패자로 만들어냈다. 그러나 진 문공의 패권은 단지 패자가 바뀐 것 이상의 맥락을 담고 있다. 어떤 면에서 본다면, 진 문공은 바로 본격적인 의미에서의 '국가'라는 것을 만든 인물이다. 진 문공은 이미 헌공과 혜공이 시도했던 중앙집권과 부국강병의 길을 완수했다. 헌공은 귀족들을 살해했고, 군사력을 증강했으며, 도성을 쌓는 등 권력 강화에 나섰었다. 그리고 흉계(譎計) ─ 이른바 "가도멸괵(假道滅虢)" ─ 를 써서 우와 괵을 멸망시켜 중원 장악에 나섰었다. 혜공 역시 아버지를 이었다. 진 문공은 이런 흐름을 이어 진을 좀더 강한 의미에서의 국가로 개조하기에 이른다. 후에 이 흐름 ─ '변법(變法)' ─ 을 완성하게 되는 것이 바로 천하통일을 이룬 진(秦)나라이다.

우선 진 문공은 헌공과 혜공이 시도해온 군대 확충을 이어갔다. 본래

2군이었던 군대를 5군으로 만들었고, 또 보병을 보완해 3행(行)을 만들었다. 진은 이 과정에서 막강한 초와 대결해 이 숙적을 눌렀으며, 전쟁 이후에도 확충을 지속해 완성했다. 이로써 진은 제 이후 춘추시대의 패자 자리를 이어갔다. 이렇게 군대를 확충했다는 것은 곧 야인들까지도 군인으로 만들었음을 함축한다. 이전에 전쟁은 국인(國人)들이 행했고, 야인(野人)들은 생산에 종사했다. '농병일치' 개념이 존재하지 않았던 것이다. 야인들로서야 나라 이름이 진이든 초이든, 지배 계층이 어느 집안이든 사실상 상관이 없었다. 지배자들이 자신들을 어떻게 대하느냐만이 중요했던 것이다. 국인들의 세계와 야인들의 세계는 사실상 다른 세계였다. 그러나 진 문공에 와서 이제 야인들까지 군대에 동원되기 시작하고, 국가 전체가 군대화되는 일이 시작된다. 이는 주병(州兵)의 신설을 통해서도 잘 드러난다. 지방에 군대를 두었다는 것은 혁신적인 조치였으며, 야인들을 군인으로 만들어 **총력체제**를 지향했음을 말해준다. 전국시대에 들면 각 국가가 백성들의 힘을 최대한 짜내 군사력을 극대화하기에 이르는데, 이와 같은 흐름은 바로 진에서 시작되었다.

정치 면에서 진 문공은 중앙집권화를 완성했다. 복잡한 역사를 다소 단순화한다면, 고대 동북아 역사는 왕권 강화의 역사라고 할 수 있다. 요, 순, 우 등은(이들이 진짜 존재했었다면) 백성들과 고락을 함께하는 사람들이었다. 주나라는 '왕'이라는 존재를 탄생시켰지만, 그 실제 다스림은 일정한 한계 내에서 이루어졌고 그나마 그 힘도 약화되어버린다. 춘추시대만 해도 공들은 신하들을 마구 대할 수 없었다. 하나의 국가는 사실상 여러 귀족 가문들의 연합체와도 같았다. 귀족들을 끌어내 고문하고 죽인다는 개념은 희박했다. 그러나 진 문공은 공(사실상 그 국가의 왕)의 위상을 강화했고, 귀족들을 피라미드처럼 배치했으며, **관료제도**를 강화함으로써 좀 더 강한 뉘앙스에서의 '국가'를 확립했다.[21] 이후 고대 동북아세계에서 이런 구조는

---

21) 춘추시대에 봉건제가 실시될 수밖에 없었던 이유들 중 하나는 당시의 통치 방식으로는

점차 강화되었으며, 그 극단에서 바로 '황제'라는 개념이 들어서기에 이른다. 더불어 '환관'과 '외척'이라는 두 암적 존재가 탄생하기에 이른다. 명·청대의 황제들이야말로 이러한 흐름의 최정점에 이른 존재들이었다.

이와 같은 정치적 힘을 배경으로 진 문공은 경제를 강화해나갔다. 앞에서의 군대 확충도 당연히 경제력 강화가 밑받침되어 가능했다고 해야 할 것이다. 진 문공은 귀족들을 견제하기 위해서 백성들의 부채를 탕감해주었으며,[22] 국가 전체의 허리띠를 졸라맴으로써 또 세금 징수의 체제를 정비해 국력을 강화코자 했다.(세금 징수는 국가 형성의 핵심 요건이다) 요컨대 진 문공은 진의 경제를 군국주의적 방식으로 재편했다고 할 수 있다.

이러한 군사적 - 정치적 - 경제적 개혁을 통해서 진 문공은 진을 최강의 국가로 만들었으며, 특히 성복대전[23]에서 승리한 이후 진은 중간에 기복이 있긴 했지만 줄곧 춘추시대의 패자 자리를 이어갔다. 춘추시대와 전국시대의 경계를 이루는 사건으로서 진의 분열을 꼽는 것도 이런 맥락에서이다.

공자는 관중과 진 문공을 달리 보았다. 관중의 경우 그 사람 - 됨에 대해

그 넓은 대륙을 지배할 수가 없었기 때문이다. 거대한 지배가 가능하려면 강한 형태의 관료조직이 만들어져야 했다. 춘추전국시대는 관료조직이라는 구조가 점차 강화되어 간 시대이고(이는 물론 중앙집권화의 과정이다), 그 첫발이 중원의 진에 의해 이루어졌다면 서방의 진은 그것을 완성했다고 할 수 있다. '관료조직'이란 (알튀세 등 현대 사상가들이 말하는) '국가장치'를 가능케 하는 핵심적 장치들 중 하나이다.

22) 전통 사회에서 왕이 귀족을 견제하는 중요한 정책이 '부채 탕감'과 '노비 해방'이었다. 진 문공처럼 부채를 탕감해줌으로써 귀족들의 경제적 세력을 축소할 수 있었고, 고려 광종처럼 노비를 해방함으로써 나아가 해방된 노비들 중 일부를 국군으로 전환함으로써 왕권을 강화할 수 있었다. 새로운 국가가 들어섰을 때면 아예 '토지개혁'을 통해 국가의 판 자체를 다시 짜기도 했다.

23) 632년의 성복대전(城濮大戰)은 진·진·제의 3강이 연합해서(실제 전쟁은 晉이 했지만) 초·진(陳)·채·정·허 연합군과 격돌한, 춘추시대에 획을 그은 큰 사건이었다. 4만 이상의 군사에 1,000대 이상의 전차가 동원된 거대한 전투가 벌어졌다. 이 싸움에서 진의 전차부대가 막강한 위력을 발휘했고, 이 전쟁의 승리로 진의 헤게모니가 도래하기에 이른다.

서는 비판적이었지만 그 정치적 공적은 높이 평가한다. "환공이 아홉 번이나 제후들과 회맹을 가졌지만, 병사들과 전차를 동원하지 않았다. 그것은 바로 관중의 노력에 의한 것이었으니, 어질다고 해야 하지 않겠는가. 어질다고 해야 하지 않겠는가." "관중이 환공을 보필해 제후들을 제압함으로써 천하를 바로잡았기에, 백성들은 지금까지도 그 은혜를 입고 있는 것이다." 그러나 진 문공에 대한 평가는 다르다. "진 문공은 술수에 능했고 정당하지가 않았다. 하나 제 환공은 정당했고 술수를 쓰지 않았다." 제 환공만 해도 주례를 지키면서 패권을 유지했으나, 진 문공은 군국주의를 지향하고 흉계를 쓰는 등 춘추 질서를 무너뜨렸다[24]는 공자의 평가가 잘 나타나 있다.

---

24) 진 문공이 "술수에 능했다"는 것은 그가 흉계를 써서 권력을 확장해갔음을 뜻한다. 사실 진(晉)이야말로 권모술수의 나라였다. "정당하지 않았다"는 것은 춘추 질서를 훼손한 것을 뜻한다. 성복대전 직전에 진 문공은 동생에게 쫓겨 정나라에 가 있던 주나라의 양왕을 도와 복귀시킨다. 진 문공은 그 대가로 낙양 근처의 노른자위 땅들을 얻어냈으며, 이로써 진의 경제력은 비약적으로 증대하게 된다. 결과적으로 주 왕조는 범위가 낙양 부근으로 오그라듦으로써 사실상 몰락해버리게 되며, 아울러 이 과정에서 그 주변에서 살고 있던 적족(狄族)들도 서서히 변방으로 밀려나기 시작했다.* 공자가 볼 때 진 문공이야말로 주례를 무너뜨린 인물이다. 또, 진 문공은 성복대전 이후에 초 편에 섰던 국가들에 복수하려 했으며, 회맹 자리에 천자를 오라고 했고, 다른 국가들에는 굴복을 강요했다. 또 군법을 어긴 인물들을 가차 없이 처단했으며, 죽인 군사들의 귀를 베어 종묘에 바쳤다. 같은 '패자'라 해도 제 환공의 경우와는 분위기가 크게 달랐고, 점차 살벌해지는 춘추세계를 보여준다.

*융족이 대체적으로 서방 진, 중원 진(의 남부) 등이 있던 서쪽에 위치해 있었다면 적족은 대체적으로 태행산맥과 그 북쪽에 위치했다. 적족이 융족보다 응집력이 있었고 세력도 컸던 것으로 보인다. 훗날 서방의 진이 융족을 멸망시키고, 중앙의 진이 적족을 멸망시킨다. 이들이 어떻게 되었는지는 불명확하며, 아마도 흉노·서강·호(胡) 등 다른 종족에 흡수되거나, 일부 중원으로 흡수되기도 했던 것 같다. 앞에서 언급했듯이 융, 적이란 다양한 종족을 등질화해서 부른 이름으로 보이며('타자화'는 늘 '등질화'를 동반한다. 물론 그렇다고 이들이 전혀 관계없는 수많은 종족은 아니었을 것이다), 이들과 그 후 등장하는 흉노, 서강, 호 등의 관계도 명확하지 않다. 우리가 서북방의 여러 종족에 대해 논할 때 그 시선은 어디까지나 중원/중국에서 기록한 사서들의 것임을 염두에 두어야 한다.

패권 시대의 쇠퇴

성복대전을 전후해서 춘추세계는 달라지기 시작한다. 물론 제 환공/관중 역시 패권을 추구했던 것은 마찬가지였지만, 이제 패권의 성격, 규모, 분위기 등은 현저하게 달라지게 된다. 전체적으로 보아, 성복대전 이래 중원의 진이 춘추시대의 패자로서 군림했으며, 이에 남방의 초가 도전함으로써 상황은 '남북 전쟁'의 양상을 띠었다. 중간에 중원 진과 서방 진 사이의 효산의 전쟁(627년), 중원 진과 동방 제 사이의 미계의 전쟁(557년)도 일어났지만, 핵심 축은 성복, 필, 언릉에서 세 차례나 크게 격돌한 진 - 초의 전쟁이었다. 전쟁이 더 잦아지고 더 커져감으로써 '천하무도'의 시대가 전개된다.

성복대전 이후 서방의 진 목공이 정나라를 차지하려는 욕심을 부리다가 서방 진과 중원 진은 효산에서 다시 큰 전쟁을 벌이게 된다. 이 대결에서 진(晉)은 삼문협(三門峽)에서의 요격을 통해서 진(秦)의 2만이 넘는 군사를 몰살한다. 한 군대를 전멸시켜버린 이 사건은 전쟁의 양상을 크게 바꾸어놓기에 이른다. 이런 흐름은 훗날 서방의 진이 조의 40만 대군을 몰살한 전투에서 극에 달한다. 하나의 원한은 또 다른 원한을 낳고, 하나의 사랑은 또 다른 사랑을 낳는다는 것은 만고불변의 이치이다. 이때 쌓인 진(秦)의 원한은 두 진나라 사이의 끝없는 복수극의 발단이 되었고, 이후 양국은 진진(秦晉)대협곡을 경계로 해서 "피가 강물처럼 흐르고 해골이 골짜기를 메울" 정도로 처절한 싸움을 이어가게 된다. 이 과정에서 서방의 진은 남방의 초와 손을 잡게 되고, 중원의 진은 서쪽으로는 서방 진을 남쪽으로는 초를 동시에 맞게 되어 점점 힘이 고갈되어갔다.

초는 7세기 말부터 큰 힘을 발휘하기 시작했다. 진 문공, 진 목공과 더불어 성복대전을 치렀던 성왕이 비참한 말년을 맞는 등 평지풍파도 있었지만, 초 장왕이 등장하면서 진의 패권에 도전하기 시작했다. 장왕은 606년 주의 아래쪽에 살던 융족을 쳐서 본격적으로 중원에 개입하기 시작했으며, 진(陳)에서 일어난 시해 사건에 개입해 상황을 바로잡음으로써 패자로서의 면모를 보이기 시작했다.(초는 "화하족"도 아니었고 주례를 따르는 국가도 아니었기에 일찍부터 스스로 '왕'을 칭했다) 초는 풍부한 물자 덕에 풍요로운 나라였고, 장왕은 단순히 무장으로서만 강했던 것이 아니라 뛰어난 정치력과 인간적 매력도 겸비한 인물이었다. 점증하는 초의 힘은 진을 위협했고, 그 사이에 낀 정을 비롯한 소국들은 우왕좌왕할 수밖에 없었다. 마침내 양국은 필(邲)에서 대전을 치르기에 이른다(597년). 이 전투에서 진은 초에 대패했으며, 이로써 초의 패권이 도래하게 된다. 이 싸움에서 초 장왕은 진의 병사들을 몰살할 수 있었음에도 칼을 내림으로써 인명 살상을 막았다. 이는 그가 "知足不辱 知止不殆"의 이치를 터득하고 있었음을 보여준다. 초는 바로 노자의 나라이다. 초 장왕은 진에서 일어난 난에 개입했을 때에도 빼앗았던 성을 돌려주었고, 정의 도성을 빼앗았을 때에도 마찬가지였다. 또, 필의 전쟁 이후에도 같은 모습을 보여주었다. 초 장왕의 이런 모습은 '중원'과 '오랑캐' 사이에 존재했던 심리적 경계를 허물었을 정도로 인상적이었다. 이제 중원의 경계는 비약적으로 넓어지기에 이르고, 황하와 더불어 장강이 본격적으로 역사의 무대에 등장하게 된다. 초 장왕은 회맹을 열지도 않았는데, 애초부터 초는 춘추 질서 바깥에 있었고 나아가 춘추 질서라는 것 자체가 사라져가고 있었기 때문이다. 이제부터는 전혀 다른 시대가 도래하기 시작한다.

하지만 진은 여전히 강국이었다. 진 무공 사후에 진은 다소 흔들렸지만, 조최의 아들인 조돈이 권력을 잡아 나라를 안정시켰기 때문이다. 조돈은 법가적 치술을 구사했는데, 법가사상은 중원 진에서 시작되어 서방 진에서 완성되었다고 할 수 있다. 진은 6세기 초에 적족을 북방으로 몰아내는 한편, 제와 격돌해 대파함으로써(미계의 전쟁) 여전한 힘을 과시했다. 진과 초는 끝없이 대립했고, 양국 사이에 끼인 소국들은 견디다 못해 양국의 화해를 주선하기도 했다. 그러나 양국은 결국 다시 격돌해 575년에 마침내 세 번째 큰 전쟁인 언릉대전이 발발하기에 이른다. 이 싸움에서 진은 대승을 거두어 필에서 초에 당한 패배를 설욕하게 된다.

그러나 6세기 중엽에 이르면 각 국가들은 모두 일정한 한계에 달하게 된다. 진의 경우 도공(572~558년)이 조무·위강 같은 인물들을 등용해 나라를 다잡음으로써 패권을 이어갔으나, 공자 탄생 8년 전인 559년을 분기점으로 해서 그 고만(高慢)하던 위세가 한풀 꺾이게 된다. 초 역시 북방 정복에서의 힘겨움을 느끼고 창끝을 동쪽으로 향하게 되며, 그 결과 당시 신흥 강국으로 부상하고 있던 오(吳)와 혈전을 벌이게 된다. 오는 서쪽으로는 초와 싸우면서, 북쪽으로는 장강과 회하를 잇는 운하를 만들어 중원을 노렸다. 중원 국가들은 진-초-오-제가 형성하는 사각형에 갇히게 되고, 진과 오 그리고 초와 제는 각각 대각선으로 느슨한 연대를 형성하게 된다.[25] 이로써 진과 초 양강이 부딪치던 춘추 중기의 구도가 와해되기에 이른다. 서방의 진은 앞길을 막고 있는 중원의 진을 넘어서지 못하면 중원으로 진출할 수가 없었기에 내실을 기하는 데 노력을 기울였다. 제는 진이 약화된 틈을 타서 몇 차례 도전해보았지만 역부족이었고 체면만 구겼다. 게다가 내부적으로는 진과 마찬가지로 군주 시해 사건까지 포함해 귀족들 사이의 세력다툼이 점차 격렬해져갔다. 제의 쇠락은 명재상 안영(晏嬰)의 힘으로도 막을 수가 없었다.

이와 같은 교착 상황은 마침내 평화 협상을 도래시키게 된다. 송의 재상 상술의 노력과 진의 지도자 조무, 초의 지도자 굴건의 동의로 546년 진과 초 그리고 제, 서방 진은 평화조약을 맺기에 이른 것이다. 이른바 '미병(弭兵)'이다. 이 미병을 통해서 진과 초 사이에서는 수십 년에 걸쳐 평화가 도

---

25) 여러 번 말했지만, 춘추시대의 두드러진 한 특징은 현실적 맥락과 주례의 맥락이 착종되어 있다는 점이다. 두 요소가 항상 복잡미묘하게 얽히기 때문에 무척 흥미롭다. 서로 죽고 죽이는 전쟁터에서 상대방 군주를 보면 절을 한다든가, 현실적으로는 이익이 전혀 되지 않는데도 가족적 질서로 인해 사생결단을 벌인다든가, 도덕적 문제로 전쟁이 벌어진다든가 하는 경우를 자주 볼 수 있다. 그러나 초나 오는 주례 바깥에 있던 국가들이었기에, 그 싸움의 양상은 훨씬 적나라했다. '예'라는 옷을 입고 싸우는 중원의 전쟁과 그 옷을 벗어버린(원래 입지 않은) 상태에서 벌어진 남방의 전쟁을 비교하는 것은 인간의 본성과 권력의 속성을 이해하는 맥락에서 무척 흥미롭다.

래한다. 그러나 이 회맹에서 서방 진과 제를 제외한 소국들은 공식적으로 진이나 초에 조공을 바치는 의무를 지게 된다. 미병의 평화는 어디까지나 위계질서의 확립에 의거한 평화였던 것이다. 이렇게 소국들이 대국들에 보다 명시적으로 종속되기 시작함으로써 '전국칠웅'으로 가는 씨앗이 뿌려지게 된다. 또, 외부에서의 전쟁 걱정이 덜어지자 각 국가들은 내부에서의 세력 다툼에 몰두하기 시작했다. 이제 '패권'이라는 개념 자체가 쇠락하고, 노골적인 약육강식의 시대가 도래하기 시작한 것이다. 동북아 철학사에 불후의 업적을 남기게 될 공자가 6세 되던 때의 일이다.[26)]

§2. 공자: 만세(萬世)의 사표(師表)

공자는 "내 나이 열다섯에 학문에 뜻을 두었다"(吾十有五而志於學)고 말한다. 이는 매우 중요한 발언이다. 열다섯 나이에 학문에 뜻을 두는 일은 당시로서는 극히 드문 일이었기 때문이다. 아니, 명시적으로 남아 있는 문헌들로 본다면 우리는 이러한 경우를 공자에게서 처음 발견하게 된다. 인간이란 어떤 존재인가? 우선 인간은 동물이므로 태어나 성장하고, 남녀가 교합해서 아이를 낳고, 늙어간 후 죽는다. 또, 인간은 '사회적 동물'이므로 일정한 국가와 법의 테두리, 일정한 사회적 – 문화적 장에서 태어나 특정한 직업을 가지고서 일정한 제도를 따라 살아간다. 인간의 삶은 동사들을 통해서 나타난다. '먹다', '달리다', '싸우다', '사랑을 나누다', '직업을 얻다' 등등. 춘추시대로 말한다면, '농사를 짓다', '추수를 하다', '먹다', '전쟁을 하다', '어떤 자리에 오르다' 등등. 공자는 인간에게 이런 동사들 외에 다른 동사가 있을 수 있다는 것을 처음으로 가르친 사람이다. 바로 (이전과는 다

---

26) 공자의 탄생 연도에 대해서는 552년 설과 551년 설이 있다. 여기에서는 551년으로 보았다.

른 의미에서의) '공부하다'라는 동사를. 정신을 성숙시키다, 앎을 확장하다, 새로운 사유를 하다 등의 다른 동사들이 모두 이 공부하다, 학문을 하다라는 동사에 기반을 둔다. 공자는 열다섯 나이에 당대의 다른 사람들이 꿈꾸던 동사가 아니라 '학문을 하다'라는 동사에 뜻을 둔 인물이다. 공자는 인간이라는 존재가 지금까지 알고 있던 그 존재와는 다른 존재가 될 수 있다는 사실을 분명하게 표명함으로써 동북아 철학사의 새로운 문턱을 넘어선다.

공자와 그의 시대

공자는 정, 위, 채, 조, 진, 송 등과 더불어 중원의 약소국들 중 하나였던 노에서 태어났다. 노는 주공 단을 이은 국가로서, 이웃한 제에 시달림을 받으면서도, 주공 단의 후예이자 주례의 보존자라는 상징적 힘을 이용해서 요령 있게 춘추시대를 버틴 국가였다. 공자가 태어난 6세기 중엽은 여전히 진·초 양강에 의해 지배되면서도 여기저기에서 변화의 징후가 나타나던, 춘추 말기가 시작되던 시기이다. 공자 나이 6세에 이루어진 미병의 평화는 노를 포함한 약소국들에는 오히려 멸망의 발단이었다. 진과 초의 남북 전쟁이 종식됨에 따라, 이제부터는 강국에 의한 약소국들의 멸망의 역사가 시작된 것이다. 동시에 강국 내부에서는 공실(사실상 왕실)이 약화되면서 권력의 축이 대부들로 옮아가고, 대부들 사이에서 전쟁이 벌어지는 현상이 나타나게 된다. 공자는 말한다. "천하에 도(주례)가 있었을 때, 예악정벌(禮樂征伐)은 천자에게서 나왔다. 천하에 도가 없어지자, 제후로부터 나오기 시작했다. 예악정벌이 제후로부터 나오게 되면 열 세대 이상 가는 경우가 드물며, 대부들로부터 나오게 되면 다섯 세대 이상 가는 경우가 드물며, 그 아래의 자들에게서 나오게 되면 세 세대를 가는 경우가 드물다. 천하에 도가 있다면, 대부는 권력을 쥐지 못하며 서민들이 나서지도 않는다."[27]

27) 『논어』는 다음 판본들을 참조해서 인용했다. 류종목, 『논어의 문법적 이해』(문학과지

210

공자가 볼 때 역사는 몰락의 과정이었다. 공자는 예전의 나라들 중 서주야 말로, 특히 주공 단이 세운 주례야말로 가장 이상적인 정치체제였다고 판단했다. 공자의 이런 판단은 서주의 쇠락과 동주의 도래, 그리고 춘추시대의 전개 과정 전체를 보고서 내린 것이다. 바로 그렇기 때문에 공자의 이상은 '좋았던 옛 시절'을 복구하는 데에 있었다. 날이 갈수록 가관으로 치닫는 춘추 말[28]을 살아야 했던 공자의 꿈은 주례를 다시 일으켜 예전의 태평성대를 복원하는 것이었다.[29]

그러나 공자라는 인물의 의미가 주례의 복원이라는 꿈으로만 설명될 수 있는 것은 아니다. 그에게는 철학적으로 결정적인 두 의의가 존재한다. 공자는 인(仁)의 도덕형이상학 —— 사실 '도덕형이상학'이라는 표현은 훗날의

성사, 2005). 이기동 역해, 『논어강설』(성균관대학교출판부, 2005). 박종연 옮김, 『논어』(을유문화사, 2006). *Confucian Analects*, by James Legge(Dover Publications, 1971).

28) 앞에서 서술한 춘추시대는 사실 정치에 초점을 맞추어 그 뼈대만을 살펴본 것이다. 미시적인 차원으로 내려가 당대를 산 사람들 —— 거의 귀족들의 경우만 남아 있지만 —— 의 우행, 욕정, 무지, 오만, 폭력 등등을 보면 적나라한 인간의 얼굴이 드러난다. 주목할 것은 서주로부터 춘추 초로, 춘추 중기로, 춘추 말로 이행하면서 그 얼굴이 점차 더 일그러진다는 점이다. 같은 귀족이라도 춘추 초의 귀족들의 언행과 이후의 귀족들의 언행을 비교해보면 많은 차이를 느낄 수 있다. 『펠로폰네소스 전쟁사』의 경우에도 그렇듯이, 춘추전국시대에 대한 관찰은 인간이라는 존재가 어떻게 점차 더 전락해가는가를 잘 보여준다. 공자의 사상은 이와 같은 맥락을 염두에 두고서 이해되어야 한다.

29) 서주 이래 공자의 시대에 이르기까지 역사가 점점 쇠락해왔다는 공자의 경험적 판단은 분명 정당하다. 한 가지 중요한 문제는 주공 단이 세운 서주의 질서가 정말 그렇게 '좋은 세상'이었을까 하는 점이다. 서주는 보기 드물게 평화로운 왕조였다는 점을 강조하면서 "pax Chouica"를 논한 사람은 크릴이었다. 벤자민 슈워츠는 이에 대해 보다 균형 잡힌 시각을 취한다(『중국 고대 사상의 세계』, 나성 옮김, 살림, 1996, 2장) 또, 공자가 겨냥한 것은 구체적인 주례 자체가 아니라 그 너머에서 빛나고 있는 '천명' —— 공자에게서는 이미 역사적 개념보다는 철학적 개념으로 추상화되었을 개념 —— 이었다고도 볼 수 있다. 현존 질서를 긍정하는 것을 '보수주의'라 한다면, 또 개혁/혁명을 저지하려는 것을 '반동적'이라 한다면, 공자는 보수주의자나 반동적 인물이 아니라 오히려 개혁적/혁명적 인물이었다. 그러나 공자의 개혁/혁명은 전혀 새로운 차원으로의 내디딤이 아니라 좋았던 과거로의 회귀라는 점에서 그는 또한 회귀적 인물이었다. 공자에게서는 가장 회귀적인 것이 곧 가장 혁명적인 것이었다.

맹자나 성리학자들에게 더 어울리는 말이지만— 을 세움으로써 '예'를 철학적으로 정초했다. 공자는 단순히 주례를 복권시키고자 한 것이 아니라 그것을 새롭게 정초하고자 한 것이다. "사람이 어질지 않다면 '예'가 다 무엇이란 말이냐? 어질지 않다면 '악'이 다 무엇이란 말이냐?"(人而不仁 如禮何, 人而不仁 如樂何) 공자는 법은 예에 의해 정초되어야 하고, 예는 인에 의해 정초되어야 한다고 보았다. 현대 식으로 말해, 법이라는 사회과학은 예라는 윤리학에 의해 정초되어야 하고, 예라는 윤리학은 인이라는 존재론에 의해 정초되어야 한다. 반대 방향으로 말해, 인은 예를 통해 구현되어야 하며, 예는 법을 통해 구체화되어야 한다. 또 하나, 공자는 동북아 문명에 인문세계라는 새로운 삶의 차원을 도래시켰다. 공자는 인간에게 먹고사는 것, 싸우는 것, 권력을 잡는 것 등등 외에도 어떤 다른 세계, 인문학적 차원이 존재한다는 것을 말해주었다. 그가 교육했던 시, 예, 악 등은 예전과는 다른 차원의 뉘앙스를 띤 것이었다. 그는 "시로 일으키고, 예로 세우고, 악으로 갈무리한다"(興於詩 立於禮 成於樂)고 했고, 이렇게 이루어지는 세계는 인간이 오직 인간이기 때문에 도달할 수 있는 삶의 또 다른 차원이었다. 한편으로 윤리의 근간을 마련했다는 점에서, 다른 한편으로 인문세계라는 새로운 차원을 열었다는 점에서, 공자는 동북아 문명사에 결정적인 지도리를 만들어냈다고 할 수 있다. 그리고 공자는 그의 이 숭고한 가치를 순수 학문 차원에서만이 아니라 실제의 정치적/사회적 삶에도 구현할 수 있기를 갈망했다.

그러나 공자의 꿈이 아무리 원대하고 그 인물이 아무리 빼어났다 해도, 이미 시대는 어느 누구도 제어할 수 없는 지경으로 걷잡을 수 없이 흘러가고 있었다. 미병은 강자들 사이에 협약이 이루어지면 그때부터 약자들의 사냥이 시작된다는 사실을 여실히 드러냈다. 이제 작은 나라들은 하나둘씩 지도에서 사라지게 되고,[30] 세상은 전국칠웅으로 치닫게 된다. 공자 11세

---

30) 534년(공자 17세)에는 초가 진(陳)을 멸망시켰다. 그 2년 후에는 다시 채를 멸망시켰

(노 소공 원년, 541년) 때 진의 기둥이었던 조무가 죽음으로써 진은 결정적으로 분열의 길로 들어선다.[31] 게다가 진 평공은 여색에 탐닉하다가 중병에 걸린 그런 수준의 인물이었다. 한편 이 시절은 초의 패악한 군주인 영왕이 새삼스럽게 '패권'을 누리겠다고 설친 시절이다. 그는 초 장왕의 루이 보나파르트였다. 초 영왕은 이전의 왕을 시해하고서 왕이 된 후 걸핏하면 별의미 없는 전쟁을 일으켰으며, 특히 신흥 강국인 오와 진흙탕 싸움을 벌였다. 또, 그는 제후들을 윽박지르고, 걸핏하면 대부들을 죽였고, 주 왕조에 구정을 요구하고, 폭군들이 항상 그렇듯이 궁궐을 무리하게 구축하는 등 여러모로 무례하고 무지한 짓들을 저질렀다. 그 역시 결국 비참한 말로를 맞이한다. 제에서는 최저가 장공과 여자를 두고서 급기야 장공을 죽이기에 이르고, 최저 자신도 경봉에게 죽는 일이 벌어진다. 노에서도 난리가 나 소공이 나라 밖으로 도망치는 일이 발생한다. 공자 35세 때의 일이다. 진, 초, 제, 노 그리고 다른 어디를 둘러봐도 온통 이런 식의 사건들뿐이었다.

으며, 초 영왕은 채의 태자를 제사의 희생물로 썼다. 초의 대부 신무우는 "이는 매우 상서롭지 못한 일이다. 오생(五牲)〔희생으로 사용되는 다섯 종류의 짐승〕도 그 조상을 제사 지낼 때는 희생물로 사용하지 않는데, 하물며 일국의 제후를 희생물로 쓴단 말인가. 군주는 반드시 이 일을 후회할 것"이라고 한탄했다. 초 영왕을 이은 초 평왕이 두 국가를 재건해주기는 했지만, 이런 식의 완전 멸망이 시작되었다는 것은 곧 춘추시대를 떠받쳐온 두 기둥 즉 '예' 개념과 '패권' 개념이 와해되기에 이르렀음을 뜻한다.

31) 공실이 무너지고 국가가 분열되기는 제도 마찬가지였다. 조무 사후 2년 후(539년, 공자 12세) 진에 온 안영은 공자 탄생 5년 전인 556년부터 제의 중신으로서, 주로 외교 담당으로서 활동하고 있었다. 그는 숙향과 다음과 같은 대화를 나눈다. "숙향 — 제의 사정은 요즘 어떻습니까? 안영 — 제가 말세(季世)에 이르렀다는 것 이외에 나머지는 잘 모르겠습니다. (…) 군주가 백성을 버리자 백성들이 진씨(=전씨)에게 귀부(歸附)하고 있습니다. 군주가 거둬들인 생산물은 썩고 벌레가 먹고 있지만 백성은 빈곤하여 80이 더된 노인들조차도 기한(飢寒)에 떠는 형편입니다." 숙향 — 과연 그렇습니다. 우리 공실 또한 지금 말세에 이르렀습니다. (…) 백성은 군주의 명령을 들으면 마치 외적을 피하듯이 하고, (…) 씨족들은 모두 몰락해 천한 지위로 전락했습니다. 그런데도 군주는 반성하기는커녕 날마다 환락으로 근심을 잊고 있습니다. (…) '이른 새벽 일어나 가문 일으키려 뛰어다니나, 훗날의 못난 자손은 게을러터지네'라 하지 않았습니까. (…) 진의 공족(公族)은 끝났습니다."

그러나 이와 같은 시대에도 빛나는 인물들은 있기 마련이다. 진의 숙향은 쇠락해가는 진을 추슬러 이끌고 간 대표적인 정치가였다. 공자는 숙향에게 "고전적인〔춘추귀족적인〕 풍모가 있었다"고 상찬했다. 초의 백주리, 신무우는 포악한 영왕에게 목숨을 걸고 간한 인물들이다. 또, 오자서의 할아버지 오거는 영왕에게 영합하기는 했지만 그나마 그를 일정 정도 통어할 수 있었다. 미병을 주관했던 송의 상술은 여전한 외교 실력으로 어려운 시절을 버텨냈고, 자한도 송을 떠받치는 기둥 노릇을 했다. 제의 명재상 안영은 혼란의 세월을 보내면서도 정치적 중립을 지키면서 일편단심 민생을 위해 애쓴 인물이다. 정의 자산은 뛰어난 정치로 '작은 나라가 살아남는 법'이 무엇인가를 보여주었다.[32) 노의 숙손표는 노가 가진 상징적 힘을 활용해서 어려운 시절을 헤쳐나갔다. 이들이야말로 진정 마지막 춘추 귀족들이었다. 공자는 젊은 시절 이런 선배들로부터 많은 것을 배웠으며, 우리가 공자의 생각/말로 알고 있는 것들 중 적지 않은 것이 사실은 이 선배들로부터 수용한 것들이다.

"학문에 뜻을 두었다"고 할 때, 여기에서 '학(學)'이란 무엇을 뜻할까? 시대의 주인공은 공실에서 대부들로의 이행을 넘어 이제 사(士)로 이행하고 있었다. 제 환공, 진 목공, 진 문공, 초 장왕 같은 군주들은 찾아보기 어려웠고, 안영, 정자산 등 이후에는 뛰어난 대부들/정치가들도 눈에 띄지 않았다. 귀족들은 닭싸움 같은 시시한 오락이나 술과 여자에 탐닉할 뿐 별

---

32) 정자산은 안영 등과 더불어 당대의 가장 빛나는 인물로 『춘추좌전』에는 그의 행적과 언사가 특히 많이 남아 있다. 자산은 정치가로서만이 아니라 지식인으로서도 뛰어났는데, 세계에 대해 철저하게 합리적인 이해를 가지고 있었고, 현대 식으로 말해 다양한 과학 분야에 통달한 인물이었다. 그가 진 평공의 병에 대해서 주술적인 해석을 물리치고 합리적이고 과학적인 지식을 동원해 원인을 밝혀주자, 평공은 그를 박학한 인물로 칭송했다. 그는 춘추시대의 아낙사고라스였다. "괴력난신(怪力亂神)을 말하지 않는" 공자의 인식론도 자산의 영향을 받았을 것이다. 공자는 그의 나이 29세(522년)에 자산이 세상을 떠나자 눈물을 흘리면서 "그는 예로부터 내려온 사랑을 이어간 인물이었다"고 평했다. 이는 공자로서는 거의 최상의 평가라 할 수 있다.

214

다른 역사적 의식과 비전을 갖추지 못했다. 반면 '사' 계층은 계층 상승을 위한 호기를 맞고 있었고, 상인이나 공인들도 예전보다 훨씬 자유로운 공기를 호흡했다. 현물세가 일반화됨에 따라 농부들도 신체적 구속에서 벗어나기 시작했다. 이제 '명(名)'만이 아니라 '실(實)'이 인정받는 시대가 도래한 것이다. 17세 때 양호에게 문전박대를 당하기까지 한 공자("젊은 시절 나는 천한 사람이었다") 역시, 로마에서 키케로가 그랬듯이, 원대한 꿈을 펼칠 수 있는 시절을 맞아 자신의 능력/영역인 '학'을 통해 출세(出世)하고자 했을 것이다.[33)]

그러나 공자는 '학문'이라는 개념을 단순한 한 영역/분야나 출세를 위한 도구로서가 아닌, 이전에는 볼 수 없었던 개념으로 변환할 수 있었다. 위대한 철학자들이 대개 그렇듯이, 공자는 학문이라는 '말'이 아니라 그 '개념'을 창조한 것이다. 당시 학문이란 곧 육예 —— 예(禮)·악(樂)·사(射)·어(御)·서(書)·수(數) —— 를 뜻했다. 이 육예는 본래는 귀족의 귀족다움을 가능케 하는 교양이었지만, 지중해세계에서의 '파이데이아'가 점차 '시민' 계층으로 확대되었듯이, 점차 '사' 계층으로 이전되고 있었다. 지중해세계와 달리 동북아세계는 '문'과 '무'의 구분이 뚜렷했지만, 그런 분업은 당대에 막 시작되고 있었을 뿐이고 '사'는 대개 문무를 겸비해야 했다. '사'

---

33) 노나라의 대부 민자마는 주 왕실의 대부 원백이 학문을 멀리한다는 말을 듣고는 다음과 같이 말했는데, 당대의 학문 개념을 잘 보여준다. "주 왕실이 곧 어지러워질 것이오. 학문을 멀리하는 자가 많아진 연후에 비로소 그런 사태가 대부들에게까지 영향을 끼치게 될 것이오. 그러면 대부들은 자리를 잃을까 염려해 사리를 밝히려 들지 않을 것이오. 그러면서 그들은 '배우지 않아도 좋다. 그런다고 뭐 해로울 건 없다'고 할 것이오. 해로울 것이 없다고 배우지 않으면 일을 되는대로 적당히 처리하게 되오. 그리되면 하극상이 일어나게 되니 어찌 난이 일어나지 않으리오. 무릇 학문이란 식물을 재배하는 것과 같아서, 멀리할 경우 곧 쇠락할 수밖에 없소. 원백은 결국 망하고 말 것이오." 당대의 귀족들에게 학문이란 헬라스의 자연철학 같은 순수한 지식이 아니라 춘추시대에서의 '삶의 기예(ars vitae)'였으며, 궁극적으로는 가문의 영광이나 멸문지화냐를 둘러싼 생사의 문제였다. 그리고 이와는 약간 달리, '사' 계층에 학문은 신분 상승을 위한 필수적인 조건이었다.

계층은 바로 이와 같은 종합적 능력을 키워 사회에 진출하고자 했다. 공자 역시 이러한 학문을 배웠고 또 제자들에게 가르쳤다. 그러나 그는 학문을 실용적인 지식으로부터 본격적인 '학'의 수준으로 탈바꿈시켰다.[34] 공자에 이르러서 동북아의 학문은 비로소 철학적 수준에 이를 수 있었다. 공자는 '인'을 비롯한 많은 철학적 개념들/원리들을 재사유함으로써,[35] 인간-됨의 수준을 끌어올리고자 했다. 지중해세계에서의 "paideia"/"studia humanitatis"에 해당한다. 나아가 '학'은 '습(習)'과 혼연일체를 이루어야 한다. 공자는 자신의 인간존재론적 혁명을 기반으로 세계를 윤리적으로 또 정치적으로 개혁하고자 했다. 플라톤적 뉘앙스에서의 '정치학'에 해당한다. 공자가 이런 고귀한 학문 개념에 도달하기에는 적지 않은 시간이 걸렸을 것이다. 그 시간은 동북아 철학사에서 결정적인 시간이었다. "배우고 때맞춰 익히면 기쁘지 아니한가?"(學而時習之 不亦說乎) '학'이란 평소에, 일생에 걸쳐 하는 것이다. 그러나 그 배움을 현실에 구현하는 것은 정확히 때에 맞춰서 해야 한다. 시간의 지도리에 설 때, 삶에서 윤리적-정치적 '기(幾)'들에 설 때마다, '습'이 요청된다. '학'과 '습'은 기쁜 것이다. 인간이 인간으로서 산다는 것은 과연 학문하고 실천하는 데 있는 것이 아니겠는가.

"내 나이 삼십에 두 발로 섰다."(三十而立) "두 발로 섰다"는 것은 무엇을

---

34) 그러나 현실에서 '사' 계층이란 그저 소(小)관료적/기능적 존재일 뿐이었다. "누군가 말했다. 대단하구나, 공자여! 박학하기 그지없지만 뭐 하나 잘하는 게 없다니. 이를 듣고 공자 가로되, 뭘 전공할까? 말을 몰까, 활을 쏠까? 말 모르는 게 낫겠구먼." "군자불기 (君子不器)"라는 공자의 말은 군자 계층이 기능적 존재가 아니라는 뜻이 아니라, 자신이 생각하는 군자다운 인간은 세속에서 말하는 그러한 기능인이 아니라는 뜻이다.

35) 공자는 새로운 창작이 아니라 전통에 대한 재사유를 통해서 자신의 사유를 전개했다. "나는 재사유할 뿐 창작하지 않는다. 옛것을 믿고 좋아하니, 은근히 노팽에게나 비할까."(述而不作, 信而好古 竊比於我老彭) "나는 나면서부터 아는 사람이 아니다. 그저 옛것을 사랑해 부지런히 공부했을 뿐."(好古 敏以求之者也) "열 집쯤 되는 작은 마을에도 필히 충(忠)과 신(信)에서는 나 같은 자가 있겠지만, 호학(好學)에서 나 같은 이는 없으리라."

뜻할까? 15세 이후 학문을 갈고닦은 그가 삶의 의미와 자신의 앞날에 대한 어떤 확고한 비전을 획득했음을 뜻할 것이다. 공자는 창고지기, 가축 관리자 등의 직을 성실히 수행해서 귀감이 되었으나, 물론 이러한 일들은 그의 꿈에 턱없이 미치지 못하는 것들이었다. 젊은 공자는 이미 학문적으로는 세상의 인정을 받고 있었다. 그러나 공자의 신분적 제약은 그가 뜻을 펼칠 기회를 쉽사리 허락하지 않았다.[36] 그는 주공 단이 세운 예의 세계를 춘추 말기라는 난세에 부활시키고자 했으나, 세상 전체는 물론 그가 살던 노나라 자체가 엉망진창의 나라였다. 노의 세력가들은 맹손씨, 숙손씨, 계손씨였으며, 이미 노 양공 11년(562년)에 이들은 중앙군을 빼앗아 자신들에게 분배함으로써 권력을 잡았다. 특히 계손씨 집안은 대대로 권력을 휘둘렀다.[37] 급기야 공자 35세 때인 노 소공 25년(517년)에는 닭싸움이 실마리가 되어 계평자와 노 소공 사이에 전쟁이 벌어져 소공이 제나라로 도피하기에 이른다. 이처럼 한심한 작태가 벌어지고 있었지만, 당시의 공자로서는 할 수 있는 일이 별로 없었을 것이다. 이런 상황에서 공자는 적지 않은 심적 방황과 고통을 겪었을 것이지만, 또한 동시에 그 과정을 통해서 흔들림 없이 산다는 것이 무엇인지 배웠을 것이다. "내 나이 사십에 더는 미혹에 흔들리지 않게 되었다."(四十而不惑)

소공은 끝내 돌아오지 못하고, 공자 43세 때 새 군주인 정공이 즉위하게 된다. 진과 제에서는 귀족들의 분열이 더욱 심화되고, 멀리 서방의 진은

---

36) 공자는 35세의 나이 때에 제나라에서 자리를 구했다.(더 늦은, 40대의 시기로 보는 사람들도 있다) 제 경공이 공자에게 정치에 대해 물었다. "군주는 군주답고, 신하는 신하답고, 아버지는 아버지답고, 자식은 자식다워야 합니다."(君君臣臣父父子子) 공자의 이 대답은 아레테(~다움)에 대한 소크라테스의 생각에 크게 근접한다. 경공은 공자를 대부로 봉하려 했지만, 안영이 이를 제지한다. 경공은 공자를 환대했지만, 제의 권력자들은 그를 견제했다.

37) 노 소공 25년(517년)에 악기라는 사람은 다음처럼 말한다. "노나라의 정권이 계씨의 손에 장악된 지 벌써 3세(계문자, 계무자, 계평자)가 되었고, 노나라 군주가 정권을 잃은지 이미 4공(선공, 성공, 양공, 소공)에 이르고 있습니다. (…) 노나라 군주는 이미 백성의 지지를 잃었는데 어찌 뜻을 펼 수 있겠습니까?"

내실을 기하면서 점차 힘을 키워가고 있었고, 초와 오와 월(越)의 사투가 본격적으로 시작되고 있던 시점이다.[38] 노의 경우, 정공 5년(505년)에 계평자가 죽고 계환자가 들어선 후에 더욱 복잡한 암투가 벌어지고 있었다. 40대의 공자의 삶은 양면적이었다. 그의 학자로서의 명망은 반석에 올랐고, 그에게 배우려는 사람들이 문전성시를 이루었다. 그러나 지식인에게는 연구와 교육 외에 실천이라는 또 하나의 축이 존재한다. 특히 유교 계열에서의 동북아 문명에서는 '학자'와 '정치가/관료'는 구분되지 않았다. 뚜렷한 구분은 고증학 시대에나 가서야 등장한다. 학문은 정치를 위해 하는 것이고, 정치는 학문을 구현하는 것이었다. 공자 역시 자신의 꿈을 실천할 기회를 간절히 꿈꾸었다. 그러나 그가 자신의 학문적 역량을 구현할 정치적 장은 존재하지 않았다. 당시 노는 양호 — 17세 때의 공자를 문전박대했던 그 사람이다 — 가 전횡을 휘두르던 시대였다. 양호(陽虎)는 그 이름처럼 그야말로 호랑이 같은 인물로서, 삼환 즉 맹손씨, 숙손씨, 계손씨의 권세를 무너뜨리고 권력을 잡으려 했다. 양호는 공자를 자신의 휘하에 끌어들이려 윽박질렀으나 공자는 끝내 거부했다. 양호가 결국 패해서 외지를 전전

---

38) BC 6세기부터 역사에 등장하기 시작한 장강 하류의 오와 월에 의해 춘추 말기는 더욱 복잡한 형세를 띠게 된다. 초에서 억울하게 아버지와 형을 잃고서 오로 피신한 오자서는 늑대와도 같았던 오왕 합려를 만나 힘을 키운다. 합려는 오자서 그리고 역시 초에서 억울한 일을 당하고 망명한 백비, 손무 같은 인재들을 통해 오를 반석 위에 올린 후, 마침내 506년(공자 45세) 초를 거의 멸망 직전까지 몰아붙였다. 서방 진의 개입과 오 후미에서의 월의 공격으로 초는 기사회생하지만, 이 사건은 진-초 양강에 의해 지탱되던 춘추 질서를 무너뜨린 큰 사건이었다.
합려와 오자서는 여러모로 춘추시대로부터 전국시대로의 이행을 잘 보여주는 인물들이다. 합려는 왕자 시절 초와의 전투에서 자신의 군사(죄수들, 포로들이었겠지만) 3,000명을 무장해제해 화살받이로 쓰는 작전을 구사하여 예전에는 볼 수 없었던 잔인함을 선보였다. 또 합려는 자객을 써서 왕위에 올랐는데, '자객'이라는 개념이 바로 이때 생겨난다. 오자서와 백비는 타국에서 들어와 경이 된, 전국시대에 흔히 볼 수 있는 '객경(客卿)'의 시조였다. 월의 범려와 문종 또한 객경들이었다. 묘하게도 이 네 사람은 모두 초나라 출신이었다. 오자서는 군주권의 강화를 골자로 하는, 전국시대에 유행하게 될 부국강병책의 원형을 선보였다.

하다가 진의 조씨 집안에 몸을 의탁하자 공자가 말했다. "장차 조씨 집안에 대대로 화란이 있을 것이다." 이 말에 양호에 대한 공자의 판단과 감정이 잘 나타나 있다.

"내 나이 오십에 천명을 알게 되었다."(知天命) 공자가 나이 50이 되어 알게 된 '천명'이란 과연 무엇일까? '천명'은 주 왕조에 의한 상 왕조의 정복 시에 등장했던 개념이다. 우리는 공자가 이즈음(정공 9년, 501년)에 주공 단을 모델로 해서 자신이 해야 할 일과 그것을 위한 학문적 토대를 마침내 확고하게 정립했다고 짐작할 수 있다. 플라톤을 논하면서 '철학 체계'에 대해 언급했거니와(1권, 6장), 철학의 거장들에게는 자신의 사유의 전체 틀, 즉 존재론, 인식론, 윤리학, 정치철학 등의 전체 체계가 확고하게 정립되는 순간이 존재한다. 지중해세계에서의 '철학 체계'와 동북아세계에서의 그것은 뉘앙스를 크게 달리하겠지만, 이즈음에 이르러 공자는 마침내 득도함으로써 철학자로서의 경지에 오른 것으로 보인다. 그 즈음에 공자의 정치적 위상도 점점 높아져 때로는 재상의 역할을 대리하기까지 하게 된다. 그리고 그의 이런 학문적-정치적 역량은 마침내 정공 10년(500년)에 이루어진 제와의 '협곡의 회맹'에서 유감없이 발휘되기에 이른다.[39]

공자는 마침내 때가 왔다고 생각했다. 정공 12년(498년) 그는 제자인 자로(子路)를 시켜 삼환의 근거지인 비읍·후읍·성읍의 성을 헐고자 했고, 불완전하게나마 성공한다. 협곡 회맹에서의 승리와 삼환 제어의 성공으로 공자의 정치적 입지는 매우 커진 듯 보였다. 더구나 그는 이제 막 대사구(大司寇)라는, 지금으로 말하면 경찰청장에 해당하는 높은 자리에 올랐고, 때로는 재상 역할도 하게 된 상황이었다. 그러나 외형상 절정에 달한 듯이 보이는 이때, 놀랍게도 그는 모든 것을 버리고서 노나라를 떠나버린

---

39) 공자는 이 회맹에서 단호한 행동과 명쾌한 논변을 펼침으로써, 안영을 포함한 제의 신하들을 압도했다. 특히 그는 '예'를 분명히 함으로써 제 경공을 부끄럽게 했다. 경공은 사과조로 노로부터 빼앗은 세 군데 땅을 반환하기에 이른다. 이때의 상황은 『사기』, 「공자세가」와 『좌전』에 상세하게 나와 있다.

다.(497년) 어떤 일이 있었던 것일까? 이에 관련해 몇 가지 사건이 제시되곤 하지만, 그것들은 결국 계기이지 원인은 아닐 것이다. 원인은 삼도의 성을 허물면서까지 노력했던 자신의 개혁이 이루어질 조짐이 거의 보이지 않았다는 사실에 있었을 것이다. 정치적 성공 — 플라톤도 마지막 순간까지 놓지 않았던 꿈인 '아름다운 나라'의 현실화 — 의 갈망을 접더라도, 공자는 노나라에서 존경받는 원로로서 또 당대 최고의 학자로서 잘 살 수 있었다. 그러나 그는 이상국가의 꿈을 버릴 수가 없었고, 무려 55세의 나이에 모든 기득권을 내팽개치고 자신의 꿈을 실현해줄 군주를 찾아 고난의 행군을 떠난다. 소크라테스가 델피의 신탁 이야기를 듣고서 생업을 내버리고 철학에 몰두하기 시작했듯이. 플라톤이 귀족 - 정치가로서의 길을 버리고 철학자의 길을 택했듯이. 이로써 저 유명한 14년간의 주유가 시작되었다. 이 14년 주유가 없었다면 우리가 아는 그 '공자'도 없었을 것이다.

14년 주유(周遊)의 드라마

공자는 제나라로는 가지 않았다. 자신을 눈엣가시처럼 여기는 대부들이 득실대는 곳으로 갈 이유는 없었다. 공자가 처음 발길을 옮긴 곳은 위(衛)였다. 이는 우선 위나라가 물리적으로 가까운 곳이기도 했고, 또 자로의 처형이자 공자의 제자이기도 한 안탁추를 비롯한 많은 제자, 지인이 있어 여행상의 도움을 받을 수 있기 때문이었다. 그러나 더 본질적인 이유가 있었다. 위나라는 무왕과 주공의 동생 강숙에게 분봉된 나라였으며, 조가를 수도로 했던 은의 옛 땅이었다. 바로 관·채와 더불어 '삼감'을 이룬 곳이다. 실제로도 얼마간은 그랬지만, 특히 공자가 볼 때 위와 노는 형제 국가였다. 그리고 외부에서 볼 때도 위와 노는 주례를 이어받은 정통 국가였던 것 같다. '선비들의 나라'들이었던 것이다. 『논어』에 여러 차례 나오는 민자건이라든가 거백옥 또 시간(屍諫)으로 유명한 사어 같은 이들이 바로 그런 선비들이다.[40] 공자 당시에 위는 소국으로 쇠퇴해 있었지만 중원의 요지에 위치해 사람들이 붐비는 활발한 곳이었다. "공자 가로되, 백성들이 참

많기도 하구나! 염유가 여쭙기를, 백성이 많다면 다음에 할 일은 무엇입니까? 공자 답하길, 그들이 배부르고 등 따시게 해주어야지. 염유가 또 묻기를, 그다음에 할 일은 무엇입니까? 공자 답하길, 그들을 가르쳐야 하느니라."

공자가 위나라에 도착했을 때의 상황과 그때 공자가 품었던 계획이 어떤 것이었나를 잘 보여주는 대화이다. 공자는 자신의 학문을 위나라에서 실현할 수 있기를 간절히 소망했다.[41] 하지만 여의치 않았다. 군주인 영공은 사람 보는 눈은 좀 있었으나, 그저 큰일만 일어나지 말아라 하면서 수십 년 동안 자리만 지키고 앉아 있는 위인이었다. 그가 공자에게 물은 것이라곤 겨우 전쟁터에서 진 치는 방법이었다. 또, 남자라는 이름의 그 부인은 자타가 공인하는 색녀였다. 게다가 아니나 다를까, 위의 신하들 역시 공자가 "굴러온 돌이 박힌 돌을 빼낼까"봐 그를 열심히 헐뜯었다. 질시(嫉猜)는 뛰어난 인간이 한평생 짊어지고 가야 할 멍에와도 같은 것이리라. 겨우 찾아온 자라고 해봐야 바로 사어가 시간을 통해서라도 축출해내고자 했던 미자하 같은 간신이었다. 급기야 공자는 자신의 이상을 실현하는 것은 고사하고 신변마저 위태로운 지경에 빠지게 된다. 그는 위나라를 떠났다. 공자의 다음 목적지는 진(陳)이었다. 공자는 왜 진(晉)으로 가지 않았을까? 한편으로 예전의 힘을 잃어버려 우왕좌왕하고 있고[42] 다른 한편으로 대부

---

40) 공자의 제자들 중 노나라 사람들 다음으로 많은 이들이 위나라 사람들이었다. 하지만 공자는 두 나라가 현재 꼴이 한심하다는 점에서조차 서로 비슷하다고 한탄한다. "노와 위의 정치라니, 그 형에 그 아우구나!"

41) "『시』 300편을 다 외운들, 그 정치적 실현에서 실패한다면, 사신으로 파견되어 떳떳이 의무를 다하지 못한다면, 그 많은 시들이 무슨 소용이 있겠는가?" "자공이 묻기를, 여기 아름다운 옥이 있다면 그것을 궤짝에 넣어 보관하시겠습니까 아니면 좋은 장사꾼을 찾아서 파시겠습니까? 공자 답하여 가로되, 팔아야지! 팔아야지! 나는 살 사람을 기다리는 중이니라."

42) 당시 중원의 판도는 진 중심에서 제 중심으로 이행하고 있었다. 위는 늘 진에 붙어서 행동했지만, 이즈음에 제로 배를 갈아탄다. 진에 느슨하게 붙어 있던 정도 제로 갈아타고, 노 역시 느슨하게나마 제로 붙는다.

들끼리 살벌한 싸움을 하고 있던 진에서는 자신의 꿈을 펼 수 있으리라고 생각하지 않았을 것이다. 물론 진(陳) 역시 위나라와 마찬가지로 약소국이었고, 진(晉)과 초 그리고 당시의 신흥 강국이었던 오에 시달리던 차였다. 그럼에도 공자가 진으로 방향을 잡은 것은 아마도 그곳이 순임금의 후손이 다스리는 국가였기 때문일 것이다. 그에게는 당장의 현실보다는 이런 정신적 끈이 소중했을 것이다. 그러나 예기치 못한 사건 때문에 공자 일행은 위로 되돌아오게 된다.

공자 일행이 광(匡)이라는 곳에 이르렀을 때, 공자는 양호로 오인받아 급기야는 마을 민병대에 포위당하는 일이 벌어진다. 공자는 기골이 장대한 거한이었고, 사람들이 그를 양호로 착각한 것이다. 양호는 17세 때의 공자를 문전박대했던 인물이고, 강압적으로 노나라를 주무르던 깡패 정치가였다. 양호는 공자를 끌어들이려 했고 공자는 그를 피해 다녔다. 양호가 쫓겨났을 때 공자는 아마 늑대 굴에서 탈출했을 때와 같은 해방감을 느꼈을 것이다. 그 양호가 쫓겨난 후 송나라의 광 땅에서 폭군 노릇을 한 적이 있다. 광 사람들은 양호가 다시 온 줄 알고 그를 요절내려고 한 것이다. 양호는 몰락하면서까지도 공자를 괴롭혔다. 질겨도 너무 질긴 악연이었다. 민병대는 공자 일행을 무려 5일간이나 포위한 채 공격의 틈을 보고 있었다. 공자도 거한이고 자로도 칼을 휘둘렀겠지만, 이 일행은 기본적으로 문인들의 일행이었다. 아무리 민병대가 직업군인이 아닌 농사꾼들이었다 해도, 수에서나 힘에서나 이제 공자 일행은 죽음을 각오해야 했을 것이다. 그러나 사색이 된 제자들을 본 공자는 이렇게 분연히 외쳤다.

문왕께서는 이미 돌아가셨으나, 그 '문(文)'은 바로 여기에 있지 않은가? 하늘이 없애려 하셨다면, 그것이 어찌 지금 이렇게 남아 있겠는가? 하늘이 원치 않거늘, 광 사람들이 나를 어찌하겠는가!(文王旣沒 文不在玆乎. 天之將喪斯文也 後死者不得與 于斯文也. 天之未喪斯文也 匡人其如予何)[43]

세상천지를 다 둘러봐도 도는 없고, 지배자들은 밤낮을 가리지 않고 싸움에만 몰두하고 있으며, 백성들은 고통에 허덕이며 근근이 연명하고 있다. 문왕의 도는 땅에 떨어졌다. 하지만 그 '문' ── 문왕의 '문'이자 그 말이 상징하는 인문세계 ── 은 아직 남아 있지 않은가? 내가 아니라면, 그 문을 누가 이어갈 것인가? 내가 아니라면, 그 문을 누가 널리 펼 것인가? 하늘은 그 문을 이어가고 또 널리 펴기 위해서 나를 보내신 것이다! 공자 이전에 누구도 이런 길로 발걸음을 내디딘 바 없었고, 공자는 자신이 파천황(破天荒)의 새로운 발걸음을 내딛고 있다는 점을 스스로 잘 알고 있었다. 그것이 그가 50세의 나이에 깨달은 '천명'이었다. 하늘이 그 '문'의 단절을 원치 않을진대, 광 사람들이 나를 어찌하겠는가? 공자가 이때 보여준 확고한 사명감, 죽음 앞에서 분연히 터져 나온 "그 '문'이 바로 여기에 있다!"는 외침은 제자들에게 뜨거운 감동과 용기를 주었다. 제자들의 가슴속에 깊이 스며든 이 굳센 외침이야말로 이후 14년에 걸쳐 이어지는 고난의 행군을 돌파해나가게 해준 원동력이 된다.

공자와 더불어 14년 주유를 끝내 함께한 제자들은 자로, 자공과 안연이었다. 염유=염구 역시 노나라에서 부름을 받아 돌아가기 전까지 5년간 공자를 보좌했다. 그리고 다른 많은 인물들이 14년 내내는 아니어도 공자와 길을 함께했다. 영공과 남자부인을 뒤로한 공자는 이 제자들을 데리고 송을 거쳐 진으로 가려 했다. 그러나 공자 일행의 수난은 계속된다. 송은 공자의 조상들의 나라였다. 주는 은을 무너뜨린 후 그 유민들을 송에 살게 했다. 공자는 은나라의 후손이었던 것이다. 조상들의 나라에 온 공자는 제사를 지내고, 영공의 경우와 마찬가지로 별 소득은 없었지만 송의 왕을 만나고, 제자들을 교육하면서 시간을 보냈다. 그러나 여기에서도, 자신을 비판했다고 공자에게 앙심을 품은 환퇴라는 자가 공자를 죽이려 들었다. 환퇴는 나무를 무너뜨려 공자를 죽이려는 계획이 실패하자 이번에는 칼잡이

---

43) 『사기』, 「공자세가」.

들을 풀어 공자를 살해하려 들었다. 공자 일행은 뿔뿔이 흩어지고 얼마 후에 정나라 성문 밖에서 거지꼴로 서성이는 공자가 발견되었다고 하니, 당시의 상황이 얼마나 급박했었는지 짐작할 수 있다.[44] 정나라의 어떤 사람이 공자에 대해 "꼭 상갓집 개 같더이다"라고 말했다는 것을 전해 들은 공자는 껄껄껄 웃으면서 말했다. "그랬지, 그건 그랬어!" 이렇게 가는 곳마다 공자 학단이 만난 것은 냉대와 수난, 그리고 좌절이었다. 그러나 바로 그런 과정이 그들을 더욱 굳세게 해주었고 더욱 깊은 인연으로 맺어주었다.

　마침내 공자 학단은 진으로 갔다. 진은 제-진-초-오로 이루어진 사각형 안에 갇힌 소국이었다. 여기에서 공자는 몇 년간 머물면서 주빈으로 대접받았지만, 역시 뜻을 펴지는 못했다. 진나라 자체가 공자의 이상을 실현할 장이 되기에는 너무나도 불안했다. 이때 바로 진나라를 불안하게 한 주범이던 오왕 부차가 공자에게 자문을 구해왔다. 그즈음 부차는 중원을 계속 두들기면서 패자 노릇을 하려 했다. 패권이란 개념이 이미 쇠락해버렸는데, 부차는 진 문공이나 초 장왕 같은 '멋진 패자'가 되어보고 싶어서 안달했다. 그는 패권이라는 유령에 휘둘린 돈키호테였고 전형적인 외강내유(外剛內柔)의 사내였다. 아버지 합려가 월왕 구천에게 패하면서 남긴 유언에 따라 와신(臥薪)해 놓고서 정작 구천을 죽일 수 있는 시점에서는 그를 놓아주고, 아무 실속도 없는 중원 정벌에 국력을 낭비한 인물이었다.(그러나 그 과정에서 부차가 남긴, 장강과 회하를 연결한 운하는 지금까지도 그의 큰 공헌으로 남아 있다) 오는 본래 미개한 나라였다. 초를 멸망 직전까지 몰아붙이고도 정복하지 못한 것은 초를 힘으로는 무너뜨릴 수 있었으나 그 후에 통치할 능력이 없었기 때문이다. 그러나 부차는 자신이 천하의 패자이자 중원의 주인이며 심지어 문화인이라고까지 생각했고, 그가 공자에게 자문을 구한 것도 그러한 생각에서였을 것이다. 그런데 기껏 자문을 구한다는 것이 "해골은 누구의 것이 가장 큽니까?"라는, 그야말로 실소를 자아내는

---

44)　전후의 상황에 대해서 진현종, 『여기, 공자가 간다』(갑인공방, 2005)의 3장을 보라.

질문이었다. 이에 대해 공자는 그답지 않게 신화적인 이야기들을 끌어대어 대답했는데, 이는 늘 맥락에 따라, 상대하는 이가 누구냐에 따라 가르침을 주는 그의 태도를 잘 반영한다.

오왕까지 자문을 구할 정도로 공자의 학문적 명성은 높아갔으나 진에서도 그의 뜻을 실현할 수 있을 조짐이 보이지 않자, 공자 일행은 노나라로 돌아갈 생각을 했던 것 같다. 그들은 환퇴가 있는 송을 피해서 돌아가려고 다시 북상했다. 그들이 황하 남단에 이르렀을 때 그곳의 관리가 공자를 만나 뵙기를 청했다. 공자와 대화를 나눈 후 그는 공자의 제자들에게 이렇게 말했다. "그대들은 어찌 스승이 관직 없음을 걱정하십니까? 천하에 도가 없어진지 오래라, 장차 하늘이 선생을 목탁으로 삼으실 것입니다."(天下之無道也 久矣, 天將以夫子爲木鐸) 공자의 길은 관직에 있는 것이 아니라 세상을 구하는 목탁에 있다는 이 사람의 평가는 참으로 적절한 것이었다. 이 관리는 높은 내공을 쌓은, 세상을 피해 살고 있는 현자였을 것이다. 이 현자의 출현은 공자 일행에게 작지 않은 용기와 희망을 주었으리라. 그래서 공자 일행은 낙향하려는 마음을 바꾸어 다시 위나라로 향하기에 이른다.

그러나 위의 남부인 포(蒲)라는 곳에서 다시 사건이 터진다. 위에 대해 반란을 일으킨 포의 일부 사람들이 공자 일행을 막아섰기 때문이다. 이들은 공자 일행이 위의 정부에 이 사실을 알릴까봐 이들을 제거하려 했다. 이번에는 물리적 충돌에까지 이르렀으나, 공양유의 활약으로 공자 일행은 위기를 벗어나 위나라로 갈 수 있었다. 그러나 위나라에서의 분위기는 예전과 별반 차이가 없었고, 공자는 진의 대부 조간자＝조앙에게 가려 했다. 그러나 조앙은 사실 말벌 같은 인간으로서 진나라를 쥐고 흔든 인물이었다. 공자는 조앙이 진나라에서 대부들을 죽이는 등 무도한 일들을 벌이고 있다는 이야기를 듣고 그리로 갈 생각을 접었다. 그러고서 다시 진을 향해 남하했다.

492년, 공자는 예순이 되었다. "내 나이 육십에 귀가 순해졌다."(耳順) 타인의 말은 때때로 우리의 마음을 때리고, 나아가 베기까지 한다. 삶을 힘들게 하는 것은 곧 타인의 입에서 나와 내 귀로 들어오는 말들이다. 예순 살의 공자는 이제 타인의 말이 아무리 거칠고 사나워도 빙그레 웃으면서 소화해낼 수 있는 경지에 달한 것이다. 이때 노나라에서는 계환자가 죽고 계강자가 실권을 잡게 된다. 계환자는 죽을 때가 되어서야 공자를 모셔야 했다고 깊이 후회했고, 그를 이은 계강자는 아버지의 유언에 따라 공자를 모셔오고자 했다. 그러나 이번에도 역시 공지어라는 대부가 길을 막았다. 소인배들은 어떻게 해서든 뛰어난 인간의 길을 막으려 한다. 그가 들어올 경우 자신들의 왜소함이 두드러지게 되고 결국 기득권을 상실하게 되기 때문이다. 소인배들의 질시는 한평생 공자를 좌절시켰다. 결국 실무 능력이 있고 적당히 눈치도 볼 줄 아는 염구가 노로 돌아가게 된다. 공자 일행은 채로 향한다. 앞에서 언급했듯이, 채는 초 영왕에 의해 멸망당했다가 초 평왕에 의해 다시 세워진 소국이었다. 여기에서도 공자는 뜻을 구현할 수 없었고, 채 땅에 초가 세운 괴뢰정부인 섭(葉)에 갔을 때도 마찬가지였다. 이와 같은 패턴은 내내 반복되었다. 어쩌다가 그에게 손을 뻗치는 자들은 모두 위험천만한 자들이었다. 공자가 원하는 자리는 나오지 않았다. 기껏 제시되는 자리는 옳지 못한 자리였다. 어쩌다 일이 성사된다 싶으면 소인배들이 작당해 길을 막았다. 참으로 공자가 젊어지고 갈 수밖에 없는 운명이었다.

공자의 이런 운명에 있어서도 특히나 안타까운 대목은 초의 소왕이 그를 부르고자 했으나 성사되지 않은 일이다. 당시 초는 506년(공자 45세)에 오자서와 합려에 의해 멸망 직전까지 갔던 상흔을 치료하면서 재기의 날을 보내고 있던 터였다. 초가 수도인 영(郢)까지 빼앗긴 상황에서 멸망하지 않았던 것은, 오 자체의 여러 한계도 있었지만, 잠도 안 자고 7일간 구슬피 욺으로써 마침내 진(秦)의 참전을 끌어낸 신포서, 몸이 가루가 되도록 끝까지 분전하다 장렬히 죽은 심윤 술을 비롯한 많은 이들의 충성이 있었기 때문이다. 그리고 당시 어렸던 소왕 역시 성숙한 모습을 보였으며 이후 초를 찬찬히 재건해나갔다. 소왕은 정자산이 그랬듯이 주술적인 사고를 거부하고 합리적인 관점에 입각해 국정을 운영했다. 공자는 그에 대해서 "초 소왕은 대도(大道)를 아는 사람이다. 그가 나라를 잃지 않은 것은 당연한 일이 아니었던가"라고 하면서 상찬하기도 했다. 바로 그 소왕이 공자를 부른 것이다. 당시 초나라는 굳건하고 내실 있어 공자 같은 인물이 필요하지 않은 상황도 아니었고, 그렇다고 진(陳) 같은 나라들처럼 혼란스러워 공자가 뜻을 펼 수 없는 상황도 아니었다. 딱 공자 같은 인물이 절실한 그런 상황이었다. 게다가 소왕은 훌륭한 왕이고 공자를 원했다. 그야말로 다시없는 좋은 연(緣)이었다.

그러나 아니나 다를까 또다시 훼방꾼들이 나타났다. 진과 채의 권력자들은 공자가 초에 갔을 때 자신들에게 끼칠 여파를 생각하니 아찔했을 것이다. 항상 초에 시달리면서 버텨온 세월인데, 그 초에 공자까지 간다면? 안 되겠다 생각했던 진과 채의 대부들은 결국 공자 일행을 포위했다. 아사 작전에 돌입한 것이다. 공자 일행은 아사 지경까지 이르렀으나, 다행히 이 소식을 들은 소왕이 군대를 보내 공자 일행을 구했다. 이제 "동주(東周)를 다시 세우리라!"던 공자의 부푼 꿈이 실현될 수 있을 것 같았다. 그러나 이 마지막 순간에 등장한 것은 역시나 또 한 사람의 방해꾼이었다. 소왕의 서형(庶兄)인 자서가 자공, 안연, 자로 같은 빼어난 인재들을 거느린 공자가 초에 둥지를 튼다면 결국 초를 집어삼키지 않겠느냐고 간한 것이다. 결국 안타깝게도 공자의 초나라행은 좌절된다. 사실 자서는 수인배는 아니었다. 그는 국난의 시기에도 자기 역할을 다한 충신이었다. 그러나 그는 예전에 안영이 그랬듯이 공자를 크게 오해했다. 공자는 현군을 도와 나라를 튼튼히 하고 나아가 만백성을 교화하는 인문세계를 펼치려는 꿈을 가진 인물이지, 자신이 권좌를 뒤엎어 어떤 국가를 차지하려는 생각 같은 것은 꿈에도 없던 인물이기 때문이다. 어쨌든 이렇게 마지막이자 최고의 기회도 무산되어버린다.

공자와 제자들

공자 학단이 진과 채의 노역자들에 의해 포위당한 때였다. 순자에 따르면, 이때 공자 학단은 일주일 동안 익힌 음식은커녕 명아주 국물에 쌀을 섞어 마실 수조차 없었다고 한다. 그러나 공자는 이런 상황에서도 태연하게 책을 읽고 거문고를 타고 또 제자들을 가르쳤다. 공자는 "겨울이 와봐야 송백(松柏)이 가장 늦게 시듦을 알 수 있느니"라 했다. 공자는 바로 이런 상황이야말로 제자들을 시험할 적기라고 생각했다. 굶주림이 심해지자 성미 급한 자로는 공자에게 대들었다. "군자도 이렇게 곤궁할 때가 있습니까?" 공자는 빙그레 웃으면서 답했다. "군자는 곤궁해도 절조를 지키지만, 소인은 곤궁해지면 흐트러진다."(君子固窮 小人窮斯濫矣)

얼마 후에 공자는 자로를 불러 물었다. "『시』에 '코뿔소도 아닌 것이 호랑이도 아닌 것이 광야에서 헤매고 있네'라 했다. 나의 도에 무슨 잘못이 있다는 말이냐? 우리가 왜 이렇게 곤궁을 당해야 하느냐?" 자로는 "우리가 아직 어질지 못하기에 남들이 우리를 믿지 못하고, 우리가 지혜롭지 못하기에 남들이 우리를 막고 있는 거겠지요" 하고 퉁명스럽게 답했다. 이를 듣고 공자는 답한다. "그럴 리가 있겠느냐. 어진 사람이 반드시 믿음을 받는다면, 어째서 백이와 숙제가 수양산에서 굶어 죽었겠느냐? 지혜로운 사람이 반드시 뜻을 이루는 법이라면, 어째서 비간이 참혹하게 죽었겠느냐?"

사실 공자가 이런 물음을 던진 것은 자신의 수제자가 누구일지 시험해본 것이다. 전등식(傳燈式)이 거행되고 있었던 것이다. 그것은 권세의 한가운데에서 행해진 전등식이 아니라, 삶의 절박한 지도리에서 행해진, 그랬기 때문에 오히려 진정으로 숭고할 수 있었던 전등식이었다. 공자의 물음은 단지 당시의 상황에 관한 것이 아니었다. 그것은 공자 학단의 의미 그 자체에 대한 근본적인 물음이었다. 자로의 대답은 몹시 실망스러웠다.

자로는 원래 '도(盜)' 출신이었다. 국인도 아니고 정착한 농부도 아닌 야인들, 이들은 '도'를 형성하거나 떠돌아다니는 '유협'이 되거나, 유목하는 '예인' 같은 (국인과 야인 사이의) 존재가 되어 살았다. 「중니제자열전」에서 자로는 "수탉 꽁지를 머리에 꽂고 멧돼지 가죽주머니를 허리에 찬" 인물, "공자를 윽박지르고 폭행하려 한" 인물로 소개된다. 그야말로 동네 건달이었던 셈이다. 그런 자로를 공자는 사랑과 예의로 달래어 품에 안는다. 이후 자로는 공자를 평생 흔들림 없이 스승으로 모셨다. 그러나 자로는 성정이 뜨겁고 생각이 아둔해 걸핏하면 어리석은 언행을 저지르곤 했다. 생각은 없이 몸이 먼저 나가는 스타일이었던 것이다. 소크라테스와 플라톤은 용기는 반드시 지혜의 인도를 받아야 한다고 역설했거니와, 자로는 용기는 있어도 지혜는 없었다. 공자는 그럴 때마다 그를 꾸짖거나 타일렀다. "공자 안연에게 가로되, 써주면 나가고 그렇지 않으면 들어갈 것이니 너와 나만이 그렇게 할 수 있겠지. 자로가 부아가 나서 말하길, 선생님이 군대를 통솔한다면 누구와 함께하시겠습니까? 공자 답하여 가로되, 맨손으로 호랑이 잡고 맨 발로 언 강을 건너고 죽음조차 안중에 없는 자와는 함께하고 싶지 않아. 늘 신중하고 생각이 깊고 잘 마무리할 수 있는 자와 함께하고 싶지." "공자께서 제자들과 함께하매, 민자건은 온화하고 자로는 강건했으며 염유와 자공은 화락(和樂)했다. 공자께서 대견해 하시면서도 염려하셨다. 중유(자로)가 천수를 누리지 못할까 걱정이구나." 공자를 만나지 않았더라면 자로는 무엇이 되었을까? 작게 풀렸다면 동네의 골목대장이 되었을 것이고, 크게 풀렸다면 양호 같은 깡패 정치가가 되었을 것이다.[45]

---

45) 염유는 자로와는 반대였다. "자로 여쭙기를, 들으면 곧 행해야 할까요? 공자 답하여 가로되, 부모형제가 살아계신데 듣는 대로 행한다면 어찌 되겠는가? 염유 여쭙기를, 들으면 곧 행해야 할까요? 공자 답하여 가로되, 들으면 곧 행하거라. 공서화가 궁금해 여쭈었다. (…) 중유와 염유에게 답하신 바가 정반대이니 그 이유가 궁금합니다. 공자 답하여 가로되, 구는 너무 소극적이어서 용기를 북돋아준 것이고 중유는 용기가 너무 넘쳐서 눌러준 것이니라." 공자의 학문은 오늘날의 선생들처럼 익명의 학생들을 앉혀놓고서 법칙적인 지식을 가르치는 것이 아니다. 제자들의 인격 하나하나를 파악하고 그들 각자에게 가장 중요한 것을 말해준 것이다. 공자가 자로에게 준 다음 가르침은 특히 적절해 보인다. "중유야! (…) 앉거라, 내가 너에게 말해주리라. 어짊을 좋아하지만 학문을 하지 않으면 사람들에게 우롱을 당할 것이요, 이것저것 알고자 하지만 학문을 하지 않으면 방만해지고, 굳센 신의가 있지만 학문을 하지 않으면 스스로를 해치게 된다.

그러나 공자는 자로를 품에 안았고 그에게 마음속 깊이 애정을 가졌다. 늘 자로를 나무라면서도, 거친 자로가 사제들에게 업신여김을 받을 때면 그를 감싸주었다. "자유는 사형 노릇을 할 자격이 있지만, 다만 아직은 최고 수준에 달하지 못한 것뿐이니라." 거칠지만 순수한 자로는 자칫 유약해질 수 있는 공자 학단을 지켜주는 울타리이기도 했다. "내가 자로를 얻자 뒤에서 험담하는 소리가 사라졌다." 공자가 도를 실현할 기회가 한없이 멀어지는 것에 초조해 할 때 그를 옆에서 꽉 잡아준 사람도 자로였다. 지식인들에게는 자칫 유약하고 교활해질 위험이 늘 내재한다. 그러나 자로에게는 그런 측면이 없었다. 자로의 거칢과 단순무식함에 늘 안타까워하던 공자이지만, 공자는 자로의 또 다른 측면에 남다른 애정을 가졌고 마음속으로 그를 사랑했다. 공자와 자로는 변함없는 스승과 제자였고, 늘 싸우면서도 그럴수록 더 친해지는 벗이었고, 고난의 한평생을 같이한 전우였다. "도를 이루기가 어렵구나. 뗏목이나 타고 바다로 나갈거나. 나를 따라나설 자는 중유밖에는 없겠지. 자로가 이 말을 듣고 희희낙락하자, 공자가 탄식했다. 중유는 용감하기로야 나보다 낫지만, 그 막무가내 용기를 어디에다 쓸꼬."

훗날의 이야기이지만, 자로는 결국 영공-남자부인 집안의 이전투구(泥田鬪狗)에 얽혀 목숨을 잃게 된다. 남자부인과 영공의 아들(진짜 영공의 아들인지에 대해서는 다들 수군댔지만)은 어머니의 무도함을 참지 못해 그녀를 죽이려 했다. 실패한 아들은 국외로 도망갔고, 남자부인은 그의 아들 그러니까 자신의 손자를 공=왕으로 세웠다. 이때부터 국내로 돌아와 왕이 되려는 아버지와 그를 막고 왕 노릇을 이어가려는 자식 간의 서글픈 싸움이 계속되었다. 후에 아버지는 음모를 꾸며 마침내 아들을 밀어내고 공실

230

을 차지하게 된다. 자로는 이 추한 싸움의 와중에 말려들어 결국 죽음을 맞게 된다. 별 의미도 없고 또 무모한 싸움이었다. 자로는 "굳센 신의가 있지만 학문을 하지 않으면 스스로를 해치게 된다"는 스승의 가르침을 끝내 터득하지 못한 것이다. 그러나 그는 자로답게, 공자의 가르침을 받은 유자(儒者)답게 죽었다. 싸움 중에 갓이 떨어지자 자로가 외쳤다. "군자는 죽더라도 갓을 벗을 수는 없다!" 그러고는 갓을 단정히 고쳐 쓴 채 칼을 맞았다.[46] 자로의 적들은 그의 시체를 토막 내 소금에 절였다. 이 소식을 들은 공자는 울부짖었다. "집 안의 짠지항아리들을 다 엎어버려라!"

공자가 두 번째로 부른 제자는 자공(子貢)이었다. 공자는 그에게 똑같은 문제를 냈다. 자공은 답한다. 선생님의 도가 지극히 커서 천하가 선생님을 받아들이지 못하고 있습니다. 어째서 도를 조금 낮추지 않으십니까?

다양한 재능이 있었고 특히 상인이기도 했던 자공은 공자보다 현실적인 사람이었다. "자공이 곡삭희양(告朔餼羊)[47]을 없앴으면 하자, 공자 가로되 '사(자공)야, 너는 그 양을 사랑하느냐, 나는 그 예를 사랑한다." 노 문공 이래 양만 잡고 예는 올리지 않자, 자공은 양을 희생시킬 필요가 없다고 생각했다. 그러나 공자는 반대로 예를 복원해야 한다고 본 것이다. 자공은 뛰어난 인재였으나, 공자는 늘 그가 결정적인 어떤 것을 결하고 있다고 보았다.

---

46) "자로의 인생의 출발은 수탉 꽁지깃털과 산돼지 불알이다. 그런데 그의 삶이 마감은 죽음 앞에 태연히 정좌하고 앉아 갓끈을 매는 모습이다. 수탉 꽁지깃털에서 갓끈으로의 트랜스포메이션, 바로 이것이 공자의 삶의 본질이며, 자로의 삶의 도약이며, 향후 모든 '사(士)'의 의미를 규정하는 인류사의 교양(studia humanitatis)의 전범을 이루는 것이다."(김용옥, 『도올 논어 1』, 통나무, 2000, 116쪽)
자로의 삶은 자객 예양(豫讓)의 삶과 비교된다. 예양은 "사(士)는 자신을 알아주는 사람을 위해 죽는다"고 했거니와(『사기』, 「자객열전」), 예양이 신분상승 ─ 물론 이는 현대에서의 '소유'의 상승보다 훨씬 무거운 뉘앙스, 자신의 '존재'의 상승이라는 뜻으로 이해해야 한다 ─ 의 의지에 머물렀다면, 자로는 공자로부터 교육을 받음으로써 '교양'의 경지로까지 나아갔다고 할 수 있다. 참고로, 일본의 사 계층 ─ 사무라이 계층 ─ 은 본래 예양적 사 개념을 가지고 있었으나, 에도의 평화 속에서 자로적 사 개념을 재발견했다고 할 수 있다.
47) 천자가 책력(冊曆)을 내리면, 매월 초하루 양을 희생물로 해서 종묘에 고하던 의식.

현실적인 자공이 자신이 생각하는 이상에는 미치지 못한다고 평가했기 때문이다. 그래서 공자는 답한다.

> 사야, 솜씨 있는 농부가 씨를 잘 뿌려도 꼭 풍부한 수확을 거두는 것은 아니고, 솜씨 있는 장인이 좋은 제품을 만든다 해서 사람들이 그것에 늘 만족하는 것은 아니다. 마찬가지로 군자가 자신의 도를 닦아서 잘 짜고 세우고 잘 이어 갈무리할 수 있다 해도, 반드시 세상에 의해 받아들여지는 것은 아니다.(君子能修其道 綱而紀之 統而理之, 而不能爲容). 지금 너는 네 도를 더 닦아나가기보다는 하루라도 빨리 사람들에게 받아들여지기를 더 원하는구나. 네 뜻(志)이 원대하지가 못하구나.

지식인은 끝없이 실력을 닦아나가고 그 실력으로 세상의 인정을 받아야 한다. 자신의 실제 실력 이상으로 세상의 인정을 바랄 때, 각종 편법과 그에 대해 사기가 횡행하게 된다. 실력으로부터 인정으로 자연스럽게 나아가기보다 인정에의 욕망이 앞서 실력을 부풀리거나 조작해내는 광경을 우리는 너무나도 자주 보지 않는가. 설사 잠재력이 있는 인물이라 해도, 충분히 숙성되지도 않은 상태에서 하루라도 빨리 세상에 인정받고 싶은 욕망이 그를 망치는 사례를 허다하게 볼 수 있다. 물론 자공은 그런 인물은 아니었다. 그러나 공자는 자공에게는 자신의 학문을 하루빨리 세상에 적용하고 싶은 바람이 있다고 보았고, 좀 더 멀리 바라보면서 정진하라고 말하고 있다. 공자가 볼 때 자공은 순수하지가 않았다.

하지만 자공은 명민한 학생이었고 공자와 말이 잘 통하는 사이였다. 공자에게 열성적으로 질문을 던져서 그의 생각을 이끌어내는 데에 자공만 한 이는 없었다. 『논어』에는 자공과 공자 사이의 대화가 특히 많이 나온다. 또, 공자는 자공의 현실적인 성격을 아쉬워했으나 자공은 뛰어난 언어 실력을 갖춘 인물이기도 했다. 공자의 학문은 4과 — 덕행, 정사, 언어, 문학 — 로 이루어졌거니와(플라톤의 4과보다 이소크라테스의 3과에 가깝다), 자공은 언어에 뛰어난 인물로 분류되고 있다.[48] 자공이 훗날 빼어난 외교적 성과를 거둔 것도 그의 언어 능력에 힘입어서였다. 게다가 자공은 문학적으로도 뛰어났다.

> 자공 말하길, "가난하지만 아첨하지 않고 부유하다 해서 교만하지 않다면 어떻습니까?"(貧而無諂 富而無驕 何如) 공자 답하여 가로되, "그렇지, 하나 가난해도 즐겁게 살고 부자여도 예를 좋아하는(若貧而樂 富而好禮) 것만 못하니라." 자공 답하여 말하길, "『시』에서 절·차·탁·마(切磋琢磨)라 한 것이 바로 그것이군요." 공자 답하여 가로되, "사야! 이제 너와 더불어 『시』를 논할 수 있게 되었구나. 갈 바를 알려주면 올 바를 알아내니."

자공은 또 공자에게 주위의 인물들에 대한 평을 자주 물어보곤 했다. 후대에 유행한 '인물평'의 선구라 하겠다. 그리고 언젠가는 자기 자신에 대해서도 물은 바 있다. 자공 여쭙기를, "저는 어떤 사람입니까?" 공자 답하여 가로되, "너는 그릇이다." 자공 여쭙기를, "어떤 그릇입니까?" 공자 가로되, "호련(瑚璉)[49]이다." "군자불기(君子不器)"라 했던 공자이기에 자공을 '그릇'으로 평한 것은 자공에 대한 공자의 불만족을 드러낸다. 좀 섭섭했는지 자공은 어떤 그릇인지를 묻는다. 이에 대한 공자의 답은 중요하다. '호련'은 종묘의례에서 극히 중요한 역할을 하는 제기이다. 공자는 이 대답으로 자공 너는 내가 내 도를 이루는 데에 극히 중요한 역할 — 실질적인 역할 — 을 할 인물이라고 말한 것이다.

실제 공자의 제자들 중에서 당대에 가장 큰 역할을 한 인물은 바로 자공이었다. 공자가 자신의 숭고한 뜻을 구현하기 위해 14년 주유의 길을 가고 있었을 때, 남방에서는 그와는 너무나도 대조적인 역사가 펼쳐지고 있었

---

48) "덕행(德行)에는 안연, 민자건, 염백우, 중궁이 있었고, 정사(政事)에는 염유, 계로가, 언어(言語)에는 재아, 자공이, 문학(文學)에는 자유, 자하가 있었다."(「선진 3」) 여기에서 '언어'는 실제 상황에서의 언변 능력을, '문학'은 경서들에 대한 연구 능력을 뜻한다.
49) 종묘에서 서직(黍稷)을 담는 제기.

다. 오를 신흥 강국으로 만들었고 초를 초토화하기까지 했던 합려는 오히려 후방의 월에 의해 죽음을 맞는다. 아버지의 복수를 위해 '와신'하던 부차는 그러나 오자서의 절절한 간언에도 불구하고 범려의 미인계에 말려들어 결정적인 순간에 구천을 죽이지 않는다. 그러고서는 앞에서도 언급했듯이 허영에 가득 찬 '패자' 놀이를 벌인다. 진(陳)을 두고서 초 소왕과 격돌하기도 했고(이즈음이 바로 공자가 진에 머물던 때였다), 동방의 강국 제를 쳐서 중원을 장악하려고도 했다. 그런데 부차의 창끝은 원래 노를 향해 있었고, 그 창끝을 제로 돌린 인물이 바로 자공이다. 제가 노를 치려 하자 공자는 사태를 막기 위해 자공을 보낸다. 자공은 제의 실권자를 설득해서 노보다는 오를 치게 만들었다. 그 후 오로 건너간 자공은 다시 부차에게 유세해서 그로 하여금 노가 아니라 제를 치게 만들었다. 노의 입장에서 본다면, 빛나는 외교적 승리였다.[50] 484년(공자 67세)에 결국 중원의 전통 강국 제와 남방의 신흥 강국 오는 애릉(艾陵)에서 격돌했고, 10만을 훨씬 넘는 전사들이 참가했던 이 거대한 전투는 오의 승리로 끝났다. 자공의 뛰어난 식견과 언변이 역사의 흐름에 큰 역할을 한 것이다.[51]

그러나 자공의 진정한 뛰어남은 이런 현실적인 능력을 넘어서는 그의 진실성에 있었다. 스승이 늘 자신을 다소 아쉽게 보았음에도, 스승에 대한

---

50) 간단히 요약했으나 이 성과는 훨씬 복잡한 과정을 거쳐서 달성되었다. 사마천의 「중니 제자열전」에 상세히 나와 있다. 사마천은 "자공이 한번 나섬에 노를 존속시키고, 제를 혼란에 빠뜨렸으며, 오가 망하고, 진(晉)이 강국이 되었으며, 월이 패자가 되었으니, 그가 한번 뛰어다님으로써 국제간의 형세에 균열이 생겨 10년 사이에 다섯 나라에 각각 큰 변동이 생겼다"고 말하고 있다. 물론 이러한 결과들은 다른 많은 요인들이 엮여 나온 것이기 때문에 다소 과장된 것이라 할 수 있겠다. 그러나 자공이 매우 중요한 역할을 한 것은 분명하다.

51) 게다가 자공은 결코 현실적인 인간만은 아니었다. 공문(孔門)의 제자답게 그는 '문'의 중요성을 충분히 깨닫고 있었다. 위나라 대부 극자성이 "군자에게 중요한 것은 실용적인 것[質]인데, 인문적인 것[文]이 왜 필요합니까?"라 했을 때, 그는 "인문적인 것과 실용적인 것은 결국 한덩어리입니다. 호랑이나 표범의 털 빠진 가죽이 개나 양의 털 빠진 가죽과 무엇이 다르겠습니까?" 털은 가죽이 있어야만 거기에 붙어 존재할 수 있다. 그러나 호랑이나 표범을 개나 양과 구분해주는 것은 결국 그 털이다.

그의 충성심은 끝내 흔들림이 없었다. 노의 대부인 숙손무숙이 다른 대부들에게 "자공이 중니보다 낫습니다"라 했다는 말을 듣고 자공은 말한다. "집의 담장에 비유하자면, 제 집의 담은 어깨까지 닿아서 집 안의 좋은 점들이 보이지만 스승님의 담은 너무 높아 들어가보지 않고서는 그 안의 웅대함("宗廟之美 百官之富")을 볼 수가 없습니다. 그 문을 찾아낸 사람이 많지 않으니, 그렇게 말하는 것도 무리는 아니지요." 평범한 인간들은 자신들의 눈에 보이는 차이는 인정하지만 그들이 볼 능력이 없는 차이는 인정하지 않으며 또 인정할 수도 없다. 서점에서 전시하는 이른바 '베스트셀러' 중에 책다운 책은 거의 없는 것도 이 때문이다. 깊이 있는 학문적 업적이나 독창적인 예술작품들은 외면받고, 대중의 취향에 아첨하는 것들만이 떠들썩하게 난리를 떤다. 대중매체/대중문화가 발달하면서 이런 모습은 더욱 심화되었다. 가치의 전도라는 이 현상은 인류의 문화를 따라다니는 근원적인 모순이다. 당시의 사람들에게도 공자보다는 오히려 자공이 더 나은 인물로 비췄던 것이다. 그러나 자공은 스승과 자신의 차이가 어떤 것인지 잘 알고 있었고, 위와 같은 일이 있을 때마다 그것을 있는 그대로 말하곤 했다. 공자가 세상을 뜬 후 제자들은 3년상을 치렀으나, 자공만은 3년을 더해 도합 6년상을 치루었다. 자로와 안연이 세상을 뜬 당시에 14년 주유의 가슴 아린 추억을 안고 있는 것은 자공밖에 없었다. 그 '현실적'이라는 자공이, 틀림없이 몹시 바빴을 자공이 돌아가신 스승 곁을 홀로 3년을 더 지켰던 것이다. 공문에 있어서 자공이라는 인물이 띠는 의의는 좀 더 높이 평가되어야 한다.

굶주림 가운데에서 이루어진 전등식에서 다음 차례는 안연(顏淵)＝안회(顏回)였다. 안회의 대답은 공자의 삶을 한 문단으로 압축하는 훌륭한 것이었다.

선생님의 도가 지극히 커서 천하가 선생님을 받아들이지 못하고 있습니다. 하지만 선생님은 자신의 길을 가고 계시지 않습니까? 무슨 문제가 있겠습니까? 어쩌면 받아들여지지 않는다는 것이야말로 진정 군자답기에 그러한 것이 아니겠습니까? 무릇 도를 닦지 않는다면 그것은 우리의 부끄러움이겠지만, 도를 닦은 인물을 등용하지 않는 것은 위정자들의 부끄러움입니다. 그러니 받아들여지지 않는들 무슨 문제겠습니까? 받아들여지지 않는 것이 곧 선생님께서 군자라는 증거가 아니겠습니까?

공자는 이 말을 듣고서 무척 기뻐했다. 공자는 안연이야말로 공문이 배출한 인재요 진정한 성인군자라고 여겼다. 언젠가 공자가 자공에게 물었다. "너와 회(안연) 중에서 누가 나으냐?" 자공은 이렇게 답했다. "제가 어떻게 회를 넘볼 수 있겠습니까? 회는 하나를 들으면 열을 깨닫지만, 저는 하나를 들으면 둘을 깨달을 뿐입니다." 자공은 오로지 자신을 낮추고 타인을 높이는 성품이 아니었기에(그는 타인들에 대해 날카로운 비판을 가했던 인물이다), 그의 대답은 있는 그대로를 말한 것이었다고 보아야 한다. 자공은 안연을 진정 형님으로 대했다. 자공의 답을 들은 공자도 말했다. "그만은 못하지, 너도 나도[52] 그만은 못하느니라." 공자는 자공을 좋아했지만, 안연은 (비록 제자이지만) 존경했던 것으로 보인다.

공자와 안연이 스승과 제자로서 걸어간 길은 참으로 순수하고 아름다웠다. 광 땅에서 위기에 처했을 때 일행에서 뒤쳐졌던 안연은 포위망을 뚫고서 공자 일행에게로 돌아왔다. 공자는 안도의 숨을 내쉬면서 그를 맞이했다. "나는 네가 죽은 줄로만 알았구나!" 안연은 답한다. "선생님께서 살아 계시는데 제가 어찌 감히 죽겠습니까." 하늘보다 높은 사랑과 바다보다 깊은 정이 두 사람의 인생을 묶어주었다. 공자는 안연이야말로 진정한 의미에서 '공부'하는 제자라고 생각했다. 안연이 죽은 후로는 배움을 좋아하는 제자가 없다고 생각했다. 또, 자신의 말을 듣고 시종 게을리하지 않는 제자는 안회 한 사람뿐이라고 평가했다. 안연은 평생 공자를 우러르고 그의 경

---

52) "吾與女"에서 '與'를 함께 하다/동의하다로 보아 "네 말이 맞구나"로 해석할 수도 있다.

지에 다다르기 위해 분투했다. "선생님의 도는 우러러볼수록 더욱 높게 느껴지고, 온 힘을 다해 파고들수록 더욱 깊게 느껴진다. 고개 들어 바라볼라 치면 바로 앞에 계신 듯했는데, 어느새 뒤에 서 계신다."[53] 바로 그런 안회가 일찍 세상을 뜨자 공자는 울부짖었다. "아! 하늘이 나를 내치시는구나! 하늘이 나를 내치시는구나!"

안연은 공자의 '인'을 가장 높은 경지로 실천한 인물이었다. "회는 그 마음을 지켜 세 달[54] 동안이나 어짊[仁]을 잃어버리지 않았다. 다른 이들은 한 달, 아니 하루에 그칠 뿐이다." 하루에도 여러 번 어짊을 잃어버리는 것이 사람인데 세 달 동안 어짊을 지켰다면, 안회는 거의 도덕적인 초인이라 할 만하다. 더구나 공자의 눈높이에서 평가하는 어짊임에랴. 안회는 무척이나 가난해서 머리가 일찍 희어져버릴 정도였다. 그럼에도 그는 "가난해도 즐겁게 산다"는 것이 무엇인지 보여주었다. "훌륭하구나 회는! 가난에 쪼들리는 마을에서 한 그릇의 밥과 한 바가지의 물로 살아가건만, 다른 이들처럼 우울하지 않고 즐거운 마음을 잃지 않으니. 훌륭하구나 회는!" 공자에게 도덕성은 기쁨/즐거움과 밀접한 관련을 가진다. 겉보기에 도덕적이어도 그 마음이 기쁨으로 물들지 않는다면 어진 것이 아니다. 학문도 그렇고, 벗과의 관계도 그러하며, 세상에 대한 태도에서도 그러하다.

> 배우고 때맞춰 익히면 기쁘지 아니한가?(學而時習之 不亦說乎)
>
> 먼 곳의 벗이 찾아오니 즐겁지 아니한가?(有朋自遠方來 不亦樂乎)
>
> 사람들 몰라줘도 노여움 품지 않으니 군자답지 아니한가?(人不知而不慍 不亦君子乎)

---

53) 『장자』, 「전자방(田子方)」에서는 약간 다르게 표현하고 있다. "선생님이 걸으시면 저도 걷습니다. 선생님이 빨리 걸으시면[趨] 저도 빨리 걷습니다. 선생님이 달리시면 저도 달립니다. 그러나 선생님이 먼지조차 일으키지 않고 화살처럼 멀어져가실 때, 저는 그저 멍하니 서서 선생님의 뒷모습만을 바라볼 뿐입니다."

54) 그냥 '오래도록'을 뜻하는 것으로 볼 수도 있으나, 뒤의 하루, 한 달과 연계해서 보면 구체적으로 세 달로 읽는 것이 좋을 듯하다.

자신의 상황이 좋으면 누구나 기쁘고 즐겁다. 그러나 진정한 기쁨/즐거움은 어려움에 처할 때에 드러난다. 소나무와 잣나무의 생명력은 추운 겨울이 와서야 빛이 나는 법이다. 공자와 안회는 진정한 의미에서 기쁜 삶, 즐거운 삶을 살 수 있는 사람들이었다. 섭공이 자로에게 공자의 사람됨을 물었으나 대답하지 못했을 때, 공자는 자로에게 말했다. "유야, '그는 도를 배우는 데 권태를 느끼지 않고, 사람을 깨우치는 데 염증을 느끼지 않고, 학문에 열중할 때면 밥 먹는 것조차 잊어버리며, 즐거움으로 근심을 잊어 늙어가는 것조차 모르고 살아가는 사람'(其爲人也, 學道不倦 誨人不厭, 發憤忘食, 樂以忘憂 不知老之將之)이라 하지 그랬느냐." 소크라테스와 예수가 그랬듯이, 공자 역시 사랑과 기쁨으로 충만한 사람이었다. "거친 밥 먹고 물 마시고 팔 베고 누웠어도 또한 즐거움 그 가운데 있으니, 불의해야 얻을 수 있는 부귀란 내게는 뜬구름 같은 것일 뿐." "아는 자는 좋아하는 자만 못하고, 좋아하는 자는 즐기는 자만 못하다." 공자는 안회야말로 이런 기쁨/즐거움을 자신과 함께할 수 있는 제자라고 생각했다. 그 안회가 스승보다 세상을 먼저 떴을 때, 공자는 아들을 먼저 보낸 아비의 심정으로 아파했다. 그때 공자는 자신의 도가 끊기는 아픔을 느꼈을 것이다. 안회의 요절은 공자 학단의 큰 비극이었다.

이제 공문의 전등식도 끝나고, 초로 가려던 계획도 좌절된 후, 공자 일행은 다시 위나라로 올라간다. 이때 아버지의 귀국을 어떻게든 막으면서 위를 통치하던 출공이 공자에게 정치를 맡기고자 했다. 그러나 물론 공자는 인륜을 어긴 아들에게 출사할 생각이 없었다. 이때를 즈음해서 공자는 자신의 정치적 꿈을 어느 정도는 접지 않았나 싶다. 공자는 위나라에 5년간을 머물면서 학문과 교육에 몰두했던 것으로 보인다. 위에 머문 지 5년째 되던 해에 위의 대부 공문자가 집안싸움의 와중에서 공자를 끌어들이려 하자, 공자는 서둘러 떠나면서 의미심장한 말을 던졌다.

새는 나무를 택할 수 있겠으나, 나무가 어찌 새를 택할 수 있겠는가?(鳥能擇木 木豈

能擇鳥手)

유랑하는 지식인 집단의 창시자인 공자의 말이자, 전국시대 지식인들의 성격을 예고하는 말이기도 했다. 마침 이때 노나라에서 공자를 초빙하는 예물을 보내왔다. 염구(冉求)가 공자를 강력히 추천하자 계강자가 염구가 염려했던 소인배들을 내쫓으면서까지 공자를 모시려 한 것이다. 마침내 14년 주유의 드라마가 마침표를 찍고, 484년(노 애공 11) 68세의 공자는 고향으로 돌아오게 된다. 그러나 계강자에게 공자는 너무 부담스러운 사람이었고, 공자 역시 계강자 같은 인물에게 출사할 생각이 그다지 없었다. 공자에게 이제는 정치적 참여보다는 자신의 학문과 교육을 정리할 시점이었다. 공자는 한편으로 학문을 정리하면서 노나라의 원로로서 활동했고, 다른 한편으로 제자들을 여러 자리로 보내 본격적인 활동을 하게 했다. 자로, 자공, 염구는 물론이고 자장(子張), 자하(子夏),[55] 자유(子游), 증삼(曾參), 유약(有若)을 비롯한 많은 제자들이 자리를 잡아 진출하거나 나름대로 학파를 형성했다. 다만 약삭빠른 인물이었던 염구는 계강자의 가렴주구를 돕다가 공자에게 파문당하기도 한다. 그러나 노나라에 돌아오자마자 실제 아들인 공리와 학문적 아들인 안연이 차례로 세상을 떠났기에 공자의 말년은 쓸쓸했다. 수많은 제자들이 있었지만 공자는 안연을 대신할 수 있는 제자는 없다고 보았다. 이런 이유에서 공자는 전등식을 다시는 열지 않았고, 이는 공자 사후 제자들 사이에 알력이 생기는 원인이 된다. 공자는 자신이 주공이 세운 질서가 거의 와해된 끝자락에 서 있다는 깊은 비애감 속

---

55) 『논어』에는 자장과 자하에 관련한 대목이 많이 남아 있다. 자장은 공자에게 근본 개념들에 대한 질문을 거침없이 던졌던 인물이고, 자하는 지금 식으로 말해 훈고학적/문헌학적 연구에 몰두했던 듯하다. 공자는 "공부는 많이 하지만 사유하지 않으면 잡다한 지식에 그치고, 사유는 많이 하지만 공부하지 않으면 독단에 빠진다"(學而不思則罔 思而不學則殆)고 했는데, 대체적으로 자하가 전자의 성향이었다면 자장은 후자의 성향이었던 것으로 보인다. 그리고 증삼과 유약은 '증자', '유자' 같은 표현으로 등장하며, 이는 『논어』의 편찬에 이들의 문하생들이 관여했음을 시사한다.

에서 삶을 마쳤지만, 그의 삶은 마지막 순간까지 흐트러지지 않았고 학문과 교육에 대한 열정도 식지 않았다.

"내 나이 칠십에 마음이 바라는 바대로 따라가도 도리(矩)에 어긋나지 않았다."(從心所慾不踰矩) 공자는 70세에 이르러 자신의 개인적 욕망과 인간의 도리를 자연스럽게 일치시킬 수 있는 경지에 달했다. 하지만 공자의 몸은 그의 마음만큼 건강하지 못했다. 그러나 그는 마지막 순간까지 위대한 철인(哲人)이었다. 자로가 안타까워서 행한 허례허식도 물리치고, 또 자로가 원했던 종교적 의식도 거부한다.[56] 삶을 떳떳하게 살고 죽음을 의연하게 맞이하면 그뿐인 것이다.[57] 하지만 스승인 공자보다 먼저 의연하게 죽음을 맞이한 사람은 그 제자이자 벗이었던 자로였다. 자신보다 젊은 사람들이 차례로 사라지는 것을 보는 공자의 심정은 많이 아팠을 것이다. 마침내 공자 자신도 노 애공 16년(479) 73세의 나이로 세상을 뜬다. 공자의 제자들은 공자를 사수(泗水) 부근에 매장하고 3년상을 치렀다. 자공은 무덤 옆에 움막을 짓고서 3년을 더 스승 옆을 지켰다. 그 후 공자의 제자들을 비롯한 많은 사람들이 공자의 무덤가에 집을 짓고 마을을 이루어, 이 마을은 '공자 마을(孔里)'이라 불리게 된다. 노나라에서는 새해가 되면 공자의 무덤에 제사를 지내는 관행이 생겨났고, 이곳은 점차 유림(儒林)으로 화하게 된다. 훗날 한 고조 유방은 노나라를 지나가는 길에 공묘(孔廟)에 들러 태뢰(太牢)의 예로써 공자에게 제사를 지냈고, 이후 제후, 경대부, 재상들이 부임하면 우선 공자의 묘를 참배하고서 정사에 임하는 것이 관례로 굳

---

56) "자로가 귀신 섬기는 법에 대해 여쭙자 공자 가로되 '산 사람도 제대로 섬기지 못하는데 어찌 귀신을 섬기겠느냐?' 자로가 또 '감히 죽음에 대해 여쭙습니다' 하자 공자 가로되 '삶에 대해서도 아직 제대로 모르는데, 어찌 죽음을 알겠는가?'" "공자께서는 괴이한 것, 무력적인 것, 미혹하는 것, 귀신에 관련된 것(怪力亂神)에 대해서는 말씀하지 않으셨다."

57) 공자는 죽음을 매우 자연스러운 것으로 받아들였다. "사라져가는 모든 것이 강물과 같구나. 밤이고 낮이고 쉼이 없으니." 오히려 공자가 중시한 것은 죽은 사람에 대한 애도였다.

어지게 된다. 그러나 공자가 진정 원했던 것은 참배가 아니라 그 참배하는 사람이 자신이 꿈꾸었던 그런 정치를 하는 것이었을 것이다. 하지만 저세상의 공자가 "합격!"을 외치면서 기뻐할 그런 정치가가 역사상 몇 명이나 될 지 궁금하다.

공자의 삶과 가치는 동북아 문명을 비춘 밝은 빛이었다. 한 인간의 위대한 생애가 동북아 문명의 근저를 관류하는 정신적 축을 만들어낸 것이다.[58]

소크라테스와 공자

공자가 동북아세계에 남긴 것은 소크라테스와 플라톤이 지중해세계에 남긴 것과 유사한 의미를 띤다. 그리고 그 그림자는 오늘날까지도 적어도 교양층=독서층에는 짙게 남아 있다. 소크라테스와 공자는 자신들이 과거의 아름다운 전통이 계속 쇠락해온 역사의 끝자락에 있다는 느낌을 공유했다. 그럼에도 이들은 역사는 아직 끝나지 않았으며 자신들이 그 노도와 같은 타락의 파도를 온몸으로 막아내야 한다는 절박한 심정을 공유했

---

58) 사마천은 「공자세가」를 다음처럼 끝내고 있다. "『시』에 '높은 산은 우러러보고 큰 길을 따라간다'라는 말이 있다. 내 비록 그 경지에 이르지는 못할지라도 마음은 항상 그를 동경하고 있다. 나는 공자의 저술을 읽어보고, 그 사람됨이 얼마나 위대한가를 가늠할 수 있었다. 노나라에 가서 공자의 묘당, 수레, 의복, 예기를 참관하였고, 여러 유생들이 때때로 그 집에서 예를 익히고 있음을 보았다. 그러고는 경모(敬慕)하는 마음이 우러나 머뭇거리며 그곳을 떠날 수가 없었다. 역대로 천하에는 군왕에서 현인에 이르기까지 많은 사람들이 있었지만 모두 생존 당시에는 영화로웠으나 일단 죽으면 그것으로 끝이었다. 그러나 공자는 포의(布衣)로 평생을 보냈지만 10여 세대를 지나왔어도 학자들은 여전히 그를 추앙한다. 천자, 왕후로부터 나라 안의 육예를 담론하는 모든 사람들에 이르기까지 다 공자의 말씀을 판단 기준으로 삼고 있으니, 그는 참으로 최고의 성인이라고 말할 수 있겠다." '성인'이란 본래 신기한 것을 많이 아는 사람들, 문명의 기반을 만들어낸 사람들을 뜻했다. 그러나 사마천의 바로 이 문장에서 '성인'이라는 말의 뉘앙스는 크게 바뀌어 있음을 감지할 수 있다. 사실 성인 개념의 뉘앙스를 유교적인 맥락으로 바꾼 인물이 바로 공자 자신이다. 공자는 성인을 군자, 현자, 인자보다 더 위에 두었다. 유교에서 '성인'이란 곧 일신교세계에서의 '성인'이 아니라 모세, 예수, 무함마드 같은 인물들에 해당하는 존재였다.

다. 소크라테스의 상황과 공자의 상황은 분명 달랐다. 소크라테스는 페르시아전쟁의 승리가 가져다준 도취와 자만심의 끝에서 불거져 나온 여유와 향락의 장에서 사유했다. 그렇기 때문에 그는 소피스트들의 무책임한 농변에 맞서야 했다. 반면 공자가 살았던 세상은 전쟁과 정쟁(政爭)의 파도가 출렁이는 세상이었고, 이 때문에 공자를 포함한 당대 지식인들에게 소피스트들의 농변/궤변 같은 것은 상상조차 하기 어려운 것이었다. 물론 소크라테스의 말년도 펠로폰네소스전쟁과 그 여파에 의해 물들었지만, 이 두 사람이 맞서야 했던 논적들의 성격은 확연히 달랐다.[59] 소크라테스가『에우튀데모스』에서 잘 나타나는 희극적 상황과 맞서야 했다면, 공자는 (그 자신이 편찬한)『춘추』에서 볼 수 있는 비극적 상황과 맞서야 했다. 소크라테스가 희극적으로 흐트러진 상황을 극복하기 위해 새로운 '정초'를 시도했다면, 공자는 비극적으로 무너진 상황을 극복하기 위해 전통의 '복원'을 꿈꾸었다.

바로 이런 이유에서 이들의 철학함의 양태는 현저하게 달랐다. 소크라테스는 "ti esti?"(what is *x*?)라는 물음을 통해 당대의 왜곡된 가치들을 논리적 사유를 통해 극복하고자 했다. '에리스티케'=논쟁술의 방식이 아니라 '엘렝코스'=논증의 방식으로, 아레테란 무엇인가를 탐구한 것이다. 그는 용기란 무엇인가? 경건함이란 무엇인가? 아름다움이란 무엇인가? …… 하고 물음으로써 '정의'를 얻어, 이런 개념들을 둘러싼 당대의 어지러운 양

---

59) 정확히 말해, 공자에게는 소크라테스가 대결해야 했던 사람들과 같은 그런 강력한 논적들이 존재하지 않았다. 그리스의 경우 소크라테스 이전에도 한 세기 이상 전개되어 온 철학의 흐름이 있었고 소크라테스 당대에는 다양한 유형의 소피스트들이 활동했지만, 공자의 경우 (이전의 정치적-문화적 전통은 분명 있었지만) 그 자신이 최초의 본격적인 철학자였던 것이다. 공자가 맞서야 했던 것은 한편으로는 자신이 설득해야 할 제후들이었고, 다른 한편으로는 자신을 견제하는 대부들/정치가들이었다. 소크라테스가 "dialegesthai"를 통해 사유한 데 반해 공자는 그럴 수 없었던 것은 한편으로는 두 사람이 살았던 사회의 성격 차이에서 기인하며 다른 한편으로는 철학사적 맥락에 기인한다고 할 수 있다.

상들을 바로잡고자 했던 것이다. 가장 논리적이고 이성적인 방식으로 가장 현실적이고 가치론적인 문제들을 해결코자 한 것이 소크라테스 사유의 핵심이다. 반면, 공자의 사유는 역사적이다. 공자 역시 인, 효, 충서, 예악 등등에 대해 새롭게 사유했으나, 그 양태는 논리적 정의가 아니라 '조술(祖述)'을 통해서 이루어졌다. 주공 단에 의해 정립되고 이후 계속 변해온 역사를 반추하면서 '경(經)'들을 새롭게 정리하고 그 과정에서 당대의 퇴락한 가치들을 새롭게 하려 한 것이다.[60] 또한, 자신으로서는 '인'이나 '군자'를 비롯해 삶에 대한 근본적이고 보편적인 대안을 가지고 있었음에도, 공자는 바로 자신의 앞에 있는 제자들 또는 다른 인물들의 고유한 인품과 개성에 세심하게 주목하면서 가르침을 베풀었다. 바로 이런 이유에서 그는 자로와 염구에게, 또 자장과 자하에게 각각 반대로 이야기했던 것이다. 이는 소크라테스와 대조적이다. 소크라테스 역시 자신이 대화를 나누는 인물(들)의 고유함 및 대화의 상황을 충분히 고려했지만, 그가 추구한 것은 바로 그런 개별성과 상황성에 의해 흔들리지 않는 굳건한 보편성과 엄밀성이었기 때문이다. 대화 상대자가 구체적인 예들을 열거할 때면 그

---

60) 공자에게 역사적 유추(historical analogy)의 방법은 중요했다. "옛것을 돌이켜 새것을 알면(溫故而知新), 가히 선생이라 할 만하다.""자장이 선한 사람의 도에 대해 여쭈었다. 공자 답하여 가로되, 남의 자취를 따라 배우지 않는다면, 방(진리의 방)에 들지 못하리니.""자장이 여쭈었다. '열 세대 이후의 일을 알 수 있습니까?' 공자 답하여 가로되, '은은 하의 예를 따랐는데 무엇을 덜고 무엇을 더했는지 알 수 있고, 주는 은의 예를 따랐는데 무엇을 덜고 무엇을 더했는지 알 수 있다. 만일 누군가가 주의 예를 잇는다면, 백 세대 이후의 일까지도 알 수 있을 것이다.'" 역사의 연구에서 공자는 문헌적 증거를 중시했다. "하나라의 예에 대해 나는 말할 수 있으나 (하를 이은) 기(杞)에 문헌적 증거가 부족하고, 은나라의 예에 대해 나는 말할 수 있으나 (은을 이은) 송에 문헌적 증거가 부족하다. 문헌이 부족해서일 뿐, 부족하지 않다면 내가 능히 증명할 수 있다." 또, 공자에게는 역사의 반추와 계승의 문제가 핵심적이었다. "안연이 나라 다스리는 법에 대해 묻자 공자 답하여 가로되, 하나라의 역법(태음력)을 시행하고 은나라의 (크고 질박한) 수레를 몰고, 주나라의 모자(면류관)를 쓰거라. 음악은 '소무(韶舞)'로 하라. 정나라 음악을 몰아내고, 꾸민 말을 잘하는 사람을 멀리하라. 정나라 음악은 음란하고, 꾸민 말 잘하는 사람은 위태롭다."

는 늘 말하고 했다. "내가 정말 묻고 있는 것은 ……."[61]

소크라테스도 공자도 자신들의 물음에 대한 본격적인 형이상학적 사유를 전개하지 않았다. 소크라테스는 소피스트들의 허무주의·회의주의·상대주의를 넘어 본질주의적 탐구를 이어갔으나, 그 탐구를 철저히 일상적이고 구체적인 지평에서 전개했다. 그의 사유를 형이상학화한 것은 제자 플라톤이었다. 공자 역시 마찬가지였다. 그는 자신의 탐구를 형이상학적 사변으로 이어가기를 거부했고, 항상 삶의 장 속에서 구체적으로 풀어가고자 했다. 자공은 "선생님께서 성(性)과 천도(天道)에 대해 말씀하시는 것은 얻어듣지 못했다"고 전한다. 공자의 탐구에 형이상학적 색채를 가미한 사람은 훗날의 맹자 그리고 일정 정도 장자였다. 소크라테스와 공자는 공히 "아는 것을 안다고 하고 모르는 것을 모른다고 하는 것이 아는 것이며, 아는 것을 모른다고 하고 모르는 것을 안다고 하는 것이 모르는 것"이라는 태도를 견지했다. 소크라테스적 대화편은 흔히 결론 없이 끝나며, 이와 같은 지적 정직함은 『논어』에서도 자주 발견된다. 소크라테스에게는 '신탁'이라든가 '다이몬' 등 몇 가지 신비한 요소도 발견되지만, 공자에게는 이런 점들이 그만큼 두드러지지 않는다.[62]

두 사람은 공히 핵심적인 철학적 개념을 각각의 문화적 장에 도입했다.

---

61) 공자 역시 "學而不思則罔 思而不學則殆"라 말하면서 '思'와 '學'을 구분하고 있다. 정확히 일치하지는 않지만 소크라테스에게 '학'은 경험적 지식이고 '사'는 본질/정의의 인식이라고 한다면, 공자가 양자를 상보적으로 본 데 비해 소크라테스는 차등적으로 보았다고 할 수 있다. 공자에게 고전 문헌들의 연구가 그토록 중요했던 데 비해 소크라테스의 경우 그런 면모를 거의 찾아볼 수 없는 것도 이런 차이에서 연유한다. 이와 같은 차이는 지중해세계의 사유와 동북아세계의 사유 사이에 존재하는 매우 중요한 차이이다. 거칠게 대비하는 한에서, 전자의 사유가 논리적이라면 후자의 사유는 역사적이다. '논리적 분석(logical analysis)'과 '역사적 서술(historical description)'이 양자의 사유를 대변하며, 사실상 인류 사상과 전체를 가로질러 내려온 두 대조적인 사유양식이다.

62) 물론 공자에게도 '하늘=천', '천명', '귀신' 같은 개념들이 존재한다. 특히 '하늘'의 존재는 『논어』에서 여러 모습으로 나타나며, 소크라테스에게 신들이 띠는 의미와 공자에게 하늘이 띠는 의미는 유사한 바가 있다. 두 사람 모두 형이상학적 사변을 피했지만, 신들/하늘과 자신 사이에는 충분히 이해할 수는 없지만 어떤 끈이 존재한다고 믿었다.

두 인물이 도입한 각 개념은 그들이 자신들의 시대와 정면으로 대결하기 위해서, 자신들이 살았던 사회와 투쟁하기 위해서 도입한 그들 사유의 정수였다. 물론 소크라테스의 '영혼' 개념은 공자의 '인' 개념에 비해 보다 큰 '인식론적 단절'을 내포한다. 이전까지 내려온 '프쉬케' 개념은 소크라테스에 의해 매우 큰 의미론적 변형을 겪게 되며, "네 영혼을 돌보라"라는 그의 가르침은 퓌지스를 식색(食色)으로 환원하고 노모스를 무책임하게 해체해버린 소피스트들을 극복할 수 있게 해주었다. 특히 그는 영혼의 빼어남을 지혜로 봄으로써 서구적인 주지주의를 정초했다. '영혼'의 새로운 개념화를 통해 퓌지스를 재사유하고, 그것을 통해 지혜를 중심으로 하는 노모스의 새로운 정초를 시도한 것이다. 반면 공자의 '인' 개념은 소크라테스의 영혼 개념만큼 큰 인식론적 단절을 함축하지 않으며, 존재론적 색채도 훨씬 약하다. "述而不作"이라는 그의 말은 단순한 겸손이 아니라(사유/학문의 세계에서 겸손한 것은 결코 미덕이 아니다. 객관적이고 정확한 것이 미덕이다), 자신의 사유의 특징을 매우 잘 포착한 생각이다. 적어도 상대적으로, 소크라테스의 사유가 새로운 '정초'의 뉘앙스를 띤다면 공자의 사유는 전통적 이상의 '복원'이라는 뉘앙스를 띤다. 그럼에도 공자가 인을 예악보다 더 근본적인 것으로 보았을 때, 이 개념에는 예전에는 볼 수 없었던 보다 심대한 뉘앙스가 깃들어간 것 또한 사실이다. 그리고 그는 이 인 개념을 필두로 예전부터 존재해온 여러 개념에 새로운 깊이와 넓이를 부여했던 것이다. '인'을 통한, 소크라테스의 주지주의와는 다른 새로운 개념화를 통해 예=노모스를 새롭게 하고자 한 것이다. 이런 점에 초점을 맞출 경우, 공자 역시 소크라테스 못지않게 새로운 철학의 정초자였다고 해야 하리라.

공자에게서 어짊을 배우고 실천하는 핵심적인 장들 중 하나는 가족이며, '효'는 『논어』 전체를 관류하는 가치들 중 하나이다. 공자의 이러한 가르침은 한대에 이르러 사회의 기초로 자리 잡게 되며, 이후에도 동북아 사회를 떠받치는 기초로서 작용해왔다. 반면 소크라테스에게는 공적인 가치, 훗날 로마인들이 'res publica'라 불렀던 것에의 관심이 전면을 차지한다. 그리스 사회에서 사적인 것과 공적인 것의 혼동은 지적-인간적 저열함의 표식이다. 섭공이 "우리나라에는 올곧은 사람이 있습니다. 아버지가 양을 훔쳤는데, 자식이 그것을 증언했습니다" 하고 말했을 때 공자는 이렇게 답한다. "우리나라의 올곧은 사람은 그와 다릅니다. 아버지는 아들을 위해 숨겨주고 아들은 아버지를 위해 숨겨주는데, 바로 그 가운데 올곧음이 있습니다." 그러나 『에우튀프론』이 보여주듯이 소크라테스는 이런 식의 가치에 오히려 회의를 나타냈다. 그리고 이와 같은 식의 관점은 플라톤에게서는 극단적 형태로 나타나며, 『국가』에서의 철인-치자들은 가족이라는 자연적 질서까지도 초월할 것을 요청받는다. 아리스토텔레스에게서는 가족적 질서——그의 정치철학을 떠받치는 핵심인 '자연적인 것들' 중하나——에 대한 훨씬 긍정적인 관점이 나타나며 가족 사이의 사랑이야말로 '필리아'의 중요한 한 경우로서 다루어지지만, 그렇다고 이 사랑이 보다 넓은 사회적/정치적 차원을 정초해주는 것은 아니다. 이와 달리 공자에게서는 '효제(孝悌)'야말로 인의 실천을 위한 뿌리이며, 보다 넓은 사회적/정치적 차원은 바로 이 부모와 자식 사이, 연장자와 연소자 사이에서의 인의 실천을 통해 가능하다고 할 수 있다. 그리고 공자는 보다 넓은 범위에서의 인은 바로 이 효제를 확장해감으로써만 가능하다고 보았다. 그렇지 않은 "인"은 추상적인 것일 수는 있어도 '사람의 마음'에 의해 근저에서 지지되는 그런 것이 될 수는 없다고 본 것이다. 학문/교육의 과정을 통해 형성되는/선별되는 사람들이 통치해야 한다는 '지자'='치자'의 이상을 공유했음에도, 공자가 철인-치자들에 관한 이야기를 들었다면 아마 경악했을 것이다.

공자와 소크라테스/플라톤 사이의 이런 차이는 각각이 살았던 사회의 구조, 그 정치적 체제에서의 차이를 반영한다. 공자는 훗날 분명해지게 되는 '재상 중심의 통치'에 대한 비전을 가졌었다. 또, '사' 계층의 가치와 정체성을 확립한 인물 또한 공자 자신이다. 그럼에도 그는 전해 내려오는 신분제를 타파해야 한다고는 생각하지 않았다.『논어』에는 공자가 적어도 현대인의 눈에는 다소 과하다 싶을 정도로 신분에 집착하는 대목들이 적지 않게 등장한다. 하지만 그가 고수하고자 한 것은 전통의 틀이지 그 틀을 채우고 있는 현실의 인물들은 아니었다. 그는 전통적인 이름 – 자리의 체계는 보존되어야 한다고 보았으며, 중요한 것은 각 이름 – 자리를 채울 가치가 있는, 자격이 있는 인물들이 그것을 차지해야 한다고 보았다. 그에게 '정명론(正名論)'이 중요했던 것은 바로 이런 이유에서였다.[63] 내용상의 차이는 있지만, 플라톤 역시 정명론을 주장했다.(『크라튈로스』) 그러나 정치철학에서 그는 기존의 이름 – 자리의 체계를 무시하고 아예 새로운 설계도에 입각해 이상국가를, 훗날에는 차선의 국가를 설계하고자 했다. 이는 그가 말류에 달한 민주주의를 비판했음에도 이미 민주주의가 이룩된 사회를 살았기 때문에 가능했던 생각이라고 해야 할 것이다. 바로 이 때문에, 플라톤이

---

63) '정명'은 공자에게서 두 가지 맥락을 가진다. "자로가 여쭙기를, 위나라 군주가 선생님을 의지해 정치를 하려 한다면, 우선 무엇을 행하시겠습니까? 공자 답하여 가로되, 반드시 이름을 바로잡아야지! 자로 말하길, 겨우 그겁니까? 딱도 하십니다. 대체 이름의 무얼 바로잡는다는 겁니까? 공자 답하여 가로되, 거칠구나 유야! 군자는 자신이 잘 모르는 것에 대해서는 대저 함구하는 법이니라. 이름이 바르지 못하면 말에 순리가 없게 되고, 말이 순리를 잃으면 일이 이루어지지를 않는다. 일이 이루어지지 않으면 예악이 흥하지를 못한다. 예악이 흥하지 못하면 형벌이 공정성을 상실한다. 형벌이 공정하지 못하면 백성들은 어찌할 바를 모른다. 그래서 군자는 이름(용어)을 쓸 때에는 반드시 말의 이치(주례의 언어체계)에 맞게 하고, 말을 할 때에는(주례를 언급할 때에는) 자신의 행위도 그에 일치시켜야 하는 법이다. 군자가 입을 열 때면 결코 대충 말해서는 안 되느니." 여기에서 '이름을 바로잡음'은 개념을 정확히 사용함을 말한다. 예컨대 임금이 신하에게서 말을 가져가는 것은 '취한다(取)'라고 해야지 '빌린다(假)'고 해서는 안 된다.(『한시외전』, 권5) 공자에게서 주례를 보존하고 진정성 있게 만드는 첫걸음은 우선 용어/개념을 정확하게 쓰는 것에서 시작된다. 지금의 맥락에서는, 쫓겨난 아버지의 귀국을 가로막고서 임금 노릇을 하고 있는 출공을 '위나라 군주'라고 부를 수 있는가가 문제가 된다. 1980년 광주에서 일어난 사건을 무슨 이름으로 부르느냐는 결코 간단한 문제가 아니라는 점을 상기해보자. 세월호의 선장이 '선장'이라는 개념 ── 말이 아니라 개념 ── 을 잘 알았다면, 그렇게 행위했겠는가? 그러나 '정명'은 또한 이름과 실재의 일치라는 보다 심오한 의미를 띤다. "모나지 않은 고(觚)가 어찌 고이겠는가?" 이 점에서 "君君臣臣父父子子"는 공자 정치철학의 핵심을 드러내는 말이다.

생각했던 철인 - 치자들과 공자가 생각했던 군자들의 성격 또한 같을 수 없었다. 철인 - 치자들이 새롭게 설계된 검증 방식에 입각해 공정한 경쟁을 거쳐 선별 과정을 마지막까지 통과해야 할 인물들이라면, 군자들은 '사'라는 신분에서 시작해 스스로의 정체성을 새롭게 만들어가야 할 인물들이었던 것이다.

공자와 소크라테스가 이후 한자문명권과 지중해문명권에서 받아들여지게 되는 과정에는 차이가 있었다. 지중해세계에서 소크라테스의 사유는 플라톤과 아리스토텔레스에 의해 구체화 또는 변형되어 이어졌으며 주로 상당 수준의 지식층에 의해 받아들여졌다. 근대 이후에도 '서구적 지성'이라 할 만한 과학적 - 철학적 사유는 소크라테스의 사유를 그 근간으로 했다고 할 수 있다. 반면 대중적 차원에서 지중해세계와 훗날의 서구를 지배한 것은 유대 - 기독교 사상이었다고 할 수 있다. 이는 특히 미국의 경우에서 볼 수 있듯이 지금도 그렇다고 할 수 있다. 한편으로는 근대 이후의 자연과학적 전통 ── 점차 즉물적 형태를 띠어가는 과학기술 ── 과 다른 한편으로는 유대 - 기독교적 가치가 기묘하게 공존하고 그 사이에서 소크라테스적 - 플라톤적 지성은 쇠잔해져버린 것이 오늘날 서구 문명의 모습이라고 할 수 있다. 반면 동북아사회의 경우 공자의 가르침은 지식인들의 차원은 물론 이 사회/문명 전반에 스며들었다. 그것은 유가철학일 뿐만 아니라 '유교'로서 동북아 문명을 지배했다고 할 수 있다. 물론 도교나 특히 불교가 유교를 압도했을 때도 있었지만, 동북아사회 전반을 이끌고 간 정신적 축은 역시 유교였다고 할 수 있으며, 이는 어떤 면에서는 오늘날까지도 그렇다. 그러나 이와 같은 유교적 전통이 과연 공자의 사상에 충실한 것인지는 의문이다. '유교'라고 하지만 그 구체적 내용과 사회적 맥락은 역사의 흐름 속에서 매우 복잡·다양하게 변이되어왔다고 해야 할 것이다. 동북아 사상사를 쓴다는 것은 곧 이러한 변이의 과정의 포착을 그 핵심 축으로 한다고 할 수 있다.

§3. 자연과 작위

　공자가 초 근처에 갔을 때 그곳의 은자들을 만난 일과 관련된 몇 가지 이야기가 전해온다. 초는 본래 중원의 일원이 아니었고 중원과는 많이 다른 문화를 향유했다. 중원에도 은자가 없을 리 없고 초에도 정치가 없을 리 없지만, 거칠게 대비할 때 중원이 인문적이라면 초는 자연적이었다.[64] 이런 연유에서 초는 은자들의 땅이었다. 초의 은자들이 볼 때 공자는 한자리 해먹으려고 떠돌아다니는 속된 인물에 불과했다.

　자로가 장저(長沮)라는 인물을 만나 나루터 길을 물어보자 그는 박식한 공자라면 익히 길을 알고 있을 것이라면서 비꼰다. 또 걸익(桀溺)이라는 인물은 공자 학단에게 좋은 자리를 찾아다니느니 자연으로 귀환하기를 권한다. "君子不器"를 역설했던 공자라는 인물의 특징을 '박식'에서 찾은 장저는 공자를 피상적으로 이해했던 것 같다. 걸익 역시 공자의 진정한 뜻이 어디에 있는지를 알지 못했다. 이들의 이야기를 전해 들은 공자는 말한다.

　　사람이 사람을 피해서 다른 짐승들과 함께 살 수는 없는 법. 내가 이 백성들과 함께
　　하지 않는다면 누구와 함께하겠는가? 천하에 도가 있다면, 내 어찌 이렇게 간절히

---

64) 그러나 초는 점차 모든 고대 동북아 문화, 특히 중국 문화의 저장소가 된다. 520년(공자 31세) 주 왕조에서 반란이 있었으나 실패했고 그 사건에 가담했던 관리들과 학자들이 왕실의 책을 가지고서 초로 피신하게 된다. 이로써 초의 문화와 중원의 문화가 융합을 이루게 된다. 유스티니아누스 황제의 박해를 받은 철학자들이 페르시아로 건너감으로써 그리스 철학이 페르시아로 옮아가고, 이 흐름이 아랍세계로 건너가면서 이슬람철학을 탄생시킨 것과 비교해볼 만하다. 게다가 훗날 주 문화를 보존한 노와 상 문화를 보존한 송이 멸망했을 때도 학자들이 서적을 품고서 초 지역으로 피신하게 된다. 이로써 초 지역이 고대 문화의 총집결지가 되기에 이른다. 위촉오 시대에 당시 유표가 다스리던 이 지역 즉 형주에 많은 선비들과 서적들이 집결해 있었던 것은 바로 이런 역사 때문이었다. 곽점 초묘는 물론이고 마왕퇴 한묘 또한 지역적으로 보면 사실상 초묘의 성격을 띠는 것 역시 우연이 아니다. 또, 중원 천하를 처음 통일한 것은 진이지만 진이 곧 멸망한 후 중국 문명의 원형이라 할 한 제국을 창건한 것은 초 출신의 인물들이었다. 이렇게 본다면 초 문명은 중국 문명의 중핵을 이룬다고 할 것이다.

돌아다니겠는가.

공자는 세상이 아무리 혼탁하다 해도 자기 하나 마음 편하자고 자연으로 숨어버리는 은자들에게 동의할 수가 없었다. 이는 소크라테스가 아테네 교외의 수려한 풍치에 감탄하면서도 자신은 어디까지나 폴리스에서 살고 싶다고 했던 것("시골의 풍경이나 나무들은 나에게 가르침을 주지 않지만, 도시에 사는 사람들은 가르침을 주지")과 유사한 입장이다. 이와 유사한 일은 자로가 어느 이름 모를 노인을 만났을 때도 비슷하게 반복되었고, 또 공자가 초나라의 기인으로 유명한 접여와의 만남에서도 일어났다.[65]

『노자』의 사유

앞에서 언급했던 초 장왕의 절제, 그리고 지금 언급한 초 은자들의 생각의 근저에는 '노자'라는 인물로 상징되는 초의 사상이 있었다. 노자의 사상은 오랫동안 왕필이 편집한 『도덕경』을 통해서 이해되어왔지만, 백서본인 『덕도경』과 죽간본인 『노자』의 발견은 본래의 노자사상과 훗날의 '노자사상'을 구분할 수 있게 해주었다. 공자보다 약간 연상이었다고 하는 그 노자는 수수께끼와도 같은 인물이지만, 그 인물의 존재를 부정해야 할 뚜렷한 이유는 없다. 물론 그렇다고 초나라 유적지에서 발견된 죽간본인 『노자』가 바로 이 노자가 쓴 책인지는 확신할 수 없다. 그러나 『노자』가 노자의 사상을 비교적 원형 — 만일 원형이 있었다면 — 에 가깝게 담고 있는 것은 사실인 듯하다.[66] 우리는 이 『노자』에서 공자의 '작위(作爲)'의 사유

65) 접여(接輿)는 공자 앞을 지나면서 이렇게 노래 불렀다. "봉황이여, 봉황이여! 어찌 그리 덕이 쇠했는가? 지난 일이야 돌이킬 수 없지만 앞으로의 일은 아직 늦지 않았느니. 그만둘 일이로다! 그만둘 일이로다! 지금 세상에 정치하려 드는 일이란 위태로우니." 봉황 같은 공자가 때를 잘못 만나 헤매고 있는 것을 안타까워하고 있다.

66) 자세한 저간의 사정은 『노자』(최재목 역주, 을유문화사, 2006)의 서론적 논의를 참조. 사실 문헌을 통한 논증 자체는 물론 고고학적 검증조차도 한계를 가진다. 사상이란, 특히 노자의 사상 같은 경우가 그렇거니와, 노래/시로서 음송되어 내려가거나 비전으로

와 대비되는 '자연'의 사유를 발견할 수 있다.

공자는 주공 단에 의해 정초된 문화세계＝인문세계 또는 이화세계에 대한 군건한 믿음을 가지고 있었다. 그러나 노자는 그저 '스스로 그러할〔自然〕' 뿐인, 인간적인 무늬〔紋〕에 의해 가공되지 않은 도의 세계, 통나무의 세계에 살 것을 권유한다.

道恒無名[67]	도는 언제나 이름이 없어,
樸雖細[68]	통나무 같이 거칠어도
天地弗敢臣[69]	천지조차 감히 부릴 수 없다네.
候王如能守之[70]	제후들과 왕들이 지키고자 한다면
萬物[71]將自賓	천하 만민이 스스로 복종할 터
天地相會也	하늘과 땅도 서로 만나
以輸甘露	감로를 내리리.

전수되다가 나중에 기록되는 경우도 많기 때문이다.

이하『노자』는 위의 판본 및 다음 판본들을 참조해 인용한다.『老子』, 阿部吉雄 外(明治書院, 1966). 池田知久,『郭店楚簡老子の新研究』(汲古書院, 2011). Arthur Waley(trans.), *The Way and its Power*(Grove Press, 1994). Sarah Allan and Crispin Williams(ed.), *The Guodian Laozi*(Uni. of California, 2000). Robert Henricks(trans.), *Lao Tzu's Tao Te Ching*(Columbia Uni. Press, 2000). *Philosophes taoistes*, tome 1, par Liou Kia‑Hway et al.(Gallimard, 1980).

67) 초간본『노자』의 한자는 현재 사용되는 한자와 크게 다르다. 여기에서는 현재 사용되는 한자로 표기했다.

68) '미약해도'로도 읽을 수 있다.

69) '도'는 오늘날의 의미에서의 자연 즉 '천지'보다 더 상위 개념임을 말하고 있다. 따라서 노자사상을 '자연주의'라 한다면, 이때의 '자연'은 'nature'보다는 'physis'에 가깝다는 점을 염두에 두어야 한다.

70) 여기에서 '지킨다〔守〕'는, 위에서 말한 도는 천지조차도 감히 부릴 수 없다는 사실을 지킨다/깨닫는다는 것 그리고 그러한 깨달음을 가지고서 통치한다는 것을 뜻한다. 제후들과 왕들을 병치해 언급한 것은 춘추시대에 중원의 제후들과 초를 비롯한 중원 바깥의 왕들을 함께 지칭하는 것이다.

71) 만민(萬民)을 가리킨다.

民莫之命	백성들 명령받지 않아도
而自均焉.	스스로 다스려진다네.
始制有名[72]	마름질이 시작되어야 이름 있어,
名亦旣有	이름이 존재할진대
夫亦將知止	모름지기 멈출 줄을 알아야
知止所以不殆.[73]	위태롭지가 않으리라.
譬道之在天下也	도가 천하에 있음은 마치
猶小谷之與江海.[74]	작은 계곡이 강과 바다에 있음과 같아라.

　　노자가 비판하는 '이름'은 말로 표현할 수 없는 도를 표현코자 하는, 언어를 초월한 진리를 언어로 표현코자 하는 것을 뜻할 수 있다. 이는 형이상학적 맥락에서의 해석이다.

　　그러나 우리는 정치철학적 각도에서 접근해, 이름이란 '명분'을 뜻한다고 볼 수도 있다. 인간의 문화란 곧 분류체계이다. 인간은 세계를 분절하고 체계화함으로써 문화세계를 이룬다. 한자 자체가 분류의 체계이기도 하다. 세계를 이름으로써(名) - 분절하는 - 것(分)은 곧 세계를 기표체계로 만드는 것이다. 자연 자체가 준 분절들(산, 강, 바다, 늪 등등)이 아니라 인간이 만들어낸 기표들의 체계로 세계를 분절함으로써 문화세계가 성립한다. 경기도·강원도·충청도, …… 같은 기표체계, 초등학생·중학생·고등학생,

---

72) 인간이 세계를 분절한 이후 이름이 생겨나게 됨을 뜻한다. 그리고 만물은 자신의 '자리'('分'의 체계에서의 '殊')를 가지게 된다. 이것이 명 - 분이다.

73) 일단 이름 - 자리의 체계에서 살아가게 되면 인간은 더 좋은(세상에서 인정받는) 이름 - 자리에 오르려, 인정의 사다리를 타고 오르려 한다. 노자는 그런 헛된 욕망을 자제하고 멈출 줄을 알아야 한다고 말한다.

74) 노자의 사상은 '낮은 곳에 거하기'의 사상이라는 점을 잘 보여주는 구절이다. 갑본, 2장의 모두에서는 "강과 바다가 수많은 계곡의 왕이 되는 까닭은 그 아래에 처하기 때문이니, 그 때문에 수많은 계곡의 왕이 되는 것"이라 해서, (본문에서 인용된) 갑본, 10장의 내용과 반대가 되어 있다. 계곡의 낮음으로 인해서 결국 강이나 바다가 가능해지기에, 위와 같이 보았다.

······ 같은 분절체계, 과장·부장·사장, ······ 같은 기표체계 등등, 인간의 삶은 무수한 기표체계로 구성된다. 기표체계란 단지 인식론적인 것만이 아니다. 기표체계는 대부분 어떤 형태로든 권력배분(empowerment)을 함축한다. 푸코가 '지식–권력'의 사유로써 파헤쳤듯이, 소령·중령·대령 같은 가시적인 경우만이 아니라 순수 인식론적 분절처럼 보이는 경우들에서도 우리는 권력배분을 읽어낼 수 있다. 기표체계란 사실은 기표체제, 이름–자리의 체제인 것이다.[75] 생각해보라. 본래의 지구에 무슨 '~주', '~도' 같은 분절이 존재하는가? 왜 우리는 '591114–1030117' 같은 식의 숫자를 그것이 마치 나의 정체성이라도 되는 듯이 달고 다녀야 하는가? 왜 내가 만든 것도 아닌 그런 기표체계의 사다리를 하나라도 더 올라가려고 이렇게 발버둥을 쳐야 하는 것일까? 사람들이 작위적으로 만들어낸 길("홈 파인 공간")이 아닌 본래의 길 자체에는 이름이 없다. 그것은 가공되지 않는 통나무 같은 것이다.

노자의 이와 같은 생각은 곧 공자가 그토록 존중했던 '주례'에 대한 거부를 뜻한다. 공자는 윤리학적 상상력이 풍부했던 반면 정치학적 상상력은 그만큼 풍부하지 못했다. 그는 '다른 세상'을 꿈꾸었으나, 그 '다른 세상'은 복구적 맥락에서의 다른 세상이었다.("周監於二代 郁郁乎文哉! 吾從周") 반면 노자는 현존하는 질서만이 아니라 주례라는, 더 나아가 작위적으로 만들어지는 인간적 질서 자체를 급진적으로 비판했다. 훗날 동북아 세계에서 혁명은 의례히 도가사상 —— 사실은 매우 주술적이고 종교적인 도교사상이었지만 —— 에 기초해 일어나곤 했음은 바로 이 때문이다. 공자 사상은 국가라는 체제를 당연한 것으로 전제하는 사상이지만, 노자사상은 반(反)국가적 사상이다.[76] 그렇기 때문에 노자사상은 세상에 확립되어

---

75) '이름–자리'에 대해서는 이정우, 『천하나의 고원』(돌베개, 2008), 『주체란 무엇인가』 (그린비, 2009), 『진보의 새로운 조건들』(인간사랑, 2012) 등 여러 곳에서 다루었다.

76) 노자가 볼 때 주례로 대변되는 작위의 체계는 질(質)이 아니라 문(文)/문(紋)일 뿐이다. 그에게 지(知)·변(辯)·교(巧)·이(利)·위(僞)·려(慮)·사(私)·욕(欲) 등은 모두

있는 통념＝'독사'를 비판한다. "천하 사람들이 모두 아름답다고 알고 있는 것은 사실은 추한 것이요, 선하다고 알고 있는 것은 사실은 선하지 않은 것이다."[77] 노자의 사유는 헤라클레이토스적이며, '역-설＝파라-독사'와 '무-의미＝농-상스'의 사유이다.[78] 역-설과 무-의미의 경지는 "가깝다 할 수도 없고 멀다 할 수도 없다. 이롭다 할 수도 없고 해롭다 할 수도 없다. 귀하다 할 수도 없고 천하다 할 수도 없다"와 같은 구절에서도 알 수 있듯이 통념적인 이항대립을 넘어서는 사유, 불이(不二)의 사유이다. 노자의 사유는 기호체계로 이루어진 국가적 체제와 그것을 떠받치는 통념적 인식론을 전복한다.

그러나 노자사상을 이처럼만 해석해서 공자사상과 대극에 놓으면 우리는 중요한 사실을 놓치게 된다. 그것은 곧 노자사상은 단순한 반국가철학이 아니라 오히려 매우 적극적인 정치철학이라는 사실이다. 노자사상은 '성인'과 '왕'의 존재를 부정하는 사상이 아니다. 그것은 큰 지혜를 가진 성인 —— 구체적으로는 왕을 보좌하는 영윤＝재상을 가리킨다 —— 이라는 존재와 백성을 다스리는 왕이라는 존재에게 던지는 정치철학적 메시지이다. 무위(無位)에의 낭만과 이상만으로는 부족하다. 위(位)의 세상을 실제 바꾸어나가야 한다. '위'의 세상에 생성을 도입하기 위해서는 무위에의 이상이 요청되며, 무위의 이상은 이상 자체로서만 존재하기보다 '위'의 세계에 구현될 때에만 실천철학적 의미를 가진다. 『노자』는 무위의 이상을 설

버려야 할 허식일 뿐이다. 이러한 생각은 앞에서 언급한 자공의 생각과 대조된다. 자공의 생각은 사실 공자의 가르침이다. "질이 문을 압도해버리면 촌스럽게 되고, 문이 질을 압도해버리면 허식이 된다. 문과 질이 함께 갖추어져야(文質彬彬) 비로소 군자라 할 만하다."

77) 보다 이론적으로, 노자는 통념이 이항대립적으로 이해하는 개념들이 사실은 상보적임을 말한다. "있음과 없음은 서로를 낳으며, 어려움과 쉬움은 서로를 이루어주며, 긺과 짧음은 서로를 모양 지어주고, 높음과 낮음은 서로를 채워주며, 겹소리와 홑소리는 서로를 보듬고, 앞과 뒤는 서로를 따른다."(갑본, 9장)

78) 역-설(para-doxa)과 무-의미(non-sens)에 대해서는 다음을 보라. 이정우, 『사건의 철학』(그린비, 2011), 2부.

파하는 생성존재론이기도 하지만, 또한 실제 정치의 현실을 바꾸어나가려는 적극적인 정치철학이기도 하다.

道恒無爲也	도는 결코 작위하지 않으니
侯王能守之	제후들과 왕들[79]이 이 이치를 지킨다면
而萬物將自爲	모두[80]가 자위(自爲)하게 되리라.
爲而欲作	작위로 무엇인가를 자꾸 만들려 하면
將定之以無名之樸.	이름 없는 통나무로써 진정시켜야 하리.[81]
夫亦將知口足	무릇 만족할 줄을 알아
知足以靜 萬物將自定.	고요하면, 모두가 자정(自定)할 수 있으니.[82]

뛰어난 군주란 어떤 사람인가? 도의 이치를 따르는 사람이다. 도란 무엇인가? 작위가 아니라 자연이다. '自然'이란 스스로-그러함이다. 스스로-그러하다는 것은 곧 작위를 가하지 않은 무위의 차원이다. 이런 생각을, 한편으로는 추상적인 존재론적 논의의 방향으로도 갈 수 있지만, 역사적-정치적 지평에서 사유할 경우 결국 **주례와 그 바깥의 투쟁**이라는 관점에서 독해할 수 있다. 작위란 주례 또는 주례로 대표되는 이름-자리의 체계라 할 수 있으며, 도/자연의 차원이란 그와 같은 작위의 가공이 이루어지기 이전의 무위(無位/無爲)의 차원이다. 이 무위의 차원은 가장 추상적으로 파악할

---

79) "제후들과 왕"이라고 번역하면 이는 동주의 질서를 가리키는 것이 된다. 그러나 "제후들과 왕들"로 번역할 경우, 동주의 질서 바깥의 질서들까지 포괄하게 된다. 여기에서는 후자의 맥락을 취했다.

80) '만물'은 만민으로 볼 수도 있고, 인간 외의 존재자들까지 포괄한 개념으로 볼 수도 있다. 지금의 맥락에서는 만민이 적절하지만, 다른 맥락에서는 보다 넓게 볼 수도 있다.

81) 주어가 없기 때문에 여러 해석이 가능하다. 앞의 흐름을 고려하면, 도를 지키지 않는 자들이 작위로 무엇인가를 자꾸 만들려 하면 도를 지키는 자들이 이름 없는 통나무로써 사태를 진정시켜야 한다고 볼 수 있다.

82) 갑본, 7장.

경우 작위가 이루어지기 이전의 자연세계＝천지이며,[83] 반대로 가장 구체적으로 파악할 경우 초나라로 대변되는 비-중원 문화이다. 전자의 맥락은 뒤로 미루고, 우선 후자의 맥락에서 논하자. 단, 노자사상을 비-중원 문화의 입장이라는 지리적으로 지나치게 고착된 맥락에서 보기보다는, 춘추시대에 이르기까지 진행된 문명화 과정 전체를 (데리다적 뉘앙스에서) 탈-구축하고 그 기반 위에서 새로운 형태의 정치적 비전을 제시하는 철학으로서 독해해보자. 그럴 경우 무위 즉 무-작위란 결국 고대 동북아세계에서 춘추시대에 이르기까지 진행되어온, 주례를 대표로 하는 문명화 전체가 도/자연을 벗어난 작위의 체계라는 점을 지적해주는 개념으로서 이해할 수 있다. 이럴 경우, 무위의 차원이란 결국 작위적인 상징체계＝명분으로 뒤덮이기 이전의 자연세계[84]를 가리킨다고 할 수 있다.

무위의 차원에서의 정치란 과연 어떤 것일까? 우리는 이를 '명(名)', '욕(欲)', '영(盈)' 등등을 극복함으로써 이루어지는 정치로 파악할 수 있다.

노자는 이름의 세계 즉 기호체제란 마치 있는 그대로의 통나무를 자르고 깎아 작위적인 형태를 부여하는 것과 같다고 생각했다. 그래서 그러한 억지스러운 정치에 대한 대안은 자연히 '이름-없는 통나무'의 정치로서 제시된다. 통나무의 차원은 곧 이름-자리의 세계 아래에 존재하는, 이름-자리의 체계를 무너뜨릴 수 있는 실재세계이다. 그러나 이 차원이 카오스의 차원은 아니다. 이 차원은 '도'의 차원이기에 카오스가 아닌 자체의 이법을 내포하는 차원이다. 그러나 통나무의 차원은 이름-자리의 차원에 대해서 카오스의 세계, 생성의 세계로서 존재한다. 통나무는 작위에 의해 가공된 나무(예컨대 가구)'에 대해서' '혼(混)'·'돈(沌)'의 성격을 띠

---

83) 이 경우 『노자』는 『주역』에 근접한다. 두 사유의 성격은 후에 점차 갈라지지만, 그 실마리에서 두 사유 모두 자연세계에 준해서 인간세계를 살아가려는 사유이기 때문이다.

84) 여기에서 말하는 '자연세계'는 인간의 존재 이전의, 문화와 대립하는 자연을 뜻하는 것이 아니라, 자연스러운 세계, 모든 것이 자연에 따라 순리(順理)대로 살아가는 세계를 뜻한다.

는 것이다. 노자의 정치철학은 고대 현실 정치의 구조 자체를 전복하고자한 철학은 아니다. 뒤에서 보겠지만, 묵자의 정치철학도 마찬가지이다. 유가, 도가, 묵가, 법가 중 그 어느 사상도 고대 동북아의 신분체제와 정치체제 자체를 근원적으로 전복코자 하지는 않았다. 어디까지나 '왕들'과 '제후들'을 전제한 사상들인 것이다. 공자는 "이적들에게조차도 왕이 있는데, 중원에는 왕이 없으니 그들보다 못하지 않는가"라 했다. 그러나 노자는 군주들의 도를 **통나무-되기**에 두었다는 점에서 여타의 사상들과 구분된다. 이 통나무-되기는 작위적인 분절체계가 가져오는 '차이들의 체계(système des différences)' 아래에 존재하는 장자적 뉘앙스에서의 '허(虛)'이며, '만물제동'을 함축하는 이 허가 차이들의 체계에 '생성'을 가져오고 또 주체적 노력이 매개될 경우 '되기'를 가능케 한다. 진정한 통치자들이란 작위적인 체계를 강요하는 존재들이 아니라 오히려 사람들을 그런 체계의 저편으로 데려갈 수 있는 존재이다. 그때에만 백성들은 억지스러운 작위가 아니라 자연세계를 본받아 스스로-행할-수 있게 되고, 또 세상은 작위에 휘둘리지 않고 스스로-안정될-수 있다.

도대체 무엇이 작위의 세계를 점점 더 강고하게 만들어가는가? 사람들의 욕심이다. '욕'은 "얻기 어려운 재화"에 대한 욕구일 수도 있고, 이성(異性)이나 어떤 다른 생명체에 대한 욕정일 수도 있고, 또 타인들의 사랑과 인정에의 욕망일 수도 있다. 어느 경우든 욕심은 모든 문제들의 발원처이다. "욕심을 부리는 것보다 더 큰 죄는 없고, 소유에 집착하는 것보다 더 큰 허물은 없으며, 만족할 줄 모르는 것보다 더 큰 화(禍)는 없다." 그래서 노자는 늘 '욕'에 '족(足)'을 대비한다. "만족할 줄 알면 욕되지 않고, 그칠 줄 알면 위태롭지 않다." 그래서 노자의 철학은 채움의 철학이 아니라 비움의 철학이다. "끝내 채우고자 하기보다 그칠 줄을 알아야 한다." 성왕의 정치란 바로 이런 멈춤의 정치, 비움, 낮춤의 정치여야 한다. 그래서 "최선의 통치자는 백성들이 단지 그가 있다는 사실만을 아는 자이고, 차선의 통치자는 백성들이 그를 가깝게 여기고 칭찬하는 자이며, 그다음 수준의 통치자는 백성들이 그를 두려워하는 자이며, 최악의 통치자는 백성들이 그를 혐오하는 자이다." 이러한 인물은 곧 '덕'을 갖춘 존재이다. 물론 노자의 성왕은 현실 바깥으로 초탈한 형이상학적 존재가 아니라 형이상학적 차원을 품고서 실제 정치를 잘하는 인물이라는 점을 잊으면 곤란하다. 그렇지 않을 경우 노자사상을 신비화하게 되며 매우 막연히 파악하게 된다. 『노자』에는 "천하를 얻는다" 같은 표현도 나오며, 『노자』의 지향점은 초월 같은 경지가 아니라 어디까지나 그리스 윤리학에서처럼 '좋음', '잃지 않음', '패하지 않음', '오래감', '어려움 없음' 같은 구체적 가치들이다. 또, 이미 지적했듯이, 도/자연의 경지 역시 단순한 카오스가 아니라 "텅 빔을 지극히 이루고 비움을 충실히 이루면, 만물이 두루 흥기하되 제 있어야 할 자리로 되돌아가리"라 했듯이, 작위의 껍질을 벗어버렸을 때 나타나는 '제 자리'가 존재하는 곳이라 해야 한다. 『노자』가 지향하는 것은 결코 신비적 초월의 경지가 아니라 매우 **구체적인 정치철학**이다. 하지만 역으로 이와 같은 정치철학은 바로 도의 **현묘(玄妙)**한 이치를 깨달음으로써 가능한 것이다. 노자철학은 이렇게 볼 때에만 기이한 신비주의로 흐르지도 않고 교활한 정치철학으로 흐르지도 않는 사유로 이해될 수 있다.[85] 노자에게서 구체적인 정치철학의 맥락이 소거될 때 훗날 도교에서 볼 수 있는 허무맹랑한 상상으로 흐르게 되며, 역으로 도의 존재론의 본의를 망각하게 될 때 훗날 『덕도경』이나 관련 사상들에서 볼 수 있는 교활한 술수로 전락하는 것이다. 어쨌든 노자가 그리고 있는 성왕은 도의 형이상학을 세상에 최대한 구현코자 하는 존재이다.

누가 군주를 도와 이러한 정치를 이루는가? 바로 성인 즉 영윤이다. 손숙오나 범려[86] 같은 인물들이야말로 이런 인물들이라 하겠다.

---

85) "정당함으로써 나라를 다스리고, 기기묘묘한 전략으로써 군사를 움직이며, 일을 벌이지 않음으로써 행하면, 천하를 얻으리라" 같은 구절이 이 점을 잘 드러내는 대목이다.

86) 범려는 월에서 활동했으나 본래 초나라 사람이다. 『국어』, 「월어」는 거의 범려의 이야기로 차 있으며, 그가 구천을 도와(구천 자체는 노자적인 왕에는 한참 못 미치는 자였

以道佐人主者	도로써 군주를 보좌하는 사람은
不欲以兵强於天下.	군대로 천하를 강압하지 않으니.
善者果而已	현명하게 일하는 자는 좋은 결과를 겨냥할 뿐
不以取强.	강압하는 방식을 취하지는 않으리라.
果而弗伐	일을 이루어도 자랑하지 않고,
果而弗驕	일을 이루어도 교만하지 않으며,
果而弗矜	일을 이루어도 자만하지 않는다.
是謂果而不强	이를 '과이불강'이라 하니
其事好.	이것이야말로 좋은 정치이니라.[87]

그렇다면 왕과 성인이 그에 따라 정치해야 할 그 '도의 형이상학'이란 무엇일까? 『노자』가 가지는 철학사적 의의들 중 하나는 동북아 사상사에서 최초로 본격적인 '존재론적 사유'를 도입하고 있다는 점이다. 지중해세계 철학의 높은 존재론적 사유 수준에 버금가는 사유를 우리는 노자에게서 발견하게 된다. 공자의 경우 그가 인문세계에 모든 관심을 집중하고 있기에, 그의 사유는 적극적인 존재론을 포함하지 않는다. 이미 언급했듯이, "선생님께서 성과 천도에 대해 말씀하시는 것은 얻어듣지 못했다"고 자공은 말했다. 반면 노자의 정치철학은 그 특유의 존재론(도의 형이상학)에 근간을 둔다.

이 존재론에는 흔히 '변증법적'이라는 수식어가 붙곤 하는데, 적어도 이 말을 헤겔이나 마르크스의 용법에 따라 사용하는 한 노자의 사상은 변증법적이지 않다. 인간의 사유가 늘 그렇듯이, 노자에게서도 항상 대립항들이 문제가 된다. 노자에게서 대립항들은 제논의 역설에서나 칸트의 이율

지만) 최대한 평화롭게 전쟁을 완수하고자 한 과정이 잘 나타나 있다. 또, 전쟁 승리 후 범려의 처신은 "공성불거(功成不居)"—『노자』의 표현으로는 "공수신퇴(功遂身退)"—의 전형을 보여준다.
87) 갑본, 4장.

배반에서처럼 평행을 달리는 것도 아니다. 그것들은 상호 전환적이다. "성공하려는 자는 실패하고, 잡으려는 자는 잃는다." '대립'에 대한 아리스토텔레스의 네 구분을 보았거니와, 역학의 경우와 마찬가지로 노자적인 상호 전환은 이 네 규정 어디에도 해당되지 않는다. 이와 같은 상호 전환은 바로 대립항들이 사실은 상보적 존재들이기에 가능하다. 다시 한 번 인용한다면, "있음과 없음은 서로를 낳으며, 어려움과 쉬움은 서로를 이루어주며, 김과 짧음은 서로를 모양 지어주고, 높음과 낮음은 서로를 채워주며, 겹소리와 홑소리[88]는 서로를 보듬고, 앞과 뒤는 서로를 따른다."

바로 이러한 이유 때문에 노자의 사유는 '파라-독사'의 성격을 띤다. 이 '파라-독사'는 현실적으로는 대립적인 것들이 잠재적으로는 하나의 그 무엇을 이루고 있으며, 그로써 서로를 낳고 이루고 모양 지어주고 채워주고 보듬어주고 따른다는 것을 뜻한다. 『노자』에는 이런 생각과 연관되는 구절이 상당수 등장한다. "아름드리나무도 자그마한 싹에서 자라나고, 높디높은 건물도 한 삼태기 흙에서 시작하고, 끝없이 먼 것도 한 발자국에서 시작한다." "아는 자는 말하지 않고, 말하는 자는 알지 못한다." "가까이할 수도 없고 멀리할 수도 없으며, 이롭다 할 수도 없고 해롭다 할 수도 없으며, 귀하다 할 수도 없고 천하다 할 수도 없다." "가진 것이 많을수록 가난해지며, 이로운 것이 많을수록 혼미해지며, 아는 것이 많을수록 알기 어려운 것이 많아지며, 법이 강해질수록 불법이 성행한다." "배우는 사람은 나날이 배울 것이 더 늘어난다. (…) 함이 없음으로써 하지 아니함이 없다." "낮은 경지의 사람은 도에 대해 들으면 폭소를 터뜨린다. 하지만 폭소를 터뜨리지 않는다면 도라고 하기에는 부족하다." "밝은 길은 어두운 듯하고, 평평한 길은 울퉁불퉁한 듯하고, 나아가는 길은 물러서는 길인 듯하고,

---

88) 현재는 '음(音)'은 'sound'를 '성(聲)'은 'voice'를 가리키지만, 고대의 맥락에서는 '성'은 한 가지 소리이고 '음'은 여러 소리가 어울린 소리를 뜻했다. '음'을 악기로 연주하면서 거기에 춤이 곁들여지면 '악(樂)'이 된다.

높이 솟은 덕은 골짜기인 듯하고, 새하얀 것은 더러운 듯하고, (…) 거대한 형상은 모양이 없는 듯하다." "산더미처럼 쌓인 것은 싹 비워진 것과 같고, (…) 가득 찬 것은 텅 빈 것과 같고, (…) 뛰어난 기교는 졸렬한 것 같고, (…) 아주 똑바른 것은 굽은 것 같다."

이와 같은 '파라-독사'의 논리는 도의 어떤 성격에서 유래하는 것일까? '도의 현묘한 이치'란 도대체 어떤 것일까?

反也者 道動也	되돌아감이 도의 움직임이요,
弱也者 道之用也.	약함이 도의 쓰임일세.
天下之物 生於有	천하의 모든 것은 유에서 생겨나지만,
有生於無.	유는 무에서 생겨나네.[89]

대립항들이 현실적 '해(解)'들이라면, 도는 여러 해들을 그 안에 보듬고 있는 '문제'이다. 해들의 차원에서의 대립은 문제의 차원에서는 해소된다. 문제는 해들을 편애하지 않기에, 하나의 해는 결국 다른 해로 바뀐다. 그렇기 때문에 '되돌아감'이야말로 도가 움직이는 방식이다. 이는 "원시반종(原始反終)"이라는 역의 사유와도 통하며, 동북아 특유의 '순환존재론(circular ontology)'이라 불러볼 만한 사유이다. 그래서 도의 쓰임은 날카롭고 눈부신 것이 아니다. "눈부신 것을 가라앉혀 미약한 것들과 함께하고, 날카로운 것을 쓰다듬어줌으로써 분란으로 얽힌 것은 풀어주는 것"(和其光 通其塵, 挫其銳 解其紛)이 도이다. 그래서 도의 쓰임은 '강'이 아니라 '약'이다. 도의 가장 본질적인 성격은 '무' — 또는 '허' — 에 있다.[90] 세계의 모든 존재자들은 유의 법칙에 따라 차이를 가지고 서로 관계를 맺지만, 도

---

89) 갑본, 19장.
90) 도의 본질적 성격이 무/허에 있다는 것은 "反也者 道動也"와 또 위에서 인용한 "有無相生"과 모순될 수 있다. 그러나 도는 순환존재론을 그 이치로 하면서도 기본 축은 유가 아니라 무에 놓인다고 생각하면 될 것이다.

의 차원에서는 근원적 하나—수적인 하나가 아니라 궁극의 이치로서의 하나—일 뿐이다. 다소 조잡한 예를 든다면, 서로 대립하는 1과 -1은 사실상은 $(x+1)(x-1)=0$이라는 한 문제의 두 해이다. 그리고 이 하나로서의 무/허를 바탕으로 무수한 유, 만물, 만물 사이의 차이, 관계, 통합과 해체 등이 성립하는 것이다. 그래서 도의 이치는 '현동(玄同)'에 있다.

有狀混⁹¹⁾成	있기는 하지만 '혼'으로 되어 있고
先天地生.	천지보다도 앞서네.
寂穆獨立不改	잔잔하고 따스하며, 홀로이 서 바뀌지 않으니
可以爲天下母.	세상 모든 이의 어미라 할 만하지 않은가.
未知其名	그 이름을 몰라
字之曰道	그저 '도'라 부를 뿐.
吾强爲之名曰大?	나는 억지로 이름 붙여 '크다'고 해본다네.
大曰逝	위대하게 베푸니,
逝曰遠	그 베풂은 만물에 스며들며,
遠曰反.	그 끝에서 다시 되돌아오네.
天大	하늘은 크며
地大	땅도 크지만,
道大	도야말로 진정 크도다.
王亦大.	그리고 또한 왕도 크도다.⁹²⁾
國中有四大焉	나라에는 큰 것이 넷 있으니,
王處一焉.	왕은 그중 하나일세.
人法地	사람은 땅을 따르고,
地法天	땅은 하늘을 따르고,

91) 본래는 '蟲'으로 되어 있다.
92) 판본에 따라서는 "王亦大"가 아니라 "人亦大"로 되어 있다.

| 天法道 | 하늘은 도를 따르지만, |
| 道法自然.[93] | 도는 그저 스스로-그러함을 따를 뿐. |

잠재성의 차원, 도의 차원은 유의 차원에서 보면 무의 차원이다. 하지만 이 무는 분명 존재한다. 존재하기에 유의 근원이 될 수 있다. 절대 무가 유의 근원이라는 주장은 성립할 수 없다. 도는 무이지만 그 무는 존재이다. 그러나 그 존재는 그 어떤 규정된 존재가 아니다. 모든 규정은 부정이며, 특정한 규정은 이미 무/허의 성격을 상실했음을 뜻하기 때문이다. 무로서의 존재는 특정한 규정들 이전의 허이다. 그러나 이 무/허가 수적인 하나는 아니다. 단순히 다자로 갈라지기 이전의 일자는 아닌 것이다. 수적 일자라면 더 갈라질 수 없다. 오히려 무의 차원은 수적으로 무한한 만물을 가능케 하는 무한의 차원이다. 무한이지만 분절된 수적 무한은 아니며, 하나이되 등질적인 수적 단위로서의 하나가 아니다. 그것은 규정성이 전혀 없는 세계도 아니고, 규정성들이 현실화되어 분절된 세계도 아니다. 말하자면, 무한한 규정성들이 엉겨 있는 잠재성의 차원인 것이다. 이것이 '혼'·'돈'의 상태이다. 혼·돈의 상태는 질서의 무가 아니라 무한의 질서를 뜻한다. 이로부터 유의 차원이 생겨나며(최초의 유의 차원은 하늘과 땅의 갈라짐을 통해서 성립한다), 다시 이로부터 만물이 생겨난다.

도의 차원은 무-의미의 차원이다. 그것은 모든 '상스'들의 아래에 거하면서 그 자체는 특정한 의미로 규정되지 않는 '농-상스'이다. 그러나 이 '농-상스'는 의미의 무가 아니라 무한한 의미이다. 모든 의미들은 바로 이 무-의미로부터 나와 그리로 돌아간다. 바로 그렇기 때문에 표면적 현실의 차원이 시끌벅적하게 난리법석을 떨어도 도의 차원은 그저 잔잔하고 따스하게 늘 지속하며, 현실에서의 모든 영고성쇠에 애잔한 미소를 지으며 홀로 제자리를 지킨다.[94] 그래서 도는 멋대로 구는 아이도, 집 떠나 방

---

93) 갑본, 11장.

황하는 아이도, 착한 아이도, 악한 아이까지도 모두 한결같이 품어주는 어머니와도 같은 존재이다.[95] 세상의 가장 아래에 처하면서 모든 것을 정화해주는 물과도 같은 존재이다. 어머니에게 특정한 자식만을 사랑하라 할수 없듯이, 물에 특정한 형태를 가지라 할수 없듯이, 도에는 특정한 규정성/이름이 없다. 그저 '도'라 부를 뿐이고, 억지로 수식한다면 '크다'/위대하다고 할수 있을 뿐. 위대한 도는 어떤 편견도 없이 세상 만물을 받쳐주는 '허'이며, 그 움직임은 늘 끝까지 갔다가 되돌아오는 데 있다.(이 되돌아옴은 반드시 시간적 '反'만을 뜻하지 않으며, 논리적 '反'을 뜻하기도 한다. 『노자』에서는 오히려 후자가 두드러진다) 하늘과 땅도 크지만, 진정 큰 것은 도이다. 그리고 도를 체현해서 백성들을 위해 정치하는 왕과 성인 또한 크다.

바로 이와 같은 이유로 왕/성인은 '파라-독사'의 정치를 전개한다. "성인은 바라지 않음을 바라고, 귀한 것을 귀하게 여기지 않으며, 가르치지 않음을 가르치고, (…)" "함이 없음을 하며, 일 없음을 일하고, 맛 없는 것을 맛본다." "그래서 성인은 일하지 않음을 일하고, 말하지 않는 가르침을 편다." "내가 일하지 않으면 백성들은 스스로 부유해지고, 내가 행하지 않으면 백성들은 스스로 행하며, 내가 고요함을 좋아하면 백성들은 스스로 바르게 되며, 내가 욕심 없음을 욕망하게 되면 백성들은 스스로 통나무로 돌아간다." 이처럼 통치하는 왕에게서야말로 "행하지 않음에도 하지 않음이 없다"(無爲而無不爲)는 이치가 성립한다. 이런 '위'를 역-위(逆-爲)라 부를

---

94) 이 대목은 현대의 잠재성 이론과 구별된다. 베르그송과 들뢰즈로 대변되는 잠재성 이론은 잠재성 자체에서의 생성을 중요한 아니 핵심적인 요소로 포함하기 때문이다. 이 점에서 노자의 잠재성은 헤겔적인 이념의 차원에 더 가깝다. 보다 정교한 논의가 필요한 대목이다.

95) 이 점에서 도를 '생명'으로 이해할 수도 있다. 갑본, 18장에서 "이름이 절실한가, 생명〔身〕이 절실한가?"라고 묻는 것은 이러한 맥락에서이다. 또, 을본, 5장에서는 "몸을 돌보기를 천하를 다스리기보다 소중히 여기면 천하를 맡길 수가 있고, 몸을 돌보기를 천하를 다스리기보다 아끼면 천하를 안겨줄 수가 있다"고도 한다. 그러나 이런 측면을 너무 즉물적으로 밀고 나갈 때, 노자의 철학은 양주와 같은 생명절대주의나 훗날의 도교에서 발견되는 신체절대주의로 빠져버린다.

수 있을 것이다. 노자는 역 - 위가 행해지지 못할 때 공자가 역설했던 가치들이 등장하게 된다고 본다. "큰 도가 무너지니 인의가 생겨났고, 가족의 화목함이 무너지니 효자(孝慈)가 생겨났고, 국가가 무너지니 충신이 생겨났다." 흔히 최상의 도덕적 원리들이라 간주되는 것들조차도 노자의 시선에서는 이미 도·가족·국가가 무너졌기에 등장할 수밖에 없었던 가치들인 것이다. 노자가 지향했던 도는 인의, 효자, 충신이라는 가치들조차도 넘어선 곳에 있었다.

하지만『노자』는 이런 현묘한 차원으로만 치닫는 사유가 아니다. 플라톤의『소피스트』가 잘 보여주듯이, 철학은 현실에서 출발해 실재로 나아가지만('아나바시스'), 다시 그 실재로부터 현실 그러나 새로운 길을 얻은 현실로 되돌아온다('카타바시스'). 노자 역시 춘추 말기의 현실에서 출발해 도의 차원으로 나아가지만, 현묘한 차원으로 훌쩍 가버린 것이 아니라 그 차원을 체득해 다시 현실로 내려온다.『노자』를 현묘한 형이상학을 바탕으로 구체적인 정치철학을 전개한 서물로 봐야 하는 이유가 여기에 있다. 병본, 3장은 이러한 면모를 잘 보여준다. "군자는 평화 시에 왼쪽을 높이고 전쟁 시에는 오른쪽을 높인다.[96] 그래서 '병기(兵器)는 군자의 기물이 아니다' 라 했다. 부득이할 때, 그때에만 병기를 쓴다. 잔잔하고 맑은 것이 제일이니, 전쟁을 미화하지 말진저. 전쟁을 미화한다면 살인을 애호하는 것이 아니겠는가. 대저 살인을 애호한다면 천하에 뜻을 펼 수가 없는 법이라. 하여 길사에는 왼쪽을 높이고 흉사에는 오른쪽을 높이는 법, 편장군은 왼쪽에 자리하고 상장군은 오른쪽에 자리함은 곧 상례(喪禮)에 따라 자리 잡음이라네. 많은 사람들을 죽였기에 비통한 마음으로 임하여, 전쟁에 승리했을지라도 상례로서 마무리해야 하리.[97] 작위하는 자는 패할 것이요 집착하

---

96) 군자(왕 또는 성인)가 남면하고 앉았을 때, 왼쪽은 해가 뜨는 쪽이고 오른쪽은 해가 지는 쪽이다. 왼쪽은 삶의 축을, 오른쪽은 죽음의 축을 함축한다.
97) 초 장왕을 떠올리는 구절이다.

는 자는 상실할 것이니, 성인은 작위하지 않기에 패하지 않을 것이요 집착하지 않기에 상실하지 않을 것이라네. 끝내기를 시작하기처럼 하면 실패하지 않을 것이요, 실패함은 항상 억지로 이루려 함에서 온다네. 하여 성인은 욕망하지 않음을 욕망하며, 얻기 어려운 재화를 하찮게 여기고, 배우지 않음을 배우며, 뭇사람이 간과하는 바로 복귀하느니. 이로써 성인은 능히 만물의 스스로-그러함을 도울 뿐, 작위하지 않는다네.”

공자와 노자

지중해세계에서 헬레니즘과 헤브라이즘이 양 날개를 형성했듯이, 노자의 사유는 공자의 사유와 더불어 동북아세계의 양 날개를 형성하게 된다. 공자가 중원의 사유이자 합리주의, 문화세계를 대변한다면, 노자는 남방의 사유이자 낭만주의(동북아적 뉘앙스에서), ‘자연세계’를 대변한다. 동북아의 지식인들은 낮에는 공자와 더불어 정치를 행하고, 밤에는 노자와 더불어 자연에의 회귀를 꿈꾸었다고 하겠다. 하지만 거듭 말한다면, 노자의 철학을 형이상학적 현묘함을 설파하는 사유로만 이해하는 것은 일면적이다. 노자는 동북아 최초의 독창적인 형이상학을 제시함으로써 유가와는 다른 사유를 보여주었지만, 그에게는 정치철학 또한 본질적이었다. 노자에게서는 형이상학과 정치철학이 동전의 양면을 형성하고 있다. 그의 사유는 현묘한 형이상학을 지향하지만, 또한 동시에 그러한 형이상학에 근거해 뚜렷한 정치적 입장을 전개하고 있기도 하다. 이 점을 놓치면 우리는 노자의 사유를 막연하게 파악함으로써 그 핵심을 비켜갈 수 있다.

또한 마찬가지로 공자 역시 노자와 대비하기만 해서는 곤란하다. 공자와 노자의 차이는 단적으로 대조적이라기보다는 보다 복잡·미묘한 것이라 해야 할 것이다. 노자는 문화세계 즉 ‘예’의 세계를 비판적으로 보았지만, 공자 역시 “禮後”를 즉, 예는 인을 바탕으로 해서만 진정한 예가 된다는 점을 역설했다. 물론 노자는 ‘인의’조차도 큰 도가 무너지면서 나타난 차원일 뿐이라고 보았다는 점에서 공자보다 급진적이다. 그러나 아마도 노자가 비판적으로 언급했던 '인의'는 공자가 생각했던 진정한 인의는 아니었을 것이다. 진정한 인의는 노자의 큰 도로부터 그리 멀리 떨어져 있지 않다고 해야 하지 않을까. 이 점은 앞에서도 언급한 '문'과 '질'의 관계에서도 확인된다. 노자는 '문'의 세계를 비판하고 '질'의 세계로 돌아가기를 역설했지만, 공자 역시 "文質彬彬"을 주장했다는 점에서 이들의 생각이 단적으로 대립하는 것은 아니다. 언어의 문제에서도 차이는 미묘하다. 노자는 작위로서의 기호체제를 비판했지만, 공자도 언어란 실재에 기반을 두어야 한다는 '정명론'을 말했고 "말 잘하는 것"을 경멸했을 뿐만 아니라 때로는 언어 자체에 대한 회의까지도 피력하곤 했다.[98] 또, 공자 역시 도와 거리가 먼 허례허식을 누구보다도 싫어했다. 안연이 죽었을 때도 그랬고, 공자 자신의 죽음이 가까이 왔을 때에도 그랬다. 훗날 묵가 철학자들이 유가 철학자들에게 퍼부었던 비난은 공자의 진정한 뜻을 잇지 못한 '소유(小儒)'들에 대한 것이었다고 해야 할 것이다. 또, 말할 필요도 없이 공자 역시 평화주의자였다. 자공이 "가장 먼저 버려야 할 것"에 대해 묻자, 그는 "군비(軍備)를 버려라"고 했다. 또, 공자 역시 무위의 정치를 강조해 "작위하지 않음으로써 통치한 이, 바로 순임금이셨다!"고 칭송했다. 노자와 공자는 많은 점에서 서로 수렴한다.

그러나 두 인물 사이에 중대한 이론적 차이가 있음은 물론이다. 공자는 인이 누락되어버리고 형식화·고착화된 예를 비판했지만, 그의 꿈은 역시 주례의 본래 정신이 회복된 문화세계였다. 이에 비해 노자에게는 어떤 형태의 예이든 그것은 작위에 불과했으며, 그가 지향한 것은 아직 이름-자리의 체계로 뒤덮이기 이전의 자연세계였다. 따라서 노자에게는 공자가 존숭했던 상고 시대의 '문화 영웅들'이야말로 도가 무너지게 되는 실마리

---

98) 어떤 맥락에서는 아예 노자의 말처럼 들리는 생각을 드러내기도 했다. "하늘이 무슨 말을 하더냐? 사계절이 순환하고 만물이 생성하지만, 하늘이 무슨 말을 하더냐?" 또, "말해서 부끄럽지 않을 수 있는 일을 행하기는 어렵다"는 구절에서는 실재와 일치하지 않는 말을 하는 것이 얼마나 위험한 일인가를 지적하고 있다.

를 만든 인물들이었다. 노자가 볼 때 공자는 아직 못 버린 사람이지만, 공자가 볼 때 노자는 "용 같은" 사람, 위대하기도 하지만 다른 한편 비현실적이기도 한 사람이었다. 누군가가 "원한을 덕으로써 갚으면 어떻습니까?" 하고 묻자, 공자는 "그렇게 한다면 덕의 경우는 어떻게 갚겠습니까? 원한에 대해서는 정의로써 갚고, 덕에 대해서는 덕으로써 갚아야 합니다"라 답했다.[99] 노자와 공자는 공히 '도'를 추구했지만, 공자는 "사람이 도를 넓힐 수 있는 것이지, 도가 사람을 넓히는 것은 아님"(人能弘道 非道弘人)을 강조했다. 철학적인 측면에서도 두 사람은 크게 달랐다. 공자에게서는 이렇다 할 형이상학/존재론을 발견할 수 없는 대신, 문화세계에 대한 깊은 연구와 문헌 정리, 군자들의 양성 등을 발견할 수 있다. 반면 노자에게서는 독자의 존재론, 현묘한 형이상학이 존재하며, 그는 이 형이상학으로 자신의 정치철학을 뒷받침했다.

하지만 공자와 노자 양자가 추구했던 정치철학 사이의 거리가 그렇게 멀다고는 생각되지 않는다. 공자의 정치철학은 그가 구상한 문화세계를 현실 정치에 구현코자 하는 것이었으며, 노자의 정치철학은 그의 현묘한 형이상학을 현실 정치에 구현코자 하는 것이었다. 그러나 결과적으로 두 사유가 그리는 두 세계가 그리 크게 다르지는 않다고 해야 하지 않을까? 그렇다면 핵심적인 차이는 어디에 있는가? 공자가 꿈꾸었던 것은 주례가 잘 작동했던 서주 시대의 정치 즉 종법제와 봉건제가 이상적으로 작동하는 정치였으며, 노자가 꿈꾸었던 것은 성왕과 성인이 다스리는 '소국과민(小國寡民)'의 정치였다. 양자 사이의 가장 결정적인 차이는 귀족들의 존재 여부에 있다. 공자의 세계에서 중심을 차지하는 것은 진정한 의미에서의 귀족들, 관중, 정자산 같은, 아니 공자의 기대치로 보면 이들을 넘어

---

99) "원한을 덕으로써 갚으면 어떻습니까?"라는 물음은 노자의 말로 알려져 있으나, 『노자』에는 이 구절이 없고 『덕도경』이 되어야 등장한다. 『노자』에는 수록되지 않았으나 노자의 물음으로서 널리 알려져 있었던 것으로 보인다.

서야 하는 '춘추 귀족들'이며, 그는 이런 뛰어난 정치가들을 '군자' 개념의 재규정을 통해 잇고자 했다. 반면 노자가 꿈꾼 세계는 성왕과 성인이 작은 국가를 무위로 통치하는 세계이며, 따라서 이 세계에서는 중간의 귀족 계층 — 노자의 용어로는 '현자들' — 이 존재하지 않아야 한다. 노자가 비판하는 가치들은 대개 이 중간 계층의 가치들이다. 이렇게 이해할 때, 노자가 "현자들"은 비판하면서 왜 왕이나 성인은 강조하는지를 이해할 수 있게 된다.

따라서 노자가 꿈꾸는 삶은 소규모 공동체에서만 가능하다. 인간세계의 삶의 규모가 커지면 사회를 관리하는 계층의 역할 또한 커지며, 귀족제와 관료제 — 춘추시대에는 귀족들이 곧 관료들이었으나 전국시대로 이행하면서 귀족층은 서서히 약해지고 관료층이 등장하게 된다 — 가 필수적인 것이 된다. 전국시대를 거치면서 그리고 제국의 시대가 도래하면서, 역사는 노자와 도가 사상가들(그리고 뒤에 논할 묵가 사상가들)의 편이 아니라 공자와 유가 사상가들(그리고 뒤에 논할 법가 사상가들)의 편이 된다. 그럼에도 노자적인 직관은 동북아 문명의 근저에서 언제나 관류해왔으며, 때가 되면 이 지하수는 지상으로 분출해 노도와 같은 홍수를 일으키곤 해왔다. 이 두 흐름 즉 '천하(天下)'의 철학과 '강호(江湖)'의 철학[100]은 오늘날의 동북아 사회에 이르기까지도 그 영향력을 잃지 않고 있다. 현대적 맥락에서 그리고 각각의 이상태에서, 전자는 도덕성을 갖춘 지식인 - 전문가의 철학으로서, 후자는 주어진 기호체제를 넘어서려는 창조적 사상가 - 예술가의 철학으로서 작동하고 있다.

---

100) 원래의 맥락으로 한다면, 천하의 철학은 중원을 기반으로 하는 주례의 철학이고 강호의 철학은 유난히 강과 호수가 많은 남방을 기반으로 하는 반(反)주례의 철학을 뜻할 수 있다. 그러나 이하 이 개념 쌍은 각각 국가장치의 철학과 반(反)국가장치 — 들뢰즈와 가타리의 용어로 '전쟁기계'(한국에서 이 용어는 엉뚱하게 왜곡되어/희화화되어 이해되는 경우가 많으므로 주의를 요한다) — 의 철학을 뜻하는 쌍으로 사용할 것이다.

공자의 길은 플라톤과 아리스토텔레스의 길과 상통한다. 두 사유계열 모두 국가를 사유 단위로 하고 있으며, 현능(賢能)한 인재들의 양성 및 퇴락한 예/노모스의 재건을 목표로 삼았다. 그리고 이런 실천철학을 뒷받침하기 위해, 지금까지도 영향을 끼치고 있는 근본적인 개념들을 창조해냈다. 물론 양자가 살았던 세계는 매우 상이했고, 이와 같은 상이함은 양자의 사유에도 깊이 각인되어 있다. 이 사유계열들의 정치철학은 각 문명에 지대한 영향을 끼쳤으며, 어떤 측면에서는 오늘날까지도 긴 여운을 남기고 있다. 반면 노자의 길은 헤라클레이토스, 크세노파네스, 소피스트들의 일부 측면과 특히 견유학파를 필두로 한 헬레니즘 시대의 철학들과 상통한다. 디오게네스가 '노모스에서 퓌지스로'의 길을 택했듯이 노자 역시 '통나무'로의 회귀를 꿈꾸었다. 특히 노자는 디오게네스 등에게서는 발견할 수 없는 현묘한 형이상학으로 자신의 사유를 밑받침함으로써 철학사에 큰 획을 그었을 뿐만 아니라 그를 기반으로 구체적인 정치적 비전을 제시했다. 이 두 사유계열 역시 각 문명에서 음(陰)의 역할을 하면서 역사를 수놓아 왔다. 아마도 노모스와 퓌지스, 예와 박(樸), 낮과 밤, 언어와 반(反)언어, 주지적인 것과 낭만적인 것, 국가와 반(反)국가, …… 등은 인간 자체가 띠고 있는 양의 얼굴과 음의 얼굴일 것이다. 두 사유계열은 각각 삶의 양과 음을 구현하고 있다 할 것이다.

§4. 예치와 법치

이제 공자와 노자의 정치철학을 좀 더 구체적인 역사적 지평과 정치적 맥락에 위치 짓고, 그 과정에서 훗날 '법가사상'이라 불리게 되는[101] 또 하

---

101) 여기에서 다루려는 대상은 춘추시대의 실제 정치이지 법가사상은 아니다. 다시 말해, 관중에서 정자산까지 이어진 춘추시대의 정치는 '사상'으로서보다는 실질적인 정치

나의 사유계열과의 상호관계를 해명해보자. 특히 현실 정치에서 '예치와 법치'의 문제는 핵심적이다.

역사를 보는 눈

고대 동북아에서 역사의 발단은 이른바 "요순의 태평성대"에 관한 이야기로부터 시작된다. 요→순→우→탕→문→무로 이어지는 이른바 '정통'의 역사가 동북아 문명의 상고 시대에 대한 하나의 이미지로서 굳건히 내려왔다. 공자가 이런 전통에 경도되었던 대표적인 인물이라면, 노자는 이들과 상고 시대의 '문화 영웅들'을 비판적인 눈길로 바라본 대표적인 인물이다. 그러나 두 철학자 모두 전해 내려오는 상고사를 어느 정도까지는 믿었던 사람들이다.[102] 두 사람 모두 퇴락의 역사철학과 회귀의 정치철학을 공유했다. 그렇다면 역사적 실제는 어땠을까?

요순을 시발점으로 한 퇴락의 역사철학, 그리고 이와 같은 퇴락의 과정을 반전시켜야 할 당위로서 천명의 정치철학은 『서경』의 관점이다. 따라서 상고사 이해의 관건은 『서경』을 실제 역사의 과정을 충실히 기록한 사서/역사철학서로 볼 것인가, 아니면 유가적 당위의 관점에서 역사를 재구성한 정치철학서로 볼 것인가의 문제이기도 하다. 사실 『서경』이 유가적 정

적 '실천'으로서만 존재했다. "미네르바의 올빼미는 황혼녘이 되어야 날갯짓을 한다"는 헤겔의 말은 인류 역사의 초기에 정확히 들어맞는다. 물론 '기축시대' 이후의 경우는 다르다. 반대로 미네르바의 올빼미(철학)를 길잡이 삼아 실천하는 경우도 많기 때문이다. 결국 양자는 순환관계를 이룬다. 인간이란 어떤 사상을 길잡이 삼아 행위하며, 또 자신의 행위를 사상으로써 반추하는 존재이다. 어쨌든 이 시대의 사상가들이 자신들을 '~가'로 표명했던 것은 아니다. 관중, 안영, 정자산 등은 후대에 법가사상가로 분류되기도 하지만, 이들이 특정 사상을 전제로 행위를 했다기보다는, 이들의 행위를 통해서 법가사상이 모양새를 갖추었다고 해야 할 것이다. 그러나 후대에 사람들이 자주 이들을 법가사상과 연계해서 논하게 된 것은 이 때문이다.

102) 물론 실증적인 태도를 지녔던 공자는 이 상고사를 확실한 어떤 것으로는 받아들이지는 않았다. 그는 이 이야기를 역사적 사실로서보다는 차라리 철학적 이미지로서 받아들였다고 해야 한다. 노자의 경우, 상고사의 이미지는 거의 그대로 받아들이면서도 그 과정을 '정통'이 이어지는 과정이 아니라 퇴락의 과정으로 보았다고 할 수 있다.

치철학의 당위에 맞추어 사후적으로 구성된 저작이라는 점은 오늘날 거의 상식이 되었다.[103] 『서경』의 문제는 한대의 '금문 vs. 고문' 논쟁으로부터 근대 실학[104]에서의 다양한 논변들에 이르기까지 긴 역사를 가진다. 하지만 사실 후대를 기다릴 것도 없이 이른바 '도통(道統)' — 이 개념 자체는 성리학 시대에 확립되었다 — 의 관점은 전국시대를 거치면서 이미 해체되었다. 예컨대 전국시대 위(魏)에서 편찬된 『고본죽서기년(古本竹書紀年)』에는 그리고 전국시대의 다른 많은 전적들에는 유가 사상가들과 사마천에 의해 정리된 『서경』적 관점과는 판이한 역사가 수록되어 있기 때문이다. 사실 위나라는 법가사상의 출발지였다. 여기에서 상고사는 찬탈과 폭력·술수로 점철되어 있다. 순은 요를 감금하고 핍박함으로써 왕위를 빼앗았다. 우 역시 순을 핍박했다. 익은 계로부터 찬탈하려 했지만 역으로 계에 의해 살해당했다. 이외에도 여러 문헌들에서 이른바 '정통'의 관점과는 판이한 관점들을 자주 발견할 수 있다.

공자와 유가 사상가들(특히 맹자와 순자)은 상고사를 이상화함으로써 자신들의 도덕적 주장을 역사적으로 뒷받침하려 했다. 또, 묵자와 묵가 사상가들은 자신들의 '상현(尙賢)' 사상을 뒷받침하기 위해 상고 시대의 성군들/문화영웅들이 대개 빈천한 출신이었다는 점을 역설했다. 이들과 달리

---

103) 상고사 이해에서 나타나는 일정한 '패턴' 또는 '모델'에 대해 구조주의적으로 연구할 수 있다.(예컨대 사라 알란, 오만종 옮김, 『선양과 세습』, 예문서원, 2011) 물론 구조주의의 연구는 역사에서 반복적으로 나타나는 구조에 대한 통사론적 연구일 뿐, 그 구조가 실제 역사와 일치하느냐의 여부를 따지는 의미론적 연구까지 제공하지는 않는다. 세습과 선양의 예들이 일정한 구조를 드러낸다고 해서, 그런 구조가 실제 역사에 상응한다는 결론을 내릴 필요는 없고 내려서도 안 된다. 실제 역사적 사건들의 축적이 일정한 구조를 드러낸 것인지 아니면 그러한 구조들이란 후대의 일방적인 사후적 투사일 뿐인지는 그 자체 실제 역사에 대한 개개의 연구들을 통해서만 확정할 수 있는 문제이다.

104) 본 저작에서 말하는 '실학'이란 좁은 의미 즉 18세기 조선에서 일어난 사조를 뜻하는 것이 아니라 동북아에서 주자학 이후 새롭게 흥기한 학문 경향 전반을 가리키는 개념이다.

노자, 장자 등은 역사 자체에 대한 관심에서보다는 자신들의 주장을 펼치기 위한 사례로서 상고사를 비판적으로 언급했다. 그리고 법가 사상가들은 상고사를 『고본죽서기년』을 잇는 방식으로 서술함으로써 자신들의 정치철학을 뒷받침하는 자료로 삼았다. 그러나 이 모두는 역사에 대한 실증적 탐구를 통해서라기보다는 자신들의 정치철학을 역사에 투영해서 만들어낸 역사형이상학이었다고 해야 할 것이다. 사실 고고학이 발달한 오늘날에도 상 이전의 역사에 대해서는 알기 어렵다. 공자가 문헌의 부족을 한탄했듯이, 상고사 인식의 어려움이 고대인들의 경우는 더 심했다고 해야할 것이다. 어쨌든 결론적으로는 전통적으로 상고사는 유가적 관점에서이해되어왔다는 점, 다른 시각들도 존재한다는 점, 현재로서는 실증적으로밝힐 수가 없다는 점을 말할 수 있다.

두 번째로 문제가 되는 것은 은→주 교체의 의미와 서주 시대의 성격이다. 이는 곧 상/은 왕조는 정말 무도했는가 아니면 힘이 없었을 뿐인가? 역으로 말해, 주 왕조의 역성혁명은 정당했는가? 또, 이때 '정당하다'는 말은 무엇을 뜻하는가? 은주 교체기의 사건들로서 기록된 일들은 정말 일어났던 일들인가? 서주는 정말 은의 문화를 넘어 태평성대를 만들어냈었는가? 달리 말해, 종법제와 봉건제를 비롯한 주례의 세계는 억압의 결과인가 아니면 위대한 문화적 발명품인가? 또, 주공은 정말 공자가 꿈에도 그리워했을 정도로 도를 실현한 인물인가, 그리고 주례의 성립 과정에서 주공 단이 핵심 역할을 했다고 할 수 있는가? 하는 물음들이 제기될 수 있다. 유가사상에 의한 전통적인 설명들 즉 은의 쇠퇴와 마지막 왕 주의 무도함, 문왕과 무왕의 도덕성과 역성혁명, 서주 시대의 평화, 주공 단의 성취 등등 이 모두는 사실인가? 사실이라면 그 의의는 무엇이며, 사실이 아니라면 왜인가?

갑골문 연구를 비롯한 고대 연구의 발달은 이 모든 물음들에 대해 일정정도까지는 답할 수 있게 해주었으며, 그 결과는 유가적 맥락에서 이어져온 '정통' 관점에 크게 위배되지는 않는 듯하다. 은→주 교체에 전통적으로 부여되어온 의미는 적어도 두 가지 사실을 통해 즉 역성혁명 당시 많은 부족들이 주와 연합해 상을 쳤다는 사실 그리고 더 중요하게는 '은→주 이행' 과정에서 순장이 크게 줄어들었다는 사실을 통해 확증된다. 현대인에게는 억압적이고 전략적인 구조로 느껴지는 주례 역시 당대의 혼란을 정리하고 삶에 일정한 안정과 질서를 깃들게 했다는 점에서 일단은 뛰어난 정치적-문화적 발명품이라고 해야 할 것이다. 교체기를 전후해서 등장한 인물들의 세세한 면들을 실증적으로 해명하는 데에는 물론 한계가 있다. 그러나, 지나치게 과장하지만 않는다면, 교체기에 관해 지금까지 가져온 전체적 상이 진실을 왜곡했다고 보기는 어렵다고 해야 할 것 같다. 그러나 노자적 관점에서 본다면, 주공 단을 포함해 상고 시대의 문화 영웅들은 결국 통나무를 깎아서 가구를 만든 작위의 인간들에 불과하다. 따라서 교체기의 의미는 유가적 관점에서 볼 때와 도가적 관점에서 볼 때 크게 차이가 난다고 할 수 있다.

예치와 법치

특히 흥미롭고 미묘한 문제는 '예'와 '법'의 관계에 있다. '예치'와 '법치'는 어떻게 다른가? 주나라가 '예'라는 것을 실시했을 때, 그것은 사실상 '법'의 성격을 띠었다고 할 수 있다. 제정일치의 성격이 강했던 고대에 제례(祭禮)와 정법(政法)은 간단히 구분할 수 없이 얽혀 있었다고 보아야 한다. 따라서 흥미로운 물음은 이것이다: 예치와 법치는 언제 뚜렷이 구분되기 시작했는가? 예와 법은 모두 외형적 가치이다. 그러나 예가 형이상학적 뿌리를 가지고 있다면 법은 행정적 뿌리를 가지고 있다고 보아야 한다. 예와 법은 공히 사람과 사람의 관계에 대한 객관적 규정이라고 할 수 있지만, 전자가 천-지-인의 형이상학적 관계에 근거한다면 후자는 통치와 피치의 관계에 근거한다. 예가 단순한 외형적 규정이 아니라 보다 심대한 철학적-문화적 의미를 띤 것이었기에 공자는 "인이 아니라면 예가 무슨 소용이겠는가, 인이 아니라면 악이 무슨 소용이겠는가?"라 한 것이다. 진정한 예는 내면적이고 도덕적인 수양을 전제하며, 따라서 예치는 인치에 기초한다고 할 수 있다. 반면 법은 통치 및 행정의 방식이 좀 더 외면화되고 강고해졌을 때 강조되는 개념이다. 아주 거칠게 대비한다면, 예는 춘추 귀족들의 통치세계에서 작동된 개념이고, 법은 영토국가의 발달, 여러 변법들, 귀족들의 와해와 재상 – 정치가의 등장, 국가와 행정의 강화를 비롯한 전국시대의 여러 변화를 겪으면서 강화된 개념이라 볼 수 있다.[105] 결국, 날카로운 분절은 힘들지만, 춘추전국시대의 흐름은 춘추 귀족들에 의한 예치에서 신흥 정치가들에 의한 법치로의 전환으로 파악된다. 그러나 서주 시대만 해도 예치는 매우 포괄적인 개념이었다고 해야 한다. 노자적 관점에서 본다면, 도가 쇠락할 때 인의가 나오고 인의가 쇠락할 때 예가 나오며 예가 쇠락할 때 법이 나온다고 할 수 있다.

이 문제는 관중을 어떻게 평가할 것인가의 문제이기도 하다. 관중은 많은 새로운 정책들을 세우고 그것들을 실시해 제나라를 부강하게 만들었다. 관중은 우선 신분/직업에 따라 주거지를 분리했다. 사·농·공·상에게 각각 따로 주거지를 할당함으로써, 각 신분/직업이 분명한 정체성을 가지고서 기능을 발휘하도록 한 것이다. 이는 곧 상징적 '위(位)'와 물리적 '위'를 일치시킨 것 즉 이름 – 자리의 체계를 세운 것을 말한다. 또 행정조직을 전반적으로 개편함으로써 국가와 영토의 관리에 체계를 세웠으며, 특히 행정체제와 군제(軍制)를 일치시킴으로써 '병농일치'에의 길을 열었다. 이미 지적했듯이, 이전에 전쟁은 국인들의 일이었고 야인들의 일은 아니었다. 관중은 병농일치로의 길을 틈으로써 훗날 전국시대에는 일반화되는 총력전 체제의 씨앗을 뿌렸다고 할 수 있다. 또 관중은 구법을 정비하고 신

---

105) 예와 법과 더불어 비교할 만한 개념은 '덕(德)'이다. 노자에게서 '덕(悳)'은 성왕/성인이 갖춘 것으로서, 이들이 무위로써 다스릴 때 나타나는 자연스러운 힘, 일종의 카리스마로서 이해된다.(때로 덕은 "power"로 번역된다) 따라서 예보다도 더 인치적인 개념이라 할 수 있다. 묘하게도 훗날 이 덕치의 개념은 도가보다는 유가적인 개념으로 자리 잡게 되며, 노자의 사유는 법가와 결부되기에 이른다. 예치는 덕치와 법치 사이에 자리 잡게 된다. 덕치가 통치자의 인간적인 매력에 근거한다면, 법치는 객관화된 법률의 권력에 근거한다. 예치는 그 중간에 위치한다.

법을 창시해 '변법'의 길을 열기에 이르며, '신상필벌(信賞必罰)'을 분명히 함으로써 제를 법치국가로 만들었다. 아울러 재물로써 처벌을 대신함으로써 인명을 구하고 국고를 늘리기도 했다. 그리고 정치/행정의 체제와 경제의 체제를 일치시킴으로써 제를 부유하게 만들었고, 다양한 경제 정책을 실시해 국고를 살찌우고, 세금을 차등화해 백성들의 불만을 줄였다. 나아가 관중의 대외 정책은 바로 춘추 초의 패권정치의 길을 열었으며 제 패권 하에서의 평화를 가능케 했다. 관중은 부국강병을 이룬 후에야 패권을 이룰 수 있음을 잘 알고 있었으며, 더 나아가 653년(노 희공 7년)에 정나라를 치려는 제 환공의 무리한/무도한 계획을 막았던 일에서도 볼 수 있듯이 국제사회에서 도덕성이 얼마나 중요한가도 잘 알고 있던 인물이었다. 게다가 그는 융적과 싸워 결과적으로 중원의 문화를 보호하는 역할을 수행하기도 했다. 『국어』의 「제어」 전체가 관중의 정책으로 채워져 있을 정도로 제의 역사, 넓게는 춘추 초기의 역사에서 그의 행적은 절대적이다.

관중을 어떻게 평가할 수 있을까? 백성들을 국가에 철저히 복속시키고 부국강병에 동원함으로써 전국시대의 씨앗을 뿌린 인물인가, 아니면 뛰어난 행정적·법적·경제적·외교적 정책들을 실시해 백성들을 안정시키고 또 춘추 초의 안정된 패권체제를 연 인물인가? 철학적 관점에서 보면 관중은 부국강병과 패권을 추구한 정치가로서 공자나 노자 같은 반열에 놓을 인물은 물론 아니다. 그러나 현실적인 역사적 – 정치적 맥락에서 본다면 관중이야말로 한 국가를 반석 위에 올려놓았고 또 더 중요하게는 춘추 초의 부드러운 패권체제를 구축해 중원 평화의 토대를 닦은 위대한 정치가라 해야 할 것이다. 한 인물은 어떤 관점에서 볼 것인가에 따라 그 의미/평가를 얼마든지 달리할 수 있다. 앞에서도 언급했듯이, 공자는 관중을 윤리적 관점에서는 낮게 평가하면서도 정치적 관점에서는 높이 평가했다. 더 중요하게는, 춘추 초의 패권정치를 어떻게 평가할 것인가? 춘추 말에 살면서 많은 비애를 맛보았고 말년에는 정치를 체념하기까지 했던 공자는 관중이 춘추 초에 보여준 부드러운 패권정치를 크게 평가했다. 문제의 핵심은 패권의 성격이다. 공자는 관중의 패권정치는 도와 예에 입각한 훌륭한 정치였다고 본 것이다. 유가적 이상에서 볼 때 '패권'은 낮은 가치를 부여받는다. 그러나 국제정치의 냉엄함을 고려할 경우, 사실 '패권'＝헤게모니의 정치란 차선책, 현실적으로는 최선책이라 해야 한다. 패권정치가 이루어진다는 것은 곧 전쟁이 방지되는 권력체계가 선다는 것을 뜻하기 때문이다. 다만, '패권'의 근거/기준이 무엇인가 즉 단순히 총칼인가(가장 낮은 단계) 아니면 경제적 힘인가(중간 단계) 아니면 현실적으로 드문 경우이지만 윤리적–문화적 힘인가(가장 높은 단계)가 중요하다고 하겠다. 첫 번째는 홉스적 수준이고, 두 번째는 로크적 수준이며, 세 번째는 칸트적 수준이다. 고대 역사의 흐름에서 볼 때, 춘추 초라는 시대의 패권정치 — 노골적인 패권이 아니라 주례와 패권 사이에서의 절충안 — 는 뛰어난 정치였다고 해야 할 것이다.

관중은 법가 사상가인가? 후에 관중의 법가적 면모가 강조되기에 이르지만, 물론 이것은 사후적 전유(專有)이며 관중은 고대 동북아 사상이 유가, 법가, 묵가, 도가 등으로 뚜렷이 분화되기 이전의 인물이라 해야 할 것이다. 관중의 정치가 예치인가 법치인가는 판단하기 미묘한 문제이며, 설사 법치로 규정한다 해도 그것은 비교적 공정하고 부드러운 법치였다고 해야 할 것이다.

법의 문제가 보다 뚜렷하고 예민하게 나타난 것은 정자산에게서이다. 진나라의 노골적인 패권과 더불어 열린 새로운 패권의 시대에 활동했던 정자산은 관중과 함께 춘추시대의 뛰어난 정치가 중에서도 특히 두드러지는 존재이다. 그는 이미 젊은 시절 진과 초의 남북대결이라는 국제 정세를 기성세대보다 먼저 간파해냈다. 563년(노 양공 10년)에 자국 정나라에 난이 일어났을 때 침착하게 대응해 나라를 안정시키고 스스로는 멸문지화를 면했다. 또, 551년(공자가 태어난 해이다) 자국을 압박하는 진에 나아가 당당하면서도 설득력 있게 정의 입장을 피력하는 등 여러 차례에 걸쳐 빛나는 외교적 성과를 거두었다. 그는 약한 정나라에서 태어났으나 절묘한 정치를 펼침으로써 나라를 지켰던 것이다. 국내적으로도 그는 관중 못지않은 정치를 펼쳐 백성들의 칭송을 받았다. 게다가, 앞에서도 말했듯이, 정자산은 뛰어난 정치가였을 뿐만 아니라 매우 박식하고 합리적인/비판적인 지성인이기도 했다. 『춘추』에 관련되는 기사에서 가장 많이 등장하는 정치인이 바로 정자산이다. 인간적인 면에서 관중을 비판했던 공자는 정자산에 대해서는 칭찬을 아끼지 않는다. "그는 군자의 도 네 가지를 지녔으니, 스스로의 행동은 공손했고, 윗사람을 섬김에는 겸손했으며, 백성들을 돌봄에는 은혜로웠으며, 백성들을 부림에는 공정했다."

그러나 536년(노 소공 6년) 정자산이 정(鼎)에 형서(刑書)를 새겨넣자 진의 숙향은 서신을 통해 그를 비난했다. 숙향은 그러한 행위가 "백성들의 쟁심(爭心)을 불러일으킬 것"이며, 백성들이 형법의 존재를 알 경우 "윗사람을 공경히 대하지 않고, 모두 쟁심을 일으켜 법조문을 끌어대 요행히 법망을 피해 자기 뜻을 이루고자 할 것"임을 경고한다. 결국 법이 예를 밀어내리라는 것이다. 다른 맥락에서이지만, 공자 역시 숙향과 유사한 견해를 피력했다. 예치를 배제하고 법치로 치달을 경우, 이는 대증요법을 위해 계속 중독성 약을 처방하는 것만큼이나 위험한 일인 것이다. 공자가 볼 때 백성들의 믿음은 한 국가를 떠받치는 가장 기본적인 조건이다. 식량, 군비, 백성들의 믿음 중 어느 것을 먼저 버려야 하느냐는 자공의 물음에 공자는 백성들의 믿음을 가장 마지막에 든다. "백성들이 믿지 않으면 국가가 존립할 수 없다"는 것이다. 공자가 볼 때 법이란 강력한 것이긴 하나 어디까지나 하수일 뿐이다.

사실 이 사건만이 아니라 정자산은 국가를 위해 엄밀한 법 집행을 실시함으로써 몇 차례 백성들의 원망을 사기도 했다. 이를 본다면 그는 관중에 비해 보다 분명한 법가적 면모를 보여준다고 하겠다.[106] 그러나 자산이 단

---

106) 자산은 죽기 얼마전에 관정(寬政)과 맹정(猛政)을 물과 불에 비유했다. 불은 두렵기 때문에 오히려 불 타 죽는 사람들은 드물다. 그러나 물은 부드럽기 때문에 만만히 보

지 인하지 못했기 때문에 강한 법을 썼을까? 공자는 자산이야말로 "예로부터 내려온 사랑을 이어간 인물"이라 하지 않았던가. 숙향의 비난에 자산은 그저 조용히 그러나 듣기에 따라서는 퉁명스럽게 "저는 무능하여 후손들까지 헤아리지는 못하고 다만 저 스스로 나라를 구해보고자 할 따름입니다" 하고 답했다. 정자산 역시 공자와 마찬가지로 자신의 시대는 내일이 없는 시대라고 느꼈던 것 같다. 늘 풍전등화와도 같은 자국의 상황 한가운데에서 몸부림쳤던 정치가로서의 자산은 숙향의 윤리적 꾸짖음을 선선하게 받아들일 수도 또 받아칠 수도 없었을 것이다. 현실 정치와 윤리적 이상 사이에는 작지 않은 괴리가 있다. 이상을 외치기는 쉽다. 하지만 정치는 현실이라는 단단한 돌에 부딪쳐가는 행위이다. 훌륭한 정치가는 윤리를 외면하지 않지만, 그렇다고 윤리대로만 행동하지는 못한다. 훌륭한 정치란 윤리적 이상과 현실 정치 사이에서 최적의 타협점을 찾아가는 행위인 것이다. 자산은 이런 말을 한 적이 있다. "정치를 할 때에는 가끔씩 정도에는 어긋나지만 백성들의 마음을 사야 할 때가 있습니다. 백성들의 마음을 거스르면 통치자를 믿지 않을 것이고, 백성들의 믿음이 없다면 명이 서지 않는 것이지요." 인용의 후반부는 공자의 말과 같지만 전반부는 다르다. 그것이 소국 정나라를 통치해야 했던 정자산의 고뇌였을 것이다.

　공자가 정자산이 말했던 관정과 맹정에 관련해 한 다음 말은 인치와 법치에 관련헤 큰 시사를 준다.

　　정치가 관대해지면 백성들은 태만해진다. 그래서 엄정한 정치를 펼쳐 바로잡아야 한다. 정치가 맹렬해지면 백성들은 상처를 입게 된다. 그래서 관대함으로 어루만져야 한다. 관대함으로 백성들이 상처 입지 않게 해야 하며, 엄정함으로 백성들이 태만하지 않도록 해야 한다.(寬以濟猛 猛以濟寬) 이로써 정치는 화(和)를 이룬다.[107]

　　다가 그에 빠져 죽는 사람들이 많다는 것이다. 관정을 펴기 어려운 것은 이 때문이다.

소피스트들이 적나라하게 밝혀냈듯이, 인간이란 이기적인 존재여서 법의 제재가 없다면 자신의 욕망을 거침없이 밀고 나간다. 그러나 국가가 법을 밀고 나갈 경우 사람들은, 카프카의 「유형지에서」가 인상 깊게 묘사하듯이, 법이라는 기계에 으깨어지게 된다. 법은 눈에 보이지 않는 추상적인 기계와도 같다. 거기에는 인은 물론 예도 없다. 주저함도 정(情)도 후회도 없다. 규칙대로 작동할 뿐이다. 관정과 맹정이 극단으로 치달을 때 어떤 결과가 나오는지는 훗날의 진한 시대에 잘 드러나게 된다. 각박하기 이를 데 없는 법치를 펼친 진은 20년도 버티지 못하고 멸망에 이르며, 건국 초에 황로지학을 응용해 극단적인 관치를 행했던 한은 이내 그 한계를 절감하고 유가로 흐르게 된다. 많은 경우 그렇듯이, 예치와 법치의 문제, 관정과 맹정의 문제 역시 균형과 조화의 문제로 귀착된다. 예치(또는 인치)를 역설한 유가와 법치를 역설한 법가는, 표면상으로는 유가에 의해 압도된 것처럼 보이지만, 유가와 '상관적 정도'를 이루면서 동북아 역사의 한 축으로서 계속 내려오게 된다.

§5. 인과 겸애

453년 마침내 춘추시대 최대의 패권국가였던 진이 한, 위, 조 3국으로 분열되기에 이른다. 이로부터 춘추 패권의 구도는 와해되고, 이제 문자 그대로 '전쟁하는 국가들의 시대' 즉 전국시대가 시작된다.[108] 공자가 인생

---

107) 『춘추좌씨전』, 노 소공 20년(522년).

108) 전국시대의 기점에 대해서는 여러 이설이 있다. 가장 이르게는 475년으로서 사마천의 시대 구분이다. 『춘추』는 481년에서 끝나거니와, 사마천은 춘추시대를 「12제후표」로 전국시대를 「6국표」로 정리하고서는 후자를 475년에서부터 시작했다. 이해는 주의 경왕이 죽은 해이다. 가장 늦게 잡는 경우는 403년으로서, 이해는 주 왕실이 한·위·조 3국을 정식으로 인정한 해이다. 그러나 475년은 분기점으로 잡기에는 너무 밋밋하며, 403년의 승인은 사후적인 인정일 뿐 사실상은 453년이 중요하다고 할 수 있다.

의 말년에 통감했듯이, 시대의 흐름은 멈출 수가 없었다. 병농일치가 일반화되고 전쟁은 점차 총력전 체제로 치닫게 되며, 훗날 니체가 두려워하게 될 그런 강력한 국가체제가 이 시대에 일반화된다. 전국시대는 '사랑'의 개념도 달라져야 했던 시대였다. 춘추시대로부터 전국시대로 건너가면서 사랑을 외치되 공자의 사랑＝'인'과는 다른 사랑을 외친 인물이 등장했다.

묵자는 생존 연대도 출신 지역도 분명하지 않다. 신분이 낮은 인물이었음을 짐작케 한다. 송나라 사람이라고도 하고 초나라 사람이라고도 하나, 노나라 사람일 개연성이 높다. 출신 지역만 놓고 본다면, 공자의 직계 후배인 셈이다. 생존 연대는 대략 공자와 맹자 사이, 공자의 바로 다음 세대일 것으로 추정된다. 공자의 제자들, 그리고 그다음 세대 제자들과 같은 시대를 호흡했다고 할 수 있다. 생애에 관한 이야기가 남아 있지 않기 때문에 묵자의 삶을 말하기는 쉽지 않지만, 다행히 그가 쓰고 그의 제자들이 보충한 『묵자』[109]가 남아 있어 그의 사유에 대해서는 말할 수 있다. 확실한 사실들 중 하나는 묵자는 공자와 마찬가지로 자신의 큰 학파를 이끌었던 대표적인 인물이라는 점이다. 아마도 묵자에게 고향의 선철인 공자의 삶은 결정적인 참고가 되었을 것이다. 그러나 묵자가 이끌었던, 교단에 가까웠던 학단은 공자의 경우처럼 다채로운 인물들보다는 대체적으로 공(工)과 하급 기술자들을 중심으로 한 평민들과 천민들로 채워졌던 것으로 보인다. 묵자 자신이 공인이었는지에 대해서는 고래로 이견들이 있어왔다. 묵가 집단은 후대의 모든 **종교적－군사적 집단**의 원형이라고 할 수 있다. 묵

사실 역사에서의 시대 구분이란 쉽지 않은 문제이다. 시대 구분이란 역사 자체에 내재하는 것이 아니라 역사를 분절해서 보려는 역사가들의 필요성에서 요청된다고 해야 한다. 베르그송이 잘 보여주었듯이, 시간에는 단절 같은 것은 없다. 사건의 철학의 관점에서 볼 때도, 하나의 사건이 시대를 완전히 바꾸어버리는 경우는 많지 않다. 다만 역사 연구에는 어떤 지표들이 필요하기에 시대 구분이 요청될 뿐이다. 지금의 맥락에서는 중원의 패자 진의 삼분이 가장 중요한 사건이라 보았다.

109) 『묵자』는 다음 판본을 참조해 인용한다. 『묵자』, 김학주 역저(명문당, 2003). 『墨子』, 淺野裕一 譯註(講談社, 2013).

자의 글 또한 공자의 글과 비교해볼 때 무미건조하고 단순한 한편으로 또한 논리적이고 명료하다. 그러나 묵자는 상고 시대의 성현들에 대한 믿음, 『서경』을 비롯한 고전들에 대한 교양,[110) 궁극의 가치를 '사랑'에 두었던 사유, 한평생을 자신의 가치를 실현하기 위해 뛰어다녔던 열정[111) 등 공자와 여러 면모들을 공유했다. 그러나 묵자에게는 공자와는 다른, 이뿐 아니라 노자와 그리고 법가적 성향을 띠었던 실제 정치가들과 변별되는 여러 독특한 면모들이 존재한다.

우선 묵자는 공자나 노자와 달리 인격적이고 유일한 하느님＝천(天)의 존재와 귀신들의 존재를 역설하고, 자신의 사상을 이 형이상학적 존재들을 통해 근거 짓는다. 묵자에게 하느님은 그 무엇도 그의 지배를 벗어날 수 없는 절대신이다.

> 하느님은 무엇을 바라시고 무엇을 미워하시는가? 의로움을 바라시고 불의함을 미워하신다. 그러니 천하의 백성들을 의로움으로 이끎은 하느님의 바람을 받잡는 것이다. 내가 하느님의 바람을 따르면, 하느님 역시 내 바람을 이루어주신다. 나는 무엇을 바라고 무엇을 미워하는가? 복록(福祿)을 바라고 화수(禍祟)를 미워한다. 내가 하느님의 바람을 따르지 않고 하느님이 바라시는 바를 거스른다면, 이는 곧 내가 천하의 백성을 화수의 한가운데로 몰아가는 것이다.
>
> 하면 무엇으로써 하느님의 의로움 바라심과 불의함 미워하심을 알 수 있는가? 의로움 있을 때 삶이 있고 불의함 있을 때 죽음이 있다는 것, 의로움 있을 때 풍요롭고 불

---

110) 공자가 문화세계/인문세계를 건설한 주공 단을 경모했다면, 묵자는 홍수로부터 천하를 구하기 위해 온 세상을 발이 닳도록 뛰어다닌 우 임금을 경모했다. 두 사람의 차이가 잘 드러나는 대목이다.

111) 공자가 자신의 꿈을 실현할 수 있을 높은 자리를 갈망했다면, 묵자는 월 임금의 초빙도 사양하면서 그저 자신의 위치에서 천하의 평화를 위해 뛰어다녔다. 이 점에서 고대 동북아에서 묵자야말로 오늘날 식으로 말해 대표적인 '실천적 지식인'이었다고 할 수 있다. 『장자』, 「천하(天下)」에서는 묵자의 이런 헌신인 삶에 대한 찬사가 발견된다. 이는 장자가 공인들에 대해 호의적이었던 사실과도 일맥상통한다.

의함 있을 때 빈곤하다는 것, 의로움 있을 때 치세가 오고 불의함 있을 때 난세가 온다는 것으로써 알 수 있다. 하느님께서 삶과 풍요로움과 다스림을 원하시고, 죽음과 빈한함과 어지러움을 물리치시니, 이로써 하느님께서 의로움 바라시고 불의함 물리치심을 알 수 있다.(「천지」)

동북아 사유에서 묵자는 자신의 사유를 인격신을 통해서 뒷받침한 흔치 않은 예이다. 그의 사유는 여러모로 지중해세계의 일신교를 연상시킨다. 더구나 그는, 마치 지중해세계 일신교에서 신과 인간 사이에 천사들이 배치되듯이, 인간과 하느님 사이에 귀신들을 배치한다. 『묵자』에서는 "위로는 하느님 ~, 가운데로는 귀신들 ~, 아래로는 인간 ~"식의 표현을 자주 접할 수 있다. 묵자는 하느님의 존재에 대한 증명, 지중해세계 철학으로 말해 '신 존재 증명'에는 별다른 노력을 하지 않는다. 반면 「명귀(明鬼)」에서는, 대부분의 '증명'들이 허술하고 황당하기까지 하지만, 귀신들이 존재한다는 것에 대해서는 여러모로 증명코자 노력한다.[112] 어쨌든 묵자는 하느님과 귀신들이 선과 악을 주관함으로써 세상을 이끌어가며, 이 이치를 깨닫지 못함에서 갖가지 비극들이 양산되고 있음을 역설한다. 사실 춘추시대에서 전국시대로 넘어가는 시점에서 한 사람의 지식인이 이와 같은 식

112) 고대 동북아에서 '天'은 너무나 당연한 개념이었다. 그러나 문제는 이 '天'을 이해하는 방식이 매우 다양했다는 점이다. 묵자는 '天' 개념을 당연시했지만, 사실 당대에 개명한 사람들에게 묵자의 주장은 당연한 것은 아니었을 것이다. 그렇지 않다면 위와 같은 그의 주장이 비교적 '독특한' 것으로서 생각되지도 않았을 터이니까 말이다. 그러나 자신의 생각을 한 단계씩 논증하기를 즐겨한 묵자*가 '신 존재 증명'을 생략한 것을 보면, 당대의 민중들에게는 여전히 '하느님'으로서의 '天' 개념이 널리 퍼져 있었던 것으로 짐작된다. 귀신의 경우는 다르다. 묵자는 귀신의 존재를 증명코자 애쓰는데, 이 사실 자체가 귀신들의 존재는 지식인들에게는 물론이고 당대의 민중들에게도 하느님의 존재처럼 그렇게 쉽게 받아들여지지 않았음을 함축한다. 사실, 하느님/신의 존재보다 귀신들/천사들의 존재는 좀 더 구체적이어야 하기 때문에 증명하기가 더 어렵다고 할 수 있다.
* 묵자는 동북아 사상사에서 처음으로 '논증(demonstration)'의 글쓰기를 시도한 인물이다. 이는 매우 큰 의의를 띠는 사건이다.

의 논변을 편다는 것은 묘한 일이다. 묵자는 정말 이를 믿어서 그런 주장을 한 것이었을까 아니면 몽매한 민중을 도덕/윤리로 이끌기 위한 방편이었을 뿐인가, 이에 대해서는 고래로 논쟁이 있어왔다.

이론적 정확성 및 깊이와 실천적 결단력 및 용기 사이에는 작지 않은 괴리가 있다. 어떤 일에 과감히 나아가고 망설임 없이 행동하려면 사고가 단순해져야 하며 '믿음'이 강해져야 한다. 사유의 정직함이나 이론적인 깊이를 추구할 경우 몸의 추진력은 약화되어버리기 때문이다. 반대로 깊이 사유하고 이론적인 정확성을 꾀하려면 당장의 상황과 행동에서 어느 정도 거리를 두는 것이 필수적이다. 상황 속에서 움직일 때 사유를 깊이 전개하는 것은 불가능하다. 사유와 행동, 이론과 실천을 겸비하면 좋다는 것은 말할 나위도 없지만, 늘 그렇듯이 이상과 실제 사이에는 큰 거리가 있다. 그렇기 때문에, 딱히 어디에서 끊을 수야 없겠지만, 사색형 인간과 행동형 인간, 이론적 인간과 실천적 인간이 어느 정도는 나뉠 수밖에 없다. 묵자는 고대인이고 본래 하층민 출신인 것으로 추측되므로 자신의 이야기를 문자 그대로 믿었을 수도 있다. 사실 공자도 "하늘에 죄를 지으면 숨을 곳이 없습니다"라 하지 않았던가. 그러나 묵자가 상당한 교양을 쌓은 인물이라는 점을 감안한다면, 어쩌면 그의 이야기는 자신을 따르는 사람들로 하여금 굳센 의지와 단호한 용기를 갖추게 하기 위한 것이었을지도 모른다.

또 한 가지 주목할 만한 점은 묵자가 추구하는 가치가 기초적이라면 기초적이고 단순하다면 단순하다는 점이다. 묵자는 공자처럼 문화세계/인문세계라는 고차원적 가치를 추구하는 것이 아니다. 인간의 가장 원초적 가치인 복록을 추구할 뿐이다. 그리고 복록의 규준은 죽음에 대한 삶의 우위, 빈곤함에 대한 부유함의 우위, 난세에 대한 치세의 우위이다. 춘추시대의 패권체제가 완전히 무너지고 약육강식의 상황이 도래한 시대를 살았던 묵자에게 삶과 죽음, 전쟁과 평화, 빈곤과 부유를 넘어가는 문제들은 사치일 뿐이었다. 묵자가 원한 것은 실제 생활에서 민중들이 행복을 얻는 것이었다. 묵자가 '절용(節用)', '절장(節葬)', '비악(非樂)' 등을 주장한 것은 그가 예의를 무시했다거나 음악의 가치를 폄하했다거나 하는 것과는 무관하다. 단지 당시의 삶에서 보다 절실한 문제들을 방치한 채 예악에 몰두하는 것은 큰 폐단이라고 보았을 뿐이다.[113] 이런 이유에서 서구의 어떤 학자들은 묵가를 '공리주의' 철학으로 이해하기도 한다. 분명 유가적 가치에 대한 묵가의 공격은 어느 정도까지는 칸트주의에 대한 공리주의의 공격을 연상시키는 면이 있다. 또, 이하에서 보겠지만 이들의 윤리사상에는 분명 공리주의적 측면이 포함되어 있다. 그러나 묵가사상과 공리주의는 단지 어느 부분에서만 겹칠 뿐, 묵가사상 전체는 공리주의와는 성격을 크게 달리한다. 묵가에서 모든 가치들은 의로움만으로써 추구할 수 있다. 하느님은 "의로움을 바라시고 불의함을 미워하시기" 때문이다. 묵가는 공리주의자들보다는 차라리 경건함·청렴함과 구제를 내세우는 서구 중세의 종교적 결사를 연상시킨다.

모든 것이 하느님의 뜻이고 모든 의로움이 하느님의 의로움을 ─ 사랑하심에 있다는 묵자의 생각은 그의 숙명론 비판과 일견 모순된 것으로 느껴진다. 만일 모든 것이 하늘의 뜻에 의해 이루어진다면 세상은 완벽히 결정되어 있다고 해야 하지 않는가? 그러나 묵자가 생각하는 숙명론의 맥락을 잘 이해할 필요가 있다. 묵자의 '숙명'은 세상의 비극과 비참은 피할 수 없는 것임을 뜻한다. 그것은 세계가 확고한 인과관계에 따라 생기한다는 '결

---

113) 이는 묵자가 활동하던 시대에 유가 철학자들의 활동이 어떤 것이었는가를 염두에 두고서 이해해야 한다. 「비유(非儒)」에서는 공자에 대한 비판이 등장하는데 그 태반이 근거가 희박한 인신공격의 형태를 띠거니와, 이 공격은 당대의 유자들에 대한 비난이 과거의 공자에게 투영된 것이라 해야 할 것이다. 묵자가 접했던 유자들은 대개 자하 계열이나 자유 계열이었던 것으로 보인다. 이들은 공자가 본래 지녔던 넓은 폭을 많이 잃어버리고 철저한 '의례' 또는 '예악'의 전문가로 화해 있었다. 공자는 '군자불기'를 역설했지만, 이때의 유자들은 '기(器)'로 화해 있었던 것이다. 묵자의 언급이 사실이라면, 당대의 유자들은 제례 자체에 몰두할 뿐 귀신들의 존재는 믿지 않았고 하늘에 대해서도 회의적이었던 것으로 보인다. 묵자는 제사에 몰두하면서 귀신들의 존재를 부정하는 것은 손님 접대를 중시하면서 손님의 존재는 부정하는 것과 또는 그물은 만들면서 고기의 존재는 부정하는 것과 같다고 비판한다.

정론'보다는 인생의 힘겨움을 벗어날 수 없다고 생각하는 염세주의/체념주의에 더 가깝다. 그리고 하늘의 뜻/의지는 바로 인간으로 하여금 삶의 힘겨움을 벗어날 수 있다고 믿게 해주는 근거 즉 숙명론을 벗어날 수 있게 해주는 근거로서 제시되었다고 할 수 있다. 이 세상은 궁극적으로는 하느님의 의지에 따라 움직인다. 그리고 하느님의 의지는 바로 의로움이다. 바로 그렇기에 세상의 모든 비참함을 극복할 길이 있으며, 숙명에 빠지지 않을 길이 있다. 이것이 묵자의 맥락에서의 '비명(非命)'이다. 따라서 묵자의 비명은 알-가잘리의 생각과도 이븐 루쉬드의 생각과도 다르다. 묵자는 이븐 루쉬드처럼 세계의 결정론을 긍정하면서 그 결정성의 창조자로서의 하느님을 강조하는 것이 아니다. 다만 하느님은 의로움으로 세상을 다스리며 따라서 그 의로움의 힘으로 세상의 힘겨움을 이겨낼 수 있음을 역설하는 것이다. 또, 묵자는 알-가잘리처럼 하느님의 의지가 세상 만물/만사에 작용하고 있음을 강조하는 것이 아니다. 하느님의 세상을 다스리는 기본 의지가 의로움임을 역설하는 것일 뿐이다.[114]

묵자에게 세상의 '숙명'의 대립 항은 자유의지나 비결정성이 아니라 하느님의 '의로움'이다. 묵자가 말하고 싶은 것은 현실의 세상에 아무리 악이 횡행하고 비참함이 온 누리를 덮고 있다 해도 세상은 궁극적으로 하느

---

114) 묵자는 "빈부수요(貧富壽夭)가 모두 하늘의 뜻"이라는 공맹자의 말을 비판한다. 이는 '하늘의 뜻'이라는 생각을 비판하는 것이 아니라, '하늘의 뜻'은 사람들의 빈부·수요를 결정하는 데 있는 것이 아니라 오로지 의로움에 있다고 보기 때문이다. 사실 묵자에게서 하늘과 귀신들의 역할은 그렇게 크지 않다. 지중해세계의 중세에도 신의 세계에 간섭하는 정도를 둘러싼 논쟁들이 있었거니와, 묵자의 하늘은 세상에 세세하게 간섭하는 것이 아니라(이는 숙명론과는 뉘앙스가 다른 형태의 결정론이다. 묵자에게는 아우구스티누스적인 신학적 역사철학이 없다), 아리스토텔레스의 신처럼 또는 근대 이신론(理神論)에서의 신처럼 모든 가치와 행위의 궁극적 근거로서만 저 멀리에 조용히 존재한다. 묵자의 초점은 현실의 개선에 놓여 있으며, 그의 형이상학은 이를 위한 이론적 도구일 뿐이다. 묵자의 종교는 민중신앙과 유사하지만, 도교와는 달리 민중에게 스며들지 못했다. 묵자의 종교는 사실상 그의 철학 체계 내에서 일정한 역할을 하는 '형이상학'이었지, 그 내용상의 유사성에도 불구하고 민중에게 영향을 끼칠 성격의 '종교사상'이 아니었다.

님의 의로움 사랑에 의해 다스려지는 곳이기에 숙명에 빠지지 말라는 것이다. 묵자의 숙명론 비판은 사람들이 삶에 대해 수동적 존재가 되는 것, 또 때로는 수동성을 가장해 스스로를 정당화하는 것에 대한 비판이기도 하다. 자신이 불행할 때 그 불행을 이겨내고자 하기보다는 운명을 탓하는 것, 또 자신이 잘못한 행동을 뉘우치고 바로잡기보다는 운명일 뿐이라고 강변하는 것, 세상의 불평등을 운명으로 치부함으로써 정당화하는 것 등이 모두 비판의 대상이 된다. 인간에게는 초월적 존재에 대한, 그리고 그 존재의 선한 섭리에 대한 희구가 있거니와, 동북아 사유에서 이러한 희구 나아가 신념이 묵자에게서만큼 강하게 나타난 경우는 드물다.

　묵자의 사유에서 또 하나 유심히 볼 것은 그의 '증명' ── 역사적/문헌적 전거〔考〕, 경험적 증거〔原〕, 그리고 결과적 유용성의 제시〔用〕── 에서 중요한 비중을 차지하는 것이 왕들의 행위에 관련된 역사적 증거들이라는 점이다. 묵자는 끊임없이 요, 순, 우, 탕, 문, 무 등의 성왕들과 걸, 주 등의 폭군들을 대비하면서 논의를 진행한다. 묵자에게서 『서경』에 대한 무비판적인 믿음과 훗날 '도통'으로 불리게 되는 역사형이상학에의 경도는 오히려 공자에게서보다 더 크다. 하지만 이것이 묵자의 교양주의나 복고주의 또는 권위주의를 함축하는 것은 아니다. 이 역시 제자들에게 나아가 백성들에게 하늘·귀신들의 섭리를 확고하게 심으려 했던 것과 같은 맥락으로서, 상고 시대 선왕들의 선과 악을 뚜렷이 대비함으로써 '사필귀정(事必歸正)'의 가치를 각인하기 위한 것이라 할 수 있다. 성왕에 대한 묵자의 믿음은 공자의 경우보다 훨씬 크며 노자의 경우와 유사하다. 묵자는 말한다(간추려 번역함).

　옛날 옛적에 사람들이 삶을 시작하긴 했으나 아직 형정(刑政)이 없었을 때, 무릇 사람들의 주장이 제각기 달랐다. (…) 사람들이 많아지면서 자신의 주장이 옳다고 하는 사람들 또한 많아지게 되었다. 결국 서로가 서로를 비난하게 되었고, 급기야는 부모자식이 척을 지게 되고, 세상 사람들 모두가 서로 싸우는 지경이 되었다. 그야말로 짐승들의 세계 같았다. 왜 이런 혼란이 생기는가? 바로 지도자가 없기 때문이다. 때문에 사람들은 하느님의 아들[天子]을 찾아내 왕으로 세우고, 다시 세 명의 공(公)을 세워 그를 보좌하게 했다. (…)(「상동(尙同) 상」)

훗날의 용어로, '자연상태(natural state)'를 극복할 수 있는 것은 왕과 성인들, 현자들의 존재이다. 하느님과 인간의 매듭에 서 있는 축으로서의 왕의 존재가 삶의 질서를 가능케 한다. 왕이 하느님의 뜻에 따라 정치할 때 치세가 오고 그 반대일 때 난세가 온다.[115] 이어 묵자는 왕을 정점으로 한 피라미드 형태의 세상을 이론적으로 정립해나간다. 전통 세계의 피라미드적 구조에 대한 단적인 긍정이라는 점에서 묵자는 공자보다 더 확고한 형태를 보여준다. 묵자가 현대적 형태의 평등을 강조했다거나, 혁명적인 사상이라거나, 공자가 우파의 대변자이며 묵자가 좌파의 대변자라거나, …… 하는 식의 이야기들은 모두 크게 과장된 것들이며, 현대적 감성을 과거로 단순하게 투사한 이야기들일 뿐이다. 묵자의 세계는 고대의 그 어떤 사상가의 경우보다 더 봉건적인 세계이다. 왕의 역할에 관하여, 묵자의 주장과 전한 동중서의 주장이 흡사한 것은 우연이 아니다.[116] 또 하나, 묵자의 이

---

115) 따라서 묵자에게서 왕의 선택은 홉스의 그것과는 다르다. 홉스의 경우 방점은 '누군가'에게 권력을 몰아준다는 것 즉 주권을 양도한다는 것에 찍히며, 또 왕의 선택에 신의 섭리가 작동하는 것도 아니다. 반면 묵자의 경우 왕의 선택은 어디까지나 "가장 현명하고 능력 있는" 사람의 선택이라는 점이 전제되며, 또 모든 것은 하늘의 뜻에 입각해 이루어진다는 점이 함축되어 있다. 홉스에게서의 사회계약은 신권정치로부터 법치로의 이행 과정을 보여주지만(홉스가 의회보다는 군주를 선호했다는 점에서 아직 불완전한 법치이지만), 묵자에게서의 왕-세움은 어디까지나 '인치'적이며 서구의 경우와는 다른 뉘앙스에서이지만 '신정(神政)'적이다.

116) 묵자에게 중요한 것은 백성의 행복이었지만, 그는 백성이 "들고일어나서" 그 행복을 쟁취해야 한다는 식의 주장은 하지 않는다. 오히려 「상현(尙賢)」 전체에 걸쳐 훌륭한 인재의 등용을 역설하고 있다. 하지만 그렇다고 이것이 묵자가 신분제를 강조했음을 뜻하는 것은 아니다. 묵자의 초점은 신분이 아니라 능력에 따라서 등용이 이루어져야 한다는 점에 있다. 묵자는 평등주의자가 아니라 실력본위주의자였다. 특히 묵자는 한 인간의 (도덕성을 포함한) '지적 능력' — 현능함 — 은 에누리 없이 인정받아야 한

론에서는 공자에게서 볼 수 있는 인간의 내면에 대한 섬세한 시선이나 가족에 대한 신성시에 가까운 긍정 등이 보이지 않는다. 하늘의 뜻과 왕의 선정이 없을 경우 인간은 짐승과 다를 바 없는 지경에 빠지며, 이 상황에서는 '가족' 또한 소용이 없다. 묵자는 부모도 스승도 연장자도 나아가 왕조차도 삶의 정초가 될 수 없다고 본다. 그에게 삶의 유일한 기초는 하느님의 뜻일 뿐이다. 이 점에서 묵자의 세계는 내면, 가족, 문화 등에 대한 공자적인 동경이 배제된 매우 적나라한 세계이다. 이 적나라한 세계는 하느님의 뜻과 그의 아들인 왕의 선정에 의해서만 구원받을 수 있다. 또, 앞에서도 언급했듯이, 하느님의 뜻과 왕의 선정이 가져오는 구원은 인간의 매우 기본적인 행복일 뿐 그 이상의 암시는 없다.[117] 요컨대 묵자의 세계는 숙명론과 하느님·귀신들·성왕의 의로움이 단적으로 대비되는 명쾌한 이원론의 세계이다.

그렇다면 묵자의 가장 유명한 개념인 '겸애(兼愛)'는 정확히 어떻게 이해되어야 하는가? 묵자의 겸애는 모든 사람들을 똑같이 사랑하라는 뜻이 아니다. 맹자는 묵자의 겸애는 예컨대 모든 아버지들을 똑같이 사랑하라는 말이므로 결과적으로 자기 자신의 아버지는 없어져버리는 말이라 했으나, 이는 정확한 비판이 아니다. 남의 아버지와 나의 아버지는 분명 다르다. 마찬가지로 남의 아들과 나의 아들, 남의 국가와 나의 국가 등등도 모

다고 믿었고, 이는 당시와 같은 난세를 타파해나가기 위해서는 인간의 지적 능력이 그만큼 절실했기 때문이라고 할 수 있다. 이는 전국시대의 지식인상을 예고하는 것이라 하겠다. 그럼에도 묵자 자신은 등용을 사양했는데, 이는 묵자가 자신에게는 자신만의 고유한 소명이 있다고 믿은 때문이었을 것이다.

117) 하느님의 뜻과 왕의 선정 그리고 실력본위주의의 구도는 훗날 법가로 이어지게 된다. 사실 '하느님의 뜻'만 빼고 왕을 좀 더 기능적으로 만들면, 이 구도는 그대로 법가의 구도가 된다. 특히 중요한 것은 최상위의 왕과 백성들 사이에 다른 존재들(대표적으로는 귀족들)이 존재하지 않는 구조라는 점이다. 이는 곧 귀족들을 몰아내고 그 자리에 현능(賢能)한 지식인-관료들을 앉히는 구도이다. 이 점에서 묵자의 구도는 공자보다는 노자에 가깝다. 물론 그렇다고 묵자를 법가의 '선구자'라고는 할 수 없다. 양자 사이에는 이런 형식적 유사성보다 훨씬 큰 내용적 차이가 존재하기 때문이다.

두 똑같을 수 없다. 묵자는 이 세계에 존재하는 분별 자체를 부정하는 것이
아니다. 위에서 보았듯이, 그는 예컨대 당대의 신분제도 자체는 전혀 부정
하지 않는다. 묵자가 말하는 것은 모든 사람들을 **공평하게** 사랑하라는 것
이다. 묵자가 말하는 '愛'는 우리의 어감으로는 '사랑'보다는 차라리 '존
중'에, 어떤 맥락에서는 '공정함'에 가깝다. 남의 아버지를 나의 아버지와
똑같이 사랑할 수는 없다. 그러나 세상의 모든 아버지들을 공평하게 존중
하고, 그들을 공정하게 대할 수는 있다. 묵자가 염려하는 바는 사람들이 자
기 아버지를 남의 아버지보다 더 사랑할까 하는 것이 아니다. 남의 아버지
들 중 어떤 사람을 차별해 대할까 하는 것이다. 다른 나라를 내 나라보다
더 존중할 수는 없다. 그러나 다른 나라라 해서 존중하지 않고 또 더 약한
나라라 해서 침탈하는 것이 문제이다. 묵자의 최고의 가치는 '천하지리(天
下之利)' 즉 **보편적 이익**이다. 문제의 핵심은 모든 것을 똑같이 만드는 데
있는 것이 아니라 현재의 삶의 구조에서 보편적 이익을 추구하는 데 있다.
그리고 이 보편적 이익을 가능케 하는 것은 바로 모든 이들에 대한 똑같은
존중, 공정함, '겸애'이다.

묵자는 천하지리를 위해서 너 자신을 바치라고 말하지 않는다. 묵자는
공자처럼 '利'를 경멸적으로 말하지도 않지만, 그렇다고 숭고한 '仁'을 말
하지도 않는다.[118] 또, 그는 공자처럼 '군자'들의 거의 희생적인 책임을 말

---

118) 공자의 '인'은 매우 다면적이다. 초의 영윤 자문이 벼슬을 얻을 때도 잃을 때도 초연
했던 것에 대해 충성스럽다고 하면서도 인하다고는 하지 않았고, 최저의 시해 사건
때 절개를 지킨 진문자에 대해서도 청백했다고는 하면서도 인하다고는 하지 않았다.
공자에게 인은 예와 악까지도 뛰어넘는 것이었다. 그러나 동시에 공자는 "인이 멀리
있다는 말인가? 내가 인을 갈구하면 인은 바로 거기에 있다"(我欲仁 斯仁至矣)고 하
면서, 인은 신비한 무엇이 아니라 '극기복례(克己復禮)'하려는 마음, '살신성인(殺身
成仁)'하려는 마음 바로 거기에 존재함을 역설하기도 했다. 묵자의 겸애는 공자의 인
보다 더 냉정하고 객관적이다. 겸애는 공자의 인처럼 일반적 윤리를 넘어서는 가치가
아니라 윤리의 합리적인 가능근거이다. 그리고 겸애는 인처럼 군자의 '극기복례', '살신
성인'이라는 숭고한 실천을 함축하기보다 모든 사람들에게 보편적으로 요구되는 상
호 인정과 공정성이다.

하지도 않는다.[119] 그가 말하는 것은 어디까지나 보편성과 공정성이다. 묵자에게서 이익은 남과 나에게 공평하게 주어져야 한다. 내가 남에게 해를 끼쳐서도 안 되지만, 내가 남에게 희생되어서도 안 된다. **나를 포함한 보편적 이익**이 중요한 것이다. 바로 이 때문에 그에게서는 수신(修身)의 강조도 나타나지 않는다. 묵자의 사유에는 수신 → 제가 → 치국 → 평천하 같은 확장 구도가 나타나지 않으며, 처음부터 단적으로 보편성이 추구된다고 할 수 있다. 사상에서 보이는 두 사람의 이런 차이는 글쓰기 방식에서도 그대로 나타난다. 공자의 글은 우리에게 감동을 주며 글의 내용은 매우 구체적인 인물들과의 관계를 통해서만 이해되지만, 묵자의 글은 우리에게 매우 명료한 '논리'를 주며 주요 편들은 개별성과 구체성을 배제하고서 철저하게 일반적 – 추상적 맥락에서 전개된다. 고유명사가 나오긴 하지만 대부분 고대 성왕들의 이름 즉 이미 하나의 일반적 기호가 된 이름들만이 등장한다.[120] 묵자에게 중요한 것은 "자기 몸을 사랑하듯이 남의 몸을 사랑하는 것"이다. 이는 남과 나를 똑같이 사랑하라는 부자연스러운 뉘앙스보다는 남의 입장과 나의 입장을 상호적으로 고려해 가장 공정하게/공평하게 행동하라는 윤리적인 뉘앙스이다.

그러나 역설적으로 겸애가 이루어지기 어려운 살벌한 상황에서 겸애를 위해 온몸을 바쳐 분투한 묵자와 그 제자들의 행위 그 자체는 '인'과도 같은 사랑이고 또 '극기복례', '살신성인'이었다고 해야 하지 않을까. 묵자는 겸애를 '설'했지만 그의 '삶'은 인했다고 해야 하지 않을까.

119) 공자에게 군자 – 됨의 기준 역시 매우 높다. '극기복례'하고 '살신성인'하는 실천적 측면만이 아니라, 문화세계를 건설할 수 있는 정신적 능력 또한 그 중요한 기준이다. 그러나 묵가의 경우 묵자와 그의 제자들은 철저히 실천적 지식인을 지향했다.

120) 특히 『묵자』의 여섯 편(40~45편, 즉 「경(經) 상」에서 「소취(小取)」까지)은 동북아 사상사 최초로 개념적 – 논리적 명료화를 추구한 편들을 보여준다.(『묵경』, 염정삼 주해, 한길사, 2012) 이 여섯 편은 '묵경' 또는 '묵변'으로 불리며, 묵자와 그의 제자들의 생각이 축적되어 쓰인 것으로 보인다. 대체적으로 「경 하」까지가 묵자 자신의 저술이고, 「경설(經說) 상」부터는 제자들의 저술로 짐작된다. 특히 세 파로 갈라졌던 후기 묵가는 혜시나 공손룡 같은 인물들에 의해 주도된 4~3세기의 이른바 '언어적 위기(linguistic crisis)'에 적극적으로 대응하려 했다.

지금 천하의 군자들이 진정 천하의 부유함을 바라고 빈곤함을 피하며 치세를 바라고 난세를 피하고자 한다면, 마땅히 서로를 존중하고 서로에게 이익을 주어야 한다.(兼相愛交相利) 이것이 성왕의 법의이며 천하의 치도이니, 어찌 힘써 행하지 않을 수가 있겠는가.(「겸애 중」)

결국 묵자의 겸애는 공평한 마음, 공정한 마음으로서, 인류로 하여금 보편적 이익의 방향으로 나아가게 해주는 윤리적 태도이다. '倫理'라는 한자어의 글자 그대로의 의미에 가장 부합하는 사상이 바로 묵가사상이다. 자기 자신을 포함하는 보편적 윤리의식만이 평화와 풍요를 가져올 수 있는 것이다.

그렇다면 겸애는 어떻게 실현될 수 있는가? 인간의 본성이 이기적이라면, 인간은 결국 자기애 — 루소적인 '자기애'라기보다는 차라리 '이기심' — 에 빠지거나 자기 이익에 따라서 파당을 지을 수밖에 없다. 진정한 평화와 풍요가 달성되기 위한 가장 필수적인 요건은 사랑/공정성의 '보편성'이다. 보편성이 결여된 어떤 사랑/공정성도 결국 평화와 풍요의 수립에 실패하게 되어 있다. 결국 물음은 하나로 집약된다: 도대체 무엇이 사랑/공정성의 보편성을 담지할 수 있는가? 여기에서 성왕에 대한 묵자의 경도가 함축하는 또 하나의 맥락이 분명히 드러난다. 순자는 묵자가 왕과 신하의 차이까지도 부정했다고 비판하지만, 이는 천만의 말씀이다. 묵자의 사상은 오히려 유토피아적인 봉건왕조에 역점을 두고 있다고 보아야 한다. 묵자는 왕은 가장 이상적인 왕답게 신하를 대하고 신하는 가장 이상적인 신하답게 왕을 대하라는 것이지, 그 차이를 없애라는 것이 아니다. 그리고 묵자가 원한 것은 신분 타파가 아니라 능력과 신분의 일치였다. 그리고 이때의 능력이란 물론 세상을 이롭게 하는 것이다. 묵자에게서 보편적 사랑=의로움=이로움을 가능케 하는 존재는 바로 신·귀신들과 인간을 이어주는 결절점인 성왕이다. 세상의 모든 특수성들은 성왕이라는 보편성을 매개로 해서 하늘의 의로움에 연결되며, 그 역도 마찬가지이다.[121] 특히 성왕에 의한 '상과 벌'은 매우 중요하다. 성왕이야말로 상과 벌을 통해서 하느님의 의로움을 증험하는 자이기 때문이다. 물론 이는 숙명론 비판과도 맞물려 있다. 숙명론이 맞다면 상과 벌은 의미를 상실할 것이다. 묵자의 형이상학적 전제를 접어둘 때, 상과 벌에 대한 묵자의 이러한 생각은 그의 공정성 개념과 더불어 법가 사상가들에게 적지 않은 영향을 주었을 것으로 짐작된다.

'천하지리'의 반대 극에는 무엇이 존재하는가? 즉, 천하의 가장 큰 해악은 무엇일까? 바로 전쟁이다. 바로 그렇기 때문에 묵자에게서 '비공'은 다른 어떤 항목보다도 중요하다. 전쟁, 더 정확히 말해 공격은 어디에서 올까? 바로 편협한 사랑에서 온다. 남의 국가를 나의 국가처럼 존중한다면 전쟁은 일어나지 않겠으나, 그렇지 못할 경우 남의 국가를 해쳐 나의 국가를 위하려는 반-겸애의 태도가 생겨난다. 이는 나, 나의 가족, 나의 마을 등등 다른 단위들의 경우에도 마찬가지이다. 묵자는 타자에의 공격을 비판할 때에도 도덕성이나 감정보다는 어디까지나 이로움의 관점에서 접근한다. 공격은 설사 승리한 경우에조차도 그 득실을 계산해보면 득보다 실이 더 많다는 것이다. 이런 대목을 보면 묵자에게는 확실히 공리주의적인 면

---

121) 하지만 성왕은 몇 명이어야 할까? 이론상 단 한 명이어야 한다. 여러 명의 성왕들이 있다면, 이는 아직 보편성에 도달하지 못한 것이기 때문이다. 그렇다면 묵자는 단 한 사람의 성왕에 의한 봉건세계의 완성을, 천하통일 —— 물론 평화로운 천하통일 —— 을 꿈꾸었던 것일까? 아니면 각 국가가 성왕에 의한 통치를 달성함으로써, 작은 보편성으로서의 특수성들이 공존하는 보편성을 꿈꾸었던 것일까? 이 점은 극히 중요한 문제임에도 묵자는 명시적인 입장을 밝힌 바 없다. 묵자의 논리 자체 내에서 보면 하느님의 의로움을 받들어 보편적 공정성을 실현해야 할 성왕은 오직 한 사람이어야 한다. 그러나 묵자가 '비공(非攻)'을 역설했다는 점을 고려하면, 그가 그리는 것은 당대의 국제관계 그대로의 형태에서 평화와 풍요를 염원했다고 볼 수 있다. 그 결과 묵자의 꿈은, 그것이 본래 묵자의 의도와 희망이 전혀 아니었음에도, 결과적으로 춘추시대의 부드러운 패권체제와 유사한 것이 되어버렸다. 묵자는 천하통일을 원했었지만, 현실에서 이루어질 수도 있을 천하통일은 그의 꿈과는 정반대인 살벌한 과정에 의한 것이리라고 예상했을 것이다. 그리고 이 점이 그의 이상과 대안 사이의 간극을 가져왔을 것이다.

모가 있다.[122] 묵자는 처음에는 '비공' 자체만을 역설했으나, 후기 묵가로 갈수록 더욱 적극적인 방식 즉 방어술을 개발해낸 것 같다. 『묵자』의 52편부터 마지막 71편까지는 구체적인 방어술을 다루고 있으며, 그 내용에는 당대의 첨단 기술을 엿볼 수 있는 내용들이 많다. 묵가 집단은 후기로 갈수록 묵자 자신의 철학으로부터 두 방향으로 즉 말로 투쟁하는 변증론 분야와 공성에 맞서 투쟁하는 방어술 분야로 갈라지면서 구체화된 것으로 보인다.

묵자에게는 강한 스토아적 면모가 있었다. 그가 병에 걸렸을 때 누군가 귀신들에 대한 그의 믿음이 잘못되지 않았는가 하고 의구심을 표현하자, 그는 귀신들이 사람에게 벌로서 병을 내리는 것은 병에 걸리는 이유들 중 하나일 뿐이라며 자신의 믿음을 피력했다. 또 누군가가 오직 당신만이 의(義)를 실천할 뿐인데 그만두는 것이 낫지 않겠는가 하고 묻자, 그는 열 사람 중 한 사람만 밭을 간다면 그 사람은 다른 이들까지 먹여 살려야 하므로 더욱 열심히 밭을 갈아야 한다고 답했다. 역사상 묵자만큼 강렬한 실천과 그 실천을 뒷받침한 형이상학적 믿음을 보여주는 이도 드물다. 이 점에서 그와 묵가는 스토아 철학자들 또는 중세의 종교 결사대들을 연상시킨다. 그러나 스토아 철학자들은, 특히 로마의 경우 대개 지배층에서 활동했던 사람들이었고, 이들의 실천 역시 자신들의 이런 입장에 입각한 실천이었다. 중세의 종교 결사대들은 이들보다 훨씬 절실한 실천을 보여주었지

122) 그렇다면 묵자의 형이상학과 공리주의 윤리학은 서로 모순되는가? 그렇지 않다. '하느님'의 의로움은 곧 '천하지리'에 있으며, 성왕·성인들·현자들을 축으로 하는 천하지리의 추구는 하느님의 의로움을 증험하는 것이기 때문이다. 묵자에게서 이 두 측면은 표리를 형성한다.

만, 그들을 떠받치던 이론적 지형은 역시 당대의 종교적 권력과 궤를 같이 했다. 그들은 부분적으로는 기득권층과 대립했지만, 넓게는 같은 종교적-신학적 테두리에서 움직였다고 할 수 있다. 반면 묵가는 당대의 기성 권력과 다른 지층 위에 존재했고, 이론상으로는 성왕·성인·현자의 역할을 강조하면서도 사실상 기성 정치권의 바깥에서 활동했다. 이 점에서 묵가는 법가와 대조적이다. 법가는 이론상으로는 성왕 등등의 인치를 거부하면서 어디까지나 객관적이고 냉정하고 합리적인 것으로서의 법에 호소했다. 그러나 유심히 보면 결국 고대의 '법'이란 왕의 권력과 결부된 것이었을 수밖에 없고, 또 법의 실행은 관료들에 의해 행해지므로 관료제와 뗄 수 없이 결부되어 있었다. 법가는 **이론상 주관적 인치를 떠난 객관적 법치를 역설**했지만 그 **정치적 실제에서는 결국 왕정과 관료제의 사상이다.** 정확히 반대로, 묵가는 이론상 성왕·성인·현자를 강조했지만 그 정체적 실제에서는 민중의 편에 서서 검약과 인권 그리고 평화의 실천을 보여주었다. 두 철학 사상은 이론과 실제에서 묘하게도 엇갈린다.

묵가와 법가의 이와 같은 역설적인 대조는 전국시대를 거쳐 진에 의해 통일이 이루어지는 과정을 살펴보면 매우 의미심장하다. 앞에서 묵자와 '천하통일'의 문제 사이의 미묘한 연관성을 언급했거니와, 어떤 의미에서는 진시황의 천하통일은 묵자적 이상이 실현된 것처럼 보일 수도 있었다. 진시황이라는 성왕이 나타나서(마침내 보편적 정의를 실현할 수 있는 인물이 나타났다), 천하를 통일하고(따라서 전쟁이 사라졌다), 하늘의 뜻을 받아(진시황은 봉선(封禪)의식을 통해 천명을 받지 않았던가), 성인들·현자들을 관료들로 조직해(묵자가 생각했던 그런 피라미드 조직이 드디어 형성되었다), '천하지리'를 실천했다고도 할 수 있다(진시황은 천하를 순행하면서 민생을 독려하지 않았던가). 이렇게 보면 어쨌든 진의 천하통일은 묵자의 이상을 실현하는 것으로 '보이기도' 한다. 그러나 상황은 정확히 반대였다. 진의 천하통일은 평화를 통해서가 아니라 피비린내 나는 전투들 끝에 이루어졌다. 진시황은 묵자가 생각한 성왕과는 거리가 먼 인물이었다. 진시황은 하늘로부터 의로움이 아니라 권력을 받고 싶어 했다. 관료제는 성인들과 현자들로 이루어진 것이 아니라 권력 추구자들에 의해 메워졌다. 냉혹한 법가적 통제는 세상을 갈수록 흉흉하게 만들었다. 진은 '외관상' 묵가적이기도 했다. 그러나 '내용상' 묵가와 완벽하게 반대되는, 묵가사상의 비극적인 패러디였다. 법가사상에는 묵가적 비전이 상당 부분 스며들어 있다는 것은 사실이다. 그러나 법가에 와서 묵가는 그 실질과 대조되는 패러디로 전락해버린다. 이러한 법가사상에 의해 천하가 통일되었을 때 묵가사상은 사라질 수밖에 없었다. 묵가사상이 법가사상과 매우 다른 무엇이었다면 아마 관계가 달리 형성되었을지도 모른다. 그러나 법가사상은 묵가사상과 형식상 유사하지만 내용상 대조적인 관계였고, 결국 법가가 묵가의 형식을 흡수했을 때 묵가의 내용은 자연히 증발될 수밖에 없었다.

법가의 강퍅한 정치는 진의 지배를 단명케 했다. 그렇다면 하나의 가능성은 법가의 형식을 유지하면서 내용을 바꾸는 것이 아니었을까? 그렇다면 세대교체의 제1 후보는 묵가가 아닌가? 피라미드 형식을 이으면서, 황제가 성왕이 되고, 그가 이번에는 하늘의 의로움을 받잡아 천하지리를 실현하면 되었다. 그러나 진을 무너뜨린 한은 묵가가 아니라 도가를 통치이념으로 받아들였다. 여기에는 한이 원래 초 지역에서 발흥한 이유도 있지만, 『노자』가 이미 『덕도경』으로 즉 제왕학으로 변형되어 있었기 때문이기도 하다. 사실 묵자와 노자는 '성왕'이라는 이념, 그리고 귀족 계층의 소멸이라는 이념을 공유했다. 용어와 철학적 구도가 다르긴 하지만, 이 성왕이 곧 하늘/도의 이치를 실현해야 할 인물이라는 점도 같다. 그러나 노자가 아르카디아를 꿈꾸었다면, 묵자는 천하지리를 꿈꾸었다. 사실을 말하자면, 통일제국의 입장에서는 노자가 아니라 묵자가 제국의 모델이어야 했다. 그러나 한나라는 묵가가 아니라 도가를 택했다. 묵자의 사상은 그의 의도와 희망이 아니었음에도 패권체제를 옹호하는 것처럼 보였고, 또 그가 주장하는 가치들은 통일제국의 정치와 문화에 잘 들어맞지 않는 것들이었기 때문이다. 통일제국에는 공리주의적 성격을 포함하는 종교 결사대의 사상

이 아니라 '국가철학'이 필요했다.『덕도경』이 그 틀을 제공했다. 묵가사상
은 다시 증발될 수밖에 없었다.

한초의 도가적 통치가 그 한계를 드러냈을 때, 그것을 대체해 들어선 것
은 유가사상이었다. 유교의 '예악'은 도가의 무위보다는 실용적/구체적이
었고 국가주의적이었으며, 법가의 법치보다는 부드럽고 인문적이었다. 고
대적 뉘앙스에서의 국가철학과 인문주의, 이 둘의 결합이 새로운 세계를
떠받칠 수 있었다. 마침내 유가사상은 동북아세계의 일반 문법으로 자리
잡게 된다. 묵가에는 인문주의가 부재했다. 묵가는 철저히 냉정하고 합리
적이며 실용적인 철학이었다. 그것은 이미 형성된 '문치'의 분위기에서 받
아들여질 수 없었다. 법가와 대조적인 사상으로서의 유가와 비교할 때, 묵
가는 내용상으로 유가와 달랐다. 두 사상은 많은 점들을 공유했지만 유가의
인문주의와 묵가의 실용주의는 완연히 달랐기 때문이다. 묵가는 법가와
형식적으로 유사하기 때문에 채택되지 못했었다. 그러나 묵가가 내용상으
로 적절해 채택되었던 것 또한 아니다. 내용상 채택된 것은 유가였다. 유
가는 형식상 법가와 묵가를 대치할 수 있었으며, 내용상으로도 새로운 이
념 즉 인문주의을 제시할 수 있었다. 묵가는 이번에는 내용상 유가와 대비
적이었기에 배척되었다. 유가의 통치철학은 법가적 실험과 도가적 실험의
양극단을 피해가는 것이었다. 그러나 법가는 유가의 그림자, 사실상 강력
한 그림자로서 스며들어갈 수 있었다. 바로 유가와 형식상 대조적이었기 때
문에! 그렇다면 법가와 형식상 유사한 묵가는 유가의 그림자로 스며들어
갈 수 있었을까? 아니다. 위정자들이 바란 것은 유가의 인문주의를 유지하
면서 보이지 않게 권력을 통어할 수 있는 사상이었지, 유가의 인문주의와
대조적인 묵가가상이 아니었다. 결국 묵가사상은 증발될 수밖에 없었다.
동북아 사유의 역사에서 유가와 법가는 정치철학으로서 살아남아 주도적
역할을 하게 된다.

그렇다면 묵가에게는 더 이상 길이 없었을까? 마지막 두 가지 가능성이
남아 있었다. 묵가가 정치철학적 역할을 포기하고 강호의 철학이 되거나,

아니면 후기 묵가의 흐름을 이어 논리학 등의 분야로 뻗어나가는 길이었다. 도가는 유가와 대비되는 자연주의로서, 낮의 철학이자 천하의 철학인 유가/법가와 대조적인 밤의 철학이자 강호의 철학으로서 살아남아 주도적 역할을 하게 된다. 그러나 묵가사상은 그렇지 못했다. 도가사상은 한편으로는 정신적 차원으로 즉 강호의 철학으로 자리 잡았고, 다른 한편으로는 종교로 즉 도교로 발달했다. 역사 속에서 때로 도교는 혁명의 종교적 기반으로 타오르기도 했다. 또 다른 한편, 도가사상은 원래의 노자사상 즉 아르카디아의 사상으로서 소규모 공동체의 철학적 기반으로서 작동하기도 했다. 반면 묵가사상은 강호의 철학으로 자리 잡기에는 너무나 비 - 낭만적이었고, 종교가 되기에는 너무나 합리적이고 실용적이었다. 또, 혁명의 종교가 되기에는 너무 봉건적이었고, 아르카디아의 사상이 되기에는 '천하의 철학'의 성격이 너무 강했다. 또, 묵가의 논리학, 언어철학 등의 작업은 이후 적지 않은 영향을 끼치기는 했으나 명가와 마찬가지로 결국 동북아 사상사의 굵직한 갈래로는 성립할 수 없었다. 동북아의 사유는 생래적으로 추상적인 것을 좋아하지 않기 때문이다. 결국 묵가는 유가와 같은 인문주의를 제공하지 못했고, 법가적 통치술로서 발전되지도 못했고, 도가적 자연주의로서 받아들여지지도 못했고, 자신의 장기인 논리학, 언어철학으로서 뻗어나가지도 못했다.

오늘날의 경우는 어떤가? 사정은 마찬가지이다. 유가는 인문정신으로서 현대에도 살아 있고, 법가는 사회과학으로 발전해 현실정치를 지배하고 있다. 그리고 도가는 예술정신으로서 또 때로는 반 - 국가철학으로서 여전히 매력을 잃지 않고 있다. 묵가가 설 땅은 딱히 없어 보인다. 오늘날에도 『묵자』에서 유가적 인문주의나 도가적 자연주의를 찾기는 어렵고, 법가적 통치술을 찾기도 어렵다. 오히려 현대인들의 흥미를 끄는 것은 아니러니하게도 『묵자』의 '외편'이라 할 '경학' 부분과 '수비술' 부분이다. 전자는 논리학적으로, 개념 분석적으로 흥미롭고, 후자는 고대 기술문명의 이해에 흥미롭기 때문이다.

그러나 오늘날에도 남아 있는, 아니 남아 있어'야 할' 묵자의 유산은 있다. 그것은 바로 약육강식의 세계에서 그가 보여준 불굴의 의지와 실천이다. 오늘날 우리는 묵자가 살던 세계와 매우 판이한 세계에 살고 있다. 하지만 그 근저를 들여다볼 때 우리가 묵자의 시대보다 더 평화로운 시대에 살고 있다고 말할 수 있는가? 오늘날의 세계가 묵자의 세계보다 덜 잔인하다고 말할 수 있겠는가? 묵자에게서 이 시대를 헤쳐갈 이론적 자원을 이끌어내기는 쉽지 않다. 우리가 이끌어내고 품에 안아야 할 것은 그의 이론이 아니라 그의 삶 자체, 그의 의지와 실천일 것이다.

5장 하늘과 땅 사이에서

§1. 전쟁하는 국가들

진이 한, 위, 조로 삼분된 이래 고대 동북아세계는 많은 변화를 겪게 된다. 춘추시대로부터 전국시대로의 이행은 광범위한 사회경제사적 변화와 정치적-군사적 변화 그리고 사상적-문화적 변화를 동반했다. 그리고 이런 와중에서 맹자, 장자, 순자의 사유를 포함해 동북아세계의 대표적인 철학체계들이 태어날 수 있었다. 그렇다면 전국시대에 이르러 등장한 변화들이란 어떤 것이었던가?

I. 우선 사회경제사적 변화가 있다. 인간적인 삶이란 의식주를 기본으로 하는 생활의 차원, 윤리적-정치적 제도들을 통한 삶이라는 사회적 차원, 그리고 학문과 예술을 근간으로 하는 문화적 차원으로 구성된다. 세 차원은 순환적 관계를 이루지만, 가장 기초적인 것을 든다면 역시 의식주라 할 수 있다. 의식주를 인간적인 방식으로 영위하는 데에는 도구의 사용이 필수적이다. 바로 이 때문에 사회경제사적 변화의 분석은 흔히 도구/기계의 사용 방식에 근거해 이루어진다. 이렇게 본다면, 비교적 잘 알려진 한에서

의 동북아 역사는 청동시대에서 시작된다고 할 수 있다.

상＝은 시대에 들어와 석기가 청동기로 본격적으로 대체되기 시작한 것으로 보인다. 청동기는 그 유용성과 화려함을 통해 인류의 역사를 크게 바꾸어놓기에 이른다. 은대에 다양한 형태의 청동기 도구들——'이기(彝器)'——이 제작되기 시작했다. 상고세계의 삶은 원초적인 생존과 신분사회 구조 하에서의 '권력에의 의지'로 요약되며, 따라서 청동기의 쓰임새 역시 한편으로는 생존을 위한 도구들로 다른 한편으로는 전쟁을 위한 도구들로 양분된다. 그러나 이 시대의 값진 청동기들이 민중들의 실제 생활에서 사용되기는 어려웠다. 결국 청동기는 귀족들의 생활 도구로서 그리고 전쟁 무기로서 사용되었다. 오늘날의 솥에 해당하는 화(盉), 규(鬶), 정(鼎), 잔에 해당하는 작(爵), 치(觶), 고(觚), 나무를 비롯한 재료들을 가공하기 위한 부(斧), 착(鑿), 산(鏟) 등을 비롯한 많은 기기들이 제작되었다. 다른 한편 청동기를 사용한 무기들도 다양하게 제작되었으며, 훗날의 창에 해당하는 모(矛)와 과(戈)가, 나아가 도(刀), 검(劍), 극(戟) 등도 제작되었다. 이처럼 청동기는 춘추전국시대에 이르기까지의 귀족들의 삶과 뗄 수 없이 연결되어 있다. 그리고 청동기에는 도철무늬를 비롯한 여러 가지 기호들이 새겨졌으며, 이 기호들을 통해서 이 시대의 역사에 접근할 수 있다.

춘추시대에 들어와 청동기로부터 철기로의 이행이 이루어진다. 물론 청동기는 여전히 고급 도구로서 사용되었지만, 철기가 도입됨으로써 문명의 이기가 일반화되기에 이른다. 처음에 철은 주철 방식으로 제작되었고 그 유용성이나 심미성은 청동기에 한참 못 미쳤지만, 풀무가 발명되면서 단철 방식의 제작이 이루어지는 등 야금술의 발달로 점차 세련된 방식으로 제작될 수 있었다. 주철로 만든 것들은 무기로 쓰기에는 너무 약했고 이 때문에 주로 농사 도구로서 개발되었다. 호미, 낫, 가래 같은 농기구들이 개발되었고, 톱, 송곳을 비롯한 기구들도 다량으로 제작되었다. 후에는 단철 기술이 좋아지면서, 철기를 이용한 무기들도 다량 제작된다. 이런 흐름은 두 가지 큰 변화를 낳았다. 한편으로 철기를 사용한 농업 발전[1]은 생산력을 크게 증가시켰고 이로써 사회적 변화가 등장하게 되며, 다른 한편으로 철제 무기의 대량생산이 군대의 조직과 전쟁의 양상을 크게 바꾸어놓은 것이다. 이 흐름은 춘추에서 전국으로 가는 과정에서 중요한 역할을 한다.

전국시대로 이행하면서, 농업 생산력의 증대와 더불어 상공업에서의 생산력 또한 비약적으로 커지게 된다. 그에 따라 도시 상공업자들의 발언권이 크게 강화된다. 특히 각종 물산들이 대량으로 생산되면서 국가들 사이의 무역이 활성화되고, 이 과정을 통해 중원의 폐쇄적 경계들이 와해되기 시작했다. 정치적 천하통일이 있기 전에 먼저 삶의 저변에서의 거대한 흐름이 형성되었던 것이다. 이 과정은 또한 화폐경제의 발달을 동반했다. 화폐란 사물들의 질적 차이를 양적 차이로 환원하는 속성을 띠며, 이 때문에 화폐의 발달은 지역적 특수성을 수적인 등질성(numerical homogeneity)의 차원으로 환원하는 역할을 한다. 물론 이 시대에는 화폐 자체가 지역적으로 다양했지만, 화폐의 이러한 속성은 광역국가가 형성되는 과정에서 중요한 역할을 했다. 그리고 이 과정에서 관세의 문제가 예민해지기도 했다. 각각의 광역국가 내부에서는 자본주의 형성기에 대한 논의에서 자주 등장하는 개념으로 한다면 '전국 규모의 유통망'이 등장하고, 이에 따라 대규모 사업을 이끄는 거상들의 활동이 두드러지게 되었다. 유명한 여불위(呂不韋)가 대표적이다. 이 거상들은 정치적으로도 큰 영향력을 행사하게 된다. 나아가 화폐경제의 발달은 세금을 화폐로 내는 경향을 강화하게 되고, 이를 통해 경제력이 있는 사람들이 노역에서 해방되어 국가에의 종속으로부터 일정 정도 풀려나기에 이른다. 이런 변화는 매우 큰 사회적 변화를 추동했다. 화폐와 아울러 도량형의 정비도 유사한 역할을 하게 된다. 일종의 언어라고도 할 수 있는 도량형이 점차 정비되면서 천하통일을 위한 기호

---

1) 이 시대의 농업 발전이 철기의 사용에 의한 것만은 아니다. 우경, 이앙, 분뇨 등의 이용, 이모작의 도입, 대규모 수리토목사업의 강행 등을 통해서 농업 전반이 개혁되었다고 할 수 있다. 황무지도 개간되기 시작한다.

적 바탕이 마련되었다고 할 수 있다.

경제에서의 이와 같은 발달은 사회의 건설인프라 역시 비약적으로 변모시켰다. 도시 건축술이 발달해 대규모 성곽이 만들어지게 된다. 공성전이 일반화되면서, 전쟁의 맥락에서도 크고 강한 성곽이 요청되었다. 나아가 내성과 외성으로 구성된 이중 성곽도 만들어진다. 여러 층을 갖춘 궁(宮)이 지어지고, 도로도 넓게 다듬어진다. 앞에서 임치를 언급했거니와, 지금의 눈으로도 크게 느껴지는 도시들이 여럿 건설되었다고 한다. 아울러 대규모 수리토목사업이 발달해 관개농업을 일으키게 되며, 이 사업이 광역적인 지리적 망의 형성에 큰 영향을 끼치게 된다.(현대 학자들 중 어떤 사람들은 이 관개사업을 "중국 문명"의 특징으로 제시하기도 한다) 이와 아울러 제방, 운하, 수문 같은 장치들을 만드는 기술도 정교해져갔다. 토목사업이 발달하면서 예전에는 황무지로 머물러 있던 땅들이 개간되기 시작했고, 이와 같이 개간되는 농지를 둔괘를 참조해 '둔전(屯田)'이라 불렀다. 이렇게 한 국가의 외곽에서 만들어지는 둔전은 그 국가의 방어망이라는 군사적 역할도 맡게 된다.[2] 또, 영토국가가 일반화되면서 장성(長城)도 등장하고 때로는 국경의 역할을 하기도 한다. 훗날에 진이 천하를 통일하면서 중원 내의 장성들은 해체되고 북방 유목민족을 겨냥한 만리장성이 축조되기에 이른다.[3] 이런 과정들을 통해 고대 동북아의 물리적 인프라가 크게 변모

---

2) 맹자는 "전쟁을 즐기는 자들은 극형을 받아야 하고, 합종이니 연횡이니 하면서 제후들을 그른 길로 가게 만드는 자들은 그다음 수준의 형을 받아야 하고, 황무지를 개간해 땅을 재배치하는 자들은 그다음 수준의 형을 받아야 한다"고 했는데, 이는 황무지의 개간이란 결국 백성들을 더 효율적으로 착취하려는 것이라 보았기 때문이다.

3) 그러나 만리장성은 사실 화이질서의 모순/불가능성을 형상화하고 있다고 할 수 있다. 중국 ── 특정한 국명이 아니라 이념적 존재로서의 '천하의 중심' ── 이 중국이려면, 그것은 사방의 다른 국가들과 화/이 관계로서 분절되어야 한다. 그러나 만리장성을 쌓는다는 것은 곧 북방의 타자는 내부의 타자 즉 자신의 내부에 받아들여 차이배분할 (differentiate) 수 있는 타자가 아니라 아예 자신과 그것 사이를 단절할 수밖에 없는 절대 타자였다는 점을 시사한다. 이 점에서 만리장성은 중국이 주장하는 화이질서가 불완전하고 모순된 것이었음을 스스로 드러내고 있는, 거대하고 얄궂은 형상(形狀)이라고 할

했다고 할 수 있다.

이와 같은 여러 사회적 변화는 늘 그렇듯이 계급 분화, 계층상의 변화를 가져왔다. 기존의 농촌 공동체는 각 가구의 땅만 일구기보다 일부 땅을 공동 경작을 통해 수확하고 그 일부를 국가에 세금으로 냈다.[4] 그러나 서주 후기부터 이런 농촌 공동체들이 해체되기 시작했다. 또 종교적 틀이 와해되면서 기존의 혈연적 – 지역적 연대성이 무너지는 거대한 변화가 도래했다. 아울러 빈부 차가 심해짐에 따라 백성들 사이에서도 계층 분화가 일어났다. 국가가 농지를 재구획하고 정리하면서 기존 공동체의 구조를 망가뜨렸으며, 이 과정에서 타국으로 이민을 가는 사람들도 나오고 유민들까지 속출하는 지경이 되었다. 진의 상앙이 '십오제(什伍制)' 등을 고안해낸 이유들 중 하나도 이러한 상황에 대처하기 위함이었다고 할 것이다. 대가족들이 해체되면서 가족의 단위가 점차 작아지고, 그나마 점차 해체되기에 이른다. 예전에 원칙적으로 군주의 소유였던 토지가 매매의 대상이 되고, 땅을 '소유'한다는 관념이 일반화되기 시작했다. 이 과정에서 성공한 농민 또는 상공업자는 자영농 나아가 부농/지주[5]가 되고, 실패한 농민은 소작농이 되거나 아예 유민이 되기도 했다. 전국시대가 되면 이런 유민들이 조직되기에 이르고, 이는 마침내 농민반란으로 이어진다.

이 시대를 이끌어간 새로운 주인공은 '사' 계층이었다. 이미 공자가 씨앗을 뿌려놓았지만, '사' 계층은 단순한 하급 관리가 아니라 개인의 능력

수 있다.

4) 앞에서도 지적했듯이, 여덟 가구가 단위가 되고 가운데 밭이 공동으로 경작된 데서 '井田制'라 불린 이 제도의 실재에 대해서는 이설이 있다. 맹자는 「공손추 상」에서 정전제를 권장하고 있는데, 이 권장이 과거로의 복귀를 뜻하는 것인지 어떤 새로운 맥락에서 나온 것인지는 분명치 않다.

5) 부농보다 지주가 더 넓은 개념이다. 국가로부터 땅을 하사받은 관료들은 지주 — 지중해세계의 개념으로는 '영주' — 가 되었고, 지주가 농업경영에 성공해 부농이 되는 경우도 있었다. 전국시대 중기부터는 '영주'가 아닌 단순한 지주가 되는 경우가 많아지는데, 이 경우 정치적·군사적 권력은 가지지 못하고 해당 지역에서 세금만 거둘 수 있었다. 이 때의 땅은 '식읍(食邑)'이라 불렸다. 이는 권력이 중앙집권화되는 과정을 잘 보여준다.

과 노력을 통해 시대를 주도하는 계층으로 변모했다. 혈연적-종교적 권위를 가지고서 지배했던 귀족들의 권위가 점차 후퇴하고 실제 업무를 통해 두각을 나타낸 '가신'들이 권력을 획득해갔다. 이 시대에 새롭게 권력을 획득한 인물들 ── 지중해세계로 말하면 참주들 ── 은 당연히 기존의 귀족들을 배제하면서 유능한 가신들을 자신의 휘하에 끌어모으고자 했다. 군주와 신하의 관계도 예전과 같은 혈연적-종교적 가치를 통해서가 아니라, (거의 '계약'에 가까운) 이해관계에서의 상호 필요에 의해서 결합되는 경우가 많았다. 사 계층과 더불어 새롭게 부를 쌓기 시작한 상공업 계층의 발언권도 점차 커져갔다. 이 시대의 사상과 여론은 대개 이 두 계층에서 나왔다.

II. 또 하나의 변화는 정치적-군사적 변화들이다. 전국시대의 정치적 변화를 한마디로 압축하면 **영토국가**(territorial state)의 **등장**이라고 할 수 있다. 종법제와 봉건제를 비롯해 혈연과 종교를 기반으로 했던 귀족국가들, 도시국가들이 무너지고 광대한 영토와 그것을 다스리는 관료들을 기반으로 하는 영토국가가 출현하게 된 것이다. 과거의 지배자들은 제정일치의 구조하에서 혈연적-종교적 권위를 가지고서 정치를 실행했고, '예'라는 개념에는 이와 같은 배경이 짙게 묻어 있었다. 그러나 이러한 체계가 무너지면서 중앙집권, 관료제, 법 등을 기반으로 하는 영토국가들이 형성되었다고 할 수 있다. 춘추시대만 해도 하나의 국가 즉 '종묘사직' 자체를 멸망시키는 일은 드물었다. 당시는 혈연적-종교적 그물망이 형성되어 있었고, 춘추시대적인 예가 살아 있었으며, 게다가 멸망한 국가의 조상신들이 가해자들에게 앙화(殃禍)를 입힌다는 생각도 퍼져 있었기 때문이다. 그러나 전국시대가 되면 이런 요소들이 점차 사라지게 되며, 이제 작은 국가들은 지도에서 하나둘 없어지게 된다.[6) 그리고 마침내 '전국칠웅'만이 쟁패하

──────────

6) 이런 변화와 나란히, '중원'과 '변방'의 개념도 점차 분명해지게 된다. 예전에 중원에서는 극히 다양한 종족들이 섞여 살았으나, 영토국가가 점차 굳어지면서 각 국가 내부

는 시대로 치닫게 된다.

'국가'라는 것이 본격화되면서 행정체제도 바뀌게 된다. 새로운 토지가 개간되고 병농일치 제도가 확립되어, 백성들을 일정 단위들로 조직함으로써[7] 완성되어간 중앙집권화는 국가 전체를 체계적으로 조직하는 결과를 낳았다. 각 국가들은 새롭게 얻은 땅에 '현'을 만들었으며, 이 구도는 점차 국가 전체의 행정구조로 자리 잡는다. '군현제(郡縣制)'가 등장한 것이다. 귀족들에 의해 통치되던 구도는 무너지고, 지방에 파견된 태수와 현령에 의해 정치가 이루어지게 된다. 관료들은 식읍을 부여받아 지주가 되기도 했지만, 관료제가 점차 굳어지면서 중앙정부에서 월급을 받는 형식이 정착해갔다. 이는 화폐경제가 발달하면서 월급이 화폐로 지급되게 된 것과도 관련된다. 관료제도가 정착되면서 관료의 종류도 많아지고 위계도 정교해졌다. 이런 과정은 마침내 "一人之下 萬人之上"이라 일컬어진 '재상'이라는 존재를 탄생시키게 된다. 원래의 행정조직은 사도(司徒), 사마(司馬), 사공(司空) — 주로 사도는 정치를, 사마는 군사를, 사공은 물질적 인프라를 맡았다 — 을 최고위직으로 하는 구조를 띠었지만, 전국시대에 들

의 이질적 종족들은 각 국가에 포섭되어버리거나 아니면 중원 바깥으로 밀려나게 된다. 이 과정을 통해 중원을 차지한 중화민족과 동서남북을 차지한 다른 민족들이라는 구도가 정립된다. 물론 이러한 종족 개념은 다소간 후대의 구성물이라고 해야 할 것이다. "민족" 개념은 더더욱 그렇다. 실제 "중화민족" 같은 단위가 존재해서가 아니라, 중원에 자리 잡은 사람들의 혼합체가 점차 하나의 종족 심지어 민족인 듯이 구성되어갔다고 해야 할 것이다. 이와 같은 구도는 중원의 천하통일이 확고해진 한 제국 시대에 이르러 굳어진다.

7) 이미 590년에 노에서 농민 150호 정도를 구의 단위로 삼는 구갑제(丘甲制)를 실시했고, 그보다 50년 전에 진(晉)에서는 주병제(州兵制)와 원전제(爰田制)를 실시했다. 전국시대에 들어와 상앙은 359년과 350년 두 차례에 걸쳐 변법을 실시했으며, 그 과정에서 호적법, 오가작통법(五家作統法)을 실시했다. 나아가 그는 연좌제로 백성들을 옥죄었고, 한 가정에 장정이 둘이면 분가해서 새로운 토지를 개발케 했다. 이 과정에서 백성들의 삶은 혈연적 - 지역적 구도에서 해체되어 국가의 부품들로 완전히 재구성되기에 이른다. 상앙의 변법은 국가를 위해 인간을 희생시킨 전체주의의 시조라 할 수 있으며, 이 변법의 가장 끔찍한 점은 가족 내부에서조차 서로가 서로를 감시할 수밖에 없게 만듦으로써 현대의 전체주의나 파놉티콘 사회보다 더 잔인한 감시사회를 만들었다는 점이다.

어와 재상 — 훗날에는 승상 — 이 생겨나면서 지방 말단으로부터 재상에 이르는 관료조직의 피라미드가 완성된다. 각 국가의 재상들은 '변법'을 통해 부국강병책을 구사했고, 그 성패에 따라 국가의 존망도 좌우되었다. 아래에서 논하겠지만, 이와 아울러 전국시대는 외교와 유세의 시대이기도 했고 이 또한 한 국가의 존망을 좌우하는 요인이었다.

군대의 조직과 전쟁의 양상 또한 달라지기 시작했다. 춘추시대의 전쟁은 전차전이 중심이었다. 따라서 전쟁도 대개 들판에서 이루어졌고, 전쟁의 양상은 대체적으로 절도가 있었으며, 또 며칠 만에 승부를 보는 짧은 전투를 했다. 참여 군사의 규모도 기천 명 또는 큰 전투의 경우에는 기만 명 수준이었고, 또 상대를 완전히 절멸한다는 개념도 희박했다. 그러나 전국시대가 되면 보병이 발달해 전투의 양상이 달라진다.[8] 군대의 규모가 기만에서 기십만으로 변하고(위나라의 군사는 30만이었는데, 장의(張儀)는 위의 왕에게 30만"밖에 되지 않는다"고 상기시킨 바 있다) 전투의 기간도 1년을 넘기는 등 길어지게 된다. 춘추시대만 해도 공성전이 실질적으로 불가능했으나, 이제 전쟁은 공성전의 양상을 띠기 시작했다. 전투의 양상도 점차 잔인해지고, 수만 심지어는 수십만이 떼죽음을 당하는 일도 벌어졌다.[9] 각 국가는 상비군 즉 '국군'을 만들어 조직적으로 전투를 치렀다. 무기의 발달도 전투의 잔혹함을 증폭했다. 철기가 일반화되면서 일반 병사들도 칼, 창, 활 등 강력한 무기들을 갖추게 되었고, 또 쇠뇌라든가 운제(雲梯) 같은 새

8) 그리스에서 전차 중심의 전쟁이 밀집방진('팔랑크스') 중심의 전쟁으로 바뀐 것과 유사하다. 그러나 그 함의는 정확히 반대이다. 그리스의 경우 밀집방진의 발달은 민주주의의 발달과 궤를 같이했지만, 고대 동북아의 경우는 국가라는 거대권력의 중앙집권화에 모든 백성들이 예속되는 과정과 궤를 같이했다.

9) 상앙의 『상군서(商君書)』(우재호 옮김, 소명출판, 2005)에서는 모든 백성들을 우민화해서 군사화하는 전략, 사태에 무관한 사람들까지 떼죽음당하게 만드는 연좌제의 도입, 나아가 (베어낸 상대편 머리의 수에 따라 상을 준다든가 결사대 대장이 소극적이면 거열형에 처한다든가 하는 식의) 상벌제를 이용해 꼼짝없이 전투에 헌신하게 만드는 전략 등등 전국시대의 잔혹한 상황과 군국주의적 발상을 도처에서 확인할 수 있다.

로운 무기의 개발도 전쟁의 양상을 바꾸어놓았다. 후에는 기병도 출현해 전투 양상을 또다시 바꾸어놓았다. 또 하나의 변화는 이 시대에 접어들면 전쟁 자체를 사상의 수준에서 논하고 개념화하는 수준에 달했다는 점이다. '병가'사상이 바로 그것이다.[10]

춘추에서 전국으로 넘어가는 시기에는 오와 월의 쟁패가 치열하게 전개되었다. 춘추 말의 패자였던 오는 결국 월에 멸망당하고, 패권을 잡은 월은 낭야(琅邪)로 천도해서 중원에 영향력을 행사했다. 약 한 세기가량 이어진 월의 패권이 무너지고, 중원에서는 진이 한·위·조로 나뉘면서 본격적인 전국시대가 열린다. 비슷한 변란이 제에서도 일어나, 전씨가 상공업 세력 등을 등에 없고 정권을 잡아 전제(田齊)를 세우게 된다.(386년) 중앙의 진은 셋으로 쪼개졌으나, 옛 진의 힘을 이은 한·위·조는 여전히 강했다. 한·위·조와 전제는 중원을 계속 장악했고, 서방의 진과 남방의 초 그리고 북방의 연은 아직은 중원을 넘보기에 힘이 달렸다.

전국시대 초에 처음 힘을 발휘한 것은 위였다. 425년에 위 문후는 여러 부국강병책을 실시했으나, 다른 한편 그는 후대의 용어로 한다면 '계몽군주'이기도 했다. 그는 여러 학자들을 위로 불러들여 위를 문화 대국으로 만들고자 했다. 그중 한 사람이 공자의 제자 자하였고, 그 아래에서 이회(李悝)가 나왔다. 이회는 농지를 개발해 생산력을 높였고 다양한 형태의 변법을 실시했다. 이회의 변법은 이후 이어질 전국시대 변법들의 원형이 되었다. 또 그는 최초의 성문법인 『법경(法經)』을 저술했다고 하며, 이 저작은 전해지지는 않으나 이후 진한 나아가 수당 시기의 율령까지도 그것을 이었다고 하니 매우 중요한 작품이었다고 할 수 있다. 이회의 변법은 이후 오기, 공손앙=상앙 등 여러 인물들에 의해 이어지게 된다.[11] 한편 전제에서

---

10) 1972년 중국 산동성 임기(臨沂) 은작산(銀雀山) 한묘에서 『손자병법』, 『손빈병법』, 『위료자(尉繚子)』, 『육도(六韜)』 등의 죽서가 발견됨으로써 병가 연구가 활성화되었다.

11) 위와 초에서 대활약한 오기(吳起), 진에서 변법을 실시해 부국강병을 이룬 상앙이 모두 이회와 더불어 이 시대 위나라에서 출발한 인물들이다. 아울러 하백에게 살아 있

도 유사한 형태의 변법이 이루어지게 된다. 힘을 비축하던 양국은 결국 격돌하기에 이르고, 계릉(桂陵)의 전투(353년)에서 전제가 승리를 거두게 된다. 양국은 다시 343년 마릉(馬陵)에서 격돌하게 되고, 손자의 활약에 힘입은 전제가 또다시 승리를 거둔다. 이로써 양 혜왕[12]까지 이어진 위— 위는 361년에 서방 진의 예봉을 피해 천도하게 되는데 이때부터는 국호를 양(梁)이라 했다— 의 주도가 끝나고 전제가 중원을 호령하게 된다.

330년 정도가 되면 이제 서방의 진이 서서히 중원으로 진출하기 시작한다. 상앙은 359년과 350년 두 차례에 걸쳐 성공적인 변법을 시행했다.[13]

는 처녀를 시집보내는(물에 빠뜨려 죽이는) 악폐를 종식시킨 서문표(西門豹)를 비롯해, 전자방(田子方), 단간목(段干木) 등도 위나라 인물들이었다. 자하는 자유와 더불어 '문학'으로 손꼽히던 인물이었으나, 그의 문하에서 나온 인물들은 대체적으로 실질적인 정치가들이었다. 이는 공자의 사상이 묵자가 비판했던 공맹적인 갈래, 자하와 그 제자들의 갈래 등 여러 갈래로 나뉘었음을 뜻한다.(한비자는 공자의 사상은 여덟 갈래로, 묵자의 사상은 세 갈래로 갈리었다고 보았다)

12) 철학서들에 자주 등장하는 위 혜왕=양 혜왕은 위=양의 3대 군주였다. 그는 합종의 중심을 이룰 정도로 강력했던 위나라를 이어받았으면서도 결국 그 국력을 약화시킨 인물이다. 그는 상앙, 오기, 손빈(孫臏), 혜시, 장의, 공손연(公孫衍), 순우곤(淳于髡), 추연 등 기라성 같은 인물들을 놓치거나 활용치 못하고 결과적으로 위나라의 주도권을 망가뜨리게 된다. 상앙을 놓친 위 혜왕은 결국 수도를 동쪽으로 옮길 수밖에 없었고, 손빈을 놓친 그는 결국 마릉의 전투에서 패하게 되며, 연횡파인 장의와 합종파인 공손연 사이에서 갈팡질팡하다가 국력을 소모했다. 순우곤과 추연 역시 별다른 역할을 맡지 못했다. 양 혜왕이 죽기 1년 전 마지막으로 만난 인물은 맹자였고, 맹자가 그를 가르치는 장면이 『맹자』의 서두를 장식하게 된다. 이들 중 손빈과 순우곤은 전제에서 활동하게 되며, 결국 군사적 측면과 문화적 측면에서 결정적 역할을 하게 된다. 이런 과정을 통해서 위나라로부터 전제로의 힘의 이동이 이루어지게 된다. 양 혜왕을 만난 이후 맹자 역시 전제로 가 7년간을 머물렀다. 이 과정은 전국시대 지식인들의 이동과 영향이 어떤 것이었는가를 잘 보여준다.

13) 상앙은 법가사상의 실질적인 창시자였다. 그 이전에 관중, 정자산, 이회 등이 법가적인 성격의 정치를 펼쳤고, 동시대에는 한나라의 재상으로서 '술'의 사상을 펼친 신불해 등도 있었지만, 상앙이야말로 뚜렷한 법가사상을 세우고 또 실제 그것을 현실에 구현한 인물이었다. 상앙은 유가사상에 반대해서 '의'보다 '법'을 중시해야 함을 역설했으며, "덕은 형벌에서 만들어진다"고까지 말했다. 상앙은 유가의 상고주의를 비판하면서 법은 시세에 따라 정해져야 한다고 생각했으며, 법의 본질은 상벌에 있다고 보았다. 상앙의 법치사상은 법 앞의 평등을 역설함으로써 신분제 타파에 공헌했으며 법의 공정성

상앙 자신은 귀족들의 손에 죽지만, 진은 국력이 크게 커져서 중원을 넘볼 수 있었다. 진이 중원에 진출하려면 그 문턱에 위치한 위를 넘어서야 했다. 처음에 위와 전제는 진의 진출에 위협을 느껴 단결해 막았다. 진은 범수(范雎)의 '원교근공'책에 입각해 멀리로는 전제와 평화 정책을 취하면서 가까이로는 위를 공격하는 전술을 구사했다. 이 시대는 외교의 시대였으며, 중앙 진에서 유래한 술수가 오히려 서방 진에서 완성되어 진은 현대 식으로 말해 스파이들을 곳곳에 푸는 등 고도의 다양한 술수 — '반간(反間)' — 를 구사하기도 했다. 285년부터는 진과 조가 격돌해 치열한 접전이 벌어졌다. 북쪽에 위치해 있던 조의 경우 북방 민족들과의 투쟁에서 기마술을 배우고 강력한 기병대를 조직하기도 했다. 그러나 260년 운명의 한판인 장평(長平) 전투에서 결국 진은 승리를 거두었고, 조의 군사 40만이 매장당하는 초유의 참극이 벌어지게 된다.[14] 중원 국가들이 진에 의해 무너지면서 진을 막을 수 있었던 두 국가인 동방의 제와 남방의 초가 남았으나, 제와 초도 결국 진의 벽을 넘지 못했다. 221년에 마침내 진은 천하를 통일한다.

III. 마지막으로 사상적 - 문화적 변화가 있었다. 전국시대는 사상적 - 문화적으로도 큰 변화가 있었던 시대이고, 향후 모든 사상적 - 문화적 변화는 전국시대에 있었던 이 변화를 잇고 있다고 할 수 있다. 사상과 문화란 무엇보다도 우선 언어를 매개로 하기에 언어상의 변화가 일차저으로 중요하다. 고대 동북아에서 문자의 기록이라 할 만한 최초의 결과는 갑골문이다. 은 말기부터 청동기에 문자를 새기기 시작해 많은 금문들이 남겨지게 된

개념이 수립되는 데에도 큰 공헌을 했지만, 결국 그 궁극적 목적은 진정한 평등에 있는 것이 아니라 백성들을 우민화해서 부국강병의 소모품으로 삼는 데 있었다.

14) 진의 천하통일 과정은 시체가 산을 덮고 피가 강물을 채우는 형국이었다. "진나라가 죽인 삼진 지역의 백성은 수백만이나 되고, 현재 생존하는 자들은 모두 진나라가 살해한 자가 남긴 고아와 과부들이고, (…) 진나라가 만든 재앙이 이렇게 큽니다."(『사기』, 「소진열전」) 이는 소진(蘇秦)의 동생 소대(蘇代)가 천하통일 한참 전에 한 말이다.

다. 금문이 되면 갑골문보다는 의미론-통사론적으로나 심미적으로나 진일보한 문자 사용이 이루어진다. 이후 드디어 붓과 먹이 사용되고, 죽간, 목간, 백서 등이 나타나게 된다. 이런 토대 위에서 마침내 '책'이라는 것이 등장했다. 인류의 모든 사상은 결국 책의 형태로 집약되기 마련이며, 이 점에서 책의 탄생은 사상과 문화의 핵심 인프라가 탄생했음을 뜻한다. 또 하나 매우 중요한 것은 춘추시대 이래 점차 공통의 문자들이 형성되면서 중원 전체에 걸쳐 사상적 의사소통이 가능해져갔다는 점이다. 말은 여전히 달랐지만 공통의 문자들이 조금씩 만들어지면서 동북아 공통의 담론세계가 형성되기에 이른 것이다. 이것이 '제자백가'의 언어적 토대가 되었다.

전국시대에 일어난 중요한 한 변화는 사상과 교육의 일반화이다. 물론 분명한 한계가 있는 일반화였지만, 예전에 특권계층에 국한되었던 교육과 문화가 일정 범위의 독서층으로 확장되고 사교육이 확대되었다는 점은 매우 중요하다. 이 점에서 전국시대는 지중해세계에서의 소피스트들의 시대와 통한다. 이런 흐름에서 결정적 역할을 한 인물이 공자이다. 공자야말로 교육을 일반화한 인물이며, '지식인'이라는 개념/이미지를 만들어낸 인물이며, '학파', '스승과 제자'라는 개념/이미지를 확고하게 창조해낸 인물이다. 아울러 묵자의 능력본위 사상은 귀족 계층을 무너뜨리고 사 계층 나아가 때로는 서인 계층이 사회를 주도해나갈 수 있는 사상적 기저가 되었다. 전국시대가 되면 제후들 자신들이 나서서 학문을 대대적으로 지원하는 현상이 생겨난다. 위 문후가 그런 인물이며 또 동시대의 제 위왕이 그랬다. 특히 제 위왕은 직하(稷下)에 거대한 학궁(學宮) — 지금으로 말하면 연구소들의 클러스터 — 을 만들어 많은 학자들을 초빙해 연구케 했다. 위 문후만 해도 실용적인 학문을 추구했지만, 직하에서는 순수 철학적인 논의를 포함하는 종합적 연구가 이루어게 된다. 제 선왕은 순우곤과 함께 직하학궁을 당대 최대의 학문공간으로 만들었으며, 맹자와 순자도 이 공간에서 활동했다.

직하학궁에서는 다양한 학자군이 공존했다. 순우곤은 그 자신이 본격적인 사유를 전개하기보다는 직하학궁 전체에 활력을 불어넣는 학장의 역할을 했다. 음양가인 추연은 그 웅혼해 보이는 사상 특히 '오덕종시(五德終始)'의 설로 사람들을 매료했으나, 이내 허풍이 많이 섞인 것으로 판명 나게 된다.[15] 도가 사상가들의 연구는 제자백가들의 연구 전체에 존재론적 어휘를 제공함으로써 중요한 역할을 했다. 아울러 법가적 사유 또한 직하의 핵심적인 한 요소였다. 신도는 도가적이면서도 법가적인 사유를 전개해 후대에 큰 영향을 끼쳤다. 맹자는 제 선왕의 시대에 직하에 7년을 머물면서 민본사상을 전개했으며, 유교적 도덕형이상학의 토대를 세웠다. 또, 환단(桓團), 공손룡, 혜시 같은 명가 학자들은 때로는 궤변에 빠질 정도로 치밀한 논리학적·언어철학적 연구들을 진행했다. 더불어 후기 묵가라 할 송견, 윤문을 비롯한 많은 인물들이 자신들의 이름을 직하학궁에 남겼다. 말기의 제 양왕 시대에는 순자가 세 번씩이나 좨주를 지내면서 직하에서의 다양한 연구들을 종합하는 사상을 세워 천하통일의 길을 예기했다. 아울러 굴원(屈原), 한비, 이사 같은 인물들도 일시 직하에 머물렀다. 이렇게 본다면 직하학궁은 전국시대 최대의 학문적 장소였다 할 것이다.

전국시대는 지식인들이 특히 중시되던 시대였다. 모든 국가들이 총력전 체제로 접어든 시대, 결국 부국강병이 한 국가의 운명을 좌우하리라는 것이 누구의 눈에도 분명해 보였던 시대, 이 시대에 지식인들의 머리에서 나오는 '저략'은 10만 군사를 능가하는 힘이 있었다. 현대적 의미와는 뉘앙스가 많이 다르지만, '지식인'들의 몸값이 이토록 높았던 시대는 다시없었을 것이다. 이 시대에 특히 중요했던 것은 외교였다. 작은 국가들이 하나씩

---

15) 순자는 오행설을 비판하고 있는데, 이는 추연에 대한 비판일 것이다. 여기에서 순자는 추연을 맹자학파로 보고 있는데, 실제 맹자는 추연과 연을 맺었으며 말년에 그와 교류했던 것으로 보인다. 사마천은 추연이 맹자의 제자였다고 본다. 『맹자』에는 500년 주기설 같은, 평소 맹자의 모습과 달라 보이는 주장이 들어 있는데, 이는 아마도 추연의 영향일 것이고, 또 추연이 자신의 오행설을 유가적 논의로 뒷받침한 것은 맹자의 영향일 것이다.

멸망하고 큰 국가들이 서서히 천하통일을 꿈꾸던 시절, 또 더 중요하게는 어느 한 국가도 다른 여섯 국가에 맞서 싸우기는 어려웠던 시절, 결국 외교의 성패야말로 한 국가의 존망을 좌우하는 갈림길이었기 때문이다. 소진의 말처럼, "안민을 위한 핵심 전략은 우방국의 선택에 있다"고 할 수 있었다. 이 점은 특히 서방의 진이 상앙에 의해 부국강병을 이룸으로써 천하의 세력 균형이 무너지게 된 시점(4세기 중엽)에서 극적으로 표출되었다. 장의는 진의 중무장 군사가 100만이 넘고, 병거가 1,000승에 달하며, 기마가 1만 필을 넘는다고 했다. 이때부터 역사는 진과 나머지 6국의 관계라는 구도로 흘러가기 시작했다. 약소국들이 연합해 강대국을 공격해야 한다는 즉 6국이 연합해 진을 공격해야 한다는 소진의 합종책(合縱策)과, 약소국이 강대국 진과 연합해 다른 약소국을 공격해야 한다는 장의의 연횡책(連橫策)은 이 시대 '천하경략'의 핵이었다. 동문수학한 소진과 장의의 드라마틱한 일대기는 세 치 혀로 천하를 주름잡으려 한 유세가들의 야심, 설득에 동원된 기기묘묘한 수사들, 세(勢)의 흐름에 따른 지식인들의 부침하는 운명 등, '전국시대'라는 시대에 지식인이란 어떤 존재였는지를 압축적으로 보여주는 사례이다.

유세가들의 활약도 자극이 되었거니와, 전국시대에 이루어진 거대한 변환들 중 하나는 곧 논리와 언어에 대한 관심이다. 담론계의 비약적인 활성화는 곧 어떤 담론이 진리인가의 문제를 비롯해 논리와 언어의 문제에 대한 반성을 낳을 수밖에 없었다. 맥락은 다르지만, 소피스트들과 소크라테스의 시대와 흡사한 상황이라 하겠다. 예컨대 『전국책』에 수록되어 있는, 천하의 운명을 좌우할 유세가들의 다양한 수사들에서 어떤 말들이 과연 진실일까? 이미 묵자 특히 후기 묵가가 논리학에 대한 집요한 관심을 보였으며, 명가는 언어에 대한 수준 높은 철학적 분석을 시도했다. 이는 특별히 논리학·언어철학 전문가들이 아닌 사상가들에게서도 두루 확인되는 당대의 분위기였다.

전국시대에 이루어진 가장 역설적인 결과는 '무'에 대한 '문'의 우위였다.

이 시대는 전쟁의 시대였지만, 오히려 무를 지배하는 것은 문이라는 생각이 확립되었던 것이다. 예컨대 초기의 삼진(한, 위, 조)은 '군사봉건제'의 형태를 취했으나 결국 문인관료가 지배하는 체제로 바뀌게 된다. 고대 동북아에서 '사'는 문무를 겸비한 존재였다. 그러나 지식인들이 전문화되면서 이윽고 '무사'와 '문사'가 구분되기에 이른다. 춘추시대에는 전쟁에 참여하는 것이 사 계층을 평민들과 구분해주는 특권이었다. 그러나 일본의 경우를 예외로 한다면, 동북아의 사 계층은 공자의 가르침을 통해서 무보다 문을 우위에 두는 존재로 성장했다. 묵자 집단은 군사 집단이긴 하지만 역시 정치를 우위에 두었고 방어에 치중했다. 전투는 무가 하지만 그 무를 지휘하는 것은 문이라는 생각이 자리를 잡은 것이다. 이런 흐름은 결국 "일인지하 만인지상"의 자리를 차지하는 '재상'/'승상'이라는 존재를 탄생시켰다. 10만 병사보다도 더 큰 힘을 발휘한 세객들의 이미지도 큰 몫을 했을 것이다. 결국 동북아 문명을 특징짓는 핵심은 군사 및 종교보다 상위에서 천하를 경략한 이 '문사-관료들'의 존재에 있다고 할 것이다. 동북아 문명은 군사와 종교보다 정치와 철학이 우위를 점한 보기 드문 문명이다.

전국시대는 거대한 변환의 시대였다. 땅이 변했다. 삶의 물질적 기반은 급격하게 달라졌다. 그리고 땅 위에서 살아가는 사람들도 변했다. 사람과 사람의 관계가 송두리째 변해버렸다. 이때 철학자들은 물었다. "도대체 하늘의 뜻은 무엇일까?"라고. 그리고 물었다. "어디로 가야 할 것인가?"라고. 철학자들은 하늘과 땅 사이에서 넓고 깊은 사유들을 전개하기 시작했다.

§2. 학파들의 시대

공자 학단과 묵자 학단이 이미 그 예를 보여주었거니와, 전국시대의 사상가들은 흔히 '학파'를 형성했으며 훗날 '~가(家)'로 정리된 형태를 띠었다. '제자백가'의 시대가 시작된 것이다. 이들은 또한 매우 논쟁적이었다.

상대 학파와 순수 학문적 논쟁 이상의 격렬한 논쟁을 주고받았는데, 이는 이들이 다루는 문제들이 그만큼 현실적이고 절박한 것들이었기 때문이다. '백가쟁명(百家爭鳴)'의 시대였던 것이다. 아쉽게도 당대의 논쟁은 그리스 철학에서처럼 상세하고 정치한 방식으로 행해지지는 않았으며, 대개 상대 학자/학파에 대한 감정적 평가나 짧은 논평으로 그치는 경우가 많았다. 물론 이는 한문이 가지는 언어적 특징이기도 하며, 그 짧은 말들을 꼼꼼히 들여다볼 때 우리는 전국시대에 이루어진 높은 학문적 성취와 그 긴밀한 관계망을 어느 정도까지는 읽어낼 수 있다.

두 극단: 병가와 농가

우선 이 시대에 우리는 두 종류의 극단적인 철학적 방향을 확인할 수 있다. 여기에서 '극단적'이라 함은 다른 요소들과의 절충을 꾀하기보다는 어떤 사상을 매우 순수한 형태로 개진했음을 뜻한다. 그러나 두 학파에서 그 순수함은 정확히 반대의 형태로 나타났다. 한쪽은 현실에 완벽하게 '적응'하려 했다는 점에서 또 다른 한쪽은 현실을 완벽히 탈피/'부정'하려 했다는 점에서, 양자는 공히 순수하다고 할 수 있을 것이다. 그러나 이는 또한 이런 사유들이 비-철학적임을 뜻하기도 한다. 철학은 기존의 모든 요소들, 그것이 불가능하다면 적어도 핵심 요소들을 종합적으로 성찰함을 그 핵심 의미들 중 하나로 내포하기 때문이다. 병가(兵家)는 '전국'시대라는 현실에 완벽히 부응하는 사조였고, 전략과 전술을 구체화함으로써 이 시대를 뚫고 나가 어떤 결판을 내고자 했다. 손무(孫武)의 저작은 철저히 '합리적' ― 완벽하게 냉정하고 계산적이라는 의미에서 ― 이다. 거기에는 철학적 여백이 전혀 없다. 이 점에서 법가와 통한다. 그러나 전체적으로 볼 때, 병가가 현실에 완벽히 부응했다는 점이 그 사유가 얕았음을 뜻하는 것은 아니다. 그것은 사유의 성격을 뜻할 뿐 수준을 뜻하지는 않는다. '전쟁'에 대한 사유 ― 이는 동시에 평화의 사유이기도 하다[16] ― 를 병가처럼 수준 높게 승화시킨 경우는 드물 것이다. 병가는 특히 『주역』을 토대로 사유를 전개함으로써 단순한 전투 기술 이상의 내용을 담을 수 있었다.[17] 손무의 『손자병법(孫子兵法)』과 오기의 『오자병법(吳子兵法)』(일실됨), 손빈의 『손빈병법』(부분적으로만 남아 있음)은 병가 초기의 대표적 작품들이다. 병가는 '전국'시대라는 시대에 가장 직접적인 방식으로 대응한 사상이었다.

이 사상의 반대편에는 '전국'시대라는 시대에 역시 가장 극단적으로, 그러나 가장 비 – 직접적으로 대응코자 한 사조가 있었다. 이는 전국시대에 이르기까지의 역사 자체를 부정하고, 삶을 "원래의" 양상으로 되돌리려는 시도였다. '농가(農家)'라 불리는, 허행(許行), 진상(陳相) 등의 사상은 왕도 쟁기질하고 왕후도 길쌈하는 '신농(神農)의 법'을 이상으로 삼았으며, 지금까지 쌓인 문명의 폐단과 찌꺼기를 모두 걷어내고 삶의 본연으로 돌아가기를 희망했다. 또, 이들은 시장에서의 부도덕한 상행위들을 근절할 것을 주장하기도 해, 물품의 유통 또한 본연의 모습으로 돌아가야 한다고 보았다. 이 점에서 전국시대에 가장 직접적인 방식으로 대응했던 병가와 대조적이다.[18] 그러나 역사에서 액면 그대로의 돌아감은 불가능하다. 생명이란 끝없는 차이생성이며, 동일성에 머물 수 없는 존재이기 때문이다. 중요한 것은 동일성과 차이생성을 어떻게 조화시켜야 하는가이다. 현대 자본주의 사회처럼 차이생성만을 끝없이 추구해 폭주에 이르는 것과 차이생성을 보듬기보다는 아예 기피하면서 어떤 동일성 = '본연'에 집착하는 것 — 모든 형태의 '원리주의' — 은 생명의 본질에 반(反)하는 양극단일 뿐이다.[19] 병가는 전국시대를 가장 가까이에서 농가는 가장 멀리에서 접

---

16) 전양저(田穰苴) = 사마양저(司馬穰苴)의 『사마양저병법』(150편 중 5편이 남아 있다)은 손무와 달리 "사랑/어짊을 본으로 삼고, 전쟁으로써 전쟁을 종식하는 것"(以仁爲本 以戰止戰)을 추구하고 있다.

17) 역으로 『주역』 자체가 상당 정도 병가에 의해 물들어 있다고도 해야 할 것이다.(지앙꾸오쭈, 국방사상연구회 옮김, 『주역과 전쟁윤리』, 철학과현실사, 2004)

18) 농가는 병가뿐만 아니라 상앙의 '농전(農戰)'사상과도 대척적이라 할 수 있다. 농가에서의 농업과 상앙에게서의 농업은 정확히 대조적인 의미를 띤다 하겠다.

19) 맹자는 「등문공 상」에서 허행 식의 농가사상을 비판하고 있다.

근했다는 점에서 양극단의 사유들이었고, 이 점에서 양자 모두 철학적인 종합성과 균형감각은 떨어진다. 그러나 양자의 의미는 크다. 병가는 전쟁의 시대에 전쟁을 정치한 사유의 대상으로 삼음으로써 그 시대를 직접 돌파하려 했고, 농가는 삶의 본연 —— 적어도 전통 세계에서의 본연 —— 에로 눈을 돌리게 함으로써 현재의 삶 전체를 근본에서 반성할 수 있도록 해주었기 때문이다. 병가는 인간의 합리성의 힘으로 시대를 돌파코자 했고, 농가는 땅으로 회귀함으로써 시대로부터 탈주코자 했다.

병가이든 농가이든 이들이 추구한 것은 전국시대의 삶을 헤쳐나갈 수 있는 '길'이었고 고난에 찬 삶을 이겨나갈 수 있는 해(解)였다. 농가와 병가 외에 이런 길/해를 비교적 순수한 형태로 제시한 경우로는 다음 다섯 갈래가 대표적이다. 1) 논리와 언어에 대한 치밀한 분석에의 길(명가와 후기 묵가). 2) 음양의 이치를 통달해 세상에 적용하는 길(음양오행가). 3) 성선에 바탕해 민본을 구현코자 하는 길(유가). 4) 삶의 고뇌를 초탈코자 한 길(도가). 5) 법에 입각해 통치하는 길(법가). 그러나 이런 사유들이 전개되는 과정에서 자연스럽게 종합에의 길이 모색되기에 이른다. 공자 이래 고대 동북아 사유가 점차 풍성해지면서 이제 기존의 사유들을 종합코자 한 사유들이 대두하기에 이르며, 전국시대가 이어지면서 사실상 원래의 비교적 순수한 사유들보다는 종합적 사유들이 대세를 이루게 된다.

논리와 언어의 분석

논리학, 언어철학은 현실의 절박함에 대한 대응보다는 순수 이론적 정확성의 추구에 더 기우는 과목들이다. 그러나 우리는 소크라테스의 집요한 논리 추구가 다름 아닌 당대 현실에 대한 가장 적극적인 응전임을 보았다. 명가 —— 원래는 '변사(辯士)' 또는 '변자(辯者)'라 불렀다 —— 의 사유도 마찬가지이다. 이들이 논리와 언어를 치밀하게 분석한 것은, 그 자체로도 동북아 철학의 수준을 높여주었거니와, 사실 전국시대라는 시대에 대한 한 응전이었다고 할 수 있다. 그것은 바로 예전과는 현격하게 달라진 '언어'

라는 존재가 당시의 운명을 좌우할 매우 중요한 한 변수였기 때문이다. 이들 명가에게는 언어와 실재가 흩어져 어지러운 것이야말로 당대의 병리였고, 이를 바로잡는 것이야말로 중차대한 시대적 과업이었다. 그러나 아쉽게도 명가의 사유에는 '아나바시스'가 있을 뿐 '카타바시스'는 없었다. 이들은 언어의 문제를 새로운 차원으로 밀고 나갔지만, 그 결과를 현실로 가지고 내려와 시대에 대한 진정한 길/해를 내놓지는 못했다. 그래서 순자는 명가가 "선왕의 도를 따르고 예의를 추구하는 것이 아니라, 괴이한 설에 탐닉하고 말장난을 즐겼다"고 비판했고, 『장자』, 「천하」는 "사람 일에 반하는 것을 실질적인 것인 양 떠들고, 논쟁에 이겨 명성 얻는 것을 추구했으며, 더불어 사는 것을 실천하지 못했다"고 비판했다. 그러나 정치적인 한계가 있었음에도, 명가가 이룩한 새로운 경지는 그 자체로서 동북아 사상사에서 빼놓을 수 없는 한 철학소로서 남게 된다.

이 철학소들 중 혜시(惠施)의 10사(事)와 공손룡(公孫龍)의 '백마비마론', '견백론', '지물론'은 유명하다. 혜시의 10사는 다음과 같다.[20] 1) 가장 큰 것에는 바깥이 없어 태일(太一)이라 하고, 가장 작은 것에는 안이 없어 소일(小一)이라 한다. 2) 두께가 없는 것은 쌓일 수 없지만 그 크기는 천리에 이른다. 3) 하늘은 땅만큼 낮고, 산과 못은 높이가 같다. 4) 태양은 남중(南中. 자오선 통과)하면서 서쪽으로 기울고, 생명체는 태어나면서 죽는다. 5) 많이 같은 것과 조금 같은 것은 다르니 이를 일러 소동이(小同異)라 하고, 만물은 어떤 면에서는 다 같고 어떤 면에서는 다 다르니 이를 일러 대동이(大同異)라 한다. 6) 남방은 끝이 없지만 끝이 있다. 7) 오늘 월나라를 출발해 어제 그곳에 도착했다. 8) 연환은 풀 수 있다.[21] 9) 나는 천하의 한 가운데를 알고 있는데, 연의 북쪽과 월의 남쪽이 바로 그곳이다. 10) 널리

20) 이 내용은 『장자』, 「천하」에서 확인할 수 있다.
21) 어느 외국 사신이 제 위왕의 비에게 옥연환(玉連環)을 주면서 풀도록 하자, 그 비가 그 것을 쇠망치로 깨버렸다고 한다. 푸느냐 못 푸느냐는 결국 '푸느냐'를 어떻게 해석하는가에 상대적임을 뜻한다고 볼 수 있다.

만물을 사랑하라, 천지는 한 몸이니. 혜시가 10사의 역설들을 통해 주장하려 한 것은 사물들(개별자들)의 가변성과 상대성이었다. 사물들은 "다른 점에서 보면 한 몸의 간과 쓸개도 초와 월만큼이나 다르고, 같은 점에서 보면 만물은 모두 하나"라는 것이다. 이 점을 '합동이(合同異)'라 부른다. 혜시의 역설들은 제논, 헤라클레이토스, 에피메니데스를 비롯한 지중해세계 철학자들의 역설들과 비교해볼 만하다. 혜시는 소피스트들과 같은 속셈을 가지고서 궤변으로 빠졌던 것 같지는 않다. 그는 역설을 즐긴 사람이지 궤변을 즐긴 사람은 아니다. 어쩌면 혜시는 이런 역설들을 통해 전국시대의 그 숱한 대립과 언쟁, 진리 주장들에 대해 회의주의적인 시선을 던지고 있었던 것일지도 모른다. 혜시의 생각들은 그의 친구였던 장자에게도 일정 정도 스며들어갔다.

구체적인 논변으로서 또한 당대에 회자된 것은 공손룡의 논변들이다.[22] 1. 백마비마론(白馬非馬論). 1) "말"은 형태를 지시하고 "하양"은 색을 지시하기에 양자는 다르다. 따라서 하얀 말은 말이 아니다. 2) 노란 말과 검은 말은 각각 말에 응하지만 하얀 말에는 응할 수가 없다. 따라서 하얀 말은 말이 아니다. 다시 말해, '말'에는 모든 색의 말들이 포함되지만, '하얀 말'은 색을 배타적으로 규정한 말이다. 따라서 하얀 말은 말이 아니다. 3) '하얀 말'은 '말'과 '하양'이 결합한 것인즉, '말'과 '하양'이 결합했다고 한들 그것이 '말'일 수 있겠는가? '하양'은 어떤 대상을 규정한 '하양'이 아니다. 대상을 규정한 '하양'은 '하양' 자체가 아니다.

첫 번째 경우 일종의 범주 오류(category mistake)를 범하고 있다. '하양'과 짝을 이루는 것은 다른 성질 범주 예컨대 '둥근'이 되어야 한다. '말'은 실체이고, '하양'은 성질이다. 말에 하얀 말도 있고, 검은 말도 있는 것이지, 하얀 말이라서 말이 아닌 것은 아니다. 하얀 말은 말이라는 실체가 특정한

---

22) 이 논의들은 『공손룡자(公孫龍子)』에 수록되어 있다. 여기에서는 풍우란, 박성규 옮김, 『중국 철학사(상)』(까치, 2012), 327쪽 이하에 인용되어 있는 텍스트를 참조했다.

성질을 띤 경우이다. 본 철학사 1권(3장, 결론부)에서, 'A → B'로의 변화에 대한 파르메니데스의 아포리아가 결국 아리스토텔레스적인 'x(A) → x(B)'의 구도를 통해 극복되었음을 보았거니와, 공손룡의 이 논변 또한 이러한 식으로 해결할 수 있다.[23] 두 번째 경우, 말에는 모든 색의 말들이 포함된다는 생각은 오히려 1)의 약점을 보완해주는 것이라고 할 수 있다. 문제는 '하얀 말'이 배타적 규정이라 해서, 배타한 것과 배타하지 않은 것은 다르다 해서 "하얀 말은 말이 아니다"라고 말할 수 있는가이다. 모든 규정은 부정이다. 하얀 말은 검은 말이 아니고, 노란 말이 아니고, 갈색의 말도 아니다. 그러나 바로 그렇기에 말 자체는 이런 부정을 숱하게 매개한 실체일 수 있다. 그것들 자체로서는 부정을 형성하는 성질들을 보듬을 수 있기에, 베르그송–들뢰즈 식으로 말해서 '질적 다양체(qualitative multiplicity)'이기에 말은 실체이다. 따라서 "하얀 말은 말이 아니다"라고 하기보다는 "하얀 말은 말 전체가 아니다"라고 해야 한다. 세 번째의 경우, 공손룡이 '하얀'을 대상을 규정하는 '하얀'이 아니라 '하얀 자체'로 보았음은 흥미롭다. 이는 플라톤적인 발상이다. 공손룡은 개별자들〔物〕과 보편자들〔共相〕 또는 형상들/개념들〔指〕[24]을 구분한다. 그리고 플라톤이 그렇게 보았듯이, 개별자는 여러 형상들이 '결합'해 성립하는 것으로 본다. 예컨대 어떤 하나의 책에는 네모의 이데아, 청색의 이데아, 무거움의 이데아 등이 결합('코이노니아')을 이루고 있다. 그리고 구체적으로 존재하는＝실존하는(exist) 개별자

---

23) 이것은 아리스토텔레스적 존재론이 시공을 초월한 진리라는 것을 뜻하지는 않는다. 우리의 일상언어가 함축하는 존재론을 전제할 때 위와 같이 논할 수 있다.

24) 풍우란은 '지'를 플라톤의 이데아에 비교하면서 "플라톤의 이데아는 곧 보편자"라 했다. 보편자는 '우시아'에 대한 아리스토텔레스의 네 후보 중 하나였다.(1권, 7장, §4) 보편자는 아리스토텔레스에 의해서도 제1 실체로서 낙점받지 못했거니와, 플라톤에게서도 보편자는 이데아 개념에 포함될 수 있는 한 경우일 뿐이라 해야 한다. 공손룡의 '지' 역시 보편자로 해석될 수 있는 맥락이 있으나 꼭 보편자인 것은 아니다. 오히려 형상이나 개념으로 보는 것이 낫다. 형상으로 보는 방식과 개념으로 보는 방식 사이에도 큰 차이가 있다. 전자는 고대 형상철학적 해석이고, 후자는 근대 인식론적 해석이다. 공손룡에게는 양 측면이 모두 존재한다.

들의 아래에는 이들을 가능케 하는 보편자들/형상들이 존재하고=잠존(潛存)/내존(內存)하고(subsist/insist) 있다.[25] 혜시가 실존하는 존재자들의 가변성과 상대성을 역설한다면, 공손룡은 잠재하는 '지'/'형상'이 실존하는 개별자들을 가능케 하고 있음을 역설한다. 이와 같은 맥락에서 '하얀 말'은 '하얀'의 형상과 말의 형상이 결합한 것으로서, '하얀 말'은 '말'이 아니다('하얀 말'의 형상은 '말'의 형상이 아니다). 그러나 플라톤의 경우에 보았듯이, 지들/형상들 사이에서도 논리적 관계(logical relations)가 성립할 수 있기에 "하얀 말은 말이다"라는 명제가 얼마든지 성립한다.

공손룡의 논변들은 소피스트들이 파르메니데스를 교묘하게 활용해 구사했던 농변들을 연상시킨다. 그러나 공손룡에게 소피스트들과 같은 의도가 있었던 것 같지는 않다. 그의 논변들은 아직 문법, 논리학, 언어철학, 수사학 등이 정리되어 있지 않은 상황에서 나온 하나의 모색이라고 해야 할 것이다. 반면 소피스트들은 그들 자신들이 바로 이런 담론들을 정초한 자들이었기에, 오히려 그것들을 농변이나 궤변으로 구사할 수 있었다. 반면 공손룡의 논변들은 언어라는 존재에 처음 눈뜬 인간이 처했던 어려움이라 해야 할 것이다.

2. 견백론(堅白論). 상식에/아리스토텔레스에 따라 생각할 때 '단단한'과 '하얀'은 그 자체로서 존재하는 것들이 아니다. 그것들은 돌이든 말이든 어떤 실체에 '부대해서(kata symbebēkos)' 존재한다. 그러나 플라톤은 '단단한', '하얀' 등도 각각의 형상을 가진다고 생각했다. 공손룡은 플라톤 식으로 생각한다. 그래서 '단단한'과 '하얀'을 분리해서 생각한다. 공손룡은 이를 인식론적 방식으로 설명하기도 한다. 단단하고 하얀 돌을 시각으로 볼 때는 '하얀'과 '돌'(즉 '하얀 돌')만이 포착되고, 촉각으로 만질 때는 '단

---

25) 다만, 여기에 이 형상들을 받아들이는 질료/코라에 대한 이야기가 들어가야 하는데, 공손룡은 '氣'에 대한 이야기로 자신의 논의를 밑받침하고 있지 못하다. 그는 명가적 논변에만 몰두할 뿐 보다 포괄적인 철학 체계로 나아가지는 못했다.

단한'과 '돌'(즉 '단단한 돌')만이 포착된다. 여기에서 공손룡은 '공통감각'의 문제는 생각하지 못하고 있다. 혜시가 경험주의적이었다면, 공손룡은 합리주의적이었다. 어쨌든 이처럼 '단단한'과 '하얀'이 분리되는 것은 그것들이 '物'의 차원에서 결합되어 있는 듯이 보이나 '指'의 차원에서는 즉 잠재적 차원에서는 분리되어 있기 때문이다. 이는 매우 뛰어난 존재론적 통찰이다.

3. 지물론(指物論). '지물론'은 앞의 두 논변에 비해서 메타적인 성격을 띤다. 즉, 지물론은 공손룡의 언어철학을 잘 드러내주는 부분이다.

> 사물에는 항상 '지(指)'가 존재하지만, '지'에는 '지'가 없다.[26] '지'들이 존재하지 않는다면 사물들은 조립할 수 없다. 그러나 역으로 사물들이 없다면 '지'들을 논할 수가 없는데, '지'는 세계에 나타나 있지 않지만(virtual), 사물들은 나타나 있기〔actual〕때문이다.[27] 나타나 있는 것을 나타나 있지 않은 것으로 여김은 불가하며, 따라서 현실의 사물들을 (현실에 나타나 있지 않은) '지'라고는 할 수 없다. 하지만 실존하는 모든 것들은 바로 '지'에 의거하지 않는 것이 없다. '지'는 현실적 존재가 아니고 또 사물들은 '지'라고 할 수 없지만, 그 어떤 것도 '지'에 의거하지 않는 것은 없다.

---

26) 실존하는 사물들은 항상 그것들에 해당하는 잠존하는 '지들'에 의해 가능케 된다. 그러나 '지'들은 가능조건일 뿐 그것들을 가능케 하는 또 다른 '지'들이 존재하는 것이 아니다. 이는 아리스토텔레스가 플라톤에게 제시했던 '제3자 논변'과 관련시켜 논의해볼 만하다.

27) '지'들 자체는 시간·공간·물질을 초월한 존재이지만, 그것이 시간·공간·물질을 갖춘 사물들에 구현되고 내재할 때 우리는 그것들을 인식할 수 있다. 존재의 질서에서 볼 때 '지'들이 사물들을 가능케 하지만, 인식의 질서에서 볼 때 사물들에서 시작해야 '지'들을 인식할 수 있다. 그리고 공손룡은 데미우르고스 같은 구현자를 말하지는 않는다. 이 모든 것이 세계 자체의 본래적 성격일 뿐이다.
현실적 사물들과 '지'들을 잇는 매개 고리는 개념〔名〕이다. 현실에 존재하는 말〔馬〕은 '말', '갈기', '빨리 달림', '포유류' 등의 개념들로 분석된다. 이 개념들은 현실에서 분명 존재하고 사용되지만, 현실적 존재들이 존재하는 그런 방식으로 존재하지는 않는다. 개념들은 현실적 사물들에 내재해 있으면서도 또한 '지'들을 지시하고 있다.

'지'의 차원과 '물'의 차원 그리고 '개념'의 차원을 변별해서 설명해준 것은 공손룡의 큰 업적이다. 공손룡은 이런 명료화에 입각해 가변적이고 상대적인 현실성의 차원과 항구적이고 절대적인 잠재성의 차원(형상들의 차원)을 구분할 수 있었다. 말은 생로병사를 겪지만, '말', '뛰다', '갈색의' 등의 형상들은 존속한다. 또, 『논어』가 『맹자』의 오른쪽에 있다가 왼쪽으로 바뀔 수도 있지만, 그렇다고 '오른쪽'·'왼쪽'과 같은 개념들/'지'들이 바뀌는 것은 아니다.[28] 이븐 시나 식으로 말해서 '실존'과 '본질'(맥락에 따라서 형상, 보편자, 개념)을 구분해야 하는 것이다.

공손룡의 이와 같은 사유는 동북아 철학사에서 매우 특이하고 중요한 성취라 할 수 있지만, 그의 사유가 후대로 잘 계승되지는 않았다. 또, 공손룡은 이런 논리학적·언어철학적 분석에 몰두했을 뿐, 그것을 다른 문제들로 확장해 플라톤이나 아리스토텔레스의 것과 같은 철학 체계를 이루지는 못했다. 『장자』에서는 명가 철학자들이 "사람들의 입은 눌렀을지라도 그들의 마음은 얻지 못했으니, 이것이 그들의 한계였다"고 비판하고 있는데, 틀린 비판이라고는 할 수 없을 듯하다. 이는 동북아 철학사 전체를 놓고 볼 때 아쉬운 대목이다. 그러나 명가의 성취는 이후 동북아 철학사의 전개에서 일정한 흔적을 남기게 된다.

논리와 언어에 대한 관심은 묵가에게서도 발견된다. 묵자 사후 묵가는 분열된다. 송견,[29] 윤문(尹文)처럼 묵자 본연의 관심을 이어간 인물들도 있고, 다른 한 갈래로서 『묵경』을 중심으로 논리와 언어의 분석에 몰두한 인물들도 있다. 송견, 윤문 등은 묵자처럼 타인들을 위해 발이 닳토록 헌신했으며, 열린 마음, 관용, 평화의 사상을 펼쳤다. 이들은 양주의 영향을 받

---

28) 이 논의들은 「통변론(通變論)」에서 전개된다. 풍우란, 『중국철학사(상)』, 340~344쪽에 정리되어 있다.
29) 송견(宋銒)은 송경(宋牼)이라 하기도 하고 또 송영(宋榮)이라고도 한다. 『장자』에서는 송영자(宋榮子)로도 나온다. 순자는 「정론(正論)」에서 송견에 대한 상세한, 그러나 꼭 정당하지만은 않은 비판을 가하고 있다.

은 후기 묵가라 할 수 있다. 다른 갈래의 후기 묵가는 논리와 언어의 문제에 전념했다. 이 갈래는 윤리의 문제 등까지도 논리학적·언어철학적 방식으로 접근했다. 후기 묵가는 『묵경』에서 네 과목을 전개했으며[30] 그 첫 번째는 '명실론'이다. 현대적으로 말한다면 말과 사물의 관계를 다루는 '의미론'에 해당한다. 두 번째 과목은 윤리학이다. 여기에서도 후기 묵가는 윤리에 관련한 다양한 개념들을 분석하고 있으며, 또 본래의 묵자보다는 훨씬 공리주의적이고 냉엄한 윤리학을 전개한다. 세 번째 과목은 현대의 자연과학에 해당하는 논의들이다. 후기 묵가는 기하학, 광학, 역학 등에서 많은 흥미로운 탐구들을 보여준다. 나아가 사회과학 특히 경제학에 관한 논의도 남기고 있다. 마지막 네 번째 과목은 논증에 대한 것이다. 후기 묵가는 이런 논의들을 통해 작지 않은 성취를 이루었지만, 그 과정에서 묵가라는 학파의 성격이 많이 달라져버린 것도 사실이다. 후기 묵가가 그 이론적 탐구를 묵자 본래의 사유와 실천에 다시 접목해서 발전시키지 못한 점은 아쉽다. 후기 묵가의 학설은 법가(또는 도법가)의 학설과 적지 않은 공통점을 지녔지만, 시대의 흐름이 법가를 요청함과 비례해서 쇠퇴의 길을 걸을 수밖에 없었다.

명가와 후기 묵가의 논리학적·언어철학적 논구들은 이후 동북아 철학사에서 잘 이어지지 못했지만, 그들의 작업은 다른 철학자들에게 알게 모르게 영향을 주었다. 장자는 그의 논의에서 명가의 논변들을 비판적으로나마 자주 언급했으며, 『순자』, 「정명편」 역시 명가의 영향을 뚜렷이 보여준다. 또, 묵가의 논변들도 일반적으로 생각하는 것보다는 훨씬 길게 지속되었음을 기억할 필요가 있다. 그러나, 불교의 역사에서도 마찬가지로 확인되듯이, 논리학이나 언어철학에 대한 몰두는 동북아 지식인들에게는 생래적으로 거리가 있는 것이었다고 해야 할 것이다.

---

30) 앤거스 그레이엄, 나성 옮김, 『도의 논쟁자들』(새물결, 2001), 251쪽 이하에서 상세히 논의되고 있다.

음양의 형이상학

동북아 역사에서 '음양'은 자연철학의 개념이기도 했지만 또한 형이상학의 개념이기도 했다. 3장에서 다룬 음양은 자연철학적 맥락에서의 음양이었다. 그러나 음양 이론은 형이상학의 형태로서도 동북아 문명에 거대한 영향을 끼쳤다. 그리고 지중해세계에서 플라톤·아리스토텔레스·플로티노스의 형이상학이 그랬듯이, 음양 이론 역시 큰 종교적-정치적 흐름들과 얽히게 된다.

전근대 사상들이 가지는 일반적인 특징들 중 하나는 자연사와 인간사를 분절해 보기보다는 하나로 연결해 보았다는 점에 있다.[31] 이른바 '천인감응'의 생각은 일찍부터 나타났지만, 이런 생각이 음양의 형이상학으로 체계화된 것은 전국시대였다. 3세기 중엽에 활동했던 추연을 대표로 하는 음양가의 사상이 그것이었다. 이 시기에 이르러서는 이전에 따로 형성되어 내려오던 음양 이론과 오행 이론이 결합되어 '음양오행론'이 정립되기에 이르며, 음양의 형이상학은 그 내용상으로는 오행의 형이상학이기도 했다. 추연은 '오덕종시설'의 역사형이상학을 제시함으로써, 천하통일을 전후한 시대에 거대한 영향을 끼쳤다. 어느 문명권에서도 마찬가지이지만, 동북아에서도 사변적 철학과 비판적 철학이 때로는 대립하고 때로는 화해하면서 전개되었다. 추연과 음양가는 그중 대표적인 사변철학으로서, 향후 진한 제국의 통치이데올로기로서 작동하기에 이른다.

추연은 당시 사람들이 살고 있는 중원은 세계의 18분의 1밖에 되지 않는다는 등 거창한 사변을 펼쳤다. 그러나 이런 사변을 즉각적으로 제시한 것은 아니며, 구체적인 현실에서 출발해 점차 논의를 확장했던 것으로 보인다. 아쉽게도 그의 저작들이 일실되었지만, 그의 사상이 큰 반향을 일으

---

31) 전통 사상들에서는 대개 자연을 인간으로 환원해 논했다면, 흥미롭게도 현대의 자연과학적 환원주의는 인간을 자연으로 환원해 논하고 있다. 물론 이때의 자연은 퓌지스=
'自然'이 아니라 네이처=천지이다. 중요한 것은 인간과 자연을 구분하면서도 그 접면을 정확히 해명하는 일일 것이다.

킨 것에는 이유가 없지 않았을 것이다. 그의 보다 핵심적인 사상은 역사형 이상학 즉 오덕 ─ 토·목·금·화·수 ─ 이 차례로 이어지면서, 그때마다 각 덕에 일치하는 정치적 상황이 도래한다는 생각에 있었다.[32] 이러한 사변은 당대 사람들에게 큰 외경을 불러일으켰고,[33] 당대 사람들 나아가 동북아 사람들 일반이 역사를 보는 눈을 모양 지었다. 토·목·금·화·수는 오행에 있어 상극(相剋)＝상승(相勝)의 관계에 해당하며, 이는 뒤의 왕조가 앞의 왕조를 무너뜨리고서 성립함을 함축한다. 그리고 이와 같은 교체 시에는 반드시 어떤 징조가 나타난다 ─ 이른바 '천인상감(天人相感)' ─ 고 보았다. 그러니 각국의 제후들이 이 역사형이상학에 귀를 쫑긋한 것도 당연한 일이었을 것이다. 흔히 동북아의 역사형이상학을 '순환적 역사관'이라 할 때, 이는 곧 전국시대에 추연을 중심으로 형성된 음양가의 생각을 가리킨다고 할 수 있다.

추연의 이런 생각은 천하통일을 전후한 시기에 나온 여러 문헌들에 그림자를 던지고 있다. 앞에서(3장, §2) 언급했던 『서경』, 「홍범」이 그 예이며, 『관자』, 『여씨춘추』 등에서도 그 그림자를 분명하게 확인할 수 있다. 이미 언급했지만, 특히 『여씨춘추』의 '12기(紀)'는 맹춘(孟春)＝정월부터 계동(季冬)＝동지까지 한 해 삶의 양식을 음양오행설에 따라 총체적으로 코드화하고 있다. 예컨대 맹춘은 봄이 시작되는 달이며 목기의 달이다. 따라서 10간으로는 갑·을에 해당하며, 음으로는 각이고 율로는 태주이며, 수(數)

---

32) 이미 말했듯이, 그리고 지중해세계의 철학에서도 그랬듯이, 여기에서의 '덕'은 힘(power)을 뜻한다. 오덕종시설은 『여씨춘추』에 그 구체적 내용이 남아 있다. 황제 시대는 토기(土氣)의 시대, 우왕의 시대(하나라)는 목기(木氣)의 시대, 탕왕의 시대(은나라)는 금기(金氣)의 시대, 문왕의 시대(주나라)는 화기(火氣)의 시대로 이해되었다. 따라서 앞으로 도래할 나라는 수기(水氣)의 나라여야 했다. 그리고 그다음 나라는 물론 한 바퀴 돌아서 다시 토기의 나라가 될 것이다.(「유시람(有始覽)·응동(應同)」) 이 논의에 따라 천하통일 후의 진은 수덕에 따라 통치하게 된다.

33) 『사기』에 따르면, 추연은 그의 고향인 제에서 큰 대접을 받았고, 양 혜왕은 그를 교외에서 영접했으며, 조의 평원군은 그가 앉을 의자의 먼지를 털었으며, 연의 소왕은 빗자루로 그의 앞길을 쓸었다고 한다.

로는 8이다. 맛과 냄새는 나무의 맛과 냄새인 신맛과 노린내이다. 천자는 청양(靑陽) = 동쪽에 거하며, 색은 푸른색으로 하고, 동쪽 교외로 나아가 제사를 지낸다. 이밖에도 생활의 모든 측면을 목기를 기준으로 배치한다. 다른 달들도 물론 마찬가지이다. 다만 4계절과 5행이 들어맞지 않아 항상 토기가 문제가 되었으며, 『여씨춘추』의 경우에는 계하에 할당하고 있다. 『여씨춘추』는 이처럼 일 년 열두 달을 총체적으로 코드화함으로써 천하통일 시대의 통치 구도를 준비했다고 할 수 있다. 그리고 이런 구도는 실제적 통일이 이루어진 이후에 편찬된 전한의 『회남자』, 『춘추번로(春秋繁露)』나 후한의 『백호통(白虎通)』 같은 책들에도 큰 영향을 끼쳤으며, 더 나아가 구체적인 차이들을 접어둔다면 동북아 문명 전체 삶의 문법으로 자리 잡게 된다. 이렇게 보면 동북아 문명에서 음양오행설의 위상은 참으로 크다고 하겠다.

진이 마침내 천하를 통일한 후 오덕종시설이 이 통일 제국의 존재론적 기초로 자리 잡게 된다. 주가 화덕의 나라였기에 진은 수덕의 나라여야 했다. 이 때문에 한 해의 기점을 바꾸고 조정의 하례식도 모두 10월 초하루에 거행하게 된다. 의복을 비롯해 모든 곳에는 검은색이 배치되었다. 수는 6을 기초로 해야 했기에, 부절과 법관을 6촌(寸)으로 하고 가마의 너비도 6척(尺)으로 했다. 또, 6척을 1보(步)로 해서 수레 한 대는 여섯 마리의 말이 끌게 했다. 황하를 '덕수(德水)'라 개칭해 수덕의 시발점으로 삼았다. 앞에서 동북아 사유에서의 '상응'의 논리를 보았거니와, '오덕'의 논리는 이와 같이 한 국가 전체의 구조를 좌우할 만큼 큰 힘을 행사했다. 한대에 이르면 음양가의 영향이 더 커져서 상응의 체계가 극에 달하게 되며, 특히 '재이(災異)'에 극히 민감했다. 한대의 삼공은 정치만이 아니라 음양까지 다스리는 직위였고, 심지어 재이가 발생할 경우 삼공을 문책하기도 했다.

오덕종시설은 한대로 이어져 다시 제국의 기초로 자리 잡게 되며, 특히 동중서는 이 구도를 새롭게 구성해 거대한 역사형이상학을 구축하기에 이른다. 전국 말기에 순자 등은 '천인지분'을 역설하면서 추연류의 사변을 극복하고자 했지만, 천하통일 이후의 상황에서 거대한 통치이데올로기를 세우고자 했던 동중서는 '천인상감'의 생각을 재도입해 공·맹의 유가사상과는 성격이 다른 사상을 구축하고자 했다. 지중해세계에서 사제들과 마법사들이 대결을 펼쳤듯이 동북아세계에서는 유자들과 방사들이 대결을 펼쳤으나, 동중서에게서는 유가적 합리주의와 방술의 신비주의가 결합되어 있다.[34] 동중서는 인간을 하늘 및 땅과 나란히 놓았으며, 천지와 인간 사이에 상응체계를 세움으로써 인간을 '소우주'로 생각했다. 천지는 거대한 인간이고 인간은 작은 천지이다. 바로 그렇기 때문에 '천인상감'은 가능하다. 그리고 천지인은 결국 삶으로서의 양과 죽음으로서의 음의 이치 ─ 가장 기본적인 이치는 "一陰一陽之謂道"이다 ─ 에 따라 움직인다.[35]

─────

34) 한대의 음양오행설에는 현대적 관점에서 보아 '과학적'으로 보이는 측면과 '신비적/주술적'으로 보이는 측면이 혼합되어 있었다.(물론 당대의 관점에서 보면, 동중서가 의식적으로 유가적 '합리주의'와 음양오행설의 '신비적' 측면을 결합했다고는 말할 수 없을 것이다) 예컨대 '재이'에 대한 생각은 근거가 빈약한 인과관계를 설정했다는 점에서는 주술적이었지만, 세계를 인과관계로 보았다는 점에서는 과학적이었다. 다른 한편, 이 때문에 동중서의 철학은 어느 정도 '주체성'을 담지할 수 있었다. 만일 세계가 인과관계로 이루어져 있다면, 인간이 어떤 원인을 일으킴으로써 어떤 결과를 낳을 수도 있다는 이야기가 되기 때문이다. 물론 이때의 원인은 과학적 성격보다는 윤리적 성격 ─ 인간의 행위가 옳지 못하면 재이가 나타나지만, 옳은 행위를 함으로써 재이를 물리칠 수 있다 ─ 을 띠었다. 어쨌든 동중서를 거치면서 유가철학은 '유교'가 되고 또 그 성격도 상당히 변하게 된다. 사실 음양가와 유가의 결합은 추연 자신에게서부터 발견된다. 추연은 거창한 음양오행설적 사변을 전개했으나, (맹자의 영향으로) 그 귀결은 유가적 가치였다. 또, 유가는 일찍부터 음양오행설의 영향을 조금씩 받아왔다고 할 수 있다. 예컨대『중용』에서는 이미 "국가가 장차 흥하려 하면 필히 정상(禎祥)이 나타나며, 장차 망하려 하면 필히 요얼(妖孽)이 나타난다"고 했다. 지중해세계에서 사제와 마법사의 대결이 치열한 것이었다면, 동북아에서의 유자와 방사 사이의 대결은 훨씬 느슨했다고 할 수 있다.
35) 동중서는 양과 음을 가치론적으로 실체화하고 있는데, 이는 음·양의 상관성에 비추어 본다면 사태를 매우 단순화하는 것이다. 나아가 모든 것이, 예컨대 왕과 신하, 부모와 자식, 남편과 아내의 관계 ─ 삼강(三綱) ─ 가 이런 양과 음의 구도로 실체화됨으로써 주종관계가 되어버린다.

동중서는 이러한 토대 위에서 오덕종시설을 이은 역사형이상학을 전개했으나, 5단계설을 3단계설로 바꾸었다. 이른바 '삼통(三統)'의 설이라 불리는 이 역사형이상학은 역사를 흑통, 백통, 적통의 단계로 파악한다. 하나라는 흑통의 단계여서 인월(寅月)을 정월로 삼고 흑색을 숭상했다. 상나라는 백통의 단계여서 축월(丑月)을 정월로 삼고 백색을 숭상했다. 주나라는 적통의 단계여서 자월(子月)을 정월로 삼고 적색을 숭상했다. 역사의 3단계는 각각 '충(忠)', '경(敬)', '문(文)'을 교(教)로 삼게 되며, 하나라가 충에, 상나라가 경에, 주나라가 문에 해당한다. 이렇게 세 단계의 왕조가 반복된다. 동중서는 3단계의 반복/순환만이 아니라 반복/순환의 여러 축을 제시했다. 즉, 두 단계, 세 단계, 네 단계, 다섯 단계, 아홉 단계의 반복/순환이 중첩되어 있는 복잡한 역사철학을 전개한 것이다.[36] 그중 삼통과 더불어 핵심 축을 이루는 것은 질과 문 —— 더 복잡하게는 상(商), 하(夏), 질(質), 문(文) —— 의 축이다. 이는 '일음일양지위도'의 원리에 따른 것으로서, 상과 질은 양/하늘에 상응하고 하와 문은 음/땅에 상응해서 갈마든다. 상과 질의 차이, 하와 문의 차이는 미묘한 데에 있다. 이렇게 보면 삼통과 질/문이 조합할 경우 한 왕조의 성격은 여섯 가지로 변별되며, 삼통과 상/하/질/문이 조합할 경우에는 벌써 열두 가지로 변별된다. 다른 축들까지 중첩시키면 극히 입체적인 역사형이상학의 체계가 귀결된다고 하겠다. 동중서는 삼통설의 근거를 하·은·주의 역사에 관한 공자의 언급에 두고 있으나, 사실은 공자의 구체적인 역사철학을 거창하고 실체주의적인 역사형이상학적 사변으로 대체해버린 것이다.

동북아 사상사의 전개 과정에서 명가의 쇠퇴와 음양가의 흥기는 무척 대조적이다. 이는 형식적 분석보다는 내용적 종합을, 순수 이론적 천착보다는 현실적 맥락을 중시하는 동북아 문명의 성격이 뚜렷이 드러나는 대

---

36) 董仲舒, 『春秋繁露』, 「三代改制質文」에서 전개되고 있다. 소여, 허호구 외 옮김, 『역주 춘추번로의증』(소명출판, 2016)의 해설을 참조.

목이다. 이 점은 훗날 불교가 들어왔을 때, 인도의 철학 전통에서 매우 큰 비중을 차지하는 논리학과 인식론 — '인명(因明)' — 은 도외시되고 결국 선불교가 흥기하게 된 점에서도 역시 확인된다. 오늘날 서구 학문의 유입으로 상황은 상당히 달라졌지만, 이와 같은 성향은 동북아 문명에 여전히 강하게 남아 있다고 하겠다.

§3. 맹자와 유교 도덕형이상학의 정초

공자 이후 유가 사상가들은 공자의 사상을 좀 더 구체화하고 또 체계화하고자 시도했다.[37] 이들은 공자의 사상을 받들어 예·악·형·정을 체계화하고자 했고, 특히 예악을 이론적 수준으로 다듬어내고자 했다. 또 이들은 '효'를 삶의 가장 근본적인 가치로서 정립하고, 그 위에서 구체적인 인간사인 관·혼·상·제의 형식을 구축하고자 했다. 이들의 이런 작업은 결국 『예기(禮記)』[38]로 집대성된다.

---

37) 공자 사후 유가는 여러 유파로 갈라졌는데, 이에 대해 한비자는 자장 유파, 자사(子思) 유파, 안회 유파, 맹자 유파, 칠조개(漆雕開) 유파, 진량(陳良)＝중량(仲良) 유파, 순자 유파, 악정자춘(樂正子春) 유파를 들고 있다. 자하가 빠진 것이 의외인데, 이는 자하학 파가 매우 이질적인 갈래로 화해버려 더 이상 순수 유가학파로 여겨지지 않았기 때문일 것이다.

38) 후한의 대성(戴聖)이 전국시대부터 전한 초에 이르기까지의 예에 관련된 문헌들을 모아 편찬한 책이다. 이 『예기』의 두 편인 「대학」과 「중용」은 특히 중요한 사상들을 담고 있으며, 훗날 주희는 이 두 편을 독립된 서적으로 만들어 『논어』·『맹자』와 더불어 '사서'로 구성하게 된다. 증자＝증삼 또는 자사의 저작으로 추측되는 「대학」이 순자의 유학과 많이 통한다면, 자사의 저작으로 알려져 있는 「중용」은 맹자의 유학과 많이 통한다. 「대학」은 명덕(明德), 친민(親民), 지어지선(止於至善)의 세 강령과 격물(格物), 치지(致知), 성의(誠意), 정심(正心), 수신, 제가, 치국, 평천하의 여덟 조목을 논한 편이고, 구체적인 구도와 단계를 통해서 '유자'를 길러내기 위한 지침서와도 같은 글이다. 이에 비해 「중용」은 천(天), 성(性), 명(命), 성(誠), 명(明), 도(道), 교(敎), 중(中) 등의 개념들을 다듬어낸 중요한 저작으로서, 유가형이상학의 기초가 되는 글이다. 양자모두 동북아인들의 정신세계에 지대한 영향을 끼치게 된다.

유학자들은 예악에 대한 공자의 사상을 이론적으로 다듬어내고, 거기에 형정에 대한 논의를 덧붙여 삶의 기초로 삼고자 했다.[39] 일찍이 공자가 강조했듯이, '예'는 형식으로만 흐를 경우 그 정신이 말라버린다. 그래서 공자 이후의 유학자들도 예의 기초는 '인의'라는 점을 강조했다. 예에서 가장 중시해야 할 점은 그 '의'이고, 이 의를 망각하고 형식에만 집착한다면 그것은 축사(祝史)의 일이 되어버린다고 본 것이다. 또, 예란 그 핵심은 고정불변이지만 그 구체적 시행은 때에 맞추어 해야 한다고 강조했다. 예는 '시의적절(時宜適切)'하게 실행되어야 하는 것이다. 공자가 위대한 인물인 것은 맹자가 강조했듯이 그가 '시중(時中)'의 인간이기 때문이었다. '악'은 인간의 감정을 잘 조절해 그 표현이 중(中)을 얻을 수 있게 해준다. 예의 근간이 의라면, 악의 근간은 인이다. 예가 지나치게 강하면 인간관계가 딱딱하게 되고, 악이 지나치게 강하면 인간관계가 제멋대로가 된다. 예가 사람들 사이의 구분의 원리라면, 악은 함께 어울림의 원리인 것이다.[40] 또, 예가 생활의 틀이라면, 악은 마음의 표현이다. 예가 땅을 본받는다면, 악은 하늘을 본받는다. 예악이 바로 서야 인간과 사회가 바로 선다. 유학자들은 예악(과 형정)의 이론을 다듬어냄으로써 유교적 인성론과 정치철학의 기초를 세울 수 있었고, 이러한 이론적 기초는 한대 이래 확고하게 굳어져 한자 문명권의 토대로 자리 잡게 된다.

유학자들은 이런 이론적이고 형이상학적인 작업만이 아니라 이를 실제

---

39) "'예'는 인민의 마음을 절도 있게 만들고, '악'은 인민의 소리를 조화롭게 만든다. '정'치는 〔예악을〕 적극적으로 펼치고, '형'은 〔예악의 파괴를〕 방지한다. 예·악·형·정 네 가지가 달성되고 잘못되지 않는다면, 왕도는 갖추어진다고 하겠다."(『예기(禮記)』, 「악기(樂記)」, 권오돈 옮김, 홍신문화사, 2003)

40) "악은 사람들의 공통적인 본성을 표현하고, 예는 사람들의 등급 차이를 드러낸다. 〔악에 의해〕 공통의 본성이 표현되면 사람들은 서로 친근감을 느끼고, 〔예에 의해〕 등급의 차이가 드러나면 사람들은 서로 공경한다. 그러나 사람들이 악을 지나치게 중시하면 방종으로 흐르고, 예를 지나치게 드러내면 서로 소원해진다. 그래서 예악은 사람들의 정감을 화합할 뿐 아니라 사람들의 태도와 행위를 단정하게 한다."(『예기』, 「악기」, 한홍섭 옮김, 책세상, 2007)

생활에 적용해 관혼상제의 매우 구체적인 틀을 만들어냈다. 유학자들이 관혼상제의 이론과 실제를 구체화함으로써 오늘날까지도 남아 있는 동북아적 삶의 기본 코드가 형성되었다고 할 수 있다. 이들의 이런 작업은 훗날 '유술독존(儒術獨尊)'의 길을 준비하게 된다. 한대에 이르러 유학이 국교로 채택되고 나아가 동북아 문명의 근간에 자리 잡게 되는 것은 이론적 - 정치적 승리이기만 한 것이 아니다. 사람들의 생활을 지배하는 코드는 지배자가 누구로 교체되든 또 다른 어떤 변화가 일어나든 쉽게 바뀌지 않는다. 그 것은 흐르는 강물 아래에서 매우 천천히 변해가는 모래·진흙과도 같은 것이다. 유학은 바로 이 '생활의 코드'를 만들어냄으로써, 그것이 현실적인 힘을 얻기 이전에 이미 동북아적 삶을 지배할 수 있는 근간을 마련했다고 할 수 있다. 어떤 사상이든 그것이 관·혼·상·제를 장악하는 순간 삶의 근간을 장악하는 것이기 때문이다. 그러나 그 순간 그것은 철학이기를 그치고 코드/기술이 되어버리는 것 또한 사실이다.

유가사상이 이런 길을 걷고 있을 때, 이와는 구분되는 갈래의 유가사상이 맹자에 의해 창조되었다. 유가사상의 일반적 흐름은 순자에 의해 집대성되어 한대로 이어지지만, 맹자는 독자적인 길을 열어갔다고 할 수 있다. 맹자의 영향은 순자의 그것에 비해 미미했으며, 맹자가 '정통'이 되고 순자가 '비 - 정통'이 된 것은 이후의 일이다.

맹가(孟軻) = 맹자(孟子, 372~289년)는 노나라에서 멀지 않은 추(鄒)나라 태생이다. 아버지를 일찍 여읜 맹자는 유명한 '삼천'과 '단기'를 통해 회자되는 어머니의 정성을 받으면서 성장했다.[41] 공자의 손자인 자사의 계열의 유학자들에게 배웠다고 하며, 오경 특히 『시경』과 『서경』 및 공양학[42]

---

41) 맹자의 생애는 『맹자』의 편찬자인 조기(趙岐)의 서문에 실려 있다. '삼천(三遷)'의 고사는 유향의 『열녀전(列女傳)』에서, '단기(斷機)'의 고사는 한영(韓嬰)의 『한시외전(漢詩外傳)』에서 발견된다.

42) 자사 계열의 유학과 맹자의 관련성은 마왕퇴에서 발견된 문헌들 중 하나인 『성자명출(性自命出)』에서 확인할 수 있다. 『춘추공양전』은 공양고(公羊高)에 의해 저술되기 시

계통의『춘추』에 통달했다고 한다. 그러나 맹자가 마음 깊숙이에서 추구한 것은 공자의 길이었다. 그는 공자를 잇겠다는 일념으로 자신의 삶과 사상을 전개한 인물이다. 공자가 그랬듯이 맹자 역시 천하를 주유하면서 선정을 펼칠 수 있는 길을 얻으려 했다. 그러나 전국시대의 지식인인 맹자는 공자처럼 실제적인 정치적 위상을 얻으려고 몸부림치지는 않았다. 이 시대의 지식인들은 이미 지식인 그 자체로서 존숭받는 존재였으며, 자신들의 학식을 가지고서 융숭한 대접을 받았던 인물들이다. 우리는『맹자』의 곳곳에서 철학자로서 극히 높은 자존심과 위상을 표현하는 맹자를 확인할 수 있다. 공자가 그랬듯이, 세상이 자신의 사상을 받아들이지 않는다는 것을 절감한 맹자는 현실에서 물러나 공손추(公孫丑), 만장(萬章)을 비롯한 제자들과 함께『맹자』를 썼다. 전국시대 같은 살벌한 시대에 '패도'가 아닌 '왕도' 더 나아가 '민본'의 사상과 그 철학적 기초로서 성선설을 역설한 맹자의 사상은 받아들여지지 않았다. 그러나 후한 시대에『맹자』를 편집한 조기는 맹자를 '아성(亞聖)'이라 불렀고, 당대에는 매우 개인적인 견해의 표현이었던 이 개념은 성리학 시대가 되면 거의 상식으로서 받아들여지기에 이른다.[43]

유가 정치철학의 정초: 인정(仁政)

맹자는 천하를 약 15년간(320~305년, 53~68세) 주유하면서 양 혜왕, 양 양왕, 제 선왕, 추 목공, 등 문공, 노 평공 등을 만나 유세했다. 그의 나이

작했으며, 공양고는 자하의 문인으로 알려져 있다.『공양전(公羊傳)』의 사상과 맹자의 사상 사이에는 일정 부분 친연성이 있다. 후에『공양전』의 종교적 측면이 동중서에 의해 강화되어 유교 국교화의 핵심 동력이 된다.

43) 당대(唐代)에 이르러 맹자는 유학 부흥의 기치를 든 한유, 유종원 등에 의해 '공맹'으로서 존숭되기 시작했고, 맹자사상은 북송대에 이르러 널리 퍼지기 시작했다. 왕안석은 맹자사상을 공적인 것으로 만들려 노력했으며, 구양수, 조설지(晁說之) 등 신법당에 맞선 구법당의 인물들은 맹자를 공격했다. 맹자의 철학사적 위상은 주희의『맹자집주』에 의해 확고해졌다. 맹자는 특히 조선 철학자들에게 거대한 영향을 끼치게 된다.

50~60대에 해당한다. 양→제→추→등(鄧)→노로 주유하면서 자신의 민본사상을 펼쳤지만, 이를 전격적으로 수용한 왕/공은 없었다. 그러나 이 유세 과정에서 남긴 그와 다른 이들의 대화는 동북아 사상사에 불후의 고전으로 남게 된다. 처음에 맹자가 양 혜왕을 만나 나눈 대화는 가장 많이 인용되는 대목들 중 하나이다.

맹자는 양 혜왕을 찾아뵈었다. 왕이 이르기를, "선생께서 먼 길 마다 않고 이렇게 오셨으니, 이제 내 나라를 이롭게 할 방도를 이야기해주시겠소?" 맹자 답하여 가로되, "어찌 하필 이익에 대해 물으십니까? 중요한 것은 오로지 인의일 뿐입니다. 왕께서 '어떻게 내 나라를 이롭게 할까'를 찾는다면, 대부는 '어떻게 내 가문을 이롭게 할까'를 찾을 것이요, 관리들과 백성들도 '어떻게 내 몸 하나 잘 챙길까'를 찾을 것입니다. 아래위가 모두 이 모양이면 나라가 어찌 되겠습니까? 큰 나라의 군주를 죽이는 자는 필히 작은 나라에서 나올 것이고, 작은 나라의 군주를 죽이는 자는 필히 그보다 더 작은 나라에서 나올 것입니다. 큰 나라 안의 작은 나라나 작은 나라 안의 더 작은 나라라면 이미 그 세력이 만만치 않거니와, 왕께서 의로움보다는 이익을 먼저 내세운다면 결국 아래에서 위를 무너뜨리는 결과가 되지 않을 수 없습니다. 일찍이 어진 사람이 그 부모를 버린 예가 없으며, 의로운 사람이 그 군주를 누른 예가 없습니다. 왕께서도 오로지 인의만을 천명하셔야지, 하필 이익을 말씀하십니까?(『맹자』, 「양 혜왕 상」)[44]

맹자의 논변에서 우리는 전국시대 지식인의 분위기를 한눈에 느낄 수 있다. 여기에는 자신의 신분에 극히 충실코자 하는, 구차하다 싶을 정도로

---

44) 『맹자』는 다음 판본을 참조해 인용한다. 『맹자』, 우재호 옮김(을유문화사, 2007). 『孟子』, 小林勝人(岩波文庫, 2013). *The Works of Mencius*, by James Legge(Dover Publications, 2011). 인용문에서 큰 나라는 만승지국(萬乘之國)으로서 전국칠웅을 말하며, 작은 나라는 천승지가(千乘之家)로서 송, 위(衛) 등 지도에서 하나씩 사라져가던 나라들을 말하며, 더 작은 나라는 백승지가로서 대부들의 가문을 말한다.

춘추시대의 예를 따르고자 하는 공자의 모습은 더는 찾아볼 수 없다. 맹자는 왕일뿐만 아니라 나이로도 아버지뻘인 양 혜왕에게 어디까지나 '선생(先生)'의 입장에서 말한다. 맹자에게 철학자는 이미 세속의 위계 같은 것은 초월한, 왕/공에게까지도 어디까지나 선생인 그런 존재로서 자각되어 있다.("군자는 광대한 영토나 다수의 백성을 바라지 않는다. (…) 천하의 중심에 서서 사해의 백성을 편안케 하는 것, 군자는 이것을 기쁘게 생각한다") 또 하나, 맹자가 구사하는 논변의 빼어남을 음미해볼 수 있다. 전국시대에 이르러서의 논리학·언어철학의 발전에 대해서 논했거니와, 이 시대는 매우 정교하고 힘찬 '논변' 또는 '수사'가 발달한 시기이다. 맹자의 논변/수사는 그 백미라 할 수 있다.[45] 지금의 인용문에서도 맹자는 전국시대에 존재했던 위계(군주·대부·사서인의 위계와 만승지국·천승지국·백승지국의 위계)를 배경으로 점진법을 구사하면서 힘찬 논변을 구사하고 있다. 우리는 『맹자』 전편에 걸쳐 이런 특징을 발견할 수 있다.

내용상으로 맹자가 역설하는 것은 '인의(仁義)'이다. 공자의 사상이 '인'에 압축되어 있다면, 맹자는 인과 더불어 '의'를 역설한다. 공자에게서 포괄적인 가치였던 인은 맹자에 이르러 가족이라는 원초적 질서에 배당되는 덕으로 축소되며, 인과 짝을 이루는 의는 국가라는 핵심적 질서에 배당되는 덕으로 규정된다. 그리고 훗날 '효'와 '충' 즉 '충효(忠孝)'로 정식화된다. 양 혜왕은 전국시대 대부분의 왕/공들이 그랬듯이 '이익' 즉 부국강병을 이루어 천하를 정복하는 것에 대해 물어보았지만, 맹자는 군주가 이익만을 추구할 경우 국가 자체가 내부적으로 무너질 수밖에 없으며 외부적

---

45) 맹자의 논변(argument)은 논리적 분석에만 치중했던 명가의 논변과 구분되며, 정치적 전략의 도구로서만 실행되었던 종횡가의 논변과도 구분된다. 맹자의 사유 전개는 당대 특유의 논변적 성격을 띠고 있지만, 그는 그것을 자체로서 추구하지는 않았다. 다시 말해, 맹자는 정교한 논변들 자체를 즐겼던 것이 아니라 그것들이 단지 '부득이(不得已)'한 것이었을 뿐이다. 또 맹자는 논변을 철학적 목적이 아닌 정치적 전술의 목적에 복속시키지도 않았다. 종횡가들을 '대장부'로 보는 주장에 대해 맹자는 일축해버린다.

으로도 불안할 수밖에 없음을 역설한다. 중요한 것은 오로지 인과 의일 뿐이다. '인의'와 '충효'는 이후 너무나도 당연한 가치로서 자리 잡게 되지만, 전국시대의 분위기에서 맹자의 사상은 오히려 특이한 경우였다. 맹자의 왕도(王道)는 패도(霸道)를 역설했던 상앙의 사상과 대척점을 이루었으며, 훗날 상앙·이사의 길이 진 제국으로 실현되었다면 맹자의 길은 (동중서에 의해 제국적 질서로 크게 변형된 형태로이긴 했지만) 한 제국으로 실현되어 동북아 정치의 정통으로 자리 잡게 된다. 그러나 전국시대의 분위기에서 맹자의 사상은 너무 우활(迂闊)한 것으로서 받아들여질 수밖에 없었다. 철학은 시대와 대결하고 시대를 개념화하는 작업이지만, 시대를 따라다니거나 시대에 파묻혀서는 진정한 철학이 될 수 없다는 점을 보여주는 많은 예들 중 하나이다.

그러나 맹자의 논변은 매우 현실적인 주장으로 해석될 수도 있다. 하나의 국가가 진정 튼실한 국가가 되기 위해서는 무엇보다 내부적 동요가 없어야 한다. 타국과의 관계 또한 중요하지만, 그 이전에 내부적 갈등이 없어야만 안정될 수 있는 것이다. 고대 세계에서 이러한 안정 여부를 쥐고 있는 열쇠는 군주에게 있었다. 군주가 '인정'을 베풀면 상하관계가 원만해져 국가는 안정되고 타국과의 관계도 잘 헤쳐나갈 수 있다. 그러나 군주가 오로지 이익만을 추구한다면 아랫사람들 역시 각자의 맥락에서 그럴 것이고, 나라 전체가 사적인 욕심으로 가득 덮여 안정은 흔들릴 것이다. 맹자의 말은 이처럼 '전략적' 맥락에서 즉 실제 이익의 측면에서 해석될 수 있다. 그러나 이것이 맹자의 본지는 아닐 것이다. 맹자는 단지 위와 같은 현실적 맥락을 말한 것이 아니라, '이익의 추구' 그 자체가 담고 있는 문제점을 지적한 것이고 이익의 세계가 아닌 인의의 세계를 강조했다고 보아야 한다. 이점은 맹자가 묵가사상을 맹렬히 반대했던 사실과도 관련된다. 맹자는 초와 진(秦)의 전쟁을 말리려 초나라에 가고 있던 송경=송영자를 만났을 때, 전쟁을 말리려는 그의 행위를 상찬하면서도 그의 논거 ── '이익' ── 에는 반대한다.[46]

그렇다면 '인의'로 다스려지는 국가는 어떤 국가일까? 바로 '민본(民本)'의 국가이다. 양 혜왕이 맹자를 자신의 화려한 정원에 데려가 은근히 과시하자("현자도 이런 것을 즐깁니까?"), 맹자는 즐거움이란 오직 백성들과 함께 즐길 때만 진정한 즐거움임을 일깨워준다. 『시경』이 잘 보여주듯이, 문왕은 백성과 함께했기에 백성들은 자발적으로 즐겁게 영대(靈臺)를 지었지만 걸왕은 그렇지 못했기에 백성들은 "내 차라리 너와 함께 죽어버리련다"고까지 하면서 원망했던 것이다. 양 혜왕 자신은 나름대로 백성들을 위한다고 했지만, 양나라의 인구는 늘지 않았다.[47] 맹자가 볼 때 양 혜왕과 다른 왕들의 차이는 그저 "오십 보 백 보"의 차이에 불과했다.[48] 한 나라에 백성들이 모이게 하는 것은 오로지 인의의 정치일 뿐인 것이다. 그러나 왕들은 일신의 안락만을 누리면서 오로지 전쟁을 통해 천하를 제패할 궁리만 하고 있지 않은가. "왕의 푸줏간에는 기름진 고기가 즐비하고 왕의 마구간에는 살진 말들이 즐비한데, 백성들의 얼굴에는 굶주린 기색이 완연하고 들에는 굶어 죽은 시체들이 나뒹굴고" 있는가 하면, 참혹한 전쟁의 외중에 "부모는 얼어 죽거나 굶어 죽고, 형제자매와 처자식은 사방으로 흩어지는" 지경에 이른다. 맹자는 정치의 근간이 인의로 돌아서지 않는 한 이러한 사태가 해결될 길이 없다고 보았다. 그러나 양 혜왕은 맹자의 가르

---

46) 사실 묵자도 맹자의 것과 같은 논거를 알고 있었기에 '겸애'를 강조했다고 해야 할 것이다. 그러나 맹자에게 겸애사상이 내포하는 추상적 보편성은 도덕의 근거가 되기 어려웠다.

47) 별다른 기술이 없었던 고대 세계에서는 인구수 즉 노동력, 특히 장정들의 노동력이야말로 국력의 척도였다. 또한 사람들 사이의 화합이야말로 국력의 핵심적인 조건이었다. 맹자는 "천시(天時)는 지리(地利)만 못하고, 지리는 인화(人和)만 못하다"는 것을 공성전을 예로 들어 설명한다.

48) 오십 보와 백 보는 양적으로 별 차이가 없다는 뜻이 아니라, 오십 보 이상을 도망치면 되지 그 뒤로는 몇 보이든 의미가 없다는 뜻이다. 춘추시대의 전쟁에서는 오십 보를 도망간 적을 더 쫓는 것은 예가 아니었고, 일단 오십 보를 도망하면 더는 쫓지 않았다. 따라서 60보든 80보든 100보든 아무런 의미가 없었다. 맹자는 이 일을 염두에 두고 비유했을 것이다.

침을 받아들이기에는 너무 늦고 무능력했다.

　다음 해(318년) 양 혜왕이 세상을 뜨고 그의 아들이 양 양왕으로 즉위했다. 젊은 왕과 원숙한 현자의 만남은 무엇인가를 이루기에 매우 좋은 조합이다. 그러나 맹자는 이 왕에 대해서 "멀리서 보니 영 임금 같지가 않았고, 가까이에서 이야기해보아도 위엄이 전혀 없는" 인물로 평가했다. 결국 제 선왕의 초청을 받은 맹자는 제나라로 떠난다. 제 선왕은 양 양왕과 같은 해에 즉위했으며, 아버지 제 위왕의 위업을 이어받아 전제를 이끌게 된다. 제 선왕은 즉위하자마자 맹자를 초빙해 상경(上卿)이라는 파격적인 대우를 해주었다. 그러나 맹자는 직하학궁의 전체적 흐름과는 약간 동떨어져 있었던 것으로 보인다. 직하학궁이 유가를 배척한 것은 물론 아니지만, 도가와 법가의 종합이 그 주류를 형성했기 때문이다. 제학의 전통에 서 있는 직하학궁은 매우 다채로운 색채를 띠긴 했지만 관자·안영을 모델로 해서 부국강병·천하통일의 모색이 그 가장 굵은 줄기를 형성했고, 이와 같은 분위기에서 오로지 인정과 민본을 외치는 맹자의 사상은 비주류가 될 수밖에 없었을 것이다.

　이러한 점은 제 선왕과 맹자의 만남에서도 분명하게 확인된다. 제 선왕은 제 환공과 진 문공의 패도에 대해 묻지만, 맹자는 "공자의 제자들은 제 환공·진 문공 같은 사람들에 대해서는 말하지 않습니다"라고 명확히 선을 긋는다. 맹자가 7년이나 직하에 머물렀고 정치에도 일정 정도 참여했음에도, 두 사람 사이의 이 선은 끝내 지워지지 못한다. 제 선왕이 생각하는 패도의 길은 무엇일까? 맹자는 이를 토지를 개간하고 영토를 확장해 국력을 키운 후 진·초 같은 대국들을 눌러 조공을 받고 '중국'의 맹주가 되어 '사이'를 제압하는 것이라 본다. 그러나 맹자가 볼 때 부국강병의 길과 천하통일의 길로 대변되는 패도의 길은 "연목구어(緣木求魚)"보다 못한 일이다. 연목구어는 단순히 헛일을 한 것에 불과하지만, 패도의 길은 재앙을 부를 뿐이기 때문이다. 부국강병의 길은 백성들을 고통스럽게 쥐어짜는 길이며, 천하통일의 길은 헛된 망상에 집착하는 길이다. 백성들을 총동원하는 잔인한 체제가 아니라 백성들에게 진정 인정을 베푸는 체제만이 그들의 마음을 살 수 있으며,[49] 천하통일의 헛된 망상을 꿈꾸기보다는 인덕을 베풀어 백성들을 끄는 정치야말로 한 국가의 장래를 보장할 수 있는 것이다.[50]

<hr/>

49) 맹자가 생각하는 하나의 모델은 다음과 같다. "5무(畝)의 집마다 뽕나무를 심으면 쉰 살이 넘은 백성들이 비단옷을 입을 수 있습니다. 닭, 돼지, 개 같은 가축들을 때를 놓치지 않고 기르게 해주면 일흔 살이 넘은 백성들이 모두 고기를 먹을 수 있습니다. 한 집안에 100무의 전지(田地)를 배당해 때를 놓치지 않고서 농사지을 수 있게 해주면 여덟 식구의 각 가족들이 굶주리지 않을 수 있습니다. 상(庠)·서(序) 같은 학교를 세워 교육을 실시해 효제(孝悌)의 도리를 갖추게 해주면, 반백의 노인이 짐을 이고 지고 다니지 않게 할 수 있습니다. 노인들이 비단옷을 입고 고기를 먹으며 백성들 모두가 굶주리거나 추위에 떨지 않게 하고도, 왕 노릇을 하지 못한 사람은 있어본 적이 없습니다."(「양혜왕 상」) 여기에서 "때를 놓치지 않는다"는 것은 국가의 부역이나 징병 때문에 가축을 기르고 농사를 지어야 할 적기를 놓치게 됨을 말한다.
　맹자는 '왕정(王政)'의 모델을 문왕에서 구하기도 한다. "옛날 문왕께서 기(岐) 지역을 다스리실 때, 농민들에게서는 9분의 1의 세금만을 거두었고, 관리들에게는 대대로 녹봉을 내렸으며, 관문과 시장에서는 기찰(譏察)만 할 뿐 세금을 거두지 않았고, 강에서의 고기잡이를 금하지 않았으며, 연좌제를 실시하지 않았습니다. 늙어서 아내 없는 자를 홀아비라 하고, 늙어서 남편이 없는 자를 과부라 하며, 자식이 없는 노인을 독거노인, 부모가 없는 어린아이를 고아라 합니다. 이 환과독고(鰥寡獨孤)는 가장 불쌍한 백성들로서 의지할 곳이 없는 이들이니, 문왕은 반드시 이 네 부류의 백성들을 먼저 챙기셨습니다."(「양혜왕 하」) 「공손추 상」에서는 자신의 정책을 1) 현능한 인물들의 등용, 2) 상업의 장려와 관리, 3) 통행세, 관세 등의 철폐, 4) 정전제의 실시, 5) 토지세, 인두세 등의 감면이라는 다섯 가지를 제시하고, 이를 실행하는 인물을 천명을 대행하는 '천리(天吏)'라 부르고 있다. 「등문공 상」에도 맹자가 생각했던 정책들이 상세하게 나온다.

50) 이 대목에서 맹자는 천하의 9분의 1에 되지 않는 제나라가 어떻게 나머지 9분의 8을 누르고 천하통일을 이룰 수 있겠느냐는 논리를 편다. 따라서 오로지 인의/인덕의 정치를 펼침으로써 많은 사람들을 귀순시키는 것이야말로 좋은 정치임을 역설한다. 그런데 맹자는 양 양왕에게는 천하의 안정은 천하가 하나로 통일되었을 때 가능하다고 말한 바 있다. 그리고 천하를 통일할 수 있는 사람은 오직 "살인을 좋아하지 않는 이"뿐임을 말한 바 있다. 두 논변은 얼핏 모순되어 보이기도 하지만, 맹자의 생각은 다음과 같이 정리될 수 있을 것이다. 천하의 9분의 1밖에 되지 않는 제나라(다른 나라들도 마찬가지)가 힘으로 천하를 통일하는 것은 불가능하다. 따라서 힘에 의한 천하통일은 포기해야 한다. 그러나 천하통일이 불가능한 것은 아니다. 천하가 안정되려면 필수적이라고까지 할 수 있다. 그러나 누가 통일할 수 있을 것인가는 어느 나라가 더 인정을 잘 베풀어 만민을 귀순시킬 수 있는가에 의해 판가름 날 것이다. 요컨대 아홉 대국이 힘의 경

그러나 이후 전국시대는 맹자의 바람과는 정확히 반대의 방향으로 흘러 갔다.

맹자 자신이 당대 군주들의 이런 한계를 잘 알고 있었다. 그가 도덕적으로 부당한 왕조에 대해서는 '역성혁명(易姓革命)'까지 주장한 것도 이 때문이다. 제 선왕과의 다음 대화는 함축적이다.

> 맹자 제 선왕께 가로되, "왕의 신하들 중 누군가가 자기 처자를 친구에게 맡기고 초나라에 다녀오니, 처자가 굶주리고 추위에 떨고 있었습니다. 그럴 때 그 친구를 어떻게 하시겠습니까?" 제 선왕 답하기를, "그런 신하라면 내쳐버리겠습니다." 맹자 가로되, "만일 높은 관리/장수가 아래 관리/장수를 제대로 다스리지 못한다면, 그 관리/장수를 어떻게 하시겠습니까?" 제 선왕 답하기를, "그야 물론 파면해버리겠습니다." 맹자 가로되, "그렇다면 나라 전체의 정치가 엉망이라면 그때는 어떻게 하시겠습니까?" 그러자 왕은 좌우를 두리번거리며 딴청을 부렸다.(「양혜왕 하」)

친구를 배반하는 신하는 내쳐버려야 한다. 더 나아가, 무능한 상관은 파면해버려야 한다. 그렇다면 더 나아가, 정치를 못 하는 왕은 어떻게 해야 할까? 당연히 갈아버려야 한다는 것이 맹자의 생각이다. 그렇다면 왕을 교체하는 주체는 누구인가? 그는 곧 백성이다.[51] 맹자에게서는 누군가가 어떤 자리에 오르는 것도 또 자리에서 내려오는 것도 오로지 백성의 뜻에 따라서 이루어져야 한다. 누군가를 등용하는 경우든 파면하는 경우든 주살하는 경우든, 그것은 왕 그리고 그 주변 사람들의 생각을 따르면 안 되는 것은 물론이고 대부들 전체가 주장하는 것에 따라서도 안 된다. 오로지 나라의 모든 성원들이 찬성할 때에만 등용·파면·주살이 이루어져야 하는

쟁이 아니라 오히려 인정의 경쟁을 통해서 천하통일을 이루어야 한다. 그때에만 진정한 의미에서의 천하통일이 도래할 것이다. 「공손추 상」도 참조.
51) 「만장 상」에 맹자의 논리가 잘 나타나 있다. 「만장」 전체가 맹자와 『서경』의 연관성을 잘 보여준다.

것이다. 맹자 사유의 급진성은 바로 그가 이와 같은 논리를 왕 자체에게까지 적용했다는 점에 있다. 맹자는 그 근거를 『서경』에서 찾는다.[52] 제 선왕이 탕·무가 걸·주를 시해한 일을 물어보자 맹자는 답한다. "인을 해치는 것을 '적(賊)'이라 하고, 의를 해치는 것을 '잔(殘)'이라 하며, 잔적을 행하는 자를 필부라 합니다. 무왕이 필부인 걸왕을 주살했다는 말은 들었어도 군주를 시해했다는 말은 들어본 적이 없습니다." 걸과 주가 필부인 한, 탕과 무는 그들을 주살한 것이지 시해한 것이 아니라는 말이다. 그리고 이들의 행위는 백성들의 소리가 그것을 용인했기 때문에 가능했다고 할 수 있다.[53] 맹자는 단적으로 말한다. "백성이 가장 귀중하고, 사직이 그 다음이며, 군주는 가볍다."(民爲貴 社稷次之 君爲輕)『맹자』는 이런 급진성을 띠었기에 그 후 오랫동안 권력에 의해 눌려 있게 된다. 그러나 그 영향력은 점차 증대되어갔으며, 특히 조선 왕조에서는 큰 힘을 발휘하게 된다.

맹자에게 직하에서의 7년은 매우 중요한 시간이었다. 제나라는 당대의 최강국이었고, 직하는 학문의 중심이었으며, 제 선왕은 나름대로 가능성이 있는 왕이었다. 맹자 역시 사상가로서 절정의 경지에 달한 때였다. 그러나 결과는 매우 아쉬웠다. 제 선왕은 맹자를 극진히 대했고 맹자 또한 제 선왕에게 많은 기대를 했지만, 결정적으로 맹자의 '인정'사상이 제 선왕에게서 구현되지는 못했다. 결국 맹자는 직하에서의 생활에 회의를 느끼게 되었고, 제 선왕과 자신 사이에 좁혀지기 어려운 간극이 있음을 깨닫게 되었던 듯하다. 그 결정적인 계기는 분명 제의 연 공격이었을 것이다. 이 사건

---

52) 『맹자』에서는 『시경』과 『서경』이 끊임없이 인용된다. 그러나 맹자는 이미 "『서경』의 내용을 모두 믿는다면 그것이 없는 것만 못하다"면서 비판적 독해를 요청하고 있다.

53) 이런 이유로 맹자는 연나라가 무도하게 되었을 때 제나라가 정벌하는 것을 막지 않았다. 그러나 제가 연 정복 후 연의 백성들을 핍박하자 제 선왕을 질타하면서 연을 다시 세워주기를 주장했다. 선왕의 연 정벌은 탕·무의 걸·주 정벌과는 비교할 수 없는 정벌이었던 것이다. 「양혜왕 하」의 10~11과 「공손추 하」의 8~9를 함께 읽음으로써(「공손추 하 8」→「양혜왕 하10」→「양혜왕 하 11」→「공손추 하 9」) 사태의 추이 전반을 이해할 수 있다.

은 맹자 자신도 처음에는 용인했던 일이었기에 스스로에게도 아픈 사건이었다고 해야 할 것이다. 맹자로서는 그만큼 제 선왕에게서 가능성을 보았던 것이지만, 결과적으로 그것은 오판이었다. 결국 양자의 틈이 벌어져 맹자는 왕이 일을 사안의 전문가에게 맡기지 않고 자기 식으로만 처리함을 질타하는 지경에 이르게 된다. 최고 책임자와 그 아래 전문가들 사이에서의 일의 배분은 어느 조직에서나 반복되는 주요 문제가 아닌가. 명장 악의가 지휘하는 연합군이 연을 농단했던 제로 밀려들 때가 되어서야 제 선왕은 후회하면서 맹자를 찾지만, 때는 이미 늦어버렸다. 맹자가 떠나고자 할 때 제 선왕이 찾아와 붙들었으나, 맹자는 "불감청이고소원(不敢請而固所願)"(오래도록 말 꺼내지 못했으나 이미 굳어진 마음입니다)이라는 유명한 말을 남긴 채 떠난다. 제 선왕은 임치에 큰 맹자학교를 만들어 그를 국부로까지 추어올리려 했으나, 이런 노력마저 그를 멈추게 할 수는 없었다. 맹자가 평범한 인간이었다면 제 선왕의 극진한 대접이라는 사적인 안락에 주저앉았을 것이다. 그러나 '인의의 정치'가 실현되지 못하는 한 그로서는 제에 언제까지나 머무는 것은 의미가 없었다.

제를 떠나는 맹자의 마음은 어두웠다. 그는 이 어지러운 세상을 구할 수 있는 것은 바로 자신이라는 굳센 신념을 품고 있었다. 그 신념과 소망이 일단 좌절된 것이다. 그러나 그의 발걸음은 멈추어지지 않았다. 맹자는 제를 떠나 송·설(薛)을 거쳐 고향인 추로 돌아갔다가 등·노로 간다. 이 과정에서 맹자에게 특히 중요했던 것은 등 문공과의 만남이다. 젊고 때 묻지 않은 새 군주와 원숙한 경지에 오른 철학자의 만남은 늘 커다란 가능성을 품게 하기 마련이다. 맹자와 등 문공의 만남은 플라톤과 디온의 만남보다는 큰 결실을 거두었던 것 같다. 이미 세자 시절부터 당시 송에 머물고 있던 맹자를 찾아와 가르침을 청했던 등 문공은 즉위하자마자 우선 상(喪)에 관련해 맹자에게 도움을 청한다. 맹자는 3년상을 역설했으며, 등 문공은 신하들의 강한 반대를 무릅쓰고 이를 실시한다. 등 문공의 진정성은 많은 사람들을 감복시켜 등나라는 춘추시대의 예를 부활시킨 나라로서 인정받게 된다.[54]

마침내 맹자는 등나라로 와 문공에게 평소의 지론을 펼쳤다. 문공은 맹자의 가르침을 실천에 옮겨 성공을 거두었고 이에 많은 사람들이 등으로 몰려들기에 이른다. 인의의 정치로써 백성들의 마음을 얻어 평화로운 천하통일로 가야 한다는 맹자의 사상이 등에서 실현된 것이다. 그러나 등은 고작 사방 50리 정도인 작은 나라였기에 전국시대의 거대한 노도를 거슬러가기에는 역부족이었다. 상앙의 진을 맹자의 등이 이겨낼 수는 없었다는 사실, 맹자의 이상이 제가 아니라 오히려 등에서 실현되었다는 사실, 이 사실들에서 '사상'이 '현실'을 극복하기는 이토록 어렵다는 아픈 진실이 배어나온다.

유가적 도덕형이상학의 정초: 성선(性善)

말년의 맹자는 공손추, 만장을 비롯한 제자들과 더불어 자신의 한평생을 개념화하는 『맹자』를 저술했다. 그는 15년 주유의 세월 동안 자신의 마음속에서 싹튼 철학적 아포리아들을 하나씩 사유해나갔고, 그 결과 동북아세계에서 오늘날까지도 중요한 역할을 하고 있는 유교적 도덕형이상학(Confucian moral metaphysics)을 구축할 수 있었다. 도덕형이상학은 도덕의 성격을 띤 형이상학 또는 형이상학과 혼연일체가 되어 있는 도덕이다. 맹자 도덕형이상학의 핵은 곧 '성선'이다. 성선의 도덕형이상학이 정립되지 못한다면 인정을 둘러싼 그의 모든 주장들은 실현 가능성이 희박한 상상으로 전락하게 된다. 맹자가 말년에 이 문제에 집중한 이유가 이 점에 있었다.

맹자적 도덕형이상학의 출발점은 도덕의 '실마리'라는 개념이다. 도덕의 완성태를 논하기 이전에 그것을 발견할 수 있는 현실적인 실마리를 포착하는 것이 중요하다. 맹자는 제 선왕과의 대화에서 이 점을 언급한다. 제

---

54) '절장(節葬)'과 '후장(厚葬)'은 묵가와 유가를 대립시킨 대표적인 문제였다. 「등문공상」에는 묵가 사상가와 맹자 사이의 논쟁이 나와 있다.

선왕이 희생물로 끌려가던 소를 현장에서 보고서 그 소를 불쌍히 여겨 구해주었다는 이야기를 들은 맹자는 제 선왕에게서 '인'의 실마리를 읽어냈다. 맹자는 인간에게는 누구나 도덕적 존재가 될 수 있는 실마리가 발견된다고 믿었다. 송나라에서 등나라의 세자(훗날의 등 문공)를 만났을 때 역설했던 것도 누구나 요순이 될 수 있다는 점이었다. 그의 지론인 '성선'이 성립하려면 모든 인간의 평등 — 물론 현실적 평등이 아니라 도덕적 차원에서의 평등 — 이 전제되어야 하기 때문이다.

맹자는 제 선왕의 이런 마음 — "차마 외면할 수 없는 마음" — 을 어린 아기가 우물에 빠지려 하는 상황이라는 유명한 예를 통해 '측은지심(惻隱之心)'으로 개념화한다. 아울러 인간에게서 인한 존재가 될 수 있는 이 실마리 외에 세 실마리를 더 읽어낸다.

> 지금 어린 아기가 우물에 빠지려는 것을 보게 될 경우, 그 누가 깜짝 놀라 측은한 마음이 들지 않으리오. 이는 아기의 부모와 교분을 맺으려 해서도 아니요, 주변 사람들에게 칭찬을 들으려 함도 아니요, 어린 아기의 울음소리가 듣기 싫어서도 아님이라. 이로 보건대, 안타까이 여기는 마음이 없으면 사람이 아니요, 부끄러워하는 마음('羞惡之心')이 없으면 사람이 아니요, 양보하는 마음('辭讓之心')이 없으면 사람이 아니요, 옳고 그름을 구분할 수 있는 마음('是非之心')이 없으면 사람이 아니다. 측은지심은 '인'의 실마리요, 수오지심은 '의'의 실마리요, 사양지심은 '예'의 실마리요, 시비지심은 '지'의 실마리인 것이다. 사람이 이 네 실마리를 가지고 있음은 사지를 가지고 있음과도 같지 않겠는가. 이 사단(四端)을 가지고 있으면서도 자기는 실천할 수 없다고 말하는 자는 스스로를 해하는 자이며, 자신의 군주가 실천할 수 없다고 말하는 자는 그 군주를 해하는 자일지니. 무릇 사단을 품고 있는 나 자신이 그것을 넓히고 채워갈 수 있다면, 그것은 마치 불이 막 타오르는 것과도 같고 샘물이 막 흘러나오는 것과도 같으리라. 그렇게 다 채워나간다면 사해를 안정시킬 수 있지만, 채워나가지 못한다면 부모 섬기기에도 벅찰 것이로다.(「공손추 상」)

맹자는 이처럼 네 가지 '마음'을 네 가지 가치/덕성의 실마리로 삼았다. '심' 개념은 이전의 사유들에서도 중요한 역할을 했다. 인간이 자기 스스로를 관찰할 수 있게 되자 그는 자신이 다른 존재들에게서는 발견하기 어려운 능력들 즉 지성·의지/욕망(때로는 도덕적 의지/욕망)·감정(인간적 감정) 같은 능력들을 발휘함을 깨닫게 되었다. 처음에 '心'은 심장을 뜻했으며, 인간의 지성·의지·감정 등도 심장으로 소급되어 즉물적으로 이해되었을 것이다. 그러나 이런 능력들의 의미가 점차 또렷해지자 '심'에는 '마음'이라는 뉘앙스가 부여되고 점차 철학적 논의거리로 화하게 되었다고 할 수 있다. 이는 지중해세계에서 'psychē' 개념의 발전 과정과 상응한다. 이미 『논어』에는 "내 마음 원하는 바를 따라도 적도를 넘지 않았다"라든가 "회는 그 마음을 지켜 세 달 동안이나 어짊을 잃어버리지 않았다" 같은, '마음'이라는 말에 중요한 뉘앙스를 부여하는 대목들이 등장한다. 전국시대에 들어 '심'은 중요한 철학적 어휘로 부각되기에 이르며, 맹자의 위의 말은 그 중요한 예들 중 하나이다.

이와 같이 도덕적 능력으로서의 '심'을 강조하고 있지만,[55] 맹자에게서 나타나는 두드러진 특징 하나는 그가 이 개념을 '기' 개념과 연계해 이해한다는 점이다. '심' 개념과 더불어 '기' 개념 역시 전국시대에 들어 일반적인 논의 대상이 되며, 특히 맹자의 경우 도덕적 맥락에서의 '심' 개념이 '기' 개념과 연계되고 있다는 점은 흥미롭다. '심'과 '기'를 잇는 매개 개

---

55) "공도자(公都子)가 물었다. '똑같은 사람인데 어떤 이는 군자가 되고 어떤 이는 소인이 되는 것은 무엇 때문인지요?' 맹자 답하여 가로되, '큰 자기〔大體〕를 따르면 군자가 되지만, 작은 자기〔小體〕를 따르면 소인이 되느니라.' 묻기를 '똑같은 사람인데 왜 어떤 이는 큰 자기를 따르고 다른 이는 작은 자기를 따릅니까?' 답하기를, '귀와 눈 같은 기관은 생각하지 못하며 외부 사물에 끌려가기도 하고 미혹되기까지 한다. 그러나 마음은 사유할 수 있는 능력을 갖추고 있으니, 사유함으로써 큰 자기를 얻을 수 있으며 사유하지 못한다면 얻지 못하느니라. 마음이란 하늘이 인간에게 특별히 내려준 것이요, 그로써 큰 자기를 세울 수 있다면 어찌 작은 자기가 함부로 굴 수가 있겠는가? 이로써 바로 군자가 될 수 있는 것이다.'"(「고자 상」)

넘은 '지(志)'이다. 맹자에게서 도덕적 인간이 되는 것은 어떤 외적인 명법 — '예' — 에 따르는 것만을 뜻하지 않는다. 이미 묵자의 유가 비판이 있었거니와, 맹자 시대의 다른 유자들은 맥 빠진 형태의 예에 만족하는 경우가 많았다. 이 점에서 도덕형이상학적 신념으로 가득 찼던 맹자는 이들과 확연히 구분된다. 나아가 그의 경우 예의 한계를 '인'으로써 넘어서려는 공자와도 다른 면모가 등장한다. 지적했듯이, 공자의 '인'은 맹자에게 와서는 '인의'로 바뀐다.[56] 그에게서는 부동심, 의지, 의로움 등이 핵심적인 위상을 차지하게 된다. 이 점에서 맹자는 스토아적이다. 그에게 도덕은 외적인 예나 내적인 인만이 아니라 어떤 힘을 필요로 하는 무엇이다. '부동'의 마음이 중요한 것은 이 때문이다. 부동심의 핵심은 바로 의지에 있으며, 의지는 곧 기의 통솔자이다. 맹자에게서 도덕적 의로움은 힘의 문제, 기의 문제에 연관되며, 달리 말해 '의기(義氣)'의 문제인 것이다. 의와 기 사이에서 핵심 매개 고리가 되는 것은 의지이다. 왜일까? '기'는 그 자체로서는 의로움의 근거가 되지 못하고 반드시 의지의 매개를 거쳐야 하며, 역으로 의로움은 의지의 매개를 거쳐야 기의 차원에서 실현되기 때문이다.

기란 우리 몸을 가득 채우고 있는 것이다. 의지가 강할 때 기는 그것을 따른다. 하니 말하노라. 의지를 굳게 하여 기에 휘둘리지 말라.(持其志 無暴其氣)[57] 의지가 일관되면 기가 그에 따라 움직이나, 기가 일관되어 의지가 그에 따르기도 한다. 우리

---

56) 소크라테스가 용기까지 포함해 덕성들의 통일성을 확보코자 노력한 데 비해, 맹자는 이런 식의 노력은 그다지 하지 않았다. 그러나 『맹자』 전체로 미루어보아 그가 '예·지'보다는 '인·의'를 더 기본적인 덕성들로 본 것은 분명하다. 인과 의의 구분은 여러 군데에서 등장하지만, 다음 구절은 특히 시사적이다. "모든 사람들이 '차마 어쩌지 못하는 마음'을 가지고 있으니 이를 확충해가는 것이 인이요, 모든 사람들이 하고 싶어 하지 않는 일이 있으니 이를 최대한 극복해가는 것이 의이다." 인용구 후반부는 자칫 오해될 수 있다. 이 대목만 놓고 본다면 '하고 싶어 하지 않음'은 본성적인 것 같고 그것을 외적으로 극복해가는 것이 의인 것같이 느껴지기 때문이다. 그러나 맹자에게서는 의가 본성적인 것이며 '하고 싶어 하지 않음'은 세상을 살면서 그렇게 되는 상태일 뿐이다.
57) 능동으로 번역해서 "기를 멋대로 하지 말라"로 할 수도 있다. 의미상으로는 차이가 없다.

가 넘어진다거나 달린다거나 하는 것은 기의 문제이지만, 이것이 거꾸로 우리 마음
을 움직이게도 하기 때문이다.(「공손추 상」)

　고유하게 윤리적인 문제들이란 인간의 이성적인 부분과 비이성적인 부
분이 겹치는 부분에서 생겨난다는 아리스토텔레스의 날카로운 통찰과 통
하는 대목이다.(1권, 7장, §5) 맹자에게서 도덕이란 초월적 존재에 의한 정
초의 문제나 추상적 명법의 문제이거나 마음의 문제이기만 한 것이 아니
다. 도덕은 신체 더 나아가 생명의 문제 요컨대 '기'의 문제이기도 하다. 기
는 형이하의 차원이며, 달리 말해 신체/생명의 차원에는 카오스의 측면이
내포되어 있으며, 그렇기 때문에 도덕심/부동심을 가지기 위해서는 의지
로써 그것을 통어해야 한다. 그러나 이는 일방적이기만 한 관계가 아니다.
동북아 문명에서 형이상의 차원과 형이하의 차원은 날카로운 이분법을 형
성하지 않는다. 우리 신체의 움직임이 우리 마음에 영향을 주기도 하며, 더
넓게는 생명의 차원과 도덕의 차원은 분리되어 있지 않다. 그래서 형이상/
도덕의 차원을 가꾸기 위해서도 형이하/기의 차원을 가꾸어야 한다는 결
론이 나온다. 동북아 문명에서 무도(武道), 다도(茶道), 주도(酒道), …… 같
은 말을 할 때 바로 이런 생각이 암암리에 깃들어 있다고 볼 수 있을 것이
다. 마음으로 몸을 통어해야 하지만, 몸을 잘 가꾸어야만 마음도 잘 가꿀
수 있는 것이다. 이러한 맥락에서 맹자는 "선생님께서는 어떤 점에서 뛰어
나십니까?"라는 질문에 "나는 타인의 말을 잘 알며,[58] 호연지기(浩然之氣)
를 잘 기른다"고 답한 것이다.

---

58) "타인의 말을 잘 안다"는 것은 타인에게서 나오는 '피사(詖辭)', '음사(淫辭)', '사사(邪
辭)', '둔사(遁辭)'를 정확히 간파해낸다는 뜻이다. 피사는 답답한 말이고, 음사는 제멋
대로의 말, 사사는 엉뚱한 말, 둔사는 막힌 말이다. 맹자는 자신이 타인의 피사, 음사,
사사, 둔사를 정확히 간파해서, 그러한 말들이 정치에 해를 끼치지 못하게 하는 데 뛰
어나다고 생각했다.

호연지기를 분명하게 규정하기는 어려우나, 그 기는 지극히 크고 지극히 강(剛)하니 정직하게 그것을 기르고 해치지 않는다면 그것을 천지사방에 가득 채울 수 있을 것이다. 그 기 됨은 '의'와 짝하고 '도'와 함께하니, 이 기 없이는 의도 도도 말라버리리라. 호연지기는 의로움이 쌓여 생겨나는 것으로 그저 한순간의 의기로써 이루어질 수 있는 것이 아니니, 마음에 부끄러운 행동을 할 때마다 그 기는 마를 수밖에 없다.〔…〕올바른 삶에 필히 갖추어야 할 바이나 의도적으로 추구한다고 되는 것이 아니요, 늘 잊지 말아야 할 바이지만 억지로 기르려 한다고 되는 것이 아니다.(「공손추 상」)

맹자는 고자가 의를 알지 못했다고 했는데, 고자가 '인내의외(仁內義外)'를 주장했기 때문이다. 맹자는 '의' 또한 '내'의 관점에서 이해해야 한다고 생각했다. 고자는 묵가의 영향을 받은 학자였을 것이다. 맹자가 생각한 의로움은 묵자가 생각했던 외적이고 보편적인 의로움이 아니다. 맹자에게 의로움이란 내면에서 생동하는 기의 힘과 떼어놓을 수 없는 무엇이다. 맹자가 묵가적인 보편성을 비판한 것도 이런 이유에서였다. 맹자가 묵가를 부모도 없는 자들의 사상이라고 한 것은 보편적 의로움 자체를 거부해서가 아니라, 그런 보편성은 가장 구체적인 사랑과 의로움 즉 '친(親)'에 대한 인의로부터 시작해 넓혀갈 때에만 달성될 수 있다고 보았기 때문이다. 처음부터 상정되는 보편적인 '인류'라는 것은 그저 추상적인 개념이요 원리일 뿐 구체적인 것이 아니라고 본 것이다. 맹자는 역으로 양주(楊朱)의 사상에 대해서는 군주도 없는 사상이라 했는데, 이는 그가 기의 함양을 개인의 차원에 국한했을 뿐 그것을 넓히려 하지 않았기 때문이다. 맹자에게 도덕이란 추상적인 것에서 시작되는 것이 아니라 내 몸/생명/기의 차원과 맞물려 이루어지는 것이며, 다른 한편으로 이 차원을 끝없이 넓혀가서 천하에 두루 미치는 경지까지 나아가야 이루어지는 것이기도 했다.[59]

---

[59] 이런 경지는 또한 앞에서 언급했던 '군자'의 경지이기도 하다. "넓은 영토와 많은 백성

그러나 이상과 같은 맹자의 생각이 철학적으로 뒷받침되려면 성선이 증명되어야 한다. 성선에 대한 맹자의 생각은 고자와의 유명한 논쟁에서 잘 드러난다.

고자: 사람의 본성은 버드나무와 같고 의로움은 잔과 같으니, 사람이 본성으로써 인의를 행하는 것은 마치 버드나무를 가지고서 잔을 만드는 것과 같습니다.

맹자: 선생께서는 버드나무의 본성을 살려서 잔을 만드십니까, 아니면 버드나무의 본성을 훼손시켜서 잔을 만드십니까? 버드나무의 본성을 훼손시켜 잔을 만든다면, 이는 사람의 본성을 훼손시켜 인의를 행하는 것이 아닙니까? 선생의 말은 세상 사람들로 하여금 인의를 훼손케 하는 주장입니다.

(…)

고자: 사람의 본성은 여울물과 같아서, 동쪽으로 트면 동쪽으로 흐르고 서쪽으로 트면 서쪽으로 흐르지요. 사람의 본성에 선과 불선의 구분이 들어 있지 않은 것은 물에 동쪽과 서쪽의 구분이 들어 있지 않은 것과 같습니다.

맹자: 분명 물에는 동과 서의 구분이 미리 들어 있지는 않습니다. 하지만 상과 하의 구분도 없을까요? 사람의 본성이 선함에 있음은 물의 본성이 아래로 향함에 있는 것과 같습니다. 사람의 본성에는 선하지 않음이 없고 물의 본성에는 아래로 흐르지 않음이 없습니다. 지금 물을 쳐서 튀어 오르게 하면 사람 키를 넘게 할 수 있고, 퍼 올려서 거꾸로 흐르게 하면 산 위로 오르게 할 수도 있겠지요. 하지만 이는 상황이 그런 것이지 그것이 어찌 물의 본성이겠습니까?

은 군자가 바라는 바이나, 그의 즐거움은 거기에 있지 않다. 천하의 중심에 서서 백성들을 편케 해주는 것은 군자가 기쁘게 여기는 바이나, 그의 본연은 여기에 있지 않다. 군자의 군자-됨은 그의 뜻이 천하에 펼쳐진다 해서 덧붙여지는 것도 아니요 빈한하게 은거한다 해서 덜어지는 것 또한 아니니, 그의 갈 길은 이미 정해진 것이기 때문이다. 군자의 군자-됨은 인의예지가 그 마음속에 뿌리내려 그 빛깔이 맑고 부드러우니, 그 빛이 얼굴에 나타나고 등에서 비추고 온몸을 감싼다. 하여 굳이 입을 열지 않아도, 그의 모습 자체가 사람들을 깨우치는 법이다." 이와 같은 경지가 동북아의 현자들, '선비'들이 추구한 경지라 할 수 있다.

사람에게 불선을 행하게 할 수야 있겠지만, 본성 그 자체가 바뀐 것은 아닙니다.

자공이 증언했듯이, 공자는 '성'에 대한 논의를 전개하지 않았다. 묵자역시 '자연상태'에 대한 인류학적 가정을 하긴 했지만 '성'에 대해서는 말하지 않았는데, 이는 그가 숙명론을 거부한 것과 상관적이라 할 수 있을 것이다. 그러나 전국시대의 사상가들은 성을 중요한 논의 주제로 삼곤 했다. 비록 맹자 측에서 기록한 것이긴 하지만, 고자와 맹자의 논쟁은 특히 흥미롭다.

고자는 인간에게는 선이나 불선이라는 본성이 각인되어 있지 않다고 보았고, 결국 중요한 것은 바깥에서 그것을 어떻게 만들어가느냐에 있다고 보았다. 그에게는 미규정에 규정을 부여하는 것, 자체로서는 선한 존재도 불선한 존재도 아닌 인간을 선한 존재로서 만들어가는 것이 중요하다. 반면 맹자에게 중요한 것은 이미 싹을 품고 있는 존재를 활짝 피워내는 것이다. 인간은 본래 선한 존재로서의 싹을 품고 있고, 상황에 따라서는 다른 방향으로 가는 것이 사실이지만, 그렇다고 그 싹 자체가 달라지는 것은 아니다.

> 고자: 타고나는 바를 '성'이라 합니다.
> 맹자: 타고나는 바를 '성'이라 함은 흰색을 "흰색"이라고 하는 것과 같습니까?
> 고자: 그렇습니다.
> 맹자: 흰 깃의 흰색은 흰 눈(雪)의 흰색과 같고, 흰 눈의 흰색은 흰 옥의 흰색과 같습니까?
> 고자: 그렇습니다.
> 맹자: 그렇다면 개의 성은 소의 성과 같고, 소의 성은 사람의 성과 같다는 겁니까?
> (…)

고자: 식색(食色)이야말로 본성입니다. 인은 내면적인 것이지 외면적인 것이 아니요, 의는 외면적인 것이지 내면적인 것이 아닙니다.

맹자: 어떤 이유로 '인내의외'를 주장하십니까?

고자: 누군가가 어른이기 때문에 내가 공경하는 것이지, 내 안에 어른-공경하기가 미리 있던 것이 아닙니다. 이는 마치 사람들이 어떤 것을 흰색이라 하기에 나도 흰색이라 하는 것과 같습니다. 이렇게 흰색이 외면적으로 성립하듯이, 의 역시 외면적으로 성립하는 것입니다.

맹자: 흰 말의 흰색과 흰 사람의 흰색이야 다를 바가 없지만, 나이 많은 말을 공경하는 것과 나이 많은 사람을 공경하는 것에도 다를 바가 없습니까? 나이-많음이 의입니까, 나이 많은 분을 공경하는 것이 의입니까?

고자: 내 아우는 사랑하지만 진나라 사람의 아우는 사랑하지 않는데, 이는 내 마음에서 우러나는 것이기에 내면적이라 합니다. 초나라의 어른을 공경하고 내 나라의 어른도 공경하는데, 이는 외적인 나이-많음을 기준으로 하므로 의는 외면적이라 합니다.

맹자: 진나라 사람이 구운 고기를 좋아하는 것과 내가 구운 고기를 좋아하는 것이 다를 바가 없으니, 다른 경우에도 다 마찬가지입니다. 그렇다면 구운 고기 좋아하는 것도 외면적인 것입니까?

첫 번째 논변은 매우 기이한 논변이다. 고자는 '성'을 "타고나는 바"라 했다. 그러자 맹자는 이를 두고서 "흰색"은 우리가 보는 흰색을 가리키는 언표임을 확인한다. 사실 여기에서 '존재론적 층위(ontological layer)'에서의 변환이 개재됨을 눈여겨보아야 한다. 얼핏 두 사람은 "성", "흰색" 같은 말들이 가리키는 바는 '타고나는 것', '흰색'이라는 점을 공통으로 확인하는 것 같다. 더 나아가, '성'과 '흰색'에 인용부호를 하지 않을 경우 이들은 그저 동어반복을 확인하는 것 같기조차 하다. 하지만 사실 맹자는 고자의 말을 받으면서 존재론적 층위를 바꾸어버리고 있다. '타고나는 바'는 내면적인/심층적인 것이다. 그러나 맹자는 이를 흰색을 "흰색"으로서 확인하는 외면적인/표층적인 것으로 바꾼 것이다. 이 때문에 고자의 주장은 흰 깃, 흰 눈, 흰 옥이 모두 흰색을 공유하듯이, 개, 소, 사람이 모두 본성을 공유한다는 주장이 되어버렸다. 고자가 과연 인성과 물성 — 여기에서는 인간 외의 동물들의 본성 — 을 동일한 것으로 보았는지 여기서는 알 수 없지만, 어쨌든 고자가 처음에 말하려 한 바는 이 점이 아니었다. 그러나 맹자는 고자를 이렇게 해석하면서, 결국 그 자신은 인성과 물성은 다름을 주장하고 있는 것이다. 맹자는 고자의 '본성' 차원의 주장을 '성질' 차원의 주장으로 바꾼 다음 다시 '본성' 차원으로 내려가는 존재론적 층위에서의 변환을 통해서, 결국 본성이란 표면적인 성질상의 공통점이 아니라 심층적인 고유함을 통해서 이해되어야 하는 것임을 강조하는 것이며 인간 본성의 고유함을 함축적으로 역설하는 것이다.

그렇다면 고자가 생각하는 본성의 내용은 무엇인가? 그것은 곧 식색, 사람으로 말하면 "음식남녀"이다. 이렇게 본다면, 고자가 인성과 물성을 같은 것으로 간주했다고 본 맹자의 해석은 틀린 것이 아니라 하겠다. 그러나 이 주장에 바로 이어지는 '인내의외'의 주장은 어떻게 연결되는 것일까? 우리는 고자가 생각하는 '인'이 공자가 생각했던 숭고한 가치가 아니라 인간이 타고나는 감정임을 간파해야 한다. 고자에게 인이 '음식남녀'라면, 현대 식으로 표현해서 '본능'이라면, 의는 흰색을 '흰색'이라고 할 때와 같은 외면적인 것이다. 물론 인정(人情)에 음식남녀만 있는 것은 아니다. 인간의 '자연스러운' 감정들 또한 내면으로부터/인으로부터 나온다. 가족에 대한 사랑은 그 가장 원초적인 형태이다. 그러나 고자는 자연스러운 인정 이상의 가치들은 모두 외면에서 오는 것으로 보았다. 자신의 형을 더 공경하는 것은 인에서 오는 것이지만, 회합에서 형보다 연장자에게 먼저 술을 따르는 것은 의에서 오는 것이다. 따라서 식색과 자연스러운 인정만이 내면에서 오는 것이요, 의 같은 가치들은 모두 외면에서 오는 것이다.

반면 맹자는 의는 어디까지나 인간의 본성에 심어져 있는 것임을 역설한다. 누군가를 공경한다는 것은 나이가 먹었다든가 하는 외적인 것이 아니다. 말의 나이 많음이나 노인의 나이 많음은 차이가 없는 것이지만, 나이 많은 말을 공경하는(보살펴주는) 것과 나이 많은 사람을 공경하는 것은 같을 수가 없다는 생각이다. 나이 많은 사람을 공경하는 의로운 마음은 내면적인 것이며, 단지 나이가 많다는 외면적인 현상과는 전혀 다른 것이다. 공통점에만 초점을 맞추어 외면적인 것을 말한다면 진나라 사람도 맹자도 모두 구운 고기를 좋아하니, 구운 고기 좋아하는 것 또한 고자가 생각했듯이 내면적인 것 즉 인정이 아니라 외면적인 것이라 해야 하지 않겠는가? 내면적 인성으로서의 의로움과 단순한 외면적 속성/성질을 구분해야 하는 것이다. 물론 내면적 의가 현실화할 때 **상황에 따라** 차이가 있을 수 있다. "연장자를 공경해야 한다"는 의로움은 다른 동물들이 아니라 인간의 내면에 싹으로서 들어 있는 가치이다. 그러나 그 현실화는 상황에 따라 가변적일 수 있다. 평소에는 남의 형보다는 나의 형을 공경하게 되지만, 회합에서는 남의 형에게 술을 먼저 따를 수 있는 것이다. 하지만 이런 차이에도 불구하고 우리 마음속에 의로움의 싹이 들어 있다는 사실은 변하지 않는다.

맹자가 인도 의도 내면적임을 역설한 이유는 1) 인간은 다른 동물들과는 전혀 다른 존재이며, 2) 인성 안에는 애초에 인의가 자리 잡고 있다는 점에서 인간은 선하다는 것을 주장하기 위함이었다. 모든 동물들은 각각의 종·류에 따라 고유한 본성을 가진다. 인간 역시 마찬가지여서, 모든 인간은 공통의 본성을 가지는 것이다. 모든 인간이 순임금과 같이 될 수 있다. 물론 삶의 과정에서 이 본성은 발휘되지 못하고 어그러진 형태로 현실화될 수 있다. 하지만 황폐화된 산을 보고서 그 산이 본래 그랬다고 생각하는 것이 오류이듯이, 아무리 많이 일그러진 삶 앞에서도 그 안에 원래부터 깃들어 있는 성선을 보지 못해서는 안 되는 것이다. '방심(放心)'을 극복하고 '존심(存心)'을 지향하라는 맹자의 가르침은 "네 영혼을 돌보라"라는 소크라테스의 가르침과도 통한다.[60] 맹자의 이런 생각은 그 논변의 정

---

60) 맹자에게서의 '心'의 새로운 개념화는 소크라테스에게서의 'psychē'의 새로운 개념화

당성에서나(위의 논변들에 대해서는 여러 해석의 갈래들이 존재한다) 결론의 타당성에서나 많은 논쟁거리를 안고 있다. 맹자의 입장은 성의 미규정성을 주장한 고자나 성악설을 주장한 순자 등에 비해 거의 지지를 얻지 못했다. 그러나 훗날 유가사상이 동북아세계의 주류로 자리 잡으면서 그의 입장은 유가사상/유교의 기본 입장으로 자리 잡게 된다. 『맹자』를 읽다 보면 맹자는 현실을 신중하게 고려하면서 또 복잡미묘한 맥락들을 감안해가면서 논하는 인물이 아니라, 자신의 입장에 대한 확고한 믿음을 가지고서 (때로는 억지스럽다 싶을 정도로) 초지일관한 사유를 펼치는 인물임을 느끼게 된다. 바로 그렇기 때문에 그의 사유는 당대의 현실에는 별다른 영향을 끼치지 못했지만 하나의 이론/사상으로서는 매우 순정(純正)한 형태를 띨 수 있었고, 이 점이 그를 공자와 더불어 유가사상의 정초자로 만들어 주었다고 할 수 있다.

와 유사한 의의를 갖는다. 맹자는 이런 마음을 '진심(盡心)'으로 표현하기도 한다. "마음을 다하면 그 성을 알게 되고, 성을 알게 되면 하늘을 알게 된다. 그 마음을 지키고 그 성을 기르는 것이 하늘을 섬기는 방식이다."(盡其心者 知其性也, 知其性 則知天矣. 存其心 養其性 所以事天也) 이 구절은 훗날의 유교형이상학의 형성에 중요한 원천이된다. 다음과 같은 구절들도 마찬가지이다. "명(命)이 아닌 것이 없으니, 순리대로 그 바름을 받아들여야 한다. 하여 명을 아는 자는 위험한 담장 아래에 서지 않는다. 진심을 다해 도를 행하고 죽는 것은 정명(正命)이요, 질곡에 빠져 죽는 것은 정명이 아니다." "입이 맛을 좋아하고, 눈이 색을 좋아하고, 귀가 소리를 좋아하고, 코가 냄새를 좋아하고, 사지가 편안함을 좋아하는 것은 자연스러운 것이긴 하나, 중요한 것은 결국 '명'이기에 군자는 이런 것들을 인간의 본성이라 하지는 않는다. 부자 사이에 인이 있고, 군신 사이에 의가 있고, 손님과 주인 사이에 예가 있고, 현자에게는 지가 있고, 천도를 위해서는 성인이 있긴 하나, 중요한 것은 결국 '성'이기에 군자는 이런 것들을 '운명'이라고 여기지는 않는다." 군자가 생각하는 성은 본능적인 본성이 아니라 인간고유의 본성이다. 군자에게는 단순한 본능이 아니라 명이 중요하기에. 군자가 생각하는 명은 운명이 아니라 인간 고유의 명이다. 군자에게는 어쩔 수 없다는 뜻에서의 운명이 아니라 인간에게 주어진 고유한 본성이 중요하기에.

§4. 장자와 '천하'질서로부터의 탈주

같은 시대를 살았지만 장자(莊子)는 삶의 질곡에 대해 맹자보다 더 큰 감수성을 지녔던 듯하다. 맹자가 전국시대의 정치적 상황을 깊이 응시하면서 정치철학과 인성론을 펼쳤다면, 장자는 시대를 넘어 삶 그 자체에 대해 절박하게 사유하고 그 질곡을 뚫고 나아갈 수 있는 존재론과 삶의 철학을 펼쳤다. 삶을 사유하는 철학자가 있고, 삶 너머까지 사유하려는 철학자가 있다. 맹자가 오로지 삶을 사유하려 했다면, 장자는 삶의 저편까지도 사유하려 했다. 물론 맹자에게서도 삶을 넘어서는, 삶의 근거가 되는 차원이 존재했으며, 이 점에서 맹자와 장자는 '天' 개념을 공유한다. 그러나 양자에게서 이 개념의 의미는 사뭇 다르다. 아울러 삶의 힘겨움에 대한 양자의 이해도 다르다. 맹자에게 이 힘겨움은 매우 구체적인 정치적 상황들, 민중들의 헐벗은 삶에서 발견된다면, 장자의 경우 그 어떤 삶이든 띠게 되는 비극적 성격에서 발견된다.

잠잘 때면 꿈속의 영혼이 헤매고, 깨어나면 온갖 외물(外物)들이 심신을 괴롭힌다. 숱한 타자들과 부딪치면서 응어리들이 생겨나고, 마음은 늘 전쟁하는 듯하다. 일감은 끝없이 밀려오고, 고민은 점점 깊어가고, 위기는 점점 좁혀오니, 작게 놀라 깜짝깜짝이요 크게 놀라 아연실색이라. 금방이라도 뛰쳐나와 사람이라도 칠 듯이 하는 것은 시비를 결판 지으려 함이고, 꿈쩍도 않고 끈덕지게 고집을 부리는 것은 어떻게든 남을 이기기 위함이고, 추운 날씨에 낙엽이 떨어지듯 쇠잔해지는 것은 나날이 몰락해감이고, 정신없이 좌충우돌해 뭔가 이룬 듯한 것은 돌아올 길 없는 길로 빠져듦일 뿐이다. 욕망의 덫에 빠지면 나이가 들어도 욕심을 버리지 못하니, 죽음이 앞에 닥쳐도 끝내 되돌릴 길이 없다. 환희, 분노, 슬픔, 즐거움, 걱정, 실망, 변덕, 집착, 경박, 방종, 자만, 교태, 이 온갖 감정들이 구멍에서 소리가 나오고 습기가 버섯을 기르듯 허구한 날 앞서거니 뒤서거니 명멸해도, 대체 무엇이 그렇게 만드는지 알 길이 없다. 그뿐이로다 그뿐이로다. 하기야 밤낮으로 이런 변화가 계속되니, 어딘가 그 유래는 있을 터이지. 이런 감정들이 없다면야 내가 어디 있겠고 또 내가 없다면 저런 감정들이 어디 있겠냐만, 이렇듯 만사 일으키는 그것을 내 어찌 알리오. 위대한 주재자가 있는 듯도 하지만 어떻게 그 존재를 알 수 있겠으며, 세상의 위대한 조화분명하나 그 신묘함 손에 잡을 길이 없고, 만물의 천변만화야 뚜렷하지만 그 이치또한 닿을 길 없네. (…) 한번 몸을 부여받은 이상 어차피 죽음을 향해 가는 인생이건만, 어찌 세상과 아귀다툼을 하면서 끝도 없이 달려가는가. 도무지 그칠 줄을 모르니 이 아니 슬픈가. 평생토록 뼈가 빠지게 일해도 이룬 것도 없이 피곤함만 쌓이고, 돌아갈 바(죽음)가 어딘지도 모르니 서글프구나. 불사를 이야기해본들 무슨 소용이 있겠는가. 몸이 흩어지면 마음도 흩어질 것이니 애달프구나. 인생이란 참으로 이렇게 어두운 것인가. 아니면 나만 홀로 어둡고, 남들은 어둡지 않은 것인가. (「제물론(齊物論)」)[61]

장자의 철학은 '인생'이라는 것이 담고 있는 이러한 아픈 질곡으로부터 어떻게 해방될 수 있는가, 나아가 어떻게 '自然'과 하나가 되어 삶을 얽매는 각종 경계 나아가 삶과 죽음의 경계까지도 초월할 수 있는가를 사유한다. 그의 이런 사유는 '허'의 존재론을 주춧돌로 하고 있다.

허(虛)의 존재론

장자는 삶의 질곡을 헤쳐나가기 위해서 어떤 지식을 제시하거나 이런 실천적 강령을 제시하지 않는다. 그는 세계와 삶에 대한 우리의 시선을 단적으로 바꾸기를 제안한다. 특정한 시선에 사로잡혀 있는 우리의 마음을 단번에 해방해서 세상을 아예 다른 눈으로, 아예 다른 방식으로 볼 때, 그때까지 우리가 생각했던 세계와 삶은 전혀 다른 것으로 변해버린다는 것이

---

61) 『장자』는 다음 판본들을 참조해 인용한다. 『장자』, 안병주·전호근 공역(전통문화연구회, 2012). 『莊子』, 池田知久 譯註(講談社, 2014). 『莊子集釋』, 郭慶藩 撰(中華書局, 2010). *The Complete Works of Zhuangzi*, by Burton Watson(Columbia University Press, 2013). *Philosophes taoïstes*, tome 1, par Liou Kia-Hway(Gallimard, 1980).

다. 그의 철학은 일종의 회심(回心)의 철학이다.

장자는 사람들이 사물들에 부여하는 시비와 가치에, 더 근본적으로는 사람들이 사물들을 분절하고 이름을 붙이고 정돈하는 방식 자체에 대해서까지도 회의의 시선을 던진다. 분류의 문제에 부딪쳤을 때 겪는 어려움들과 분류의 그 큰 다양성이 시사하듯이, 장자는 사람들이 생각하는 '세계'란 사실 인간이 자신의 그물을 던져 만들어낸 매우 인간중심적인 것이라고 본다. 그러나 인간은 그렇게 형성된 '세계'에서 살아가기 마련이며, 각각의 시대와 문화, 입장, 편견 하에서 그것을 '상식'으로 받아들이고서 살아간다. 게다가 이런 주관 — '성심(成心)' — 에 사로잡힌 사람들은 자신들이 만든 세계에 갖가지 가치들을 투영해 사물들을 위계화하고 온갖 형태의 '시비를 가리고자' 한다. 장자는 자신의 시대에 팽배한 유가와 묵가의 다툼도 이 때문에 생겨났다고 말한다. 장자는 이처럼 기존의 인식과 가치 전체에 매우 급진적인 비판을 가한다. 이러한 상황을 넘어, 성심으로부터 해방되어 세계를 바라보고 삶을 살아가기 위해서는 주관적인 그물을 걷어버리고 객관적인 인식과 가치를 추구하는 것, '허심(虛心)'으로 살아가는 것이 핵심이다. 그러나 장자에게서 객관적인 것은 현실적인 '사실들'이라든가 지중해세계에서 논해온 '실체' 또는 근대 이후 과학이 추구해온 객관성/'자연법칙' 등과는 전혀 다른 무엇이다. 장자는 존재론적 도그마를 경계하며, 다만 각종 도그마들로부터 해방된 경지에서 드러나는 도를 추구할 뿐이다.

도에 비추어 각종 미망들로부터 벗어나는 것을 '이명(以明)'이라 한다. 어떤 경지가 이명의 경지인가. 존재론적 도그마를 추구하지 않는 이상(아니 바로 그렇기 때문에) 사람들은 모두 각자의 관점에서 세상을 본다. 개별자들이 존재하는 그만큼 '세계'가 존재한다. 그래서 사람들은 모두 '저편'과 '이편'의 구도에 서게 된다. A가 이편이면 B가 저편이 되고, B가 이편이면 A는 저편이 된다. 논쟁에서 한쪽이 맞으면 한쪽은 틀리게 되고, 전쟁에서 한쪽이 살면 한쪽은 죽게 되고, 경쟁에서 한쪽이 이기면 한쪽은 지게 된다. 개별자라는 자신의 위치를 벗어나지 않는 한 삶이란 이처럼 철저하게 상대적인 것이 되고, 또 각종 '쟁(爭)'으로 가득 찬 것이 된다. 이명의 경지는 바로 이런 상대적 차원을 벗어난 경지, 그래서 거기에서는 이쪽과 저쪽의 구분이 무의미해지는 경지이다. 이것이 '道'의 경지이다. 그렇다면 이 도의 경지는 모든 상대성을 벗어난 차원에서 그 모두를 굽어보는 위대한 경지인가? 아니다. 인간은 도 자체가 될 수 없기에 이러한 굽어봄은 불가능하다. 장자는 이와 같은 독단적인 초월성을 거부한다. 이명의 경지에 들기 위해서는 어떤 초월적 차원에 올라야 되는 것이 아니라 오히려 내재적 차원에서 어떤 아무-것도-아님의 위치에 서야 한다. 내재적 지평에서 이런 위치가 존재하는가? 존재한다. 그것은 모든 것의 한가운데에 서는 것이다. 그러나 이 한가운데는 모든 것들을 아우르거나 장악하는 한가운데가 아니다. 오히려 아무-것도-아닌-곳, 비워져 있는 곳으로서의 한가운데이다. 장자는 이곳을 '도추(道樞)', 도의 지도리라고 부른다.[62]

이편도 아니고 저편도 아닌 곳, 손가락(指)도 아니고 말(馬)도 아닌 곳, 즉 도의 지도리에 설 때에만 손가락 자체 내의 차원에서 시비를 다투고 말 자체 내의 차원에서 시비를 다투는 '지물론'이나 '백마비마론'의 차원에서 벗어날 수가 있다. 도의 지도리에 설 때 만나게 되는 존재론적 차원이 곧 '무' 또는 '허'의 차원이다. 이 무/허의 차원은 아무것도 아니면서 모든 것을 가능케 하는 그런 차원이다. 그러나 이 무/허의 차원은 절대 무의 차

---

62) 도추는 절대적으로 정해진 그 어떤 곳이 아니라 맥락에 따라 달라지는 곳이다. 그중 한 맥락에 있어, 도추는 이름-자리의 체계 안과 바깥의 경계 즉 천하와 강호의 경계일 수 있다. 그러나 강호는 외연상의 바깥이 아니다. 천하에 쓸모없는 나무는 그 때문에 살아남을 수도 있지만 또한 잘려나갈 수도 있다. 이 때문에 도추는 천하와 강호의 경계에 서지만, 중요한 것은 강호는 특정한 어디에 '있기'가 아니라 늘 '되기'를 행하는 그곳이라는 사실이다. "칭찬받음도 비난받음도 없는, 용이 되기도 하고 뱀이 되기도 하는, 시간에 따라 변화해가는, 어느 하나만을 고집하지 않는" 그곳이 강호이다. 이런 장자의 되기는 되기/탈주의 소극적 측면이라 할 수 있을 것이다. 도의 지도리에 서는 것은 '이접적 종합(synthèse disjonctive)'을 실천하는 것이라고도 할 수 있다.

원이 아니다. 이 차원은 각종 '물'들을 가능케 하는 기와 도의 차원이다. 이 차원은 좁은 의미에서의 기의 차원이 아니며 따라서 만물의 물질적 재료를 뜻하지 않는다. 또, 이 차원은 좁은 의미에서의 도의 차원이 아니며 따라서 순수한 이치의 차원도 아니다. '기'와 '도'의 차원은 '物'=개별자의 차원과 단절되어 있지 않으며, 다만 현실적 개별자들이 '화(化)'해 나오고 '화'해 들어가기도 하는 잠재성의 차원일 뿐이다. 이 차원은 현실적 개별자들로 소진되는 차원이 아니라는 점에서 이들을 넘어서지만, 이들의 차원을 초월하는 차원 또한 아니다. 기와 도의 차원은 개별자들 사이의 온갖 차이들이 해소되는 '만물제동(萬物齊同)'의 차원이다. 그러나 이 차원이 모든 개별자들이 어떤 하나의 실체가 되는 일자성의 차원인 것은 아니다.[63] 그것은 모든 개별자들이 아무-것도-아니게 되는, 그렇지만 동시에 현재의 개별자들을 넘어서는 다채로운 개별자들로 화할 수 있는 잠재성의 차원이다. 이 차원은 존재론적 '일자성'의 차원이 아니라 '일의성'의 차원이며, 존재론적 평등이 지배하는 차원이다. 이 차원은 가느다란 풀줄기와 거대한 기둥이, 문둥이와 미인이 도를 통해 하나가 되는 차원이고, 크다느니 작다느니 길다느니 짧다느니 하는 상대성들이 모두 해소되는 차원이다. 이는 "조삼모사(朝三暮四)" 같은 꾀를 통해서 도달할 수 있는 경지가 아니

---

63) 장자에게서 '일자'는 그것이 단순히 하나의 개념이라면 몰라도 실제 대상인 한에서는 말할 수 없다. 그런 말은 일자 바깥에 있는 초월적 존재만이 할 수 있다. 그러나 장자에게서는 이런 초월적 시선은 거부되며, 게다가 이 경우 일자는 더 이상 일자가 아니겠기 때문이다. 또, 존재론적으로도 장자에게서는 실체로서의 일자가 성립할 수 없다. 그에게서 모든 것들은 서로 관계를 맺으면서 생성/'화'해가고 있으며, 이와 같은 생성을 '넘어서는' 어떤 일자 같은 것은 성립할 수 없기 때문이다. 따라서 잠재성 역시 이러한 생성의 보다 풍부한 차원을 뜻할 뿐 그 어떤 고정된 실체로 간주되면 곤란하다. 나아가 장자의 허/기는 한대에 이르러 등장한 '일기(一氣)'—「지락(至樂)」에서는 '기(機)'로 일컬어진다—와도 뉘앙스를 달리한다. '일기' 개념에는 천하통일과 제국의 도래라는, 모든 것이 '귀일'한다는 뉘앙스가 짙게 배어 있는데, 장자의 '일'은 이런 일자성의 일과는 같지 않다. 들뢰즈에 대한 바디우의 오해에서 잘 드러나듯이, '일의성(一義性)'과 '일자성(一者性)'을 혼동하면 심각한 오해에 빠지게 된다.

요, 오로지 시비의 가름을 넘어서는 위대한 균형 ── '천균(天鈞)' ── 을 통해서만 도달할 수 있는 경지이며 또 시비 모두를 포용함('양행')으로써만[64] 도달할 수 있는 경지이다.

이와 같은 경지에 도달했을 때 우리는 사람들의 소리나 자연의 소리를 넘어 하늘(장자에서 '天'은 '道'와 같다)의 소리를 들을 수 있다.

책상에 기대 있던 남곽자기가 하늘을 우러러 긴 한숨 내쉬니, 멍하여 흡사 자기를 놓아버린 듯했다. 모시고 있던 안성자유가 여쭙기를, "어쩐 일이십니까. 정말이지 몸은 마른 나무 같고 마음은 불 꺼진 재 같으십니다. 지금의 모습은 예전의 모습이 아니십니다." 남곽자기 답하여 가로되, "네 질문이 참 훌륭하구나. 나(吾)는 나 스스로를(我) 놓아버렸는데, 그걸 알았느냐? 하나 너는 사람피리 소리는 들었으되 땅피리 소리는 못 들었을 것이고, 땅피리 소리는 들었으되 하늘피리 소리는 아직 듣지 못했겠구나."

안성자유 여쭙기를, "어찌하면 그 소리를 들을 수 있겠습니까?" 남곽자기 답하여 가로되, "무릇 대자연이 숨을 쉬면(도가 기를 뿜어내면) 이를 일러 바람이라 한다. 일단 숨을 쉬기 시작하면 세상 모든 구멍들이 소리를 내기 시작하는데, 어찌 너만 그 소리를 듣지 못했느뇨? 저 높고 깊은 산 속 거대한 나무의 구멍들을 보면, 어떤 것은 코처럼 생겼으며 다른 것들은 입 같고, 귀 같고, 또 다른 것들은 가로대 같고, 그릇 같고, 절구통 같은가 하면, 또 얕고 깊은 웅덩이들 같은 것들도 있나니. 이 숱

───────────

64) 양행(兩行)은 특정한 해를 택하기보다 문제의 차원에서 봄을 뜻한다. 단순한 예를 든다면, 1이라는 해나 −1이라는 해를 고집하기보다 (x+1)(x−1)=0이라는 문제의 차원에서 보는 것이다. 물론 현실에서는 1인 동시에 −1일 수가 없다. 이 경우 가능한 것은 1과 −1 한가운데 ── '환중(環中)' ── 에 서는 것이다. 현실성에서 한가운데에 설 때가 '도추'에 서는 것이라면(앞에서 말했듯이, 이는 '통접적 종합'이 아니라 '이접적 종합'이다), 잠재성의 차원을 깨닫는 것은 '제동'을 깨닫는 것이다. 잠재성에 대한 깨달음을 너무 현실적인 것으로 이야기하면 과장/허풍이 되어버리고, 현실성의 잣대를 들이대면서 이해하지 않으려 하면 장자의 사유에는 들어갈 수 없다. 전자는 존재론적 과장이고, 후자는 인식론적 편협함이라고도 할 수 있다(사실 이는 모든 철학에 대해서도 성립하는 양극이다). 이 문제는 아래에서 다시 논한다.

한 형태의 구멍들에서 나는 소리들이란 〔폭포수처럼〕 격한 소리, 〔화살이 나는 것 같은〕 높은 소리, 〔화난 사람의 호통처럼〕 질그릇 깨지는 소리, 〔탐닉하듯이〕 빨아들이는 소리, 〔분노에 찬 사람처럼〕 외치는 소리, 〔곡하듯이〕 흐느끼는 소리, 〔수다 떠는 듯이〕 까르르 하는 소리, 〔아이들이 장난치듯이〕 재잘거리는 소리, 이렇게 온갖 소리가 울려나오지. 앞의 바람이 웅웅대면 뒤의 바람은 윙윙대고, 산들바람들이 작게 어울리면 회오리바람들은 크게 어울리며, 사나운 바람이 잦아들면 뭇 구멍들도 잔잔해지는데, 이때의 흔들거림과 살랑거림을 어찌 보지 못했느뇨?"

안성자유 여쭙기를, "땅피리 소리는 뭇 구멍들에서 나는 소리요, 사람피리 소리는 악기들에서 나온 소리이겠거니와, 하늘피리 소리는 무엇인지 감히 묻습니다." 남곽자기 답하여 가로되, "그 숱한 소리들이 다 다르면서도 각자의 고유함을 잃지 않고 있으니, 애초의 숨은 도대체 어떤 것일까? 큰 앎은 넉넉하지만 작은 앎은 세세하게 따지고, 큰 말은 그저 담담할 뿐이지만 작은 앎은 수다스럽다고 말할밖에."(「제물론」)

세계에는 숱한 형태의 개별자들이 존재하고 또 그들이 내는 숱한 삶의 소리들이 존재한다. 인간이 만든 문화적 산물이든 자연 본래의 산물이든 숱한 개별자들이 소리를 내지만, 그 모두는 도와 기의 조화가 아닌가. 장자는 인위적 차원을 넘어 자연으로까지 나아가고, 자연조차도 넘어 기·도의 차원으로까지 나아갈 것을 권유한다. 이 차원은 무/허의 차원이며, 그 차원의 주재자가 있는 듯도 하지만 이는 지식으로 세세히 따져서 알 수 있는 것이 아니다. 깨달음의 차원에서 보는 이 세계는 특정 개별자의 차원에서 보는 (처음에 인용했던) 세계와는 판이한 세계이다. 그러나 전자의 세계와 후자의 세계가 전혀 별개의 두 세계인 것은 아니다. 차라리 그것은 깨닫지 못한 사람과 깨달은 사람에게 판이하게 나타나는 하나의 세계이다. 개별자로서 시와 차, 시·비의 세상에서 부대끼는 세계와 도추에 서서 허의 차원을 받아들이는 세계는 존재론적으로 별개의 두 세계가 아니라 상이한 태도로 바라볼 때 나타나는 한 세계의 두 차원인 것이다.

장자는 이런 깨달음에 입각해 우리가 삶에서 집착하는 것들에 대해 초연하기를 권유한다. 그러나 그의 초연함은 스토아학파의 그것과 달리 삶에서 위대한 경지를 이루기 위해서가 아니라 오히려 삶의 많은 것들을 덜어내기 위해서이다. 이는 성심이 마음속에 각인한 각종 판단들이 얼마나 인간중심적인지를 깨닫는 것을 주요 실마리로 한다. 이는 작위적인 것들에 대해서만 그런 것이 아니다. 사람은 습한 데서 자면 병이 생기지만, 미꾸라지는 진흙 속을 누빌 때 행복하다. 사람은 높은 나무 위로 올라가면 어지럽지만, 원숭이는 나무들 위를 즐겁게 돌아다닌다. 사람이 보면 역겨워하는 벌레들을 새들은 맛있게 먹는다. 남자들은 미인을 좋아하지만 짐승들은 그를 보면 도망을 가버린다. 그렇다면 우리가 삶에서 부여하는 숱한 사회적 – 문화적 가치들이 과연 얼마나 절대적인 것일까? 이런 점에서 장자는 문화세계/이화세계를 구축하려 한 공자와 대비적이다. 장자에게 이화세계/문화세계는 '自然'에서 멀어진 자의적인 코드의 세계일 뿐이다. 장자에게서는 모든 것들이 상대적이다. 그러나 상대성은 장자의 마지막 말이 아니다. 규정된 것들은 아페이론이라는 터 위에서 서로 구별되는 것들이듯이, 모든 상대성들은 '허'라는 터 위에서 비로소 정확히 상대적일 수 있다. 모든 '유'들은 '무'를 안감으로 해서 상대적일 수 있다. 장자는 유들을 또 유들의 상대적 가치들을 단적으로 부정하지는 않는다. 다만 그 모든 것들을 허=도의 견지에서 바라볼 때 그것들 사이의 상대성을 정확히 이해할 수 있고, 개별적 시선에서 오는 또는 관계들의 절대화에서 오는 모든 것들에 집착하지 않을 수 있다고 말한다.

장자가 말하려는 것은 모든 사물들이 상대적이라는 사실이 아니다. 사람, 미꾸라지, 원숭이 각각의 거처 그 어느 것도 '올바른 거처'가 아니라는 것은 단지 각 거처가 상대적이라는 뜻이 아니라 그 상대성을 벗어난 눈길을 가졌을 때에만 그 상대성을 진정으로 볼 수 있다는 뜻이다. 상대성의 내부에서는 상대성을 볼 수 없다. 상대성의 바깥에 설 때에만 상대성을 볼 수 있다. 그러나 이 눈길은 사물들 위로 솟아올라 그것들을 굽어볼 수 있는 어떤 초월적 눈길을 뜻하지 않는다. 오히려 사물들의 아래로 내려가 그것들의 상대성이 무화(無化)되는 제동의 경지를 뜻한다. 그러나 여기에서 무화란 없어짐, 사라짐이 아니다. 오히려 사물들 사이의 차별성의 사라짐, 존재의 평등이 성립하는 경지를 뜻한다. 장자는 이 경지를 기(氣) 개념으로 포착한다. 존재론적 평등이 성립하는 지평으로서의 무는 단순한 없음이 아니라 있음을 가능케 하는 없음이다. 없음은 있음의 안감과도 같다. 그러나 이 없음으로 다가갈 수 있는 것은 이론적 논증이 아니라 신체적 실천이다. 즉, 자신을 가두고 있는 기를 넘어 존재론적 평등이 성립하는 지평으로서의 기로 다가가는 것이다. 이것은 정신적/내면적 수양과도 다르다. 그것은 내가 타자가 되려는 비상한 노력을 동반하는 실천적 수양이다. 미꾸라지가 되고 원숭이가 되어봐야만 비로소 사람, 미꾸라지, 원숭이의 상대성을 넘어서는 제동의 경지에 들어갈 수 있다. 그러나 '되기'[化]가 마치 만화나 영화에서처럼 인간이 갑자기 미꾸라지나 원숭이로 바뀌는 것은 아니다. 들뢰즈와 가타리가 지적하듯이, 이런 식의 되기는 상상의 문제이지 실재의 문제가 아니다.[65] 장자의 '되기'는 실재적 되기이다. 그러나 장자가 진정 말하려는 바는 그런 제동의 경지에 머물라는 것이 아니다. 어떤 경우에도 우리는 현실 속에서 살아간다. 죽음만이 우리를 제동의 세계로 데려간다. 장자가 말하려는 것은 그런 제동의 경지에 들어섬으로써만 상대적인 구별이 판치는 이 세계, '위'의 세계에서 '무위'의 삶을 추구할 수 있다는 것이다.

우리는 청소년 시절 그토록 심취했던 노래가 커서는 몹시도 유치하게 들림을 경험한다. 자신을 미워하는/좋아하는 줄 알았던 사람이 사실은 그 반대였음을 알고 착잡함을 느끼기도 한다. 어떤 '세계'(어떤 장소, 어떤 직장, 어떤 분야)에 대한 자신의 첫인상이 얼마나 잘못된 것인지를 깨닫기도 한다. 하나의 '세계'에서 다른 '세계'로 옮아가면서 앞의 세계에서의 가치가

---

65) 이정우, 『천하나의 고원』(돌베개, 2008).

뒤의 세계에서는 송두리째 부정당함을 경험하기도 한다. 어디 그뿐이랴. 이런 상대성은 생시와 꿈 사이에서도 체험된다. 우리는 꿈속에서 울고 웃다가 꿈에서 깨어나서야 비로소 그것이 꿈이었음을 안다. 꿈속에서 파도를 타면서 미친 듯이 행복해하다가, 꿈에서 깨어나 또다시 힘겨운 아침을 맞이한다. 꿈속에서 목 놓아 울다가, 꿈에서 깨어나 환희에 찬 아침을 맞는다. 꿈속에서 다시 꿈을 꾸고, 깨어난 줄 알았다가 다시 깨어난다. 하나의 꿈은 '하나'의 세계이다. 우리가 어떤 한 세계에 살고 있다고 하자. 지금의 이 세계가 과연 꿈인지 아니면 생시인지 누가 알랴? 우리는 결국 하나의 세계에서 다른 세계로 옮아다닐 뿐("物化"), 지금 살고 있는 이 세계가 꿈이 아니라고 절대적으로 말할 수 있는가? 꿈속의 나비가 깨어 장자가 되었을까, 꿈속의 장자가 깨어 나비가 되었을까? 그러나 많은 세계들의 상대성이 마지막 말은 아니다. 그 세계들은 모두 허/도의 터 위에서 물화하는 존재면(plan)들이기 때문이다. 진정한 깨어남이 있다면 그것은 '세계의 모든 얼굴들'을 보듬는 허/도의 깨달음이리라. 그렇다면 죽음 역시 한 세계에서 다른 세계로 건너가는 것이 아닌가? "삶을 기뻐하는 것이 한갓 미혹에 불과한 것이 아니라고, 죽음을 슬퍼하는 것이 젊어서 떠났던 고향으로 되돌아가는 것이 아니라고, 내 어찌 단언할 수 있겠는가?"

　장자의 철학은 지식을 다투는 철학이 아니다. 모든 지식은 어떤 '세계', 어떤 패러다임/에피스테메, 어떤 틀 속에서 이루어진다. 사람들은 서로 "진리"를 주장하지만, 진리란 결국 어떤 '세계' 안에서 성립하는 것이고 그 세계를 공유하는 사람들 사이에서 '말이 통하는' 것이고, 그 '세계'에 사는 사람들이 그 '세계'의 언어에 익숙해져 있는 것뿐이다. 그런데도 사람들은 이 이치를 깨닫지 못하고 자신의 '세계', 패러다임/에피스테메, 틀에 집착한다. 그래서 자신들의 '믿음'을 가지고서 다른 '믿음'들을 적대하고, 자신들의 잣대로 함부로 타자들을 매도하고, 하나의 정치적 입장에 서서 다른 모든 측면들까지도 재단하려고 하고, 한줌의 지식을 가지고서 오만하게 잘난 척하기도 한다. 사실 누구나 어떤 잣대를 가지고서 타자들을 대할 수밖에 없다. 그러나 그 잣대가 단 하나일 때 독단과 미망이 싹튼다. 진정한 의미에서의 타자성(otherness)에 부딪치고 그 부딪침을 통한 깨어남을 겪어 보지 못한 자들일수록 미망에 빠져 독단을 휘두르기 마련이다. 하나의 매트릭스에 집착하는 사람은 영원히 그 매트릭스에서 깨어나지 못하는 것이다. 그렇다고 장자가 이 모든 것들이 틀렸다고 말하는 것은 아니다. 오히려 허의 터에 설 때, 꿈과 깨어남을 겪으면서 다양한 '세계'들을 가로지를 때 이 모든 것들이 나름대로의 뜻을 가짐을 알 수 있다고 본다. 한 '세계'에서 깨어나본 사람만이 그 한 세계와 다른 세계를 비교할 수 있는 것이다. 물론 이런 뜻들이 모두 균등하고 등질적인 뜻들은 아닐 것이고, 어떤 맥락들에서는 (장자처럼 시비를 초월하려고만 하지 말고) 그것들 각각을 음미하고 그것들 사이에서 비교하고 평가하는 일도 필요할 것이다. 그러나 이러한 일들이 진정으로 순수하고 공정하게 이루어질 수 있는 것은 오로지 도추에 설 때에만, 허의 차원으로 마음을 열 때에만 가능한 것이다.

장자가 추구하는 것은 (전국시대의 많은 사상가들이 추구했던) 논쟁에서 이기는 것도 아니요, 어떤 지식을 얻는 것도 아니요, 세상을 바꾸는 것도 아니었다. 장자는 꿈과 깨어남을 이야기했으면서도 그 자신이 실제 지적 타자들과 부딪치는 것은 달가워하지 않았던 듯하다. 그에게 '논쟁'이란 삶의 문제를 해결하는 데 별반 도움이 되는 것이 아니었다. 그에게 문제가 된 것은 더 큰 타자성들이었다. 그래서 그의 학문은 맹자 등의 학문처럼 당대의 현학(顯學)이 아니었다. 그가 원한 것은 그의 실존을 송두리째 바꾸어 삶과 죽음의 질곡에서 해방되는 것이었다. 장자의 철학은 위대한 '변신'의 철학이다. 그 변신이 향하는 곳은 물론 '실'의 세계가 아니라 '허'의 차원이다.

북쪽 바다에 곤(鯤)이라는 물고기 있어, 그 크기는 알 수 없었다. 변신하여 새가 되니 일러 붕(鵬)이라 한다. (…) 크게 날아오르면 그 날개가 하늘에 드리운 구름과 같아, 바다가 움직여 큰 바람 불면 (9만 리를 올라가) 남쪽 바다로 날아간다. 남쪽 바다는 하늘못(天池)이다. 괴이한 일을 잘 안다는 제해라는 사람은 말한다. "붕이 남쪽 바다로 나아갈 적이면, 삼천리에 걸친 바다 수면을 쳐서 올라가고 회오리바람을 타고서 9만 리 꼭대기로 솟아오른다. 북쪽 바다를 떠난 후 여섯 달이 지나서야 비로소 휴식을 취한다." (…) 매미와 새가 비웃기를 "우리는 애를 써서 날아올라봐야 겨우 느릅나무, 다목나무 위에나 앉을 수 있고 때로는 그에도 못 미쳐 땅바닥에 떨어지곤 하는데, 저 붕새는 웬 9만 리씩이나 날아 남쪽으로 간담." 가까운 교외에 소풍 가는 사람은 세끼 밥만 먹고 돌아와도 아직 배가 부르지만, 백 리 길을 가는 사람은 전날 밤에 음식을 장만해야 하고, 천 리 길을 가는 사람이라면 3개월치 식량을 준비해야 한다. 그러니 이 조그만 것들이 어찌 이해하겠는가?(「소요유(逍遙遊)」)

　그래서 장자가 상찬한 인물들은 요의 양위를 사양한 허유(許由)라든가 세상의 평가에 초연한 송영자, 더 나아가 세속적 삶을 아예 초월한 열자(列子) 같은 이들이다. 그 지극한 경지 —— "천지의 정기(正氣)를 타고 육기의 변화를 다스리면서 무궁에서 노니는 이" —— 에 오른 인물들이 지인(至人), 신인(神人), 성인이다. 그래서 "지인에게는 자기라는 것이 없고, 신인에게는 공적이라는 것이 없고, 성인에게는 명성/명예라는 것이 없다." 이 지점에 이르면 장자의 사유는 철학보다는 동북아적 뉘앙스에서의 종교의 성격을 띠게 되고, 훗날의 도교로 이어지게 된다.

　장자의 이런 사유는 전국시대와 같은 현실에서는 잘 받아들여지지 않았다. 생각해보면 개인의 생명이 초개처럼 내버려지고 단란했던 생활이 한순간에 풍비박산 나는 이 시대에 장자의 사상이 큰 위안을 주고 많은 환영을 받았을 법도 한데, 실제 그러한 일은 일어나지 않았던 듯하다. 장자는 직하를 비롯한 지식인세계에도 나아가지 않았으며, 이 때문에 사상계 내에서도 잘 알려져 있지 않았다. 장자를 아는 일부 지식인들에게 그의 말은 너무 고원하게 심지어는 허황되게 느껴졌던 듯하다. 혜시의 비판과 장자의 응답에 이런 분위기가 압축되어 있다.

　혜자가 장자에게 이르기를, "내게 큰 나무가 있는데 사람들이 그것을 가죽나무라

하더군. 그 줄기는 울퉁불퉁해서 직선을 그릴 수가 없고 그 가지들은 비비 꼬여 있어 원이나 사각형을 그릴 수가 없어, 거리에 서 있어도 목수가 거들떠도 보지 않는 거야. 그대의 말은 크기만 하고 쓸모가 없어 세상 사람들이 쳐다보지도 않는 것 아닌가."

장자 답하여 가로되, "살쾡이라면 자네도 본 적이 있으시겠지. 몸을 바짝 엎드려 먹잇감을 노리다가 때가 되면 뛰어 올라 이리저리 날뛰지. 그러다가는 덫에 걸리고 그물에 걸려 죽기도 하고. 하지만 저 검은 소는 그 거대함이 하늘에 드리운 구름 같아, 무척 크면서도 쥐 한 마리 잡을 수는 없다네. 이제 그대에게 큰 나무가 있으면서도 그 쓸모없음이 걱정된다면, 어째서 그것을 저 훤히 펼쳐진 곳[無何有之鄕], 널리 이어진 들판[廣莫之野]에 심어놓지 않는가? 그 옆에서 슬슬 거닐면서[彷徨] 유유자적하고[無爲], 그 아래에서 노닐다가[逍遙] 낮잠이라도 잔다면 얼마나 좋겠는가? 도끼에 잘릴 염려도 없고 달리 해칠 자들도 없으니, 바로 쓸모가 없기 때문에 괴로울 것도 없는 게 아니겠는가?"(「소요유」)

모든 사람들이 거대한 권력의 그물망에 포획되어 부국강병의 부품들로 화하던 시대에, 모든 사람들이 '천하통일'이라는 주술에 걸려 전쟁으로 내몰리던 시대에, 이런 권력이 요구하는 '용(用)'에 부응해 뭔가를 얻으려는 것은 먹잇감을 쫓다가 덫에 걸려 들어가는 살쾡이의 짓과도 같은 것이다. 오히려 권력의 그물망에 포착되지 않는 '무용(無用)'의 장소에서 소요하는 것, 인간이 만들어놓은 작위의 틀에서 벗어나 '道＝自然'의 품에서 노니는 것이야말로 자유와 해방의 길인 것이다. 맹자의 사유와 장자의 사유는 상앙으로 대변되는 전국시대 변법의 질서에 대한 두 상이한 응답이었다고 할 수 있다. 맹자는 민본사상을 역설함으로써 법가적 냉혹함에 저항하고자 했고, 장자는 무위사상을 전개함으로써 작위의 폭력으로부터 탈주하고자 했다. 그러나 역사는 비극적이게도 이 두 길이 아니라 상앙의 길, 진(秦)의 제국화라는 길을 걷게 된다. 하지만 이 진이 곧 멸망한 후 맹자의 사상을 어느 정도 흡수한 한나라가 등장했고, 그 후에는 장자가 수많은 지식인들을 사로잡았다는 것을 생각하면, 현실과 사상, 역사와 철학의 관계는 그리 간단한 것이 아니라 하겠다.

오늘날에도 맹자철학, 장자철학은 큰 울림으로서 다가온다. 모든 사람들이 자본의 횡포에 내몰리고, '효율성', '경영 마인드', '비교 우위', '무한 경쟁', "새로움", …… 등의 자본주의적 가치에 휘둘리는 오늘날, 이런 자본의 '용'에 사로잡혀 화폐의 회로를 헤엄치는 것은 결국 신기루 같은 욕망의 덫에 포획되는 것에 다름 아니지 않은가. 자본의 강고한 논리가 지배하는 이 시대에 맹자의 철학이 소수자들을 위한 정치의 중요한 원천을 제공해준다면, 장자의 철학은 자본의 그물망에 포획되지 않는 '무용'의 터에서, "실용적"이지 않은 '허'의 빈터에서 살아가는 법을 가르쳐준다고 할 것이다.

지인―되기

장자는 이렇게 지배의 그물망으로부터 탈주하는 철학을 전개했거니와, 그러나 장자적인 탈주는 단순한 도주가 아니다. 장자는 맹자처럼 현실에 직접 다가서는 대신에 삶을 다른 눈으로 바라보고 삶의 질곡에서 탈주할 수 있는 에티카를 여러 각도에서 제시했다고 할 수 있다. 장자는 오로지 소요의 길만을 걸어간 인물이 아니라 그 나름의 방식으로 투쟁의 길 또한 전개한 철학자이며, ㄱ 자신에게는 이 두 길이 별개의 길이 아니었다. 순자는 장자가 "하늘＝자연에 가려서 사람을 알지 못하였다"고 평했지만, 이는 일면적인 평가라 할 것이다.

우선 장자는 우리에게 주객합일의 에티카를 선사한다. 장자적 관점에 따른다면, 삶의 고통은 기본적으로 인간이 세계로부터 떨어져 나와 거리를 두는 것에서 말미암는다. 이로써 객체와 주체의 대립이 생겨난다. 문명/작위란 기본적으로 객체를 '대상'으로 삼아 주체 중심의 삶을 만들어가는 것에서 성립한다. 장자는 삶의 고통에서 벗어나기 위해서는 이 주객 분리를 극복해서 주객합일의 경지로 나아가야 함을 역설한다.

하늘이 행하는 바를 알고 또 사람이 행하는 바를 아는 이는 지인이다. 하늘이 행하는 바를 아는 이는 하늘에 따라서 살며, 사람이 행하는 바를 아는 이는 그 아는 바로써 그 모르는 바를 잘 보듬는다. 이렇게 하늘의 시간을 따름으로써 자신의 생명을 해치지 않는 이야말로 진정한 앎을 가진 이이다. 하지만 앎이란 그 기다리는 바(대상)가 있어야 성립할진대 그 기다리는 바가 일정치 않으니 어찌할 것인가. 내가 하늘의 일이라 여긴 것이 사람의 일이 아닐지, 사람의 일이라 여긴 것이 하늘의 일이 아닐지 어찌 알겠는가? 하여 진인(眞人)이 되고서야 진지(眞知)가 성립하는 것이다.(「대종사(大宗師)」)

인간은 하늘＝自然의 자식이지만 하늘로부터 떨어져 나와 작위의 세계를 이루었다. 하늘에 잠재되어 있던 문화세계/이화세계는 인간을 통해서 현실화되었고, 이 세계에서 인간은 남다른 의미와 가치를 맛볼 수 있었다. 그러나 그 과정에서 하늘과 인간 사이에는 거리가 생겨났고, 인간은 세계와의 직접적 소통을 잃어버리는 대신 '표상(re-presentation)'을 통한 관계에 익숙해졌다. 그 결과 '自然＝퓌지스'는 인간이 대상화해서 조작할 수 있는 '자연＝네이처'가 되었다. 그러나 인간은 자신이 만들어낸 작위의 세계에서 점차 불행한 존재로 전락하고 있다. 자신이 아는 바로써 자신이 모르는 바를 잘 보듬지 못하기 때문이다. 사람의 일로 하늘의 일을 뒤덮으려 할 때 인간은 앎 자체가 담고 있는 위험과 질곡에 빠져버린다. 인간은 앎을 추구하지만 궁극에는 앎 자체를 극복하고서 도에 도달함으로써만 이 지경으로부터 빠져나와 다시 하늘＝自然과 하나가 될 수 있는 것이다. 주객 분리의 고통을 벗어나기 위해 끝없이 객체를 대상화하고 조작해 문명의 끝에 다다른 오늘날, 인류는 헤어날 길 없는 역운(逆運)에 직면해 있고 이런 위기감을 오락산업의 말초적 쾌감을 통해서 잊으려 하고 있다. 전국시대 장자의 상황과 지금 우리의 상황에 큰 차이가 있을까? 장자의 철학은 궁극적으로 하늘과 사람의 합일, 자연과 작위의 화해의 철학이다.

　　그러나 문제는 그리 간단하지 않다. '천'과 '인'이 하나-됨은 '인'이 단순히 '천'에 흡수됨을 뜻하지 않는다. '인'의 현실을 단적으로 부정하고 '천'으로 흡수시켜버리는 것은 또 하나의 환원주의적 사고이다. 인간은 하늘이라는 원에서 불거져 나온 혹과도 같다. 그러나 이 혹 자체도 천의 원에 내재해 있던 잠재성이었다는 사실을 이해하는 것이 중요하다. 인간이 하늘로부터 분리되었다면, 이 분리 자체도 하늘이 본래 잠재적으로 함축하고 있던 것이라 해야 하기 때문이다. 따라서 천인합일은 그 혹을 잘라내버리고 또는 원에 흡수시켜버리고 다시 온전한 원을 만드는 것을 뜻하지 않는다. 본래의 원과 불거져 나온 작은 원을 합했을 때 그 결과는 완벽한 원이 아니라 어떤 변형된 곡선일 것이다. 장자는 작은 원이 큰 원을 망각하고 전체의 형태를 마구 일그러뜨리는 것을 비판하지만, 그렇다고 작은 원의 존재를 부정하는 것도 아니다. 장자의 철학은 '제동'의 철학인 것 못지않게 '인정(人情)' ── 인간적 현실 ── 의 철학이기도 하다.[66] 인간은 어디까지나 자연=퓌지스의 일부이지만, 상당히 특수한 일부이다. 인간은 자연에 포함되지만, 자연은 인간을 포함함으로써 그렇지 않았을 때와는 사뭇 다른 무엇이 된다. 비유컨대 자연이 몸이라면 인간은 뇌라 할 수 있을 것이다. 뇌란 어디까지나 몸의 일부이며 몸이 없이는 아무것도 아니지만, 몸은 뇌를 그 안에 포함함으로써 그것을 포함하지 않을 때와는 사뭇 다른 무엇이 될 수 있다. 그래서 진인은 천-인의 하나-됨도 긍정하고, 또한 동시에 천-인의 구별됨(때로는 갈등함)도 존중한다. 하나-됨의 차원은 자연과 합일하는 경지이며, 구별됨의 차원은 인간의 고유한 측면에 부합하는 경지이다. 진인은 인간을 단적으로 자연에 흡수시키지도 않으며, 인간으로써 자연을 이기려고도 하지 않는다. 이것이 장자적 의미에서의 천인합일이다.

---

66) 제동은 존재론적 '평등'을 말하는 것이지 존재론적 '균일성'을 말하는 것이 아니다. 제동의 이치를 깨닫지 못하고 인간을 특화하는 것은 자아도취적 인간중심주의이고, 인간의 특수성을 무조건 부정하면서 존재자들 사이의 차이를 삭제하려는 것은 독단적인 환원주의이다. 장자는 존재론적 평등을 주장하는 것이지 환원주의를 주장하는 것은 아니다.

"샘이 마르면 물고기들은 뭍 위에서 서로 습기를 뿜어내어 적셔준다. 하나 강호에서 서로를 잊는 것〔江湖相忘〕만 못하리라. 사람들은 요를 찬양하고 걸을 비난한다. 하나 둘을 모두 잊고 도의 경지에 이르느니만 못하리라."

인간이 자연으로부터 떨어져 나옴으로써 가지게 된 가장 값비싼 대가는 죽음에의 의식이다. 자연과 하나 된 상태에서 죽음이란 존재하지 않는다. 죽음 역시 자연의 생성의 갖가지 매듭들 중 하나일 뿐이기 때문이다. 인간은 자연으로부터 떨어져 나옴으로써 사실상 '자연으로의 돌아감'일 뿐인 것을 '죽음'으로서 의식하기 시작했고, 이로부터 죽음에의 두려움이 생겨났다. 『장자』는 천인합일의 서(書)이고, 이 때문에 죽음론이 상당한 비중을 차지한다.

옛 진인은 삶을 좋아하고 죽음을 싫어하지 않았으며, 태어남을 반기고 죽음을 피하려 하지도 않았다. 그저 홀가분하게 떠나고 홀가분하게 올 뿐. 생의 시작을 잊지 않고 그 끝을 알려 하지 않으며, 생명을 받아 고마워하지만 잃을 때면 그저 돌아갈 뿐. 이런 경지를 일러 심(心)으로 도(道)를 손상치 아니하고, 인(人)으로 천(天)을 거스르려 하지 않는다 한다. 바로 진인의 경지이다. 이러한 마음은 차분하고 모습은 조용하며 이마는 훤하니, 시원하기가 가을 같고 따뜻하기가 봄 같다. 희로(喜怒)의 감정이 사계절과 통해 만물과 어울리니 그 어디에도 막힌 곳이 없다.(「대종사」)

『파이돈』의 소크라테스가 그렇듯이, 장자 역시 삶과 죽음 사이의 피상적인 불연속성을 심층적 연속성을 통해 극복한다. 그러나 『파이돈』이 플라톤적 실체주의의 최초 형태를 보여주는 것과 대조적으로 『장자』는 생성존재론의 토대 — 반(反)토대적 토대 — 에 서 있다. 플라톤은 영혼의 '동일성'을 통해 그 불멸성을 증명코자 하지만, 장자는 천과 인의 '합일'을 통해 삶에의 집착 자체를 해체한다. 양자에게서 죽음의 극복 방식은 대조적인 철학적 근거를 가진다.

죽음의 문제는 유가와 도가의 차이를 잘 드러내는 시금석이다. 유가에서 죽음은 자연과 인간의 관계 이전에 인간과 인간의 관계이다. 대종사라 할 만한 세 사람이 사귀다가 자상호가 죽자, 공자가 자공을 보냈다. 물론 가공의 이야기다. 자공이 갔을 때 남은 한 사람은 노래를 부르고 다른 한 사람은 그에 화답해 거문고를 타고 있었다. 자공이 돌아와 공자에게 이 일을 고하자 공자는 말한다. "저들은 예의 바깥에서 노니는 사람들이고, 나는 예의 안에서 노니는 사람이다." 도가에서 죽음은 인간과 인간의 문제가 아니라 자연과 인간의 문제이다. 이들은 예의 바깥을 살아간다.[67] 이 '예의 바깥'은 곧 기(氣)의 세계이다. 장자의 부인이 세상을 떴을 때 혜자가 문상을 갔더니, 장자는 분(盆)을 두드리며 노래를 부르고 있었다 한다. "사람의 생명이란 기가 모인 것이니, 모이면 삶이 되고 흩어지면 죽음이 되는 법. 삶과 죽음이 서로를 잇거늘, 내 또 무슨 우환이 있으리."[68] 유가가 '예'를 통해 죽음을 모신다면/돌본다면, 도가는 '기'를 통해 죽음을 해체한다/초극한다.

장자는 이처럼 죽음에 대한 사유를 펼치지만, 동시의 그의 사유는 삶/생명의 사유이기도 하다. 자연/도가 준 생명을 소중히 가꾸는 것 또한 자연/도에 충실한 것이기 때문이다. 이 대목은 양생술의 형태로 전개된다. 장자는 양생의 묘를 자연＝퓌지스의 결을 따라 사는 것에 둔다. 유명한 포정의 해우(解牛) 이야기가 잘 보여주듯이, 인간의 주관을 대상에 억지로 강요하기보다 대상의 자연의 결에 스스로를 맞춤으로써 주−개이 화해하는 경지

---

67) 여기에서 장자는 공자로 하여금 스스로를 "하늘로부터 형육(刑戮)을 받아 지상으로 추방당한 인물"로 묘사하게 한다. 자공이 "선생님께서는 어느 쪽에 서시겠습니까?"라 하자, 공자는 "하나 나는 그대들과 더불어 지상에 거하리라"고 답한다. 장자는 공자를 방외(方外)와 방내(方內)의 경계선에 선 인물이지만 사람에 대한 사랑 때문에 방내에 거한 인물로 보았다. 장자는 공자를 내심 존경했던 것으로 보인다. 앞에서도 말했듯이, 존재론적 평등과 환원주의는 다르다. 공자는 인간세(人間世)의 한계를 알고 있었지만 또한 인간세에 대한 사랑을 거두지 않은 인물이다.

68) "삶과 죽음이 서로를 잇거늘"은 "삶과 죽음이 결국 하나이거늘"로 번역할 수도 있다. 결론은 같지만 논거가 달라진다.

가 양생의 경지이다. 양생의 도는 다시 자신의 신체/생명에 가해지는 위해까지도 자연의 결로서 받아들이는 경지로 나아간다. 월형(刖刑)을 받아 한쪽 다리를 잃은 우사는 "하늘이 이렇게 한 것이지 사람이 한 것이 아니다"라고 말한다. 자신에게 도래한 사건을 인간의 일이 아니라 하늘의 일로 봄으로써 사람에 대한 원한을 자연의 결에 대한 순응으로 전환하고 있는 대목이다. 앞에서의 죽음론 또한 이런 양생의 맥락에서 이해할 수 있으며, 이 점에서 장자에게 삶/생명에의 충실과 죽음에의 초탈은 대립하는 것이 아니라 동전의 양면을 이룬다고 할 수 있다. 장자에게서 양생의 도는 현대인들에게서 볼 수 있는 몸에의 집착과는 오히려 대척에 위치하는, 존재론적인 경지로 승화된 신체론/생명론이다.

그러나 대상과의 합일이라는 이 양생의 도는 신체/생명의 도만이 아니라 예술의 도까지도 포함한다. 물론 이때의 '예술'은 동북아 고유의 맥락에서의 '氣藝'를 말한다. 포정은 자신이 추구하는 경지를 "기(技)에서 더 나아간 도(道)"임을 분명히 한다. 장자적 맥락에서의 예술이란 주-객의 분리를 넘어서, 주체와 대상이 혼연일체가 되어 놀이하는 경지라 할 수 있다.

> 재(齋)하라. (⋯) 제사 지낼 때의 재계가 아니라 심재(心齋)여야 하느니. (⋯) 뜻을 하나로 해서 귀로 듣기보다 마음으로 들어야 하며, 마음으로 듣기보다 기로 들어야 하리라. 귀는 듣는 것으로 그치고 마음은 들어 아는 것으로 그치지만, 기는 비움으로써 받아들이는 것이기 때문이다. 도는 오로지 비운 곳에만 깃드나니, 이렇게 비우는 것이 바로 심재이니라.(「인간세(人間世)」)

장자는 안회가 위의 영공에게 출사하고자 할 때 공자가 그를 가르치는 상황을 꾸며 「인간세」의 앞머리를 장식하고 있다. 재계는 정화=카타르시스이고, 이는 곧 주체가 대상에게 자신의 사심을 투영하지 않을 수 있기 위한 준비이다. 이를 다소 탈-맥락화해 미학적 맥락에서 이해할 수도 있다. 이 경우 '재계'란 서구 근대 미학에서와는 다른 뉘앙스에서의 "disinterestedness"이다. 마음을 씻고 뜻을 통일해 대상을 충실히 대하는 것이 중요하다. 이때 그 대상은 내 감각의 대상이나 지각의 대상이기를 그친다. 양자는 기의 차원에서 합일하기에 이른다. 기의 차원에서 '비움으로써 받아들이는 것'(虛而待物)이 성립한다. 마음을 비우는 곳에만, 기의 차원에서만 도가 깃드는 것이다. 모든 형태의 '~도'는 이런 심재를 통해서 도달 가능하다. 장자의 이러한 생각은 동북아의 모든 '~도'의 정신에 깊이 스며들게 된다. 앞에서 논한 죽음론 역시 지금의 맥락에서 이해할 수 있다. 죽음이란 결국 한 개체가 생명 전체를 '비움으로써 받아들이는 것'에 다름 아니며, 그 또한 하나의 예술적 행위라 할 수 있을 것이다.[69]

그러나 장자에게서 삶의 철학이 양생술이나 기예의 맥락에 그치는 것은 아니다. 그의 철학은 맹자와는 다른 형태의 정치적 맥락을 드러내기도 한다. 장자 자신은 정치에의 참여를 거부했다. 그는 전국시대의 소모품이 되기를 원하지 않았다. 그의 정치적 지향은 천하가 아니라 강호에 맞추어진다. 천하는 이름-자리의 체계로서의 세계이며, 사물들과의 일체의 세계가 아니라 상징적 법의 세계이다. 그러나 장자는 이름-자리의 체계를 걷어버리고 사물들과 함께 호흡하기를 원한다. 포정은 천대받는 백정이지만, 문혜군에게 소 잡는 기술을 넘어 대상과 혼연일체의 경지에 다다르는 도를 가르치는 인물로 나온다. 나아가 장자는 강호에서 전국시대의 잔혹함이 배태해낸 비참한 소수자들을 보았고, 이들을 다리가 잘리고 온몸이 비틀어진 기형의 몸뚱어리들로 형상화했다. 세상이라는 것이 가하는 잔혹한 폭력은 소외와 가난, 상해, 원한, 분노, 우울증 등 무수한 비극을 낳는다. 소수자들은 삶이 가져다주는 힘겨움에 상반된 방식으로 응답할 수 있다. 삶/

69) 이 점에서 장자의 양생주사상과 한대 이래의 양생술은 구분되어야 한다. 장자적인 순수 도가사상은 삶과 죽음에 대한 집착에서 벗어나 초연하기를 꿈꾸지만, 방사들의 양생술이나 도교 계통의 양생술(불로장생술 등)은 죽음을 적대시하고 생명에 집착하기 때문이다. 진시황, 한 무제 등이 이런 집착을 보인 전형적인 예이다.

사회에 르상티망＝앙심을 가지고서 복수하려 할 수 있고, 자신의 체험을 바탕 삼아 삶/사회를 바꾸려 노력할 수 있다. 장자가 「덕충부(德充符)」에서 그리는 인물들은 후자의 인물들이다. 이들은 니체의 초인과는 다른 의미에서의 초인들이다.

사람들은 때로 초인을 꿈꾼다. "초인적인 힘", "초인적인 능력" 같은 말들은 사람들의 마음속에 선정적인 느낌을 불러일으키곤 한다. 그래서 대중문화는 이런 식의 내용들을 즐겨 다룬다. 할리우드가 만들어내는 '～맨' 부류의 작품들이 전형적인 예이다. 이것은 공상적인, 허깨비 같은 초인 개념이다. 초인의 진정한 모습은 플러스의 방향보다는 마이너스의 방향에서 더 잘 보인다. 삶의 가혹한 고통 속에서도 미소와 희망을 잃지 않는 사람, 자신을 해하려는 인간을 오히려 너그럽게 포용하는 사람, 타인들의 적대에 원한을 가지기보다 오히려 사랑으로 그 적대를 극복하는 사람, 이런 사람들에게서 우리는 초인의 모습을 본다. 초인은 어떤 현란하고 엄청난 일을 해내는 사람이 아니라 삶의 고난을 초연하게 극복할 수 있는 사람, 원한을 사랑으로 덮을 수 있는 사람이다. 그래서 초인의 철학은 우리에게 이 힘겨운 세상을 미소 지으면서 살아갈 수 있게 해주는 힘을 담고 있다. 『장자』는 우리에게 이러한 초인의 철학을 준다. 『장자』는 눈앞의 작은 이익에 집착하는 우리의 눈을 더 넓고 깊은 지평으로 돌리게 해준다. 원망과 미움으로 가득 찬 우리의 마음을 호방한 용기와 기쁨으로 바꾸어준다. 그러나 『장자』의 호방함과 초연함은 깊은 체험이 결여된 들뜬 선언이나 호언의 차원과는 다르다. 우리는 『장자』의 행간에서 처절할 정도의 비극적 눈길, 잔혹한 세상을 바라보는 젖은 눈길을 느낄 수 있다. 개인의 힘으로는 어찌할 도리가 없는 잔인무도한 현실에 대한 고난에 찬 시선을 느낄 수 있는 것이다. 『장자』는 이런 심연을 딛고 일어서서 초연함과 희망을 주기에 위대한 텍스트이다.

인간의 사회는 자리들과 이름들로 구성된다. 자리와 이름의 체계는 '위'를 구성한다. 대부분의 사람들은 이 '위'의 체계를 받아들이고 그 안에서 발버둥치며 산다. 그러나 「소요유」의 대붕은 이 '위'를 거부한다. 그것은 '무위(無位)'의 삶이다.[70] 그러나 이 '무위'의 삶은 무엇인가 도드라지는 능력을 보여준다거나 현란하고 엄청난 무엇인가를 이룩한다는 것을 뜻하지 않는다. 그 반대로, '무위'의 삶은 '위'가 강요하는 경쟁, 질투와 시기, 인생의 허비, 피곤한 타인의 눈길, 허망한 기쁨과 슬픔, …… 같은 것들에서 해방되어 소요하려는 삶이다. 물론 그러한 소요의 삶 자체가 갖가지 힘겨운 고통, 타인들의 적대적인 눈길을 일으키기도 한다. '무위'의 삶은 그런 고통과 눈길들까지도 감내하는 삶, 아니 감내를 넘어 빙그레 웃으면서 감내조차도 벗어던질 수 있는 삶이다. 장자의 초인은 '위'의 삶이 생각하는 초인이 아니라 '무위'의 삶이 생각하는 초인이다. 「덕충부」는 기표들의 체계로 구성된 천하로부터 탈주하면서 강호에 살고자 하는 사람들의 성경이다.[71]

장자는 이처럼 탈주의 철학을 전개했지만, 견유학파가 그랬듯이 탈주의 또 다른 면 즉 구체적인 정치철학으로 나아가지는 못했다. 탈주는 한편으로 기표들의 그물망으로부터의 해체적인 도주를 뜻하지만, 또한 동시에 특이자들의 구축을 뜻하기도 한다. 사실 해체적 도주와 특이자들의 구축은 동전의 양면이다. 후자는 장자(넓게는 도가/도교)에게서 영감을 받아 새로운 정치 질서를 개척해간 후대인들의 과제로 남게 된다. 장자 자신은 예컨대 공자와 안회의 대화를 통해서 정치철학적 견해를 피력하고 있지만, 이는 장자의 철학에서 기대할 수 있는 정치사상 — 현대에 이에 가장 가까

---

70) 장자가 「덕충부」에서 그린 기형의 인물들은 소수자들이 아니라 특이자들(singularities)을 뜻할 수도 있다. '예'의 세계가 그어놓은 일반성과 특수성의 피라미드 구조를 벗어나는, 들뢰즈적 뉘앙스에서의 '괴물들'이다. 소수자들이 소수자-되기라는 윤리적-정치적 행위를 행할 때 소수자들과 특이자들은 일치하게 된다.

71) 그러나 이미 지적했듯이, '강호'가 천하 바깥의 그 어디인 것은 아니다. 그러한 곳은 없다. 천하의 위＝기표체계로부터 탈주하면서 새로운 생성/되기를 행하는 바로 그 장소와 날짜에 '강호'라는 곳이 존재할 뿐이다. 천하와 강호는 공간적으로가 아니라 행위의 지향에 의해 구분된다.

운 경우는 들뢰즈와 가타리의 유목론＝노마돌로지일 것이다 — 이 아니라 장자에 의해 각색된, 공자 자신은 일정 정도까지만 공감할 그런 공자의 모습일 뿐이다. 그것은 강호의 잠재력의 철학화가 아니라 어디까지나 천하에서의 도가적 처신(處身)일 뿐이라 해야 할 것이다.[72] 이는 장자 자신의 정치적 상상력의 한계일 수도 있지만, 더 궁극적으로는 전국시대라는 시대가 사람들의 상상력에 가한 억제 효과라고도 할 수 있을 것이다. 하지만 장자만큼 현대인의 사유를 일깨우고 비전을 촉발해주는 동북아 철학자도 드물다는 것은 여전히 사실이다.

§5. 종합적 사유의 출현

전국시대가 흘러가면서 작은 국가들이 하나둘씩 지도에서 사라지고 소수의 거대한 국가들로 통합되어가자, 많은 사람들의 마음속에는 '천하통일'의 관념이 자리 잡기 시작했다. 특히 사상가들은 역사의 이와 같은 흐름을 예민하게 감지하고 천하통일을 준비하는 사상들을 다채롭게 펼치기에

---

72) 그러나 앞에서 언급한 '심재'를 비롯해 장자의 생각은 유가적 정치 속으로 들어간 도가적 면모로서 이후 사대부들에게 상당한 영향을 끼쳤다고 보아야 한다. 아울러 장자가 「응제왕(應帝王)」에서 제시한 '무위지치(無爲之治)'의 이념은 후대에, 특히 한대 초에 일종의 제왕학 또는 통치술로서 큰 영향을 끼치게 된다. "명예의 주인이 되려 하지 말고, 모략의 창고가 되려 하지도 말라. 일을 떠맡으려 하지 말고, 지혜롭다고 뽐내려 하지도 말라. 무궁한 도를 온전히 체득해 무위자연의 세계에서 노닐라. 하늘에서 받은 것을 극진히 하되, 그에서 이득을 보려 하지 말지니. 오로지 마음을 비워야 하리라. 지인의 마음 씀은 마치 거울과 같아 보내지도 않고 맞이하지도 아니하며, 그저 있는 대로 비추어줄 뿐 간직하려 하지 않는다. 하여 만물을 이기되 스스로는 다치지 않는 것이다." 이렇게 보면 장자의 사유는 얄궂게도 오히려 왕들이나 사대부들에게 직접 영향을 끼쳤다고 볼 수 있다. 그러나 다른 한편 동북아에서 농민혁명이 발발할 때면 흔히 도가적 배경을 띠고서 나타났다는 점도 주목할 만하다. 이는 동북아 전통의 구조에서 이루어질 수 있는 사회 개혁이 위로부터의 개혁이나 농민혁명이 있었을 뿐 '시민사회'의 성숙에 의한 내재적 개혁은 어려웠기 때문이다.

이른다. 천하의 통일이라는 상황은 곧 종합적인 철학을 요청한다. 이는 곧 지중해세계에서의 통일이 종교에서의 단일화를 요청했던 것과도 같다. 이러한 사상적 종합 중에서도 우리는 법가적 종합, 도가적 종합, 유가적 종합이라는 세 갈래를 변별해낼 수 있다. 물론 각 사상들은 공히 종합적인 사유이기에, 각각은 모두 삼자를 더 나아가 당시까지 형성되어 있는 다양한 사상들을 포괄하고 있다. 이들은 법가, 도가, 유가라기보다는 법가적, 도가적, 유가적 사유들이었다. 이 세 갈래가 그 후 사상사적으로 또 역사적으로 겪게 되는 과정은 흥미진진하다.

유가적 종합

맹자보다 반세기 후인 323년경 조나라에서 태어나 직하에서 학문 활동을 한 순자는 말년에는 세 번이나 좨주(祭主)를 지내면서 직하의 학문을 종합한 석학이다. 그는 난릉에서 정치 활동을 하기도 했으나[73] 뚜렷한 족적은 남아 있지 않다. 순자의 사상은 직하의 다양한 사상들을 폭넓게 수용하면서도 그 핵심에서는 유가적 관점을 잃지 않은 것으로서, 맹자사상이 유학의 '정통'으로 확립되기 전까지 유학사에서 주된 흐름을 형성했다고 할 수 있다.

순자가 직하에서 받아들인 여러 사상들의 영향은 『순자』 곳곳에서 발견된다. 그러나 그런 영향은 항상 그 자신의 유학적 관점에서 소화되어 수용되고 있음 또한 발견할 수 있다. 예컨대 「수신(修身)」에서는, 이 제목 자체가 황로지학의 성격을 띠거니와, "기를 다스리고 마음을 수양하는 기예"에

---

73) 『사기』에 따르면, 직하에서 활동하던 순자는 누군가의 모함을 받아 남방의 초로 떠났고, 거기에서 재상 춘신군이 그에게 난릉(蘭陵) 지역을 맡았다고 한다. 그러나 여기에서도 모함을 받아 조로 돌아왔다가(265년경), 후에 다시 복직되었다고 한다. 238년에 춘신군이 암살을 당하자 자리를 내놓았고, 얼마 후 난릉에서 세상을 떠났다고 한다. 『순자』는 다음을 참조해 인용한다. 『순자』, 김학주 옮김(을유문화사, 2012). 『荀子』, 金谷治 譯註(岩波文庫, 2012). *Xunzi*, by Eric Hutton(Princeton University Press, 2014).

대한 논의가 등장한다. 그러나 순자는 이 기예에는 "예를 따르는 것보다 더 빠른 길은 없으며, 스승을 얻는 것보다 더 중요한 것은 없다"는 점을 강조함으로써 역시 유가적 면모를 드러낸다.[74] 또, 「권학(勸學)」에서는 사물들의 의미/가치는 실체적으로 내재하는 것이 아니라 각각의 '자리'에 의해 성립함을 역설하면서도, 법가적 이름-자리의 이론보다는 군자론으로 향하는 대목도 마찬가지이다.[75] 또 같은 맥락에서, 관자 등의 정치가들을 인정하면서도 그 한계를 지적하고("그는 소인들 중 뛰어난 자였다"), 당시 상앙의 개혁을 통해 '선진국'이 된 진을 방문했을 때 그 부강함을 칭찬하면서도 그것이 결국 왕도가 될 수 없음을 지적하기도 한다.[76] 순자에게서 법은 법가적인 법보다는 『법률』(플라톤)의 법에 더 가깝다.[77] 또, 「성악(性惡)」에

74) 아울러 '호연지기' 개념과 비교해볼 때, 맹자의 내적인 접근과 순자의 외적인 접근의 차이를 분명하게 볼 수 있다. 맹자에게서와 마찬가지로 순자에게서도 인간의 성악/욕망은 기의 불균형으로 설명된다. 그러나 맹자가 '의지'를 강조하는 데 비해 순자는 '예'를 강조한다는 점에서 둘 사이의 차이가 분명히 나타난다. 맹자는 '인의'의 철학을, 순자는 '예의'의 철학을 각각 강조한다. 성악설과 더불어 순자 철학의 이런 외면성은 이사, 한비자에게 큰 영향을 주었을 것이다. 그러나 법가 사상가들이 그 자체로서 완벽히 굴러가는 국가-기계를 만들고자 했다면, 순자는 학문을 통해서 성숙해가는 예-의의 세계를 꿈꿨다는 점에서 이들 사이의 간극은 크다. 법가 사상가들에게 '형명지학'이 중요했다면, 순자에게는 '인치'에 무게를 두는 '군자론'이 중요했던 이유도 이 점에 있다. "군자는 법의 원천이다." "군자는 다스림의 원천이다."

75) "몽구"라는 새의 둥지가 망가지는 것은 그것을 갈대 이삭에 매달아놓았기 때문이고, "야간"이라는 나무가 저 아래를 굽어볼 수 있는 것은 단지 그것이 높은 산 위에 있기 때문이다. 다북쑥도 삼 속에서 자라면 똑바르게 되며, 흰모래도 검은 흙 속에 넣으면 검어지며, 향료로 쓰이는 난괴의 뿌리도 구정물에 적시면 더러워진다. "그래서 군자는 반드시 마을을 가려서 살며 또 반드시 어진 사람들과 어울리는바, 이는 삿되거나 비뚤어지지 않기 위해서이며 중정(中正)에 가까이 가기 위해서이다."

76) 순자는 마치 예언이라도 하듯이 진의 멸망 가능성을 언급한다. 그는 어떤 왕조이든 백성들을 억압해서는 결코 오래갈 수 없음을 잘 알고 있었다. "군주는 배와 같고 백성은 물과 같다. 물은 배를 띄우기도 하지만 또한 엎어버리기도 한다."(君者舟也. 庶人者水也. 水則載舟 水則覆舟) 가의를 비롯한 한초의 사상가들은 진의 멸망 원인을 잘 알고 있었다. 그 때문에 순자의 이 가르침을 잊지 않았다.

77) 군자론에 입각한 순자의 인치사상은 『국가』와 『법률』 사이에 위치한다고 할 수 있다. 순자는 『국가』에서만큼 강한 인치 즉 '철인-치자들'에 의한 정치를 역설하지는 않았

서는 묵자와 마찬가지로 '자연상태'에서의 성악을 이야기하면서도 결론적으로는 '겸애'가 아닌 '예와 의'를 역설하고 있으며, 나아가 「악론(樂論)」에서는 바르지 못한 음악을 비판하면서도 묵자의 '비악'사상을 공격한다. 순자는 이렇게 전국시대의 다양한 사유들을 자신의 저작 속에서 종합하면서도 궁극적으로는 유가적 방향을 취하고 있다.[78] 맹자가 자신의 신념을 초지일관 밀어붙이는 순정함을 보여준다면, 순자는 당대의 모든 주요 사상들의 장단점을 따지면서 그것들을 종합하고 있다 하겠다. 유교의 정통성과 순수함의 관점에서는 맹자가 도통을 이었다고 할 수 있지만, 객관적 눈길로 볼 때 철학의 보다 넓은 경지를 보여주는 것은 순자이다.

잘 알려져 있듯이, 순자의 사유에서 무엇보다도 중요한 대목은 그의 성악설이다. 순자에게 선하다는 것은 정의롭고 이치에 맞아서 공평한 치세가 이루어지는 것〔正理平治〕이며, 악이란 편벽되고 음험해서 일그러진 난세가 도래하는 것〔偏險悖亂〕이다. 순자의 악 개념은 헬레니즘 시대에 등장한 어둡고 두려운 형이상학적 – 종교적 악 개념이 아니라 헬라스세계가 가졌던 '나쁨'의 개념에 가깝다.(사실 동북아인들은 '악'보다는 '불선'을 자주 사용했다) 성악설은 논리적으로는 인간이란 외부적인 제약/조형 없이 내버려둘 때 즉 '자연상태'에서는 악한 존재임을 말하며, 시간적으로는 태어난 그대로의 상태를 유지할 경우 악한 존재임을 말한다. 다시 말해, 논리적으

다. 성악설에 입각할 경우, 어떻게 강한 인치가 성립하겠는가. 그러나 그는 『법률』과 비교해볼 때 '군자들'이라는 존재의 육성을 통한 치세의 구축이라는 유가적 이상주의를 견지했다고 할 수 있다. 순자의 '예'에는 법가의 '법' 개념에는 존재하지 않는 유가적 가치(수양, 교육, 학문/문화, 덕치 등)가 들어 있음을 음미할 필요가 있다.

[78] 『순자』 외에 유가적 종합을 보여주는 문헌으로 곽점 초간에 들어 있는, 『노자』를 제외한 유가 문헌들이 있다. 이 문헌들 즉 「당우지도(唐虞之道)」, 「태일생수(太一生水)」, 「성자명출」 등은 순자의 시대나 그 이후에 성립한 것으로 보인다. 이들 문헌은 다른 사상들 특히 도가사상을 흡수한 유가의 모습을 보여주며, 『장자』 외잡편 중 유가를 흡수한 도가가 등장하는 대목들과 비교해 읽을 만하다. 이 문헌들은 순자로부터 동중서에 이르는 사이에 전개된 유가의 논제들에 대해 많은 것을 말해준다. 『예기』, 『주역』, 『춘추좌전』과 『여씨춘추』의 일정 부분 등도 유가적 종합이라는 맥락에서 읽어볼 수 있다.

로든 시간적으로든, '예'가 존재하지 않는 곳에서의 인간은 편벽·음험해서 일그러진 난세를 살 수밖에 없는 그런 존재인 것이다.[79] 그렇다면 인간을 악하게 만드는 요인은 무엇일까?

> 인간의 본성은 악하다. 선하다고 하는 것은 거짓이다. 인간은 본성상 나면서부터 이익을 좋아하기에, 쟁탈이 생겨나고 사양하는 마음은 사라진다. 또, 나면서부터 타인을 질투하고 미워하기에, 그에 따라 잔적이 생겨나고 충신은 사라진다.[80] 또, 나면서부터 감각의 욕망이 있어 성색(聲色)을 좋아하기에, 그에 따라 음란함이 생겨나고 예의·문리(文理)는 사라진다.(「성악」)

　이익을 탐하는 것, 타인을 질시하는 것, 감각에 미혹되는 것, 이 세 가지가 인간을 악한 존재로 만든다. 순자는 인간이란 그 본성이 바로 이렇기에 '예'를 통한 교화에 의해서만 선해질 수 있다고 믿는다. 또는 달리 해석하면, 인간이 악하기 때문에 예가 필요하다기보다는 예가 없는 곳에서는 인간은 악할 수밖에 없다고 보는 것이다. 장자와 대조적으로, 문명/문화야말로 인간을 선하게 만든다는 생각이다. 그러나 순자가 생각하는 문화세계는 상대적으로 내면적이고 인문적인 공자의 것에 비해 보다 외면적이고 사회적이다. "굽은 나무는 도지개를 써야 바로잡을 수 있고 무딘 쇠는 숫돌에 갈아야 쓸 만하게 되듯이, 인간 본성의 악함은 반드시 사법(師法)[81]

---

79) 뒤에서 논할 신도의 예가 종법제를 떨쳐버리지 못했고 또 '세'의 뉘앙스를 띠었다면, 순자의 예는 문화세계 창조라는 본격적인 유가적 뉘앙스를 띠게 된다. 순자의 예는 욕망을 억누르는 것이 아니라 오히려 충족해주는 것이다. 욕망은 인간을 이익을 탐하고, 타인을 질시하고, 감각에 미혹되게 만든다. 예는 인간의 이런 성악을 부정하기보다는 오히려 적절한 방식으로 충족될 수 있도록 해주는 것이라는 점에 순자의 중요한 통찰이 있다.

80) '잔적(殘賊)'은 타인을 해치고 상하게 하는 것이며, '충신(忠信)'은 타인에게 충실하고 신의 있게 하는 것이다.

81) '사법'은 스승의 가르침과 법도의 이끎을 뜻한다. 순자에게 훌륭한 스승과 객관적인 법도는 배움을 가능케 해주는 핵심적인 두 조건이다.

을 통해서만 바로잡히며 예의를 통해서만 다스려진다." 이런 교화를 받아 예의를 아는 사람이 군자이고, 그렇지 못하고 그저 태어난 대로 살아가는 사람이 소인이다. 군자는 선한 존재이고, 소인은 악한 존재인 것이 아니다. 예를 통해 자신을 바꾸어나감으로써 군자가 되는 것이고, 그렇게 하지 않음으로써 소인이 되는 것이다. 이와 같은 관점에서 순자는 맹자를 비판한다.

> 맹자는 "사람이 배우는 것은 그 본성이 선하기 때문"이라고 했다. 하지만 그렇지 않다. 이는 인간의 본성에 대해 알지 못하는 것이며, 본성과 작위[82]의 구분을 살피지 못하는 것이다. 무릇 본성이란 하늘이 주는 것으로서, 배울 수 있는 것이 아니고 만들 수 있는 것이 아니다. 반면 〔작위로서의〕 예의란 성인이 창조해낸 것이며, 따라서 사람이 배워서 행할 수 있고 만들어서 완성할 수 있는 것이다. 배울 수 없고 만들어낼 수도 없는 것으로서 사람에게 있는 것이 본성이며, 배워서 행할 수 있고 만들어서 이룰 수 있는 것으로서 사람에게 있는 것이 작위이다. 이것이 본성과 작위의 구분이다.
>
> (…) 맹자는 "사람의 본성은 선하나 모두가 스스로 자신의 본성을 잃기에 악한 것일 뿐"이라 했으나, 이는 잘못된 논리이다. 인간이란 태어날 때 애초에 그런 선한 본성을 가지고 있지 않으며, 따라서 그것을 "잃어버리는 것"은 당연한 일이다. 이 점을 잘 살피면, 인간의 본성이 악하다는 것은 분명하다.("孟子曰, 今人之性善 將皆失喪其性 故惡也. 曰, 若是則過矣. 今人之性 生而離其朴 離其資, 必失而喪之. 用此觀之 然則人之性惡明矣")(같은 곳, 인용자 강조)

위 인용문의 두 번째 문단은 매우 미묘하다. 정확히 말하면 "잃어버린다"는 말을 쓸 수 없다. 잃어버린다는 것은 처음에는 있었다는 이야기가 되기 때문이다. 실제 이 대목의 원문은 다음과 같은 식으로 번역할 수 있고 또 대

---

82) '僞'를 '爲'로 읽었다.

부분 그렇게 번역한다: "사람을 본성대로 내버려두면 그의 질박함이 떠나고 그의 자질도 떠나버려 선한 것을 반드시 잃어버리고 말 것이다. 이로써 본다면 사람의 본성은 악한 것이 분명하다." 그러나 논의의 핵심은, 원문의 "(…) 若是則過也 (…) 用此觀之 (…)"(그런 식으로 말하는 것은 잘못인데, ~한 점을 보면 알 수 있듯이)라는 문장 구조가 분명히 함축하듯이, 지금 순자는 단순히 자신의 성악설을 한 번 더 다짐하고 있는 것이 아니라 맹자의 논변 구조를 비판하고 있는 것이다. 따라서 방금과 같이 번역하면 순자 자신이 논리적 모순을 범하는 것이 된다. 순자가 그 모순을 눈치 채지 못했을 가능성도 있지만, 그렇지 않을 것이라고 가정한다면 위와 같이 번역해야 한다.

그러나 이와 같이 번역할 경우 다른 모순이 생겨난다. 인간이 이처럼 아예 실체적으로 악한 존재라면, 설사 교화를 한다 한들 선한 존재가 될 수 있겠는가? 예의가 성인들의 발명품이라 해도, 그 예의를 받아들일 터가 아예 없다면 어떻게 예의를 갖춘 인간이 될 수 있고, 군자와 소인의 갈림이 있을 수 있겠는가? 실제 순자는 맹자가 말한 '선한 본성'을 가리키는 대목에서 '선'이나 '선성'을 쓰지 않고 '박(朴)'과 '자(資)'를 쓰고 있다. 그렇다면 순자 논변의 핵심은 인간은 악'하다'가 아니라 인간이란 선해질 수도 있는 터는 가지고 태어나지만(이렇게 본다면, 순자는 고자의 생각에서 출발한다고 볼 수 있다) 그대로 내버려둘 경우 필연적으로 악해'진다'는 것이라 할 수 있다. 그래서 교화가 절실한 것이다. 이와 같은 점을 감안한다면, 두 번째 문단은 다음과 같이 번역되어야 한다.

> (…) 맹자는 "사람의 본성은 선하나 모두가 스스로 자신의 본성을 잃기 때문에 악한 것일 뿐"이라 했으나, 이는 잘못된 논리이다. 인간이란 태어날 때 선한 본성의 씨앗은 가지고 나올지 모르지만, 이내 그것을 떠나게 되며 필히 잃어버리고 말도록 되어 있다. 이 점을 잘 살피면, 인간의 본성이 악하다는 것은 분명하다.(인용자 강조)

순자의 논리가 보다 명쾌하려면 첫 번째 식으로 번역해야 하지만, 순자 사유 전체의 논리가 정합적이라면 오히려 두 번째 식으로 번역해야 한다. 일부러 우스꽝스럽게 설명해도 좋다면, 맹자의 경우 인간은 100점으로 태어난다. 그러나 살면서 점차 점수는 낮아질 수밖에 없으며, 그렇기 때문에 끝없는 노력을 통해 다시 원점수를 회복해나가는 것이 관건이다. 순자의 경우 인간은 0점이 아니라 60점으로 태어난다. 그리고 살아가면서 낙제점으로 떨어지게 되어 있다. 따라서 부단한 노력으로 60점 이상으로 나아가야 한다. 이렇게 보면 맹자와 순자의 실질적 차이는 처음 보기보다는 크지 않다고 해야 할 것이다. 어쨌든 순자에게 중요한 것은 원래의 선함을 회복하는 것이 아니라 적극적으로 선함을 만들어내는 것이다. 바로 이런 이유에서 순자에게 교화는 훨씬 더 적극적인 의미를 띠며, 발명과 창조라는 의미를 머금게 된다.[83]

이 발명과 창조는 성인들에 의해서 가능했다. 그러나 순자에게서 성인들의 위상의 문제는 간단치 않다. 순자에게 예의란 성인들의 창안이며, 모든 사람들이 그 발명품을 공유할 수 있다. 성인들은 다른 사람들과 본성상 똑같지만 뛰어난 작위를 통해서 예의와 법도를 창안할 수 있었고, 반대로 일반인은 이 작위를 통해서 성인처럼 될 수 있다. 그렇다면 애초에 성인들

---

83) 순자에게서 작위의 의미가 이처럼 큰 것은 칼리클레스 등의 논리와 미묘하게 비교된다. 순자와 칼리클레스 등은 공히 인간의 성/퓌지스는 악하다고 본다. 물론 후자에게서 퓌지스는 '악하다'는 뉘앙스를 분명하게 띠고 있지 않지만, 내용상으로는 거의 같다. 그러나 이 논변을 칼리클레스가 노모스의 상대성을 역설하기 위해 전개했다면, 순자는 반대로 노모스/작위의 중요성을 역설하기 위해 전개했다고 할 수 있다. 양자는 인간의 본성에 대한 생각을 공유하지만, 작위의 의미에 대한 생각에서는 대조적이다. 칼리클레스가 아테네의 황혼에 편승하는 논변을 펼쳤다면, 순자는 전국시대의 구원을 희구하는 논변을 펼친 것이다. 어떤 맥락에서는, 순자의 예는 인간적 작위를 넘어 우주론적 의미를 띠기까지 한다. "예로써 하늘과 땅이 화합하고, 해와 달이 빛나고, 사계절이 질서를 유지하며, 별들이 운행하고, 강들이 흐른다. 만물은 예로써 번창하며, 호/오가 나뉘고, 희/로가 갈린다." 이때의 '예'는 작위의 이미지보다는 퓌지스와 노모스를 포괄하는 근본 이법의 이미지를 띤다.

은 일반인들과 어떻게 달라서 작위를 창안할 수 있었을까? 성인들도 똑같이 60점으로 태어난다면, 그들로 하여금 낙제점으로 향하는 대신 60점 이상으로 향하게 만든 힘/가능근거는 어디에서 유래하는 것일까? 하늘에서 유래하는가? 이럴 경우 "天人之分"을 역설하는 순자에게서도 하늘의 의미는 존재한다고 보아야 한다. 우연인가? 그럴 수도 있겠지만, 늘 그렇듯이, '우연'을 내세우는 것은 "무지의 도피처"로 가는 것일 수 있다. 아니면 어떤 내재적 이유가 존재하는가? 이럴 경우 순자도 맹자 식의 사유를 도입해야 한다. 이에 관련해 순자는 말한다. "[누구나 성인이] 될 수는 있지만, 되도록 만들 수는 없다. 따라서 소인이 군자가 될 수 있으나 군자가 되려 하지는 않으며, 군자가 소인이 될 수 있으나 소인이 되려 하지는 않는다. 소인과 군자는 언제라도 서로가 될 수 있었으나 그렇게 되지 않았다. 될 수는 있으나 되도록 만들 수는 없는 것이다." 요컨대 순자에게서는 누구나 성인이 될 수 있다. 그러나 그 잠재력을 실현하는 사람들은 실현하고, 실현하지 못하는 사람들은 실현하지 못하는 것이다. 누구나 성인이 될 수 있는 잠재력을 타고나지만, 각자가 어느 방향으로 갈 것인가를 결정하는 **내적 경향**은 어쩔 수 없는 것이다. 하지만 이는 결과론이며, 여기에서 순자의 논리는 교착 상태에 빠지는 것 같다.

중요한 것은 순자에게서 작위의 핵심은 학문에 있다는 점이다. 그렇기 때문에, 맹자가 본성의 회복을 역설한다면 순자는 작위 특히 학문에 매진할 것을 역설한다.

> 군자들은 "학문이란 그만둘 수 없는 것"이라 말한다. 푸른 물감은 쪽에서 나오지만 쪽보다 더 푸르고("靑於藍"), 얼음은 물에서 나오지만 물보다 더 차다. 어떤 나무가 곧아서 먹줄에 들어맞아도 그것을 급혀 바퀴를 만들면 굽은 자에 들어맞게 되며, 볕에 말린다 해서 이미 굽어진 것이 다시 곧아지지는 않는다. 하여 나무는 먹줄에 힘입어 곧아지고 쇠는 숫돌에 갈아져 날카로워지듯이, 군자는 널리 배우고 매일 성찰해야만 지식이 밝아지고 행동이 허물없게 된다.(「권학」)

순자에게서는 이처럼 작위의 비중이 현저하게 높아진다. 이는 은주 교체기로부터 전국시대에 이르기까지 '천'을 두려움과 절대 복종의 존재가 아닌 인간 삶의 배경과 정초로서 변환시켜온 과정이 순자에 와서 정점에 달했음을 뜻한다.[84] 아낙사고라스가 그랬듯이, 순자는 운석이 떨어지는 것, 나무가 우는 소리를 내는 것, 기우제를 지내면 비가 오는 것 등에는 아무런 신비도 없음을 지적한다. 이러한 현상들은 그저 하늘의 법칙적 운행에 따를 뿐이라는 합리주의적 해석을 내린 것이다. 이런 흐름은 '모이라'와 '휘브리스'의 노리개로부터 신적 지성을 갖춘 존재로 스스로를 변환해간 헬라스 지식인들의 지적 여정과 비교된다. 이 과정은 결국 천·지·인을 삼재로 보는 생각으로 굳어지게 된다. 특히 순자는 '천인지분'을 역설하면서[85] 그 자체로서는 선이 아닌 천=자연이 인간의 삶에서 선한 것이 되려면 그것을 '예'로써 대처해나가야 한다는 생각에까지 이르게 된다. 흔히 동북아 사유/문화에서 인간은 자연에 귀속되어 있는 것으로 이해되지만, 순자에게서처럼 자연에 적극적으로 대처하려는 사상도 과학기술의 철학적 기초로서 면면히 내려왔다고 할 수 있다.[86] 그러나 이것이 자연의 인간중심적인 대상화를 뜻하는 것은 아니다. 사람의 삶은 어디까지나 하늘이 내린 조

---

84) 이는 정치사상의 맥락에서는 '천명'을 '백성들의 소리'와 등치하는 생각에서 절정에 달한다. 순자 역시 이런 흐름에 합류하고 있다. 다른 한편, 동북아세계에서의 인간의 이러한 자아의식과 자아 긍정의 태도 — 이는 인간중심주의적인 태도를 뜻하는 것이 아니라 천/도와 인의 화합의 태도를 뜻한다 — 는 (앞에서 언급한) 지중해세계에서의 "psychē"의 발견과 비교되는 '心'의 발견과 나란히 진행된다. 장자, 맹자, 황로지학 등에서도 그랬듯이, 외향적인 사유를 펼쳤던 순자에게서도 '심' 개념의 역할은 중요하다.

85) "하늘의 운행에는 일정한 법칙이 있다. 요 때문에 존재하는 것도 아니고 걸 때문에 소멸하는 것도 아니다."(「천론(天論)」) 이 구절에는 인간의 일을 하늘에 투사해 해석하는 것에 대한 순자의 비판이 분명하게 나타난다.

86) "하늘을 외경하고 사모하는 것과 물자를 축적해 적절히 쓰는 것 중 어느 것이 나은가? 하늘에 복종하면서 기리는 것과 하늘이 내리는 것을 잘 받아서 이용하는 것 중 어느 것이 나은가? 하늘의 변화를 우러르면서 기다리는 것과 계절에 맞추어 그 변화를 잘 활용하는 것 중 어느 것이 나은가? (⋯) 사람을 버리고 하늘만 우러른다면 모든 것을 잃게 될 것이다."(「천론」)

건들 위에서 성립한다.

> 하늘의 직분이 서고 하늘의 공업이 이루어진 후에 사람의 형체가 갖추어지고 정신
> 이 생겨났으며, 이로부터 좋음, 싫음, 기쁨, 노여움, 슬픔, 즐거움의 감정이 깃들게
> 되었다. 이를 일러 '천정(天情)'이라 한다. 귀, 눈, 코, 입의 형체와 기능이 성립해,
> 각각이 외부세계와 접촉해 기능하면서도 서로 뒤섞이지 않는다. 이를 일러 '천관
> (天官)'이라 한다. 마음이 중허(中虛)에 깃들어 있으면서 오관을 다스린다. 이를 일
> 러 '천군(天君)'이라 한다. 만물을 잘 갖추어 주어, 사람을 잘 길러준다. 이를 일러
> '천양(天養)'이라 한다. 다른 것들이 사람을 따르는 것을 일러 '복'이라 하고, 사람
> 을 거스르는 것을 일러 '화'라 한다. 이를 일러 '천정(天政)'이라 한다. 천군을 어둡
> 게 하고, 천관을 어지럽게 하고, 천양을 버리고, 천정을 거스르고, 천정에 등을 돌림
> 으로써 천공(天功)을 잃어버리는 것을 일러 대흉(大凶)이라 한다. 성인은 천군을
> 맑게 하고, 천관을 바르게 하고, 천양을 갖추며, 천정에 따르며, 천정을 기름으로써
> 천공을 온전케 한다. 이와 같기에 그 할 바를 알고, 그 하지 말아야 할 바를 알기에,
> 천지는 잘 다스리고 만물은 잘 돌아간다.(「천론」)

여기에서 볼 수 있듯이, 순자는 하늘의 의미를 파기하는 것이 아니라 하늘을 곡해해서 인간사에 덮어씌울 때 나타나는 '대흉'을 염려하는 것이다. 하늘에는 하늘의 일이 있고 사람에게는 사람의 일이 있다. 중요한 것은 인간이 "하늘과 직분을 다투지 않는 것"이다. 하늘의 일 — 분절해서 말하면 하늘의 일과 땅의 일 — 과 인간의 일이 서로 화합하는 것이 순자의 이상이다.[87]

순자의 유가적 종합은 이후 많은 영향을 끼치기도 했으나, 성리학의 성

---

87) 장자에게서 인간이란 자연이라는 원의 어딘가에서 툭 불거져 나온 혹 같은 존재이다.
  그래서 큰 원과 작은 원을 동시에 긍정하면서 달걀 — 철학적 달걀 — 을 만들어가는
  것이 문제이다. 그러나 순자에게서 이 혹은 아예 큰 원으로부터 떨어져 나온다. 그래서
  문제가 되는 것은 큰 원과 작은 원의 사이에 어떤 관계를 설정할 것이냐로 바뀌게 된다.

립 이래 그의 사유는 '순수한 유가'가 아니라는 이유에서 다분히 배척되었다. 그 핵심적 이유는 역시 성악설에 있다고 해야 할 것이다. 그러나 순자는 인간의 악함을 날카롭게 통찰했다고 할 수 있다. 현대적인 감각으로 볼 때, 성악설은 '잘못된 것'이라는 판단은 어디까지나 유가사상의 '입장'이지 학문적/객관적 판단은 아니다. 인간이 이익을 탐하고, 타인을 질시하고, 감각에 휘둘린다는 의미에서 악하다는 것은 분명한 경험적 사실이다. 더 중요한 것으로, 순자의 성악설은 인간의 선/악을 실체주의·본질주의의 시각에서 파악하는 것이 아니라는 점이다. 순자가 역점을 두는 것은 '자연상태'에서의 인간은 악할 수밖에 없고 바로 그렇기 때문에 중요한 것은 인간이 스스로를 선하게 만들어가야 한다는 점이다. 그래서 그에게는 학문이 그토록 중요할 수밖에 없다. 순자사상의 의의는 오늘날 새롭게 음미될 충분한 가치가 있다.

도가적 종합

본래의 도가 ——『노자』와 『장자』 내편의 도가 —— 와 법가는 판이한 나아가 대조적인 사상들이다. 그러나 전국 말의 법가적 종합과 도가적 종합은 서로 얽혀 있다. 『관자』는 전체적으로는 법가적 저작이지만, 이른바 '『관자』4편'은 도가적 색채가 두드러진다. 『여씨춘추』는 전반적으로는 도가적 종합서이지만 그 정치저 지향은 역시 법가적이다. 특히 『덕도경』은 도가적 사유 안에 법가적 사유의 여러 측면들이 들어 있다고 할 수 있다. "도법가"라는 말은 이런 맥락에서 나왔을 것이다. 그럼에도 개념적으로는 비교적 순수한 형태의 법가적 종합과 이른바 '황로지학(黃老之學)'이라 불리는 도가적 종합을 구분할 수 있고 또 구분해야 한다. 양자는 밀접하기는 하지만 중요한 국면들에서 변별할 수 있는 사유들로 보아야 하기 때문이다. 더구나 황로지학을 전국 말 심지어 춘추시대까지 끌어내려 극히 다양한 사상 갈래들을 그리로 쓸어 담으려는 것은 곤란하다.

황로지학은 말 그대로 황제와 노자를 근간으로 하는 학문이다. 다원성이 통일되기 위해서는 그것들을 묶어줄 수 있는 중심기표가 요청된다. 탈레스와 아낙시만드로스의 관계에서 보았듯이 그런 중심기표는 현존하는 다원적 존재들 중 하나여서는 안 되며, 그것들을 초월해서 그것들을 논리적으로 묶어주거나 시간적으로 묶어줄 수 있는 존재여야 한다. 전통 세계에서 흔히 논리적 중심기표는 형이상학에 의해 제시되었으며, 시간적 기표는 역사학에 의해 주어졌다. 물론 양자는 대개 섞여 있기 마련이다. 전자의 대표적인 경우가 '도'이며, 후자의 대표적인 경우가 '시조'이다. 지중해세계의 경우 전자의 전형적인 예가 아리스토텔레스의 신이며, 후자의 전형적인 예가 유대-기독교의 신이다. 물론 이 경우에도 사실상 양 측면은 섞여 있다. 이 두 측면/좌표가 교차하는 곳에 '왕'이 놓인다. 왕은 논리적으로 도의 구현체이자 시간적으로 시조의 계승자이다. 천하통일의 기운이 무르익을 무렵, 학자들은 '도' 개념을 중심으로 모든 것을 통합하고자 했고, 동시에 시간적으로는 당시까지 존재했고 또 싸워왔던 다원적 존재들이 공히 그로부터 유래했노라고 상상되는 시조를 찾았다. 이러한 사후적 구성은 정치사에서 어떤 통일이 추구될 때면 거의 어김없이 나타나는 행태이다. 이렇게 찾아낸 시조가 바로 '황제'이다. 염제와 치우를 누른 승리자이며, 갖가지 문명의 창시자라는 이미지를 띠는 황제야말로 당대의 요청에 부응할 수 있는 존재였을 것이다. 이 이미지는 곧 고대의 신화/전설에서 흔히 나타나는, 카오스를 죽이고 코스모스를 도래시킨 '영웅'의 이미지이다.(그러나 문헌에 따라 황제는 매우 다양한 이미지로 나타난다) 특히 제의 직하 학자들은 황제를 제에 연결하면서 자신들의 시조로 삼았고 황로지학의 틀을 만들었다. 이 외에도 황제를 가탁해 쓴 저작들이 쏟아져 나왔고, 천하통일 이후에는 사마천의 『사기』가 황제를 '중화'의 시조로 못 박음으로써 그 위상이 확고해졌다.[88] 여기에 그 자신이 전설적인 인물이자 다

88) 그러나 완전한 전체의 통일이 아닌 한, 하나의 통일은 동시에 그 통일의 바깥을 낳는다. A, B, C가 통일되는 순간 이 통일체와 그 바깥의 D, E, ……가 대립을 형성하기 때

름 아닌 '도'의 사상가인 노자가 결합하기에 이른다. '시조'로서의 황제와 '도'의 철학자인 노자가 결합되어 '황로지학'이 된 것이다. 그러나 천하통일이 임박한 시대에 "귀음(貴陰)", "소국과민" 등을 설파한 노자사상이 그대로 이어질 수는 없었다. 이 때문에 『노자』는 『덕도경』으로 개작되기에 이르고, 후자는 천하통일을 전후해 거의 모든 사상들에 존재론적 배경을 제공하는 저작으로서 기능하게 된다. 황로지학은 어떤 분명한 학파라기보다는 황제와 노자를 근간으로 천하통일을 위한 청사진을 짜려 한 학자들의 '연구 프로그램'이었다고 해야 할 것이다.[89] 선진시대에는 황제와 노자를 결합한 '황로'라는 말이 없었으며, 이 개념은 한대 학자들이 전국시대 사유의 어떤 경향을 사후적으로 구성한 것이라 해야 한다.

황로지학은 법가사상과 얽혀 있지만, 양자 사이에는 분명한 차이가 있다. 법가사상은 '국가'라는 이름 – 자리의 체계를 구축하고 그 중심에 왕이라는 기표를 놓는 것을 목표로 하지만, 황로지학은 세계를 '일기(一氣)'의 총체로서 파악하고 그 중심에 왕의 신체를 안착시키는 것을 목표로 한다. 법가사상도 노자의 사유를 전유해서 국가철학의 존재론적 기초로 삼았지만, 황로지학은 어디까지나 총체적 생명철학을 추구했고 그 전체 장 안에 정치를 위치짓고자 했다고 할 수 있다. 법가 사상가들에게는 자신들의 국

문이다. 동북아세계의 중원이 통일됨은 바로 그 중원과 그 바깥이 변별됨을 함축한다. 따라서 황제가 중심기표로 자리 잡게 된 순간이 동북아에서 '중화'와 비 – 중화가 구분되기 시작한 순간이라고 할 수 있다.

89) 이와 같은 맥락에 속한다고 할 수 있는 저작으로서 『관자』, 『여씨춘추』, 『덕도경』 외에 중요한 것은 이른바 '황제사경'으로 불리는, 마왕퇴 한묘에서 출토된 네 문헌들인 『경법(經法)』, 『십대경(十大經)』, 『칭(稱)』, 『도원(道原)』이다. 천하통일 이후에 편찬된 『회남자』와 『황제내경』은 이런 흐름의 정점을 이룬다. 어떤 학자들은 『황제사경』의 성립을 매우 이른 시기에 위치 짓고서, 전국 말의 많은 문헌들이 이 저작의 영향을 받았다고 말한다. 그러나 이는 무리한 주장이다. 이 "저작"을 하나의 저작으로 보는 것 자체가 많은 논의를 필요로 하며, 역시 『덕도경』과 유사한 맥락에서 천하통일을 전후해 성립한 서물로 보아야 할 것이다.(김경수, 『출토문헌을 통해서 본 중국 고대 사상』, 심산, 2008)

가철학을 정초해주는 한에서 도가적 존재론을 필요로 했고, 이 때문에 그러한 작업에 직결되지 않는 주제들 예컨대 '心', '神', '氣', '生', '天' 등은 본격적으로는 의제화하지 않았다. 그러나 황로지학은 이와 같은 형이상학적 문제들에 대한 탐구의 토대 위에 그 정치철학적 귀결을 놓고자 했다. 또, 법가 사상가들은 왕을 중심에 놓고서 여러 논의들을 펼쳤지만 왕의 신체에 대한 본격적인 양생술적 논의를 펼치지는 않았다. 그러나 우주론적 생명철학을 근간으로 하는 황로지학에서는 왕의 신체에 대한 논의가 중요한 위상을 차지한다. 황로지학과 법가사상은 서로 밀접하지만 이처럼 주안점과 논의 구도가 다르다.

황로지학의 최고 범주는 도와 법이 아니라 도와 기이다. 신도를 비롯한 인물들에게 도란 자연법칙이다. 그러나 황로지학에서의 도는 지중해세계로 말한다면 '부정신학'적으로 논의된다.

> 무릇 '도'란 형태들(개별자들)을 채우고 있는 것이다.[90] 하지만 사람들은 그것을 지키지 못한다.[91] '도'는 가면 돌아오지 않고, 온다 해도 머물지 않는다. 도는 들으려 한다 해서 들리는 것이 아니며, 그저 문득 마음속에 있을 뿐이다. 가물가물해[92] 그 모습은 볼 수가 없지만, 은현하기에[93] 나와 생을 함께한다. 그 형태를 볼

90) 이 대목에서 '도'는 '기'와 거의 동일시되고 있다. 그러나 이때의 '기'는 물질성의 의미보다는 '허'의 의미를 띠고 있다.

91) 그 '허'를 지키지 못하고 이욕(利欲)으로 빠져든다. 그래서 도는 떠나버리게 되고 돌아오지 않는다. 그러나 도가 온다 한들 그것은 머물지 않는다. 도는 개별자의 차원에 갇힐 존재가 아니기 때문이다.

92) 명명(冥冥)은 '현(玄)'과 통한다.

93) 원어는 '음음(涔涔)'. 해석하기가 무척 어려운 말이다. 물속에 들어 있는 물건이 처음에는 물의 움직임 때문에 잘 보이지는 않지만 찬찬히 들여다보면 그 모습이 보이는 상황으로 해석해서 '은근히 드러남(隱現)'으로 번역했다. 장자의 '보광(葆光)'과 비교된다. 도는 가물가물해서 볼 수 없는 존재이지만, 그렇다고 우리와 절연된 존재는 아니다. 절연되어 있다면 우리에게는 아무 의미도 없는 존재일 것이다. 도는 헤라클레이토스의 로고스처럼 온전히 드러나 있는 것도 완전히 숨겨져 있는 것도 아니다. 핵심적인 것은 도란 우리가 우리의 마음/생명을 찬찬히 들여다볼 때 은근히 모습을 드러내는 존재라

수 없고 그 소리를 들을 수 없지만, 차례로 모든 것을 이루나니, 하여 '도'라 일컬어진다.(『관자』,「내업(內業)」)

　'도'는 모든 곳에 있지만 그 어느 특정한 곳에도 있지 않은 존재이고, 감각으로는 접할 수 없지만 우리의 마음속에서 또 삶/생명에서는 느껴지는 존재이며, 현실적으로 확인되는 존재가 아님에도 세계의 모든 일들을 하나씩 이루어가는 존재이다. 우선, 도는 그 어떤 특수성에도 갇힐 수 없는 무엇이다. 그래서 도는 '큼', '하나', '허', '무명' 등으로 표현되며, 여기에서 '큼'은 그 위대함을, '하나'는 그 총체성과 통일성을, '허'는 그 비어 있음과 무한한 잠재력을, '무명'은 인간의 언어로 온전히 표상할 수 없음을 뜻한다. 그러나 '도'가 신비한 것만은 아니다. "차례로 모든 것을 이룬다"는 것은 도가 단순한 혼돈이나 신비이기만 한 것만이 아니라 세계를 지배하는 이법이기도 하다는 것을 뜻하기 때문이다. 그래서 도의 성격은 흔히 '항'/'상'으로 표현된다.[94] 도는 "자본자근(自本自根)"(장자) 즉 '자기원인(causa sui)'이며, 그 이치는 인간의 인식 능력을 초월하지만, 인간은 세계에서 도의 위대한 활동을 확인할 수 있다. 도는 스스로를 숨기면서 동시에 드러낸다. 도는 불가지의 존재이지만, 또한 그 활동을 우리에게 현시한다.
　가장 중요한 것은 도가 "문득 마음속에 있을 뿐"이며, "은현하기에 나와 생을 함께한다"는 점이다. 도와 기의 형이상학을 배경으로 해서, 특히 마음과 생명에 대해 깊이 천착해들어가고 그 기반 위에서 정치를 논하는 것이 황로지학의 핵심 특징이다. 『관자』 4편 모두가 '心'과 '生'(또는 '身')에

─────

는 점이다.
94) 『황제사경』에서는 도가 '天'으로도 자주 표현된다. 그리고 그 성격은 '항(恒)'/'상(常)', '표준', '도(度)', '칙(則)', '수(數)' 등으로 표현된다. 『황제사경』은 신체를 중시하는 글들답게 자연철학적 측면을 많이 포함하며, '도'를 추상적 존재론의 맥락에서만이 아니라 자연철학의 맥락에서도 논한다. '천' 개념의 사용은 이런 맥락에서 이해된다.(김희정, 『몸·국가·우주 하나를 꿈꾸다』, 궁리, 2010, 71쪽)

대한 이론이다.

> 무릇 '도'는 그 머무는 곳 없지만, 선한 마음에는 편안히 깃든다.[95] 마음이 고요하여 기가 조리를 얻을 때 도는 깃들 수 있다.[96] [따라서] 저 도는 멀리 있지 않으니 우리가 그것을 얻어 살 수 있고, 우리와 떨어져 있지 않으니 우리가 그로 미루어 지혜를 얻을 수 있다.[97] 그러니 도란 문득 찾아와[98] 더불어 [삶과 지혜를] 추구할 수 있게도 해주지만, 또한 아득히 멀어 끝닿은 곳을 찾기 어렵다.(같은 곳)

이러한 구도가 특히 정치적 맥락을 띨 때, 이 '마음'은 군주의 마음이 된다. 군주가 허정(虛靜)한 마음을 유지할 때 거기에 도가 깃들게 되며, 마음이 빌 때 몸이 편하듯이 군주가 '무위'함으로써 백관이 '유위'할 수 있다. 북극성이 제자리를 지킬 때 뭇별들이 그것을 중심으로 돌 수 있는 이치와도 같다고 하겠다. 황로지학은 군주의 내업, 심술(心術), 백심(白心)을 통해 무위지치의 정치철학을 정초하고자 했다.

이 구도를 기 중심으로 표현할 수도 있다. 황로지학에서 생명은 '정기'로 표현되며, 이 생명을 지키는 양생술이 핵심을 이룬다. 이 경우 도와 기 그리고 심과 생/신은 거의 동일시되며,[99] 도/기를 자신의 몸 안에 축적하

---

95) 도홍경(陶鴻慶)은 "善心安愛"에서의 '愛'를 '處'의 오기로 본다. 장빙린(章炳麟)은 '愛'를 '은(隱)'으로 읽는다.

96) "기가 조리를 얻는다(氣理)"는 구절은 맹자에서의 '기'와 '심'의 관계를 떠올리게 한다. '심' 개념은 이 시대의 에피스테메였다고 할 수 있다.

97) "民得以產"에서의 '產'은 '生'으로 읽을 수 있다. 도는 한편으로 불가지의 존재이기에 "道可道非常道"이지만, 자신의 '心'과 '氣'를 잘 다스린다면 도가 우리에게 깃들 수 있음을 말하고 있다.

98) "문득 찾아와"로 번역한 '후'은 상봉(翔鳳)을 따라 '취(聚)', '견전/현전(見前)'으로 이해할 수 있다.

99) 3장에서 언급했듯이, 애초에 '心'은 물질성과 절연된 순수 정신성을 가리키지 않았으며, 의학적으로는 심장을 가리켰다. 또, '身' 또한 순수 물질성으로서의 신체를 가리키지 않았다. '自身'이라는 말이 함축하듯이, '신'은 '自己'의 '기'와 거의 같다. 일반적으로 말해, 도의 맥락과 기의 맥락은 서로 구분되지만 절연되어 있지 않다. 심과 신 역시

고 보존하고 발달시킬 때 '덕'이 이루어지는 것으로 이해된다. 덕이 때로 '얻음[得]'으로 읽히는 것은 이 때문이다. 따라서 "덕이 있다", "덕을 쌓는다" 같은 말들은 현대적인 의미가 아니라 양생술적인 의미를 띤다. 군주가 허·정한 마음을 가져 마음 깊숙한 곳으로 내려갈 때 거기에서 정기 나아가 영기, 신명, 기의(氣意)를 받아들일 수 있게 된다. 이렇게 '득도'한 이후 다시 신체와 언어의 차원으로 올라와 통치할 때 무위지치[100]가 가능하다.[101] 우주의 신묘한 정기는 오직 인간의 마음, 허정한 마음에서만 포착되며, 특히 군주가 이런 득도를 통해 무위지치를 행할 때에만 국가가 잘 다스려진다는 것이 황로지학의 핵심이다. 법가사상이 이름 – 자리의 구조화라는 언표적 배치, '코드화'에 주력했다면, 황로지학은 왕의 몸을 중심에 놓고서 신체적 배치, 영토화에 주력했다고 할 수 있다.

그러나 황로지학이 현실 정치에서 실현되기 위해서는 이와 같은 형이상학적 구도가 보다 정치적인 구도로 응용되어야 했다. 이런 응용은 곧 법가

서로 대립하지 않으며, 자신/자기 전체로서의 신에서 심이 특화된다고 할 수 있다. 구체적으로는 신 → 심 → 기 → 심 → 신의 순환 구도를 띠는데, 몸을 바로 해 마음을 바로 하고 다시 기의 차원으로까지 나아가며 그 후 거꾸로 몸으로 가는 원환적인 과정이다.

100) '무위(無爲)'란 아무 일도 하지 않음을 뜻하기보다는 작위로써 통치하지 않고 도를 따라서 통치함을 뜻한다. 이런 통치를 '인(因)'이라고도 부른다. '인'은 자연의 이치이고, 이 자연의 이치를 따라 통치하는 것이기도 하다.

101) 언어와 실재의 문제는 전국시대 사상계를 관류한 문제 – 장들 중 하나였다. 황로지학역시 이름과 실재의 일치를 주장한다. "이름과 실재가 어긋나지 않으면, 천하가 어지럽지 않고 잘 다스려진다." 그러나 황로지학의 정명론은 공자의 경우처럼 이름의 진실성 그리고 그 진실성의 체계로서의 예를 가리키기만 하는 것이 아니라 보다 형이상학적인 함축을 띤다. 그것은 도가 '무명'이라는 기본 입장과 현실세계에서의 정명의 추구를 함께 이야기하며, 도/무명에 입각한 명의 추구와 명을 넘어선 도/무명의 추구라는 양면을 함께 이야기한다. 앞에서 언급한 도의 두 측면과 상관적이다. 이러한 언어철학에서 형이상학적 측면을 제거하고서 정치적인 명 – 실 일치만을 극단화할 때 법가의 형명지학이 성립한다. 후기 묵가의 개념 분석, 명가의 논변술 그리고 그에 대한 장자의 비판, 순자의 정명론, 황로지학의 무명/정명 사상, 법가의 형명지학 등은 전국시대 언어철학의 별자리를 형성했다.

적인 지향으로 흘러갔으며, '관자 4편'이 『관자』에 포함되어 있는 것이라든가 『덕도경』, 『여씨춘추』의 성격, 또 '황제 4경'의 법가적 경향 등은 이런 맥락에서 이해된다. '도법가'라는 표현도 이 때문에 생겨났을 것이다. 헬라스세계에서 '퓌지스'와 '노모스'가 대립했던 것과는 대조적으로, 동북아에서는 '도'와 '법'이 연속적이었다. 법은 도로부터 나와야 하는 것이다. 인간의 세계는 하늘과 땅을 모방해서 만들어져야 한다는 생각은 고대 동북아 문명의 기본 관념이었다. 그러나 법가사상이 법에 방점을 찍었다면, 황로지학은 도에서 법으로 나아가는 과정에 방점을 찍었다. 그래서 법가에서 왕의 존재는 예외를 형성하지만, 황로지학에서는 왕 역시 도를 따라야 하는 존재로서 이해된다. 또, 형명의 문제에서도 법가에서는 형과 명의 일치에 방점이 찍히지만 황로지학에서는 명이 어떻게 형에 부합하느냐에 방점이 찍힌다. 법가는 실재에 대한 형이상학적 이론을 필요로 하지 않았지만, 황로지학은 이름-자리의 체계를 넘어 도에 따라서 모든 것이 이루어져야 한다고 본 것이다. 황로지학과 법가사상은 서로 밀접히 연관되어 있지만, 양자가 전국시대의 사상들을 종합하는 방식에는 차이가 있었다.

본래 도가는 강호의 철학이다. 특히 장자의 사유가 그렇다. 『노자』의 정치철학은 경우가 다르지만, 이 또한 천하통일의 제왕학과는 성격이 판이하다. 그러나 황로지학은 천하통일의 배경하에서 황제와 노자를 중심기표로 삼아 거대한 양생술적 제왕학을 구축하려 했다. 그리고 실제 한 제국의 초기에는 통치철학으로서 기능하기도 했다. 그러나 황로지학은 구체적인 정치철학의 역할을 하기에는 너무 자연주의적이고 형이상학적이었다. 그래서 곧 유가와 법가에게 통치철학의 자리를 내주게 된다. 다른 한편, 황로지학은 순수한 강호의 철학이 되거나 아니면 종교 즉 도교가 되기에는 너무 제왕학적이었다. 그래서 황로지학은 천하통일을 전후해 큰 역할을 했음에도 이후 정치철학으로서도 또 강호의 철학/종교로서도 이어지지 못했다고 할 수 있다. 그러나 역대 제왕들에게는 그 양생술적이고 또 제왕학적인 성격이 매력적이었기 때문에, 전통 왕조들에서 황로지학은 왕가의 관심 대상으로서 자리 잡게 된다.

법가적 종합

전국시대의 질곡을 끝장내고 천하통일을 이루어야 한다는 것은 전국 말의 지식인들 대부분이 생각한 바였다. 법가 사상가들은 이 상황에 가장 직접적으로/즉물적으로 대응한 인물들이었다. 작은 나라들이 큰 나라들에 하나둘 정복당해 사라지고 큰 나라들끼리의 전쟁도 지속되는 상황에서, 인간의 선한 마음씨라든가 문화적 교양 또는 다른 어떤 방법들이 좋은 세상을 가져오리라는 것은 바랄 수 없는 이상이라는 나아가 뭔가 크게 잘못 생각한 착각이라는 생각도 등장했다. 인간이란 본래 악한 존재가 아닐까? 『순자』의 성악설은 이렇게 등장했고, 법가사상의 근저에는 이 성악설이 깔리게 된다.[102] 앞에서 보았던 『고본죽서기년』의 역사 해석도 이런 맥락에서 등장하게 된다.[103] 이와 같은 흐름에서 '예'로부터 '법'으로의 전환이 도

---

102) 한비자(韓非子, 280~233년)와 이사(李斯, 284~208년)가 모두 순자의 제자였음을 상기하자. 그러나 예컨대 법가사상의 극단에 이른 한비자의 경우를 보아도 법가사상의 인성론이 '성악설'인지는 미묘한 문제이다. 지주가 고용인에게 맛있는 음식을 제공하는 것은 그에게 더 많은 일을 시키기 위함이고, 고용인이 열심히 일하는 것은 그래야 맛있는 음식이 나오기 때문이다. 지주가 고용인을 위하는 것도 아니고, 고용인이 지주를 위하는 것도 아니다. 부모가 아들을 낳으면 축하하지만 딸을 낳으면 죽이는 것은 아들을 사랑하고 딸을 미워해서가 아니다. 아들이 이익을 가져다주고 딸이 불이익을 가져다주기 때문일 뿐이다. 인간은 악한 존재라기보다는 그저 상황에 복종하는 존재일 뿐이다. 결국 '악하다'는 개념의 의미가 문제인데, 한비자의 경우 그리고 대부분의 법가 사상가들의 경우 '악하다'는 것은 예컨대 지중해세계 헬레니즘 시대의 이원론적 종교들에서처럼 어떤 심각하고 실체적인 의미에서가 아니었다고 할 수 있다. 그것은 모든 인간은 이기적이라는 의미 정도를 뜻한다고 보아야 한다. 동북아 철학에서 '악하다'는 것은 늘 이런 현실적 맥락에서 사용된 개념이었다.

103) 법가 사상가들은 모두 '상고'의 경향을 강하게 비난하면서 당대 현실에 맞는 처방을 역설했다. 상앙은 「개색」에서 일종의 '역사 단계설'(역사의 퇴보)을 전개하면서, 각 시대에는 각 시대에 합치하는 정치가 있음을 역설한다. 한비자는 진보주의적 역사관 ── 그러나 그에게 진보란 단순히 좁은 의미에서의 문명의 발달을 뜻하며(발터 벤야민이 비판적으로 언급하는 가치로서의 '진보'), '성인'이란 이 문명 발달을 견인

래하기에 이른다.『덕도경』에서는 "도가 사라지면 덕이 나오고, 덕이 사라지면 인이 나오고, 인이 사라지면 의가 나오고, 의가 사라지면 예가 나온다"고 했는데, 여기에 "예가 사라지면 법이 나온다"를 덧붙일 수 있을 것이다.[104] 이러한 관점에 설 경우, 이제 역사는 거의 그 몰락의 바닥까지 내려온 것이다.

법가사상은 천하통일이 임박한 분위기를 맞아 그에 걸맞은 사상적인 천하통일 즉 제자의 종합을 꾀한 서물들인『관자』,『덕도경』,『여씨춘추』등을 이론적 자원으로 삼았다.

정자산은 법을 중시했기에 숙향의 비난을 샀지만 춘추 귀족들의 '예'는 벌써 아득한 옛날이야기가 되었고, 오히려 뛰어난 현실적 통치술의 원형을 보여주었던 관중이 시대의 패러다임으로서 새롭게 해석되기에 이른다. 관중의 나라였던 제의 직하에서는 이런 맥락에서『관자』를 편찬했다. 이 백과전서적 저작은 관중의 사상을 잇는 인물들에 의해 편찬되었으며, 그중에는 관중이 썼거나 그의 말로서 전해지는 것을 수록한 부분도 포함되어 있는 것으로 보인다. 정치, 경제, 법률을 비롯한 매우 다양한 주제들이 다루어지고 있으나, 그 중심은 군주의 통치술, 국가경영학에 있다. 사상적으로는 (앞에서 보았듯이) 도가를 이론적 배경으로 깔면서 유가적 측면과 법가적 측면을 모두 포함하고 있다. 그러나『관자』는, 맹자의 민본사상과 비교해본다면, 어디까지나 방점은 군주와 국가에 찍힌다. 또, 유가가 중시하는 인성론적이고 문화철학적인 면은 결여되어 있으며 철저히 현실적인 논의들로 채워져 있다. 이와 같은 점들 때문에『관자』는 법가 계열의 사상

한 인물들을 뜻한다 ── 을 펼치면서 당대의 두 현학인 유·묵의 상고주의를 비판한다.(「오두」,「현학」)『한비자』는 다음 판본들을 참조해 인용한다.『한비자』, 이운구 옮김(한길사, 2011). 문학적인 면에서『한비자』는『묵자』를 잇는 것으로 보인다. 그러나『한비자』는『묵자』보다 문학적으로 훨씬 세련된 책이며, 고대 문헌 중 '논문' 형식의 백미를 보여준다.『맹자』,『장자』,『한비자』등은 전국시대에 이르러 동북아 문명의 문학적 수준이 어디까지 이르렀는가를 시사해주는 명문들이다.

104)『덕도경』은 다음 판본을 참조해 인용한다. 池田知久,『老子』(東方書店, 2006).

가들에 의해 전유되었다고 할 수 있다.

『덕도경』역시 도가사상을 담고 있으면서도 법가사상이 전유할 수 있는 면모를 띠는 저작이다. 노자사상의 국가철학적 전유를 위해서는 무엇보다 『노자』를 개작해야 했다. 이로써 노자의 두 번째 얼굴이 형성된다. 백서본의 노자사상 즉 『덕도경』의 노자사상은 본래의 『노자』를 잇고 있지만, 천하통일에 임박해서 특히 도법가적 맥락에서 개작된 사상이다.[105] 이 두 번째 노자는 역시 천하통일을 염두에 두고 있는 노자이며, 첫 번째 노자보다 다소 교활해진 노자이다. 『덕도경』은 진정 천하를 취하려면 '무위해야 함'을, '아래에 처해야 함'을, '빛남을 누그러뜨려야 함'을, …… 누누이 역설하는데, 이는 이런 가치들을 진정으로 추구해야 하기 때문이 아니라 궁극적으로는 천하를 취하기 위해서는 그것들이 필요하기 때문이다. "장차 오그라들게 하려면 우선은 펼쳐주어야 하고, 장차 약하게 하려면 우선은 강하게 해주고, 장차 없애버리려면 우선은 추켜주어야 하며, 장차 빼앗고자 한다면 우선은 주어야 한다" 같은 대목은 『덕도경』의 성격을 잘 드러낸다. 이 판본은 병가나 법가와 많이 가깝다. 그러나 많이 교활해지기는 했지만 『덕도경』은 병가나 법가처럼 즉물적이고 거친 방식으로 사태를 해결코자 하지 않는다.[106] 『덕도경』은 원래의 『노자』로부터 현묘한 형이상학을 이어받고 있으며, 어디까지나 도와 덕에 따라 천하를 취해야 함을 역설한다. 법가는 이 현묘한 형이상학의 영향을 많이 받았으나, '도와 덕'을 '법과 술과 세'로 바꿈으로써 시대에 보다 직설적으로 대처하고자 했다. 이 점에서 『덕도경』의 영향을 받은 법가 사상가들과 『노자』의 영향을 받은 장자는 대

---

105) 시사적인 대목들 중 하나로서, '도'를 '일(一)'로 보는 곳이 『노자』에는 단 한 곳도 없지만, 『덕도경』에서는 여러 군데가 있다는 사실이다. '하나'로의 통합＝'귀일(歸一)'이라는 생각이 천하통일을 전후해서 형성되었다는 점을 잘 보여주는 대목이다.

106) 물론 병가와 『덕도경』의 관계는 밀접하다. 병가는 『노자』의 영향을 받은 것으로 보이며, 예컨대 『손자병법』에는 노자의 사유를 떠올리게 하는 많은 구절들이 포함되어 있다. 역으로 『덕도경』은 병가의 큰 영향을 보여준다. 『노자』가 병가적으로 전유되는 과정에서 범려가 중요한 역할을 했을 것이다.

극에 존재한다고 할 수 있다.

진의 천하통일을 전후해서 만들어진 『여씨춘추』 역시 백과전서적인 작품이지만, 기본적으로는 도가적이고 음양오행론적인 존재론과 유가적 · 법가적 정치철학을 뼈대로 하고 있다. 그리고 묵가의 영향도 일정 정도 보인다. 여불위의 권력이 작용한 작품이어서 『관자』보다 더 일관성이 있는 저작이라 할 수 있으며, 『관자』에 비해서 '황로지학'적인 측면이 더 많은 비중을 차지한다. 작품의 표면에 드러나는 것은 종합적인 성격이지만, 사실 그 근저에는 진의 천하통일을 염두에 둔 통치술에 대한 관심이 관류하고 있다고 보아야 한다. 『여씨춘추』에는 유가적 가치가 적지 않게 들어 있지만, 이는 맹자에게서 볼 수 있는 것과 같은 순수한 민본정치의 사상과는 거리가 있다. 그렇다고 군주의 절대 권력과 법만이 강조되는 것은 아니며, 논의 전반에 군권과 신권의 갈등이 깔려 있기도 하다.[107] 이 점에서 제자의 종합에 무게중심이 있다고 하겠으나 결국 어디까지나 국가의 코드를 단단하게 짜는 데 기본 관심이 있다 해야 할 것이다. 『관자』도 『여씨춘추』도 매우 종합적인 작품이지만 도가적 존재론과 법가적 국가철학 — 특히 '변법'의 역설 — 이 그 뼈대를 이루고 있다. 이 점에서 당대에는 결국 천하통일의 현실적 주역이었던 법가 사상가들의 맥락 속으로 흡수되어버리게 된다. 달리 말해, 당대의 법가 사상가들이 도가사상 특히 노자의 사상을 자신들의 맥락으로 변형해서 받아들였다고 할 수 있다. 소피스트들이 파르메니데스를 전유한 것을 상기시킨다. 후대 사람들은 전대 사람들을 전유할 수 있지만, 그 역은 불가능하다. 이 때문에 사상사는 자주 기묘한 굴곡을 그린다.

『관자』에서 『덕도경』, 『여씨춘추』로 가면서 감지해낼 수 있는 하나의 흐

---

107) 예컨대 「신대람(愼大覽)」에서는 군주와 신하(士) 사이의 미묘한 갈등을 읽어낼 수 있다. 논의에서 주체는 군주 쪽에 두어지지만 요지는 군주가 신하에게 몸을 낮추어야 한다는 점에 있기에, 군주의 통치술이 강조된다고 볼 수도 있고 '상현'을 역설하고 있다고 볼 수도 있다.

름은 곧 왕의 존재이다. '왕'이란 다자를 통일하는 일자이다. 다원적으로 분산되어 있던 존재들이 그리로 귀일하는 중심이다. 긍정적으로 보든 부정적으로 보든, '왕화'를 통해서 국가가 탄생하고 문명이 발달한다. 최근에 전설에서 역사로 편입되고 있는 '아서 왕 이야기'는 이런 과정을 흥미진진하게 보여주는 사례이다. 어느 정도의 크기가 되어야 '국가'라 할 수 있는가는 사실 상대적인 문제이지만, 동북아에서 은 왕조와 주 왕조는 바로 '왕의 존재'를 비교적 분명하게 보여주는 경우였다. 춘추전국시대는 이 왕의 존재가 와해되고 제후들의 쟁패가 펼쳐진 시대이다. 천하통일의 기운이 무르익던 시절에 새롭게 부활한 것은 바로 왕의 존재였고, 이 시대가 요청한 학문은 바로 제왕학이었다. 『관자』는 관자라는 신하를 모범으로 삼아 쓴 저작이지만, 이미 이런 관점을 잘 보여준다. 『여씨춘추』는 보다 체계적인 국가철학을 담고 있고, 제왕학으로의 길을 더 잘 드러내고 있다. 그리고 군권과 신권의 갈등이라는, 동북아 역사를 관류한 문제의식을 이미 드러내고 있다. 『덕도경』에서 제왕학은 더욱 두드러지게 나타난다. 이론적으로는 '은미(隱微)함'을 역설하고 있지만, 사실은 제왕학을 노골적으로 펼치고 있는 저작이라 할 것이다. 더 정확히 말해, 바로 은미함을 제왕학의 왕도로 삼고 있는 저작이다. 이 저작들에서 아른거리는 것은 바로 왕의 귀환이다.

천하통일의 기운이 무르익을 무렵 편집된 이 종합적 저작들[108]은 모두 수준 높은 철학적 – 정치적 사상들을 포함해 다양한 맥락들을 담고 있었으나, 당시에는 천하통일을 주도한 법가 사상가들의 맥락 속으로 흡수되었다. 또, 이 저작들의 편찬에 법가 사상가들이 적극적으로 참여했던 것으로도 볼 수 있다. 그러나 이론과 실제 정치 사이에는 늘 일정한 거리가 있게 마련이다. 이런 이론들로 치장하기는 했지만, 실질적으로 법가사상을 전

---

108) 『장자』의 외·잡편도 천하통일을 전후해서 편집된 글들이며, 아울러 『문자』, 『열자』, 『할관자』 등도 유사한 시대에 편집된 글들이다.

개한 인물들의 생각은 훨씬 현실적이고 냉혹한 것들이었다. 특히『덕도경』의 은미하고 교활한 사상은 법가 사상가들에 의해 보다 노골적이고 냉혹한 사상으로 변환된다. 예컨대 "옛말 이르길 도를 행하는 이 백성을 지혜롭게 하지 않고 우매하게 한다 했으니, 백성 다스리기 어려움은 그 지혜 때문일세"는 노골적인 우민화 정책으로, "천지는 어질지 않을지니, 만물을 지푸라기 개처럼 여길 뿐"은 백성을 오직 부국강병의 도구로서 간주할 뿐인 '농병(農兵)'의 정책으로, "행하지 않으면서도 행하지 아니함이 없다"는 모든 것은 관료들에게 맡기고 왕은 오로지 '형명'만을 행해야 한다는 생각으로, "문을 나서지 않아도 천하를 굽어보고, 바깥을 내다보지 않아도 천도를 읽어내니"는 만인으로 하여금 만인을 감시케 하는 상호감시체제로, "빛을 누그러뜨리고 먼지와 함께하나니, 고요하여 있는 듯 없는 듯하구나"는 자신의 생각을 결코 드러내지 않는 왕의 술수로, …… 해석된다.[109) 아울러『한비자』, 「양권」에서 볼 수 있듯이,『관자』나『여씨춘추』에서만 해도 어느 정도 남아 있는 신권에 대한 주장이 철저한 왕권중심주의로 바뀐다.

고대 동북아 정치에서의 '법'이란 근대적 법 개념과는 물론 지중해세계에서의 '자연법'과도 다른, 철저하게 지배계급이 피지배계급을 지배하기 위한 실정법이었다. 또, 법은 특별한 절차를 거쳐 신중히 제정되는 것이라기보다는 군주가 자의적으로 만들어내는 것에 가까웠다. 법은 사실상 군주가 내리는 '명'/'령'과 '형'이었다. 그러나 서주 시대가 되자 기존의 잔악했던 법이 완화되고 '예'가 그것을 대체했다. 물론 예는 주로 지배층의 코드였고, 피지배층은 (완화되긴 했지만) 여전히 법에 노출되어 있었다. 춘추 말

---

109) 이런 법가의 생각들은 전통 왕조에 강력한 영향을 끼쳤을 뿐만 아니라, 다소간 부드러워진 형태이긴 하지만 현대에까지도 이어지고 있다. 프레더릭 테일러가 노동자들에게 늘 외쳤다는 "Don't think!"는 우민화 정책의 경영학 판본이며, 전체주의 국가들이나 파시즘 국가들에서의 '총동원 체제'는 농병 정책의 현대적 판본이다. 또, 형명지학은 예컨대 '인사고과제도'를 비롯한 다양한 평가 장치들로, 상호감시체제는 각종 정보기관들을 통한 파놉티콘적 정보공학으로, 왕의 술수는 현대적 정치수사학, 이미지정치로 이어지고 있다.

에 숙향이 정자산을 비난한 일은 당대까지도 내려온 법의 이미지가 어떤 것이었는지를 시사한다. 그러나 전국시대가 전개되면서 '예'가 속절없이 무너져가자 법가 사상가들은 오히려 상고 시대의 법 개념을 부활시킴으로써 부국강병과 천하통일을 이룰 수 있다고 보았다. 이는 왕의 귀환과 밀접한 관련이 있다. 법가 사상가들은 부국강병과 천하통일은 귀족들의 억제와 왕권 강화를 통한 '집권'에 의해 가능하다고 보았기 때문이다. 이들에게 '공(公)'의 개념은 "res publica"와는 전혀 다른 것이었다. '공'은 곧 왕의 권력에 상관적인 것이었고 '사'는 귀족(과 평민)의 권력에 상관적인 것이었다. 이 '공'은 오로지 '법'을 통해서만 실현 가능했다. 그래서 '법'이란 곧 왕의 의지가 귀족들을 누르고 "평등하게" 적용되는 것에 다름 아니었다.

법가사상의 요체는 형명지학 또는 '신상필벌'에 있다. 법가 사상가들은 상보다는 벌에 무게를 두긴 했지만, 상이 백성들의 충성을 끌어내는 방법이라는 것도 알고 있었다.[110] 핵심적인 것은 신민이 제시한 목표(名)와 실제 이룬 업적(刑＝形)이 일치하는가의 여부를 확인해 상벌을 공정하게 실시하는 것이었다.

군주가 간신을 견제하고자 한다면 무엇보다 우선 형·명의 일치, 곧 말한 것과 이룬 것의 일치를 살펴보아야 한다. 신하가 어떤 일을 언급하면 군주는 그 일을 맡기고, 그 일에 맞추어 성과를 요구한다. 성과가 일에 들어맞고 일이 그 말에 들어맞으면 상을 내리고, 성과가 그 일에 들어맞지 않고 일이 그 말에 들어맞지 않으면 벌을 내린다. 따라서 말한 것이 이룬 것보다 클 경우는 물론이지만 이룬 것이 말한 것보다 큰 경우도 벌을 내린다. 벌을 내리는 것은 이룬 것이 작아서가 아니며, 나아가 이룬 것이 커서도 또한 아니다. 말한 것과 이룬 것이 일치하지 않기 때문에 벌하는 것이

---

110) "천하의 왕 노릇을 할 수 있는 국가는 형벌이 9할이고 상이 1할이며, 강대한 국가는 형벌이 7할이고 상이 3할이며, 약소한 국가는 형벌이 5할이고 상이 5할입니다."(『상군서』, 「거강(去彊)」)

다. 이룬 것이 더 큰 것이 가져올 이익보다는 말한 것과 이룬 것이 일치하지 않는 것이 가져올 해가 더 크기 때문이다.(『한비자』, 「이병(二柄)」)

이룬 것이 말한 것보다 더 클 경우에조차 벌해야 한다는 생각에서 형명지학의 성격이 분명히 드러나고 있다. 법가 사상가들은 유가사상을 강하게 비판하면서,[111] 삶의 모든 차원을 농업과 군사로 환원해서 국가라는 거대한 기계의 일부가 되도록 했다. 이들은 형벌로 세상을 다스리려 했기 때문에 갖가지 끔찍한 형벌들을 고안해내기도 했다. 그중 가장 끔찍한 것은 '연좌제'일 것이다. 모든 사람들을 밀고자로 만드는, 근대 파놉티콘보다도 더 끔찍한 연좌제는 또한 그것을 지키지 않을 경우 일가가 몰살된다는 점에서도 끔찍했다. 물론 법가 사상가들 자신들은, 한비자도 말했듯이,[112] 바로 이런 방법으로써만 천하를 구제할 수 있다고 생각했다. 자신들이 사는 시대가 바로 그런 방법을 요구한다고 믿었던 것이다. 어떤 면에서 보면 법은 왕보다도 위에 있는 것이다. 법은 왕에게서 나오지만 법이 갖추어야 할 논리적 일관성, 공정성, 합리성, 간편성 등은 왕 자신도 무시할 수 없는 어떤 객관성을 띤다고 생각했기 때문이다. 법가사상은 근대적 형태는 물론 아니지만 동북아세계에 '공정성'이라는 가치를 도래시켰다는 점에서는 나름대로 공적을 남겼다고 할 수 있다.

---

111) "국가에는 예법, 음악, 『시경』, 『서경』, 선량, 수양, 효도, 공경, 청렴, 언변이 있습니다. 국가에 이 열 가지가 있으면 군주는 백성들을 전쟁에 나아가도록 할 수 없으며, 국가는 반드시 약해집니다. 국가에 이 열 가지가 없으면 군주는 백성들을 전쟁에 나아가게 할 수 있고, 국가는 반드시 융성해져서 천하의 왕 노릇을 할 것입니다."(『상군서』, 「거강」) 상앙과 한비자는 공히 통제를 역설했지만, 상앙이 백성들의 통제에 주력했다면 한비자는 신하들의 통제에 주력했다는 차이가 있다.

112) "이렇게 해야 강자가 약자를 침해하지 않고, 다수가 소수를 학대하지 않고, 노인이 수명을 다 누리고, 어린 고아가 성장하고, 변경이 침략당하지 않고, 군신이 서로 친밀해지고, 부자가 서로 감싸줌으로써 서로 다투다가 사망하거나 붙잡히는 염려가 없게 된다. 이것이 바로 공(功)이 지극히 두터운 것이라 하는 것이다. 어리석은 사람들은 이를 모르고 도리어 법술을 폭정이라고 비난한다."(「간겁시신(姦劫弑臣)」)

404

법가사상에는 '법'만이 아니라 '세'와 '술'도 중요하다. 직하의 학자였던 신도(愼到, 395~315년)에게서 자연/도는 형이상학적 차원이 아니라 자연철학적 차원에서 이해된다. 이런 맥락에서 신도는 '혼천설'의 기초를 마련하는 등 몇 가지 자연과학적 업적도 남겼다. '自然'이 '스스로 그렇다'의 의미가 아니라 근대적 의미에서의 자연으로 이해될 때, '자연법칙'이라는 말이 시사하듯이 자연은 법칙적인 것으로 이해된다. 그래서 '법'의 모델은 여전히 '도'이지만, 이 '도'의 의미는 바로 '자연법칙'이 된다. 아울러 이 객관적인 도/자연법칙을 어떻게 인식할 것인가의 문제, (근대 인식론과는 매우 다른 형태의) 인식론의 문제도 등장하게 된다. 법가 사상가들은 노자의 현묘한 형이상학을 자연철학으로 전환해서 이론적 기초로 삼았다. 법가 사상가들에게서 양화(量化)의 의지가 현저하게 나타나는 것도 이런 맥락에서이다.[113] 그러나 신도의 법칙성은 모든 것을 등질화(等質化)하는 근대적 법칙 개념과는 판이하다. 오히려 신도에게서 법칙성은 바로 이름-자리의 체계를 뜻한다. 법에 따라야 한다는 것은 근대적 평등사상의 표현이 아니라 오히려 이 이름-자리의 체계를 따라야 함을 뜻한다. 따라서 정치의 핵심인 권력은 바로 이 이름-자리에서의 권력관계(勢位) —— 명령과 상/벌을 내릴 수 있는 능력 —— 에서 온다. 신도는 제왕학을 펼치지만, 군주의 세위 역시 그 개인의 힘이 아니라 그가 앉아 있는 이 세위에서 오는 것이다. 근대적 사고로 볼 때 서로 모순되게 느껴지는 '제왕학'과 '법치'가 신도에게서 자연스럽게 결합되어 있는 것은 바로 이 때문이다. 게다가 신도는 이름-자리의 체계를 종법제의 구도에서 끌어왔다. 동북아세계에서 이름-자리 체계의 원형은 바로 종법제이기 때문이다. 혈연과 결연으로 이루어지는 가족적 질서인 '예'와 직업들의 체계로 이루어지는 사회적 질서인 '법'

---

113) "법은 권력에서 나오고, 권력은 도에서 나온다."(『관자』, 「심술(心術) 상」) "도에 따라 법을 완전하게 만든다."(『한비자』, 「대체(大體)」) 「대체」는 신도에 대한 주석이라고도 할 수 있다.

은 서로 대비됨에도, 신도가 법 못지않게 예 또한 강조했던 것은 바로 이런 맥락에서 이해된다. 사실 '법'은 '예'의 매우 강고한 형태라 할 수 있고, 이는 유가와 법가의 연속적인 측면이다. 신도는 한편으로는 매우 급진적이었지만 다른 한편으로는 매우 복고적이기도 했다. 그에게서는 법/국가 자체도 군주의 세위를 위한 도구일 뿐이다. 이 점에서는 법 자체의 객관성을 역설했던 다른 법가 사상가들보다도 보수적이었다 할 수 있다. 이 점에서 신도의 사유는 이름-자리의 체계를 인정하되 오히려 가장 아래의 이름-자리에 있는 민중들의 행복을 강조한 맹자의 사유나 이름-자리의 체계 자체를 해체하려 했던 장자의 사유와 대척에 있다 하겠다. 신도의 사상은 '위(位)'의 사상의 가장 전형적인 형태이다. 신도는 도가사상과 유가사상을 독특하게 변형함으로써 자신의 종합적 법가사상을 펼칠 수 있었으며, 그 후의 '황로지학'의 전개에 큰 영향을 끼치게 된다.

신도가 '법'과 '세'를 강조했다면, 한나라의 재상으로 활동했던 신불해 (申不害, 385~337년)는 '술(術)'의 사상을 펼쳤다. '세'가 권력의 구조적 측면이라면, '술'은 그 통치테크닉의 측면이다. 술이란 곧 군주의 통치술을 말한다. 통치술은 법과 차이가 있다. "술이란 능력에 따라 관직을 주고, '명'에 입각해 그 '실'[형]을 판가름하며, 살/생의 권력을 손에 쥐고, 신하들의 능력을 시험하는 것이다. 이는 군주가 장악하는 바이다. 법이란 헌령 (憲令)이 관부(官府)에 내걸리고, 형벌이 필히 백성들의 마음에 각인되고, 법을 존중하는 자에게는 상이 주어지고 명령을 어기는 자에게는 벌이 주어지는 것이다. 이는 신하들이 모범으로 삼는 바이다." 앞에서 언급했던 우민화 정책, 반(反)문화주의, 결코 속을 보이지 않는 비밀정치, '무위'하면서 행하는 정보 수집, 권력의 철저한 독점, 사상의 통제(법가 사상가들은 심지어 법가사상의 저작들도 불태워야 한다고 보았다. 백성들이 법가사상을 알면 법가적으로 통치하기 어렵다는 이유에서였다), 극악한 형벌 방식, 살벌한 상호감시체제, 광물, 소금 등의 독점과 상인들의 통제, 정보 독점과 언로(言路) 독점, 주거 자유의 박탈, 토지 독점(이제 '영주'는 사라지고 '지주'만이 존재하게 된다) 등 이 모두가 '술'에 속한다고 할 수 있다. 이러한 '술수'와 '술책'은 동북아세계가 유교 중심으로 정착한 이후에도 사실상 정치의 주요 메커니즘으로 작동한다.

법가사상은 일찍이 이회나 오기 등에 의해 구체화되었지만, 현실의 맥락에서 이를 가장 투철하게 구현한 인물은 상앙이다. 상앙의 변법은 결국 진의 천하통일로 가는 교두보를 확보했다고 할 수 있다. 맹자의 민본사상이나 장자의 초탈한 사상과는 대극에 서서, 상앙은 법가사상의 최고 가치라할 '부국강병'을 극단으로 밀어붙였다. 이 법가적 흐름이 정치적으로는 이사에 의해, 철학적으로는 한비자에 의해 집대성된다. 지중해세계에서의 통일이 결국 로마라는 맹금에 의해 이루어졌듯이 동북아세계에서의 천하통일은 결국 법가의 진(秦)이라는 야수에 의해 이루어졌다는 사실, 이 사실은 인간이라는 존재, 인류 문명의 성격에 대해 착잡한 상념에 젖게 만든다.

상앙의 변법은 천하통일을 향한 흐름에서 임계점을 형성했다. 부국강병을 이룩한 진은 마침내 천하를 통일한다.[114] 법가사상은 이 통일 과정의

114) 천하통일과 더불어 '중원'/'중국'의 개념도 넓어지게 된다. 그러나 천하통일을 이룬 것은 중원의 국가들 중 하나가 아니라 서방의 이질적 집단인 진이었다. 또, 진이 멸망한 후 천하를 재통일한 것도 초를 이은 한이었다. 천하통일은 중원이 변방을 정복한 것이 아니라 변방이 중원을 차지한 과정이었다. 따라서 중원의 역사를 어떤 중심이 주변들을 흡수해 서서히 넓어져간 과정으로 이해하는 이미지, 하물며 어떤 특정한 민족이 세를 확장해 만들어갔다는 이미지는 크게 잘못된 것이다. 다른 한편 중원이 통일되면서, 특히 한에 의해 재통일되고 또 한 무제에 의해 주변 침입이 행해지면서, 비-중원 지역들 또한 중원이라는 타자에 의해 깨어나 스스로의 정체성을 갖추기에 이른다. 서북방의 흉노 제국, 동방의 고구려·백제·신라, 그리고 남방의 만족 국가들과 야마토 정권도 각각의 정체성을 갖추기에 이른다. 이런 흐름은 훗날 한이 멸망한 이후의 다국화 시대를 가능케 한 과정이었다.

주인공이었고, 천하통일 후에도 이런 흐름은 계속되었다. 진의 통일은 백성들을 인도할 성왕의 시대가 아니라 한 사람의 욕망을 위해 수천수만의 사람들이 희생당하는 절대 권력의 시대를 도래시켰으며, 평화로운 질서가 아니라 강고한 법가적 통치를 통해 '공포에 의한 평화'를 가져왔다. 군현제[115]가 전반적으로 실시되고 다양한 지역들과 문화들이 억지로 통합되는 등 모든 것이 획일화되는 시대가 도래했다. 진의 '황제'[116]는 제정 로마의 원로원 같은 견제 세력이나 황제들을 마구 갈아치운 근위병도 없는 그야말로 '무소불위(無所不爲)'의 절대 권력자였다. 이 절대 권력은 명·청 왕조에 이르기까지 계속 강화되어간다. 그러나 진 제국은 결국 "마록(馬鹿)"의 고사만을 남긴 채 2세 황제도 넘기지 못하고 무너진다. 극단적인 것은 결코 오래가지 못한다는 것은 역사의 철칙이다. 인간사회는 생명의 차이생성에 사회적 코드라는 질서를 부여함으로써 이루어진다. 차이생성이 지나칠 경우 사회의 예가 무너지게 되고, 코드가 지나칠 경우 사회는 경직된다. 욕망=생기와 코드의 평형점에서 한 사회의 삶이 가능한 법이다. '분서갱유(焚書坑儒)'로 상징되는 법가의 극단적 '초코드화(surcodage)'는 결국 진의 멸망을 초래한다.[117]

---

115) 군에는 '수(守)'를 현에는 '령(令)'을 두었으며, 군대는 '위(尉)'에 의해 다스려졌다. 중앙이 지방을 통제하기 위해 '감(監)'을 두어 감찰케 했다. 군수, 현령, 소위·중위·대위, 교육감 등과 같은 말들에서 알 수 있듯이, 이러한 체제/용어는 많은 변화를 겪긴 했지만 오늘날의 동북아세계에 이르기까지도 이어지고 있다.

116) '황제(皇帝)'라는 말은 진시황에 의해 만들어진 말로서, 이 점에서 예전부터 내려오던 '천자'와 다른 계통을 형성하게 된다. 한대 이래 이 말은 주로 중국의 국내용 어휘로서 사용되었으며, 이와 대조적으로 '천자'라는 말은 동북아 국제사회의 맥락에서 사용되었다. 예컨대 조상신에게 제사 지낼 때는 '황제'라는 말이, 천지에 제사 지낼 때는 '천자'라는 말이 사용되었다. 황제가 붕어했을 때 그를 잇는 황제는 우선 황제로서 즉위하고 그 후에 다시 천자로서 즉위했다. 황제 즉위는 선제의 피를 이어 왕조를 승계받는 것이고, 천자 즉위는 하늘로부터 천하의 군주로서의 그 정통성을 인정받는 것이기 때문이다. 이렇게 하늘의 허락을 받아 천하가 바뀌었음을 천명하는 행위들 중 하나가 '개원(改元)'이다.

117) 1975년 중국 운몽현 수호지(睡虎地)에서 발견된 죽간들인 『진율(秦律) 십팔종』, 『효

종종 하나의 극은 다른 하나의 극을 불러온다. 가혹한 법가사상을 이은 것은 황로지학적인 '무위지치'였다. 한 제국은 진 제국의 멸망을 보면서 엄혹한 정치의 한계를 배울 수 있었다. 한의 재통일 후에 핵심적인 과제는 어떻게 진의 전철을 밟지 않고 거대한 통일제국을 반석 위에 올려놓을까 하는 것이었다. 막 성립한 한 제국은 안으로는 왕·후들의 세력을 어떻게 제어할 것인가의 문제와 바깥으로는 막강한 흉노와의 대결을 어떻게 해나 갈 것인가의 문제에 직면했다. 나아가 제국이 외적으로만이 아니라 내적 으로도 온전한 통일성을 갖추어야 했다. 거대한 제국의 통일성은 크게는 두 가지, 제국 전체를 구조화하는 정치체제의 수립과 제국 전체의 정신적 규범이 될 수 있는 '교(教)'의 확립이다. 양자는 구분되면서도 맞물려 있 다. 로마 제국이 500년을 이어갈 수 있었던 것도 외교, 군사, 법률 등을 포 괄하는 의미에서의 정치조직의 성공적 정착과 (비교적 나중의 일이지만) 기 독교라는 제국종교의 확립에 힘입어서였다. 진 제국은 전자에는 성공했지 만 후자에는 실패했다. 진 제국은 비록 일찍 무너졌지만 그것이 세운 정치 체제의 골격 ─ 황제를 정점으로 하는 중앙집권적 신분제 ─ 은 근대 국

율(效率)』,『법률답문(法律答問)』,『위리지도(爲吏之道)』 등의 문헌들은 진 제국의 법 률을 생생하게 보여준다. 진의 법가적 통치에 대한 반발도 있었다. 천하통일 8년 후 (213년)에 유가 사상가인 순우월(淳于越)은 봉건제로의 복귀 등 유가적 주장을 제시 했으나, 이사는 이에 대해 극히 강경하게 반발하고, 이 사건은 분서갱유의 빌미가 되 었다. 결국 진의 학정은 진승·오광의 봉기를 불러일으킨다. 한초에 가의(賈誼)는 「과 진론(過秦論)」에서 진 제국이 "형벌을 번잡하게 만들고 엄혹히 했으며, 관리의 통치 는 가혹하고 상벌은 형평을 잃었으며, 세금 징수에 한도가 없었다. 천하에 역사(役事) 가 많아 관리들이 감당할 수조차 없는 지경이었으며, 백성들이 곤궁해도 군주는 백 성들을 구휼하지 않았다"고 지적한다.(『과진론·치안책』, 허부문 옮김, 책세상, 2004, 22~23쪽) 유방이 함양을 먼저 정복했을 때 우선 '법삼장(法三章)' ─ 살인·폭행·절 도 세 경우만을 처벌한다는 원칙 ─ 부터 선언한 것을 보면 당대 사람들이 진의 가혹 한 법가통치에 얼마나 치를 떨었는지 짐작할 수 있다. 그러나 물론 법삼장만 가지고 서 거대한 제국을 통치할 수는 없었다. 1983~1988년 강릉 장가산(張家山)에서 발굴 된 한묘에서 「이년법률(二年法律)」(여후 2년/186년의 법률을 뜻한다)은 한의 법률이 기본적으로는 진의 법률을 잇고 있음을 보여준다.

민국가가 도래하기 이전까지 동북아세계의 기본 모델로 자리 잡게 된다. 그러나 후자 즉 사상적 통일은 법가사상의 한계 때문에 이루어지지 못하고, 이 때문에 정치체제도 곧 한계에 부딪치게 된다. 이것이 진 제국 멸망의 중요한 원인이었다. 한 제국이 성립했을 때 중차대한 과제는 '국교'를 어떻게 세우고, 그것을 어떻게 정치체제와 얽을 수 있을까 하는 문제였다. 여러 철학들이 화려하게 만개했던 시대가 종말을 고하고, 이제 그중 어느 하나가 "모범답안"으로 채택되어 '학'이 아닌 '교'로서 세워져야 했다.

처음의 대안은 황로지학이었다. 전국시대를 거쳐 진의 통일과 멸망, 한의 재통일 과정을 거치면서 지칠 대로 지친 민중을 달래고 정권을 확립하기 위해서는 '무위'를 역설하면서도 동시에 '법'의 존중을 설하는 황로지학이 안성맞춤이었다. 더 근본적으로는 거대한 제국을 부드럽게 떠받치는 형이상학으로서 황로지학이 가지는 이론적 매력이 있었다.[118] 그 자신은

---

118) 외부적 요인도 있었는데, 흉노와의 관계가 그것이다. 중원이 어수선한 틈을 타, 진시황이 오르도스 바깥으로 몰아냈던 흉노가 다시 세력을 규합하기 시작했고 묵돌선우(冒頓)가 전성기를 열기에 이른다. 재통일에 군사력을 소진했을 뿐만 아니라 군국제*하에서는 군사력을 집결하기가 어려웠던 한은 백등산(白登山)전투에서 패배하기에 이르고, 공주를 선우의 첩으로 보내고 각종 공물을 바치는 등 굴욕적인 조건으로 평화를 얻어냈다. 이런 상황에서 황로지학은 백성들의 마음을 위로하고 내부적 질서를 다잡기에도 매우 적절했다.

*군국제(郡國制)는 군현제와 봉건제를 결합한 한 제국의 정치조직이다. 진은 귀족들의 지역에까지 군현제를 획일적으로 적용했고, 이것이 귀족들의 강력한 반발을 일으켰다. 봉건제하에서는 중앙정권과 지방정권 사이에 대소의 차이만이 있을 뿐 사실상 '국가 vs. 국가'의 구도가 되어버린다는 것을 경험한 진은 중앙에서 관리를 파견해 지방권력의 싹을 잘라버림으로써 반란을 미연에 방지하고자 한 것이다. 지방 귀족들은 세금을 거두어 먹고살 수는 있어도, 그 지방을 통치할 수는 없게 만든 것이다. 유방은 귀족들의 불만을 의식해 군현제를 제한해야 했으며, 또한 건국을 도운 공신들에게 보답을 해야 했다. 유방이 진 지역에는 군현제를, 전통적으로 귀족들의 지배를 받았던 지역들(초, 제 등)에는 봉건제를 실시함으로써 군국제가 성립됐다. 그러나 이후 군국제는 군현제로 바뀐다. 여기에서 볼 수 있듯이, 천하통일 이후에 중원을 차지하게 되는 국가들의 중차대한 문제들 중 하나는 이 큰 땅덩어리에서 중앙과 지방의 관계를 어떻게 만들어갈 것인가 하는 것이었다.

법가 사상가였던 소하도 진의 가혹한 법률을 비판하고 법률의 완화를 추진했지만, 특히 그를 이어 상국(相國)＝재상이 된 조참은 황로지학에 입각해 본격적인 '청정무위(清淨無爲)'의 정치를 펼친다. 이른바 '문경지치'로 일컬어지는 문제(180~157년 재위)와 경제(157~141년 재위) 시대는 황로지학의 전성기였다. 그러나 무위지치가 언제까지나 실행될 수는 없었다. 국가라는 것 자체가 작위 그것도 가장 강력한 작위이거늘 '무위'가, 설사 그것이 '무위'를 가장한 작위의 성격을 띠는 경우라 해도, 계속해서 실효를 거두기는 어려운 법이다. 인간세상이란 가혹한 정치로도 또 무위로도 통치되기 어려운 법이다. 결국 한 제국이 점차 안정되면서 법가와 도가의 사이에 위치한다고도 할 수 있는 유가가 제국의 통치술로서 채택되기에 이른다. 그러나 이 과정은 동중서의 건의를 무제가 받아들임으로써 이루어졌다는 식의 간단한 과정이 아니었다.

유가사상이 유교가 되어 국교의 지위를 점한 이후에도 법가사상과 도가사상은 긴 생명력을 가지고서 동북아 역사를 관류해왔다. 한편으로 법가사상은 유교의 배면에서 지속적인 힘을 발휘했다. '법'과 '예'는 분명히 구분되지만 맥락에 따라서는 정도차의 관계를 띠기도 한다. 따라서 욕망과 코드의 역사에서, 정부와 '시민사회'의 역사에서 법가와 유가는 매우 복잡미묘한 관계를 맺으면서 이어져왔다고 할 수 있다. 이른바 "내법외유(內法外儒)"의 전통이다. 다른 한편 도가는, 적어도 그 순수한 형태에서는, 법가와 유가가 공통으로 기반을 두는 작위의 세계 즉 '이름-자리의 체계'의 바깥을 지향하는 흐름으로서 존속했다. 이 '바깥'은 안정기와 혼란기에 각각 다른 방식으로 나타났다. 안정기의 그것은 '낭만'으로서 나타났다. 인간이란 '自然'과 역사라는 두 차원에 걸쳐 살아가며, 때문에 이름-자리의 체계 즉 '천하'로부터 탈주하려는, '강호'에 살려는 경향을 어떤 식으로든 내포한다. 그리고 이는 도가가 맡았던 역할이었다. 다른 한편 혼란기의 그것은 '혁명'으로서 나타났다. 도가는 도교의 형태로써, 기존의 천하를 무너뜨리는 코스모스를 무너뜨리는 카오스로 나타나곤 한 것이다. 생각해보면, 제자백가 중 법가·유가·도가가 긴 생명력을 품고서 이어져온 것은 그리고 오늘날에까지도 그 의미를 잃지 않고 있는 것은 우연이 아니라 해야할 것이다. 유가·도가·법가 세 갈래는 동북아라는 지역의 역사적 우발성에 따라 부침을 거듭해왔지만 그 생명력 자체는 **철학적 필연성**에 기인하는 것이다.

6장 '천하'의 철학과 '강호'의 철학

동북아세계에서 본격적인 통일제국인 한 제국의 성립은 지중해세계에서의 로마 공화국-제국의 성립에 유비적인 큰 사건이었다. 한 제국은 중원을 통일한 이래 그때까지 대륙에서 벌어진 모든 사건들을 스스로에게 수렴시켜 "中國"이라는 거대한 사후적 역사를 만들어냈다. 사마천의 『사기』는 이런 사후적 구성의 공식적 선언이라 할 수 있다. 공간적으로 이질적인 여러 지역들이 "중국"이라는 공간으로 일원화되고, 시간적으로 파편적인 여러 사건들이 "중국의 역사"라는 거대한 밧줄로 통일된다. 이처럼 사후적으로 구성된 거대서사[1]를 통해, 거대한 쇼핑몰이 들어서면 철

---

1) '사후적으로 구성된 거대서사'는 『사기』만이 아니라 사실상 근대의 과학적/객관적 역사학이 발달하기 이전 대부분의 역사서에서 발견되는 것이다. 유대인들의 『구약』은 그 두드러진 예라고 할 수 있을 것이다. '사후적으로 구성된 거대서사'의 "스토리텔링" 기법으로 전형적인 것 중 하나는 '예언'이다. A라는 사건이 실제 일어났을 때 A 이전의 어느 시간에 신이나 예언자, 사제 등이 "A라는 사건이 일어날 것일지니"라고 예언하는 것이다. 이는 사실상은 A가 일어난 후에 저자(들)가 A 이전의 것으로서 예언을 삽입한 것일 뿐이지만, 텍스트상에서는 A라는 예언이 있었기 "때문에" A가 일어난 것처럼 서술된다. 몽매한 사람들은 이를 액면 그대로 믿기 때문에, 이 사후적 구성의 이데올로기적 효과는 막강하다.

거민들의 애환을 비롯한 그전의 사건들은 시간의 저편으로 쓸쓸히 묻혀 가듯이, 대륙에서 성립했던 다양한 역사들은 자체로서의 의미를 상실하고 이 거대서사의 구성 부품들로 화해버린다. 이렇게 한 제국이 구성한 거대한 역사와 문화는 어쨌든 결과적으로 영원한 하늘 아래 우뚝 서 있는 거상(巨像)처럼 동북아 문명의 일반성으로 화하게 된다. 이후 동북아 문명에서 명멸해간 숱한 문화들은 이 한 제국의 문화를 기초 모델로 해서 성립하게 된다.

한 제국 이래 중원을 통일한 여러 국가들은 동북아세계 전체에서 '중국' 또는 '대국(大國)'으로 인식되었고,[2] 동북아의 천하를 중국/대국과 그것에 대해 동·서·남·북을 이루는 국가들로 구조화했다. 한 제국 당시로 본다면, 서·북쪽에는 유목민인 흉노[3]가 마치 로마와 등을 댄 페르시아 제국처럼 한 제국과 등을 대고서 거대한 제국을 형성했다. 대체로 요하(遼河)를 경계로 해서 형성된 동방에서는 고구려·백제·신라를 비롯한 여러 부족(들의 집합체)들이 본격적으로 국가체제를 갖추기 시작하고 있었다. 그리고 남쪽에는 국가체제보다는 부족체제에 가까운 형태를 띤 많은 종족들이 분포되어 있었다. 이런 구조에서 중원을 차지한 종족들/민족들은 스스로를 '중화'로 다른 지역의 종족들/민족들을 '사이' — 서융, 북적, 동이, 남만[4] — 로 생각했고, 다른 종족들/민족들도 경우에 따라 상당히 다른 관

---

2) '중국'은 하나의 국가가 아니다. 그것은 동북아의 한가운데에 선 국가들 전체, 또는 장소 그 자체를 가리키는 말이다. 중국은 단일한 한 국가가 아니라 진, 한, 수, 당, 원, 명, 청을 비롯해 중원에 들어선 국가들을 총칭하는 말일 뿐이다. 그리고 이런 국가들 중 하나가 오늘날의 중화인민공화국이다. 따라서 중화인민공화국은 중국들 중 최근의 형태일 뿐이다. 요컨대 '중국'은 일반명사이지 고유명사가 아니다.

3) 글자를 음미해보면 알 수 있듯이, '흉노(匈奴)'를 비롯한 많은 말들이 중원 사람들의 시선으로 명명된 비중립적 표현들이다. 그러나 이미 관례로 굳어져 있기 때문에 그대로 사용코자 한다.

4) '융(戎)', '적(狄)', '이(夷)', '만(蠻)'은 원래 구체적인 특정 지역/민족을 가리키는 말이었으나, 지금의 맥락에서는 추상화되어 일반 개념으로 사용되고 있다.(일본에서는 '남만'이 "서양 오랑캐들"을 가리키는 말로 사용되기도 했다) 때로 '夷' 개념이 대표어로

계들이 부침했지만 대체적으로는 이를 인정함으로써[5] "중화"를 중심으로 하는 동북아 국제사회가 도래하게 된다. 유교의 득세와 더불어 일반화되기 시작하는 이와 같은 구조 — '화이(華夷)'의 구조 — 는 정치적 관계 설정인 '책봉(冊封)'과 경제적·문화적 교류였던 '조공(朝貢)'의 형식으로 표현되었다. '동북아 국제질서'의 이러한 형성은 곧 로마를 통해 비로소 '지중해 국제질서'가 형성될 수 있었던 것과 매우 유사하다.

주의 봉건제와 진의 군현제를 이미 보아온 한 제국은 군국제를 실시한다. 그러나 더 근본적으로 본다면, 제국 최대의 과제는 천하의 모세혈관들까지 일일이 법가적으로 통치하려 했던 진을 반면교사로 해서 어떻게 중앙정부와 지방정부 사이에 나아가 향리(鄕里) 사이에 원만한 관계를 설정할 것인가 하는 것이었다. 이는 제국 전체의 통치체제와 각 지역들의 자치를 조화시키는 어려운 과제였다. 가장 큰 단위인 국가적 질서로부터 지역적 질서를 거쳐 가장 작은 단위인 가족적 질서에 이르기까지 알력 없는 구조를 안착시키기 위해서는 이 상이한 질서들이 단지 크기의 차이만 있을 뿐 질적 차이는 없도록 할 필요가 있었다. 한 제국을 일으킨 유방은 진시황과는 반대 방향에서 사태를 파악했다. 진시황/이사가 어떻게 최상위 질서를 최하위 질서에까지 응축할 수 있을까를 고민했다면, 오히려 유방은 어떻게 최하위 질서를 최상위 질서로까지 확대할 수 있을까를 고민했다. 가족이야말로 인간의 본성에 바탕을 둔 가장 소규모의 그리고 가장 자연스러운 즉 인애(仁愛)에 바탕을 둔 질서가 아니겠는가. 그렇다면 이 질서를 천하에까지 확대한다면 진과는 상반된 제국을 건설할 수 있지 않을까. "천

사용되기도 했다.

5) 이는 '황제'와 '왕들'이 공존하는 한 제국의 군국제를 전제로 해서 성립한 구조라 할 수 있다. 황제만을 인정하는 진 제국의 구조에서는 이런 관계가 불가능했다. 한 제국은 군국제에서 시작해서 '오초칠국(吳楚七國)의 난'을 계기로 사실상 군현제로 전환하지만, 군국제의 형식은 여전히 남았고 이 형식은 한 제국 자체가 아니라 오히려 동북아세계 전체의 성격 형성에 큰 역할을 하게 된다. 이는 로마 제국이 획일적 지배보다는 지역적 특수성을 인정해주는 지배를 추구함으로써 길게 갈 수 있었던 것과 상통한다.

하는 일가(一家)"라는 유방의 말은 이런 생각을 잘 나타낸다. 황제는 백성들의 '아버지'이고 백성들은 황제의 '자식들'이다. 천하는 단일한 가족인 것이다. 이 구도에 입각해 유방은 농촌을 부로(父老)/부형(父兄)과 자제(子弟)로 구성해 확대된 가족 질서로 만들고, 나이와 학덕에 입각해 지도층을 뽑아 지방 자치를 맡겼다. '관치'의 시작이라고 할 수 있다. 그러나 이와 같은 생각이 보다 체계를 갖추고 또 지속적이고 현실적인 형태로 구현되려면 본격적인 사상적 밑받침이 있어야 했다.

§1. 유교사회의 도래

유방의 집단은 원래 무뢰배들의 집단이었다. 장량, 숙손통 등 귀족 가문 출신들도 있었지만, 대개는 하층민들이거나 기껏해야 소하, 조참처럼 하급관리 출신들이었다. 이 때문에 애초에 유학적인 분위기와는 거리가 있었다. 고조 유방은 유학자들을 싫어해 그들의 모자를 벗겨 거기에 오줌을 갈기기도 했다. 도쿠가와 이에야스가 후지와라 세이카를 대했던 태도와는 대조적인, 아직 유학이 동북아 국가들의 국교가 되기 이전의 일이다. 유방의 무리에게는 걸핏하면 옛 문헌들을 들먹거리면서 훈계조의 이야기를 늘어놓는 유학자들이 몹시 아니꼬웠을 것이다. 그러나 이런 그들도 "말 위에서 천하를 얻었을지언정, 말 위에서 천하를 다스릴 수 있겠는가?"라는 육가(陸賈)의 말은 부정할 수가 없었다. 그렇다. 시대는 한 자루 칼을 휘두르며 천하를 쟁패하던 시절이 아니라 이미 얻은 천하를 어떻게 잘 다스리느냐가 화두인 시절이었다. 잘 알려져 있듯이, 이 화두에 궁극적으로 답한 것은 유가사상이었다. 그러나 이는 일반적으로 알려진 것과는 달리 그리 간단한 과정이 아니었다.

유교의 국교화

한초는 황로지학의 시대였다. 그리고 3대 황제인 문제(179~157년 재위)는 온후한 인물이었다. 게다가 문제는 유씨와 여씨 사이의 피비린내 나는 항쟁을 보면서 매사에 신중해야 함을 배웠을 것이다. 그는 빈민을 구제하고 육형(肉刑)을 폐지하는 등 너그러운 정치를 펼쳤다.[6] 이즈음의 정치에서 눈에 띄는 것은 '20작제'이다. 이 작제는 백성들에게 최하의 공사(公士)에서 최상의 철후(徹侯)[7]에 걸친 20단계의 작을 하사하고, 공이 있을 때마다 한 단계씩 상승시켜줌으로써 천하를 피라미드 구조로 조직했다. 군대에서의 계급, 관료사회에서의 직급 같은 특정 조직에서의 단계가 아니라 국가 전체에서의 단계를 구성한 것이다. 이로써 모든 백성이 황제에게서 작을 직접 받았다는 소속감을 가질 수 있었고,[8] 공을 세워 한 작씩 올라가

---

6) 이런 관치 덕분에 당시의 생산력은 비약적으로 늘어났다. 그러나 얄궂게도 오히려 이 때문에 폐단이 나타나기도 했는데, 빈부차가 심해지고 대상인들이 극단의 사치를 일삼는 풍경이 보이기도 했다. 가의는 이런 풍조를 비판하면서(『신서(新書)』, 「속격(俗激)」 외, 박미라 옮김, 소명출판, 2007) 여러 시정책들을 제시했다. 가의의 정책은 조조(鼂錯)에 의해 계승되었고, 조조는 상인들로 하여금 농민들에게서 곡물을 사 국가에 납입하고 그 대가로서 그들의 '작(爵)'을 올려주는 정책을 실시해 성공을 거두었다. 그러나 조조는 제후왕 억제책을 실시하다 '오초칠국의 난' 때에 희생양으로서 살해된다.

7) 통후(通侯)라고도 했고 또 열후(列侯)라고도 했다.

8) 니시지마 사다오는 이런 지배를 '개별인신지배(個別人身支配)'라 부른다. 이는 미셸 푸코가 말하는 사목적(司牧的) 권력과 유사하다. 사목적 권력은 오늘날의 중국에서도 작동하고 있는데, 특히 '개인당안(個人檔案)' 즉 공무원 계층 및 지식인 계층에 대해 작성되는, 오직 상사(上司)만이 볼 수 있을 뿐 본인 자신은 볼 수 없는 기록이 대표적인 예이다. A의 개인당안은 A의 상사만이 볼 수 있고, 이 상사의 당안은 다시 A의 상사의 상사만이 볼 수 있기에, 오직 상향으로만 가시성이 허락되는, 역으로 하향으로만 비가시성의 감시가 행해지는 끔찍한 연쇄가 성립한다. 그 끝에는 현대의 황제 즉 공산당 총서기가 존재하고, 거기에서 이 연쇄가 비로소 끝난다. 개인의 승진, 퇴출을 비롯한 모든 결정이 이 개인당안에 입각해 위로부터 내려온다. 당사자는 볼 수 없는, 그래서 위로 올라가기 위해서는 어쨌든 주어진 일을 필사적으로 해내는 수밖에 없는(그러나 당사자는 일을 훌륭하게 완수해도 그것이 어떻게 평가되는지 그리고 어떤 결정이 내려올지 알 수가 없는!) 구도라는 점에서, 이 개인당안은 한대의 20작제보다 훨씬 더 잔혹한 구도라 하겠다. 또, 법가적 감시체계의 새로운 변형이라고도 할 수 있을 것이다. 그러나 이 개인당안

는 기쁨을 누릴 수 있었고, 범죄자 등 작의 체제 바깥으로 내쳐졌던 자들도 사면이나 공을 세워 다시 사회에 편입될 수가 있었다. 또, 역으로 범죄를 저질렀을 경우 작을 반환함으로써 면죄될 수도 있었다. 나아가 지방을 직접 통치하지 않아도 이 구조를 통해 향리의 자체적 정치질서가 형성될 수 있었고, 작과 나이는 대체적으로 비례했기에 향촌의 연령적 질서 — 치서 (齒序) — 와 국가의 작제적 질서가 조화를 이룰 수 있었다.[9] 이 구조는 현대적 감각에서 보면 일종의 통제장치로 볼 수 있지만, 그 시대로서는 진 제국을 전후한 상처들을 씻어주는 관치였다고 할 수 있다. 이렇게 본다면, 유가사상이 국교로 채택되기 전에 이미 그 배경으로서 유교적인 색깔의 정치적 구조가 형성되어 있었다고 해야 할 것이다.

문제는 유가사상을 채택하지는 않았지만 비교적 포용적이었다. 그러나 문제를 이은 경제(157~141년 재위)는 유가를 멀리했고, 특히 경제의 모친으로서 황로지학을 선호했던 두태후는 유가를 억압하기도 했다. 경제는 법가적 인물인 조조를 등용해서 법가를 부활시키려 했으며, 이는 곧 한 제국을 군현제로 만들어 중앙집권화하려는 것이기도 했다. 그러나 이는 곧 귀족들의 반발을 불러일으켜 '오초칠국의 난'이 발생하기에 이른다. 제후왕들은 결국 제압되었고, 이후 한 제국은 군국제를 사실상 폐지하고 중앙집권의 길을 걷게 된다.[10] 한 제국의 강력한 중앙집권은 무제(140~87년 재

은 어디까지나 공무원·지식인으로서 출세하려는 사람들에게만 해당한다. 따라서 출세를 원하는 사람은 오히려 이 구도에 들어가려 애쓰게 된다는 점에서, 여기에서는 (이 체계에의) 자발적 복종/진입이라는 아이러니가 매개되어 있다.

9) 물론 일반 백성의 작이 끝없이 올라가면 곤란했으므로, 일반 백성의 작은 8급인 공승 (公乘)까지로 제한되어 있었다. 그리고 19등급인 관내후와 20등급인 철후/통후/열후는 세습이 가능해, 19등급에 이른다는 것은 곧 귀족이 됨을 뜻했다.

10) 그러나 앞에서도 지적했듯이, 군국제는 존속했고 이는 오히려 한 제국의 국제관계에서 중요한 역할을 하게 된다. 아울러, 경제는 제국 전체를 13주로 나누고 각 주에 자사 (刺史) — 목(牧)이라고도 했다 — 를 파견해 감찰케 했다. 이 13주는 이후 변형을 겪게 되며 후한에 이르면 다음과 같이 배치된다. 우선 대체적으로 이전의 연 지역에 해당하는 동북쪽의 유주(幽州), 그 아래의 기주(冀州), 병주(幷州)와 산동반도의 청주(靑

418

위)에 의해 이루어졌다. 역사상 가장 강력한 황제들 중 한 사람인 무제는
주위 국가들을 무력으로 눌러 한 제국을 동북아세계의 중심으로 만들었
다. 묵돌선우 시기에 대제국을 이룬 흉노는 한 제국을 억눌렀으나, 무제의
공격을 기점으로 관계가 역전되기 시작한다. 수세에서 공세로 전환한 무
제의 집요한 공격과 흉노 내부의 불안이 겹쳐 흉노 제국은 점차 사양길로
접어들게 된다.[11] 북동쪽에는 오환(烏桓), 선비(鮮卑)가 한 제국을 위협하
기도 했으나 한을 무너뜨리지는 못했다. 아울러 무제는 대월지(大月支)=
쿠샨왕조, 안식(安息)=파르티아, 대진(大秦)=로마(정확히 로마의 어디까지
인지, 아니면 로마 동쪽일 뿐인지의 여부는 알기 어렵다), 누란(樓蘭)=크로라이
나, 대완(大宛)=페르가나를 비롯한 서역 국가들과 적극적인 관계를 집요
하게 추구했다. 장건의 서역 경영은 원래 흉노를 협공하기 위한 것이었지
만 결과적으로는 유라시아의 동과 서를 '비단길'로 잇게 되는 위업을 만들
어냈다. 무제는 또한 남방을 공격해 지금의 귀저우·쓰촨·윈난·푸젠 지역
을 제압하고, 광동·광서 지방과 베트남 북부까지도 지배하기에 이른다. 그

州)가 있었다. 이 네 주는 위촉오 시대에 원소가 차지했던 주들이다. 그 아래 대략 예전
의 중원에 해당하는 지역에는, 서에서 동으로 가면서 옹주(雍州), 사주(使州), 연주(兗
州), 예주(豫州), 서주(徐州)가 위치했다. 관도대전 당시 연주와 예주가 조조의 근거지
였다. 그리고 이전의 초 지역에 해당하는, 위·촉·오의 쟁탈전이 벌어졌던 형주(荊州),
서북쪽의 외진 곳에 있었던 양주(涼州), 그리고 지금의 쓰촨 지방에 해당하는 익주(益
州), 더불어 예전에 오·월이 위치했던 곳의 양주(揚州)가 있었고, 가장 남쪽에는 교주
(交州)가 있었다.

11) 한과 흉노 사이의 대립에 관련해서는 많은 이야기들이 남아 있다. 초기에 흉노가 강성
했을 시절 선우는 여후에게 "〔유방 사후〕 과부가 되어 쓸쓸할 테니 짐에게 와서 남녀
사이의 즐거움을 누리는 게 어떻겠소"라는 무례한 편지를 보냈는데, 그 악독한 여후도
"이제 늙어서 곁에서 모실 수가 없습니다"라는 답장을 보낼 수밖에 없었다. 또, 한과
흉노가 사투를 벌일 때 활약한 위청·곽거병의 이야기라든가 이광리의 원정에 관한 이
야기, 그리고 이릉·소무의 엇갈린 운명에 관한 이야기(이 이야기는 너무나 유명해서
여러 차례 소설, TV 드라마 등으로 표현되기도 했다), 한혈마(汗血馬)를 얻으려는 무
제의 집요한 노력, "春來不似春"이라는 시구로 노래되는 왕소군의 이야기 등등 흥미로
운 사건들이 많았다. 그러나 대부분의 이야기들이 한 제국의 눈길로 남아 있다는 점에
주의해서 볼 필요가 있다.

러나 서남쪽에서는 티베트 계통인 강족(羌族), 저족(氐族)의 세력이 한과 갈등을 벌였다. 학자들에 따라서는 유대인들과의 전쟁 때문에 로마의 국력이 기울기 시작했듯이, 한의 국력도 강족과의 투쟁을 통해 기울기 시작한 것으로 보기도 한다. 아울러 동방의 경우 무제는 한반도 북부에 있었던 조선(朝鮮)을 복속시켜 그곳에 네 군을 설치한다.

그러나 동서남북에 걸친 무제의 무리한 외정은 한 제국 내부에 큰 압박을 불러왔다. 대외적 위용이 커질수록 군비 — 전쟁에 드는 비용 및 군공에의 보답에 드는 비용 — 를 감당해야 하는 대내적 모순과 질곡은 더 심화되었다. 무제 시대가 각종 재정 정책들과 이를 실행한 혹리(酷吏)들로 점철된 것은 이러한 맥락에서이다. 무제는 상홍양(桑弘羊)을 시켜 위기에 처한 재정 상황을 타개케 했으며, 상홍양은 소금과 철과 술의 국가 전매를 실시함으로써 정부재정을 늘렸고,[12] 상인들의 중간 마진을 막아 정부의 수익을 늘리는 균수법(均輸法)과 평준법(平準法)을 실시해 재정 불안정을 타개코자 했다. 또, 현대 식으로 말해 누진세를 실시하고 탈세를 막음으로써 세수를 진작했다.[13] 그러나 이런 재정 개혁만으로 문제가 해결되지는 않았다. 부의 절대치는 결국 백성들로부터 쥐어짜냄으로써 채워지는 것이었다. 한 제국의 위용을 대외적으로 드날리면 드날릴수록 그에 비례해 백성들의 고혈을 짜내는 강압적인 조치들은 더 강해져갔고, 결국 사방에서 난이 일어나기도 했다. 특히 많은 재정 정책들이 당시 막대한 부를 쌓던 상

---

12) 이 제도는 큰 논쟁을 불러일으켰는데 이 과정에 대해서는 환관(桓寬)이 편찬한 『염철론(鹽鐵論)』(김한규·이철호 옮김, 소명출판, 2002)에 잘 나와 있다. 핵심은 상홍양과 현량(賢良)·문학(文學) 사이의 논쟁이다. 상홍양이 중앙정부의 입장을 대변했다면, 현량·문학은 지방 호족들의 입장을 대변했다.

13) 이런 작업들이 원활히 수행되기 위해서는 화폐가 잘 운영되어야 했다. 진이 천하를 통일했을 때 화폐도 통일되었으나 그 운영이 여의치 않았다. 제정 로마 시대에도 그랬듯이, 화폐의 순도가 점차 낮아지는 폐단이 거듭되었기 때문이다. 한 제국은 시행착오를 거듭한 끝에 오수전(五銖錢)을 만들어 마침내 화폐제도를 정착시키게 된다. 이 제도는 당 제국 초에 개원통보(開元通寶)가 나올 때까지 이어진다.

인 계층과 지주 계층에 집중되었기에 이들은 한 제국 정부를 증오했다. 역으로 정부 쪽에서는 강력한 정책을 실시해 이들을 억눌러야 했다.『사기』,「혹리열전」을 채우고 있는 11명의 혹리들 중 무려 10명이 무제 시대에 집중되어 있는 것은 이 때문이다.「순리(循吏)열전」도 있지만 여기에 한 제국의 관리는 한 명도 포함되어 있지 않다.『한서』의 경우도 마찬가지이다. 무제 시대는 유가가 아니라 법가에 입각해 다스려졌으며, 당시 법을 어겨 죽임을 받은 사람들은 수십만 명에 달했다. 무제가 집권 초기에 법가 또는 종횡가의 사상을 배운 자들을 현량 추천에서 제외하고 다른 한편 공손홍 같은 유가관료를 임용한 것은 사실이지만, 이는 표면적인 조치였을 뿐이다. 공손홍은 진정한 유자와는 거리가 먼 인물이었고, 그저 무제가 시행하는 법가정치의 표면을 꾸미는 장식품이었을 뿐이다.

이렇게 보면 무제가 동중서의 건의를 받아들여 '유술독존(儒術獨尊)'의 시대가 열렸다는 이야기는 사실과 거리가 멀다고 해야 할 것이다. 무제의 시대는 사실상 법가의 시대였다.[14] 무제가 동중서를 만나 대화를 나누었고 그에게 일정한 영향을 받았던 것은 사실이지만, 유자들이 한 제국의 주류를 차지하게 되는 것은 그 후의 일이다.[15] 그렇다면 유술독존은 언제 성

---

14) 무제 시대는 또한 도가, 정확히 말해 도교의 시대이기도 했다. 황로지학은 두태후의 죽음으로 정치적 힘을 잃어버렸고 철학적인 면에서도 쇠락했지만, '도교'라는 종교의 형태로 동북아세계에 지속적 영향을 행사하게 된다. 이에 따라 노자의 사상도 도교화되어 신선술, 양생술 등의 형태로 해석되기에 이른다. 후한 하상공의『하상공장구』, 위진시대 엄준의『도덕지귀』, 장릉의『노자상이주(老子想爾註)』가 대표적이다. 이는 노자의 세 번째 얼굴이다. 특히 도교는 왕족들의 후원을 받는 경우가 많았다. 왕족은 핏줄에 의해 권력을 가지게 된 계층이지 지식인 계층이 아니다. 왕족이란 거대한 권력을 소유한 계층이었지만 사실상은 무지한 계층이기도 했다. 이는 왕조라는 정치체제의 근본적 모순이었다. 이들에게는 지성적인 사상인 유가보다는 신비적이고 주술적인 사상인 도교가 더 매력적이었다. 도교는 종종 방사들의 혹세무민으로 흐르곤 했는데, 진시황에게서 그 전형적인 예를 볼 수 있다. 무제 자신도 주술적 형태의 도교에 빠져들어 이소군 등과 같은 방사들에 의해 휘둘렸으며, 끝내는 '무고의 난'이 일어나 골육상쟁으로 궁중이 초토화되는 비극적 말년을 맞게 된다.
15) 무제가 동중서의 건의 ─ 오경박사를 두고, 제자백가를 물리치고, 유학만을 존숭하라

립한 것일까? 무제를 이은 소제 시대, 특히 그 후의 선제 시대에는 유가와 법가를 병용했다. '패도'로서의 법가는 정치 현실에서 절실했고 '왕도'로 서의 유가는 백성들과의 관계에서 중요했다. 이는 혹리와 순리의 병용으로서, 선제가 채용한 경전인 『춘추곡량전(春秋穀梁傳)』의 주요 입장이기도 했다. 그러나 선제를 이은 원제(48~33년 재위)는 유가 관료를 중용하기 시작했다. 흥미롭게도 유자들의 숙적인 환관이 권세를 잡기 시작한 것도 바로 이 시대이다. 원제 때에 공우(貢禹) 같은 유자가 원제에게 궁정의 경비 삭감을 비롯한 여러 유가적 제안을 했을 때 이 중 적지 않은 부분들이 받아들여지는 등, 이 시대에 이르러 유자들의 발언권은 급격히 커진다. 특히 (비용 등의 현실적 맥락이 없던 것은 아니지만) 예전에는 그렇게 예민하지 않았던 '예제(禮制)' 문제들[16]이 심각하게 다루어졌는데, 이런 문제들이 무척이나 예민한 문제들로서 제기되고 열띤 논쟁의 대상이 되었다는 사실 자체가 이제 시대는 유교의 시대가 되었음을 잘 나타낸다고 하겠다.

유가사상이 유교가 되는 과정은 한편으로 유가사상 안에 들어 있는 신비적/종교적 측면이 강조되고, 다른 한편 유가의 경서들을 보충한다고 주

는 이른바 '천인삼책(天人三策)' ─ 를 받아들여 유교를 국교로 삼았다는 잘못된 지식은 반고의 『한서』에서 유래한다.(『한서』, 진기환 역주, 명문당, 2016) 오히려 동중서의 제자였던 사마천은 스승에게 할애한 대목에서 의미심장하게도 이에 대해 단 한마디도 하지 않았다. 반고는 유학이 이미 유교로서 국교화되고 동중서가 그 시조 격으로 존숭되고 있는 상황을 사후적으로 투영해 「동중서전」을 썼다고 할 수 있다.

16) 여러 지방에 세워졌던 군국묘(郡國廟)들은 '춘추의 의(義)'에 따라서 폐지되었다. 수도에는 7개의 묘만 있어야 한다는 '천자 칠묘제'를 둘러싼 문제는 원제 시대에 시작되어 성제(32~7년 재위)와 애제(6~1년 재위)를 거쳐 평제(AD 1~5년 재위) 시대에 이르러서야 결론이 난다. 상제와 후토(后土)에게 제사 지내는 교사제(郊祀祭)의 장소를 둘러싼 문제 역시 우여곡절을 겪다가 애제 시대에 이르러서야 정착된다. 또, 명당(明堂)의 건설 방식을 둘러싸고서도 여러 논의들이 이어지게 된다.(니시지마 사다오, 최덕경 · 임대희 옮김, 『중국의 역사: 진한사』, 혜안, 2004, 335~346쪽) 주목할 점은 객관적이기보다는 대개 권력의 향배에 따라 정착된 이런 결론들이 특히 왕망과 유향·유흠 부자의 주장에 입각해 정착되었다는 점이다. 거꾸로 말하면, 왕망과 유향·유흠 부자의 권력은 이와 같은 유교적 논쟁 과정에서 큰 힘을 얻었다고도 할 수 있다.

장하면서 나타난 위서들이 받아들여지면서 가속화된다. 또, 한대에는 도참(圖讖)을 이용해서 음모를 꾸미는 일도 성행했다. 아울러 한 사상이 종교화되면 늘 그렇듯이, 유가사상의 시조 즉 공자가 신격화되고 갖가지 형태의 설화들이 지어지게 된다. 예수나 붓다가 그랬듯이, 공자 역시 키가 매우 컸다는(현대 식으로 계산해보면 관우보다도 큰 키가 된다) 등 즉물적으로/유치하게 신격화되기 시작한다. '유가'사상은, 마치 기독교가 로마 제국의 종교가 되면서 그 성격이 크게 달라졌던 것과 유사하게, 이처럼 '유교'라는 종교/통치이데올로기가 되는 과정에서 크게 변질될 수밖에 없었다. 공자·맹자·순자에게서 발견되는 지적 엄밀함과 윤리적 순정함은 빛이 바래고, 유교는 현실에 영합하고 권력에 빌붙는 습성에 젖어들게 된다. 이뿐 아니라 유교의 각 파들[17]이 서로 한 제국의 '정통'이 되기 위해서 각축했다. 이는 로마 제국이 기독교를 받아들이면서 기독교 각 파들 사이에 헤게모니 투쟁이 벌어진 것과 유사한 상황이다.

유가사상의 국교화는 왕망 정권의 성립과도 밀접한 관련을 가진다. 한 제국의 암적 존재들은 외척과 환관이었다. 외척 세력은 선제가 친정을 시작했을 때 등장하기 시작했다. 특히 성제 재위 시에 왕씨 외척이 득세하여 세상을 주물렀다. 유향은 동중서의 재이설(災異說)에 입각해 왕씨 외척을 격렬하게 비난하는 상소를 올렸지만 실효는 거두지 못한다. 그 후 왕씨 외척들 중 연후에서 제외되어 소외되었던 집안에서 왕망이 태어나 권세를 잡게 된다. 왕망은 일찍부터 극진히 효를 행하는 등 유자로서의 면모를 띠었으며, 많은 사람들에게 '현자'로 칭송받았다. 그러나 이때 즈음이면 이미 유교는 국교의 자리를 차지하고 있었고, 유자(儒者)식으로 행동하는 것

---

17) 『시』와 『역』에는 각각 3가(家)가 있었고, 특히 『서』의 경우 금문상서와 고문상서가 치열한 각축을 벌였다. 『예기』의 경우 3가가 대립했고, 『춘추』의 경우에도 공양학과 곡량학이 다투었고, 이는 당대의 정치 상황과 복잡하게 얽혔다. 성제 3년(26년) 유향·유흠 부자는 당대까지의 서적들을 정리해서 최초의 도서목록인 『칠략(七略)』을 만들었다. 『한서』, 「예문지」는 이 『칠략』을 기초로 하고 있다.

은 평판을 얻기 위해 필수적이 된 시대였다고도 해야 할 것이다. 당대에는 이미 유산으로서 "황금을 한 바구니 가득 남기는 것보다 경서 한 권을 남기는 것이 더 낫다"는 말이 나돌기도 했다. 또, 한대의 유교는 이미 유가사상으로부터 멀어져 매우 주술적인 종교가 되었고 왕망 자신이 극히 주술적인 인물이었다. 진심이었든 전략이었든, 왕망은 이처럼 유가적 이미지를 쌓았으며 얄궂게도 유향의 아들인 유흠이 그에게 이론적 기초를 제공해주었다. 왕망과 유흠은 고문학파의 입장을 취했고 자신들에게 유리한『주례』를 그 중심으로 했다.[18] 평제 시대에 왕망은 여러 예제들을 정비했고, 특히 학[19]를 설치해서 한 제국 전체를 유교가 지배하는 곳으로 만들었다. 이 점에서 왕망이야말로 실제 유교를 국교화한 인물이라 할 수 있다. 결국 왕망은 '구석(九錫)'을 하사받게 되는데, 이후 구석은 절대 권력의 상징이자 종종 찬탈을 예고하는 절차가 된다. 마침내 왕망은 평제를 독살하고 (도참의 일종이라 할) 부명(符命)을 조작해서 황위를 찬탈한다. 대개 찬탈자들은 자신들의 도덕적 불명예를 씻기 위해 백성들을 위한 정치를 열렬하게 펼치곤 하기 마련이다. 신(新) 왕조를 세운 왕망 역시 재위 시(AD 9~23년, 실제로는 6~23년) 사회 모순들을 타파하려 갖가지 개혁들을 정열적으로 펼치지만, 오히려 이것이 화근이 되어 사회 불안이 조장되기에 이른다. 결국 '적미의 난' 같은 농민반란이나 남양 유씨의 거병 같은 호족 반란이 일어나 왕망은 처참하게 살해당하고 신 왕조는 멸망한다. 유흠은 그전에 왕망을 버리고 한 왕조에 항복하려 했으나 발각되어 자살한다. 농민 집단과 호족 집단을 모두 흡수한 유수는 이 난세에 최후의 승리자가 되어 광무제로서 후한을 건국(AD 25년)하게 된다.

낙양에 후한을 세운 광무제 역시 매우 주술적인 인물이었다. 주술성은

---

18) 『주례(周禮)』는 이상사회로 여겨졌던 주초의 제도들을 정리한, 전국 말~한초에 작성된 것으로 여겨지는 저작이다.

19) 군이나 국에 세워진 것은 '학(學)'이라 불렸고, 현이나 열후의 국에 세워진 것은 '교(校)'라 불렸다.

동북아 문명의 한 특징이기도 하거니와, 이런 성격이 특히 두드러지게 나타난 것은 한대였다. 극히 일부의 합리적 지식인들을 제외한다면, 이 시대의 거의 모든 사람들이 주술적이었다고 할 수 있다. 이는 광무제가 왕망을 타도했음에도 왕망이 세운 주술적 유교의 체제를 거의 그대로 답습한 점에서도 분명히 나타난다. 광무제는 33년 동안 제위에 있으면서 성공적인 정치를 펼쳐 후한을 안정시켰으며, 이후 후한은 명제(AD 58~75년 재위), 장제(AD 76~88년 재위), 화제(AD 89~105년 재위) 시대에 전성기를 누린다. 이 시대에 들어 유가 지식인은 조정의 중심을 차지하게 되며, 장제기에 이르면 주요 관직의 77%에 달하게 된다. 명제 시대에는 낙양에 태학이 설치되었고, 전한 시대부터 이어져온 '오경박사'가 『시』·『서』·『역』·『예기』·『춘추』를 전문적으로 연구했다. 특히 후한에 들어와서는 지방 사학이 크게 발달하게 되며, 정현(鄭玄, AD 127~200년) 같은 대유학자 아래에서는 수천 명의 유생들이 유학에 정진했다. 이러한 흐름은 장제 4년(AD 79년)에 열린 백호관(白虎觀) 회의에서 절정에 달한다. 이미 선제 시대에 석거각(石渠閣)에서 오경의 교정을 둘러싼 회의가 열린 적이 있거니와(여기에서 오경박사가 확립된 것으로 보인다), 이 백호관 회의에서는 유교의 각 학파가 토론을 벌여 유교의 체계를 정비하기에 이른다. 이 회의는 제국 로마에서 열린 제1차 니케아 공의회(AD 325년)에 해당하는 모임으로서, 이 모임의 결과가 후에 정리된 것이 곧 『백호통』이다.[20)

유교가 이처럼 국교의 위상을 차지하고 또 지방의 모세혈관에 이르기까지 지배하게 되면서 후한은 '예교사회(禮敎社會)'로 화해갔다. 사회 전체

---

20) 와타나베 신이치로는 백호통의 핵심을 "수도를 어디로 할 것인가?", "기내(畿內)를 여럿 설치하는 것이 가능한가?"를 비롯한 14가지 주제로 정리해주었다.(渡邊信一郞, 『中國古代の王權と天下秩序』, 校倉書房, 2003) 『백호통』은 한대 유교의 종교적 성격을 선명하게 드러내주고 있으며 천하의 질서를 총정리한 저작이다.(『백호통의(白虎通義)』라고도 한다) 여기에서 '하늘'은 인격신으로, '천자'는 하늘과 '효'의 관계로 맺어진 문자 그대로의 의미에서 하늘의 아들로 표상된다.

가 예교를 중심으로 존립했고, 관리의 채용 역시 효렴(孝廉)·현량(賢良)·방정(方正) 같은 명칭들이 시사하듯 유교적 덕목에 입각해 이루어졌다. 대략 인구 20만 명당 1명이 효렴으로 추천되었으며, 매년 200여 명의 효렴이 관리로 등용되었다. 이렇게 되자 관리에 등용되기 위해서 위선(僞善)을 행하는 자들도 나타나게 되고, 이와 같은 경향은 후한이 썩어가면서 점차 심각해졌다. 그러나 동시에 이런 흐름에 저항하면서 효렴으로 추천되는 등 사회의 존경을 받으면서도 벼슬길은 사양하는 인물들도 나타났다. 이들은 '천하'에 속하기를 거부하면서 '강호'에서 유유자적한 삶을 누렸으며, 사람들은 이들을 '일민(逸民)'이라고 부르면서 존경했다. 이 '일민'은 후한 시대에 중요한 역할을 하게 되는 '명사(名士)'의 한 유형이었다. 다른 유형들로는 재야에 존재하면서도 천하의 일에 적극적으로 비판적 의견을 개진하는 인물들과 직간접적으로 정권에 협력하는 유형이 있었다. 다른 한편 경서를 읽어 유학을 연마하는 것이 벼슬길에 오르는 첩경이 되면서, 경서 공부를 통해 벼슬길에 오르는 일을 업으로 하는 가문들이 나타나게 되었다. 이들은 대대로 자손에 학문을 전수하고 또 통혼 등을 통해 세력을 키워감으로써 후한 사회를 실질적으로 통치하는 계층을 형성했다. 이 가문들은 과거의 귀족들처럼 실질적으로 세습을 하지는 못했지만, 지속적인 등용을 통해서 사실상 거의 세습하다시피 학문과 벼슬자리를 독점해갔다. 이 계층은 '사족(士族)'이라 불렸다. 평민은 '대부'까지만 될 수 있었기 때문에 이들은 곧 '사대부(士大夫)' 집안을 형성했다고 할 수 있다. 이들 중에는 벼슬길만을 목적으로 하는 것이 아니라 본연의 유교적 가치를 지키면서 도덕적 삶을 추구한 인물들도 있었는데, 이들은 '청류(淸流)'라 불리기도 했다. 이처럼 유교사회가 등장하면서 과거에는 존재하지 않았던 종류의 인물들인 효렴, 일민, 사족, 청류 등이 등장한 것은 중요한 역사적 사건이었다.[21]

21) 사족과 지방 호족은 구분된다. 지방 호족 중에는 상인 계층을 비롯해서 '사'족이 아닌

요컨대 후한 시대에는 '유교 지식인'이라는 강력한 하나의 계층이 형성되어 외척·환관과 대립하기에 이른다. 위촉오 시대가 시작되는 시점에서 등장하는 하태후와 하진이 외척 세력이었다면, 십상시는 환관 세력이었고, 원소 가문 등은 대표적인 사족 세력이었다고 할 수 있다.

경전(經傳)과 권력

유교가 한 제국의 국교로 자리 잡고 또 유학파들 사이에서 정통 경쟁이 벌어지자, 이런 과정은 자연히 '경'을 둘러싼 각축전을 불러오게 된다. 어떤 사상이 '정통'으로 자리 잡는 과정은 곧 어떤 텍스트가 '성경'으로 자리 잡는 과정이기도 하다. 이러한 과정은 대개 순수 철학적인 토론 과정만을 통해서가 아니라 종교권력과 국가권력의 복잡한 역학이 착종되어 성립하기 마련이다. 지중해세계에서의 일신교 경전들(『구약』,『신약』,『꾸란』)의 성립이라든가 동북아세계에서의 '오경'의 성립 등은 그 전형적인 예이다. '성경'들이란 가장 성스러운 텍스트들로 생각되지만 사실 가장 정치적인 =권력적인 텍스트들이기도 하다.

이 점을 특히 잘 보여주는 경전이 『춘추』이다. 전국시대 이래 『춘추』의 전에는 '공양전'과 '곡량전'이 있었고, 후에 다시 '좌씨전'이 등장한다. 『공양전』은 왕의 절대적 권위, 동중서가 강력하게 발전시킨 재이설, 양이사상,[22] 살인 사건 등에서의 동기주의, 복수의 긍정[23] 등을 특징으로 하거니와,[24] 특히 정치적으로 예민했던 부분은 왕의 절대적 권위 대목이다. 이

가문도 많았기 때문이다. 효렴은 대개 사족이나 지방 호족 계에서 나왔다. 또, 일민을 포함해 명사·청류는 기본적으로 사족에서 배출되거나 사족과 공감하는 관계를 형성했다. 이 점에서 이 시대에 왕족이 아닌 평민 계층에서의 지배 계층은 넓게는 지방 호족들이었고 좁게는 사족 계층이었으며 개인으로서는 명사들을 포함했다.

22) 이때의 '이'는 주로 초를 뜻했다. 그러나 한 제국에 와서는 주로 흉노를 가리키게 된다.
23) 이는 한 제국 예교사회의 한 특징이 되기도 한다. 부모의 원수를 갚는 것은 칭찬받을 일이었다.
24) 野間文史, 『春秋學』(研文出版, 2001).

대목은 주왕의 권위가 이미 땅에 떨어진 당시(전국시대)로 본다면 시대에 뒤떨어지는 주장에 불과했지만, 한 제국에 와서는 (흉노 문제와 더불어 제국의 존립을 위태롭게 했던) 제후왕의 힘에 맞닥뜨려 황제의 권위를 내세울 수 있게 해주는 대목이었다. 『공양전』이 경제 시대에 부각되었던 것은 이 때문이다. 또, 공양학파는 서열상 낮았던 문제가 즉위한 일도 정당화해 주었다. 유씨가 여씨를 주멸하고 한 제국을 되찾았을 때 공을 세운 것은 유양이었으나, 유양은 외가에 악한 자가 있어 황제에 오르지 못하고 유환이 황위를 이어받았는데 이이가 바로 문제이다. 이 때문에 문제의 즉위는 앙금을 남긴다. 이에 관련해 공양학파는 은공이 동생인 환공에게 공위(公位)를 양보하려 했던 일을 절찬함으로써[25] 문제의 등극을 정당화해주었다. 나아가 공양학파는 "아들은 어미로써 귀하게 된다"('정처'의 자식이 왕위를 이어받는다는 뜻)는 구절 뒤에 "어미는 아들로써 귀하게 된다"를 넣어 문제의 어미까지도 태후로 만들어주었다. 서열이 낮은 인물이 황제가 될 경우 생기는 문제들 중 하나는 이 황제가 자연히 자신의 생모를 태후/황태후로 삼고 싶어 한다는 점이다. 문제의 어미 박희는 서열상 유양의 어미 조부인보다 낮아서 태후가 될 수 없었다. 이에 공양학파는 "母以子貴"를 넣어 박희를 태후라 칭할 수 있게 해준 것이다. 무제 시대에 이르면 공양전의 위력은 절정에 달하게 된다. 양이사상과 복수의 긍정이라는 공양전의 주장이 흉노에 대한 적개심에 불탔던 무제의 경략에 힘을 불어넣어준 때문이다. 게다가 무제의 어머니 역시 정처가 아니었다. 지중해세계에서 기독교의 국교화 과정에서도 볼 수 있었거니와, 여기에서도 '경전'과 '권력'이 얼마나 밀접한 관련이 있는가가 잘 드러난다.

그러나 선제에 이르러 상황은 달라진다. 무제 말년의 비극인 '무고의 난'은 황태자였던 위태자＝여태자가 무고 행위로 고발되어 억울하게 죽

---

25) 실제 이루어지지는 않았지만, 공양전은 동기주의를 취했기에 절찬의 대상이 될 수 있었다.

은 사건이다. 이때 위황후와 위태자의 아들 역시 죽음을 당했으나 그 손자만은 살아남았고, 이 손자가 바로 훗날의 선제가 된다. 선제가 즉위하기 전에 '가짜 위태자' 사건이 벌어졌다. 어떤 남자가 자신을 위태자라고 하면서 나타났던 것이다. 모두들 두려워할 때 준불의가 『공양전』을 근거로 대면서 이 인물을 체포했다. 위태자가 주살되면서 등극했던 소제의 입장에서는 이 일이 매우 다행히 처리되었다고 할 수 있고(더구나 소제는 어머니 뱃속에 14개월이나 있었던 셈이었기에, 그가 무제가 아닌 곽광의 아들이라는 설이 파다했다), 그는 이 사건을 계기로 유학을 배운 관리들을 중용하기 시작했다. 그러나 선제의 입장은 달랐다. 선제는 소제를 이은 창읍왕 유하가 당시의 세도가였던 곽광에 의해 폐위되면서 즉위할 수 있었다. 곽광의 위세에 눌려 있던 선제는 곽광 사후에 반격을 시도해 곽씨 일족을 주살한다. 선제에게는 『공양전』이 껄끄러운 경전이었다. 준불의는, 『공양전』, 「애공 3년」 부분에 따라, 아버지의 명을 어기고 달아났던 위나라 태자 괴외가 귀국하고자 했을 때 그 아들인 괴첩이 허락지 않은 일을 들어 가짜 위태자가 설사 진짜 위태자라 하더라도 나라에 들일 수 없다고 했기 때문이다. 이 해석에 대해 소제와 선제의 입장은 당연히 달랐다. 게다가 『공양전』에는 선제처럼 민간에서 올라와 황제가 된 자의 생모는 '부인(夫人)' 칭호를 받을 수 없다고 되어 있어, 선제의 생모는 이 칭호를 받을 수 없었다.

선제는 자신의 권력을 비호해줄 경전이 절실했고, 이에 부응해서 나타난 경전이 『곡량전』이다. 선제는 석거각에서 회의를 열어 오경의 교정을 둘러싼 토의를 벌였고, 이 토의의 목적들 중 하나는 바로 민간에서 올라와 황제가 된 선제 권력의 정당화에 있었다. 이 회의를 통해 『곡량전』은 경전의 지위를 획득한다. 『곡량전』은 철저한 '장자상속제'를 주장한다. 바로 이 점에서, 환공에게 나라를 양보한 은공의 행동은 『공양전』에서처럼 찬사의 대상이 되기보다는 오히려 강한 비판의 대상이 된다. 이는 물론 무제의 장자였던 위태자와 그 손자인 선제의 정치적 정당성을 뒷받침해주는 논리였다. 게다가 『곡량전』은 한의 대외관계에 관련될 수 있는 중요한 주장을 담고 있었다. 즉,『공양전』처럼 '양이'를 주장하기보다는 '화이혼일(混一)'을 강조하고 있기 때문이다. 선제 시대에 흉노의 호한야선우가 항복해왔을 때, 그 대우를 어떻게 할 것인가를 두고서 논쟁이 일어났다. 이때 선제는『곡량전』에 근거한 숙망지의 의견을 받아들여, 호한야선우를 제후왕들의 위에 두고 "칭신불명(稱臣不名)"의 특권을 부여한다. 이와 같은 식의 조치는 이후 동북아 국제관계의 형성에도 큰 영향을 주게 되고,『곡량전』은 한 제국이 주변 국가들을 통어하는 데 도움을 주게 된다.

　『공양전』과『곡량전』을 이어 전한 말에 나타난 것이『좌씨전』이다.『좌씨전』은 매우 이데올로기적인『공양전』·『곡량전』과는 달리 사서로서의 성격이 강해 지금까지도 널리 읽히고 있다. 그러나 한대에 이 저작 또한 권력의 향배에 따라서 이데올로기적으로 이용되었다. 유흠이 도서를 정리하던 중[26] 발견한『좌씨전』이 등장한 것은 성제(32~7년 재위) 시대였다.『좌씨전』이 이용된 것은 천자 칠묘제 문제, 교사제 문제, 그리고 한 화덕설 문제였다. 앞에서 수도에는 7개 묘만 있어야 한다는 '천자 칠묘제'를 둘러싼 문제가 원제 시대에 시작되어 평제 시대에 가서야 결론이 났고, 상제와 후토에게 제사 지내는 교사제의 장소를 둘러싼 문제 역시 우여곡절을 겪다가 애제 시대에 가서야 정착되었다고 했거니와,[27] 이런 정착에 핵심적 준거점이 된 것이 바로『좌씨전』의「장공 18년」,「양공 20년」이었다. 이 과정에서 결론을 정착시킨 인물이 바로 왕망·유흠이었고 왕망 정권은 바로 이와 같은 과정을 통해 유교를 반석 위에 올려놓았던 것이다.

　한 화덕설 또한『좌씨전』과 연관된다. 오덕종시설 즉 추연에서 유래하

---

26)　유흠은『좌씨전』만이 아니라『시경모전』,『주례』를 비롯해 많은 고문을 발견한다. 훗날 청대의 만사대는『주례』는 주공의 작품이 아니라 왕망 정권이 정치적으로 이용하기 위해 각색한 문헌임을 주장하게 되거니와, 당시 이 경전은 왕망 정권이 시도한 개혁에서 기본 참고서가 되었다. 그러나 얄궂게도 당시의 현실에 잘 맞지 않는『주례』를 과도하게 참고한 것은 왕망 정권이 오래가지 못한 이유들 중 하나가 된다.

27)　이런 과정에는 유교 경전의 해석, 각 황제들의 개인적 입장, 때때로 발생한 재이 등이 착종되었다.

는, '목→화→토→금→수→목'으로 이어지는 '상생'의 과정과 '토→수→화→금→목→토'로 이어지는 '상극'/'상승'의 과정을 논한 설에 따라서 수덕의 진을 이긴 한은 토덕의 국가로 이해되었음을 언급했거니와, 유흠은 새롭게 한 화덕설을 제시하게 된다. 유흠은 동중서의 삼통설을 이어받아 삼통력(三通曆)을 제시하고, 상극이 아닌 상생의 구도에 입각해 한은 목덕인 주를 이어받았기에 화덕을 띤다고 주장했다.[28] 또, 그는 『주역』과 『좌씨전』을 근거로 해서 상고 시대의 소호를 끌어들임으로써, 종래의 '황제(토) → 전욱(금) → 제곡(수) → 요(목) → 순(화) → 하(토) → 은(금) → 주(수) → 한(목)'의 계열을 '황제(토) → 소호(금) → 전욱(수) → 제곡(목) → 요(화) → 순(토) → 하(금) → 은(수) → 주(목) → 한(화)'의 계열로 대체했다.[29] 원래 『좌씨전』에서는 한이 요를 잇고 있다는 내용이 있었거니와, 후자의 계열로 하면 요와 한이 공히 화덕이 되어 이 기록을 뒷받침해 준다는 이점도 있었다. 왕망이 자신이 세운 신 제국을 황제와 순을 잇는, 한 제국을 이어받게 되어 있는 토덕으로써 규정한 것도 이러한 구도에 입각해서였다.[30]

『춘추』의 경우만을 보았지만, 한대에는 이처럼 경전과 권력의 복잡한 착종이 이어지게 된다. 이런 과정과 밀접히 얽히면서 전개된 논쟁이 바로 금고문(今古文) 논쟁이다. 이 금고문 논쟁은 특히 『상서』를 둘러싸고서 벌어진다. 『상서』는 매우 중요한 책임에도 전란의 소용돌이 속에서 존재가 미미해졌었다. 그러나 진 제국의 박사였던 복생(伏生)이 이 경전을 전함으로써 『금문상서』가 성립하게 된다. 금문이란 구전되어오던 경전이 한대에 들어와 정착한 것으로서, 글을 읽는 사람들 대부분이 알아볼 수 있는 예서로 쓰인 글이다.[31] 한대에 설치된 오경박사는 『상서』를 포함해 바로 이 금문

---

28) 진은 과도기에 불과해서 상생의 한 국면으로 인정받지 못했다.

29) 渡邊義浩, 『儒教と中國』(講談社, 2010), 61頁.

30) 그러나 이 대목은 『좌씨전』만으로는 정당화되지 않아서, 왕망은 위서를 이용하게 된다.

31) 진시황은 천하통일 이후 이사가 창안한 소전체(小篆體)를 통용문자로 정한다. 상형문

으로 된 경전들을 집중적으로 연구했다. 박사들은 어느 한 경전을 전문적으로 연구했기 때문에, 각 경전들은 매우 상세하게 연구되었지만 넓은 시야가 실종되어 철학적 창조성이 소멸되어버린다. 더구나 상세한 연구의 과정에서 각종 '주'들이 등장하고 다시 '소'들까지 붙음으로써 논의가 극히 번잡해졌다. 이런 연구가 바로 '훈고학'으로서 지중해세계의 스콜라철학과 유사한 성격을 띤다.[32] 『춘추공양전주소』가 『춘추공양전』의 여섯 글자 "元年 春 王正月"을 해석하는 데 6,036자를 쓴 것이 대표적이다.(이는 다름 아니라 앞에서 언급한 환공과 은공의 서열 문제를 다룬 대목이다)

『금문상서』와 달리 공자의 유택에서 발견된 것이 『고문상서』이다. 분서갱유 시절에 공자의 후손이 서적들을 지키기 위해 집 벽에 숨겨놓았던 것이 후에 발견된 것이다. 고문은 한대 이전의 글자로 되어 있어 전문가가 아니면 읽을 수 없는 글이다. 고문은 주로 재야에서 연구되었고, 금문처럼 전문화되지 않았기 때문에 넓은 시야에서 연구되었다. 그리고 이 때문에 철학적으로는 금문보다 더 활기차게 연구되었다. 고문의 존재가 제도권에도 알려지고 연구되기 시작하자 이제 금문과 고문의 우선순위를 둘러싼 논쟁이 벌어지게 된다. 예컨대 『예기』는 금문이지만 『주례』는 고문이다. 『공양전』과 『곡량전』은 금문이지만 『좌씨전』은 고문이다.[33] 대체적으로 금문이 한대의 필요에 의해 이데올로기적으로 각색된 문헌이었다면, 고문은 비교

자에서 시작된 한자는 소전체에 이르러 일단 추상화가 완성되고 '기호'로서의 성격을 띠게 된다. 그러나 사무적인 일에는 소전체보다 더 간단한 예서(隸書)를 채용하기도 했다. 한대에 이르러 소전체는 점차 사라지고 예서가 성행하게 된다. 특히 글쓰기는 끌 등으로 새기는 글씨 중심에서 붓글씨 중심으로 이행하게 된다. 후한 시기 종이의 발명은 이런 흐름을 본격화한다. 그 후 초서(草書)와 행서(行書)가 등장하고, 당대 초에 이후의 표준 서체로 자리 잡게 되는 해서(楷書)가 정착하게 된다.

32) 이 시대에 이르면 고전들의 본문을 '장'과 '구'로 분절하게 되는데, 이 때문에 한대의 학문을 '장구학(章句學)'이라 부르기도 한다. '훈고(訓詁)장구학'이라는 말도 쓴다.

33) 경전을 둘러싼 복잡한 논의들이 전개되면서 많은 주들과 소들이 배출되었다. 예컨대 『좌씨전』의 경우 두예(杜預)의 주가, 『공양전』의 경우 하휴(何休)의 주가 유명하다. 이 주들과 소들은 당 시대에 이르러 '오경정의(正義)'로 정리된다.

적 원래의 사상 형태를 많이 유지한 글이었다고 할 수 있다.[34] 그러나 그 철학적 내용에 상관없이, 금문이냐 고문이냐는 당시 권력의 향배에도 매우 민감한 문제였다. 『좌씨전』의 경우에서 보았듯이, 전한의 황제들은 금문을 채택했지만 왕망은 고문을 채택했다. 그러나 후한에 들어서면 다시 금문을 채택한다. 후한 말의 정현 같은 대학자는 금문과 고문에 모두 통달한 경우이다. 금문과 고문 사이의 긴장은 이후에도 계속 이어지게 된다.

사변철학과 비판철학

금문과 고문 사이의 긴장과 더불어 한대에 나타난 또 하나의 현상은 경서와 위서 사이의 긴장이다. 위서는 도참과 함께 '참위(讖緯)'라 불리며, 이 참위는 한대 사상에서 매우 중요한 역할을 한다. 아울러 자연히 이런 신비하고 주술적인 전통에 대한 강한 비판의 흐름 또한 나타나게 된다.

2장에서 언급했듯이, 한대의 사상들은 기본적으로 강한 사변성을 띠었다. 여기에서 '사변성'이란 경험을 멀리 벗어나 세계에 대한 거창한 개념 체계를 구축하는 것을 뜻한다. 역학과 기학의 경우에 보았듯이 한대의 전형적인 사유는 '상응체계'를 구축하는 사유였다. '소우주와 대우주'라는 유비관계의 구축이 그 전형적인 예이다. 예컨대 인체의 큰 관절은 12개로서 1년 12개월에 상응하며, 작은 관절은 366개로서 1년 365일에 상응한다. 오장은 오행에 대응되고, 사지는 사계절에 대응한다 등등.[35] 그러나 지금 말하는 '사변철학'에는 또 하나의 뉘앙스가 들어 있다. '주술성' 또는 '신비성'이 그것이다. 한대의 사변철학은 신비한/주술적인 측면을 강하게 내포한다.[36] 중요한 것은 이와 같은 신비성/주술성은 정치적 맥락과도 밀

---

34) 그러나 사태는 복잡하다. 고문의 연대가 오래되었다고 해서 꼭 진짜라는 보장은 없었다. 가짜가 많았기 때문이다. 특히 『상서』는 두고두고 문제가 된다.

35) 동중서, 남기현 해역, 『춘추번로』, 「인부천수(人副天數)」(자유문고, 2005).

36) 앞에서도 언급했지만, 한대 사람들에게 주술성/신비성과 과학성은 날카롭게 구분되지 않았다.(따지고 보면 지금도 그 경계선이 간단히 그어질 수 있는 것은 아니다) 그 때문

접한 연관성을 띤다는 점이다.[37)]

한대의 이러한 분위기에서 도참과 위서는 특히 큰 역할을 했다. 예컨대 부명은 우연히 '발견'된 문자로서 선전되었는데, 물론 누군가가 조작한 문자이다. 상투적인 수법들 중 하나는 잎사귀에 꿀로 글을 씀으로써 벌레들이 파먹게 하는 것이다.[38)] 이런 도참이 나타나면 어리석은 자들은 이를 믿어 난리법석을 떨게 되며 정치적 풍파가 밀어닥치곤 했다. 시황제, 한 무제, 광무제 등 거대한 권력을 가졌지만 다른 한편으로는 아둔하기도 했던 인물들이 모두 이 도참에 휘둘렸다. 진시황 때 "진은 호(胡)에 의해 무너진다"는 도참이 퍼져 흉노를 방비하려 만리장성을 쌓았지만, 나중에 보니 이 '호'가 그의 아들 호해였다는 식의 이야기가 그 한 예이다. 여러 번 이야기했지만, 종교적 강박이 지중해세계의 병이었다면 주술성은 동북아세계의 병이었다. 그러나 더 중요한 것은 유가사상 자체가 주술성을 받아들여서 스스로를 유교로 만들었다는 점이다. 왜 그랬을까? 바로 기존의 유가사상으로는 정당화할 수가 없는 '황제'의 존재를 정당화해야 했기 때문이다. 유가 사상가들은 주술적인 도참을 끌어들여 황제라는 존재를 정당화해줌

에 두 경향은 서로 섞여 있었으며, 한 텍스트에서 두 경향이 자연스럽게 얽혀 있는 경우도 많았다. 사실 한대는 채륜의 종이 발명이라든가 장형의 혼천의와 지동의(地動儀) 발명을 비롯해 많은 과학기술상의 발전이 이룩된 시대이기도 하다.

37) 이 시대의 분위기를 보여주는 일화로서 선제 시대의 승상 병길, 원제 시대의 승상 우정국 등의 일화가 남아 있다. 병길은 어느 날 거리에서 난투극이 벌어지는 것을 보고도 그냥 지나갔으나, 다른 날에는 아직 봄도 아닌데 소가 혀를 내밀고 헐떡거리는 것을 보고는 큰 관심을 보였다. 후자는 바로 음양의 조화에 관련된 일이었고, 승상에게 중요한 것은 전자보다 오히려 후자였던 것이다. 또, 우정국은 이상기후가 나타나자 승상 직인을 반납하고 물러났다. 이상기후는 하늘이 내리는 재이였기 때문이다. 원래 '재이설'은 동중서가 황제를 견제하기 위해서 세운 설이었으나, 후대로 가면서 오히려 황제가 신하를 견책하는 근거로도 작동하게 된다.

38) 부명 등의 조작은 '사후적 구성'에 대비되는 사전적 구성의 전형적인 예라고 할 수 있다. 사후적 구성이 일이 이미 일어난 후에 인과관계를 조작하는 것이라면, 사전적 구성은 일이 일어나기 전에 인과관계를 조작함으로써 일이 그렇게 이루어지도록 꾸미는 것이다. 앞서 언급한 『구약』이 전자의 전형을 보여준다면, 한대의 도참은 후자의 전형을 보여준다.

으로써 권세를 획득할 수 있었다. 이는 바로 기독교가 로마라는 권력에 빌붙음으로써 권세를 얻을 수 있었던 것과 유비적이다.[39] 기독교는 예수를 배반했고, 유교는 공자를 배반했다.

도참보다 좀 더 고급한 형태가 위서였다. 위서는 본래의 경전들인 경서를 보완한다는 명목에서 나온 책들이고, 실제 그런 학술적 내용도 일부 포함하고 있다. 그러나 위서는 한대 특유의 주술성/신비성의 성격을 띠었고, 특히 앞에서 『춘추』에 대한 각종 전들이 그랬듯이 정치적 권력의 향배에 긴밀하게 연결되어 있었다. 위서는 특히 도참의 "의미"를 설명함으로써 큰 영향을 끼치곤 했으며, 공자가 쓴 책들로 선전되었다. 각 경서에는 위서가 쓰였는데, 예컨대 『주역』의 위서로서 앞에서 언급했던 『역위건착도』 외에도 『역위통괘험』 등이 있었고, 『서경』의 위서인 『상서위』, 『춘추』의 위서인 『춘추원명포』, 『춘추연공도』 등등이 존재했다. 이와 같은 위서들은 예컨대 황제의 권력을 정당화해주는 구절들을 써 넣어 기존 유가사상에는 존재하지 않았던 이 권력을 정당화해주었다. 물론 그 이론적 기초는 동중서의 '천인상관설'이었다. 유교 지식인들은 이런 위서들을 유가사상에 끌어들임으로써 유가사상을 통치이데올로기로 만들었다. 이러한 위서들의 힘은 매우 강해 후한의 정현 같은 대유학자조차도 자신의 주석들에 이 위서들을 활용하곤 했다. 도참과 위서가 합해지면서 참위설이 형성되었고, 이 참위설이 한대 권력의 향방과 복잡하게 얽혔다고 할 수 있다.

---

39) 물론 유교의 국교화에는 반대 측면도 일정 부분 존재했다. 유교 지식인들은 한편으로 황제를 정당화해주면서도, 다른 한편으로 자신들의 권위를 동원해 황제의 독재를 막는 장치도 마련했다고 할 수 있다. 이 점은 동중서에게서 이미 나타났는데, 그는 한편으로는 '天子'의 개념을 통해서 전통 사회의 위계를 강화하고자 했지만 다른 한편으로는 황제에게 권면(勸勉)을 역설함으로써 황제의 자의성에 제동을 걸고자 했던 것이다. 더 넓게 보아, '예교' 또한 이런 성격을 띤다. 한비자에게서 보았듯이 진 제국의 법치에서는 황제는 법 바깥에 존재하지만, 한 제국의 예치/예교에서는 황제 역시 예의 테두리 안에 들어오기 때문이다. 황제까지도 예의 테두리 안에 들어오게 해 덕치를 베풀게 만들고 그 예 자체는 자신들이 주관하는 것이 유교 지식인들의 전략이었다.

이 참위설은 특히 『곡량전』과 『좌씨전』의 출현으로 입지를 잃은 공양학파에 의해 활용되었다. 공양학파는 단지 황제라는 존재를 정당화하는 데 그치지 않고 한 제국의 존재 자체를 정당화하고자 했다. 이들은 한 화덕설에 입각해서 은 출신인 공자를 목덕 창제(蒼帝)의 아들(화덕)이 아니라(이 경우 한 제국은 원래대로 토덕이 된다) 수덕 흑제(黑帝)의 아들(목덕)로 봄으로써, 공자가 한 제국(화덕)의 탄생을 축복한 것으로 만들었다. 이는 사후적 구성의 구조를 잘 보여주는 예이다. 이런 식의 위서들은 특히 전한 후기에 많이 만들어졌으며, 마침내 왕망의 찬탈에 이데올로기를 제공하기에 이른다. 왕망은 앞에서 언급했듯이 유흠에 의해 발견된 고문들을 활용했을 뿐만 아니라, 금문학파였던 공양학파의 위서들, "왕망이여, 황제에 오르라" 같은 노골적인 부명을 포함해 여러 형태의 참위를 정권 유지에 적절히 활용했다. 유자들은 이처럼 본연을 벗어난 유교를 비판해야 했거니와, 오히려 왕망이 유교를 비호하고 국교로서 격상하는 것을 보고서 그것을 도왔다.

철학적으로 볼 때, 유가사상은 통제 일변도의 법가사상이나 기본적으로 탈속적 성격을 띠는 도가사상에 비해 사회의 주도적 위치를 점할 잠재력을 지니고 있었다고 할 수 있다. 유가사상이 '충효'라는 봉건적 이념을 강조하고, '관혼상제'라는 삶의 양식을 주도하고, 학문과 교육이라는 문화적 가치를 선양하는 한에서 특히 그렇다고 할 수 있다. 그러나 역사적으로 볼 때, 유술독존은 그 철학적 잠재력을 통해서만이 아니라 바로 이런 이데올로기적 조작을 통해서도 이루어졌다고 할 수 있다.

그러나 한대에도 지중해세계의 크세노파네스처럼 계몽의 사상을 펼친 인물이 있었다. 왕충(王充, AD 27~97년)이 바로 그이다. 왕충은 왕망을 무너뜨리고 후한을 세운 광무제 시대에 태어났으며 명제, 장제 시대를 거쳐 화제 시대까지 살았다. 이 시기는 후한이 안정을 누리던 시대였으나 참위의 위세는 여전했다. 참위의 경향에 끈질기게 맞섰던 환담(桓譚)이 광무제에게 죽임을 당하기 직전까지 갔을 정도였다.[40] 왕충은 한대 전 기간을 관통해 흐르던 이런 주술적이고 신비적인 풍토에 저항해 계몽주의적 비판을 전개해나갔으며, 그의 사상을 담은『논형(論衡)』은 한대 철학의 특이한 경지를 이루었다.[41]

왕충 비판철학의 핵은 온갖 형태의 허황됨과 과장됨에 대한 비판이다. 왕충은 우선 서허(書虛)와 변허(變虛)를 비판한다. '서허'는 허망한 글들이다. 글이란 설사 그것이 옳지 않은 것이어도 일단 인쇄가 되어 책으로 편찬되면 옳은 것으로 받아들여지는 경향이 있다. 그래서 사람들은 허망한 글들을 맹목적으로 믿는다. 왕충은 여러 전적들을 예로 들면서 이러한 경향을 비판한다. '변허'는 세계의 변화(주로 천문현상) —— 춘추시대 송나라의 경공 때 형혹(熒惑) = 화성이 심수(心宿)를 침범했다든가 제나라의 경공 때 혜성이 나타났다든가 하는 사건들 —— 를 두고서 이런저런 억측을 일삼고, 그에 대해 어떤 조치들을 취함으로써 결과를 이끌어낼 수 있다고 하는 것이다. 왕충은 하늘과 사람은 다른 차원에 존재하며, 하늘이 사람에 영향을 끼칠 수는 있어도 사람은 하늘에 영향을 끼칠 수 없다고 보았다.[42] 한대 유교의 기초인 '천인상감설'을 비판한 것이다.

---

40) 환담 외에도 적지 않은 유가 지식인들이 당대의 풍조에 저항했다. 왕충을 필두로 과학자 장형(張衡), 한대 역학의 집대성자들 중 한 사람인 순상(荀爽)을 비롯해 여러 지식인들이 유가사상의 주술화/신비화를 비판했다. 유가 지식인들의 이런 비판정신은 유교가 동북아의 중심적 철학으로서의 위상을 지탱해나간 원동력이 된다.

41) 『논형』은 다음 판본들을 참조해 인용한다. 왕충, 이주행 옮김,『論衡』(소나무, 1996). 『論衡校注』, 王充, 張宗祥 校注, 鄭紹昌 標點(上海古籍出版社, 2010).

42) 순자가 하늘과 사람의 구분을 역설하고 자연을 근대적 방식으로 파악했다면, 대조적으로 왕충은 하늘과 사람의 구분을 역설하되 하늘이 사람에게 끼치는 영향만을 일방향적으로 인정한다. 따라서 그의 사유에는 숙명론적 그림자가 드리워져 있다. 예컨대 왕충은 국가의 흥망도 군주의 노력 여부와 관계없이 일어난다고 보았다. "왕조의 명이 흥하는 것은 봄기운이 여름으로 향해 가는 것과 같고, 왕조의 기운이 망하는 것은 가을기운이 겨울을 향해 가는 것과 같다." 그러나 왕충은 또한 역사를 발전적으로 바라보는 시각을 제시하기도 했으며, 그의 숙명론과 발전사관 사이에는 일정한 간극이 있다고 하겠다.

하늘과 사람은 전혀 다른 존재인데 서로의 소리가 어떻게 통할 수 있겠는가? 사람은 하늘이 행하는 바를 알 수 없거늘, 어찌 하늘이 인간이 행하는 바를 알 수 있겠는가? 하늘에 몸이 있다면 그 귀는 극히 높은 곳에 있을 터이니 어찌 사람들이 말하는 것을 들을 수 있을 것이며, 하늘이 '기'라면 구름이나 연기 같은 존재일 터인데 어찌 사람들의 말을 알아들을 수 있겠는가? 재변(災變)을 이야기하는 사람들은 "사람이 천지 안에 있는 것은 물고기가 물속에 있는 것과 같아, 사람이 행하여 천지를 움직일 수 있는 것은 마치 물고기가 몸을 흔들어 물을 흔들 수 있는 것과 같다"고 한다. 하나 이는 있음직한 일이 아니다. (…) 땅으로부터 올라가 황천(皇天)을 변화시키려 하나, 어찌 저 높은 곳에 이를 수 있겠는가!

인용문에서 왕충이 천인감응의 관념을 비판한다는 점과 동시에 그 비판 자체가 적지 않게 즉물적이라는 점도 알 수 있다. 왕충의 비판에는 즉물적 사고라든가 논변에서의 비정합성, 개념적 혼란스러움 등이 적지 않게 발견된다. 한대의 사유를 비판하려 했던 왕충의 사유 자체도 그 그림자를 떨쳐내지는 못했음을 알 수 있다.[43]

왕충은 이허(異虛)와 감허(感虛)에 대해서도 비판을 가한다. '이허'란 요망하게 느껴지는 현상들에 대해 헛된 추측을 일삼는 것을 뜻한다. 상 말기의 고종 때 조정에 뽕나무와 닥나무가 생겨 칠 일 만에 무성하게 자란 것을 두고서, 이를 나라의 멸망으로 해석했다. 그러나 고종이 삼가면서 좋은 정치를 베풀자 나라는 이어졌고 뽕나무와 닥나무는 사라졌다고 한다. 왕충은 이런 이야기를 비판한다. 이상한 현상들에 대한 멋대로의 해석과 그것들에 대한 대처가 좋은 결과를 가져왔다는 자의적인 해석을 비판하는 것이다. 그러나 이와 같은 비판에는 이상한 현상들 자체는 인정하는 면 그리고 숙명론적인 관점이 포함되어 있는 것도 사실이다. '감허'는 왕충의

---

43) 이 점은 같은 시대에 발간된 왕부의 『잠부론』(전 2권, 임동석 역주, 동서문화사, 2009)이나 중장통(仲長統)의 『창언(昌言)』에서도 역시 발견된다.

관점을 선명하게 드러내는 경우로서, 하늘이 사람에게 감응한다는 점을 비판하는 장이다. 왕충은 열 개의 태양이 나타나 세상이 타들어갈 때 요 임금이 아홉 개를 쏘아 맞추었다는 이야기를 예로 들어, "어찌 정성으로 하늘의 감응을 얻을 수 있겠는가?"라고 비판한다. 이러한 이야기들은 우연의 일치일 뿐인 현상에 인과관계를 부여함으로써 성립한다고 할 수 있다. 현대 식으로 말해, 자연은 자연의 시계열(時系列)에 따라 역사는 역사의 시계열에 따라 이어질 뿐인데도 각 계열의 사건들 A와 B가 짧은 시간간격 내에 일어날 경우 둘 사이에 어떤 인과관계가 있다고 생각하는 것이다. 사실, 계몽사상이 전개된 지 수백 년이나 흐른 지금에도 이런 식의 생각들이 판치는데 무려 2,000년 전의 왕충 시대임에랴. 왕충이 독서층에게는 너무 빤한 이야기를 지루하게 늘어놓는 것은 충분히 이해할 만하다.

왕충은 서허, 변허, 이허, 감허 외에도 복허(福虛)와 화허(禍虛)를 비판한다. 복허와 화허는 선한 자에게는 하늘이 복을 내리고 악한 자에게는 하늘이 화를 내린다는 생각이다. 왕충은 사람의 선과 악이 하늘을 감응하게 만든다는 것을 부정한다. 이 점에서 왕충의 하늘은 유가적인 도덕적 천이 아니라 필연의 양상을 띠는 어떤 이법에 가깝다고 할 수 있다. 윤리의 근거를 순수하게 인간세계 자체 내에 둘 것인가 아니면 인간 바깥의 그 무엇에 둘 것인가는 메타윤리학의 핵심 문제이다. 전자의 전형은 순자이고, 후자의 전형은 맹자이다. 왕충은 맹자의 도덕적 하늘 개념은 거부하지만, 순자처럼 하늘과 인간을 날카롭게 갈라놓지도 않는다. 결국 왕충은 하늘로부터 사람에게로의 일방향적 영향만을 강조하게 되고 숙명론적 색채를 띠게 됨으로써 윤리의 문제를 적극적으로 다룰 수 없었다고 할 수 있다. 그러나 그가 하늘로부터의 영향을 간단히 절대화하는 것은 아니다. 그가 용에 관련된 허황된 이야기들인 용허(龍虛)와 천둥에 관련된 허황된 이야기들인 뇌허(雷虛)를 비판하는 대목이 이 점을 잘 말해준다. 왕충은 용이나 천둥 같은 하늘의 현상이 인간에게 큰 의미를 띤다는 속설들을 비판하는 것이다. 마지막으로 도허(道虛)는 각종 형태의 '도술'들에 대한 비판으로서, 방사들이 말하는 각종 과장된 이야기들에 대한 비판이다. 본래의 도가가 아닌 사술로 전락한 도교에 대한 비판이라고 하겠다.

왕충은 이상의 '구허'에 덧붙여 '삼증'을 비판한다. 여기에서 '증'은 과장을 말한다. '허'처럼 헛되지는 않지만 너무 과장된 이야기들을 조목조목 비판하고 있는 것이다. 삼증 중, '어증(語增)'은 과장된 말들이다. '서허'와 상통한다. 문왕은 술 천 종(鐘)을 마셨고 공자는 백 고(觚)를 마셨으나 덕으로 술을 다스렸다는 식의 이야기가 그 전형이다. '유증(儒增)'은 유자들이 옛일을 이야기할 때 나타나는 과장이다. 요순의 덕이 극히 뛰어나고 커서 천하가 태평했고 그래서 단 한 사람도 형벌을 받지 않았다는 식의 이야기들이다. '예증(藝增)' 역시 유자들을 비판하거니와, 여기에서는 유가에서 신성시하는 경전들인 『시경』·『서경』·『역경』·『춘추』·『논어』까지도 비판의 도마 위에 오른다. 왕충은 「문공」, 「자맹」에서는 유가의 종조인 공자와 맹자까지도 비판하고, 「비한」에서는 법가의 최고봉인 한비자를 비판하고 있다. 유가사상이 유교가 되어 천하를 지배하기 시작하던 시절에 유교 경전이나 공맹을 정면으로 비판한 것은 그 내용을 떠나서 왕충의 비판정신이 얼마나 일관된 것이었나를 보여준다. 그러나 한 사람의 비판철학이 노도와 같이 흘러가는 시대의 분위기를 막을 수는 없었다.

어쨌든 유교의 국교화를 통해서 이후 오랫동안 지속될 '천하'가 모양새를 갖추게 된다. 하나의 사상이 국가의 '교'로 자리 잡을 경우 그 사상은 그 국가의 힘을 통해서 사람들의 생각과 말과 행위를 지배하게 된다. 지금까지 논의했듯이, 지중해세계에서 기독교가 로마 제국의 국교로 자리 잡은 것과 동북아세계에서 유교가 한 제국의 국교로 자리 잡은 것은 그 대표적인 예이다. 그리고 그 과정에서 두 세계에서 나타난 이러저러한 현상들은 여러모로 유사성을 보여주기도 한다. 하나의 사상이 한 국가의 '정통'으로 자리 잡는 과정에는 어떤 일정한 패턴이 존재한다고 할 수 있겠다. 그러나 그 양상은 동북아세계 쪽이 훨씬 부드러웠다고 할 수 있다. 지중해 문명과 그 후의 서양 문명이 끝도 없는 종교전쟁을 겪어나간 데에 비해, 동북아 문명에서는 종교들 사이의 '갈등' 정도라면 몰라도 '전쟁'이라는 것이 거의 존재하지 않았다. 이는 양 문명에 관련해 시사하는 바가 크다 할 것이다. 그러나 유술독존 역시 한 문명을 균일화하는 폐단으로 치닫게 된 것이 사실이고, 예교사회가 굳건하게 자리를 잡으면 잡을수록 그 문제점들도 커지게 된다.

§2. 다원화의 시대

후한 시대의 전반은 정치사적으로 특기할 만한 시대이다. 원제 이래 국교로 자리 잡은 유교가 선용됨으로써 평화로운 예교사회가 도래했기 때문이다. 특히 장제 시기 이래 상부의 통치자들과 하부의 피치자들 특히 하부의 권력자들인 지방 호족들이 잘 이어지게 되었고, 그 사이에서 핵심 역할을 하는 관리들[44]이 진 시대의 '맹치'와 대조적인 '관치'를 베풀었다.[45] '내법외유'의 구도에 입각해 '순리'와 '혹리'를 적절히 활용하는 것이 한 대 그리고 이후 이어지는 왕조들에서 구사한 전략이거니와, 후한 시대는 순리에 의한 관치가 유난히 강조된 시대이다. 『한서』와 『후한서』에는 많은

---

44) 전통 사회에서 '관(官)'과 '리(吏)'는 상당히 다른 존재이다. '관'은 일정한 과정 — 후한의 '향거리선(鄕擧里選)', 위진남북조 시대의 '구품중정제', 당 이래의 '과거' — 을 거쳐 국가에서 뽑은 인물들로서 지방에 파견되었다. 다만 자신의 출신지에는 파견되지 못했다. '리'는 '관'이 파견된 지역의 인물들로서, 현지를 잘 알지 못하는 '관'을 보좌해 구체적인 업무를 행했다. '리'의 최고직인 '공조종사(功曹從事)'에는 흔히 그 지방의 호족이 발탁되어 호족 집단의 이익을 대변했다. 결국 중앙 세력인 '관'과 지방 세력인 '리'가 타협해 지방을 다스렸다고 할 수 있다. 한 제국 같은 거대한 땅덩어리에서는 중앙 권력과 지방 권력의 연결 고리는 해당 왕조의 명운을 결정하는 핵심적인 요소였다. 철학적으로 본다면, 중앙에서 지방을 '다스리는' 것은 동시에 지방'을 위해서' 정치를 해야 함을 뜻했다. '민본'이라는 당위와 '정권의 유지'라는 현실은 동전의 양면이어야 했던 것이다. 한대 유교에서 '전제'와 '덕치'는 동전의 양면이었다.

45) 당시에 흔히 "五敎在寬"으로 표현되기도 한 '관치' 개념은 『서경』에서 유래한다.

순리들이 기록되어 있으며, 심지어 자신의 현에서 속리(屬吏)의 범죄가 일어나자 수치심을 느껴 태수직을 사임한 인물도 기록되어 있다. 그야말로 유교적인 이상사회가 실현된 듯했다.

그러나 늘 그렇듯이 좋은 시간은 그리 길게 가지 못했다. 후한의 후반에 접어들면서 각종 형태의 모순들이 생겨나고 한 제국은 점차 혼미한 상태로 빠져 들어간다. 우선 예교사회 자체가 내포하는 문제점들이 있었다. 아리스토텔레스는 군주정, 귀족정, 민주정이 타락하면 각각 참주정치, 과두정치, 우중정치가 된다고 했거니와, 예교사회가 타락하면 무엇이 될까? 바로 위선사회가 된다. 공자가 일찍이 역설했듯이, 예는 인이 깃들어 있을 때에만 진정한 예일 수 있다. 그렇지 않을 경우 예는 하기 싫은 것을 억지로 하는 것이거나 아니면 무엇인가를 바라고서 하는 것일 수밖에 없다. 예교사회가 깊어가면서 예는 점점 사회적 대가를 바라고서 하는 위선으로 변질해갔다. 예컨대 무려 20년 동안을 복상을 한 자가 알고 봤더니 그사이에 아이를 다섯이나 낳았더라는 이야기가 전해진다. 또, 유학 공부가 공자가 추구했던 '군자유'가 아니라 '소인유' 아니 그보다도 못한 말하자면 출세유로 전락하면서 변질된 점을 들 수 있다. 유학을 공부해야 '가문의 영광'을 이룰 수 있는 환경이 도래하자 너도나도 글을 읽어 출세를 하려는 경향이 강해지고, 이렇게 형성된 '사족'은 제도적 세습은 아니지만 실질적으로는 세습을 하기에 이른다. 동북아적 뉘앙스에서의 "아는 것이 힘"인 사태가 도래한 것이다. 결국 귀족은 아니지만 실질적으로는 귀족인 아니 사실상 사회를 실질적으로 지도해나가는 '사대부' 계층이 형성되어갔다. 또, 이렇게 되면서 중앙의 권력으로부터 지방 말단의 권력에 이르는 끈이 끊어지고, 춘추전국시대가 그랬듯이 지방 세력들 — 사족들, 더 넓게는 호족들 — 은 점차 독립적인 세력을 갖추기에 이른다.

궁중에 초점을 맞출 경우, 한 제국은 두 종류의 암적 존재에 의해 썩어가게 된다. 그 하나는 외척이고, 다른 하나는 환관이다. 환관이 전횡을 시작한 것은 원제 시대부터이다. 전한에서도 곽씨 정권이 세력을 떨쳤지만, 외척이 연이어 권력을 휘두르기 시작한 것은 장제를 이은 화제 이래이다. 이후 한 제국은 동일한 패턴의 역사를 반복하게 된다. 우선 한 제국 쇠퇴의 중요한 한 원인은 나이 어린 황제들이 연이어 등극했고 또 그들의 수명이 짧았다는 점에 있다. 후한을 연 광무제, 명제, 후한을 닫은 헌제만이 비교적 장수했고, 그 사이의 10명의 황제들이 모두 40세를 넘기지 못했다. 그리고 이들은 등극할 때 하나같이 나이가 어렸다. 충제는 겨우 두 살 때 황제가 되었고, 상제는 태어나서 100일이 지났을 때 황제가 되었다. 황제가 어릴 경우 자연히 권력의 중심은 그의 어머니인 태후가 잡게 되고, 이에 따라 외척의 두터운 숲이 황제를 둘러싸게 된다. 수렴청정하는 태후와 그의 비호를 받는 외척 — 주로 외삼촌 — 이 정권을 좌우하게 되는 것이다. 화제 시대의 두태후와 두헌, 안제 시대의 등태후와 등즐, 북향후 시대의 염태후와 염현, 환제 시대의 양태후와 양기, 영제 시대의 두태후와 두무, 소제 시대의 하태후와 하진이 똑같은 구조를 반복했다. 이처럼 '어린 황제의 등극 → 태후와 외척의 집권'이라는 구조가 후한을 지배했다.

그러나 황제의 머리가 점차 굵어지고 자신이 마땅히 가져야 할 권력에 대한 욕망이 조금씩 자라나게 되면, 어머니와 외척의 권력에 점차 도전하기 마련이다. 그러나 권력은 이미 태후와 외척에 의해 장악되어 있기에, 이때 황제를 도와줄 수 있는 것은 곧 그를 늘 옆에서 돌보아주는 환관들이 될 수밖에 없다. 이런 구도에서 이제 외척과 환관 사이의 권력투쟁이 시작된다. 결국 황제의 권력이 조금씩 커지면서 황제는 외척을 죽이고 권력을 잡게 된다. 두헌, 등즐, 염현, 양기, 두무, 하진이 모두 살해된다. 네로는 어머니를 죽였지만, '효'를 최고의 윤리적 원칙으로 하는 한 제국의 황제들은 어머니를 죽일 수는 없었다. 이 때문에 실제 정치를 하던 권력자들이 죽임을 당하게 된다. '어린 황제의 등극 → 외척의 집권 → 왕-환관과 외척의 투쟁 → 외척의 몰락 → 새로운 외척의 득세'라는 순환 구조가 이어지는 것이다. 20세기 중엽 여러 계통 학자들의 작업이 수렴하면서 '구조주의'가 탄생해 삶/문화의 심층적=무의식적 구조가 다각도로 연구되었거니와,

후한 말의 역사적 과정 —— '법칙'이라는 말을 쓰고 싶을 정도의 일정한 과정 —— 은 '구조'라는 것이 주체들의 삶을 어떻게 지배하는지를 잘 보여주는 예라 할 수 있다. 어쨌든, 일본에서는 자신들의 역사에 환관이라는 존재가 없었다는 사실을 자랑으로 생각할 정도로, 후한 그리고 이어지는 왕조들에서 환관들의 권세와 폐단은 심각했다.

후한의 현실이 극한에 다다른 시대는 환제, 영제 시대이다. 이른바 '환령지시(桓靈之時)'라 불리는 이때에 한은 썩다 못해 문드러지기에 이른다. 이 시대에 들어 많은 사람들은 한 제국은 이제 더는 회생이 불가능하다는 생각을 하게 된다.[46] 이제 새로운 역사가 시작되고 있음이 누구의 눈에도 분명해 보였다. 위에서 보았듯이, 한 제국의 권력은 사족·외척·환관이 거머쥐고 있었다. 위·촉·오의 시대 역시 이 세 부류(하태후와 하진, 십상시, 원소)와 더불어 시작된다. 그리고 십상시에 의해 하진이 살해되었을 때, 역사는 다시 한 번 반복되는 듯이 보였다. 그러나 이번에는 **예전에 볼 수 없었던 새로운 존재들이 등장하기 시작했다.** 우선 '군벌'들이 나타났다. 삼국시대는 조조, 유비, 손권 등 매우 특이한 존재들이 역사에 나타난 시대이다. 이들은 새로운 시대를 기해서 등장한, 유교 지식인들도 사족도 아닌 특이존재들(singularities)이었다. 또, 앞에서 언급했던 '명사'들 또한 독특한 지식

---

46) 이런 상황에서 중앙의 권위는 땅에 떨어지고 각 지방에서 자체적으로 가치의 규준들을 만들어가려는 흐름이 등장한다. 특히 유교 지식인들은 자신들을 '청류'로, 환관들을 '탁류'로 부르면서 조정의 부패에 저항한다. 환관들과 유교 지식인들의 대립은 마침내 두 차례(AD 166, 169년)에 걸친 '당고의 화(黨錮之禍)'를 가져온다. 당고의 화로 일시적으로 환관이 승리하고 유교 지식인들은 지하로 숨어든다. 그러나 이들은 '청정(淸淨)'의 가치를 유지했던 '명사'들로서 계속 존속했으며, 십상시가 주멸된 후 결국 다시 등장해 위촉오 시대를 이끌어가게 된다. 더 나아가 6조 시대의 문사-귀족들의 뿌리도 결국 이 계층에서 찾아야 할 것이다. 로마 공화정 시대의 귀족 가문들은 아우구스투스 시대가 되면 거의 주멸되거나 쇠락하고 특히 제국 말기가 되면 찾아보기 어렵게 되어버린 것에 비해, 후한 시대에 형성된 동북아의 문사-귀족들은 다원화 시대 전체에 걸쳐 끈질기게 존속했고 그 이후까지도 끊어지지 않았다. 바로 이런 차이가 지중해세계의 암흑시대와 동북아세계의 암흑시대를 크게 다르게 만들었다고 할 수 있다.

인 집단, 집단 아닌 집단을 이루어 이 시대를 흥미진진하게 만들어준다. 사상사적으로 본다면, 이 시대는 결국 순욱, 제갈량, 노숙을 비롯한 명사들의 시대였다. 다른 한편, 이 혼란의 시대를 맞아 '황건(黃巾)'을 두른 거대한 농민혁명 세력이 일어나(AD 184년) 또 하나의 갈래를 이루었다. 황건의 난은 군벌들과 명사들을 시대의 주인공으로 만들게 된다. 이후 약 400년간에 걸쳐 이어지는 시대는 동북아 전체의 국가 구조에서나 세력들의 분화에서나 사상/문화에서의 변화에서나 '다원화'의 시대였다.[47]

영제(AD 168~189년 재위) 시대인 184년에 일어난 황건의 난은 한 제국의 종말을 공식적으로 알리는 사건이었다. 난을 일으킨 장각은 "蒼天已死 黃天當立. 歲在甲子 天下大吉!"이라고 외치면서 일어나,[48] 민중들의 병을 고쳐줌으로써 큰 인심을 얻게 된다. 병을 고쳐주는 것이 종교적 성공의 출발점이 된다는 점이 여기에서도 확인된다. 그는 수십만의 농민군을 이끌고 거병하여 한 제국을 무너뜨릴 기세로 전진했다. 그러나 장각은 결국 노식과 황보숭의 전략에 말려 포위됨으로써 종말을 맞게 되며, 그를 이어 난을 계속 이어간 세력들도 공손찬, 조조 등에 의해 패퇴한다. 그러나 황건의

---

47) 앞에서도 언급했듯이, 중원의 분열은 동서남북의 주변 국가들에는 오히려 본격적인 국가 형성의 기회였다. 이 때문에 다원화는 중원과 변방에서 동시에 그러나 반대의 방향으로 진행되었다고 할 수 있다. 하지만 이 시대는 또한 역으로 동북아적 보편성이 형성된 시대이기도 하다. 한 제국에서 마련된 동북아 문화의 패러다임이 이 다원화 시대에 동북아 각지로 퍼져나갔기 때문이다. 나아가 이 시대는 또한 동북아의 다양한 이민족들이 혼효(混淆)한 시대이기도 하다. 따라서 400년에 걸친 다원화의 시대는 동시에 이민족들의 혼효 및 동북아적 보편성의 형성이라는 역의 과정도 동반한 역설적인 시대였음을 이해할 필요가 있다.

48) 황건 혁명군은 자신들의 도를 태평도(太平道)라 했고, 이는 도교의 맹아적 형태라 할 수 있다. 태평도의 '도'/'신'은 '중황태을(中黃太乙)'이라 불렸다. 중황은 토덕을 말하며 황로사상을 배경으로 깔고 있다. 이 중황태을이 무너뜨릴 한 제국의 신, 정확히는 유교의 신이 곧 '호천상제(昊天上帝)'이며, '창천'은 이 호천상제를 가리킨다. 『시경』에서 호천상제는 '창천'으로 묘사되어 '황천'과 대비되었다. 종교적 세계관/맥락에서는 혁명이란 곧 신의 교체 — 여기에서는 유교의 신으로부터 도교의 신으로의 교체 — 를 뜻한다.

난 그리고 거의 동시에 일어났던 '흑산의 난'은 형주에서의 '장사의 난', 병주에서의 '백파의 난', 예주에서의 '갈피의 난', 양주에서의 '마상의 난' 등으로 이어져갔다. 동북아 역사에서 농민반란은 대개 도가사상 더 정확히는 도교를 배경으로 해서 일어나곤 하는데, 바로 이 시대가 그 효시를 이룬다. 농민혁명은 유교가 세운 '천하'의 바깥 즉 '강호'에서 발생하는 것이며,[49] 따라서 자연스럽게 도교의 형태를 띠곤 했다. 그러나 카오스는 새로운 코스모스의 성립을 가능케 할 때 의미를 가진다. 하나의 코스모스(현실성)를 뒤흔드는 카오스(잠재성)를 거쳐 다른 코스모스(다른 현실성)가 성립할 때 '카오스모스(chaosmos)'의 운동이 의미를 띠게 되는 것이다. 동북아 역사에서 농민혁명이 번번이 실패한 것은 한편으로는 실력으로 정규군을 당해내지 못했기 때문이고, 다른 한편으로는 새로운 코스모스를 만들어낼 역량이 부족했기 때문이다. 황건의 난 역시 한 제국이라는 코스모스를 뒤흔들긴 했지만 무너뜨리지는 못했고, 또 설사 무너뜨렸다 해도 새로운 질서/제도를 만들어내기에는 역부족이었을 것이다.

세상의 이와 같은 변화에 대해 한 제국의 주인공이었던 유교 지식인들은 어떻게 대처했을까? 그 첫 번째 유형을 채옹(蔡邕)에게서 볼 수 있다. 무력으로 정권을 잡은 동탁은 그 정권을 안정시키기 위해 명사들을 기용했고, 그중 한 사람이 채옹이었다. 명사들은 단순한 호족이나 사족이 아니라 개인적인 탁월함을 통해 세상의 인정을 받는 존재이다. 또, 관리가 아니어서 국가적인 관료체제로부터도 자유롭다. 한 제국은 관직을 매점매석하기에 이르렀고 이에 따라 보다 자율적이고 객관적인 인물 평가의 기준이

---

49) 이는 농민들이 천하의 바깥에서 살아간다는 것을 뜻하지 않는다. 오히려 농민들은 천하 구성의 필수적 요소이며 본성상 보수적인 존재들이다. 이미 언급했듯이, 천하와 강호는 '존재'의 구분이 아니라 '생성'의 구분이다. 평소 보수적인 농민들은 천하의 구성원들이지만, 농민혁명에서의 농민들은 천하의 바깥에서 생성한다. '강호'란 '되기'가 이루어지는 그곳에서 생성한다. 그러나, 「7인의 사무라이」(구로사와 아키라 감독)가 인상 깊게 묘사했듯이, 농민들이란 물이 항상 아래로 향하듯이 결국 본래의 자리로 다시 돌아가곤 하는 존재이다.

요청되었는데, 명사들이야말로 이러한 자율성과 객관성에 부합하는 인물들이었다. 명사들은 이처럼 향리와 중앙정부 양자로부터 거리를 둘 수 있으며, 특히 사회 전체가 유동하는 난세에는 더욱 빛을 발할 수 있는 존재였다. 동탁도 이런 사실을 알고 있었고, 이미 굳어진 중앙정부와 향리 양자를 동시에 견제할 수 있는 명사들을 적극적으로 활용코자 했다. 명사들은 대개 특정한 조직에 속하기보다는 즉 천하에서 어떤 이름–자리를 차지하고자 하기보다는 자유롭게 옮아 다니는 존재이고자 했다. 그러나 명사들에도 여러 부류가 있었다. 오로지 강호에서 살면서 초연한 삶을 구가하는 인물들도 있었고, 사회에 대해 적극적인 발언을 행해 '오피니언 리더'가 되려는 인물들도 있었다. 그리고 개중에는 아예 자신의 '상징자본', '문화자본'을 등에 업고서 권력의 장에 뛰어드는 인물들도 있었다.[50] 채옹은 소인

---

50) 이들의 생명은 바로 이들의 '명성'에 있었고, 그래서 이 시대에 '인물평'은 대단히 큰 역할을 했다. 허소라든가 곽태 같은 사람들이 인물평으로 유명했다. 허소가 조조를 "난세의 간웅"이라 평한 것을 보면, 이들의 안목은 매우 전문적이고 예리했던 것으로 보인다. 명사들은 이 인물평을 등에 업고 새가 나무를 선택하듯이 스스로 자신이 모실 군주를 선택했다. 나아가 자신의 군주가 마음에 차지 않으면 다른 군주에게로 옮아가기도 했는데, 원소 아래에 있다가 그의 인물 됨에 실망해 조조 아래로 들어간 순욱이 대표적이다. 인물평은 때로 혼란을 겪기도 했는데, 아버지의 원수의 무덤을 파서 시체의 목을 자른 행위를 두고서 의견이 갈리기도 했다. 한 제국은 효를 으뜸으로 하는 국가였기에, 원수를 갚는 것은 칭찬의 대상이었으나, 이 경우 그 방식이 비난의 대상이 되었기 때문이다. 누군가의 행위를 어떻게 평가할 것인가는 이 시대의 초미의 관심사였다. '남들의 눈'을 극히 의식하는 시대였다는 점을 염두에 두어야 한다. 인물평의 이러한 역할은 위진 시대로 이어지고 그 후로도 계속된다. 또, 이런 인물평의 풍조는 지역의식을 강화하기도 했다. 명사의 배출은 해당 지역의 경사였다. 그리고 이와 같은 지역의식의 발달은 이후의 다원화 시대를 준비했다. 이 시대의 명사들은 특히 여남군(汝南郡)과 영천군(潁川郡)에서 많이 나왔으며, 진번('당고의 화' 시기에 저항을 이끌었던 인물), 원소, 허소 등이 여남군 출신이라면, 이응("登龍門"의 고사로 유명하며, '당고의 화' 시기에 저항을 이끌었던 인물), 순욱, 순유, 곽가 등은 영천군 출신이었다(명사는 아니지만 조조는 영천군 출신이다). 공융(孔融)이 「여영우열론」을 썼을 만큼 두 지역은 비교가 되었다. 그러나 낭야의 제갈량이 유비를 선택하고, 임회의 노숙이 손권을 선택한 것에서 알 수 있듯이, 출신지가 명사를 구속할 수는 없었다. 또, 한 인물의 출신지와 그가 명사로서 인정받은 지역이 일치하지 않는 경우도 많았다. 와타나베 요시히

배들의 박해를 받아 유배지와 도피처를 전전하다가, 동탁의 강제에 의해 관직을 맡게 된다. 채옹은 무엇보다도 한 제국의 역사에 강한 애정을 가졌으며, 흔들리고 있는 정치를 고사(故事)의 편집을 통해 바로잡으려 했다. 상을 간단히 치르라는 문제의 유조 이래 고사는 유교적 원리와 실제 정치의 구체적 맥락을 잇는 중요한 고리가 되어왔기 때문이다. 한 제국을 파괴한 동탁 정권에서 한 제국의 역사를 보존한 채옹이 활약한 것은 아이러니이다. 채옹은 『독단(獨斷)』을 비롯한 여러 저서들을 통해 고사들을 집성했을 뿐만 아니라,[51] 자연과학, 서예, 음악 등에도 깊은 조예가 있었고 또 공헌을 남겼다. 그러나 그는 맹수 같은 동탁을 제어할 수가 없었다. 결국 왕윤과 여포가 동탁을 타도하는 과정에서 채옹 자신도 주살된다.

두 번째 유형은 노식(盧植) 같은 인물에게서 발견된다. 채옹이 과거의 유학자라면 노식은 현재의 유학자였다. 노식은 한 제국의 과거를 정리함으로써 그 정체성을 다듬기보다는 당장의 현실에 몸으로 대처해나갔다. 그는 전형적인 '유장(儒將)'이었다. 노식은 황건군과의 여러 전투에서 연전연승을 거두면서 공을 세웠으며 마침내는 장각을 포위하기에 이른다. 그러나 그는 감찰하러 온 환관에게 뇌물을 바치지 않아 고의로 전쟁을 늦춘다는 무고를 받게 된다. 한 제국은 뛰어난 인물이 환관에게 무고를 받는 지경에까지 이른 것이다. 결국 노식은 자리를 내놓게 되지만, 장각을 포위한 그의 전략은 그대로 유지되어 장각은 패배하게 된다. 노식은 한 제국의 유교 지식인들 중 매우 유연하고 서민적인 풍모를 지닌 인물이었다. 이 때문에 유비 같은 건달이나 공손찬 같은 상인도 그의 문하에서 수학했던 것이다.[52] 이런 풍모가 있었기에 그는 책상을 박차고 현실적 실천에 뛰어들었

로(渡邊義浩)의 『『三國志』の政治と思想』(講談社, 2012)에는 삼국의 인물들의 출신지, 관직, 상호 관계가 상세히 정리되어 있다.

51) 호광(胡廣)의 『한제도(漢制度)』, 응소(應劭)의 『한관례의고사(漢官禮儀故事)』 등도 대표적인 고사 집성이다. 이러한 성과들은 중원을 재통일한 서진에서도 채택되어 율령(律令)의 기반이 된다.

던 것이다. 그러나 시대는 이런 진정성 있는 유교 지식인을 거부했고, 한 제국은 더는 지탱될 수 없었다.

세 번째 유형은 정현에게서 발견된다. 채옹이 과거의 유학자였고, 노식이 현재의 유학자였다면, 정현은 미래의 유학자였다. 정현은 한 제국 최후의 대학자로서, 원소는 그를 극진히 대접했다. 원소는 '사세삼공'의 후예였고 그 자신이 유교 지식인이었기에, 유표와 더불어 당대 사족의 희망이라 할 인물이었다. 정현은 이런 인물들에게 정신적 지주로서 받아들여졌다. 정현은 채옹의 죽음과 노식의 몰락을 보면서 한 제국은 이미 끝났다고 판단했던 것 같다. 그에게 남은 길은 동중서의 사유를 계승해서 앞으로 올 새로운 제국 — 계한(季漢) 또는 다른 어떤 제국 — 을 위한 철학적 청사진을 그리는 것이었다. 정현 사유에 이와 같은 특징이 있었기에 그의 저작들은 '역사학적 치밀함'보다는 '형이상학적 웅대함'을 보여준다. 그리고 이러한 맥락에서 정현은 경서의 해석에 위서도 적극적으로 활용했다고 할 수 있다. 그는 금고문에 모두 통달했고, 위서보다는 경서에 중점을 두고 또 고문 텍스트들을 읽으면서도 그 해석에서는 금문을 활용했다. 요컨대 그는 재야 학문과 강단 학문을 자유자재로 통합했다고 할 수 있다. 그에게 중요한 것은 미시적인 정확성이 아니라 거시적인 비전이었기 때문이다.[53]

52) 전쟁에는 많은 비용이 들어가기 때문에, 당대에 군벌과 상인의 결탁은 필수적이었다. 조조와 위자, 유비와 미축, 공손찬과 낙하당의 관계 등이 그 예이다. 특히 지식인들과 각을 세웠던 유비, 공손찬, 도겸 등은 의식적으로 명사들을 배척했으며, 명사들의 대척점에 있다고 할 상인들을 중용했다. 이 또한 다원화 시대의 한 얼굴이다.

53) 정현을 비판하면서 그와 대조적인 학문을 전개한 것은 형주학(荊州學)이다. 난세를 통일하고 새로운 왕조를 시작한 조위 정권은 한 제국이 동중서의 사상을 기초로 삼았듯이 정현의 주를 기초로 삼게 된다. 명제=조예가 한의 제천의례(祭天儀禮)를 정현의 주에 따라서 고친 것이 그 전형적인 예이다. 이는 정현 주의 종교성과 신비성이 군주권력의 강화에 도움을 주었기 때문이다. 그러나 형주학의 영향을 받은 왕숙(王肅)은 위서를 부정하면서 보다 실증적인 학문을 전개했다. 예컨대 왕숙은 고문으로서 공안국이 편찬하고 유향이 교정한 『공자가어(孔子家語)』를 다시 교정했다. 이는 그가 정현의 종교적 - 신비적 - 체계적 해석을 비판하고 '인간 공자'를 드러내기 위한 것이었다고 할 수 있다.(그러나 여기에는 사마씨 정권의 입장에서 조위 정권을 비판하는 맥락도 들어

시대는 난세를 향해 치달았지만, 정현의 시선은 이미 현재를 포기한 채 미래를 응시하고 있었다. 그가 삼례(『주례』, 『의례』, 『예기』), 그중에서도 특히 『주례』를 중심으로 그의 체계를 짠 것은 시사적이다.

이처럼 시대는 유교 지식인들이 감당하기 어려운 지경으로 치달았다. 한 제국은 외척 및 환관과 호족이 궁정과 지방을 지배하고 있었으나, 이제는 새로운 존재들인 군벌들이 득세하기에 이른다. 난세는 군벌들의 시대이고, 역사는 전투력에 의해 좌우되기 시작했다. 과거에 서방의 진이 그랬듯이, 이 시대에도 우선 힘을 발휘한 것은 서쪽 변방의 군벌 동탁이었다. 동탁이 중원으로 들어와 낙양을 짓밟고 멋대로 헌제를 세웠을 때(AD 190년), 사실상 한 왕조가 종말을 고하고 위촉오 시대가 시작되었다고 할 수 있다.[54] 처음부터 출신도 낮았고 변방인 양주에서 서북방의 이민족들과 격렬한 전투만을 계속해왔던 동탁은 유교 지식인 세계와는 거리가 멀었고, 낙양을 차지하자 아예 "유씨의 씨를 말리겠다"고까지 했다. 당대에 사족을 대표하던 인물인 원소는 외척을 대표하던 하진과 손잡고 환관을 대표하던 십상시를 주멸했으나, 이 과정에서 하진이 죽고 원소의 요청을 받은 동탁이 낙

있었다. 왕숙은 삼국통일을 완수한 사마염의 외조부이기도 하다. 훗날 그의 학문은 '곡학아세(曲學阿世)'로 비판받기도 한다.) 조위 정권을 무너뜨리고 성립한 서진(265~316년)에서는 정현이 아닌 왕숙설을 채택했고, 건강으로 천도한 동진(317~419년) 그리고 이후의 남조 왕조들도 왕숙설을 채택했다. 그러나 북조에서는 도교·불교에 의한 황제 권력의 정통화 움직임에 대항해 정현설이 득세했다. 또, 수당에서는 '오경정의' 사업에 정현설이 채택되면서 왕숙설은 산일되었다. 그러나 북송(960~1127년) 이래에는 다시 왕숙설이 채택된다. 이처럼 정현의 학문과 왕숙의 학문은 길항을 겪게 된다.

54) 위촉오 시대가 본격적으로 시작된 것은 220년부터(이해에 조비가, 다음 해에 유비가, 229년에는 손권이 각각 황제를 칭했다)이며 사마염이 천하를 완전히 재통일한 280년까지 지속했다. 그러나 흔히 한의 마지막 황제인 헌제가 제위에 오른 190년부터(이해는 동탁을 토벌하기 위해 군웅이 연합군을 형성한 해이기도 하다. 196년부터 220년까지가 '건안(建安)' 시대로서, 지금까지도 인구에 회자되는 '군웅할거'가 진행된 시대이다) 280년까지의 90년 동안을 위촉오 시대로 본다. 이 시대는 흔히 '삼국시대'로 불리는데, 동방의 삼국시대 즉 고구려·백제·신라가 정립했던 BC 1세기~AD 7세기와 혼동을 피하기 위해 '위촉오 시대'로 부르고자 한다.

양에 입성하게 된다. 사세삼공을 자랑하는 원소는 당대의 최대 거족이었으나 판단력이 정확하지 못했다. 그는 AD 184년 영제를 바꾸려는 음모를 꾸미기도 했고,[55] 이제 다시 아무 필요도 없이 흉악무도한 동탁을 끌어들이는 실책을 범한 것이다.[56]

순욱(荀彧)은 원래 원소 아래에 있었으나 이내 그의 한계를 간파하고[57] 곽가와 더불어 조조를 찾는다. 조조에게 순욱은 소하와 장량을 합친 인물과도 같았다. 난세는 군벌의 힘이나 문벌의 힘만으로는 대업을 이루기 어려운 시대이다. 칼만 휘두른다고 사태가 해결되는 것도 아니고, 학문과 사상으로 문제를 해결할 수 있는 시대도 아니다. "시무(時務)를 아는" 명사와 그를 알아보는 군주의 결합만이 앞을 헤쳐나갈 수 있었다. 난세의 명사는 전략만을 잘 세우는 사람이어서도 안 되고, 학문/사상만을 갖춘 사람이어서도 안 된다. 모사들도 많았고 학자들도 많았지만, 이들은 새로운 시대를 세우기에는 한계가 있는 인물들이었다. 현실을 헤쳐나갈 수 있는 군사(軍師)이면서도 동시에 뚜렷한 '사상'을 가지고 있는 인물만이 시대의 주인공이 될 수 있었다. 순욱이 바로 그러한 인물이었다. 순욱은 일찍이 조조의 그릇을 알아보고 그를 앞세워 한 제국을 다시 반석 위에 올려놓는다는 원대한 꿈을 품은 인물이었다. 순욱의 길은 채옹의 길도 노식의 길도 정현

---

55) 조조는 이 음모에 참여하지 않았다. 그는 "천자를 폐위하는 일은 세상에서 가장 상서롭지 못한 일"이라면서 거절했는데, 사족의 대표인 원소가 반유교적 행위를 자행하려 한 반면 반유교적 기질의 조조가 이를 지키려 한 것은 묘하게 대조적이다.

56) 명사들의 기본 철학은 유교였다. 이들은 모두 깊은 유교적 소양을 갖춘 인물들이었다. 그러나 이들 각자가 시대에 대처해나간 방식들은 사뭇 달랐다. 하지만 동탁은 황제를 폐위한 역적으로서 유교적 가치로 볼 때 용납할 수 없는 인물이라는 점에 대해서는 모든 명사들이 같은 생각을 가지고 있었다.

57) 이는 원소라는 인물 개인에 대한 실망이기도 했지만 더 본질적으로는 '관치'에 대한 실망이었다. 순욱은 유교국가의 재건을 이상으로 했지만, 그렇게 하기 위해서도 당대는 맹치를 요청한다고 생각했다. 그러나 그가 조조를 통해 실현하려 했던 것은 어디까지나 『춘추좌씨전』이 허용하는 한도 내에서의 맹치였다. 바로 이 점에 이미 조조와 순욱 사이 비극의 씨앗이 뿌려져 있었다고 할 수 있다.

의 길도 아니었다. 그의 길은 황제를 지키면서 한을 다시 세우는 길이었다. 그러나 시대는 '문'만으로 역부족인 시대였고, 그에게는 무력이 절실했다. 그렇다면 순욱에게 필요한 길은 어떤 것이었는가? 바로 '영웅' 즉 지략〔英〕과 기개〔雄〕를 겸비한 '인물'을 찾아서 그를 보좌해서 목적을 달성하는 것이었다. 누가 그런 '영웅'이었는가? 바로 조조였다.

조조는 간단히 범주화하기 힘든 특이존재였다. 한 제국에 충성하는 열혈 청년에서 권력의 수렁에 빠진 난신적자가 되기까지, 그는 다원적 뉘앙스에서 끝없이 "진화"해간 '괴물'이었다. 조조는 사족에 들지 못하는 낮은 출신이었고, 특히 환관의 후예 ── 진림의 표현에 의하면 "췌엄(贅閹)의 유추(遺醜)"── 였고, 용모가 볼품없었으며, 이렇다 할 학문적 기반도 없었다. 그러나 조조는 군사면에서 천재였고, 날카로운 판단력이 있었으며, 끝없이 배움으로써 스스로를 변신시켜나갈 능력이 있었다. 그는 황건적에게 승리한 후 '청주병'을 구성했으며, 일반적으로 실시되던 '군둔(軍屯)'만이 아니라 '민둔(民屯)'까지 포함하는 둔전제를 실시해 병·농의 합일을 꾀했고, '천자봉대(天子奉戴)'[58]를 실행함으로써 권력의 정당성을 확보하는 등 패권의 견고한 기반을 구축했다.[59] 그리고 마침내 모든 면에서 자신을 능가했던 죽마고우 원소와의 결전 ── 관도대전(AD 200년) ── 에서 그를 누르고 중원을 평정한다. 그러나 이 모든 성취는 바로 순욱이 있었기에 가능했다. 조조는 순욱의 공로를 1) 조조 정권의 2인자로서 정치 전반을 잘 보좌한 것, 2) "백성의 소리"라 일컬어진 정욱을 비롯해 기라성 같은 인재들을 등용한 것, 3) 조조에게 대의명분을 실어준 천자봉대를 성사시킨 것, 4) 전

---

58) 사실 "천자를 끼고서 천하를 호령한다"는 생각은 일찍부터 나왔던 생각이다. 천하통일 이전의 진나라에서 활동했던 장의가 진 혜왕에게 제안했던 전략이다.

59) 아울러 조조는 새로운 세제인 조조제(租調制)를 실시하기도 했다. 조조가 실행한 둔전제, 조조제, 청주병은 각각 균전제(均田制), 조용조제(租庸調制), 부병제(府兵制)의 기원을 이루게 되고, 이 세 제도는 훗날의 국가들에 의해 율령체제로 정비되고 오래도록 국정의 핵심 제도로 자리 잡게 된다.

쟁 시 모사로서 탁월한 지모를 발휘한 것을 들고 있다.[60] 조조 정권의 모든 일이 순욱에 의해 가능해졌다고 할 수 있다.

그러나 애초에 조조와 순욱은 너무나도 다른 존재였다. 순욱은 한 제국의 전형적인 유교 지식인이었고, 아마 그는 자신을 광무제를 도와 한 제국을 다시 일으킨 등우라든가 환공을 내세워 주 왕실을 보존한 관중 같은 인물과 동일시했을 것이다.[61] 반면 조조는 새로운 난세가 낳은 특이존재였고, 기존의 예교사회를 비웃는 반골이었고, 시대를 앞서가는 모험가였다. 조조가 법가적 인물이었던 것은 문제가 아니었다. 순욱 역시 유교 지식인이었지만 당대가 관치가 아닌 맹치를 요구하는 시대임을 잘 알고 있었고, 그가 원소가 아닌 조조를 택한 것도 이 때문이었기에 말이다. 곽가는 조조가 원소를 이길 수밖에 없는 열 가지 이유를 들면서 그 세 번째로 원소의 관치와 조조의 맹치를 대비시켰다. '유가 vs. 법가'라는 도식은 큰 의미를 띠지 않았다. 오히려 양자의 기질적 차이는 '유가 vs. 도가'에 있었다고 해야 한다. 물론 조조의 "도가"란 노·장의 후예라는 의미보다는 오히려 당대에 발생하고 있던, 그리고 이후의 시대에 활짝 흥기할 도교에 가깝다고 해야 하겠지만. 그러나 가장 본질적인 것은 역시 한 제국에 대한 양자의 입장 차이였다. 순욱에게 조조는 아무리 양보해도 제 환공을 넘어가서는 안 될 그런 존재였으나, 조조는 제 환공이 아니라 주 문왕이고 싶어 했다. 작지 않은 차이를 담고 있었음에도 한길을 가던 양자는 바로 이 대목에서 결렬될 수밖에 없었다. 시대의 향방을 주도했던 명사 순욱에게 마지막으로 돌아온 것은 빈 찬합이었다.

---

60) 이 넷을 각각 '광필(匡弼)', '거인(擧人)', '건계(建計)', '밀모(密謀)'라 한다.
61) "역사는 구성의 대상으로서, 동질적이며 공허한 시간이 아니라 지금(Jetztzeit)의 시간으로 채워지는 것이다. 그래서 로베스피에르에게 고대 로마는 역사-연속체로부터 떼내어져 지금의 옆으로 불러내어진 과거이다. 프랑스혁명은 스스로를 되돌아온 로마로 생각했다. 다름 아니라 그것은 고대 로마를 인용한 것이다."(발터 벤야민, 「역사 개념에 대하여」, §14. *Gesammelte Schriften*, Bd. I-2, Suhrkamp, S. 701)

사실 이와 같은 관계는, 구체적인 양태는 각각 달랐지만, 조조와 명사들의 관계에서 반복적으로 나타났다. 유비와 손권의 지방정권과는 달리 조조의 정권은 중앙정권이었다. 주나라의 왕과 패권의 소유자들의 경우와는 달리, 천자와 조조가 같은 공간에 존재한다는 사실은 매우 복잡한 결과를 가져왔다. 에도 막부에 비유해서, 천황과 쇼군이 한 지붕 아래에 동거하는 것을 상상해보라. 또, 지중해세계에서 교황과 황제가 한곳에 살고 있는 상황을 상상해보라. 이 정권에 출사한 사족들에게 조조는 황제가 아니라 어디까지나 신하였다. 이 정권에는 조조에 충성하는 자들과 헌제에게 충성하는 자들 그리고 그 중간에 분포된 자들이 착종된 매우 착잡한 권력구조가 존재했다. 조위 정권은 역사상 가장 흥미로운 정권들 중 하나이다. 이런 구조하에서, 한편으로는 한 제국의 승상이지만 다른 한편으로 보면 신흥 군벌인 조조와 기존 한 제국의 주인공이었던 유교 지식인인 사족들·명사들은 충돌할 수밖에 없었다.[62] 조조는 서주 대학살을 비판했던 변양을 죽였고, 자신과 사사건건 대립각을 세웠던 공융을 죽였으며, 그 외에도 숱한 인물들을 죽였다. 이러한 악한의 이미지는 조조 개인의 품성과도 관련이 있겠지만, 더 근본적으로는 조위 정권의 성격 자체에 원인이 있었다 할 것이다. 이에 비해 노숙과 손권, 제갈량과 유비 사이의 관계는 훨씬 긍정적이었다. 이는 손권과 유비가 조조보다 어질었고 노숙(魯肅)과 제갈량(諸葛亮)이 그들에게 충심을 가졌기 때문이기도 하지만, 다른 한편으로는 이들

---

62)　조조와 명사들의 대립이 첨예하게 나타난 사안들 중 하나는 역시 인사문제였다. 조조는 욕심이 많았던 관중이나 불륜을 저지른 진평의 예를 들면서 오로지 '재능'에 입각한 인사를 추진했다. 이는 '덕성'에 입각한 인사를 추진한 유교사회를 근본적으로 뒤흔드는 조치였으며, 조조와 명사들이 대립각을 세울 수밖에 없었던 문제였다.
　　조조는 또한 유교 지식인들의 문화와도 대립각을 세웠는데, 이는 그가 '문학(文學)'의 가치를 유교 경전 일변도에서 시(詩)의 중시로 바꾸려 한 점에서 잘 드러난다. 조조는 시작(詩作) 능력을 인사에까지 반영함으로써 한 제국의 가치 기준을 해체하고 다원화했다. 시작을 통한 인선은 당 제국 과거제에서의 '진사과(進士科)'로 이어진다. 그 자신이 뛰어난 시인이었던 조조는 유명한 「단가행(短歌行) 1」에서는 스스로를 주공에 비유하더니 이어지는 시에서는 문왕에 비유함으로써 속내를 드러낸다.

이 조위 정권과 같은 복잡한 구조가 아닌 지방정권의 구조 속에서 고락을 함께했기 때문이다. 이는 훗날 손권이 황제가 되자 역시나 명사들과 강하게 대립하게 된다는 사실에서 분명히 증명된다.[63]

명사인 유교 지식인과 신흥 군벌의 관계가 비교적 긍정적으로 나타난 사례는 제갈량과 유비의 경우이다. 둘의 만남은 "수어지교(水魚之交)"로 표현되지만, 원래 유비는 공손찬, 도겸 등과 같이 명사들을 배척한 인물이었다. 유비는 지적인 것과는 거리가 먼 전형적인 건달이었으나, 황실의 후예라는 상징적 힘과 그 자신이 가진 특유의 인간적 매력 및 카리스마에 힘입어 당대 귀족들에게 후한 예우를 받았다. 이는 최고의 사족인 원소가 그를 맞이하기 위해 20여 리를 마중 나왔다는 사실에서 잘 나타난다. 유비역시 위촉오 시대가 아니면 나올 수 없었던 그야말로 독특한 존재였다. 유비는 항상 '효웅(梟雄)' 소리를 들었지만, 제갈량을 만나기 전까지는 늘 패배자로서 여기저기를 전전하는 삶을 살았다. 그런 그가 명사의 영입을 생

---

63) 이는 노숙과 육손을 비교해볼 때 분명해진다. 노숙은 이 시대에 유일하게 삼국의 완전 분리를 생각했던 인물이다. 모든 사람들이 천하통일을 당연한 것으로서 받아들였지만(그 이유에 대해서는 뒤에서 다룬다), 노숙은 한편으로는 천하통일의 가능성도 생각했으되 다른 한편으로는 삼국의 항구적 정립이 천하의 향방이라고 생각하기도 했다. 그 역시 제갈량의 '융중대(隆中對)'와 유사한 구도를 기획했지만, 결국 양자는 달랐다. 제갈량이 궁극적으로 한 제국의 재건을 꿈꾼 데 반해, 노숙은 한 제국의 재건을 애초에 불가능한 것으로 간주했던 것이다. 노숙의 생각은 하늘 아래 여러 '황제'들이란 있을 수 없다는, 동북아세계의 불문율을 부정했다는 점에서 매우 특이한 경우라 할 수 있다. 손권은 노숙에게 평생 감사하는 마음을 가졌는데, 이는 적벽대전 시 노숙이 손권의 항복을 막았기 때문이기도 하지만,* 더 근본적으로는 노숙의 구도야말로 그 자신을 온전한 의미에서의 황제로 만들어줄 수 있는 것이었기 때문이다. 반면 육손은 오를 위해 크나큰 공을 세운 인물이었음에도, 황제가 된 이후의 손권과 부딪쳐 불행한 말년을 맞게 된다. 손오 정권에서 노숙은 장소 등 주류를 이룬 외래 명사들에 의해 배척되었던 외래 명사였지만, 육손은 대표적인 강동 명사였다는 점을 음미해볼 필요가 있다.
* 한 왕조가 항복할 경우 왕족은 몰락하지만 신하들 ── 지금의 경우 강동 명사들 ── 은 유임되는 경우가 많았다. 한 국가의 위기 시 일신의 안전을 꾀하는 신하들이 왕에게 항복을 종용하는 것은 이 때문이다. 장소를 비롯한 외래 명사들의 입장도 마찬가지였다. 더구나 손씨 정권은 기존의 강동 명사층과 이제 겨우 타협을 이룬 상황이었다.

6장 '천하'의 철학과 '강호'의 철학 | 455

각하게 된 것은, 그가 유표가 지배했던 형주에 머물렀기 때문일 것이다. 형주, 그중에서도 특히 양양군은 당대 문화의 중심지였고 교통의 요충지였다. 또한 천하의 정보가 모이는 곳이었고, 전란을 피해온 떠돌이 명사들의 집합소였다. 여기에서 유비는 자신의 한계에 눈을 뜨게 되고, 마침내 그 유명한 '삼고초려(三顧草廬)'를 단행하게 된다.

제갈량의 이상은 순욱의 이상과 일치했으나, 조조에 대한 생각은 서로 대조적이었다. 조조가 대학살을 범한 서주가 바로 그의 고향이었고 제갈씨 일가는 이 난을 피해서 남쪽으로 내려온 집안이었다. 그때가 제갈량 나이 12~13세, 그의 머리에 조조는 사적으로는 고향의 원수이고 공적으로는 한 제국을 쥐고 흔드는 난신적자였다. 사실 이런 인식은 형주에 피난해온 지식인들 상당수의 공통된 인식이었다. 그러나 이들 중 적지 않은 사람들이 유표나 바로 옆의 손권에게 가지 않았는데, 유표는 진정한 그릇이 못되고 손권에게는 정통성이 없다고 생각했기 때문이다. 제갈량 역시 이러한 인식을 공유했고, 손권은 물론이고 그의 처이모부가 되는 유표에게도 출사하지 않았다. 제갈량은 천하에 경륜을 펴기 위해 기량을 갈고닦았지만, 유비를 만나지 않았다면 '일민'의 삶을 살았을지도 모른다. 제갈량은 조조, 유비 등보다 후에 태어났기 때문에(그가 유비를 만났을 때 유비는 47세, 그 자신은 27세였다), 그전에 일어난 많은 사건들과 관련된 많은 인물들을 관찰할 수 있었고 시대 전체를 굽어볼 시간적 여유를 가질 수 있었다. 그리고 오랜 준비 기간을 거쳐 자신의 사상을 완성한 후에 출사할 수 있었다. 이는, 순욱이 조조가 '진화'해가는 과정에서 예측하지 못했던 난관을 만났던 것에 비해 유리한 입장이었다고 할 수 있다. 제갈량은 정확한 판단력을 가지고서 유비를 선택할 수 있었다.[64]

---

64) 그러나 역으로 보면 이는 그의 불행이었다고도 할 수 있었는데, 왜냐하면 관도대전에서 조조가 원소를 누름으로써 천하의 대세는 이미 기울어져버렸기 때문이다. 위촉오 '삼국 시대'라 하지만, 사실 13주만 놓고 보더라도 위가 9주를 점했다면, 오는 3주를, 촉은 겨우 1주를 점하고 있었다. 더구나 위가 위치한 곳은 중원이었고, 오와 촉의 위치

제갈량은 형주에 살면서 방덕공, 사마휘 등 청아한 선비들의 영향을 받았고, 다양한 형주 인사들과의 교류를 통해 지적 성장을 이룰 수 있었다. 아울러 다양한 사상들을 섭취함으로써 그의 균형 잡힌 정신세계를 만들어갈 수 있었다. 제갈량은 당대의 모든 사족 집안들에서와 마찬가지로 유가 사상의 세례를 받았으나,[65] 난세이자 다원화의 세계에서 태어난 그는 유가 외에도 여러 사상들을 섭렵할 수 있었다. 사실 경학에서 제자학으로의 이행은 당시의 일반적인 흐름이기도 했다. 그러나 그는 서책들을 상세하게 파악하기보다는 그 핵심을 이해하는 데 주력했다고 한다.[66] 아울러 각 사상들의 장점과 단점을 정확히 파악하고자 했다. 예컨대 "노자는 양생에 뛰어나지만 위난(危難)에 대처할 수는 없고, 상앙은 법의 이치에는 뛰어나

는 변방이었다. 제갈량은 수차례 북벌을 감행했으나, 그의 눈물겨운 충절과 출중한 능력으로도 이 대세를 뒤집을 수는 없었다.

65) 제갈량에게는 묵가사상의 영향도 보인다. 그의 근검절약하는 삶은 묵자의 영향을 보여주며, 과학기술에 대한 탐구와 발명 역시 묵가적 면모를 잘 드러낸다. 제갈량의 후자의 면모는 소설 『삼국연의』를 통해 형성된 대중적 시각에서는 묵가적 맥락이 아니라 도교적 맥락 — '마법사'로서의 면모 — 으로 각색되어 나타나는데, 이는 그에 대한 매우 잘못된 이미지이다. 사실 지중해세계의 철학에 대한 논의에서도 언급했듯이(12장, §5), '과학기술'은 대중에게는 늘 '마법'의 이미지로서 나타나곤 한다.(제갈량의 과학기술적 성취에는 그의 부인의 도움이 컸던 것으로 보인다) 그에게는 도가적 면모가 있었으며, "담박하지 않으면 뜻이 밝지 못하고, 고요하지 않으면 멀리 생각할 수 없다"는 말이 이 점을 잘 드러낸다. 그러나 그의 도가적 면모는 주술화된 도교와는 거리가 먼 것이었다.

66) 이는 "시무를 아는 것"과도 관련된다. 형주학은 송충(宋忠)이 중심이 되어 형성된 보다 이론적인 흐름과 사마휘(司馬徽), 방덕공(龐德公) 등이 중심이 되어 형성된 보다 실천적인 흐름을 포괄한다. 사마휘는 유비와의 대화에서 '유생(儒生)'과 '준걸(俊傑)'을 구분하면서, 시무를 아는 것을 준걸의 핵심으로 제시한다. 형주학은 동중서에 의해 형성된 형이상학적 유교가 아닌 경세제민(經世濟民)의 학으로서의 유교를 세우고자 했다. 때문에 이들은 유표의 관치에 실망해 그를 멀리했다. 이는 순욱이 원소의 관치에 실망해 그를 떠난 것과 유사하다. 이 점은 중시하는 경전들에서의 차이로도 나타났다. 예컨대 정현이 『주례』·『예기』·『의례』 즉 '삼례'를 중심에 놓는다면, 형주학파는 난세의 경전이자 현실적 성격을 띤 『춘추좌전』을 중심에 놓는다. 그리고 형주학은 위서에 대해 비판적이었다. 왕숙은 바로 송충의 제자였다. 제갈량 역시 이런 형주학의 세례를 받았다고 할 수 있다. 그러나 넓게 종합적으로 사유하는 면에서 제갈량은 동향의 선배 학자인 정현의 영향을 받기도 했다.

나 교화로 따르게 할 수 없다"고 한 구절에 그의 사유 양식이 잘 나타나 있다. 제갈량의 사유 경향을 한마디로 말하면 **균형 잡힌 종합**이라 할 수 있을 것이다. 그는 편식하기보다는 여러 사상들을 섭렵했고, 그 요체를 정확히 파악하면서 각각의 장단점을 변별했다. 그 결과 다양한 사상들을 균형 잡힌 시선으로 종합할 수 있었다. 그에게서 순자의 영향이 많이 보이는 것도 이 점에서 이해할 수 있다. 이런 제갈량의 특징은 그의 글쓰기에서도 확인된다. 수식을 거의 배제한, 극히 논리적이면서도 종합적인, 전체적으로 보면서 핵심을 읽어내는 제갈량의 글들은 그의 사유와 일치한다. 더 나아가, 제갈량의 위대함은 이와 같은 자신의 사유와 언어를 자신의 삶 자체에서도 충실하게 구현했다는 점에 있었다고 할 수 있다. 제갈량이야말로 다원화 시대에 나올 수 있었던 최고의 영걸이었다 하겠다.

제갈량이 유비를 선택한 이유는 우선은 유비의 인물 됨과 그가 자신에게 보여준 정성 때문이지만, 더 근본적으로는 역시 두 사람 사이에서의 정치적 비전의 일치였다고 할 수 있다. 이 비전이란 곧 "한실의 부흥"이었다. "조조는 천시(天時)를, 손권은 지리(地利)를, 유비는 인화(人和)를 이루었다"고 평가되지만, 제갈량은 조조의 성공이 하늘이 아니라 사람에 의한 것이라고 보았다. 그는 인간의 노력에 의한 성취를 믿었고, 관도대전에서 그 실제를 보았다. 그리고 유비를 도와서 천하의 향방을 바꿀 수 있다고 믿었다. 제갈량의 이런 의지는 적벽대전에서 구현되었다. 적벽대전은 "용병의 으뜸은 모의에 있고, 그다음은 외교에 있다"는 손자의 통찰을 실증해준 전투였다. 제갈량은 노숙과 손잡고 빛나는 외교로 손권-유비 동맹을 이끌어냈으며, 동맹군은 정확한 전술과 드높은 사기로써 흉흉한 기세로 내려오던 조조의 대군을 격파해 삼국정립의 실마리를 만들어내기에 이른다. 이후 역사는 제갈량이 「융중대」에서 구상했던 대로 흘러갔다. 그러나 촉한은 형주를 잃음으로써 한쪽 날개가 꺾이게 되고, 이릉대전에서 참패함으로써 극복하기 어려운 타격을 입게 된다. 제갈량의 꿈도 끝내 스러지게 된다.

그러나 제갈량이 촉한에서 보여준 정치는 하나의 위대한 경지에 달했다

고 할 수 있다. 우선 그는 유비를 도와 한실을 중흥시키겠다는 그의 꿈/약
속에 끝까지 충실했다.[67] 더욱이 그는 정치적 충심과 인간적 수준에서 관
중을 뛰어넘었다고 해야 할 것이다. 그는 마음의 근저에서 유가적인 인물
이었다. 또, 실제 정치에서는 법가와 유가의 위대한 혼효를 실천했다. 제갈
량은 촉한을 일관되게 법치에 따라서 통치했다.[68] 그는 사면을 권고하는
사람들에게 정치란 "작은 은혜가 아니라 큰 덕으로" 행함을 역설했다. 그
러나 그의 법치는 과거의 진에서와 같은 살벌한 법치가 아니었다. 제갈량
은 법 집행을 유례를 볼 수 없을 정도로 공정하게 행했으며, 또 법을 범한
사람일지라도 한두 번은 용서하고 세 번째가 되어서야 처벌하는 유가적인
관후(寬厚)함을 보여주었다. 그는 상앙이 법리에 밝았으나 교화로써 바꾸
지는 못했다고 평했는데, 이는 그의 입장을 잘 나타낸다. 촉한의 백성들이
그를 "두려워하면서도 사랑했다"고 하니, 이는 참으로 이루기 어려운 경지
라 할 것이다. 아울러 그는, 비록 중화주의/제국주의의 테두리 내에서이긴
했지만, 남중(南中) — 지금의 쓰촨성 남부와 윈난성, 귀저우성 일대 — 의
이민족들을 폭압적으로 다루지 않고 "성을 공격하기보다는 마음을 공격하
는" 전략을 통해 어루만지고자 했다. "칠종칠금(七縱七擒)", '만두(蠻頭 →
饅頭)' 등의 고사라든가 오늘날까지도 남방에 남아 있는 그에 대한 추모의

---

67) 제갈량은 「융중대」에서 "패권을 이룰 수 있다"고 했다. 이는 그의 처음 계획이 유비와
그 자신을 제 환공과 관중에 유비했음을 천명한 것이다. 이때 유비를 황제로 만들 꿈을
제시했다면, 이는 엄밀하게는 반역이다. 사실 그는 스스로를 매양 관중과 악의에 비하
고는 했다. 그러나 조비가 황제를 칭했을 때 한조는 이미 멸망한 것이기 때문에, 다음
해 유비가 황제를 칭한 것은 한조를 이은 것이 된다.

68) 사실 촉한은 확고한 법치를 통하지 않고서는 통치하기 어려운 곳이었다. 예부터 그곳
에 살던 사람들, 후에 유장의 아버지인 유언을 따라 들어온 사람들, 그리고 유비를 따
라 들어온 사람들 등 여러 겹의 사람들이 살고 있었고, 이들을 잘 통치하기 위해서는
공정한 법 집행 외의 방법은 없었다고 할 수 있다. 조위 정권을 이끌어야 했던 조조의
경우도 마찬가지였다. 법정이 제갈량의 맹치를 비판했을 때, 제갈량은 맹치를 주장한
유비의 유조와 형주학의 기저를 형성한 『춘추좌전』에 기초해 맹정의 필요성을 역설한
다. 이는 순욱과 같은 입장이라고 할 수 있다. 제갈량은 『신자』, 『한비자』, 『관자』, 『육
도』 같은 책들을 직접 필사해 유선에게 읽게 했다.

정이 이를 잘 말해준다. 나아가 여러 혁신적인 경제적 조치라든가 과학기술상의 발명 또한 그의 중요한 업적에 속한다. 제갈량의 성취는 전쟁으로 날을 지새우던 위촉오 시대에 큰 의의를 띠는 것이다.

§3. '천하'와 '강호'

위·촉·오 삼국이 정립을 이루긴 했지만, 위의 힘은 제갈량의 분투와 손권의 교묘한 외교로도 어찌할 수 없을 만큼 컸다. 촉은 결국 위의 공세를 막아내지 못하고 제갈량 사후 한 세대가 흐른 AD 263년에 멸망한다. 그러나 바로 2년 후에는 위 자체가 멸망한다. 그사이에 위 내에서 큰 변화가 있었기 때문이다. AD 220년에 위를 세운 조비는 자신을 황제로 만들어준 명사층의 요구를 들어주지 않을 수 없었다.[69] 조조·조비는 난세를 틈타 일어난 군벌이었다. 조조의 처가 창가(倡家) 출신이고 조비의 처가 노비 출신이었다는 사실이 이를 잘 말해준다. 이에 비해 조비를 세운 집단은 한대에 형성되어 여전히 존속하고 있던 사족이었다. 그 중심이었던 사마의는 전형적인 사족 출신이었고, 그 자신의 처와 그 아들들의 처들은 모두 유명한 사족·명사 집안의 딸들이었다. 이는 창업한 조씨 집안과 그것을 도운 사마씨 집안의 차이를 잘 드러내준다. 위라는 나라는 표면상 조씨가 세운 것이지만, 사실은 사마씨를 비롯한 사족의 국가였던 것이다. 그리고 조씨는 곧 사마씨에게 권좌를 빼앗긴다.

---

69) 조조는 자신보다 시를 더 잘 짓는 막내아들 조식을 사랑했으나, 순욱 이후 명사들의 중심이었던 진군을 필두로 한 명사층은 정치적인 면에서 더 뛰어난 첫째 아들 조비를 지지했다. 조비는 위를 정통으로 만들기 위해 헌제를 죽이지 않고 매우 번거로운 '선양'의 형식을 취하는데, 이런 정권 탈취의 형식은 이후 자주 모방된다. 조위 정권은 조비 이후 조예, 조방, 조모, 조환으로 이어졌으나 결국 265년 사마씨에게 멸망한다. 한→위로의 이행과 위→진(晉)으로의 이행은 역사에서의 '반복'을 서늘할 정도로 잘 보여준다.

명사층에 대한 보답으로서 조비가 세운 것이 곧 '구품중정제(九品中正制)'였다. 서족(庶族) 출신으로서 능력 위주의 인사제도를 세웠던 조조의 성취는 하룻밤 꿈처럼 사라지고, 아홉 계단으로 분절된 '품'의 위계에 따라서 모든 인사가 이루어지기에 이른다.[70] 사족층은 다시 본래의 힘을 되찾았다. 아니 이제 사족에서 본격적인 '귀족'으로 변하게 되었다고 해야 할 것이다. 한때 다원화되었던 사상적 흐름도 다시 유가 중심으로 재편되었다. 이전에도 그랬듯이, 이번에도 다원성을 통합하는 기제는 유교였다. 그러나 사실 이는 잠시의 그리고 표면적인 흐름이었다. 잠시의 흐름인 이유는 유교적 통일 왕조로서의 서진(西晉)이 반세기를 겨우 넘기고(AD 265~317년) 무너졌기 때문이고, 표면적인 흐름인 이유는 이미 형성된 사상적 다원성이 여전히 사회 전반에서 지속되었기 때문이다. 서진 왕조가 다시 한 제국과 유사한 유교적 국가를 세우고자 한 것은 사실이다. 그러나 중요한 것은 이 왕조를 세운 사족층이 한동안 빼앗겼던 기득권에 대한 보상심리에 사로잡혀 끝도 없는 탐욕을 부렸다는 점이다. 이들은 무너진 천하를 다시 세워 좋은 정치를 행하려 하기보다는 자신들의 이록(利祿)을 챙기려 혈안이 된 자들이었다. 이 '귀족'은 전성기 로마 공화정의 귀족과 대척점에 있는, 퇴폐의 극치를 달린 귀족이었다. 그리고 이들의 이런 성격은

---

70) '구품관인법(九品官人法)'이라고도 한다. 삼공이 1품, 대장군이 2품, 9경이 3품, 주의 자사가 4품, 군의 태수가 5품 등 총 9품으로 관직이 정비되었다.(미야자키 이치사다, 임대희·신성곤·전영섭 옮김, 『구품관인법의 연구』, 소나무, 2002) 후한의 청류를 잇는 인물들이 만든 구품관인법/구품중정제는 처음에는 청류의 정신을 이어가는 듯했지만 시간이 지나면서 점차 기득권의 성격을 띠어갔다. 특히 왕씨 집안은 대대로 권세를 이어갔으며, 동진 때에는 "王與馬 共天下"라는 말이 떠돌기도 했다. 이 때문에 이 제도에 대한 강한 비판들도 제기되기에 이른다.
구품중정제는 당시에 유행했던 '재성(才性)'에 대한 논의와도 관련된다. 위나라 초기에는 조조의 시책과 맞물려 유소의 『인물지』 같은 책이 영향력을 발휘했으며, 이 책은 '명'과 '실'의 일치를 기준으로 인물을 평가하는 관점을 제시했다. 그러나 다시 세족들의 시대가 도래하면서 가문을 따지는 풍조가 흐르고 '품(品)'을 유별하는 흐름이 나타나게 된다. 이런 인물평의 전통은 오늘날에도 '성품', '품성' 같은 말로 남아 있다.

서진만이 아니라 그 후로도 오래도록 지속된다. 한대의 유교는 본래의 유교의 패러디였다. 그러나 서진의 유교는 이 패러디의 패러디였다.

이 위진(魏晉) 시대의 뛰어난 철학적 업적들은 조위 정권에서, 특히 조씨와 사마씨가 치열한 권력 다툼을 이어간 '정시연간'(AD 240~249년)을 전후해서 나왔다. 왕필 등의 현학, 완적, 혜강 등의 '죽림칠현' 등이 모두 이 시대를 전후해 활동했다. 위·촉·오 3국의 정립 시대는 표면상으로는 분열의 이미지를 띠고 있지만, 사실 그전의 혼란했던 때를 감안한다면 오히려 안정을 찾은 시대였다고 해야 한다. 또, 일단 세 국가로 정리된 상황은 마치 춘추전국시대의 많은 국가들이 전국칠웅으로 정리된 상황을 연상시켰을 것이다. 그렇다면 이제 도래할 장래는 새로운 천하통일이 아닌가. 이 시대의 지식인들 — 특히 3국의 실질적 중심이었던 조위의 지식인들 — 에게 당대는 새로운 통일의 전야라는 이미지로서 다가왔다. 그렇다면 그들이 해야 할 일은 동중서가 했던 작업을 이어 다시금 유교형이상학을 부활시키는 일이었을 것이다. 그리고 실제 제2의 동중서였던 정현의 경학은 조위 정권에서 그러한 역할을 수행했다. 그러나 때는 이미 다원화의 과정을 겪은 시대, '경학에서 제자학으로'의 이행을 겪은 시대였다. 유교의 단순한 부활만으로 미래를 이끌어가기에는 역부족이었다. 유교의 새로운 정초가 필요했던 것이다. 법가사상은 위촉오시대 전반을 이끌어간 사조였다. 그러나 법가사상은 유교를 '보완'할 수는 있어도 '정초'할 수는 없었다. 법가사상은 정초의 역할을 할 철학적/이론적 깊이가 없는 사상이었기 때문이다. 그렇다면 어떤 철학이 이런 역할을 할 수 있었을까? 역시 역학·기학 그리고 특히 도가사상 같은 이론적 사유들이었다. 그러나 도가사상의 경우 황로지학의 단순한 부활로써 가능한 일이 아니었다. 시대를 새롭게 정초해줄 다른 형태의 도가사상이 요청되었다. 후한에 이르러 도가사상의 한 갈래는 도교로서 전개되기 시작했었다.[71] 그리고 도교는 이후 동

---

71) 도교는 태평도처럼 혁명종교의 성격을 띠기도 했지만, 장로(張魯)가 사천 지방에 세운

북아의 대표적 종교로서 자리 잡게 된다. 다른 한편 또 하나의 갈래는 본래의 도가사상의 사유 수준을 유지하면서 새로운 존재론과 정치철학으로 전개되기에 이른다. '현학'이 바로 그것이다. 현학은 '삼현경'이라 불린 『노자』·『장자』·『주역』에 대한 연구를 기반으로 했으며, 도가의 존재론으로써 유교의 정치철학을 새롭게 정초하고자 했다. 그렇게 함으로써 무너진 천하를 다시 통합할 새로운 제국 —— 현실적으로는 조위정권 —— 을 철학적으로 정초하고자 했다. 이러한 작업은 특히 왕필에 의해 이루어진다.

왕필과 현학(玄學)

조비가 황제에 등극한 해로부터 6년 후에 태어난 왕필(王弼, AD 226~249년)은 겨우 24년의 짧은 생애를 살았지만, 동북아 철학사에 굵은 이정표를 세운 사유를 전개했다. 왕필이 활동했던 시기는 이후 남조 시대에까지 이어질 사대부 계층 —— 귀족이 된 사족 —— 이 조위 정권에 집결했을 때이고,[72] 또 유난히 다양한 형태의 천재들이 한꺼번에 배출된 때이기도 하

오두미도(五斗米道)＝천사도(天使道)와 같이 상대적으로 더 순수한 종교적 형태를 띠기도 했다. 태평도와 오두미도는 최초의 도교라 할 수 있다. 오두미도는 그리스 - 로마나 인도의 경우처럼 판테온＝만신전(萬神殿)을 모셨으며, '노자 5천문'을 외우는 것을 중요한 의식으로 삼았다. 장로가 조조에 투항한 이후에는 이가도(李家道) —— 이홍을 필두로, 노자와 같은 성을 가진 집안이 이어 간 도교 —— 가 중앙정권에 저항하면서 오두미도의 전통을 이어갔다. 또, 위진 시대에는 『열자(列子)』와 장잠(/장담)의 『열자주(列子注)』 및 갈홍의 『포박자』 등 도교사의 중요 저작들이 등장하기도 한다.

72) 강남에서 6조(오, 동진, 송, 제, 양, 진)에 걸쳐 이어지는 이 시대의 귀족들은 후한의 귀족들이 그대로 이어진 것이 아니라 후한 때 탄압받았던 '청류' 명사들의 후손이 주류를 이룬다. 특히 조위 정권에서 자리를 잡았던 진군(진번의 손자), 종요(종회의 아버지), 화흠, 왕랑(왕숙의 아버지), 사마의 등이 조위 정권을 이끌었다. 이들은 귀족이면서도 '청담(淸談)'에 몰두했다. 이때의 사회 분위기는 『세설신어(世說新語)』에 잘 나타나 있다. 이는 어떤 이들이 쉽게 말하는 것처럼 단순한 위선이 아니었고, 서진 멸망의 원인으로만 이해될 수 있는 것도 아니다. 애초에 위진 귀족들은 후한 청류에서 유래했고, 그들의 원래 정체성은 오히려 야당적인/강호적인 것에 있었다. 이 때문에 귀족의 위치에 있으면서도 그들의 피 속에는 여전히 강호적 정체성이 존재했다. 그래서 이들은 청담에 몰두했던 것이다. 그러나 뒤에 보겠지만 후한의 명사들과 위진의 명사들은 그 성

다. 예컨대 종회(鐘會)는 4세에『효경』, 7세에『논어』, 8세에『시경』, 10세에『상서』, 11세에『주역』, 12세에『춘추좌씨전』과『국어』, 13세에『주례』와『예기』를 마치고, 15세에 태학에 들어갔다고 한다. 왕필은 이 시대의 대표적 사대부 집안에 속하지도 않았고 주류에 속하지도 못했지만, 철학적 천재성은 가장 뛰어났다. 그는 하안의 눈길을 끌면서 학문적 활동을 시작했다. 그러나 왕필이 살던 이 시대는 음모와 협잡이 횡행하던 시절이었다. 2대 황제 조예(명제) 때 제갈량의 북벌을 막음으로써 공을 쌓은 사마의는, 다음 황제로 겨우 8세인 조방(위 소제)이 즉위하자 점차 야심을 드러낸다. 조방을 보위한 조상과 사마의 사이에 권세 다툼이 일어나고, 정시연간에는 숨을 죽이고 있던 사마의는 AD 249년 마침내 쿠데타에 성공해 권세를 잡기에 이른다. 왕필을 발탁한 하안은 바로 조상과 결탁해 권세와 향락을 탐했던 인물로, 결국 조상과 더불어 주살된다.[73] 왕필이 하안과 연을 맺은 것은 철학적으로는 행운이었지만 정치적으로는 불운이었다. 왕필은 결국 하안이 죽을 때 스물넷의 젊은 나이에 병사한다(살해당했을 가능성도 있다).

왕필이 고민했던 것은 유교적 정치철학을 새로운 존재론적 토대 위에 세우는 것이었다. 이를 위해 그는 삼현경을 연구하고『노자』와『주역』에 주석을 달았으며, 그 성과를『논어』주석으로 이어갔다. 그중 가장 중요한 것은『노자주』이다. 사실 왕필은『노자』에 주를 단 것이 아니라 그것의 새로운 판본을 만들었다. 아예 노자 철학의 새로운 버전을 창조해낸 것이다.

격을 크게 달리한다. 이런 이중성을 세심하게 이해해야 위진·남북조 시대의 지식인들의 내면을 잘 들여다볼 수 있다.

73) 하안은『논어집해(論語集解)』를 저술함으로써 유교 문헌들의 정리에 큰 공헌을 했다. 특히 중요한 것은 그의『논어』이해에는『주역』만이 아니라 노장의 사상도 중요한 역할을 하고 있다는 점이다. 아쉽게도 그의『주역강소(周易講疏)』와『도덕론(道德論)』은 일실되었지만, 역학과 노자사상을 기초로『논어』를 해석한 하안의 이러한 작업은 왕필은 물론 당대의 많은 사람들에게 큰 영향을 주었다고 할 수 있다. 그러나 도가 식의『논어』이해는 무리를 동반하기도 해서, 안회가 가난해서 자주 "쌀독이 비곤(空)" 했다는 구절을 매번 "허심(虛心)에 이르곤" 했다고 해석하기도 했다. 훗날 이런 현학(玄學)적인 해석은 현학(衒學)적인 것으로 비판받기도 한다.

오늘날 『도덕경』으로 일컬어지는 것은 바로 이 왕필본 『노자』이다.[74] 우리가 첫 번째 만났던 노자는 춘추시대의 『노자』였고, 그 후에 만난 두 번째 노자는 천하통일을 전후해 형성된 『덕도경』이었다. 그리고 세 번째의 노자는 한초 황로지학이 제시한 양생술적 노자였다. 첫 번째 노자는 '무위자연'과 '소국과민'을 설파한 현인이었고, 두 번째 노자는 법가적 측면과 천하통일이라는 맥락이 스며들어간 다소 교활해진 노자였다. 그리고 세 번째 노자는 제왕학적이고 기학적인 노자였다. 이에 비해 왕필이 세운 네 번째 노자상은 '무'를 논의의 중심에 두는 존재론적인 노자, 또 이 '무의 존재론'을 중심으로 이전의 여러 측면들이 종합되어 있는 노자이다. 즉, 현학에서의 노자이다.[75]

왕필 철학의 이런 성격은 그의 다음 말에 잘 나타나 있다. "무릇 사물의 '본(本)'을 규명하고자 한다면, 그것이 가까이 있어도 필히 멀리로부터 그 시작을 드러내야 한다. 무릇 사물의 비롯됨〔物之所由〕을 밝히고자 한다면, 그것이 비록 드러나 있어도 필히 깊은 곳으로부터 그 뿌리를 읽어내야 한다." 철학의 기본 구도는 아나바시스와 카타바시스이다. 그러나 학문적 진

---

74) 그러나 『노자』와 『덕도경』 사이만큼 『덕도경』과 『도덕경』 사이에 큰 차이가 있는 것은 아니다. 물론 정치적 해석에서는 일정 정도 차이가 있으며, 철학적 해석에서는 작지 않은 차이가 존재한다.

75) 또 하나의 노자는 곧 '태상노군(太上老君)'이라 불린, 도교에서의 노자이다. 노자만큼 여러 관점에서 해석되는 철학자도 드물다. 그러나 이와 같은 혼란은 대개 텍스트는 『도덕경』을 쓰면서도 해석은 『노자』나 『덕도경』의 맥락 또는 다른 맥락들에서 하는 데에서 기인한다고 할 수 있다. 이는 오랜 세월 변모해온 노자사상의 그때그때의 맥락을 분명하게 하지 않은 채 논의가 진행되기 때문이다. 사실 노자라는 개인이 누구인지, 정말 공자에게 가르침을 준 현자였는지 등은 중요하지 않다. 중요한 것은 '노자'라는 이름으로 지칭되는 '개념적 인물'이다. "그는 이름조차 없이 숨겨져 있으며, 언제나 독자〔철학자〕에 의해 재구성되어야 한다. 때로 그가 나타날 때면 고유한 이름을 갖기도 한다. (…) 이 모두가 일종의 철학적 감정이입이라 할 수 있다. (…) 개념적 인물들이 철학자의 대변인이 아니라 차라리 그 역이라 할 수 있다. 철학자는 단지 주요 개념적 인물과 다른 인물들의 외피일 뿐이다. 개념적 인물(들)이야말로 중재자들이며, 그 철학의 진정한 주체들이다"(Gilles Deleuze and Félix Guattari, *Qu'est-ce que la philosophie?*, Ed. de Minuit, 1991, p. 62) '노자'라는 개념적 인물은 그 얼굴이 특히 자주 바뀌는 인물이다.

정성을 가지고서 아나바시스를 집요하게 밀고 나가는 것은 동북아 철학에서는 보기 어려운 현상이다. 몇 발자국 가지도 않은 상태에서 벌써 카타바시스를 생각하기에, 철학화의 높이가 낮은 것이다. 이를 좋게 말해서 "실천적"이라고 하지만, 냉정하게 말하면 이론적 깊이가 부족하다고 해야 할 것이다. "실천", '실용성', '효과'/'영향', '정치적 입장', '상황' 등이 지나치게 강조되어, 철학적 순수함과 집요함은 떨어진다고 할 수 있다. 『춘추』의 해석 과정을 보았거니와, 철학과 현실의 거리가 지나치게 가까워 사유의 깊이가 얕아진다고 하겠다.[76) 철학은 현실성에서 출발해 '먼 곳', '깊은 곳'으로 가야 하며, 그러나 다시 방향을 돌려 현실로, 그러나 이번에는 '다른 현실'로 내려와야/올라가야 한다.[77) 이 오르내림의 거리가 그 철학화의 높이를 결정한다. 왕필의 철학이 높게 평가받는 것은 그에게서 이런 철학화의 높이를 발견할 수 있기 때문이다.

그렇다면 왕필에게서 그 먼 곳, 깊은 곳은 어디인가? 그가 아나바시스의 끝에서 발견한 것은 무엇인가? 그것은 바로 '무'이며, 이때 무는 '도'의 또 다른 이름이다.

무릇 사물이 태어나고 일이 이루어지는 것은 반드시 무형·무명으로부터이다. 하여

---

76) 동북아 사유의 이런 특성은 오늘날까지도 현저하게 남아 있다. 학문을 '가문의 영광'을 이루는 도구로 생각하는 관행, 철학 자체의 내용은 제쳐놓고서 그 정치적 효과/영향만을 생각하는 정치 과잉, 모든 것을 "실용성"에 의해 평가하려는 저급한 자본주의적 성향, 사유의 내용보다는 그 감성적·현실적 껍데기에 열광하는 분위기, 사유 자체의 성취보다는 타인들의 눈길이나 사회의 대접에 신경을 곤두세우는 심성, ……, 이런 성향은 사실 인간이라는 존재의 성격 자체에 뿌리 두고 있는 보편적 성향이지만, 서구 사유에 비할 때 동북아 사유의 역사에서는 보다 두드러지게 나타난다고 할 수 있다. 반면 서구의 사유는 그 진지함이 때로는 강박이 되어 광기·자살로 치닫는 경우도 적지 않았다. 동북아 사유가 원만하긴 하지만 느슨하고 교활하다면, 서구 사유는 진지하고 깊이 있지만 강박적인 데가 있다 하겠다.

77) 내려오는 것은 플라톤적 뉘앙스에서이고, 올라오는 것은 들뢰즈적 뉘앙스에서이다. 이정우, 『천하나의 고원』(돌베개, 2008), 155~156쪽을 보라.

형태 없고 이름 없는 것이야말로 만물의 근본이다. 뜨겁지도 않고 차갑지도 않으며, 궁음도 아니고 상음도 아니며, 귀를 기울여도 들을 수가 없고, 눈길을 주어도 보이지가 않으며, 만져도 무엇인지 알 수가 없으며, 혀를 대보아도 맛을 느낄 수가 없다. 그래서 그 사물 됨은 혼성(混成)이라 할 수 있고,[78] 그 모양 됨은 무형이라고 할 수 있고, 그 소리 됨은 무음이라고 할 수 있고, 그 맛 됨은 무미라고 할 수 있다. 하여 만물의 종주(宗主)로서 천지를 포용하니, 그로부터 말미암지 않은 바는 없다. 뜨거우면 차가울 수가 없고, 궁음이면 상음일 수가 없다. 형체에는 구분이 있고, 소리에도 구획이 있기 때문이다. 하여 일정한 형태로 나타난 것은 큰 형태가 아니요, 일정한 소리로 나타난 것은 큰 소리가 아니다.[79] 그러나 사상(四象)이 형태를 띠지 않는다면 큰 형태가 드러날 길이 없고, 오음이 소리를 내지 않으면 큰 소리가 울릴 길이 없다. 다만 사상이 형태를 갖추되 사물들이 그에 복속되지 않아야 큰 형태가 펼쳐질 수 있고, 오음이 울리더라도 마음이 쏠리는 곳 없어야 큰 소리가 퍼질 수 있으리라. 하여 큰 형태를 잡으면 천하가 잘 나아가고, 큰 소리를 쓰면 세상이 더 좋아진다. 무형으로 드러내면 천하가 잘 나아가면서도 다툼이 없고, 희성(希聲)[80]으로 울리면 세상이 좋아지면서도 따짐이 없다. 이런 까닭에 하늘은 다섯 사물〔오행〕을 내지만 사물-없음을 쓰임으로 삼고, 성인은 다섯 가르침을 내지만 말-없음을 실천으로 삼는다. 그래서 도를 "도"라 하면 그것은 이미 도가 아니고, 명을 "명"이라 하면 그것은 이미 명이 아니다.(「노자지략(老子指略)」)

---

78) 『도덕경』, 25장에서 "무엇인가가 섞여 있어 천지보다도 먼저 생겨났으니"(有物混成 先天地生)라 했고, 왕필은 이를 "섞여 있기에 분별해 알 수는 없으나 만물이 그것으로부터 이루어졌으니, 일러 '혼성'이라 한다"고 풀이했다.
왕필은 다음에서 인용한다. 王弼, 樓宇烈 校釋, 『王弼集校釋』(華正書局, 民國 81).

79) 『도덕경』, 25장에서 "나는 그 이름을 알지 못하니, 글자를 붙이자면 '道'이고 굳이 이름을 짓자면 '大'이다"라 했다. 왕필은 이를 "나눔〔分〕이 있으면 그 지극함을 잃어버리지 않을 수가 없기에, 굳이 이름 짓자면 '大'라 한 것"이라 풀이하고 있다. 즉, '大'는 곧 '도'(의 성격)를 가리킨다.

80) 『도덕경』, 14장에서 '도'에 대해 "보려 해도 보이지 않으니 까마득하다〔夷〕 하고, 들으려 해도 들리지 않으니 아스라하다〔希〕 하고, 잡으려고 해도 잡히지 않으니 아득하다〔微〕고 한다"고 했으니, '희성'은 곧 '대성(큰 소리)'이다.

사물들이 무형·무명에서 나오고 이룬다는 것은 절대 무에서 튀어나온다는 것을 뜻하지 않는다. 오히려 무형·무명의 도는 무한한 잠재성이다. 그것은 개별화되어 존재하는 사물들이 아니라 모든 개별성들을 포용하는 터이다. 때문에 부분인 우리는 전체인 그것을 인지할 수 없다. 도의 '혼성'은 개별화된 것들이 '섞인' 것이 아니다. 도는 그로부터 개별화된 것들이 나오는 잠재성이다. 그래서 그것은 모든 특수한 모양, 소리, 맛 등을 초월한다. "모든 규정은 부정"이라 했으니, 도에는 부정이 존재하지 않는다. 하지만 개별화된 존재들이 없다면 어디에서 도의 위대함을 확인하겠는가? 개별자들은 도로부터 나오지만, 도는 개별자들의 생성을 통해 스스로의 큼을 드러낸다.(이 맥락에서는 무와 유는 순환적이다: "유무상생") 도에는 형태가 없지만 무수한 형태들을 통해 그 무한의 형태들을 드러내며, 도에는 소리가 없지만 무수한 소리들을 통해 그 무한의 소리들을 드러낸다. 문제는 특정한 형태, 특정한 소리 등등을 궁극의 것으로 보고서 그 틀에 갇힐 때 발생한다. 도의 무한함은 어떤 특수화도 넘어서기 때문이다. 현대적 맥락에서, 예컨대 포스트모더니즘의 건축가들이 새로운 형태들을 '창조해내고' 무조음악의 창시자들이 새로운 소리들을 '창조해내었을' 때, 그들은 사실 기존의 특수화를 넘어 도의 잠재성의 또 다른 차원을 '발견해낸' 것이다. 인간에게 '창조'인 것은 사실상 도의 또 다른 '드러남'일 뿐인 것이다. 인간이 도를 창조해내는 것이 아니다. 도가 인간을 통해 스스로를 드러낼 뿐이다. 뛰어난 정치는 바로 도에 충실함으로써 가능하며, 하늘과 성인은 바로 이 도에 충실한 존재들이다. 특화된 질서에의 집착은 그릇된 정치를 가져오기에, 늘 도에 충실함으로써 석화된 질서의 폭력을 극복해나가야 한다. 현실화된 도와 현실화된 명을 잠재적인 도와 잠재적인 명에 동일시하면 안 된다. 현실화되는 순간 그것이 이미 도의 무한성으로부터 특화되어 나온 것이 되기 때문이다.

아직 무엇으로도 분화되어 있지 않지만 모든 것이 그로부터 분화되어 나오는 무는 지중해세계에서의 아페이론과 닮았다. 하지만 지중해세계의 사유에서 아페이론/코라는 늘 이데아를 비롯한 어떤 질서에 의해 길들여짐으로써만 밝은 빛 아래로 들어서게 되는 어둠이요 혼돈이었다. 그것은 단지 이런 길들임에 저항하는 정도에서만 뒤나미스를 부여받을 수 있었다. 반면 왕필의 사유에서 무＝도[81]는 즉 무규정성은 오히려 모든 규정성들의 어머니이며, 또 모든 규정성들이 그리로 돌아갈 뿌리이기도 하다. 따라서 이 무를 사유함은 현실성에 그어져 있는 모든 선들이 완벽하게 지워진 경지 — 들뢰즈적 뉘앙스에서의 '보편성' — 를 생각하는 것이다. 이 점에서 왕필이 현실성을 넘어서고자 한 것은 플라톤이 그렇게 한 것과 차원이 다르다. 왕필과 플라톤은 공히 현실성을 넘어 아나바시스를 행했지만, 그들이 도달한 곳은 사뭇 달랐다. 플라톤이 현실을 넘어서기 위해 제시한 이데아의 차원은 사실상 바로 현실을 기준으로 해서 사유된 차원이기 때문이다. 현실을 이상화한 것이 이데아이고 역으로 그 이데아가 타락한 것이 현실이다. 바로 이 때문에 플라톤에게서 이데아차원과 현실차원은 어디까지나 '유사성'의 관계를 맺는다. 그의 철학을 정초해주는 핵심 개념/원리가 '미메시스'인 것은 바로 이 때문이다. 통속적인 이해에서 플라톤 철학은 극히 탈-현실적인 철학인 듯이 논의되고 또 '이데아'는 신비하고 초월적인 것인 듯이 논의되지만, 그의 철학은 사실은 현실과 유사성의 관계를 맺는 철학이다. 이는 그의 분할법이나 변증법이 사실상 일상 언어를 기준으로 하고 있는 점에서도 잘 알 수 있다. 이 점은 아리스토텔레스의 경우에는 더욱 두드러진다. 그러나 왕필에게서는 현실을 분절하고 있는 선들이 아예 해체되어버린다. '무'의 차원으로 해체되어버리는 것이다. 이 점에서 '무의 철학'은 '이데아의 철학'보다 훨씬 급진적이다.

그렇다면 왕필은 이 무의 철학으로부터 어떤 정치철학을 전개했는가?

---

81) 앞에서도 여러 번 나왔듯이, 무＝도를 다시 기와 등치시켜 무＝도＝기로 보는 갈래가 있고, 무＝도에서 나온 유를 기와 등치시켜 유＝기로 보는 갈래가 있다. 전자는 장자에 더 가깝고, 후자는 노자에 더 가깝다. 기는 전자의 경우 'meta-physica'의 원리가 되고, 후자의 경우 'physica'의 원리가 된다고 할 수 있다. 왕필은 전자의 경우라 할 수 있다.

놀랍게도 그가 세우고자 한 정치철학은 전형적인 유가적 사유였다. 장자의 경우에도 그랬듯이, 왕필의 정치철학은 그의 존재론으로부터 나아갈 수 있었던 그런 것이 전혀 아니다. 그의 정치철학은 오히려 플라톤의 그것보다 훨씬 보수적이다. 이는 왕필과 플라톤 사이의 철학적 차이이기보다는 그들이 살았던 상황의 차이 — 제국과 폴리스 — 에서 유래하는 역설이라 해야 할 것이다. 왕필에게는 노자 사유를 다른 사유들(법가, 명가, 유가, 묵가, 잡가)의 기초로 놓는 면이 존재하며, 이때 유가는 다른 사상들과 병칭되는 하나의 경우일 뿐이다. 그러나 다른 한편 그는 공자를 숭상했으며,[82] 하안에 협력해 조위 정권의 관료가 되기도 한 인물이기도 했다. 왕필에게는 이런 이중적인 얼굴이 있다. 그는 애초에 유교의 새로운 정초를 꿈꾸었으며 그러한 작업을 위해서 노자를 재해석한 것일까? 그렇지 않았다면, 그는 죽림칠현을 죽림팔현으로 만든 인물이 되었을 것이다. 그것도 아니라면, 그는 자신의 속마음을 숨기고 관료가 된 기회주의자일 것이다. 첫 번째의 경우 왕필은 어디까지나 천하의 철학자이다. 두 번째의 경우는 강호의 철학자이다. 세 번째의 경우는 "몸은 강호에 있으나 마음은 위궐(魏闕) 아래에" 있는 경우와는 정확히 반대로, 마음은 강호에 있지만 몸은 천하에 둘 수밖에 없는 인물일 것이다. 한편으로 왕필은 애초부터 유교의 재-정초를 꿈꾼 인물이었고 그러한 작업을 위해 노자를 연구하는 과정에서 위와 같은 급진적인 존재론에 도달했을 것으로 보인다. 또는 반대로, 그가 일찍부터

---

82) 왕필이 약관의 나이에 배휘를 방문하였더니 그가 이런 질문을 던졌다. "무릇 '무'라고 하는 것은 진실로 만물의 터전(資)이어서, 성인들은 이에 대해 누구 하나 말하지 않았소. 그런데 노자는 끝없이 이 '무'를 설명하고 있으니, 무슨 이유이겠소?" 이에 왕필은 이렇게 답했다. "성인(공자)은 스스로가 '무'를 체득하고 있습니다. 게다가 '무'란 또한 설명할 수도 없는 것입니다. 그 때문에 이를 말로 하려면 반드시 '유'를 언급해야만 합니다. 노자와 장자는 '유'에서 미처 벗어나지 못하였기 때문에 항상 자신들에게 부족한 바를 설명하고 있는 것입니다."(『세설신어』, 「문학 8」, 유의경 찬, 임동석 역주, 동서문화사, 2011) 그러나 또한 『논어석의』, 「술이」에서는 "志於道"에 대해 "도는 무를 가리킨다"고 노자적으로 해석하고 있다. 공자와 노자는 '도가와 유가' 식의 도식을 통해 구분되기보다 왕필의 사유 안에서 혼효하고 있다.

노장에 심취했다고 하니 그의 마음속에는 이미 노자의 존재론이 채워져 있었을까? 그렇다면 왕필은 성인이 되고 하안을 만나 관료가 되면서 유교의 재-정초라는 방향을 취하게 된 것이며, 그 과정에서 예전의 존재론과 지금의 정치철학 사이에 괴리를 발견했을 수도 있다. 어쨌든 분명한 것은 그의 존재론과 정치철학 사이에는 상당한 괴리가 있다는 점이다.

이 괴리를 메우기 위해 왕필이 해야 할 일은 무엇일까? 그에게 필요한 것은 존재론적 두께[83]를 최소화하는 일이었다. 두 선택지가 즉 정치철학을 존재론 쪽으로 끌어당겨서 기존 이름-자리의 체계(명교)를 근본적으로 '변혁'하는 길과, 반대로 존재론을 정치철학 쪽으로 끌어당겨서 무의 존재론을 좀 더 현실화하는 길이 존재한다. 왕필이 선택한 것이 바로 후자였다. 그는 무의 존재론을 좀 더 현실로 끌어당겨 자신의 정치철학을 정초하고자 했다. 이때 '무'는 두 차원으로 나타난다. 그 하나는 현실의 바로 밑에 붙어서, 존재(有)의 안감으로서 기능하는 무이다. 다른 하나는 현실에 나타나 있는 무, 현실 속에서 기능하는 무이다. 전자의 경우, 무는 현실이 해체된 그리고 그로부터 다른 현실이 나올 수 있는 근원적 무임을 그치고 지금의-현실을 정초하고 있는 무가 된다. 후자의 경우, 무는 지금의-현실의 한 부분(물론 매우 특이하고 중요한 부분)으로서 기능하고 있는 무가 된다.

A와 B가 다르다. 이 다름은 A와 B 사이에 존재한다. 그러나 이 사이가 존재하려면 A와 B가 동시에 그 위에서 존립하고 있는 터를 전제한다. 이 터는 A와 B 같은 '유'가 아니다. 만일 '유'라면 그것은 C가 되어야 한다. 터는 A도 B도 아니지만, A와 B가 그 위에서 서로 '다른' 그러나 일정한 '관계'를 맺게 되는 곳이다. 이 터는 A와 B라는 '유'에 비해서 '무'이다. 그러나 바로 이 '무'의 성격/구조에 근거해서 A와 B라는 '유'가 있게

---

83) 나는 한 철학자가 제시한 존재론적 원리와 감성적으로 확인되는 세계(감성적 언표들) 사이의 거리를 '존재론적 두께(ontological thickness)'라고 부를 것이다. '의미론적 거리(epistemological distance)'와 짝을 이루는 개념이다.

되고, 특정한 차이와 관계를 맺게 된다. A와 B가 겉으로 나타난 옷들이라면, '무'는 A와 B의 이면에 존재하는('무'로서 존재하는) 안감이다. 이 '무'가 '유'들을 정초하는 것이다. 왕필은 "천지[84]는 어질지 않으니, 만물을 지푸라기 개로 여길 뿐"이라는 노자의 말에 대해 이렇게 주석한다. "천지는 스스로-그러함에 맡기니 인위나 조작이 없어, 만물이 저절로 서로를 조절하는 이치이다. 그래서 '어질지 않다'고 했다. 어짊은 필히 만들어-세우고 베풀어-바꾸니 (⋯) 만물은 제 모습을 잃어버리게 된다. (⋯) 천지가 짐승들을 위해 풀(지푸라기 개)을 베풀지 않았으나 짐승들은 풀을 먹고, 인간을 위해 개를 베풀지 않았으나 인간은 개를 먹는다. 만물에 작위하지 않지만 만물은 각자가 소용되는 바에 들어맞으니, 어디에도 막힘이 없다. 베풂이 자신에게서 유래한다면, 오히려 아직 맡기기에 족하지가 않다."[85] 만물은 서로를 조절하고 있다. 그렇기에 세계는 거대한 체계를 이루고 있다. 이 체계는 다자가 서로 차이와 관계를 가지면서 생성하는 세계이다. 무의 섭리에 따라 다자들 사이의 투쟁도 전체로서는 조화를 이룬다.[86] 이 세계를 가능케 하는 것은 바로 어떤 작위도, 어짊이라는 작위조차도 개입시키지 않은 채, 어떤 '~을 위하여'도 개입시키지 않은 채 만물을 존재＝생성하게 하는 천지 즉 도＝무이다. 사물 각각이 모두 그 소용되는 바에 들어맞지만, 이는 어떤 작위가 개입해서가 아니라 그것들의 차이와 관계를 아래에

---

84) 일반적으로 천지는 '自然'/도/무에 대해서 '유'의 위상을 가지지만, 여기에서는 도와 같은 의미를 띠는 것으로 볼 수 있다.

85) "若慧由己樹 未足任也"를 "若惠由己 猶未足任也"로 읽었다.

86) 무의 존재론이 현실과 이루는 접면에서, 왕필로 하여금 노자에게서 벗어나면서 유교적 사유로 방향을 잡게 해주는 중요한 연결부는 '심(心)' 개념이다. 맹자에게서 특히 선명하게 나타났거니와, '심' 개념은 유가사상을 특징지어주는 개념들 중 하나로서 기능해왔다. 복괘의 "돌아옴에서 천지의 마음을 본다"(/"돌아옴은 천지의 마음을 드러낸다")는 구절에 대해 왕필은 "천지는 그 본을 마음으로 한다"고 주석한다. 즉, 천지의 본은 무이며 무는 곧 마음이다. 천지의 근저에 마음이 있다는 생각은 "天地不仁"을 이야기하는 노자로부터의 큰 일탈이다.

서 받쳐주는 무 덕분이다.[87] 무는 이렇게 존재의 안감으로서 이해된다.

여기에서 왕필 철학의 가장 예민한 문제가 등장한다. 만일 자연의 체계가 무의 안감 위에서 이처럼 저절로 조직된다면, 천하의 체계 즉 이름-자리의 체계 역시 그러한가? 무의 섭리는 자연에서만이 아니라 천하에서도 그대로 발휘되는가? 만일 그렇다고 한다면, 천하는 그 자체로서 긍정되어야 하며 현실은 그 자체로서 받아들여져야 한다. 사유의 역사에서 가장 중요한 문제들 중 하나가 자연과 역사/문화의 연속성과 불연속성의 문제이거니와, 왕필의 경우 문제는 이것이다: 천하도 무의 섭리에 따라서 조직되어야 하는가, 아니면 그렇게 조직되어 있는가?[88] 전자의 경우 무의 존재론에 입각해 정치철학이 수립되어야 함을 뜻하지만, 후자의 경우 현존하는 정치체계는 이미 무의 존재론을 구현하고 있는 것이 된다. 다음 구절은 왕필의 입장을 잘 대변한다.

> 어떻게 덕을 얻는가? 도로부터이다. 어떻게 덕에 다하는가? 무를 소용되게 만듦으로써 다한다. 무를 소용되게 만들면 싣지(/이루지) 못할 것이 없다. 하여 무에 따르

---

87) 맥락을 바꾸어 말하면, 무는 유들의 분류를 가능케 하는 조건이기도 하다. 우리가 1) A, 2) B, 3) C, ……라 분류할 때, 이 1), 2), 3), ……이라는 순서를 가능케 하는 조건 자체는 이 분류체계 어디에도 없는 '무'로서의 터이다. 유들의 '체계'는 그 체계를 가능케 하는 무=터 위에서 성립한다. 그러나 "위"라 하다 해서 체계와 면이 분리되어 있는 것은 아니다. 면은 체계 바로 아래의 논리적 공간, 존재의 안감이다. 세계에 대한 존재론적 분절은 분절된 것들의 존재를 존립케 하는 무의 터 위에서 성립한다.

88) 두 갈래 사이의 예민한 차이는 '명(名)'과 '칭(稱)'의 구분에서도 잘 드러난다. "명을 분별할(辯) 줄 모르면 함께 이치를 말할 수가 없으며, 명을 정할(定) 수가 없으면 더불어 실질을 논할 수가 없다. 무릇 명은 형(形)에서 생겨나지만, 형이 명에서 생겨나지는 않는다. 따라서 명이 있으면 필히 [그것이 지시하는] 형이 존재한다. (…) 각각의 명에는 그 실질(지시대상)이 있는 것이다."(「지략」) 도로부터 개별화된(individualized) '것'들은 객관적으로 각각의 명을 갖춘다. 그러나 인간이 실제 사용하는 언어인 '칭'은 주관에서 나온다("名生乎彼 稱出乎我"). 그래서 "名可名 非常名"이다. 작위의 세계를 도의 차원으로 가져가려는 노력은 칭의 세계를 명의 세계로 가져가려는 노력과 유비적이라고 할 수 있다. 이 점에서 왕필의 언어철학은 크라튈로스의 것에 가깝지만, 헤르모게네스의 것과 같은 문제의식도 포함하고 있다고 할 수 있다.

면 행하지 못할 것이 없지만, 유에 따르면 자기 몸을 보존하는 것조차 버겁다. 그래서 천지가 넓다지만 그 중심(/마음)은 무이며, 성왕이 위대하다지만 그 주됨은 허(虛)이다. 복괘로 보면 천지의 마음이 드러나고, 동지를 가지고 생각해보면 선왕의 지극함(/뜻)이 보인다고 했다.[89] 하여 사사로움을 없애고 자기를 버리면, 사해에 우러르지 않는 이 없고 천하에 따르지 않는 이 없을 것이다. 반대로 사사로움을 내세우고 자기에 기울어지면, 자기 한 몸조차 온전치 못할 것이요 살과 뼈가 붙어 있기조차 어려울 것이니.(38장)

결국 왕필의 정치철학은 제왕학이며, 그러나 왕(/황제)은 어디까지나 도에 따라야 하는 존재로서 파악된다.[90] 그렇다면 왕필이 생각한, 무의 섭리에 따른 정치는 구체적으로 어떤 정치인가? 이 문제는 다른 하나의 무, 아예 현실로 들어와버린 무와 연관된다. 이 무 개념을 통해 보다 구체적인 정치철학이 모습을 드러낸다. 이 무는 곧 '부재'로서의 무이다. 부재로서의 무는 여러 가지로 개념화될 수 있다. 플라톤이 개념화했던 타자로서의 무,[91] 빈 중심으로서의 무,[92] 비워짐으로써 기능하는 무(반지는 가운데

---

89) 왕필은 「복괘」의 대상전에 대한 주에서 "선왕이란 천지를 본받아 행하는 자이다"라고 주석한다.

90) 왕필과 대조적으로, 천하는 이미 자연의 섭리에 상응해서 조직되어 있다고 주장한 인물은 곽상(郭象)이다. 곽상은 대붕과 매미·새의 이야기도 그저 대붕에게는 대붕의 길이 있고 매미·새에게는 그들의 길이 있을 뿐, 거기에 어떤 큰 차이가 존재하는 것이 아님을 역설한다. 현실과 실재 사이에는 어떤 거리도 없으며 현실=실재이다. 곽상은 자신의 생각을 특히 '독화(獨化)' 개념을 통해 전개했다. 제자백가 중에 어쩌면 가장 반-체제적이라 할 수 있을 장자가 오히려 완벽하게 체제순응주의자로 둔갑해 있다.
곽상은 『장자』를 편찬하고 『장자주』를 쓴 것으로 알려져 있지만, 그의 편찬은 사실상 상수(/향수)의 것을 약간 변형한 것에 불과하다. 『장자』의 실제 편찬자는 상수(向秀)이다.

91) '무'를 숭상하는(貴無) 당대의 풍조에 반대하면서 「숭유론」을 쓴 배외(/배위)는 무란 단지 부재/사라짐(遺)일 뿐이라는 존재론적 입장에서 유가철학을 전개했다. 왕필과 배외의 비교로는 정세근 엮음, 『위진현학』(예문서원, 2001), 4장을 보라.

92) "서른 개의 바퀴살이 하나의 바퀴통에 붙어 있으나, 막상 그 중심은 비어 있기에 수레로서의 쓰임새가 있다."(『도덕경』, 11장) 왕필이 주석하기를, "무이기에 사물들을 받

가 빌 때에만 반지가 될 수 있다. 그릇은 비워져 있을 때 무엇인가를 담을 수 있다. 건물의 주요 부분들은 곧 비워진 곳들이다) 등. 정치철학의 맥락에서 특히 중심으로서의 무는 중요하다. 천하를 다스리는 것은 왕/황제이며, 이 중심기표는 비워져 있을 때 더욱 잘 기능하기 때문이다. 왕필은 이를 '숭본식말(崇本息末)'의 사상으로 정리한다. 본을 숭상하여 말을 쉬게 하는 것, 이것은 결국 "덕으로써 통치하는 것은 북극성이 가만히 있어도 뭇별들이 그것을 에워싸는 것과도 같다"고 한 공자의 사상과 "최고의 통치자는 백성들이 그저 그가 있다는 것만 알 뿐"이라 한 노자의 사상을 존재론적으로 재정식화한 것이라고 할 수 있다. 맥락에 따라서는 신권(臣權)정치에 대한 역설(力說)이 될 수도 있다.

이런 왕필의 무는 장자의 무와는 다르다. 장자의 무는 '무(無)의 용(用)'이 아니라 '무용(無用)의 용(用)'을 통해 이해된다. 그것은 용의 체계 속에서 기능하는 무가 아니라 용의 체계 바깥에서 성립하는, 체계 내의 용과는 전혀 다른 의미에서의 용으로서 기능하는 무이다. 왕필의 무는 이름-자리의 장 안에 위치하는 무이지만, 장자의 무는 이름-자리의 장 바깥에 위치하는 무이다. 이론적 차원에서 왕필의 무는 장자의 허와 같다. 그러나 왕필이 현실 쪽으로 바짝 끌어당긴 무는 유 차원의 바로 아래에서 그 안감으로 작동한다. 이 점에서 장자의 '물화'의 사유와는 현저하게 멀어진다. 곽상은 장자를 어떤 면에서는 왕필보다도 더 현실 추수적인 사유로 왜곡했다. 그리고 이런 논리에 따라 그는 사마씨 정권에서 권세를 누렸다. 그러나 장자에게서 무=허는 '무하유지향' 같은 천하 바깥의 어느 곳에, 더 정확히는 현실의 유의 체계를 탈-구축해가는 과정 자체에, '~되기'의 시간에 존재하는 것이다. 장자가 노자 사유를 강호의 철학으로 구체화해갔다면, 왕

아들일 수 있고, 그래서 무리를 통합할 수 있다." 『주역』에 관한 논의에서 다루었듯이 (2장, §2), 적음으로써 많음을 통합하는 것은 곧 하나의 무로써 무수한 유들을 통합하는 것과 통한다. 왕필은 이처럼 보다 구체화된, 텅-빈-중심으로서의 무를 '주(主)'/ '종주', '체(體)', '리(理)', '원(元)', '일(一)' 같은 개념들로도 표현한다.

필은 노자 사유를 천하의 철학으로 구체화해갔다고 할 수 있다. 당대의 또 다른 인물인 배외는 무를 숭상하는 풍조를 비판하고 유의 숭상을 역설함으로써 유가적 가치를 재건하려 한 경우이다. 그리고 그는 자신의 사유에 따라 충실한 유장의 삶을 살았다. 그러나 사실 왕필의 '무의 철학'과 배위의 '유의 철학' 사이 거리는 그리 멀지 않다 할 것이다.

왕필의 사유가 조위 정권의 새로운 철학적 기초로서 작용했다면? 그러나 이는 부질없는 가정이다. 왕필의 사유가 현실적 구체성을 띠기도 전에 그 자신이 사마씨에 의해 제거되었기 때문이다. 그리고 서진 왕조를 정초 — 반(反)정초적 정초 — 한 것은 역설적으로 반(反)유교를 표방한 '죽림칠현'이었다. 정확히 말해, 죽림칠현의 패러디들이었다. 이렇다 할 뚜렷한 정치철학적 초석이 부재한 서진 시대는 끝도 없는 허우적거림으로 빠져들어갈 수밖에 없었다.

천하와 강호

사마씨는 정권을 잡은 후 수많은 사람들을 숙청했다. 조씨 정권이 한 제국의 말류를 핍박했던 것과 유사한 과정을 통해, 이번에는 사마씨 정권이 조씨 정권의 말류를 핍박하게 된다. '정권 교체'라는 것이 언제나 그렇지만, 위→진 교체의 방식은 유난히 악독했고, 이 새로운 권력배분이 불러온 사회적 압박감은 컸다. 흥미로운 것은 조조가 반-예교적 가치들을 도입하면서 한 제국의 예교사회에 맞섰던 데에 반해, 사마씨 정권은 다시금 '효'의 논리를 중심으로 하는 유교적 가치들을 동원해 정치적 숙청을 자행했다는 점이다.[93] 이때의 유교는 철학이 아닌 것은 물론 종교조차도 아니

---

93) 백호관 회의에서 결정된 중요한 한 안건은 황태후의 권한이었다. 선황제가 죽고 황태후가 살아 있을 때, 황태후는 아들인 황제를 폐위할 수 있는 권한을 가진다는 것이었다. 폐위의 핵심적 근거로서 제시된 것은 '불효'였다. 사마씨는 이 규정을 이용해서 조씨 황제들을 폐위했다.

사마씨 정권의 정통화를 추진했던 인물로 왕숙·종회 외에도 두예가 있었다. 형주학을

며, 그야말로 정치적 이데올로기 자체였다고 할 수 있다. 명사층을 중심으로 이어진 유가사상 특유의 실천적 - 비판적 힘도 점차 실종되어갔으며, 그저 '청담'으로서 명맥을 이어가게 된다. 이런 흐름에서 사마씨 정권과 유교적 가치에 대해 반기를 들면서 반 - 예교적 행위를 통해 시대에 저항했던 인물들이 '죽림칠현'이다. 이들은 천하에 맞서면서 강호를 살고자 한 '낭만적' 인물들의 이미지로 남아 있지만, 그 실제는 얼핏 보는 것보다 상당히 복잡하다.[94]

완적(阮籍)은 명문 유교 지식인 집안에서 태어났다. 그는 한 사람의 청류 명사가 되기에 적합한 배경을 가졌으나, 그를 포함한 죽림칠현의 행적은 '청류'나 '청담'의 뉘앙스를 현저하게 바꾸어놓게 된다. 그는 정시연간에 벽소(辟召)를 통해 조위 정권(조상의 정권)으로 끌어당겨졌으나, 이내 '출세'를 거부하고 이후 도회(韜晦)의 삶을 살게 된다. 그러나 조상 정권과 그의 관계는 좀체 끊기지 않았다. 특히 완적은 사마사에 의해 죽임을 당한 청류 명사 하후현과 가까웠고 이로 인해 사마씨 정권의 눈길은 그를 끝없이 따라다녔다. 마침내 사마소는 반 - 사마씨 세력을 흐트러뜨리기 위한 전략의 일환으로 완적에게 통혼을 요구하게 된다. 그러나 완적은 무려 60일간 취해 있음으로써 사마소의 예봉을 피해버린다. 사마소는 결국 "천하의 지신(至慎)이롤세!" 하고 감탄하면서 그를 포기하기에 이른다. 완적은 사마씨와 종회를 '백안시(白眼視)'하면서 끝까지 인정하지 않았다. 이는 사상적

이은 박학하기 이를 데 없었던 두예는 특히 형주학의 기본 텍스트였던 『좌씨전』에 밝았으며 『춘추좌씨경전집해(春秋左氏經傳集解)』를 저술했다. 두예는 이 저작에서 한 제국이 내세운 공자는 낮추고 주공을 그 위에 올렸으며, "무도한 군주는 시해된다"는 명제를 주공의 이름으로 여러 번 강조하고 있다. 두예는 이로써 사마씨 정권의 조씨 왕족 살해를 정당화하고자 한 것이다. 그러나 이 명제가 얼마나 위험한 것이었는지를 바로 그가 정초한 서진이라는 나라의 역사 자체가 증명해주지 않는가! 훗날 만사대는 두예의 설을 "사설(邪說)"이라 규탄한다.

94) 이하 죽림칠현에 대해서는 『삼국지』(김원중 옮김, 민음사, 2012), 『자치통감』, 『세설신어』 등을 참조해 서술한다.

으로는 이미 이데올로기로 형해화한 유교에 대한 저항이기도 했다.[95] 그는 「무군론(無君論)」에서 군주와 신하라는 동북아 문명의 기본 구조 자체를 부정하는 데에까지 이르렀다. 그에 따르면, 이런 구조 자체가 백성들을 착취하기 위한 것에 다름 아니다.[96]

이 시기에 완적은 어머니를 잃게 된다. 그러나 그는 어머니의 장례를 치르는 와중에도 술과 고기를 먹었다. 이는 사마씨의 강제를 피하기 위해서이기도 했지만, 또한 예교사회의 노모스에 대한 정면 도전이기도 했다. 하지만 그는 어머니의 관이 나갈 때 피를 토하면서 쓰러졌다. 어째서일까? 바로 효는 **자연과 예교의 교차점**에 있는 것이기 때문이다. 어버이와 자식의 사랑은 가장 자연적인 것이자 사회를 지탱하는 가장 예교적인 것이기도 하다. 효는 인간에게 주어진 퓌지스이지만 또한 동시에 예교가 부여한 가장 기본적인 노모스이기도 한 것이다. 부모와 자식의 사랑은 자연스러운 삶의 가장 원초적인 바탕이지만(겨우 세 살 때 아버지를 여의고 그 후 어머니의 사랑을 받으면서 자란 완적에게는 더욱 그랬을 것이다) 또한 동시에 사회를 지탱하는 초석이기도 하다. 인간의 '성'을 바탕으로 삶을 이해하려 한 유가사상이 바로 이 본성/자연의 섭리인 효에 입각해 사회 전체를 구축하려 한 것은 이 때문이다.[97] 그러나 한 제국의 예교사회에서 억지스러운 것이

---

95) 이러한 완적의 행적을 통해서 '명사'의 뉘앙스도 바뀌게 된다. 후한대 이래 명사들은 사족을 등에 업고 그들 나름의 거대한 조직, 정확히는 '네트워킹'을 통해서 현실 권력에 저항했다. 그러나 사마씨 정권에 이르러 명사들은 더는 이런 저항의 동력을 유지하지 못하게 되며, 상당수 명사들이 사마씨 정권에 봉사하게 된다. 반면 또 다른 많은 명사들은 완적처럼 도회의 삶을 희구하게 되고, 완적, 혜강 등은 이들에게 큰 존경을 받았다. 강호의 성격이 상당히 바뀌어버린 것이다. 이후 명사들은 이 세 모습 — 권세에 부합하는 명사들, 권세에 저항하는 명사들, 강호에서 노니는 명사들 — 이 복잡다단하게 착종된 모습을 띠게 된다. 첫 번째 유형의 명사들은 유교를 통치 이데올로기로 다듬어가려 했다. 두 번째 유형의 명사들은 유교 본연의 실천정신을 잇고자 했다. 세 번째 유형의 명사들은 이미 형해가 되어버린 유교를 강력하게 규탄하기에 이른다.

96) 완적, 심규호 옮김, 『완적집』(동문선, 2012).

97) 이 점은 플라톤의 경우와 대비된다. 물론 플라톤 역시 폴리스의 삶 전체를 "본성에 따라서(kata physin)" 재구축하기를 소망했다. 그러나 적어도 『국가』에서의 통치자 계층은

되었던 효는 다시 사마씨의 시대에 이르러서는 정치적 이데올로기로 화하기에 이른다. 이 때문에 완적은 위선적인 예교를 거부한 것이다. 그럼에도 퓌지스/자연 자체가 그로 하여금 피를 토하면서 쓰러지게 했으니, 그 피는 예교적 형식과 자연적 감정의 매듭에서 터져나온 것이었다.[98]

완적은 사마씨 정권의 끊임없는 회유에 맞서 싸워갔으며, 촉이 멸망한 해이기도 한 AD 263년에 힘겨운 삶에서 해방된다. 그가 남긴 「영회시(詠懷詩)」는 그의 심정을 잘 드러내준다.

> 한밤중 잠 이룰 수 없어, 일어나 앉아 거문고를 울려보네.
>
> 밝은 달빛은 장막에 비추이고, 맑은 바람은 내 옷깃에 불어와.
>
> 저 바깥의 외로운 기러기 나를 부르고, 북쪽 숲에 나는 새 우짖으니.
>
> 배회해본들 이제 무엇을 볼 것인가, 우울한 마음에 홀로 마음 아파하네.
>
> 夜中不能寐 起坐彈鳴琴. 薄帷鑑明月 清風吹我襟.
>
> 孤鴻號外野 翔鳥鳴北林. 徘徊將何見 憂思獨傷心.

'죽림칠현'은 왕융·완함(阮咸. 완적의 조카)·유령(劉伶)과 친했던 완적과 산도(山濤)·상수(/향수)와 친했던 혜강(嵇康)이 AD 254년 무렵 만남으로써 성립했다. 당시 완적이 45세, 혜강은 32세였다. 이들은 혜강의 거처인 산양에서 모임을 가졌다. 산양은 바로 사마씨 정권에 반대했던 인사들이

바로 인간의 퓌지스까지도 초월해야 하는 존재로 그려진다. 아리스토텔레스가 강하게 비판했던 것도 바로 이 점이었다.

98) 이는 왕융(王戎)의 경우도 마찬가지였다. 왕융과 화교(和嶠)가 동시에 친상(親喪)을 당했을 때, 화교는 예를 갖추어 곡읍(哭泣)을 계속했지만, 왕융은 뼈만 남은 몰골로 누워 있었다. 무제=사마염이 유의(劉毅)에게 화교에 대한 걱정을 표하자, 유의는 이렇게 말한다. "화교는 예를 갖추고 있으나 정신과 기운을 손상시킬 정도는 아니지만, 왕융은 예를 갖추고 있지는 않지만 슬픔에 뼈만 남았습니다. 신이 보기에, 화교는 삶으로써 효를 다하고 있지만 왕융은 죽음으로써 효를 다하고 있습니다. 폐하께서는 화교를 걱정하지 마시고 왕융을 걱정하소서." 화교는 예교의 테두리 내에서 슬퍼했지만, 왕융은 예교를 초월한 자연의 차원에서 슬퍼한 것이다.

모여 있던 곳이었다.

혜강은 조씨 왕조의 딸과 결혼했으며, 문학적 능력이 탁월했고, 용모까지 수려했다. 외형으로 본다면 천하의 귀공자로서 일세를 풍미할 인물이었다. 그러나 완적과 마찬가지로 혜강 역시 위로부터 진으로 이행하는 참혹한 과정을 보면서 도회의 삶을 선택하게 된다. 같은 시대에 좋은 집안에서 태어났고, 어릴 적부터 천재였으며, 탁월한 전략가로서 출세가도를 달린 종회는 혜강과 비견될 수 있는 인물이었다. 그러나 이 둘은 대조적인 길을 걸었다. 종회는 조씨를 무너뜨린 사마씨 아래에서 능력을 발휘했으며, 등애와 더불어 촉 정벌의 대업을 행했다. 그러나 너무 큰 야심은 결국 그를 무너뜨리고 만다. 촉을 정벌한 후 황제가 되려 했던 그는 결국 주살되기에 이른다. 여러 사람들이 종회를 칭찬하면서도 다른 한편 그의 사람됨에 의문을 표했으며, 그의 앞날에서 먹구름을 감지했었다. 반면 혜강은 사마씨가 정권을 잡자 세상에서 멀어졌으며, 노장의 사유를 음미하면서 살았고, 친구들과 어울려 술 마시고 금(琴)을 뜯고 노래하면서 유유자적한 삶을 즐겼다. 많은 사람들이 그를 경모했고 제자 되기를 청했지만, 그는 한 사람의 제자도 두지 않았다. 천하를 움켜쥐려 했던 종회가 불행한 말년을 맞았듯이, 강호를 노닐고자 했던 혜강도 나이 마흔의 문턱에서 주살된다. 그러나 두 사람의 마지막 모습은 사뭇 달랐다.

사마소의 총애를 받으면서 일세를 풍미한 종회였지만, 그는 혜강의 인정을 받고 싶어 했다. 그는 자신이 '재성(才性)'에 관한 논의들을 편찬한 『사본론(四本論)』을 혜강에게 보여주고 싶어서 가지고 갔다. 그러나 혜강의 비웃음을 받을까 두려워 그의 집에 그것을 던져놓고서는 달아나버렸다고 한다. 그 전에 종회는 혜강을 직접 찾아간 적이 있었다. 그러나 혜강은 그에게 전혀 예를 차리지 않았다. 종회가 돌아가려 할 때 혜강이 물었다. "무엇을 들었기에 왔다가 무엇을 보고 가시오?" 종회는 대답했다. "들었던 것을 듣고 왔다가 본 것을 보고 가오." 사람과 사람 사이의 관계는 '인정'을 핵심으로 한다. 그러나 권력에 대한 인정과 매력에 대한 인정은 다르다. 전자는 이름 – 자리의 체계에서 차지하는 위치에 대한 인정이지만, 후자는 한 인간에게서 표현되는 독특성에 대한 인정이기 때문이다. 큰 권력을 보유했고 또 일정 정도의 매력도 가졌던 종회는 권세에서 멀어졌지만 큰 매력을 가졌던 혜강의 인정을 받고 싶어 했다. 그러나 혜강은 사마씨 밑에서 권세를 누리는 종회를 인정하려 하지 않았다. 종회는 혜강에게 깊이 이를 악물게 된다. 그리고 혜강이 무고를 받은 친구 여안을 옹호하자 이를 빌미삼아 마침내 그를 참소(讒訴)하기에 이른다. 일찍이 한 은자는 자신을 찾아온 혜강에게 "재능은 많으나 견식이 적어" 이런 세상에서 화란(禍亂)을 면하기 어렵겠다는 말을 한 적이 있다. 혜강의 종말은 빼어난 인간이지만 처세를 할 줄 모르는 사람은 '세상'이라는 이곳에서 화를 면키가 어렵다는 슬픈 진실을 보여주는 예이다.[99]

그러나 혜강은 죽음조차도 의연하게 받아들였다. 그는 주살당하기 전 태연한 모습으로 자신의 명곡인 〈광릉산(廣陵散)〉을 연주했다고 한다. 그에게 음악이란 정치에 복속되는 것이 아니었다. 소리는 유교적 가치 이전의 것이다. 소리에는 애락이 없다.[100] '슬픔'이나 '기쁨'이라는 이름〔名〕은 소리라는 존재〔實〕 자체에 속하는 것이 아니라 인간의 주관적 감정이라는 존재에 속한다. 애·락을 소리라는 존재에 속하게 하는 것은 명과 실의 관계를 잘못 설정하는 것 즉 '범주 오류'이다. 물론 음악과 감정은 서로 관계

---

99) 그러나 종회의 참언 내용을 보면 상황은 복잡하다. 사마씨가 권력을 획득해갈 때 관구검(毌丘儉)이 사마씨에게 반기를 들고 일어났으며, 결과적으로는 실패했으나 사마씨의 권력을 크게 위협했다. 종회는 혜강이 관구검과 연계되어 있으며, '와룡(臥龍)' — 이 말은 제갈량의 이름과 결부되어 있었다 — 인 그가 일어나 조씨 왕조를 돕는다면 큰일임을 역설했다. 이 말을 듣고서, 완적은 죽이지 않았던 사마소가 결국 혜강을 죽이게 된다. 종회의 말은 꾸며낸 것일 가능성이 크지만, 중요한 것은 혜강을 흠모했던 사람들과 사마씨 정권이 공히 혜강의 그런 이미지를 받아들였다는 점이다. 이렇게 보면, 혜강이 죽은 것은 단지 그가 어리숙해서가 아니라 어디까지나 그의 정치적 입장 때문이었다고 할 수 있을 것이다. 완적이 현실 정치에 신중하게 거리를 둔 데비해, 혜강은 공공연하게 사마씨 정권을 비판했다.

100) 혜강, 한흥섭 옮김, 『성무애락론(聲無哀樂論)』(책세상, 2006).

맺는다. 그래서 어떤 음악은 슬프게 느껴지고 어떤 음악은 기쁘게 느껴진다. 그러나 이런 관계는 주관적이며 상대적이다. 거기에 어떤 절대적 관계가 성립하는 것은 아니다. 같은 소리가 여러 감정과 대응하기도 하고, 같은 감정이 여러 소리/음악에 대응하기도 한다. 소리/음악 자체의 좋음과 나쁨('조화'와 '부조화')과 청자의 기쁨과 슬픔은 '비관계의 관계'를 맺을 뿐이다. 혜강은 자신의 음악론을 통해 도와 기의 세계를 예교에 종속시키려는 유교의 입장을 반대했으며, 조조가 문학을 선양했듯이 음악을 선양해 그것에 예술적 자율성을 부여했고, 또 이를 통해 위진남북조 시대 전반을 관류하는 자유롭고 초연한 낭만적 영혼을 창조해내었다.[101]

혜강은 동북아 역사에 유교적 군자상과는 다른 하나의 뚜렷한 인간상을 새겼다. 바로 반-유교적 인간상이다. 산도는 사마소가 조모를 죽인 다음 해(261)에 혜강에게 출사를 권했으나, 혜강은 이를 거절하면서 그에게 「절교서(絶交書)」를 보낸다. 여기에서 그는 왜곡된 유교적 가치에 통렬한 비판을 제시한다. 그가 비판한 것은 유교 자체가 아니라 사마씨 정권이 이용한 유교적 이데올로기였다. 그가 유교적 인물이 아니었다면, 애초에 사마씨 왕조에 저항할 이유도 없었을 것이다. 혜강만이 아니라 당시의 많은 저항적 지식인들이 공자를 존숭했고 본연의 유가철학적 가치를 품고 있었다. 이들은 진정한 유가철학적 가치를 가지고 있었고, 바로 그랬기 때문에 왜곡된 유교제국에 저항했던 것이다. 결국 혜강의 글은 표면상 산도를 겨냥하고 있지만 실제 겨냥한 것은 사마씨 정권이었다. 이런 비판은 결국 그

---

101) 혜강의 시대가 되면 인물평의 기준도 사뭇 달라져 있었다. 후한의 청류는 1) 천하를 자신의 일로 삼는 것, 2) 악을 원수처럼 증오하며, 폭군을 주벌하고 간신을 제거하는 것, 3) 영예와 이익에 욕심이 없고 정과 의리를 중시하는 것을 기준으로 했다. 그러나 위진의 명사들에 이르러서는 "현학사상에 대한 조예와 실천의 정도를 우선으로 보았으며, 모든 것을 노장사상에 부합하는지 여부에 의거했다. 그리고 그다음으로는 효제, 우아한 용모와 행동거지, 고상한 풍취, 넓은 도량, 자유롭고 활달함, 의미 깊은 언어 사용" 등이 기준이 되었다.(콩이, 정용선 옮김, 『죽림칠현과 위진 명사』, 인간의기쁨, 2014, 138~139쪽)

의 죽음을 유발하기에 이른다.

그러나 견유학파가 그랬듯이, 죽림칠현 역시 기존의 위선과 억압에 강렬한 저항의 몸짓을 발했으나 시대를 뚫고나갈 힘은 없었다. 마침내 서진 왕조가 들어서자 죽림칠현은 해체되고 만다. 활발한 저항은 시대가 '준-안정 상태'일 때 타오르지만, 거대 권력이 들어서 아예 안정되어버리면 잦아들 수밖에 없다. 산도와 왕융은 정치의 길을 택하고, 상수는 학문의 길을 택하고, 완함과 유령은 방달(放達)의 길을 택한다.

산도는 완적, 혜강과 뜻이 맞아 서로 '말이 필요 없는 친교'(忘言之交)를 맺었다. 그러나 그는 완적, 혜강과 달리 빈한한 집안에서 태어났고, 때문에 높은 자리를 희구했다. 이 점에서 애초에 완적, 혜강과 '입장(立場)'이 달랐다 하겠다. 더구나 그는 관직을 맡을 만한 특출한 능력이 있었다. 산도는 풍류와 시무에 동시에 능한 독특한 인물이었다. 혜강은 산도에게 「절교서」를 보냈지만, 그들 사이는 결코 멀어지지 않았다. 혜강은 죽음에 즈음해서 아들에게 "거원(산도)이 있으니 너는 고아가 아니다"라 했고, 산도는 혜강의 아들을 성실하게 돌보아주었다. 산도는 망설임 끝에 사마씨 정권에 몸을 담게 되었지만, 인물들이 고갈되어버린 위진 교체기에 두드러지게 뛰어난 정치를 행했다. 또, 그는 인물을 보는 정확한 눈으로도 칭송을 받았다. 게다가 정치적 급류에 휩쓸리지 않고 중도의 길을 걸었다. 산도는 위진 교체기 같은 위태위태한 시대에두 정중(正中)의 길을 갈 수 있음을 부여준 희귀한 예라고 할 수 있다.

산도에 비해 왕융은 정치적으로 인상적이지 못했다. 왕융은 완적, 혜강, 산도보다 나이가 어렸고, 혜강의 죽음으로 정점에 달한 죽림칠현의 기운이 많이 바래버린 시대에 활동했다. 그러나 그는 일찍이 현학에 대한 조예가 깊어 완적 등과 대등한 대화를 나눈 인물이기도 했다. 그는 사마씨 정권이 이미 자리 잡은 이후에 이 정권에 출사해 비교적 좋은 정치를 했으나, 점차 혼탁해지는 정치의 와중에 중심에서 밀려났다. 그는 죽림칠현 시절의 추억을 회상하면서, 또 목숨을 부지하기 위한 연극을 하면서 말년을 보내야 했다.

상수는 혜강과 여안의 절친한 친구였고 장자사상에 달통한 인물이었다. 산도가 강호에서의 추억을 품고서 정치에 몰두했다면, 상수는 건성으로 정치를 하면서 강호를 살았다. 상수 역시 어쩔 수 없이 벼슬길에 올랐지만 그의 마음속에는 정치에 대한 관심이 없었다. 그렇다고 강호를 고집함으로써 위해를 당하지도 않았다. 그는 외적인 면에서 천하에 있으나 강호에 있으나 그것이 중요한 것이 아니라고 생각했다. 중요한 것은 자신의 내면이었다. 그는 여안과 혜강의 죽음에 깊은 상심을 품고 살았으나, 장자의 사상을 연구하고 그것을 통해서 달관(達觀)하고자 했다. 상수는『장자주』를 써서 장자 연구의 선구를 이루었으며, 여기에서 유가와 도가의 합일을 주장했다. 후에 곽상은 상수의 이『장자주』를 기반으로 하여 그의『장자주』를 지었고, 거기에서 상수의 생각을 극단화해 '명교=자연'의 논리를 전개하게 된다.

유령과 완함은 방달의 삶을 지속했다. 유령은 술에 관한 한 필적할 자가 없는 인물로 손꼽힌다. 그는 사슴이 끄는 수레에 술독과 동자를 태우고 정처 없이 다녔으며, 동자에게 "내가 죽거든 바로 그곳에 나를 묻어달라"고 말하곤 했다. 유령이 방 안에서 벌거벗고서 소일하자 사람들이 비난했는데, 그는 답하기를 "나는 천지를 집으로 삼고 방을 의복으로 삼는데, 그대들은 내 옷 속에 들어와 뭘 하고들 계시오?" 하고 답했다 한다. 완적의 조카인 완함 또한 숙부에 대한 추억을 간직하면서 방달의 삶을 이어갔다.(죽림칠현을 보면 나이차가 매우 큰데 이 또한 특징적이다) 그는 완적 시대의 정치적 긴장감이 이미 사그라졌을 때 활동했으며, 상수와 마찬가지로 그저 건성으로 관료 생활을 하면서 자유분방한(放情肆志) 삶을 즐겼다. 그는 특히 음악에 뛰어났으며, 혜강의 영향을 받아 음악의 본질을 중화(中和)에서 찾았다. 술과 음악은 죽림칠현의 공통분모였다. 그는 당대의 비파를 유달리 잘 연주했는데, 이 때문에 이 악기에는 '완(阮)'이라는 이름이 붙기까지 했다.

죽림칠현은 이처럼 서로 성향과 재능을 달리했고, 해체 이후에 걸어간 길도 달랐지만, 모두 '예'보다 '정(情)'을 중시하고, 개인적 행복에 대해 솔직했으며, 술과 음악 등을 즐기면서 살 줄 알았고, 노자와 장자의 사상을 좇아 살았다. 이들을 철학적 도가와 종교적 도가(즉, 도교)와 나란히 '예술적 도가'로 부를 수 있을 것이다. 죽림칠현은 짧지만 강렬하기 이를 데 없는 인상을 동북아 역사에 남겼으며, 그 영향은 이후로도 동북아 사상과 문화의 굵직한 한 갈래로 이어지고 있다.

동북아 철학사에서 현학자들과 죽림칠현이 남긴 핵심적인 유산은 유가철학과 도가철학의 통합이다. 이러한 과정은 도가철학의 재발견과 유가철학의 새로운 정초로 정리될 수 있다. 그러나 현학자들과 죽림칠현의 길은 달랐다. 현학자들은 도가철학을 새롭게 개념화하면서 궁극적으로는 그것을 통해 유가철학을 새롭게 정초하고자 했다. 반면 죽림칠현은 진정한 유가적 심성을 간직하면서도 도가적 철학과 실천으로 힘겨운 시대를 뚫고 나가고자 했다. 여기에는 양자의 '입장' 차이, 새로운 천하통일을 눈앞에 두고서 새로운 정초를 꿈꾼 현학자들과 이미 썩어버린 유교제국에 맞닥뜨려 그것으로부터 탈주하고자 한 죽림칠현 사이의 차이가 있다. 내용상으로 다르지만, 이런 관계는 일면 키케로와 세네카의 차이를 연상케 한다.

현학자들은 여전히 '천하'의 사람들이었다. 그들은 이론적 정초를 위해 도가철학을 필요로 했지만, 그들의 주안점은 유가철학의 새로운 정초였고 천하통일의 준비였다. 반면 죽림칠현은 '강호'의 사람들이었다. 그들은 여전히 본연의 의미에서의 유가적 심성을 간직했지만, 그들이 꿈꾼 것은 도가철학을 통한 강호에서의 탈주였다. 그러나 죽림칠현은 소요의 길을 꿈꿀 수 있었을 뿐 투쟁의 길은 걸어가지 못했다. 시대는 이미 투쟁을 가능케 하는 준-안정적 여백을 허용하지 않는 때였기 때문이다. 그럼에도 이들이 남긴, 유가적 군자상과는 구분되는 새로운 지식인의 이미지는 강렬한 것이었다. 매우 짧은 시간에 일어난 사건이었지만, 이들이 남긴 사상과 행동은 그 후 동북아 지식인들의 마음속에 깊이 각인된다.

그러나 서진(나아가 동진)의 역사는 또한 죽림칠현의 악영향, 정확히 말해 속화와 희화화의 과정이기도 했다. 속화(vulgarization)와 희화화(parody)는 그 어떤 사상에도 따라다니는 어두운 그림자이다.[102] 당대의 많은 명사들이 죽림칠현과 같은 정치적 맥락과 내면적 고뇌도 없이 오석산(五石散)을 먹고, 술과 가무에 취해서 살면서, 온갖 사치를 부렸으며, 재치는 있으나 실질은 없는 청담을 일삼았다. 이는 미인 서시가 미간을 찌푸리고 다닌다고 뭇 여성들이 같이 찌푸리고 다니고, 선비 곽림종이 두건 한쪽을 폈다고 뭇 남성들이 같이 펴고 다니는 꼴이었다. 이 때문에 후대인들은 죽림칠현을 극히 부정적으로 평가하기도 했다. 그러나 이는 본류와 말류를, 본래의 사상과 그 속화·희화화된 것들을 구분하지 못하는 일이라 해야 할 것이다. 어쨌든 서진 왕조는 이런 분위기 속에서 '팔왕의 난'과 '영가의 난'을 겪으면서 속절없이 무너져버린다.

강호의 철학은 천하 질서로부터 탈주해가는 '되기'가 이루어지는 그곳, 그때에 존재=생성한다. 그것은 이런 식의 속화와 희화화가 아님은 물론, 어떤 특정한 공간에 '속하는' 것 또한 아니다. 따라서 이른바 '제도권'과 '재야' 같은 공간적 구분은 천하와 강호의 구분과는 다른, 그 자체 이미 공간적으로 구조화된 질서에 다름 아니다. 죽림칠현의 속화와 희화화는 천하도 무너뜨리고 강호도 무너뜨린 추태에 불과한 것이었다. 천하라는 코스모스와 강호라는 카오스는 단순한 적대관계가 아니다. 각각은 그 긍정적인 면과 부정적인 면을 가지며, 두 차원의 혼효가 카오스모스를 이루는 것이다. 인간이란 일정한 질서를 만들어 삶을 영위해가는 조형적(form-giving) 존

---

102) 이 문제는 『객관적 선험철학』(그린비, 2011)에서 다룬 바 있다.

재인 동시에 어떤 질서에도 온전히 복속되지/만족하지 않고 항상 그로부터 탈주해가는 '노마드적' 존재이기도 하다.[103] 천하와 강호는 인간이라는 존재의 두 측면인 것이다. 천하가 무너진다고 해서 강호가 살아나는 것도 아니고 강호가 무너진다고 해서 천하가 건강한 것도 아니다. 강호는 질서를 부정하기보다는 천하로 하여금 다른 질서로 나아가게 할 수 있고, 천하는 강호를 억누르기보다는 자신의 자양분으로 삼을 수 있다. 그래서 천하가 이미 병든 서진에서 강호의 흉내는 그저 추태에 불과했던 것이다.

한 제국의 도래와 동중서 등에 의한 천하질서의 구상(천하의 도래), 이 질서가 붕괴된 군웅할거 시대에 제갈량을 비롯한 빼어난 인물들이 시도한 다양한 사상과 실천(강호의 도전과 새로운 천하의 모색), 또다시 도래하는 천하통일의 시대에 이루어진 왕필 등의 새로운 천하질서 구성(천하의 재구성), 그리고 왜곡된 천하의 시대에 죽림칠현이 걸어간 상이한 길들(강호의 여러 길들), 다시 도래한 서진 제국에서의 몰락(강호의 속화와 희화화)으로 이어지는 이 과정은 우리로 하여금 천하와 강호에 대해 많은 것을 생각하게 해 준다. 그리고 이것은 오늘날의 지식인이라는 존재의 정체성에 관련해서도 많은 것을 시사한다고 하겠다.

제정 로마의 초기에 대해서도 말한 바이지만, 서진의 역사는 인간이라는 존재가 어디까지 갈 수 있는지를 시험하기라도 하는 그런 시대였다. 사마염은 초기에는 무너진 천하 질서를 다시 세우는가 싶더니 많은 황제들/왕들이 그랬듯이 말년으로 갈수록 점차 무기력한 향락에 빠져들었다. 궁정에서는 외척들인 양(楊)씨와 가(賈)씨 사이의 피비린내 나는 싸움이 벌어졌다. 퇴폐의 극을 달린 귀족들은 권세를 두고 서로 경쟁하면서 숱한 웃지 못할 이야기들을 만들어냈다.[104] 그리고 사족들은 문벌[105]을 형성해 끝도

---

103) 이는 인간이라는 '주체'의 근본 속성이다. 이정우, 『주체란 무엇인가』(그린비, 2011)에서 이 문제를 다루었다.

104) 석숭과 왕개가 사치를 다툰 유명한 이야기도 동시대의 일이다. 천하통일이 이루어지자, 군신이 모두 나태해졌다고 하겠다.(사마광, 권중달 옮김, 『자치통감』, 권81, 삼화,

없는 '품(品)' 싸움을 이어갔다. 이런 상황에서 힘 없는 백성들은 도처에서 유민이 되어 떠돌았다. 결정적인 것은 '팔왕의 난'과 '영가의 난'이었다. 악독한 색녀였던 가씨 황후가 양씨 외척을 주살한 사건에서 발단해서 여덟 명의 왕들이 계속 갈려나간 이 난이 어떤 것이었는지는 26명의 형제 왕들 중 목숨을 부지한 왕은 3명에 불과했다는 사실에서 단적으로 확인된다. 그야말로 추악하기 이를 데 없는 골육상쟁이었다. 이 난으로 서진의 지배 계급은 초토화된다. 또, 이 난은 두 가지 중요한 결과를 가져왔다. 하나는 겉으로는 자신이 모시는 왕을 내세우면서도 속으로는 야욕을 불태운 소(小)군벌들의 출현이고(이는 구체적 내용은 다르지만, 군벌들에 의해 무너져간 제정 로마 말기의 상황과 유사하다),[106] 다른 하나는 난의 과정에서 왕족 스스로가 끌어들인 흉노, 선비, 저(氐), 갈(羯), 강(羌) — '오호(五胡)'라 불렸다(사실 이 분류는 중원 한족의 입장에서 행한 것이지 객관적인 분류는 아니다) — 등 북방 유목민들의 출현이다. 이 두 결과의 여파는 다원화 시대의 이후 역사에 지속적으로 이어진다. 이 팔왕의 난(AD 300~306년)은 다시 영가(永嘉, AD 307~312년)의 난으로 이어졌다. 영가의 난은 팔왕의 난 때 한족이 북방 이민족들을 끌어들인 여파로 발생했으며, 낙양은 이들에 의해 초토화된다.[107] 결국 서진은 AD 316년에 멸망한다.

2010) 양호, 두예, 장화, 산도, 배위 같은 인물들은 점차 찾아보기 어려워진다.

105) 후한에 이르러 학문을 닦는 것이 출세의 지름길이 되면서, 기존의 호족들이 공부를 하기 시작했다. 이로써 사족이 형성되었으며, 어쨌든 지배계급이 지적 기반을 갖추었다는 것은 긍정적인 결과라 할 수 있었다. 그러나 출세를 위한 공부는 결국 숱한 '문벌(文閥)'들을 만들어냈고, 이들은 '문벌(門閥)'을 형성해 서로 권세를 다투었다. 이런 문벌들의 폐해는 서진 왕조에서 특히 두드러졌다. 이제 시무를 아는, 큰 안목을 가지고서 현실에 부딪쳐 헤쳐나가는 순욱, 제갈량, 노숙 같은 뛰어난 지식인들은 점차 보기 어려워진다.

106) 조씨 정권은 위촉오 시대에 지방 군벌들이 들고일어났던 점을 의식해 왕조의 방계를 키우지 않았다. 사마씨 정권은 조씨 정권의 멸망이 왕궁 바깥에 이렇다 할 방계가 없었기 때문이라고 보고 지방에 사마씨들을 분봉한다. 그러나 이번에는 이 지방 정권들이 군벌화되면서 '팔왕의 난'이 일어났다고 할 수 있다.

107) 흥미롭게도, 이 이민족들은 진이라는 특정한 왕조는 무너뜨렸지만, 중원에서 쌓여온

488

서진의 멸망으로 중원 통일은 짧게 끝났고, 시대는 다시 중원의 역사로 본다면 분열 시대로 동북아세계 전체로 본다면 다원화 시대로 접어든다. 사실상 AD 3~6세기에 걸친 긴 다원화 시대가 전개된 것이다. 정치적 - 군사적으로 이 시대는 AD 5~8세기의 지중해세계에서와 같은 암흑시대였다. 그러나 문화적 측면에서 볼 때면 놀랍게도 동북아의 이 시대는 오히려 각종 문화가 다채롭게 꽃핀 시대이기도 했다. 이 흥미로운 대조는 어디에서 유래하는 것일까? 이 시대는 지중해세계의 암흑시대에서처럼 동북아에서도 북방의 이민족들 ─ 중원의 문화에서 본다면 야만족들 ─ 이 남방으로 밀려온 시대였다. 또 이 시대는 한편으로는 사분오열된 북방과 다른 한편으로는 기존 중원 문화를 이어간 남방으로 나뉜 시대이며, 이 점에서도 사분오열된 서방과 기존 로마 문명을 이어간 동방으로 나뉘었던 지중해세계의 역사와 흡사하다. 다른 차이들을 접어둔다면, 유라시아 동과 서의 같은 시대에 유사한 구도의 역사가 진행되었다는 점이 흥미롭다. 그러나 문화적 특히 사상적 측면에서 본다면 동과 서는 판이하다. 왜였을까?

많은 이유들 중에서 두 가지만 생각해보자. 우선은 동북아 문명에서 '문(文)'의 우위와 이를 뒷받침하는 문사 - 관료들, 문사 - 귀족들 즉 '사대부' 계층의 존재를 들 수 있다. 다국화 시대는 표면상 '무(武)'의 시대였다. 특히 중원의 북방에서는 '군사봉건제'라 부를 수 있는 무인정권이 계속되었

문화적 흐름에는 동화되는 모습을 보였다. 예컨대 유연은 선우의 자손이면서도 한 왕실과의 통혼을 내세워 중국식 이름("劉淵")을 가졌고, 자신이 세운 나라를 '한'이라 했다.(증선지, 진기환 역주, 『십팔사략』, 명문당) 한의 숙적이었던 흉노의 자손이 얄궂게도 한의 패러디를 세운 것이다. 이런 흐름은 로마 제국 북방의 이민족들이 로마를 무너뜨리면서도 문화적 - 종교적으로는 로마화해간 과정을 상기시킨다. 또, 유연의 아들 유총 아래에서 낙양을 무너뜨린 석륵과 패장 왕연의 대조적인 모습(석륵은 단순 무식한 군인이었지만 용맹무쌍한 쾌남아 호걸이었고, 왕연은 서진의 최고 매력남 명사였지만 비굴하게 목숨을 구걸하는 못난이였다) 역시 강건했던 북방 야만족들과 몰락한 로마 제국 귀족들을 연상시킨다. 세계사를 넓게 본다면, 이와 같은 현상은 유라시아 중앙의 유목문명과 (동북아 문명에서 지중해 문명까지) 남쪽을 빙 둘러싸고 형성된 정주문명 사이의 관계에서 일어난 전형적인 양상들/패턴들 중 하나라 할 수 있다.

다.[108] 반면 원래의 중원 지역에서 쫓겨나 양자강 유역의 남방으로 내려간 남조 정권은 군사적-정치적으로는 허약했지만, 기존의 사대부 계층이 통치한 지역이었다. 이 사대부 계층은 잃어버린 군사적-정치적 권력을 문화적 정체성을 통해 회복하고자 했다. 이들은 자신들의 기존 세력을 유지하기 위해 자신들의 문화를 자산으로 삼았고, 남방의 토착 세력들도 이런 흐름을 거부할 수 없었다. 이 문화적 정체성은 매우 강했고, 무인들도 상층부에 속하려면 일정한 문화적 수준을 갖추지 않을 수 없었다. 잠시 동안이야 칼부림으로 힘을 가질 수 있겠지만, 칼만으로는 이미 형성된 거대한 문화적 장을 무너뜨릴 수는 없었던 것이다. 그리고 이 문화적 장은 수준이 매우 높았다. 오늘날의 상류층이 와인 마시는 법을 잘 알고, 비싼 차를 몰고, 각종 리조트에 회원권을 가지고 있고, …… 하는 식의 문화와는 차원이 다른, 한편으로는 기득권 유지라는 측면을 가졌지만 다른 한편으로는 진정으로 자신들의 문화를 가꾸어나가려 했던, 사상적-예술적으로 매우 수준 높은 문화였다고 할 수 있다. 공자가 가르친 '인문세계'의 가치, 이것이야말로 동북아 문명의 핵인 것이다.

다른 하나의 이유는 종교적 맥락이다. 여러 면에서 흡사했던 지중해세계와 동북아세계는 종교라는 면에서는 매우 달랐다. 지중해세계는 일신교 문명이다. 그리고 핵심적인 것은 이 세계의 중세는 두(또는 세) 일신교가 대립했던 문명이라는 점이다. 기독교와 이슬람의 대결이 중세 지중해세계의 구도이다. 그리고 이와 같은 구도는 전쟁을 위시한 숱한 고통을 낳았다. '유일신'을 주장하는 두 세력이 있을 때 어느 하나는 반드시 사라져야 했던 것이다. 지중해세계와 그 후 서양세계의 가장 큰 비극은 '종교전쟁'에 있다. 그러나 동북아에서는 이런 식의, 종교라는 병이 존재하지 않았다. 유

---

108) 이 점에서도 지중해세계와 동북아세계는 흡사하다. 지중해세계의 중세는 기사들 (knights) 중심의 봉건제가 이루어졌는데, 이는 동북아세계에서의 군사봉건제와 유사한 정체이기 때문이다.

교와 도교는 물론 서로 경쟁하고 대립하기는 했지만 '종교전쟁' 같은 것은 하지 않았다. 지중해세계에서 이슬람이라는 새로운 종교가 도래했다면, 동북아세계에서는 불교라는 새로운 종교가 도래했다. 그러나 동북아에서는 '기독교 vs. 이슬람교' 같은 격한 구도는 성립하지 않았다. 물론 도교와 불교는 서로 경쟁했고 때로는 대립하기도 했지만, 유교와 도교 그리고 불교는 종교전쟁을 일으키기는커녕 많은 수준 높은 사상적 – 문화적 결실들을 가져왔다. '종교전쟁'이 없었다는 것이야말로 동북아 문명의 위대한 측면이다. 지중해세계의 서방은 동방으로 십자군을 보냈지만, 동북아세계의 동방은 구도승(求道僧)들을 서방＝서역으로 보냈다. 이러한 차이를 통해 동북아세계의 '암흑시대'는 오히려 문화가 찬란하게 꽃핀 시대, "빛나는 암흑시대"가 되었던 것이다.

─ 2부 ─

마음의 등불을
들고서

철학사에서 '아시아세계'의 두 축은 인도 문명과 동북아 문명이다. 지금까지 아시아세계의 동쪽에 시선을 두어왔지만, 이제 우리의 시선을 서쪽 =서역으로 돌려보자. 여기에서 우리는 동북아와는 전혀 다른 언어와 역사, 관습을 가진 또 하나의 문명을 만나게 된다. '인도'라 불리는 이곳은 그러나 하나의 국가가 아니라 숱한 국가들과 문화들로 채워져 있는 아대륙이다. '그리스'와 '중국'에 관련해서 언급했듯이, 오늘날의 국민국가 '인도'를 과거로 투영하는 것 역시 사후적 구성이다. 하지만, 인도에 다양한 국가들과 문화들이 난립해온 것이 사실이라 해도, 그것을 하나의 거대한 문명/문화로 보는 것이 불가능한 것은 아니다. 동북아 지역이 그 큰 다양성에도 불구하고 하나의 문화권을 이루었듯이, 인도라는 지역 역시 그 다양성에도 불구하고 하나의 문화권을 이루었다고 할 수 있다.

지리적으로 볼 때 인도는 상대적으로 폐쇄적인 구조를 띠었다. 거대한 히말라야 산맥이 북부의 방벽을 형성했고 나머지 삼면은 모두 바다로 둘러싸인 구조가 이 문명의 고유성 유지에 큰 도움이 되었을 것이다. 히말라야 산맥 아래에 동서로 뻗어 있는 광대한 힌두스탄 평야가 인도 역사의 중심지이다. 동쪽의 갠지스 강과 서쪽의 인더스 강은 인도인들의 삶이 전개된 주요 무대이다. 그 아래에는 데칸 고원이 존재해 인도 아대륙을 북방과 남방으로 갈라놓았다. 별다른 지리적 장애물이 없는 힌두스탄 평야에서는 거대한 제국들이 명멸했고, 때로는 서북방으로 트인 펀자브=오하(五河) 지방으로부터 외부 세력이 넘어와 외래 정권을 세우기도 했다. 특히 무슬림 세력은 무려 600년간 인도를 지배했다. 이에 반해 큰 평야가 없이 해안을 따라가면서 목걸이 모양으로 형성된 남부 지역에서는 작은 국가들이 명멸했고, 전체적으로는 데칸 고원 덕분에 변화를 덜 겪을 수 있었다. 기후, 언어, 인종, 관습 등 모든 면에서 이 아대륙에서 일어난 국가들, 문화들은 극히 다양했다. 그럼에도 '힌두교'라는 종교/문화가 이 다양성을 포용하는 일반성을 형성했고, 이 점에서 우리는 철학사에서 '인도 철학'이라는 개념을 사용할 수 있다.•

산스크리트어로 되어 있는 인도의 고전 문화는 페르시아 북쪽 지역으로부터 내려와 인더스 문명의 주역인 드라비다족을 몰아내고 지배층으로 군림한 아리아족에 의해 구축되었다. 페르시아 문명과 인도 문명은 그리스와 로마의 관계와 유사한 친연성을 보이며, 때로 '인도-이란 문명'이라는 개념으로 다루어지기도 한다. 따라서 관점에 따라서는 인도는 '아시아 문명'의 한 축이라기보다는, 인도-이란 문명으로서 로마 제국과 함께 지중해 문명의 동서를 양분했다고도 할 수 있다. 그러나 이미 논했듯이, 고중세의 시간대에서 그리고 철학사적으로 볼 때 인도 철학을 아시아세계의 철학으로서 다루는 편이 좋을 것이다.

인도에서 발생한 힌두교와 불교는 서로 다른 길을 걷게 된다. 힌두교는

• 좁게 말할 경우 '힌두교(Hinduism)'는 『베다』 이후 내려온 브라만교가 후에 긴 세월에 걸쳐 변형되어간 종교를 뜻한다. 이 과정에서 아리아인들의 브라만교는 자신들이 억눌렀던 토착민 드라비다족의 힌두교 사상을 많이 흡수하게 된다. 힌두교는 정복민의 종교가 토착민의 종교와 혼용하면서 형성되었다고 할 수 있고, 이 점이 그 긴 생명력을 일정 정도 설명해준다.

인도 대륙에서 여전히 이어졌고 오늘날까지도 인도인들의 정신세계를 형성하고 있으나, 불교는 동방으로 향했고 동아시아 사람들에게 거대한 정신적 영향을 주게 된다. 불교의 도래는 본래 실재론적 성향이 강한 동북아 사상에 '내면'이라는 차원을 들여다보도록 자극을 주게 된다. 이로써 '마음' 개념은 새로운 차원으로 발전해갈 동력을 얻게 된다. 그리고 유교는 이 자극을 소화해냄으로써 거듭나기에 이른다. 이로써 동북아세계는 유·불·도의 삼교정립을 이루게 된다.

송대(宋代)에 이르러서는 마침내 이 세 사유의 종합이 추구되기에 이른다. 동북아의 철학자들은 역학, 기학을 포함하는 전통적인 유교의 유산에 불교라는 사유의 새로운 동력과 도교의 자연철학/우주론을 통합해 장대한 종합철학을 구축할 수 있었다. 힌두교이든 불교이든 그리고 도교이든 유교이든 아시아세계의 "중세" 철학은 '마음'을 '길'로 삼은 철학들이었다. 이 모든 사유들은 마음의 등불에 비추어 인간과 인생을 사유하고자 했다.

이제 '아시아세계의 철학' 후반부는 힌두교, 불교, 도교, 그리고 새롭게 환골탈태한 유교가 어떻게 마음의 등불을 들고서 삶과 사유를 이어나갔는가를 살펴본다.

7장 해탈에 이르는 두 길

§1. 본체적 자아로의 해탈

잘 알려져 있듯이, 아리아인들이 이룩한 고전 문화의 핵은 『베다』이다. 인도의 상고사는 이 베다 시대(대략 BC 16~6세기)를 중심으로 알려져 있었으나, 갑골문의 발견이 동북아 역사의 상한선을 500년 정도 앞당겨주었듯이, 인도에서의 고고학적 발견들은 베다 시대를 넘어 인더스 문명의 성격까지도 어느 정도 규명할 수 있게 해주었다. 인더스 문명은 시기를 감안한다면 찬란한 문명이었다고 할 수 있지만, BC 16세기 정도에 이르러 몰락한 것으로 보인다. 몰락 원인에 대해서는 많은 논의가 있지만, 결정적인 이유들 중 하나는 아리아족의 침입이다. 아리아족은 인더스 문명의 일정 측면을 이으면서도 우리가 알고 있는 고대 인도 문명의 골격을 창조해낸 것으로 보인다. 구체적인 내용은 다르지만, 이는 동북아에서 주 왕조가 상/은 왕조를 무너뜨리고 동북아 고대 문화를 이룩한 것과 유사한 의미를 가진다.[1]

아리아족은 대체적으로 후대에 호라즘으로 불리게 되는 지역 즉 이란 고원과 아랄 해 사이의 지역에서 살다가 아래로 내려와 페르시아 문명과 인도 문명을 건설한 종족으로 알려져 있다. 『젠드아베스타』의 신들과 『베다』의 신들 사이에 나타나는 친연성 때로는 동일성에서 알 수 있듯이, 페르시아 문명과 인도 문명은 넓게 보면 한 문명권을 이루고 있다.[2] 종교적으로는 페르시아의 경우 조로아스터교가 인도에는 힌두교가 자리 잡았으며, 두 종교 사이에도 적지 않은 친연성이 있다.[3] 오리엔트 지역에서의 아리아족은 페르시아 제국을 구축해 대략 BC 6세기에서 AD 6세기까지 지속하다가 이슬람에 정복당한다.

인도로 내려온 아리아족은 원주민인 드라비다족과 치열한 전투를 벌인 것으로 보이며, 결국 말과 이륜전차를 구사한 아리아족이 승리를 거두게 된다. 이후 아리아족의 문명 건설이 이어지고, 이 과정은 산발적으로나마 『베다』에 기록된다. 약 1,000년 정도 지속된 이 시대가 바로 '베다 시대'이다. 대략 BC 16~10세기를 전기로, 10~6세기를 후기로 나눈다.[4] 『베다』

---

1) 연대기적으로는 아리아족의 문명이 BC 16세기경에 성립한 데 비해, 주 왕조의 문명은 BC 11세기경이 되어서야 성립한다. 아리아족의 문명과 주 문명이 흔들리고 새로운 시대, 다원화의 시대가 도래한 시기는 양자가 비슷하다. 붓다는 BC 563~483년에 활동한 것으로 추측되고, 공자는 BC 551~479년에 활동한 것으로 알려져 있다.

2) 아리아인들은, 특히 언어적으로 볼 때, 크게 인도 아리아인과 이란 아리아인으로 나뉜다. 전자는 이란 고원의 남동쪽으로 이동해 인도 문명을 이룬 집단이고, 후자는 이란 고원과 중앙아시아에 널리 분포되어 살아간 집단이다. 아리아인의 일부는 서쪽으로도 나아갔는데, 아오키 다케시는 우리가 '집시'라 부르는 인종이 바로 이들이라 본다.(青木健, 『アーリア人』, 講談社, 2009) 아오키의 연구가 맞다면, 나치의 집시 박해는 가짜 아리아족이 진짜 아리아족을 박해한 아이러니를 보여준다 하겠다.

3) 그러나 두 종교는 세부적인 면에서 많은 유사점들을 보여주고 있음에도 정작 그 핵심 뼈대에서는 판이하다. 조로아스터교는 세계를 선/선신과 악/악신의 투쟁의 무대로 보면서, 인간은 선/선신을 위한 투사로서 이해한다. 그리고 세계의 종말에 이르면 구세주가 최후의 심판을 행하며, 그로써 선/선신이 최종적 승리를 구가한다는 것이다. 조로아스터교는 선신과 악신이 투쟁하는 우주적 드라마라고 할 수 있다. 반면 아바타라=화신(化身)의 존재론에 입각한 브라만교/힌두교에는 이런 날카로운 이원론이 보이지 않으며, 또 시간적 드라마보다는 공간적 전변(轉變)의 사유가 압도적이라 할 수 있다.

4) 이 시대에 들어와 비교적 규모가 큰 국가들과 왕 중심의 중앙집권이 성립한다. 목축에서

는 기본적으로 종교서 - 철학서이지만, 우리는 그 안에서 이 시대에 대한 많은 역사적 정보 —— 의식주, 동물들, 경제생활, 부족들 간의 전쟁, 신화, 정치적 - 외교적 구조, 사회 구조, 형법, 예술 등 —— 를 얻어낼 수 있다. 철학사의 맥락에서 본다면, 이 서물은 지중해세계에서 호메로스로부터 자연철학자들에 이르기까지의 시기에 배출된 저작들에 버금가는 비중을 그리고 동북아세계의 시·서·역과 같은 비중을 차지한다.

『베다』에는 네 종류 ——『리그 베다』,『야주르 베다』,『사마 베다』,『아타르바 베다』—— 가 있고, 각각의 베다는 네 부분으로 구성되어 있다. '만트라'는 신들에 대한 찬가를 담고 있으며, 내용은 상이하지만 지중해세계의 서사시·서정시들과 동북아세계의 『시경』과 유사한 의의를 가진다. '브라흐마나'는 제의(祭儀)의 양식들을 다루고 있으며,『예기』라든가『구약』의 「레위기」 등과 유사한 성격을 띠는 부분이다. '아란야카'는 제의 양식들에 대한 해설로서 숲에 들어간 은자들[5]이 제의를 대신해 명상을 행할 때 참고하는 부분이다.『베다』의 끝을 장식하는 '베단타' 즉 '우파니샤드'는 철학적 사유를 담고 있는 부분이다. 우파니샤드는 한편으로 『베다』의 앞부분들을 잇고 있지만, 다른 한편으로 그것들에 대립해 나타난 부분이기도 하다. 우파니샤드는 후기 베다 시대에 저술되었으며, 이미 사상적으로나 정

농경으로의 이행이 뚜렷해지고, 청동기에서 철기로의 이행도 분명해진다. 후기 베다 시대에 이르면 사제가 왕을 승인하는 형식이 등장하며, 또 동북아와 유사하게 왕은 우주 질서와 농사에서의 흉풍(凶豊)에 책임을 지는 존재로도 인식되었다.

5) 인도인들은 생애를 네 주기로 나누어 살아갈 것을 권유한다. '학생기(學生期)'에는 『베다』의 배움에 몰두한다. '가주기(家住期)'에는 결혼해서 사회적 삶을 살아간다. '임서기(林棲期)'에는 숲으로 들어가(동북아인들의 삶에서 산이 차지하는 의의를 인도인들의 삶에서는 숲이 차지한다) 고행하면서 진리를 찾고, 마지막 '유행기(遊行期)'에는 모든 것을 버리고 혼자 유행한다. 이는 곧 『마누법전』,『마하바라타』 등이 가르치는 인생의 네 가치인 '아르타'(세속적 가치), '카마'(육체적 가치), '다르마'(윤리적 가치), '모크샤'(해탈의 가치)를 추구하는 과정이기도 하다. 이로써 욕망과 탈 - 욕망, 사회적 삶과 탈 - 사회적 삶이 절묘하게 절충되고 있다. 이 구도는 인도에서 힌두교의 생명을 길게 만들어준 핵심적 구도라고 할 수 있다.

치적으로나 앞 시대에 대한 저항의 맥락을 담고 있다. 이는, 그 성립 시기의 문제 그리고 내용상의 차이를 접어둔다면, 지중해세계에서의 신화·종교로부터 철학으로의 이행이라는 맥락과 유사하다.[6]

인도의 신화세계는 그리스·로마의 다신교와도 유대인들의 일신교와도 다르다. 또, 페르시아의 이신교(二神敎)와도 다르다. 인도의 신들은 그리스·로마의 신들만큼이나 다원적이지만, 동시에 그 모든 신들은 유일신의 '아바타라'들로 이해되기 때문이다.[7] "일즉다 다즉일(一卽多 多卽一)"의 구도이다. 인도 신화에서 각 신들의 관계와 그들 사이의 위계, 그들 사이에서 벌어진 사건들 등은 꽤나 복잡하고 혼돈스럽다. 대체로 볼 때 천둥·번개의 신 인드라＝제석천(帝釋天), 불의 신 아그니, 하늘의 신 바루나와 그 짝인 미트라, 태양의 신 수리아, 죽음의 신 야마＝염라대왕(閻羅大王), 술의 신 소마 등 다채로운 신들이 활약하다가, 점차 브라흐마, 비슈누, 쉬바 세 신이 대표적인 신들로 추앙되었던 듯하다. 그러나 각각 창조, 지속, 해

---

6) 그러나 "신화를 사랑하는 것은 이미 철학을 사랑하는 것"이라는 아리스토텔레스의 말은 인도 사유에도 해당된다. 『우파니샤드』까지 가지 않아도, 『베다』들에는 이미 처음으로 사유에 눈든 아리아인들이 세계와 인간에 대해 사변한 다양한 내용들이 들어 있다.

7) 이미 언급했듯이, '아바타라'의 존재론은 인도 사유 일반을 특징짓는다. 우주는 거인 푸루샤가 변전(變轉)해 생겨난 것이라는 생각도 아바타라의 존재론을 잘 드러낸다.
아울러, 푸루샤의 신화에서 잘 드러나듯이, 인도에서도 그리스 등에서와 마찬가지로 신화는 귀족들의 담론으로서 기능했다. 사제들과 귀족들은 푸루샤의 입은 브라만, 팔은 크샤트리아, 다리는 바이샤, 발은 수드라가 되었다는 신화를 통해서 자신들의 계급을 정당화하고자 했다. 『마누법전』에서는 브라흐만이 자신의 입, 어깨, 넓적다리, 다리를 각각 사용해 네 계층 ─ '바루나' ─ 을 만들었다고 서술된다. 다섯 번째 계층은 '불가촉천민(不可觸賤民)'으로서, 아예 바루나(/카스트)＊의 바깥에 놓았다. '불가촉'이라는 말이 시사하듯이, 바루나/카스트의 핵심적 기준은 정(淨)/부정(不淨)으로서 일본에서의 키타나이와 유사하다. 우리말의 "부정 탄다"라는 말에도 이런 식의 뉘앙스가 있고, 성리학 등에서의 청(淸)/탁(濁)에도 이런 이미지가 깃들어 있다. 깨끗하다/더럽다는 이미지는 가치-존재론(axio-ontology)의 핵심적 기준들 중 하나이다.
＊바루나는 브라만, 크샤트리아, 바이샤, 수드라라는 큰 분류와 위계를 뜻하며, 카스트는 신분과 직업에 입각해 지역에 따라서 매우 복잡하게 세분되어 있는 위계이다. 양자는 대체적으로 일치하지만 완벽히 일치하지는 않는다.

체를 상징하는 이 세 신은 결국 '삼위일체'의 구도를 통해 하나의 신의 세 아바타라로 이해되기에 이른다. 다신교의 세계가 점차 통합되다가 마침내 일신교에 도달했다고 할 수 있다. 그러나 이 과정이 뚜렷한 연대기적 과정도 아니고, 또 일신교에 도달했다고 해서 다신교의 성격이 없어진 것도 아니다. 시간/역사에 대체적으로 무감각한 인도인들에게는 이런 역사적 과정보다는 모든 신들이 아바타라의 존재론에 따라 복잡하게 착종되어 있는 구도가 더 본질적이었다.[8]

신들을 인간세계와 이어주는 존재가 사제들이다. 인도 문명은 지중해세계 문명이나 동북아세계 문명에 비해 사제 계층이 특히 발달한 경우이다. 지중해세계에서 종교란 대개 국가종교였으며, 폴리스의 경우 제정일치의 구조를 띠었다. 아가멤논, 아킬레우스, 오뒤세우스 등 '바실레우스'들은 제사장이기도 했다. 훗날 '바실레우스'라는 말은 아테네에서 종교를 담당하는 관직명으로 쓰이게 되는데, 그리스 종교의 성격을 잘 드러내주는 대목이다. 로마의 경우에도 종교의 담당은 집정관, 호민관 등과 마찬가지로 특정한 관직에 의해 수행되었다. 이 때문에 중세의 경우처럼 이원적 권력 구조 같은 것도 존재하지 않았다. 이슬람 문명에서는 사제가 없었다기보다는 필요가 없었는데, 이는 종교권력과 정치권력이 일체화되어 있었기 때문이다. 동북아세계의 경우는 이 점이 더 두드러져, 종교는 국가 구조의 한 부분이거나 아니면 차라리 '사적(私的)' 영역으로서 다루어졌다. 동북아에

---

8) 인도의 유일신 ── 이슈와라 ── 은 세계를 창조한 신으로 이해되는 경우도 있지만, 더 고유하게는 모든 존재들이 바로 그것의 화신인 유일신이다. A가 B를 '만드는' 경우가 있고(예컨대 사람이 자동차를 제작하는 경우), A가 B를 '낳는' 경우가 있으며(예컨대 남녀가 자식을 낳는 경우), A가 B로 '화'하는 경우가 있다(예컨대 물이 얼음으로 화하는 경우). 첫 번째 경우는 외적인 관계이다. 두 번째 경우는 물리적으로는 외적이지만, 의미상으로는 내적인 관계이다. 세 번째 경우는 내적인 관계이다. 거칠게 대비해서, 지중해세계의 일신교가 '만듦(作)'의 사유라면 동북아세계의 철학은 '낳음(生)'의 사유이고, 인도 사유에서 힌두교는 '화함(化)'의 사유이다. 고대 인도의 사유에서 모든 신들은 곧 유일신과 내적 인과(inner causality)를 맺고 있으며, 그의 아바타라들이다.

는 '사제'라는 개념이 아예 존재하지도 않았다. 반면 아리아족의 문명은 이집트 문명이라든가 서양 일신교 문명 등에서처럼 사제가 강력한 권력을 소유한 문명이었다. 그러나 인도 문명에서의 사제는 이집트의 경우나 서양 일신교의 경우와도 다른 위상을 가졌다. 바라문(婆羅門)은 귀족 계층인 크샤트리아보다도 더 강력한 계층이었다.[9] 이들은 종교에서 제식주의(ritualism)를 점점 강화해나갔다. 제식주의가 강화되면서 제식은 신들보다도 더 중요한 것이 되기 시작했으며, 나중에는 신들이란 제식을 통해서 관리되는 대상들로 화하게 된다. 그 결과 제식을 관리하는 사제들은 신들 자신들보다도 더 중요한 존재들이 되어버리기에 이르렀다.

『우파니샤드』는 한편으로 바라문 계층의 이런 사상과 권력을 잇고 있지만, 다른 한편으로는 크샤트리아 계층의 도전과 이들에 의한 반(反)제식주의의 사상을 담고 있다. 예컨대 「카타 우파니샤드」는 제식주의에 빠진 아버지와 그것에 의문을 제기하는 아들의 대화를 통해서 그러한 사상을 펼친다. 『우파니샤드』는 신들의 찬양과 제식을 통한 구원이 아니라 진리 탐구와 영혼의 해방을 통한 해탈을 추구함으로써 새로운 시대를 열었다. 이는 곧 신화·종교의 세계로부터 철학의 세계로의 이행을 뜻한다. 시대적으로도 주요 우파니샤드의 형성 시기(BC 8~3세기)는 지중해세계에서 헬라스 철학이 전개되고 동북아세계에서 제자백가가 활동하던 시기와 일치한다. 물론 『우파니샤드』는 어디까지나 『베다』의 일부이며, 『베다』의 권위를 부정하는 붓다를 비롯한 새로운 사상가들에 비한다면 전통과 연속적이다.

---

9) 인도에서 브라만 계층이 크샤트리아 계층의 위에 있었다는 것은 특이하다. 이는 일찍부터 종교권력과 정치권력이 분리되었다는 것, 신과 인간 사이에 위치한 사제들의 권력이 정치권력을 능가했다는 것을 말한다. 루이 뒤몽은 바루나(/카스트)제도를 (앞에서 언급한) '깨끗함과 더러움'의 개념을 통해 설명한다.(Louis Domont, *Homo hierarchicus: Essai sur le système des castes*, Gallimard, 1979) 브라만은 전쟁도 하지 않고 부도 축적하지 않는다. 크샤트리아는 전쟁을 해서 피를 본다. 상인 계층을 포함하는 바이샤는 부를 축적한다. 수드라는 피도 보고 부도 축적한다. 뒤에서 논하겠지만, 승(僧)과 불가촉천민은 이 위계의 바깥에 존재하는 예외적 존재들이었다.

『우파니샤드』는 기존의 『베다』를 극복하고서 나왔지만, 여전히 전통과의 연속성을 띠고 있다는 점에서 이중적이다. 이 점이 『우파니샤드』가 힌두교의 전통을 잇고 있으면서도 반-힌두교적 사상들까지도 빨아들이는 힘을 가지는 이유일 것이다. 그것은 브라만교의 완성태이자 다른 사상들의 출발점을 이루고 있다.

네 종류의 『베다』 각각의 끝에는 우파니샤드들이 붙어 있고, 판본에 따라서 그 수는 매우 많다. 현대에 들어와 라다크리슈난(1888~1975년)은 18종 우파니샤드를 주요한 것들로 편집했고, 그 외에도 다른 방식의 많은 편집본들이 만들어졌다.[10]

'우파니샤드'의 철학

"인생은 일장춘몽(一場春夢)"이라고 흔히 말한다. 플라톤은 우리가 사는 세계는 참세계의 '그림자'라고 했다. 기독교·영지주의를 비롯한 여러 종교들에서 현세는 '죄악'에 물들어 있는 곳, 영계(靈界)가 '타락'한 곳이다. 많은 사상들, 특히 고중세의 사상들에서 현세계는 가짜, 그림자, 환영, 감옥, ……으로서 표상되었다. 힌두교의 경우도 마찬가지이다. 이 세계는 참세계가 아니라 '마야'의 세계 즉 거대한 환영이다. 『우파니샤드』는 이 마야의 세계를 넘어 참세계를 찾아가는 여정이다.

우파니샤드의 세계는 변하는 세계에서 변하지 않는 것을 찾아가는 점에서 헬라스 철학과 같은 궤적을 그린다. 그것은 '아르케'를 찾아가는 여정이다. 그러나 우파니샤드가 찾은 리타(훗날의 다르마)는 '원리'의 뉘앙스보다는 '섭리'의 뉘앙스를 띤다. 우파니샤드의 두드러진 특징은 이 아르케를 찾기 위해서 객관세계에 대한 탐구를 행하는 것이 아니라 오히려 각인의 내면으로 들어가라고 권하는 데에 있다. 진리를 객관세계에 대한 탐구

---

10) 이하 『우파니샤드』는 S. Radhakrishnan(ed.), *The Principal Upanishads*(Harper Collins India., 1994)와 이재숙 옮김, 『우파니샤드』(한길사, 2005)를 참조해 인용한다.

를 통해서가 아니라 내면의 성찰을 통해서 얻으려 한다는 점에 인도적 사유의 핵이 있다. 이는 곧 현실세계를 살아가는 경험적 자아를 넘어, 우리의 마음 안에서 빛나고 있지만 우리가 미처 찾지 못하고 있는 참 자아, 본체적 자아를 발견하려는 시도이다.[11] 이 본체적 자아가 '아트만' = '아(我)'이다. 이 아트만을 발견함으로써 인간은 진리의 세계에 들어가게 된다. 그러나 여기에서 다시 놀라운 도약이 일어난다. 헬레니즘 시대의 사상들, 유대 - 기독 - 이슬람 신비주의 등을 논하면서 보았던 구도가 다시 등장한다. 개인적 내면과 우주적 궁극이 단번에 만나면서 그 사이가 휑하게 비는, 따라서 자연철학, 정치철학 등은 빠져버리고 본체와 영혼이라는 양끝만 논의되는 구도. 인도 사유는 사실상 그 전체가 이런 구도를 띤다. 깊은 내면에서 발견한 이 아트만이 다름 아니라 세계의 본체적 실재라는 것이다. 내면 깊숙한 곳으로부터 객관세계 = 경험적 실재를 건너뛰어 단숨에 본체적 실재 즉 '브라흐만' = '범(梵)'에 도달하는 것이다. 이 본체적 실재는 지중해세계의 신비주의와는 달리 종교적인 신이 아니라 형이상학적인 궁극 원리이다.[12]

우파니샤드 철학은 이렇게 참 자아의 발견을 실마리로 한다. 그래서 "참

---

11) "해탈을 구하기 위하여/ 바깥으로 향하는 감각들을 스스로 붙잡아놓을 수 있는 사람만이/ 안으로 들어앉은 아트만을 볼 수 있도다./ 지혜가 모자라는 사람은/ 바깥의 즐거움을 좇기 마련이고/ 그로써 그는 죽음이라는 어마어마한 덫에 걸리게 되나니./ 그러나 현명한 사람은/ 안에 들어앉은 아트만을 흔들림 없는 확고한 존재로 인식하고/ 그럼으로써 세상의 허망한 것들에 대해 욕심을 내지 않나니."(「카타 우파니샤드」, 2권, I, §§1~2)

12) 아트만의 발견은 물론 각 개인의 노력을 통해서 이루어지는 것이지만, 그렇다고 아트만이 각 개인의 참 자아인 것은 아니다. 아트만은 곧 브라흐만이며 애초에 보편적으로 존재한다. 내 안에서 아트만을 발견하는 순간이 곧 브라흐만을 발견하는 순간인 것은 바로 이 때문이다. "아트만은/ 움직이기도 하고 움직이지 않기도 하며/ 멀리 있기도 하고 아주 가까이 있기도 하며/ 이 세상 안에도 그리고 이 세상 바깥에도 존재하느니." (「이샤 우파니샤드」, §5) 마음속에서 아트만을 발견하지만 그것은 어떤 개체적 존재가 아니기에, 아트만이 각인의 마음속에 보물처럼 들어 있는 것이 아니라 오히려 아트만 안에 각인의 마음이 살고 있는 것이다. 그러나 맥락에 따라서는 각 개체 '의' 아트만을 말하기도 하는데, 이 경우는 '개체 - 아트만' = 개아(個我)라 부를 수 있다.

자아를 살펴보라(ātmānam viddhi)"고 역설한다. 그리고 현상세계를 건너뛰어 브라흐만과 아트만의 다르지-않음에, '범아일여(梵我一如)'라는 궁극적 진리에 도달하고자 한다. 그러나 우파니샤드에서 현실세계 ── 경험적 자아와 경험적 실재가 혼효해 있는 경험세계 ──가 예컨대 영지주의 등의 경우에서처럼 소멸해버려야 할 악의 뉘앙스를 띠는 것은 아니다. 플라톤에게서도 그랬듯이, 우리는 현실세계에서 살아가며 이 세계를 실마리로 해서 본체세계를 찾아갈 수 있다. 현실세계는 단적인 외관(appearance)이 아니라 본체계가 드러나고 있는 현상차원(phenomenon)인 것이다. 플라톤의 임재(parousia)의 사유와 유사하다고 하겠다. 그러나 우파니샤드에서는 이 임재의 구도가 플라톤에게서처럼 정교하게 다루어지지는 않는다. 우파니샤드의 목적은 본체세계를 분석하고 사유하는 데에 있기보다 찬양하고 선양하는 데에 있다. 이 점에서 우파니샤드는 철학적 사유의 맹아를 담고 있음에도 여전히 종교적 성격을 띠고 있다고 할 수 있다. 또, 철학적 사유라고 하기에는 추상도가 높지 않고 여전히 신화적 성격을 띠는 대목들도 많다. 본격적인 철학적 사유로의 정리는 훗날의 '6파 철학'이 수행하게 된다.

우파니샤드 세계에서 브라흐만=아트만과 현상세계의 관계는 플라톤의 경우보다 더 연속적이다.

> 오움~[13]
> 저것이 완전하고,
> 이것 또한 완전하도다.
> 완전함으로부터 완전함이 생겨나왔도다.
> 완전함에서 완전함을 빼내었으나
> 완전함이 남았도다.[14]

---

13) '오움'과 '우드기타'(찬양), '베다'의 연관성에 대해서는 「찬도기야 우파니샤드」에 상세하게 설명되어 있다.

"저것"은 본체적 브라흐만=아트만이고 "이것"은 현상적 브라흐만=아트만이다. 「카타 우파니샤드」에서는 '초월적 브라흐만'과 '한정적 브라흐만'이라 표현하고 있다. "〔저것의〕 완전함에서 〔이것의〕 완전함을 빼내었으나, 완전함이 남았도다"라는 구절에서 알 수 있듯이, 본체적 실재와 현상적 실재는 연속되어 있고 전자는 플로티노스의 일자와 유사한 성격을 띤다. 그러나 우파니샤드는 플로티노스적인 '하이어라키'는 말하지 않는다. 우파니샤드의 세계는 '하이어라키'의 세계가 아니라 '아바타라'의 세계이다.

왜 사람들은 이 본체의 세계를 찾지 못하고 방황하는가? 왜 삶은 '고(苦)'인가? 우파니샤드는 이에 대한 답을 무지에서 찾는다. 그리고 지혜('다르샤나')를 통해서 이 무지로부터 벗어나고자 한다.[15] 이 점은 인도 사유의 성격을 핵심적으로 규정짓는 측면이다. 우파니샤드가 구원의 종교가 아니라 해탈의 종교/철학인 것은 이 때문이다. 그렇다면 왜 인간은 무지/무명의 세계에서 헤매어야 하는가? '업'과 '윤회'의 개념은 이 물음에 대한 답으로서 제시되었고, 인도적 사유의 기초를 이룬다.

> 옛날 사람들이나
> 지금 이곳에서 살고 있는 아무리 훌륭한 사람일지라도
> 인간은 누구나 밭에 나는 음식처럼
> 익고, 죽고, 또 새로 나고 있다.[16]

---

14) 「이샤 우파니샤드」 등의 '평온을 위한 낭독'.

15) 그러나 무지는 무조건적인 부정의 대상이 아니다. 오히려 우리는 무지를 무지로서 인식함으로써 무지를 벗어날 수 있기 때문이다. "무지와 지혜를 같이 아는 자는/ 무지로써 죽음을 건너고/ 지혜로써 해탈을 얻으리로다."(「이샤 우파니샤드」, §11) 나아가 "파멸하는 것과 파멸하지 않을 영원한 것/ 이 둘의 길을 함께 잘 병행할 때/ 그는 파멸하는 것으로써 죽음을 건너고/ 파멸하지 않을 영원한 것으로써 불멸을 얻으리라"(§14)고 했는데, 이를 'genēton(생성하는 것)'과 'agenēton(생성하지 않는 것)'의 관계로 읽을 경우 우파니샤드 철학이 플라톤의 그것에 비해 좀 더 '현미무간(顯微無間)'의 입장에 가까움을 알 수 있다. 이 점 역시 아바타라의 존재론에 기반을 둔다.

16) 「카타 우파니샤드」, 1권, I, §6.

인간은 '생로병사'를 겪으며, 죽고 태어나고 죽고 태어나고 죽고 태어나기를 반복한다. 우파니샤드 철학은 이 과정을 선형적 구도가 아니라 원형적 구도로 이해한다. 물리적 시간은 선형적이다. 그러나 생명의 시간, 인간의 시간은 그 선형적 시간 위에서 원형적 시간을 그린다. 이것이 '윤회(輪廻)', 삶과 죽음의 윤회이다. 범아일여의 깨달음에 도달하지 못한 개체들은 윤회의 수레바퀴를 피할 길이 없다. "만일 육신이 스러지기 전에 브라흐만을 깨닫는다면/ 모든 괴로움에서 벗어날 것이요/ 그렇지 못한다면/ 다시 이 세상에 육신을 입고 와야 할 것이로다."[17] 이 수레바퀴를 굴리는 힘/원인은 무엇인가? 각 개체들이 행한바 즉 '카르마' = 업(業)이다. 인간을 포함해 만물은 존재의 근본 이치인 업과 윤회를 겪을 수밖에 없고, 그 때문에 삶과 죽음의 고통을 끝없이 순환적으로/반복적으로 겪을 수밖에 없다는 것이다.

이와 같은 고통으로부터 벗어나려는 시도는 처음에는 순수 종교적인 방식으로 이루어졌다. 처음에 다신교에서 출발한 인도인들은 오랜 세월 자연을 접하는 과정에서 세계를 지배하는 근원적 이치와 모든 신을 지배하는 단 하나의 신이라는 생각에 도달했다. 모든 것이 그리로 귀일하는 '하나'를 찾은 것이다. 그러나 다시 세월이 흐르면서 제식주의가 등장했다. 신들을 위해 제식을 한다기보다 제식이 신들을 관리하게 된 것이다.[18] 그러나 시대가 흐르면서 브라만교는 점차 한계에 봉착한다. 브라만교의 형이상학은 새롭게 등장한 사상들에 의해 의문에 붙여지기에 이른다. 제식 제일주의는 신과 인간을 일정한 형식 속에 응고시켜버리기에 이르렀으며, 보다자유로운 사상적 경향들에 의해 도전받았다. 브라만 계층의 특권은 사회를 억압하는 힘으로 화했으며, 이에 저항하는 목소리들이 점차 드높아졌다.

----

17) 「카타 우파니샤드」, 3권, I, §4.
18) 이 점에서 브라만교는, 본 『세계철학사』의 1권, 9장, §1에서 언급한 개념으로 'Gottesdienst (신을 섬김)'의 종교보다는 'Gotteszwang(신에게 요구함)'의 종교에 가깝다.

『우파니샤드』는 '범아일여'의 사상을 통해 이러한 제식주의를 극복하고, 형이상학적 통찰을 매개로 해탈을 추구했다. 해탈을 통해 우주에서 소외(疎外)됨으로써 겪어야 하는 삶과 죽음의 고통에서 벗어나고자 했던 것이다.

'업(karma)' 즉 한 인간이 행한 것은 사라지지 않고 남으며 그 인간에게 일정한 결과 —— '업보' —— 로서 힘을 행사한다. 이른바 "뿌린 대로 거두리라"라든가 '자업자득(自業自得)', '인과응보(因果應報)' 같은 말들은 모두 이 업의 개념과 연결된다고 하겠다. 누군가를 도와주는 행위를 비롯해 모든 좋은 행위는 좋은 업을 남기고, 누군가를 질시하는 것을 비롯해 모든 나쁜 행위는 나쁜 업을 남긴다. 좋은 행위를 할 때나 나쁜 행위를 할 때나 우리는 "업을 쌓고 있는" 것이다. 그러나 인도적 사유에서 업의 개념은 일반적으로 생각하는 형태보다 훨씬 강한 형태를 띤다. 우리는 자신의 행위가 업이 되어 돌아온다는 것을 상식적으로 잘 알지만, 이런 인과관계는 일정한 한도 내에서 성립하며 또 때로는 성립하지 않는다고(필연적으로 성립하는 것은 아니라고) 생각한다. 그러나 인도 사유에서 업이란 우주적 이법/섭리로서 반드시 성립하는 원칙이다. 라다크리슈난은 업의 법칙을 "윤리세계에 적용되는 질량 불변의 법칙", "도덕적 에너지 보존의 법칙"에 비유한다. 결국 '업'의 개념은 순수 과학적 인과 개념이 아니라 말하자면 윤리적 인과(ethical causality) 개념을 함축한다고 할 수 있다.[19]

'업' 개념은 '윤회' 개념과 맞물려 있다. 만일 윤회가 전제되지 않는다면 업 개념도 의미를 상실한다. 정확히 말한다면, 업 개념은 일상적 의미로는 사용될 수 있어도 인도 철학 고유의 형이상학적 원리는 될 수 없다. 만일 업이 전세와 현세 그리고 내세로 계속 이어지지 않는다면, 전세의 업이 현세에 작용할 수도 없고 현세의 업이 내세에 작용할 수도 없을 것이다. 업

---

19) 인도 철학에서 업에 대한 사유는 매우 다양하나, '윤리적 인과'로서의 업 개념이 특히 두드러지는 것은 붓다의 사상에서이다. 붓다는 의지적인 행위만이 업을 낳는다고 보았기 때문이다. 이는 행위에서 '의도'를 중시한 칸트의 생각과 통한다. 아울러, 불교에서는 업을 '의업(意業)', '어업(語業)', '신업(身業)' 세 종류로 나눈다.

의 법칙이 현세만이 아니라 전세와 내세에 걸쳐서 성립한다고 해야만 '윤리적 인과' 개념이 공고해진다. 현실에서 잘 성립하지 않는 업의 개념이 전세와 내세를 끌어들임으로써 강화되기 때문이다. 따라서 업 개념과 윤회 개념은 굳게 맞물려 있다. 그리고 끝없이 반복되는 업과 윤회는 '고'를 가져온다. 불교를 포함한 인도의 모든 종교/철학은 바로 이 '고'로부터의 벗어남 즉 '해탈'을 목적으로 한다. 업과 윤회가 쌓음, 지음, 이어짐이라면, 고는 괴로움, 힘겨움이며, 해탈은 이로부터의 끊어짐, 잘림, 풀림이라 하겠다.

이런 구도는 한 인간의 '자기'에 대한 사변을 통해 뒷받침된다. 우파니샤드의 철학에서 한 인간의 자기는 물질적 자기, 영혼적 자기, 본체적 자기로 나뉜다. 물질적 자기는 신체로서의 자기이다. 영혼적 자기는 영혼으로서의 자기이다. 본체적 자기는 개체-아트만으로서의 자기이다. 한 인간이 죽으면 물질적 자기는 소멸된다. 영혼적 자기는 업을 품고서 윤회의 수레바퀴로 들어간다. 그리고 다른 물질적 자기 즉 다른 신체를 가지고서 살아가게 된다. '브라흐만=아트만'의 진리를 깨닫지 못한 영혼적 자기는 이 윤회의 수레바퀴를 끝도 없이 굴려야 한다. 범아일여의 진리를 깨달은 영혼적 자기는 비로소 개체-아트만이 되어 해탈에 이르게 된다. "한 쌍의 새가/ 늘 나란히 앉아 있는 자리는 한 그루 나무이니/ 그중 한 새[영혼적 자기]는 달콤한 과일을 쪼아 먹고/ 다른 새[개체-아트만]는 그것을 지켜보고만 있지./ 그 나무에서 [영혼적] 자기는/ 스스로의 무력함을 탓하고/ 미혹으로 인해 슬픔에 빠지지./ 그러나 그가 자신의 또 다른 모습/ 위대한 신적인 모습을 보게 되면/ 그때는 그 슬픔에서 벗어난다네."[20]

인생이 '고'인 까닭은, 인간이 브라흐만에 도달하지 못하고, 업과 윤회에 의해 지배되는 세계에 종속되어 있기 때문이다. 브라흐만=아트만을 깨달을 때에만 이 수레바퀴에서 벗어난다. 그렇다면 브라흐만은 어떤 존재인가? 우파니샤드의 철학은 브라흐만을 플로티노스와 유사한 방식으로 이

---

20) 「슈베타슈바타라 우파니샤드」, IV, §§6~7.

해한다. 우리는 초월적 브라흐만을 결코 인식하지 못한다. 달리 말해, 우리가 초월적 브라흐만에 붙이는 술어들은 브라흐만에 대한 인간의 표상들일 뿐이다. 『우파니샤드』에는 브라흐만에 대한 묘사가 수없이 등장한다. 예컨대 "그 불멸의 브라흐만은 신성하며/ 형태가 없고/ 푸루샤의 외부와 내부에 어디든 존재하며/ 탄생을 거치지 않고/ 숨을 쉬지 않으며/ 마음을 가지고 있지 않으며/ 완전히 순수한/ 그리고 다른 어떤 불멸의 존재보다도 더 훌륭한 존재이다"[21] 같은 묘사들이다. 그러나 여기에서 "신성하며, ……" 같은 식의 술어들은 초월적 브라흐만을 결코 표현하지 못한다. 브라흐만은 우리가 그곳으로 끝없이 다가가지만 결코 도달할 수는 없는 어떤 극한이다. 하지만 이런 의문이 떠오른다. 브라흐만과 우리 사이에 영원히 메울 수 없는 골이 있다면, 우리와 그 차원이 무슨 상관이란 말인가? 그러나 초월적 브라흐만은 우리에게 현세의 브라흐만으로서 현현한다. "불은 그의 머리/ 달과 해는 그의 두 눈이다./ 방향들은 그의 귀/ 베다는 그의 목소리이며/ 공기는 그의 숨/ 이 세상은 그의 가슴이고/ 그의 두 발에서는 땅이 생겨났으니/ 그가 바로 모든 생명체들 안에 존재하는 아트만이다"[22] 같은 구절에서 이 점이 잘 느껴진다. 초월적 브라흐만이 부정신학적으로 이해된다면, 현세의 브라흐만은 범신론적으로 이해된다. 인간이 아는 한에서의 브라흐만은 '사트'(존재)이며, '시트'(진리)이며, '아난다'(환희)이다. 훗날 샹카라(AD 8세기), 라마누자(AD 11세기) 등 힌두교 철학자들은 우파니샤드의 이러한 내용을 정교화하게 된다.

『우파니샤드』는 우리를 브라흐만(한정적 브라흐만)으로 인도하는 구절들로 가득 차 있다. 여기에서 핵심은 결국 욕망/욕심을 극복하는 것이다. 우파니샤드의 사유는 욕망을 부정하지 않는다. 오히려 '아르타'와 '카마'를 충족시켜야 그 후 '다르마'와 '모크샤'도 이룰 수 있다. 그러나 욕망/욕심

---

21) 「문다카 우파니샤드」, II, §2.
22) 「문다카 우파니샤드」, II, §4.

은 끝내는 극복해야 할 무엇이다. 욕망은 업이 사라지지 않는 한 역시 사라지지 않으며, 업 또한 욕망이 있는 한 계속될 수밖에 없기 때문이다. 윤회란 결국 욕망과 업의 윤회이다.

> 아트만을 수레의 주인으로, 육신을 수레로, 지혜를 마부로, 마음을 고삐로 생각해보라./
> 감각들을 말(馬)들로, 감각들이 향하는 곳을 말들이 달려가는 길이라 생각해보라./
> 하면 육신과 감각과 마음이 둘러싼 아트만은 수레 안의 주인이 아니던가./
> 지혜인 마부가 마차를 잘못 몰아 마음인 고삐가 흔들리면,
> 감각들 또한 제멋대로 날뛰지만,/
> 지혜인 마부가 마차를 잘 몰아 늘 마음 올바로 가지면,
> 말들인 감각들 또한 잘 길들여진 말들처럼 늘 똑바로 달리지 않겠는가./
> 이처럼 무지에 갇혀 그 의식 놓쳐버린 사람은 그 지혜 또한 영원한 순수에 도달치 못해,
> 궁극에 가지 못한 채 생사의 윤회를 따라 돌아, 다시 이 속세로 떨어지고 말지만,/
> 지혜롭고 절제가 있어 영원한 순수에 도달한 사람,
> 그는 궁극에 닿아 이 힘겨운 생사의 쳇바퀴 속으로 다시는 내려오지 않을지니./[23]

　감각과 육신과 그릇된 마음 즉 욕망을, 궁극적으로는 무지를 떨쳐버리는 것이 개체-아트만을 발견해 브라흐만에 다가서는 첩경이다. 이때에만, 강물이 바다로 흘러가 바다와 일체가 되듯이, 개체-아트만은 브라흐만의 품에 안길 수 있다. 우파니샤드의 철학은 이런 인도식의 "천인합일"의 경지를 제시함으로써, 오늘날까지도 이어지고 있는 힌두교 사상의 원형을 제시했다고 할 수 있다.

---

23) 「카타 우파니샤드」, 1부, III, §§3~8. 『파이드로스』에서 플라톤이 든 비유와 거의 똑같아 흥미롭다.

반(反)브라만적 흐름들

BC 6세기에 이르러 인도는 동북아에서의 춘추전국시대에 비견되는 큰 변화를 겪게 된다. 일찍부터 왕조들의 탄생을 보았던 동북아와는 달리, 인도에서는 본격적인 의미에서의 국가들이 다소 늦게 탄생하게 된다. 소규모 부족들로 절편화되어(segmented) 있던 집단들이 왕화를 겪으면서, 작은 국가들이 다수 탄생하게 된다. 그리고 이 소국가들 사이에 끝없는 전쟁이 이어지면서, 인도 사회는 매우 복잡하고 역동적인 곳으로 화한다.[24] 춘추전국시대가 새로운 사상가들에게는 자신들의 뜻을 펴기에 좋은 무대가 되었듯이, 인도에서도 이 시기에 이른바 "자유사상가들"이라 불리는 많은 인물들이 도래해 새로운 사상들을 펼치기에 이른다. 그러나 동북아에서 정치적이고 문학적인 '사' 계층이 탄생한 것과 대조적으로, 인도에서는 종교적이고 사변적인 자유사상가들이 탄생했다. 이와 같은 이유를 밝히는 것은 매우 어렵지만,[25] 결국 이런 차이가 양 지역의 철학적 차이를 결정하게 된다. 동북아의 철학자들이 기본적으로 '문사-관료'들이라면, 인도의 철학자들은 기본적으로 '구도자'들 또는 '종교 지도자'들이다.

이때에 이르러 본격적으로 상업이 발달하기 시작한다. 상업의 발달은 격리되어 있던 지역들에 소통의 흐름을 만들어내는 중요한 계기가 된다. 물류들이 흘러 다님으로써 폐쇄되어 있는 사회가 열리고 그 과정에서 상이한 문물들이 서로 접하게 되어, 닫힌 사회의 경직성이 깨어지면서 역동성

---

24) 이런 흐름은 대략 AD 2세기경까지 이어지는데, 이때의 인도인들의 삶은 특히 두 서사시인 『라마야나』와 『마하바라타』에 잘 표현되어 있다. 이런 이유에서 이 시기를 '서사시 시대'라 부르기도 한다. 이 두 서사시는 그 형식에서는 호메로스와 헤시오도스의 서사시와 유사하지만, 성격이나 내용에서는 오히려 그리스 드라마에 더 가깝다고 할 수 있다.

25) 가장 핵심적인 것은 아무래도 '지식인'이 각 사회에서 차지하는 위치/역할과 관련이 있다고 해야 할 것이다. 인도의 경우, 자유사상가들은 바라문의 대안으로 등장한 계층이라고 할 수 있다. 동북아의 경우는, 사제 계층이 존재하지 않았고 결국 새로운 지식인 계층은 정치적 맥락에서 등장했다고 할 수 있다.

이 도래한다. 그리고 이와 같은 과정이 어떤 임계치를 넘어가게 되면 본격적 형태의 도시들이 등장한다. 당대의 인도에서도 많은 도시들이 탄생하기에 이르렀고, 도시들 사이를 왕래하는 사람들 또한 늘어났다. 특히 철학사적으로 중요한 것은 이런 흐름 속에 포함되어 많은 도시들을 떠돌아다니면서 설법을 펼치는 인물들이 등장했다는 사실이다. 이 점에서도 동북아와 인도는 차이를 보이는데, 동북아에서는 천하를 떠돌아다니면서 유세를 펼치는 정치적 논객들이 생겨난 데에 비해 인도에서는 각지를 유랑하면서 자신의 종교적 - 철학적 사상을 펼치는 구도자들이 나타났다. 그리고 이들이 펼치는 사상은 바라문 계층의 독단과 횡포에 염증을 느끼던 귀족들과 상인들에게 큰 호소로 다가갔다. 예수의 설법이 기성 유대교 사제들에게 억압되었던 기층민들에게 따스한 복음으로 다가간 것과 마찬가지이다. 이런 자유사상가들이 인도적 사유의 풍경을 완전히 바꾸어놓게 되고, 이후 이들의 반 - 바라문적 사유들과 바라문 사유의 대결이 이어진다.

이런 흐름들 중 가장 급진적이고 해체적이었던 것은 차르바카＝로카야타의 가르침을 따르는 이들, 이른바 "유물론자들"의 사상이었다.[26] 유물론자들은 『베다』의 권위와 제식주의를 일체 거부한다. 이들에게 인식의 유일한 근거는 지각에 있다. 따라서 『베다』에 나오는 신들이니 '브라흐만＝아트만'이니 하는 등의 이야기들은 아무런 근거도 없는 상상의 산물들에 불과하다. 이 점에서 이들은, 소피스트들이 그랬듯이, 전해 내려오는 전통을 가차 없이 파괴했다고 할 수 있다. 더 나아가, 이들은 세계를 지배하는 섭리라든가 사물들/사건들을 이어주는 인과법칙, 그리고 업과 윤회 같은 형이상학적 원리들도 부정했다. 이런 이야기들 또한 경험적 근거가 희박한 것이기 때문이다. 이들이 볼 때 인정할 수 있는 것은 지각을 통해 알 수 있

---

26) '차르바카'는 '먹다'를 뜻하는 '차르브'라는 어원에서 나왔고 "먹고 마시고 즐기자"고 주장한 사람들을 뜻하는 말이라고 한다. 또, 그 창시자는 브리하스파티이고, 차르바카는 그 제자라고 일컬어지기도 한다.

는 이 세계, 끝없이 변해가는 현상들, 인간이 처한 구체적 현실들일 뿐이다. 세계에 대해 인정할 수 있는 존재론이 있다면, 그것은 모든 것이 사대(四大) 즉 지·수·화·풍의 조합이라는 유물론적 존재론이 있을 뿐이다. 영혼이니 이성이니 하는 존재들도 초월적인 것들이 아니라 어디까지나 이런 물질적 생성의 한 종류일 뿐이다.

차르바카의 비판은 매우 급진적이었다. 이들에 따르면, 바라문 계층은 허황된 신학과 형이상학을 구축하고 제식주의를 통해 자신들의 권세를 이어가려 하지만 그런 것들은 몽매한 대중을 속여 거대한 이익을 챙기려는 사기꾼들의 수작일 뿐이다. 종교라는 것은 근본적으로 일종의 정신병이라고 할 수 있다. 따라서 바라문 계층이 내세우는 '내세' 같은 이미지에 속아서 현세를 부정하는 것은 어리석은 짓이다. 어째서 불확실한 것을 근거로 내세워 확실한 것을 부정하는가? 바라문 계층이 이야기하는 업이니 윤회니 하는 것들은 형이상학적 사변의 산물일 뿐이며, 하물며 신들이니 천당·지옥이니 하는 등의 이야기는 유치한 상상의 산물일 뿐이다. 인간의 삶을 어떤 거창한 섭리 실현의 과정으로 설명하는 것 또한 마찬가지이다. 또, 도덕이니 의무니 하는 가치들도 그릇된 형이상학적 근거 위에 서 있는 억압적 장치들일 뿐이다. 인간사를 지배하는 불평등이나 제도적 장치들은 어떤 설득력 있는 근거 위에서 성립하는 것이 아니라 단지 힘에서의 차이가 빚어낸 결과적인 차이들일 뿐이다. '단멸론(斷滅論)'의 주장자 아지따 께사깜발리가 말하듯이, "어리석은 자도 현자도 몸이 무너지면 단멸하고 멸절할 뿐, 죽고 난 다음이라는 것은 없다."[27] 그렇다면 종교·형이상학이나 도덕을 내세우지 않고서 우리 삶이 지향할 만한 가치는 무엇인가? 그것은 바로 쾌락이다. "삶이 너희들의 것일 때, 즐기며 살라./ 죽음의 번득이

---

27) 「사문과경(沙門果經)」, 『디가 니까야 2』, §23. 이하 자유사상가들의 인용은 모두 같은 경에서 한다. 붓다의 설법에 관련해서는 『니까야』(각묵 스님 외 옮김, 초기불전연구원 판본 및 전재성 옮김, 한국빠알리성전협회 판본)와 『아함경』(김월운 옮김, 동국역경원, 2006)을 참조해서 인용한다.

는 눈초리를 벗어날 이 아무도 없으니,/ 우리의 육신이 일단 태워지게 되면/ 어떻게 그것이 다시 돌아오겠는가?"

차르바카의 철학은 에피쿠로스 철학과 비교된다. 에피쿠로스학파 역시 인식의 근거를 지각에 두었다. 그러나 에피쿠로스학파는 지각이 지각을 교정할 수 있다는 논변을 통해서 경험주의 인식론을 보다 정교화했다. 또 에피쿠로스학파 역시 유물론에 입각한 사유를 전개했지만, 차르바카가 엠페도클레스적인 4원소설을 전개한 데에 비해 에피쿠로스학파는 원자의 개념에 입각한 유물론을 전개했고 좀 더 상세한 자연철학적 기반 위에서 자신들의 사유를 펼 수 있었다. 특히 차르바카의 쾌락주의와 에피쿠로스의 쾌락주의는 대비된다. 차르바카의 쾌락주의가 '쾌락'이라는 말의 대중적 뉘앙스에서의 가치에 머물렀다면, 에피쿠로스는 오히려 '아타락시아'/'아파테이아'의 경지를 추구하는 전혀 다른 뉘앙스에서의 가치를 제공했다. 적어도 기록된 한에서의 차르바카 유물론은 에피쿠로스적 유물론의 퇴락된 형태에 해당한다고 할 수 있을 것이다. 아쉬운 것은 차르바카 유물론이 에피쿠로스 수준의 유물론 또는 다른 형태의 유물론으로 점차 세련되어간 흔적이 보이지 않는다는 점이다. 또 그 결과, 차르바카 유물론과 힌두교 등 다른 사상들 사이에는 단적인 불연속이 있을 뿐 그 사이에서의 변증법적 발전은 나타나지 않았다는 점이다. 차르바카 유물론은 BC 6세기에 단발적으로 나타난 특이한 현상으로 그치게 된다. 그러니 다른 사조들(힌두교, 불교, 자이나교 등)이 이 유물론적 경향을 비판하는 과정에서 자신들의 사유를 더 세심하게 다듬을 수 있었다는 점에서, 차르바카는 일정한 철학사적 역할을 했다고 보아야 한다.

차르바카 외에도 당대에는 숱한 형태의 학파들이 나타나 백가쟁명을 이루었다. 이 사조들은 매우 다양했으나 대개 반-바라문적 성격을 띤 학파들이었다. 그러나 늘 그렇듯이, 이 백가쟁명의 장도 사실 몇 가지의 철학적 문제들을 둘러싸고서 전개되었다. 반-바라문 사상들에서 자주 나타난 한 주장은 앞에서 언급한 '단멸론'이다. 차르바카가 아트만의 영속과 단멸에 대해 회의주의적 입장을 표명했다면, 단멸론자들은 브라만교에서 주장하는 '영원한 실체'의 개념을 단적으로 거부한다. 이들은 죽음은 절대적인 단절이며 그 이후란 없다고 가르쳤다. '브라흐만＝아트만'을 역설한 브라만교와 단멸론자들 사이의 대립은 이 시대 전체를 관류하는 하나의 화두였다. 브라만교가 재건되기 위해서 가장 먼저 해야 할 작업들 중 하나는 바로 단멸론의 극복이었다. 이미 플라톤, 장자 등의 해결책을 보았거니와, 브라만교의 해결책은 물론 업과 윤회 개념에 근간한다.

사실 이 시대의 모든 논쟁들은 대개 업과 윤회 개념을 둘러싸고서 형성되었다. 브라만교는 업과 윤회의 개념을 기반으로 도덕을 제시했으나, 뿌라나 깟사빠 같은 인물은 단적으로 도덕을 부정한다. 그에게 업과 윤회의 개념은 형이상학적 상상일 뿐이다. 아주 악한 일을 해도 또 아주 선한 일을 해도 거기에 인과응보 같은 것은 없다. "설사 날카로운 원반을 가진 바퀴로 이 땅의 생명들을 모두 하나의 고기무더기로 만들지라도, 그로 인한 어떤 죄악도 없으며 죄악이 생기지도 않는다." 현대 식으로 말해, 사실과 당위 사이에는 깊은 심연이 드리워져 있다. 앞에서 업과 윤회를 '윤리적 인과'로서 개념화했거니와, 뿌라나의 이런 식의 생각 역시 브라만교의 이 윤리적 인과를 해체함으로써 커다란 파장을 가져왔다.

업의 관념을 부정하기보다는 오히려 극단으로 몰고 감으로써 역설적으로 이 개념을 해체한 사조는 '아지비카'라 불린 사조이다. 이에 따르면, 모든 것은 결국 필연적 인과의 결과일 뿐이다. 누군가가 선한 행위를 한 것도 그가 그렇게 정해져 있었기(determined) 때문일 뿐이고, 악한 행위를 한 것 역시 그가 그렇게 정해져 있었기 때문일 뿐이다. 따라서 선한 업이니 나쁜 업이니 하는 것 자체가 의미가 없다. 이는 브라만교의 주장과 미묘하게 비교된다. 브라만교 역시 업을 필연의 측면에서 해석함으로써, 현실의 계층적 차별은 각 계층이 과거에 쌓은 업의 결과이기에 당연한 것이며 또 받아들여야 한다고 설파했다. 그리고 이 이론은 결과적으로 현실의 신분 차이를 정당화하게 된다. 아지비카는 브라만교와 마찬가지로 업의 필연성을 설파하지만, 그로부터 전혀 반대의 결론을 이끌어낸다. 업이 필연이기 때문에 받아들여야 하는 것이 아니라, 바로 그렇기 때문에 그것에 아무런 의미를 부여할 이유가 없다는 것이다. 핵심은 브라만교의 업 개념이 '윤리적' 인과에 입각해 있다면, 아지비카의 업 개념은 순수하게 우연적인(contingent) 인과일 뿐이라는 점이다. 업에는 어떤 '이유'도 없으며, 세계 그 자체의 우연적 생성일 뿐이다.[28] 그것은 형이상학적 뉘앙스와 도덕적 뉘앙스를 완전히 빼버린 'fatum'의 세계, 나아가 숙명론의 세계이다. 삶의 고통을 벗어날 수 있는 길은 허황된 형이상학과 도덕에 있는 것이 아니라, 오로지 윤회의 속도를 빨리 해서 정해진 길을 조금 더 빨리 끝내는 것뿐이다. 다시 말해, 유일한 길은 업을 빨리 소진시키기 위한 철저한 금욕과 고행에 있을 뿐이다. 막칼리는 나간타 나타풋타가 고행을 철저히 하지 않는다고 그와 결별하기까지 했다.

빠꾸다 깟짜야나 같은 인물 역시 존재론에서는 차르바카를 극복하고자 했으나, 윤리적 입장에서는 막칼리와 유사한 입장으로 기울었다. 그는 사대라는 물질적 원리 외에 고통과 쾌락 그리고 영혼이라는 세 실체를 별도로 인정했다. 한 인간의 신체가 해체되어도 그 영혼 – 실체는 남는다. 고통과 쾌락 역시 그것을 겪는 개인의 체험을 초월한 실체성을 가진다. "날카로운 칼로 머리를 자른다고 해도, 누구도 누구의 생명을 빼앗은 것이 아니다. 다만 칼이 이 일곱 가지 몸들의 가운데로 통과한 것에 지나지 않는다." 현대 식으로 말하면, 극단적인 물리주의(physicalism)이다. 그러나 바로 그렇기 때문에 한 인간의 카르마와 고통·쾌락이라는 실체들은 상관성이 없다. 역으로 말해, 세계에서 일어나는 구체적인 생성/현상들은 전적으로 우연적인 것들이다. 실재와 현상 사이에는 단적인 심연이 놓이게 되며, 현상

---

28) "즐거움과 괴로움의 크기가 정해져 있는 이 윤회에서는 아무것도 줄이거나 늘일 수 없으며 아무것도 증가시키거나 감소시킬 수 없습니다. 마치 감긴 실타래를 던지면 [실이 다 풀릴 때까지] 굴러가는 것처럼 그와 마찬가지로 어리석은 자나 현자나 같이 치달리고 윤회하고 나서야 괴로움의 끝을 냅니다."(막칼리 고살라)

들은 일종의 환상으로 치부된다. 카르마는 꿈과도 같은 것이며, 따라서 거기에 가져다 붙이는 이야기들도 꿈과도 같은 것들이다. 현실이 어떻게 생성하든 일곱 실체와는 별개의 문제이다. 따라서 이 경우에도 업의 윤리적 인과 개념은 부정된다.

이처럼 업·윤회의 형이상학과 그것의 윤리적/도덕적 뉘앙스를 둘러싼 논쟁이 당대의 핵심적인 문제 - 장을 형성했다. 이 시기에 펼쳐진 이런 숱한 논쟁들은 자연스럽게 회의주의/불가지론의 입장을 배태했다. 한쪽에서는 '브라흐만＝아트만'의 형이상학과 전통적인 도덕을 주장하는 브라만교가 있었고, 다른 한편에서는 단적인 경험주의 인식론, 업과 윤회의 형이상학을 거부하는 단멸론·유물론·숙명론/우연론, 도덕을 거부하는 쾌락주의 등과 같은 사조들이 펼쳐졌다. 이 양 극단에 서기를 거부했던 인물들은 이 모든 문제들에 대해 '판단중지'를 선언하는 회의주의로 귀착했다. 산자야 벨랏티뿟따는 업과 윤회를 비롯해 당시 논의되고 있던 모든 것들에 대해 "나는 이러하다고 하지 않으며, 그러하다고 하지 않으며, 다르다고도 하지 않으며, 아니라고도 하지 않으며, 아니지 않다 라고도 하지 않는다"라고 하면서 판단중지를 제시한다. 전체적으로 볼 때, 이 시대의 풍경은 지중해세계의 헬레니즘 시대를 연상시키는 면이 있다. 그렇게 본다면, 산자야는 인도의 퓌론이라 할 수 있을 것이다.

당대에 이렇게 정통파의 흐름과 반 - 정통파의 흐름이 백가쟁명의 시대를 맞아 부딪쳤으나, 후자의 흐름에 서면서도 급진적 반 - 정통의 입장보다는 좀 더 중도적인 입장에서 자신의 사유를 전개한 인물들도 있었다. 니간타 나타풋타와 가우타마 싯다르타가 그들이다.

니간타는 자아와 업에 대한 고유의 사유를 통해서 인도 철학의 수준 높은 경지를 이룰 수 있었다. 당대 철학자들의 모든 논의들은 결국 '자아'와 '업'을 둘러싼 논의들이다. 문제의 핵심은 아트만이라는 본체적 자아에 대한 입장, 업을 인정하는가 그리고 인정한다면 그것을 어떻게 이해하는가의 문제, 자아와 업의 관련성을 어떻게 파악하는가의 문제였다. 이 문제가 모든 사유들의 허리에 위치했으며, 이 문제를 해명해야 윤회, 해탈, 도덕, …… 등 모든 문제들이 해명될 수 있었다. 니간타는 단멸론자들, 유물론자들, 우연론자들과 다른 방식의 자아 개념을 개진하면서도 브라만교와는 차별되는 방식의 이해를 제시함으로써 독자적인 경지를 이루었다. 니간타는 후에 '마하비라'＝대웅(大雄), '지나'＝'해탈에 이른 이'라는 존칭을 받았으며, 그의 가르침은 '자이나교'로 일컬어지게 된다.

자이나교는 『베다』의 세계관을 부정한다는 점에서 자유사상가들의 흐름에 동참한다. 예컨대 이 사유에 따르면, 신이란 개개의 자아가 그 최고의 완전성에 도달할 때의 모습과 다름없다. 그러나 자이나교는 전통을 해체하거나 그 반정립으로만 치닫기보다 그것을 대체할 수 있는 새로운 사유를 제시했다. 우선, 자이나교는 이전에는 볼 수 없었던 정교한 인식론을 제시했다. 독단을 비판하는 한편 인식을 매우 다원적이고 유연한 것으로 이해한 것이다. 여기에서 다원적이라 함은 이들이 인식의 여러 종류를 구분해서 논했다는 점을 말하며,[29] 유연하다 함은 이들이 독단과 회의 사이에서 중도의 입장을 취했음을 말한다.[30] 그러나 다른 한편, 자이나교는 자아/영

---

29) '경험지'는 지각작용 및 마음에 의한 지각물들의 연합, 기억, 상상 등을 뜻한다. 대체적으로 영국 경험론이 말하는 경험지에 해당한다. '성전지(聖典知)'는 권위 있는 경전들을 통한 인식이다. '직관지'는 경험하기 어려운 것을 정신으로 통찰하는 것을, '타심지(他心知)'는 남의 마음을 꿰뚫어 아는 인식을, '완전지'는 총체적 인식을 말한다.(김미숙, 『인도 불교와 자이나교』, 씨아이알, 2013)

30) 자이나교는 특히 '관점주의＝원근법주의(Perspektivismus)'와 '부정주의(不定主義)'로 유명하다. 관점주의는 "장님 코끼리 더듬기" 이야기가 잘 말해주듯이 인식에서의 관점의 존재에 대한 인식론이며, 크게는 7가지 관점에 따르는 인식의 제약을 전개한다: 목적론적 관점, 집합론적 관점, 경험적 관점, 찰나적 관점, 동의어적 관점, 어원적 관점, 동종적 관점. 부정주의는 (헬레니즘 시대의 후기 회의주의에서처럼) 인간의 모든 인식이라는 것이 결국 "아마도(probably)"라는 개연성을 피하기 어려움을 뜻하며, 여기에서도 역시 7종의 개연성 형식이 전개된다: 아마 존재할 것이다, 아마 존재하지 않을 것이다. 아마 어떤 의미에서는 존재하고, 어떤 의미에서는 존재하지 않을 것이다, 아마 서술 불가능할 것이다, 아마 존재하지만 서술 불가능할 것이다, 아마 존재하고 존재하지 않기에 서술 불가능할 것이다.

혼이 최상의 차원으로 향해 가면서 이런 한계들을 돌파해나갈 가능성 또한 열어놓고 있다. 자이나교의 인식론(과 논리학)은 이전의 사유 수준들을 훌쩍 뛰어넘어 인도적 사유의 새로운 지평을 열었다고 할 수 있다.

자이나교는 훗날의 상키야-요가 학파와 유사하게, 물질과 정신=영혼은 두 별개의 실체이며 개체는 물질과 영혼의 결합체라는 이원론을 견지했다. 그리고 영혼의 정화를 통한 해탈의 추구를 설파했다.[31] 중요한 것은 물질과 영혼은 별개의 두 실체이기 때문에 이들의 결합은 비본질적인 것이라는 점이다. 지중해세계의 이원론적 종교들에서 그렇듯이, 영혼은 물질이라는 감옥에 갇혀 있을 뿐이다. 물질에 속박되어 방황하는 영혼이 바로 업과 윤회를 겪는 영혼이다. 그리고 무지/무명은 이 사실을 깨닫지 못하게 막는다. 해탈은 영혼에 들어온 또는 들러붙은 업/물질을 솎아내고 떼어내는 것이다. 그와 같이 하지 못했을 때 죽음을 맞은 영혼은 자신에게 들어온/들러붙은 '업신(業身)'과 더불어 다시 윤회의 수레바퀴에 들어가며, 지옥계, 축생계, 인간계, 신계 중 한 곳에서 태어난다. 자이나교는 이처럼 해탈을 다소 즉물적으로 이해했기 때문에, 해탈의 방식 또한 금욕과 고행을 위주로 했다. 자이나교의 이런 성격은 내부적으로도 분열을 가져와, 후에는 옷조차도 거부하는 '공의파(空衣派)'와 이러한 극단을 피하고자 한 '백의파(白衣派)'로 분열되기도 했다. 자이나교는, 본래부터 브라만교와 각을 세우지는 않았거니와 시간이 흐르면서 점차 힌두교라는 넓은 바다로 녹아들어가게 된다.

니간타 나타풋타와 같은 시대를 호흡한 가우타마 싯다르타는 브라만교

---

31) 자이나교에서의 영혼은 생명의 의미를 담고 있고 따라서 자연철학적 뉘앙스를 띠는 개념이다. 자이나교는 모든 생명체들이, 더 나아가 비-생명체들까지도 영혼을 가진다고 보았다. 이 때문에 이들은 극단적 불살생을 강조했고, 예컨대 길을 걸어갈 때 생명체들을 해치지 않기 위해 땅을 쓸면서 가기도 했다. 이들의 영혼 개념의 외연은 소크라테스 이전 헬라스 철학에서의 'psychē'의 뉘앙스보다도 더 넓다고 하겠다. 자이나교의 영혼론에는 이런 자연철학적 뉘앙스가 늘 섞여 있어, 이들이 말하는 '지바'=영혼은 현대적 눈길로 보면 다분히 물화(物化)되어 이해된 영혼으로 보이기도 한다.

의 영원한 실체의 사유도 또 단멸론자 등의 절대 단절도 거부하면서 생성의 사유를 전개했다. 그에게 자아는 영원한 실체도 아니고 절대 단절되는 존재도 아니다. 다만 인연에 따라서, 연기의 법칙에 따라서 생성할 뿐이다. 또, 그는 숙명론이나 우연론 등도 비판했다. 그는 업 개념의 윤리적 측면을 역설하면서, 현재에서 미래로 가면서 좋은 업을 쌓는 것이 중요하며 이로써 과거의 나쁜 업까지도 덜어낼 수 있다고 설파했다. 또, 업 해석에서도 의도/마음가짐을 중시하면서 행위의 결과만이 아니라 의도/마음가짐 자체가 업을 쌓는 것임을 역설했다. 그는 감각적 쾌락에 휘둘리는 한쪽 극과 고행의 극한으로 치닫는 다른 쪽 극을 모두 피했다. 가우타마의 이런 식의 입장은 '중도(中道)'라는 말로 표현된다. 가우타마는 모든 면에서 중도의 길을 걸었고, 이 점에서 인도의 전통에 뿌리를 두고 있으면서도 다른 방향으로 갈라진 사유와 실천을 전개했다고 할 수 있다. 여러 면에서 가우타마는 당대에 이루어진 숱한 새로운 경향들을 비판적으로 또 균형감 있게 종합했고, 이런 그의 중도적 입장과 그에 따른 체계적인 실천은 많은 사람들을 감화시키게 된다. 후에 그는 '붓다' = '깨달은 이'로서 불리게 되며, 그의 사유를 잇는 종교/철학은 붓다주의 = 불교로 불리게 된다.

힌두교의 태동

차르바카를 비롯해 단멸론, 아지비카, 회의주의, 자이나교, 불교 등 BC 6세기에 전개된 숱한 학파들의 백가쟁명은 인도 사유의 풍경을 완전히 바꾸어놓았다. 이런 흐름이 지속되면서 브라만교의 위상은 갈수록 하락했다. 그러나 BC 5세기 정도부터 브라만교도 이러한 흐름에 맞서 변신에 나서게 되고, 이 과정을 통해 점차 오늘날 '힌두교'로 불리는 종교로서 재정비되기에 이른다. 이 과정에서 '후기 우파니샤드'가 쓰였고, 새로운 형태의 유신론이 제시되었다. 그리고 이런 흐름은 BC 3세기부터는 본격적인 철학적 정교화에 달하게 되며, 이로써 이른바 '6파 철학'의 등장을 보게 된다.

후기 우파니샤드들은 자유사상가들의 여러 사조들과 그에 맞선 6파 철학의 초기 형태들이 전개되는 와중에서 이미 형성되었다. 이 때문에 예컨 대『슈베타슈바타라 우파니샤드』의 도입부는 전기 우파니샤드들의 직관 적이고 시적인 사유들에 비해 보다 고도화된 철학적 물음들로 시작된다. "과연 브라흐만은 세계의 근원인가/ 우리는 어디에서 생겨났는가/ 우리 를 살아 있게 하는 이 누구인가/ 생의 마지막에 우리는 어디로 가는가?", "시간, 자연/본성, 필연, 우연, 실체, 자궁, 푸루샤/ 이런 것들이 근본 원리 일 수 있을까?" 이러한 탐구를 전개하면서 후기 우파니샤드들은 자유사상 가들이 부정한 브라흐만과 아트만을 새롭게 세우게 된다. 이 과정에서 브 라흐만은 자아, 세계, 신으로 현현한다는 생각도 등장하게 되는데, 자아는 "겪는 존재"로서의 개체아를, 세계는 "겪는 바의 존재"(겪는 대상)로서의 '프라크르티'=물질의 차원을, 신은 이 모든 것을 "주재하는 존재"로서의 이슈와라를 말한다. 브라흐만은 바로 이 자아, 세계, 신의 삼위일체이다.[32] 그리고 때로 이 브라흐만은 인격적인 존재로서 표상되기도 한다. 한 존재 의 세 화신이라는 구도, 그리고 궁극 원리이기도 하고 인격신이기도 한 이 와 같은 브라흐만 이해는 힌두교를 초월성과 내재성이, 초인격성과 인격 성이 양의적으로 나타나는 종교로 만들었다.

힌두교는 브라만적 우주관을 다시 세우고 '범아일여'의 사유를 다시 다 듬었다. 세계는 주기적 해체와 재창조를 계속한다. 해체는 브라흐만이 세 현현을 거두어들이는 과정이고, 재창조는 다시 세 현현을 시작하는 과정 이다. "처음에는 모든 것이 브라흐만뿐이었다. 그는 하나였으며, 무한한 존 재였다. (…)/ 그 생각해볼 수조차 없는 자가 지고의 아트만, 끝이 없고, 태 어난 적이 없고, 논리로 설명될 수 없고, 상상해볼 수 없는 자이니, 그의 아 트만은 대공(大空)이라 해야 할 것이다./ 세상의 파멸의 때에 그만이 깨어

---

32) 「슈베타슈바타라 우파니샤드」, I, §12. 자아, 세계, 신이라는 3항은 지중해세계 특수 형 이상학의 구도와 일치한다. 그러나 인도의 경우는 삼자가 삼위일체를 이룬다는 점이 특징적이다.

있도다. 대공으로부터 그가 생각의 덩어리일 뿐인 이 세상을 깨운다. 그 생각은 바로 그에 의한 것이며, 그의 안으로 다시 사라지게 될 것들이다./ 저태양에 열기를 주는 빛나는 모습이 바로 그요, 연기 없는 불에서 발하고 있는 빛이 바로 그이다./ 또한 음식을 소화시키는 위 안에 든 불도 바로 그이다. 그러므로 현자들이 말하기를, '불 속에 든 자, 심장 속에 들어 있는 자, 저 태양 속에 있는 자, 모두가 하나의 그이다'라 했으니, 이것을 아는 자는 그 '하나'로 가리라."(「마이트라 우파니샤드」, VI, §17) 해탈이란 바로 이 진리를 깨달아 브라흐만=아트만과 합일함으로써 이 해체와 재창조의 과정을 초월하는 것이다.

이처럼 자유사상가들에 의해 위기에 놓인 브라만교를 부활시키려는 노력에 수반되어, 후기 우파니샤드 시기에 들면 여러 새로운 요소들이 등장하게 된다. 신들에 대한 사람들의 인식에 적지 않은 변화가 오는데, 예컨대 막강한 인드라가 몰락하기도 하고 비슈누-브라흐마-쉬바의 삼위일체 이미지가 등장하기도 한다. 또, 신앙의 형태에서도 신에 대한 열렬한 사랑과 헌신인 '박티'=신애(信愛) 사상으로의 이행이 일어난다. 그렇게 되면서 실추된 브라만교의 윤리를 다시 세우려는 노력도 덧붙여진다. 그러나 정작 핵심이라고 할 수 있는 바루나(/카스트)제도에 대해서는 철저하게 보수적인 입장을 취해, 바라문 계층의 권세를 이어가고자 했다. 철학적으로 핵심적인 것들 중 하나는 이 시기가 되면 이미 상키야-요가 철학의 초기 형태가 나타나 우파니샤드에도 스며들게 된다는 점이다. 상키야 철학은 브라흐만/이슈와라를 이원적으로 즉 정신적 측면인 푸루샤와 물질적 측면인 프라크리티로 파악한다. 그리고 세계를 푸루샤의 관조하에서 프라크리티가 전개되는 것으로 파악한다. 때로 프라크리티를 아예 가현(假現)으로 다루어, 푸루샤의 일원적 존재론으로 향하는 대목들도 있다. 그리고 프라크리티를 넘어 푸루샤로, 브라흐만으로 나아가는 실천적 수행으로서의 요가에 대한 강조도 볼 수 있다.

힌두교 구축에서 또 하나의 결정적인 문턱은 대서사시 『마하바라타』의 출현이다.[33] 『마하바라타』는 자유사상가들에게 대항하기 위해 브라만교의 각종 전통/이야기, 문화, 그리고 이에 흡수시킬 수 있는 갖가지 다양한 전통들, 문화들을 총집결해 만들어낸 웅대한 서사시이다. 『사기』가 본래는 별개의 서사들인 갖가지 서사들을 모두 모아서 그것이 마치 하나의 역사인 듯이 사후적으로 구성한 것과 유사하게, 『마하바라타』는 아리아적 요소들과 비-아리아적 요소들을 총망라해 힌두교 사상과 문화를 만들어냈다. 그리고 여기에 역사적 이야기, 종교사상, 철학적 분석, ……을 망라해 긴 이야기를 짜놓았다. 특히 중간중간에는 자유사상가들에 대한 명시적인 비판들도 등장한다. 『사기』를 통해서 '중국'이라는 개념이 성립하게 되듯이, 『마하바라타』를 통해서 비로소 '하나의 인도'라는 이념이 희미하게나마 모양새를 갖추었다고 하겠다.

브라만교로부터 힌두교로의 이행 즉 브라만교의 환골탈태는 특히 이 대서사시의 6권, 23~40장에 집약적으로 나타난다. 「바가바드기타」라 불리며 종종 별도로 다루어지는 이 대목은 「슈베타슈바타라 우파니샤드」와 더불어 힌두교 교리의 알맹이를 담고 있다. 「바가바드기타」가 가지는 핵심적인 의미는 아리아적인 것과 비-아리아적인 것의 종합에 있다. 「바가바드기타」는 『베다』의 전통, 특히 우파니샤드의 전통을 이어가면서도 거기에 반-바라문적인 사상들, 인도 토착민들에 의해 제시된 여러 자유사상들의 성과를 일정 정도 포용하고 있다. 특히 중요한 것은 「바가바드기타」에 이르면 바라문 계층의 특권과 엘리트주의가 비판의 대상이 되고, 바루나(/카스트)제도에 대한 일정한 저항이 눈에 띈다는 점이다. 「바가바드기타」는 해탈/구원[34]을 바라문 계층의 특권이 아니라 모든 사람들이 도달할 수

---

33) 『마하바라타』와 더불어 『라마야나』 또한 중요한 서사시로 꼽힌다. 「바가바드기타」의 판본으로는 다음을 사용했다. *The Bhagavadgita*, by Radhakrishnan(Harper Collins India, 2010). 함석헌 주석, 『바가바드기타』(한길사, 2003). 길희성 역주, 『바가바드기타』(서울대학교출판문화원, 2013).

34) 「바가바드기타」에는 우파니샤드를 이은 해탈의 사상도 들어 있지만, 또한 구원이 강조

있는 경지로 제시함으로써 불교와 더불어 평등주의에 한 발자국 다가섰다. 이렇게 「바가바드기타」는 아리아적인 것과 비-아리아적인 것, 바라문적인 것과 비-바라문적인 것을 혼융함으로써 높은 포용력과 경지를 이루었고, 이것이 이 서사시가 힌두교의 핵심 경전이 된 이유이다.

종교적인 맥락에서 눈에 띄는 것은 크리슈나에 대한 경배이다. 아리아족의 비슈누와 토착민의 신인 크리슈나를 동일시함으로써 아리아와 비-아리아의 화해를 이루고 있는 것이다. 종교의 역사에서는 이런 동일시, 그리고 위계화, 포섭 등의 작업이 큰 역할을 한다. 이 새로운 흐름에서는 크리슈나 신에 대한 '박티'가 중심 내용을 차지하며, 신에의 귀의와 구원이 설파되고 있다. 크리슈나 신은 때로는 브라흐만 자체와 동일시되기까지 하는 신이면서도, 오히려 때로는 아기로, 때로는 여인으로, 때로는 마부로, …… 화신하면서 삶의 구석구석에서 사람들과 함께하는 신이다. 절대신으로까지 인식되는 신이 다른 한편 귀엽고 사랑스럽고 친밀한 아이, 친구, 연인, ……으로 받아들여진다는 이 사실은 지중해세계 일신교의 신 개념과는 무척이나 대조적이다. 지중해세계 종교문화와 인도의 종교문화 사이의 분위기 차이를 뚜렷이 드러내주는 대목이 아닐 수 없다. 「바가바드기타」에는 형이상학적 원리로서의 브라흐만과 세계에 적극적으로 참여해 활동하는 비슈누/크리슈나가 동시에 등장한다. 두 신 개념 사이의 연계성이 분명하지는 않거니와, 이븐 루쉬드적인 신 개념과 알-가잘리적인 신 개념이 공존한다고 하겠다. 여기에서도 역시 아바타라의 존재론이 작동하고 있거니와, 화신은 인간이 신으로 올라가는 것이라기보다는 오히려 신이 인간으로 내려오는 것이라고 할 수 있다. 물론 이는 구원/해탈의 부정이 아니라 오히려 인간에 대한 신의 사랑의 긍정이라고 할 수 있다. 이 점에서 기독교 서

되고 있다. 우파니샤드의 해탈 사상이 전개되면서, 특히 '요가'가 상세하게 다루어진다. 그러나 또한 신에 대한 귀의와 구원이 강도 높게 설파되고 있어, 지중해세계의 일신교를 연상시키는 면이 있다. 니체는 기독교를 "대중을 위한 플라톤주의"라고 했는데, 이런 식으로 말한다면 「바가바드기타」는 대중을 위한 「우파니샤드」라 할 수 있다.

사와 통하지만 분위기는 비극적이기보다는 희극적이다. 아울러 「바가바드기타」는 "결과에 집착하지 않는 행위" 같은 윤리적 가르침을 풍부하게 싣고 있으며, 카르마를 부정하기보다는 업과 해탈을 조화시킬 수 있는 길들을 제시하고 있다.

철학적 맥락에서 본다면, 「바가바드기타」는 우선 우파니샤드를 잇고 있다고 볼 수 있다. 전체에 걸쳐서 우파니샤드의 핵심 교리가 계속 역설된다. "「우파니샤드」는 암소요 크리슈나는 젖 짜는 이, 아르주나는 송아지, 그리고 「바가바드기타」는 우유"라는 말이 이를 잘 말해준다. 그러나 이 서물은 BC 6세기 이래 전개된 다양한 반-정통적 사유들과 그에 대응한 정통파 사유들을 이미 겪고서 나온 문헌이다. 그렇기 때문에 여기에는 기성의 체계적인 철학사상들이 깃들어 있다. 그중에서도 중심을 이루는 것은 상키야철학과 요가철학이다. 언급했듯이, 상키야-요가 철학은 푸루샤=영혼/정신의 관조하에서 프라크르티=물질이 전개되는 이원론으로부터 푸루샤/브라흐만으로 다가서는 일원적 경지로 나아가는 사유 구도를 보여준다. 그리고 이런 나아감을 위한 실천적 행위로서 요가를 제시한다. 다만 철학 학파로서의 상키야-요가와 종교사상으로서의 「바가바드기타」 사이에는 작지 않은 뉘앙스 차이가 있다. 또, 「바가바드기타」에는 불교의 영향도 일정 정도 보인다. 불교는 타락한 바라문교를 비판하면서 강렬한 윤리적 메시지를 던졌는데, 이러한 메지시를 일정 정도 받아들이고 있다. 불교보다 강도는 약하지만, 「바가바드기타」 역시 당대의 타락상에 대한 윤리적 저항의 의미를 담고 있는 것이다. 여기에 인간이 자신의 의무를 다함으로써 해탈의 경지에 이를 수 있다고 본 카르마미맘사 철학의 영향도 엿보인다. 「바가바드기타」는 전문적 철학서라기보다는 힌두교 교리에 여러 철학들을 짜 넣음으로써 대중을 위한 우파니샤드의 역할을 했다고 할 수 있다.[35]

---

35) '후기 우파니샤드들', 『마하바라타』와 더불어 힌두교의 형성에 지대한 영향을 준 또 하

바라문교는 새롭게 등장한 자유사상가들의 분방한 사유들에 대응하면서 또 그중 일정 부분들은 받아들이면서 힌두교로 환골탈태하게 된다. 이후 힌두교는 그것에 도전한 다른 전통들 —— 불교, 이슬람교, 기독교 등 —— 에 의해 흔들리면서도 끝내 그 전통을 유지해 오늘날에 이르고 있다.

§2. 붓다의 가르침

붓다의 사유와 실천 역시 BC 6세기 인도 사유의 장 안에서 이루어졌다. 그러나 붓다의 사상을 비롯한 당대의 많은 사상들이 우파니샤드 철학과의 연계성에 입각했던 것이지 단적인 불연속에 입각했던 것은 아니다. 우리가 불교의 개념들, 교리들로 알고 있는 많은 내용들은 사실 우파니샤드 철학을 잇거나 변형한 것들이다. 우리가 기독교의 개념들, 교리들로 알고 있는 많은 내용들이 그리스 철학의 수용이나 변형인 것과 마찬가지이다. 불교이든 다른 종교/사상들이든 모두 인도 고유의 문제 - 장에서 이루어졌

나의 문헌은 『마누법전』이다. 이 법전은 힌두교의 구체적 행동 양식들을 규정하고 있다. 자유사상가들이 무너뜨린 전통을 다시 세우는 데 주력한 법전이다. 이에 따르면, 인간은 신들에게 원초적 빚을 지고 있고 그것을 갚는 것이 그의 의무이다. 인간은 신들의 제식을 위한 재료로서 만들어졌으며, 희생물이 되는 것을 면제받는 대신 신들에게 제식을 올려야 한다. 이는 순환적 논리이고, 또 인간의 태어남/존재함 자체가 애초에 희생물이 되기 위해서라는 끔찍한 논리이다. 즉, 인간이 삶을 부여받은 것 자체가 빚('리나')이며 인간은 그것을 갚아야 한다.(渡瀬信之, 『マヌ法典: ヒンドゥー教世界の原型』, 中公新書, 1990) 따라서 이 제식을 주관하는 계층이 최고의 계층이 되어야 한다. 그렇지 않을 경우, 인간의 존립 자체가 부정되기 때문이다. 이것이 바라문 계층이 세운 논리이고, 이로써 이들은 자신들의 특권을 계속 유지할 수 있게 된다. 이 빚의 논리(logic of debt)는 유대 - 기독교의 경우와 유사하다. 인간은 "원죄"를 지었기에 신에게 그것을 갚을 의무가 있다. 그러나 인간은 그럴 능력이 없기에, 신이 자신의 독생자를 보내 대신 빚을 갚게 해주었다. "너희들은 애초에 내게 죄를 지었다. 그런데 너희들은 그것을 갚을 능력이 없다. 그럼 내 스스로가 대신 갚아주마." 결국 빚은 더욱더 깊어지고, 불안감 또한 더욱더 깊어진다. 따라서 대중은 "구원"의 열쇠를 쥔 교회/사제 계층에 더욱더 매달리게 된다.

다고 할 수 있다. 불교의 출발점 역시 삶과 죽음의 고뇌에 있으며 그 궁극의 지향 역시 해탈에 있다. 붓다 사유의 중핵 즉 그의 고유한 사유는 고뇌가 어디에서 오는가에 대한 그의 철학적 해명에 있다. 이 해명을 위해 그는 삶/경험의 구조를 상세하게 분석하고, 그 분석 결과들 즉 존재요소들 사이의 관계 ── 생성하는 관계 ── 를 파악하고자 했다. 이것은 붓다가 고뇌와 해탈이라는 인도 사상의 장 안에서 사유했으나, 업과 윤회의 구조와 생성을 고유한 사유로써 분석해 발전시켰음을 뜻한다.

　철학사의 거장들이 모두 그렇듯이, 붓다 역시 기존의 사유들을 광범위하게 섭렵하고 그것들과의 대결을 통해서 자신의 사유를 다듬어내었다. 당대의 자유사상가들이 그 사상적 상이점들에도 불구하고 공통으로 목소리를 높였던 문제는 바라문교의 제식주의였다. 붓다 역시 당대 바라문교의 타락상을 강하게 비판했다. 당대 각종 종교들의 타락상은 지중해세계에서의 일신교의 독단 때문에 벌어진 타락상들을 연상케 하며, 붓다는 이런 경향에 강하게 저항했던 것이다. 또 그는 브라만교의 형식주의를 비판하면서, 제사 지낼 때의 의도/마음가짐〔思〕이 중요하다고 역설했다. 이는 '예(禮)'를 중시하면서도 거기에 '인(仁)'이 깃들지 않을 때 형식주의로 고착되어버림을 역설한 공자의 생각과도 통한다. 그러나 붓다는 자신의 교단인 상가＝승가(僧伽)를 만들어 신도들을 이끌었고, 승가의 통솔을 위해 계율(戒律)을 만들어 시행했다. 이 점에서 제도 자체를 거부한 인물들과는 구분된다.[36]

────

36) 그러나 붓다는 입적(入寂)에 이르러 "아난다여, '나는 교단을 거느린다'거나 '교단은 나의 지도를 받는다'고 생각하는 사람은 교단에 대해 무엇인가를 당부할 것이다. 아난다여, 그러나 여래에게는 '나는 교단을 거느린다'거나 '교단은 나의 지도를 받는다'는 생각이 없다. 그러므로 여래가 교단에 대해 무엇을 당부한단 말인가? (…) 그대들은 자신을 등불로 삼고 자신을 귀의처로 삼아 머물고, 남을 귀의처로 삼아 머물지 말라. 법을 등불로 삼고, 법을 귀의처로 삼아 머물고, 다른 것을 귀의처로 삼아 머물지 말라"고 말함으로써(「대반열반경」, 『디가 니까야 16』, II, §26), 자신의 삶의 의미가 제도종교의 통솔에 있지 않음을 분명히 했다.

붓다는 인식론에서도 중도를 취했다. 붓다는 바라문교의 신학을 비롯해 당대에 온갖 형태로 난무하던 형이상학적 사변들을 거부하면서 분명한 경험주의적 입장을 취했다.[37] 그러나 붓다의 경험주의는 소피스트들, 차르바카 등과는 달리 **추론을 인정하는** 경험주의이다. 당대의 여러 자유사상가들이 인식을 지각에 국한했으나, 붓다는 경험과 추론을 동시에 인정하는 입장을 취했다. 그러나 그는 인식론에서의 규준을 그 이상으로 늘리지는 않았다. 상키야 철학에서는 지각·추론과 더불어 언어 ──『베다의 권위』── 를 인정했고, 니야야 철학에서는 여기에 유추까지도 포함시켰다. 그러나 붓다는 바이셰시카학파와 마찬가지로 지각과 추론을 인식론적 규준으로 삼았다.

세계에 대한 결정론/비결정론의 문제는 인도 사유에서도 중핵을 차지했으며 여러 입장들을 낳았다. 여기에서도 붓다는 중도를 취한다. 즉, 한편으로는 차르바카식의 쾌락주의를 거부하면서도 다른 한편으로는 인과론을 끝까지 밀어붙여 결정론을 취한 바라문교 및 우연론적 숙명론을 취한 아지비카를 거부하면서, 인간의 노력에 의한 해탈 추구의 길을 찾았다. 인도철학 일반에서와 마찬가지로 불교에서도 인과론은 핵심적 역할을 한다. 붓다는 "이것이 있으면 저것이 있고, 이것이 생기하면 저것이 생기한다. 이것이 없으면 저것이 없고, 이것이 소멸하면 저것이 소멸한다"고 말했다. 이는 여기 또는 인연의 구조이다.[38] "모든 법〔존재요소들=entities〕은 '인'

---

37) 물론 이는 붓다 사유의 철학적 핵심에 초점을 맞추었을 경우이고, 붓다의 정신세계 전반은 어디까지나 당대의 인도 문화의 장에 속한다. 나아가 붓다의 사상 내용 그 자체에도 비-경험적 요소들은 많다. 우선 업과 윤회의 개념 자체가 그렇다. 그러나 붓다가 형이상학적 사변을 거부하면서 당시로서는 상당히 경험주의적인 입장을 취한 것은 분명하다.

38) '인(因)'과 '연(緣)'은 기본적으로 같지만, 후대에는 때로 '인'과 '연'을 명확히 구분하기도 한다. '인(hetu)'은 '몰고 감'을 뜻하며, 어떤 일의 직접적 원인을 가리킨다. '연(paccaya)'은 '의거함'을 뜻하며 어떤 일의 전반적 조건을 가리킨다. 비가 내리는 원인은 먹구름이지만, 먹구름은 갖가지 조건들을 배경으로 형성된다. 인과연쇄에서의 주(主)와 부(副)를 명확히 한 것이다.

과 '연'이 합해져 생성한다"는 것은 불교의 기본 원리들 중 하나이다.

붓다의 존재론은 생성의 존재론이다. 세계에 대해 단적인 존재의 입장과 단적인 무의 입상의 중도를 취한다. "세계의 발생을 있는 그대로 보는 자에게 세계의 단적인 존재라는 관념은 없다. 세계의 소멸을 있는 그대로 보는 자에게 세계의 단적인 무라는 관념은 없다. (…) '모든 것은 있다'가 하나의 극단이며, '모든 것은 없다'가 또 하나의 극단이다. 이런 양극단을 벗어나 중도를 취하는 것이 여래의 법이다."[39] 이 생성은 곧 12연기의 생성이다.

붓다에게는 이런 생성 자체가 '고(苦)'이다. 다른 많은 인도 철학자들과 마찬가지로 붓다 역시 삶이란 '고'라는 깨달음에서 사유와 실천을 시작했다. 생로병사가 고이다. 좋아하는 이와 헤어지는 것도, 싫어하는 이와 만나는 것도 고이다. 결코 채울 수 없는 것을 끝내 갈망하는 것 또한 고이다. 일체개고(一切皆苦) — 모든 것이 고통이다. 동북아 철학자들이 특정한 이유가 있는, 현실에서의 어떤 상황이 가져오는 고통 — '난세'의 고통 — 에서 출발한다면, 붓다는 삶 그 자체가, 삶과 죽음 그 자체가 존재론적으로 함축하는 고통에 민감했다.

그렇다면 붓다가 파악한 '일체'는 구체적으로 무엇인가? '모든 것'이 괴롭다 할 때, 그 모든 것은 무엇을 가리키는가? 붓다의 사유는 분석적이다. 그는 삶을 그것을 구성하는 요소들로 분석해서 파악한다. 그러나 붓다가 분석한 것은 오늘날의 과학이 다루는 '대상'과 같은, 인식 주체를 접어놓은 객관세계의 요소들이 아니다. 이 점에서 그리스 자연철학자들로부터 오늘날의 자연과학에까지 이어져온 '~소(素)', '~자(子)' 등과 같은 존재 요소들이 아니다. 그렇다고 붓다가 순수하게 인식 주체만을 분석한 것은 아니다. 붓다의 분석을 내면의 분석 또는 현대 식으로 말해 '심리학적' 분석이라고 보는 것도 잘못이다. 저기 보이는 구름이 내가 "없어져라!"고 외친다고 해서 없어지는 것이 아니듯이, 삶/경험을 채우는 인식 내용들이 순

---

39) 「깟짜나곳따경」, 『상윳따 니까야 12』, §§3~6.

수하게 인식 주체의 산물인 것은 아니기 때문이다. 붓다는 객관주의자도 주관주의자도 아니다. 붓다가 분석하려 한 것은 우리가 경험하는 세계, 살아가는 세계 자체이다. 그러나 불교의 출발점은 어디까지나 인간의 고뇌에 있기 때문에, 또 경험이란 결국 주관이 경험하는 것이기 때문에 방점은 주체 쪽에 찍힌다. 붓다는 고통을 느끼는 주체에 중점을 두면서도, 대상이나 주체를 분석하는 것이 아니라 인간의 '경험'을 분석한다.

붓다의 사유에서 삶/경험의 분석은 분석의 축/맥락에 따라 여러 종류로 나타나거니와, 특히 기초적인 것은 '오온(五蘊)'이다.[40] 오온이란 우리의 삶/경험을 구성하는 다섯 범주로서, 색(色)·수(受)·상(想)·행(行)·식(識)이다. 불교에서 감관은 눈·귀·코·혀·피부[眼耳鼻舌身]만이 아니라 마음[意]까지 포함한다. 이 여섯 감관과 맞물려 있는 '대상'이 색(보이는 것 일반)·소리·냄새·맛·촉감·사유대상[色聲香味觸法]이다. 전자인 6근을 '6내'로 후자인 6경을 '6외'로 일컫기도 하며, 양자를 합해 '12처(處)'라 한다. 붓다가 분석한 경험세계는 바로 이 6근(六根)과 6경(六境)이 맞물려 있는 세계이다.[41] 그리고 이 세계에서 우리가 확인하게 되는 경험적 사실들의 '최상위 유'가 바로 5온이다. 즉, 우리의 경험세계는 5온으로 분석되며 이 5온이 성립하게 되는 인식론적 구조가 12처이다. 인간은 12처로 조건 지어져 있기 때문에 5온의 세계를 살아간다고 요약할 수 있다.[42] 붓다

---

40) 5온과 곧 설명할 12연기 외에 6근과 6경, 또 12처, 18계 등 불교 사유에서는 삶/세계를 몇 가지 범주들(categories)로 분석해보려는 경향이 강하다. 붓다 사후 이런 분석을 보다 체계화해 발달시킨 갈래가 부파불교=아비달마불교이고, 이 사유의 세밀한 논의를 거부하면서 반(反)실체주의라는 붓다의 입장에 보다 직접 다가가려고 한 갈래가 대승불교이다.

41) 여기에 6식(안식·이식·비식·설식·신식·의식)을 더한 것이 18계(界)이다. 6식은 6근의 뒤편에서 좀 더 정신적인 작용을 하는 차원이다. 6식이 6경이 아니라 6근에 상관적인 이유는 6경의 변화는 6식을 변화시키지 않지만, 6근의 변화는 6식을 변화시키기 때문이다.(『구사론』, II) 플라톤이 말한 것처럼, 예컨대 눈에 이상이 올 경우 보는 마음도 온전할 수가 없다.(『테아이테토스』) 붓다가 같은 이야기를 5온, 12처, 18계로 달리 이야기한 것은 (공자가 그랬듯이) 자신의 설법을 듣는 사람들의 수준을 감안한 것이다.

는 이 12처를 넘어가서 이야기하는 것을 거부하며, 이 점에서 인식론상 경험주의자라고 할 수 있다.[43] 색은 물질성이다. 이는 자연과학에서 말하는 객관적 실재로서의 물질성이 아니라 우리가 경험하는 한에서의 물질성이다. '수'는 감응, 느낌(affection)을 뜻한다. '상'은 눈·귀·코·혀·피부·마음에 의한 색·소리·냄새·맛·촉감·사유대상의 지각(perception)을 뜻한다. '수'가 정서적 차원에서 성립한다면, '상'은 인지적 차원에서 성립한다. '행'은 유위(有爲, action)이다. 마음으로만 행한 경우(思)이든 실제 행동을 한 경우이든 인간주체가 만들어내는 모든 것이다. '식'은 정신작용이다. 붓다에게서 식은 독립적 실체가 아니다. 그것은 '안이비설신의'를 조건으로 하고 '색성향미촉법'에 대해서 성립하는 정신작용이다. 그래서 안식, 이식, 비식, 설식, 신식, 의식이라 한다. 이와 같이 인간의 삶/경험을 분석하면 크게 다섯 부류로 나뉘며, 이 다섯 부류를 분석해보면 여섯 가지의 인식 조건들과 여섯 가지의 인식 대상들이 발견된다.

이렇게 붓다는 우리의 삶을 구성하는 경험–요소들을 분석하고, 이후 그 경험–요소들을 생성케 하는 연기의 법칙을 설파한다. 그렇다면 다시 원점으로 돌아가 물어보자. 도대체 삶은 왜 그렇게 고통스러운가? 붓다는 이 경험세계를 '나'의 경험세계로 보고 '나'라는 실체와 굳게 결부된 실재로 여기는 데에서 집착이 생겨나며, 바로 이 집착이 '고'를 낳는다고 본 것이다. 이 때문에 '아'를 실체성을 갖춘 존재로 여기고(我執) 오온의 세계를 실재로 착각하는 것에서 벗어나, 모든 것이 연기의 법칙에 따라 생성하는 것일 뿐이라는 진실을 깨달을 것을 가르친다.[44] 제행무상(諸行無常), 제법

42) 6근·6경·6식과 5온의 관계는 다음과 같다. 안·이·비·설·신과 색·성·향·미·촉으로 이루어지는 차원이 색온이다.(앞에서의 색은 '봄의 대상'이라는 좁은 의미이고, 뒤에서의 색은 '감각되는 모든 것'이라는 넓은 의미임에 주의하자) 그리고 의와 6식으로 이루어지는 차원이 식온이다. 그리고 6경과 6근과 6식이 맺어질 때 성립하는 감응, 표상, 행위가 수온, 상온, 행온이다. 이 수온, 상온, 행온은 6경에서의 법에 해당한다.

43) 경험주의는 감각주의가 아니다. 감각주의는 경험주의의 극단적 형태이다. 붓다의 경험주의는 '식'과 '법'의 차원을 포함하기에 편협한 감각주의가 아니다.

무아(諸法無我). 이 제행무상·제법무아의 이치를 모르는 데에서 즉 '무지'에서 고통이 생겨나며, 없는 것을 있다고 믿으면서 거기에 **집착**하는 데에서 고통이 생겨난다. 단지 생성하는 것일 뿐인 것을 자성(自性) = 실체성을 띤 '존재'라고 생각하는 것이 집착이다. 불교의 지향은 이 아집을 타파하는 데에 있다. 집착에는 네 가지가 있다. 첫째는 감각적 쾌락에 대한 집착이다. 둘째는 자신의 생각에 대한 집착이다. 셋째는 사회적 관계들에 대한 집착이다. 넷째가 자아(에 대한 생각)에 대한 집착이다.

그러나 붓다는 '아트만'으로서의 '아'를 부정하는 것이지 삶을 살아가는 '나'를 부정하는 것은 아니다. 살아가면서 고를 느끼고, 그로부터 해탈하기 위해 노력하는 나는 분명 존재한다. 오온으로서 나타나는 인생의 짐을 지고서 살아가는 나는 존재한다. 그리고 나는 그 짐을 내려놓음으로써 해탈에 이르게 된다. 이 나는 일체개고, 제행무상, 제법무아의 진리를 깨달아 열반적정(涅槃寂靜)에 이를 수 있다.

그렇다면, 오온으로 구성된 아(我) = 아트만이 실재가 아니라면, 궁극적으로 제행무상이 세계/삶의 근본 원리라면, 세계는 어떻게 생성하는가? 만일 '생성'을 '존재'로 착각하고, '범' = 브라흐만과 '아' = 아트만이 없다는 것을 모르고 그런 착각에 집착하는 것이 고통을 가져온다면, 이제 해야 할 일은 그 생성의 과정을 파악하고 그 생성의 고리를 끊는 일일 것이다. 붓다가 파악한 생성의 법칙은 바로 연기 — 또는 인연(因緣 = nidāna) — 의 법칙이다. '연기'로 번역되는 'paticcasamuppāda'는 '~을 향하여 - 다가가 - 일어남(pati-icca-samuppāda)'을 뜻한다. '~에 - 연하여 - 일어남[緣起]'이다. 앞에서 인용한 "이것이 있으면 저것이 있고, 이것이 없으면 저것이 없다. 이것이 생기면 저것이 생기고, 이것이 소멸하면 저것이 소멸한다"는 구절은 붓다의 연기 개념을 잘 보여준다.[45] 브라만교가 모든 헛된

---

44) 「나꿀라삐따경」, 『상윳따 니까야 22』, §§10~19. 『마하박가』, I, §1.

45) 12연기는 앞의 문장에 초점을 맞출 경우 동시적으로 성립하는 것으로 이해되고, 뒤의

것들 아래에서 참된 '것'을 찾고자 했다면, 붓다는 모든 '것'들의 생성 아래에서 참된 법칙을 찾고자 했다. 붓다는 이 '것'들의 존재를 부정하지 않는다. 다만 모든 '것'들 즉 '다르마(dharma)'들은 자기동일성을 갖춘 실재가 아니라 ~에 – 연하여 – 일어난 존재들임을 역설할 뿐이다. 모든 '것'들은 순수 유도 아니고 순수 무도 아니며, 단지 조건 지어진 존재들일 뿐이다. 그러나 붓다는 존재론적 사유를 계속 밀고 나가지는 않았다. "불구덩이 속에서 허우적거리는 사람들에게 필요한 것은 불의 본성에 대해 논하는 것이 아니라 그 구덩이로부터 빠져나가는 것이다."

연기의 법칙은 붓다의 생성존재론이 허무주의가 아님을 시사한다. 허무주의가 세계/삶이란 오직 생성일 뿐이라고 생각한다면, 붓다는 생성의 가운데에서 작동하는 연기의 법칙을 읽어내고자 하기 때문이다. 붓다는 존재하는 모든 것은 무로 화하기 마련이기에 "절대로 해체되지 말라"고 하는 것은 있을 수 없는 일임을 강조하곤 했지만, 이 생성은 연기의 법칙에 따르기 때문에 그의 존재론은 결국 순환적 생성존재론(circular ontology of becoming)이라고 할 수 있다. 이는 '易'의 가운데에서 이치를 읽어내려 한 역학의 사유와도 같다. 붓다가 파악한 연기의 법칙은 무엇이었던가?

노사(老死)는 어디에서 오는가? 생(生)에서 온다. 생은 어디에서 오는가? 존재〔有〕에서 온다. 존재는 어디에서 오는가? 집착〔取〕에서 온다. 집착은 어디에서 오는가? 갈애〔愛〕에서 온다. 갈애는 어디에서 오는가? 느낌〔受〕에서 온다. 느낌은 어

문장에 초점을 맞출 경우 시간에 입각해 성립하는 것으로 이해된다. 이 때문에 12연기를 둘러싼 두 갈래의 해석이 등장하게 된다. 후자의 경우, 시간을 어떻게 설정하느냐에 따라 다시 세 갈래로 나뉜다. 찰나에 연기한다는 입장은 '연박(連縛) 연기설'로 불리며, 동시적 연기를 주장하는 입장에 사실상 근접한다. 과거 전체, 현재, 이후의 미래 전체에 걸쳐 연기한다는 입장은 '원속(遠續) 연기설'로 불린다. 직전 과거, 현재, 직후 미래 즉 삼세(三世)에 걸쳐 연기한다는 입장은 '분위(分位) 연기설'로 불리며, 부파불교 시대에 널리 받아들여졌다. 『맛지마 니까야』에서는 무명과 행이 과거에, 식·명색·육입·촉·수·애·취가 현재에, 유·생·노사가 미래에 할당되어 있다.

디에서 오는가? 촉(觸)에서 온다. 촉은 어디에서 오는가? 육입(六入)에서 온다. 육입은 어디에서 오는가? 명색(名色)[46]에서 온다. 명색은 어디에서 오는가? 식(識)에서 온다. 식은 어디에서 오는가? 행(行)에서 온다. 행은 어디에서 오는가? 무명(無明)에서 온다. 무명＝어리석음이 모든 것의 원인이다.(「붓다차리따」, XII)

무명을 조건으로 '행'이, '행'을 조건으로 '식'이, '식'을 조건으로 명색이, 명색을 조건으로 육입이, 육입을 조건으로 '촉'이, '촉'을 조건으로 '수'가, '수'를 조건으로 갈애가, 갈애를 조건으로 집착이, 집착을 조건으로 존재가, 존재를 조건으로 태어남이, 태어남을 조건으로 늙음과 죽음(…)이 발생한다.(「연기경」, 『상윳따 니까야 12』, §3)

인생은 고통이다. 그리고 업과 윤회의 이치에 따라 우리는 끝도 없는 생들을 다시 살아야 한다. 이 모두는 도대체 어떤 연유에서인가? 그 출발점은 무명과 행이다. 전생에서 진리 —— 사성제 —— 를 깨닫지 못한 무명과 씻지 못한 몸·말·마음의 행＝업이 우리를 다시 태어나게 한다. 그래서 우리는 어머니의 모태에서 '식' 즉 6근을 가지게 된다.[47] 그리고 세상에 태어나 각종 정신적-물질적 경험들 곧 오온의 세계로 들어가게 된다. 이는 곧 우리가 육입 즉 6근과 6경과 6식이 교직되는 여섯 장소를 살아가게 됨을 뜻한다.[48] 여기에서 '촉'이란 안·이·비·설·신·의라는 조건에 입각한 색·성·향·미·촉·법에 대한 안식·이식·비식·설식·신식·의식의 발생이 일어나는 것이고, 그 결과 '수' 즉 안촉·이촉·비촉·설촉·신촉·의촉의

---

46) '명색'은 『우파니샤드』에서 유래한 'nāmarūpa'를 번역한 말이다. 'Nāma'는 마음의 작용을, 'rūpa'는 물질의 작용을 가리킨다. 12연기설에서는 명색과 의식의 순서가 때로 바뀌기도 한다. 즉, '의식 → 명색'으로 논하는 곳이 있고 '명색 → 의식'으로 논하는 곳이 있다. 명색은 개아(個我)가 경험하는 모든 내용이다. 붓다의 '오온' 개념은 이 명색 개념을 발전시킨 것이라고 할 수 있다.
47) 「대(大)인연경」, 『디가 니까야 15』, §21.
48) 여기에서 명색과 육입의 순서가 문제가 된다.

느낌이 우리를 채운다. 그리고 이 식, 명색, 육입, 촉, 수라는 삶의 조건으로 해서 우리는 이제 갈애와 집착/번뇌의 늪으로 빠져 들어간다. 이 갈애와 집착/번뇌로 말미암아[49] 우리 삶은 무가 아닌 유의 세계를 만들어간다.[50] 그리고 이 때문에 결국 우리는 또다시 생로병사를 겪게 되는 것이다. 바로 이것이 존재/삶의 실상이다. 그러나 우리는 이 연기의 진리를 깨닫지 못하고, 모든 것을 '나'에 귀착시켜 '나'를 실체화한다. 바로 그렇기 때문에 윤회의 수레바퀴로부터 끝내 해탈하지 못하는 것이다.

그렇다면 이런 집착에서 어떻게 벗어날 것인가? 연기의 법칙을 반대 방향에서 생각해보면 될 것이다. 어리석음에서 유위가 생겨나고, 유위에서 차례로 의식작용, 심·물, 감관들, 접촉, 느낌, 갈애, 집착, 존재가 생겨나며, 결국 생(로)병사가 생겨난다. 따라서 어리석음을 끊으면 유위에서 해방되고, 유위를 끊으면 차례로 의식작용, 심·물, 감관들, 접촉, 느낌, 갈애, 집착, 존재에서 해방되고, 마침내 생(로)병사로부터 해방될 수 있다.

> 그리고 세존께서는 초야에 연기법을 순(順)·역(逆)으로 집중해 응시했다. (…) 무명이 없어져 완전히 끊어지면 행이 사라지고, 행이 사라지면 식이 사라지고, 식이 사라지면 명색이, 명색이 사라지면 육입이, 육입이 사라지면 촉이, 촉이 사라지면 수가, 수가 사라지면 애가, 애가 사라지면 취가, 취가 사라지면 유가, 유가 사라지면 생이, 생이 사라지면, 노사(…)가 사라지리라. 이 모든 고가 소멸하는 것이 같다.

---

49) '갈애(渴愛)'는 "tanhā"의 번역어이다. 욕망이라고도 할 수 있다. 이 갈애가 윤회를 가져오며 해탈의 장애물로서 작용한다. 따라서 끊음, 자름, 풂의 가장 핵심적 고비를 형성한다. 이는 아트만=브라흐만으로 가는 결정적인 고비가 욕망의 초탈에 있다는 힌두교의 입장과 상통한다. 갈애에는 감각적 쾌락에 대한 갈애[慾愛], 있음에 대한 갈애[有愛], 없음에 대한 갈애[非有愛]가 있다.

50) 존재에는 18계가, 크게 나누어 세 종류 ─ 삼유(三有) 또는 삼계(三界) ─ 가 있다. 하나는 감각적 세계 즉 욕계(欲界)로서, 이는 업에서 유래하는 존재이다. 두 번째는 형상(形狀)적 세계 즉 색계(色界)로서, 이는 현실세계에서 유래하는 존재이다. 세 번째는 무형상의 세계 즉 무색계(無色界)로서, 이는 탈-형상적인 세계에서 유래한다.

출발점은 무명에서 벗어나는 것이다. 고·집·멸·도라는 진리를 깨침으로써 무지를 벗어날 때, 몸서리치는 윤회의 쳇바퀴에서 벗어날 실마리가 마련된다. 이때 우리는 나쁜 업을 짓지 않기 위해 노력하고 선한 업을 쌓기 위해 노력하게 되며, 이와 같은 윤리적 행위를 통해서 윤회의 원동력인 업, 갈애/욕망, 집착을 점차 떨어내버리게 된다. 이렇게 업이 해소되면 우리는 윤회의 쳇바퀴를 벗어나게 되고, 그로써 당연히 식·명색·육입·촉·수의 고리를 잘라버리고 결국 갈애와 집착/번뇌라는 지긋지긋한 늪으로부터 빠져나올 수 있게 된다. 이로써 '유'의 길이 아닌 '무'의 길이 성립하게 되고, 마침내 생로병사의 고뇌로부터 해탈할 수 있게 되는 것이다. 12연기설이 윤회란 무엇인가에 대한 붓다의 사유라면, 역의 12연기설은 윤회로부터 어떻게 벗어날 것인가에 대한 사유라 하겠다.

12연기설은 고통의 원인과 그 해소의 열쇠를 제공한다. 그러나 붓다가 추구한 최종적인 경지는 해탈이며, 궁극적으로는 열반에 드는 것이었다. 그렇다면 실천적으로 어떻게 노력해야만 이러한 해방을 이룰 수 있는가? 붓다는 이 구체적 실천의 방식으로서 '팔정도(八正道)'를 제시한다. 붓다의 가르침을 올바로 깨닫는 '정견(正見)', 이 깨달음을 실천으로 옮기고자 하는 의지인 '정사유(正思惟)'는 불교적 실천의 토대이다. 정견은 바로 무지/무명에서 벗어나는 것이며, 불교적 진리를 깨닫는 것이다. 실재가 아닌 것을 실재로 착각해 그에 집착하는 것에서 벗어나 12연기설을 중심으로 하는 붓다의 가르침을 받아들이는 것에 정견의 핵심이 있다. 그리고 '정사유'는 정견을 통해 가지게 된 진리를 실천에 옮기겠다는 의지에 해당한다.

정견과 정사유에 입각한 실천의 구체적 내용으로서 제시되는 것은 바른 말(正言), 바른 행동(正業), 바른 생활(正命)이다. 남에게 거짓말하거나 험담을 늘어놓거나 욕을 내뱉거나 천박한 말을 지껄이는 것은 꼭 피해야 할 일이다. 항상 바른 말을 하는 것이 우리의 삶을 청정하게 해준다. 이것이 '정언'이다. 정업의 '업'은 좁은 의미에서의 업으로서, 타인/타자에게 선하게 행동하는 것을 뜻한다. 우파니샤드 철학에서 바른 행위는 제식주의를 뜻하는 경우가 많다. 그러나 붓다는 진정으로 바른 행위는 신들에게 예배를 드린다든가, 극단적 고행을 추구한다거나, 특정한 강에서 몸을 씻는다거나 하는 식의 행동들이 아니라는 점을 역설했다. 정업은 이런 외적이고 피상적인 행동들에 있는 것이 아니라, 타인을 해치는 행위나 사특한 행위 등을 멀리하고 늘 스스로의 마음을 가다듬고 타인/타자에게 선하게 행동하는 것에 있다 하겠다. 정명은 일상생활을 영위함에 있어 늘 구도자답게 행동하는 것, 의식주의 문제에서까지도 구도자답게 행동하는 것을 뜻한다. 정견과 정념이 불교적 실천의 원리/근본이라면, 정언·정업·정명은 삶에서 늘 일상적으로 실천해야 할 구체적 지침들이다.

그러나 살아가면서 끊임없이 흔들리는 것이 인간이다. 정언, 정업, 정명은 기본적으로 타인/타자와의 관계에 있어 윤리적인 태도를 말한다. 그러나 이런 윤리적 인간이 되려면 우선 스스로를 끝없이 다듬어야만 한다. 스스로를 계속 바로 세워야만 타인/타자에게의 윤리적 행위도 가능하다. 이 때문에 요청되는 것이 곧 '정정진(正精進)', '정념(正念)', '정정(正定)'이다. 정정진은 '정진'이라는 말 그대로 구도의 길을 줄기차게 밀고 나가는 것을 뜻한다. "자식과 아내도, 아버지와 어머니도, 재산도 곡식도, 친지들도, 모든 감각적 쾌락의 경계까지도 다 버리고, 무소의 뿔처럼 혼자서 가라."[51] 정념은 불교적 사유를 그치지 않고 늘 사유함을, 정정은 항상 올바른 사마디=삼매(三昧)에 몰두해 마음을 닦음을 말한다. 이로써 구도의 길을 흔들림 없이 걸어갈 수 있게 된다.[52]

팔정도를 닦아 구극의 지경에 이른 구도자는 니르바나='열반(涅槃)'에 들어서게 된다. "내가 출가한 것은 병듦이 없고, 늙음이 없고, 죽음이 없고, 근심과 더러움이 없는 안온의 열반을 얻기 위해서였다." 붓다가 추구한 열반은 어떤 것이었을까? 그것은 일종의 소멸이지만, 이 소멸은 객관세계의

---

51) 「무소의 뿔 경」, 『숫타니파타 1』, §26.
52) 팔정도 각각의 구체적인 내용에 대해서는 「대념처경」, 『디가 니까야 22』, §§21을 보라.

소멸도 아니고 주체의 물리적 소멸도 아니다. 그것은 불꽃이 꺼져버리듯이 갈애가 꺼져버린 경지이며,[53] 고요한 열락이 깃든 무의 경지이다. 그것은 에피쿠로스학파 등이 추구했던 '아타락시아'/'아파테이아'와 통한다. 완전한 열반은 살아서는 이루지 못한다. 살아 있다는 것은 타자와 영향을 주고받음을 뜻하기 때문이다. 그러나 이렇게 살아가는 가운데에서 열반을 추구하는 것은 의미가 있을 것이다. 온전한 열반은 무지와 업을 완전히 소멸시킨 경지에서 죽음을 맞이할 때 가능하다. 이 경지가 무엇인지 구체적인 언설로 표현하기는 어렵다. 붓다가 열반에 대해 구체적인 설법을 하지 않은 것은 이 때문일 것이다. 지중해세계의 신비주의가 신과의 합일 또는 접속을 뜻한다면, 붓다의 열반은 무지와 업이 완전히 소멸된 차원과의 합일 또는 접속이다.

붓다의 이상의 가르침은 '사제(四諦)'라 불린다. 처음에 붓다 사유의 출발점은 모든 것이 '고'라는 '고제(苦諦)'였다 —— 일체개고. 그리고 삶의 고뇌가 어떤 이치로부터 생겨나는가를 12연기설을 통해 통찰하는 것은 '집제(集諦)'이다 —— 제행무상. 그리고 고뇌로부터의 벗어남을 12연기를 거꾸로 생각해봄으로써 이해하는 것은 '멸제(滅諦)'이다 —— 제법무아. 마지막으로 멸제를 이룰 수 있는 길로서 제시된 8정도가 '도제(道諦)'를 이룬다 —— 열반적정(涅槃寂靜). 붓다의 이 4제는 우파니샤드의 사상과, 그리고 동시대에 나란히 등장한 지중해 문명에서의 소크라테스·플라톤·아리스토텔레스, 동북아 문명에서의 노자·공자의 가르침과 더불어 고대세계의 가장 위대한 가르침들 중 하나로 손꼽힌다.

---

53) 「왓차곳따 불 경」, 『맛지마 니까야 72』, §19.

❖ ❖ ❖

붓다의 사유는 여러 가지 아포리아들을 담고 있다. 존재/삶은 왜 꼭 '고'
로서 인식되어야/체험되어야 하는가? 그것은 그저 붓다 개인의 염세적이
고 비관적인 주관에 불과한 것일까? 아니면 그렇게 생각될 수밖에 없는 심
층적인 필연이 있는 것일까? 인생이란 힘겹고 슬픈 면을 담고 있다는 것에
대해서는 누구나 공감할 것이다. 그러나 존재/삶의 본질이 '고'에 있다는
생각에는 많은 사람들이 공감하지 못할 것이다. 그런 면들도 있겠지만, 삶
에는 훌륭하고 기쁘고 아름다운 면들도 많기에 말이다. 인생은 고라는 생
각을 주관적 가치판단이 아닌 객관적 명제로 만들 수 있는 충분한 논거는
붓다의 설법에서 찾기 어렵다. 그것은 일단은 다분히 직관적 느낌이라고
해야 할 것이다. 붓다의 이 가르침을 좀 더 탄탄한 근거 위에서 뒷받침할
수 있는가가 중요한 그리고 핵심적 아포리아라고 할 수 있다.

존재/삶의 본질을 고로 본 붓다의 생각은 자신의 사유와 실천을 지중해
세계의 철학자들이나 동북아세계의 철학자들과는 다른 방향으로 이끌었
다. 세상에 무수한 놀라운 일들이 있지만 인간만큼 놀라운 것은 없다고 본,
페르시아의 왕이 되기보다는 하나의 원인을 찾고 싶다고 한, 운명의 노리
개로서의 인간으로부터 점차 벗어나는 여정을 만들어낸 헬라스 철학자들
에게 붓다의 사유는 염세적인 것으로 보일 것이다. 또, 난세가 만들어내는
숱한 비극들에 힘겨워하면서도 존재/삶 자체는 비관적으로 보지 않은, 그
래서 세상 저쪽의 이야기보다는 세상 이쪽의 이야기들을 풍부히 만들어낸
동북아 철학자들에게 붓다의 사유는 비-현실적인 것으로 보일 것이다. 유
교의 관점에서 보면, 자기 자신의 내면적 고뇌를 해결하기 위해 부모와 처
자식, 조국을 버리고 떠난 붓다는 패륜아라고 해야 할 것이다. 그러나 붓다
가 안았던 고뇌와 그것을 둘러싸고 행했던 사유 및 실천은 인간이라면 누
구나 피할 수 없는 보편적 모습이라고 해야 할 것이다. '고'를 벗어날 수 있
는 인간은 없기 때문이다. 다만, 그런 모습은 존재/삶의 어떤 한 측면이지

모든 것이라고 말할 수는 없으리라.

붓다에게 아니 사실 당대 철학자들 대부분에게 삶이 '고'인 근본적 이유는 우선은 집착에 있었다. 삶을 구성하는 요소들에 집착하는 것, 보다 철학적으로 말한다면 그것들을 실체로 착각하는 것, 이런 집착이 결국 삶을 '고'로 만든다고 할 수 있다. 그리고 이와 같은 집착에서 벗어나지 못하는 한 윤회의 회로를 탈출할 수가 없다. 집착이 업을 낳고, 업이 윤회를 낳는다. 이 점에서 삶을 '고'로 인식하게 만드는 핵심적인 이론적 맥락은 곧 '업'과 '윤회'에 대한 믿음에 있다고 해야 할 것이다.[54] 결국 붓다의 사유 그리고 당대 대부분의 사유들에서 핵심적 아포리아는 업과 윤회의 사상이 받아들여질 수 있는가 하는 점이다. 붓다의 12연기설은, 그 자체로서도 해석의 여지가 많지만, 삼세(과거, 현재, 미래)의 연기로 해석될 경우에도 업과 윤회의 문제를 낳는다. 식 → (…) → 유/존재의 연기는 현재에서 확인되는 연기이다. 이를 다시 나눌 경우, 식 → 명색 → 육처 → 촉 → 수가 결국 애 → 취 → 유로 이어진다. 물론 이 연기의 고리는 너무 선형적이고 필연적으로 되어 있지만, 이는 심각한 문제는 아니다. 더 핵심적인 것으로 이러한 연기가 또다시 생로병사를 낳고 그 근본 원인은 무명과 행/업에 있다는 주장은, 무명이 곧 이 주장의 진리성에 대한 무지를 뜻한다는 (거짓의 근거를 주장 자체의 참에 대한 무지로 보는) 순환적 논변 구조는 접어놓는다 해도, 과거와 미래에 대한 형이상학적 전제 위에 서 있다고 해야 한다. 붓다의 이런 전제는 그가 때때로 말하는, 자신이 과거 전체를 통찰했다는 독단적 주장 위에 서 있다고도 할 수 있다. 그러나 이는 종교적 신봉의 대상이 될 수 있을지는 몰라도 철학적 주장으로서는 간단히 받아들일 수는 없는 것이며, 붓다 자신에 의한 경험주의의 천명과도 모순되는 태도이다. 결국 붓다

---

54) 붓다를 포함한 고대 인도 사상가들이 왜 삶을 고로 보았는가에 대해 오사와 마사치는 '식물연쇄(食物連鎖)' 개념에 입각해 흥미로운 가설을 제출하고 있다. 大澤眞幸, 『世界史の哲學: 東洋篇』(講談社, 2014).

의 12연기설은 업과 윤회의 형이상학에 기반을 두고 있으며, 이는 붓다 역시 고대 인도 사유의 에피스테메＝'인식론적 장' 안에서 사유했음을 의미한다.

업과 윤회의 사유에서, 붓다의 사유와 플라톤의 사유는 유사하면서도 대조적이다. 붓다와 플라톤은 공히 이승과 저승을 연속으로 보았다. 윤회와 상기설은 삶의 차원과 죽음의 차원에 연속성의 가교를 놓는다는 점을 공유한다. 플라톤에게 이 연속성은 죽음으로 인한 단절을 오히려 해방으로, "영혼의 감옥"으로부터의 탈주로 이해하게 해준다. 그러나 영혼은 자신이 지은 업에 입각해 육체의 감옥으로 되돌아와야 한다. 붓다에게도 역시 개아는 업의 상태에 따라 상이한 방식으로 윤회의 고리를 따라 다시 생을 살아야 한다. 그러나 이들에게 이 연속성의 끈은 정확히 반대의 뉘앙스를 띤다. 붓다에게 윤회의 고리는 어떻게든 끊어야 할 끈이며, 이런 해탈은 업을 완전히 씻음으로써만 가능하다. 반면 플라톤은 삶은 '고'라는 붓다의 직관을 공유하고 있지 않으며, 이는 그가 곧 윤회를 고통으로만 보지 않음을 함축한다. 태어난다는 것은 비록 육신의 감옥에 갇히는 것이지만, 이 세상을 실마리로 해서 이데아의 차원을 깨닫고 그것을 이 세상에 구현하는 것 — 정치 — 은 매우 가치 있는 것이기 때문이다. 바로 이런 이유에서 플라톤의 경우 본질적인 것은 업으로부터 해방되는 것이 아니라 **훌륭한 업을 쌓는 것**이다. 삶에서 탈주하는 것이 아니라 가장 '~다운' 존재가 되어 이데아를 현실화하는 것이 중요하다. 이 때문에 그에게서 정치철학은 그토록 큰 비중을 차지하는 것이다. 붓다에게서 중요한 것은 이승의 차원을 벗어나 다른 차원으로 옮아가는 것이었고, 그래서 그에게는 정치철학이 부재한다. 그러나 플라톤에게는 언제나 아나바시스와 카타바시스가 동시에 중요했다.

붓다의 사유는 기독교의 그것과도 다르다. 플라톤의 사유가 세계에 대한 내재적 분석을 통해 이데아를 발견한 사유라면, 기독교는 초월적 차원에 대한 믿음을 통해 형성되었다. 이는 달리 말해, 플라톤에게서는 아페이론에 의한 연속성이 주요하게 다루어진다면 기독교는 아페이론을 초월한 사유라는 것을 뜻한다.[55] 기독교는 세계에서 단 일회 일어난 사건 즉 예수의 부활을 '믿는' 종교이며, 예수가 '그리스도'임을 선포하는 '케리그마'의 종교이다. 그러나 붓다의 사상은 이런 식의 믿음과는 거리가 멀며, 플라톤의 경우와 마찬가지로 세계의 근본 이치를 깨닫고 그에 입각해 길을 찾으려 한 사유이다. 기독교의 서사(신의 창조, 원죄와 대속, 예수의 부활, 최후의 심판 등)는 이들에게는 매우 낯선 서사이며, 아마 현대 식으로 말해 일종의 흥미진진한 소설로 느껴질 것이다. 기독교가 종교로서의 성격을 짙게 띠고 있다면, 불교는 붓다 자신에게만 초점을 맞출 경우 글자 그대로 해석해 '붓다의 가르침'이라는 철학을 뜻한다고 볼 수 있다. 불교는 대승불교에 이르러 본격적인 종교로서의 성격을 띠게 된다고 할 수 있다.

예수 이야기와 붓다 이야기에는 큰 분위기 차이가 있다. 예수는 당대 사회 —— 로마에 의한 식민통치와 유대인 사회의 현실 —— 한가운데로 뛰어들어 사회를 바꾸려 했지만, 붓다는 오히려 당대 사회의 바깥으로 벗어나 시대를 바꾸려 했다. 예수의 성전 파괴는 단지 숭고한 영혼의 소유자가 타락한 성전의 장을 부정한 행위가 아니라, 유대교 기득권에 대한 가장 직접적인 도전이었다. 성전은 유대교 기득권자들의 온갖 탐욕이 교차하는 시장이었기 때문이다. 사제들이 예수를 굳이 제거하려 한 것은 그가 당대 모순의 신장부를 무너뜨리려 했기 때문이다. 그런 만큼 여기에는 음모, 배신,

---

55) "학문이라는 것은 (…) 주어지는 것을 내부에서 분석을 해야 해. 그래가지고 거기서 언제든지 동일성을 구해야 하는데, 우선 공간화하는 데서부터 출발하니까, '반복'해야만 거기에서 '이론'이 나온단 말이야. '법칙'이 나와야 할 것 아냐. 그런데 반복한다는 것은 (…) 연속성 속에 들어가 있다는 얘기야. (…) 기독교에서는 그 일자가 초월이야. 초월한다는 것은 요컨대 아페이론과 관계가 없다는 얘기야. 이것은 항상 아페이론과 관계가 맺어져 있고, 그러나 그것은 반복하지 않아. (…) 그것은 한 번뿐이야. (…) 모순만 갖고 해. 모순은 두 번 나타나면 진정한 모순이 아니야. (…) 우주도 한 번만 해야 되고 그러니까 예수도 한 번만 나왔다는 것 아냐. 신의 아들은 한 번뿐이라는 것 아냐." (박홍규, 『베르그송의 『창조적 진화』 강독』, 민음사, 2007, 310~311쪽)

폭력, 피, 죽음의 이야기가 있다. 반면 붓다는 인도 사회의 바루나(/카스트)제도 바깥으로 나아갔다. 승가는 불가촉천민과 더불어 바루나(/카스트)제도의 바깥에, 그러나 서로 그 반대편 극에 놓였다. 브라만은 바루나(/카스트)제도 내의 최상층을 차지했지만, 승가는 아예 그 바깥으로 초월해갔다. 예수를 따랐던 사람들은 사회 최하층에서 살아가던 사람들이었지만, 붓다의 승가에 들어온 사람들은 거의 귀족과 상인의 자제들이었다.[56] 예수는 혁명을 주도했지만, 붓다는 해탈을 주도했다.

두 사람의 최후 역시 이런 대조에 걸맞은 방식으로 이루어졌다. 예수는 최후의 만찬에서 말한다. "이것〔빵〕은 내 살이요, 이것〔포도주〕은 내 피이다." 예수의 삶은 자신의 살과 피를 바친 위대한 실천의 삶이었다. 예수의 드라마에는 항상 피의 이미지가 따라다닌다. 대조적으로, 붓다가 입적했을 때 그의 시신은 불에 태워진다. 남은 것은 끈적하고 새빨간 피가 아니라 그의 뼈로부터 남겨진 깔끔한 회백색의 재뿐이다.[57] 붓다의 사리는 여덟 개로 나뉘어 후에 불탑에 안장된다. 예수도 붓다도 '호모 사케르'(법 바깥의 존재)였지만 그 존재 양상은 사뭇 달랐다. 예수의 피와 살은 이후 지중해세계의 역사에 깊이 스며들고, 붓다의 뼈/재는 그 후 아시아세계의 역사에 깊이 스며든다. 그러나 그 방식은 대조적이었다. 예수의 피(십자가, 성의, 가시면류관, 못, 롱기누스의 창)는 그 후 긍정적으로든 부정적으로든 지중해세계의 사회체제 내에서 계속 작동하면서 그 역사를 좌우했다. 그러나 붓다의 실천은 바루나(/카스트)제도 바깥에서 이루어졌다. 붓다는 "행위로 말미암아 천한 사람도 되고, 행위로 말미암아 바라문도 되는 것"이라고 하

---

56) 인도의 카스트제도하에서는 바이샤·수드라 계층이 출가하는 것 자체가 힘들었다고 보아야 할 것이다. 훗날 대승불교에 의해 '재가승(在家僧)'이 허용된 것도 이런 맥락에서 이해할 수 있다.

57) 이런 차이는 미술에서도 나타난다. 불화들에 나타나는 붓다와 보살들은 부드러운 미소와 은은한 눈길로 그려졌지만, 지중해세계 중세 종교화에 나타나는 예수와 성인들은 일그러진 입과 (무언가를 뚫어지게 응시하는) 튀어나온 눈으로 그려져 있다.

면서 바루나(/카스트)제도를 부정했으나, 그 부정은 승가의 테두리 내에서 이루어진 즉 거꾸로 말해 바루나(/카스트)제도 바깥에서 이루어진 부정일 뿐이었다. 바로 그렇기 때문에 그 부정은 이 제도에 하등의 위협이 되지 않았다. 기독교가 이론적으로 초월적이었지만 실천적으로는 내재적이었다면, 불교는 이론적으로 내재적이었지만 실천적으로는 초월적이었다. 불교가 붓다의 사유를 더욱더 종교적으로 만들었을 때 즉 대승불교가 되었을 때, 비로소 불교의 실천이 보다 내재적으로 된 것은 시사적이다.

8장 존재와 생성 사이에서

붓다 입적 후 불교 교단은 어미 새를 잃은 새끼 새들 같은 처지에 놓이게 된다. 그러나 붓다는 입적하기 전에 이렇게 말했다. "아난다야, 너희들은 이렇게 생각할지도 모르겠구나. '스승님의 가르침이 이제 사라져버렸다. 이제 스승님은 떠나버리셨다.' 하지만 아난다야, 그렇게 생각하지 말거라. 내가 떠난 후에는, 내가 지금까지 가르치고 세워놓은 법(法)과 율(律)을 너희들의 스승으로 삼으려무나."[1] 붓다의 유지를 받들어 그를 이은 불교도들은 네 차례에 걸쳐서 대(大)결집을 시행하며, 이 과정을 통해서 만들어진 것이 『니까야』/『아함경』이다.

그러나 시간이 흐르면서 붓다의 법과 율에 대한 해석이 갈라지게 되고, 마침내 교단은 균열되기에 이른다. 처음에는 붓다의 가르침을 액면 그대로만 따라야 한다고 주장한 '상좌부(上座部)'와 그것을 보다 유연하게 해석하고자 한 '대중부(大衆部)'로 갈라졌으며, 이후 여러 갈래들로 더욱 세분된다. 이처럼 다원화된 불교를 '부파(部派)불교'라 부르며, 내용상으로

---

* 이하 8~12장에 나오는 모든 연도 및 세기는 기원후 즉 AD의 것이다.
1) 「대반열반경」, VI, §1.

는 아비달마불교라 부른다.[2] 아비달마불교는 붓다의 가르침을 분석적으로 더 파고들었으며, 이로써 '경'과 '율' 외에 많은 '논(論)'들이 성립하기에 이른다. 이 셋을 합해 '삼장(三藏)'이라 부른다.

§1. '법'이냐 '공'이냐

아비달마＝법론(法論)

상좌부와 대중부는 18부 또는 그 이상에 달하는 부파들로 계속 분열되었으며, 상좌부가 철학적 성격이 강하여 많은 논서들을 남긴 데 비해 대중부는 종교적 성격이 강한 갈래로서 이어지게 된다. 상좌부의 갈래들 중 큰 족적을 남긴 갈래는 상좌부(좁은 의미), 설일체유부(說一體有部), 경량부(經量部), 독자부(犢子部) 등이다. 상좌부와 설일체유부는 붓다 사유에서 분석적 측면을 이어받아 발전시켰다. 붓다가 '5온' 등으로 삶의 세계를 분석해 보았다면, 이들은 훨씬 세부적인 분석을 추구했다. 더는 분석할 수 없는 존재요소(entities)는 다르마＝'법'으로 불렸으며, 법의 존재와 법들 사이의 관계에 대한 분석이 이들 사유의 중추를 형성했다. 설일체유부라는 말이 시사하듯이, 이들은 '일체 유' 즉 모든 존재를 분석하고자 한 것이다. 물론 모든 존재들은 연기의 법칙에 따라 순환한다. 그러나 아비달마불교는 이렇게 순환하는 '것'들 자체는 분명 존재한다고 보았다. 그렇지 않을 경우 도대체 무엇이 어떻게 순환하는지조차 제대로 설명할 수 없다고 본 것이다. 이들의 사유는 붓다의 생성존재론을 그대로 따르기보다 생성하는 가운데 생성하지 않는 실체들을 추구했다는 점에서 실체주의(substantialism)라 또

---

2) '아비달마(阿毘達磨)'는 'abhidharma'를 음역한 것이다. '다르마(法)'는 'entity', 'being' 또는 'reality', '아비-다르마'는 'on being' 또는 'on reality'라 할 수 있다. 결국 아비달마불교는 서구 철학에서의 '존재-론'에 해당한다.

는 현상의 깊은 곳에는 불변의 본질들이 존재한다고 믿은 점에서 본질주의(essentialism)라 불릴 수 있으며, "'아'는 공에 불과하지만 '법'들은 실재한다(我空法有)"의 입장을 취했다.

이에 비해 경량부와 독자부는 상좌부, 설일체유부가 붓다의 본지를 배반하고 실체주의로 빠졌음을 비판했다. 이들은 삼세(현재, 과거, 미래)에 걸쳐서 항존(恒存)하는 법들의 존재를 부정했으며, 오로지 현재 생성하는 세계만을 인정했다. 세계는 찰나(刹那)에 생멸하기 때문에 단지 추론으로써만 알 수 있다. 이들은 이렇게 함으로써 붓다의 반-실체주의로 회귀하고자 했다. 그러나 철저한 반-실체주의로 갈 경우 업과 윤회를 설명하지 못하는 것은 물론, '세계' 그 자체가 환각으로 화해버리는 결과를 낳는다. 예컨대 세계는 매순간 생성하므로 지금 내가 보는 것들은 사실 내가 조금 전에 본 것의 그림자에 불과하게 된다. 이 때문에 이들은 다시 생성의 밑바닥에서 어떤 '식'을 읽어내려 하기에 이른다. 이런 경향은 훗날 '유식불교'로 이어지게 된다. 이와 같은 흐름에서 볼 수 있듯이, 불교의 사유에는 늘 세계의 근본 실체를 인정하려는 **실체론적 경향**과 철저한 생성존재론으로 가려는 **생성론적 경향**이 그리고 다른 축에서 보면 객관적 차원을 인정하려는 **실재론적 경향**과 모든 것을 마음의 문제로 보려는 **유심론적 경향**이 긴장을 형성하게 되며(반드시는 아니지만, 실체론과 실재론이 잘 결합한다면 다른 한편에서는 생성론과 유심론이 잘 결합한다), 이런 긴장은 이후 전개되는 불교의 역사 내내 이어지게 된다.

상좌부는 신체의 차원에서 성립하는 28색법(色法)과 정신의 차원에서 성립하는 52심소법(心所法)을 상세하게 분석했으며, 여기에 마음 자체('식'의 작용)인 심법을 합해 81개의 유위법을 제시했다. 그리고 열반이라는 하나의 무위법을 더해, 82개의 법으로 모든 것을 분석했다.[3] 설일체유부는 11색법, 46심소법, 1심법, 14심불상응행법(心不相應行法)의 72개의 유위법

---

3) 붓다고사, 대림스님 옮김, 『청정도론(淸淨道論)』(초기불전연구원, 2004), XIV~XVII.

과 3개의 무위법으로 분석해, 총 75개의 법으로 모든 것을 분석했다. 부파불교는 이처럼 '아공법유'의 존재론에 입각해 다르마들을 상세하게 분석해 붓다의 사유를 이었다. 설일체유부의 다르마 분석, 특히 바수반두＝세친(世親)의 『구사론』[4]이 이런 식의 분석적 사유를 전형적으로 보여준다.

법＝다르마란 무엇인가? 법이란 "자상(自相)을 보유하는 것", "고유의 속성과 작용을 가지는 것"이다. 즉, 법이란 변하는 이 세계에서 그 자체는 변하지 않는 자성(自性)＝자기동일성을 가지는 것이며 각각의 법은 그 고유한 속성 및 작용을 띤다. 또, 법은 더 이상 분석할 수 없는 것, 타자들은 그것에 의존해도 그것은 타자들에 의존하지 않는 것이다. 이 점에서 다르마는 지중해세계 철학에서 말하는 '실체'와 거의 일치한다. 그러나 불교 전통에서 실체로서 파악된 실제 내용들은 매우 다양하다. 법은 그중 특히 라이프니츠의 모나드와 유사하다. 법은 자기동일적 실체이지만, 그 각각이 질적 특성들을 갖추고 있다는 점에서 그렇다. 그러나 내용상 법은 지중해세계 존재론의 어떤 실체와도 다르다. 지중해세계 존재론은 객관세계를 분석해서 그 궁극에서 얻어낸 실체들을 말하지만, 불교의 실체들은 경험세계를 분석해서 얻어낸 것들이기 때문이다. 다르마는 자연철학자들이 제시한 아르케들이나 플라톤·아리스토텔레스의 에이도스 또는 훗날의 모나드 등과 존재론적 지위를 달리한다. 그러나 아비달마불교가 경험세계를 낱낱이 '분석'해서 그 존재요소들을 파악하고 그것들의 결합으로 삶을 이해하는 한, 그것은 넓은 의미의 원자론 즉 분석적 환원주의의 성격을 공유한다고 할 수 있다. 삶의 모든 것들을 '법'들로 환원하고 궁극적으로는 그

---

4) 世親, 『俱舍論』(全 4卷)(佛教書林中山書房, 2005). 『아비달마구사론』, 권오민 역주(동국역경원, 2002). 『아비달마구사론』, 박인성 역(주민출판사, 2006). 바수반두는 아비달마가 만개한 후에 그 핵심을 총정리했다고 할 수 있으며, 특정한 부파에 집착하기보다 기존 부파불교들의 업적을 폭넓은 안목으로 종합하면서 이 저작을 썼다. 이 저작은 기본적으로는 『발지론(發智論)』과 『대비바사론(大毘婆沙論)』을 이은 설일체유부적 저작이지만, 설일체유부의 문제점들에 대해서는 (주로 경량부의 입장에서) 비판을 가하고 있기도 하다.

로써 '무아'를 깨달아 해탈하려 했다는 점이 불교로서의 아비달마 사상이 갖는 고유한 측면이다.

바수반두는 법을 크게는 번뇌가-자라는-법〔有漏〕과 번뇌-없는-법〔無漏〕으로 나누었다. 번뇌가-자라는-법은 무엇인가? 그것은 업이 쌓임으로써 번뇌가 커지는 경우들에 연관되는 법 —— 유위법(有爲法) 즉 '행함[5]이-있는-법' —— 이다. 하지만 8정도를 행할 때는 어떤가? 업과 번뇌를 씻어내기 위해 8정도를 행할 경우, 이 또한 행함이기에 결국 업과 번뇌가 커질 뿐인가? 이는 4제 이론에 모순을 불러온다. 이 때문에 모든 행함과 연관되는 법은 유루의 법이지만, 8정도의 행함만은 예외가 되어야 한다. 그래서 유루의 법은 곧 유위법이지만 8정도-행함을 뺀 유위법이다. 거꾸로 말해, 유위법은 모든 유루의 법과 8정도-행함을 포괄한다. 번뇌-없는-법은 무엇인가? 그것은 곧 행함과 번뇌가 소멸한 경우에 연관되는 법 —— 무위법(無爲法) 즉 '행함이-없는-법' —— 이다. 그러나 8정도-행함은 유위법이기는 하지만 유루의 법은 아니다. 따라서 무루의 법은 무위법과 8정도-행함을 포괄한다. 무위법에는 세 종류가 있다. 공간과 택멸·비-택멸이다.[6] 즉, 무루의 법은 8정도-행함, 공간, 택멸, 비-택멸을 포함한다.

부파불교에서 분석의 대상은 유위법(/유루의 법)의 세계이고, 도달해야

---

5) 여기에서 '행함'이란 매우 넓은 의미로서, 현상세계 전체를 가리키는 말이다. '제행무상'에서의 '행'에 해당한다. 유루/유위의 세계에서 무루/무위의 세계로 가는 것은 결국 이 '제행무상'(과 '제법무아', '일체개고')을 깨닫는 과정이다.

6) 공간은 막힘이 없는 것이다. 그 안에서 온갖 색(色)이 운동한다. 플라톤의 '코라'와 비교된다. 색은 유위법에 속하지만, 공간에는 애초에 번뇌가 없다. 바수반두는 공간은 뉴턴적으로 이해했지만, 시간은 아리스토텔레스나 스토아적으로 이해했다. 시간은 '위'/'행'에서 파생하는 것이다. 일체의 존재는 과거, 현재, 미래의 3세(三世)에 걸쳐 생성한다. 택멸(擇滅)은 4제를 택해 진리로서 깨닫고 수행함으로써 번뇌가-멸한-법의 세계 즉 열반을 말한다. 비-택멸은 이런 과정 없이 즉 '택'의 과정 없이 미래에 항존하는 열반이다. 무위법은 5온에는 속하지 않으며, 12처/18계에서는 법처/법계에 속한다. 유루/유위에 대한, 무루/무위에 대한 생각은 상좌부, 설일체유부, 경량부에서 각기 다르게 나타난다.

할 곳은 무위법(/무루의 법)의 세계이다. '유위'란 무엇인가? '인'과 '연'에 의거해 생성하는 것들이다. 이 생성의 핵심 조건들/실체들이 유위법들이다. 그렇다면 유위법에는 어떤 것들이 있는가? 바로 5온, 12처(6근과 6경), 18계이다. 안·이·비·설·신과 색·성·향·미·촉으로 이루어지는 것이 색온이다.[7] 그리고 6근·6경·6식이 교차하는 것이 '촉'으로서, 이로부터 수온·상온·행온이 생겨난다. 부파불교의 작업은 이 5온/12처/18계를 더욱 세분해서 제법(諸法)을 밝혀내는 것이다. 달리 말해, 세계에서 드러나는 차이들을 변별해 거대한 '차이들의 체계', 차이들의 표를 만들어내는 것이었다. 이 점에서 지중해세계 존재론에서의 범주론과 비교해볼 수 있고, 또 동북아세계 상수학에서의 상응체계와도 비교해볼 수 있다.

바수반두는 유위법을 5위(位) 75법으로 변별한다. 11가지 색법, 1가지 심법, 46가지 심소법, 14가지 불상응행법, 3가지 무위법이 바로 5위 75법이다. 11가지 색법은 바로 5근과 5경 그리고 무표색[8]이다. 1가지 심법이란 바로 심=마음(6근 중의 의, 5온 중의 식온, 그리고 6식을 포괄)을 말한다. 어느 철학 전통에서나 그렇듯이, 여기에서도 마음에 대한 논의는 매우 복잡하다. 마음(citta)은 업·집착·번뇌의 뿌리이며, 이 마음이 실체가 아니라는 것(無我)을 깨닫는 것, '아집'에서 탈피하는 것이 불교의 핵심이다. '心'은 존재들을 식별하는 기능을 하는 데서 '識(vijñana)'으로도 불리고, 생각의 기능을 하는 데서 '意(manas)'라고도 불린다.[9] 아비달마불교는 유식불교처럼 "일체유심조(一切唯心造)"를 말하지는 않지만(법들은 모두 실재하는

---

7) '의'와 6식은 '마음'=심법으로 분류된다. 마음의 작용에 상관적으로 존재하는 법들(46개)은 6경 중의 '법'에 속한다.

8) 외부로 나타나지 않는 색. 행위를 할 때 생성하는 10가지 표색(表色)과 구분되는, 행위를 할 때마다 생겨나지만 '표'되지 않는 색. 무표색을 굳이 법으로 상정해야 하는가에 대해서는 논쟁이 많았다.

9) '심'이 온갖 기억을 다 담고 있는 차원으로서 과거의 성격이 강하다면, '식'은 무엇인가를 표상하고 판단하는 현재의 성격이 강하며, '의'는 무엇인가를 예기하고 의도하는 미래의 성격이 강하다. 집기(集起)가 심에, 요별(了別)이 식에, 사량(思量)이 의에 해당한다.

실체들이다), 여기에서도 마음이 중요한 역할을 하는 것은 마찬가지다. 설일체유부는 마음과 마음의 작용들=심소법을 구분한다. 마음은 그 작용들을 보듬는 공간 같은 역할을 한다고 할 수 있다. 마음의 작용에는 어떤 작용들에도 늘 관여하는 10개 법(受, 想,[10] 思, 觸, 欲, 慧, 念, 作意, 勝解, 三摩地), 선한 마음에 관여하는 10개 법(信, 不放逸, 輕安, 捨, 慚, 愧, 無貪, 無瞋, 不害, 勤), 오염된 마음에 관여하는 6개 법(癡, 放逸, 懈怠, 不信, 惛沈, 掉擧), 선하지 못한 마음에 관여하는 2개 법(無慚, 無愧), 오염된 일부 마음에 관여하는 10개 법(忿, 覆, 慳, 嫉, 惱, 害, 恨, 諂, 誑, 憍), 선/불선에 관계없이 마음에 관여하는 8개 법(尋, 伺, 睡眠, 惡作, 貪, 瞋, 慢, 疑) 등 총 46법이 있다. 불상응행법 즉 마음에 직접 관여하지는 않는 추상적인 법들로는 14개(得, 非得, 同分, 無想果, 無想定, 滅盡定, 命, 生, 住, 異, 滅, 名, 句, 文)가 있다.[11]

이와 같은 번쇄한 범주론은 다른 학파들의 비판을 받기도 했고 같은 부파불교 내에서도 많은 논쟁들을 낳았지만, 어쨌든 경험세계의 차별상(差別相)들을 세밀하게 분석한 시도의 극치를 보여준다고 하겠다. 그렇다면 이 75법, 특히 3개 무위법을 뺀 72개 유위법은 어떻게 인·연을 맺어가는가? 75법의 '구조'를 그것들의 '생성'으로 보완해야 한다. 이는 연기설을 잇는 것에 다름 아니다. 설일체유부/바수반두는 원자론과 유사한 논법을 제시한다. 우리가 경험하는 현상들은 결국 법들이 찰나찰나 인연화합(因緣和合)하여 발생한다는 것이다. 현상으로부터 생각해보면, 현상들을 분석해보

---

10) '수'와 '상'이 심소법의 일부로 들어 있는 것은 포함관계상에서 혼란을 일으킬 수 있다. 이 두 법은 심소법 중의 두 가지이지만, 특별히 중요하기 때문에 오온에 포함시킨 것이라고 보면 된다. 모든 욕망에 대한 집착과 견해에 대한 집착이 '수'와 '상'에서 유래하기 때문이다.(『구사론』, I)

11) 『구사론』, IV~V권에 자세히 해설되어 있다. '(심)불상응행법'에서 '상응'은 마음과 마음의 작용들 사이의 상응이다. 심법과 심소법 46가지를 실체와 그것의 양태들로 파악하지 않고 모두 법들로 실체화했기 때문에, 마음과 마음의 작용들 사이의 관계를 어떻게 파악하느냐가 문제가 된다. 내용은 다르지만, 『프로타고라스』에서 논의된 '덕성들의 통일성' 문제와 같은 논리적 구조를 가진 문제이다. 이 때문에 마음과 그 작용들의 '상응'이 논구되었다. '불상응'이란 바로 이 상응에 해당하지 않는 것을 뜻한다.

면 언제나 거기에는 법들이 인·연하고 있다는 것이 된다. 여기에서 시간은 생성의 선험적 지평으로 이해되지 않는다. 시간은 이런 인연이 일으키는 파생적 존재, 라이프니츠식으로 말해 '계기의 질서(순서)'일 뿐이다. 그렇다면 '인'과 '연'은 어떤 식으로 '과'를 만들어내는가? 인/연과 과의 관계 구조는 어떤 형태를 띠는가? 이는 학파에 따라 여러 가지 방식으로 논의되었던 문제이다. 설일체유부/바수반두는 '인'·'연'과 '과'가 이루어지는 다양한 방식들을 개념화함으로써 매우 정교한 인과론을 제시했다.[12]

삶이란 이 법들과 그것들 사이의 인연·과가 찰나찰나 일으키는 생성의 과정이다. 이 과정이 인간에게 '번뇌(煩惱)'를 일으킨다. 번뇌란 인간의 마음을 오염시키는 것이다. 탐욕, 분노, 오만, 무지/무명, 억견, 의심 같은 번뇌가 대표적이다. 번뇌의 종류에 대한 많은 분석들이 있거니와, 갖가지 번뇌들을 모두 모아놓은 것이 바로 '108번뇌'(욕계의 번뇌 36종, 색계의 번뇌 31종, 무색계의 번뇌 31종, 그리고 10종의 얽힘〔纏〕)이다.[13] 번뇌는 현대 식으로 말해 무의식에 잠복해 있다가 수시로 고개를 내밀어 심신을 괴롭힌다. 불교가 목표하는 것은 결국 이 번뇌들로부터 해탈하는 것이다. 아비달마 불교는 법의 구조와 생성을 세밀화했듯이 번뇌를 끊는 멸제·도제의 과정도 매우 세밀화했다. 특히, 상세히 분절된 깨달음의 길에 명확한 순서(3賢 →4善根 →유학도 →무학도)를 부여해 수행자들로 하여금 이 길을 걷게 했다. 그 궁극은 아라한과(阿羅漢果)를 얻어 열반에 드는 것이다.

아비달마불교는 세계의 근본 실체들을 분석해내고 현상을 그 실체로 환원해 현상에 대한 집착, 특히 자아에 대한 집착을 벗어나고자 했다. 그리고 그런 벗어남을 위해 교단을 조직하고 일정한 계(戒)·정(定)·혜(慧)를 닦아 열반에 이르는 길을 추구했다. 아비달마불교는 여러모로 에피쿠로스학파

---

12) 인에는 여섯 가지, 연에는 네 가지, 과에는 네 가지 종류가 있다. 이 14가지 인·연·과 사이의 관계는『구사론』VI~VII권에서 전개되며, 히라카와 아키라의『인도 불교의 역사(상)』(이호근 옮김, 민족사, 2004), 203~207쪽에 간단하게 정리되어 있다.

13) 『구사론』, XIX~XXI권에서 전개된다.

를 연상시킨다. 또, 세계를 그 존재요소들로 세분하고자 했다는 점에서는 니야야-바이셰시카 학파에 근접하고, 현상세계를 환(幻)으로 보고 그 너머의 실재를 강조했다는 점에서는 베단타-미맘사 학파(특히 샹카라학파)에 근접하기도 한다. 아비달마불교는 세계의 존재론적 층위들(ontological layers)의 복합성이나 존재론적 분절(ontological articulation)의 상대성 등에 관련해 현대 존재론의 시선으로 보면 단순한 형태의 환원주의로 보인다. 또 불교 자체 내에서 볼 때, 후대 불교 학파들이 비판했듯이 실체주의를 벗어나려 했던 붓다의 본지에 거슬러 실체주의적인 경향으로 흘렀다. 그리고 그들이 실체로 지목한 일부는 다른 학파들의 관점에서는 사유의 산물일 뿐인 것으로 보이기도 했다. 즉, 아비달마불교는 6경 중의 '법'에 속하는 것들을 실재로서 본 것이다. 그러나 아비달마불교는 경험세계를 꼼꼼하게 분석해 '무아'를 집요하게 증명하려 했다는 점에서 역시 불교적 사유의 한 핵심 갈래를 형성한다고 할 수 있다.

지중해세계에서 스토아학파가 에피쿠로스학파의 비-실천성을 비판하면서 좀 더 사회적인 철학을 전개했듯이, 불교의 다른 갈래가 아비달마불교를, 특히 설일체유부를 작은 바퀴를 굴리는 불교(小乘)로 폄하하고 자신들을 큰 바퀴를 굴리는 불교(大乘)라 일컬으면서 등장했다.

반야바라밀다(般若波羅蜜多) = '공'의 깨달음

붓다 입적 후 약 400년이 지난 시기에 나타난 대승불교는 붓다의 본래 가르침인 생성존재론에 충실하고자 했다. 일반적으로 말하는 "집착하지 말라", "아집을 버려라" 같은 생각은 보다 이론적으로(존재론적으로) 말하면 이 세계에는 영원한 실체가 없다는 뜻이다. '아집'은 일상 어법으로는 심리적-윤리적 표현이지만, 이론적으로는 '아트만(我)'이라는 실체는 존재하지 않는다는 존재론적 표현이다. 붓다는 이런 논의를 전개하면서 철저한 생성존재론의 입장을 취했었다. 그러나 아비달마불교는 '아'의 실체성은 부정하되 그 아의 경험을 구성하는 실체들로서의 '법=다르마'의 실재성을 논했다. 대승불교 계통은 이와 같은 아비달마불교의 분석적 탐구를 비판하면서, 철저한 생성존재론 즉 모든 것은 '공(空)'이라는 생각을 전개한다. 이러한 방향으로의 흐름은 설일체유부에 대한 경량부의 비판 등 부파불교 내에서도 존재했지만, 이윽고 대승불교는 보다 확고한 공사상을 펼치기에 이른다. '공'이란 물론 "없다"는 뜻이 아니다. 이 세계가 없다고 말하는 것이 아니라, 사람들이 실체라고 생각하는 것들이 사실은 '연기의 법칙'에 따라 생성하는 세계의 단편적 모습일 뿐임을 역설하는 것이다. 부파불교가 아비-다르마 즉 '존재'-론(좁은 의미)을 추구했다면, 대승불교는 반야(般若)-바라밀다(波羅蜜多) 즉 '공'의 진리/깨달음[14]을 추구했다.

다른 한편 아비달마불교가 수준 높은 진리의 세계를 추구했다면, 대승불교는 보다 대중적인 세계를 추구했다. 대승불교는 부파불교에서의 대중부와 일정한 연계성을 가지면서 탄생한 것으로 짐작된다.[15] 우선 대승불교는 붓다에 대해 다소 상상적인 생각 즉 역사적인 붓다 외에도 **초월적인 붓다**를 상정하는 입장을 취했다. 이는 어느 정도까지는 가톨릭과 영지주의 사이의 차이를 연상시킨다. 대승불교의 형성에는 조로아스터교의 영향도 있었던 것으로 보인다. 또, 대승불교는 붓다 외에도 다른 많은 보살들(관세음보살, 문수보살, 보현보살 등)에 대한 신앙을 전개했으며, 모든 사람들

---

14) '반야바라밀다'는 'prajñāpāramitā'를 음역한 것이다. '무상정등각(無上正等覺)' 즉 "위없이 높은 깨달음"으로 번역되기도 한다. '프라냐'=반야는 '공'/'반야'라는 진리를, '파라미타'='바라밀다'는 깨달음의 세계인 '피안(彼岸)' 또는 거기에 이르는 것을, 바로 위없이 높은 깨달음(에 도달하는 것)을 뜻한다. 그러나 대승불교가 무조건 공의 진리만을 추구하는 것은 아니다. 현실적 차별상들도 분별해야 할 것이다. 이를 '방편'이라 한다. "혜도(慧度)는 보살의 어머니이며, 선방편(善方便)은 아버지"(『유마경』, 「보리분품」)인 것이다. 그리고 실천적 측면에서 팔정도에 해당하는 것이 육바라밀로서, '보시(布施)', '지계(持戒)', '인욕(忍辱)', '정진(精進)', '선정(禪定)', '지혜(智惠)'가 그것이다.

15) 상좌부가 출가한 사람들로 구성되었다면, 대중부는 상당 부분 재가 신도들로 구성되었으리라 추측된다. 이는 대승불교가 본래의 승가 바깥에서, 불탑 등을 중심으로 형성되었음을 시사한다. 이러한 차이가 양 부 사이 차이의 뿌리들 중 하나였을 것이다. 이 점은 대승불교의 성격에 대해서도 시사하는 바가 크다.

이 '성불'할 수 있다는 생각으로까지 나아갔다.[16] 나아가 아비달마불교가 순수한 깨달음의 세계를 추구했다면 보다 대중적이었던 대승불교는 이미지의 차원에서 진리에 접촉하고자 했고, 그 결과 다양한 문화적 장치들(불전문학, 불탑, 불상, 불화 등)을 만들어내기도 했다. 대승불교는 '공'에 대한 깨달음 즉 '반야'의 진리를 기초로 삼았지만, 이 계통이 널리 확산될 수 있었던 것은 교리 외에도 특히 이런 대중적 성격에 힘입어서였다고 할 수 있다.[17] 그러나 이 과정에서 아비달마불교가 갖추고 있던 수준 높은 이론적 엄밀성과 지적 정직함이 적지 않게 훼손된 것도 사실이다.

그러나 대승불교의 핵심적인 실마리는 이론적인 면보다는 실천적인 면에 있었다고 해야 한다. 대승불교의 주창자들은 "소승불교"가 자비의 정신으로 중생을 구제하지 않고 자신의 안심(安心)만을 추구한다고 비판했다. 이 점에서 대승불교는 윤리적/사회적 성격을 띠는 종교이기도 하며, 그 주창자들은 진리의 깨달음만을 목표로 하는 '아라한'이 아니라 중생의 구제도 목표로 하는 '보살(菩薩)'이 되고자 했다. 대승불교는 타인을 구제할 때 자신도 구제된다고 믿었다. 그리고 관음보살, 문수보살, 보현보살 등은 열반을 추구하기보다 오히려 '부주열반(不住涅槃)'을 선택했다고 생각했다. 이들이 중생을 구제하기 위해, 성불하기보다는 차라리 현실세계에서 구제

---

16) 불교가 대승불교가 됨으로써 그 종교적 성격이 강화되었으나, 이때에도 그 성격은 기독교와 여전히 대조적이었다. 기독교의 핵심은 예수의 부활에 있으며, 예수라는 인물도 부활이라는 사건도 유일무이한 특이성(Singularité)이다. 누군가가 예수나 부활을 반복하려 한다면 그것은 신성모독 행위이다. 반면 대승불교는 붓다를 다수화했으며, 여래장사상에 가서는 모든 사람들의 성불 가능성을 역설하기에 이른다. 바디우는 예수부활 사건이 '보편화'한 것에 대해 역설했지만(알랭 바디우, 현성환 옮김, 『사도 바울』, 새물결, 2008), '보편화'를 정말 보편적으로 논하려면 이와 같은 대조에 대해서도 충분히 논의해야 할 것이다.

17) 불전문학으로서 유명한 저작들 중 하나가 앞에서 인용한 아슈바고샤=마명(馬鳴)의 『붓다차리타』이다. 특히 불탑 신앙은 대승불교가 흥기하는 데 중요한 동력이 되었던 것으로 보인다. 지중해세계에서 성상 파괴를 둘러싼 논쟁이 있었듯이, 정도는 훨씬 약했지만 인도에서도 이런 붓다 이미지의 창작을 둘러싼 논쟁이 있었다.

에 진력하고 있다는 믿음은 대승불교의 성격을 잘 보여준다.

대승 경전들은 매우 일찍 나타난 것으로 보이나, 현존하는 것들 중 가장 이른 것은 여러 형태의『반야경』들이다. '공'의 사상을 설파한 반야경들에는『소품반야』,『대품반야』등 여럿이 있지만, 현장(玄奘)이 번역한『대반야바라밀다경』600권이 잘 정리된 판본이다.『반야심경(般若心經)』은 공 사상을 집약적으로 정리한 글로서 많이 암송되었다.『금강경(金剛經)』역시 반야사상의 핵심을 압축적으로 전달하는 명저이다.『유마경(維摩經)』과『승만경(勝鬘經)』은 재가신도의 깨달음 추구를 그린 작품들로서 대승불교의 성격을 잘 보여주는 경전들이다.[18]

대승불교의 입장을 간명하게 전달해주는 개념은 '반야바라밀다'이다. 이는 '아'는 실체가 아니지만 '법'은 실체라는 아비달마불교의 입장에 대해 '아'와 '법'이 모두 공이라는 대승의 입장[我空法空]을 말한다.『반야심경』에서 공사상의 핵심을 이해할 수 있다.

觀自在菩薩 行深般若波羅蜜多時 照見五蘊皆空 度一切苦厄.

관자재보살[관세음보살]이 깊은 '반야바라밀다'를 행할 때,

오온이 모두 공한 것을 비추어 보고

온갖 괴로움과 재앙에서 벗어났으니.

---

18) 그리고 아미타불(阿彌陀佛)을 모시는 정토신앙의 경전인『대무량수경(大無量壽經)』, 다양하게 갈라진 불교사상들을 화합시키고 통일하려 한『묘법연화경(妙法蓮華經)』(줄여서『법화경』), 불교적 깨달음의 길을 극적으로 보여주는『대방광불화엄경(大方廣佛華嚴經)』(줄여서『화엄경』) 같은 경전들이 나왔으며, 이 경전들은 훗날 여러 종파들의 성경 즉 '소의경전(所依經典)'이 되어 널리 읽히게 된다.『법화경』은 천태종의,『화엄경』은 화엄종의,『대무량수경』은 정토종의 성경이 된다.

불교에 '경'이 많은 것은 지중해세계 일신교의 경우와 대조적이다. 유대교·기독교·이슬람교는 자신들의 성경의 절대성에 강박적으로 집착했고, 따라서 이들 종교에는 "여러 경들"이라는 것은 있을 수 없는 일이었다. 그러나 철학적 성격이 강한 불교는 이와 달리 불교의 사유 그 자체를 계속 발전시켜나갔으며, 이에 따라 많은 경들이 만들어졌던 것이다.

舍利子 色不異空 空不異色 色卽是空 空卽是色 受想行識 亦復如是.

사리자〔사리뿌뜨라〕여!

색은 공과 다른 것이 아니고 공 자체 색과 다른 것이 아니니,

색이 곧 공이요 공 자체 곧 색이로다.

수·상·행·식이 모두 또한 마찬가지로다.[19)]

舍利子 是諸法空相 不生不滅 不垢不淨 不增不減.

사리자여! 이 모든 법들이 공의 성격을 띠기에,

생겨나는 것도 아니고 없어지는 것도 아니요,

더러운 것도 아니고 깨끗한 것도 아니요,

늘어나는 것도 아니고 줄어드는 것도 아니로다.[20)]

是故 空中無色 無受想行識, 無眼耳鼻舌身意 無色聲香味觸法

無眼界 乃至 無意識界, 無無明 亦無無明盡

乃至 無老死 亦無老死盡, 無苦集滅道 無智亦無得.

하여 공의 차원에선 색도 수·상·행·식도 없으며,

안도 이·비·설·신·의도 없고 색도 성·향·미·촉·법도 없고

또 안계에서 의식계조차도 모두 없으며,[21)]

---

19) '아'를 오온의 모임으로서 해체한다고 해서, 오온 자체는 실체로 여겨도 되는가? 오온 자체도 실체가 아님을 말하고 있다.

20) 생멸(生滅), 구정(垢淨), 증감(增減)이 모두 실체를 전제할 때 성립하는 것들이기 때문이다. '공'의 깨달음은 언어로 온전히 표현될 수 없다는 의미에서 신비성을 띠고 있다. 이런 이유에서 반야 계통의 문헌들에서는 공이 '~이다'라는 긍정 표현보다는 '~이 아니다'라는 부정 표현이 압도적이다. 비교적 긍정적으로 표현되는 경우로는 "있는 그 대로의 진상(眞相)", "청정한 마음" 등이 있다. 나가르주나의 『중론』은 그 극치를 보여 준다. 이는 지중해세계의 부정신학과 내용상으로는 대조적이지만 형식상으로는 유사 하다. 전자는 절대 존재의 신비성을, 후자는 절대 무(지중해세계의 절대 무와 전혀 다 른 의미)의 신비성을 추구하기 때문이다.

21) 아비달마불교, 특히 설일체유부에서 말하는 '일체' 즉 6근, 6경, 6식, 18계가 모두 실

발생하는 무명도 소멸하는 무명도 없으며

또한 발생하는 노사도 소멸하는 노사도 없으며,[22)]

나아가 '고집멸도'조차도 없고 또한 지혜·득도조차도 없도다.[23)]

以無所得故 菩提薩埵 依般若波羅蜜多故

心無罣礙 無罣礙故 無有恐怖

遠離顚倒夢想 究竟涅槃.

득도에의 집착까지 넘어섰기에,

보리살타[보살]는 오로지 반야바라밀다에 의거할 뿐이니,

마음에 거리낌 없어 거리낌이 없기에 공포도 사라지고,

전도몽상[24)]을 멀리 떠나 마침내 열반에 드나니.[25)]

三世諸佛 依般若波羅蜜多故 得阿耨多羅三藐三菩提.

시방삼세의 모든 부처님들이 반야바라밀다에 의거해

위없이 높은 깨달음을 얻었도다.

故知 般若波羅蜜多 是大神呪 是大明呪 是無上呪 是無等等呪

能除一切苦 眞實不虛 故說般若波羅蜜多呪 卽說呪曰.

하니 알지어다,

체가 없음을 말하고 있다.

22) 12연기설을 말한다 해서, 12연기의 요소들(무명 → 노사, 노사 → 무명) 자체를 실체로 여겨서는 안 됨을 말하고 있다. '발생하는 무명'이란 집도 순서에서의 무명이며, '소멸하는 무명'이란 멸도에서의 무명이다. 그다음의 '발생하는 노사'와 '소멸하는 노사'도 마찬가지이다.

23) 깨달음을 추구한다고 해서 깨달음 자체에 집착하면 안 됨을 말하고 있다.

24) '전도몽상(顚倒夢想)'은 그릇된 생각을 말한다.

25) '구경열반'은 명사적으로 이해하면 바로 아래에 나오는 '아뇩다라삼먁삼보리(阿耨多羅三藐三菩提)' 즉 위없이 높은 깨달음을 말한다. '아뇩다라삼먁삼보리'는 'anuttarā samyaksambodhi'의 음역이며, 번역은 '무상정등각'이다. 다름 아닌 반야바라밀다이다.

반야바라밀다는 신성한 주문이요 무명을 떨쳐낸 주문이요

위없이 높은 주문이요 비할 바가 없는 주문임을.

모든 고뇌를 떨쳐버릴 수 있어 진실하여 허망하지 않으니,

이에 반야바라밀다의 주문을 설하노라.

바로 이렇게 설하나니.

揭諦揭諦 波羅揭諦 波羅僧揭諦 菩提娑婆訶.

아제아제 바라아제 바라승아제 모지사바하.[26)]

대승불교의 경전들은 철학적 가치보다는 오히려 문학적 가치가 더 높다. 영지주의 문헌들에서처럼 거의 SF영화를 떠올리게 하는 경우도 많다. 이 때문에 대승의 사유를 철학적으로 다듬어낼 필요가 대두하게 되었다. 이 요청에 응하면서 공의 사상을 차원 높게 세운 인물이 2~3세기에 활동한 나가르주나＝용수(龍樹)이다. 나가르주나의 중관(中觀)철학은 대승불교의 핵을 형성한다. 그는 후대에 성립한 여덟 종파에 사상적 기반을 제공한 인물이고, 이 때문에 "8종의 개조(開祖)"라 불린다.[27)]

不生亦不滅　　　생겨남도 아니며 없어짐도 아님을,

----

26) 원어는 "gate gate pāragate pārasamgate bodhi svāhā(가떼 가떼 빠라가떼 빠라상가떼 보디 스와하)이다.

27) 나가르주나는 『중론(中論)』, 『십이문론(十二門論)』, 『십주비바사론(十住毘婆沙論)』, 『대지도론(大智度論)』을 비롯한 여러 저작들을 남겼으며, 여기에서는 『중론』(*The Fundamental Wisdom of the Middle Way*, by Jay Garfield, Oxford University Press, 1995)에 입각해 논의한다. 『대지도론』에 대해서는 진위 논쟁이 있는데, 나가르주나의 저작에 후학들이 가필한 것으로 보인다. 나가르주나의 제자인 아리아데바＝제바(提婆)는 『백론(百論)』을 저술했고, 훗날 동북아에는 『중론』, 『십이문론』, 『백론』 세 저작을 경전으로 하는 '삼론종(三論宗)'이 생겨나기도 한다. 그러나 명가(名家)사상이 곧 쇠퇴한 것과 마찬가지로, 논리적 분석을 선호하지 않는 동북아 사유의 풍토에서 삼론종은 이내 시들해진다.

不常亦不斷	늘-이어짐도 아니고 아주-끊어져버림도 아님을,
不一亦不異	하나도 아니고 여럿도 아님을,
不來亦不出	옴도 아니고 감도 아님을,
能說是因緣	요컨대 연기의 진리를,
善滅諸戲論	언어의 자의성을 초월해
我稽首禮佛	우리에게 가르쳐주신 분, 완전히 깨달으신 분,
諸說中第一	그분께 나는 경배합니다.

많은 경우 우리는 세계를 이항대립의 체계(binary system)를 통해 바라본다. 때로 가치론적 실체화를 통해 그중 하나에 집착하기도 한다. 나가르주나는 우리가 실체화하는 이러한 이원성은 착각임을, 진상(tathatā)은 '불이(不二)'의 차원 즉 '공'에 있음을 역설한다. 이는 아비달마불교의 '아공법유'에 대해 '아공법공'을 분명히 하는 생각이며, 사실 바이셰시카-니야야 학파를 포함해 세계와 자아 그리고 경험에 대한 '분별'을 위주로 하는 모든 학파들에 대한 급진적인 비판이라고 할 수 있다. 나가르주나의 공사상은, 공 자체의 실체화를 포함해 인간이 행하는 모든 분석적 사유의 원초적인 한계를 논파하려 한다. 그에게 이런 논파는 '공'의 진리에 도달하기 위한 것이고, 붓다의 가장 위대한 설법인 연기설이 그리고 그가 제시한 중도의 길이 다름 아닌 '공'임을 증명하려는 것이었다.

연기의 진리는 생겨남도 아니고 없어짐도 아니다. 제법은 '자생(自生)'도 아니고 '타생(他生)'도 아니다. 제법은 인과 연에 의해 생길 뿐 브라흐만의 경우처럼 스스로부터 생기는 것이 아니며, 막칼리 고살라가 생각한 것처럼 자신과 상관없는 타자로부터 우발적으로 생기는 것도 아니다. 제법의 자성/자상 같은 것은 연중(緣中)에 없다.[28] 타성이 있는 것도 아니

---

28) "누군가가 '유'와 '무'를 보고/ 자성과 타성을 본다면,/ 불법의 참된 뜻을/ 보지 못하는 것이다./ 붓다께서는 능히 '유'와 '무'를 멸하시니/ (…) / '유'를 떠나고 또 '무'를 떠

다. 연기를 떠난 자·타의 실체성이나 자로부터의·타로부터의 인과성은 없다. 이렇게 '생'의 실체화가 논파되었기에 따라서 '멸'의 실체화도 논파된다. 이어 나머지 여섯 가지 ── '상'과 '단', '일'과 '이', '래'와 '출' ── 가 모두 논파된다. 『중론』은 이처럼 아비달마불교를 포함한 기존 사유들에서의 실체화를 집요하게 해체한다. 진리는 실체화들을 벗어난 곳에 있는 '공'이며, 이 공의 진리가 연기의 진리와 중도의 길을 밝혀준다.

그렇다면 왜 사람들은 공의 진리를 보지 않고 세계와 자아를 실체화하려 하는가? 바로 언어 때문이다. 나가르주나는 인간이 언어를 사용해서 세계를 인식하려 하는 이상 애초에 갖가지 모순을 품게 된다고 지적한다. 예컨대 항아리와 "항아리"는 같은 것인가 다른 것인가? 같다면, 내가 "항아리"라고 말할 때 내 입에 물이 가득 찰 것이다. 같지 않다면, 내가 "저 항아리"라 할 때 왜 다른 사람들이 똑같이 저 항아리를 쳐다보는가? 항아리와 "항아리"는 일치한다고 해도 곤란하고 일치하지 않는다고 해도 곤란하다. 하나의 예를 더 들어, 우리가 A, B, C에 대해서 "아름답다"고 할 때, 그 아름다움은 A, B, C를 포괄하는 무엇인가 아니면 A, B, C 각자에 분유(分有)되어 있는 무엇인가? 전자가 사실이라면 아름다움은 전체이면서 부분들일 것이고(A, B, C가 '모두' 아름다우면서도, 동시에 A, B, C '각자가' 아름다우므로), 후자가 사실이라면 아름다움은 세 조각으로 찢겨 있을 것이다. 전자의 경우 어떻게 부분이면서 동시에 전체일 수 있으며, 후자의 경우 무슨 근거로 A, B, C '모두'가 아름답다고 할 수 있는가? 나가르주나는 이렇게 인간이 사용하는 언어가 내포하는 모순들을 다양한 방식으로 드러낸다. 나가르주나의 비판이 극단적이기 때문에 즉 언어 사용 그 전체를 비판하려는 것이기 때문에 그의 논리 전개 자체에도 간간히 모순과 억지스러움이 나타나

나신다."(XV, §§6~7) 나가르주나는 분위연기설을 거부하고, 연기는 동시적으로 성립한다고 보았다. 따라서 어떤 관계도 고착되지 못하며, 관계의 생성에 따라 어떤 자성도 불가능하게 된다. 분위연기설의 거부는 나가르주나의 '삼시문파(三時門破)'의 사유에 잘 드러난다.(中村元, 『ナーガールジュナ』, 講談社, 1980)

지만, 『중론』은 언어 사용에 대한, 달리 말해 인간의 일상적 논리에 대한 논리학적 비판의 극치를 보여준다고 하겠다.

그렇다면 이런 갖가지 모순들을 모두 넘어 실재하는 그 '공'의 진리란 정확히 무엇인가? 공은 그것을 파악하려는 모든 언어를 좌절시키는 것, '~가 아니다'라는 부정을 통해서만 말할 수 있는 그 무엇이다. 언급했듯이, 공은 내용상 지중해세계에서의 '일자' 또는 부정신학에서의 '신'과 대조적이지만 논리상 그와 유사한 성격을 띤다. 공은 직관/깨달음을 통해서만 알 수 있는 것이다. '공' 개념의 이러한 성격 때문에, 실재론적이고 다원론적인 경향의 다른 학파들(아비달마불교, 바이셰시카-니야야 학파 등)은 나가르주나를 공격하기도 했다.[29] 그러나 나가르주나는 공이 곧 연기라는 점을 깨닫는다면 그와 같은 공격들은 논파된다고 보았다. 나가르주나는 공의 진리를 주장한다고 해서 세간적 지식들을 부정하는 것은 아니라는 점을 2제 ― '진제(眞諦)'와 '속제(俗諦)' ― 의 사상을 통해서 개진했다.

諸佛衣二諦 爲衆生說法 一以世俗諦 二第一義諦
若人不能知 分別於二諦 則於深佛法 不知眞實義
若不依俗諦 不得第一義 不得第一義 則不得涅槃

제불은 2제에 의거해 중생을 위해서 설법하나니,
그 하나는 세속제요 다른 하나는 제일의제라.
누구든 이 2제가 구별됨을 알지 못한다면,

---

29) 하나의 예로서, 만일 언어라는 것이 애초에 그렇게 모순을 잉태하고 있는 것이라면 모든 것은 "본체를 가지지 않는다"라는 그 말도 성립할 수 없을 것이다. 나가르주나는 자가당착에 빠지는 것이 아닌가.(나가르주나, 김성철 옮김, 『회쟁론』, 경서원, 1999, 9장) 그러나 공은 연기의 진리와 다른 것이 아니다. 항아리에는 본체가 없지만 물을 나르는 데 도움을 주듯이, 언어 또한 본체를 가지지 않지만(지시대상 및 의미와 필연적인 의미론적 관계를 가지지 않지만) 얼마든지 무엇인가를 뜻할 수 있다.(21~22장)

심오한 불법을 들어도 그 참된 뜻을 깨닫지 못하리라.

속제에 의거하지 않는다면 진제를 얻지 못하고,

진제를 얻지 못하면 열반을 얻을 수 없으리라.[30]

　나가르주나는 분석적인 세계 이해, 언어로 분절된 세계 이해의 한계를 지적하는 것이지 그런 이해를 부정하는 것은 아니다. 이는 예컨대 베르그송에게서 과학적 분석과 형이상학적 직관이 양립할 수 있는 것과 마찬가지이다. 나가르주나는 이처럼 붓다의 연기법과 중도를 공사상으로 새롭게 정식화함으로써 "제2의 붓다"로 불리기에 이른다.

§2. 6파의 철학, 다시 '우파니샤드'로

　인도에서 철학의 흐름은 굽타 왕조의 전성기인 4~5세기를 경계로 달라지기 시작한다. 이 시기부터 불교는 서서히 쇠퇴의 길을 걷게 되고, 반대로 힌두교는 새로운 동력을 얻어 확고한 전통을 이루게 되기 때문이다. 물론 불교사상은 이 시대에도 여전히 활발하게 전개되었다. 아상가(Asanga, 300~390년)＝무착(無著)과 바두반두의 활약, 유식불교의 탄생, 여래장사상의 발달이 모두 이 시대에 만개했으며, 그 이후끼지도 디그니가, 다르마키르티 등의 논리학－인식론의 탐구 등이 전개되었다. 사상적으로 본다면, 이 시대가 오히려 불교사상의 최전성기라 할 만하다. 그러나 이 시대 불교는 철학적으로 완성되는 동시에 종교로서는 쇠퇴하기 시작했다고 할 수 있다. 반면 힌두교는 굽타 왕조의 지원에 힘입어 새롭게 전열을 정비하고, 인도의 정통 사상으로서의 기반을 확실하게 굳히게 된다.

　앞에서 언급했듯이, 대중 기반의 힌두교가 아리아족의 바라문교와 합체

---

30)　나가르주나, 『중론』, XXIV, §§8~10.

함으로써 상하를 포용하는 힌두교의 원동력이 생겨났다. 굽타 왕조는 지중해세계의 로마 제국이나 동북아세계의 한 제국에서처럼 인도의 고대 문화를 집대성하는 역할을 한 왕조이며, 기독교와 유교가 그랬듯이 이 과정에서 '힌두교'가 확고하게 자리를 잡게 된다. 수학, 천문학 등 고대 자연과학이 만개한 것도 이 시대이다. 또 산스크리트어가 문화언어로 확고하게 자리를 잡게 되고, 이 때문에 불교 사상가들도 산스크리트어로 저술하지 않을 수 없기에 이른다. 그렇다고 해서 굽타 왕조가 불교를 박해한 것은 아니다. 인도에서 크샤트리아는 브라만보다 하위 계층이며, 사제 계층에 대한 이런 대우는 사제가 아닌 종교 사상가들에게까지도 일반화되어 있었기 때문이다.[31] 힌두교는 『베다』의 권위를 다시 세우고, 전통적인 다신교와 철학적인 일신교를 결합하고자 했다.[32] 그리고 스콜라 철학자들이 교부 철학자들의 독단적이고 엉성한 사유를 세련되게 다듬어내고자 했듯이, 여러 힌두교 철학자들이 등장해 정치한 철학 체계들을 세웠다. 이들 중 가장 핵심적인 것들로는 가우타마의 니야야학파와 카나다의 바이셰시카학파, 카필라의 상키야학파와 파탄잘리의 요가학파, 바다라야나의 베단타학파

---

31) 앞에서도 말했듯이, 승가는 바루나(/카스트)제도 바깥(그러나 아래의 바깥이 아니라 위의 바깥)의 '호모 사케르'라는 묘한 지위를 점하고 있었다. 오히려 훈족의 미히라쿨라(6세기 전반)가 불교를 탄압한 대표적 경우라 할 수 있다. 5세기 중엽부터 훈족이 인도 북서부를 장악하면서, 특히 카슈미르와 간다라의 불교가 파괴되었다. 『대당서역기』의 현장도 당대(7세기) 인도 불교의 쇠퇴를 한탄하고 있다.

32) 힌두교는 종교의 다원성을 인정하는 다신교이면서도, 모든 신들의 배후에는 그 모두가 귀일하는 유일신이 존재한다고 보았다.("多卽一 一卽多") 특히 앞에서도 보았듯이, 브라흐만=비슈누=시바라는 삼신일체(三神一體)의 구도가 기본적이다. 그리고 브라흐만은 우주의 창조자이고, 비슈누는 우주의 보존자이고, 시바는 우주의 파괴자이지만, 이들은 별개의 신들이 아니라 유일신의 상이한 아바타라들일 뿐이다. 이런 구도가 인도 문명이 그토록 다원적이면서도 동시에 그 중심을 잃지 않으면서 지속되도록 만든 중요한 원동력이 된다.
붓다는 객관적 존재들로서 상정된 신들은 인정하지 않았다. 그러나 그에게서 신들이라는 관념 또는 문화에 관련된 언급들은 종종 발견된다. 붓다는 모든 것을 "신의 뜻"으로 돌리는 생각에 대해서는 명시적으로 비판한다.

(웃타라 미맘사학파)와 자이미니의 미맘사학파(프루바 미맘사학파)가 있다.[33] 바이셰시카와 니야야, 상키야와 요가, 베단타와 미맘사는 서로 짝을 이루기 때문에 크게는 세 갈래의 힌두교 철학이 전개되었다고 볼 수 있다.

니야야 – 바이셰시카 학파

니야야학파는 실체를 인정하지 않는 불교에 대항해서 브라만교/힌두교의 본래 입장인 실재론적이고 실체주의적인 사유를 새롭게 개념화하고자 했다. 이 학파는 분석적이고 다원적인 학파로서, 불교의 유심론을 극복하고 객관세계/실재세계의 존재와 구조, 그리고 생성을 논하고자 했다. 이런 이유에서 이 학파는 논리학적 – 존재론적 분석을 통한 범주론의 구축을 그 핵으로 하며, 이 점에서 아비달마불교와 일정 측면을 공유한다. 니야야학파는 여러 면에서 아리스토텔레스의 『오르가논』 또는 스콜라철학에서의 '일반 존재론(ontologia generalis)'을 연상시킨다.[34] 나가르주나가 주요 논적으로 삼은 학파이기도 했다.

니야야학파는 언어와 실재 사이의 동형성을 믿는다는 점, 이 학파의 논리학이 인식론을 포함한다는 점, 또 논리학적 분석과 존재론적 실체론이 맞물려 있다는 점, 그리고 종·유의 분석이라든가 범주론의 역할, 상식과의 연속성 등에서 아리스토텔레스의 사유체계와 적지 않은 유사성을 띤다. 니야야학파는 개체, 속성, 관계 등의 실재를 믿었고, 또 이 실재들과 언

---

33) 사실 이 학파들은 매우 오랜 연원을 가진다. 그 뿌리는 붓다의 시대로까지 올라가며, 굽타 왕조에서 대성하기 훨씬 이전에 그 기본 형태가 이루어졌다고 해야 한다.

34) 니야야학파는 가우타마의 『니야야수트라』를 성경으로 해서 발전했고, 이 경에 대한 주석서인 밧츠야야나의 『니야야바쉬야』, 디그나가의 니야야학파 비판에 맞서 밧츠야야나를 옹호한 웃됴타카라의 『니야야바룻티카』를 기초 텍스트로 해서 발전해갔다.(정확히 일치하지는 않지만, '바쉬야'를 '주'로, '바룻티카'를 '소'로 이해하면 될 것이다) 여기에서는 다음 판본을 참조했다. *Nyaya-Sutras of Gautama with the Bhasya of Vatsyayana and the Vartika of Uddyotakara*, trans. by Ganganatha Jha, 4 vols.(Motilal Banarsidass, 1999).

어의 상응을 믿었다. 심지어 '비 - 존재' 자체도 하나의 실재로서 인정했는데, 이는 아리스토텔레스가 여러 형태의 대립들을 논할 때 그 하나로 등장하는 '결여(privatio)'에 해당한다. 니야야학파는 특히 '인식'의 방법에 대해 세밀하게 탐구한 것으로 유명하다. 인도의 학파들은 항상 논리학·인식론을 그 출발점으로 삼았고, 본격적인 사유의 전개 이전에 자학파의 인식론적 입장을 분명히 하곤 했다. 이 점이 동북아 철학의 성격과는 판이한 측면이다. 인도 인식론 중에서도 니야야학파의 것이 전형적이다. 인식에는 네 가지 방법이 있다. '지각', '추론', '유추', '언어/증언'이 그것들이다. 이 중 어떤 것을 인정하고 인정하지 않느냐가 인도의 제 학파의 성격을 결정했다고 할 수 있다. 예컨대 붓다는 지각과 추론만을 인정했고, 이는 곧 『베다』의 권위의 부정과 직결된다.

가우타마에 따르면, '지각'은 "감관기관들과 그 대상들의 접촉을 통해 생겨나는, 언어로 표현되지 않는, 참되어 오류가 없는 명료한 인식"이다.[35] 즉, 지각은 매개가 없는 '직접적(immediate)' 인식이다. 후대에는 지각을 오로지 감관지각(sense - perception)으로 국한하는 것에 대한 비판들이 제기되며, 이 때문에 '직접적' 지각을 감각적 지각보다 더 넓게 잡는 관점이 도래하게 된다. 그러나 감관지각이 직접적 지각의 핵을 이룬다는 것은 분명하다. 이 지각은 안·이·비·설·신이 색·성·향·미·촉과 접촉해서 이루어지는 인식이다. 그렇다면 마음은 어떻게 이해되는가? 아트만(참 자아)과 감각기관들(신체적 자아) 사이에 위치하는 마음(영혼적 자아)은 외적 기관들인 감각기관들과 달리 내적 감각기관이다. 예컨대 눈은 색을 지각하지만, 마음은 무엇인가를 하려는 의욕이나 어떤 상황에서의 즐거운 마음을 '지각'한다. 그리고 당연한 것이지만 마음의 기능은 다른 감관들의 기능과 여러모로 다르다. 아리스토텔레스의 '공통감각'론과도 흥미롭게 비교될 수 있을 것이다. 지각은 대상을 분절하지 못한 채 지각하는 경우와 어느 정도 분

35) 가우타마, 『니야야수트라』, 1권, I, §4.

절해서 지각하는 경우로 세밀하게 분석되기도 했다. 후자의 경우에는, 설사 아직 객관적으로 언어화되지는 않았어도, 우리 마음에 이미 각인되어 있는 언어적 분절이 어느 정도 투영됨으로써 이루어진다고 해야 할 것이다.

두 번째 종류의 인식은 '추론'이다. 추론은 지각에 근거하지만 그로부터 더 밀고 나가는[推] 인식이다. 추론에 대해 여러 각도에서 그 종류를 변별할 수 있다. 예컨대 인과관계를 놓고 생각한다면, 원인을 보고서 결과를 추론하는 경우(먹구름을 보고서 비 올 것을 예상할 때), 결과를 보고서 원인을 추론하는 경우(강물이 불어난 것을 보고서 비가 왔다고 생각할 때)를 구분할 수 있다. 또 인과관계라기보다는 상관관계라 할 수 있지만, 상호적으로 추론되는 경우도 있다(산에 연기가 나는 것을 보고서 불이 났다고 생각할 때). 첫 번째는 과거 → 현재의 추론이고, 두 번째는 현재 → 미래의 추론이고, 세 번째는 현재 → 현재의 추론이다(환유와 유사하다).[36] 불교와 마찬가지로 니야야학파는 인과론에 지대한 노력을 들였다.[37] 물론 이 학파에서는 불교의 경우와 반대로 세계가 필연적 인과연쇄로 되어 있고, 이를 깨닫는 것은 생성존재론/공존재론에 도달하기 위해서가 아니라 세계의 본질에 도달하기 위한 것이다. 더 정확히 말해, 양자는 모두 해탈을 지향했지만(사실 거의 모든 인도의 철학들은 해탈을 목적으로 한다. 다만 그 이론적 근거와 실천적 과정이 다를 뿐이다), 그 이론적 근거를 정확히 반대 방향으로 잡고 있던 것이다. 이런 인과율을 전개하면서 니야야-바이셰시카 학파는 질료인, 형상인, 작용인(그리고 함축적으로 목적인)을 구분했으며, 아리스토텔레스와 유사한 여러 종류의 분석들을 남기기도 했다. 이 또한 흥미로운 대목이다. 또 하나

---

36) 가우타마, 『니야야수트라』, 1권, I, §5.

37) 물론 정확한 인과의 파악이 핵심적이다. 인과에는 많은 혼동이 따를 수 있기 때문이다. 예컨대 개미들이 알을 부지런히 나르는 광경이 꼭 다가올 장마를 예측할 수 있게 해주는 것은 아니다. 그 개미들의 집이 망가졌기 때문일 수도 있다.(『니야야바쉬야』, 2권, I, §§37~8) 니야야학파(와 특히 바이셰시카학파)는 객관세계의 인과관계를 집요하게 탐구하는 과정에서 높은 자연과학적 성과를 이룩할 수 있었다.

중요한 것으로, 원인과 결과의 관계에 대한 존재론적 특히 양상론적 분석이 있다. 니야야학파는 결과는 원인에 들어 있었던 것이 아니라 새롭게 창발된다는 '인중무과론(因中無果論)'을 주장했으며, 상키야학파나 베단타학파는 결과는 원인 속에 이미 잠재해 있다가 나중에 현실화하는 것이라는 '인중유과론(因中有果論)'에 입각해 니야야학파를 비판했다. 이 논쟁은 긴 세월 지속되면서 중요하고 흥미진진한 성과들을 낳았다.

추론에 대한 니야야학파의 사유를 파악할 수 있는 또 다른 축은 연역과 귀납이다. 니야야학파는 연역의 구조를 다음과 같이 제시한다.

1) 저 산에 불이 났다.(주장하려는 바)

2) 저 산에서 연기가 나고 있기 때문이다.(그렇게 주장하는 이유)

3) 불이 나면 반드시 연기가 난다.(1과 2를 연결할 수 있는 일반적 명제)

4) 저 산에서 연기가 나고 있다.(3의 보편 명제로부터 다시 2의 구체적 이유로 거슬러감)

5) 그러므로 저 산에서는 불이 났다.(2 → 3 → 4를 거쳐 다시 원래의 주장을 확인)[38]

자신이 주장하고 싶은 바를 제시하고, 그 주장을 하는 이유(자신이 생각하는 이유)를 댄다. 그 후에 누구나 인정하는 보편적 명제를 제시함으로써, 주장과 이유의 근거를 댄다. 그리고 다시 사실 확인으로부터 최초의 주장으로 더듬어가 추론을 마친다. "저 산에 불이 났음에 틀림없다. 연기가 나고 있지 않은가. 다들 알고 있듯이, 불이 나면 연기가 난다. 그런데 지금 저기 연기가 보이지 않는가. 그러니까 저 산에서 불이 났음에 틀림없다." 이 구조에서 4, 5를 빼고 3 → 2 → 1로 재구성하면, "불이 나면 반드시 연기가 난다. 저 산에 연기가 나고 있다. 그러므로 저 산에서는 불이 났다"가 되며 아리스토텔레스의 삼단논법과 유사한 구조가 된다. 우리는 일상 대화에서 대개 1과 2만 이야기하는데("저 산에 불이 났나 봐, 연기가 나고 있잖아"), 이는

---

38) 가우타마, 『니야야수트라』, 1권, I, §32.

3을 모두 알고 있는 것으로 전제하기 때문이다.

그런데 자세히 보면 삼단논법과 3→2→1은 다른 성격의 추론이다. "모든 인간은 죽는다. 소크라테스는 인간이다. 그러므로 소크라테스는 죽는다"라는 추론은 모든 인간의 집합에 소크라테스가 한 원소로서 들어 있는 집합론적 구조(전칭 명제와 단칭 명제)를 특징으로 하며, 또 '인간'이라는 매개념이 소거됨을 핵심으로 한다. 그러나 "불이 나면 반드시 연기가 난다. 저 산에 연기가 나고 있다. 그러므로 저 산에는 불이 났다"라는 추론은 이런 구조를 가지고 있지 않다. 이 점을 비롯해, 니야야 논리학에 대해 특히 3항을 둘러싼 긴 논쟁의 역사가 존재한다.

3항을 둘러싼 논쟁들은 귀납과도 연관된다. 중요한 하나의 논쟁은 3항이 과연 보편 명제인가라는 것이기 때문이다. 이는 귀납의 문제 즉 보편 명제는 어떻게 가능한가라는 문제로 귀결한다. 오늘날 우리는 데이비드 흄이 논했던 귀납의 난점에 대해 잘 알고 있지만, 니야야학파 아니 인도 철학자들 대부분은 귀납에 대해 그렇게까지 예민하게 생각하지 않았다. 이것은 한편으로 산스크리트어가 추상명사를 자유롭게 사용하는 특징을 가진 점에 기인한다고 볼 수 있으며, 다른 한편으로 니야야학파 등이 귀납을 형식논리학적 절차의 문제로만 보기보다는 직관의 문제로 보았기 때문이기도 하다. 이들은 형식적 절차를 넘어 직관을 통해 보편을 인식할 수 있다는 간가을 가지고 있었다. 이 점에서 니야야학파의 귀납은 아리스토텔레스의 '에파고게'와 유사한 면이 있다. 사실 "불이 나면 반드시 연기가 난다"는 것은 간단히 보편 명제로 승인될 수 없다. 붉게 달구어진 쇠공에서는 연기가 나지 않는다. 완전 연소 때에도 연기는 나지 않는다 등. 그 외에도 이 명제를 둘러싼 많은 논변들이 전개되었다. 이 문제는 니야야학파의 기본 성격과도 관련이 있다. 니야야학파는 스콜라철학의 용어로 '보편자들'을 실재로 보는 경향이 강했다. 아리스토텔레스-스콜라철학에서처럼 니야야학파도 세계를 보편자들의 유기적 집합체로서 보는 경향이 강했던 것이다. 이 때문에 니야야학파는 감각주의를 주장한 차르바카로부터는 물론이고,

'현상'의 다원성과 복잡성에 좀 더 다가가 사유했던 상키야학파나 불교로부터 비판을 받기도 했다.

3항을 좀 더 완화해서 해석하면 이는 '예증(例證)'이 된다. 예증을 통한 논변을 '유추'라 할 수 있다. 유추란 "누구나 아는 사물들과의 유사성에 입각해 예증해야 할 것을 예증하는 것"이다.[39] 3항은 바로 유추를 위해 제시된 예증에 해당한다. 이렇게 해석할 경우, 니야야학파에서의 추론은 결국 유추를 기반으로 하는 것이 되어 엄밀한 의미에서의 '연역'으로 간주되기는 어렵게 된다. 니야야학파의 유추는 "A에 미루어 볼 때 B일 것"이라는 보다 일상적인 논법을 말할 뿐, 엄밀한 의미에서의 유비(analogy)를 뜻하는 것은 아니다. 니야야학파의 유추는 '유비(類比)'라기보다는 차라리 '유례(類例)'이다. 유례에는 앞에서 든 예에서처럼 1항과 2항의 동류를 드는 예증과 1, 2항과는 다른 경우를 즉 이류(異類)를 드는 예증이 있다.[40] 인도논리학은 아리스토텔레스의 "apodeixis"보다는 "dialektikē"의 성격을 가진다고 할 수 있을 것이다.

마지막은 '증언'에 의한 인식이다. 증언이란 "신뢰할 만한 사람이 가르쳐주는 것"이다.[41] 우리가 가지는 지식들의 상당수는 내가 지각하거나 추론하거나 유추하는 것이 아니라 다른 원천들로부터 들은 이야기들이다. 니야야학파에서의 '증언'은 특히 『베다』의 언어들을 받아들이는 것을 뜻한다. 니야야학파는 종교적 성격보다는 순수 학문적 성격이 강하지만, 역시 이 학파가 정통 6파에 속하는 것은 이 때문이다. 『베다』는 그 보조 학문으로서 운율학, 제사학, 천문학, 어원학, 음운학, 문법학을 가졌다. 이 때문

---

39) 가우타마, 『니야야수트라』, 1권, I, §6. '예증(exemplification)'은 증명할 대상의 외연에 속하는 경우들을 몇 개 열거하는 것이 아니다. 일상어의 "예를 드는 것"과 예증은 다른 것이다. 예증은 증명할 대상을 가장 적절하게 유추/유비할 수 있는 대상을 찾아서 제시하는 것을 뜻한다.
40) 카츠라 쇼류, 권서용 외 옮김, 『인도인의 논리학』(산지니, 2009), 225~228쪽.
41) 가우타마, 『니야야수트라』, 1권, I, §7.

에 정통 6파의 사유는 모두 『베다』와 그리고 이 보조 학문들과 밀접한 관련을 가진다. 특히 운율학·어원학·음운학·문법학이 모두 언어 관련 학문들로서, 바라문교의 제사학이나 천문학 등에 관심을 가지지 않은, 나아가 실제로는 『베다』와 적극적 관계를 가지지 않은 학파들도 이 보조 학문들의 세례를 많이 받았다. 특히 논리학과 문법학은 서로 뗄 수 없는 관계에 있었으며, 산스크리트어를 다룬 파니니의 문법학은 인도인들의 사유 방식에 결정적 영향을 끼쳤다. 철학적인 면에서 6파의 언어철학은 불교의 언어철학에 대항해 언어의 중요성 나아가 신성함, 언어와 실재의 연계성(의미론적 지시의 객관성), 베다 언어의 무오류성 등을 강조함으로써 바라문교/힌두교의 정통을 단단히 만들고자 했다.

니야야학파는 '오류추리론'도 상당한 비중으로 전개했으며, 매우 다양한 형태의 논리들 즉 인식으로 인정할 수도 있는 형태로부터 궤변에 이르기까지의 각종 논리들을 방대하게 검토했다. 니야야학파(넓게는 6파 철학) 그리고 불교의 논리학·인식론은 아리스토텔레스의 『오르가논』에 버금가는, 사실 그보다도 더 방대한 사유세계를 보여준다. 세계철학사에 있어, 인도의 이 학문 전통은 지금보다 더 큰 비중으로 다루어져야 할 것이다.

니야야학파는 논리학·인식론만을 전개한 것이 아니라 형이상학/우주론, 영혼론, 윤리학 등 포괄적인 철학적 주제들도 다루었다. 그러나 이런 내용적인 사유를 전개하면서 이 학파는 바이셰시카학파의 사상을 대폭 받아들였으며, 이로써 니야야-바이셰시카 학파가 성립했다. 바이셰시카학파는 붓다와 마하비라의 시대에 형성된 것으로 보이며, 『니야야수트라』에 이미 그 영향이 나타난다.[42] 바이셰시카학파는 니야야학파와 마찬가지로

---

42) 바이셰시카학파는 카나다의 『바이셰시카수트라』를 성경으로 한다. 이 경은 『니야야수트라』보다 일찍 성립한 것으로 보인다. 그리고 이 경에 대한 주석서이자 그 자체로도 독자적인 작품으로서, 4~5세기에 나온 것으로 보이는 프라샤스타파다의 『파다르타다르마상그라하』가 핵심 텍스트라고 할 수 있다. 여기에서는 다음 판본을 참조했다. *The Vaisesika Sutras of Kanada*, trans. by Nandalal Sinha(Ulan Press, 2011).

실재론적이고 다원론적인 사유를 전개했으며, 자연철학과 형이상학에 특히 큰 공헌을 남겼다.

바이셰시카학파는 세계를 범주론을 통해 파악했고, 실체·속성·운동·내속·보편·특수의 여섯 범주, 후에는 비-존재를 포함해 일곱 범주로 분석했다.

실체는 속성들을 보듬는 기반이고, 속성·운동·내속은 속성에 부대해서 존재하는 것들이다. 그 기본 구조는 아리스토텔레스의 존재론과 유사하다. 바이셰시카학파는 실체를 아홉 가지로 구분한다. 지·수·화·풍·공기는 물질적 실체들이다. 고대 인도의 많은 학파들이 그랬듯이, 바이셰시카학파도 물질적 실체를 기본적으로 원자론적 관점에서 파악했다. 바이셰시카학파의 원자 개념은 각 원자에 질적 속성들이 내재해 있다는 점에서, 데모크리토스의 그것보다는 스토아학파의 'sōma'에 더 가깝다. 데모크리토스의 원자와 가까운 것은 자이나교의 원자이다. 그리고 인도의 많은 학파들이 그랬듯이, 바이셰시카학파 역시 스토아학파와 유사한 영겁회귀적 세계관을 가졌다. 그러나 바이셰시카학파에서의 물질은 그리스 원자론에서와 같은 최종적 설명 원리가 아니라 단지 실체의 일부일 뿐이라는 점을 우선 염두에 두어야 할 것이다. 정신적 실체로서는 아트만과 마나스=의근(意根)을 든다. 그리고 다른 두 실체는 곧 공간과 시간이다. 공간과 시간을 '실체'로 본 것은 바이셰시카학파의 특징적인 면모이다.

아리스토텔레스가 실체와 더불어 중요하게 생각했던 것은 질, 양, 관계이다. 바이셰시카학파도 이와 유사한 관점을 가졌으나, 전자의 질·양·관계와 후자의 속성·운동·내속은 그 분절 방식이 다르다. 우선 속성에는 17가지가 있다. 17개 속성이란 감각적 속성인 색·성·향·미·촉, 추상적 속성인 수·양·개별성·결합/분리, 공간적 속성인 앞·뒤(또는 저쪽·이쪽), 그리고 특히 아트만의 속성인 지성·쾌락·고통·욕망·염오(厭惡)·의지가 있다. 이 나열에서 알 수 있듯이, 아리스토텔레스에서 '양'으로 특화된 범주는 바이셰시카학파에서는 속성에 속한다. 바이셰시카학파가 전개되면서 어떤 학자들은 속성에 일부를 추가하기도 하고 어떤 학자들은 일부를 빼기도 하는 등 변화가 있었다. 또, 어떤 실체가 어떤 속성들을 가지는가에 대해서도 매우 상이한 이론들이 펼쳐졌다. 그리고 운동 범주에는 상승·하강·수축·신장, 그 외 운동 일반의 다섯 하위범주가 있다. 아리스토텔레스에서는 주로 관계 범주라든가 능동·수동 범주로 취급될 만한 것들이 운동 범주로 따로 다루어진다는 점이 주목된다. 내속은 바이셰시카학파 특유의 범주로서 외적 결합이 아닌 내적 또는 필연적 결합을 뜻한다. 예컨대 소의 핵심 속성들은 소에 내속한다. 이 속성들 자체가 내속이 아니라, 속성들과 실체의 관계가 바로 내속관계이다.[43] 운동과 운동하는 실체, 전체와 부분 등도 중요한 예들이다.

보편과 특수는 이 네 범주의 축과 다른 축에서 성립한다. 이 범주들은 아리스토텔레스에서의 유와 종을 둘러싼 논의, 그리고 보편자와 특수자, 개별자를 둘러싼 논의와 상통한다. 스콜라철학에서 '보편논쟁'이 뜨겁게 전개되었듯이, 인도 사유에서도 유사한 논쟁이 진행되었다. 예컨대 불교 계통에서는 보편자를 실재로 보는 바이셰시카학파를 맹렬히 비판하기도 했다. 보편자와 특수자를 개별자와 별개의 범주로, 실재로 생각한 점은 니야야-바이셰시카 학파의 성격을 잘 보여주는 일면이다. 불교는 주로 개체 이하로 분석해 들어가는 반면, 니야야-바이셰시카는 개체 이상의 보편자들에 대해 상당한 주의를 기울인다. 이는 양 학파의 성격을 잘 보여주는 차이들 중 하나이다.

후기 바이셰시카학파에 이르러서는 흥미롭게도 '비-존재'가 하나의 범주로서 추가된다. 이는 실재론을 견지하려는 이 학파의 입장을 단적으로 보여주는 예라 하겠다. 플라톤이 그랬듯이, 또 공손룡이 그랬듯이, 니야야-바이셰시카 학파도 우리가 사물들에 대해 논할 때 반복적으로 나타나는 부정(~이 아님)에 주목하고, 이를 그 자체로 하나의 실재로서 파악하

---

43) 카나다, 『바이셰시카수트라』, 7권, II, §26.

고자 했다. 이 학파는 개별 실재들/실체들을 확보하는 데 노력을 기울였지만, 그에 못지않게 그것들 사이의 관계들을 파악하는 데에도 주력했다. 이 과정에서 오늘날 우리가 '논리적 연결사들(logical connectives)'이라 부르는 것들에 대한 많은 분석을 남기기도 했다. 그 과정에서 바로 '부정'이 특히 중요한 것으로 파악되었던 것이다. 물론 이 부정 개념은 나가르주나의 부정 개념과는 상반된 것이었다. 니야야-바이셰시카 학파는 비-존재를 무엇인가가 아직 생겨나기 전의 비-존재, 파괴된 후의 비-존재, 현재의 비-존재 또는 상호 비-존재(이는 플라톤이 빼어나게 다루었던 '타자로서의 무'에 해당한다), 절대적 비-존재(예컨대 바람에는 색이 절대적으로 존재하지 않는다)로 나누어 다양하게 고찰했다. 이 학파는 또한 '관계' 자체를 실재론적으로 파악했고, 이는 이들이 세계를 유기적 질서의 체계로 이해했음을 함축한다.

니야야-바이셰시카 학파는 이처럼 논리학·인식론과 존재론에서 빼어난 성과를 이루었으며, 불교의 생성론에 맞서는 실재론을 구축함으로써 힌두교의 철학적 기초를 확고히 하고자 했다. 6파 철학은 모두 차르바카, 자이나교, 불교 등에 맞서 힌두교 전통을 반석 위에 올려놓고자 했으나, 전통 종교에 대한 각 학파의 태도에는 분명한 온도 차가 있었다. 니야야-바이셰시카학파는 매우 이지적인 사유를 전개한 학파로서, 전통 종교에 대해 그다지 적극적이지 않았다. 바이셰시카학파는 다른 학파로부터 '무신론'이라는 비난까지 들었다. 그러나 물론 니야야-바이셰시카 학파는 '아트만'의 존재를 밝히려 노력했고,[44] '아트만=브라흐만'이라는 힌두교의 핵심을 추구했다는 점에서 정통 학파에 속한다고 해야 한다. 그러나 그 성격은 스콜라철학의 경우와 다르다. 스콜라철학은 그 자체가 신학을 전제

---

44) 자세한 논변들은 라다크리슈난, 이거룡 옮김, 『인도 철학사 3』(한길사, 1999), 224쪽 이하를 보라. 아트만을 둘러싼 힌두교와 불교의 논쟁은 오늘날의 심신 이론의 이해에도 도움을 준다.

하는 학문이었지만, 6파 철학은 신학이 아니라 『베다』를 전제하는 학문이었다. 『베다』는 상고 시대의 종교로부터 우파니샤드의 철학에 이르기까지 매우 폭넓은 문헌이고, 따라서 『베다』를 잇는다 해도 그 방식은 매우 다양할 수 있었다. 니야야 – 바이셰시카 학파는 『베다』를 철학적인 방식으로 이은 대표적인 학파이다.

상키야 – 요가 학파

상키야학파는 연대적으로 가장 오래된, 붓다의 활동 시기보다도 오래된 학파로 알려져 있으며, 그 사승(師承)관계라든가 문헌들의 역사도 매우 복잡하다. 그 시조는 카필라로 알려져 있으며, 핵심 문헌은 이슈와라크리슈나의 저서인 『상키야카리카』이다. 따라서 『상키야수트라』가 먼저 있었을 것으로 추측된다. 이 문헌에 대한 주석서로는 7세기 가우다파다의 것이 유명하며, 흔히 같이 편집되어 읽힌다.[45]

상키야학파는 니야야 – 바이셰시카 학파의 다원론 — 그러나 유기적 다원론 — 에 비해 한편으로는 일원론적이고(정확히는 이원론) 다른 한편으로는 오히려 더 다원론적이다. 다시 말해 원리적으로는 세계를 이원론으로 깔끔하게 정리하는 사유이고, 구체적으로는 경험의 복잡성과 다원성에 더욱 충실한 사유이다. 다소의 무리가 따르지만, 니야야 – 바이셰시카 학파가 아리스토텔레스 – 스콜라적이라면, 상키야 – 요가 학파는 플로티노스에 가깝다. 상키야학파의 이해를 돕는 출발점으로 플라톤의 우주론을 생각해보는 것도 좋을 듯하다. 플라톤이 이데아계·데미우르고스·코라의 3원 구조에서 출발한다면, 상키야는 푸루샤와 프라크르티의 2원 구조에서 출발한다. 코라와 프라크르티는 거의 유사하다. 그리고 내용상 다르지만, 이데아계와 데미우르고스를 합쳐 푸루샤로 생각해보면 좋을 것이다. 상키야에는

---

45) Ishwara Krishna, *The Sankhya Karika and the Bhashya*, by H. Colebrooke and H. Wilson (Kessinger Publishing, 2007).

'창조'의 사유보다는 '전개' — 시간적 전개라기보다는 논리적 전개 — 의 사유가 특징이거니와, 이 측면에서는 플로티노스의 유출설과 비교된다. 그러나 물질을 단지 결여일 뿐인 것으로 본 플로티노스의 경우와 달리, 상키야-요가 학파의 경우에는 프라크르티가 엄연한 '실재'라는 점에 주의해야 한다. 요컨대 상키야 철학은 푸루샤와 프라크르티의 이원론과 세계의 '전개'의 사유에 그 특징이 있다. 현대 철학에서의 베르그송 철학과 적지 않은 유사점들이 있다.

세계를 '전개'의 측면에서 본다는 것은 상키야학파를 니야야-바이셰시카 학파와 구분해준다. 물론 어떤 사유에서나 그렇듯이 양자에는 모두 구조와 생성의 측면이 존재하지만, 니야야-바이셰시카 학파가 구조에 무게중심을 둔다면, 상키야학파는 생성에 무게중심을 둔다. 바이셰시카학파가 무수한 원자들이 집적되어 사물들이 생겨가는 인중무과론적 사유를 펼쳤다면, 상키야학파는 단 하나의 원질(原質)인 프라크르티가 계속 전변해 세계를 만드는 인중유과론적 사유를 펼쳤다. 상키야학파가 생성의 사유를 전개했다는 것은 곧 이 인중유과론에 입각해 '잠재태 → 현실태'의 사유를 펼쳤음을 뜻한다.[46] 생성이란 잠재태로부터 현실태로의 펼쳐짐이며, 또 현실태로부터 잠재태로의 다시-접혀-들어감이다. 상키야적 세계는 끝없는 생성의 세계이다. 세계에 절대적 단절은 없다. 사물들은 일정한 조건만 주어지면 자생적으로 전변해가며, 또 경우에 따라서는 외적 원인 — 작용인 — 에 의해 전변되기도 한다. 푸루샤를 접어놓고 말한다면, 세계는 물질=프라크르티의 끝없는 내적/외적 전변의 과정이다. 상키야학파의 세계는 영겁회귀의 성격도 띠지만, 이는 탄생과 소멸의 영겁회귀라기보다는 깨어남과 잠듦의 영겁회귀이다.

---

46) "결과는 원인이 채 작동하기 전에조차도 이미 존재한다."(『상키야카리카』, IX) 상키야 학파의 잠재성은 베르그송의 창발적 잠재성이 아니라 라이프니츠의 결정론적 잠재성에 해당한다.

상키야학파는 아트만을 푸루샤로 재-개념화하고 있다. 세계는 비-물질인 푸루샤라는 주체와 그것의 객체인 프라크르티라는 이원 구조로 되어있으며, 푸루샤의 관조하에 프라크르티가 전개되는 것으로 이해된다. 프라크르티의 전개 자체는 맹목적이다. 따라서 그것을 관조하는 푸루샤가 없다면, 그 전개는 청중 없이 연주하는 오케스트라 꼴이 되어버린다. 푸루샤는 그 자체는 아무런 작용도 하지 않으면서 오직 관조를 통해서 프라크르티를 전개하게 만든다는 점에서, 순수 현실태로서의 아리스토텔레스적 신을 연상케 한다. 그러나 푸루샤와 프라크르티의 관계가 명확하지는 않다. 아리스토텔레스의 경우 신이 세계에 작용하기보다는 세계가 신을 향해 감으로써, 신은 자연스럽게 세계의 목적인의 역할을 하는 것으로 이해된다. 이런 식의 이해는 상키야철학에도 나타난다. 그러나 다른 한편 태초의 푸루샤는 작용인으로서 프라크르티를 촉발해 즉 세 '구나'의 평형을 깨트려 세계가 전개되게끔 하는 것으로 이해되기도 한다. 푸루샤가 완벽히 관조적이라면 프라크르티의 촉발을 설명하기 어렵기 때문이다. 또 때로 세계는 영겁회귀의 운동을 하는 것으로 파악되기도 하는데, 이때의 근본 동인 역시 푸루샤이다. 상키야철학에는 지중해세계에서 흔히 발견되는, 본체적 영혼이 천상에 존재했으나 죄악에 물들어 물질의 세계에 떨어지고, 그 물질을 떨어버림으로써 다시 영혼의 고향으로 돌아간다는 식의 발상은 없다. 딘지 푸루샤가 프라크르티와 자신을 구별하지 못하는 상태로부터 마침내 구분에 이르러 스스로를 발견함으로써 해탈할 수 있음을 말한다. 이는 본체적 자아가 경험적 자아로부터 해탈을 이룬다는 힌두교의 정통에 충실한 해석이라 할 수 있다.

푸루샤의 자극을 받은 프라크르티의 전개는 그것의 '표현'으로 이해할 수 있다. 이 표현은 세 '구나'를 매개로 해서 이루어진다. 구나를 '속성'이라 번역한다면, 이때의 속성은 아리스토텔레스에게서와 같은 '중요한 성질(characteristic)' 정도의 의미가 아니라 스피노자에게서와 같은 의미에서의 속성이다. 즉, 프라크르티는 세 속성 '을 가진다'기보다는 세 속성 '이다'.

그 세 속성은 '사트바', '타마스', '라자스'이다. 푸루샤와 프라크르티가 실체적으로 구분되는 반면, 사트바·타마스·라자스는 스피노자에게서와 마찬가지로 형식적으로만 구분된다. 즉, 한 실체의 삼위일체적인 세 측면이라 할 수 있다.[47] 사트바는 프라크르티의 밝은 측면, 프라크르티가 실현코자 하는 그 본질들이다. 타마스는 이 실현을 가로막는 어두운 측면, 장애물이다. 그러나 타마스 자체가 부정적인 것은 아니다. 그것은 예컨대 물리적 운동에서의 '관성'처럼 운동을 방해하는 것일 뿐 그 자체가 악한 것은 아니다. 그리고 라자스는 프라크르티의 동적인 측면, 원동력이다. 그러나 라자스는 사트바를 실현하기도 하지만 때로는 다른 방향으로 이끌어가기도 한다. 이 세 구나들은 각각 무수한 방식으로 현현하며, 또 셋의 조합—외적 조합이 아니라 내적 조합—에 의해 무수한 사물들을 만들어낸다. 아낙사고라스의 스페르마의 사유에서처럼, 세 구나는 언제든 함께 작용하지만 각 경우에 지배적인 구나가 있고 잠재하는 구나들이 있다. 이들이 평형을 이룰 때 세계는 현현하지 않지만, 일단 그 평형이 깨지면 세계는 전개된다.

미현현(未顯現)의 프라크르티가 전개되어 나타나는 첫 번째 존재는 '마하트'=대(大)이며, 이는 또한 '붓디'(buddhi=지성)이기도 하다. 마하트=붓디는 '플로티노스에서의 누스=이성에 해당한다. 본체적 자아로서의 푸루샤는 프라크르티의 운동을 관조하며, 이때 스스로를 경험적 자아로서 착각하게 된다. 상키야철학은 경험적 자아를 세 단계로 파악하며, 그 첫 단계가 바로 붓디이다. 붓디는 푸루샤가 프라크르티와 연결될 수 있도록 해주는 그러나 또한 그로부터 떨어져 나올 수 있도록 해주는 경계에 존재한다. 그것은 영지주의에서의 '타락한 영혼'에 유비적인 역할을 한다. 존재자는 푸루샤가 아닌 붓디의 차원에서 태어나기에 업과 윤회의 순환을 계속하지

---

47) "사트바 속성은 경쾌하고 빛나며, 라자스 속성은 자극적이고 활동적이며, 타마스 속성은 굼뜨고 막히게 한다. 이들은 램프에서처럼 단 하나의 목적을 위해서 기능한다."(『상키야카리카』, XIII)

만, 그로부터 해탈할 수 있는 열쇠도 붓디가 쥐고 있다고 하겠다. 이 점에서 붓디는 힌두교적 맥락에서의 이성이라 할 수 있다. 오직 재상의 보고만을 신뢰하는 왕처럼, 푸루샤는 오로지 붓디의 창을 통해서만 경험세계를 관조한다. 내용상 다르지만, 붓디의 이런 위상은 유식철학에서의 '아뢰야식', 여래장사상에서의 '생심멸문'의 위상에 해당한다고 볼 수 있다.

이 붓디로부터 다시 '아함카라' 즉 개별적 붓디 곧 자아의식들, 개별 영혼들이 전개된다. 조심할 것은 붓디도 아함카라도 모두 프라크르티의 전개이며, 따라서 물질적인 것이라는 점이다. 그리고 붓디에서든 아함카라에서든 또 이하 전개될 것들에서든 모두 사트바, 라자스, 타마스가 동시에 작동하고 있다는 점이다. 예컨대 개별 영혼에서 사트바가 강하면 선한 행위를 하지만, 라자스가 강하면 방종한 행동을 하게 되고, 타마스가 강하면 굼뜨고 무기력한 행동을 하게 된다. 아함카라 다음에는 마나스와 안·이·비·설·신의 지각기관, 그리고 설(舌)·족(足)·수(手)·비뇨기(泌尿器)·성기(性器)의 행동기관이 전개되며, 다른 한편 색·성·향·미·촉의 미세한 입자들과 지·수·화·풍·공의 조대(粗大)한 입자들이 전개된다. 결국 푸루샤는 붓디·아함카라·마나스라는 경험적 자아로 전개되며, 마나스가 감각기관들 및 행동기관들과 혼합된 의식이라면, 아함카라는 대자적 존재인 자기의식, 붓디는 본체계와 현상계 사이에 존재하는 것이라고 정리할 수 있다. 안/이/비/설/신의 감각기관과 설/족/수/비뇨기/성기의 행동기관은 '객관세계'와 직접 작용하며, 이들은 색/성/향/미/촉의 미세한 입자들 및 지/수/화/풍/공의 조대한 입자들과 더불어 가장 직접적인/물질적인 현상계를 전개한다.

프라크르티는 탄생했다 소멸하기보다는 깨어났다가 다시 잠들곤 한다고 할 수 있다. 즉, 운동을 시작해 전개되다가 다시 정지하곤 한다. 그 깨어남과 잠듦은 물론 푸루샤가 주관한다. 그런데 이상의 논의는 영혼론적인 것일까 우주론적인 것일까? 브라흐만=아트만이므로 궁극적으로 이 두 차원은 일치하지만, 상키야학파의 서술 전반은 우주론적이기보다는 영혼론적으로 느껴진다. 이 문제는 상키야철학 역시 대우주=소우주라는 믿음에 의해 뒷받침되었다고 생각함으로써 해결할 수 있을 것이다. 그렇다면 무수한 푸루샤들이 스스로가 아트만임을 발견해가는 여정은 궁극적으로는 브라흐만=푸루샤를 찾아가는 여정의 한 부분을 이룬다. 이는 물질성을 점차 떨어냄으로써 순수 정신적인 차원을 찾아가는 여정이다. 이런 여정을 실천할 수 있는 구체적인 방식은 요가철학에 의해 주어졌다. 상키야철학이 하향도를 보여준다면, 요가철학은 상향도를 보여준다.[48] 이런 구도는 이미 『우파니샤드』에 나타난다.

> 마음과 오감이 아트만에 고정되면
> 감각기관들의 통어자인 '지혜[붓디]' 또한 부동이 되니
> 이 상태를 최상의 단계로 부르노라.
> 이처럼 감각들이 고정되어
> 미동조차 하지 않는 단계에 이르게 하는 것,
> 그것을 '요가'라고 부르나니.
> 구도자는 자만심[49]이 소멸된 경지에 이를 수 있어
> 요가로써 마음의 불안/안정을 통어할 수 있기에.[50]

상향도에서 볼 때, 물질적 차원의 극한은 '마음'이다. 따라서 마음은 물질성의 끝이자 정신성의 시작이기도 하다. 이론철학이 아닌 요가철학에서

---

48) 플로티노스와 마찬가지로, 상키야-요가 학파도 플라톤적인 '아나바시스와 카타바시스'와 대조적이다. 이론적 아나바시스와 실천적 카타바시스의 구도와는 반대로 상키야-요가 학파에서는 하향도가 전개의 이론이라면 상향도는 해탈의 실천이다. 그리고 후자에는 (넓은 의미에서의) 정치철학은 없다. 요가철학의 성경은 파탄잘리의 『요가수트라』이다. 여기에서는 다음 판본을 사용했다. *The Yoga Sutras of Patanjali*, by Edwin Bryant(North Point Press, 2009).

49) '나'와 '나의 것'에 대한 애착, 집착.

50) 「카타 우파니샤드」, 3권, I, §10~11.

는 상키야철학이 붓디, 아함카라, 마나스로 분화해 논하는 차원을 '마음'으로 포괄해 지칭한다. 그래서 정신, 마음, 물질성 ─ 신체와 경험세계 ─ 이라는 보다 간단한 구도가 제시된다. 요가는 물질성에 물들어 있는 마음을 점차 해방시켜, 마침내 완전히 정화되었을 때 그것을 관조하는 푸루샤가 마음으로부터 해방되는 경지에 달하는 것이다. 이를 암울한 연극을 보면서 스스로도 고통스러워하던 관객(푸루샤)이, 연출자(마음)의 노력을 통해 연극의 내용(물질적 차원)이 점차 정화되면서, 결국 그 모두가 한바탕 연극에 불과한 것임을 깨닫게 됨으로써 비로소 평안을 되찾는 과정에 비유할 수 있을 것이다.

어떻게 물질성을 떨어버리고 정신으로 향해 갈 것인가? 요가학파는 이를 8가지 단계로 제시한다. 처음 두 단계는 윤리적인 성격을 띤다. 첫 번째의 '금계(禁戒)'는 결코 하지 말아야 할 것들을 하지 않는 것이며, 가장 핵심적인 것은 불살생(不殺生)이다. 그 외에도 거짓말, 도둑질, 간음, 탐욕이 금계 사항이다. 두 번째의 '권계(勸戒)'는 가급적이면 해야만 할 것들이며, 그 핵심은 결과적으로 몸과 마음을 깨끗이 하는 데에 있다. 또, 욕심 부리지 않기, 열심히 수행하기, 공부하기, 신심을 다지기가 중요하다. 다음 세 단계는 육체적인 것과의 투쟁이라는 성격을 띤다. 세 번째의 '정좌(定座)'는 정신집중을 위해 특정한 체위를 취하는 것이다. 약 40여 가지의 체위법이 있다. 네 번째, '심호흡'은 숨을 길게 들이쉬고 멈추었다가 길게 내쉬는 방법이다. 도교의 호흡법에 해당한다. 다섯 번째는 '감각의 통어'로서, 외부로 향해 휘둘리는 감각들을 거두어들여 마음을 안정시키는 방법이다. 대중적 차원에서 요가는 흔히 이 3~5단계로 이해되는 경우가 많으나, 이는 본격적인 요가를 위한 예비 단계일 뿐이다.

본격적인 요가는 여섯 번째의 '정신집중', 일곱 번째의 '선정(禪定)', 여덟 번째의 '삼매(三昧)'를 가리킨다. 좁은 의미에서의 요가는 삼매를 뜻한다. 정신집중은 마음을 어떤 한 대상에 집중하는 것이다. 정신집중이 지속성을 띨 수 있을 때, 선정에 든다. 정신집중은 누구나 어느 정도는 할 수 있지만, 선정에 드는 것은 본격적인 요가 수련을 통해서만 가능하다. 일곱 번째 단계에서는 사도(邪道)로 빠지는 것을 특히 주의해야 하는데, 이 단계에 이르면 일종의 초능력이 생기기 때문이다. 초능력이 생기면, 원래의 길을 망각하고 급기야 초능력에 집착해 사도를 걷게 될 수도 있기 때문이다. 이런 식의 일탈은 동북아문화에서 무협지 장르를 비롯한 대중문화의 중요한 설정 중 하나이기도 하며, 또 오늘날까지도 '요가'에 붙어 있는 잘못된 이미지이기도 하다. 요가의 최종 단계는 삼매(samādhi)이다. 이 단계에 이르러 비로소 푸루샤는 프라크르티의 이미지들을 완전히 떨쳐버리게 되고, 마침내 해탈에 들게 된다.[51]

베단타 - 미맘사 학파

니야야 - 바이셰시카 학파가 매우 이지적인 논리학과 존재론을 전개함으로써 보다 철학적인 힌두교사상을 전개했다면, 상키야 - 요가 학파[52]는 힌두교적 세계관과 실천 방식을 좀 더 원형에 가까운 형태로 전개했다. 그러나 『베다』에 가장 직접적으로 충실했던 학파는 베단타 - 미맘사 학파였다. 베단타 - 미맘사 학파는 니야야 - 바이셰시카 학파와 같은 이지적인 탐구를

---

51) 요가는 사회적 행위로부터 점차 물러나는 과정으로서, 행위에 대한 일종의 반(反)행위라고 할 수 있다. 행위가 완전히 꺼진 상태는 죽음의 상태이다. 이 점에서 사회적 행위를 일일이 적시한 『마누법전』이 삶의 기법이라면, 행위의 차원을 조금씩 꺼가는 요가는 죽음의 기법이다.(요가의 과정에서 볼 수 있는, 미동도 하지 않는 '아사나', 호흡을 멈추는 '프라나야마', 의식의 빛을 꺼버리는 '에카그라타' 등의 기법들은 결국 죽음의 기법들이다) 요가가 추구하는 것은 두렵고 고통스러운 죽음을 대체할 수 있는 자발적이고 환희에 찬 죽음이다. 요가의 완성은 죽었으되 죽지 못하는 "un-dead"(좀비, 유령, 귀신 등)가 아니라 살아 있으되 이미 죽은, 말하자면 "pre-dead" 상태라 할 것이다.

52) 상키야 - 요가 학파에서의 전개 과정을 거꾸로 생각해보면 붓다 사유와의 차이가 잘 드러난다. 붓다는 인이비설신의-색성향미촉법으로 구성된 경험세계의 분석에 몰두해 그 결론으로서 무실체론에 도달했다. 반면 상키야 - 요가 철학은 프라크르티의 '하향도'를 파악한 후 이번에는 다시 아함카라, 붓디로 올라가는 '상향도'를 사유하며, 그 끝에서 이 전체 즉 물질차원 자체를 깨버림으로써 비로소 푸루샤＝아트만의 진리에 도달하게 되는 것이다.

통해서는 『베다』의 진리에 다가설 수 없다고 보았다. 상키야-요가 학파에 대해서는 보다 긍정적인 태도를 취했으나, 『베다』의 취지에 맞지 않다고 본 부분들에 대해서는 역시 비판했다. 베단타-미맘사 학파는 종교로서의 힌두교에 충실했으며, '도그마'의 성격이 강한 학파이다.

미맘사학파가 실천적이라면 베단타학파는 이론적이다. 미맘사학파는 『베다』의 전반부 두 부분(만트라와 브라흐마나)을 이어받아 종교로서의 실제 영위를 다져나가 고자 했다. 반면 베단타학파는 『베다』의 후반부 두 부분(아란야카와 우파니샤드)을 이어받아 힌두교의 이론적 기초를 보다 단단하게 다지고자 했다. 베단타학파와 미맘사학파의 관계는 상키야학파와 요가학파의 관계와 같다.

미맘사학파는 『베다』의 '행위 편'을 이어받아 종교로서의 힌두교를 다시 반석 위에 세우고자 했다.[53] 이들은 특히 『베다』의 이해를 위한 인식론과 언어철학을 풍성하게 발달시켰다. 베다의 언어는 말이든 글이든 일반적 맥락에서의 언어와는 다른 신성함을 가진다는 것이 특히 강조되었는데, 이슬람교를 논하면서 간략하게 언급했거니와(1권, 9장, §1) 특정 종교를 배경으로 하는 이런 식의 언어철학은 여러 철학 전통들에서 나타난다.[54] 이 문제는 미맘사학파에 특히 중요했는데, 언어의 신비화는 제식의 신비화를 위해 꼭 필요한 조치였기 때문이다. 이 학파에 베다의 언어는 신들보다도 더 위대한 것이다. 미맘사학파는 제식을 통해 아트만을 찾아갈 수 있는 다양한 방식들을 논했으나, 좀 더 탄탄한 이론적 기초는 베단타학파에 의해 놓이게 된다. 미맘사학파의 제식주의는 시간이 가면서 저항에 부딪

---

53) 미맘사학파의 성경은 자이미니의 『미맘사수트라』이다.(*Mimamsa Sutra of Jaimini*, by N. V. Thadani, Bharatiya Kala Prakashan, 2007) 샤바라, 쿠마릴라, 프라바카라 등의 주석이 유명하다.

54) 앞에서 '경'을 둘러싼 불교와 일신교의 차이를 지적했거니와, 힌두교의 경우에도 『베다』를 신성시했으며 이런 입장을 보완할 수 있는 언어철학을 전개했다고 할 수 있다. 이는 근본적인 차원에서 언어를 불신했던 불교와 대조적이다.

쳤고, 후에는 점차 좀 더 일반적인 의미에서의 종교 특히 일신교적 경향들이 나타나게 된다.

베단타학파는 『우파니샤드』를 직접 이어 힌두교의 철학을 세운 학파로서, 가장 좁은 의미에서의 힌두교철학이다. 바다라야나의 『베단타수트라』는 그 기본 성경이며, 이에 대한 샹카라, 라마누자 등의 주석이 힌두교의 철학적 핵을 이룬다.[55]

『베단타수트라』는 무엇보다도 우선 브라흐만을 새롭게 개념화하고 찬미한다. 상키야의 이원론을 비판하고, 절대적 일자로서의 브라흐만을 강조한다. 푸루샤와 프라크르티는 브라흐만의 변형태들일 뿐이다. 브라흐만에는 전지전능, 무한, 절대, 근본 원인, 완전 등 스콜라 철학자들이 신에게 부여했던 성격과 유사한 성격들이 부여되었다. 브라흐만의 아바타라적 성격이 부각되면서 푸루샤와 프라크르티의 거리 개념이 사라지고 현실 속에서 실재가 활동하는 것으로 이해되었으며, 이는 불교에서 대승불교가 그랬듯이 힌두교를 현실/대중과 매우 친밀한 종교로 탈바꿈하게 만들었다. 브라흐만은 모든 것으로 전변되며, 이 점에서 본질과 현상은 단지 '접힘'과 '펼쳐짐'의 차이일 뿐 그 사이에 단절은 없다.[56] 물론 브라흐만 자체와 그것이 전변되어 나타나는 것들은 똑같지 않다. 물·얼음·수증기는 한 존재의 세 아바타라들이지만, 물도 얼음도 수증기도 이 존재와 똑같지는 않고, 또 서로 간에도 똑같지 않다. 이때 두 해석이 가능한데, 하나는 물·얼음·수증기는 실재의 가현(假現)일 뿐이라는 해석이고, 다른 하나는 이것들도 실재이지만 실재의 온전한 모습이 아니라 일정하게 제한된 모습(예컨대 코끼리

55) Badarayana, *The Vedanta-Sutras with the Commentary of Sankaracarya*, by George Thibaut(A Public Domain Book, 1912). *The Vedanta-Sutras with the Commentary of Ramanuja*, by George Thibaut(Echo Library, 2006). 바다라야나는 비야사로 불리기도 한다. 『베단타수트라』는 『브라흐마수트라』로도 불린다. 자이미니의 미맘사를 '카르마 미맘사'로, 바다라야나의 미맘사를 '웃타라 미맘사'로 구분해 부르기도 한다.

56) 바다라야나, 『베단타수트라』, 2권, I, §14.

전체가 아니라 그 일부)이라는 해석이다. 훗날 전자의 해석은 샹카라에 의해 대성되고, 후자의 해석은 라마누자에 의해 대성된다.

개아 안에는 개별 – 아트만이 존재하고, 개별자들은 "네가 곧 그것"이라는 진리를 깨달을 때 껍데기를 벗고 아트만과 일치하게 된다. 개별자들은 삶에서 무수한 고통을 겪고 업과 윤회를 반복하는 데 비해, 그 안의 아트만은 "물이 흔들릴 때 그 위에 비친 빛도 흔들리지만, 빛 그 자체는 흔들리는 게 아니듯이" 항구적이다.[57] 삶의 의미는 끝없는 수행을 통해 이 아트만을 발견하고 해탈하는 것이다. 『베단타수트라』는 『우파니샤드』의 사유를 새롭게 정리하고자 했지만, 그 자체가 매우 난해해 주석가들의 해석 관점에 따라 여러 상이한 철학사상으로 발전해갔다.

§3. 힌두교와 불교

굽타 왕조(4~6세기)는 인도의 고전 문화를 완성했으며, 이 시기에 『마하바라타』, 『마누법전』, 『바가바드기타』 등이 대성되었다. 그리고 6파 철학이 그 온전한 형태로 구축되었다. 산스크리트어가 문화언어로 확고하게 자리를 잡게 되며, 불교학자들도 산스크리트어로 저술 활동을 하기에 이른다. 이런 과정을 통해 힌두교는 반석 위에 서게 되었다. 굽타 왕조는 이미 5세기 말에 사실상 저물게 되고, 이후 10~11세기에 무슬림들이 쳐들어오기 전까지 인도 아대륙에는 굽타 왕조에 비길 만한 왕조가 들어서지 못했다. 이 혼란기에 인도에서는 상업이 크게 위축되었고, 상인 계층의 비호를 받던 불교와 자이나교도 그 영향을 받지 않을 수 없었다. 반면 농촌 중심의 보수적 성격의 힌두교는 이 혼란기에도 그 정체성을 계속 유지해나갔다.

불교는 굽타 왕조를 경계선으로 해서 점차 쇠퇴일로를 겪게 된다. 그러

---

57) 바다라야나, 『베단타수트라』, 2권, III, §46.

나 앞에서 말했듯이, 종교로서의 불교가 쇠퇴하는 과정에서도 철학으로서의 불교는 쉽게 쇠락하지 않았으며 오히려 그 정점을 이루게 된다. 나가르주나 이래 최고의 논사인 바수반두가 활약한 시기가 4세기이다. 붓다고사가 『청정도론』을 지은 것은 5세기 초이다. 디그나가는 5세기, 다르마키르티는 7세기에 활동했다. 힌두교가 체계를 갖추는 것에 자극받아, 불교 역시 그동안 이루어진 성과들을 좀 더 체계적으로 정리하고 또 철학적으로 좀 더 정교한 존재론을 개발하고자 했다. 아울러 종교로서의 위세를 점차 잃어가는 불교의 입지를 강화하기 위해 보다 대중적이고 감성적인 불교로 방향을 틀기도 했다. 전자는 유식철학으로 대변되며, 후자는 여래장사상·밀교로 대변된다. 아울러 후기 중관학파도 면면히 전개되었고, 또 힌두교 논리학에 대항하는 불교 논리학도 화려하게 전개되었다.[58] 이렇게 본다면, 어떤 면에서 이 시대는 인도 불교의 또 하나의 전성기이기도 했다.

불교철학의 변용

굽타 왕조 시대에 이르러 힌두교가 학문적으로 조직화되고 6파 철학이 체계화되자, 불교 쪽에서도 이에 대응해 대승불교사상을 체계화하려는 움직임이 일어났다. 이러한 흐름은 크게 유식철학, 중관철학, 불교논리학의

---

58) 디그나가＝진나(陳那), 다르마키르티＝법칭(法稱)은 불교 논리학을 전개한 대표적인 인물들이다. 불교 고유의 논리학은 이전의 경전들에서도 발견되긴 하지만, 특히 5～7세기에 걸쳐 이 두 인물에 의해 크게 발전했다. 불교 철학자들이 무려 3세기에 걸쳐 논리학을 집요하게 전개한 것은 물론 힌두교의 논리학, 특히 니야야학파의 논리학을 의식한 것이라 해야 할 것이다. 디그나가의 『집량론(集量論)』과 다르마키르티의 『양평석(量評釋)』은 불교 논리학의 핵심 저작이다.

불교 논리학과 힌두교 논리학은 오랜 세월에 걸쳐 공방을 펼쳤다. 디그나가(5세기)는 가우타마의 『니야야수트라』와 밧츠야야나(4세기)의 『니야야바쉬야』를 비판했고, 웃또타카라(6세기)는 이에 대항해 『니야야바룻티카』를 썼다. 전체 흐름을 보면, 니야야학파가 불교 논리학의 '인(因)의 3상(相)설'을 받아들이는 방향으로 진행되었다. 또, 미맘사학파의 쿠마릴라, 프라바카라도 불교 논리학을 대거 흡수했다. 그리고 자이나교에서도 불교 논리학을 열심히 공부했다고 한다. 이렇게 보면 디그나가, 다르마키르티 등의 불교 논리학은 5세기 이후 인도 사상사의 전개에 큰 물결을 일으켰다고 볼 수 있다.

세 갈래로 전개된다. 중관철학은 모든 분석적 명제들을 비판하면서 '공'을 주장했기 때문에 스스로를 체계화하려는 의지는 없었다. 이 철학은 '공'에 이르지 못한 사상들을 논파하면서 '공'의 입구까지 데려가는 것에 목적이 있었기에 사상의 체계화를 시도할 이유도 없었다. 그러나 힌두교가 체계화되는 시대에 접어들자, 중관철학도 이에 발맞추어 스스로를 좀 더 체계적이고 논리적인 사유로 다듬고자 했다. 이 과정에서 불교논리학도 발달하게 된다. 유식철학은 '공'을 예외로 할 경우 철저한 반-실재론을 취하는 중관철학의 한계를 느끼고, 불교적 진리가 닻을 내릴 수 있는 보다 구체적인 실재를 찾아 대승불교를 종합하고자 했다. 그리고 중관철학과 유식철학은 이런 발전 과정에서 서로 논쟁하며 영향을 주고받기도 했다. 중관불교, 유식불교, 불교논리학이 복잡하게 전개된 이 시대는 불교의 이지적이고 철학적인 측면이 최고조에 달한 시대였다.

유식사상은 『해심밀경(解深密經)』과 『대승아비달마경』을 기초로 한다. 유식사상은, 아비달마불교가 '유'를 설했고 나가르주나의 중관사상이 '공'을 설했다면, 스스로는 그 중용을 취해 '중(中)'을 설한다고 한다. 이는 곧 유식사상이 붓다의 생성존재론을 이어가면서도 철저한 공사상으로 가기보다는 공의 밑바탕을 이루는 어떤 실재 — 이름이 시사하듯이 '식'[59] — 가 존재한다고 보는 점을 가리킨다. 이 생각은 앞에서 언급했던 난점 즉 철저한 생성존재론으로 간다면 업과 윤회를 설명하기 어렵다는 사실에 대한 대응이라고 할 수 있다. 유식사상은 객관적 실체로서의 '법'을 부정하고 어디까지나 '마음'을 사유하고자 한다. "一切唯心造" 즉 "모든 것은 오로지 마음이 빚어낸 것들일 뿐이다." 유식사상은 이처럼 유심론의 입장을 취하

---

59) '식'은 불교에서 여러 맥락으로 사용된다. 지금까지의 논의에서 이미 나왔듯이, 식은 우선 5온의 하나로서 경험세계를 구성하는 다섯 범주들 중 하나이며 또 12연기의 한 단계(의식작용)로서 무명 → 유위(行)를 이어 나타나는 세 번째 단계(전생과 후생을 이어주는 매듭)이다. 그리고 지금의 '식'은 마음의 근저에 존재하는 어떤 실재를 가리킨다. '식'은 부동의 '실체'가 아니기 때문에 '실재'라는 말이 더 적절할 듯하다.

지만, 그러나 '심' 가운데에서는 어떤 실재를 발견하고자 한다는 점에 주안점을 둔다. 유식철학은 요가와 밀접한 관련을 가진다. 유식철학의 핵심인 '식'은 바로 요가를 행하면서 발견할 수 있는 것이기 때문이다. 유식철학에 의하면 모든 것은 마음이 빚어낸 것들이며, 따라서 진리를 얻기 위해서는 바깥으로가 아니라 안으로(내면으로) 들어가야 한다. 이렇게 하는 것을 도와주는 실행 기법이 '요가'이며, 이 때문에 유식학파는 때로 유가행(瑜伽行)학파라고도 불린다.

본격적인 유식철학은 마이트레야＝미륵(彌勒)에게서 유래한다. 마이트레야는 미륵보살과 동일시되기도 하고, 아상가 이전의 유식학자들을 총칭하는 말이라고도 하며, 특정 인물로 이해되기도 한다. 노자처럼 그 존재가 아리송한 인물이다. 『유가사지론(瑜伽師地論)』(줄여서『유가론』)을 비롯한 마이트레야의 저작들도 전승에 따라서는 아상가의 저작으로 간주되기도 한다. 유식철학을 집대성한 인물은 5세기에 활동한 아상가＝무착(無著)과 그의 동생 바수반두이다. 아상가의『섭대승론(攝大乘論)』과 바수반두의『유식이십론(唯識二十論)』·『유식삼십송(唯識三十頌)』이 유식철학을 대표하는 저작들이다.[60] 바수반두는 생애 전반기에는 아비달마불교에 경도되어『구사론』을 지었지만, 후반기에는 대승불교로 돌아서서 유식철학을 집대성했다.

유식철학은 세계의 진상이 궁극적으로 '공'이라면, 어떻게 일정한 '객관세계'가 성립하는 듯이 보이는가를 설명해야 한다고 보았다. 즉, 세계의 질서를 논파하려고만 하기보다는 설명하려고 했다. 그 설명은 철저히 유심

---

60) 다음 판본을 참조했다. Asanga, *The Summary of the Great Vehicle*, by John Keenan (Numata Center for Buddhist Translation & Research, 2003). *La somme du grand véhiucule d'asanga*, par E. Lamotte(Peeters, 1973). *Seven Works of Vasubhandhu*, by Stefan Anacker(Motilal Banarsidass, 2008). *Cinq traités sur l'esprit seulement*, par Philippe Cornu(Fayard, 2008). 유식철학의 주요 논서들 중 하나로서, 현장의 편역서인『성유식론(成唯識論)』(김묘주 역주, 동국역경원, 2008)은『유식삼십송』에 대한 다르마팔라＝호법(護法, 6세기) 등의 주석을 모아놓고 있다.

론적이다. 진상은 '유식무경(唯識無境)'이다. 즉, 식이 인식하는 대상들은 사실 식 자신이 현현한 것일 뿐이다. 오로지 식만이 존재하며, 객관세계 즉 '경'은 존재하지 않는다. 만유는 '식'에서 유래하며, 세계는 식이 꾸는 꿈과도 같은 것이다. 유식철학은 상키야철학과 일정 정도 유사하다. 그러나 전자가 일원론적이라면, 후자는 이원론이다. 유식철학은 '식'이 펼쳐짐으로써 세계가 이루어진다고 보며, 상키야학파는 푸루샤가 프라크리티를 전개하게 만든다고 본다. 물론 상키야 철학은 푸루샤는 말할 것도 없고 프라크리티의 전개를 실재론적으로 파악한다. 이러한 구도에 입각해 양자는 모두 물질성의 차원으로부터 정신성의 차원으로의 상향도를 추구한다. 그러나 유식학파가 궁극적으로 세계의 '공'을 깨달아 해탈하고자 한다면, 상키야학파는 푸루샤의 '존재'를 깨달아 해탈하고자 한다. 양자는 유사한 구도를 띠면서도 각각 불교적 사유와 힌두교적 사유를 전형적으로 보여준다.

유식학파에서의 '식'은 불교에서의 주체에 대한 철저한 해체에 맞서 나온 생각으로, 이런 철저한 해체를 극복하기 위한 사유는 이전에도 존재했다. 고라든가 업·윤회라든가 해탈 같은 개념들이 어떤 형태로든 주체의 개념을 요청하기 때문이다. 이와 같은 흐름의 끝에서 '식' 개념이 나왔다고 할 수 있다. 식은 차례로 전변하면서 우리의 경험세계를 낳는데, 그 첫 단계는 '알라야식'='아뢰야식(阿賴耶識)'이다. 이 식은 근본적인 식으로서, 모든 법들이 그것의 전변을 통해 형성된다는 점에서 일종의 중지와도 같은 성격을 가진다. 상키야-요가 학파에서의 마하트=붓디와 같다. 이 아뢰야식이 다시 전변하면 '마나식'='말나식(末那識)'이 되는데, 이 마나식의 단계에서는 강한 형태의 '아'가 형성된다. 즉, 이 단계에서 아집이 형성된다. 그리고 이 마나식이 다시 전변되면 안·이·비·설·신·의라는 '6식'이 형성된다. 이렇게 유식학파는 식이 아뢰야식으로부터 시작해 총 8식으로 전변해가는 과정을 추적함으로써 설명해주고 있다.

일반적으로 대상이 존재하고 주체가 그것을 인식한다고 본다. 그러나 유심론인 유식학파는 6식이 있기 때문에 6경이 존재한다고 본다. 따라서

6경을 객관적인 것들로 생각하는 것은 꿈을 실재로 착각하는 것과도 같다. 6경은 허망한 성격 즉 '변계소집성(遍計所執性)'을 띠는 것이다. 이 허망함을 깨달아야만 "객관세계"에 대한 집착으로부터 해방될 수 있다. 그러나 우리는 "객관세계"에 사로잡혀서 그것에 의지해 살아가려는 성격 즉 '의타기성(依他起性)'을 가진다. 하지만 이 의타기성은 변계소집성과 같은 허망한 것이 아니라 그 허망함을 허망함으로서 깨달을 수도 있는 가능성을 가진다. 따라서 의타기성이 변계소집성의 허망함을 타파할 경우, 6경과 6식은 사라져버린다. 6경은 꿈에 불과한 것으로 인식되며, 6식은 그 꿈을 가능케 하는, 다름 아닌 '식'의 아바타라에 불과한 것으로 인식되는 것이다. 나아가 의타기성은 그것의 장소인 마나식의 단계에서 알라야식의 단계로 나아가면서 마침내 아집 자체까지도 해체해버릴 수 있다. 의타기성이 변계소집성을 완전히 떨쳐버리고 그 스스로의 아집까지도 벗어날 때 진여를 깨달은 단계인 '원성실성(圓成實性)'을 갖추게 된다. 알라야식에 도달하고 또 이로부터도 벗어나게 되는 것이다. 이처럼 "객관세계"로부터 스스로에게로 거슬러 들어간 주체는 비로소 경험의 세계가 스스로=식이 전변한 것이었음을 깨닫게 되고 해탈에 이르게 된다.

유식학파는 중관학파의 '공'사상을 흡수하면서도 그 고유한 논리를 전개했다. 이에 대해 중관학파 자체도 자신들의 사유를 정교화해갔고, 유식과 중관 양 학파는 영향을 주고받으면서 대승불교를 절정으로 이끌고 갔다. 바수반두 이래의 유식철학은 디그나가, 다르마팔라, 다르마키르티 등으로 이어진 '유상유식파'와 구나마티=덕혜(德慧), 스티라마티=안혜(安慧, 6세기) 등의 '무상유식파'로 갈라져 발달했다. '상(相)'의 존재를 어느 정도 인정하는 유상유식파가 무상유식파보다 더 실재론적인 성격을 띠는데, 이는 전자가 논리학을 배경으로 발달한 것과도 관련이 있다. 그리고 인도 유식철학은 파라마르타=진제(眞諦)를 통해 중국에 전해졌고, 현장·의정(義淨) 등은 인도에 직접 가서 유식철학을 배우기도 했다. 현장이 배운 것은 다르마팔라의 사유이고, 이 사유가 동북아에 와서 '법상종'으로 발전하게 된다.

중관학파는 라훌라(3세기) 이래 프라상키카파와 스바탄트리카파로 양분되어 발달하게 된다. 찬드라키르티＝월칭(月稱, 7세기) 등의 프라상키카파는 나가르주나가 『중론』에서 그랬듯이 타 학파의 명제들을 논파함으로써 공사상을 더욱 분명히 하고자 했다. 나가르주나의 사유에는 귀류법, 이율배반, 모순, 역설 등 다양한 형태의 논리적 사유가 내재되어 있거니와, 프라상키카파는 '프라상가'＝귀류(歸謬)의 방식을 통해 모든 학파들을 논파하고자 했다. 특히 상대방이 사용한 논리를 그대로 사용해 상대방을 논파함으로써 언어의 한계를 극한으로 밀어붙였고, 이 때문에 어떤 대목들에서는 이들의 비판 자체가 궤변으로 보이기도 한다. 바바비베카＝청변(淸辯, 6세기) 등의 스바탄트리카파는 스바탄트라＝자립(自立)의 성격을 가지는 논변들을 통해 공사상을 체계화하고자 했는데, 이는 타 학파들을 해체하는 데에만 열을 올린 프라상키카파의 한계를 극복하려 한 것이다. 특히 스바탄트리카파는 디그나가 등이 만들어낸 불교논리학을 도입해 공사상을 보다 적극적으로 펼 수 있었다.

유식학파는 공사상을 배경으로 깔면서 '식'의 사유를 전개했다. 그러나 후에는 중관학파가 유식사상을 받아들이는 경향도 나타났으며, 샨타라크시타＝적호(寂護, 8세기) 등의 이런 사유는 '유가행중관파'라 불린다. 유식철학과 중관철학의 결합은 인도 불교에서의 철학적 사유의 절정이었다.

바수반두의 『유식삼십송』을 읽어보자.

| 由假說我法 | 자아와 법을 잘못 설함으로써 |
| 有種種相轉 | 온갖 종류의 상들이 바뀌어가니,[61] |

---

[61] '자아'를 실체로 본 상식적 견해와 '아공법유'를 주장한 아비달마불교를 겨냥하고 있다. 이로써 이 세계를 사실상은 실재하지 않는 온갖 것(相)들이 생성해가는 곳으로 이해하게 됨을 말한다.

彼依識所變	이 모두는 식에 의거해 변해가는 것일 뿐.[62]
此能變唯三	식은 오로지 세 갈래로 변해가니,/
謂異熟思量	일러서 '이숙식'과 '사량식',
及了別境識	그리고 '요별경식'이라네.

이숙식은 곧 아뢰야식을 말한다. 유정(有情)의 모든 정신적 – 신체적 행위는 종자의 형태로 아뢰야식에 저장된다. 그래서 '일체종자식'이며, "아득한 옛적부터 있어온 계(界)〔因〕"이다.(『대승아비달마경』) 또, 선업도 불선업도 모두 이 아뢰야식에 근간하므로 '이숙'식이라 한다. 언급했듯이, 상키야 – 요가 학파의 마하트＝붓디와 유사한 위상을 띤다. 물론 후자의 경우 그 뒤에 푸루샤＝아트만이 존재하지만, 전자의 경우는 '공'이 "존재"한다. 이 아뢰야식이 바로 윤회의 주체이고, 윤회와 해탈의 갈림길이다. 이 아뢰야식은 곧 8식이며, 이를 잇는 7식이 곧 사량식 즉 말나식이다. 이 말나식에서 아치(我癡)·아견(我見)·아만(我慢)·아애(我愛)가 생겨난다. 바로 '아집'이 생겨나는 것이다. 아집은 바로 이 사량식이 이숙식을 아트만으로 착각하는 데에서 생겨난다. 그리고 다시 한 번의 전변은 요별경식 즉 안식, 이식, 비식, 설식, 신식, 의식을 낳는다. 의식은 제6식이며, 다른 다섯 식들은 이 의식을 의지처로 한다.[63] 그리고 이 단계에 이르면 색·성·향·미·촉·법이라는 6경이 가현(假現)하기에 이른다.

---

62) 온갖 현상들은 그 자체로서 존재하는 것이 아니라 즉 자성(自性)을 가진 것이 아니라, 단지 '식'이 전변해감으로써 나타나는 것, 꿈과도 같은 것임을 말하고 있다. '식'은 그 스스로로써 증명되는 '자증분(自證分)'이며, 이 식이 전변할 때 주관 쪽의 '견분(見分)'과 객관 쪽의 '상분(相分)'으로 나뉜다. 현대 식으로 말하면, 각각 인식 주체와 인식 대상이다. '상'들은 이 견분과 상분을 '의지처(依地處)'＝'소의(所依)'로 해서 나타난다.
63) 앞에서 '마음'을 뜻하는 개념들로서 '심(心)', '의(意)', '식(識)'을 언급했거니와, 결국 유식불교는 이 세 개념을 층화해서 '심'을 아뢰야식으로, '의'를 말나식으로, 그리고 '식'을 제6식으로 개념화했다고 할 수 있다. 제8식, 제7식, 제6식은 결국 '마음'의 세 층이다.

是諸識轉變	이 모든 식들이 전변(變現)하여
分別所分別	분별하는 것(見分)과 분별되는 것(相分)이 될 뿐이니,
由此彼皆無	하여 이 모든 것들이 무(無)일 뿐
故一切唯識	결국 일체는 오로지 식일 뿐이로다./
由一切種識	일체종자식(아뢰야식)이
如是如是變	이렇게 각종 식들로 변해가기에,
以展轉力故	그 전변하면서 전개됨의 힘에 따라
彼彼分別生	숱한 상(相)들이 구분되는 것일 뿐.

유식불교는 이처럼 철저한 유심론의 입장을 취했으며, 이 구도는 이후 불교사적 흐름에서 지대한 영향을 끼치게 된다.

후기 중관철학은 힌두교의 실재론은 물론 아비달마불교를 철저하게 비판한 나가르주나를 이어 공사상을 정교화했다. 그리고 이러한 작업은 불교 논리학의 풍부한 발달과 맞물려 이루어졌다. 여기에 아비달마불교와 공사상 사이에서 중도를 취하고자 한 유식불교는 불교사의 또 하나의 지평을 열었다. 이런 노력들을 통해 불교는 이론적 정상에 도달한다.

그러나 이와 같은 흐름과는 달리, 점차 쇠락해가는 종교로서의 불교를 다시 세우고자 한 흐름 또한 이어졌다. 불교철학은 최고조로 발달했지만, 오히려 종교로서의 불교는 대중들과 멀어질 위험에 처한다. 철학은 그 자체로서 가치를 가지지만, 종교는 대중과 유리되어서는 가치를 가지지 못한다. 대중에게 다가가려면 교리가 좀 더 단순해져서 대중의 마음에 확신과 안정을 가져다주고, 해당 종교의 가치를 현실적으로 입증해주는 윤리적 실천이 뒷받침되어야 한다. 이는 불교가 좀 더 실재론적이고 윤리적인 성격을 띠어야 함을 뜻한다. 여래장(如來藏)사상은 불교를 이러한 방향으로 변형해가고자 했다. 『여래장경』, 『승만경』이 이런 방향을 마련한 대표적인 경전이고, 『열반경』, 『부증불감경(不增不減經)』, 『보성론(寶性論)』 등도 여래장의 성격이 강한 경이며, 『유마경』, 『법화경』, 『화엄경』 등도 이 관점에서 읽을 수 있다.

여래장은 모든 사람들에게 갖추어져 있는 성불의 가능성이다.『열반경』에서는 "일체중생실유불성(一切衆生悉有佛性)"을 역설했다. 그러나 성불은 어떤 진리를 인식함으로써가 아니라 그것을 '믿음으로써' 가능하다. 여래장은 알기 어렵기 때문에 오히려 믿음의 대상이 된다. 여래장불교는 무지/무명을 탈피하려는 철학적 탐구를 통해서가 아니라 붓다에 대한 그리고 자신의 성불 가능성에 대한 종교적 믿음을 통해 해탈할 수 있음을 말한다. 여래장은 심오한 존재로서 해탈을 가능케 하는 근본이다. 그러나 이렇게 보면 여래장은 아트만과 그다지 다르지 않음을 알 수 있다. 유식불교가 이미 '아공(我空)'과는 뉘앙스가 다른 사유를 펼쳤지만, 우리는 특히 여래장에 이르러 불교라는 종교/철학의 성격이 현저하게 변하게 됨을 목도하게 된다. 물론 여래장사상은 이 점을 의식해 아트만과 여래장의 차이를 역설하기도 한다. 사실 여래장은 아집에 물들 수도 있고 해탈을 향할 수도 있는 이중체여서, 아트만과 같지 않다고 해야 한다. 그러나 이 단계에서의 불교는 분명 힌두교에 현저하게 접근해가는 것이 사실이다.

여래장사상은『능가경(楞伽經)』,『대승기신론(大乘起信論)』 등에서 집대성된다.『대승기신론』은 여래장사상의 핵심을 다음과 같이 정리한다.

摩訶衍者總說有二種,	'대승'에 대해 크게 두 가지로 설명할지니,
云何爲二, 一者法 二者義.	하나는 그것의 존재이고, 또 하나는 의미이다.
所言法者 謂衆生心,	대승의 존재는 곧 중생의 마음이요,
是心則攝 一切世間法 出世間法.	이 마음은 모든 현상과 실재를 포괄한다.
依於此心 顯示摩訶衍義.	오로지 이 마음에 의거해 대승의 의미가 드러난다.
何以故	어째서인가?
是心眞如相 卽示摩訶衍體故	이 마음은 실재로서 대승의 근본을 드러내고,
是心生滅因緣相	또 이 마음은 현실로서
能示摩訶衍自體相用故.	대승의 현상과 작용을 드러내기 때문이다.

598

여래장사상의 핵심은 '마음'이다. 이 마음은 힌두교의 아트만에 대응하는 불교의 개념이다. 여기에서 불교는 뚜렷하게 실재론적 성격을 띤다. 물론 '마음'이 실체는 아니다. 마음은 궁극적으로는 '공'이기 때문이다. 이 마음을 중생들도 갖추고 있다는 것, 붓다가 될 씨앗 즉 '불성(佛性)'을 갖추고 있다는 것, 그래서 모든 이들이 성불할 수 있다는 것이 중요하다. 『기신론』은 대승 즉 큰 바퀴를 곧 중생심으로 해석한다. 모든 사람에게는 불성이 내장되어 있다. 이 '마음'은 본체가 아니라 현상과 실재에 걸쳐 있고, 현상에 물들 수도 있고 실재로 나아갈 수도 있는 이중체이다. 내용은 다르지만, 플라톤의 '중간자'와 같은 존재라 하겠다.

所言義者 則有三種.	'대승'의 의미에는 세 가지가 있으니,
云何謂三	무엇이 그 셋인가?
一者體大	첫째는 그 본체의 위대함이니,
謂一切法 眞如平等不增減故.	일체법으로서 실재이고 평등하며 영원하기에.
二者相大	둘째는 그 현상/양상의 위대함이니,
謂如來藏 具足無量性功德故.	'여래장'으로서 무한한 본성과 공덕을 갖추고 있기에.
三者用大	셋째는 그 작용의 위대함이니,
能生一切世間出世間善因果故.	모든 경험적·초 경험적 선인과를 낳을 수 있기에.
一切諸佛 本所乘故	모든 부처님들이 본래 이 큰 바퀴를 탔으므로,
一切菩薩皆乘此法 到如來地故.	모든 중생 또한 이 바퀴를 타고서 여래의 땅으로 가리라.

반야사상에서 출발한 불교가 여기에 이르러 어떤 완성에 도달한 것을 느낄 수 있다. 후에 밀교가 전개되기는 하지만, 여래장사상에서 인도 불교는 정점에 도달하게 된다. 이 흐름을 더 이어간 것은 인도가 아니라 동북아였다.

베단타철학의 완성

불교가 그 이론적 절정에 도달하고 있을 때, 힌두교 역시 그 절정을 이루고 있었다. 그러나 힌두교의 이런 발전이 굽타 왕조 이래의 종교적/외적 발전에 힘입은 것만은 아니다. 힌두교는 철학적/내적 맥락을 통해서도 그 가능성의 극에 달할 수 있었다. 힌두교 최대의 사상가인 샹카라는 굽타 왕조가 무너지고 난 후의 혼란기에 등장했으며, 힌두교 철학을 다시 반석 위에 올려놓는다. 33세에 요절했으나 베단타철학의 최고봉을 이룬 샹카라(788~820년)는 여러모로 왕필을 연상시킨다. 왕필이 삼현경의 주를 통해서 자신의 사상을 개진했듯이, 샹카라 역시 『우파니샤드』, 『바가바드기타』, 『베단타수트라』에 대한 주석서를 통해서 자신의 사상을 개진했다.[64] 샹카라는 가우타파다, 고빈다를 이어 불이론(不二論)을 전개함으로써 불교의 무신론과 미맘사학파의 제식주의를 극복하려 했다. 아울러 철학적 뒷받침이 없이 종교적으로만 흐른 당대의 분위기를 극복하고자, 종교적 찬양의 서물들인 푸라나 성전들의 대척점에 서서 치밀한 철학적 사유를 전개했다. 또, '불이론'을 전개함으로써 상키야학파의 이원론을 비롯한 모든 이원론들 나아가 다원론들을 극복하고자 했다. 요컨대 샹카라는 무신론, 제식주의, 다원론, 단순한 종교적 행위들을 넘어서 절대 일원론의 확고한 철학을 세우고자 했다. 또 그는 당대에 각종 기괴한 방식으로 타락한 종교들과 맞서 싸운 윤리적-정치적 인물이기도 했다. 게다가 그는 빼어난 시인이기도 했다. 33년의 짧은 생애를 힌두교 최고의 철학자이자 위대한 종교개혁자이자 천재 시인으로서 살아간 샹카라야말로 "불꽃같은 삶을 산 사람"이라는 말이 어울리는 인물이라 하겠다.

샹카라는 정통학자로서 지각·추론 외에 증언을 인식의 원천으로서 인

---

64) 샹카라는 세 경전에 대한 주석서들 외에도 여러 권의 저서들을 썼다. 여기에서는 앞에서 언급한 *The Vedanta-Sutras with the Commentary of Sankaracarya*, by George Thibaut (A Public Domain Book, 1912)와 함께 Shankara, *Les mille enseignements*, de Mahadevan et Anasuya(Arfuyen, 2013)를 참조했다.

정한다. 감각기관과 마나스＝의근이 지각을 주관하고, 붓디＝지성이 추론을 주관한다. 물론 이 모든 것은 아트만에 의해 주관된다. 아함카라＝자아의식은 마나스·붓디와 아트만 사이에 존재한다. 상키야학파식으로 생각하면, 아함카라, 붓디, 마나스, 감각기관, 대상들이 프라크르티의 전변에 해당하고 아트만이 푸루샤에 해당한다. 그러나 샹카라에게서 물질은 실재의 위상을 갖지 못한다. 그에게 이 차원은 '마야'＝가현의 차원이다. 이 점에서 그의 구도는 공사상과 유사하며, 실제 그는 불교의 영향을 많이 받았다. 이 때문에 후에 라마누자, 마드바를 비롯한 실재론적 경향의 철학자들은 그를 신랄하게 비판하기도 한다. 이렇게 본다면 불교가 힌두교의 영향을 받아 실재론으로 기울어갔다면, 역으로 힌두교는 불교의 영향을 받아 현실을 가현으로 보게 되었다고 할 수 있다. 샹카라에게 현실의 차원은 참된 인식의 차원이 되지 못한다. 다만 그에게서 공 자리를 차지하는 것은 말할 필요도 없이 아트만＝브라흐만이다. 샹카라가 아트만＝브라흐만을 찾아가는 과정은 나가르주나의 과정과 유사하다. 모든 인식은 궁극적 인식으로 가기 위한 사다리일 뿐이며, 궁극적으로는 사다리를 치움으로써 진리에 도달한다.[65] 이 진리는 '인식'이라기보다는 차라리 절대와 합일하는 직관(anubhava)이다.[66] 그러나 샹카라는 현상계에 대한 지식을 무시하는 반-지성주의자가 결코 아니다. 그는 칸트처럼 형이상학의 가능성은 철저한 인식 비판의 토대 위에서만 설 수 있다고 보았다. 사다리를 오르지 않고서 범아일여를 깨닫는 것은 불가능하다. 그러나 일단 사다리를 다 오르면, 그 이전의 과정은 비-진리가 된다. 그것은 꿈에서 깨어났을 때에야 비로

---

65) 샹카라, 『베단타수트라주』, 1권, I, §4.
66) 이 직관을 말로 표현하기는 어렵다. 라다크리슈난은 "그것은 우리의 전 존재를 변형시키고 신성의 존재에 대한 확신을 가져오는, 생각과 언어를 초월하는, 말로 표현할 수 없는 경험이다. 그것은 개아가 자신의 지성을 포함한 모든 유한성을 탈각할 때 일어나는 의식의 상태이다. (…) 그것은 무지가 소멸되고 개아가 범아일여를 깨닫는 순간에 나타나는 직각(直覺)이다"라 풀이한다.(『인도철학사 IV』, 이거룡 옮김, 한길사, 1999, 228~229쪽)

소 꿈이 "꿈이었음"을 알게 되는 것과도 같다.[67] 이는 나가르주나의 속제
와 진제의 관계와 같다.

　베단타 학자로서 샹카라는 아트만의 실재를 증명하는 데 많은 노력을
기울였다. 아트만의 증명에 대한 샹카라의 논변은 데카르트의 그것을 연
상시킨다. 아트만을 부정하려 해도 '부정한다'는 그 행위 자체가 그런 행
위를 가능케 하는 자아=아트만을 함축한다는 것이다. 그러나 데카르트
와 중요한 차이가 있다. 데카르트는 'cogitatio'를 통해서 회의주의를 넘어
서지만, 이렇게 찾아낸 'cogito'는 다시 그것을 보증해주는 신의 존재를 끌
어들이기 때문이다. 반면 샹카라의 경우 의식/생각을 가능케 하는 것은 아
트만이며, 전자로부터 후자로 넘어가는 것은 직관('아누바바')에 의해 가능
하다. 이런 차이 때문에, 데카르트의 경우는 두 유한 실체와 무한 실체가
구분되지만 샹카라의 경우는 그런 구분이 필요 없게 된다. 샹카라의 '불
이론'의 구도는 이 대목에서도 분명해진다. 사실 샹카라의 이 주장은 '논
증'이 아니다. 생각/의식으로부터 아트만으로 넘어가는 것은 더 이상 '인
식'의 차원이 아니기 때문이다. 더구나 이 아트만은 곧 세계의 본질인 브
라흐만이다. 이미 지적했듯이, 세계의 궁극을 알기 위해 바깥이 아니라 안
으로 들어가고 거기에서 발견한 아트만은 곧장 세계의 궁극인 브라흐만
과 동일시된다. 샹카라의 철학은 이 위대한 동일자(the Same)/'불이(不二=
advaita)'를 역설하는 동일성의 철학이며, 플로티노스처럼 세계를 이 동일
자의 퇴락/가현으로 보는 일원론의 철학이다.[68]

---

67) 샹카라, 『베단타수트라주』, 2권, I, §14.
68) 이는 우파니샤드의 다음과 같은 생각을 재확인하는 것이기도 하다. "그것[아트만=브
　　라흐만]은 마치 물에 소금덩어리를 풀어놓았을 때 소금이 물속에 녹아드는 것과 같다
　　오. 이때 손으로는 물속에서 소금을 잡을 수 없지만 물의 어느 부분을 취해보든, 그 맛
　　이 소금 맛이 아니겠소. 그처럼 위대한 존재, 끝이 없고 경계가 없는 그는 '의식(意識)'
　　으로서 이 세상 속에 용해되어 있다오. 세상의 생명체들이 모두 협쳐져 생겨났다가 다
　　시 그 생겨난 곳으로 소멸되는 것이니, 그것을 알고 나면 더 이상 개별 의식들은 존재
　　하지 않는다오."(「브리하다 우파니샤드」, II, §4)

샹카라에게 이 동일자는 부정신학에서의 신이나 중관철학에서의 공, 플로티노스에서의 일자처럼 어떤 술어로도 파악할 수 없는, 오로지 '~이 아님'으로써만 접근해갈 수 있는 불가지론적이고 신비주의적인 존재이다. 아트만＝브라흐만에 대한 전통적 술어들인 존재, 의식, 환희조차도 완전한 술어들은 아니다. 그러나 샹카라는 아트만＝브라흐만을 칸트의 물자체 같은 것으로 남겨두는 것은 아니다. 신비주의자들이나 플로티노스가 신/일자와의 합일을 말하고, 중관철학이 공의 깨달음을 말하듯이, 샹카라는 불가지론에 머물기보다 아트만＝브라흐만의 직관/합일을 설파한다. 그러나 후대에 샹카라를 비판하는 사람들은 그의 이지적인 철학이 힌두교를 지나치게 추상적인 것으로 만들어버렸고, 아트만＝브라흐만에게서 구체성과 친근함을 탈락시켜버렸다고 주장한다.

샹카라를 비판하는 사람들은 그에 대해 두 가지 측면에서 중요한 반론을 제시한다. 하나는 이론적 반론으로서, 세계는 가현이 아니라 실재라는 것이다. 세계는 브라흐만의 전변일 뿐이다. 따라서 브라흐만을 찾기 위해 가현을 극복할 필요는 없다. 예컨대 9~10세기에 활동한 바스카라는 브라흐만과 그 전변들을 모두 긍정하면서 '불일불이론(不一不二論)'을 주장했다. 또 하나는 실천적 측면으로서, 극히 이지적인 샹카라철학에서 증발되어버린 종교적 측면을 되살리려 한 점이다. 다시 말해, 좀 더 고전적인 힌두교의 형태를 부활시키려 한 흐름이다. 이와 같은 흐름은 이븐 루쉬드와 알-가잘리의 관계를 비롯해 철학사에서 종종 나타나는 경향, 즉 위대한 이지적 종합 이후에 나타나는 반-주지주의적 경향의 한 예라고도 할 수 있다. 샹카라 이후의 이 흐름은 라마누자에 의해 대표된다. 라마누자는 진정한 직관은 반드시 신애를 바탕으로 해야 한다고 역설했다.[69] 또 이지적 종합 이후에는 흔히 다원론적 경향이 나타나거니와, 라마누자 역시 실체

---

69) 라마누자, 『베단타수트라주』, 2권, II, §23. 앞에서 언급한 *The Vedanta-Sutras with the Commentary of Ramanuja*(Echo Library, 2006)을 참조해 인용한다.

를 물질, 시간, 순수물질, 속성지, 개아, 신으로 다원화해 파악했다. 라마누자는 이처럼 다원적이고 종교적인 사유를 통해서 이 흐름을 완성해갔다.

라마누자는 브라흐만을 인격신의 차원에서 보았다. 그는 신을 샹카라의 브라흐만 즉 아리스토텔레스의 신이나 상키야학파의 푸루샤처럼 관조적인 신이 아니라, 세계에 내재해 있고 의지를 가지고서 활동하는 인격적 존재로 본 것이다. 신＝이슈와라는 브라흐만의 구체적인 존재 양태이고, 또한 브라흐만은 물질로서도 또 정신으로서도 활동한다. 이들은 브라흐만의 세 모습이다. 스피노자에게서의 신과 속성들의 관계와 유사하다. 브라흐만은 이슈와라로서 활동하며, 영혼/정신으로서 개아들로서 또 물질로서도 무수한 사물들로서 활동한다. 라마누자는 말한다. "모든 존재는 브라흐만의 본질과 그 표현 속에 포함되어 있다."[70] 라마누자에게서 아바타라의 사상은 극에 달한다. 브라흐만은 칸트의 '물자체'처럼 현상을 초월해 저 먼 곳에 있는 것이 아니라, 헤겔의 '정신'처럼 현상 자체 내에서 활동하는 것이다. 라마누자의 이러한 사유는 '한정적 불이론'이라 불린다. 브라흐만은 모든 한정들을 넘어 존재하는 것이 아니라 스스로 한정됨으로써 다양한 아바타라들로서 활동하는 존재이다. 이제 힌두교는 한참의 세월을 거쳐 그 원형을 복구할 수 있게 된 것이다.

라마누자 이후에도 힌두교는 계속 그 긴 생명력을 이어갔으나, 철학적 측면에서 뚜렷한 발전을 이루지는 못했다. 왜일까? 세계에 대한 새로운 경험적 탐구가 결여된 순수 사변적 사유는 어디에선가 그 극한에 다다를 수밖에 없기 때문이다. 이런 식의 사변은 객관세계에 대한 새로운 탐구보다

---

70) 라마누자, 『베단타수트라주』, 1권, III, §7.

는 순수한 '논리적 가능성들(logical possibilities)'을 붙들고서 사유하며, 이 가능성은 그 경우의 수가 다하면 어디에선가 갑자기 감속하게 된다. 베단 타철학에 대한 샹카라와 라마누자의 두 정치한 체계가 세워짐으로써 6파 철학은 그 한계에 달하게 되었으며, 이후의 철학들은 예전에 이루어진 성 과들을 각자의 방식으로 '조합'함으로써 성립하게 된다. 그리고 그 조합의 근거에는 학문 외적 요소들이 점점 많이 개입하게 마련이다. 힌두교철학 그 자체는 샹카라와 라마누자에 이르러 그 절정에 달했고 이후 급속히 쇠락 한다. 이는 이븐 루쉬드에서 이슬람 철학이 완성된 동시에 거의 단절된 것 과 유사한 양상이다.

라마누자 이후 적지 않은 힌두교 철학자들이 실재론적 입장을 취했다. 이들은 샹카라의 사유를 불교의 공사상에 물든 것으로 비판하면서, 라마 누자를 이어서 보다 실재론적인 사상을 전개했다. 마드바(1199~1278년) 같은 인물은 라마누자의 실재론도 충분하지 않다고 보고, 신·영혼·물질 이 각각 실체성을 띤다는 생각을 전개하기도 했다. 물론 신의 위상과 영혼, 물질 각각의 위상은 다르다. 그의 사유는 신을 무한 실체로, 영혼과 물질 을 유한 실체로 본 데카르트의 경우를 떠올리게 한다. 라마누자 이후의 힌 두교는 대체적으로 가현설보다는 전변설의 흐름을 띠게 된다. 또 하나, 라 마누자가 힌두교에서 철학적 탐구의 분위기보다는 종교적 신앙의 뉘앙스 를 더 강하게 띠게 만든 이후, 힌두교는 종교로서의 성격을 점차 강화하면 서 신앙, 은총, 신애 등을 기반으로 하는 종교로 화해갔다. 이 과정에서 힌 두교는 특정한 신들, 예컨대 비슈누나 쉬바를 숭배하는 갈래들로 갈라지 기도 했다. 여기에 점차 주술적인 경향들도 가미되어 대중적 호소력을 더 하게 된다. 그러나 다른 한편, 이러한 흐름들의 한계를 본 힌두교 철학자들 은 보다 이지적이고 보편적인 샹카라의 사유를 힌두교 정통철학으로서 계 속 발전시켜나가기도 한다.

인도 아대륙은 11세기 이래 투르크 계열 이슬람교도들의 침입을 받게 되며, 북부 인도는 13세기부터는 이슬람교도의 지배를 받게 된다. 이슬람

세력은 점차 팽창해 인도 전역을 지배하기에 이르게 되며, 무굴 제국은 16세기 아크바르 대제 시대에서 아우랑제브 대제 시대에까지 전성기를 구가했다. 이후에는 다시 서구 세력 특히 영국의 세력이 인도에 들어와 지배층을 형성하게 된다. 인도는 1947년이 되어서야 외세에서 독립하게 된다. 이슬람교와 힌두교는 오랜 세월을 공존했으나, 시크교가 양교의 통합을 시도한 것 외에는 이렇다 할 사상적 변동을 불러오지 않았다. 또한, 영국의 지배가 이슬람의 지배와 달리 인도 사회를 근본적으로 변화하게 만든 것은 사실이나, 사상적 측면에서는 역시 힌두교를 누르지는 못했다. 물론 근대성과의 조우에 직면한 힌두교가 스스로를 변화시켜야 했던 것도 사실이다. 힌두교는 근대성에서 받아들일 만한 부분들을 받아들이는 경향으로 "진화"하게 된다. 하지만 그 과정에서도 힌두교의 핵심 성격은 그대로 유지되었고, 오늘날까지도 힌두교는 그 정체성을 잃지 않은 채 인도 본토의 종교로서 지속되고 있다.

힌두교는 이처럼 어느 정도의 철학적·종교적 변화를 겪기도 했으나 그 정체성을 잃지 않은 채 인도의 종교로서 지속되고 있다. 힌두교가 '정통'으로서의 위상을 잃지 않고 이렇게 지속되고 있는 것은 어떤 이유에서일까? 무엇보다도 힌두교가 고대의 아리아족 브라만교와 드라비다족 민간신앙을 융합해서 인도의 보편적 종교로서 성립했다는 점을 꼽아야 할 것이다. 힌두교는 아리아족의 빼어난 문화와 인도의 토착민이었던 드라비다족 민중들의 신앙을 하나로 통합함으로써 인도의 보편 종교로서 자리 잡을 수 있었다. 이슬람교는 인도를 무려 600년가량이나 지배했으나, 상층의 종교와 하층의 종교가 물과 기름처럼 따로 존재했다. 이슬람교는 힌두교라는 넓은 바다에 떠 있는 작은 섬에 불과했다. 힌두교가 이런 보편성을 유지할 수 있었던 핵심 이유들 중 하나는 바루나(/카스트)제도에 있었다. 이 제도는 인도의 계층들에 '차이배분(differentiation)'을 부여함으로써 즉 위계화함으로써 바깥을 없애고 타자들을 내부로 흡수할 수 있었다. 차이배분은 '바깥'/'타자'를 안으로 흡수해 순치하는 핵심 전략이다. 앞에서 말했듯이, 위로는 '구도자들'이 아래로는 불가촉천민이 '바깥'을 형성했으나, 양자 모두 인도 사회의 근간을 흔들 수 없는 계층이라는 공통점이 있었다. 이 차이배분/위계화를 가능케 한 접착제가 바로 힌두교였다. 정치적 불평등이 종교적 안정을 가능케 한 이 이율배반적 구조가 인도 사회를 정초했다고 할 수 있다. 정치와 종교의 이 이율배반적 구조는 오늘날까지도 인도 사회가 풀어야 할 한 숙제로서 남아 있다.

교리상으로 볼 때, 힌두교는 6파 철학을 통해서 다양하게 해석되어왔지만, 특정 교리를 떠나서 힌두교를 핵심적으로 특징짓는 것은 '아바타라'의 사상이다. 아바타라의 존재론은 개별자들의 동일성이 간단히 타자화됨으로써 세계의 존재론적 분절을 극단적으로 상대화하고 유동화한다. 개별자들이 서로 전변하는 세계에서는 어떤 동일성도 본질적이지 않기 때문이다. 이런 사유는 본질들의 위계를 틀로 하는 지중해세계의 일신교들과 대조적이다. 이슬람교가 인도를 600년간 지배했음에도 종교적 통일을 이루지 못한 것은 두 종교의 이러한 이질성에서 기인한다. 이와 같은 전변의 세계는 개별화의 원리를 무력화함으로써 모든 것을 '두루뭉실하게' 만들어 섞어버리며, 이 때문에 보다 철학적인 힌두 사상가들은 분명한 존재론적 분절을 긋기 위해 노력하기도 했다. 그럼에도 인도 사유의 근저에서 작동하는 아바타라의 사유 — 차라리 이미지 — 는 타자를 그 또한 전변에 불과한 것으로 만들어 자체 내에 녹여버리는 독특한 속성을 유지했다. 바로 이런 이유에서 힌두교는 한편으로는 전변의 사유의 대척에 있는 이슬람교 같은 절대 타자와는 결코 섞이지 않으면서, 동시에 다른 한편으로는 자체 내의 다양한 사상들을 모두 흡수해버리는 양극의 방향으로 진행되었다고 볼 수 있지 않을까. 이슬람교와 힌두교의 평행과 인도 자체 내에서 힌두교의 보편화는 사실 힌두교를 특징짓는 이런 성격의 상반된 두 표현이었던 것이다.

"불교는 왜 인도에서 사라졌는가?"라는 물음은 "힌두교가 어떻게 그처럼 지속될 수 있었는가?"라는 물음과 쌍을 이루며 후자의 거울이미지로서 성립한다. 불교의 쇠퇴에는 외적 요인도 많았다. 굽타 왕조의 의도적인 힌두교 선양이라든가, 6세기 훈족의 불교 탄압을 비롯한 여러 사건들, 특히 1203년 이슬람교도들의 밀교 공격 등 여러 요인들이 불교 쇠퇴의 원인들로서 작용했다. 그러나 외적 탄압만으로 종교의 쇠퇴를 설명할 수는 없다. 탄압받음으로써 오히려 더 단단해지는 것이 종교의 속성이며, 역사상 탄압을 받았음에도 지속된 종교의 예는 많기 때문이다. 더구나 불교 같은 수준 높은 종교의 경우임에랴. 불교 쇠퇴의 궁극적 원인은 그 내적 요인에서 찾아야 할 것이다.

지지 계층의 측면에서 볼 때, 불교는 인도 사회 상층부의 사람들로 구성되었다. 『니까야』에는 새롭게 불교에 귀의한 인물들이 훌륭한 집안의 자제들임을 언급하는 구절이 상투적으로 등장한다. 상층과 하층을 연결해서 보편성을 구축했던 힌두교와 대조적으로 불교는 늘 상층부에 위치했다. 더 나아가, 이미 언급했듯이 불교는 말하자면 바루나(/카스트)제도에서 '열외'의 위치에 존재했으며 다소 극단적으로 표현해 인도 '사회'의 바깥에 존재했다. 이 때문에 인도 사회의 변화와 맞물려 변화하지 않았다고 할 수 있다. 또 하나, 불교의 대표적인 지지층은 도시 상공인 계층이었다. 그러나 지중해세계와 달리 인도에서는 도시가 발달하지 않았다. 지중해세계의 중세는 전반적으로 침체된 세계였지만, 도시들은 계속적으로 발달했고 이것이 훗날 자본주의 형성에 기반이 되었다. 본격적으로 자본주의의 기폭제가 되지는 않았지만, 동북아에서도 도시들은 상당 수준으로 발달했다. 그러나 인도에서는 이런 변화가 일어나지 않았다.[71] 그리고 외부적 사

---

71) 지중해세계 서구에서의 도시 발달은 기독교와 밀접한 관련성을 가진다. 당시 한 도시가 활력을 띠고 사람들이 집결하게 되는 중요한 한 계기가 '성자의 유물'의 유입에 있었기 때문이다. 그러나 인도에서는 이와 유사한 일이 일어나지 않았는데, 서구에서 기독교가 도시의 한가운데에서 존립했다면 인도에서 불교는 도시의 바깥, 아니 사회의 바깥에서 존립했기 때문이다. 이후 서구에서는 상공업 계층이 도시와 종교를 잇는 매개 고리 역할을 하게 되지만, 인도에서는 이런 성격의 상공업 계층이 발달하지 않았다. 그리고 동북아의 경우 도시의 발달은 종교와 직접적인 연관성을 가지지 않았다.

건들이 때때로 상공업을 쇠퇴시키기도 했다. 또, 힌두교는 굽타 왕조에 이르러 비약적으로 강화되었으나 불교는 아쇼카 왕 이래로 강력한 후원자를 만나지 못했다. 결국 불교 자체도 인도 사회에서 열외의 위치에 있었고, 지지층의 변화라는 측면에서 보아도 인도의 역사는 불교에 호의적이지가 않았다.

더 본질적인 내적 측면에 눈을 돌릴 때, 우선 불교는 힌두교와 논쟁하는 과정에서 점차 실재론적 경향을 강화하기에 이른다. 여래장사상에 이르면 이제 힌두교와의 차이는 미묘한 뉘앙스 차이 정도로 줄어들게 된다. 불교가 종교로서 힌두교와 변별되지 못한다면, 이미 확립된 힌두교의 종교적 힘을 넘어설 수가 없었다. 불교가 힌두교에 접근해간 순간 결국 그 자장에 빨려들어갈 수밖에 없었던 것이다. 다른 한편, 후기 중관철학, 유식철학, 불교 논리학 등은 오히려 그 큰 철학화의 높이 때문에 더 뻗어나갈 수가 없었다. 왜일까? 인도라는 곳은 종교적 함축을 가지지 않은 철학이 계속 뻗어나갈 수 있는 곳이 아니었기 때문이다. 그리스-로마나 동북아의 경우와 달리 인도에서는 '순수 철학'이 설 자리가 없었다. 힌두교는 이론적 세련화가 종교적 기반 위에서 이루어질 수 있었고, 따라서 철학과 종교의 괴리 같은 것은 발생하지 않았다. 그러나 한편으로 종교로서는 쇠퇴하고 다른 한편으로 철학으로서는 절정을 향해 간 인도 불교의 양극적인 행보는 점차 양자 사이의 괴리를 낳았고, 결과적으로 양자 모두를 소멸시키기에 이른다. 종교로서의 불교는 힌두교와의 **변별성**을 잃어가면서 점차 쇠퇴하기 시작했고, **철학으로서**의 불교는 그것이 극히 수준 높은 것이 되면서 얄궂게도 인도 내에서 점점 **착지점(**着地點**)**을 찾기 어렵게 되어간 것이다. 이는 6파 철학이 탄탄한 종교적 땅 위에 착지하고, 종교로서의 힌두교가 6파 철학을 통해 그 이론적 변별성을 만들어갈 수 있었던 힌두교와는 대조적인 과정이었다.

그러나 불교는 인도 바깥에서 지속될 수 있었다. 이런 지속을 위해서는 세 가지 조건을 만족시켜야 했다. 첫째, 인도 바깥에서의 불교는 종교로서 해당 지역의 토착 종교와 공존하면서도 변별될 수 있어야 했다. 공존할 수 없다면 애초에 그곳에 들어갈 수가 없고, 변별될 수 없다면 그곳의 종교에 흡수될 것이기 때문이다. 둘째, 인도 바깥에서의 불교는 그곳에서 철학적 힘을 가질 수 있어야 했다. 철학적 힘을 가질 수 없다면 그곳의 철학에 압도되어버릴 것이기 때문이다. 그럴 경우 설사 그것이 종교로서의 공존과 변별성을 획득한다 해도, 그 미래는 밝지 못할 것이다. 불교는 그 높은 철학적 사유에 특장이 있는 종교이기 때문이다. 또 한 가지 조건이 있었다. 설사 종교적 변별성과 철학적 힘을 획득했다 해도, 양자가 조화를 이루지 못한다면 또다시 인도에서 겪었던 과정을 겪지 말란 보장이 없다는 점이다. 불교는 종교와 철학으로 갈라질 것이고, 그때 어떤 형태로 왜곡될지는 예측하기 어렵게 되었을 것이다. 그렇다면 이런 여러 조건들을 만족시킨, 그래서 불교가 매우 긍정적으로 안착(安着)할 수 있는 곳이 있었던가?

있었다. 바로 동아시아이다. 달마는 왜 동쪽으로 갔을까? 서쪽에는 일신교 특히 지리적으로 본다면 이슬람교라는 두터운 장벽이 가로놓여 있었다. 다른 조건들을 언급할 필요조차 없이, 일신교라는 장에서는 다른 종교가 더구나 무신론적 종교가 설 자리는 없었다. 그러나 불교는 매우 일찍부터 생겨났고 지중해세계에서 일신교가 확고한 힘을 발휘하기 시작한 것은 일찍 잡아도 4세기 정도라는 점을 감안한다면, 그전에는 왜 불교의 서진(西進)이 이루어지지 않았을까? 이는 철학적으로나 정치적으로나 헬라스 문명의 힘이 그만큼 강했기 때문이라고 해야 할 것이다. 그 독선적인 유대교조차도 그리스화되는 세계였던 지중해세계에, 또 정치적으로 "오리엔트" 쪽을 얕보던 헬레니즘세계에 불교가 쉽게 스며들기는 어려웠을 것이다.

동방의 환경은 달랐다. 동방 특히 동북아는 '종교'의 문명이 아니라 '정치'의 문명이었다. 기성의 종교가 불교를 강고하게 막아설 수는 없었다. 현대적 의미와는 다소 다르다고 해야 하겠지만, 동북아에서 종교란 사적인 영역이지 공적인 영역이 아니었다. 지중해세계에서와 같은 '종교전쟁'은 존재하지도 않았다. 여기에 더해 유교와 도교는 그 철학적 깊이에서 불교를 압도할 수 없었다. 아니 오히려 불교의 도래는 동북아인들에게는 매우 참신한 철학적 경험이었다 해야 할 것이다. 어떤 면에서는 불교가 유교와 도교를 압도했다고 해야 한다. 마지막으로, 동북아에서는 종교로서의 불교와 철학으로서의 불교 사이에 괴리 같은 것은 발생하지 않았다. 종교로서의 불교는 유교·도교와 더불어 일정한 지분을 할당받을 수 있었고, 또 철학으로서의 불교는 동북아의 지식인들을 매료시킬 수 있었다. 이렇게 동북아(넓게는 동아시아) 문명은 불교가 지속될 수 있는 세 가지 조건을 모두 만족시켰다. 비단길을 따라 동진한 불교는 4세기 이래 동북아에서 새로운 생명을 이어갈 수 있었다.

9장 삼교정립(三敎鼎立)

서진 왕조가 내란과 외란으로 짧은 수명을 다한 후, 중원 대륙은 북과 남으로 양분된다. 북방의 사분오열('5호 16국'), 남방의 잦은 왕조 교체(동진 →송→제→양→진), 그리고 중원 바깥에서의 새로운 국가들의 형성(고구려·백제·신라·야마토 등)은 이 시대를 다국화의 시대로 만들었다. 서진의 잠시 동안의 통일을 예외로 한다면, 위촉오 시대부터 따져 400년가량(3~6세기) 다국화 시대가 전개된다.

이 시대에 중원은 '남북조 시대'[1]를 맞이한다. 전통적으로 천하의 중심을 이룬 국가들은 양자강의 북쪽, 더 좁게는 회하의 북쪽인 중원에 세워지곤 했다. 중원은 강수량이 적어 한지(旱地) 농법이 발달했고, 소(小)관개의 천수(天水) 농법이 주류를 이루었다. 강수량에 따른 지역 차가 컸고, 때문

---

1) '남북조 시대'는 특히 북쪽의 5호 16국과 남쪽의 동진이 양립했던 '5호 16국 시대'(대략 4세기) 이후의 시대를 말한다. 즉, 북방이 북위로 통일되고 남방은 동진에서 송으로의 이행이 이루어진 이래의 약 200년간(대략 5~6세기)을 가리킨다. 여기에서는 동방에서의 통일신라·발해의 남북조 시대, 일본 무로마치 시대 초기의 남북조 시대를 포괄하는 일반적인 의미로 사용했다.

에 상 왕조에서 이미 확인되듯이 정치적 장치 — 거대한 국가 — 를 통해서 이 불균형을 해소해야 했다. 이것이 큰 국가들이 중원에서 생겨난 이유들 중 하나이다. 여러 이유로 중원에서 국가의 규모는 점점 커져갔고, 한 제국은 그 절정이었다. 그러나 한 제국의 붕괴 이후 중원은 숱한 국가들이 명멸하는 장으로 화한다. 3세기에는 위·촉·오 시대가 전개되었고, 4세기 특히 서진 멸망 이후 중원은 흉노·선비·저·갈·강 등 북방의 호족(胡族)들이 내려와 다양한 국가들을 세움으로써 새로운 역사를 맞이하게 된다.[2] 이로써 북방 유목민과 남방 농경민이 뒤섞이게 되고 다양한 형태의 혼종 문화가 탄생하기에 이른다. 호(胡)주머니, 의자를 비롯해 이때 형성된 혼종 문화는 지금까지도 동북아세계에 널리 남아 있다.

북방에 비해 남방(양자강 유역)은 강수량이 많아 농사가 용이했고, 각 지역이 나름대로 자립할 수 있었다. 그래서 다양한 지역들을 통합해 거대 국가를 만들어야 할 절박함이 훨씬 적었다. 게다가 삼림이 빽빽해 교통이 불편해서 대제국이 세워지기가 어려웠다. 이런 이유로 손책과 손권이 세운 오(吳)에 의해 비로소 본격적으로 개발되기에 이른다. 강남에 문명 — 중원 사람들이 생각했던 의미에서의 문명 — 이 개화하기 시작한 것은 멸망한 서진의 후예들이 남쪽으로 내려와 동진을 세우면서이다. 북방 유목민들이 군사 위주의 국가들을 세운 북방과 대조적으로, 남방은 중원에서 내려온 문사-귀족들의 세계가 확립된다. 죽림칠현의 절박함은 이미 사라졌

---

2) 한 제국과 자웅을 다툴 정도였던 흉노족은 후한 시대에 들어와 남흉노와 북흉노로 갈라지고, 남흉노는 남진해 중원에 들어와 정착하게 된다. 북흉노는 서진하게 되는데, 그 결과 '게르만족의 대이동'이 유발된다. 선비족은 몽골족에 속하며, 그중 탁발부(拓跋部)가 훗날 북방을 통일해 거대한 북위(北魏)를 세우게 되고 모용부(慕容部)가 전연(前燕), 후연(後燕) 등을 세우게 된다. 원래 선비족은 흉노족 휘하에 있었으나, 5호 16국 시대에는 흉노족은 쇠하고 선비족이 시대의 주인공이 된다. 갈족은 흉노와 유사한 계통 또는 그 피지배민으로 알려져 있으며, 화북 지역에서 남쪽으로 세력을 넓혀갔다. 저족과 강족은 지금의 간쑤성, 산시성(陝西省), 쓰촨성 지역에 거주하면서 동진을 시도했다. 물론 실상은 훨씬 더 복잡하며, '5호'는 중국의 제국(諸國)의 입장에서 정리된 개념이라 해야 할 것이다.

지만, 이들은 나름대로 청담을 즐기고 인물평을 이어가는 등 자신들의 정체성을 잃지 않으려고 애썼다. 이런 노력이 그들의 기득권과 정체성을 유지할 수 있게 해주었고, 이 때문에 이 시기 강남에서는, 문자 그대로의 '암흑시대'를 살아야 했던 지중해세계와 대조적으로 오히려 화려한 문화가 꽃피게 된다. 후에 지중해세계의 중세는 '기사'들의 문화를 꽃피우게 되지만, 동북아에서는 4세기 이래 '무에 대한 문의 우위'를 계속 이어나갔다. 이것이 같은 '암흑시대'를 살았음에도 동과 서의 문화가 크게 차이가 나는 중요한 이유들 중 하나이다.[3]

남방이 중원의 문화를 이어갔고 북방이 유목민들의 도래로 혼종 문화가 나타났다면, 동방 — 세계사적으로는 '극동' — 에서는 기존의 부족사회가 새로이 국가 형태를 이루기에 이른다. 요동 지역의 고구려와 한반도의 백제, 신라는 다국화 시대 내내 '3국 시대'를 이어갔다. 이 국가들은 본래의 토착적 전통 위에 중원의 문화를 적극적으로 받아들여, 한자문명권의 또 하나의 축을 이루었다. 이와 같은 흐름은 일본까지 이어져 이 지역에서도 야마토(大和) 정권 등에 의해 점차 국가 형태를 갖추어가기 시작했다.[4] 이러한 면에서 본다면, 앞에서도 언급했듯이 시대는 다국화 시

---

3) 이런 역사에도 불구하고 묘하게도 강남을 중국사의 정통으로 보는 입장은 드물다. 4세기 습착치(習鑿齒)는 『한진춘추(漢晉春秋)』에서 촉 정통성을 주장했고, 이는 그기 속한 동진의 사정이 촉과 비슷한 때문이기도 했다. 이 문제는 정윤(正閏) 개념과도 관련되었다. 이에 비해 북송의 사마광은 그의 『자치통감』에서 위를 정통으로 보았다. 하지만 다시 남송의 주희는 『통감강목』에서 촉을 정통으로 보았는데, 이 역시 습착치와 유사한 정서와 관련된다고 할 수 있다. 묘하게도 강남으로 쫓겨난 습착치도 또 주희도 오를 정통으로 보지는 않았다. 중원을 차지했던 위나 유씨의 정권이었던 촉에 비해 오를 정통으로 볼 수 있는 뚜렷한 근거가 없었기 때문으로 보인다.

4) 앞에서 다루었듯이, 중원 바깥의 국가들은 중국 — 이미 분열되어버린 상태였지만 — 과 책봉·조공의 관계를 맺었다. 이는 동북아 국제관계가 '황제'라는 중심과 '왕들'이라는 주변으로 구조화되었음을 말한다. 한반도의 3국이나 일본의 야마토 정권 등이 중국과 책봉·조공 관계를 맺은 것은 일종의 외교적 전략이었다. 외적-형식적으로는 황제에게 복속되는 것이었지만, 내적 실질에서는 사실 국내의 다른 세력들에 대해 권위를 내세울 수 있었기 때문이다. 이는 이미 분열되어버렸고 또 서쪽의 절반은 사라져버린 '로

대인 동시에 중원의 문화가 동북아세계 전체로 확산된 시대이기도 하다. 정치적 분열과 문화적 일반성 —— 그러나 다질적 일반성(heterogeneous generality) —— 의 도래라는 반대 방향의 운동이 동시에 이루어진 이율배반적 시대였던 것이다. 동북아세계는 이렇게 서북방, 남방, 동방이라는 세 권역의 다양한 국가들의 역사, 그리고 점차 보편화되는 중원 문화의 역사가 펼쳐지게 된다.

이 시대에 이루어진 사상사적 흐름은 이른바 유·불·도(儒佛道) 삼교의 정립이다. 다국화 시대 전반을 볼 때, 유교는 사회적 기능 측면에서는 공고해지지만 철학사상으로서는 침체기를 겪는다. 도가사상의 종교화된 형태인 도교는 이 시대에 크게 발전해나갔으며, 오늘날에도 중국의 최대 종교로 이어지고 있다. 이 시대에 사상계에 큰 신선함을 불러일으키고 또 종교적 위세로서도 최강의 자리를 차지한 것은 불교였다. 그러나 전체로서 본다면, 이 시대를 이끌고 간 가장 핵심적인 사상적 일반 문법은 도가사상이었다. 유교도 도교도 불교도 이 도가사상이라는 일반 문법의 관점을 통해서 이해되었다. 이 점에서 이 시대는 일차적으로는 유·불·도의 삼교정립 시대이지만, 그 근저에서는 바로 도가사상/'노장사상'의 시대였다고 할 수 있다. 유교와 도교, 도교와 불교, 불교와 유교가 정립을 이루고 도가가상이 이 정립을 밑받침한 이 시대는 철학사상 가장 흥미진진한 시대들 중 하나이다.

§1. 유교와 도교

공자·맹자·순자의 사상을 이은 유가철학은 한 제국에 이르러 종교적 성

마'라는 국가 —— 차라리 일종의 개념 —— 가 새로이 국가를 만들어가던 게르만족 등 신흥 세력들에 대해 여전히 권위를 가졌던 것과 유사하다.

격을 띠게 되며, 한 제국을 떠받치는 국가종교의 위상을 갖추게 된다. 그러나 '유교'에서의 '교(敎)'는 일반적 의미의 종교보다는 '가르침'이라는 원래 의미의 교를 뜻한다고 보아야 할 것이다. 공자의 신격화와 그에 대한 제사 등 종교적 성격도 담고 있지만, 유교는 '교리'와 '신앙'이라든가 (국가/정부와 대비되는 뉘앙스에서의) 특정한 '교주', '교회', '신도' 등으로 이루어진 종교라기보다는 사회의 통치를 위한 핵심적인 정치적/문화적 장치라고 해야 할 것이다. 유교는 종교의 측면만이 아니라 철학·윤리·정치사상·교육사상의 측면도 함께 존재하는 사상적 - 정치적 체계라고 할 수 있다.

유교의 역사실험

유교의 이런 성격은 그것의 존속에 결정적인 힘으로 작용했다. 그것의 학문적 가치나 사상적 의의와 무관하게, 유교는 '사회'를 지배하는 힘을 유지할 수 있었기 때문이다. 유교는 현실적으로는 한 제국 이래에 동북아 사회에 뿌리내렸으나, 사상적으로는 송대(宋代)에 이르기까지 긴 침체기를 겪게 된다. 위촉오 시대 같은 해체적 시대에 철학적 흐름은 '경학에서 제자학으로' 이행했다. 그러나 유교적 가치 자체는 여전히 확고했으며, 이는 조조가 유교적 가치를 내세워 공융을 죽인 사실에서 얄궂은 방식으로 확인된다. 후에는 기득권 세력의 독점으로 흘렀지만, 진군 등이 만든 구품중정제도 후한의 청류 정신을 이은 면이 있다. 이런 흐름은 도가철학을 재사유한 현학에서도 또 죽림칠현에서까지도 확인된다. 현학은 도가적 사유를 통해서 사실상은 유교를 새롭게 하려 했고, 죽림칠현까지도 유가사상의 어떤 측면들을 보존하고 있음을 확인할 수 있기 때문이다. 죽림칠현에게서 유가와 도가는 복잡하게 착종되며, 이들은 이후 지식인들의 모델이 된다. 서진 왕조는 전면적인 유교 재구축을 시도한 경우이다. 서진이라는 유교제국은 한 제국의 몰락한 형태, 우스꽝스러운 패러디에 불과했으나, 어쨌든 유교는 그 형해(形骸)만 남아 있는 채로나마 지속될 수 있었다.

중원의 남북조 시대에 유교는 강북에서와 강남에서 각각 다른 방식으로 존재했다. 흉노와 그 방계인 갈은 중국의 변방에서 흩어져 살거나 중국에 반(半)예속된 존재로서 '부락(部落)'을 이루어 살고 있었다. 그러나 서진의 혼란기에 용병으로 활약하면서 자신들의 힘을 자각한 이들은 점차 중국의 북방에 자신들의 왕국들을 세우기 시작했다. 촉 지역에 성한(成漢)을 세운 유연 같은 인물들이 대표적이다. 흉노족인 유연이 한족인 모계의 성을 따서 유(劉)씨를 취하고 한 제국의 부활을 꾀한 것에서도 알 수 있듯이, 이들은 북방 유목민으로서의 정체성과 중국에 국가를 세워야 했던 상황 —— 한인 관료들의 도움을 받아야 하고 다수를 차지하는 한인들을 통치해야 하는 상황 —— 을 융합하기 위해 노력해야 했다. 역으로 말해, 한인 관료들 즉 유교 지식인들의 시대적 사명은 바로 북쪽에서 내려온 호족의 **정치적-군사적 지배**와 한 제국 이래 내려온 유교의 **학문적-문화적 전통**을 어떻게 조화시키느냐 하는 데에 있었다. 달리 말해, 유교 지식인들은 현실적 권력을 가진 호족 정부를 어떻게 '한화(漢化)'시켜 (유교적 중국의 정통을 이은) 강남에 비교해도 부럽지 않은 유교 왕국을 다시 재건할 것인가에 몰두했다.

그러나 이는 지난한 일이었다. 단지 문화적 차이만이 문제는 아니었다. 5호 16국의 역사를 보면, 같은 왕조명이 계속 변이되어가는 과정이 나타난다. 전조(前趙) → 후조,[5] 전연(前燕) → 서연 → 후연 → 남연 → 북연, 전

---

5) 후조를 세운 인물은 앞에서 왕연과의 관계에 관련해 언급한(6장 결론 부분) 석륵(石勒)이다. 조 왕국은 성한 왕국을 개명한 것으로(318년), 이는 서진이 이미 멸망해버린 시점에서는 더 이상 한 제국과의 끈을 내세울 이유가 없어졌음을 의미한다. 즉, 북방 유목민들이 본격적으로 자주적 왕국들을 세우기 시작했음을 뜻한다. 그러나 이들은 원만한 통치를 위해서 오히려 중원의 문화를 받아들여야 했다. 즉, '한화'를 겪어야 했다.(물론 이미 말했듯이, 이 과정에서 중국도 5호의 문화를 적지 않게 받아들이게 된다) 이는 게르만족의 장군들이 점차 더 이상 '로마'를 내세울 필요를 못 느꼈지만, 문화적으로는 오히려 로마/가톨릭의 자장 속으로 빨려들어갈 수밖에 없었던 상황과 어느 정도 유사하다. 정치적-군사적 차원과 문화적 차원의 이러한 이율배반은 큰 문명권 바깥의 민족들이 이 문명을 정복했을 때 나타나는 전형적인 패턴이다. 흔히 이런 정권의 성공 여부는 군인 출신의 이민족 왕과 정복된 지역의 뛰어난 지식인들이 서로 얼마나 잘 협력하는가에 의해 좌우된다.

진(前秦) → 후진 → 서진 같은 식이다. 이런 역사가 전개된 핵심적 이유는 '군사봉건제(military feudalism)'에 있었다. 전체적으로 혼란스러웠던 4세기에 확고하고 안정된 중앙집권국가의 건설은 쉽지 않았으며, 때문에 강북 대부분의 국가들은 크고 작은 군사 집단들이 피라미드식 봉건제를 형성했다. 현대 식으로 말하면 위계성이 가미된 '모듈 & 인터페이스'의 구조라 하겠다. 이 구조는 인터페이스가 잘 가동될 경우 강력한 힘을 발휘하지만, 모듈들이 불협화를 이룰 경우 쉽게 무너지게 된다. 이 때문에 강북의 국가들은 계속되는 골육상쟁이나 하극상을 겪으면서 '전 → 후'라든가 '동 → 서 → 남 → 북' 식의 변이를 겪어야 했던 것이다.

이와 같은 상황은 당연히 반(反)유교적 상황이었고, 강북에서 유교적 가치가 꽃필 기회는 많지 않았다. 그러나 전진을 세운 부견(苻堅)은 이 와중에서 유교적 이상주의를 실현코자 한 독특한 인물이었다. 부견은 화북의 거의 전체를 통일했으나, 당시의 많은 왕들처럼 폭군으로 떨어지지 않고 명군이 되어 많은 업적을 남겼다. 그는 특히 유학을 중시해서 당시 거의 사라져버린 교육기관들을 다시 세우고, 한때나마 장안을 중심으로 태평성대를 구가하게 해주었다. 그리고 이는 왕맹(王猛) 같은 유교 지식인들의 도움에 의해 가능했다. 그가 여기에 만족하지 않고 강남까지 내려가 천하통일을 시도한 것은 웅대한 꿈이기는 했으나 비극의 씨앗이기도 했다. 전진은 비수(淝水)의 대전(313년)에서 치명적 패배를 당해 좌절을 겪게 된다. 'Homonomia'를 꿈꾸면서 천하통일을 꾀했던 알렉산드로스가 그랬듯이, 부견 역시 숱한 종족들을 통합하고 천하를 통일해 새로운 평화시대를 만들어내려는 원대한 꿈을 가지고 있었다. 그러나 군사봉건제라는 제도의 틀을 온전히 벗어나지 않는 한 그의 이상주의는 실현되기 어려웠다. 결국 부견도 죽고, 전진은 후연을 비롯한 여러 국가들로 다시 사분오열된다. 유가라는 사상은 여러 모습으로 구체화될 수 있는 사상이다. 그러나 한 제국에서 유가사상은 **제국유교**(Imperial Confucianism)라 부를 수 있을 형태로 구체화되었고, 이후 이런 성격은 유교를 끈질기게 따라다녔다. 특히 그저 중국의 옛 영화를 더듬을 뿐 완전히 새로운 정치를 생각할 능력이 없었던, 그리고 거기에 군사봉건제라는 불안한 시스템 위에 서 있었던 강북의 국가들은 오직 제국을 다시 세우고 제국유교에 입각한 평화를 부활시키는 방식 이외의 다른 방식을 생각하기는 불가능했던 것이다. 부견이 생각한 것도 바로 이러한 모델이었다. 그리고 이는 당시 유교 지식인들의 한계이기도 했다. 부견은 실제 새로운 한 제국을 세울 수도 있었으나 아깝게 실패했다. 그러나 부견의 노력은 강북의 혼란 속에서 피어난 빼어난 정치적 실험이었으며, 유교의 존립 가능성에 대해 다시금 음미해볼 수 있게 해준 사상적 실험이기도 했다.

4세기의 혼란을 잠재우고 화북을 통일한 것은 선비족 탁발부의 북위였다. 유교 지식인들의 노력이 현실적 성공을 거두게 된 것은 바로 북위 정권에서였다. 강북의 국가들은 세워진 지 얼마 되지 않아 무너지곤 했는데, 이는 군사적 성공이 정치적 성공으로 이어지지 못한 때문이었다. 그러나 북위 정권은 불안정한 군사봉건제의 체제를 벗어나 유교제국의 형태에 다가설 수 있었다. 우선 북위 정권은 통일 후에 부락들을 해체하고 군사봉건제의 구조를 약화시킴으로써 국가의 존립을 안정시켰다. 그리고 행정제도를 정비한 삼장제(三長制)의 도입, 국가가 농지를 직접 관리하는 균전제의 실시, 한족과 호족의 통혼 장려, 지배계급의 새로운 서열화('姓族詳定'), 호복 착용의 금지와 중국어 사용의 제정 등을 통해 제국의 통일성을 갖출 수 있었다. 이 정책 중 호족과 한족의 융합 정책, 사실상은 호족의 한화 정책은 북위라는 개별 국가를 떠나 큰 역사적 중요성을 띤 정책이었다. 이들 정책은 특히 효문제(471~499년 재위)에 의해 실시되었으며, 이렇게 보면 부견의 꿈은 효문제에 의해 상당 정도로 현실화되었다고 할 수 있을 것이다. 그리고 이 과정에서도 한족 유교 지식인의 도움이 결정적이었음은 물론이다. '국사 사건' 같은 우여곡절도 겪었지만, 강남의 유교제국에 가까워지려 한 유교 지식인들의 노력이 결실을 거둔 것이다.

북위의 쇠퇴는 얄궂게도 유교제국을 향한 이런 노력이 한도를 넘어선 시점에서 시작되었다. 강남의 문치주의를 따라잡으려는 북위 유교 지식인들의 지나친 허영심이 오히려 군인 계층 특히 변방의 군인 계층을 소외시키는 결과를 낳았기 때문이다. 결국 북위는 동위(534~550년)와 서위(535~556년)로 나뉘게 되고, 이 두 국가는 유교제국의 잔재와 군사봉건제의 잔재를 동시에 내포하는 독특한 구조 ── 일본의 가마쿠라~에도 시대에서처럼 조정과 바쿠후가 양립하는 구조 ── 를 띠게 된다. 이후 양자는 다른 길을 걷게 된다. 한인 귀족들과 북방 출신 무장들이 갈등을 벌인 동위는 결국 자중지란(自中之亂)에 빠져 멸망하게 되지만, 부병제의 실시[6]와 호족 정체성의 복원[7]에 성공한 서위(후에는 북주)는 다시 강북을 통일하기에 이른다. 그리고 북주(北周)가 수(隋)로 이행하면서 긴 분열의 시대가 막을 내리기 시작한다. 이처럼 중원의 강북은 북방에서 내려온 호족 군인들과 기존의 한족 귀족 ─ 문사들의 관계에 의해서 향방이 결정되었다고 할 수 있다.

흔히 다국화 시대의 유교 특히 강북에서의 유교는 '유교의 쇠퇴'라는 맥락에서 이해되며, 심지어 유교의 역사를 다룬 저작들에서 아예 배제되기까지 한다. 그러나 이 시대는 유교 '철학'이 쇠퇴한 시대일지언정 유교사상 더 좁게는 유교적 '실천'이 쇠퇴한 시대라고 볼 수는 없다. 오히려 이 시대는 유교 ── 본래부터 존재론/인식론으로서의 성격보다는 윤리학/정치철학으로서의 성격이 강한 사상 ── 가 자신의 타자, 그것도 도교와 불교와 같은 사상의 테두리 자체 내에서의 타자가 아니라 아예 이 테두리 바깥에서 밀려온 절대 타자와 마주침으로써 행하게 된 독특한 **역사실험/정치실**

---

6) 부병제는 군대 전체를 피라미드식으로 구성한 제도이다. 군대 전체를 24군으로 나누고, 이 24군이 다시 12, 6 단위로 조직되고 승상 ─ 총사령관이 전체를 통괄했다. 이로써 군사봉건제에 따른 분열의 위협을 막고, 문인 ─ 귀족들의 억압에 눌려 있던 군인들에게 확고한 이름 ─ 자리를 부여하게 되었다.

7) 그러나 이 호족 정체성의 복원에는 또한 『주례』를 모범으로 하는 제도 개혁이 덧붙여졌다. 결국 서위는 중원의 간명한 고대 제도의 복원과 북방 호족에 기인하는 문화적 뿌리를 잘 절충함으로써 성공을 거두었다고 할 수 있다. 이 또한 이 시대 최대의 과제가 북방 호족문명과 중원 한족문명의 조화였다는 사실을 잘 드러낸다.

험의 시대였다고 보아야 한다. 다시 말해, 이 시대는 유교가 무엇이며 어떤 잠재력과 한계를 갖는지를 역사적으로 실증해주는 시대였던 것이다. 이 시대 유교 지식인들이 절대 타자인 북방의 호족 군인들과 마주치는 과정에서 행했던 유교적 '실천'의 공과는 좀 더 많은 관심의 대상이 되어야 할 것이다.

강남이 겪은 과정은 강북과 달랐다. 강남은 본래 중원 바깥의 후진 지역이었고 호족을 중심으로 구성된 곳이었다. 사실 오 정권의 보다 직접적인 적은 위나 촉이 아니라 내부의 호족들과 산월족(山越族)이었다. 강남이 급격하게 변하기 시작한 것은 강북이 혼란해지면서 많은 사람들이 강남으로 밀려들기 시작하면서이다. 이 과정에서 강북의 선진문화는 강남의 지방문화를 압도했고, 강북의 인사들이 점차 강남의 인사들을 아래로 밀어내면서 상층부를 형성하기에 이른다. 무력을 갖춘 종족이 선진문화를 갖춘 종족을 점령한 후에 다시 후자에 의해 문화적으로 정복되는 경우는 세계사에서 자주 발견할 수 있다. 그러나 이 경우는, 같은 종족/민족 내에서의 과정이기는 했지만, 무력을 갖추지 못한 집단이 문화의 힘만으로 상대를 압도한 드문 예를 보여준다고 하겠다. 중국 나아가 동북아 전체에서 유교적 가치가 얼마나 강한 것이었나를 잘 보여주는 예라 하겠다. 이러한 흐름은 마침내 동진(東晉)을 탄생시켰다. 강북의 정치가 호족과 한족의 조화를 화두로 했다면, 강남의 정치는 강북인과 강남인의 조화를 화두로 했다. 이와 같은 조화의 기틀은 천재 정치가이자 수준 높은 지식인인 왕도(王導)에 의해 짜였고, 이로써 한 제국의 전통을 잇는 "정통 왕조"가 강남에 들어서게 된다. 이 강남의 문사 - 귀족들은 강북에서의 옛날을 그리워하면서도, 자신들의 정치적 - 지적 정체성을 잃지 않으려 몸부림쳤다. 바로 이런 노력이 이 시대를 '빛나는 암흑시대'로 만들어낸 원동력이었다.

유교 지식인들의 정체성은 후한 정부에서 형성된 청류, 명사, 일민 등에 뿌리를 두었다. 그리고 이와 같은 전통은 혼란의 시대인 위촉오 시대에 오히려 꽃을 피웠으며, 예전보다는 퇴락된 형태이긴 했지만 서진 · 동진 시대에까지도 이어지고 6조 내내 강남의 귀족제 사회를 형성했다. 그러나 이러한 과정이 단지 유교 지식인들 내면의 정체성 유지만으로 이루어진 것은 아니다. 오히려 결정적이었던 것은 이들의 기득권을 보호해준 구품중정제가 남북조 시대에 이르기까지 유지되었던 데에 있다. 특히 왕(王)씨와 사(謝)씨는 이 사회에서의 '보증수표'였다. 그러나 이 기득권이 그저 단순히 안주할 수 있는 기득권은 아니었다는 것 또한 사실이다. 강남 사회는 후한 이래 형성된 '청담'과 '인물평'의 전통을 계속 이어갔으며, 기득권에 속하는 인물들도 이 시선/평을 항상 의식하고 자신을 다듬어야 했기 때문이다. 『세설신어』에는 천하에 속하면서도 동시에 강호적인 인물이려 애썼던 이 이율배반적인 귀족-지식인들의 이야기로 가득 차 있다. 이렇게 '기득권'과 지식인들 자신의 '정체성 유지를 위한 노력'이 선순환을 이루면서 6조의 귀족사회는 유지되었다. 그리고 이런 맥락에서 앞에서 여러 번 언급한 '무에 대한 문의 우위'도 계속 유지되었다. 무관들도 이 귀족사회에 끼지 못하고서는 출세할 수가 없었기 때문이다. 이와 같은 환경이 형성되지 않았다면, 동북아세계 역시 지중해세계에서와 같은 '기사' 중심의 사회가 되었을 것이고 실제 (연대기적으로는 한참 후의 일이지만) 일본의 경우는 막부의 출현을 보게 된다. 그러나 일본을 제외한 동북아 문명은 '무에 대한 문의 우위'를 끝내 이어갈 수 있었고, 그 결정적인 동력이 바로 강남 6조 시대의 문사-귀족들의 노력이었다고 해야 할 것이다.[8]

그러나 강남의 정권은 항상 불완전했다. 강남의 인사들은, 자신들의 군영에 로마를 재현했던 로마 군인들처럼, 강남의 정착 지역에 고향의 이름

---

8) 원래 '문'은 오늘날과 같은 좁은 의미가 아니라, 성화(聖化)의 의례를 의미하는 글자였고 또 "천지를 경위(經緯)하는 것"=문덕(文德)이기도 했다.(白川靜, 『中國古代の文化』, 講談社, 2012, 31頁) 이 문덕은 특히 주나라를 세운 문왕(의 천명)이라는 존재와 연계되어 있었고, 공자가 "文王旣沒 文不在玆乎. 天之將喪斯文也, 後死者不得與于斯文也. 天之未喪斯文也 匡人其如予何!"라고 외쳤던 것도 이런 맥락에서였다(4장, §2).
이러한 전통은 심지어 현대 중국의 사회주의 정권 내에서조차도 확인된다. 펑더화이가 우월한 무력을 갖추고서도 마오쩌둥을 쫓아내지 못했던 것을 상기해보라.

을 붙일 정도로 늘 강북을 그리워했다. 이들은 강남을 결코 최종 정착지로는 생각하지 않았다. 게다가 강북 세력과 강남 세력 그리고 여러 형태의 군사 집단들 사이의 정치적 역학 또한 복잡했다. 이런 이유로 강남에서는 동진(318~420년) → 송(420~479년) → 제(479~502년) → 양(502~557년) → 진(557~589년)으로 계속 왕조 교체를 겪게 된다. 대부분의 왕조가 100년을 넘기지 못하고 무너지곤 했던 것이다.(동진도 404년에 사실상 멸망했다고 보아야 한다) 강남 정치의 불안정은 결국 강북 인사들이 강남에 세운 문사-귀족들의 권력의 불안정성을 뜻한다. 이러한 불안정성은 마침내 현실로 나타나 송 왕조와 제 왕조는 사실상 군사정권의 성격을 띠기에 이른다. 이 군사정권은 강북 군사봉건제의 경우와 마찬가지로 끝없는 골육상쟁을 벌였다. 그리고 이 과정에서 4세기의 귀족-문사들의 힘은 외적으로나 내적으로나 서서히 약화되어갔다. 역으로, 이에 반비례해서 기존의 사족에 도전장을 내민 한족(寒族) 세력 특히 무장 세력이나 경제력으로 점차 힘을 키워온 은행(恩倖) 계층과 상인 계층이 부상하게 된다.

그러나 이와 같은 과정에서도 유교 지식인들의 저력은 고갈되지 않았다. 이 유교 지식인들의 장 속에서 교양을 키운 인물이 새로운 왕조를 세웠을 때 강남의 문치는 그 전성기를 맞이하게 된다. 양 무제는 뛰어난 정치와 경제 정책으로 흐트러진 강남 사회를 재건했다. 그 자신이 저술을 할 정도의 교양인이었던 그는 오경박사를 새로 설치하고 각종 학교를 세우는 등 새로이 유교국가의 틀을 잡았다. 나아가 이 시대는 문화의 황금시대로서 문학, 미술, 음악을 비롯한 다양한 장르들이 전성기를 맞이해 꽃피게 된다. 그리고 도교와 불교도 만개해 유·도·불의 삼교정립이 이루지기에 이른다. 거의 반세기에 걸쳐 지속된 이 시대는 강남 6조사에서 최고의 전성기였다. 주목할 점은 이 시대에 유불도 3교 사이에 종교전쟁은커녕 이렇다 할 큰 불상사도 일어나지 않았다는 사실이다. 이는 세 일신교가 끝없이 으르렁거린 지중해세계의 경우와 대조적이다. 지중해세계에서의 유대교·기독교·이슬람교의 관계와 동북아세계에서의 유교·도교·불교의 관계는 흥미로운 대조를 보여준다.

그러나 이처럼 화려한 문명이 피어나고 있을 때 그 아래에서는 이미 부패의 싹이 트고 있었다. 은행 계층과 상인 계층의 사치와 부패는 걷잡을 수 없이 커져갔고, 특히 화폐 문제가 계속 양 왕조의 발목을 잡았다. 불교의 지나친 팽배와 양 무제의 맹목적인 불교 경도는 왕조의 경제를 휘청거리게 했다. 군대의 사기가 갈수록 해이해져 외부의 침입이 있을 경우 왕조가 언제라도 무너져버릴 정도가 되었다. 무엇보다도 유교 지식인 계층이 기나긴 태평성대에 익숙해지면서 그나마 남아 있던 정기를 아예 상실해버렸다는 것이 문제였다. 이들은 점차 문약(文弱)해져갔고 퇴폐적인 문화에 익숙해져갔다. 볼에 연지를 찍고 다니는 문사 – 귀족들도 많았다. 이들 중 많은 사람들이 아예 말을 탈 줄 몰랐다고 한다. 유교 본래의 정치적 책임성과 실천적 의지는 거의 허공으로 희석되어버렸다. 어려운 과정을 겪으면서도 끈질기게 저력을 발휘한 유교 지식인들이라는 존재가 이제 거의 해체되기에 이른 것이다. 바로 이런 상황이었기에, 후경(侯景)의 난이 일어나자(548년) 양 왕조가 힘 한번 써보지 못하고 맥없이 무너진 것도 당연한 일이라 할 것이다. 이어진 진 왕조에서의 유교 지식인들, 넓게는 강남의 문화는 이제 거친 무장들이 그들의 갑옷에 꽂고 다니는 장식품과 같은 존재가 되어버린다. 이로써 6조의 역사를 지탱해오던 유교 지식인들의 역사도 종말을 고하게 된다. 그러나 다국화 시대를 의미 있게 해준 것은 바로 이 유교 지식인들의 거대한 정치실험, 문화실험이었다고 해야 할 것이다. 이들의 정신은 동북아세계에서 결코 죽지 않고 다시 새로운 형태로 부활하곤 한다.

다른 한편 이 다국화 시대에, 유교는 사상적 쇠퇴, 정치적/역사적 실험이라는 두 얼굴 외에 또 하나의 얼굴을 띠었다. 그것은 유교가 동북아세계 사유의 일반 문법으로서 보편화되어간 모습이다. 다국화 시대는 동북아의 중심인 '중국'이 분열된 시대인 동시에 동서남북의 지역에 새로운 국가들이 형성된 시대이기도 하다. 그러나 다른 한편 이 새로운 국가들의 형성을 가능케 한 한 요소는 중원에서 태어난 유교라는 사상적 – 정치적 틀이었다.[9] 앞에서 말했듯이, 다국화 시대는 분열과 일반화의 이율배반적 시대였다. 예컨대 고구려는 373년에 율령을 반포했고, 이 율령은 대륙의 유교적 가치를 토대로 한 것이었다. 헬레니즘 시대에 헬라스가 정치적·군사적으로 몰락했음에도 문화적으로는 오히려 보편화된 것처럼, 중국이 혼란의 시대를 살아야 했을 때 중국 문명은 동북아세계 전체의 일반 문법으로 자리 잡게 된 것이다. 물론 이는 단순한 유입의 과정이 아니었다. 지중해세계 중세의 여러 지역들이 단순히 기독교화된 것이 아니라 기독교 자체가 각 지역의 종교와 융합하면서 변형되었듯이, 동북아의 유교 또한 보편화되는 동시에 다원화된 것이다. 이렇게 동북아세계의 일반 문법이 된 유교는 오늘날까지도 이 세계 문명의 기저를 형성하고 있다.

도교의 성립과 전개

그러나 이 다원적 보편성은 유교에만 해당하는 것은 물론 아니다. 도교와 불교 또한 유사한 과정을 거친다. 도교는 노자와 장자의 철학에서 직접 유래한 것은 아니다. 도교가 그 형성 과정에서 노자와 장자를 그 교리의 토대로서 끌어들였다고 보아야 할 것이다.[10] 도교는 곧 종교화된 노자(와 장자)의 사상이며, 역으로 말해 노자가 신이 됨으로써 도교가 성립하게 되었

---

9) 다만 이런 보편화는 주로 동방 쪽에서 이루어졌다고 해야 한다. 서북방은 유목적 전통을 계속 유지했고, 남방은 보편화의 세례를 약하게만 받았다고 할 수 있다. 오늘날 흔히 한·중·일을 묶어서 '동북아'로 지칭하는 것은 이러한 맥락에서 유래했다고 볼 수 있다.

10) 도가사상을 직접 이은 것은 이미 논했던 현학자들과 죽림칠현이었다. 유교가 점차 위정자들의 무기로 전략해가자, 기존의 '청류', '일민'/'명사', '인물평' 등의 개념은 조금씩 유가적 개념에서 도가적 개념으로 이행해갔다. 이 과정을 통해 현학자들을 필두로 다국화 시대에는 유가적 측면과 도가적 측면이 복잡하게 착종된 지식인들이 출현하게 된다. 이렇게 본다면 도가와 도교는 직접 연결되는 것이 아니다. 도가사상이 한편으로는 현학 등에 의해, 다른 한편으로는 도교에 의해, 또 다른 한편으로는 (뒤에서 보겠지만) 불교에 의해 상이한 방식으로 전유되었다고 해야 할 것이다. 따라서 도가사상과 도교는 사실상 다른 계열의 사유이며, 도가사상은 도교의 기반일 뿐만 아니라 이 시대 모든 사유들(현학, 죽림칠현, 도교, 유교, 불교 등)의 일반 문법이었다고 해야 할 것이다.

626

다고 할 수 있다.[11) 도교는 위·촉·오의 혼란스러운 시대에 황건의 난의 사상적 배경인 태평도와 사천 지방을 중심으로 생겨난 오두미도(五斗米道)에서 시작된다.

장각(張角, ?~184년)이 세운 태평도는 도교의 원형적 형태를 보여주며, 『태평경』은 도교 최초의 문헌이다.[12) 이 문헌은 당대 민중들의 상황과 정신세계를 노·장·황로 사상에 연계해서 종교사상화한 작품이다. 『태평경』은 노자의 사상을 중심으로 기존의 여러 사상들을 흡수하고 있다. 노자의 사유 외에도 한대 우주론의 기초 개념인 '원기(元氣)' 개념은 도교의 기일원론적 세계관의 토대가 된다. 음양론을 비롯한 역학과 기학의 개념들도 중요한 역할을 하며, ("反者 道之動"과 더불어) "一陰一陽之謂道"의 존재론은 도교 사유의 근저에 깔려 있다. 동중서의 형이상학과 역사철학, 특히 '천인상감'론과 '삼통'의 세계관도 큰 비중을 차지한다.[13) 또, 왕의 역할에 관해서 황로사상적인 생각을 피력하고 있다. 중(中)·화(和) 등의 개념은 유가에서 가져왔다. 『태평경』은 철학적으로 독창적인 저작은 아니다. 이 저작의 핵심 목적은 새로운 철학 체계를 세우는 데 있기보다 새로운 종교를 창설하려는 데 있다고 해야 한다. 그러나 어떤 종교도 그 교리 부분은 철학의 성격을 띠게 된다. 태평도는 노자의 사유를 중심으로 당대에 이르기까지의 여러 철학사상들을 자체의 맥락에 맞추어 종합하고 있다고 볼 수 있다.

---

11) 후한 시대에 유교가 국교화됨으로써 공자가 신격화되었으나, 사실 이 시대에 노자 역시 이미 신격화된다. 166년 환제는 하늘에 제사 지내는 것과 같은 수준에서 노자에게 제사 지냈다고 한다.

12) 윤찬원 외, 『태평경 역주』(세창출판사, 2012). 『태평경』은 제나라의 감충가(甘忠可)가 지은 『천관력포원태평경(千官歷包元太平經)』을 기반으로 간길(干吉) ─ 우길(于吉)이라 칭해지기도 한다 ─ 이 저술한 것으로 알려져 있다. 많은 경우 종교적 활동이 전개된 연후에 그에 대한 반성과 개념화가 진행되지만(예컨대 예수도 붓다도 저술활동을 하지 않았다), 도교의 경우 『태평경』이라는 경전이 제시된 후 그에 입각해 교단이 조직된 점이 특징이다. 이슬람교는 무함마드의 활동과 나란히 저술이 진행된 경우이다.

13) 도교에서 '삼통'은 동중서 역사철학에서의 삼통을 가리키기도 하지만, 천·지·인 삼재를 가리키기도 한다. 도교적 세계관은 전체적으로 삼원적(ternary) 세계관이다.

종교의 성격을 띠는 담론들이 대개 그렇듯, 태평도 역시 최고신에 대한 믿음을 기초로 한다. 태평도의 하느님은 황천(皇天)이며, 이는 '道'의 인격적 판본이다. 송대 이후에는 옥황상제(玉皇上帝)로 칭해지기에 이른다. 노자는 태상노군(太上老君)이 되고, 장자는 남화진인(南華眞人)이 된다. 그 외에도 수많은 신들이 존재한다. 게다가 도교의 신들은 생성하는 신들이어서, 지금도 신들이 계속 늘어나고 있다고 해도 좋을 것이다. 예를 들어 축구의 신, 핸드폰의 신, 패션의 신도 존재한다. 그리고 신들은 배타적이기보다 포용적이며, 서로 복잡하게 얽혀 있고, 아바타라＝화신의 관계에 놓이기도 한다. 이 신들 사이에서는 '위계'가 존재해서, 도교의 만신전(panthéon)은 위계화된 만신전이다. 이 위계는 인간세계의 직분을 반영하고 있다. 도교의 세계는 힌두교의 세계와 많은 점에서 통한다. 대부분의 종교 담론들에서는 인간과 신을 매개하는 존재들이 있는데, 도교의 경우 이 존재는 '천사(天師)'이다. 훗날 도교의 한 분파는 '천사도'라 불리게 된다. 천사 외에도 신인(神人), 진인(眞人), 선인(仙人), 도인(道人), 성인(聖人), 현인(賢人) 등이 존재하며, 도교적 진리를 깨닫고 실천하는 민중을 뜻하는 '종민(種民)' 개념이 등장하기도 한다. 도교의 세계는 연속성의 세계이며, 누구나 심지어 천민/노비까지도 끝없는 노력을 통해 더 나은 존재로 나아갈 수 있고 궁극적으로는 황천과도 같은 존재까지도 될 수 있다. 모든 사람들이 종민이 된 세계 즉 '태평(Great Peace)'의 세계는 온 우주가 한 가족이 된 세계이다. 한대 유학은 국가 전체가 한 가족인 세계를 꿈꾸었는데, 도교는 한술 더 떠서 온 우주가 한 가족인 세계를 꿈꾸었다. 도교의 세계는 지중해세계의 일신교들처럼 엄정하고 배타적이고 전투적인 세계가 아니라 느슨하고 포용적이고 평안한 세계이다.

대부분의 종교들에서 공통적으로 확인되는 사실들 중 하나는 각각의 교리상에서의 큰 차이에도 불구하고 그 윤리적/도덕적 가치 추구에서는 상당 부분 수렴한다는 사실이다. 차이들이 있다면, 이는 대개 지역적 - 시대적 차이들일 뿐이다. 예컨대 기독교와 불교는 그 철학적 기반에서는 거의 대척적이라 할 만큼 다르지만, 그 가치론의 측면에서는 많은 부분이 수렴한다. 기독교를 먼저 접하고 나중에 불교를 접한 사람 또는 그 반대 방향을 밟은 사람은 이 두 종교 사이의 큰 철학적 차이에 깊은 인상을 받게 되지만, 그 후 그 윤리적 수렴에 다시 한 번 충격을 받게 된다. '이론'에서의 근본적 차이와 '실천'에서의 큰 유사성 사이에 드러나는 저 기이한 대조를 보라! 이는 다른 종교들의 경우에도 자주 확인되는 사실이다. 도교도 예외가 아니다. 도교의 세계는 유·불의 세계와도 기독교 등의 세계와도 판이하지만 그 윤리적 지향은 역시 유사하다. 도교에의 입문은 대개 '속죄'와 '회개'로 이루어지며, 교리의 핵심 부분은 일반적 윤리의 성격을 띤다. 황천＝도는 의지적 존재이다. 그리고 자신의 의지를 한편으로는/자연에서는 기를 통해서, 다른 한편으로는/역사적으로는 천사를 통해서 실현코자 한다.[14] 그 궁극적인 목적은 물론 고난에 빠져 사는 민중들을 '구원'하는 데에 있다.

도교의 종교적 교리는 묵가를 연상시키는 대목이 많다. 그리고 앞에서 묵가와 지중해세계 종교결사대 사이의 유사성을 지적했거니와, 도교의 경우에도 그런 유사성이 나타난다. 하느님＝황천은 선한 일을 한 자에게는 상을 주고 악한 일을 한 자에게는 벌을 준다. 전자는 '선(仙)'이 되지만 후자는 '귀(鬼)'가 되는 것이다. 특히, 악한 일이 생기면 그 결과는 개인적이고 현재적인 차원에 그치는 것이 아니라 집단적으로 또 역사적으로도 폐해가 지속된다. 이를 '승부(承負)'라 한다.[15] 이런 일을 저지르는 자들은 지옥에 떨어져 큰 벌을 받는다. 앞에서(7장, §1) 언급했던 '윤리적 인과'의

---

14) 이 실현의 과정이 '법(法)'이며, 그 의지의 표현이 문(文) 즉 '경'이다. 천사는 하느님이 민중을 구원하기 위해 보낸 존재이다. 노자가 바로 천사이다. 그래서 『태평경』은 진인들의 물음에 천사＝노자가 답하는 형식으로 되어 있다.(노자＝태상노군이 천사보다 더 상위의 신으로 표상되기도 한다)

15) "승이란 앞이 되고 부란 뒤가 된다. 승부란 조상이 자신도 잘 모른 채 범하는 죄가 계속 쌓여, 결국 그 후손이 죄도 없이 재앙을 입게 되는 것을 뜻한다. 앞에서 전하는 것이 승이고 뒤에서 떠맡게 되는 것이 부이다."(『태평경』, 병부, 권35. 간추린 번역임)

개념이라 하겠다. 그러나 도교의 윤리적 인과는 불교에 비해서 보다 사회적이다. 윤리적 인과는 개인의 차원에서만이 아니라 사회적 차원 나아가 우주적 차원에서도 성립한다. 사회적-우주적 차원으로 확대된 승부의 핵심 형태가 바로 '재이(災異)'이다. 이는 시간적/역사적 맥락으로 볼 때 왕조 교체의 문제와도 연관된다. 이 때문에 도교에서 중시하는 것은 '수일(守一)'이다.[16] 노자는 "도가 하나를 낳는다"고 했으니, '수일'이란 바로 이 하나 즉 기를 지키는 것을 뜻한다. 이는 곧 도=황천이 세계에 베푼 근본 실체인 원기가 퇴락하지 않도록 노력하는 것이다.[17] "하나는 둘을 낳고, 둘은 셋을 낳는다"고 했다. 기를 지키는 것은 곧 음과 양의 이치를 지키는 것이며, 하늘·땅·사람이라는 삼통=삼재를 조화롭게 하는 것이다. 그리고 이를 위한 실천에서 도교는 유교의 가치도 적지 않게 도입한다. 특히 '효' 개념의 중시가 두드러진다.[18] 그러나 궁극적으로 도교에서 이렇게 기

---

16) "천지가 개벽할 때는 근본을 귀중하게 여기는데, 그것은 바로 원기이다. 태평을 이룩하고자 한다면, 근본에 집중해야 한다. (…) 대체로 '하나'라는 것은 바로 도의 근원이고, 기의 시초이며, 명이 속해 있는 곳이고, 여러 마음의 주재이다. (…) 하나를 지키는 자는 천신이 그를 도와주고, 둘을 지키는 자는 지신이 그를 도와주며, 셋을 지키는 자는 인귀(人鬼)가 그를 도와준다. (…) 그러므로 하나를 지키는 자는 생명을 늘리게 되고, 둘을 지키는 자에게는 언젠가는 재앙이 닥치며, 셋을 지키는 자에게는 혼란과 다스려짐이 공존하고, 넷이나 다섯을 지키는 자에게는 재난이 날마다 발생한다. 이 의미를 깊이 생각하는 것을 '도를 안다'고 한다."(『태평경』, 을부, 권18~34) 하상공에 따르면, '수일'은 『도덕경』의 '포일(抱一)'이다.(『老子道德經河上公章句』, 「益謙弟二十二」, 中華書局, 1988) 『장자』, 「재유(在宥)」에도 "수기일(守其一)"이라는 표현이 나온다.("我守其一 以處其和")

17) 이런 관념은 '부록(符籙)'과도 연계된다. 부록은 하느님과 인간 사이의 약속에 해당한다. '부'와 '록'은 일종의 징표, 지중해세계에서의 'symbolon'에 해당한다. 예컨대 태평도에 입문하는 사람은 부수(符水)를 마시는데, 이는 곧 "네가 참회하면 용서받으리라"는 하느님과 사람 사이의 약속이다. 그래서 부수를 마신 이의 병이 나으면 이 약속이 실현되는 것이고, 낫지 않으면 그 사람의 믿음이 부족한 것이 된다.

18) 유교가 관제화되면서 '효'는 점차 반-강제적인 것으로 화하게 되며, 나아가 기득권자들이 '가문의 영광'을 지켜나가는 구조와 굳게 맞물리게 된다. 도교에서의 효는 이와 달리 '자연'에 더 구체적으로는 생명에 충실코자 했다. 즉, 생명의 연속성을 이어나가야 한다는 존재론적 당위성을 띠게 된다. 이 점에서 도교의 효는 오히려 공자의 본지에

를 지키는 것은 개인적 양생술보다는 사회적 양생술, 나아가 우주적 양생술이라 할 수 있다. 효 개념 역시 개인적 효만을 가리키는 것이 아니라 인간종이라는 종을 지켜나가는 사회적 효 나아가 우주적 효로 이해된다.

　스토아 철학자들의 이상이 '현자(sage)'가 되는 데에 있었듯이, 도교 수행자들의 이상은 '신선'이 되는 것이었다. 신선의 개념은 예전부터 내려오던 것이었으나,[19] 도교는 이 전통을 흡수해 교리의 핵심으로 삼았다. 이전의 방사들은 진시황이나 한 무제 등 권력자들의 욕망을 채워주기 위해 신선술을 구사하기도 했으나, 방사들을 대체한 도사(道士)들은 신선 개념을 도교로 흡수해 세련화했다. 신선이란 인간이 자신에게 주어진 원기 즉 정(精)·기(氣)·신(神)을 닦아 죽음을 극복하고 생명을 향유하는 존재이다. 그러나 도교는 생명의 향유라는 것을 너무 즉물적이고 상상적으로 생각함으로써 수준 높은 생명철학에 도달하지는 못했다. 여기에서 즉물적이라는 것은 생명의 향유를 불로장생 등 다소 단순한 방식으로 파악했음을 뜻하고, 상상적이라는 것은 생명에 대한 성실한 탐구와 소설적 허구를 구분하지 못했음을 뜻한다. 그러나 이 신선 개념에는 인간의 무의식과 꿈, 욕망, 상상력이 짙게 투사되어 있으며, 이런 측면이 동북아 문화의 중요한 한 측면을 이루었다는 점도 간과할 수 없다. 도교의 이와 같은 측면에 철학적 방식보다는 문화적 방식으로 접근함으로써, 우리는 동북아 문명의 근저에 놓여 있는 상상의 문법을 읽어낼 수 있다. 나아가 도교적 이상인 생명의 향

　　접근한다. 그러나 공자에게서의 효는 마음 저 깊숙이에서 우러나오는 사랑이며, 사람의 사람-됨의 조건이라는 점에서, 양자의 효 개념 사이에도 차이가 있다.

19)　본래 '신(神)' 개념은 세계에서의 영묘(靈妙)한 차원을, '선(仙)'은 인간이 자신을 닦아 불로장생의 경지에 오른 차원을 뜻했다. 한대에 이르러 두 개념이 '신선' 개념으로 통합된다. 『사기』에 이미 이 개념이 등장했고, 유향은 『열선전(列仙傳)』을 써서 신화적-전설적 인물들을 찬양했다. 후에 갈홍도 『신선전(神仙傳)』을 저술했다. 단정파(丹鼎派)에 속했던 갈홍은 특히 연단술과 복식술(服食術)에 중점을 두고 신선들을 서술했다. 도교 문헌들에는 황당무계한 이야기들이 많은데, 이런 대목들은 후에 무협지를 비롯한 대중문화에 큰 영향을 끼치게 된다.

유를 철학적·과학적·예술적 방식으로 새롭게 개념화하는 것이야말로 현대 사상의 핵심 과제 중 하나가 될 것이다.

생명의 향유에 대한 도교적 추구가 보다 의미심장한 역할을 맡은 것은 사회적 측면에서이다. 도교의 양생술·신선술은 사회적 - 우주적 성격을 띤다. 이는 곧 모든 사람들이, 더 나아가 모든 생명체가 생명의 향유를 함께 누려야 함을 뜻한다. 이는 근본적인 형태의 공산주의 아니 공생주의(共生主義)라 할 수 있을 것이다. 이러한 세계는 곧 하늘, 땅, 사람이 서로 합하여 통하는 태평 또는 태화(太和)의 세계이다. 이 세계는 원기가 모든 존재들에게 공평히 베풀어지고, 기의 순환이 막힘없이 이어지는 세계이다. 바로 화락(和樂)하고 화창(和暢)하는 세계이다. 그러나 현실의 세계는 이런 이상세계와는 현격하게 다르다. 그래서 도교의 실천철학은 기가 막혀 태평의 흐름이 끊어지는 곳을 푸는 것을 중시한다. 이는 곧 의학의 원리와 도교윤리학의 원리가 서로 통함을 보여준다. 기가 막힌 곳을 뚫어 풀어주는 것이 태평/태화로 통하는 지름길이다. 또, 세계의 모든 불행 중에서도 특히 급한 것을 구해주는 것이 중요하다. 특히 급한 것이란 음식·남녀·의복을 말한다. 음식이 끊어지면 생명도 끊어지고, 남녀의 교접이 막히면 인류가 소멸하며, 의복이 없으면 인간이 인간다운 삶을 영위할 수가 없다. 이 세 가지 급한 것을 구하는 일이 일차적 과제이다. 도교가 형성된 때가 한 제국 말이라는 것을 생각할 때, 당시가 얼마나 피폐한 상황이었을까를 짐작할 수 있다. 막힌 기를 뚫는 것이 도교윤리학의 기초라면, 세 가지 급한 것을 해결하는 것은 그 실천 요목이다.

도교 교단은 이와 같은 윤리학적 토대 위에서 이상국가를 건설코자 했다. 만인의 화락을 위해서는 모든 사람들이 함께 일하고 함께 거두어 함께 즐길 수 있어야 한다. 이는 구체적으로는 농본사회의 근간을 어떻게 확립하고 유지하느냐의 문제이다. 곧 농업적 공산주의 사회를 건설하려는 이상이다. 모든 재물은 만인이 '공유'하는 것이며, 이는 '중화(中和)'의 이상 즉 '코뮤니즘'에의 이상이다. 부의 축적은 곧 기가 막히는 것이며, 기를 뚫는 것은 곧 축적을 막고 재화가 기의 순환처럼 유통하게 만드는 것이다. 동북아 왕조들에서 모순이 축적되어 이런 이상이 아예 불가능해 보이는 지경에 이를 때면, 기가 꽉 막혀 분출구가 없을 때면, 도교는 막혔던 화산구가 폭발하듯이 농민혁명으로 분출하곤 했다. 생명 향유의 또 하나의 기초는 또한 남과 여의 교접을 통해 생명의 연속성을 이어가는 데에 있다. 도교에서 남·녀의 결합은 우주론적 의의를 띠며, 따라서 어떤 이유로든 남녀가 교접하지 않는 것은 원기의 순환을 막히게 하는 것이다. 난세에 이르면 여성들을 유기하거나 살해하는 경우가 많았는데, 도교에서는 이 점을 강력히 비판하면서 여성 살해의 금지를 주장한다. 그리고 양의 수가 1, 음의 수가 2라는 존재론적 근거에서 '일남이녀법'을, 현대 식으로 말해 '일부이처제'를 주장했다.[20] 남성의 목숨이 보장되지 않는 상황에서 여성 살해를 막으면 이러한 결합이 가능하리라 보았던 것 같다. 도교는 이와 같은 기초적인 생명 향유는 물론이고, 생명이 향유될 수 있는 새로운 세상을 만들고자 노력했다.

도교의 이런 성격 때문에 이 종교와 정치권력은 이중적 관계를 맺었다. '다른 세상'이라는 말이 질적인 뉘앙스로 사용될 때 특히 이 말이 극히 강도 높게 사용되어 혁명의 뉘앙스를 띨 때, 이는 정부의 적일 수는 있어도 국가의 적은 아니다. 그러나 이 말이 외연의 뉘앙스로 사용될 때 즉 국가의 그 어딘가에 아예 다른 어떤 세상을 만든다는 것을 뜻할 때, 그것은 정부의 적일 뿐만 아니라 때로는 (실제 그렇든 아니든) 국가의 적이 되기도 한다. 가장 미묘한 경우는 이 '다른 세상'이 물리적인 어떤 것이 아니라 정신적인 어떤 것일 때이다. 이 경우 이는 정부의 적일 수도 있고 국가의 적일 수도 있다. 이럴 때에는 사상전(思想戰)이 (때로는 물리적인 전쟁이 동반되기도 하면서) 펼쳐진다. 로마 제국에 유대인들이 그토록 골치 아픈 존재였던 이유는 이들이 로마 내의 어떤 다른 세상이 아니라 로마 바깥의 — 그러나

20) 『태평경』, 병부, 권35.

국가/영토상 로마 내의 — 다른 세상을 구축하고자 했기 때문이다. 도교의 경우는 어떨까? 도교와 정치권력의 첫 대결은 위촉오 시대 중원을 지배하고 있었던 조조와 서촉에 도교세계를 구축하고 있었던 장로 사이에 벌어졌다. 새로운 통일적 질서를 만들고자 한 조조는 방사들과 도사들을 탄압했고(화타와 조조의 관계도 이러한 맥락에서 이해해야 한다), 서촉을 정복해 장로 정권=교단을 무너뜨렸다. 중국이라는 세계에서도 외연적으로 '다른 세상'은 용납될 수 없었다.(그러나 조조는 장로 정권=교단에 상당히 관대했는데, 이는 조조 자신이 어느 정도는 도가적/도교적 인물이었기 때문일 것이다) 이와 같은 관계는 동북아 역사 특히 중원 왕조의 역사에서 계속되었다. 역으로, 동북아의 민중봉기는 대개는 도교를 배경으로 일어나곤 했다. 서진 시대만 해도 진서(陳瑞), 이특(李特), 이웅(李雄)의 민중봉기가 연이어 일어났다. 이름-자리의 체계를 본질로 하는, 그래서 대개는 유교적 질서를 통해 통치되던 동북아 왕조들에 도교는 전형적인 강호의 종교/정치였고, 그래서 기성 권력과 도교 집단은 늘 갈등관계에 있을 수밖에 없었다. 이런 관계는 근대에 이르러서도 '태평천국의 난'으로 이어졌고, '파룬궁(法輪功)' 사태에서 볼 수 있듯이 최근까지도 계속되고 있다.(유교와 "사회주의" 사이의 차이는 본질적인 것이 아니다. 모든 형태의 권력의 속성은 유사하기 때문이다)

그러나 역으로 어떤 지점에서는 도교와 권력의 관계는 친밀하기도 했다. 도교에서 철학적 측면과 정치적 측면을 떼어낼 때, 거기에 남는 것은 불로장생술이다. 권력을 가진 자들 특히 동북아 전통 왕조들에서처럼 거의 모든 것을 가진 자들이 원하는 것은 당연히 불로장생술이다. 그래서 방사들이 진시황이나 한 무제 등을 농락할 수 있었다. 불로장생술은 오늘날로 말하자면 과학기술에 속한다. 오늘날 거부(巨富)들이 죽지 않기 위해 과학기술자들을 대거 동원해 진시황·한 무제가 했던 것과 같은 짓들을 하고 있는 것을 생각해보면 되겠다. 과학기술은 철학적으로 특히 정치적으로 중립적인 행위이기 때문에 오히려 정치권력과 쉽게 연합한다. 철학적-정치적 반성을 결한 사람들은 정치권력과, 그리고 오늘날에는 자본주의와 별 생각 없이 결합하기 때문이다.(3권에서 상세히 논하겠지만, 본래 과학기술과 자본주의는 쌍둥이로서 태어난 관계이다) 죽림칠현을 논하면서 천하와 강호에 대해 음미해보았거니와, 도교 그리고 불교 역시 이 문제에 관련된다. 양자 모두 권력의 바깥에 존재할 수도 안으로 들어갈 수도 있으며, 또 권력과 일정한 관계를 맺을 수도 있다. 도교의 경우 권력의 바깥에서 아르카디아를 꿈꾸었고 역으로는 권력을 향해 민중봉기를 일으키기도 했지만, 또한 어떤 사람들은 권력을 가까이하면서 불로장생술을 활용했다. 도교사 자체 내에서도 역시 '천하와 강호'의 구도가 이어진 것이다.

조조가 점령했던 서촉에서 피어난 도교는 오두미도이다. 오두미도는 장릉＝장도릉(張道陵)에 의해 창도되었으며, 장릉의 손자인 장로가 섬서·사천 지방을 중심으로 제정일치의 국가를 세웠다. '천사'를 교주로 하는 오두미도는 태평도를 흡수하면서 독자적인 종교왕국을 만들었다. 오두미도는 '노자오천문'의 암송을 중시했지만 사실 그 사상적 내용에서는 노자의 새로운 판본이라고 해야 할 것이다.[21] 이 교단 역시 묵가적 신 개념을 가지고 있었고, 죄의 고백과 회개라든가 노동을 통한 죄 사함 같은 서양의 종교 공동체를 떠올리는 규율들을 시행했다. 그러나 이들은 어쨌든 노자를 자신들의 뿌리로 생각했고, 이렇게 해서 노자는 또다시 새로운 얼굴을 가지게 된다. '노자'라는 인물은 이토록 다양한 가면들을 쓰고서 동북아 역사를 관류한 기이한 존재였다. 어쨌든 원래의 도가와 상관없이 이때부터 도교라는 종교는 한자문명권의 핵심 종교로서 이어지게 된다. 오두미도는 후에는 '천사도'·정일도(正一道)가 되고, 송 제국에 이르러서는 전진교(全眞敎) 등으로 이어졌으나, 그 후 쇠퇴해 오늘날에는 대만에서만 존속하고 있다.

---

21) 오두미도의 성경은 『노자상이주(老子想爾註)』(정우진 역주, 문사철, 2014)이다. 『상이주』는 노·장·황로사상을 주로 양생술의 측면에서 잇고 있다. 그러나 여기에서의 양생술은 '생명'과 '윤리'를 잇는 일종의 사회양생술의 성격을 띤다. 『태평경』, 『노자상이주』와 더불어 위백양의 『참동계』도 이후 도교의 내단(內丹)·외단(外丹) 수련에 중요한 참고서가 된다.

오두미도는 섬서·사천 지역이 조조와 위나라에 의해 정복되면서 쇠하기도 했지만, 4세기에도 여전히 사천성 지역에서 번성했다. 장(張)씨 왕조를 이어 이(李)씨 왕조가 들어서서 통치했다. 처음에 이씨 왕조는 범장생(范長生)이라는 현자에 의해 다스려졌는데, 이 인물의 이름 자체가 도교의 분위기를 잘 전해준다. 이미 말했듯이, 오두미도를 포함한 도교 계통의 종교는 아르카디아를 이루는 경우도 있었지만 상황에 따라서는 농민봉기를 활활 타오르게 하는 연료가 되기도 했다. 동진을 쇠망케 한 손은(孫恩)의 난이 그런 경우라 하겠다. 노자의 사상이 원래 초나라에서 연유했거니와, 애초부터 도교는 남방의 종교였다. 때문에 이때 도교도들의 봉기는 곧 북방에서 내려와 자신들을 밀어낸 강북 권력자들에 대한 저항이라는 정치적 맥락과 얽혀 있었다. 도교적 양생술의 전문가였고『포박자(抱朴子)』(317년)를 저술한 갈홍이, 저작의 서문에서 이런 사태를 개탄한 것은 시사적이다. 도교는 현실의 개혁과 현실로부터의 초월이라는 두 측면을 모두 포함했다. 현실의 개혁이라는 얼굴은 민중봉기의 형태로 나타나곤 했고, 현실로부터의 초월이라는 얼굴은 양생술 —— 여기에서는 불로장생술, 방중술, 연단술, 신선술 등 갖가지 형태들로 구체화된 '술' 전체를 가리키는 넓은 의미에서의 양생술 —— 의 형태로 나타나곤 했다.『포박자』는 전자의 길로 나아가지 못한 상황에서 후자의 길을 걸어간 저작으로서, 이런 맥락은 바로 저작의 서문과 본문 사이의 간극, 내편과 외편 사이의 간극을 통해서 드러나고 있다.

갈홍은『포박자』에서 신선 개념을 구체화함으로써 도교의 역사에 중요한 분기점을 마련한다. 혜강 역시 신선의 존재를 믿었으나, 그는 누구나 신선이 될 수 있다고는 생각하지 않았다. 그러나 갈홍은 누구나 **노력함으로써** 신선이 될 수 있다는 점을 주장하고,[22] 어떻게 신선이 될 수 있는지를 주

---

22) 혜강의 「양생론」과 갈홍의『포박자』는 흥미롭게 비교된다. 갈홍의 '신선 존재 증명'은 내편의 「논선(論仙)」에서 전개된다. 여기에서 갈홍은 추연의 방식 —— "먼저 작은 일을

로 연단술의 측면에서 상세히 제시했다. 도를 구하는 사람들은 "소의 털만큼이나" 많고 진정 그것을 얻는 사람은 "기린의 뿔만큼이나" 적지만, 학문을 갈고닦듯이 신선술 역시 갈고닦음으로써 이룰 수 있다는 것이다.[23] 이러한 갈홍의 논의는 그의 논거에 찬성하든 하지 않든(혜강처럼 선천적 기가 중요하다는 생각도 갈홍의 주장과 나란히 계속 내려온다) 이후의 도교사에 큰 영향을 끼치게 되며 문화사 전반에도 긴 그림자를 드리우게 된다.[24] 『포박자』는 기존에 내려오던 도교의 여러 수련법들 — '수일', 생각을 특정 지점 특히 정수리의 경혈인 니환(泥丸), 앞가슴의 경혈인 강궁(絳宮), 단전에 집중하는 '존사(存思)',[25] 호흡의 기법인 복기(服氣)/행기(行氣)/조식(調息)/토납(吐納), 태아의 호흡법을 모방한 고도의 호흡법인 '태식(胎息)', 동물들의 움직임과 멈춤을 흉내 냄으로써 나아가 동물-되기를 행함으로써 수련하는 도인(導引), 오금희(五禽戲) 등을 비롯한 동공법(動功法), 일종의 휘파람 불기인 소법(嘯法), 남녀의 교접을 신선술로 승화시킨 방중술 등[26] — 을 정리해 후대에 전해주었으나, 특히 『참동계』를 이어 금단술(金丹術)

증명하고, 그에 미루어 더 큰 일로 나아가며, 궁극적으로는 무한의 차원에 도달하는(先驗小物 推而大之 至于無限)" 방식 — 을 취해 신선 존재를 증명하려 했다. 그러나 갈홍의 증명이 유향의 『열선전』을 비롯한 과거 문헌들의 제시 이상으로 나아갔다고 보기는 어렵다.

23) 그러나 학문 일반에서도 그렇듯이 신선술에서도 훌륭한 스승(明師)의 존재는 대단히 중요하다.(吉川忠夫, 『六朝精神史硏究』, 同朋社, 1986) 나아가 묘하게도 갈홍은 신선이 될 수 있는 객관적 여건들을 극히 상세히 열거한다. 누구나 노력에 의해 신선이 될 수 있는 '가능성'은 긍정되지만, 역으로 그 가능성이 현실화되기 위한 객관적 여건은 극히 까다롭다고 할 수 있다. 게다가 누군가가 신선이 되고자 노력하는 '성향'을 가지게 되는 것 자체가 그의 '운명'과 연계된다는 주장에 이르면, 갈홍의 애초 주장이 도대체 유지될 수 있는 것인지 아리송하게 된다.

24) 이러한 영향을 특히 잘 보여주는 것으로 소설 『서유기』를 들 수 있다. 나카노 미요코는 『『서유기』의 비밀』(김성배 옮김, MONOGRAPH, 2014)에서 '도와 연단술의 심벌리즘'을 상세히 분석한다.

25) 존사는 자신의 체내의 경상(景象)을 존사하는 경우와 체외의 경물(景物) — 일월성신 등등 — 을 존사하는 경우가 있으며, 대개는 양자를 종합해서 존사한다.

26) 이상은 잔스촹, 안동준 외 옮김, 『도교문화 15강』(알마, 2006), 10장에 정리되어 있다.

에 주력했다. 갈홍은 내단과 외단 중 특히 외단에 힘을 쏟아 많은 단약들을 실험했다. 그러나 단약은 중금속(특히 수은)을 포함하고 있어서 부작용이 많이 생겨났으며, 이 때문에 당·송 이래 내단이 외단을 압도하게 된다.

갈홍에서도 볼 수 있듯이, 도교적 초월 즉 '현도(玄道)와의 합일'의 가장 흥미로운 점들 중 하나는 그것이 매우 '유물론적'인 성격을 띤다는 점이다. 이전의 저작들에서 여러 번 이야기했듯이, 사상사에는 자연과 역사라는 객관적 차원을 훌쩍 뛰어넘어 내면과 초월자가 접하는 형태의 초월이 종종 나타난다. 그러나 도교적 초월은 내재적 초월, 들뢰즈식으로 말해 '내재면'으로의 초월이다. 도교는 생명, 신체, 욕망 등 내재적 차원을 자체로서 긍정한다. 아니 이 내재적 차원을 극한적으로 뚫고 나간다. 방중술에서 잘 볼 수 있듯이, 욕망의 긍정은 결국 욕망의 정화 과정 이외의 것이 아니다.[27] 개체에게 주어진 불길을 남김없이 태움으로써 오히려 불길 전체 즉 도의 차원으로 합일되어 들어가는 과정이라 하겠다. 따라서 이 태움은 소진이나 고갈의 이미지가 아니라 오히려 보존과 합일의 이미지를 통해서 이해되어야 한다. 태워지는 것은 피상적 욕망이고, 그러한 연소에 반비례해서 보존되는 것은 도와 합일해가는 기 — 개별화를 통해 생겨난, 그러나 다시 도와 합일해 들어가는 기 — 이다. 이것이 곧 욕망 정화의 과정이며, 이는 곧 삶과 죽음을 즉 존재와 무를 근본적인 무=존재 속으로 합일해 넣는 과정이기도 하다.[28] 그것은 무엇 - '임'으로부터 아무것도 - '아님'으로의 이행이지만, 또한 이 아무것도 아님은 모든 것 '이기도' 하다. 도교가 추

---

27) 村上嘉實, 『六朝思想史研究』(平樂寺書店, 1974).

28) 이는 노자의 다음 사유를 종교적으로, 지금의 맥락에서는 양생술로서 잇고 있다고 할 수 있다. "無名 天地之始, 有名 萬物之母. 故常無欲以觀其妙 常有欲以觀其徼. 此兩者同 出而異名, 同謂之玄(/元) 玄之又玄 衆妙之門."(『도덕경』, 1장) 개별화된 천지만물이 도로 단순 환원되는 것은 아니라고 해야 할 것이다. 도교는 문명/주체성을 부정하지 않는다. 오히려 도교는 동북아에서 과학기술 발달의 한 추동력이 되어왔다. 천지만물(특히 인간)은 도와 합일되지만, 도는 이를 없애는/환원하는 것이 아니라 안는/포용하는 것이다. 이는 앞에서 논했던 '철학적 달걀을 만들어가는 것'과 같은 이치이다.

구하는 초월은 이런 내재적 초월이다.

갈홍의 사상은 실증적 성과를 많이 거두지는 못했지만, 6장에서 언급한 오석산이 『포박자』를 기반으로 한 것이라든가 훗날 『서유기』가 이 저작을 많이 참조했다는 것 등에서 알 수 있듯이, 여러 맥락에서 광범위한 영향을 끼쳤다. 그러나 도교는 남북조 시대에 이르러 위기를 맞게 되는데, 이는 곧 당대에 동북아세계에 강력한 사상적 힘으로서 등장한 불교 때문이었다. 물론 이전부터 도교는 유교와도 대립각을 세우곤 했다. 그러나 양자는 공존할 수 있었다. 낮과 밤이 대립적이면서도 상보적이듯이, 유교와 도교는 서로 대립하기도 했지만 삶의 두 차원 — 바슐라르식으로 말해 '아니무스와 아니마' — 을 각각 맡아 영위할 수 있었다. 유교는 정치와 교육과 사회적 문화를, 도교는 종교와 양생과 자연적 문화를. 이와 같은 공간적 상보성은 시간적/역사적 맥락에서도 확인된다. 유교적 맥락에서의 모순이 극단화될 때 도교는 혁명의 얼굴을 띠면서 솟아오르곤 했지만, 이 카오스의 시간이 지나면 다시 코스모스의 시간이 도래하곤 했다. 치세에는 유교적 코스모스가 지배적이었고 난세에는 도교적 카오스가 지배적이었지만, 결국 유교와 도교는 서로 상보적인 관계를 맺었다고 할 수 있다. 그러나 도교와 불교의 관계는 달랐다. 불교는 도교와 경쟁적 관계를 형성했기 때문이다. 정치적으로 보수적인 불교는 도교와 같은 혁명성을 띠지는 않았다. 그러나 치세의 시대에 종교에 요구되는 역할에 초점을 맞출 경우 불교와 도교는 라이벌이 될 수밖에 없었다. 그리고 많은 사람들에게 불교는 도교를 능가하는 사상적 - 제도적 힘을 갖춘 것으로 보였다.

이와 같은 이유로 남북조 시대에 이르면 도교는 이론적으로나 실천적으로나 대규모 정비를 시도하게 된다. 여기에서 이론적 정비란 그때까지 진행된 도교 이론들을 모아서 정리·분류·체계화함을 뜻하고, 실천적 정비란 흐트러진 도교 교단들을 윤리적으로 재정립함을 뜻한다. 도교가 여러 유파들로 갈라지기 시작하는 것도 이 시대부터이다. 우선 도교의 윤리를 가다듬은 인물로는 북위의 구겸지(寇謙之, 363~448년)를 들 수 있다. 본래 도교는 여러 갈래의 사상·종교·실천이 혼합된 종교이고, 이 때문에 정체성이 모호한 측면도 있었다. 따라서 부작용 또한 심했다. 천사도 계통의 구겸지는 이전의 흐름들을 처음으로 '도교'라는 틀로 정리하면서, 유교의 윤리와 불교의 계율을 흡수해 도교 교단을 개혁했다. 그는 도교 문헌들이 끝없이 불어나는 것을 경계하면서 『도덕경』으로 돌아갈 것을 역설했고, 도교 본연의 신비주의로 회귀할 것을 권했다. 특히 도교에는 천문역법·의료행위·풍수·점복 등의 '술수(術數)'가 많이 섞여 있었고 기복신앙의 경향도 심했는데, 구겸지는 이런 측면들을 솎아내고 도교를 순수화하려 노력했다. 같은 시대에 남조에서 활동한 천사도 계통의 육수정(陸修靜, 406~477년)도 개혁을 단행했다. 특히 그는 기존의 수많은 도교 서적들을 정리하고 분류해 도장(道藏)의 기초 형태를 만들어낸 인물이기도 하다.[29] 아울러 이 시기에 『상청경(上淸經)』(364년)을 성경으로 하는 상청파라든가, 상청파가 발전해 이루어진 모산종(茅山宗), 『영보경(靈寶經)』을 성경으로 하는 영보파, 수·당 시대—잘 알려져 있듯이, 이씨 왕조인 당조는 도교를 강력히 지원했다—에 발전한 누관파(樓觀派)를 비롯해 이후에도 여러 유파들이 나타나면서 도교는 점차 다원화된다. 그러나 불교가 아무리 다원화되어도 그 근본은 붓다의 사유와 실천을 잇는 것이듯이, 도교 역시 노자의 사유와 실천을 잇는 것이라는 점에는 변함이 없다. 오늘날 도교는 한국과 일본에서는 발달하지 못했으나 중국에서는 여전히 제1의 종교로서 지속되고 있다.

유교와 노장사상

동북아 철학의 두 축은 공자와 노자이다. 한 제국에 이르러 동북아 사유는 일원화되며, 그 과정에서 공자의 사상은 (적지 않게 왜곡된 형태이긴 하지

---

29) 육수정은 『삼동경서목록(三洞經書目錄)』을 편찬해 도교의 도서분류법을 세웠다. 후에 사보(四輔) 분류법이 나타나 삼동을 보완했고 결과적으로 '삼동사보' 체계가 등장한다. 당 시대에는 현종이 『삼동경강(三洞瓊綱)』=『개원도장(開元道藏)』을 편찬했고, 이러한 편찬 작업은 이후에도 계속되었다.

만) 지식인들의 일반 문법으로 자리 잡는다. 이런 일원화가 깨어지고 다원화의 시대가 도래하자, 유교 지식인들 — 동북아세계에서 사실상 다수의 지식인들은 유교 지식인들이다 — 은 두 상반되는 힘의 지배를 받게 된다. 그 하나는 무너진 한 제국을 다시 세우고 새롭게 유교적 질서를 건설해야 한다는 의무감이었고, 다른 하나는 자신들에게 스며들어오는 새로운 세계와 그것에 낯설게 감응해가는 자신들의 내면을 갈무리하는 것이었다. 전자는 과거의 새로운 반복을 요구했고, 후자는 미래에서의 반복의 새로움을 요구했다. 강북의 유교 지식인들에게는 후자까지 추구할 여유가 없었다. 그들에게는 '호(胡) vs. 한(漢)'이라는 대립 구도가 엄존했고, 그들은 그런 현존의 장에 모든 것을 걸 수밖에 없었다. 그러나 강남에 귀족사회를 구축한 유교 지식인들은 이미 유교적 헤게모니를 이룩했기에 오히려 세계의 다원성과 불안정성에 더욱 예민할 여유가 있었다고 할 수 있다. 이들은 한편으로 후한의 청류로부터 이어져온 유교적 정체성을 유지하고 싶어 했지만, 너무나도 달라져버린 세계 앞에서 그에 걸맞은 새로운 사유를 창조하고 싶은 충동도 가지고 있었다. 이런 이원적 상황은 이들로 하여금 공자의 사유와 더불어 노자의 사유를 추구하게 만들었다.

공자의 길과 노자의 길을 함께 추구할 때 나타날 수 있는 사유는 어떤 것일까? 그 한 유형이 현학이었고, 다른 한 유형이 죽림칠현이었다. 전자는 공자의 길을 노자의 길로 밑받침하고자 한 것이었고, 후자는 노자의 길을 공자의 길로 보완한 것이었다. 어느 경우든 6조의 사상가들에게는 후한 이래 내려온 청류의 정체성과 현학·죽림칠현이 사유의 모델이었다. 이렇게 형성된 이들의 사상은 유·도(와 때로는 불)가 혼합된 복합적인 것이었다. 이들에게 유교는 여전히 일반 문법이었다. 나아가 유교는 6조 사상가들이 자신들의 정체성 — 청류로 대변되는 측면이든(공자의 길) 구품중정제로 대변되는 측면이든(한대 이래 형성된 유교권력의 길) — 을 잃지 않기 위해서는 안간힘을 써서 지켜야 할 그 무엇이었다. 이들의 이런 모습을 담은 『세설신어』의 첫 네 장이 공문(孔門)의 4과인 덕행·언어·정사·문학으로 되어 있다는 사실은 시사적이다. 그러나 동시에 이들 6조 사상가에게는 새롭게 도래한 세계와 스스로에게도 낯설게 느껴지는 감응이 스며들었고, 그래서 이러한 복합적 상황 전체를 주체-화해야 할 절박함,[30] 자신들의 달걀을 만들어야 할 절박함에 처하게 된다. 이렇게 해서 등장하는 지식인 군상의 사유와 행동은 매우 다원적이었다. 시대는 다국화만이 아니라 사상과 문화에서의 다원화도 요청했던 것이다. 6조 사상가들이 걸어간 길은 종교나 통치이데올로기 차원에서 꽃피지는 않았다. 이들은 유교적 교양을 갖춘 인물들이었고 따라서 종교로서의 도교와는 쉽게 습합(習合)할 수 없었으며, 또 통치이데올로기로서는 오히려 도교를 적대했다고 해야 할 것이다. 마찬가지로 도교 측에서도 계율의 정비 면에서는 몰라도 유교는 매력적이지 않았으며 때로는 타도해야 할 적이기도 했다. 이 때문에 강남 귀족사회에서의 유·도의 습합은 일반적 차원보다는 고급한 차원에서 이루어졌다. 즉, 유·도의 습합은 철학과 문화의 차원에서 이루어진 것이다.

유가적 정체성에 도가적 사유가 습합될 때, 천하와 강호가, '격(格)'과 '일(逸)'이 만날 때 어떤 일이 벌어졌는가? 이 시대는 다원화의 시대이고, 따라서 일원적 논의는 쉽지 않고 바람직하지도 않을 것이다. 그러나 이 시대를 독특하게 특징짓는 것은, 마땅한 말이 없어 가장 가까운 현대 용어를 쓴다면 '미학'화라 할 수 있다. 칸트의 "Ästhetik"은 감성론' 또는 '미학'으로 번역되거니와, 6조에서의 유-도 습합의 한 특징은 감성화/미학화로 해석될 수 있다.

후한의 청류 명사들 이래 유교 지식인들의 자기 점검은 '인물평'의 형태를 띠었다. 유소 등으로 대변된 인물평은 유교적 '중화(中和)'의 개념을 핵심으로 했지만, 사실 여기에도 이미 미학적 측면이 포함되어 있었다. 바로 이 시대 인물평은 한 인물의 외모에 상당한 비중을 두었기 때문이다. 동진

---

30) '주체-화'에 대해서는 다음을 보라. 이정우, 「'이-것'-되기로서의 주체-화」, 조정환 외 지음, 『인지와 자본』(갈무리, 2011).

이래 이제 이러한 미학적 측면은 피상적 차원을 넘어 훨씬 심화된 방식으로 전개된다. 인간의 감성적 차원은 이성적 차원의 보편성에 비해서 개별적 또는 집단적이다. 단적인 예로서, 수학은 전 세계에서 보편성을 띠면서 사유되지만 음식에 대한 기호는 개인마다 다르고 집단마다 다르다. 감성을 이성과 구분 짓는 중요한 차이는 개성 — 때로는 집단적 개성 — 에 있다. 이 시대 사유의 미학화는 여러 측면을 내포하거니와 '개성'은 그 빼놓을 수 없는 핵이다.[31)]

거대한 권력이 획일적으로 지배하는 곳에서는 개성이 피어나기 어렵다. 그런 곳에서는 일탈이나 위반, 창조 등 차이의 생성이 억압되기 때문이다. 그러나 삶이 지극히 불안정한 곳에서도 개성이 피어나기는 쉽지가 않다. 왜일까? 진정한 개성이란 일반성으로부터의 일탈에 의해서만은 이루어질 수 없기 때문이다. 일탈과 그것을 갈무리할 수 있는 새로운 구성이 함께할 때에만 창조적 개성이 가능하다. 오로지 일탈만이 존재한다면 그것은 단지 혼돈일 뿐이다. 다국화 시대와 같은 시대에는 두 가지 형태의 개성이 가능했다. 하나는 분열의 시대를 끝내고 새로운 **총체적** 질서를 도래시킬 위대한 영웅의 개성이고, 다른 하나는 이 분열이 허락하는 **틈새**에서 자연＝퓌지스와 벗하며 자신만의 다른 세상에서 살아갈 수 있는 이인(異人)의 개성이다. 지중해세계의 경우 전자는 알렉산드로스에게서 후자는 디오게네스에게서 특히 강렬하게 구현되었다. 그러나 6주의 지식인들에게는 두 경우 모두 불가능했다. 한편으로 이들은 '문'의 힘으로 강남을 취했지만 강북으로 밀고 올라가 천하를 재통일할 능력은 없었다. 그리고 시간이 갈수

---

31) 각 인물들의 개성은 그림으로도 표현되었으며, 이는 자연히 초상화의 발달을 불러왔다. 고개지(顧愷之)는 배해(裴楷)를 그리면서 그 뺨에 세 가닥의 털을 덧붙여 그렸다. 누군가가 그 이유를 물어보자 "그의 견식이나 재간(才幹)을 나타낸다"고 했다.(『세설신어』, 「교예(巧藝)」) 고개지는 초상화를 다 그려 놓고서 눈동자를 그려 넣지 못해 수 년간 완성을 미룬 적도 있는데, 이는 눈동자야말로 그 사람의 정신을 선명하게 드러내는 곳이기 때문이었다.

록 이들은 점점 더 문약해졌다. 다른 한편, 이들은 전통적인 유교 지식인들로서 이런저런 '정체성'에 매여 있는 '집단'이었지 개별자들의 모임이 아니었다. 이들은 근본적으로 이 정체성을 벗어날 수 없는 존재들이었고, 이점은 이들이 나눈 '청담'의 행간들에서 속속들이 엿보인다. 요컨대 6조의 유교 지식인들은 새로운 총체성을 도래시킬 힘도 없었고 난세의 틈새에서 고독한 자율성을 즐길 수도 없었다.

동북아 전통 사회에서, 정치적 벽에 부딪쳐 더는 나아가기 힘들 때 지식인들이 선택하는 세 가지 길이 있다. 하나는 순수한 학문과 교육에 몰두하는 길이고, 둘은 종교를 통해 아예 다른 세계로 나아가는 길이고, 마지막하나는 예술을 통해 실재적 불가능성을 상상적 가능성으로 표현하는 길이다. 첫 번째 길은 사실 유교 지식인들이 출(出)하든 처(處)하든 그들의 삶의 핵심을 이루는 부분이다. 6조의 지식인들의 경우도 마찬가지였다. 그러나 아쉽게도 이들은 시대를 담지할 새로운 유가철학을 창조해내지는 못했다.[32] 도가철학과 불가철학의 무게에 눌린 이 유교 지식인들은 그저 간신히 유교의 전통을 지켜나가는 데 만족할 수밖에 없었다. 이들은 또한 도교라는 종교로 나아갈 수는 없었다. 유교가 종교로서는 한계를 띠었고 때문에 다른 종교와의 습합이 절실했다 해도, 애초에 민중적이고 주술적인 도교는 이들의 체질과 양립할 수 없었다. 이들이 찾은 결정적인 출구는 예술이었다. 6조의 지식인들은 도교와는 융합할 수 없었지만 도가철학에는 매료되었고(이미 현학자들과 죽림칠현들이 그랬듯이), 이 매료 자체에 이미 미학적 뉘앙스가 스며들어 있었다. 종교로서의 유교와 도교는 습합할 수 없었

---

32) 사실 이것은 도가철학의 맥락에서도 마찬가지였다. 이 시대로부터 당 제국에 이르기까지는 도교(와 불교)가 주도한 시대이지만, 그렇다고 도가철학에서의 새로운 경지가 개척되었던 것은 아니다. 도가적 창조성은 현학·죽림칠현에서 사실상 마감되었다고 할 수 있다. 그리고 이런 철학적 게으름이 도가사상이 도교로서만 존속하게 만들었다. 그러나 도가철학은 오늘날에도 많은 의의를 띨 수 있는 철학이며, 어떤 사람들(나 자신을 포함해서)은 21세기 철학의 핵심 과제들 중 하나를 도가철학의 재창조라고 생각하고 있다.

지만, 이 유교 지식인들에게 도가철학의 매력은 여전했다. 따라서 이런 정신적 바탕에서 이들이 가장 뛰어나게 실현할 수 있었던 것은 바로 예술적 표현의 차원이었다. 예술은 상상적으로 개성을 표현할 수 있는 핵심적인 길이기 때문이다.

인간이란 자연과 역사라는 두 차원이 겹치는 지점들을 살아간다. 때문에 역사에 거리를 두게 된 사람들이 찾는 곳은 곧 자연이다. 자신들의 정체성과 권력을 간신히 유지해가던 6조의 지식인들은, 특히 상실과 모색의 시대인 동진 시대에 이르러 자연 ── 강북의 거칠고 추운 자연이 아니라 강남의 부드럽고 따뜻한 자연 ── 에 깊이 빠져들었다.[33] 다국화 시대는 동북아 문화가 자연과 새로운 관계를 맺어나간 시대이다. 이런 관계는 당시 사람들의 삶 곳곳에서 볼 수 있거니와,[34] 특히 뛰어난 예술작품들을 통해서 표현되었다. 자연에 대한 애호는 뛰어난 '산수문학'과 '산수화'를 낳은 것이다. 지금까지 남아 있는 그림들이 많지는 않지만, 유현한 신기(神氣)를 머금고 있는 깊은 산, 용트림과도 같이 역동적으로 흘러가는 강, 비 갠 뒤 맑게 빛나는 달[霽運], 다양하기 이를 데 없는 동물들, 식물들, 곤충들, 암석들이 그려졌다. 동진의 대규(戴逵), 고개지, 동진~송의 종병(宗炳), 왕미(王微),

---

33) 특히 산수가 아름답고 '오월춘추(吳越春秋)'의 역사적 무상감(無常感)이 배어 있는 회계(會稽)는 지식인들이 가장 애호하는 곳이었다. 사안(謝安), 손작(孫綽), 이충(李充), 허순(許詢), 지둔(支遁), 왕희지(王義之) 같은 당대의 대표적인 인물들이 이곳에 모였으며, 특히 이들이 산음(山陰)=소흥(紹興)의 난정에서 모여(353년) 함께 쓴 『난정서(蘭亭書)』는, 왕희지의 필체를 볼 수 있는 서문인 「난정기」를 포함해서 이 시대 지식인들의 감성을 엿볼 수 있는 중요한 자료이다.

34) 인물평의 경우, 한대의 인물평이 보편적인 유가적 가치, 탁류와의 투쟁이라는 시대적 의무, 내면보다는 객관적 행위[禮敎]에 의해 특징지어졌다면, 다국화 시대의 인물평은 유가적 가치에 도가적 가치가 더해졌고, 특히 개성을 그리고 내면의 진실됨[眞]을 중시했다. 기지(機智), 정감(情感), 솔직(率直), 낭만(浪漫), 흥취(興趣) 등도 이 시대에 도래한 가치들이다. 이런 분위기를 흔히 '풍류(風流)'라 불렀다. 그리고 한 인물의 개성을 논할 때면 흔히 "노니는 구름 같다[遊雲]"든가 "춘월(春月)의 버드나무 같다" 같은 식의 자연과의 유비가 사용되었다. 문학적 측면에서, 후한으로부터 6조로의 변화를 키케로로부터 세네카로의 변화와 비교하는 것은 흥미롭다.

제의 사혁(謝赫) 등이 빼어난 작품들을 남겼다.[35]

예술가들이 그린 그림들은 처음부터 대상의 재현과는 거리가 멀었다. 그들이 그리고자 한 것은 자신들의 눈에 비친 형태들과 색들이 아니었기 때문이다. 그들이 그리고자 한 것은 자연의 근원인 기(氣)였고, 기가 담고 있는 생명력이었다. 이 기를 파악하기 위해서는 그것을 대상화해서 규정하기보다는 오히려 자기 자신을 비움으로써 그 기에 스스로를 수순(隨順)하게 하는 것이 중요하다. 이는 합리적 인식과는 다르다. 합-리적인 것은 결국 사물을 인간의 이성의 틀에 겨누어 맞추어-보는 것이기 때문이다. 여기에서는 오히려 인간을 자연의 흐름에 맞추어-느끼는 것이 중요하며, 자연과 인간 사이에 드리워진 장막을 거두고서 통(通)함으로써 존재론적 달걀 전체를 감지(感知)하는 것이 핵심이다. 이는 곧 장자가 말했던 바이고, 왕필이 말했던 바이다. 이와 같은 경지 — 신명(神明)의 경지 — 에 들어간 후에 다시 나와 자신이 감지한 것을 투영해 대상을 그렸기 때문에, 이들의 그림은 대상의 재현과는 거리가 멀었던 것이다. 이 시대의 뛰어난 예술은 대개 처사(處士)들에 의해 창조되었는데, 이 역시 '출'해서 유교적 정치를 펼치고 '처'해서 도교적 예술을 창조한 동북아 지식인들의 구도를 잘 보여준다. 정치에서 큰 벽을 느낀 당대 지식인들은 자연과 예술에서 낙을 찾았던 것이다.

이러한 흐름은 문학적 표현을 통해서도 나타났다. 동진에서 벌어진 갖가지 정치적 사건들 — 외적 무력함과 내적 혼란스러움 — 은 많은 지식인들에게 비분강개를 일으켰고, 이는 죽림칠현이 겪었던 상황과 유사했다. 완적의 "我心焦"는 도연명(陶淵明)의 "中心焦"로 이어진 것이다. 당대의 문인들은 이런 맥락에서 죽림칠현을 이었거니와, 당대의 산수화와 나란히 산수문학을 발전시킨 것이 특기할 만하다. 이는 문인들이 혜강·완적 등과

---

35) 정원이 실용적 가치를 넘어서서 미학적 가치를 부여받기 시작한 것도 이 시대부터이다. 이에 대해서는 村上嘉實, 『六朝思想史研究』, 4장, 2절을 보라.

달리 인생의 후반기에 정계를 아예 떠나서 자연으로 들어갔기 때문이다. 유교적 위선에 강력히 저항했던 혜강이 명징한 논리적 언어와 음악을 매개로 현실의 초월을 꿈꾸었다면, 왕희지나 도연명 같은 동진의 문인들은 내면으로는 역시 강한 저항의식을 품었으면서도 현실적인 저항을 포기한 채 자연에 대한 시적 동일화를 통해서 그 내면을 중화시켰다. 도연명은 스스로를 "농무(膿畝)의 민(民)"으로 생각했고, 인생이란 그저 한바탕 꿈(幻化)이라고 생각했다. 그러나 이들이 단순한 퇴폐와 도피의 사상을 품었던 것은 아니다. 빼앗긴 본향(넓은 의미)에 대한 그리움 때문에, 이들은 혜강이나 완적보다 더 유가적이었다.[36] 강한 실향성(Heimatlosigkeit)이 이들을 유교 지식인이라는 전통에 충실하게 만들었다. 6조의 지식인들은 완적·혜강과 달리 생의 전반기에는 능동적으로 현실에 참여할 수 있었고, 반면 말년에는 현실로부터 거리를 둘 수 있었다. 그래서 사마씨의 따가운 눈길 아래에서 본격적 저항도 또 도피도 하지 못한 채 살아야 했던 죽림칠현과는 상황이 달랐다. 도연명은, 평생을 단지 중정(中情)을 지키는 것만을 소원 삼았던 완적과는 달리, 인생의 전반에는 정치적─군사적 활동에 몸 바칠 수 있었고 은일의 길을 선택한 후에는 비교적 온화하고 여유 있게 자신들의 비애감을 표현할 수 있었다. 그래서 완적의 술잔에 비탄(悲歎)의 정이 서려 있었다면, 도연명의 술잔에는 애석(愛惜)의 정이 어려 있다.

| 採菊東籬下 | 동쪽 울타리 아래서 국화를 따다 |
| 悠然見南山 | 문득 올려다보니 남산이 저기 있네 |

---

36) 귀거래(歸去來) 이전의 도연명은 오히려 현실 정치와 군사행동에 열렬히 참여했던, 중원 회복에 몸을 바치고자 "사해를 넘쳐흐르는 용맹한 의지"를 세운 열혈남아(熱血男兒)였다. 이 점은 도연명의 바로 이전 세대인 왕희지의 경우도 마찬가지였다. 왕희지는 찬탈의 야욕에 불탔던 환온(桓溫)이 권세를 잡자, 난정에서의 모임을 시발점으로 은일의 삶으로 돌아섰다. 도연명은 바로 왕희지에게 큰 영향을 받았다. 자세한 논의로는 福永光司,『魏晉思想史研究』(岩波書店, 2005), 371~383쪽을 참조.

山氣日夕佳	저 산 자태는 노을 맞아 영롱한데
飛鳥相與還	새들도 보금자리 찾아 날아가네
此中有眞意	바로 여기 삶의 참뜻 있지 않은가
欲辨己忘言	주장하려 했지만 벌써 말 잊었어라[37]

 현학자들과 죽림칠현의 전통을 이어, 당대 지식인들에게 유가적 진리와 도가적 진리는 궁극에서 만나는 것이었다. 도연명은 "소박함을 안고 고요함을 지키는〔抱朴守靜〕" 도가적 실천이 곧 "군자의 순결함에 도타운 것〔篤素〕"이라고 했다. 그러나 이런 도가적 유가/유가적 도가의 경지는 어디까지나 미학적 방식으로 표현되었다. 이들은 초월의 세계가 아니라 현실의 세계에 충실했고, 이성의 차원이 아니라 감성의 차원에 가치를 두었으며, 과거나 미래가 아니라 현재에 영원의 가치를 부여해 향유하고자 했다. 이들에게 중요한 것은 존재론적 인식이 아니라 미학적 향유였다.

§2. 도교와 불교

동북아세계에서의 불교

 힌두교의 장 안에서 생겨난 불교는, 일부가 서쪽으로 전래되기도 했지만, 일신교의 전통이 강한 서방으로는 나아가지 못했다. 인도 아대륙에서 불교는 힌두교에 흡수되거나 동쪽으로 나아가야 했다. 불교의 동진은 대승불교가 형성되어 발전해가던 시기에 이루어졌고, 인도 불교가 쇠퇴하기 시작한 굽타 왕조 시기에 동북아 불교는 전성기에 들어설 수 있었다. 다국화 시대는 불교가 유교·도교와 나란히 동북아세계에서 보편성을 띤 사상으로서 꽃핀 시대이다.

---

37) 도연명의 「음주(飮酒) 5」중에서.

불교는 후한 시대에 중앙아시아를 거쳐 동북아세계에 들어오기 시작해, 다국화 시대에 꽃을 피우고, 당·통일신라~고려·헤이안조~가마쿠라 시대에 절정을 맞으면서 전개되었다. 불교가 중국 대륙의 혼란기에 들어온 것은 행운이라면 행운이었다. 중국에 강력한 왕조가 들어서 있었다면, 불교는 지중해세계에서처럼 탄압을 받거나 국교가 되는 양자택일 앞에 서야 했을 것이다. 어쩌면 기독교처럼 처음에는 탄압받다가 후에 국교가 되었을 수도 있다. 그러나 불교가 도래한 시기는 동북아에서의 다원화 시기이며, 이 때문에 불교는 이런 양자택일의 기로에 서지 않아도 되었다. 또 하나, 동북아에는 불교에 앞서 이미 유교와 도교가 확고히 자리 잡고 있었지만 동시에 두 철학/종교 모두 외래 종교를 탄압할 성격의 사상들이 아니었다는 점도 중요하다. 이 때문에 불교는 탄압받지도 않았지만 또한 동시에 국교가 될 수도 없었다. 유교는 불교의 윤리적-사회적 측면을 공격하긴 했어도 사상적으로 정면충돌하지는 않았다. 양자는 초점을 달리하는 사상들이었다. 도교와 불교는 물론 경쟁 구도를 형성했지만, 두 종교 모두 지중해세계의 살벌한 일신교들과는 성격을 달리했다.[38] 이와 같은 맥락에서 삼교정립이 가능했던 것이다. 동북아에서의 삼교정립은 지중해세계에서의 삼교정립과는 그 성격이 사뭇 달랐다.

나아가 다국화 시대의 상황은 불교의 전파에 유리한 맥락을 제공했다. 다국화 시대는 끝도 없이 전쟁이 이어지던 시대였고, 삶의 힘겨움을 버텨내기가 쉽지 않은 시대였다. 불교의 전도자들은 동북아인들에게 삶이 '고'라는 것을 이해시키려 노력할 필요가 없었다. 당시 동북아인들에게 이 명제는 이미 너무나도 뼈저리게 체인(體認)되어 있었기 때문이다. 이들에게

---

38) 사실 초기의 불교는 도교의 한 버전으로서 받아들여졌으며, 심지어 붓다는 바로 서역으로 떠났던 노자였다는 '화호설(化胡說)'이 등장하기도 했다. 훗날 일본에서의 '본지수적설(本地垂迹說)'의 원형이라고 할 수 있다. 최초의 역경가들 중 한 사람인 안세고(安世高)는 명상이나 호흡법 같은 도교적 기법들을 다룬 문헌들을 번역해 소개했는데, 이 또한 유사한 맥락에서 이해할 수 있다.

중요한 것은 삶에 대한 설명이 아니라 죽음에 대한 해명이었다. 이 때문에 도교의 '승부'에 해당하는 업·삼세윤회라는 윤리적 인과는 불교의 동북아 정착 과정에서 중요한 역할을 했다. 이 이론을 통해서 많은 사람들이 삶에 존재하는 윤리적 모순(ethical contradiction)이 해소된다고 믿게 되었기 때문이다. 이는 과거에는 강하지만 미래에는 약한 유교로서는 맞서기 어려운 이론이었다. 불교는 죽음이 가져오는 '불안'을 해소해주는 훌륭한 가르침으로서 자리 잡기 시작했다. 아울러 전래 초기에 불교는 다분히 주술적 역할을 맡기도 했다. 상상으로밖에는 채워질 길이 없다고 생각했던 욕망을 주술의 힘으로 현실적인 것으로 실현해 보일 때, 이러한 속임수가 가하는 힘은 참으로 막강한 것이다.[39] 지중해세계에서의 기독교 안착 초기에 예수가 일종의 마법사였듯이, 동북아에서도 붓다는 마법사가 된다. 그래서, 양상은 매우 달랐지만, 로마에서의 예수와 유피테르의 마법 대결이 동북아에서는 붓다와 노자의 마법 대결로 나타났다. 종교란 대중의 불안을 해소해주고 상상적 욕망을 충족해주는 장치라는 점이 여기에서도 잘 나타난다.

물론 불교의 동북아 정착이 간단한 것은 아니었다. 사상적인 면에 초점을 맞출 때, 인도의 문명은 사제들과 종교 지도자들의 문명이고 동북아의 문명은 문사-관료들의 문명이다. 양 문명의 차이는 컸고, 따라서 서역에서 동방으로 건너온 불승들은 동북아적인 문화에 적응해야 했다. 더구나 중국의 북방은 기존의 중국 문화와 북방에서 내려온 호족 문화가 섞여 매우 복잡한 상황이었다. 종교적 통일성 또한 존재하지 않았고(위에서 말했지

---

39) 북방(북조의 왕조들)에 불교를 전한 선구자들 중 한 사람인 불도징(佛圖澄, 232~348)은 석륵에게 전도하기 위해 마법을 구사했다. 그가 물그릇에 향을 피우고 주문을 외우자 갑자기 아름다운 연꽃이 피어났다고 한다. 석륵은 이 마법에 깊은 인상을 받아 불교의 열렬한 후원자가 되었다. 아마도 불도징은 일본의 '오리가미(おりがみ)' 같은 것을 가지고 있었을 것이다. 이런 식의 마법은 특히 북방 이민족들에게 잘 먹혔다.(그러나 남조의 사대부들이 불교에 매력을 느낀 이유들 중 하나도 이러한 맥락에 있었다)

만, 이는 불승들에게 행운이었다), 대륙을 쪼개어 지배하고 있던 국가들의 성격 또한 다 달랐다. 물론 이런 동북아세계를 현실적으로 지배하고 있던 사상은 역시 유교였다. 철학적 창조성은 많이 고갈되었지만, 동북아세계를 지배하는 정치적-사회적 틀은 어디까지나 유교였다. 문명의 내용으로 볼 때에도, 인도 문명이 형이상학적이고 초월적 경향이 강하다면 동북아 문명은 정치적이고 현실적인 경향이 강했다. 근본적으로 볼 때, 동북아 문명이 역사와 문화를 쌓아가는 플러스의 문명이라면 불교는 궁극적으로는 모든 것을 버릴 것을 역설하는 마이너스의 문명이었다. 결국 불승들은 각 왕조들을 지배하는 왕들의 개인적 특성, 동북아세계의 주축을 이루는 유교적 문사-관료들, 기존의 종교들 중 중심을 형성하고 있었던 도교, 중국 대륙에서의 북방과 남방의 차이, 각 지역의 특징을 이루는 사회적-문화적 차이, 크게는 인도 문명과 동북아 문명의 차이 같은 다양한 맥락들에 적절히 대처하면서 불교를 전파해야 했다.

초기에 이루어진 불경의 한역(漢譯)에서 우리는 당시 불교가 동북아에 적응하기 위해 노력했던 흔적들을 찾아볼 수 있다. 유교 윤리에 어긋나는 구절들은 수정되거나 삭제되곤 했다. 인류 역사는 가족주의와 반(反)가족주의가 대립한 역사이거니와,[40] 가족을 삶의 핵심으로 간주하는 유교와 가족을 버려야만 득도한다고 보는 불교는 서로 화해할 수가 없었다. 또, 유교적 신분윤리를 의식해서 표현을 바꾼 구절들도 많다. 예컨대 "남편은 아내를 부양한다"는 "남편은 아내를 다스린다"로, "아내는 남편에게 위안이

---

40) 치자가 되기 위해서는 가족적 가치를 온전히 버릴 것을 주장한 플라톤, "누구든 나를 따르고자 한다면, 부모·처자·형제자매 나아가 자신의 목숨까지도 미워하라"(「누가복음」, XIV, §26)고 한 예수, 그리고 앞에서 인용했듯이 "자식과 아내도, 아버지와 어머니도, 재산도 곡식도, 친지들도, 모든 감각적 쾌락의 경계까지도 다 버리고, 무소의 뿔처럼 혼자서 가라"고 한 붓다는 전형적인 반가족주의자들이다. 물론 이들의 반가족주의는 치자들, 제자들에 한정되는 부분적인 것이라고 보아야 한다. 오히려 반가족주의를 강고하게 천명한 대표적인 사상은 법가사상이며, 보다 약하게는 묵가사상이다. 가족을 삶의 뿌리로 본 대표적인 사상은 말할 필요도 없이 유가사상이다.

된다"는 "아내는 남편에게 복종한다"로 바뀌게 된다.[41] 또, 인도의 자연철학과 동북아 자연철학의 차이도 있었다. 그래서 번역자들은 4대를 5행에 짜 맞추기 위해 노력하기도 했다. 아울러 당대의 주류 종교였던 도교에 부합하기 위해 다르마를 '도'에, 아르하트를 '진인'에, 니르바나를 '무위'에 일치시켰다. 이런 점은 역으로 중국인들이 같은 중국인들에게 불교를 이해시키기 위해 쓴 저작들에서도 나타난다. 모자(牟子)라는 인물이 쓴 『이혹론(理惑論)』은 문답 형식의 호교론 저작으로서, 여기에서 모자는 승려들이 삭발하는 것은 불효를 범하는 것이 아닌가? 하는 식의, 불교에 대한 당시 중국인들의 공격에 대해 일일이 답하고 있다.[42] 인도에서 배태된 불교가 동북아에 이식되려면 많은 해명들이 필요했던 것이다.

불교가 중국에 전래되는 방식은 북조의 경우와 남조의 경우가 달랐다. 북조의 경우 핵심적인 것은 왕들과 승려들의 관계였다. 왕들은 사분오열된 군사봉건제의 세계를 통일할 수 있는 정신적 힘이 불교에 내포되어 있다고 보았기에 호의적이었고, 승려들은 혼란스러운 세상에서 안전하게 또 광범위하게 포교하기 위해 왕들의 후원이 필요했다. 강북을 어떻게든 '정통' 왕조들과 같이 만들려 했던 유교 지식인들과는 달리, 승려들은 외국인이었고 북조의 호족들에게는 같은 입장의 이민족들이었다. 이들은 "중국"에 대해 집착하지 않는 존재들이었고, 따라서 왕들로서는 자신들의 정치에 이용할 수 있는 존재들이었다. 북위에서는 왕이 붓다의 화신으로 떠받들어지기도 했다. 승려들로서는 광폭한 왕들의 마음을 평화롭게 만드는 것 또한 전도의 중요한 국면이었다. 그러나 승려들은 또한 피지배층에

---

41) 아서 라이트, 양필승 옮김, 『중국사와 불교』(신서원, 1994), 63쪽.

42) 그러나 모자는 "도가 있는 사람은 비록 죽더라도 그 신(神)이 복당(福堂)으로 들어가며, 악을 행하는 사람은 죽고 나서도 그 신이 재앙을 받는다"는 식으로 설명하는 등, 힌두교, 자이나교, 불교의 철학적 차이를 아직 명확하게 이해하고 있지 못함을 보여준다. 동진 시대의 극초(郤超, 336~377년)가 쓴 「봉법요(奉法要)」는 당대 중국 지식인의 불교 이해를 잘 보여주는 저작으로서, 『이혹론』에 비해 진일보한 불교 이해를 설파하고 있다. 그 사이에 일어난 불교 이해에서의 심화를 드러낸다.

게도 호소력을 가졌다. 위진 시대를 거치면서 도시가 요새화되어 농민들은 도시 바깥에 산발적으로 거주하고 있었고, 불교는 우선 정치가 결여되어 있는 이 향촌사회에서 교육적·문화적 역할을 할 수 있었다. 이러한 과정을 통해 불교는 점차 중국화하기 시작했고, 또 중국 사회는 생명존중사상 등 불교적 가치를 흡수할 수 있었다. 때로는 군대에도 '야전 사찰'이 세워졌다. 이는 죽음에 대한 불교적 대처를 위해서이기도 했고, 또 (죽음보다도 더 힘겨운 것이었던) 낯선 땅에 묻힌다는 두려움을 극복하기 위해서이기도 했다. 불교 전파에서도 순교가 여러 차례 있긴 했지만, 동북아에서는 로마와 기독교 사이에서 벌어졌던 대규모 갈등 같은 것은 일어나지 않았다. 기독교는 순정(純正)한 맛이 있는 대신 강박적인 종교이고, 불교는 유연한 맛이 있는 대신 현실적인 종교이다. 넓게 보면, 이는 지중해세계 일신교와 아시아세계 다신교 사이에서 나타나는 일반적인 차이라고도 하겠다. 이는 초월적인 하나에 집착한 서구 형이상학과 다자들의 상응관계에 매혹된 아시아(특히 동북아) 형이상학 사이의 차이와 정확히 조응한다.

북조의 불교가 왕과의 관계와 기층 민중과의 관계에 초점이 맞추어져 있었다면, 남조 불교에서의 중요한 문제는 귀족들과의 관계였다. 왕권이 약한 귀족제 사회인 6조에서 승려들은, 강력한 군인 – 왕들에게 종사하면서 이들을 어떻게 전륜성왕으로 만들까를 고민했던 북조의 승려들과는 달리, 남조 귀족들의 문화와 어떻게 어울릴까를 고민했다.[43] 이는 곧 이들이 남조 왕족들의 불안을 해소해주고, 귀족들의 정체성과 조화를 이루고자 노력해야 했음을 뜻한다. 남조의 도가적 유교 지식인들과 서역에서 건

---

43) 북조의 경우와 달리 남조의 왕족들은 권력이 약했고, 대체적으로 불승들에 대해 저자세를 취했다. 북조의 도안(道安, 312~385년)은 자신이 살았던 세계를 "흉흉한 시대"로 보았고 불승들이 "군주에게 의존하지 않고서는 불법을 세울 수 없다"고 고백한 데비해, 남조의 승려 혜원(慧遠, 334~416년)은 왕에 대한 승려들의 복종에 관련해 일어난 논쟁에서 불교의 입장을 당당하게 개진했다. 남조 왕들의 불교에 대한 심취는 국가멸망의 중요한 한 원인이 되기도 했다.

너온 또는 중국에서 불교로 개종한 인물들을 이어주는 끈은 '청담'이었다. 훗날 '화두', '공안' 등을 통해 수행된 선문답도 이 청담의 연장선상에서 형성되었다고 볼 수 있다.

> 한 손님이 악광(樂廣)에게 [『장자』, 「천하」에서 혜시가 말한] "지부지(旨不至)"라는 구절의 뜻이 무엇인지 물었다. 그러자 악광은, 그가 늘 그렇게 하듯이, 그 문구는 분석해주지 않고 대뜸 주미(塵尾)의 손잡이를 안궤(案几)에 대면서 물었다. "닿지 않았소?" 손님이 답하기를, "닿았습니다." 악광은 주미를 다시 떼면서 말했다. "닿았던 것이 어찌 떨어질 수 있었겠소?" 그때 손님은 그 뜻을 깨닫고서 감복했다. 악광은 그 설명이 간명하면서도 뜻이 깊기가 바로 이와 같았다.(『세설신어』, IV, §16)

청담은 한담이 아니다. 청담은 동북아 특유의 일종의 논리학을 내포하고 있으며, 이 점은 불교가 들어오면서 더욱 정교화되어 선문답으로 이어지게 된다. 물론 불교와 중국적 전통은 때로 충돌했으며, 이때 불교는 기득권층과 정면 대결하기보다는 원만한 해결책을 구하곤 했다. 현실을 개혁하려고 하기보다는 거기에 적응하면서 자신들의 지분을 불리는 길을 선택한 것이다.

불교의 이와 같은 현실순응주의는 점차 그 기득권을 증강하는 결과를 가져왔다. 시대가 안겨준 허무주의를 극복하기 위해 많은 왕들이 불사를 일으켰고, 당대의 거대한 부가 사원들에 밀려들어왔다. 불사에 헌신했던 양 무제 때는 200곳에 달하는 절이 세워졌으며, 이런 역사(役事)는 당대의 민중에게 큰 부담을 주었다. 양 무제 자신은 "황제보살", "천자보살" 같은 호칭을 얻었지만, 그 호칭에는 민중의 피와 땀이 배어 있었다. 귀족들 또한 불교에 부를 쌓아줌으로써 "득도"하고자 했으며, 시대가 갈수록 '해탈'의 정도는 '시주'의 정도와 비례해갔다. 14세기 유럽의 상황과 유사했다고 하겠다. 때로 불교는 유교의 역할까지도 대신했으며, 유력 가문의 제사는 종종 승려들의 차지가 되었다. 형이상학이 약한 유교는 그 '전문 영역'마저

도 불교에 빼앗긴 것이다. 이러한 과정을 통해 사원은, 오늘날 한국의 교회처럼, 점점 기업이 그것도 대기업이 되어갔다. 사람들의 관심은 수준 높은 불교철학의 '이론'이 아니라 불교가 주는 '안심'에 쏠렸다. 당연한 것이기도 했지만, 대중에게는 불교철학의 '사유'보다는 종교로서의 불교가 제공하는 '구원'이 일차적 관심이었다. 더 곤란한 것은 승려가 특권 계층이 되면서, 때때로 부역과 세금을 피하기 위해 승려가 되는 자들 심지어 범죄자의 신분을 숨기기 위해 승려가 되는 자들이 많아졌다는 점이다. 이 사이비 승려들의 말세론적 설교도 세상을 뒤숭숭하게 만드는 한 원인이었다. 동북아 불교의 성격은 인도 불교의 그것과 사뭇 달랐다.

이 때문에 동북아 불교의 역사는 비대해진 불교 교단을 억누르고자 한 시도들의 역사이기도 하다. 동북아의 군주들은 이율배반적 상황에 빠지곤 했다. 그들의 영혼이 안정되면 안정될수록 정치와 경제는 점점 더 불안정해지곤 했던 것이다. 이 때문에 북조에서는 승관제(僧官制)가 생기기도 했고, 몇 차례에 걸친 불교 탄압이 일어나기도 했다. 446~452년의 탄압과 574~578년의 탄압이 대표적이다. 물론 이 과정은 불교의 위세에 날로 위축되던 도교 교단과 유교 지식인들의 연합작전이 가세한 것이기도 했다. 그러나 이런 억제는 불교의 힘을 꺾을 수가 없었다. 불교의 시대는 9세기까지도 이어진다.

불교의 동북아 전래에서 가장 중요한 문제들 중 하나는 번역의 문제였다. 동북아에서 인도 불교 경전들의 번역 문제와 연구 문제는 사실 동전의 양면이었다고 해야 할 것이다. 번역이 곧 해석이고, 불교에 대한 특정한 이해가 곧 특정한 번역을 만들어냈다고 할 수 있기 때문이다. 산스크리트어 경전들의 한역은 그리스어 문헌들의 아랍어·라틴어로의 번역 그리고 서구어 문헌들의 일본어로의 번역과 더불어 세계철학사상 가장 방대하고 중요한 번역 사업에 속한다. 우선 무엇을 번역할 것인가가 문제가 되었다. 최초의 번역가로 알려져 있는 안세고는 아비달마 계통의 경전들을 번역했으나, 같은 시대(후한 말)에 활동한 지루가참(支婁迦讖)은 반야 계통의 경전들을 번역했다. 이후 동북아 불교가 주로 번역한 것은 후자인 대승불교 계통의 경전들이었다. 불경 번역은 꾸준히 계속되었고, 서진의 축법호(竺法護), 후진의 구마라집(鳩摩羅什), 유랑 역경가 진제(眞諦), 당 제국의 현장, 의정을 비롯한 많은 역경가들이 뛰어난 번역서들을 속속 펴내기에 이른다.

또, 어떻게 번역할 것인가가 중요했다. 표음문자인 산스크리트어를 표의문자인 한자로 번역하는 것은 어려운 일이었다. 산스크리트어는 분석적이고 논리적인 언어이고, 한자는 직관적이고 회화적인 언어이다. 완성도 높은 번역은 지난한 작업을 요했다. 인간의 참된 본성을 "本來面目"(본래의 얼굴과 눈)으로 번역하는 등 두 언어 사이의 거리를 뛰어넘기 위한 숱한 실험들이 이어졌다. 산스크리트어의 성격을 살려 직역하면 한문의 맛이 생겨나지 않고, 한문의 성격을 살려 의역하면 산스크리트어 원문의 정확성이 소실되었다. 구마라집은 한문의 운율을 살린 아름다운 번역의 길을 택했고, 현장은 산스크리트어의 논리성을 살린 정확한 번역의 길을 택했다. 결과적으로, 구마라집이 펴낸『반야경』,『유마경』,『법화경』,『아미타경(阿彌陀經)』,『금강경』등은 문학적 아름다움이 뛰어난 번역서들이고, 현장이 번역한『구사론』,『대비바사론』,『해심밀경』,『성유식론』등은 철학적 정확성이 돋보이는 번역서들로 정평이 나 있다.[44] 현장은 의역을 경계하면서 직역을 추구했는데, 다음 다섯 가지 경우에는 음역할 것을 권했다. 1) '다라니' 같은 비밀스러운 어휘, 2) '바가바트'처럼 뜻이 여럿인 어휘, 3) '잠부나무'처럼 중국에는 없는 어휘, 4) '아뇩보리(阿耨菩提)'처럼 음역으로 이미 굳어진 어휘, 5) '반야'처럼 일상어로는 도저히 표현되지 않는 어휘. 현장은 이런 원칙하에 방대하고 정교한 번역서들을 출간했다. 당 제국의 시대에 이르면 웬만한 경서들과 논서들이 모두 편찬되기에 이른다. 물

---

44) 그러나 구마라집은 중관철학 논서들의 번역에도 힘을 기울여『중론』,『십이문론』,『백론』,『대지도론』의 뛰어난 번역서들을 남겼다. 구마라집 자신이 중관철학에 경도되었던 인물이다. 또, 현장은 철학적 논서들의 번역에 뛰어났으나, 그가 번역한『반야심경』은 지금도 많은 불교도들이 암송하는 번역문이다.

론 이 과정은 철학적 내용에 대한 논변들의 전개와 나란히 이루어졌다.

도가철학과 불가철학

불교의 철학적 핵심을 접한 동북아 지식인들에게 이 사유는 무엇보다도 도가철학과 유사한 것으로 받아들여졌다. 은호(殷浩)는 불경을 접한 후 "이치(理)가 바로 여기에 있었구나!" 하고 감탄했다고 하거니와, 당대의 맥락에서 볼 때 이 이치란 곧 도가적 '현리(玄理)'를 뜻한다고 볼 수 있다. 불교의 역경가들 또한 도가철학의 사유에 맞추어 경서들과 논서들을 번역했다. 이로써 '격의불교(格義佛敎)'가 전개되기에 이르며, 도가적 사유와 불가적 사유의 위대한 대화가 시작되었다. 이런 대화는 남조의 도가적인 유가 지식인들과 대승불교를 번역·연구했던 승려들 사이에서 특히 최고조에 달했다. 이들의 공통분모는 역시 도가사상이었다.

지둔(支遁) = 지도림(支道林, 314~366년)은 여러모로 남조 승려의 전형을 보여준다. 그는 중국의 귀족 가문에서 태어났고, 가학인 불가사상과 당대 지식인들의 일반 문법인 도가사상을 몸에 익혔다. 남조의 중심인 회계와 건강(健康)에서 활동했으며, 왕씨와 사씨를 비롯한 당대 대부분의 명문 집안 인물들과 사귀었다. 당시 지식인들의 공통 관심사였던 청담과 인물평에도 몰두했다. 그야말로 『세설신어』의 주요 인물로 발탁되기에 손색이 없었다 하겠다.

지둔의 학문적 초점은 『도행반야경(道行般若經)』(『소품반야경』)과 『장자』에 맞추어졌다. 우리는 그에게서 반야사상과 장자사상의 만남이라는 흥미로운 광경을 목도하게 된다. 지둔은 「소요유」를 빼어나게 해독해 당시 사람들을 감탄시켰는데, 그는 특히 곽상 식의 해석을 비판했다. 당시 곽상의 해석은 널리 퍼져 있었고, "각임기성(各任其性)" 같은 보수적인 생각은 동진 귀족들 사이에서 일반화되어 있었다.

곽상에게 세계는 완벽한 우연적 체계라는 묘한 양상을 통해 파악된다. 여기에서 '우연적'이란 세계의 생성 저편에 어떤 조물자도 없으며, 개별자들의 존재와 그들 사이에서의 사건에는 어떤 궁극적 이유도 없음을, 모든 일은 "왜 그런지는 모르지만 어쨌든 그런 것(不知其然而然)"임을 뜻한다. 그리고 '체계'란 그럼에도 불구하고 모든 존재들과 사건들은 서로서로 필연적인 — 그 어원대로 틈새 없이('nec-esse') 촘촘히 이어져 있는 — 고리로서 묶여 있음을 뜻한다. 사람을 위해서 물고기가 생겨난 것은 아니지만 사람은 물고기를 먹고, 물고기를 위해서 플랑크톤이 생겨난 것은 아니지만 물고기는 플랑크톤을 먹는다. 어떤 이유도 목적도 없지만, 개별자들은 바로 그런 필연적인 관계에 놓이게 되는 것이다. 그 결과 곽상에게서 개별자는 야누스적 존재양식을 갖는다. 개별자는 철저히 우연적 존재인 만큼 '독화'를 통해서 존재하지만, 그에게는 (사르트르적 뉘앙스에서의) 주체성의 여백이 전혀 존재하지 않는다. 개별자의 삶은 그전에 이루어진 거대하고 장구한 생성의 끝에서 그 여파로서 형성되는 것이기 때문이다. "숱한 세대를 걸쳐 흘러온 거대한 물결이 지금의 변화를 덮침으로써" 현재의 개별자와 사건이 일어나는 것이다. 도대체 개별자가 무엇을 할 수 있겠는가? 그저 '주어진 것'에 충실해야 할 뿐이다. 목수는 도끼를 어떻게 잘 쓸까에 대해 고민해야지 나무를 왜 다듬어야 하는지에 대해 고민할 필요는 없다. 곽상에게서는 주어진 것에 대한 설명도 또 주어진 것이 달라질 수 있는 가능성도 이론적으로 차단되어 있기 때문에, 가능한 것은 '각임기성'뿐인 것이다.

이러한 우연적 체계는 '분(分)'의 체계, 차이들의 체계이다. 여기에서는 진정한 차이생성은 존재하지 않으며, 오로지 차이들의 구조(structure des différences)만이 존재한다. 차이생성의 원천인 시간도, 경험의 두께의 원천인 (베르그송적 뉘앙스에서의) 기억도, 현실성과 잠재성의 차이도, 욕망의 근원으로서의 무(헤겔, 사르트르)도 고려되지 않는[45] 완벽한 우연적 체계, 모

---

45) 이는 곧 허(虛)/기(氣)의 차원과 물(物)의 차원이 완벽히 일치함을 뜻한다. 왕필을 논하면서 '존재론적 두께'에 대해 논했거니와, 왕필에게서 무=잠재성이 현실 바로 아래에 붙어 있다면, 곽상에게서는 아예 잠재성과 현실성이 동일화된다. 이 세계는 '가능성'의 양상이 존재하지 않는 세계이다.

든 개별자들이 이유 없이 이어져 있는(con-tingent) 촘촘한 체계라 할 수 있다. 이 세계에서 각자는 차이들의 체계 내에서의 그 이름-자리에 충실하면 그뿐, 다른 존재가 되려고 애쓰는 것은 망령된 짓이다. 따라서 대붕은 위대하고, 매미와 비둘기는 왜소한 것이 아니다. 대붕은 대붕으로 태어난 것이고, 매미와 비둘기는 각각 매미와 새로 태어난 것뿐이다. 대붕이 매미와 비둘기를 비웃을 필요도 없고, 매미와 비둘기가 대붕을 비웃을 필요도 없는 것이다.[46] 지인이란 이런 식의 구별을 일체 잊어버리는 사람이다. 지인이란 세계를 바꾸려 하거나 세계로부터 벗어나려고 하기보다는, 세계가 되어 있는바 그대로를 따르고(順有) 세계가 흘러가는바 그대로를 따라 사는 사람이다. "사물에 응하지만 그에 얽매이지는 않는다"(應物而無累於物)는 것은 이를 이름이다.

곽상의 이와 같은 장자 해석은 이후 전개된 장자의 이해에 지대한 영향을 주었다. 멀리로는 3세기 이래 가까이로는 서진 이래 역사의 도도한 탁류에 밀려 강남에까지 떠내려간 남조 지식인들에게 곽상의 장자는 매력적이었다. 이들은 곽상의 장자 주를 원래의 형태보다도 더 순응주의적으로 이해했다. 그러나 지둔은 '소요유'를 "지인의 마음을 밝히는 것"으로 보았고, 지인을 "하늘의 올바름을 타고 올라 흥을 높이고, 방랑의 가없는 자유를 즐기는" 존재로서 파악했다. 지인은 현세계를 그대로 수긍하기 때문이 아니라 오히려 현세계의 가상성을 깨달은 존재이기 때문에 지인이다. 지둔에게 사물들은 자성이 없는 것들로 이해되며, 그 어떤 것도 독자적으로 존재하지 못하고 인연에 따라 존재한다. 그 결과 그 어떤 것도 동일성을 가지지 못하며 끝없이 타자-화한다. 따라서 '공'은 '진공'=절대 무를 의미하는 것이 아니다.[47] 지둔의 공은 장자의 '허'에 가깝다.[48] '반야'의 경지는

---

46) 『莊子』, 郭象 注(上海古籍出版社, 1989).
47) "부진공(不眞空)"을 "참된 존재가 아니기 때문에 공이다"로 번역하거니와, 여기에서는 "진공(절대 무)은 아니다"로 번역했다. '진공즉묘유(眞空卽妙有)'/'묘유즉진공(妙有卽眞空)'이다.

'만물제동'의 경지이다. 그래서 지둔은 사물들의 존재를 부정하기보다는 오히려 그 속으로 나아가 그 현묘함에서 노니는(卽色遊玄) 경지를 추구했다. "사물에 응하지만 그에 얽매이지는 않는다"는 말은 지둔에 이르러 곽상에게서와는 전혀 다른 의미를 띠게 된다. 지둔은 "각자의 본성에 따르는 것이 소요"라는 주장을 단호하게 물리치면서, "걸왕과 도척의 본성은 잔혹함인데, 그렇다면 이들 역시 소요한 것인가?"라고 논박했다.[49] 「소요유」 전체의 논지는 메추라기 같은 현실을 벗어나 대붕의 경지를 노닐라는 것인데, 곽상은 이 논지를 완전히 배반했다는 것이다. 사실 지둔의 논리가 곽상비판에 있어 적확한 것은 아니다. 지둔의 예에는 장자 해석의 맥락과는 다소 다른, 대승적 윤리를 역설하면서 정토적(일정 정도는 도교적이기도 한) 유토피아를 설파했던 그의 실천철학적 맥락이 깃들어 있다고 보아야 하기 때문이다.[50] 어쨌든 지둔의 「소요유」 해석은 당대의 지식계에 신선한 충격을 주었다.

승조(僧肇, 384~414년)는 이러한 식의 격의불교 흐름에서 높은 경지를

---

48) 그러나 양자의 강조점은 다르다. 지둔은 개별자들의 자성에 대한 믿음을 비판함으로써 공으로 나아가려는 사상이고, 장자는 허에 기초해 개별자들의 상대성을 이끌어내려는 사상이다. 양자의 사유 구도는 유사하지만 역점을 두는 방향이 반대이다. 때문에 장자의 경우 "有生於無"라는 노자의 가르침이 상당 정도 깃들어 있지만, 지둔은 이런 입장을 적극적으로 추구하지 않았다. 반야를 '유생어무'식으로 해석하는 것은 승조에 의해 적극적으로 비판되었다.
지둔은 반야의 경지를 '理'로 표현하기도 했고, 이는 후에 '理와 事'의 구도로서 정착된다. 이 리 개념은 왕필의 리 개념과 더불어 성리학의 '理와 氣' 구도에 스며든다.

49) 慧皎, 『高僧傳』, 吉川忠夫譯(岩波文庫, 2009).

50) 지둔의 정치사상은, 지나치게 유토피아적이긴 했지만, 체념적 분위기가 지배적이었던 남조 지식인 사회에서 각별한 의미를 띤 사상이었다. 다만 그의 사상이 남조 청담의 테두리를 벗어났다고 보기는 어려우며, 어디까지나 그 테두리 내에서의 각별함이었다고 해야 할 것이다. 다른 한편, 지둔이 든 예에는 어떤 면에서는 유교적 무의식 — 동북아 문명 자체의 무의식 — 이 깔려 있다고도 볼 수 있다. 지둔의 예를 유교적 맥락으로 바꾸어 말한다면, 대붕에게 자기 자리가 있고 메추라기에게 자기 자리가 있다는 식의 이야기는 군자는 군자로 태어난 것이고 소인배는 소인배로 태어난 것이라는 이야기처럼 잘못된 생각인 것이다.

이룩했다. 승조는 우선 이 시대 전반을 관류하던 무상감과 불안감의 세계관에 대해 비판적으로 논한다. 흘러간 과거에 대한 무상감과 흘러올 미래가 품고 있는 불안감에 사로잡혀 살던 이 시대 사람들에게 승조는 시간은 흘러가지 않는다〔不遷〕고 가르쳤다. 승조에게는 과거 → 현재 → 미래로 흘러가는 시간 같은 것은 없다. 각각의 시간은 각각 현재로서 실재성을 띤다. 과거가 현재로 이어지는 것도 아니고 현재가 미래로 이어지는 것도 아니다. 승조에게서는 시간의 연속성과 기억·예기의 차원이 존재하지 않는다. "사물들 각각의 본성은 각각의 시간 속에 존재한다"(事各性住於一世).[51] 따라서 인과에 있어서도 역시 필연적 인과란 존재하지 않으며, 오로지 각 '인'들과 '과'들이 각자의 동일성을 그대로 유지하면서 외적/우연적 인과 관계를 맺는 것으로 이해된다. 하나의 '인'은 시간이 흘러 소멸되는 것도 아니고, 시간을 타고서 현재로 이어지는 것도 아니다. 그것은 소멸되지도

---

51) 이 시간관은 도겐(道元)의 『정법안장』에서도 나타난다. "(…) 범부의 견해는 '유시(有時)'라는 말을 들으면 이렇게 생각한다. 어느 때는 삼두팔비(三頭八臂)의 아수라이고, 어느 때는 장육팔척(丈六八尺)〔의 불상〕이라고. 예컨대 강을 건너고 산을 넘어가는 것과 같다고. 지금도 그 산하는 존재하지만 자신은 그곳을 이미 지나왔고 지금은 좋은 저택에 살고 있으니, 이제 산하와 자신은 하늘과 땅만큼이나 떨어져 있다고. 하지만 이것이 사태의 전부가 아니다. 산을 넘고 강을 건넜을 '시'에 자신이 존재했었기에 자신에게는 그 '시'가 존재했다. 그때 자신은 존재했고, '시'는〔자신의 존재에게서〕떠난 적이 없다. '시'가 가고-옴〔去來〕의 상(相)이 아닌 산에 오를 때의 '시'는 존재=시간〔有時〕의 그래서-지금〔而今〕이다. '시'가 가고-옴의 상을 가진다 해도, 자신에게는 유시의 이금이 있고 이것이 유시이다. 이 산을 넘고 강을 건너는 '시'는 지금 좋은 저택에서 살고 있는 '시'를 삼켜버리지도 않고 뱉어내지도 않는다〔거기에서 줄곧 계속된다〕. 삼두팔비의 아수라는 어제의 '시'이고, 장육팔척의 불상은 오늘의 '시'라고 '어제, 오늘'이라는 말은 이런 식으로 사용되고 있거니와, 이 '어제, 오늘'이라는 사리(事理)는 단지 이 산 가운데로 뚫고 들어가 천봉 만봉을 굽어보는 것일 뿐 어딘가로 가버린 것이 아니다. 삼두팔비의 아수라도 즉 존재=시간에서 우리가 겪은 것이며, 저쪽에서는 지나가버린 것처럼 보여도〔우리에게는〕그래서-지금이다. 장육팔척의 불상 또한 어느 때 우리가 겪은 것이며, 저쪽에서는 지나가버린 것처럼 보여도〔우리에게는〕그래서-지금이다. 하여 소나무도 '시'이며, 대나무도 '시'이다.(…)(道元, 『正法眼藏』, 「有時」, 水野弥穂子 校注, 岩波文庫, 2012)

않고 지속되지도 않으며, 그것의 현재에 그대로 실재할 뿐이다.

그렇다면 승조는 각각의 동일성들이 모두 제자리를 지키면서 인과의 관계로 묶여 있음을 말하고 있는가? 그는 그리스 자연철학자들이 그랬듯이 허무주의의 극복을 위해 시간을 환영으로 기각하고 있는가? 그러나 생성존재론은 불교의 종지(宗旨)이다. 아닌 게 아니라 적지 않은 사람들이 이 때문에 승조를 외도로서 매도하기도 했다. 그러나 승조는 "생성[動]을 떠나서 존재[靜]를 구하기보다 생성에서 존재를 구하라"고 한다. 위에서의 승조의 논지는 생성을 부정하는 것이 아니라 생성 속에 존재가 있다는 점에 있다. 그렇다면 역으로 존재 속에 생성이 있어야 한다. 사실 후자야말로 붓다의 가르침이었다. 승조의 사유가 낯설게 느껴지는 것은 그가 사태의 반면을 드러냈기 때문이다.[52] 승조는 말한다. "사람들이 존재[性]라 하는 것을 나는 생성[去]이라 하고, 사람들이 생성이라 하는 것을 나는 존재라 한다." 그는 존재 속에서 생성을 보고 생성 속에서 존재를 본다. 그로써 실체주의에 빠진 상견(常見)과 적멸주의에 빠진 단견(斷見)을 동시에 넘어서고자 한다. 이는 곧 존재는 동일성들의 체계가 아니라 연기법에 따라 생성하기에 '유'라고 할 수 없고, 생성은 연기법에 따라 이렇게(우리가 보고 있는 바로 이 세계와 같이) 구체적으로 생성할 뿐 절대 무가 아니라는 사실에, 요컨대 "諸法不有不無者"라는 『중론』의 이치에 따르는 것이다. 진제와 속제는 동전의 양면인 것이다.[53] 제법이란 결국 없다고 하자니 있고 있다고 하

---

52) 승조, 송찬우 옮김, 『조론(肇論)』(경서원, 2002), 61~62쪽.

53) 승조는 이런 식의 논리를 불교와 도교(도가철학) 자체에도 적용한다. "여래의 공덕은 만세에 유전하면서도 상존하며, 도는 영겁에 통하면서도 두루 견고하다(/더더욱 견고해진다)"(功流萬世而常存 道通百劫而彌固) 그런데 이와 같은 논리 자체는 노자의 논리를 따르고 있다고 볼 수 있다.

승조는 이러한 입장에서 '본무설(本無說)', '심무설(心無說)'을 비롯한 당대 여러 이론들을 비판했다. 예컨대 본무설은 무·공을 만물의 '시원'으로 보는 입장으로서 "萬物生於有 有生於無"라는 노자의 존재론을 잇는 설이고, 심무설은 공이란 마음을 비우면 사물들을 공으로 볼 수 있다는 것이지 실제 사물들이 공은 아니라는 설이다.

자니 없는 환화인(幻化人)과도 같은 것이다. 남조의 지식인이나 북조의 지식인이나 세계/삶을 '환(幻)'의 개념을 통해 이해하고 있다.

속제와 진제의 이런 묘존(妙存), '불일이불이'의 관계[54]를 최종적으로 감싸는 것은 결국 '일심(一心)'이다. 결국 세계는 속제와 진제의 아나바시스와 카타바시스인 것이다. 이는 『대승기신론』의 핵심으로서, 승조 사유의 근저에는 늘 『대승기신론』이 깔려 있음을 확인할 수 있다. 그리고 이는 동북아 불교의 일반적인 모습이라고 할 수 있다. 승조는 논리를 전개하면서 종종 노자, 장자, 공자 등을 인용하고 있으며, 이는 삼교를 아우르려는 당대의 노력의 한 예를 잘 보여준다.[55] 그러나 당대 불승 대부분에게서와 마찬가지로 승조에게서도 중요한 것은 노장사상이었으며, 특히 지둔의 경우와 마찬가지로 장자를 둘러싼 곽상과의 대결은 무척 흥미롭고 중요하다.

승조가 존재론적으로 진제와 속제의 상대성을 논했다 해서, 그가 실천적으로 양자를 상대화했다고 보면 곤란하다. 현실을 존재론적으로 시인한 것이 그것을 가치론적으로 긍정한 것은 아니기 때문이다. 승조에게는 이 삿된 세상(患累之府)을 벗어나려는 강한 의지가 존재한다. 그러나 승조에게 이 현실을 벗어난다는 것은 어떤 초월적 세계로 이행함을 뜻하지 않는다. 불교의 종지에 충실하게 승조는 초월성을 거부하며("유와 무의 바깥에 어찌 또 어떤 유가 있어 다른 이름을 가질 수 있겠는가?"), 그에게 벗어남이란 곧 유의 속제를 넘어서고 나아가 무의 진제까지 넘어심으로써 반야철학적 진리에 다가서는 것을 뜻한다. 승조는 어디까지나 '묘존'의 내재성의 철학을 취한다. 그리고 이 내재성의 철학은 장자철학의 성격을 띤다. 묘존/묘

---

54) 이 '不一而不二'의 논리는 이후 동북아 사상사에서 기초적인 논리로서 자리 잡는다. 예컨대 불교를 공격하면서 신유학을 세운 주자도 리와 기의 관계를 '불상리 불상잡(不相離 不相雜)'으로 보았고, 이는 '불일이불이' 논리의 응용이라고 할 수 있다. 이 논리는 동북아인들에게 어떤 면에서는 논리를 넘어 심리로 자리 잡는다.

55) 사실 적지 않은 인용들이 부정확하거나 부적절하다. '삼교통합'의 시도가 아직은 어설픈 단계였음을 잘 보여준다 하겠다.

유의 진리는 무심/허심(虛心)의 경지에서 성립한다. 이 허심의 경지는 곧 마음이 신명에 달할 때 성립한다. 이 신명을 얻은 존재가 곧 지인이다. '신 (神)'이란 결국 지인의 마음이며, 유-무를 초월한 ── 유와 무를 벗어나는 것이 아니라 차라리 유와 무 사이의 '도추'에 서는 ── 허심과 다름없다. 이렇게 동북아 불교는 궁극적으로 '마음'에, 특히 장자적 뉘앙스에서의 마음에 닻을 내린다.

이와 같은 얼굴의 장자는 곽상이 그렸던 장자와는 같지 않다. 이미 논했듯이, 왕필은 잠재성으로서의 '허'='무'를 현실성 바로 아래로 바짝 당겨 현실성을 재정초하고자 한 데 비해 곽상에게서 잠재성은 아예 제거되어버린다. 윤리적-정치적 맥락에서, 곽상의 세계에서는 하나의 현실성을 다른 현실성으로 바꾸어나가기 위해 통과해야 할 잠재성의 여백(현실성 1→잠재성→현실성 2의 과정)이 존재하지 않는다 하겠다.[56] 그렇다면 곽상의 세계에서는 현실에서의 대립과 모순을 어떻게 극복해야 하는가? 모순을 가져오는 근본 원인 즉 '시비(是非)'를 제거함으로써이다. 만물은 자연에 의해 그 각각으로서 주어진 것일 뿐이며, 그렇게 주어진 전체는 '하나'일 뿐이다. 이 하나=자연 즉 우발적 전체 바깥에는 아무것도 없다. 따라서 시와 비는 이 진리를 깨닫지 못한 데서 오는 일종의 환각일 뿐이다. 곽상은 이런 깨달음을 '자득(自得)'이라고 부르고, 각각의 깨달음을 넘어 그 전체에 대한 깨달음── 잠재성으로서의 '허'에 대한 깨달음이 아니라 우발적 체계 전체에 대한 깨달음── 에 도달한 인물을 '무심자(無心者)' 즉 개인적 주관을 완벽히 초월해 자연 그 자체를 따를 줄 아는 자라고 말한다. 이처럼 '주어진 것(the given)'을 깨닫고 그것에 순응하지 않고 시비를 따지려는 데에서 사회의 대립과 갈등이 야기된다는 것이다. 곽상은 무심자로서의 성인, 어떤 특정한 존재로도 규정되지 않는 무궁자로서의 자연과 합일할 수

---

56) 상상적인 차원들까지 감안할 경우, 현실성 1 → 잠재성 → 가능성(가능세계) → 현실성 2 의 구도로 볼 수 있다. 상세한 내용은 본 『세계철학사』의 3권 9장에서 논의된다.

있는 성인이 등장해 시대의 혼란을 치유하기를 희구했다.

승조의 글에는 곽상과 연계되는 표현들을 자주 볼 수 있다. 그의 장자 이해가 곽상을 경유했음을 증명해주는 구절들이다. 그러나 승조는 세상에서의 이름-자리의 체계를 '자연'으로서 받아들여야 한다고 생각하지도 않았고, 더 근본적으로는 현실의 '유'를 있는 그대로 받아들이지도 않았다. 곽상에게 사물들이 '무'가 되는 것은 무심자의 '무심'에 있어서이지만, 승조에게서 사물들은 존재론적으로 무 즉 공이다. 이 점에서 현실을 받아들이는 방식에서 양자는 뚜렷이 차이를 보인다. 승조는 이러한 존재론적 통찰 위에서, 난세의 한가운데에 서서 붓다의 자비심을 펼치고자 했다. 이와 같은 몸짓은 북조에서의 유교 지식인들의 노력과는 또 다른 뉘앙스에서 의미를 가진 것이었다.

지둔과 승조 외에도 많은 불승들이 노장사상 ── 왕필에 의해 편집된 『노자』와 곽상에 의해 편집된 『장자』 ── 을 경유해 불교를 이해하고 또 그것을 한자문명권의 사유로 전환시켰다. 결국 이 시대의 유교 지식인들도 불교 지식인들도 공히 노장사상을 일종의 일반 문법으로서 활용했다고 할 수 있다. 그러나 역설적으로 도가철학 자체는 이 시대에 침체되어버린다. 물론 『노자』와 『장자』의 편집 자체가 하나의 발전이고, 또 노·장의 사상이 도교로서 전환되어 시대를 관류한 것이 사실이다.[57] 그러나 철학적 의미에서의 노장사상은 이 시대에 '활용'되었을지는 몰라도 그 자체가 발전하지

---

57) 도교는 당대(唐代)까지는 불교와 힘겹게 경쟁을 벌였으나, 송대(宋代) 정도부터는 서서히 상황을 역전해갔다. 도교는 불교적 요소들을 자체 내로 꾸준히 받아들였으며, 민중들이 사랑하는 토착신들을 자체의 신들로 흡수해갔다. 관우를 신격화해 관제(關帝)로 만든 것이 전형적인 예이다. 때로는 인도에서 유래한 신들이 동북아의 역사적 인물들과 동일시되기도 해서, 인도적인 것이 동북아적인 것으로 온전히 흡수되기도 했다. 이는 어디까지나 '외래 종교'인 불교가 도저히 따라잡기 힘든 측면이었다. 송대 이후의 황제들도 의식적으로 도교를 지원했다. 도교와 불교는 서로 섞이기도 하면서 지금까지도 중국 대륙의 핵심 종교들로 역할하고 있지만, 오늘날에는 도교적인 것이 불교적인 것을 압도하고 있다.

는 않았다. 그래서 우리는 이 시대에 도가철학을 '활용'한 도교, 유교, 불교
의 활동들은 확인할 수 있어도 도가철학 그 자체의 발전을 찾아보기는 어
렵다. 이 시대는 도교·유교·불교의 삼교가 도가철학을 기반으로 피어난
시대이지, 도가철학 자체가 어떤 새로운 경지로 나아간 시대는 아니다. 그
리고 이후에도 도가철학은, 다른 철학(예컨대 성리학)에서 활용된다거나 일
정 수준의 주석서들이 나오지 않은 것은 아니지만, 계속해서 노자와 장자
그 자체에 머물게 된다. 이 점이 도가철학의 묘한 역사이며 또 극복해야 할
역사인 것이 아닐까?

§3. 불교와 유교

동북아 불교의 흥륭(興隆)

불교는 남북조 시대(4~5세기)를 거치면서 또 동북아세계 전체로 퍼져
일반화되면서, 서서히 노장사상의 그늘을 벗어나 자신의 보다 고유한 담
론과 실천을 만들어나갔다. 이렇게 흥륭을 이룬 동북아불교는 당 제국, 통
일신라~고려, 헤이안조~가마쿠라 바쿠후 시대에 그 전성기를 맞이하게
된다.[58]

581년 성립한 수 왕조는, 동방의 통일신라,[59] 서북방의 돌궐 – 위구르 제

---

58) 동진 시대가 되면 한역 경전들이 쌓이기 시작해 서서히 그 목록을 정리해야 할 필요가
대두하게 된다. 도안은 374년에 이르기까지의 한역 경전들의 목록을 편찬해 『종리중경
목록(綜理衆經目錄)』(줄여서 『안록(安錄)』)으로 펴내게 된다.

59) 동방은 사실상 통일신라(668~892년)와 발해(698~926년)로 나뉘어 남북조 시대(또
는 '남북국 시대')로 들어선다. 그리고 동북쪽에서는 거란이 흥기한다. 이 시대(7세기)
에 이르러 일본에서도 쇼토쿠 태자에 의해 유교와 불교에 기반을 둔 국가체제가 들어
서게 된다. 7세기는 숱한 국가들로 파편화되었던 동북아세계가 몇몇 거대한 제국/왕조
로 재편된 시대이다. 굳이 지중해세계와 유비해서 '중세'라는 말을 사용한다면, 이 시
대부터를 중세라 할 수 있을 것이다.

국과 더불어 다국화 시대를 종식시키고 새 왕조를 연다. 수 문제와 수 양제는 유럽의 샤를마뉴처럼 분열된 세계를 통일코자 했다. 그러나 동북아세계의 경우는 지중해세계처럼 세 권역이 세 종교를 가지고서 정립하지 않았다. 그랬다면, 예컨대 당은 도교로, 통일신라는 유교로, 아스카 왕조는 불교로 무장해 서로 정립했다면, 우리가 알고 있는 것과는 사뭇 다른 역사가 전개되었을 것이다. 그러나 동북아세계의 국가들은 지중해세계와 대조적으로 유교, 도교, 불교를 모두 포용코자 했다. 그 결과 국가가 종교에 휘둘리기보다 종교가 국가에 포섭되는 결과를 낳았다. 아울러 세 종교 또한 대립보다는 융해의 양상을 띰으로써 지중해세계와는 판이한 과정을 연출하게 된다. 또 결과적으로, '국교' 개념도 생기지 않았고 한 국가 내에 이원적 권력이 대립하는 양상을 띠지도 않았다.[60]

수(隋)(581~618년)는 북조에서 유래한 제국이며, 그 기본 힘은 부병제라는 군사제도를 중심으로 호족과 한족의 조화를 이루어낸 데에 기인했다. 이는 북위의 효 무제의 귀족중심적이고 문화중심적인 통합과 대조적인 결과라고 할 수 있다. 당 제국의 경우 그 유래가 분명하지는 않으나 역시 한족이 아닌, 북조에서 유래한 왕조일 가능성이 높다. 당(唐)(618~907년)이 매우 다채로운 특징들을 버무린 일종의 "세계제국"이 될 수 있었던 것은 이 제국이 다국화 시대에 형성된 다원성을 어떤 새로운 '하나' 속으로 통합하려 하기보다는 거대한 다양체[61]로서 만들어갈 수 있었기 때문이다. 이는 종교/사상에 관련해서도 마찬가지였다. 당 제국은 유·불·도 사이의 쟁투를 원치 않았으며 이들의 공존을 바랐다. 그 결과 어떤 종교도 탄압받지 않을 수 있었던 대신에 또한 어떤 종교도 국교가 될 수 없었다. 어떤 종교/사상이든 결국 국가의 그늘 속으로 들어갔다고 해야 할 것이다.

---

60) 다만, 지중해세계의 양상과는 사뭇 달랐지만 일본에서는 가마쿠라 시대(1185~1333년) 이래 쇼군의 권력과 천황의 권력이 양립하는 구도가 성립한다.

61) '다양체'에 대해서는 이정우, 『천하나의 고원』(새물결, 2008)을 보라.

이 점에서 당대의 불교는 남조의 상황보다는 북조의 상황을 이어받았다고 볼 수 있으며, 불교의 흥륭은 '승관제'를 비롯한 여러 제도들을 통해서 제어되었다. 아울러 당 제국 시대가 되면, 이제 불승들은 인도로 가서 본래의 불교의 모습을 확인해보고 싶은 소망을 느끼게 된다. 최초의 구법순례(求法巡禮) 승려였던 법현(法顯)의『불국기(佛國記)』, 유명한 현장의『대당서역기(大唐西域記)』, 신라 불승 혜초(慧超)의『왕오천축국전(往五天竺國傳)』같은 저작들이 그 구법의 과정을 잘 보여준다.[62]

동북아 불교는 그 흥륭과 더불어 인도 불교와는 성격을 달리하는 면들도 조금씩 분명해져갔다. 동북아 불교는 북조의 흐름을 이어받음으로써 '국가불교'의 성격을 띠게 된다. 남조의 경우 예컨대 혜원을 비롯한 일부 승려들이 국가권력으로부터 불교를 떼어놓으려 노력했으나, 이후 동북아 불교는 대체적으로 국가와 결부되는 성격을 띠게 된다. 이 점에서 동북아 불승들의 위상은 바루나(/카스트)제도를 배경으로 성립한 인도 불승들의 독립성과는 크게 달랐다. 동북아 문명에서 종교는 이집트나 인도의 경우처럼 국가 위에 설 수 없었고, 또 유럽의 중세에서처럼 국가와 대등한 권력을 가질 수도 없었다. 동북아에서의 모든 종교들은 기본적으로 국가에 '속한' 존재들이었다. 그러나 그리스·로마와는 달리 동북아에서는 종교가 '세속'과 구분되는 별도의 차원을 이룬 것은 사실이다. 절은 도시가 아닌 (인도의 숲에 상응하는) 산에 위치했고, 산은 도교에서든 불교에서든 '속세'와 구분되는 곳이었다. 불승들은 귀족과도 관료와도 또 일반 백성과도 구분되는 존재로서 인식되었다. 사람들은 윤리와 정치에서는 유교를 따

---

62) 아울러 당 제국 자체가 동북아 문화의 거대한 용광로가 되어 사방에서 불승들이 당 제국으로 몰려들었다. 특히 의상(義湘, 625~702년)을 비롯해 많은 신라 불승들이 당 제국으로 건너왔으며(산동반도에는 신라계 사원들이 많이 지어졌다), 일본의 사이초(最澄, 767~822년), 구카이(空海, 775~835년) 등 고승들도 당 제국의 유학자들이었다. 엔닌(圓仁, 794~864년)은『입당구법순례행기(入唐求法巡禮行記)』라는 여행기를 남겨 당시 당 제국의 모습을 상세하게 묘사했다.

랐지만, '저 세상'에 대해서는 도교와 불교에 경도되었다. 동북아세계에서도 불교는 도교와 더불어 별도의 위상을 부여받았던 것이다. 그럼에도 동북아에서의 국가와 종교의 관계는 인도의 경우와는 달랐다고 해야 할 것이다.

존재론적 맥락에서 동북아 불교의 두드러진 특징은 그 현실적 경향에 있다. 이미 여러 번 언급했듯이, 동북아 사유는 세계에 대해 언제나 실재론적 태도를 견지해왔다. 세계를 마야＝환(幻)으로 보는 인도 사유가 동북아로 건너왔을 때, 존재론에서의 뉘앙스 변화는 불가피했다. 이 점에서 동북아 불교가 여래장사상(특히 『대승기신론』)의 연장선상에서 성립한 것은 자연스러운 것이었으며, 그 결과 '불성(佛性)' 개념을 그 핵심으로 삼게 된 것 역시 어떤 면에서는 필연적이었다. '마음'이 핵심인 것이다. 승조에게서 유와 무를 동시에 긍정/부정하려는 입장을 보았거니와, '체'와 '용' 사이의 거리를 최소화하는 즉 존재론적 두께를 최소화하는 '현미무간(顯微無間)'은 동북아 사유의 일반적 입장으로 자리 잡게 된다. 나아가 순수 이론적 실재론을 넘어 세계에 대한 보다 현실적이고 긍정적인 태도도 자리 잡게 된다. 존재론적 비-실재성에 대한 강조, 고난/고통을 통한 구도, 치밀한 논리학적-인식론적 분석 등은 현실적 기질의 동북아인들에게는 어쩌면 '부담스러운' 것이었을지 모른다. 그래서 동북아인들은 다음과 같은 『열반경』(가장 많이 연구된 경전들 중 하나)의 구절에서 어떤 안심과 쾌감을 느꼈을 것이다.

> 아(我)가 없는 것에는 생사가 있다. 그러나 여래는 바로 아이다. 성문과 벽지불(辟支佛)은 영원하지 못하지만 여래의 법신은 영원하다. 괴로움은 믿음이 없는 자들의 길이며 열반은 즐거움이다. 지어진 것은 깨끗하지 못하지만 불타와 보살이 갖춘 참된 법은 깨끗하다.[63]

---

63) 이운허 옮김, 『열반경』(동국역경원, 2004), 130쪽.

결국 '상락아정(常樂我淨)'의 세계이다. 이론적/철학적 사유를 집요하게 밀고 나가는 것이나 고통스러운 진실을 끝내 인내하기보다는 "좋은 게 좋은" 것을 추구하고 현실적인 행복을 추구하려는 것이 동북아인들의 일반적 기질이다. 그래서 불교의 어떤 진지하고 절실한 측면들은 동북아에 와서는 적지 않게 무뎌지기에 이른다. 불교는 보다 실재론적이 되고, 나아가 타력적(他力的) 종교가 되며(힘겨운 깨달음보다는 달콤한 구원이 낫다), 더 나아가서는 기복적(祈福的) 신앙이 되어버리기에 이른다. 이런 흐름은 특히 '정토종(淨土宗)'으로 표현되었다.[64]

　정토종은 타력종교로 화해버린 불교이기에 그 모습은 얼핏 기독교를 비롯한 지중해세계의 종교를 연상시킨다. 정토종은 깨달음의 노력보다는 구원을 바란다. 그래서 구원을 비는 대상에게 기도 — '염불' — 를 드린다. 특히 아미타불〔無量壽〕은 정토종 신앙의 대표적인 대상이 되었고, "나무아미타불"은 대표적인 염불로 자리 잡게 된다. 또, 동북아 불교의 현실적 성격은 존재론적으로는 실재론이라 할 수 있겠는데, 실재론이 보다 즉물적 형태를 띨 때 등장하게 되는 것은 '극락세계'라든가 '도솔천' 같은 천국의 이미지이다. 핵심은 불교적 진리의 인식이 아니라 아미타불, 극락세계 등에 대한 '믿음'인 것이다. 아울러 일신교에서도 그렇듯이 정토교에서도 종말론 = '말법(末法)사상'이 등장하게 된다. 그리고 일종의 메시아사상으로서 미륵불 신앙 또한 정토교의 빼놓을 수 없는 요소이다. 정토교가 세계에 대해 느꼈던 분위기는 지중해세계 14세기의 분위기와 유사한 것이 아니었을까 싶다. 이런 정토교는 "나무마이타불"만 발하면 즉신성불(卽身成佛)함을 가르쳤던 신란의 정토진종에서 극에 달했다고 할 수 있다.[65] 불교는 본

---

64) 정토종의 소의경전으로는 『아미타경』, 『무량수경(無量壽經)』, 『관무량수경(觀無量壽經)』의 '정토 3부작'이 꼽힌다.

65) 신란(親鸞, 1173~1263년)은 악인이야말로 성불한다고 가르쳤고, 이 '악인정기설(惡人正機說)'이라는 기이한 역설은 부작용을 낳기도 했다. 그러나 가마쿠라시대를 살아야 했던 신란의 입장은 "세리들과 창기들이 너희보다 먼저 하나님의 나라에 들어가리

래 철학적 측면과 종교적 측면을 함께 내포하고 있거니와, 정토종에 이르러 종교적인 측면이 그 가장 순수한 형태로 응결된 것이다.

　동북아 문명의 또 하나의 특징은 반(反)주지주의에 있으며, 이와 같은 맥락에서 동북아 불교의 두드러진 특징을 나타내는 갈래는 역시 선불교이다. 정토종이 대중을 구원하는 데에 초점을 두었다면, 그 대척점에서 선불교는 불교적 깨달음의 심원하고 집요한 측면을 그 극한으로 밀어붙였다. 선의 역사는 깨달음을 추구한 선사들 개개인의 역사, "고독한 빛(solitary light)"의 역사이다. 그것은 언어화된 불교적 사유의 세계인 교종과 각을 세우는, 오로지 마음의 깊은 곳으로 들어가 깨치는 '불립문자(不立文字)', '직지인심(直指人心)', '견성성불(見性成佛)'의 세계이다. 그러나 이런 선사들 또한 사승관계는 유지했고, 그래서 선불교의 역사는 결국 스승과 제자의 역사이기도 하다. 이들 사이에는 자연히 말이 오갔고, 또 후대에 그 말이 기록되기도 했다. 그래서 '조사선(祖師禪)'은 또한 '간화선(看話禪)'이기도 하다. 역사를 초월하고자 한 선승들의 이야기는 그 자체가 또 하나의 역사를 낳아, '이심전심(以心傳心)', '교외별전(敎外別傳)'의 흐름을 이어갔다. 고독한 빛은 오로지 단발적인 섬광은 아니었으며, 이 빛이 스승에게서 제자로 전해지는 '전등(傳燈)'의 역사이기도 했다.『벽암록(碧巖錄)』,『종용록(從容錄)』,『무문관(無門關)』등은 이 전등의 기록이다.[66]

　'공안', '화두', '선문답' 등으로 일컬어지는 선불교의 언어는 논술적인 언어가 아니다. 그것은 일정한 상황에서 두 사람(또는 여러 사람)이 발하는 매우 함축적인 언어, 발화 당사자들에게도 어떤 사건으로서 다가올 그런 언

──────

라"(「마태복음」, XXI, §31)라 했던 예수의 생각과 같은 맥락을 띠고 있었다고 보아야 할 것이다. 또, 해탈을 주술 하나로 해결하려 한 정토진종은 동북아 특유의 반(反)지성주의의 극치라고도 할 수 있겠으나, 어떤 희망도 없이 지푸라기라도 붙잡고 싶어 했던 당대의 대중에게 내린 종교적인 극약처방으로 이해할 수 있을 것이다.

66)　전등의 역사에 대해 또『경덕전등록(景德傳燈錄)』,『조당집(祖堂集)』등도 참조할 수 있다.

어이다. 그리고 이 상황에는 기존의 불교사상들에 대한 이론적 이해, 좁은 의미에서의 당시 상황, 대화를 나누는 당사자들이 이미 전제하는 논리 지평들, 각자가 상대방에 대해 품고 있는 선-이해 등, 많은 함축들이 접혀-들어가게 마련이다. 어떤 면에서 이들의 언어는 객관적 이해라는 것 자체가 무의미하게 되는 사적 언어일 수도 있다. 그것은 단순한 반-주지주의의 발로는 아니며, 주지주의의 극한에서 이루어진 또 다른 길이라고도 할 수 있다. 그 언어들은 분명 줄기차게 내려온 불교사의 끄트머리에서 이루어지는 것들이며, 일정한 의미의 결들을 품고 있는 언어들이다. 이 점에서 선불교의 이해는 이 결들을 읽어내는 것이라고도 할 수 있다. 이 언어들은 스승과 제자 사이 인간적 만남의 언어들이고, 해학과 익살, 깨달음과 놓침, 사건과 의미, 드러남과 숨음 등이 혼효되어 있는 흥미진진한 언어들이다.

> 어떤 스님이 조주(趙州) 화상에게 질문했다. "지극한 도는 어려움이 없다. 오직 간택하지 않으면 된다"라고 했는데, 어떻게 하는 것이 간택하지 않는 것입니까?
> 조주 화상이 말했다. "천상이나 천하에 오직 내가 홀로 존귀한 존재이다."
> 스님이 말했다. "이 말 역시 간택입니다."
> 조주 화상이 말했다. "이 멍청한 놈아! 어느 곳이 간택이란 말이냐!"
> 그 스님은 말을 하지 못했다.

스님은 『신심명(信心銘)』을 인용하면서 분별심을 초월할 수 있는 길을 물었다. 그러자 조주는 "天上天下唯我獨尊"이라 답한다. 스님은 옳거니! 하고 쾌재를 불렀다. 분별심 초월에의 길을 물은 자신의 물음에 조주가 분별심으로 가득 찬 말을 내뱉었다고 생각한 것이다. 그래서 당신의 말씀도 간택이라고 회심의 반격을 가했다. 그러나 조주는 자신의 말에 대해 설명하기보다는 불승에게 호통을 가한다. 불승은 순간 아차 말문이 막힌다. 아뿔싸! 고양이 수염을 쓰다듬고 있다 생각했더니 호랑이 수염을 잡아당기고 있었구나! 모골이 송연해진 불승은 꿀 먹은 벙어리가 되어버렸다. 선문답의 세계는 사무라이들의 날카로운 대결과도 같고, 바둑 고수들의 치열한 한판 대국과도 같다. 논술적 언어에서 불승은 잘못을 저지르지 않았다. 오히려 조주가 억지를 부린 것이다. 그럼에도 불승이 벙어리가 된 것은 "이 말 역시 간택입니다"와 "이 멍청한 놈아! 어느 곳이 간택이란 말이냐!" 사이에 깃들어 있는 넓고 깊은 복선들 때문이다. 불승은 찰나에 그 복선을 흘끗 깨달았고, 그 순간 모골이 송연해진 것이다.

그렇다면 이 복선은 과연 무엇이었을까? 물론 그것은 누구도 모른다. 여러 해석들이 가능하겠지만,[67] 거기에 '정답' 같은 것은 없다. 오직 그때, 그곳에서 불승과 조주 사이에 존재했던 그 분위기와 어조, 의미상의 함축 등을 통해 발생한 하나의 사건, 철학적 깨달음의 사건이 존재했을 뿐이다. 그것은 반복될 수 없는 사건이다. 그렇기 때문에 그런 사건들이 어색하게 흉내 내어지기 시작했을 때, 주지주의의 끝에서 나온 초-주지주의가 아니라 그저 단순한 반-지성주의로 전락하기 시작했을 때 선불교는 이미 조락하기 시작한 것이다.

동북아 불교의 또 하나의 특징은 그 종합성에 있다. 불교의 사상적 잠재력은 인도에서 이미 충분히 꽃피었기에, 동북아의 불승들은 어떤 새로운 사유를 창조하려 하기보다는 인도에서 이미 이루어진 여러 사상들을 일정한 틀로 사후적으로 구성하려 했다. '교상판석(教相判釋)'이라 불린 이 작업은 특히 천태종과 화엄종에서 두드러진다.

불승들은 우선 천년이 넘게 진행되어온 불교의 역사를 종합하려 했다. 그러나 이 종합은 반드시 역사적 순서를 따라서 정리된 것은 아니다. 논리

---

67) 예컨대 원오극근(圜悟克勤)은 "'천상천하유아독존'이란 말은 세존이 홀로 유일하게 위대하고 귀중한 존재라는 독선적인 말이 아니라, 이 세상에 존재하는 일체의 모든 사물 하나하나가 각기 모두 절대적인 가치를 가진 유일하고 위대한 존재라는 의미이다. 개는 개로, 고양이는 고양이로 절대 유일한 존재이다. (…) 조주는 이 한마디로 일체의 사량분별과 간택을 차단하고 범부와 성인, 미움과 사랑, 옳음과 그름, 얻음과 잃음의 분별심을 초월한 불간택의 경지를 제시하고 있다"고 해석한다.(『벽암록』, 정성본 역해, 한국선문화연구원, 2006, 361쪽)

적 순서를 따라 재구성했다고 해야 할 것이다. 예컨대 천태종의 창시자로 일컬어지는 남조의 지의(智顗, 538~597년)는 붓다가 차례로『화엄경』,『아함경』, 방등경(方等經) 즉『유마경』,『승만경』등의 대승경전들, 그리고 각종 형태의『반야경』, 마지막으로는『법화경』과『열반경』을 설한 것으로 재구성했다. 불교사를 깨달음의 순서로 재구성한 것이라고 할 수 있다. 또, 화엄종의 법장(法藏, 643~712년)은 불교사를 5교로 나누었는데, 이는 곧 소승불교인 '소승교', 대승불교의 철학적 기반을 제시한 유식과 중관을 일컫는 '대승시교(始敎)', 여래장사상을 뜻하는 '대승종교(終敎)', 언어를 초월해 불교적 진리를 추구하려 한 선종 등의 '대승돈교(頓敎)', 원융무애(圓融無碍)한 가르침을 제시한 화엄종인 '대승원교(圓敎)'가 그것이다. 또,『화엄경』,「십지품」에서는 깨달음의 단계를 10단계로 정리해서 재구성하고 있다. 출세간의 문턱을 넘어서서 보시바라밀을 성취할 때의 '환희지(歡喜地)', 도덕적 청정함을 얻고 지계바라밀을 성취할 때의 '이구지(離垢地)', 인욕바라밀을 성취할 때의 '발광지(發光地)', 정진바라밀을 성취할 때의 '염혜지(焰慧地)', 선정바라밀을 성취할 때의 '난승지(難勝地)', 반야바라밀을 성취할 때의 '현전지(現前地)', 보살도가 완성될 때의 '원행지(遠行地)', 법성을 얻어 확고한 깨달음의 경지에 오를 때의 '부동지(不動地)', 자유자재로 법을 설할 수 있는 단계에서의 '선혜지(善慧地)', 마지막으로 붓다의 경지에 오르는 '법운지(法雲地)'가 그것이다.[68] 이처럼 천태종과 화엄종은 이미 지나온 불교의 역사를 관망하면서 그것을 일정한 틀로 재구성하고자 했다.

이와 같은 재구성은 철학사적 측면에서만이 아니라 철학의 측면에서도 이루어졌다. 이미 승조에게서의 '비유비무'의 사유를 보았지만, 천태종 역시 현상계와 실재계 그리고 그 사이를 한마음으로 수렴해보고자 했다. 지

---

68) 오늘날에도 절의 벽화에서 흔히 볼 수 있는 선재동자(善財童子) 이야기는 이「십지품」을 보다 흥미롭게 형상화한「입법계품(入法界品)」을 그린 것이다.

의의 개념을 따른다면, '가(假)'와 '공(空)'과 '중(中)'의 통일이다. 천태종은 현상의 여럿을 본질의 하나로 수렴해가면서도, 양자를 다시 상호적 원융으로 파악해가는 사유를 전개했다. 이런 원융무애의 사유는 화엄종에서 더욱 두드러지게 나타난다. 여기에서는 여럿을 하나로 수렴해가는 과정보다는 애초에 하나 자체의 원융무애함이 역설된다. 세계는 여래의 출현 그 자체와 다름없다. 현상세계와 여래성 사이에는 간극이 없다. '이사무애법계(理事無礙法界)'인 것이다. 나아가 이렇게 나타난 세계에서 관찰되는 온갖 차이들 또한 일종의 선험적 착각(transcendental illusion)에 불과하다. 이것들은 원래의 여래성의 현현에 불과한 것들이기 때문이다. '사사무애법계(事事無礙法界)'인 것이다. 세계의 원융무애함은 더 나아가 세계에서 타자성을 완전히 제거하는 데에서 극치에 달한다. 이른바 '중중무진(重重無盡)'의 존재론이다. 통일신라의 불승 의상은 「화엄일승법계도」에서 이런 경지를 간명하게 표현했다.

일승법계도

法性圓融無二相	법성은 원융하여 차별상이란 존재치 않고
諸法不動本來寂	제법에는 변화 없어 본래 고요할 뿐,
無名無相絶一切	명칭도 형태도 없어 일체가 끊어져버린 차원

證智所知非餘境	증지[69]로써 깨달을 뿐, 그 외에는 없어라.
眞性甚深極微妙	진성[70]은 심히 깊고 극히 미묘해
不守自性隨緣性	자성에 머물지 않고 인연 따라 이루니,
一中一切多中一	하나 속에 모두 있고 모두 속에 하나 있어
一卽一切多卽一	하나가 모두이고 모두가 하나여라.
一微塵中含十方	하나의 티끌 속에 우주가 있을 뿐인가
一切塵中亦如是	모든 티끌 속에도 그러할진저,
無量遠劫卽一念	끝도 없는 시간이 곧 한 생각이고
一念卽是無量劫	한 생각이 곧 끝도 없는 시간이어라.
九世十世互相卽	삼세의 삼세가 무한시간에 통하되
仍不雜亂隔別成	어디에도 어지러움 없이 각자가 이루니,
初發心時便正覺	초발심 일어날 때가 곧 정각이고
生死涅槃常共和	생사와 열반은 늘 화(和)를 이루도다.
理事冥然無分別	'리'와 '사'는 하나여서 나뉨 없으니
十佛普賢大人境	모든 부처님, 보현보살님의 경지로세.
能仁海印三昧中	부처님 해인삼매 중에
繁出如意不思議	그 높으신 뜻 비추이니 황홀하도다,
雨寶益生滿虛空	쏟아지는 그 뜻 세상 가득 이롭게 하니
衆生隨器得利益	중생은 근기 따라 이로움 얻도다.
是故行者還本際	하니 수행자들이여, 진실 된 곳으로 돌아갈 때
叵息妄想必不得	망상 내려놓지 않으면 얻지 못할지니,
無緣善巧捉如意	무연[71]의 빼어남으로 높으신 뜻을 꽉 잡아
歸家隨分得資糧	본래[72]로 돌아갈 저력으로 삼으시오.

---

69) '증지'란 한마음 속에서 원융무애의 이치를 깨닫는 것을 뜻한다.
70) '진성'은 깨달은 마음, 한마음, 유식철학으로 말해 '원성실성'을 뜻한다.
71) 무연은 연기의 흐름을 초월한, 여래의 본래 나타남 자체를 뜻한다. '성기(性起)'라고도
한다.

以陀羅尼無盡寶	무한한 힘 깃든 다라니 울려 퍼질 때
莊嚴法界實寶殿	장엄하도다! 법계의 참된 보전이여,
窮坐實際中道床	마침내 진실 된 그곳 중도의 자리에 앉을지니
舊來不動名爲佛	그 오래된 굳센 자리, 바로 부처님 자리로다.

이와 같은 식의 존재론적 종합은 다시 인식론적 종합에 의해 보완되었다. 깨달음의 방식을 둘러싼 논의는 이미 도생 등에게서 시작되었거니와,[73] 특히 홀연한 깨달음과 점진적인 닦음을 둘러싼 논의가 중핵을 이루었다. 지의는 『화엄』이 돈교에 해당하고, 『아함경』, 각종 『방등경』, 각종 『반야경』은 점교(漸敎)에 해당한다고 보았다. 통일신라의 원효(元曉)는 '화쟁(和諍)'의 사상을 통해서 불교사상들의 종합과 통일의 길을 찾았고, 당의 고승인 규봉종밀(圭峯宗密, 780~841년) 등도 교종과 선종의 합일을 주장했다. 이 문제는 고려 불교에서도 특히 중요한 문제가 되었다. 의천(義天, 1055~1101년)은 교종의 끝에서 이루어진 본래의 선종으로부터 벗어나 경솔하게 언어와 학습을 부정하는 당대의 선종 말류를 강하게 비판하면서, 교와 선의 상호 보완을 역설하기도 했다. 지눌(知訥, 1158~1210년)은 '돈오점수(頓悟漸修)' 사상을 펼치면서, 홀연한 깨달음은 성불의 끝이 아니라 시작임을 역설했다. 성불은 돈오를 성취했다고 끝나는 것도 아니고 돈오 없이 가능한 것도 아니다. 스스로의 불성을 깨닫는 '일념회광(一念廻光)'은 불교적 삶의 결정적 분기점이다. 그러나 한 인간이 불교적 진리를 깨달았다고 그 후 완벽히 붓다처럼 산다고 생각하는 것은 잘못이다. 한 인간으로

---

72) '가'는 본래면목(本來面目), 본지풍광(本地風光)으로서, 성불한 모습을 뜻한다. 여래장 사상에서는 이를 가능태로서 파악하지만, 화엄종에서는 현실태로서 파악한다.

73) 혜원의 문하생인 도생(道生, 355~434년)은 '돈오성불(頓悟成佛)'을 주장했거니와, 이런 생각은 사령운(謝靈運, 385~433년) 등에게로 이어졌다. 도생의 생각은 선종의 뿌리가 되었으며, 선종의 역사에서 남종선과 북종선을 가르는 중요한 차이도 돈오와 점오의 문제였다.

서 붓다 또한 완벽하지 않았다.(사실 '완벽하다'라는 게 정확히 무엇인지를 규정하는 것도 어려운 일이다) 인간이란 관계의 거대하고 역동적인 장에서 살아가는 존재이며, 항상 타자성과 부딪치면서 영향을 주고받는 존재이다. 불교적 진리를 마음속에서 깨달았다고 갑자기 이 장을 초월한다고 생각하는 것은 어리석은 것이다. 끝없는 공부와 실천을 통해서 그 깨달음을 구체화해나가야 하는 것이다. 지눌에게는 깨달음 못지않게 이 깨달음 이후의 노력(悟後修)이 중요하다.

동북아 불교의 종합적 사유는 또한 불승들의 유형과 관련해서도 시도되었다. 이는 곧 성문(聲門), 연각(緣覺), 보살이라는 세 불승 유형을 '일승(一乘)'으로서 통합하려는 의지와 관련된다. 불타는 집에서 나오려 하지 않는 세 아이를 살리기 위해 아버지는 "여기에 양 수레, 사슴 수레, 소 수레가 있다!"고 외친다. 그러자 아이들은 집에서 뛰쳐나왔고 아버지는 커다란 흰 소 수레를 세 아이에게 주었다.[74] 성문승, 연각승, 보살승은 서로 다른 수레를 끌고 있다고 생각하지만, 그것은 한때의 방편일 뿐이며 이들이 궁극적으로 이루게 되는 것은 오로지 하나의 수레인 일승인 것이다. 현자 나탄이 세 일신교에 대해 말했듯이, 천태종 등도 역시 갈라진 불교계를 하나로 통합하기를 희구한 것이다.

모든 것이 통합된 세계란 바로 타자성이 존재하지 않는 세계이다. 타자-화를 통한 새로운 관계들의 형성이 불가능한 세계에서 추구할 수 있는 것은 곧 그 세계를 유지하는 것과 보수하는 것이다. 즉, 주석을 달거나 권세를 추구하는 것이다. 한 제국에서 유교가 자체완결성을 띠게 되었을 때 바로 이런 과정을 겪었고, 이 때문에 다국화 시대 나아가 수·당대에 이르기까지 사상적 침체를 겪어야 했다. 그리고 그 시간은 불교와 도가철학의 시대였다. 그러나 이제 불교에도 이 과정이 도래하기에 이른다. 당 제국 시대에 불교는 철학적 자폐성에 도달했고,[75] 다른 한편 권세의 정점에 섰다.

---

74) 이 이야기는 『법화경』에 나온다.

남은 것은 지리한 주석들이나 현실적인 권세 추구였다. 역사의 수레바퀴는 다시 한 번 돌아, 이제 유교가 역습을 가할 시대가 도래했다. 그러나 기존의 유교를 단순 부활시키는 것으로 이 상황을 대처할 수 없다는 것은 유자들 자신들도 잘 알고 있었다. 한 제국으로부터 자신들의 시대에 이르기까지 전개된 사상사적 과정을 어떤 형태로든 흡수하지 않는다면, 새로운 사상의 창조는 불가능하리라는 것을.

유교 지식인들의 각성

당 제국에 들어와 중국은 여러 가지 변화를 겪는다. 전체적으로 사회적 유동성이 커지게 되고, 상업과 도시, 화폐, 인쇄술이 발달하면서 원-근대적(proto-modern) 세계가 도래하기에 이른다.[76] 이런 변화의 와중에서 전통적 가치보다는 사리(私利)를 추구하는 개인주의적 경향이 심화되고, 계급 간의 소외감도 깊어져갔다. 시대를 이끌어가는 힘이었던 불교는 이 새로운 상황에 대처하지 못했다. 그리고 옛 틀에 안주하려 한 불교는 9세기 후반부터 점차 쇠퇴하기 시작했다. 불교를 후원해주던 당 왕조와 귀족들 또한 몰락하기 시작했다. 불교는 이러한 상황을 극복하기보다는 그저 기득권을 유지하는 데 급급했고, 이 때문에 도처에서 불교에 대한 성토가 솟아올랐다. 로마 시대에 기독교에 가해졌던 공격인 "국가 내의 국가"라는 비판이 당 제국에서의 불교에 대해서도 제기되었고, 842~845년에는 바

---

75) 동북아 불교는 애초에 창조적인 사유보다는 인도에서 이미 이루어진 사유들을 수입·가공하는 사유의 성격이 강했다. 그러나 인도 자체 내에서 불교가 쇠퇴하기 시작했고, 따라서 수입에 의존하던 동북아 불교 또한 그 동력을 잃게 된다.

76) 우리가 생각하는 근대세계는 16~17세기에만 일회적으로 도래한 것이 아니다. 도시, 상업, 화폐, 기술, 사회적 유동성 등이 비약적으로 팽창하는 현상은 인류사의 언제 어디에서나 일어나곤 했던, 심지어 상고 시대에서도 일어났던 현상이다. 그러나 16~17세기 이전의 이런 현상들은 '근대성'이라는 개념을 충족하는 일정한 문턱을 넘지 않았다고 할 수 있다. 본 철학사에서는 근대 이전의 이와 같은 유사(類似) 근대성들을 가리키기 위해 '원-근대적', '원-근대성'이라는 개념을 사용한다.

침내 엄청난 탄압 —— '회창의 폐불' —— 이 가해지기도 했다. 애초에 호국 불교의 성격을 띠었던 중국 불교는 이로부터 쇠락의 길을 걷게 되고, 이후에는 국가권력으로부터의 거리가 상대적으로 멀었던 정토종과 선종 중심으로 불교적 사유와 실천이 이어지게 된다.

이와 같은 흐름과 대조적으로, 유교 측에서는 조금씩 새로운 바람이 불기 시작했다. 시대의 타락상을 목도하면서 유교 본연의 실천정신을 불태우려 한 새로운 유자들, '사대부' 계층이 형성된 것이다. 과거제라는 이름-자리의 체제에 묶여 있던 유자들이 조금씩 각성하면서 새로운 사상의 씨앗들이 여기저기에 뿌려졌다.[77] 이제 전국 각지에는 사원(寺院)이 아니라 서원(書院)이 들어서기에 이른다. 물론 이는 사회 전체의 변화라기보다는 지식인세계의 변화였다. 유교가 새롭게 대두했다고 종교로서의 불교가 갑자기 쇠퇴한 것도 아니었고, 공자가 붓다(와 노자)를 대체한 것도 아니었다. 민중은 신유학 같은 고급 지식과 거리가 멀었고, 그들에게는 붓다·공자·노자에 대한 첨예한 이론적 구분 같은 것도 없었다. 이 삼성(三聖)을 나란히 모신 법당들도 많이 세워지곤 했다. 그럼에도 이 시대에 이루어진 새로운 유학의 탄생은 점차 동북아 사상사와 정치를 바꾸어나가게 되며, 이 신유학은 향후 500년을 훨씬 넘게 동북아 철학의 일반 문법으로 자리 잡게 된다.

---

77) 구품중정제를 대체한 과거제는 사대부 계층 형성의 주요한 인프라로서 계속 작용했다. 귀족들이 권세를 업고서 관료가 되던 전통이 약화되고 스스로의 학문적 노력에 의해 고위 관료가 되는 경우가 많아지면서 비-귀족관료가 증가하게 된 것이다. 특히 극히 어려운 시험이었던 진사과(進士科) —— 말 그대로 '士'에로 나아가는 과 —— 의 합격자가 재상이 되는 경우가 점점 많아졌다. '사'로서 인정받으면 현실적 특권 또한 많이 부여받았다. 이로써 굳건한 자부심을 가진 '사대부(士大夫)' 계층이 형성되었기에 이른다. 나아가 지방 호족들(과 때로는 귀족들) 자신들도 과거와 같은 방식으로는 정계에 진출하기가 어려워지면서 스스로 학문을 닦아 과거를 보는 경우가 많아졌다. 시대를 이끌어갈 사대부 계층은 특히 서민지주층에서 나왔다. 이외에 과거제와 다른 경로로 직접 채용되는 벽소도 있었는데, 예컨대 한유는 진사과 합격 후에도 (귀족들의 인정을 받지 못해) 애를 먹다가, 벽소를 통해 절도사 밑으로 들어가는 과정을 밟았다.

불교와 유교는 자주 충돌했지만, 지중해세계에서와 같은 물리적 성격의 충돌은 아니었다. 양자 사이의 충돌은 대개는 일방적이었는데, 유교가 공격의 입장을 취했다면 불교는 방어의 입장을 취하곤 했다. 이는 불교가 주도권을 잡고 있고 유교는 쇠퇴해 있는 때문이기도 했고(수 제국 시대에는 "불교가 해요, 도교가 달이라면, 유교는 별"이라는 말이 유행하기도 했다), 불교가 외래 종교인 데 비해 유교는 토착 종교이기 때문이기도 했다. 그러나 불교에 대한 유자들의 공격은 대개 조잡한 수준에 그쳤다고 해야 한다. '업', '윤회' 등을 둘러싼 철학적 논전들도 있었지만, 역시 수준 높은 토론에는 도달하지 못했다. 유자들이 겨냥한 실질적 대상은 불승들의 타락상이었다. 한유(韓愈, 768~824년)는 이런 유자들 중 한 사람이었다. 한유는 불교의 폐단을 보고서 불교의 무익함을 고발하는 「논불골표(論佛骨表)」를 지어 황제에게 올렸으나, 황제의 노여움을 사 겨우 목숨을 부지하고서 변방으로 유배된 바 있다. 만년에 다소 완화되기는 하지만, 그는 평생에 걸쳐 불교(와 도교)를 공격하면서 유교의 부흥을 외친 인물이다. 「원도」에서는 이렇게까지 말하고 있다.

> 노·불의 도를 막지 않으면 유교의 도는 전해지지 않을 것이며, 노·불의 도를 금지하지 않으면 유교의 도는 세상에 실행되지 않을 것이다. 노자와 불교를 신봉하는 도사와 승려를 세간의 보통 사람으로 환속시키고, 도교와 불교에 관한 책들을 모두 불태워버려야 하며, 도관이나 사원을 모두 보통 사람의 주택으로 만들어야 한다. 선왕의 도를 세상에 밝혀서 그것으로 세상 사람들을 이끌어 홀아비, 과부, 고아, 자식 없는 늙은이, 불구자들을 길러주어야 한다.[78]

---

78) 한유, 「원도(原道)」, 이종한 옮김, 『한유산문 역주』(소명출판, 2012). 한유는 맹자에 의해 제시되었던 도통(道統)의 개념을 새롭게 부활시키고, 『맹자』와 「대학」, 「중용」 등에 의미를 부여해 훗날의 '사서' 개념에 이르는 길을 닦았다. 이고(李翶, 774~836년)는 한유와 더불어 유학 부흥의 기초를 마련한 인물이다. 이고는 불교의 사유를 유가적 언어로 재포착함으로써 유교가 불교를 흡수할 수 있는 실마리를 마련했다. 예컨대『중

유자들의 이와 같은 식의 공격은 당시에 흔한 풍경이었다. 이고의 「복성서(復性書)」라든가 훗날 북송 구양수(歐陽修, 1007~1072년)의 「본론(本論)」 또한 같은 맥락에서 유명한 글들이다. 그러나 이들 중 정말 불교의 원전들을 꼼꼼히 독해하고서 그에 입각해 수준 높은 논변을 펼친 인물들은 많지 않았다. 어떤 비판이든 그것이 철학적 비판의 자격을 갖추려면 비판의 대상이 되는 텍스트를 정확히 독해했다는 것이 전제되어야 한다. 그러나 당대 유자들이 퍼부은 "비판"이라는 것들이 대개는 불교가 들어오면서부터 황제들의 수명이 짧아졌다느니, 오랑캐의 풍습은 원래 악하다느니 하는 식의 피상적이고 나아가 실소를 자아내는 우스꽝스러운 것들이었다.[79] 그러나 불교에 대한 유자들의 집요한 공격이 불교계의 타락과 맞물리면서 불교의 수명을 단축시킨 것은 사실이다.

불교에 대한 유자들의 공격들 중 근거가 있고 의의가 있는 것은 윤리적 맥락이었다. 그러나 상대적으로, 유자들은 불교와 자신들을 변별해줄 군건한 윤리의식을 요청받게 된다. 이런 흐름은 일정 정도 '세계제국'적 성격을 띠었던 당이 '안사의 난'(755~763년)을 계기로 쇠퇴하고, 민족국가적 성격이 강한 송(宋, 960~1279년)[80]에 이르렀을 때 분명해진다.

용』의 '성(誠)'을 절대 고요의 경지로 해석하는 등, 그는 불교에 비해 유교에 결여되어 있다고 생각했던 측면들을 유교에 내재적으로 개념화함으로써 성리학으로의 중요한 한발을 내디뎠다.

79) 비교적 철학적 성격을 띠었던 논쟁으로는 업·윤회에 연관되는 '영혼불멸〔神不滅〕'을 둘러싼 논쟁이 있었다. 물론 이 형이상학적 테제를 긍정/부정할 뚜렷한 방법은 존재하지 않았고, 대부분의 논의들은 이런저런 비유들을 통해 자신의 주장을 수식하는 것들이었다. 예컨대 혜원은 한 땔나무는 다 타도 그 불은 다른 땔나무에 옮아갈 수 있다고 논변했다. 이 논쟁은 황제도 끼어들 정도로 당대인들의 열띤 관심사를 형성했다. 승우(僧祐, 445~518년)는 『홍명집(弘明集)』에서 이 논쟁을 정리해주었다. 이 논쟁은 얄궂은 면이 있다. 불교도들은 신 — 신령(神靈) — 의 불멸을 열심히 주장했는데, 이는 불교의 입장이 아니라 오히려 힌두교의 입장이 되기 때문이다.(불교도들은 윤회를 논하기 위해 어쨌든 신의 불멸을 강조해야 했다) 역으로 유교 지식인들은 신의 멸을 역설했는데, 유교의 출발점이 조상신 신앙에 있었다는 점을 생각하면 이 또한 기이하다. 불교와 유교는 마치 서로의 배역을 혼동한 두 배우와 같았다.

송대는 문치(文治)를 완성한 시대이자 유교를 부활시킨 시대였다. 수대에서 시작된 과거제도는 송대에서 완성되었고, 이로써 한 제국에서 형성된 귀족 계층의 끈질긴 주도권은 마침내 서민지주층의 사대부 계층으로 이전되기에 이른다.[81] 또 황소의 난 등을 통해 수많은 거족들이 궤멸되면서 귀족 계층이 약화되었고, 이로써 황제와 사대부가 직접 연결고리를 형성해 통치하는 구조가 공고해졌다. 이런 과정은 고려에서 조선으로의 이행에서도 유사하게 반복되었고, 또 에도 막부로의 이행 과정에서도 일정 정도 반복된다. 10세기(적어도 11세기)에서 17~18세기까지, 아니 어떤 면에서는 19세기까지도 동북아는 이 새로운 유학의 시대를 살았다고 할 수 있다. 이 과정은 과거제와도 맞물려 진행되었는데, 과거제의 내용은 모두 유교 경전들이었기 때문이다.

유학의 흥기에는 국제적인 정세 또한 중요한 역할을 했다. 당 제국이 쇠퇴하면서 당을 중심으로 형성되었던 동북아 국제질서 전체가 변하게 된다. 송이 민족주의적 국가를 형성한 것과 맞물려 그 동서남북에서도 또한 민족주의적 성격이 강한 국가들이 형성되었던 것이다. 당→송 교체기를 전후해서 동북에서는 거란=요(遼, 907~1125년)가, 동에서는 고려(高麗, 918~1392년)가 들어선다. 통일신라와 발해가 남북조를 이루었으나, 발해

---

80) 회창폐불(會昌廢佛) 당시에 탄압받은 것은 불교만이 아니라 네스토리우스파에서 유래한 '경교(景敎)', 조로아스터교인 '현교(祆敎)' 등도 있었다. 당에서 유학하던 신라의 승려들도 모두 신라로 돌아가야 했고, 일본에서 온 엔닌 등도 탄압받아서 강제로 귀국하게 된다. 유일하게 탄압받지 않은 것은 중국 자체 내에서 발생한 도교였다. 이는 당시 당 제국의 세계제국적 성격이 후퇴하면서 강한 민족주의적 성향이 도래했음을 뜻한다. 송은 이런 성격을 이어받으면서 형성된 민족국가였다.

81) 고려의 경우, 과거제가 도입되기는 했으나 불완전했다. 이는 고려가 사상적으로 여전히 불교국가이기 때문이기도 했고, 후기에는 무신의 난으로 무인집권을 겪은 때문이기도 했다. 송과 같은 문치국가는 조선에 이르러 분명하게 성립했다. 일본의 경우 과거제는 도입되지 않았다. 이는 가마쿠라 막부 이래 무신-관료=사무라이가 정치를 맡았기 때문이다. 물론 사무라이들은, 특히 에도 시대에 들어와, 정치를 행하기 위해 학문(學問) ─ 지금과는 달리 이 말은 곧 유학을 공부하는 것을 뜻했다 ─ 을 닦아야 했다.

는 926년 거란에 멸망하게 되고 통일신라는 935년 고려에 멸망한다. 이로써 송·거란·고려가 병립하게 된다. 그리고 조금 늦게 서방에서는 티베트 계통의 탕구트족이 세운 서하(西夏, 1038~1227년)가 들어선다. 또, 남에서도 베트남이 (한 무제 시대 이래 이어져온 속국 시대를 파하고) 새로운 독립정권을 세우고, 운남에도 새로운 국가가 들어서게 된다. 이러한 상황에서 송에는 당의 다원적 문화와 대비되는 일원적 문화를 세워야 할 필요가 절실했다. '배주석병권'의 고사가 잘 말해주듯이,[82] 송의 성립 자체가 5대 10국의 혼란기를 간신히 통일하고 나라를 세울 수 있었으며 따라서 송은 '문치(文治)'를 간절히 염원한 국가였다. 송대는 유교적 문치를 완성한 시대로서 큰 의미를 가지며, 여기에 경제 발전과 과학기술 발전이 큰 번영을 가져왔다.[83] 아울러 송대는 사적 소유권의 범위가 넓어지고 농민들의 지위가 향상된 시대이기도 했다.

문치의 이와 같은 완성은 역사에 유례를 찾아보기 어려운 윤리적 존재들인 사대부 지식인들의 시대를 낳았다. 물론 사대부에는 당연히 무수한 부류의 인간들이 있었고, 이들 또한 권세의 복잡한 역장(力場) 속에서 활동했다. 그러나 문사-관료들 중 가장 위대한 윤리적 경지를 보여준 인물들의 상당수가 이 성리학적 문치주의 시대에 나왔다는 것은 사실이다. 이는 문치의 시대가 지식인들의 윤리적 함양을 그 극한까지 끌어올린 시대였음을 말해주며, 이들은 오늘날의 조락한 지식인들과는 상당히 다른 존재

---

82) 태조 조광윤(960~976년 재위)은 안사의 난 이래 이어져온 지긋지긋한 난세를 끝내기 위해, 함께 싸웠던 장수 한 사람 한 사람에게 술잔을 돌리면서 병권을 내려놓도록 설득했다. 이를 '배주석병권(杯酒釋兵權)'이라 한다. 송대에서 과거제가 완성된 것 또한 중요하다. 황제들은 원칙적으로 객관적인 과정을 통해 능력 있는 인재들을 끌어 올릴 수 있었고, 이 문사-관료들=사대부들이 귀족들을 견제함으로써 황제권을 공고히 할 수 있었다. 또한 이런 인물들의 권력은 세습되지 않았기 때문에 귀족들의 권력과는 성격이 달랐다. 송·원·명, 조선, 에도 막부는 유교적 문치주의를 완성한 국가들이었다.

83) 그러나 역으로 문치에의 치중은 군사력의 약세를 불러와, 송은 요, 서하, (여진족이 세운) 금(金, 1115~1234) 등에 의해 끊임없이 시달리다가, 결국 원(元, 1271~1368)에 의해 멸망당하기에 이른다.

들이었다고 할 수 있다. 사대부 계층의 이런 정서는 범중엄(范仲淹, 989~ 1052년)의 「악양루기(岳陽樓記)」에 등장하는 "先天下之憂而憂 後天下之樂 而樂"이라는 말에 집약적으로 나타난다. 지식인이란 천하가 근심하기 전에 근심하고, 천하가 기뻐한 후에 기뻐한다는 이 말처럼 당시 사대부들의 윤리를 잘 나타내는 말도 드물다. 이들은 과거와는 달리 누구나 노력하면 공자와 같이 될 수 있다고 생각했다.[84]

유학자들이 인간이란 스스로 노력해서 성인의 경지에 달할 수 있는 존재라는 생각을 이론적으로 가다듬기 위해 노력한 것은 그들이 불교를 경험하면서 절실하게 느낀 바 — 특히 '불성' 개념 — 에 기인한 것이었다. 이는 곧 마음에 대한 새로운 사유를 요청하는 생각이었다. 불교는 동북아 지식인들에게 마음에 대한 새로운 사유를 가르쳐주었다. 이제는 유교 측에서 이에 답해 마음에 대한 자체의 사유를 가다듬어 제시해야 할 차례였다. '불승'의 마음에서 '사대부'의 마음으로. 아울러 불교는 동북아 지식인들에게 이전까지는 낯설었던 무 — '공' — 의 사유를 제시했다. 유교가 보다 종합적인 사유를 창조해내고자 한다면, 어떤 형태로든 이 불교적 무를 스스로 내재적으로 새롭게 개념화해내어야 했다. 아울러 유자들은 도가철학 및 도교를 통해서 제시된 사유들, '자연철학'이라고 할 수 있을 새로운 사유들도 흡수해야 했다. 객관성으로서의 자연에 대한 새로운 이론이야말로 불교와의 차별성을 만들어낼 수 있는 주요 과제였다. 이런 삼중의 과제를 수행해내야만 이제 삼교정립의 시대로부터 '삼교통합'의 시대로 사상사의 흐름을 돌릴 수 있었기 때문이다.

---

84) 주돈이는 "누구나 성인이 될 수 있다", "聖人可學而至"라는 생각을 그의 『통서』에서 개진했다. 성리학자들의 이러한 생각은 곽상의 적성설과, 또 남북조 지식인들의 체념적 분위기와는 대조적이었다.

❖ ❖ ❖

  다국화 시대는 정치적으로는 거대한 분열의 시대였지만 사상사적으로는 장대한 혼효의 시대였다. 이 시대는 한 제국이라는 거대한 동일자가 무너지고 동북아세계 전체가 다원화의 시대로 접어든 시대이며, 끝없이 전쟁이 이어지던 시대이기도 했다. 이 점에서 로마 제국이 무너지고 혼란을 겪던 지중해세계의 '암흑시대'와 조응한다. 그럼에도 사상·문화의 차원에 초점을 맞추어볼 때 이 시대는 그 어느 시대보다도 다산의 시대였고 의미 있는 시대였다. 그 이유는 무엇일까?

  로마는 공화정에서 제정으로 이행하는 과정에서 공화정 특유의 가치를 몸에 지녔던 지식인들을 다수 잃어버렸다. 그리고 제정 로마의 전성기가 지나고 지중해세계 전체에 새로운 기운이 도래할 무렵이면 이제 고전적 성격의 지식인들은 찾아보기 어려운 지경에 이르게 된다. 이로써 이들은 암흑시대를 맞게 된 것이다. 그러나 동북아의 경우 유교 지식인들은 여전히 자신들의 정체성을 유지하기 위해 노력했으며, 이런 이들의 노력은 다국화 시대 전반에 걸쳐 이어졌다. 전쟁의 시대인 전국시대에 오히려 '무에 대한 문의 우위'가 형성되었고, 이번에는 대혼란의 시대인 다국화 시대에 다시 한 번 이 우위를 확립했던 것이다. 동북아 유교 지식인들의 저력은 경이로운 것이었다. 중원 바깥의 지역들에서도 유교를 근간으로 새로운 국가들이 출현하기 시작했으며, 동북아세계 전체가 정치적으로는 분열되면서도 사상적으로는 보편화되는 이중적 흐름이 형성되었다고 할 수 있다. 중원의 북방에서 활동했던 유교 지식인들은 북방의 유목 문화와 중원의 정주 문화를 통합할 여러 길들을 모색했고, 이들의 이러한 노력은 유교라는 사상의 가능성과 한계를 재는 중요한 역사실험이었다. 또, 강남의 유교 지식인들은 현실의 한계를 맞이했을 때 도가철학적 사유를 근간으로 새로운 미학적 차원을 열어젖히기도 했다. 그리고 동방의 3국(고구려, 백제, 신라)에서도 본격적인 유교적 교양층이 형성되기 시작했다. 이들의 이와 같

686

은 노력을 통해서 동북아세계는 지중해세계와는 대조적으로 '빛나는 암흑시대'를 이룩할 수 있었던 것이다.

이 시대를 보다 다채롭게 만들어준 것은 바로 불교의 유입이었다. 인도 문명과 동북아 문명의 위대한 만남을 통해서 사상적-문화적으로 '아시아 세계'라는 하나의 거대한 정신세계가 탄생하기에 이르고, 그 과정에서 산스크리트어 등 인도 문헌들이 한문으로 번역되는 장대한 역경 사업이 진행되었다. 그리고 유교 및 도교와 마찬가지로 불교 역시 동북아세계에서 널리 보편화되는 길을 밟았다. 불교는 유교와 '아니마와 아니무스'의 관계를, 도교와는 경합의 관계를 맺게 된다. 이후의 역사를 본다면, 중국 대륙은 도교가 한반도·일본은 불교가 주류를 이루게 된다. 동북아 문명으로 흘러들어온 불교는 인도 문명에서의 불교와 여러 면에서 다른 형태의 종교를 형성했다. 인도 불교가 이론적 창조의 연속이었다면, 동북아 불교는 이미 형성된 이론들의 해석과 종합에 몰두했고 이런 흐름은 천태종, 화엄종에서 대성되었다. 또, 보다 현실적인 성격의 동북아세계에서 불교는 '종교'로서의 성격이 더욱 강화되는 길과 국가의 그늘 아래에 들어가 '호국불교'가 되는 등 특유의 길을 걷게 된다. 그러나 이 과정에서 동북아 사상의 성격을 두드러지게 보여주는 선불교가 '전등'의 역사를 이어간 것에는 각별한 의미가 있다.

다국화 시대는 유교·불교·도교의 삼교가 정립한 시대였지만, 사실 이 시대를 철학적으로 특징짓는다면 오히려 도가사상의 시대, '노장사상'의 시대라고 해야 할 것이다. 특히 강남의 유자들은 정치적 벽에 부딪쳐 미학적 도가사상이라는 새로운 지평을 열고, 그 바탕 위에서 문화적 유교를 꽃피웠다. 불교는 도입 초기부터 도가사상의 맥락 속에서 해석되었으며, 이 과정에서 불교와 도가사상이 교차하는 수준 높은 사상적 경지를 이룰 수 있었다. 도교의 경우 노장사상을 종교화해 새로운 민중종교를 구축했고, 이후 동북아 문명에서 한편으로는 아르카디아의 유토피아를 다른 한편으로는 혁명의 에네르기를 드러내곤 한다. 이렇게 본다면 노장사상은 이 시대의 일반 문법이었고, 이 시대의 3교가 철학적으로 세련되어갈 수 있게 한 원동력이었다고 할 수 있다. 그것은 이 시대 사유들의 고양을 가능케 한 메타적 사유였다. 그러나 역으로 노장사상 그 자체는 이런 메타적 역할을 했을 뿐 그 자체의 발전을 이룩하지는 못했다. 언급했듯이, 현대적 맥락에서 도가사상을 재창조하고 그로써 인류 문명을 재정초하는 작업은 21세기 철학의 주요 과제로 남게 된다.

지중해세계의 철학사와 비교해볼 때 이 시대에 가장 두드러진 점은 후자에서는 전자에서와 같은 종교전쟁이 없었다는 점이다. 종교전쟁이라 할 때, 이는 세 일신교 사이에서의 전쟁만이 아니라 각 종교 내부에서의 전쟁을 뜻하기도 한다. 아니, 어떤 면에서는 오히려 후자가 더욱더 격렬했다고 보아야 할 것이다. 외부의 적은 특별히 그것과 부딪치지 않는 국면이라면 그저 '다른 세계'로서 내버려두면 그만이지만, '내부의 적'은 눈엣가시처럼 늘 현전해 있는 골칫거리이기 때문이다. 현실 권력이 없던 유대교의 경우는 다르지만, 이슬람세계 그리고 특히 기독교세계에서는 이런 내부적 투쟁이 끝없이 전개되었다. 이에 비교해본다면, 동북아의 종교사에서는 정치적·사상적·문화적 대립들이 있었음에도 불구하고, 종교 간의 전쟁이라든가 대규모 학살 같은 것은 일어나지 않았다. 그 이유는 무엇일까?

유교의 입장에서 볼 때, 분쟁은 항상 정치적 권력의 장소에서 일어나는 것이었다. 그러나 도교도 불교도 직접적으로 권력의 장소에 진입하려는 종교가 아니었다. 민중종교인 도교는 자신들만의 아르카디아를 꿈꾸었지 중앙 권력을 탐하지 않았다. 자신들에 대한 억압이 도를 넘으면 활화산처럼 폭발했지만, 그것은 정치적 전쟁이었지 종교적 전쟁은 아니었다. 불교의 경우 외래종교라는 한계도 있었거니와, 애초에 유교와 정면 충돌할 이유가 없었다. 양자는 정치와 종교를 나누어 가질 수 있었고, 다만 정치와 종교 자체가 충돌하는 지점들에서 갈등을 겪을 뿐이었다. 종교전쟁이라는 것을 생각한다면, 그것은 역시 불교와 도교 사이에서 생각할 수 있는 것이었다. 그러나 양자 모두 전쟁을 벌일 수는 없었는데, 종교전쟁이란 종교가 국가와 결합해 있을 때 일어날 수 있는 것이기 때문이다. 일신교 국가들에서 기독교와 이슬람교는 각각 국교였다. 정치와 종교가 일치했기에 양자 사이에서의 종교전쟁이 가능했고, 또 자체 내에서의 권력 다툼이 가능했다. 그러나 동북아 문명사의 주요한 한 특징은 바로 '국교'라는 것이 없었다는 점이다.(약한 형태로 존재한 경우들은 있었지만) 이 때문에 도교도 불교도 국가의 비호를 받을 수는 있을지언정 국가권력을 동원해 서로 전쟁을 벌일 수는 없었다. 양자가 전쟁을 벌일 경우 오히려 그것은 국가의 통제 대상이었다.

그러나 가장 본질적인 이유는 역시 각 사상들의 내용 자체에서 찾아야 할 것이다. 애초에 유교는 종교적 성격보다는 윤리사상, 정치사상으로서의 성격이 강했다. 유교는 "수신제가치국평천하"를 이상으로 하는 사상이며, 어떤 종교적 신봉을 핵으로 하는 사상이 아니다. 그렇기 때문에, 유교는 불교가 반-사회적 행태를 보일 때 그것과 충돌했지만 어떤 종교적 교리를 두고서 충돌할 이유는 없었다. 불교는 국가권력 자체에 도전하지도 않았고, 유교사상을 직접적으로 공격하지도 않았다. 불교는 정치적 권력을 추구하는 사상이 아니며, 속세를 지배하는 유교와 직접 부딪칠 이유도 없었다. 유교와 불교는 '아니무스와 아니마'로서 공존할 수 있었다. 보다 직접적인 충돌은 유교와 도교 사이에서 일어날 수 있었다. 그러나 도교 역시 유교가 지배하는 중앙권력에 육박해 들어가는 종교가 아니었다. 도교는 강호의 종교였으며, 도교가 정치적 힘을 발휘할 때는 바로 중앙권력 그 자체가 해체되어 있는 시간이었다. 유교와 도교는 공간적으로는 양립 가능했고(물론 유교가 지나치게 강성해서 강호를 용납하지 않을 경우에는 문제가 생길 수 있었다), 시간적으로는 서로 길항의 관계를 맺었다. 유교와 도교 또한 정면 충돌하지 않을 수 있었다.

도교와 불교는 어떤가? 종교로서의 성격이 강한 양자는 서로 강하게 부딪칠 수도 있었다. 그러나 불교는 특정한 신을 신봉하는 종교가 아니라 오히려 모든 실체들을 해체하는 '공'의 사상이었다. 지중해세계의 일신교가 불과도 같은 종교라면, 불교는 물과도 같은 종교이다. 불은 타자를 태우거나 그 자신이 꺼지거나 사생결단을 하는 존재이지만, 물은 둥근 것을 만나면 둥글어지고 모난 것을 만나면 모나게 되는 유연한 존재이다. 이는 도교도 마찬가지이다. 도교는 신들을 숭배하지만, 그들에게는 많은 너무나도 많은 신들이 존재했다. 일신교세계에서는 한 일신교가 신봉하는 신과 다른 일신교의 신은 양립할 수 없지만, 도교의 입장에서는 하나의 신을 더 인정한다고 딱히 큰일 날 일도 아닌 것이다. 또, '화(化)'＝아바타라의 사유가 지배적인 이 세계에서는 A는 반드시 A여야 한다는 동일률이 우스울 정도로 쉽게 무너진다. 노자와 붓다가 격돌할 필요는 없었다. 그저 동방의 붓다가 노자이고 서역의 노자가 붓다라고 생각하면 그만인 것이다. 도교는 불교보다 더 물과도 같은 종교이다. 물론 이 종교들에서도 치열한 논쟁이나 심각한 격돌이 없지 않았지만, 죽음을 불러오는 전쟁 같은 것은 이들의 생리 자체에 맞지 않았다. 결국 동북아의 세계에서는 종교전쟁 같은 것은 일어나지 않았던 것이다.

긴 시간이 흘러간 후 이제 유·불·도 세 종교/사상의 통합의 기운이 일어나기 시작했다. 일신교세계에서는 통합 같은 것은 생각할 수 없다. 각각에서의 신은 최고의 원리이며, 따라서 통합을 위해 그 이상의 원리를 상정하는 것 자체가 불가능하기 때문이다. 또 그중 어느 한 신으로 통합되는 것도 생각하기 어렵다. 각 일신교가 숭배하는 신이 최고의 신이기에 어느 한 신으로 통합되는 경우란 다른 한 문명이 아예 절멸되는 경우에나 가능할 것이다. 일신교'들'의 세계는 서로 대립하는 세계, 동일률·모순율·배중율이 지배하는 세계일 수밖에 없다. 그러나 동북아의 유·불·도는 이런 구도와는 다른 구도 위에서 공존했고('不一而不二', '一卽多 多卽一'의 세계), 그렇기 때문에 삼교의 통합은 시도될 수 있었다.

10장 본연과 원융의 철학

동북아 사상사 전체를 관류하는 하나의 힘은 유교 지식인들의 저력이다. 남조 말기에 쇠퇴하는 듯했으나 이 저력은 계속 살아남았으며, 결국 송대의 과거제를 통해서 다시 부활하기에 이른다. 그러나 이 부활은 내부적으로 큰 변화를 동반했다. 이제 정치는 귀족-문사들의 전유물이기를 그치게 된다. 한문(寒門) 계층, 서민지주층이 정계에 진출해 사대부 계층을 형성하기에 이른 것이다. 이 사대부들의 철학이 곧 성리학이며, 사대부들은 도교와 불교를 흡수하면서 새로운 유교를 창조해내는 시대적 과제를 안게 되었다.

§1. 성리학의 탄생

새로운 유학의 요건들

불교가 사람들의 마음을 사로잡고 오랫동안 사상계의 으뜸을 형성한 것은 무엇보다 이 사상이 사람의 '마음'이라는 것에 대한 새로운 통찰을 제시했기 때문이다. 특히 동북아 불교는 인도 불교와 달리 불교의 이론적 측면을 심화해나가기보다는 마음에 초점을 맞추어 안심(安心)을 추구하는 방향으로 흘러갔다. 삶에 대한 공포와 죽음에 대한 두려움에 떨던 사람들을 불교는 따사로이 어루만져주었다. 성리학이 불교의 이런 성과를 흡수하려면 마음에 대한 자체의 이론을 가다듬어야 했다.

성리학자들은 이 과제를 수행하기 위해『맹자』에 의존했다. 과거제의 핵심 텍스트인『오경정의』같은 책은 사유를 자극할 수가 없었다. 오랜 시간 학문적 관심사에서 밀려나와 있었던『맹자』는 이로써 사상사의 중심으로 진입하게 되며, 마침내『십삼경주소』의 대상이 되기에 이른다.[1]『맹자』는『논어』에는 없는 도덕형이상학을 포함하고 있으며, 이 점이 성리학자들의 마음을 끌어당겼다.[2] 성리학에 대한『맹자』의 영향력은 매우 컸으며, 특히 조선의 성리학자들에게 이 책은 핵심적인 성경이었다. 성리학자들은 이 책을 참조해서 심(心)·성(性)·정(情)에 대한 정교한 이론들을 전개했다. 성리학의 인성론에는 수양론적 부분과 인식론적 부분이 공존한다. 즉, "어떻게 마음을 닦을 것인가?"의 부분과 "어떻게 진리를 인식할 것인가?"의 부분이다. 그러나 사실 이는 별개의 부분이 아니라 한 이론의 두 측면일 뿐이다. 결국 수양과 인식이 본질적으로 하나라는 것이 핵심이기 때문이다. 이 인성론은 곧 불교적인 심론(心論)에 대한 유교의 응답이었다.

성리학에서 수양론을 강조한 것은 한편으로 불교의 마음공부에 대항하는 논리를 개발하려는 것이었지만, 더 중요하게는 사대부가 갖추어야 할

---

1) 『주역』,『상서』,『모시』,『주례』,『의례』,『예기』,『춘추좌씨전』,『춘추공양전』,『춘추곡량전』,『논어』,『맹자』,『효경』,『이아』에 대한 주소.

2) 나아가 정호와 정이는『예기』의「대학」·「중용」을 떼어내고 거기에『논어』와『맹자』를 합쳐 '사서(四書)'의 개념을 만들어내었고, 주희는『사서집주(四書集註)』(保景文化社, 1993)를 통해 이 개념을 완성한다. 이로써『대학』은 새로운 유교의 입문서가 되고,『중용』은 유교형이상학의 기초로서 자리잡게 된다. "天命之謂性 率性之謂道 修道之謂敎"에서의 '性', '道', '敎'라든가 "誠者天之道 誠之者人之道"에서의 '誠', "齊莊中正 足以有敬也"에서의 '敬'을 비롯한『중용』의 개념들은 성리학의 주요 개념들로 자리 잡게 된다. 주희의『대학장구(大學章句)』,『중용장구(中庸章句)』의 서문들은 성리학의 정신을 압축적으로 표현하고 있다.

기본 조건을 확립하고자 한 것이기도 하다. 성리학은 윤리적 - 정치적 지향에서 출발한 학문이기에 윤리와 정치의 전제로서의 수양은 특히 중요했다. 철학적으로 깊은 흥미를 끄는 것은 이 수양론에 함축되어 있는 또는 그것과 맞물려 있다고 할 수 있는 인식론이다. 서구 근대의 인식론과는 성격을 달리하는[3] 이 인식론은 성리학의 성격을 잘 드러낸다. 수양은 우선 마음을 비우는 것이며, 이렇게 맑은 호수처럼 된 마음에 비로소 세계가 있는 그대로 비추어지게 된다. 물론 이 '있는 그대로'는 서구 근대 인식론에서처럼 주관성을 완전히 탈각시킨 객관성이 아니라 사람의 마음에 그대로 비추이는 대로의 세계였다. 동북아인들에게 마음과 세계는 너무나도 가까이 있었고, 그래서 서로 떨어져 있다고 생각했을 때조차도 서로가 서로에게 자신의 그림자를 드리우고 있었다고 할 수 있다. 그럼에도 성리학적 수양론의 핵심이 객관적 진실을 잘 보기 위해서 주관을 정화하는 데에 있었음은 분명하다. 그래서 성리학자들은 깨달음〔覺〕 앞에 앎〔知〕을 붙인 '지각〔知覺〕'이라는 개념을 통해서 자신들의 인식론을 표현했으며,[4] 이 '知'는

---

3) 서구 근대 인식론이 말 그대로 '인식'을 해명하려는 이론이었는 데 비해, 성리학의 인식론은 인식과 감정, 수양의 문제가 얽혀 있는 이론이었다. 물론 이런 식의 변별은 성리학적 인식론의 특징을 해명하는 데에는 유용하나, 역으로 서구 인식론을 단순화한다는 점은 염두에 두어야 한다. 서구 근대 인식론 자체가 매우 다양한 형태들을 포함하며, 지각(perception), 감응(affection), 행동(action)이 연계되면서 전개되어왔다고 해야 한다. 그러나 수양의 개념이 핵심적 위상을 차지한다는 점이 성리학적 인식론의 주요한 특징이라는 점은 분명하다. 또 하나 더 중요한 것으로, A와 B(사실과 당위, 자연과 도덕 등)를 통합적으로 이해한다는 것은 A에 대한 그리고 B에 대한 각개의 인식이 명확히 된 후에 만족스럽게 달성될 수 있다는 점이다. 명확한 개별 인식이 이루어지기도 전에 처음부터 통합적으로 사유될 때, 그것은 A도 B도 제대로 인식하지 못한 상태에서 행한 모호한 사유일 뿐이다. 뒤에서 상론하겠지만, 성리학이 불교와 대결해서 '객관성'을 추구한 학문임에도 그 객관성이 충분한 객관성이 되지 못한 것은 주관성과 객관성이 일단 각개로서 파악된 후 통합된 것이 아니라 애초에 객관성에 주관성이 너무 강하게 묻어 있었기 때문이다. 이런 한계는 오늘날 유행하는 속류 유물론, 환원주의, "통섭" 같은 사이비 사상들이 보여주는 한계와 정확히 대척적이라 하겠다.

4) 따라서 성리학에서의 '지각' 개념은 서구 철학에서의 "perception"보다 훨씬 넓은 외연을 담고 있다. "지각없는 행동" 같은 표현에는 성리학적 뉘앙스의 흔적이 남아 있다.

곧 깨달음(특히 선불교의 '돈오') 자체만을 추구한 불교에 대한 그들의 응답이었다. 그래서 '각' 또한 불교적 깨달음이 아니라 성리학적 깨달음=인식의 의미를 띠게 된다. 물론 "山是山 水是水, 山不是山 水不是水, 山是水 水是山, 山是山 水是水"라는 유명한 게송이 말하고 있듯이, 동북아의 불교 역시 세계의 실재성을 부정하지 않는다. 그러나 불교가 세계가 단순히 '무'는 아님을 역설하는 데 주안점을 두었다면, 성리학은 세계가 '유'임을 분명하게 천명했다. 그리고 그 '유'에 대한 '지'를 수양의 본질적 측면으로 포함함으로써 불교를 극복하고자 한 것이다. 이런 구도는 심, 성, 정의 문제 전반에 큰 변화를 가져온 구도였다.

그러나 성리학이 불교에 대해 단지 '유'의 복권만을 외쳤다면, 이는 단순한 대립을 가져왔을 뿐 성리학에 의한 불교의 철학적 포용에까지 도달하지는 못했을 것이다. 성리학이 진정 불교를 극복했다고 말할 수 있으려면 어떤 형태로든 '무'를 그 안에 소화해내야 했다. 무=공이야말로 불교 사유의 핵심이며, 이 개념을 자체 내에 용해할 수 있어야만 성리학이 종합적 이론으로 중심을 잡을 수가 있었기 때문이다. 따라서 성리학자들은 무/공에 해당하는 그러나 유를 새롭게 정초할 수 있는 개념을 자체의 중추에 위치시켜야 했다. 그런 개념이 있는가? 있다. 이미 왕필, 승조 등에게서 중요하게 사용되었던 '리(理)' 개념이 그것이다. 그러나 이 개념이 보다 유교적이고 대중적인 뉘앙스를 띠려면 '천(天)'을 생각하지 않을 수는 없었다. 그래서 리는 곧 '천리(天理)'로서 이해되었다. 자공은 "성과 천리에 대해서는 들은 적이 없다"고 했으니, 성의 이론과 천리의 이론은 새로운 유학으로서의 자격을 일차 갖춘 셈이다. 그러나 이 개념이 보다 유학적인 내용을 통해 보완되려면 또 다른 보조 개념이 필요했다. 성리학자들은 『주역』(특히 「역전」)을 새로운 유학의 근간으로 삼았다. 그리고 '태극(太極)'을 리=천리와 동일시하고자 했다. 이로써 불교의 무/공은 리=천리=태극으로 대체되기에 이른다. 리/태극은 '유'가 아니라 '무'이다. 이 무가 세계를 주재한다.

694

그러나 이 무는 반드시 유와 쌍을 이루어야 했다. 성리학은 두 상반된 목표를 가졌다. 유학의 전통에 충실하기 위해서 성리학은 불교와 달리 '유의 철학'이어야 했다. '허학(虛學)'이 아니라 '실학(實學)'이어야 했다. 그러나 그것은 동시에 '무의 철학'이어야 했다. 그래야 진정으로 불교를 극복했다 말할 수 있었다. 결국 성리학은 유의 철학인 동시에 무의 철학이어야 했다. 그렇다면 리＝태극이라는 무와 쌍을 이루어 그것을 유의 철학으로서 보완해줄 또 하나의 핵심 개념이 요청되었다. 어떤 개념이 이에 응할 수 있는가? 말할 필요도 없이 바로 '기(氣)'이다.[5] 리는 반드시 기로서 보완되어야 했고, 기는 반드시 그 안에 리의 원리를 내장해야 했다. 이로써 무와 유가 화해하기에 이르며, 성리학은 '리기(理氣)'의 구도를 그 심장부에 장착하게 된다.

그러나 이는 사후적 정리일 뿐, 성리학의 실제 역사는 매우 복잡하게 진행되었다. 일단, 태극을 이해하는 방식에서 차이가 있었다. 앞에서 논했듯이(2장, §4), 태극은 한편으로 무로 이해되어 무＝태극 → 유(＝기) → 음양이라는 이해 구도가 있었는가 하면, 태극 자체를 유＝기로 보아 태극 → 음양이라는 이해 구도가 있었다. 전자가 리기 이원론 구도의 뿌리가 된다면, 후자는 기 일원론 구도의 뿌리가 된다.[6] 아울러 여기에 다시 음양 →

---

5) 여러 번 언급했듯이, 기는 리에 대해서는 '유'이지만 만물에 대해서는 오히려 '무'이다. 따라서 불교의 무＝공에 대항하는 유교적 무는 리일 수도 있고 기일 수도 있다. 성리학 발전의 순서로 본다면, 오히려 무로서의 기(대표적으로 장재의 '태허')가 무로서의 리보다 더 먼저 출현했다. 아울러 장재처럼 기를 태허로 볼 경우, 도가사상/도교에서의 허(특히 장자의 허)를 유교로 흡수해 재개념화하는 효과도 있었다.

6) 이 점에서 우리는 주희가 왜 주돈이의 "自無極而爲太極"이라는 구절을 "無極而太極"으로 고치고자 했는지를 이해할 수 있다. 전자의 경우 '무 → 유'의 구도에서 태극이 유＝기의 위치를 차지하게 되지만, 후자의 경우에 태극은 무＝리의 위치를 차지하게 되기 때문이다. 주희는 〈태극도〉에서 도교적 색채를 지우고 싶어 했던 것이다. 반면 주희 이전의 장재는 태허＝기를 궁극의 실체로 보는 기 일원론을 전개했으며, 주희 이후의 양만리(楊萬里, 1127~1206년) 등은 태극을 기 ― 그는 한대의 개념인 '원기' 개념을 사용했다 ― 와 동일시함으로써 장재의 일원론을 잇게 된다.

사상 → 팔괘라는 2 → 4 → 8의 구도가 있었고, 음양 → 오행이라는 2 → 5라는 구도가 있었다. 또한 역학에서의 의리학과 상수학의 대립 구도는 여전했다. 만일 성리학이 무만이 아니라 유도 함께 사유해야 했다면, 그들에게 자연철학 또한 매우 중요했다. 송대는 자연과학이 발달한 시대이기도 했고, 이런 배경에서 자연철학의 구축은 이들에게 불교적 무의 사유에 대항할 수 있는 교두보와도 같은 의미를 띠었다. 이 때문에 역학 연구에서도 의리학(도덕형이상학) 못지않게 상수학(자연철학)도 중요했던 것이다. 성리학을 만들어가는 데에는 이와 같은 여러 면(plan)들이 있었기에, 성리학은 선형적으로 진행되지 않았던 것이다.

나아가 성리학은 도가철학/도교 또한 자체 내로 흡수해야 했다. 그래야만 "노불(老佛)"을 넘어서는 종합적 철학을 창조해낼 수 있었기 때문이다. 도가철학을 넘어서는 것 역시 '무' 개념과 연관되었다. 도가철학은 유가의 유의 철학에 대비되는 무의 철학이었기 때문이다. 그러나 도가에서의 '무' 역시 두 면 위에서 사유되어왔다. 여기에서도 무 → 유의 구도와 무 = 유(기)의 구도가 혼재하고 있었다. 노자와 장자 각각에게 이 두 면은 혼재하고 있었으나, 노자에게서는 전자의 면이 강했고 장자에게서는 후자의 면이 강했다. 따라서 노자와 장자 중 누구와 상관적인가에 따라 논의 구도는 달라질 수밖에 없었다. 무를 순수 원리로서 파악하는가 기 = 허 = 잠재성으로서 파악하는가는 중요한 문제였다. 아울러 이미 언급했듯이, 도가적 사유의 흡수는 자연철학의 구축에서도 핵심적이었다. 역학과 더불어 자연철학의 양 날개인 기학은 상대적으로 도가적 맥락에서 발달해왔기 때문이다. 음양, 오행, 동정, 사상 등은 기학(과 역학)의 범주들이었다.[7] 이제 이러한 자연철학적 범주들은 리, 태극, 기 같은 형이상학적 범주들과 통합되어야 했다.

---

7) 역학과 기학은 갈래를 달리하지만, 사실 도교 계통에서는 이미 역학을 스스로에게 흡수해 나름대로의 자연철학을 전개하고 있었다. 『주역참동계』가 그 전형이다.

마지막으로, 성리학은 불교와 도교의 실천철학을 대체할 수 있는 새로운 윤리학과 정치학을 세워야 했다. 불교는 동북아 윤리의 기초인 가족주의와 대비되는 반(反)가족주의, 보편주의 윤리를 도입했고, 바로 이 점이 유교와 불교의 충돌을 야기했었다. 앞에서도 언급했듯이, 가족주의와 비-가족주의는 인류 역사를 줄곧 수놓아왔다. 유교가 편협한 가족주의를 넘어 불교적 '자비'의 정신을 흡수할 수 있으려면 가족주의를 포기하고 보편적인 정신으로 나아가야 했다. 그러나 유교는 가족을 가장 자연적인 사회 단위로 보았고, 불교적 반-가족주의를 받아들일 수는 없었다. 어떤 길이 있을까? 가족 개념을 포기하지 않고 보편주의를 추구할 수 있는 길은 곧 세상 전체를 아주 큰 가족으로 만드는 길이었다. 사실 이는 한 고조 유방이 꿈꾼 것이기도 했다.("천하는 일가") 성리학은 이와 같은 맥락에서 기존의 유교에 비해 보편주의적 지향이 좀 더 강한 윤리학과 정치학을 세우고자 했고, 이는 현대 식으로 말해 강한 **공동체주의**에 입각한 국가를 건설하고자 한 길이기도 했다. 성리학 같은 고급 이론 자체가 대중적일 수는 없었다. 그러나 성리학자들은 새로운 윤리학과 정치학을 통해 세상을 바꾸고자 했고, 이는 때로 큰 성과를 거두기도 했다. 그러나 성리학은 이런 보편주의로 나아감을 가로막는 장애물을 자체 내에 장착하고 있었고, 이 때문에 성리학을 둘러싼 정치적 맥락은 매우 복잡한 것일 수밖에 없었다.

이 장애물은 무엇이었던가? 실제야 어쨌든, 불교와 도교는 평등주의를 이론적 기초로 삼고 있었다. 그러나 유교는 애초에 봉건적 질서를 전제로 구축된 사상이며, 이 질서를 와해시키고 불교나 도교에서와 같은 평등주의를 내세우는 것은 생각하기 곤란했다. 이 때문에 유교가 보다 보편성 강한 신유학을 전개하고자 했을 때, 유학자들이 택한 길은 불교·도교와는 다른 길이었다. 그것은 인간들 사이에서의 **차등**을 인정하되, 치자 계층에 속한 인물들에게 거의 절대적인 **도덕성**을 요청하는 길이었다. 동북아의 신유학 시대에 유난히 강렬한 도덕성으로 '살신성인'한 유교 지식인들이 많이 나타난 것도 바로 이 때문이다. 이들의 이상태는 바로 '성인'이었다. 성인 개념이야말로 신유학의 초석이었으며, 신유학자들은 인간이란 누구나 노력하면 성인이 될 수 있다는 테제를 통해서 인간의 보편적 잠재성 — 잠재적 위대함 — 을 역설했다. 『대학』의 첫머리에 놓이는 '明明德', '新民', '止於至善'이라는 3강령이 이를 가리키고 있고, 또 "天命之謂性 率性之謂 道 修道之謂敎"라는 『중용』의 첫 구절이 바로 이 점을 역설하고 있다. 신유학자들은 바로 이런 가치를 실현해나갈 인재들을 양성하는 데 주력했다.[8]

성리학은 이렇게 불교적 마음 개념과 대결하고 그것을 흡수할 수 있는 심·성·정 등의 개념들, 새로운 형이상학과 자연철학을 위한 리·태극·기 등의 개념들, 그리고 새로운 실천철학을 위한 개념들과 강령들을 창안해 냄으로써 하나의 장대한 사유체계를 구축할 수 있었다. 그 결과 이 체계는 500년이 훨씬 넘는 세월에 걸쳐 동북아 문명과 문화를 지배하게 된다. 그러나 이 개념들을 조직해 사유체계를 구성하는 방식은 성리학자들마다 달랐다.

〈태극도(太極圖)〉의 사상

주돈이(周敦頤, 1017~1073년) = 주렴계(周濂溪)의 〈태극도〉는 성리학의 세계를 매우 간명하게 표현해주는 그림이다. 주돈이는 이 태극도를 『도장』 (道藏)의 〈태극선천도〉에서 가져와 변형했다고 한다. 오대(五代) 시대에는 전란을 피해 은일한 유학자들이 노장을 연구했는데, 진단(陳摶)을 비롯한 이 은일자들이 도가와 신유가를 잇는 매개고리였던 것으로 보인다. 〈태극도〉와 그것의 해설을 읽는 것은 성리학의 이해를 위한 적절한 입문이라 할 수 있다.

---

8) 이 시대에 신유학의 학문 인프라로서 '서원'이 세워진 것 또한 매우 중요한 의의를 띤다. 이후 서원은 유교 지식인들의 핵심적 장소로 자리 잡는다. 송대의 과학 발전 특히 인쇄술의 발전 또한 신유학 전개에 중요한 물적 인프라를 제공했다.

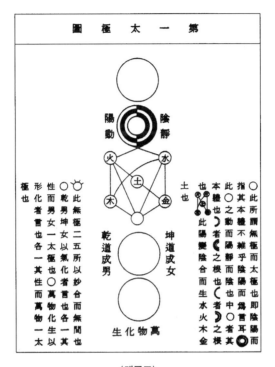

〈태극도〉

〈태극도〉의 해설이라고 할 수 있는 「태극도설」은 다음과 같다.

自無極而爲太極(/無極而太極).[9] 太極動而生陽 動極而靜, 靜而生陰 靜極復動. 一動一靜 互爲其根. 分陰分陽 兩儀立焉. 陽變陰合而生水火木金土, 五氣順布 四時行焉. 五行一陰陽也 陰陽一太極也 太極本無極也.[10]

---

9) '무극' 개념은 『주역』에는 나타나지 않는, 도교와 불교에서 사용된 개념이다. "自無極而爲太極"으로 읽으면, 역학의 최고 범주인 태극 앞에 무극이라는 상위 원리를 놓는 것이 되며, "無極而太極"으로 읽으면, 태극의 또 다른 이름으로서 무극을 제시하는 것이 된다. 전자는 '무→유'의 구도이고 후자는 '무=유'의 구도가 된다. 전자는 역학의 원리를 도교·불교의 원리에 종속시키는 것이기 때문에, 이후 성리학에서는 "無極而太極"으로서 읽게 된다.

10) 이는 "태극은 무극에 뿌리를 둔다"로 읽을 수도 있고, "태극은 본래 무극이다"로 읽을

五行之生也 各一其性 無極之眞. 二五之精 妙合而凝, 乾道成男 坤道成女. 二氣交感 化生萬物, 萬物生生而變化無窮焉.

惟人也 得其秀而最靈, 形旣生矣 神發知矣. 五性感動而善惡分, 萬事出矣. 聖人定之以中正仁義[11]而主靜.[12] 立人極焉 故聖人與天地合其德, 日月合其明 四時合其序 鬼神合吉凶, 君子修之吉 小人悖之凶.

故曰, 立天之道 曰陰與陽, 立地之道 曰柔與剛, 立人之道 曰仁與義. 又曰, 原始反終 故知死生之說. 大哉易也 斯其至矣.

무극에서 태극이 나왔다(/무극이 곧 태극이다).[13] 태극이 움직여 양을 낳고 움직임이 극에 달하면 고요함이 되거니와, 고요함이 음을 낳고 극에 달하면 다시 움직임으로 돌아간다. 하여 한 번 움직이고 한 번 고요해, 서로가 그 뿌리가 된다.[14] 음으로 갈래 지고 양으로 갈래 지니, 양의가 선다. 양이 변하고 음이 합하여 수·화·목·금·토를 낳으니, 다섯 종류의 기가 순서에 따라 베풀어지고 사시가 돌아간다.[15]

수도 있다. 전자는 "自無極而爲太極"에 조응하며, 후자는 "無極而太極"에 조응한다. 본 〈태극도〉의 경우는 전자로 읽어야 한다.

11) 주돈이는 여기에 "聖人之道仁義中正而已矣"라는 주를 붙여놓고 있다.

12) 주돈이는 여기에 "無欲故靜"이라는 주를 붙여놓고 있다. '무욕'과 '정'을 중시한 것은 이후 성리학의 핵심적 분위기가 된다. 이는 '욕망'과 '동'을 강조하는 현대적 가치와 대척적이라 하겠다.

13) '무극→태극'으로 볼 때 이는 "有生於無"의 구도이고, 도가적으로 해석할 경우 무극은 '도'이고 태극은 '기'이다. '무극=태극'으로 볼 때, 도=기의 구도가 되어 무극=태극=기가 된다. 무극=태극=리의 해석도 가능하다. 이 경우에는 리가 움직여 양기와 음기를 낳는 것이 되어 비약이 내재하게 된다. 주돈이의 본래 구도는 첫 번째 구도였던 것으로 보인다. 무극은 아직 극조차도 형성되기 이전의, "도"라고도 말할 수 없는 근본 이치 자체이다. 그리고 이 무극에 태초의/근본적인 '극'이 생겨날 때 태극이 성립한다. '극(極)'은 글자가 시사하듯이 용마루, 척추를 뜻하며, 모든 작은 이치들이 그것을 통해 하나로 꿰이는, 그것이 섬으로써 다른 모든 이치들도 자리를 잡게 되는 이치이다.

14) 역학에서의 '원시반종(原始反終)' 및 "일음일양지위도(一陰一陽之謂道)"/"일합일벽위지변(一闔一闢謂之變)"의 사상, 그리고 도가철학에서의 "반자도지동(反者道之動)"의 사상이 나타나고 있다.

15) 이미 논했듯이, 음양 개념과 오행 개념은 본래 따로 진행되어오다 훗날 '음양오행론'으로 합쳐지게 된다. 그리고 '기화(氣化)'의 기초적 형태가 곧 사시의 운행이다. 『주역』에

오행은 하나의 음양이고, 음양은 하나의 태극이며, 태극은 무극에 뿌리 둔다(/태극은 본래 무극이다).[16]

오행이 생기할 때 그 각각에 본성이 있으니, 이것이 무극의 이치이다.[17] 이 이치에 따라 음양·오행의 정수가 서로 묘합을 이루어 응결하니, 건도는 남자가 되고 곤도는 여자가 된다. 양기와 음기가 교합하니 만물이 화생하고, 만물이 생기하니 변화는 무궁하다.

오직 사람만이 빼어난 기를 얻어 영명한 존재[18]가 되었으니, 신체가 갖추어지면 정신이 일어나 사물들을 지각한다. 오성〔오행의 각 본성〕이 감하여 움직이면 선과 악이 나뉘니,[19] 그로부터 만사가 생겨난다. 성인이 이를 정하되 중정과 인의로써 하니, 이는 고요함을 주로 하는 것이다. 인극[20]을 세우니, 그로써 성인과 천지는 그

서는 태극 → 양의 → 사상 → 팔괘의 '1 → 2 → 4 → 8'의 구도가 등장하지만, 여기에서는 태극 → 양의 → 오행이 되어 '1 → 2 → 5'의 구도가 등장하고 있다. 역학적 맥락과 기학적 맥락이 통합되어 있음을 알 수 있다.

16) 내재적 인과(inner causality)를 말하고 있다. 역과 기의 사유는 '作'의 사유가 아니라 '生'의 사유이며, 외적인 '생'의 사유가 아니라 내적인 '생' 즉 '化'의 사유임을 말하고 있다. 이와 같은 구도에 입각할 경우 일본(一本)과 만수(萬殊)는 궁극적으로 하나로 이해되기 때문에 원융(圓融)한 세계관이 도래한다. 이는 화엄철학의 영향을 반영한다고도 할 수 있다. 성리학의 이런 원융함은 훗날 "理─分殊"의 존재론으로 표현된다.

17) 무극이 화하여 오행이 된 것이므로, 오행의 각 본성은 무극에 이미 잠재해 있었음을 뜻한다. 그래서 이 잠재성에 깃들어 있는 이치에 따라 음양·오행의 본질이 서로 묘합을 이루어 응결〔조합〕하게 된다.

18) 영명(靈明)한 존재란 '신(神)'을 갖춘 존재 즉 정신을 갖춘 존재를 뜻한다. 주돈이는 "적연부동은 '성'이며, 감이수통(感而遂通)은 '신'"이라고 말하는데, 결국 인간의 본성이 성이라면 그 고유한 활동은 신이라고 할 수 있다. 고요함이 본체이며 움직임이 작용이라는 점이 성리학의 기본 구도이다.

19) 주렴계는 인간의 본성을 '성(誠)'으로 보았으며 성은 순수지선(純粹至善)하다고 보았다. 자사와 맹자를 잇는 성선설이다. 이 성을 온전하게 완성한 존재가 곧 성인이다. 그렇다면 인간에게 악이란 어떻게 성립하는가? 오성 즉 오행의 각 기의 본성이 감(感)하여 움직일 때 중(中)을 지키지 못하면 악이 발생한다. 쉽게 말해, 행동을 시작할 때 중정함을 지키지 못하면 즉 인간의 본연인 성을 지키지 못하면, 그 순간〔幾〕=갈림길에서 악이 깃들게 된다. 아버지의 죽음에 대해 슬픈 마음에 젖을 때 '성'은 유지되지만, 어느 순간 유산에 대한 이해타산이 끼어들게 되면 그 순간 성의 중정이 흔들리고 악이 발생하게 된다.

덕과 합치하고, 해와 달은 그 밝음과 합치하고, 사시는 그 질서와 합치하고, 귀신은 그 길흉과 합치한다.[21] 군자는 그것을 닦아 길해지고, 소인은 그것을 거슬러 흉해진다.

하여 일컫기를,[22] "하늘의 길을 세우니 음과 양이요, 땅의 길을 세우니 유와 강이요, 사람의 길을 세우니 어짊과 옳음이라" 했다. 그리고 또 일컫기를,[23] "시작에 뿌리를 두고 끝에서 돌이켜보니, 죽음과 삶의 이치를 안다"고 했다. 위대하도다, '역'이여! 여기에 지극함이 있도다.(「태극도설」, 권1)[24]

세계의 근원을 어떤 일자에게로, 그러나 '무'로서의 일자에게로 귀일시키는 존재론, '作'이 아닌 '生' 나아가 '化'에 입각한 존재론 또는 논리학, 하나와 모두를 접힘과 펼쳐짐의 원융한 전체로 보는 유기체철학, 세계를 '반자도지동', '일음일양지위도'의 이치에 따라 이해하는 순환적 우주생성론, 자연과 인간의 합치를 믿는 (동북아 특유의 뉘앙스에서의) 자연주의, 기·음양·오행의 감응과 교합의 자연철학, 인간의 빼어남과 본연의 지순함을 믿는 인본주의, 마음(神)을 중심으로 하는 동과 정의 인성론, 성(誠)과 중정과 인의를 중심에 놓는 윤리학, 도덕의 선험성에 입각한 도덕형이상학, 성인의 존재를 기축으로 하는 역사철학, 군자와 소인의 구분을 중심에 놓는 정치철학, 이 모든 요소들이 주돈이의 이 짧은 글에 직관적으로 표현되어 있으며, 이제 성리학의 역사는 (주돈이 자신의 『통서』를 필두로) 이 사유를

---

20) 태극이 일반 존재론에서의 중심축이라면, 인극(人極)은 인간존재론에서의 중심축이다. 전자는 '리'이고, 후자는 '성'이다. 양자를 함께 사유하는 것이 곧 '성리학(性理學)'이다.
21) 인극의 덕이 천지와 합치하고, 그 밝음이 일월에 합치하고, 그 질서가 사시와 합치하고, 그 길흉이 귀신과 합치한다는 것은 인간의 길과 자연의 길이 서로 합치하는 장대한 '유기체철학'의 정향을 드러내고 있다.
22) 『주역』, 「설괘전」.
23) 『주역』, 「계사 상」.
24) 이하 특별한 언급이 없는 한, 성리학자들의 원문은 『성리대전(性理大全)』에서 인용하며, 말미에 권수만을 표시한다.

보다 정교하고 풍성하게 풀어내는 과정을 보여준다.

이러한 성리학적 사유의 전개에서 핵심 축을 이루는 것은 도교와 역학에서 찾아내어 재해석한 객관적 실재인 자연과 불교에 맞서 내세운 능동적이고 실천적인 주체성을 어떻게 화해시키느냐 하는 것이었다. 객체성과 주체성, 인식론적으로는 객관성과 주관성을 무봉(無縫)의 경지로 이어 '천인합일'의 길을 찾아내고자 한 것이 성리학자들의 사유였다.

주돈이의 사유에서 볼 수 있듯이, 인간은 자연 가운데에서 뛰어난 존재이지만 그 뛰어남은 자연의 뛰어난 기를 받아서이다. 이는 한편으로 인간이 자연의 다자들 중 가장 뛰어난 일자이지만, 다른 한편으로 인간은 자연의 일부이며 전체인 자연이 부분인 인간보다 더 위대하다는 것을 뜻한다. 인간은 자연으로부터 튀어나와 있는 존재가 아니라 자연 속에 들어 있음을 말하며, 이 점에서 성리학의 세계는 달걀보다는 더 둥근 세계이다. 자연은 인간이라는 존재를 그 안에 포함하기에 그 자체가 도덕성을 내재하고 있다. 반면 인간은 자연의 일부이기에 그의 도덕성은 다름 아닌 자연의 그것이다. 이런 이율배반적 구도(그러나 서로 평행을 달리는 이율배반이 아니라 순환관계를 형성하는 이율배반)하에서 자연은 인간에게 최대한 끌어당겨지고, 인간 또한 자연으로 최대한 끌어당겨진다. 그 결과 자연은 도덕적으로 파악되고 인간은 자연적으로 파악된다. 아니, 자연의 도덕성과 인간의 형이상학적 본성은 근본적으로 하나이다. 이것이 "성즉리(性卽理)"의 의미이다. 이러한 사유는 인간과 자연이 완전히 분리됨으로써 자연은 대상화되고 인간은 소외되는 현대의 이원 구도와 정확히 대척적이다. 성리학에서는 자연과 인간이 너무나 가깝기에, 자연은 자연 자체로서 대상화되지 않았으며 인간은 인간 자체로서 분리되지 않았다. 물론 '천인합일'이 이상이었다는 것은 현실은 전혀 합일이 아니었음을 함축한다. 그렇기 때문에 성리학적 합일을 그렇게 간단한 것으로 묘사하는 것은 부당할 수도 있다. 어쩌면 성리학자들은 자연과 인간의 소외를 누구보다 절실히 체감했기 때문에 더더욱 천인합일을 추구했을 수도 있다. 그러나 어쨌든 성리학이 도달한 이론적 구도는 달걀의 작은 쪽을 두들겨 전체를 보다 둥글게 만드는 것이었다. 그것은 타자성과 소외를 최대한 증발시킨 세계였다. 그러나 문제는 바로 이와 같은 과정을 통해서 다른 형태로 타자성과 소외가 출현한 데에 있었다.

§2. 상수학, 기학, 이학

소옹의 상수학

성리학적 사유를 특히 상수학의 면에서 정립한 인물은 소옹(邵雍, 1011~1077년)＝소강절(邵康節)이다. 소옹은 상수학을 다시 일으켜 역학을 기초로 한 성리학을 구축했다. 역학을 수에 입각해 재해석하고 갖가지 상(像)들을 그렸다.(2장, §2의 그림들을 참조) 퓌타고라스학파가 그랬듯이, 만물은 수로 되어 있다는 신념하에 모든 것을 수로서 파악하고자 했다. 그 출발점은 '1→2→4→8'의 구도이다. 소옹의 사유 전체가 "易有太極 是生兩儀 兩儀生四象 四象生八卦, 八卦定吉凶 吉凶生大業"이라는 구절의 주석이라 할 수 있다. 그의 사유에서는 특히 4라는 수가 중심축을 차지한다. 『황극경세서』[25]는 무극·태극 대신 '황극' 개념을 사용해 우주의 근본 이치를 가리켰고, 황극의 이치에 기반을 둔 경세를 설파하고자 했다.

소옹은 "태극은 1이고 부동이며, 2를 낳으니 2가 곧 신(神)"이라고 말한다. 그리고 "신은 수를, 수는 상을, 상은 기(器)"를 낳는다고 말한다. 태극이란 어떤 것이든 될 수 있는 절대 잠재성이다. 태극이 두 갈래로 갈라진 것이 '신'으로서, 곧 음과 양 즉 정과 동이다. 이 신이 4, 8, ……이라는 수의 체계를 낳고, 이 수의 이치에 따라 갖가지 상(일차적으로는 8괘)이 만들어지며, 다시 이 이치에 따라 구체적인 사물들이 생겨난다. 역학에서 "神無方"이라

---

25) 한글본으로 『황극경세서(皇極經世書)』(소강절 지음, 노영균 옮김, 대원출판, 2002)가 있다.

했다. 신은 음과 양일 뿐 아직 그 무엇으로도 결정되지 않은(indeterminate) 잠재성이다. 이 잠재성이 점점 구체화되면서(determinate) 4상, 8괘가 되고 다시 온갖 사물들, 사태들이 발생한다. 이는 위상수학의 세계가 특이성들로만 특성화될 뿐 그 어떤 공간으로도 화할 수 있는 잠재성의 공간이며, 여기에 일정한 규정성들이 가해지면서 미분기하학 → 사영기하학 → 아핀기하학을 거쳐 마침내 현실세계의 에우클레이데스 기하학이 발생되어 나오는 것과 구조적으로 유비적이라 할 것이다.

소옹은 이런 논리 구조를 시간축에서 구사함으로써 장대한 우주사(宇宙史)를 전개했다. 이 우주사를 지배하는 형식적 원리는 곧 수에 있으며, 그 내용적 원리는 물론 역학의 원리이다. 소옹은 우주사의 단위를 원(元)·회(會)·운(運)·세(世)로 잡았는데, 원은 해(日)의 경로이고 회는 달(月)의 경로, 운은 성(星)의 경로, 세는 신(辰)의 경로에 해당한다. 그래서 1원=12회, 1회=30운, 1운=12세의 관계(1년=12달, 1달=30일, 1일=12시)가 성립하고, 그 결과 다음 관계가 형성된다. 1원=12회(1×12)=360운(1×12×30)=4,320세(1×12×30×12). 소옹은 이 구도를 비례관계에 따라 확대해 1세를 30년으로 볼 경우, 1원은 129,600년이라고 계산했다. 그리고 이 구도를 12지시의 구도와 64괘의 구도에 상응시켜 일종의 우주달력(cosmic calendar)를 만들었다. 다음은 소옹의 아들인 소백온(邵伯溫)이 간략화한 표이다.

원(元)	회(會)	운(運)	세(世)			
日甲	月子1	星 30	辰 360	年 10,800	복(復)	䷗	
	月丑2	星 60	辰 720	年 21,600	임(臨)	䷒	
	月寅3	星 90	辰 1,080	年 32,400	태(泰)	䷊	星 제76에서 사물이 열림 (開物星之己七十六)
	月卯4	星 120	辰 1,440	年 43,200	대장 (大壯)	䷡	
	月辰5	星 150	辰 1,800	年 54,000	쾌(夬)	䷪	

月巳6	星 180	辰 2,160	年 64,800	건(乾)	䷀	星 제180, 辰 제2,157이 요 임금 시대
月午7	星 210	辰 2,520	年 75,600	구(姤)	䷫	하, 은, 주, 진, 양한, 위진, 삼국, 남북조, 수당, 오대, 송
月未8	星 240	辰 2,880	年 86,400	둔(遯)	䷠	
月申9	星 270	辰 3,240	年 97,200	비(否)	䷋	
月酉10	星 300	辰 3,600	年 108,000	관(觀)	䷓	
月戌11	星 330	辰 3,960	年 118,800	박(剝)	䷖	星 제315에서 사물은 닫힘 (開物)
月亥12	星 360	辰 4,320	年 129,600	곤(坤)	䷁	

이와 같은 우주사가 전개되고 나면 "反者道之動"의 원리에 따라 다시 새로운 우주가 시작된다. 표에서도 볼 수 있듯이, 이 도식은 역사철학적 구도를 함축한다. 역사란 우주사의 일부이기 때문이다. 소옹의 우주사는 그 전모가 수적으로 파악되는 만큼, 역사는 우주사의 끝이 아니라 중간에 표시되어 있다. 그리고 역사는 우주사가 퇴행으로 접어든 시기에 도래한 것이며, 자연히 정치의 수준도 황(皇) → 제(帝) → 왕(王) → 패(霸)의 수준으로 즉 무위의 정치 = → 은신(恩信)의 정치 → 공정의 정치 → 지력(智力)의 정치로 전락해왔다고 보았다.

소옹은 자신이 사변적으로 전개한 이러한 우주사를 객관적 지식이라고 생각했다. 그리고 인식론적으로도 '관물(觀物)'을 강조하면서, 선불교와는 대비되는 '객관적 인식'을 역설했다. 그러나 그가 생각한 객관성은, "관물은 눈으로 보는 것이 아니라 마음으로 보는 것이며, 마음으로 보는 것이 아니라 이치[理]로 보는 것"이라는 말이 시사하듯이, 경험주의/실증주의가 생각하는 객관성과는 거리가 멀었다. 감각을 벗어나 마음으로 사물을 본다는 것은, 인간이 자신의 마음을 자연에 투영해 사물을 "인식"한다는 것을 뜻한다. 따라서 현대적인 감각으로는 오히려 주관적 인식이라 해야 할 것이다. 그러나 소옹이 말하는 '心'은 인간의 마음만을 뜻하기보다 자연과 인간의 마음을 포괄하는 더 큰 '心'을 말한다. 복괘(☷)에서 "천지의 마음"을 말했거니와, 이 '心'은 곧 인간의 마음과 천지의 마음을 포괄하는 마음인 것이다. 이 때문에 소옹은 이 큰 마음을 깨닫기 위해서는 개별 인간의 작은 마음(주관적 마음)을 정화해야 함(洗心)을 역설하기도 했다. 이렇게 해서 주관성과 객관성은 더 큰 주관성으로 포괄된다. 그러나 소옹 자신에게 이것은 오히려 더 큰 객관성으로 이해된다. 그리고 이 객관성에서 발견해내는 이치가 곧 소옹이 말하는 이치이다. 소강절은 자신의 마음속에서 우주의 이치를 발견했다고 믿었던 "중세"인이었다.[26]

세밀한 차이들을 접어둔다면, 이런 구도는 성리학자들 전반의 구도라고 할 수 있다. 성리학자들은 자연의 위대한 질서에서 도덕형이상학적 의의를 읽어내었으며, 도덕형이상학의 가치를 자연에 투영했다. 이는 곧 자연에서 마음을 읽어내어 이 마음과 인간의 마음을 통합한 것이며, 그렇게 얻어낸 큰 마음을 세계 자체로서 인식한 것이다. 따라서 자연과 역사는 위대한 대위법을 형성하면서 궁극적으로는 하나의 진리를 형성하는 것으로 이해되었다. 이 진리는 현상학적 진리와 다르다. 이렇게 발견해낸 진리는 리의 체계이기 때문이다. 또한 이 진리는 객관주의적 과학의 진리 개념과도 다르다. 그것은 결국 인간의 마음—개인의 자의적 마음이 아니라 오히려 그 자의성을 정화해낸, '心'이라는 본래적 마음—을 자연에 투영한 것이기 때문이다. 그것은 성리학자들이 마음을 자연에 투영해 얻어낸 형이상학이며 거대한 유기체철학이었다.

성리학의 이러한 사변적 성격은 소옹에게서 특히 잘 드러난다. 성리학의

---

26) 소옹은 장자의 영향을 적지 않게 받았다. "눈으로 보기보다 마음으로 보고, 마음으로 보기보다 리로 본다"는 구절은 "눈으로 보기보다 마음으로 보고, 마음으로 보기보다 기로 본다"는 장자의 구절을 바꾼 것이다. 장자의 기의 철학이 소강절의 리의 철학으로 변환되었다. 아울러, 소강절은 장자에게서 특히 '환중(環中)' 개념을 가져와 태극을 환중으로 이해하기도 했다.

이런 성격 때문에, 성리학자들이 생각한 사물 탐구는 객관적인 사물 탐구와는 다르다. 오히려 그것은 마음에 모든 초점을 맞추었던 불교의 영향을 여전히 짙게 내포하고 있다. 사실 송대는 과학기술이 큰 발전을 이룬 시대이다. 그러나 성리학자들의 자연 탐구는 이 시대 과학기술의 자연 탐구와 별다른 연계성을 보여주지 않는다. 과학기술과 철학의 관계는 비-대칭적이다. 과학기술자들은 사상가들이 아니며(물론 일급의 자연과학자들은 어떤 면에서는 사상가들이다), 과학기술적 작업은 매우 복잡하고 지적인 것이지만 사실 근본적으로는 단순한 것이기도 하다. 이런 이유로 과학기술은 철학에 눈을 돌리거나 철학과의 종합을 시도할 필요를 느끼지 못한다.[27] 그러나 철학의 입장은 다르다. 철학은 세계에 대한 종합적 인식의 바탕 위에서 삶의 의미와 가치를 사유하는 행위이기 때문에 삶의 중요한 한 계기인 과학기술 또한 철학 내에서 해석되고 사유 전체 속으로 어떤 식으로든 용해되어야 한다. 위대한 과학기술자가 본격적인 철학자인 경우는 매우 드물지만, 위대한 철학자는 대개 과학기술에 대한 일정 수준 이상의 이해와 해석을 자신의 사유 내에 내포한 인물들인 이유가 여기에 있다. 이처럼 과학기술과 철학은 비-대칭적 관계를 맺는다. 이렇게 본다면 송대에서 자연과학과 성리학의 유리는 매우 아쉬운 것이다. 성리학을 전제하지 않는다고 당대 과학기술에 문제가 생기지는 않았겠지만, 성리학은 당대 과학기술을 흡수해야 했다. 이런 유리는 결국 성리학자들로 하여금 자신들이 객관적이라고 생각했던 인식에 사실상 주관적으로 접근하게 만들었다고 보아야 할 것이다. 이는 헬레니즘 시대의 자연철학과 (알렉산드리아를 중심으로 이어진) 자연과학 사이에서 형성되었던 유리와 유사한 것이라고 하겠다. 소옹의 상수학과 같은 사유가 오늘날 별다른 과학적 매력을 주지 못할 뿐

---

27) 다만, 순수 자연과학의 경우 이론적 구도 전반이 달라질 때면 철학과 밀접한 연계를 맺게 된다. 하이젠베르크, 루이 드 브로이 등이 활동했던 양자역학의 초창기를 생각해보면 될 것 같다. 당대의 양자역학자들은, 아인슈타인 등 몇몇 인물들을 예외로 한다면, 대개 과학자들이면서 철학자들이었다.

만 아니라 철학적 매력도 주지 못하는 것은 이 때문이다.

그러나 사태를 반대의 방향에서 볼 수도 있다. 사물을 인식하려면, 인식 주체의 마음이 말하자면 그의 몸을 뚫고 나가서 사물로 다가가야 한다. 마음이 몸 안에 묶여 있다면, 마음이 하는 일이라곤 몸이 지각한 것을 축적하는 것밖에 없다. 그러나 사물의 인식이란 내 마음이 그 사물까지 나아가 어떤 식으로든 그것을 정신적 차원에서 포착함으로써 이루어진다. 인간의 마음은 때로 우주 끝까지 나아가지 않는가. 신체는 물리적 우주의 한 부분이지만, 정신은 사유로써 우주를 포괄하기도 한다. 장재는 이를 '큰마음(大心)'이라 했다. 또한 타인, 사회, 역사, 문화 등 인간과 인간의 관계 또한 마음의 이런 작용을 전제하지 않으면 이해하기 어려운 것이 된다. 우리는 세계의 일부이지만, '세계'는 우리 정신 안에 이미 들어와 있는 그 무엇이다. 주관성과 객관성의 문제는 그리 간단한 것이 아니다. 따라서 "몸으로 보지 말고 마음으로 보라"는 것은 결코 신비한 명제가 아니라 해야 할 것이다. "마음으로 보지 말고 이치로 보라"는 명제는 정신 속에 들어온 세계에 '나'라는 존재의 마음을 투영하지 말고 본연의 마음 — 애초에 그 리와 하나인 마음(性) — 으로 그 세계의 내용을 보라는 것이다. 이것이 '성즉리'의 인식론적 맥락이라고 할 수 있다. 소옹의 세계는 어디까지나 마음의 세계이지만, 그는 큰 마음에 끼어드는 작은 마음을 정화할 때에만 우주의 진리가 드러난다고 본 것이다. 이렇게 볼 경우, 성리학은 객관성을 결여한 철학이라기보다는 우리에게 '객관성'의 또 다른 의미를 일깨워주는 철학이라고도 할 수 있다.

문제는 그렇게 해서 드러난 진리란 결국 마음으로써 본 한에서의 자연의 모습이라는 점에 있을 것이다. 소옹에게 자연은 본연의 지평으로서 주어져 있는 것이었으며, 중요한 것은 그 지평 저편으로 나아가 자연 자체를 탐구하는 것이 아니라 그 지평 이쪽으로 들어와 그 지평과 하나를 이루는 큰 마음을 탐구하는 것이었다.[28] 인간의 마음과 하나를 이루는 자연의 마음이 소옹이 본 우주이다. 이 때문에 여기에서는 인간의 마음과 자연 사이에서 드러날 수 있는 불일치, 타자성, 우연성, 불연속성 등은 문제시되지 않는다. 소옹의 문제는 나아가 성리학의 문제는 이들의 사유 구도를 취할 경우 이와 같은 불일치, 타자성, 우연성, 불연속성 등을 붙들고서 씨름하는 과정이 생략될 수밖에 없다는 점에 있다고 해야 할 것이다. 이는 곧 자연과 인간의 위대한 대위법이 사실은 이런 분투를 내포할 때에만 성립한다는 사실을 충분히 이해하지 못하고, 그러한 대위법을 너무 빨리 쉽게 성취했다고 믿었다는 것을 뜻한다. 성리학은 주관성과 객관성의 주관성을 추구했으나 주관성과 객관성의 객관성을 추구하지는 못했다.[29]

장재의 기학

바로 이런 이유 때문에, 성리학은 '주-객의 주'를 마구 밀고 나가서 그 것을 거대한 객으로 착각한 사유에서보다는 오히려 주-객의 주를 상대적으로 현상학적 수준에서 추구한 사유에서 보다 더 매력적인 성과를 낳게 된다. 이는 곧 사유의 중심을 사변적인 '리'에 두기보다는 차라리 '기'에 두는 길이다. '기'라는 상대적으로 경험적인 차원을 중심축에 둠으로써, 이 사유는 사변적 객관성이 아니라 상대적으로 현상학적인 주관성 — 그러나 주와 객의 거리가 가깝기에 또한 상대적으로 객관적인 주관성 — 을 추구할 수 있다. 이 길은 장재(張載, 1020~1077년)＝장횡거(張橫渠)에 의해 이루어졌다. 장재의『정몽』[30]은 주돈이의 사유를 보다 자세하고 논리적으로 새롭게 해석해 기 일원론의 원형을 만들어냈다.

---

28) 3권(1장)에서 논하겠지만, 이는 서구 근세의 객관주의적 자연철학(자연과학)의 구도와 정확히 대칭적인 것이다.

29) 소옹 이후 상수학은 주진(朱震, 1072~1138년)으로 이어졌다. 주진은 소옹을 이었으나 사실 양자의 관련성은 그다지 긴밀하지 않으며, 그는 주로 한대 상수학에 기반을 두면서 소옹, 장재, 정이의 역학을 취합했다. 주희는 주진의 역학을 매우 장황하고 산만한 것으로 혹평했다.

30) 한글본으로는『정몽(正蒙)』(정해왕 옮김, 명문당, 1991)이 있다.

스스로 분화하여〔散殊〕 개별자들〔象〕로 화할 수 있는 존재가 '기(氣)'이며, 맑게 통하여 개별자들에 갇히지 않는 존재가 '신(神)'이다.[31] (…) 태허(太虛)[32]의 미-분화 상태가 '기'의 본연이고, 이것이 모이고 흩어지는 것은 변화의 객형(客形)일 뿐이다. 지극히 고요해 감응하지 않는 것이 성(性)의 연원이니, 의식작용〔識〕과 지각작용〔知〕이 일어나는 것은 사물들과 교감할 때 일어나는 객감(客感)일 뿐이다. 객감·객형과 무감·무형은 오로지 성을 다하는 자만이 "일이관지"하여 이해할 수 있다.

천지의 기는 모이고 흩어지며 밀고 당기는〔攻取〕 등 온갖 변화를 겪지만〔百塗〕, 그 과정은 이치에 따라 진행되니 순리에 따를 뿐 망령되지 않다. 기란 흩어져 무형의 차원으로 화해도 그 본래의 실체성을 유지하며, 또 모여 개별자들을 이루어도 그 성질을 보존하는 존재이다. 태허는 기가 아닐 수 없고, 기는 모여 만물이 되지 않을 수가 없으며, 만물은 흩어져 태허가 되지 않을 수가 없다. 이렇게 나고 드는 것은 모두 부득이(不得已)한 것일 뿐이다.[33] 성인은 그 나고-듦의 경계에 서서 도(道)를 다함으로써 기의 양방향 이치를 깨달아 막힘이 없으니, 신을 보존함〔存神〕이 지극하다 하겠다. 적멸(寂滅)을 말하는 자들 즉 가서는 돌아오려 하지 않는 자들, 그리고 삶에 집착하는 자들 즉 물(物)이면서 화(化)하려 하지 않는 자들, 이 두 부류[34]는 서로 다른 것들로 보이지만 도를 상실했다는 점에서는 서로 마찬가지이다. 기란 모여도 흩어져도 그 본성을 잃지 않으니, 죽는다 해도 소멸되는 것이 아님을 아는 자

---

31) 모든 개별자들의 뿌리는 '기'이며, 특히 '신기'는 개별자들에 갇히지 않음을 말하고 있다. "신무방(神無方)"을 뜻한다. "허명(虛明)하여 환히 비추어주는 것이 신의 밝음"이고, "신을 보존할 때에만 사물에 묘응(妙應)해 감(感)할 수 있다."(「神化」) 신기 즉 정신적 차원은 특별한 기임을 말하고 있다.

32) '태허'는『정몽』이 멀리로는 3장에서 논한『회남자』,『황제내경』등의 기학적 전통에 닿아 있음을 시사하는 개념이다.

33) 자연의 필연적 이치라는 것을 뜻한다.

34) 불교도들과 도교도들을 가리킨다. 장횡거의 틀로 볼 때, 불교도들은 개별자의 자성을 부정하고서 기(불교의 입장에서는 공)로 향해 갈 뿐 개별자들의 현실적 삶을 도외시하는 존재들이고, 도교도들은 물(物) 즉 개별자는 기로 '화'해가는 것이 이치인데 개별자의 생명 유지에 집착하는 존재들이다.

와만 더불어 성(性)을 말할 수가 있다.

허공이 [진공이 아니라] 기임을 알면, 유/무·은/현·신/화(神化)·성/명이 둘이 아 닌 하나임을, 그저 모이느냐 흩어지느냐, 나는 것인가 드는 것인가, 끝이 있느냐 없 느냐의 차이일 뿐임을 알게 된다.(「대화(大和)」)

장재에게서 무와 유 사이의 존재론적 구분은 없다. 즉, '무→유'의 구도 는 거부된다. 왜인가? 기는 유이지만 현실적 사물들에 대해서는 무의 역할 을 하는 것으로 이해되기 때문이다. 기는 본체론적으로는 유이지만 생성 의 과정에서 무의 역할을 한다고 할 수 있다. 그래서 장재는 "유생어무"라 는 노자의 입장을 거부한다. 아울러 기 앞에 다른 존재들(entities)을 놓는 『회남자』의 구도도 거부한다. 기는 무이면서 유라는 존재론적 지위를 갖는 다. 따라서 기로부터의 사물들의 생성은 근본적으로는 '유→유'의 구도 이며, 사물들이 존재하지 않는 허공은 사실은 기로 꽉 차 있다고 보아야 한 다. 이 점에서 장재의 존재론은 충만의 존재론이다. 그러나 기는 본체론적 으로는 유이지만, 만물에 대해서는 어디까지나 무이다. 이 무는 없음이 아 니라 아직-아무것도-아님이다. 그렇기에 이 무는 현실적인 것(the actual) 은 아니지만 어디까지나 실재적인 것(the real)이다. 현실적인 것과 잠재적 인 것을 함께 사유하는 것이 "유명지고(幽明之故)"이며, 이는 존재의 사유 이지 무의 사유가 아니다. 그래서 만물이 기에서 나온다 할 때 또는 기로 만물이 돌아간다 할 때, 이는 불교에서 말하듯이 만물은 '공'에 불과함을 뜻하는 것이 아니다. 장재는 기와 만물 사이에는 엄연한 존재론적 차이가 있다고 보며, 만물에 가려 기를 못 보는 것만이 아니라 기에 가려 만물의 실재성을 못 보는 것 또한 비판한다. 이는 불교적 가현설에 빠져서 건곤의 이치를 단지 '환화'에 불과하다고 보는 것이며, 산하대지(山河大地)라는 엄 연한 실재를 일종의 존재론적 병으로 간주해버리는 데에 귀착한다는 것이 다. 요컨대 장재는 기 앞에 무를 놓는 도교의 생각과 만물의 실재성을 공으 로 환원하려 하는 불교의 생각 모두를 비판하고 있다.

기는 아득히 넓어 태허이며,[35] 오르내리고 날아오르면서 일찍이 멈춘 적이 없으니, 이를 일러 '인온'이라 하고 '야마'라 한다.[36] 이는 허와 실의 기축이고 음양·강유의 시원이다. 떠올라가는 것은 양의 청함이고, 가라앉는 것은 음의 탁함이다. 두 기가 감응[37]하고 조우하고, 모이고 흩어지는 이치, 비·바람이 되고 눈·서리가 되며, 온갖 종류가 흐르거나 뭉치는 것, 산과 하천이 녹거나 어는 것, 나아가 지게미·불씨에 이르기까지 어느 하나 이 이치에 따르지 않는 것이 없다. (…) 태허는 맑고, 맑기에 막힘이 없고, 막힘이 없어 신(神)하다 할 수 있다. (…) 기는 맑으면 통(通)하고 흐려지면 막힌다. 맑음의 지극이 '신'이다. (…) 태허가 있어 하늘의 이름이 있게 되고,[38] 기화가 있어 도의 이름이 있게 되고, 허와 기가 합해짐으로써 성(性)의 이름이 있게 되고, 성과 지각이 합해짐으로써 심=마음의 이름이 있게 된다.[39] 귀신이란 음기와 양기의 양능(良能)이다. '성(聖)'함이란 지성(至誠)으로 천=하늘을 얻

---

35) 주자에 따르면, 이 구절은 "허공이 곧 기"임을 천명한 것이다.

36) 기는 공간적으로 편재하고 시간적으로 유동함을 뜻한다. '인온(絪縕)'은 『주역』의 개념으로서, 왕부지(王夫之)는 음양 이기가 "우주공간(宙合)에 인온해 있다"고 했다. 기의 우주적 충만을 뜻한다. 야마(野馬)'는 『장자』, 「소요유」에서 "생명체들이 호흡하면서 서로에게 내뿜는 것"을 가리켰다. 기화를 뜻한다.

37) '감응[感]'은 장재 존재론의 핵심에 위치해 있다. 『주역』, 「함괘(咸卦)」에서 "하늘과 땅이 감응하여 만물이 화생한다"(天地感而萬物化生)고 했거니와, 장재는 이를 "감응한 연후에 통함이 있다"(感而後有通)고 이어받는다. 감응은 무엇보다도 우선 음기와 양기의 감응이다. 이 감응을 통해 타자들이 서로 '통'하게 되며, 이 통합을 통해 만물이 화생한다. "천지가 만물을 낳음에 각각 받아 나오는 것이 모두 다르되, 서로 감응하지 않을 때라곤 일순간도 없다. 이것이 이른바 '성이 곧 천도'라 한 것이다."(「건칭(乾稱)」) 또, "감응은 본성의 신령함이며, 본성이란 감응의 본체"(感者 性之神, 性者 感之體)라고 함으로써, 감응과 본성의 관계를 밝히고 있다.

38) 이는 장횡거의 우주론과 연계된다. 우주론은 『정몽』, 「삼량(參兩)」에서 전개된다.

39) 정리하면, 태허 → '천', 기화 → '도', 허 + 기 → '성', 성 + 지각 → '심'이다. 태허라는 자신의 존재론적 원리를 유교의 정통 개념인 '천'의 근간으로 삼고 있으며, 도교의 제일 원리인 '도'는 기화에 근간해서 성립하는 것으로 즉 기화의 양상으로서 자리매김하고 있다. 아울러 태허(이때는 태허 자체보다는 태허와 같은 성격, '허령(虛靈)'함을 뜻한다)와 기를 함께 생각할 때 '성' 개념이 성립하고, 이 성과 ('외물(外物)'과의 관련하에서 이루어지는 행위인) 지각을 함께 생각할 때 '심' 개념이 성립함을 말하고 있다. 장횡거가 "심통성정(心統性情)"이라 했기에, 지각과 정이 밀접한 관련이 있음을 미루어 알 수 있다.

음을 일컬음이다. '신(神)'이란 태허가 묘하게 응하는(妙應) 것이다. 무릇 천지의 법상40)은 모두 신화(神化)의 찌꺼기일 뿐이다.(같은 곳)

기와 태허 사이에는 존재론적 층차가 존재하지 않는다. "태허가 기의 본체"라는 것은 기의 본질이 태허라는 것이 아니라 기의 본래 모습이 태허 상태임을 뜻한다. 기의 본래 모습은 개물(個物)에 갇혀 있는 것이 아니라 우주에 편재해 있고 또 끝없이 화해가는 데에 있기 때문이다. 그리고 이 모두는 음양의 이치에 근간한다. 장횡거가 기의 운동에서 특히 주목하는 측면은 그 맑음과 흐림의 측면이다. 청함과 탁함이라는 개념 쌍에는 성리학자들의 존재론과 가치론이 동시에 함축되어 있다. 이 가치-존재론의 성격은 지중해세계에서의 '실재도'/'존재도', '탁월함'/'완전함' 등의 개념들에 함축되어 있는 가치-존재론과 흡사하다. 청하여 통함과 탁하여 막힘은 동북아 가치-존재론이 세계를 보는 기본적인 프리즘이다. 절대적 맑음인 태허의 성격은 '神'이라 표현되고, 이 '신'은 기의 존재론적 차원을 인간 정신의 인성론적 차원으로 이어주는 통로이다. 물론 인간 역시 객형·객감의 차원에 존재하며, 그래서 "성과 지각이 합해짐으로써 심의 이름이 있게 된다"고 한 것이다. 여기에서도 역시 인간은 형이상과 형이하의 두 측면이 조합된 이중체로서 이해되고 있다.

장재에게 '성(性)'은 천리지성(天理之性)과 기질지성(氣質之性)의 두 측면으로 이해된다. 세계를 기의 일원론으로 파악하는 한, 그리고 현상세계가 선과 악을 모두 보여주는 한, 기는 결국 이원적으로 파악될 수밖에 없다. 물론 '본연'의 성은 천리지성이다. 기질지성은 객형·객감의 수준에서 살아가는 존재들의 성이며('質' 개념은 이런 의미를 띤다. '形' 개념도 마찬가지이다. "형이 있은 연후에 기질지성이 있다"), 따라서 지각과 감정이라는 측면을

---

40) '법상(法象)'은 "成象之謂乾 效法之謂坤"(「계사/상」)의 구절와 연계되며, 천지를 가득 채우고 있는 형(形)·상(象)을 뜻한다.

내포하는 성이다. 그래서 현실을 살아가는 사람의 마음은 이성과 감정을 함께 가진다.("心統性情") 일찍이 「악기」에서 인욕의 폐단을 지적했고 맹자는 마음의 함양에는 욕심을 줄이는 것보다 좋은 것은 없다고 했거니와, 장재에게도 감정에서 핵심을 이루는 것은 욕심이다. 욕심은 사람을 사물로 향하게 만든다. 그래서 장재는 "사물을 쫓아 마음을 잃어버리면, 인간은 그 자신이 사물이 되어버리며 결국 천리가 소멸되어버릴 것"이라고 역설한다. 현대 식으로 말해 '물화/물상화(Verdinglichung)'에 빠진다는 것이다. 반면 이성을 추구한다는 것은 곧 인욕을 버리고 천리로 나아감을 뜻한다. 이로써 위와 아래의 이미지에는 천리와 인욕의 이미지가 상응하게 되고, '존천리거인욕(存天理去人欲)'은 성리학의 기본 테제로 자리매김된다. 그리고 이 길의 추구에서 중요한 것은 '궁리(窮理)'와 '진성(盡性)'이다. 인간은 궁리를 통해서 그 밝음〔明〕에 달할 수 있고 진성을 통해서 그 성실함〔誠〕에 달할 수 있다. 궁리와 진성을 다하여 명과 성에 도달한 뒤에라야 비로소 '명(命)' ── '천명' ── 에 닿아, 마침내 중정(中正)의 경지에 이를 수 있다.

장재는 인간에게 이와 같은 형이상학적 잠재력을 부여했기에 윤리와 정치의 문제에서도 이상주의적 논변을 펼 수 있었다. 장재에게 이상주의는 곧 복고주의이다. 즉, 이 이상주의는 미래에 가능한 이상이 아니라 과거에 현신화되었던 이상을 동경한다. 미래의 가능태가 아니라 과거의 원형이 가장 이상적인 것이다. 장재의 복고적 이상주의 ── 사실 이는 유교의 기본 테제이다 ── 는 종법제와 봉건제의 부활에 대한 주장에서 정점에 달한다. 진한의 통일 이래 중국은 그 거대한 영토와 문화적 다양성을 어떻게든 통일적으로 유지하려는 강박에 의해 존속해왔다. 더구나 송은 당 제국과 달리 순혈주의를 그 강렬한 모티브로 해서 성립한 왕조이다. 송 제국의 이런 성격이 현실적으로는 많은 모순들을 불러왔거니와, 장재는 봉건제를 통해 즉 분권을 통해 그 모순들을 해소할 수 있다고 보았고 동시에 종법제를 통해 다원화와 분열을 방지할 수 있다고 믿었다. 그리고 경제적으로도 정전제를 부활시키고자 했으며, 자신이 실제 이 제도를 실험적으로 운영하기도 했다. 또 중국적인 원형/동일성에 대한 굳센 믿음이 있었던 장재는 군사적 측면에도 많은 노력을 기울였으며, 당시 송에 큰 위협이었던 서하를 막을 여러 전략들을 구상하기도 했다. 이렇게 본다면 기의 보편성을 개진하는 그의 존재론과 중국적 동일성에 주안점을 두는 그의 정치철학 사이에는, 끝없는 기화에 대한 사유와 복고적 본질주의에 대한 사유 사이에는 괴리가 있다 하겠다.

그러나 이 표면상의 괴리는 장재사상의 모순이라고 할 수 없다. 그의 '리일분수(理一分殊)' 사상은 동일성과 차이의 동일성이라는 그의 사유 구도를 집약하고 있다. 장재의 정치존재론은 묵자적인 동일성의 존재론도 기존 유교의 차이의 존재론도 아닌, 차이들의 위계적 체계와 그 전체의 동일성을 동시에 주장하는 존재론이다. 즉, 전체는 위계화된 통일체이다.[41] 앞에서 보편적 윤리에 대한 신유학의 고민과 해법을 언급했거니와, 장재의 이 구도는 그 해법을 정확히 드러내준다. 이 구도는 곧 황제를 우주의 중심에 놓고 세계 전체를 계속 뻗어가는 동심원들의 방사상(放射狀)으로 파악하는 사유이다. 이 방사상의 외곽에는 중국 바깥의 이민족들이 배치되며, 이는 곧 동북아 국제질서의 특징인 책봉과 조공의 체제를 함축한다. 이 체제는 단순한 차이의 체제가 아니다. 차이들은 외부로서 남지 못하고 하나의 중심을 가진 전체로 내부화되기 때문이다. 이는 완벽한 차이배분의 체제이다. 이것이 동북아에서의 우주와 중국[42] 그리고 동북아 국제질

---

41) 그러나 리일분수가 공간적 유기성을 뜻하는 것만은 아니다. 주희는 리일분수 개념에 시간적 차원까지 부여해 역동화한다. "예컨대 하나의 좁쌀에서 싹이 트고, 싹에서 꽃이 피고, 꽃에서 열매가 맺히고, 또다시 하나의 좁쌀이 생겨나, 그 본래의 모습으로 되돌아가는 것이다. 하나의 이삭에 수많은 좁쌀 낟알이 있으되 낟알마다 하나하나 완전한 모습을 갖추고 있으며, 그것들을 심으면 다시 각각에게서 수많은 좁쌀 낟알이 생겨나게 된다. 이처럼 끝없는 생생이 있으나 애당초에는 하나의 좁쌀로부터 시작된 것이다." (「周子之書・太極圖」, 『朱子語類』, 卷94, 2374頁)
42) 앞에서도 강조한 바 있지만, '중국'이란 하나의 개념/이념이지 어떤 특정한 민족국가/

서 전체를 아우르는 중세적 존재론이고, 이후 성리학은 이런 구도를 계속 발전시켜갔다.

성리학의 이와 같은 존재론은 같은 시기 서구 스콜라철학의 위계적 존재론을 연상시킨다. 그러나 성리학의 위계가 대체적으로 수평축에서 성립하는 방사상의 위계라면, 스콜라철학의 위계는 수직축에서 성립하는 피라미드상의 위계이다. 마치 넓고 넓은 중국의 궁궐과 높고 높은 유럽의 고딕성당이 대조를 이루듯이, 양자는 유사한 위계적 사유를 상이한 공간 구조에 입각해 펼쳤다고 하겠다. 물론 이런 정합적인 존재론이 현실에 온전히 구현될 리는 없다. 훗날의 명 제국과 조선 사이에서 비교적 원형에 가깝게 구현되기도 하지만, 이러한 구도는 중국 바깥의 타자들의 틈입(여진족의 금 제국, 몽골족의 원 제국, 만주족의 청 제국 등)을 통해서 흐트러지게 된다. 그리고 중국 내부에서도 민란을 비롯한 여러 힘들이 이 깔끔한 구도를 우그러뜨리곤 했다. 그럼에도 이 사유 모델 자체는 매우 강력한 것이어서 이후 500년이 넘는 세월에 걸쳐 동북아 사회를 지배하게 된다.

장재 당대의 송 왕조에 초점을 맞출 경우, 장재의 복고주의는 새로운 개혁주의와 충돌하게 된다. 구법당이든 신법당이든 그들이 사대부 계층에 스스로 부여한 도덕성은 유사한 것이었다. 그러나 그 정치적 실현에서 양자는 갈리었다. 특히 장재 등의 복고주의는 왕안석 등의 급진적 신법(新法)과 충돌하게 된다. 그리고 그 충돌은 성리학의 역사와 더불어 내내 이어지게 된다.

정호·정이의 이학

정호(程顥, 1032~1085년) = 정명도(程明道)와 그의 동생인 정이(程頤, 1033~1107년) = 정이천(程伊川)은 주돈이에게 학문을 배웠고, 소옹과는 벗

국민국가를 가리키지 않는다. 따라서 오늘날의 '중화인민공화국'과 '중국'은 전혀 다른 개념이다. 물론 송대 지식인들에게 '송'과 '중국'은 동일시되었다.

의 관계였으며, 장재와는 친척지간이었다. 북송의 성리학자들은 이처럼 서로 긴밀한 관계에 놓여 있었다. 이정(二程)의 학문적 영향력은 매우 커서, 점차 장재의 관학(關學)은 정호·정이의 낙학(洛學)에 가리어지기에 이른다. 이정은『주역』을 비롯한 경전들 외에도,『논어』·『맹자』·「대학」·「중용」을 주석하면서 자신들의 사유를 전개했다. 이들에게 이 사서는 '경'이 된다. 또, 화엄철학 또한 이들의 사유에 깊이 녹아들어가 있다고 할 수 있다.[43]

정호와 정이는 장재를 존경했으나, 그의 사유와는 구분되는 사유로서의 '이학(理學)'을 세웠다. 이정이 장재 사유에서 특히 문제로 삼은 것은 그의 자연주의였다. 이들은 '기 → 만물'의 사유는 '유 → 유'의 사유임을 지적하면서, 진정한 도덕형이상학을 세우려면 자연의 차원인 기를 넘어 형이상의 차원을 확보해야 한다고 보았다. 이는 곧 '무 → 유'의 구도이다. 이 무의 자리에는 형이상자가 자리 잡아야 했다. 이는 곧 이들이 '천리'를 기의 차원을 초월하는 형이상자로 보았음을 뜻한다. 이정은 천리 개념에서 물질성을 완전히 제거하고자 한 것이다. 이런 맥락에서 "寂然不動 感而遂通"이라는 구절은 새롭게 해석된다. 천리는 본래 '적연부동'하다. 그것은 무이다. 그러나 감응하여 즉 기의 차원에 들어설 경우 모든 것에 통하여 모든 것을 이룬다. 이렇게 이정은 특히 정이는 리=천리에 초월성을 부여하고자 했고, 장재의 일원론을 이원론 구도로 전환하고자 했다. 그리고 이 경우 리와 기는, 플라톤에서의 이데아와 코라의 관계 설정이 난제인 것과 마찬가지로, 성리학적 사유에서의 난제가 된다.

천리는 보편적인 '일자'이다. "天命之謂性"이라 했고 "性卽理"라 했으니, 천리는 하늘의 '명(命)'이고 각 존재가 품부(稟賦) 받은 '성(性)'이다. "만물

---

43) 정호와 정이 사이에도 일정한 차이가 있지만, 여기에서는 특화해서 다루지 않았다. 주희가 정이를 사숙하고 이은 데 비해, 육구연은 정호에게 친화감을 느낀 사실이 양자의 차이에 대해 많은 것을 말해준다. 쓰치다 겐지로, 성현창 옮김,『북송 도학사』(예문서원, 2006)가 이 관계의 이해에 도움이 된다.

은 공연히 존재하는 법이 없으며, 반드시 저마다의 '리'를 가진다"는 왕필의 명제는 성리학에 이르러 보다 강한 도덕형이상학적 의미를 띠게 된다. 모든 것은 천리를 온전히 부여받은 존재들인 것이다. 그러나 이 온전함은 가능태로서의 온전함이지 현실태로서의 온전함은 아니다. 여기에서 가능태와 현실태는 가치-존재론[44]적 뉘앙스를 띤다. 문제의 핵심은 선/악에 있다 하겠다. 주돈이에게서 보았듯이, 성 자체는 순선(純善)하나 그것이 현실 속에서 활동하는 순간 거기에는 이미 악이 섞여 들어가게 된다. 이학자들에게 '기'와 '정'은 늘 악역을 담당하게 된다. 그러나 인간은 기와 정에 함축되어 있는 악과 대결해 선한 존재가 될 수 있으며 그로써 스스로를 끝없이 확충(擴充)해나갈 수 있는 존재라는 것, 따라서 인간은 천리의 본래에 다가갈 수 있고 천리는 인간을 통해서 구현될 수 있다는 것이 성리학자들의 믿음이었다. 성리학자들은 맹자를 따라 성선설을 취했으나, 악을 순수하게 외적인 것으로만 보기보다 성에 주어진/끼어든 것으로 이해했다. 바로 그렇기 때문에 악의 제거 또한 물속에 흩어져 있는 불순물들을 바깥으로 배출해내는 이미지를 띠게 된다. 이 역시 성리학이 불교를 거치면서 형성된, 내면적 불순물과의 사투라는 테제라고 할 수 있다.

> 사람의 생(生)에는 기품(氣稟)이 있어, 리에 선악이 존재하게 된다. 성 가운데 원래 선과 악이 대립적으로 생겨난 것은 아니다. 어려서부터 선한 사람도 있고 어려서부터 악한 사람도 있는 것은 단지 기품이 달라서 그런 것이다. 선은 물론 성이지만, 악도 성이라고 하지 않을 수 없다.[45] (…) 〔기의〕 청탁의 정도에 차이가 있겠지만, 혼탁한 물은 물이 아니라고〔성이 아니라고〕 할 수는 없다. 그러므로 사람은 〔혼탁한 것을〕 맑게 하는 노력(澄治之功)을 하지 않을 수 없다. 노력이 민첩하고 부지런하면

---

44) '가치-존재론'에 대해서는 여러 곳에서 논한 바 있다. 『전통, 근대, 탈근대』(그린비, 2011), 『사건의 철학』(그린비, 2011), 『세계철학사 1』(도서출판 길, 2011) 등을 참조.
45) 선과 악은 모순관계가 아니라는 것, 기품의 정도에 따라 선과 악이 된다는 것을 말하고 있다.

빨리 맑아지고, 노력이 느리고 게으르면 더디게 맑아진다. 그러나 일단 맑아지면 모두 본래의 물일 따름이다.[46]

주돈이에서 이정에 이르기까지 '성'에 대한 사유는 '미발(未發)'과 '이발(已發)'의 개념 쌍으로 표현되기도 했다. 성 자체는 리이지만, 그것이 기의 차원에서 발현되는 순간 즉 '정'과 연계되는 순간 거기에 이미 악도 함께 작동한다는 생각이다. 따라서 성리학적 사유에서는 '본연(本然)'의 차원을 찾아가는 것은 중요하며, 이 과정은 늘 어떤 시원으로 되돌아감이라는 성격을 띤다. 이는, 지중해세계의 사유에서와 마찬가지로, 현상은 본질의 타락이며 중요한 것은 다시 본질로 '돌아가는 것'이라는 관점을 함축한다.

이정을 비롯한 성리학자들은 이 되돌아감의 이상에 대비적으로 현실은 계속 퇴락해왔다는 관점을 가졌다. 이들 역시 동북아의 전통 사유에 충실하게 순환론적 역사철학을 견지했지만, 순환의 과정이 계속되면서 전체적으로는 퇴락의 흐름이 이어져왔다고 본 것이다. 흥미로운 것은 이들은 이 과정을 리 자체의 소장(消長)·영휴(盈虧) 과정으로 보았다는 점이다. 만물의 영고성쇠(榮枯盛衰)는 결국 리 자체의 변화 과정이라는 것이다. 그러나 개념상 리는 변화할 수 없다. 변화하는 것은 기이다. 이들은 자신들이 사유했던 리 개념의 존재론적 성격을 충분히 파악하지는 못했는지도 모른다. 결국 이들이 말하고자 한 바는 리가 기와 맞물려 변화해가는 과정일 것이고, 기의 변화를 통해서 리 자체도 변화해간다고 생각했을 것이다. 어쨌든 이정이 존재론적 차원에서 견지했던 '원융'의 세계관과 역사철학적 차원에서 드러낸 일종의 비관주의 사이에서는 일정한 간극이 드러나고 있다.

퇴락의 근본 원인은 무엇일까? 그것은 인간이 개인적 맥락에서든 집단적 맥락에서든 전체의 조화를 깨면서 전체로부터 스스로를 분리해내려 하기 때문이다. 따라서 성리학자들은 달걀의 튀어나온 부분을 두들겨 세계

---

46) 程顥/程頤, 『二程遺書』, 卷一(上海古籍出版社, 1991), 14頁.

를 다시 원으로 만들고자 했고, 이것이 천-인의 분리를 극복하는 것으로서의 천-인 합일의 이상이었다. 이정은 이런 합일의 경지로 가는 길을 인(仁)·성(誠)·경(敬)[47] 등의 가치에서 찾았다.

이정에게 현상세계의 존재론적 위상은 극히 낮아지고 본체세계의 위상은 극히 높아진다. 장재의 경우 본체계와 현상계는 기본적으로 연속적이며 양방향적이다. 이와 같이 일원적 세계는 이정에 이르러 그 한가운데가 벌어져 이원적 세계로 화하게 된다. 이로써 전체 모양새는 헬라스의 형상철학(Idealism)과 유사한 구도를 띠게 된다. 형상철학의 핵심 구도는 곧 영원부동의 차원이 선재(先在)한다는 테제이다. 현실세계는 이 차원이 물질적 차원에 '구현'됨으로써 성립한 차원이다. 이정에게서는 이러한 초월적 차원이 보다 강조되기에 이르며, 이로써 리·기 이원론의 구도가 등장하게 된다.

이정은 기를 근본 실체로 보는 장재의 일원론을 비판했다. "形而上者謂之道 形而下者謂之器"라 했듯이, 이들에게 기는 기(器) 즉 형이하의 존재이며 리가 형이상의 존재이다. 이정은 기가 사용되어 소실되면 그대로 소멸한다는 점을 강조했다. 따라서 기의 영원성을 논한 장재의 구도와 다르다. 역학에서 "生生之謂易"이라 했듯이, 기는 끝없이 새롭게 발생한다. 어디에서 기가 발생하는가에 대해 이정은 분명한 해명을 하지 않았지만, 이들의 구도에서 볼 때 리에서 발생하는 것으로 이해되어야 한다. 그러나 이럴 경우 비-물질적인 리에서 어떻게 물질적인 기가 발생하는가라는 난해한 문제가 생기며, 여기에서도 이정 존재론의 불철저함이 드러난다. 어쨌든 이미 생겨난 기가 사용되어 소실될 경우 (현대의 열역학 제2 법칙이 주장하듯이) 그 기가 다시 소생하는 일이란 있을 수 없다. 오로지 새로 생긴 기가 다시 사용될 뿐이다. 이들에게 기는 자체로서 보존되는 것이 아니라 리에서 계속

---

47) '경'은 이정에 이르러 특히 두드러지게 나타나는 가치이다. 이정은 주돈이의 '정(靜)'의 가치를 '경'의 가치로 치환할 것을 주장했는데, 전자는 너무 불교적인 가치라고 생각했기 때문이다. 이정은 경건(敬虔)하면 허정(虛靜)할 수 있지만 허정하다고 해서 경건할 수는 없다고 생각했다.

생겨나는 것이다. 이런 이유에서 이들은 우주를 거대한 용광로〔洪鑪〕와 같은 것으로 보았다. 샘물과도 같은 '일자'가 세계 자체 내에 내재해 있는 셈이다. 그러나 끝없이 타오르는 불길과도 같은 이정의 세계는 스토아학파에서와 같은 영겁회귀의 세계가 아니다. 이들의 세계는 불가역적인 세계이다. 그러나 리의 차원에서 이 불가역성은 초월되며 세계의 영원동일— 그러나 생생하는 영원동일 — 의 선험적 구도가 세워진다고 할 수 있다.

이렇게 본다면 이정의 '리'는 자연철학적 원리로 보이기도 한다. 그러나 리의 보다 근본적인 의미는 도덕형이상학적인 데에 있다. 이 점에서 이정의 구도는 헬라스 형상철학의 구도와 같지 않다. 헬라스 형상철학은 형상과 질료의 구도가 어디까지나 객관적인 것으로 상정되며, 이 구도에 입각해 영혼/정신이 설명된다. 물론 인식론적 맥락에서는 영혼/정신이 우선시되나, 이는 '발견의 맥락'이라고 해야 할 것이다. 반면 이정에게 이 초월적 차원은 정신적인 것이며 도덕적인 것이다. 성리학에서는 정신에 비추어 세계가 이해되는 것이지 세계에 대한 객관적 탐구에 입각해 정신이 해명되는 것은 아니다. 정신은 자주 거울에 비유되는데, 거울은 사물이 아니지만 사물이 거울에 비추이듯이 모든 것은 결국 마음/정신에 비추임으로써 의미를 가지는 것으로 보기 때문이다. 거울은 본래 깨끗하다. 거기에 때가 끼어서 더러울 뿐이다. 마찬가지로 마음은 무여야 한다. 그래야만 모든 것을 비추기 때문이다. 거울에 때가 끼어 있으면 거기에 사물이 제대로 비추일 수가 없듯이, 마음 자체에 사사로움이 있으면 거기에 대상이 제대로 비추일 수가 없다. 그래서 천지의 법도란 바로 "마음은 만물을 비추지만, 거기에는 사사로운 마음이 없어야 한다"(心普萬物而無心)는 것이다. 이처럼 마음으로 모든 것을 보듬는 것이 성리학적 구도이거니와, 이때 마음에는 선험적 도덕성이 '본연'으로서 갖추어져 있다. 성리학에서 '인'하다는 것은 사물과 혼연일체가 된다는 형이상학적 뉘앙스를 띠게 된다. '인'하다는 것은 결국 사사로운 마음을 극복했다는 것이기 때문이다. 이는 열린 지평에 있어 새롭게 창조해나가야 할 가치가 아니라, 선험적인 본연으로 되돌아가는 것에 다름 아니다. 성리학을 도덕형이상학으로 특징지을 수 있는 이유가 여기에 있다.

이정은 불교의 특징을 "바깥을 부정하고 안을 긍정하는 것"에서 찾는다. 이런 이해는 색을 공으로 파악하면서 식에 무게중심을 두는 유식철학에 특히 잘 맞는 이해일 듯하다. 그러나 이정은 불교와 반대로 바깥을 긍정하고 안을 부정하지는 않는다. 오히려 안과 바깥의 구분을 무화할 것을 주장한다. 이는 객관과 주관의 경계를 허물고 세계를 일원적으로 파악할 것을 요구하는 것이다. 그러나 이정에게 이 일원은 궁극적으로 마음에 흡수되어 이해된다. 이렇게 보면 이정 나아가 성리학의 사유는 불교에 비해서 이중적 특징을 갖는다. 세계를 공으로 보기보다 엄연한 실재로 봄으로써 불교의 주관주의를 비판하지만, 다른 한편 그 세계를 결국 '심'에 귀결시켜 이해함으로써 어떤 면에서는 불교와 마찬가지로 주관주의적 색채를 띠기 때문이다. 이미 지적했듯이, 성리학의 세계는 오늘날 유행하는 객관주의적 환원주의와 정확히 대척점에 존재하는 사유라 하겠다.

그러나 이정은 단지 세계의 정신적 본질을 내적으로 확신하는 데 그치지 않고 세계의 그런 차원을 인식해 들어가는 구체적인 공부 방법들을 탐구했는데, 이는 이들을 불교와는 현격하게 다른 사유로 이끈 측면이다. 이 때문에 이들의 사유는 현대적 객관주의도 아니지만 불교적 주관주의 또한 아닌 독자적인 형태를 띠게 된다. 이는 곧 존재론적 정신주의의 인식론적 공부 방법론이 착종된 형태라 할 수 있다. 전자의 측면이 특히 『중용』의 성·경의 가치와 연계된다면, 후자의 측면은 『대학』의 격물·치지와 연계된다.[48] 이 측면은 성리학 전체에서 매우 중요한 대목을 형성하며, 성리학을 무조건 "유심주의" 같은 식으로 치부해버리는 일은 경솔하다고 해야

---

48) 이미 언급했듯이, 『대학』은 명명덕(明明德), 신민(新民), 지어지선(止於至善)을 근본 강령으로 하고 있으며, 격물(格物), 치지(致知), 성의(誠意), 정심(正心), 수신(修身), 제가(齊家), 치국(治國), 평천하(平天下)를 구체적 조목으로 제시했다. 성리학자들은 이 중에서 특히 격물과 치지를 인식론적으로 다듬었다.

할 것이다. 이정은 '격'을 '궁(窮)'으로 보고 '물'을 '리(理)'로 보아, 결국 격물을 '궁리'로 보았다. 그래서 '격물궁리'라는 표현도 사용했다. 무엇을 궁리하는가? 사물의 이치(物理)를 궁리한다. 모든 사물에는 그 이치가 있다. 그리고 만물은 결국 일리(一理) 즉 천리에 의해 주재되므로 세계는 크고 작은 이치들의 유기적 체계라 할 수 있으며, 따라서 하나를 알면 미루어 열을 알 수 있는 것이다. 이는 내용은 다르지만 '자연의 제일성(uniformity of nature)' 같은 생각과 통한다.

그러나 이정이 생각하는 물리는 오늘날 사용되는 '물리'라는 표현과는 큰 거리가 있다. 이들에게 '물'은 좁은 의미에서의 물리적 사물들이 아니라 모든 존재자들을 가리키며, 더 중요하게는 '심'과 대립을 이루는 '물'이 아니라 궁극적으로는 '심'에 포섭되어 이해되는 '물'이기 때문이다. 모든 것은 사물이고, 모든 사물에는 이치가 있다. 그리고 자연과 문화는 연속적이다. 따라서 군신, 부자 등에도 미찬가지로 이치가 있다. 물리, 생리, 심리, 법리, 수리, 지리, 철리, …… 같은 구분은 존재하지 않으며, 모든 존재자들이 일의적으로 이해되고 있다. 그리고 그 일의적 이해를 가능케 하는 것은 큰마음에 포섭되어 이해되는 세계와 그 세계의 주재자인 천리이다. 이들에게 '궁리'와 '진성(盡性)'과 '지명(至命)'은 하나이다. 그렇기 때문에 이들의 '물리'는 도덕형이상학의 관점에서 이해되어야지 현대적 관점에서 이해되어서는 곤란하다. 이정이 '궁리'를 역설했으면서도 객관세계에 대한 탐구의 필요성을 크게 느끼지 못한 것은 이런 맥락에서 이해할 수 있다.[49]

이정의 이와 같은 사유 구도는 정치적/현실적 문제에 대한 이들의 입장을 보수적인 것으로 만들었다. 이정 역시 이전의 성리학자들과 마찬가지

---

[49] 물론 이 점을 너무 강조하는 것은 옳지 못하다. 불교와 달리, 이정은 객관세계에 대한 넓고 지속적인 탐구를 강조했기 때문이다. 문제의 본질은 이들이 생각한 객관세계는 어디까지나 도덕형이상학의 지평에서 이해되어야 한다는 점에 있다. 그래서 이정은 견문(聞見)과 지식·생각(知思)에 빠지기보다 경(敬)에 힘쓸 것을 역설하기도 했다.(程顥/程頤, 『二程遺書』, 卷15, 130頁)

로 왕안석의 신법에 반대했다. 이정은 사마광 등과 연대해서 구법당을 형성했으며, 결국 왕안석의 신법당을 몰아내기에 이른다. 이정 역시 송 왕조의 근본 문제인 토지 겸병(兼併)의 폐단을 정확히 지적했다. 그러나 이들은 현실 문제를 인식하고는 있었지만 그것을 적극적으로 개혁하고자 하지는 않았다. 다만 옛 제도를 동경하면서 추상적인 이상을 열거할 뿐이었다. 이 뿐만 아니라 이들은 일부 학자들에 의해 "당송(唐宋) 혁명"이라고까지 불리는, 송대의 역사적 성취들 중 하나로 손꼽히는 과거제조차도 찬성하려 하지 않았다. 그리고 '종자법(宗子法)'을 중심으로 하는 종법제의 부활을 역설함으로써 복고주의적 가치를 내세웠다. 게다가 이들은 '천리'에 대한 구체적인 표상이 때로 자의적일 수도 있다는 점은 심각하게 고려하지 않았기 때문에, 예컨대 과부는 재가를 하느니 차라리 굶어죽는 편이 낫다고 판단하기도 했다. 세계의 근본 원리〔常理〕와 현실 자체는 그 존재론적 위상을 달리해야 한다. 그러나 지금의 맥락에서 이정이 생각한 천리의 내용은 현실 자체의 내용 —— 이들이 영위하고 있던 삶의 지평 —— 과 유사성의 관계를 가졌으며, 이는 천리가 현실을 설명하고 바꾸어 나간다기보다는 현실이 그대로 반영되어 천리로 파악된 것이라고 할 수 있다. 이것이 이들의 사유가 보수적이 된 근본 이유이다. 성리학은 유불도를 통합해 차원 높은 형이상학을 제시했지만, 그에 걸맞은 정치철학을 제시하지는 못했다. 오히려 당대의 사회 변화에 비추어볼 때, 낡은 수구 세력을 형성했다고 해야 할 것이다.

§3. 주자의 종합

북송의 철학자들에 의해 전개된 성리학은 남송 시대에 이르러 주희(朱熹)＝주회암(朱晦庵)＝주자(朱子, 1130~1200년)에 의해 종합되었다. 동북아 철학사상 최대의 철학자로 일컬어지기도 하는 주희의 사유는 이전의 다양한 사상들을 장대하게 종합했으며, 방대하기 이를 데 없는 저작들을 통해 표현되었다. 주희의 사유는 이후 동북아 지식계를 500년의 세월을 넘어 지배하게 된다.

주자는 우선 기존 성리학자들에 의해 전개되어온 리·기의 사유를 종합해 리와 기의 이원론을 존재론적으로 세련되게 다듬어냈다. 주자에게 리는 사물(넓은 의미)의 이치이다. 어떤 사물에도 그것을 다른 것이 아닌 바로 그것으로 만들어준 충족이유율 즉 리가 존재한다. 배는 바다에서 뜨지만 육지에서는 못 가고 수레는 육지에서는 잘 가지만 바다에서는 못 가는 것은 각각의 리가 다르기 때문이다. 리는 어떤 사물[50]이 바로 그 사물인 까닭 즉 '소이연(所以然)'이다. 주자는 리 개념을 자연물과 인공물의 구분 없이 성립하는 보편적 개념으로 보았다. 수달과 인간이 다른 존재인 것도, 또 인간과 수레가 다른 것도 각각의 리가 다르기 때문이다. 때로 리는 '조직화의 원리'로 이해되는데, 이는 리 개념에 대한 다소 좁은 이해임을 염두에 두어야 한다. 리는 모든 '물(物)'들의 충족이유율＝소이연이다. 그래서 때로는 '성(性) 즉 각 사물의 본성과 동일시되기도 한다.

리는 소이연인 점에서 기와 구분된다. 기는 구체적인 형(形)·질(質)·색(色) 등을 가지지만,[51] 리는 사물들의 까닭 그 자체이다. 까닭은 구체적인 존재가 아니라 구체적인 것들을 바로 그것들로 만들어주는 추상적인 존재이다. 그것은 실존하는 존재자가 아니라 잠존하는 이치이다. 따라서 이 이치는 그 자체만 따로 고려했을 경우 '무'의 성격을 띤다. 어떤 구체성도 내

---

50) '사물'이라고 표현했지만, 주희의 리 개념의 적용 범위는 극히 넓다고 해야 한다. 예컨대 그는 "지각(知覺)에는 지각의 리가 있다"고 말한다. 이 점에서 주희의 리 개념은 실체-속성 구도에 묶여 있는 아리스토텔레스보다 훨씬 넓은 존재론을 구사한 플라톤의 이데아 개념에 더 가깝다.(물론 그럼에도 주희의 사유는 그 유기체 철학의 구도로 말미암아, 전체적으로는 플라톤보다 아리스토텔레스의 사유에 가깝다)

51) 엄밀히 말하면, '질'은 기가 오행으로서 구체화될 때 띠게 되는 것들이다. '형'이 전통적으로 사용되어온 개념이고, '색'이 특히 불교적 맥락에서 일반화된 개념이라면, '질'은 주희에 의해 고유한 의미가 부여된 개념이다.

포하지 않는 리는 현실세계와 상대적으로 볼 때 무이다. 앞에서 언급했듯이, 리 개념은 성리학이 불교의 무에 대립적으로 내세운 무이다. 또, 리 개념은 성리학이 도교의 무에 대립적으로 내세운 무이기도 하다. 즉, 도교의 '도'의 대체 개념이기도 하다. 그래서 주자는 리는 곧 도라고 말한다. 주자는 무라고 하는, 리의 이런 성격을 분명히 했다.[52] 그러나 성리학의 이 무는 불교의 '공'처럼 어떤 규정성도 피해가는, 어떤 동일성으로도 고정할 수 없는 무가 아니다. 반대로 성리학의 무는 규정성들의 총체이다. 그것은 우주의 설계도이며 존재의 문법이다. 그것은 크고 작은 모든 동일성들의 유기적 총체라 할 수 있다.(이 점에서 아리스토텔레스의 '에이도스'에 가깝다)[53] 또, 리는 도교의 '도'처럼 현지우현(玄之又玄)한 무가 아니다. 오히려 명료하고 분명한 동일성들의 도인 것이다. 주자는 리의 존재론적 위상을 분명히 함으로써 성리학적 사유를 반석 위에 올려놓았다.

리는 실존하는 사물을 '설명'하는 충족이유율이기도 하지만, 동시에 각 사물의 이상태를 가리키는 '극(極)' 즉 이데아/이념이기도 하다. 그것은 각 사물의 그 사물 '다움'이며, 아테네 철학자들이 생각했던 '아레테'와 흡사하다. 따라서 배가 물 위에서 잘 가고 수레가 뭍에서 잘 가는 것은 그 소이연으로서의 리 때문이기도 하지만, 또한 동시에 배와 수레가 마땅히 그래야 할 것 즉 '소당연(所當然)'으로서의 리 때문이기도 하다. 이 소당연 개념은 물론 인간세에서 특히 두드러지게 성립하는 개념이다. 이는 "君君臣臣父父子子"라는 공자의 생각을 잇는 것이기도 하다. 결국 리 개념은 순수 존재론적 개념이 아니라 존재와 당위가 통합된 도덕형이상학적 개념으

---

52) 리는 정의(情意)도 계탁(計度)도 조작(造作)도 없는 존재로서(「理氣上」, 『朱子語類』, 卷1), 천지가 개벽하기 전에도 존재했던 초월적 차원이다. 천지가 개벽해서 리가 생긴 것이 아니라, 리에 따라서 천지가 개벽한 것이다.

53) 그러나 아리스토텔레스의 경우와 달리, 주희에게서는 리들 사이의 프락탈 구조, '월인천강(月印千江)의 구조가 존재한다. 이는 곧 화엄철학의 영향이라고 할 수 있다. "온 전체가 하나의 태극이고, 또 하나하나의 사물이 태극을 구비하고 있다."(「周子之書 通書」, 『朱子語類』, 卷94, 2409頁)

로서, 소이연이기도 하고 소당연이기도 하다. 바로 가치 - 존재론의 사유라 하겠다.

리가 순수한 즉 비 - 물질적 존재로서 선재한다면, 기는 도대체 어디에서 나오는 것일까? 주자는 "천지가 존재하기 이전에도 필경 이 리는 존재했다"고 했고,[54] "리가 존재하면 곧 기가 유행(流行)하여 만물을 발육(發育)시킨다"고 했다. 하지만 1) 만일 기가 리에서 나오는 것이라면, 비 - 물질적 차원에서 갑자기 물질적 차원인 기가 튀어나오는 것이 된다. 2) 기가 리에서 나오는 것이 아니라면, 어디에선가 갑자기 생기는 것이 된다.[55] 만일 리와 기를 우주론적 맥락에서 구분한다면 위와 같은 모순이 나온다. 리와 기는 본래 결코 떨어질 수 없는 두 차원이라고 해야 할 것이다. 아니 더 정확히 말해, '리'와 '기'는 실재의 두 측면을 추상한 것이라고 해야 할 것이다. 그래서 주희도 "리와 기의 관계는 본래 선후를 논할 수 있는 것은 아니지만, 그 유래한 바(所從來)를 따지자면 리가 선재한다고 할 수밖에 없다"고 했다. 주희의 이런 논변에는 논리적 순서(logical order)와 물리적 순서(physical order)가 혼재되어 있다고 볼 수 있다. 주희는 리와 기를 때때로 물리적 순서에 따라 논하지만 이는 모순을 내포하게 된다. 리가 기에 선재한다면 이는 어디까지나 논리적 순서에서이다. 리와 기는 개념적/형식적으로 구분될 뿐 실체적으로는 구분될 수 없다. 리와 기에 대한 "불상리불상잡(不相離不相雜)"이라는 말은 리와 기가 실체적으로는 떨어질 수 없지만 형식적/개념적으로는 반드시 구분되어야 함을 잘 표현해주고 있다. 주희

---

54) 아울러 주희는 "설령 산하·대지가 모두 무너진다 할지라도, 반드시 리는 그 안에 있다 〔잠존한다〕"고 했다. 즉, 리는 기의 생성소멸을 초월해 존재한다. 현실의 세계를 분석하면, 리와 기는 항상 함께 존재하지만 우주의 생성 전체를 생각할 때는 리가 기에 선재한다고 봐야 하는 것이다. 전자의 맥락에서 리와 기는 형식적으로만 구분되지만 후자의 맥락에서는 실체적으로 구분된다.

55) 이런 난점은 이미 "유생어무(有生於無)"에 관련해서 지적한 바 있다. 성리학의 리·기 개념 자체가 도가적 연원을 가지거니와, 이 과정에서 이러한 난점 또한 고스란히 이어졌다고 할 수 있다.

는 "동정에는 단초가 없고, 음양에는 시작이 없다"고 했기에, 사실상 기에는 시작도 끝도 없다고 보아야 한다. 주희는 때로 기를 말로, 리를 말을 부리는 이로 비유하는데, 결국 리는 기의 움직임을 조절하는 이법인 것이며, 그 이법이 어딘가에 홀로 존재할 수는 없다. 따라서 리가 없다면 기는 혼돈에 불과하고, 기가 없다면 리는 허깨비 같은 것일 수밖에 없다.

리의 논리적 선재를 인정하면서 기 자체의 운동에 초점을 맞출 때 주희의 우주론이 성립한다. 주희는 주돈이의 〈태극도〉를 기반으로 삼고 소옹 등의 자연철학을 흡수하면서 자신의 우주론/자연철학을 전개했으며, 그 이론적 기반은 음양오행론이다. 주희가 여전히 음양오행론을 기반으로 삼고 있다는 점에서, 그의 자연관은 전통적 자연관을 벗어나지 않는다. 주희 우주론에서 특히 흥미로운 점은 영겁회귀의 사상이다. 주희는 소옹이 말한 129,600년이라는 주기를 기준으로 우주가 영겁회귀를 겪는다고 생각했다. 그리고 개벽에 의한 사물의 생성을 철저하게 자연주의적 방식으로 설명한다. 생명체들 역시 처음에는 자연발생적으로 생겨났으며 그 후에야 번식에 의해 증식한다고 본 것이다.

주희에게서 개별화의 원리가 어디에 있는지는 다소 어려운 문제이다. 주희는 각각의 사물에 그 고유한 리가 있다고 말하므로, 이 경우 개별화의 원리는 각각의 리에 있다. 그러나 그는 때로 만물에 태극이 내재해 있다고 말하므로, 이 경우 개별화의 원리는 기에 있다고 보아야 한다. 똑같은 태극을 부여받되 각각의 기가 다른 데에서 개별적 차이들이 생겨난다고 보아야 하기 때문이다. 전자로 볼 경우, 태극/리는 개별적 리들의 총체가 된다. 그러나 태극/리의 전일성(全一性)을 생각한다면, 주희의 생각은 후자에 가깝다고 보아야 한다. 각 사물의 고유한 리들 즉 성들은 결국 각각의 고유한 기에 상관적으로 성립하는 것들이기 때문이다. 이 경우 기의 청탁에 따라 각각 드러나는 리 또한 차이가 난다. 이는 라이프니츠의 존재론과 대칭적이다. 라이프니츠의 경우 모든 모나드들은 우주 전체를 함축하지만, 명석하고 판명하게 지각하는 부분들이 다 다르고 그에 따라 각각의 '관점'을 가진다. 반대로 주희의 경우 모든 개별자들은 태극/리/천리를 부여받고 있지만, 기가 가리고/막고 있는 정도가 다 달라서 각각의 본성을 달리한다. 인간은 다른 동물들의 "치우치고 막힌(偏塞)" 기에 비해 상대적으로 "바르고 뚫린(正通)" 기를 부여받았고, 이 점에서 천리를 가장 탁월하게 구현하고 있는 존재이다. 이는 곧 기의 '청탁'이라는 개념의 새로운 표현이다. 주희는 인간이란 생=기의 측면에서 다른 동물과 다를 바 없지만, 성=리의 측면에서는 다르다고 보았다.[56] 인성(人性)과 물성(物性)에 대한 논의는 훗날 조선 성리학에서 '인물성동이론'을 통해 치밀하게 다루어지게 된다.

리·기 개념이 도덕형이상학적 개념이기에, 이런 식의 논리는 인간 자체 내에서도 성립한다. 청명한 기를 타고난 사람일수록 성인에 가깝고, 혼탁한 기를 타고난 사람일수록 우인(愚人)에 가깝다. 따라서 성리학에서 기 개념은 **도덕적 개별화의 원리**로서 작동한다. 인간을 이해하는 데에 리와 기는 동시에 중요하다. 리를 논하지 않고 기만 논한다면, 현실적인 도덕적 차이는 이해할 수 있지만 인간의 근본적 선함을 이해하지 못한다. 고자라든가 순자 등에게서 발견되는 이러한 생각을 주희 등 성리학자들은 인성의 근본적 선함을 깨닫지 못한 생각으로 물리친다. 반면 기를 논하지 않고 리만 논한다면, 인간의 근본적 성선은 확보되지만 경험적 차원에서의 도덕적 차이들을 논할 수 없게 된다. '기품'을 논해야만 도덕에 대한 경험적 논의가 가능한 것이다. 성리학자들은 맹자의 성선설이 그 핵심에서는 옳지만 이 기품에 대한 논의가 결여되어 있다고 보았다. 성리학자들은 일단 인간의 바탕에 선한 리=성을 깔아놓고서 그 위에서 기품의 차이를 논하고자 했다. '본연지성(本然之性)'과 '기질지성(氣質之性)'의 구분이 핵심인 것이다. 이로써 맹자가 유학의 정통으로 떠받들어지게 되고 순자는 비-정통의

---

56) 주희, 『맹자집주(孟子集註)』의 「고자 성지위성장(性之謂性章)」을 보라. 흥미롭게도 주희는 다른 동물들도 인·의·예·지 중 하나를 갖추고 있는 것으로 이해한다. 예컨대 개미, 벌 등 막시류(膜翅類)에게는 어떤 종류의 '의'가 존재하며, 범, 이리에게는 어떤 종류의 '인'이 존재한다고 보았다.(「性理 一」, 『朱子語類』, 卷4, 57頁)

자리로 밀려나기에 이른다. 성리학이 인간의 바탕에 깔아놓은 리라는 판을 빼내면 그것은 현대적인 경험주의 윤리학으로 변환된다고 할 수 있다.

인간의 마음은 리＝성을 바탕으로 하지만, 또한 기로서 활동하기에 정(情)을 포함한다. 곧 앞에서 보았던 "心統性情"의 구도이다. 주희가 말했듯이, "성은 심의 리이고, 정은 심의 동(動)이다." 그래서 인의예지가 성(마음의 본질, 선험적 자아의 측면)이라면, 측은지심·수오지심·사양지심·시비지심은 정(마음의 현실성, 경험적 자아의 측면)이다. 인의예지가 순선한 리＝성으로서 마음의 바탕이라면, 네 가지 마음 즉 '사단'은 구체적 현실성에서 움직이는 정인 것이다. 그러나 정은 맹자가 말한 이 사단의 측면만이 아니라 희·로·애·락·애·오·욕이라는 '칠정'의 측면도 가진다. 그렇다면 사단과 칠정의 관계는 무엇인가? 주희가 본격적으로 논하지 않은 이 문제는 조선의 철학자들에 의해 '사단칠정론'으로서 전개된다. 다른 한편 성리학에서는 신체가 그 자체로서 상세하게 다루어지지는 않았는데, 이는 신체가 '기' 개념에 포함되어 추상적으로 다루어진 탓이다. 성리학에서의 '지각' 개념이 현대적인 지각 개념이 아니라 인지 과정 전체, 나아가 정신적 활동성 전체를 가리키는 개념으로 사용되었던 것도 이런 이유에서였다. 지중해세계 전통 철학에서와 마찬가지로 동북아세계에서 신체는 '인욕'과 결부되어 논의되었고, 때문에 논의는 경험적 차원에 맞추어지기보다는 어디까지나 "存天理去人欲"의 구도에 맞추어졌다. 따라서 훗날의 주자학으로부터의 탈피는 곧 주자학이 숨어내야 한다고 보았던 이 차원, '정'과 '욕'의 차원을 어떻게 새롭게 사유하느냐에 초점이 맞추어지게 된다.

성·경을 통한 이 '존천리거인욕'의 추구는 확실히 불교적 수양과 닮아 있다. 그러나 앞에서 언급했듯이, 불교를 '허학'으로 유교를 '실학'으로 규정했던 성리학자들은 "하학이상달(下學而上達)"이라는 공자의 가르침에 따라 객관세계의 탐구에 작지 않은 노력을 기울였다. 이것이 곧 '격물치지'로, 주희에게서도 이는 핵심적인 활동으로서 그 자신이 정호·정이에 비해서 훨씬 큰 노력을 기울인 측면이다. 그러나 이는 근대적 의미에서의 경험주의적 탐구와는 그 성격을 크게 달리한다. 주희는 존재론과 윤리학/도덕철학에서도 그랬듯이 인식론에서도 선험주의를 주창한다. 주희 역시, 플라톤의 상기설이나 데카르트의 본유관념설과 유사하게, 인간의 마음에는 천하의 모든 이치가 구비되어 있다고 보았다. 따라서 지각＝인식이란 이 마음의 리들이 그 각각에 해당하는 객관적 대상들의 리의 일치를 깨닫는 것이다. 앞에서도 말했듯이, 성리학적 체계에서 객관세계는 이미 큰마음 속에 들어와 있는 것이다. 따라서 객관세계를 밝히는 것은 곧 우리의 마음속에 잠재해 있는 이치들을 밝혀내는 것과 맞물린다.(우리는 3권에서 이 구도를 헤겔과 셸링에서 다시 만나게 된다) 성리학자들이 객관세계에 대한 탐구를 행하기에 앞서 마음에 대한 탐구를 역설한 것, 그리고 세계에 대한 온전한 인식의 가능성, 모든 것이 환히 뚫린 경지를 굳게 믿었던 것은 이 때문이다.[57]

주희에게 객관세계는 자연만이 아니라 인간사까지 포괄하는 총체적인

---

57) 주희의 이런 관점은 세계에 대한 객관적 인식을 역설하면서도 정작 그런 인식으로 나아가는 것을 어렵게 했다. 그러나 애초에 주희에게 앎이란 자연을 대상화해서 파악하는 것이 아니라 삶을 정초해줄 천리를 인식하는 것이었다고 해야 할 것이다. 자연의 인식은 천리의 위대함을 확인하는 과정이었다고 해야 하며, 근대적 자연과학의 잣대로만 평가할 수는 없다. 오히려 성리학의 관점에서 본다면, 근대적 자연과학은 '物'에 대한 이해를 어느 한 극단으로 치우쳐 몰고 간 것으로 볼 수 있다. 아울러 전통 자연철학의 패러다임 내에서 볼 경우, 주희는 이전 성리학자들에 비해 매우 많은 성과를 이루었다고 해야 한다. 주희 자연철학의 높은 수준은 『어류』, 특히 2권에서 확인할 수 있다. 주희 사유의 상대적으로 객관 지향적 성격은 그의 『주역본의』・『역학계몽(易學啓蒙)』과 정이의 『역전(易傳)』을 비교해봄으로써도 확인된다. 그러나 주희의 자연철학 역시 동북아 전통 자연철학의 한계를 벗어나지는 못했는데, 이 한계란 곧 매우 추상적인 '형이상학'과 매우 구체적인 '기술'만 존재할 뿐 그 사이에 구체적인 '자연철학'이 존재하지 않았다는 점이다. 특히 아리스토텔레스가 힘주어 강조했던, 무엇이 설명하는 것이고 무엇이 설명되는 것인지에 대한 즉 지식을 구성하는 요소들의 순위라는 개념이 희박했다. 그래서 철학적 원리와 구체적 지식들의 거리가 너무 멀어서, 전자가 후자를 제어하지도 못했고 또 후자가 전자로 흡수되지도 못했다. 이런 인식론적 구조는 곧 문사-관료들과 중인들의 거리가 매우 멀었던 사회적 구조와 상응한다. 인식론적 구조와 사회적 구조의 상응은 역사에서 종종 발견되는 중요한 측면이다.

유기적 체계이다. 따라서 그에게 '자연과 역사'라는 이분법은 존재하지 않는다. 주희는 이전의 성리학자들처럼 추상적인 역사철학만을 제시한 것이 아니라 역사 자체에 대한 구체적인 관심을 가졌다. 그러나 그는 사학보다 경학이 앞서야 한다고 생각했으며, 경학 없이 사학을 할 경우 한계를 드러낸다고 보았다. 현대 식으로 말해, 철학 없는 역사는 맹목적인 것이다.(하지만 역사 없는 철학은 공허하다고 해야 할 것이다) 그는 경학을 먼저 공부하지 않고 역사를 공부하는 것은 "싸움을 구경하기만 하는 것과 같다"고까지 말했으며, 이런 관점에서『좌씨전』이나『사기』등을 비판하기도 했다.[58] 리에 대한 탐구 없이 역사를 점철하는 처참한 인간사만 읽는 것은 오히려 인간을 타락시키는 것이라는 생각이다. 이에 그는 사마광(司馬光)의『자치통감』을 역사철학적으로 해석한『통감강목(通鑑綱目)』을 저술해 역사 전체를 성리학적으로 해석하고자 했다.『통감강목』에서 가장 중요한 것은 역사에 유교적 가치를 투영해 '정(正)'과 '윤(閏)'을 구분했다는 점이다.[59] 또, 유가적 가치를 투영해 역사적 인물들을 '의'와 '불의'로 구분하고, 이들에 대한 엄격한 포폄(褒貶)을 가했다.[60] 남송 사람인 주희는 특히 강력한 중앙집권주의와 중화주의를『통감강목』에 반영했다. 전체적으로『통감강목』

---

58) 주희는 이러한 이유에서 여조겸(呂祖謙, 1137~1181년)을 비판하기도 했다. 주희의 주학, 육구연의 육학과 더불어 여학으로서 남송의 3학으로 평가받았던 여조겸은『좌씨전』,『사기』,『한서』를 중심으로 역사를 연구했고, 주희에 비해 실증주의적 학풍을 전개했다. 반면 주희는 호안국(胡安國, 1074~1138년)의『춘추』연구 ―『춘추전(春秋傳)』/『호전(胡傳)』― 에 대해서는 비교적 호의적이었는데, 그의 역사철학과 통하는 부분이 많았기 때문이다.

59) 주희는 중원의 통일 왕조들인 주(周) · 진(秦) · 한(漢) · 진(晉) · 수(隋) · 당(唐)을 정통으로 보았으며, 위 · 촉 · 오 중에서는 촉을 정통으로 보았다. 이는 중원의 통일 왕조들만 '순(純)'으로 보고, 다른 왕조들이나 국가들/집단들은 윤(閏)/'잡(雜)'으로 보는 시각이다.

60) 특히 주희는 용어의 구분에 세심한 노력을 기울였다. 예컨대 정부에서 군사를 움직인 것에도 반역자에게 군사를 움직인 경우는 '정(征)' · '토(討)'를 사용하고, 이민족을 향해 군사를 움직인 경우는 '벌(伐)' · '공(攻)' · '격(擊)'을 사용했다. 주희의 용어법은 이후 큰 영향을 끼친다.

은 역사서가 아니라 역사철학서, 더 정확히는 『서경』을 잇는 유교적 역사철학서라 해야 할 것이다.

주희의 이와 같은 관점은 진량(陳亮, 1143~1194년), 섭적(葉適, 1150~1223년) 등에 의해 주도된 사공파(事功派)와 대립했다.[61] 사공파는 유학의 전통적 입장인 숭고주의에 대해 그 맹목성을 비판하면서, 삼대와 한당의 차이는 정도의 차이일 뿐 본질적 차이가 아니라고 보았다. 진량은 도덕적 성현보다 현실적 영웅을 중시했으며, 한 고조 유방이나 당 태종 이세민 같은 인물이 나타나 남송의 현실을 타파해나가길 희구했다. 주희는 삼대를 이상화하면서 한당의 역사를 낮춘 점에서 그와 대립했다. 주희가 볼 때 한 고조나 당 태종은 이미 인욕에 물든 인물들인 것이다. 이에 반하여 진량은 정치란 왕도와 패도를 혼효해서 행할 수밖에 없으며, 한·당은 그 나름대로의 큰 성취를 이룬 왕조임을 역설했다. 이는 곧 역사에서 나타나는 인욕과 실제적 성취에 대해 어떤 평가를 내리느냐의 문제이다. 진량은 천리와 인욕을 날카롭게 분리하기보다는 인간을 좀 더 현실적으로 바라보고자 했고, 도덕적 잣대만이 아니라 실제 성취 — 경세(經世)의 업적 — 도 함께 평가해야 한다고 보았다. 도는 몇몇 유학자들의 정통에 의해 이어져온 것이 아니라, 역사에서 위대한 성취를 이룬 영웅호걸들에 의해 실제 체현된 것이다. 철학적으로는 도학적 유교의 강고한 틀에 반대했으며 인의예지 못지않게 희로애락도 중요하다고 본 사공파는 역사를 도학적 관점에서만 평가하기보다는 역사 자체로서 파악해야 한다고 본 것이다. 주희와 진량의 대립은 현실을 근본적으로 정초하기 위해 이론에 몰두하는 인물과

---

61) 사공학은 이학·심학과 더불어 송학의 세 갈래를 이루었다. 이학과 사공학이 본질적 대립이라면, 이학과 심학의 대립은 '성리학' 자체 내에서의 대립이라고 할 수 있다. 후대에 유학사는, 특히 황종희의 『명유학안(明儒學案)』의 영향으로(이 책은 양명학이 이미 꽃핀 이후에 그것을 중심으로 송대 이후의 유학사를 사후적으로 구성한 것이다), 송원명 시대의 유학을 '이학 vs. 심학'으로 정리하는 경향이 있지만, 송대 자체에 시선을 맞출 경우 이학과 심학보다 더 뚜렷한 대립선은 성리학과 사공학 사이에 그어졌다고 해야 할 것이다.

실제 경세를 통해 시급한 현실을 타파해나가려는 인물의 대립으로 볼 수 있다.

북송에서의 도학자들＝성리학자들과 왕안석의 대립, 남송에서의 주희와 사공파의 대립은 '학문'이란 어떤 것이어야 하는가를 놓고 벌어진 대립이었다. 오늘날이라면 이런 식의 대립은 부차적인 것으로 간주될 것이다. 수학자가 당장 필요한 어떤 물건을 만들어내지 않는다고 그를 비난하는 사람은 없다. 상대성 이론과 같이 현실과 별다른 관련성이 없는 이론이 오히려 경탄의 대상이 되기도 한다. 반대로 정치학자나 경제학자, 사회학자가 플라톤의 후기 대화편이나 『논어』, 『맹자』의 원문을 독해하지 못한다고 그를 비난하지도 않는다. 오늘날 학문은 이미 분업화되어 있다. 자신이 모르는 분야에 대해서는 "내 전공이 아니다"라고 말하면 그만이다. 물론 오늘날에도 이론적 학문과 실용적 학문 사이에는 큰 간극이 있고, 양자 사이에 심리적·사회적 갈등이 일어나기도 한다. 그러나 전통 사회에서 이와 같은 성격의 대립은 본질적이고 심각한 것이었다. 연구에서 중점을 어디에 두는가의 차이는 있었지만 학문은 분화되어 있지 않았고, 바로 그렇기에 학문이 어디로 가야 하는가를 둘러싼 첨예한 대립이 발생했던 것이다. 따라서 주희와 진량의 대립은 학문 분과들 사이에서의 대립이 아니라 학문─전체의 방향 자체를 둘러싼 대립이었다고 해야 한다.

전통 사회에서 학문이란 단순히 하나의 직업이었던 것이 아니다. 그저 여러 분야들 가운데 하나를 선택하고, 일정한 코스를 밟아 학위를 따고, 사회에서 특정한 자리를 잡고, 자기 분야의 논문을 써서 발표해 인정받는 그런 것이 전혀 아니었다. 전통 학문에서 세계에 대한 존재론적 인식, 인간에 대한 이해, 그리고 윤리와 정치에 관련한 입장 정립은 서로 다른 '전공'이 아니라 혼연일체를 이루는 하나의 '사상'이었다. 한 사회의 구조를 이해하는 데 가장 본질적인 것들 중 하나는 그 사회에서 '계(界)'가 분절되어 있는 방식이다. 오늘날 학계와 정치계는 분리되어 있다. 학자와 정치가는 매우 다른 존재이며, 일정 측면에서만 교집합을 형성하고 있다. 그러나 전통 사회에서, 적어도 유교적 맥락에서 정치와 학문은 하나를 이루었으며, 학문 없는 정치나 정치 없는 학문은 드물었다. 학자가 아닌 정치가는 존경받을 수 없었고, 학자가 정치에 참여하지 않는 것은 그것 자체가 어떤 정치적 입장의 표명이었다.('出'과 '處'의 문제) 오늘날의 정치적 갈등은 많은 경우 법조문의 해석을 둘러싸고 벌어지지만, 전통 사회의 경우 모든 정치적 문제들이 고전의 해석을 둘러싸고 일어났다. 학문과 정치가 혼연일체를 이룬 것이다. 이 때문에 오늘날이라면 주희는 철학자요 진량은 정치학자요 육구연[62]은 '마음공부' 하는 사람이라고 말하면 그만이겠지만, 전통 사회에서는 이와 같은 식의 구분은 의미가 없었다.[63] 바로 그렇기에 이학이나

----

62) 육구연(陸九淵, 1139~1192년)은 "성즉리"에 대항해 "심즉리(心卽理)"를 역설했다. 그는 주희처럼 심을 성의 측면과 정의 측면으로 나누고 전자로 하여금 후자를 통어토록 하기보다 심을 그대로 리와 동일시한 것이다. 그는 "우주가 곧 나의 마음이요, 나의 마음이 곧 우주"라고 말함으로써, 한편으로는 마음에 우주론적 위상을 부여했고 다른 한편으로는 우주를 주관적 - 심리적으로 파악했다. 이와 같은 입장이었기에 육구연은 저작 활동에 주력하지 않았으며, 주희처럼 개념적 분석에 몰두하지도 않았다. 성(性)·재(才)·심(心)·정(情)의 구분에 관련한 질문을 받았을 때, 그는 그 네 개념이 결국 다 같은 것이라고 답하기도 했다. 그가 볼 때 이런 개념적 구분은 본질적인 것이 아니었던 것이다. 주희에 대한 육구연의 관계는 아리스토텔레스에 대한 헬레니즘 철학자들의 관계를 연상케 하며, 헬레니즘 시대의 철학들을 논하면서 지적했던 사유 유형 즉 자아와 우주가 직접 연결되면서 그 사이의 객관세계(자연과 역사)가 증발되어버리는 유형의 전형을 보여준다. 그래서 그는 성리학자들의 '격물치지'를 비판하면서 선종에서 말하는 '깨달음'과 통하는 형태의 학문을 추구했다.(그러나 선종이 그 이전의 교종을 전제하는 것처럼 육구연도 고전의 독서를 부정한 것은 아니다. 오히려 그는 꼼꼼한 독서를 주장하기도 했다) 주희는 여러 이론적 문제들을 두고서 육구연과 대립했으며, 왕안석에 대한 평가에서도 양자는 상반된 평가를 내렸다.

63) 이는 지중해세계와 대조적이다. 동북아세계와 달리 지중해세계에서 정치가들은 대체적으로 군인들이었다. '문'과 '무'가 날카롭게 구분된 동북아에서는 정치가들은 곧 학

심학이냐 사공학이냐 하는 것이 격렬한 논쟁의 주제가 되었던 것이다.

북송 왕조에서 이 문제를 잘 보여주는 경우는 곧 왕안석의 신법을 놓고 벌어진 갈등이었다. 왕안석(王安石, 1021~1086년)은 황제의 비호 아래 다양한 개혁을 펼쳤다. 서하와의 전쟁으로 피폐해진 재정을 균수법(均輸法)을 통해 보완하고(여기에는 새로운 세수를 짜내기보다 물자의 유통을 합리하려는 생각이 깔려 있다), 청묘법(青苗法)을 통해 농민들의 부담을 덜어주고(여기에는 당대의 사회문제였던 토지겸병을 차단하려는 의도도 있었다), 시역법(市易法)을 통해 대상인의 횡포로부터 중소상인을 보호하고자 했다. 나아가 그는 말썽 많던 차역법(差役法)을 모역법(募役法)으로 개정했고, 부정부패의 온상이었던 서리(胥吏)를 포함해 관제를 혁신했으며, 보갑법(保甲法)과 보마법(保馬法)을 통해 군제를 개혁하고자 했다. 왕안석의 개혁에 깔려 있는 근본적으로 혁신적인 측면은 곧 지식인상의 혁신이었다. 그는 당시까지만 해도 시부(詩賦)의 능력을 기준으로 하던 관리 채용[64]을 실무 능력

자들이었지만, 지중해세계의 경우에는 그와 같은 구분이 희박했고 정치가들은 대개는 군인들이었다. 일본의 사무라이 정권들은 예외적인 경우라 할 수 있다.

또 하나, 지중해세계에서 사제 계층의 존재(그리스·로마의 경우는 하나의 직책 — 그러나 다소 독립적인 직책 — 으로서, 중세에는 이원적 권력의 한 축으로서)와 동북아세계에서 사제 계층의 부재 또한 매우 중요한 차이이다. 예컨대 지중해세계에서 재이(災異)가 발생했을 때 그것은 전적으로 종교계 측에서 해석해야 할 문제였다. 그러나 동북아의 경우 그것은 정치가이자 학자였던 문사-관료들이 처리해야 할 문제였다. 왕안석의 정치를 둘러싼 숱한 논쟁들에서도, 재이 현상이 철학적 해석(특히 '天'에 대한 해석)과 정치적 입장(특히 '法'을 둘러싼 입장)의 극히 복잡한 착종을 통해서 전개된 것도 이러한 맥락에서 이해할 수 있다.

64) 이 또한 전통 사회의 구조에 관련해 핵심적인 사항들 중 하나이다. 오늘날 문학적 재능이 있는 사람과 실무적 재능이 있는 사람은 서로 일치하기는커녕 오히려 정반대의 인간형으로 인식되지만, 전통 사회의 지식인들은 모두 문사-관료들이었다. 위에서도 말했듯이, '문사'와 '관료'가 하나로 통일되어 있었기 때문에, 진정한 지식인상이 무엇이냐는 논쟁이 벌어졌다고 할 수 있다. 근대 사회란 한 덩어리로 존재했던 지식인이 여러 갈래로 갈라진 사회이며, 그 결과 지식인들은 어느 한 분야로 전문화되고 자율화되는 대신 과거 지식인의 총체성을 상실하게 된다. 이는 근대 사회의 성격 자체와도 긴밀히 연결되는 중요한 문제이다.

기준으로 바꾸었으며, 과거제의 중심 또한 바꾸었다. 시부를 잘 짓는 관료들은 실무에 어두워 서리 등에게 업무를 맡기곤 했고, 이로써 근본적 모순이 발생했던 것이다. 왕안석은 '리사(吏士) 일치'의 이념을 내세워 지식인상 자체를 바꾸고자 했다. 대지주의 특권을 누리면서 시부에 능할 뿐 실무에는 무능한 관료들을 몰아내고, 실무의 능력이 있고 합리적 정신을 갖춘 신진 관료들을 육성해 사회를 근본적으로 개혁하고자 한 것이다.

왕안석의 이와 같은 개혁은 당연히 반대에 부딪쳤다. 여러 번 언급했듯이, 동북아의 역사는 구기득권층과 개혁적인 재상의 투쟁으로 점철되었다. 왕안석의 개혁 역시 대지주 기득권층에 부딪쳐 좌절하기에 이른다. 왕안석 이후에도 명대 장거정의 개혁, 조선조 조광조의 개혁 등 많은 의미 있는 개혁들이 이렇게 좌절되곤 한다. 왕안석의 신법당과 사마광의 구법당은 날카롭게 대립했으며, 이후 두 입장은 신종 이후의 황제들의 입장에 따라서 부침을 거듭하게 된다. 하지만 그 과정에서 본래의 사상적 대립은 점차 증발되고 결국에는 정치적 적개심만 남게 되며, 또 점점 사태가 복잡해져 후에는 간신배인 채경이 신법을 휘두르는 얄궂은 지경에까지 이르게 된다(이 왜곡된 신법은 민중을 오히려 더 힘겹게 만들었다. 이 시대가 바로 『수호지』의 시대이다) 이와 같은 과정을 통해 썩을 대로 썩은 송 왕조는 결국 여진족의 금(金)에 회하 이북을 내주게 된다. 이후 금과 남송의 남북조 시대가 100여 년간 지속된다. 왕안석의 개혁이 안정적으로 지속되었다면 사태가 이 지경에 이르지는 않았을 것이다.

왕안석을 반대했던 세력은 당연히 대지주 기득권 세력이었다. 그렇다면 이런 물음이 제기된다. 왜 도학자들은 왕안석과 각을 세웠을까? 이렇다 할 특권층도 아니었고 인격적인 면에서도 정치꾼들과는 전혀 격이 다른 인물들이었던 이들이 왜 신법을 반대했을까? 보다 일반적으로 말하면 다음과 같다: 사상에서나 인격에서나 그처럼 뛰어난 철학자들이 왜 정치적으로는 고루한 입장을 견지했을까? 이는 매우 흥미로운 물음이다.

무엇보다도 도학자들의 이상주의가 곧 복고주의였다는 점이 주목된다.

장재의 경우 종법제와 봉건제를 주장했고, 이는 이들의 정치철학이 현실에 대한 정확한 파악 위에서가 아니라 그들의 학문적 입장을 그대로 현실에 투영한 것임을 말해준다. 종법제와 봉건제의 부활도 그 나름의 논거를 내포하고 있긴 했지만, 종법제는 다국화 시대와 당 제국을 거쳐 형성된 다질성과 여러 사회적 변모를 거스르는 것에 불과했고, 봉건제는 오히려 송의 분열과 서하 등 이민족에 의한 정복을 초래했을 것이다. 정전제의 경우는 당대의 토지겸병에 비추어볼 때 정당하고 의미 있는 주장이었으나, 이번에는 이 주장이 오히려 너무 혁명적인 것이어서 현실성을 가질 수가 없었다고 보아야 한다. 자석이 철을 끌어당기려면 어느 정도의 거리로 가까이 가야 한다. 자력이 아무리 좋은 자석이어도 너무 멀리 떨어져서는 철을 끌어당길 수가 없다. 종법제와 봉건제가 시대착오적인 복고주의였다면, 정전제는 너무 혁명적이어서 오히려 고원한 이상주의였다 하겠다. 주희의 자연철학을 논하면서 형이상학과 기술 사이에 자연철학이 없었다고 했거니와, 이 경우에도 형이상학과 현실 사이에 구체적인 정치철학이 결여되어 있었다고 해야 할 것이다.[65] 이런 구도에서 도학자들은 자신들의 형이상학을 그대로 현실에 투영해 고원한 주장을 했고, 이 때문에 왕안석의 '신'법을 적대했다고 할 수 있다. 한편으로 형이상학을 구축한 도학자들이 그리고 다른 한편으로 현실적 정치가들이 있었을 뿐, 그 사이에 본격적인 정치철학자가 부재했다는 것이 송 왕조의 비극이었다.

이정(정호와 정이)도 마찬가지이다. 이들의 경우에도 정치에 대한 추상적 이상주의는 존재했지만 구체적 정치철학이 부재했다. 그래서 현실을 직시하기보다 고전들만을 뒤적이면서 거기에서 무엇인가를 끄집어내려고만 했던 것이다. 뿐만 아니라 이들은 '당송 혁명'의 최고의 성과인 과거제마

---

65) 이 구도 역시 본 철학사에서 여러 번 언급했던 구도, 한쪽 극에 내면이 다른 쪽 극에 초월성이 있고 양자가 그대로 이어지는(그래서 그 중간이 텅 비는) 구도를 보여준다. 성리학자들에게서도 역시 내면과 천리가 직접 이어지면서, 그 중간에 자연철학과 정치철학이 비어버리는 구도가 발견된다.

저도 부정하기에 이른 것이다. 이들은 사마광과 함께 구법당을 형성해 왕안석을 적대했다. 정치란 개개인의 신념보다 사람과 사람의 네트워크 즉 '세(勢)'를 통해 움직이기에, 정치적 움직임은 항상 인적 관계와 밀접한 연관성을 띤다. 그래서 공적인 것과 사적인 것이 뒤범벅되어버린다. 그리고 한번 특정한 인적 관계에 휘말려 들어가면 좀체 자신의 뜻대로 운신하기가 힘들다. 궁극에는 오로지 누구 "편"인가만이 문제가 되고, 급기야 무조건적인 적대의 지경에 이른다. 왕안석의 신법당도 사마광의 구법당도 이와 같은 인적 관계의 대립을 이루면서 점차 본래의 논리적 대립으로부터 괴리되어 감정적 대립으로 변질되어갔다. 이러한 상황은 결국 북송의 멸망으로 귀결된다.

송이 회하 북쪽을 금에 내주고 남쪽으로 내려온 이후에도 왕안석을 둘러싼 대립의 분위기는 여전히 존재했던 것으로 보인다. 주희 역시 왕안석에 대한 부정적인 평가를 내리고 있다. 주희는 역사와 정치를 둘러싸고서 특히 진량 등 사공파와 대립했다. 이후 동북아의 사상과 정치에서 압도적 영향력을 행사한 인물은 주희였다. 사공학은, 금과의 전쟁을 주장하다 패함으로써 타격을 입는 이론 외적인 요인도 있었지만, 무엇보다도 그것을 이론적으로 심화해나갈 인재를 찾지 못하고 아쉽게도 쇠퇴의 길을 걷게 된다. 반면 주희의 학문은 몇 단계를 거치면서 동북아의 대표적 철학으로 자리 잡게 된다. 주자학은 상당 기간 탄압을 받기도 했지만 주희를 잇는 뛰어난 학자들이 끊이지 않음으로써 계속 이어졌다. 위대한 이론은 좁고 짧은 맥락에서는 때로 허망한 것일 수 있지만 넓고 긴 맥락에서는 결국 그 빛을 발하게 마련인 것이다. 주자학은 특히 원대(元代)의 허형(許衡, 1209~1281년) 등을 통해 일반화되어 나아갔으며, 이후 동북아의 주도적 담론으로 자리를 잡게 된다. 그러면서 점차 관학화되어 갔다. 특히 세계, 인간, 도덕에 대한 원대한 설계도를 보여주는 주자학은 새로운 왕조의 창건자들에게 환영을 받았다. '새로운 판'을 짜는 데에 주자학만큼 유용한 철학도 없었기 때문이다. 특히 명, 조선, 에도 막부 등 14세기 후반 이래 등장한 새로운 왕조들은 모두 주자학을 그 건국 이념으로 삼았다.

주자학이 이러한 위상을 점하게 된 가장 본질적인 이유는 무엇보다도 이 사유가 동북아 정치의 중심에 서 있던 사대부 계층(일본의 경우는 사무라이 계층)의 영혼을 사로잡았기 때문이다. 왜 사대부 지식인들은 주희를 존숭하고 그를 잇고자 했을까? 우선 주희는 학문적으로 거대한 봉우리를 이루었으며, 이로써 자연히 사대부 지식인들의 존숭을 받을 수 있었다. 주희가 이룩한 학문적 성취는 거대했고, 지식인들을 압도하는 사유의 경지를 보여주었다. 또, 주희의 철학은 도교와 불교의 주도를 극복하고서 형성된 유교를 계속 힘 있게 밀고 나갈 수 있는 사상적 추동력을 제공해주었다. 물론 이로써 주자학이 본래의 철학성을 점차 상실하게 되고 관학으로 화하게 된 것도 사실이다. 나아가, 주자학은 사대부 지식인들의 정체성 형성에 심대한 영향을 끼치게 된다. 그것은 사대부들이 마땅히 갖추어야 할 세계관과 가치관의 패러다임으로서 기능할 수 있었다.

주자학이 새로운 왕조가 건설될 때 특히 큰 매력을 발휘한 것은 바로 우주와 인간을 잇는 웅혼한 규모의 사유, 지식인들의 영혼에 정체성을 불어넣는 인성론, 그리고 봉건사회를 정초해준 위계적 정치철학으로 구성된 높은 경지 때문이었다. 이와 같은 측면이 새로운 왕조의 구축자들에게는 최상의 패러다임을 제공했던 것이다. 명을 세운 주원장의 경우 외관상 농민반란의 형태를 띠었지만, 그 주도 세력은 지주 계층이었고 주원장 자신이 건국 이후 철저히 유교적 이념에 따라 신왕조를 구축했다. 조선의 경우 고려를 무너뜨리고 신왕조를 세운 주축 세력이 정도전을 비롯해 모두 신진 사대부 계층이었다. 에도 막부의 경우에도 역시 도쿠가와 이에야스가 주자학을 받아들이면서 새로운 정권을 정비했다. 이처럼 주자학은 사대부(/사무라이) 계층의 정신세계와 정치철학을 확고하게 지배한 철학 체계로서 동북아 전체에 걸쳐 일반 문법을 형성했다.

주자학이 이런 역할을 할 수 있었던 것은 주자학 자체의 철학적 매력 때문만은 아니었다. 거기에는 또한 사대부 지식인들의 권력의지 또한 작용했다고 보아야 한다. 유교 지식인들에게 정치적 이상과 권력에의 의지는 동전의 양면을 이룬다. 유교는 철저하게 국가의 체제 즉 이름-자리의 체제를 통해서 정치적 이상을 실현코자 하는 사상이며, 따라서 그 실현은 반드시 권력의 위계에 입각해 이루어진다.[66] 유교는 철두철미 '천하'의 철학이다. 유교가 한편으로는 세상을 위해서 제 몸을 던지는 '선비'의 이미지를 가지고 있지만, 다른 한편으로는 '명(名)' 즉 이름-자리로써 모든 것을 판단하고 실행하는 권력적 모습을 띠는 것은 이 때문이다. 유교에서 이 양자는 뗄 수 없는 동전의 양면인 것이다. 세상을 바꾸고자 한다면 우선 권력을 잡아야만 하는 것이 유교 지식인들의 속성이었고, 어떤 면에서 이는 유교를 떠나서 (과거에 비해서는 삶의 다른 여백들이 상당히 넓어진) 지금도 부정할 수 없는 사실이다. 하물며 애초에 이상 같은 것을 가지고 있지 않은 자들의 경우는 더 말할 나위도 없다. 이들에게 진량처럼 왕들을 찬양하고 유학자들을 폄하하는 사상을 취할 경우, 유학자들은 권력을 잡을 수 없었다. 오히려 유학자들의 전통을 찬양해야만,[67] 본질적으로는 공자의 이상을 펼수 있고 권력의지에 있어서는 자신들이 정치의 주체가 될 수 있었다. 주희를 존숭하고 그 사상적 힘에 입각해 왕을 견제하는 것이 그들의 권력의지에도 부합하는 것이었다. 주희의 학문적 권위는 이들에게 이상적으로나 현실적으로나 정치의 핵이었던 것이다.

그러나 더 어려운 물음은 이것이다: 왕들 자신들은 왜 주희를 존숭했을까? 왕들의 입장에서는 진량의 사상이 주희의 사상보다 훨씬 더 매력적이

---

66) 『중용』에서 "천자의 위(位)가 있다 해도 덕이 없다면 감히 예악을 만들지 못하며, 설사 덕이 있다 하더라도 해당 '위'에 있지 않으면 또한 감히 예악을 만들지 못한다"(28장) 고 했다. 이 경우는 천자를 언급하고 있지만, 이후 이런 가치는 사대부 계층의 가치로 굳어진다. 유교적 실천의 기본 전제는 덕성 그리고 동시에 '위'(이름-자리)에 있다.

67) 여기에서 성인' 개념과 '도통' 개념은 핵심적인 역할을 한다. 모두가 따라야만 할 시원을 확고히 못 박아놓음으로써 모든 논리 전개가 가능했다고 할 수 있으며, 모든 정치를 이 시원의 재현=미메시스로 파악함으로써 자신들을 이 재현의 담당자로 만들고 또 실현할 수가 있었기 때문이다.

지 않았을까? 그러나 역대의 황제/왕들은 실제 정치에서의 복잡미묘한 측면들에 관계없이 명목상으로는 모두 유교를 특히 주자학을 통치이념으로서 채택했다. 왜일까? 그들은 주희를 존숭함으로써 스스로를 왕도정치의 체현자로 인정받고자 했기 때문이다. 그래야만 그들의 정치가 정통성을 부여받을 수 있었던 것이다. 정치의 실제 양상이야 어쨌든, 그들은 이미 도교와 불교를 극복하고 새롭게 정립된, 유구한 상고 시대와의 끈을 다시 확보한 유교의 체현자가 됨으로써만 성군(聖君)이 될 수 있었다고 해야 한다. 그리고 이들의 이런 생각 자체가 이미 사대부들의 사상을 따르는 것이었다고 할 수 있다. 그러나 이것이 황제/왕들이 사대부들에게 일방적으로 종속되었음을 뜻하는 것은 아니다. 오히려 양자의 권력의지가 잘 맞아떨어졌다고 해야 할 것이다. 거듭 말하지만, 사대부들은 사대부들대로 주자학을 통해서 봉건정치에 부합하고자 했고, 그로써 자신들의 이상/권력의지를 실현할 수 있었기에 말이다. 이들은 이런 식의 봉건적 사상을 전개했고, 예컨대 남송의 이종(理宗, 1224~1264년 재위)이 진덕수(陳德秀, 1178~1235년)의 『대학연의(大學衍義)』를 제왕학의 모범으로 보았던 것도 바로 이런 이유에서였다.

그러나 주자학의 전개와 황제/왕 – 사대부의 이러한 관계는 명, 조선, 에도 막부에서 각기 다른 양상으로 전개되었다. 명은 주원장의 피비린내 나는 숙청을 통해 역사상 그 어느 왕조보다도 황제 권력이 강화된 경우이다. 저 넓고 넓은 자금성을 생각해보라. 대신들은 황제를 배알하려면 천안문으로부터 거의 2km를 걸어가야 했고, 황제 앞에서는 무릎을 꿇어야 했다. 명 제국의 영락제(1402~1424년 재위)처럼 대외 정책에 주력한 인물도 있었지만, 이는 단명한 것이었다.[68] 명대 대부분의 황제는 중국의 테두리 내

---

68) 흔히 정화(鄭和)의 "원정(遠征)"이라고 하지만, 정화의 대항해 역시 원정이라기보다는 영락제의 위세를 떨치기 위한 장정이었다고 해야 할 것이다. 이 대항해가 계속 이어지지 못함으로써, 세계사의 추는 서양으로 옮아가게 된다. 영락제는 당 제국에 버금가는 세계제국을 꿈꾸었고 실제 어느 정도 이루었으나, 이는 영락제 시대 일회에 그쳤다. 이

에서 절대 권력을 누렸다. 그러나 황제 권력의 이와 같은 강화는 역으로 말해 황제와 신하의 거리가 그만큼 멀다는 것을 뜻했고, 황제와 현실 사이의 거리가 그만큼 컸다는 것을 뜻했다. 바로 이 넓은 틈새에 끼어들어 국정을 농단한 것은 환관들이었다. 이런 구도하에서 사대부 지식인들이 차지하는 비중은 작아질 수밖에 없었다. 주자학 역시 이러한 맥락에서 쇠퇴의 길을 걸었다. 그것은 관학으로서는 명대를 지배했지만 실제 사회적 역할은 그다지 크지 않았다. 학문적으로도 주자학은 쇠퇴의 길을 걸었는데, 이는 주자학을 창조적으로 발전시켜나간 인물이 부재하기 때문이기도 했다. 설선(薛瑄, 1389~1464년) 같은 인물은 주자가 이미 도를 다 밝혀놓았기에 굳이 더 저작을 행할 필요가 없다고까지 말했다. 주자학은 일종의 시험 공부를 위한 학문으로 고착되어갔고, 그 정치적 – 철학적 의미는 미미했다고 할 수 있다.

에도 막부의 경우에도 역시 주자학은 건국 이념으로서 큰 위상을 부여받았다. 피비린내 나는 전국시대를 종식시키고 마침내 일본에 통일을 가져온 도쿠가와 이에야스는 유학자로서 명망 높았던 후지와라 세이카(藤原惺窩)를 초빙해(실제로는 그의 제자 하야시 라잔(林羅山)이 국정에 참여했다) 주자학에 입각해 새로운 막부를 정비했다. 이후 주자학은 관학으로 자리 잡게 되며, '가쿠몬(學問)'은 주자학을 넓게는 유학을 가리키는 말로서 자리 잡게 된다. 1790년의 '이학(異學)의 금(禁)' 반포에서 알 수 있듯이, 주자학 이외의 학문은 탄압받기도 했다. 그러나 사변적이고 개념적이며, 논리적이고 분석적인 주자학은 직관적이고 정감적인 일본인의 심성에 잘 맞지 않았으며, 반세기도 채 못 되어 벌써 극복의 대상이 되기에 이른다. 따라서 일본의 경우 주자학은 명 제국보다는 강렬한 역할을 했으나 길게 지속되

후 명조는 책봉과 조공을 통한 외교관계를 유지하고자 했을 뿐 외지를 강제적으로 정복하려는 시도는 하지 않았다. 동아시아 제국은 책봉을 통해 정치적으로는 명조에 굴복했지만 조공을 통해서는 경제적 이익을 얻을 수 있었다. 명조가 계산상으로는 손해인 조공체제를 계속 유지할 수 있었던 것은 자체의 생산력이 강했고 또 해외에서 막대한 양의 은이 유입되었기 때문이다.

지 못하고 양명학에 자리를 내어주게 되는 것이다.

주자학이 그 어느 곳보다도 굳게 자리 잡았고, 철학적으로나 정치적으로 큰 발전을 이룬 곳은 조선 왕조였다. 조선 왕조 500년에 걸쳐 주자학은 무비의 권위로서 자리 잡았을 뿐만 아니라, 철학적 사유로서도 또 정치적 이념으로서도 큰 발전을 이루게 된다.

11장 사람의 마음

주자학의 동북아적 일반성을 가장 두드러지게 보여준 것은 조선의 유학자들이었다. 조선 왕조는 그 건국(1392년) 초부터 주자학을 건국 이념으로 삼아 성립했다. 여말선초(麗末鮮初)의 학자들은 그 정치적 입장에 관계없이 모두 정주학의 세례를 받은 사람들이었다. 무너지는 고려를 다잡고자 했던 포은(圃隱) 정몽주(鄭夢周, 1338~1392)도, 고려를 무너뜨리고 신왕조 조선을 세운 삼봉(三峯) 정도전(鄭道傳, 1342~1398년)도, 요컨대 모든 신진 사대부들이 정주학의 정신세계를 갖추고 있었다. 익재(益齋) 이제현(李齊賢, 1287~1367년)은 "집집마다 정주의 책이 있고 사람마다 성리학을 알고 있다"고 했으니, 당대의 상황을 짐작할 만하다.[1]

조선이 성리학의 나라라는 것은 학문의 차원 내에서만이 아니라 정치와 문화 전반의 성격에서도 두드러졌다. 명조의 한 지식인은 "조선인들보다

---

1) 조선이 이렇게 주자학 일변도로 흐른 것은 신진 사대부들이 원조(元朝) 남방의 학문 즉 주희와 육구연을 조화시키고자 한 오징(吳澄, 1249~1333년) 등의 학문이 아니라, 북방의 학문 즉 주자학을 강력히 확대해나간 허형 등의 학문을 받아들였기 때문이다. 아울러 더 본질적인 것은 앞에서 언급했듯이 주자학은 신흥 왕조의 창건 시에 특히 매력적으로 다가온 학문이었기 때문이다.

예의 바른 민족은 없고, 타타르인보다 용맹한 민족은 없으며, 왜노(倭奴)보다 교활한 민족은 없다. 그리고 류큐(琉球) 사람들보다 순박한 민족은 없으며, 진랍(眞臘＝캄보디아) 사람들보다 부유한 민족은 없다"[2]고 했는데, 조선인들 —— 실제로는 이 지식인이 접했던 조선의 지식인들이겠지만 —— 의 두드러진 '예의 바름'은 바로 성리학을 체현하고 있는 조선 문사-관료들의 모습을 일컫는 말일 것이다. 한반도의 조선은 동북아의 어떤 지역보다 유교 특히 성리학을 두드러지게 체현한 곳이었고, 이 점에서 조선은 '동방예의지국(東方禮儀之國)'으로 불렸고 스스로도 '작은 중국(小中華)'를 자처했다.[3] 이런 관계는 중국과 서북방 유목민들의 관계라든가 일본을 포함한 남방 제민족의 관계와는 상이한 것이었다. 명과 조선의 관계는 주희적인 우주 —— 위계적 세계관과 중화주의 —— 를 실제 정치에서 체현한 관계였다 하겠다.

조선의 유학자들은 불교와 도교를 철저히 배척함으로써 조선 왕조를 유학 일변도의 국가로 만들었다. 이 과정에서 비교적 이론적인 깊이를 보이는 것은 정도전의 불교 비판과 화담(花潭) 서경덕(徐敬德, 1489~1546년)의 도교 비판이다. 정도전은 『불씨잡변(佛氏雜辨)』[4] 등에서 불교를 이론적인 면과 실천적인 면 양자에 걸쳐 강도 높게 비판했다. 그는 불교를 심학으로, 도교를 기학으로, 성리학을 리학으로 규정하고, 심보다 기가 그리고 기보다 리가 더 근본적인 존재임을 역설함으로써 성리학의 우월성을 주장했다.[5] 그러나 정도전의 비판은 특히 불교의 사회적 폐단(인륜의 부정, 경제

2) 데라다 다카노부, 서인범·송정수 옮김, 『중국의 역사: 대명제국』(혜안, 2006), 184쪽.
3) 그러나 명 왕조의 성격과 조선 왕조의 성격은 크게 달랐다. 명 왕조는 태조 주원장의 피비린내 나는 숙청을 통해서 황제 권력이 그 정점에 이른 군권(君權) 중심의 국가였고, 조선 왕조는 건국 초부터 사대부 지식인들이 권력의 주체로 선 신권(臣權) 중심의 국가였다. 군주를 통어하면서 인민을 지배하는 문사-관료라는 유교 지식인들의 이상이 조선 왕조에서만큼 두드러지게 현실화된 경우는 없다.
4) 정도전, 김병환 역해, 『불씨잡변』(아카넷, 2013).
5) 정도전을 이어 불교 비판에 주력한 인물로는 권근(權近, 1352~1409년)을 들 수 있다.

적 생산력 부재 나아가 과소비 등)에 초점이 맞추어져 있으며, 고려의 귀족 계층을 무너뜨리는 과정에서 이 계층과 밀착해 기득권을 누렸던 불교계를 맹타한 것이라고 해야 할 것이다. 서경덕은 「원리기(原理氣)」 등에서 도교의 "有生於無"의 존재론을 비판함으로써 '유'의 철학으로서의 성리학을 정초하고자 했다. 그는 기의 '무시무종(無始無終)'을 강조하고, 장자를 따라 '허'를 '기'와 동일시하고 또 장재를 따라 본연의 기를 '태허'라 칭했다.(그러나 이미 말했듯이, "유생어무"의 주장도 이런 식으로 해석이 가능하다)[6] 이와 같은 비판들을 통해 불교와 도교는 사상과 정치 면에서 뒤로 물러나게 되고 성리학자들이 조선 왕조의 주인공으로 자리 잡게 된다.[7]

§1. 사단과 칠정

조선 성리학은 16세기에 이르러 활짝 피어나기에 이른다. 이 시대는 명제국의 경우 탈-주자학적 경향이 여기저기에서 솟아오른 시대이지만, 조

권근은 예컨대 '心'의 그림에 마음의 여러 기능들을 새겨 넣는 등 도식(다이어그램)을 십분 활용해 논리를 전개했는데, 이처럼 도식을 활용하는 것은 조선 성리학의 한 특징으로 자리 잡게 된다. 퇴계 이황의 〈성학십도(聖學十圖)〉는 그 압권이라 하겠다.

6) 서경덕, 「원리기」, 『화담집(花潭集)』, 김학주 옮김(양우당, 1998), 124~126쪽. 서경덕은 본연의 기를 '담일청허지기(湛一淸虛之氣)'라고 했는데, 이는 맹자의 '호연지기'를 잇고 있으며 뒤로는 이이의 '본연지기(本然之氣)'로 이어진다. 서경덕이 기에 무게중심을 두고서 논리를 전개했다면, 회재(晦齋) 이언적(李彦迪, 1491~1553년)은 리/태극에 무게중심을 두고서 논리를 전개했다. 또한 이언적은 이론적 측면만이 아니라 유교 본연의 측면인 사회적 실천을 역설하기도 했다. 조선의 정주학은 이언적에 의해 확고한 초석이 놓이게 된다.

7) 물론 이는 조선 왕조에서 불교와 도교가 소멸되었음을 말하는 것은 아니다. 도교는 그리고 특히 불교는 그 생명을 면면히 이어갔다. 다른 한편 불교와 도교는 유교 지식층으로부터는 배척받았지만 왕족에게는 환영받았다. 앞에서도 강조했듯이, 왕족 자체는 지식층이 아니다. 지식층은 불교와 도교를 배척했지만, 왕족과 민중에게는 유교보다 불교나 도교가 더 매력적이었다.

선에서는 오히려 주자학의 심화가 만개한 시대이다. 15세기가 조선에서 성리학이 정착한 시대라면, 16세기는 이 흐름이 심화되면서 조선 성리학의 독특한 면모들이 탄생한 시대이다. 그 대표적인 인물은 퇴계(退溪) 이황 (李滉, 1502~1571년)과 율곡 이이이다.

이황의 리기론

이황은 조광조의 위대한 실천이 중종(1506~1544년 재위)의 교활한 정치 공작으로 좌절되는 과정('기묘사화')을 목도했고, 명종(1545~1567년 재위) 시대 권력 투쟁의 와중에서 그 자신이 해를 당하는 경험을 하면서('을사사화'),[8] 현실 정치에 깊은 환멸을 느끼고 유교의 본연으로 되돌아가고자 했다. '치인'이 힘들어진 상황에서 '수기'로 돌아가 수양과 교육·학문에 정진한 것이다. 그는 정권들의 숱한 구애에도 응하지 않았으며, "자신의 자리에서 의(義)를 실현할 수 없는 상황이라면, 그 자리에서 곧 물러나는 것이 의를 배반하지 않는 것"이라 했다. 그는 중앙 정계에서 활동하기보다는 재야에서 수양·교육·학문에 매진했고, 이윽고 조선 유림의 종사(宗師)로서 존중받기에 이른다. 중앙 정계라는 이름 – 자리의 세계 반대편에서 하나의 위대한 정신세계, 문화세계를 만들어낸 것이다. 이황은 남을 바꾸려 하

---

8) '사화(士禍)'는 조선의 사상과 정치를 이해하는 키워드 중 하나이다. 이미 보았듯이(4장, §2), 공자는 기능적 맥락에서 이해되었던 '사(士)'의 의미를 변환해서 '군자'의 의미를 확립한 바 있다. 그 후 인·지·용을 갖추고서 '극기복례'하고 '살신성인'하는 유교적 군자상은 유학자의 최고 이상으로 내려오게 된다. 조선조에서는 이런 유학 정신을 실천하여 왕을 이끌고 훈구대신·권문세가·외척 등과 투쟁한 '선비'의 전통이 형성되었으며, 김종직(金宗直), 김굉필(金宏弼), 정여창(鄭汝昌), 조광조(趙光祖), 이언적, 이황, 이이 등에 의해 확립된 이 전통은 '사림파(士林派)'라 불린다. 사림파는 권신(權臣)들과 투쟁하는 과정에서 여러 차례 사화를 겪게 된다. 폭군 연산군 시대의 무오사화(1498년)와 갑자사화(1504년), 반정을 일으켰으나 훈구대신에 휘둘린 중종 시대의 기묘사화(1519년), 조선조의 모순이 팽배했던 명종 시대의 을사사화(1545년)는 '4대 사화'라 불린다. 사림파의 정신과 실천은 조선조 전체를 이끌어간 원동력이었고, 사회적으로도 거대한 영향을 끼쳤다. 사림파는 인간의 도덕적 정신과 실천의 최고 경지를 보여주었다고 할 수 있다.

기보다는 우선 자기 자신을 바꾸는 데 한평생을 바쳤고, 그의 그런 모습은 밤하늘의 북두칠성처럼 사람들을 비추었다. 이황은, 베르그송의 말처럼, 그가 "존재한다는 사실 자체로써" 조선 지식인들을 이끌었던 것이다.

이황의 리기론은 주희의 리기론을 독자적인 방식으로 변형함으로써 구성되었다. 주희는 한편으로 리를 "정의도 없고 계탁도 없고 조작도 없는" 순수 원리로서 규정했으나, 다른 한편으로는 "리에 동정(動靜)이 있기에 기에도 동정이 있다"고 규정했다. 주희의 사유체계 전체로 볼 때, 또 성리학 일반의 맥락에서 볼 때, 동정은 기에 속한 것이지 리에 속한 것은 아니다. 기가 움직이고 멈추는 것이며, 리는 그러한 운동/변화를 주재하는 원리이다. 헬라스 철학의 구도에서 말한다면, 강아지가 꼬리를 흔드는 것이지 강아지의 이데아가 꼬리를 흔드는 것이 아니다. 장미의 이데아는 붉지 않다. 그렇다면 "리에 동정이 있기에 기에 동정이 있다"는 말을 어떻게 이해해야 하는가?

이 대목은 플라톤의 사유를 도입해 이해할 경우 일정 정도 해명된다. 플라톤은 생성하는 것의 존재론적 위상을 폄하하고 영원부동의 자기동일자인 이데아들을 중시한 사유로서 이해되지만, 교과서적인 플라톤과는 다른 플라톤이 존재한다. 이는 곧 운동에 충족이유율을 부여하고자 한 플라톤이다.[9] 주희의 말은 플라톤과 같은 맥락에서 해석될 수 있다. 주희의 경우 리에 동정이 있다는 것은 리가 움지이고 멈춘다는 뜻이 아니라, 움직임과 멈춤의 이치가 리에 갖추어져 있다는 뜻이다. 그리고 이 이치에 따라서 실제로는 기가 움직이고 멈춘다는 것이다. 요컨대 리에 동정이 있다는 것은 동정의 충족이유율이 리에 갖추어져 있다는 것을 뜻한다. 이렇게 해석할 경우 주희 사유에 모순은 없다.

그러나 이황은 주희의 이 생각에 모순이 들어 있다고 보았고, 이를 위의 경우와는 다른 방식으로 해결코자 했다. "리에 동정이 있다"는 말을 어떻

---

9) 자세한 논의는 이정우, 『소은 박홍규와 서구 존재론사』(도서출판 길, 2016), 3장을 참조.

게 이해할 것인가? 움직임과 멈춤이라는 개념을 즉물적으로만 해석하기보다 이중적으로 해석할 수 있지 않을까? 분명 리는 그 본체에 있어 동정을 내포하지 않는다. 그것은 정의도 계탁도 조작도 없는, 한마디로 물질성을 초월한 이법 자체이다. 그러나 이 이법은 분명 기능한다. 물리적으로는 움직이지 않지만 논리적으로는 기능한다, 즉 작용한다. 리가 작용하지 않는다면 기를 주재할 수 없다. 때문에 이황은 리가 그 **본체**에 입각했을 때 정의도 계탁도 조작도 없는 것은 분명하지만, 그 지묘(至妙)한 **작용**에 입각해 말한다면 발(發)할 수 있고 생(生)할 수 있다고 생각했다. 리 고유의 '용(用)'이 있기에 기를 낳을 수 있는 것이다.[10] 리의 본체는 분명 물질성을 초월하는 것이다. 앞에서 지적했듯이, 리 개념을 도입한 맥락 자체가 불교와 도교의 '무'/'공' 개념에 대응하기 위한 것이었다. 이황 역시 리는 '허' 또는 '무'로 이해할 수 있지만, 이 허와 무는 '노불(老佛)'이 말하는 허·무가 아니라 실·유를 내장한 허·무임을 역설한다. 그러나 리의 이런 성격은 그 본체에서이고, 그 작용에서의 리는 발할 수 있고 생할 수 있다는 것이 이황의 생각이다. 이황은 리를 두 겹으로 즉 그 본체와 작용에 입각해 분화시켜 보았으며, 이로써 "움직임과 멈춤"을 물리적 운동이 아니라 리의 기능/작용으로 본 것이다.

그러나 사실 이황의 이와 같은 해석에는 좀 더 많은 것 — 주희 사유의 변형 — 이 들어 있다. 그는 리가 "발할 수 있고 생할 수 있다"고 표현하고 있기 때문이다. 나아가 그는 단적으로 "리가 기를 낳는다"(理生氣)고 말한다. 앞에서 여러 번 '작(作)'과 '생(生)'과 '화(化)'의 존재론적 차이에 대해 말했거니와, '생'은 내재적 인과를 함축한다. 따라서 리와 기는 외재적 인과로서 즉 운동인과 그 운동자의 관계로서 관계 맺는 것은 아니다. 그러나 '생'은 '화'와 달리 생자와 피생자가 분명하게 구분된다. 자식은 분명 부모의 분신이지만 부모와 뚜렷이 구분되는 것과도 같다. 이처럼 이황

---

10) 이황, 「답이공호(答李公浩)」, 『퇴계집』(민족문화추진회, 1989), 권39, 390쪽.

에게서 리와 기는 분명히 구분된다. 그러나 기는 리에서 태어난 것이고 따라서 공간적으로는 분리되지만 시간적으로는 연속되어 있다. 이황의 세계는 플라톤의 세계로 말한다면 이데아계와 데미우르고스가 합쳐져 리가 되고 그 리가 코라의 차원을 '낳은' 세계이다. 아리스토텔레스와 비교할 때, 리는 형상처럼 질료를 이끌어가는 초월적인[11] 비 – 물질적 원리가 아니라 기를 '낳는' 생명력이라고 할 수 있다. 따라서 주희의 세계가 물질적 차원과 이데아적 차원으로 구성되어 있다면, 이황의 세계는 물질적 차원과 생명적 차원으로 구성되어 있다. 말할 필요도 없이, 이때의 생명이란 근대적 의미에서의 자연과학적 생명 개념이 아니라 도덕형이상학적 이념성을 내장하고 있는 성리학적 생명 개념이다. 이황의 세계는 위대한 생명의 힘으로 충만한 세계이며, 이 생명이 물질을 낳아 구체적인 세계가 영위되는 곳이다.[12]

이황의 이러한 구도는 미발(未發)의 심을 '성'이라 하고 이발(己發)의 심을 '정'이라 하는 성리학의 일반적 구도와 보다 정합적이다. 주희적인 이원론에서는 '미발'로부터 '이발'로의 이행이 쉽게 이해되지 않는다. 이는 이데아계와 코라를 연결하기 위해서 데미우르고스를 등장시키지 않을 수 없었던 플라톤을 생각해보면 이해할 수 있다. 그러나 리가 생명이라면 미발과 이발은 보다 쉽게 이해된다. 본연 형태의 생명 차원이 인간의 '성'이

---

11) '초월적'이라는 개념은 거시적으로 보아 세 층위를 띤다. 첫째 유형은 플라톤 – 기독교적 세계관에서처럼 초월자가 분명히 존재하고 그 존재의 '作'에 의해 세계가 만들어지는 경우이다(물론 플라톤이 기독교보다 내재적이다). 둘째 유형은 초월자가 물질적 차원에 내재하지만, 이 차원을 초월해 그것을 이끌어가는 경우로서 아리스토텔레스, 주희 등이 대표적이다. 셋째 유형은 물질적 차원으로부터 초월해 '기능'하는 의식/정신/주체를 상정하는 경우로서, 근대적 형태의 주체철학이 대표적이다. 지금의 '초월적'은 둘째 유형을 가리킨다.

12) 그러나 동시에 이황의 사유가 기 일원론이 아니라는 점도 분명히 해야 한다. 이황은 리를 기의 조리로만 파악하는 것이 아니라 어디까지나 리가 기를 '낳는' 것으로 파악하는 입장이며, 이는 기의 일원적 구도 내에서 리를 파악하는 입장과 다르다. 이황의 사유는 주희와도 다르지만 서경덕과도 다르다.

라면, 이 생명의 활동이 기를 낳음으로써 인간에게 생겨나는 것이 '정'이다. "心統性情"의 구도를 생각해보면, 인간의 마음이란 리＝생명을 온전히 보존하고 있는 성의 차원과 기와 함께 작동함으로써 생겨나는 정의 차원을 묘합하고 있는 것으로 볼 수 있다. 여기에서 다소 복잡한 구도가 생겨난다. 이황 역시 주희를 따라 본연지성과 기질지성을 나눈다. 그렇다면 기질지성과 정의 관계는 무엇인가? 본연지성과 기질지성에서 '본연'과 '기질'의 대립보다는 '성'에 초점을 맞추어보면, 기질지성 역시 성이다. 따라서 기질지성은 분명히 정과는 구분된다. 그렇다면 본연지성, 기질지성, 정의 삼분 구도가 결과한다. 본연지성은 순수 생명＝리이며 곧 성이다. 기질지성은 역시 성이되 리와 기가 합하여 작동하는 맥락에서의 성이다. 즉, 본연지성은 이론적으로 추상된 개념이지만 기질지성은 실제 현실에서 작동하는 성이다. 하지만 다시 정 역시 두 차원으로 구분된다. 측은지심, 수오지심, 사양지심, 시비지심은 성이 아니라 정이다.(인의예지는 성이다) 따라서 정 역시 이 사단과 일반적인 정 즉 칠정으로 나뉜다. 결국 성은 본연지성과 기질지성으로, 정은 사단과 칠정으로 분화되어 이해된다. 이런 복잡한 구도는 결국 '사단칠정론'이라는 대논쟁을 낳기에 이른다.

이황은 수양론에서 특히 '경(敬)'을 역설했는데, 이는 주희 등의 '지경(持敬)'의 전통을 충실히 따른 것이다. 이 경의 수양은 다시 미발 상태의 수양과 이발 상태의 수양으로 나뉘어 논의된다. 미발 상태의 수양은 '존양' — 맹자의 '존심양성(存心養性)' — 으로 파악되고, 이발 상태의 수양은 '성찰'로 파악된다. 이황은 『중용』을 따라서 미발 상태에서는 존양과 계구 — 『중용』의 '계신공구(戒愼恐懼)' — 를 통해 '중'을 추구해야 하고, 이발 상태에서는 성찰과 궁리를 통해 '화'를 추구해야 한다고 보았다. 이황은 이 이원적 구도에 입각해 리와 기, 본연지성과 기질지성, 성과 정, 지와 행 사이의 갈등과 조화를 사유하고자 했으며, 이 때문에 지와 행의 합일을 단지 직관적으로 확신하는 양명학을 비판적으로 보았다. 이황의 세계는 도덕형이상학적 생명과 참혹한 현실 — 기묘사화를 겪은 그는 현실의 이러한 모습을 뼈저리게 느꼈을 것이다 ── 이 싸우는 세계이다. 성리학에는 늘 이런 갈등 구도가 깔리지만, 그 치열함이 이황에게서만큼 강렬하게 나타나는 경우도 드물다. 바로 이 때문에 그에게서 리는 추상적 법칙성, 선험적 법칙의 의미가 아니라 도덕적인 생명, 악과 싸우는 의지의 뉘앙스를 띠어야 했던 것이다.

사단칠정론(四端七情論)

이황과 조선 성리학이 몰두한 핵심적인 문제들 중 하나는 감정의 문제였다. 사람의 마음은 리에서 유래하는 도덕적 성과 기에서 유래하는 감성적 정을 함께 갖추고 있다. 그러나 순수한 감정인 칠정(희·로·애·락·애·오·욕[13])만이 아니라 성의 실마리가 되는 감정들 즉 사단은 어떤 위상을 띠고 있는가? 사단과 칠정의 관계는 무엇인가?

퇴계와 동시대의 정지운(鄭之雲, 1509~1561년)은 후학에게 『중용』의 천인지도(天人之道)를 가르치기 위해 〈천명도해(天命圖解)〉를 작성했으며, 이 도해는 이황의 손에도 들어가게 된다. 이황은 이 도해에 이의를 제기했고, 이후 정지운과 이황은 여러 차례의 토론을 통해 이 도해를 〈천명도설(天命圖說)〉로 수정하게 된다.(후에 〈성학십도(聖學十圖)〉로 발전하게 된다) 그러나 고봉(高峰) 기대승(奇大升, 1527~1572년)이 퇴계에게 이의를 제기하는 편지를 보냄으로써 사단과 칠정은 본격적인 논쟁의 장에 오르게 된다.[14]

정지운은 사단과 칠정의 관계를 "사단은 리에서 발하고, 칠정은 기에서 발한다"(四端發於理 七情發於氣)고 표현했고, 이에 대해 이황은 "사단은 리

---

13) 희·로·애·락·애·오·욕은 『예기』, 「예운(禮運)」에 등장한다. 「중용」에서는 희·로·애·락만을 들고 있다. 후에는 욕(欲)' 대신 '구(懼)'를 들기도 했다. '욕'은 보다 보편적이고 근본적인 개념이므로, '구'를 드는 것이 더 적절해 보인다.

14) '천명도설'에 관한 논의는 『퇴계집』, 권41, 403~415쪽 참조. 기대승과 교환한 편지들은 『퇴계집』, 권16~18, 253~297쪽에 수록되어 있다. 이 편지들을 정리해놓은 책으로는 다음이 있다. 『퇴계와 고봉, 편지를 쓰다』, 김영두 옮김(소나무, 2003). 『이황·기대승 사단칠정을 논하다』, 임헌규 옮김(책세상, 2014).

의 발함이고, 칠정은 기의 발함이다"(四端理之發 七情氣之發)로 수정한다. 전자의 경우 발한 것은 사단과 칠정이고 이 발함의 터가 되는 것이 각각 리와 기이다. 그러나 후자의 경우 발한 것은 리와 기이고 그 발한 결과가 사단과 칠정이다. 전자에서 사단과 칠정은 발함의 주체이고, 리와 기는 각각 이 발함의 장소로 파악된다. 이 경우 사단과 리＝성(인의예지), 칠정과 기의 관계는 다소 외부적인 것이 되어버린다. 그래서 퇴계는 발함의 주체는 리와 기이고, 그 발함을 통해 나타나는 변양태들이 사단과 칠정인 것으로 파악한 것이다. 그러나 기대승은 사단과 칠정을 이처럼 이분법적으로 나누는 것에 의문을 표시한다. 이황은 이 의문에 대해 새로운 수정안을 제시했고, 기대승은 이 수정안에 대해 다시 의문을 제기한다.

> 퇴계: 지난번에 만났을 때 그대는 사단과 칠정을 날카롭게 나누는 것에 대해 의문을 제기했습니다. 내 그때 이후로 이 문제에 대해 줄곧 생각해왔소만, "사단은 리에서 발하고, 칠정은 기에서 발한다"를 "사단의 발현은 순수한 리에 의한 것이어서 불선함은 없지만, 칠정의 발현은 기와 더불어 이루어지는 것이어서 선과 악이 있다"(四端之發純理故無不善 七情之發兼氣故有善惡)로 바꾸면 어떻겠습니까?
>
> 고봉: 편지 감사히 받았습니다. 송구스럽습니다만, 지난번 말씀하신 것처럼 단적인 이분법은 아니지만 여전히 이분법적 구도가 살아 있는 것 같습니다. 사단과 칠정은 사실 같은 것을 달리 말한 것이 아닐까요? 자사께서는 희·로·애·락의 미발과 이발을 각각 중과 화로 말씀하셨고, 맹자께서는 사단과 사덕을 말씀하셨습니다. 그러나 자사의 논변은 전체적으로 말한 것이고, 맹자의 논변은 특정 부분에 초점을 맞추어 논한 것일 뿐, 사단도 감정인 한 역시 칠정과 같은 것이 아닐까요?[15]

---

15) 기대승의 논의가 좀 더 분명해지려면, 사단이 칠정에 어떻게 상응하는지를 명료화해야 했다. 예컨대 측은지심은 희/로/애/락/애/오/구의 어디에 해당하는지, 아니면 더 복잡

선생님이 새로 만드신 표현 역시 사단과 칠정을 너무 가르고 있는 것으로 보입니다. "四端之發純理故無不善 七情之發兼氣故有善惡"이라 한다면, 사단에는 기가 전혀 포함되어 있지 않고, 칠정은 리/성의 근거를 가지지 못하는 것 아니겠습니까? 사단이든 칠정이든 모두 리기가 발현한 감정이되, 다만 사단이란 칠정의 발현에 있어 보다 더 절도에 맞는 경우[16]를 특화해 부른 것일 뿐이 아니겠습니까?

퇴계가 처음 표현한 "四端理之發 七情氣之發"의 경우 칠정은 순수하게 기에서 발하는 것이 되지만, 수정된 표현인 "四端之發純理故無不善 七情之發兼氣故有善惡"에서는 리와 기에서 발하는 것이 된다. 논의가 진행되는 과정에서 분명해지겠지만, 이는 기대승의 생각과 정확히 대칭을 이룬다. 기대승은 사단 역시 리기에서 발하는 것이라고 보기 때문이다. 이황은 어떻게든 사단의 순수성을 지키는 데 주력한다. 그에게 사단은 도덕적 생명의 위대한 의지이다. 다만 뒤의 표현에서는 칠정 '도' 리의 측면을 가진다고 양보한다. 칠정에 리의 측면을 부여해 리의 힘을 보다 넓게 해석하고 있는 것이다. 그러나 기대승은 정확히 반대로 사단 '도' 기의 측면을 가진다고 보려 한다. 기대승에게서 사단과 칠정은 모두 리기에서 발현한다. 그 차이는 전체로서 말하느냐 아니면 상대적으로 보다 순수한(절도에 맞는, 기의 작용이 보다 덜한) 맥락을 특화해 말하느냐에 있을 뿐이다.

이황은 일단 리를 아래에 깐 후에 기를 논하는 전통에 충실한 반면, 기대

한 구도에 따라 이해해야 하는지, 아니면 아예 11가지 감정이 있다는 것인지를 논하면 좋았을 것이다. 이런 시도는 후에 율곡 이이에 의해 이루어지는데, 이이는 측은지심은 '애'에, 수오지심은 '오'에, 공경지심(/사양지심)은 '구'에, 시비지심은 '희'·'로'에 관련되는 것으로 파악했다.(『율곡전서』, 권10, 한국정신문화연구원, 1987, 59쪽) 그러나 '락'도 빠져 있고 전체적으로도 무리가 있어, 도덕적 감정과 인간적 감정은 (설사 양자 모두 감정으로 간주한다 해도) 차원이 다른 것으로 이해하는 편이 좋을 것이다.

16) 여기에서 "절도에 맞다"는 것은 물론 희·로·애·락이 '이발'이되 절도에 맞으면 '중'이라 한다고 한 『중용』의 맥락에서 한 말이다.

승은 리와 기를 (양자가 개념적으로 구분된다는 점은 인정하지만) 떨어뜨려 논하는 것 자체를 거부한다. 이황은 기대승의 편지를 받고서, 다시 자신의 표현을 가다듬는다. 그리고 이에 대해 기대승은 다시 반론을 제기한다.

> 퇴계: 그대의 편지가 나로 하여금 많은 사유를 하게 해주는구려. 감사히 생각하고 있소. 그대가 말한 바대로, 사단과 칠정을 실체적으로 구분할 수 없음은 분명하지요. 다만 양자는 그 의미를 매우 달리하지 않겠습니까? 기에 물들지 않은 순수 성과 기와 함께 움직이는 성을 구분하지 않는다면, 어떻게 도덕의 근원을 확보할 수 있을까 적이 걱정됩니다. 선유(先儒)들이 굳이 본연지성과 기질지성을 구분한 것도 바로 이 때문이 아니겠습니까? 기와 섞이지 않은 성과 섞인 성을 구분한다면, 정에서도 기와 섞이지 않은 정과 섞인 정을 구분할 필요가 있지 않겠습니까?
>
> 사단은 본연지성에서 발현합니다. 칠정 또한 성에서 발현하지만, 그것은 기질지성에서 발현합니다. 이미 기의 작용을 통해서 발현하는 것이지요. 그래서 칠정은 자체로서는 본래 선악이 미정(未定) 상태이지만, 현실을 살다 보면 이내 절도를 잃어버리게 되곤 합니다.[17] 이렇게 사단과 칠정은 그 유래하는 곳[所從來]이 다르고, 또 각각에서 주도적인 것과 중요한 것 또한 다릅니다.
>
> 그대는 리와 기를 구분할 수 없음을 역설하지만, 양자를 함께 보는 의미맥락과 떼어서 보는 의미맥락조차 구분하지 않으면 곤란합니다. 리와 기는 나눌 수 없지만 구분될 수 있습니다. 그대는 리와 기가 섞여 있음을 역설하는 저 대

---

17) 앞에서의 "七情之發兼氣故有善惡"과 지금의 "칠정은 자체로서는 본래 선악이 미정(未定) 상태이지만, 현실을 살다 보면 이내 절도를 잃어버리게 되곤 합니다"는 서로 모순되는 발언이 아니다. 앞의 명제는 기를 겸하기 때문에 외물(外物)과의 접촉을 통해 악이 발생할 소지가 있음에 방점을 찍은 것이고, 뒤의 명제는 리기를 공통의 근원으로 하기 때문에 일단은 미정임에 방점을 찍은 것이다. 칠정은 리기에서 발하는 것이어서 본래 선악이 미정이지만 기가 본격적으로 작동하면서 악으로 기울 수 있다.

록의 나정암[18])의 영향을 받은 듯한데, 합해 말할 때 합해 말하고 구분해 말할 때 구분해 말함을 알지 못하면 곤란하지요. 자신의 이론적인 방향에만 너무 집착하기보다는 "절실히 묻고 가까이에서 생각하라"(切問近思)는 말을 상기해봅시다. 우리의 이 논의가 궁극적으로 무엇을 위한 것인가를 거리를 두고서 한번 생각해봤으면 좋겠습니다. 최근에 『어류』에서 "사단은 리가 발한 것이고, 칠정은 기가 발한 것"(四端是理之發 七情是氣之發)이라는 구절을 발견했습니다. 우리 모두가 존숭하는 주자께서도 이미 이렇게 말씀해놓으시지 않았겠소.

고봉: 선생님의 편지가 저의 사색에 큰 도움이 되었습니다. 다만 보내주신 글을 읽으면서 여전히 사라지지 않은 의문들이 있으니 가르침을 청합니다.

선생님의 표현은 여전히 사단과 칠정을 너무 분명하게 구분하고 있습니다. 제 생각은 이렇습니다. 감정은 곧 칠정입니다. 그 외에 따로 다른 감정이 있는 것이 아닙니다. 다만 칠정은 본연지성에 따르는 국면과 기질지성에 따르는 국면을 가집니다. 사단이란 단지 전자의 국면을 가리키는 말일 뿐, 별개의 또 다른 감정이 아닌 것입니다. 그런데 선생님의 표현을 보면 여전히 칠정은 기에만 연결되어 있을 뿐 그것이 리에도 연결된다는 점은 잘 드러나지 않습니다. 선생님은 칠정이 선악 미정 상태라고 보셨지만, 칠정 또한 (기만이 아니라) 리에 뿌리 두는 한 그 '미발' 상태에서는 선합니다. '이발' 상태가 될 때 악이 발생하는 것이지요. 모든 감정이 리와 기에서 발현하는 것이며, 매 경우 리와 기의 비중이 다른 것뿐입니다. 역으로 사단을 순수 리에만 연결시키면, 사단 역시 감정이라는 사실이 은폐되어버립니다. 우물에 빠지려는 아기를 보고서 발현되는 측은지심은 어디까지나 기의 감응에서 상관적인 감정입니다. 사단이라고 어찌 순수 리에만 연결되겠습니까?

요컨대 모든 감정은 리 '와' 기에서 발현합니다. 발현 이전에는 (선악 미정이 아니라) 선하지만, 발현함으로써 악이 끼어듭니다. 그리고 리와 기의 비중에

---

18) 정암(整庵) 나흠순(羅欽順, 1465~1547년).

따라 선과 악도 달라집니다. 사단은 선의 정도가 악의 정도를 압도하는 경우(절도에 맞는 경우)를 따로 특화해서 부르는 이름일 뿐입니다.

퇴계는 기와 섞이지 않은 정과 섞인 정을 구분하는 데 방점을 찍는다. 말하자면 본연지정(本然之情)과 기질지정(氣質之情)을 구분했다고 할 수 있다. 퇴계가 볼 때 본연지성과 기질지성을 구분하지 않는 것이 큰 폐단이듯이, 본연지정과 기질지정을 구분하지 않는 것 또한 큰 폐단이다. 기질지정 또한 '성'에서 발현하는 것이지만, 본연지성이 아니라 기질지성에서 발현하는 것이라는 점을 놓치면 곤란하다. 본연의 정인 사단과 기질의 정인 칠정을 분명히 구분하지 않는다면, 도덕적 감정이라는 핵심을 잃어버리게 되는 것이다.

기대승은 이황이 칠정을 기에만 연결한다는 점을 역설하고 있지만, 이는 이황의 표현에 대한 오해일 수 있다. "七情之發兼氣故有善惡"은 "칠정은 기'도' 겸하고 있기에 거기에는 선과 악이 있다"고 읽을 수 있어, 이황은 칠정이 리와 기를 겸하는 것으로 말하고 있기 때문이다. 이황의 주안점은 어디까지나 사단의 순수 리적인 성격을 역설하는 데 있지, 칠정이 기에 귀속된다는 점을 강조하는 데 있지 않다. 그래서 칠정의 경우는 기를 "겸한다"고 표현하고 있다. 그러나 기대승은 (그에게 사단은 칠정의 특수한 국면일 뿐이기에) 칠정이 리'와' 기의 발현이라는 점에 무게중심을 두고 있고, 왜 칠정을 기에 귀속시키느냐는 반론을 제기하고 있다. 기대승의 초점은 사단이 순수하지 않다는 데 있는 것이 아니라, 감정이란 어떤 경우든 리와 기에서 발현되는 것(이며 사단은 감정의 부분집합일 뿐)이라는 점에 있다. 양자의 논의 방향은 사실상 엇갈리고 있는 것이다.

어떤 해결책으로 나아가야 할까? 퇴계의 입장에서는 칠정 또한 (기의 발현일 뿐만 아니라) 리의 발현이기도 하다는 점을 인정해야 할 것이며, 기대승은 모든 감정은 리와 기의 발현이지만 사단은 특히 리라는 근원에 가깝다는 사실을 인정해야 할 것이다. 과연 토론은 바로 이 방향으로 전개된다.

퇴계: 그대와 나는 사단에도 기가 없는 것이 아니고 칠정에도 리가 없는 것이 아니라는 점에 대해서는 의견을 같이한다고 생각하오. 다만 차이는 그대가 다른 것 가운데 같은 것을 보아 사단과 칠정이 다만 이름과 맥락이 다를 뿐이라고 보는 데 비해, 나는 같은 것 가운데 다른 것을 보아 사단과 칠정이 소종래와 의미를 달리한다고 보는 데 있습니다. 나는 사단에도 기가 있지만 그 핵심은 리의 발현이라는 점에 있고, 칠정에도 리가 있지만 그 핵심은 기의 발현이라는 점에 있다고 봅니다. 그러니 표현을 이렇게 고치면 어떻겠소: 사단은 리가 발현한 것이되 기가 수반되며, 칠정은 기가 발현된 것이되 리가 통어한다(四端則理發而氣隨之 七情則氣發而理乘之). 이와 같이 바꾸면 사단도 칠정도 리 '와' 기에서 발현하는 것이라는 그대의 생각과 사단은 리를 주된 소종래로 하고 칠정은 기를 주된 소종래로 한다는 내 생각이 조화되지 않겠소?

고봉: 선생님의 표현이 좋다고 생각합니다. 다만 역시 강조점은 저의 생각과 다른 것 같습니다. 저로서는 역시 사단은 어디까지나 칠정에 포함되며, 사단과 칠정의 수평적 대조가 아니라 칠정이 미발로부터 이발로 나아가는 수직적 대조가 핵심이 아닐까 싶습니다. 사단은 이 과정에서 기가 강하지 않은 국면을 가리키는 것이고요. 그러나 우리의 논쟁을 통해서 이제 많은 부분이 가까이 수렴된 것처럼 보이는군요.

퇴계: 서로 다른 길로 올라가고 있지만 언젠가는 산꼭대기에서 만나지 않겠소? 이제 우리가 주고받은 논변들을 수집해 남겨 후학도들이 사색할 거리로서 남겨둡시다.

이황과 기대승의 논쟁은 일정 정도까지 수렴했으나 또한 마지막까지 일정한 거리의 차이를 드러내었다. 철학적 논쟁은, 그것이 성공적인 논쟁일 경우, 대부분 이처럼 일정 지점으로 수렴하되 더는 수렴하기 힘든 어떤 지점에서 멈추게 된다. 공통의 이해 지평이 확보되면서도 궁극적으로는 어떤 차이들, 아포리아들에 부딪치게 된다고 할 수 있다. 플라톤의 대화편들은 이런 과정을 사후적으로 구성해준 대표적인 경우이다. 이황의 경우 리/

사단과 기/칠정이 '호발(互發)'한다고 할 수 있고, 기대승의 경우 사단을 포함하는 칠정이 모두 리와 기에서 '공발(共發)'한다고 할 수 있다. 우리는 양자의 논쟁 결과를 다음과 같이 정리할 수 있다.

1. 인간의 감정은 도덕적 감정인 측은지심, 수오지심, 사양지심, 시비지심과 비–도덕적/인간적 감정인 기쁨, 성남, 슬픔, 즐거움, 사랑, 미움, 두려움으로 나뉜다. 그런데 이 양자의 관계는 무엇인가?

2. 도덕적 감정이든 비–도덕적 감정이든 모두 세계의 근본 이치인 리와 기에서 연유한다. 리와 기에서 발현한 감정은 아직 순선한 국면에서는 도덕적 감정으로서 나타나지만 기의 작용이 강해지는 현실적 삶에서는 점차 비–도덕적 감정으로 화한다.

3. 현실적 삶을 살아가면서 도덕적 감정과 비–도덕적 감정은 같은 선상에서의 정도차가 아니라 결국 두 갈래로 갈라져버린다. 이를 거꾸로 투사해서 본다면, 두 종류의 감정이 공히 리와 기에서 나왔으되 본래부터 도덕적 감정은 리 쪽에 뿌리를 두었고 비–도덕적 감정은 기 쪽에 뿌리를 두었었다고 생각할 수 있다. 따라서 양자는 탄생해서 진행하는 과정을 보면 리·기로부터 공발한 감정이 사단 국면에서 칠정 국면으로 변해간다고 할 수 있지만, 현실 속에서 나타나는 대립적 성격에 주목해 다시 돌아가 생각해보면 애초에 도덕적 감정은 리에서 나오되 기를 동반하는 것이었고 비–도덕적 감정은 기에서 나오되 리를 동반하는 것이었다고 해야 한다.

이황과 기대승의 편지 교환은 리·기라는 존재론적 원리들과 심·성·정이라는 인성론적 원리들을 둘러싸고서, 특히 사단이라는 도덕적 감정과 칠정이라는 비–도덕적 감정의 관련성을 둘러싸고서 수준 높은 논변들을 창조해냈다. 사단칠정론은 이황 당대로서 그친 것이 아니라 그 후로도 계속 이어진다. 인간존재에 대한 이런 치열한 논변들은 이후 조선 철학의 중요한 자원이 된다. 나아가 이성과 감정 사이에 존재하는 도덕적 감정의 존재론적–윤리학적 위상이 무엇이냐의 문제는 오늘날에도 여전히 중요한 문제로서 다루어지고 있다.

§2. 인심과 도심

이이의 리기설

이황과 더불어 16세기 조선 철학을 양분했던 율곡(栗谷) 이이(李珥, 1536~1584년) 역시 이황의 사단칠정론을 비판적으로 논구했다.

기대승과 마찬가지로 이이 역시 이황의 '호발설'을 논박한다. 사단과 칠정은 별개의 것이 아니라 사단이 칠정에 포함된다고 보아야 한다는 것이다. 칠정에 대해서 "氣發而理乘之"라 한다면, 이는 당연히 사단에 대해서도 성립한다. 칠정을 "氣發而理乘之"로 사단을 "理發而氣隨之"로 파악함은 잘못된 것이다. 사단은 칠정의 한 국면이며 따라서 당연히 '기발이승(氣發理乘)'이라는 보편적 진리에 따른다. 예컨대 우물에 빠지려는 아기를 보고서 측은지심을 느끼는 것은 '기발'이고, 그러한 측은지심의 근본 원리인 인(仁)이 (말에 탄 기수가 말을 통어하듯이) 그 감정을 통어하는 것이 곧 '리승'인 것이다. 따라서 사단도 칠정도 모두 '기발이리승지' = '기발이승'이라는 하나의 이치/길(一途)을 따를 뿐, 두 이치의 '호발'은 성립하지 않는다.

이와 같은 이이의 생각에는 물론 리·기에 대해 이황과는 구분되는 생각이 깔려 있다. 이이는 실제 움직이는 것은 오로지 기라고 생각했다. 리가 '발'한다는 것은 있을 수 없다. 리의 주재하에 기가 발현하는 것일 뿐, 이 발현의 이치인 리 자체가 발현할 수는 없다는 것이다. 이이는 만일 이황처럼 호발설을 주장하면, 리와 기가 서로 일치해 발현되지 못하고 그 사이에 어긋남이 개재할 수 있을 것이라 보았다. 그러나 리와 기 사이에 이·합과 선·후가 있을 수는 없다. 리와 기는 하나이자 둘이요, 둘이자 하나이기 때문이다. "무릇 리란 기를 주재하는 것이다. 그리고 기란 리의 통어를 받는 것이다. 리가 없다면 기는 그 의거할 바가 없게 되고, 기가 없다면 리는 그 구현될 바가 없게 된다. 리와 기는 둘도 아니고 하나도 아니다. 하나라고 할 수 없기에 하나이되 둘[一而二]이라 해야 하고, 둘이라 할 수 없기에 둘이되 하나[二而一]라고 해야 한다."[19] 이이의 이런 입장은 주희의 본래 입장과 일치한다.

이이 리기설의 독창적인 국면은 '리통기국(理通氣局)'설에 있다. 이이는 리와 기를 물과 그릇에 비유한다. "물은 그릇에 따라 모나거나 둥글며, 허공은 병에 따라 작거나 크다." 리는 그 어디에도 국한되지 않는 보편적 원리이다. 그 원리가 구체적으로 구현되는 곳은 기이며, 기가 내포하는 다질성(heterogeneity)이 이 보편적 리를 개별화한다. 이 점에서 이이에게 개별화의 원리는 기에 있다. 리가 물처럼 보편적으로 편재해 있다면, 기는 개별적인 그릇들처럼 그것을 일정한 모양새로 개별화한다. 그래서 리는 '통'하고 기는 '국'한다고 볼 수 있다. 이는 '리일분수'의 이치가 "월인천강"에 비유되는 것과 유사하다.[20]

> 사람의 본성이 사물의 본성과 같을 수 없음은 각각의 기가 구분되기 때문이요, 사람을 주재하는 리와 사물을 주재하는 리가 다를 수 없음은 리가 통하기 때문입니다. 모난 그릇과 둥근 그릇은 서로 구분되지만 그 속의 물이 다를 리 없으며, 큰 병과 작은 병은 서로 구분되지만 그 안의 허공이 다를 리도 없습니다. 상이한 기들이 하나의 뿌리에 근거하는 것은 곧 리의 통함 때문이요, 하나의 리가 수많은 갈래로 구현될 수 있는 것은 기의 구분됨 때문입니다. (『율곡전서』, 권10)

---

19) 이이, 『율곡전서』, 권10, 52쪽.
20) 그러나 일정한 차이도 있다. "月印千江"의 구도는 하나의 극이 수많은 분신들로 다원화되는 이미지라면, 이이가 제시한 이미지는 세계에 충만한 리라는 옷감이 개별자들의 특수한 기들에 의해 마름질되는 것에 해당한다. 양자는 공히 '하나의 여럿-되기'의 구도이지만, 전자가 리가 보다 능동적으로 개별화되는 이미지라면 후자는 기가 개별화 과정에서 보다 적극적인 역할을 하는 이미지라고 할 수 있다. 이 점은 미묘한 차이이지만 후대의 율곡학파는 기의 능동성을 더욱더 강조하게 되고, 이 때문에 리의 주인-됨을 역설한 노사 기정진 같은 인물은 이 경향을 비판하게 된다.

이념적인 것은 하나이지만 물질적인 것은 여럿이다. 한 사상가의 생각은 하나이지만 그 생각은 글로도 음악으로도 그림으로도 표현될 수 있다. 또, 하나의 글이 숱하게 많은 책들로 인쇄되고 하나의 음악이 숱하게 많은 오케스트라에 의해 연주된다. '리통기국'은 이념적인 것과 물질적인 것 사이에 존재하는 관계를 정확히 표현하고 있다. 이황은 세상에 가득한 악의 준동을 뼈저리게 느꼈고, 리를 현실에 불러내 그 악에 맞서 싸울 수 있는 구체성을 불어넣고자 했다. 이이는 세상에 가득한 개별성과 이질성을 뼈저리게 느꼈고, 리의 차원으로 올라가 그 차이들을 극복해낼 수 있는 보편성을 획득하고자 했다. 전자의 경우 리는 현실과 직접 맞붙어 싸우는 도덕적 역능의 성격을 띠며, 후자의 경우 리는 현실을 멀리에서(객관적으로) 조정할 수 있는 존재론적 기준의 성격을 띤다.

그러나 이이는 기의 차원을 벗어나 리의 차원으로 곧장 올라가는 입장을 취하지 않았다. 그는 기 자체에 본연의 차원을 설정한다. 본연의 기는 아직 리의 순선함을 가리지 않는 기이다. 기는 발현하는 과정에서 점차 탁해진다. 따라서 현실적으로 탁해져 있는 기를 순화하면서 본연의 기로 거슬러 올라가려는 노력이 중요하다. 또, 그렇게 할 때에만 기에 가리어져 있지 않은 리에 대한 파악도 가능하다.(이 구도는 논리적으로 『대승기신론』의 구도에 가깝다) 이이는 이 본연의 기를 맹자가 말한 '浩然之氣'로 해석하기도 한다. 기의 순화라는 이러한 생각은 도교적인 기 수련을 떠올리게 하기도 한다. 그러나 이이의 기 수련은 어디까지나 성리학적 맥락에서 이루어진다.(이이는 유교가 도교와 불교를 충분히 포함할 수 있다고 보았다) 기 수련의 이유는 신체적 맥락이 아니라 어디까지나 도덕적 맥락에 있다. 이는 곧 기가 발현하면서 끼어드는 악의 측면을 극복하면서 본래의 순선한 차원으로 복귀하려는 맥락이다. "기의 본연 됨은 '호연지기'이다. 이 기가 천지를 가득 메우고 있으면 본연의 선인 리를 조금도 엄폐(掩蔽)하지 않으니, 이것이 맹자가 말한 '양기(養氣)'의 이론이다."[21]

이이는 이 수양 방법으로써 기질을 바꾸어나갈 것을 제시한다. 인간의 본래 성은 순선하다. 그러나 리가 기의 발현을 통해 구현될 때 거기에는 이미 악의 차원이 개입한다. 기는 세상에 처음 잉태할 때 이미 일정한 성격을 띠게 되며, 필연적으로 탁박(濁駁)하게 된다. 그러나 인간은 스스로의 노력을 통해 이 탁박한 기를 교정해감으로써 호연지기에 도달할 수 있다. 그래서 수양에 있어 특히 중요한 것이 편벽된 기질을 고쳐나가는 것이다. '교기질(矯氣質)'해서 본연의 성을 회복하는 것〔復性〕이야말로 이이 수양론의 핵심이다. 기를 조절해서 성에 도달한다는 것은 곧 『중용』에서의 '중'·'화'의 이념과 연계된다. 이는 이황과 달리 이이가 중앙 정계에서의 활동을 거부하지 않은 것과도 관련된다.

이이가 활동하던 명종~선조(1567~1608년 재위) 시대는 조광조의 왕도정치가 실패한 이후 조선조의 정치가 점차 내리막길을 걷던 시대였다. 이 시대는 군주의 힘이 점차 강화되고 외척이 발호해 정치의 자의성이 커져가던 시대이며(명조와는 달리 조선에서는 환관 문제는 두드러지지 않았다), 조정에서 "악화가 양화를 구축하는" 시대였다. 더 이상 사림파의 노력이 통하지 않고, 결국 이황 같은 인물도 낙향해서 다른 형태의 실천을 추구해야 하던 시대이다. 이와 같은 시대였기에 늘 그렇듯이 토지 겸병을 통한 부의 편차가 커져갔고, 여기저기에서 유민과 도적이 양산되었다.(이 시대는 바로 『임꺽정』의 시대이다) 이런 상황에서 이이는 사림파 정치인이면서도 어떻게든 조정에 남아 조선을 바꾸려 노력한 인물이다. 그에게 세상은 천변만화하는 곳이었고, 그래서 그는 『주역』을 읽어 '시세(時勢)'에 대한 파악을 놓지 않으려고 애썼다. 시세의 파악이 현실에 대한 정확한 이해를 위한 것이라면, 중·화의 추구는 어떤 변화에도 흔들리지 않는 중심을 잡으려는 노력을 위한 것이었다. 이 노력은 반드시 자신에게 주어진 기 ― 현실 속에서 요동할 수밖에 없는 기 ― 를 다스려나가는 과정을 필요로 했다. 결국 이이에게 요동치는 정치 현실에서 '시세'의 파악, 현실에 질질 끌려 다니

21) 이이, 『율곡전서』, 권10, 83쪽.

는 기를 다스려 성으로 이끄는 '교기질' 그리고 이런 노력을 통해 도달해야 할 경지인 '중·화'의 이상은 밀접한 연관을 이루면서 그의 실천철학을 구성했다고 할 수 있다.

인심(人心)과 도심(道心)

이이는 그의 친우인 우계(牛溪) 성혼(成渾, 1535~1598년)과 편지를 주고받으면서 '인심'과 '도심'에 관한 논변을 전개했다. 이 논쟁은 '사단칠정론'과 짝을 이루는, 조선 철학사에서 또 하나의 중요한 논쟁이다.[22]

도심은 인간이 하늘로부터 부여받은 도덕적 마음이다. 인심은 인간이 땅＝자연으로부터 부여받은 현실적 마음이다. 인간에게서는 항상 이 도덕적 마음과 현실적 마음이 갈등을 일으킨다. 유교 특히 성리학은 인간의 성선을 믿는다. 따라서 문제는 다음처럼 제기된다: 모든 사람들이 도심을 부여받았음에도, 각인의 윤리상의 행동은 왜 다르게 나타나는가? 이는 곧 사덕 – 사단과 칠정의 문제와도 연계된다. 왜 모든 사람들이 사덕과 사단을 부여받았음에도, 모두 다른 방식으로 칠정을 발현하는가?

'인심과 도심'의 개념은 『서경』의 다음 구절에서 유래한다. "人心惟危 道心惟微, 惟精惟一 允執厥中."(인심은 오로지 위태롭고 도심은 오로지 은미하니, 오로지 정진하고 일관되어 진실로 그 '중'을 잃지 말라) 주희는 『중용장구』 서문에서 '중'을 위 구절의 '중'에 연결하면서, 이 구절에 새롭게 의미를 부여했다. 그로써 그는 한편으로 '도통' 개념을 정립하고, 다른 한편으로 성리학의 핵심을 이루는 사유 구도를 정립했다.[23]

---

22) 관련 문헌들은 『율곡전서』, 권9~11에 수록되어 있다. 한글 번역본으로는 『답성호원』(임헌규 옮김, 책세상, 2013)이 있다.

23) "마음의 허령지각(虛靈知覺)은 오로지 하나일 뿐이지만(보편적이지만), 인심과 도심에 차이가 나는 것은 왜인가? 전자는 형기(形氣)의 사사로움(개별성)에서 유래하는 데 반해, 후자는 성명(性命)의 올바름(보편성)에 뿌리 두기 때문이다. 이런 까닭에 양자에서의 지각은 다르다. 인심의 경우 위태롭고 불안하지만, 도심의 경우 미묘하고 난해(難見)하다. 세상에 형기를 갖추지 않은 사람은 없으므로 상지(上智)일지라도 인심이 없

이황은 인심과 도심에 관련해 "인심이란 바로 칠정이 그것이요, 도심이란 바로 사단이 그것"[24]이라 보았다. 그러나 사단과 칠정을 택일이 아닌 정도의 문제로 본 이이에게 사단은 어디까지나 인심의 범주에 들어가며, 도심은 미발의 성으로 파악된다. 이는 이황의 '理發氣隨'를 '氣發理乘'의 입장에서 비판한 그의 사유 구도로 보면 당연한 것이다. 그러나 성혼은 이황의 입장을 이어받아 이이에게 이의를 제기하게 되고, 양자의 서신 교환은 이황과 기대승 사이의 서신 교환이 그랬듯이 조선 철학사에서의 또 하나의 중요한 사건으로 남게 된다.

사단칠정론이 '정'에 대한 논변이라면, '인심도심론'은 '심'에 대한 논변이다. '心統性情'의 구도에 입각해본다면, 전자는 심이 이미 발현해 나타나는 정의 두 종류인 사단과 칠정의 관계에 관한 논변이다. 이황이 사단을 리＝성에 직접 연결하면서 칠정과 대립(contrary) 관계로서 파악했다면, 기대승은 사단과 칠정을 공히 리＝성 위에서 이미 기가 작동한 차원에서 성립하는 질적 구분의 관계로서 파악했다. 이에 비해 후자는 정을 특화해 다룬 논의가 아니라 심＝마음을 그 전체에 있어 도심과 인심으로 구분해 논변한 경우이다. 사단칠정론에서와 마찬가지로 여기에서도 문제의 핵심은 도심과 인심을 수평적 대립으로 놓을 것인가 아니면 수직적 전개로 놓을 것인가이다.

을 리가 없고, 성〔성명〕을 갖추지 않은 사람은 없으므로 하우(下愚)일지라도 도심이 없을 리가 없다. 양자가 구분하기 어려울 정도로 섞여 있으니, 잘 다스리는 방법을 알지 못하면 위태한 것은 더욱 위태해지고 은미한 것은 더욱 은미해져 결국 천리의 공(公)이 인욕의 사(私)를 이길 수가 없게 된다. 정진하라 함은 바로 이 양자를 잘 구분하라 함이며, 일관되라 함은 본심의 올바름을 지켜 잃지 말라 함이다. 잠시도 게을리함 없이 이 일에 힘써 반드시 도심이 몸의 주인이 되게 하고 인심이 명〔성명〕을 따르게 하면, 위태한 것은 안전하게 되고 은미한 것은 드러나게 되어 동정(動靜)과 언행에서의 넘치거나 모자람에 빠지지 않을 수가 있다."(「中庸章句序」, 『四書集註』, 19頁)
24) 이황 외, 「답이굉중문목(答李宏仲問目)」, 『퇴계집』, 권36, 372쪽.

우계: 퇴계 선생이 말했듯이, 인심은 기의 발현이고 도심은 리의 발현이라고 할 수 있지 않겠습니까? 리와 기의 '호발'설은 의심의 여지가 없는 듯하니까요. 그런데 기의 발현이 칠정이고 리의 발현이 사단이므로, 인심은 칠정과 같고 도심은 사단과 같은 것이 됩니다. 하지만 생각해보면 사단과 칠정은 '성'에서 발현하는 경우를 말하고, 도심과 인심은 '심'에서 발현하는 경우를 말하는 것이기에, 사단·칠정을 간단히 도심·인심과 대응시키는 것도 문제가 좀 있다 싶기도 하고요. 도심과 사단을 동일시하는 것은 맞지만, 인심과 칠정을 동일시할 수가 있는 것일까 의심이 듭니다.

율곡: '심'을 도심과 인심으로 나누는 까닭은 성명(性命)과 형기(形氣)가 구분되기 때문입니다. 리와 기는 '理通氣局'의 관계로써 파악할 수 있습니다. 성명은 리와 연관되지만 형기는 기와 연관되지요. 누구나 도심을 타고서 태어나지만, 기의 발현 과정에서 점차 탁해질 수 있습니다. 그래서 도심이 인심으로 추락하게 됩니다. 그러나 누구나 노력함으로써 도심을 되찾을 수도 있습니다. 그래서 도심과 인심은 서로의 끝이 된다고 할 수 있습니다. 그래서 리와 기를 '호발'의 구도로 파악하고, 그 각각에서 도심과 인심이 '호발'적으로 발현하는 것으로 보는 것은 곤란합니다.

그러나 사단과 칠정의 관계는 다릅니다. 도심과 인심은 서로의 끝이 되지만, 사단과 칠정의 경우는 칠정이 사단을 포함합니다. '정' 중에 순선한 경지를 유지하는 정이 사단이고, 그렇지 못한 정들까지 모두 포괄해 말한 것이 칠정일 뿐입니다. 사단은 리에 초점을 맞춰 논한 것이고, 칠정은 리와 기를 함께 말한 것뿐입니다. 따라서 도심과 인심의 관계와 사단과 칠정의 관계는 다른 형식을 띱니다. 그래서 도심과 인심을 사단과 칠정에 대응시키는 것은 곤란합니다.

'심'이 아직 발현되지 않은 단계가 '성'이고, 이미 발현된 단계는 '정'이며, 발현한 단계에서 활동하는 것(計較商量)은 '의(意)'이니, 심은 이 모두를 포괄합니다. 여기에서 실제 발현하는 것은 기이고, 그 발현을 주재하는 것은 리입니다. 심이 보다 직접적으로 리의 주재하에 있을 때에는 도심이지만, 기가 주도하게 되면 인심이라고 할 수 있습니다. 전자의 경우 마음은 본성을 온축하고 있음은 물론, 정의 차원에서도 사단의 국면에 있고, 또 의지를 잘 발휘해 도덕성을 유지할 수 있습니다. 그러나 후자의 경우 본성 자체야 아래에 온축되어 있지만, 기의 힘이 강해지면서 정이 칠정으로 흐르고 의지가 약해 제 역할을 하지 못하는 것이죠.

이이는 이미 말했듯이 리와 기를 '리통기국'의 관계로 파악한다. 리는 보편적 원리이고, 기가 개별화의 원리로서 기능한다. 아울러 이이는 마음을 이성(도덕형이상학적 뉘앙스)·감정·의지로 구분하고, 이성은 리의 다른 이름으로서 모든 존재에게 보편적으로 잠존해 있으며, 감정과 의지는 기와 더불어 실제 발현함으로써 실존하게 되는 것으로 파악한다. 그리고 감정에서 도덕적 감정인 사단을 특화해 말할 수 있지만, 그것을 칠정과 대립적 관계에 있다고 본 이황의 생각에는 반대한다. 또, 이이는 의지를 특화해서 그것에 이성·감정과 나란한 위상을 부여하고 있으며, 실존의 차원에서 현실적으로 작동하는 도덕적 힘으로 파악하고 있다.

이이에게 도심이란 마음이 그것의 뿌리인 리에서 이반되지 않을 때, 즉 성의 보존은 물론[25] 칠정이 아직 기에 의해 주도되지 않고 의지가 그 역할을 다 하는 때를 가리킨다고 본다. 반면 인심이란 본연의 성은 물론 잠재적으로 깔려 있지만, 발현한 국면에서 기의 주도가 강해 칠정에서 사단의 측면이 흐려지고 의지의 역할도 미미할 때를 가리킨다고 본다. 그래서 이이에게서 도심과 인심은 어떤 선을 따라 이루어지는 '하향도'와 '상향도'의 이미지를 통해 파악된다. "서로의 끝이 된다"는 것은 이런 의미이다. 따라서 그로서는 리와 기를 대립자처럼 논한다거나(실제 기능에서는 대립적이지만), 사단과 칠정을 대립자처럼 논하는 것은 받아들일 수 없다.

앞에서 말했듯이, 이이에게는 기를 다스리는 것이 도덕적으로 중요한 문

25) 사실 성＝리는 항상 보존한다. 앞에서도 말했듯이, 특히 정주학은 일단 리를 아래에 깔고서 그 위에서 여러 다른 이론들을 구축한 철학이다.

제이다. 기가 극성해서 감정과 사욕이 커질 때 마음은 더욱 인심 쪽으로 기운다. 도덕적 의지를 적극적으로 활동시켜 기의 극성을 누르고 감정과 사욕을 제압해야만 도심 쪽으로 갈 수 있는 것이다.

우계: 하지만 분명히 주자는 "인심은 형기(形氣)의 사사로움(개별성)에서 유래하는 데 반해, 도심은 성명(性命)의 올바름(보편성)에 뿌리 두기 때문"이라고 분명히 말하지 않았습니까?

'성'에 본연지성과 기질지성이 있다면, 정에도 리에 뿌리 두는 사단과 기에 뿌리 두는 칠정을 나눌 수 있지 않겠습니다. 그리고 같은 구도에서 도심과 인심을 볼 수 있지 않겠습니까?

율곡: 거듭 말하지만, 인심과 도심을 둘로 나누어 대립관계로 보면 곤란합니다. 마음은 오직 하나일 뿐입니다. 도심과 인심은 심의 두 존재 방식일 뿐인 것이죠. 리와 기가 상호적으로 발동한다고 보고 도심을 전자에 인심을 후자에 배속시킨다면, 이는 마음속에 애초에(미발 상태에서도) 이미 인심과 도심이라는 두 실마리가 있다는 이야기가 됩니다. 그렇게 되면 우리 마음이 본래 두 개라는 이야기가 되어버리지 않겠습니까?

인심과 도심은 수평적 대립관계가 아니라 수직적 전개/표현의 관계로 이해되어야 합니다. 근원은 하나이지만 현실에서의 흐름이 두 갈래인 것입니다. 우리가 태어난 그대로의 모습일 때의 마음이 하늘마음인 것이고 외부세계에 감응해서 기가 작동할 때의 마음이 사람마음인 것이죠. 그래서 전자의 상태를 유지할 때에는 도덕적 존재로서 살아가지만 그 상태를 점차 잃어버리고 후자의 상태에서 살아갈 때에는 그저 생물학적 본능에 입각해 살아갈 뿐인 것입니다. 주자가 "인심은 형기의 사사로움에서 유래하는 데 반해, 도심은 성명의 올바름에 뿌리 두기 때문"이라고 말한 것은 우리 마음의 애초의 차원에 대해서 말한 것이 아니라, 마음이 이미 발현한 이후에 나타난 이 두 가지 상태를 보고서 말한 것입니다. 그래서 '호발설'로 이해하면 안 됩니다.

본연지성과 기질지성은 대칭을 이루는 것이 아닙니다. 그래서 퇴계처럼 '주리(主理)'와 '주기(主氣)'로 대칭시켜 말하면 곤란합니다. 성은 본래 본연지성입니다. 다만 기와 함께 말할 때 기질지성이 성립하는 것입니다. 마치 성에 두 가지가 있는 듯이 말하면 안 됩니다. 사단과 칠정도, 인심과 도심도, 또 본연지성과 기질지성도 모두 대칭적으로 말하면 안 되는 것입니다.

성혼과 이이의 이런 인심·도심 논쟁을 통해서 사단·칠정의 관계 및 본연지성·기질지성의 관계를 둘러싼 이황과 이이 사이의 차이도 보다 분명하게 드러나고 있다. 성혼과 이이의 논변을 통해서 이이의 사유 그리고 이황과 이이 사이의 차이 또한 보다 분명하게 밝혀진 점이 큰 성과라 할 수 있을 것이다.

§3. 인성과 물성

16세기에 이루어진 이황과 이이의 사유는 17세기로 이어져 이황학파=퇴계학파와 이이학파=율곡학파의 흐름으로 전개된다. 두 학파는 그 지역적 차이에 입각해서 때로 '영남(嶺南)학파'와 '기호(畿湖)학파'로 대비되기도 한다.

인물성동이론

기호학파 자체 내에서 생겨난 논쟁이 '인물성동이론(人物性同異論)'이다.[26] 사단칠정론이 '정'을 둘러싼 논쟁이었고 인심도심론이 '심'을 둘러

---

26) 인물성동이론은 '호락논쟁(湖洛論爭)'이라고도 불린다. 인물성 동론을 주장한 사람들이 대체적으로 낙하(洛下) 지역 즉 경·기 지역의 학자들인 데 비해, 인물성 이론을 주장한 사람들은 대개 호서(湖西) 지역 즉 충청 지역의 사람들이었기 때문이다. 정확히는 호락논쟁이 인물성동이론을 그 한 부분으로서 포함하는 더 넓은 개념이다. 호락논쟁은 임진왜란과 병자호란이라는 혼란기를 거치고서 조선을, 특히 조선의 주인공인 사대부

싼 논쟁이었다면, 인물성동이론은 '성'을 둘러싼 논쟁이었다. 결국 조선 철학은 사람의 마음과 그 도덕적 본성 그리고 감정을 둘러싸고서 수백 년 간 논변들을 전개한 셈이다. **사람의 마음!** 이것이 유교 철학의 알파요 오메가이며, 이는 특히 조선 철학사에서 두드러졌던 점이다. 사람이란 사람으로 태어나서 사람들과 관계 맺으면서 살다가 사람들에 둘러싸여 세상을 떠난다. 이 모든 '인생(人生)'은 결국 사람의 '마음'이라는 중핵을 둘러싸고 전개된다. 인간에게 모든 것은 결국 마음의 문제이다. 다른 모든 것들은 결국 마음의 '배경'인 것이다.

인심도심론이 성과 정을 나누지 않고 마음을 전체로서 다루었다면, 사단칠정론과 인물성동이론은 각각 감정과 도덕적 본성이라는 마음의 두 측면을 따로 다루었다. 정이 마음의 '이발'의 측면이라면, 성은 마음의 '미발'의 측면이다. 따라서 인물성동이론은 미발 상태에서의 성에 관한 문제이다. 이 성에 관련해 '인' 즉 사람과 '물' 즉 사람 외의 존재들(주로 동물들)의 동일성과 차이에 관한 논쟁이라고 할 수 있다. 여기에서의 차이는 물론 근본적 차이를 뜻한다. 세부적 차이들은 너무 당연한 것이기 때문이다. 논쟁의 핵심은 미발 상태에서는 인·물이 '동'하고 양자가 '이'한 것은 이후 이발 상태에서의 기의 문제라는 입장(인물성 동론)과 미발 상태에서 이미 인·물은 '이'하다는 입장(인물성 이론)의 대립으로 정리할 수 있다. 이 논쟁은 17·18세기에 걸쳐 길게 전개되었거니와, 이는 조선의 철학자들이 주자학을 얼마나 집요하게 심화해나갔는가를 잘 보여준다. 그러나 다른 한편으로 본다면, 즉 17~18세기가 이미 철학사적인 그리고 세계사적인 거대한 전환이 이루어지고 있던 때임을 생각하면, 이는 이들이 얼마나 어떤 일정한 테두리 안에 갇혀 스콜라적인 논변들을 계속했는가를 말해주기도 한다.

인성과 물성이 다름을 주장한 대표적 인물은 남당(南塘) 한원진(韓元震,

들 자신의 정체성을 새롭게 세우고자 한 과정에서 발생한 논쟁이다.

1682~1751년)이다.[27] 한원진은 존재자들의 본성에서의 차이를 세 층위로 나누어 보았다.(이른바 '성 삼층설') 첫 번째 층위는 모든 존재자들의 성 즉 인성과 물성을 포함하는 모든 성들이 같은 층위이다. 이 층은 아직 기가 개입하지 않은 차원으로서, 모든 존재자들이 천리를 공유하는 차원이다. 사실 이는 성리학 자체의 근본 원리라고 할 수 있기 때문에 문제의 초점이 아니다. 더 중요한 것으로, 한원진은 기 개입 이전의 이 차원은 개념적 추상의 층위에서만 존재한다고 보았다. 한원진에게 '성'이란 어디까지나 기를 포함한 성이며, 기를, 신체적 삶을 배제한 성이란 그에게 의미가 없었다.[28] 문제의 초점은 다른 두 층위 즉 기가 개입하는 두 층위, 리와 기를 함께 말하는 층위들이다. 이 층위들 중 첫 번째 층위는 인성과 물성이 구분되는 층위이다. 즉, 사람의 기와 다른 존재들(특히 다른 동물들)의 기가 본질적으로 구분되는 층위이다. 두 번째 층위 즉 전체적으로는 마지막 세 번째 층위는 개체화의 원리가 작동하는 층위이다. 두 번째 층위는 인간이라는 보편자와 다른 종들＝보편자들이 양분되는 층위라면, 이 세 번째 층위는 개별자들 각각의 기 — 기에서의 차이 — 가 고려되는 층위 즉 각각의 개별자들(각각의 인간들, 각각의 동물들)이 모두 구분되는 층위이다.

그렇다면 인성과 물성의 본질적 차이를 변별해내는 기준은 무엇인가? 한원진은 두 번째 층위에서 각 종들의 성은 천리가 내린 본연의 성 — 그러나 주희가 말한 본연지성이 아니라 어디까지나 기 자체의 본연을 말한다 — 을 유지하고 있으며, 따라서 모두 선하다고 보았다. 그러니까 한원진에게 자연 그 자체는 선한 것이다. 'physica'의 차원을 벗어나 'metaphysica'

27) 한원진의 인물성 이론은 주로 『남당집(南塘集)』, 권7에서 찾아볼 수 있다.

28) 이렇게 본다면 한원진은 '성즉리'라는 성리학의 기본 테제 자체를 거부했다고도 해석할 수 있다. '성즉리' 테제는 곧 인간에게 존재하는 도덕적 본성이 바로 리라는 것을 말하며, 기를 배제한 '성'이야말로 인간의 진짜 본성임을 주장하기 때문이다. 그러나 한원진에게 '성'에 대한 논의는 몸을 갖추고서 살아가는 그대로의 모습에서 포착된 인간 본성이다. 전자의 성이 'moral nature' 또는 'metaphysical nature'에 해당한다면, 후자의 성은 'human nature'에 해당한다.

의 차원으로 가야만 선한 것이 아니라, 'physica'의 차원이 그 자체로서는 선하다는 생각이 한원진의 사유를 관류하고 있다. 악이 구체적으로 섞여 드는 것은 세 번째 층위에서이다. 그렇다면 두 번째 층위에서 인·물의 본질적 차이는 무엇으로 가려지는가? 그것은 곧 기에서의 선함과 악함이 아니라 어디까지나 온전함과 편벽됨이다. 인간의 기는 온전한 기이지만, 다른 종들의 기는 편벽된 기인 것이다. 여기에서 '편벽(偏僻)'하다는 것은 무엇을 뜻하는가? 그것은 곧 다섯 가지 기 즉 오행의 기를 온전히 갖추지 못했음을 뜻한다. 오행의 기는 오상의 덕과 상응한다. 이 점이 핵심적인데, 왜냐하면 이 상응을 통해 존재론적 논변과 윤리학적(또는 도덕형이상학적) 논변이 이어지고 있기 때문이다. 주희와 이이가 든 예로 본다면, 호랑이와 이리에게는 '부자유친'이 있고, 벌과 개미에게는 '군신유의'가 있고, 기러기에게는 '장유유서'가 있고, 물수리에게는 '부부유별'이 있다. 그러나 이들은 어느 한 기만이 트여 있으며 다른 기들은 막혀 있다. 오직 인간만이 오행의 기가 즉 오상의 덕이 모두 트여 있는 존재이다.[29] 한원진은 바로 이 점에서 인간과 타 동물들은 본성상 다르다고 보았다.

한원진의 인물성 이론에 대해 인물성 동론을 주장한 대표적 인물은 외암(巍巖) 이간(李柬, 1677~1727년)이다.[30] 한원진의 구도가 삼층의 구도라면, 이간의 구도는 이층의 구도이다. 이간에게 본연지성의 개념은 오로지 순수 리=성의 차원에서만 쓸 수 있다. 그가 볼 때 기질지성이라는 말은 잘못된 표현이다. 기질이 '성'일 수 없기 때문이다. 기질을 '성'으로 본다면, 심각한 문제가 생긴다. 성 자체에 이미 악이 내장되게 되는 것이다. 성 =리에 애초에 (기에서 유래하는) 악이 섞여 있다는 것은 있을 수 없다. 여기에서 우리는 한원진과 이간의 차이가 결국 기 자체를 선하다고 보는 입

---

29) 이는 본능과 지능의 구분을 연상시킨다. 그러나 예컨대 베르그송이 행한 본능과 지능의 구분이 생명철학적-인식론적 구분이라면, 성리학에서의 구분은 존재론과 도덕형이상학이 혼재된 동북아 철학 고유의 구분이다.

30) 이간의 인물성 동론은 주로 『외암유고(巍巖遺稿)』에서 찾아볼 수 있다.

장과 기는 악의 요소를 포함하며 순수 리만이 순선하다는 입장의 대립임을 간파할 수 있다. 한원진의 사유가 독창적/파격적이라면, 이간의 사유는 성리학 본래의 틀에 충실하다. 결국 이간 사유의 구도는 본연지성과 (이간 자신이 쓴 말은 아니지만) 기질지정(氣質之情)이라 말해야 할 것이다. 본연지성의 차원에서 인·물은 같다. 그러나 기질지정의 차원에서 본다면 인·물은 다르고 또 개개의 인간, 개개의 동물들도 다 다르다. '본연지성'과 '기질지정'만이 존재한다. '기질지성' 같은 것은 없다. 따라서 이간에게서는 인·물에 '본질적으로 다르다'고 할 만한 차이는 존재하지 않는다. 그에게서는 같다면 다 같고 다르다면 다 다르다.(물론 그 다름의 정도는 매우 다양하다) 다 같은 순선한 리＝성의 차원과 다 다른 기의 차원이 존재할 뿐이다. 그 사이에 기에서의 본질적 차이라는 층은 따로 존재하지 않는다.

　이간은 본래 '성'의 차원에는 기가 들어 있지 않다고 보았다. 성은 곧 리이며 거기에 기는 들어 있지 않다. 성은 미발처(未發處)이며 미발처에는 기가 포함되지 않는다. 기는 이발처(已發處)에서 개입한다. 다시 말해 본성이란 마음이 아직 발현되지 않은 차원이며 따라서 아직 기가 개입하지 않은 차원인 데 비해, 이미 발현된 차원은 정을 포함하는 마음 전체가 활동하는 차원이고 이 차원에 기가 개입하는 것이다. 이간은 한원진의 구도에서 볼 경우 성 자체에 이미 기가 개입해 있는 것으로 간주해야 함을 비판한다. 성이란 미발처의 문제이거니와, 한원진의 경우 미발처인 본성의 차원에서 이미 기가 내재해 있게 되는 것이다. 세 성의 구분은 다만 기를 빼고 리만 보느냐, 리와 본질적 기를 함께 보느냐, 리와 본질적 기와 개체적 기를 모두 함께 보느냐의 구분이다. 즉, 본성의 차원이 이미 리·기 혼합의 차원이며, 다만 어떤 방식으로 보느냐의 문제일 뿐이다. 이처럼 본성 자체 차원에서 본질적 기를 구분해, 인간의 본성과 타 동물들의 본성을 분할하는 것은 이간으로서는 받아들이기 힘든 것이었다. 이간의 경우 미발처의 본연지성의 차원에서는 오직 리만이 존재한다.[31] 기질지'정'은 어디까지나 이발처의 차원에서 작동한다. 바로 이 때문에, 이간은 '성'의 차원에서는 인·물이 같다고 본 것이다. 달라지는 것은 본성의 차원에서가 아니라 현실적 활동의 차원에서이다.

이간의 주장에서 흥미로운 것은 그가 오상의 차원과 리의 차원을 동일시하며, 그 결과 인·물이 오상을 똑같이 공유한다고 본 점이다. 이럴 경우 다른 동물에게도 오상/오륜이 갖추어져 있다는 결론이 나온다. 이간은 인간도 동물과 같다고 본 것이 아니라 동물도 인간과 같다고 본 것이다. "인간이 뭐 별거냐. 밥 먹고 똥 싸고 성교하고 …… 하는데"라는 속류 유물론에서의 같음을 말하는 것이 아니라, 그와 정확히 반대로 "동물에게도 미발처의 차원에서는 리＝성이 갖추어져 있다"는 의미에서의 같음을 말하고 있는 것이다.[32] 역으로, 한원진은 인간은 동물과 다르다고 말하는 것이 아니라 동물은 인간과 다르다고 말하는 것이다. 인간은 "어떻게 형이상학적 존재인 인간을 자연적 존재인 동물과 같은 수준에 놓을 수 있다는 말인가"라는 서구 형이상학사에서 흔히 등장하는 테제를 말하는 것이 아니라, 인간과 동물은 공히 자연적 존재이지만 그들을 구성하는 원료에 근본적인 차이가 있음을 말하는 것이다. 양자의 주장은 현대적인 감각으로 얼핏 느껴지는 것과는 오히려 반대의 내용을 담고 있음에 주목하자.

한원진과 이간의 사유에서 성인과 범인(凡人)의 동·이에 대한 생각도 다르다. 한원진은 본질적 기의 차원에서 본다면 인간과 타 동물이 구분되며, 따라서 본질적 기의 맥락에서 본다면 성인과 범인의 본성은 똑같다고 보았다. 그러나 현실적 기의 차원에서 본다면 다시 사람과 사람도 구분되

---

31) 더 정확히는, 이간은 미발처 차원에서는 역설적으로 말해 0%의 기가 존재한다고 보았다.(수학에서 0은 '무'를 뜻하지만, 0 그 자체는 '존재'한다는 것을 떠올리면 좋을 것 같다) 리를 태양으로 보고 기를 구름으로 본다면, 미발처에서 구름은 완전히 개어 말하자면 0% 존재하는 것이다. 이 상태의 기는 '담연순일(湛然純一)'하고 '순청지수(純清至粹)'한 기로서, 이때에는 리가 완벽히 드러나고 기는 현실적으로는 존재하지 않는 상태이다. 기 자체만 놓고 본다면, 서경덕의 '담일청허지기', 이이의 '본연지기'를 잇고 있는 생각이다.
32) 한형조, 『조선 유학의 거장들』(문학동네, 2008), 4장에서 상세하게 논의되고 있다.

며, 이 경우에는 성인과 범인의 본성은 다르다고 보아야 한다. 그러나 이 문제에서도 역시 이간은 '성'이라는 개념을 쓰는 한 거기에는 기에서의 차이가 문제시되어서는 안 된다는 입장이다. 따라서 성인의 본성과 범인의 본성은 무조건 같다. 본질적 기라는 층위 없이, '성'을 논하는 한 성인과 범인만이 아니라 만물은 같다. 성인과 범인의 차이는 어디까지나 구체적 기의 차원에서 성립한다.[33] 한원진과 이간의 입장은 실제상 유사하지만 그 논변의 구도가 다르다고 할 수 있다.

본성이란 존재자들에 있어 변하는 가운데에서 변하지 않는 알맹이를 가리킨다. 성리학자들은 이 변하지 않은 알맹이를 하늘이 만물에 내린 리에서 찾았다. 그리고 변하는 측면을 설명하기 위해 기를 도입했다. 그러나 과연 인간 외의 다른 종들이 인간과 같은 성을 갖추고 있는가가 문제가 되었다. 사실 성리학의 대전제는 만물이 리를 갖추고 있다는 것이기에 이 물음의 초점은 결국 기에서의 본질적 차이의 문제가 되었다. 이에 비해 변하는 측면에서 나타나는 두 양상 즉 도덕적 감정과 비-도덕적 감정 사이에서의 차이 또한 문제가 되었다. 두 감정 모두 감정인 한 기로 취급되어야 했으나, 도덕적 감정인 사단은 오히려 리의 차원에 가까운 것으로 느껴지기도 했다. 사단과 칠정을 둘러싼 논쟁은 이 점에 초점을 두었다. 그리고 인도와 천도에 관한 논쟁은 이 본성과 감정을 모두 포함하는 마음 전체를 두고서 전개된 논쟁이었다. 결국 사단칠정론, 인심도심론, 인물성동이론은 '성', '정', '심'을 둘러싼 다각도의 관점들이 부딪치는 거대한 문제-장을 형성했다고 할 수 있다.

---

33) 다만 이간은 성=리의 차원과 기의 차원이라는 축과 미발과 이발이라는 축을 단적으로 동일시하지는 않았다. 미발 차원에서 성인과 범인은 구분되는 바가 있다고 보았기 때문이다. 그에 따르면, 성인은 미발 차원에서 절대적으로 선하지만, 범인은 미발 차원에서도 혼란스러움을 내포하고 있다고 보았다.(『외암유고』, 권12)

'리일분수'의 새로운 해석

인물성동이론은 '리일분수'의 존재론에서 파생된 논쟁이었다고도 할 수 있다. 주자에게서 집대성된 리일분수론은 궁극에서 하나인 리가 다양한 유·종·개체들로 분화하면서 개별화되는 과정을 가리키며, 이 과정에서 개별화의 원리로 작동하는 것은 곧 기이다. 자체로서는 하나이고 순수한 리=태극이 상이한 기들의 제한에 의해서 다양하게 개별화되는 과정, 그러나 전체로서는 조화로운 유기성을 잃지 않은 것으로 이해된 과정이 곧 리일분수의 구도이다. 이때 본질적 기를 상정하느냐의 여부에 따라 인·물성 이론과 동론이 갈라지게 된다. 이는 곧 '분수'의 과정에 굵은 분절선을 도입할 수 있느냐의 문제였다고 할 수 있다. 한원진과 이간 사이의 논쟁이 일정 정도 진행된 후, 이제 이들의 사유를 조화시키면서 리일분수를 새롭게 규정해나가는 것이 시대의 과제가 되었다.

녹문(鹿門) 임성주(任聖周, 1711~1788년)는 '리일분수'를 '기일분수(氣一分殊)'로 전환시킴으로써, 기를 본연으로서 밑에 깔고 그 위에서 오히려 리가 개별화의 원리로서 작동한다고 보았다. 이는 멀리로는 서경덕, 왕부지를 잇고, 당대의 대진(戴震)과 공명하는 기 중심의 사유였다.

> 우주의 시공간을 넘치듯이 꽉 채운 채, 안도 바깥도 없고 시작도 끝도 없이, 숱한 조화를 내고 숱한 인·물을 낳는 존재, 이것이 '단-하나의-기'[一箇氣]이다. 여기에는 인위적으로 '리'에 할당할 곳은 어디에도 없다. 그 기의 역능이 이토록 장대하고 이토록 조화무궁하니, 도대체 누가 이렇게 시켰는가? 그저 스스로 그렇다고[自然而然] 말할 수 있을 뿐이다.[34]

이처럼 임성주는 기를 우주의 일차적 실재로 보았다. 그러나 그는 단적인 기 일원론자는 아니었다. 기존 성리학의 구도와 반대로 우선 기를 밑에

---

34) 간추린 번역임. 임성주, 「녹로잡식」, 『녹문집』, 권19.

깔고 그 위에서 리를 생각한 인물이었다. 더 중요하게는, 대진에게서도 그 렇듯이 그에게서도 리는 기의 절대적 생성의 결과일 뿐만 아니라 여전히 기를 주재하는 존재였다. 그는 성리학을 거꾸로 세운 것이지 그 구도를 파괴한 것은 아니다. 그에게 기는 '기연자(其然者)'이고, 리는 '소이연자(所以然者)'이다.

임성주의 구도는 이이의 구도와 대칭적이다. 이이는 "상이한 기들이 하나의 뿌리에 근거한다는 것은 곧 리의 통함 때문이요, 하나의 리가 갖가지 특수자들에 구현될 수 있는 것은 기가 다 다르기 때문"이라 했다. 이념적인 것은 하나이지만, 물질적인 것은 여럿이다. 앞에서 예를 들었듯이, 하나의 글이 숱하게 많은 책들로 인쇄되고 하나의 음악이 숱하게 많은 오케스트라에 의해 연주된다. '리통기국'은 이념적인 것과 물질적인 것 사이에 존재하는 관계를 정확히 표현하고 있다. 임성주의 '기일분수'설은 이이의 표현에 기준한다면 '기통리국(氣通理局)'이 되는 셈이다. 세계에 보편적으로 존재하는 것은 기이며, 개별자들은 이 기가 그때그때의 특수한 리에 의해 제한되어 생겨나는 것들이다. 이는 하나의 오케스트라가 숱하게 많은 곡을 연주하는 것, 하나의 책이 숱하게 많은 이념들을 담고 있는 것과 같다. 이이의 생각과 임성주의 생각은 서로 모순되는 것이 아니라('모순'이란 양자가 동일한 지평 위에 서 있을 때 성립한다), 논의의 지평, 축(axis)을 달리한다고 볼 수 있다.

사실 임성주 자신은 리통기국과 기통리국이 사태를 파악하는 두 방식일 수 있음을 주장했다. 이른바 리·기 동실론(同實論)이다. 임성주 철학의 주요 동기들 중 하나는 인물성동이론의 참여자들이 리와 기를 지나치게 나누어(이간은 두 층으로, 한원진은 세 층으로) 리·기의 '불상리'를 간과했다는 점을 지적하는 데에 있었다. 그러나 이이와 대비되는 임성주 특유의 시각은 역시 기통리국으로 특징지을 수 있다. 임성주에게서 개별화의 원리는 리가 되며, 이는 달리 말하면 개별화된 모든 존재자가 각각의 리를 갖추고 있음을 뜻하게 된다. 리가 보편적이고 기가 개별자를 특징짓는 구도와 대칭적인 것이다. 이렇게 볼 경우, 각 존재가 각각의 태극을 갖추고 있는 셈이다.("各具一太極") 그러나 이 경우 태극은 크고 작은 개별적 태극들로 파편화되지 않는가? 본 저작에서 성리학을 줄곧 '본연과 원융의 철학'이라고 했거니와, 이는 본연은 보존되지만 원융은 깨져버리는 사유가 아닌가? 그러나 임성주 역시 '본연과 원융'이라는 에피스테메 안에서 사유했다. 그가 "리는 하나이면서 모든 것이다. 하나이기에 같고 모든 것이기에 다르다"고 했을 때, 그는 성리학 고유의 원융을 전제하고 있었던 것이다. 모든 존재자들은 기로 되어 있으나 그 기의 조직화의 원리는 각각 다르다. 따라서 만물은 같다면 다 같고 다르다면 다 다르다. 그러나 구도는 이간과 반대이다. 다 같은 것은 기 때문이고, 다 다른 것은 각각의 리 때문인 것이다.

노사(蘆沙) 기정진(奇正鎭, 1798~1879년)은 임성주와 대칭적으로 리의 존재론적 우선성을 역설한다. 그에게서 기는 개별화의 원리로서 작동하기보다는 오히려 리의 구현 수단으로서 기능한다. 물론 몸이 없으면 마음이 구현될 길이 없기에 몸이 부정되는 것은 아니다. 다만 기정진은 리와 기 사이에 분명한 주종관계를 설정하고자 했다.

> 기란 리에 따라서[順] 발현하는 존재이기에, 기의 발현은 사실상 리의 발현이다. 기는 리를 좇아서[循] 활동하는 존재이기에, 기의 활동은 사실상 리의 활동이다. 리는 스스로 짓거나 만들지[造作] 않으며 스스로 꿈틀거리거나 움직이지[蠢動] 않는다. 실제 발현하고 활동하는 것은 분명 기이다. 그럼에도 이를 사실상은 리의 발현이고 리의 활동이라고 하는 까닭은 무엇인가? 기의 발현과 활동은 사실은 리의 명령에 따라 이루어지는 것이며, 명령을 내리는 자가 주인이고 명령을 받는 자는 종이기 때문이다. 종이 명령을 받아 힘을 쓰고 명령을 내린 주인에게 그 공이 돌아가는 것은 천하의 기본 이치이다.[35]

---

35) 奇正鎭, 「猥筆」, 『蘆沙集』, 卷12.

여기에서 기정진은 이황처럼 리의 능동성을 주장하는 것이 아니라 리의 주인-됨을 주장하고 있다. 그가 보기에 조박한 기는 어디까지나 리의 종일 뿐이다. 바로 그렇기 때문에 기정진은 개별화된 기의 특수성을, 더 중요하게는 리 바로 아래에 순선한 기를 설정해 (리에 도달하기 위해) 우선은 그 기를 지향하는 이이의 사유 구도를, 보다 직접적으로는 그를 계승한 기 중심의 철학자들을 강하게 비판한다. 기정진에게 (멀리로는 서경덕에서 유래하는) 기의 '기자이(機自爾)' 같은 개념을 용납할 수 없는 것이었다. 이는 또한 인물성동이론의 철학자들이 리와 기를 지나치게 나누고, 기 층위(들)의 독자적 역할을 논변한 것에 대한 반발이기도 했다. 이 점에서 기정진은 임성주와 대칭적인 이론적 기반 위에서 궁극적으로는 같은 지향—리·기의 불상리(와 불상잡)에 대한 주장—을 가졌다고 할 수 있다. 결국 인물성동이론의 여파는 무려 19세기에까지 미쳤던 것이다.

세계철학사의 흐름이 결정적으로 변환된 19세기에 이르기까지도 조선 철학계에서 주자학의 세밀한 문제들을 둘러싼 논쟁이 이어졌다는 점은 놀랄 만하다. 19세기에 활동한 기정진이 리의 주인-됨을 그토록 강력하게 주장했다는 사실은 더더욱 놀랍다. 이것이 철학적 집요함을 뜻하는 것일까, 역사적 정체성(停滯性)을 뜻하는 것일까?[36]

---

36) 그러나 어떤 사상이 철학사의 흐름에서 이미 낡아버린 옛 테제를 주장하는 것이 그 사상의 틀림/부적합함을 뜻하지는 않는다. 모든 사상은 그 맥락에 입각해 이해해야 하기 때문이다. 예컨대 오늘날 누군가가 '이데아'를 이야기했다고 "지금 무슨 2,500년 전의 이야기를 하느냐"라고 하는 것은 단견이다. 이런 식의 생각 자체가 사상사란 선형적으로 또는 목적론적으로 발전해간다는 단순한 역사철학을 전제하기 때문이다. 이론적으로 낡아빠진 사유가 맥락적으로 오히려 ("첨단의" 사유들보다) 더 적절할 수 있다. 리에 대한 기정진의 역설은 19세기 조선이라는 극도의 환란기에 처한 지식인이 내린 처

조선 철학사에서의 주자학의 권위는 매우 강고한 것이었다.[37] 주자학이 아닌 사상들은 불교나 도교 계통은 물론이고 유교 계통의 사상일지라도 '이단'으로 취급되었다. 지중해 일신교세계에서처럼 물리적 폭력으로까지 치닫지는 않았으나, 이론상 조선에서의 이단은 거의 일신교세계에서의 '이교'와 같은 것이었다. 이는 16세기 이래 이미 여러 새로운 사상들이 퍼져나간 중국과 그리고 신도·불교·유교가, 게다가 여러 형태의 유교가 나란히 '병존'(또는 '습합')한 에도 막부의 경우와 대조적이다.

물론 이것은 조선 철학사가 19세기까지도 주자학 일변도였음을 뜻하지는 않는다. 주자학이 개화한 16세기에도 이미 일부 철학자들은 주자학에 경도되었으면서도 다른 사유들을 배척하지 않았다. 17세기에 이르면 박세당(朴世堂) 등에 의해 이미 주자학에 대한 비판이 등장한다. 그리고 그전에 이미 양명학(넓게는 심학)이 시작되었고, 비주류이긴 했지만 작지 않은 흐름을 이루기도 했다. 18세기에 이르면 주자학에 반(反)하는 '실학'[38]이 널리 전개되고, 조선 사상계 역시 근대성의 거대한 흐름에 합류하게 된다. 그리고 19세기가 되면 서학의 영향하에서 혜강(惠岡) 최한기(崔漢綺)의 기학 등 참신한 시도들이 등장하고, 다른 한편 민중철학인 동학 운동이 전개되

방일 수 있으며, 아테네의 황혼기에 플라톤이 이데아를 역설한 것과 매우 유사한 의미 맥락을 띠고 있다고 해야 할 것이다. 오히려 문제의 초점은 그 사상이 예전의 그 낡아빠진 테제와 자신 사이에 존재하는 역사/사상사를 과연 충분히 소화했는가, 그래서 그 반복이 빈약한 반복이 아니라 창조적인 반복이라고 할 수 있느냐 하는 데에 있다. 맥락에 따라 2,500년 전의 공자사상이 오늘날의 첨단 사상들보다 더 의미 있을 수 있다. 그러나 이는 현대의 공자사상이 그 사이의 이 2,500년 역사와 사상사를 충분히 소화하고서 새롭게 창조된 공자사상이라는 것을 전제할 때 성립하는 이야기라고 해야 할 것이다.

37) 17세기 초에 활동한 계곡(谿谷) 장유(張維)는 명나라에는 유학, 선불교, 단학(丹學)〔도교 계통의 학문〕, 정주학, 육학〔육구연의 학문〕 등 다양한 갈래들이 있지만 조선의 경우는 오로지 주자학뿐임을 개탄했거니와(『계곡만필』, 김철희 옮김, 을유문화사, 1974), 이런 상황은 무려 19세기까지도 여파를 미쳤던 것이다.

38) '실학(實學)'은 일반적으로 많이 사용되어온 용어였으며 주자학자들도 이전의 다른 학문들(특히 불교)을 '허학(虛學)'이라 부르면서 스스로를 실학으로 지칭했다. 그러나 여기에서의 '실학'은 18~19세기에 전개된 조선 철학 고유의 개념으로서의 실학이다.

기도 한다. 따라서 조선 철학사가 오로지 주자학이라는 단일한 흐름을 이어간 것은 아니다. 그러나 서구에서 혁명적 사상들이 전개된 17세기 이후까지도 대학의 강단철학은 여전히 아리스토텔레스가 중심이었듯이, 조선의 경우 19세기까지도 주자학은 여전히 제도권 철학의 중핵을 형성했다. 19세기 초에 반주자학적 사유를 펼친 다산(茶山) 정약용(丁若鏞)은 여전히 주자학의 그림자 안에서 그것과 이론 투쟁을 벌여야 했고, 이후 등장한 혜강 최한기의 기학이나 (서학에 대립해 형성된) 동학 등은 제도권 철학의 바깥에서 전개된 운동들이었다. 이 점에서 500년 조선이 주자학의 나라라는 것은 부정할 수 없다.

그러나 이 명제는 철학의 맥락에서만이 아니라 정치의 맥락에서도 똑같이 성립한다. 조선은 사대부들이 이끌어간 나라 즉 문사-관료들 — 현대식으로 말해 철학자-정치가들(실제로는 거의 존재하지 않지만) — 이 이끌어간 나라이기 때문이다. 다소 과장해서 말하면, 조선은 플라톤의 철인-치자들에 가까운 사람들에 의해 통치되었다고 할 수 있다. 물론 현실적으로 조선의 정치가들은 군자인 정치가들로부터 소인배, 간신인 정치가들까지 다양한 인물들로 구성되었으나, 적어도 이념적으로는 학문(주자학)을 닦은 덕성 있는 철학자들이 동시에 나라의 통치자가 되는 구도를 견지했던 것이다. 이는 황제 개인의 변덕이나 환관들의 발호가 정치를 주물렀던 명 제국이나 쇼군과 천황의 이원 구도에 입각해 통치된 에도 막부에 비해 훨씬 수준 높은 정치체제였다. 또, 오늘날의 대중민주주의, 이미지의 정치, 자본에 의한 정치에 비교해봐도 오히려 더 합리적인 정치체제였다고 할 수 있을 것이다. 그러나 이는 역으로 말해, 조선의 정치란 기본적으로 이 문사-관료들의 가치와 지식의 테두리를 넘어서지 못했다는 것을 뜻하기도 한다. 다시 말해, 모든 것이 이들이 속한 사상과 문화에 입각해 강고한 동일성을 유지했기에 전체적으로 다질성과 역동성이 떨어지는 정치가 전개되었다고 볼 수 있다. 종교와 정치만이 아니라 삶의 모든 것이 이슬람교라는 종교의 테두리 내에서 이루어지는 이슬람 사회가 그렇듯이, 조선 역시 주자학이라는 철학의 그림자 아래에서 모든 것이 이루어짐으로써 전체적으로 단일한 성격을 벗어나지 못했던 것이다.

송·원·명의 성리학자들과 조선의 성리학자들은 다른 역사적 맥락을 띠고 있었다. 송·원·명의 성리학자들은 자신들의 사상을 실제 정치에 구현하지 못했으며, 그들의 복고주의는 대개는 이념이나 학문·문화로서만 전개되었다. 오히려 왕안석·장거정 등의 신법이 혁신적 역할을 했다.[39] 그러나 조선의 성리학자들은 다름 아니라 조선이라는 왕조를 만들어낸 주역들이었으며, 이 왕조를 설계하고 운영한 주인공들이었다. 뛰어난 정치가였을 뿐만 아니라 수준급의 정치학자이자 철학자이기도 했던 정도전 같은 인물이 그 전형적인 예이다. 그들은 주자학과 상고주의를 실제 이 세계에 구현하고자 했다.[40] 정도전의 『조선경국전(朝鮮經國典)』은 그야말로 조선 왕조의 설계도와도 같았다. 조선 왕조는 애초부터 어떤 설계도에 입각해 구축된 국가의 흔치 않은 예를 보여준다. 그리고 이 점이 조선이 왜 그렇게 답답할 정도의 동일성을 유지하면서 그토록 오래 지속되었는가를 설명해준다.

이와 같은 조선의 철학과 정치가 낳은 가장 긍정적인 결과를 찾는다

---

39) 명대에는 유학자들 자체의 사회적 위상이 매우 낮았다. "첫째 관(官), 둘째 리(吏), 셋째 승(僧), 넷째 도(道), 다섯째 의(醫), 여섯째 공(工), 일곱째 엽(獵), 여덟째 민(民), 아홉째 유(儒), 열째 개(丐)"라는 말이 있을 정도였다. 사회 전체를 유자들이 좌우했던 조선조와 무척이나 대조적이다.

40) 주자의 저서들 중 현실 정치와 사회에서 즉 조선의 '유교사회'화에서 특히 영향이 컸던 것은 『주자가례(朱子家禮)』였다. 『사서집주(四書集註)』와 『주자어류』, 그리고 『근사록(近思錄)』, 『통감강목(通鑑綱目)』(주자 서문) 등도 지식인들 일반의 철학적-역사적-정치적 교양을 형성해준 저작들이다. 성리학 선집인 『성리대전』 역시 철학자들 사이에서 널리 읽힌 저작이다. 상고주의의 모범이 된 저작들은 역시 삼례(『예기』, 『의례』, 『주례』)였다. 그리고 (이성계가 즐겨 읽었다는) 『대학연의』라든가 명에서 편찬한 『대명회전(大明會典)』 등도 조선조 기틀의 형성에 큰 영향을 준 저작들이다. 그러나 동시에 조선의 지식인들은 중원과 동방의 차이를 분명하게 인식하고 있었고, 유교라는 커다란 틀 내에서 어떻게 중원과 차별되는 독자의 동방/해동(海東) 문명을 건설할 것인가를 고민했다.

면, 그 하나는 '사람의 마음'을 둘러싼 집요한 철학적 성찰이고 다른 하나는 올바른 정치를 위해 자신의 목숨까지도 바친 도덕적 정치가들의 실천을 들 수 있다. 조선의 철학자들은 사람의 마음(과 이 마음이 내포하는 도덕적 본성 및 현실적 감정)에 대한 탐구를 유례없는 진지(眞摯)함으로 긴 세월에 걸쳐 이어갔다. 이것은 이들이 예·악·형·정 같은 객관적 장치들은 반드시 사람의 마음에 대한 올바른 인식과 수양에 기반을 두어야 한다고 믿었기 때문이다. 그러나 어디에서나 그렇듯이 조선에서도 현실 정치는 이러한 철학적 요청에는 턱없이 못 미치는 것이었다. 이로부터 도덕적 정치를 실현코자 한 사림파 문사-관료들과 자신의 기득권에 집착하는 현실 정치가들 사이에 끝없는 투쟁이 벌어졌다. 국가의 정통성을 지키고 유교적 왕도를 견인하기 위해 자신의 목숨을 바쳐 헌신한 이런 지식인들의 예는 동서고금에 유사한 경우를 찾아보기 어려울 정도로 강렬한 것이었다. 토머스 모어 같은 인물이 개인으로서가 아니라 하나의 큰 정치 집단으로서 존재했다고 생각하면 될 것이다. 사람의 마음에 대한 진지한 철학적 탐구와 '살신성인'을 통한 정치적 실천을 보여준 이 조선의 '선비'들은 인간이란 존재가 어디까지 위대해질 수 있는가를 보여준 산 증거라 할 것이다.

그러나 주자학 일변도의 조선 왕조는 또한 그로 인한 여러 부정적 면모들을 띠게 된다. 모든 것이 주자학적 가치로 재단됨으로써 사회 전체가 강고한 동일성, 구체적으로는 위계질서의 지배를 받는 결과를 낳은 것이다. 한 인간의 삶은 사회적 신분질서와 혈연적 친족체계를 벗어날 수가 없었다.(전자는 '양반' 개념에 농밀하게 응축되었고, 후자는 '제사'의 형식으로 응축되었다) 예전과 달리 가부장제가 강고해지면서, 서자, 여성을 비롯한 이 제도의 타자들은 사회적 주변으로 밀려날 수밖에 없었다. 이런 흐름은 중국 대륙의 변화와 궤를 같이한 것이었지만, 조선의 경우에 그 강도가 더 컸다. 동북아 문명은 학문을 연마한 문사-관료들에 의한 문명이라는 긍정적 얼굴을 가지지만, 사실 이와 같은 특징은 학문을 통해 '가문의 영광'을 이어가려는 권력의지와 동전의 양면을 형성했다. 학문을 통해 천하를 경략하고자 한 것은 한편으로는 매우 긍정적인 특징이었지만, 역으로 생각해보면 그만큼 '순수 학문'이라는 개념이 희박했음을 뜻하기도 한다. 다시 말해, 학문을 통해 세상을 구하는 것과 권세를 잡는 것이 극히 복잡미묘하게 얽혀 있었던 것이다. 학문을 하는 것과 기득권을 재생산하는 것이 비극적으로 얽혀 있었다 하겠다. 이러한 맥락에서 조선에서는 귀족 계층과 지식인 계층이 상당 부분 공집합('사대부')을 이루었다. 주자학적 전통은 한편으로 선비라는 존재를 낳기도 했지만, 다른 한편으로 정치적 권력과 경제적 부 그리고 문화적 향유를 독점하는 강고한 기득권이 지속되도록 만들었다. 이런 구조는 사실 전통 사회 나아가 세상 일반의 흐름이기도 하지만, 조선 왕조의 경우 이 눈에 보이지 않는 상징적 권력의 체제가 유난히 고착적이었다고 하겠다.

조선 왕조의 이런 성격은 대외적인 면에서도 잘 드러난다. 조선과 명의 관계는 주자학적 화이질서의 전형적인 경우를 보여준다. 화이질서는 특히 북방 유목민들에 밀려 남쪽으로 쫓겨간 남송의 성리학자들이 집착한 테제였다. 화이질서는 동북아 전체의 구조와 역사를 볼 때 허구라고 할 수는 없지만, 남송 성리학에서의 이 테제는 현실적 열등감을 문화적 우월감으로 보상받고자 했던 맥락이 강하다. 어쨌든 주자학의 나라였던 조선은 이 관념을 강하게 내면화하게 되고, 이는 조선과 명의 관계에서 뚜렷이 현실화된다. 하지만 그 명이 "북방 오랑캐"인 여진족의 금(金)에 의해 멸망했다면 어찌할 것인가? 이제 중화는 사라졌다. 이로부터 조선 지식인들의 '소중화(小中華)' 개념이 등장하게 된다. 이들은 '중화'는 지리적 개념이 아니라 문화적 개념이라고 보았다. 명이 이미 멸망해 오랑캐의 나라인 청이 중원을 차지한 이상, 이제 중화를 담당하는 것은 조선이어야 한다. 조선의 땅덩어리는 작지만, 그것이 중화 개념의 본질은 아니라고 본 것이다. 이 때문에 조선은 청에 대해 각을 세우면서 스스로를 이미 사라진 공자적 전통의 에피고넨으로 자처한 것이다.

하지만 바로 그 청이 중화의 문화를 흡수해서 새로운 중화로 거듭났다면 어찌할 것인가? 청이 이미 중원 땅을 정복한 북방 오랑캐가 아니라 북방에서 유래한 새로운 중화국가라면? 청 전성기의 황제들은 명 문화로 흡수된 것도 아니고, 중국의 상층부만 차지한 채 겉돌았던 것도 아니다. 그들은 북방의 유목 문명과 강남의 화하 문명을 통합해서 새로운 '대일통(大一通)'의 세계를 만들었다. 청 제국은 장소만 중원으로 옮긴 진(秦)도 아니었고, 강북만을 차지한 채 강남 문화를 동경한 북조 국가들도 아니었으며, 유목문명과 정주문명을 끝내 통합하지 못했던 원도 아니었다. 청은 당 이래에, "오랑캐"에서 출발해 중원을 접수한 후 새로운 혼종 문명을 만들어낸 제국이었다. 이로써 조선은 땅은 작지만 유일하게 공자를 계승한 나라가 아니라 문자 그대로의 의미에서의 소중화가 되어버린 것이다. 그런데도 조선의 많은 지식인들은 여전히 청을 업신여기면서 이미 쇠잔해버린 옛 형태의 중화 개념에 집착했고, 연암(燕巖) 박지원(朴趾源, 1737~1805년) 같은 인물은 이런 자들을 비웃었다. 사실 남송의 성리학자들이 '중화'의 이념을 장소가 아니라 문화에 두었을 때(지리적으로, 강남으로 쫓겨난 그들은 이 길을 취할 수 없었다), 그것은 자가당착의 주장이 될 가능성을 연 것이었다. 이들에 따를 때 그 어떤 민족이든 공자를 계승해 이화세계/문화세계를 열 수 있다면 그것은 중화적 국가라 할 수 있게 된 것이다. 그리고 실제 이 논리에 입각해 소중화를 자처했던 것이 바로 조선이었다. 그러나 이번에는 청 자체가 중화적 가치를 흡수한 문화로 변모했고, 바로 이것이 조선의 입지를 추락시켜버린 것이다.

조선은 세계사가 거대한 전환을 겪던 19세기까지도 주자학적 동일성의 그늘을 벗어나지 못했다. 그리고 이 동일성에 대한 공고한 집착은 조선이 다시 청이 아닌 새로운 타자를 만났을 때 큰 시련에 봉착하게 만들었다. 차이생성을 소화해내면서 스스로의 동일성을 바꾸어나가기를 소홀히 한 동일자는 큰 타자에 부딪쳤을 때 와해될 수밖에 없기에, 조선은 본격적인 근대성의 파도에 부딪쳤을 때 유례없는 고난의 시간을 맞아야 했던 것이다.

12장 새로운 자아의 발견

주자학은 동북아의 사상과 정치를 오래도록 지배했지만, 명 제국 후반인 16세기 정도에 이르면 사상사의 새로운 기운이 움트기 시작한다. 명 제국 전반까지도 학문은 주자학 일색이었다. 황종희는 이 시대에 "이 사람도 주자를 조술하고, 저 사람도 주자를 조술할 뿐"이라고 전한다. 어떤 주자학자들은 이론적 철학은 주자에 의해 이미 완성되었으며, 이제 유학자들에게 남은 것은 궁행(躬行)뿐임을 역설하기도 했다. 그러나 명조 후기에 이르면 이제 상황은 크게 달라진다. 왕수인이 새로운 철학을 제시하고 그 문도(門徒)가 천하에 널리 퍼져나감으로써, 사상사의 새로운 지도리가 도래하게 된 것이다. 이 흐름은 지중해세계에서 '인간적인 것의 발견'을 통해 근대성의 뿌리가 내린 과정과 조응한다. 동북아에서의 이 흐름은 곧 '새로운 자아'를 발견하는 과정이었다.

§1. '양지'의 행동철학

다른 시대도 다르지 않았지만, 명대에는 특히 농민반란이 끊이지 않았다. 세금의 은납제(銀納制)가 불러온 폐단도 이런 상황을 부추겼다. 그러나 제국 전체로 본다면 이때는 상당한 경제 발전을 이룬 시대이며, 소주와 항주를 중심으로 하는 지역에서는 유럽의 상업자본주의에 대응하는 상업 발전이 일어나기도 했다.("하늘 위에는 천당이 있고, 하늘 아래에는 소항(蘇杭)이 있다") 물론 앞에서 언급했듯이, 정화의 대항해가 일회성으로 그치고 명 제국이 바깥보다는 안으로 시선을 돌림으로써 그리고 일찍이 대항해를 시작했던 이슬람이 오스만 투르크 이래 문을 닫아버림으로써 대항해 시대의 주인공은 유럽이 된다. 그러나 명 제국에서의 상업자본주의 발달도 상당한 것이었다. 아울러 농민들도 기존의 농업과는 개념을 달리하는, '상품'으로서의 작물들을 재배하기 시작했다. 물론 이런 흐름을 주도한 것은 농민들보다는 상인들이었지만, 상품으로서의 작물 재배는 동북아의 전통에 있어 큰 변화라 해야 할 것이다.

이와 같은 경제적 변화와 더불어 사회적으로도 적지 않은 변화가 도래하게 된다. 그 변화를 한마디로 압축하면 인간적인 것의 발견, 새로운 자아의 발견, 특히 욕망과 감정의 긍정이라 할 만하다. 이런 변화는 무엇보다도 이 시대에 이르러 평민들의 힘이 일정 정도 상승한 데에서 비롯한다. 평범한 사람들에게는 도덕적인 것보다는 인간적인 것이, 이성보다는 감정이 삶의 전경을 차지하는 법이기 때문이다. 또 이는 생산력의 전반적 증가와도 연계된다. 생산력의 증가는 평민들의 등에 얹힌 착취의 무게를 경감해주기 때문이다. 유사한 변화를 문화에서도 확인할 수 있는데, 그 대표적인 현상이 '소설'의 탄생이다. 서양의 경우 소설의 탄생을 추동한 주요 원인은 근대 부르주아 계층의 부상이었다. 돈은 많지만 교양은 없는 이들을 위한 문학 장르로서 소설이 탄생했던 것이다. 그러나 동북아의 경우 소설은 꼭 도시 부르주아 계층만이 아닌, 독서층 전반 또는 (소설이 반드시 글을 통해서만 존립했던 것은 아니기에) 보다 넓은 청중들에 호소하는 새로운 장르였다. 소설의 탄생을 비롯해 다양한 현상들이 새로운 시대를 알렸다.

양지(良知)의 철학

앞에서 언급했듯이, 사상은 시대를 개념화하고 또 시대를 움직이는 양방향의 운동이다. 시대가 변화하는 것과 나란히 사상에서의 혁명도 도래했다. 기존 성리학 특히 주자학의 핵심적 논제는 "存天理去人欲"에 있었다. 따라야 할 것은 천리였고, 버려야 할 것은 인욕이었다. 사람의 마음은 성과 정으로 이루어진다. 그리고 마음의 한 축인 칠정 특히 욕망은 인간의 현실성을 지배한다. 인욕을 제거한다는 것은 곧 사람의 마음을 전체로서 긍정하기보다 어떤 부분을 도려냄을 뜻한다. 이 시대에 욕망이 긍정되었다는 것은 곧 사람의 마음을 그 전체로서 긍정한다는 것을 함축한다. 어떤 부분도 도려내지 않은, 현실에서 활동하는 그대로의 마음 전체를 긍정한다는 것, 이것은 성리학으로부터의 중요한 일탈이다. 새로운 자아의 발견이란 바로 사람의 마음을 그 전체로서 긍정하는 것이다. 이와 상관적으로 철학적 사유의 폭도 넓어진다. 인욕을 포함한 감정도 마음의 일부분이라면, 그 감정 또한 진지한 이해의 대상이 되어야 했던 것이다. 백사(白沙) 진헌장(陳獻章, 1428~1500년)이 유학자이면서도 불교, 도교 계통의 저작들은 물론 "잡학"에 속하는 지직들, 더 나아가 패관문학(稗官文學)까지도 널리 읽은 것도 단순한 박식의 맥락을 넘어 바로 이런 맥락에서 이해할 수 있다.

이와 같은 시대의 흐름을 결정적으로 개념화함으로써 새로운 철학을 진수시킨 이가 양명(陽明) 왕수인(王守仁, 1472~1528년)이다. 왕수인은 육체적으로는 허약한 몸을 타고났으나 정신적으로는 열혈남아였다. 그는 동북아 철학사에서는 매우 드물게도 뛰어난 무인이었다. 그는 조정의 간신배(환관)에 대항하다가 모진 형장을 받았다. 후년에는 1519년에 발생한 영왕의 난 때 거병해 탁월한 지모와 용감한 전투로 영왕을 포로로 잡아 반란을 종식시키기도 했다. 이렇게 텍스트에 의한 지식보다는 삶의 심장부에서 무엇인가를 얻고자 했던 왕수인에게 주자학의 주지주의에는 중요한 그 무언가가 결여된 것으로 느껴졌을 것이다.

반(反)합리주의자 또는 반-주지주의자의 핵심적 출발점은 인간이 세계를 이해하기 위해 만들어낸 개념적 장치들이 그들이 '체험'한 세계 전체와 일치하지 않는다는 느낌에 있다. 더 정확히 말해, 설사 개념적 장치들을 그 극한까지 정교화한다 해도 그것이 이 세계를 그 안에서 소진시키지 못하리라는 직관에 있다. 왕수인은 주자학의 핵인 리=성이 사람의 마음에 일치하지 않는다는 강렬한 느낌을 가지고 있었고, 이것이 그가 리=심이라는 새로운 테제를 제시한 이유이다. 천리를 성과 동일시할 경우 거기에서는 생생한 삶의 맥동이, 사람의 마음의 많은 부분이 빠져나가버린다고 본 것이다.[1] 게다가 체험과 일체가 되어 있는 그의 사유는 언어로 정착되어서는 안 되는 것이기도 했다. 언어로 정착되는 순간 그것이 앞으로 더 나아가려는 체험에 장애가 될 수 있기 때문이다. 이런 왕수인의 입장은 인간이 만들어낸 기호체계로는 시간과 생명의 '약동'을 결코 인식할 수 없으리라는 베르그송의 생각과 통한다. 왕수인 역시 "사물의 이치와 나의 마음이 끝내 분리되어 합치하지가 않는다"는 경험에서 그의 고유의 길을 찾아나서게 된다.

이와 같은 식의 생각은 왕수인으로 하여금 텍스트보다 체험을 중시하도록 했다. 인간이 만들어낸 온갖 기호들은 단지 생생한 체험의 빈약한 표상일 뿐이다. 텍스트들의 장막을 뚫고서 생의 핵심에 도달하고자 하는 이에게는, 육구연이 말했듯이 "육경이 모두 내 마음의 각주일 뿐"인 것이다. 그

---

1) 이 때문에 왕수인은 『대학』의 해석에서도 주희와 갈라진다. 주희는 『대학』에서 특히 '격물치지'를 강조했고 이를 '즉물궁리(卽物窮理)'로 해석했다. 그러나 주희가 새롭게 고치기 이전의 『고본대학(古本大學)』으로 돌아간 왕수인이 보기에 『대학』의 핵심은 '성의(誠意)'에, 더 나아가 성의의 바탕인 '미발지중(未發之中)'에 있었다.(『傳習錄』, 卷上, §120) 후에 왕수인은 성의가 치지에 의해 정초되어야 한다고 보게 되지만, 치지는 치양지로 변환되어야만 했다. 『전습록』은 김동휘 옮김, 『전습록』(신원문화사, 2010) 및 溝口雄三, 『傳習錄』(中央公論社, 2005)을 참조해 인용한다.

렇기에 왕수인은 당대의 주자학이 그저 기송사장(記誦辭章)에 몰두하면서 유학의 본래 목적인 '성인-되기'를 망각했다고 질타했던 것이다. 열혈남 아로서 왕수인의 삶은 일면 묵자와 유사한 면이 있다. 그러나 양자의 철학은 대척적이다. 묵자의 철학은 철저히 외면적이고 합리적이다. 반면 왕수인의 철학은 철저히 내면적이고 (베르그송적 뉘앙스에서) 직관적이다. 왕수인의 철학은 맹자의 그것과도 유사하다. 그는 맹자에게서 결정적인 영향을 받았다고 볼 수 있다. 그러나 맹자의 사유가 논리적이고 논쟁적이라면, 왕수인의 사유는 감성적이고 행동적이다.

왕수인이 자신의 철학적 깨달음을 얻은 것은 유배지인 용장에서였다. 이른바 "용장오도(龍場悟道)"이다. 극도의 고난에 처했던 왕수인은 "공자께서 이런 상황에 처했다면 어떻게 하셨을까?" 하고 물으면서 끝없이 사색을 계속했다. 그러던 중 그의 귓속에서 아니 마음속에서 "성인의 도는 너의 마음속에 이미 갖추어져 있느니라" 하는 목소리를 듣게 된다. 사실 왕수인은 주희처럼 '즉물궁리'하기 위해 대나무의 리를 탐구하다가 병에 걸린 적이 있었다. 그때 그는 주자학에 깊은 회의를 느끼게 된다.[2] 왕수인은 이때 마음속에서 "지금까지 외부에서 리를 찾은 것은 잘못"이라는 목소리를 들었다고 한다. 왕수인에게는 묵자를 연상시키는 종교적 분위기가 있다. 어쨌든 이런 깨달음을 통해 왕수인은 리는 사실 사람의 마음임을 제창히게 된다. 이것이 '심즉리(心卽理)'이다.

---

[2] 왕수인, 『傳習錄』, 卷下, §119. 그러나 이는 그가 주희의 학문에 잘못 접근한 것이라고 보아야 한다. 주희가 대나무에서 찾은 것은 현대적 의미에서의 '물리'가 아니다. 10장에서 여러 차례 논했듯이, 주희는 이미 유교의 근본 전제인 천리와 도덕형이상학적 리/성을 전제한 위에서, 물리에서 이 근본 이치들을 확인하고자 했던 것이다. 주희는 물리로부터 사유하지 않았다. 물리와 더불어 사유했을 뿐이다. 사물에 즉해서 리를 궁구한다는 것은 사물에서 리를 발견한다는 뜻이 아니라 사물에서 리 즉 성을 확인한다는 뜻이다. 주희에게서 궁리는 항상 존심(存心) ── 특정한 사물에 대한 집착을 떨쳐버리고 마음을 지키는 것 ── 과 짝을 이룬다. 3권에서 논하겠지만, 이는 헤겔이 우선 논리학을 머리에 놓고 그것의 실현으로서 자연철학을 논하고 마지막에 다시 정신으로 돌아가 정신철학을 논한 구도와 비교된다. 이렇게 본다면, 왕수인은 주희를 오해했다고 할 수 있다.

주희가 '심즉리'가 아니라 '성즉리'를 말한 것은 마음이란 불안정한/잡다한 것이며 그 가운데에서 굳건히 빛나는 알맹이인 성을 잡아내야 한다고 생각했기 때문이다. 본연지성과 기질지성을 굳이 구분한 것도 같은 맥락에서이다. 세계와 인간과 체제에 대한 성리학자들의 찬양조의 긍정 이면에는 역으로 세계 멸망이나 인간 타락, 체제 몰락에 대한 불안이 숨어 있다고도 할 수 있을 것이다. 그러나 왕수인은 사람의 마음은 자체로서 밝게 빛나는 것이라 생각했다. '양심(良心)'인 것이다. 그렇기 때문에 지선(至善)은 주희가 생각했듯이 "사물의 이치의 당연한 표준"이 아니라 "마음의 본체"로 이해되어야 한다. 마음의 본체(여기에서 '의'는 소유격보다는 동격을 뜻한다)는 곧 천리이며 지선이다. "마음 바깥에 리는 없다."[3] 물론 왕수인도 현실을 살아가는 마음이 단적으로 양심이라고만 생각한 것은 아니다. 사람의 마음은 흔히 인욕에 물든다. 이 인욕을 벗어나 본래 마음을 지키는 것이 핵심이다. 따라서 '존천리 거인욕'의 의미도 달라진다. '존천리'는 객관적 도덕법칙이 아니라 바로 본연의 마음을 따르는 것이 된다. 천리는 곧 마음이기에. '거인욕'은 인간적 욕망 자체를 제거하는 것이 아니다. 그것은 마음이 빗나가려 하는 것을 다잡는 것을 뜻한다. 제거해야 할 것은 마음의 어떤 부분이 아니다. 다만 마음에 끼어드는 불순물들일 뿐이다. 왕수인에게는 마음을 정화한다는 개념은 있어도 마음의 어떤 부분을 도려낸다는 개념은 없다. 주희가 눈이 시리게 흰 송대 자기인 정요자기(定窯瓷器)의 세계를 추구했다면, 왕수인은 눈이 부시도록 알록달록한 명대 자기인 만력적회(萬曆赤繪)의 세계를 추구했다 하겠다.

---

3) 그렇다면 사람이 아닌 존재들은 마음 바깥에 존재하는가? 그러나 왕수인은 "인간의 양지는 곧 초목, 기왓장, 돌의 양지"라고 말한다.(『傳習錄』, 卷下, §74) 천지만물은 원래 인간과 일체이기 때문에, 천지만물에도 양지가 있다고 본 것이다. "마음 바깥의 리란 존재하지 않으며, 마음 바깥의 사물 또한 존재하지 않는다."(無心外之理 無心外之物) 왕부지는 왕수인의 이러한 생각을 불가의 사유와 동일시하면서 비판했다.(『장자정몽주』, 「태화」)

'심즉리'라는 테제는 어떤 면에서는 성리학에 내포되어 있는 무의식적 전제를 노골적으로 *끄*집어내 명시적으로 긍정한 것이라고도 할 수 있다. 여러 번 논했듯이, 성리학에서 말하는 객관세계는 마음속에 들어와 있는 세계이다. 세계가 마음속에 들어왔다기보다는 마음이 세계 속에 들어갔다고 하는 편이 더 정확할 것이다. 그러나 성리학자 자신들은 그렇게 생각하지 않았다.[4] 그들은 불교의 유심론에 저항하기 위해 객관세계에 대한 탐구를 무기로서 내세웠던 것이다. 그러나 그 객관세계는 이미 마음이 속속들이 침투해 있는 한에서의 객관세계였다. 다만 성리학자들은 마음의 어떤 본질적 측면만을 리와 동일시함으로써 천리를 마음과 즉각적으로 동일시하지는 않았고, 이는 곧 그들이 천리를 객관적으로 생각하고자 했음을 뜻한다. '심즉리' 테제는 이러한 구도를 해체해버리고 아예 심을 천리와 동일시함으로써 성리학의 유심론적 성격을 단적으로 취한 것이다. 이는 물론 왕수인이 객관세계가 마음속에 들어와 있다고, 달리 말해 저 나무와 저 돌멩이가 내 마음속에 들어 있다고 생각했음을 뜻하지 않는다. 이와 같은 물리적/즉물적 이해는 우스꽝스러운 것이다. 다만 그 모든 것들의 의미는 결국 사람의 마음과의 관련성을 떠나서는 성립하지 않음을 뜻했다고 해야 할 것이다. 왕수인에게 '물자체' 같은 것은 의미가 없었다.

　만일 마음이 곧 천리라면, 지식과 행위는 일치할 수밖에 없다. 물론 이때의 지식은 참된 지식이고, 행위는 올바른 행위이다. 누군가가 참된 지식을 얻었다는 것은 곧 마음과 천리가 합일하는 그곳에 도달했음을 뜻하고, 이는 이런 사람이 잘못된 행위를 한다는 것은 있을 수 없는 일이기 때문이다. 왕수인은 사람들이 지식과 행위를 양분하고, 그 결과 알기는 했지만 행하

---

4)　담약수(湛若隨, 1466~1560년)처럼 성리학의 이런 성격을 아예 단적으로 주장한 사람도 있다. 그의 〈심성도설(心性圖說)〉은 심을 큰 원으로 그리고 그 안에 세 작은 원을 그려 각각 성, 정, 만사만물천지를 배치하고 있다. 만사만물천지(萬事萬物天地)가 심 안에 그것도 세 번째로 포섭되어 있는 이 그림이야말로 성리학적 유심론을 단적으로 보여준다.

지는 못했다든가 행하기는 했으나 왜 행했는지를 알지 못한다는 식의 이야기를 늘어놓는 것에 대해 강력히 비판한다. 이 점에서 소크라테스를 떠올린다. 그러나 그의 세계는 소크라테스적 주지주의의 세계와는 다르다. 왕수인은 '지'와 '행'을 따로 생각하는 것은 결국 심과 리를, 마음과 천리를 다른 것으로 보는 데에 근거한다고 보았다. 도덕적 이치인 리와 현실적 마음인 심 사이에 괴리가 있다고 볼 때 위와 같은 이야기들이 성립하기 때문이다. 나아가 왕수인은 지와 행이 상호 보완적이라는 생각까지도 비판한다. 주희는 "선후를 논하자면 지가 선이지만, 경중을 논하자면 행이 중하다"고 했거니와, 왕수인은 이런 생각까지 비판했다. 왕수인에게 '지'와 '행'은 알고 나서 그에 입각해 행위한다든가 행위를 하고 나서 그것을 개념적으로 인식한다는 식으로 이해할 수 없는 것이다. 지와 행은 즉각적으로 일치한다. 사람들이 알면서도 행위하지 않는 이유는 그의 앎이 진정한 앎이 아니기 때문이다. 이미 인욕에 물들어 참된 앎이 이루어지지 않기 때문인 것이다. 또, 알아야만 행위할 수 있는 것도 아니다. 그렇게 말하는 제자에게 왕수인은 말한다.

> 시비를 판단하는 마음이 앎이다. 사람들은 누구나 알고 있다. 그대는 알지 못하는 것을 걱정하지 말고 알려고 하지 않는 것을 걱정하라. 마찬가지로 앎이 지극하지 않은 것을 근심하지 말고 자신이 가지고 있는 본래의 앎을 온전히 펼치지 못할까 근심하라. 하여 "아는 것이 어려운 것이 아니라 행하는 것이 어렵다"고 한다. (…) 앎은 물과 같다. 내 마음이 모르는 것이 없는 것은 물이 아래로 흐르는 것과 같다. 하니 물을 터주면 아래로 흐르지 않는 것이 없다. 물을 터주는 것이 치지(致知)이다. 이것이 내가 말하는 지행합일이다.(『왕양명 전서』)

여기에서 알 수 있듯이, 왕수인이 생각하는 '앎'이란 흔히 말하는 '지식'이 아니라 무엇이 올바른 것인가, 어떤 행위가 올바른 행위인가를 아는 것이다. 왕수인은 누구나 이런 앎을 가지고 있다고 보았다. 다만 행위하지 못하는 자신을 정당화하기 위해 모르는 척할 뿐이다. 무엇이 옳고 무엇이 그른지 누구나 이미 알고 있다는 것이 왕수인의 확신이다. 그리고 그러한 앎을 자각한 사람은 당연히 그에 따라 행위한다는 것 또한 왕수인의 굳은 확신이다. 그렇게 행위하지 못하는 사람은 앎이 없는 사람이 아니라 이 본연의 앎을 스스로 깨닫지 못하는 사람일 뿐이다. 이와 같은 논지는 물의 예에서 알 수 있듯이 맹자의 성선설을 바탕에 깔고 있는 주장이다. 그리고 "물을 터주는 것이 치지"라는 말에서 주자학과 양명학의 근본적 차이를 느낄 수 있다. 왕수인은 우리 모두가 갖추고 있는 이 앎 즉 윤리적/도덕적 직관을 '양지(良知)'라 불렀다. 왕수인에게 천리는 곧 양지이며, 양지를 깨닫는 것 자체가 이미 천리에 따라 행위한다는 것을 뜻했다.[5]

왕수인은 간신에 대한 저항이 실패하면서 용장으로 유배를 갔고, 거기에서 '심즉리'라는 깨달음을 얻었었다. 그는 이 깨달음을 '치양지(致良知)'의 사유로써 심화하는데, 이 또한 그의 삶에서 결정적이었던 또 하나의 사건이 계기가 되어 이루어졌다. 이는 왕수인이 영왕의 난을 제압했음에도 오히려 질시와 음모의 대상이 되어 생사를 넘나들어야 했던 사건이다. 그가 48세 전후에 겪어야 했던 이 사건의 와중에서 얻은, 그 자신이 "백사천난(百死千難)"의 어려움 속에서 얻었다고 술회한 것이 바로 치양지의 개념이다. 용장에서의 깨달음도 또 이때의 깨달음도 모두 생사를 넘나드는 와중에서의 깨달음이었다.

치양지는 바로 양지에 도달하는 것이다. 그것은 천리와 마음이 일치한다는 철학적 테제에 그치는 것이 아니라, 그 일치의 내용이란 곧 양지라는 사실을 확연히 깨닫는 것, 더 정확히 말해 양지 그것에 도달하는 것이다. 심

---

5) 그러나 아무리 양지를 깨달았다 해도 그 실천에서는 항상 객관적 장애물들에 부딪치기 마련이다. 객관성의 인식 및 그것과의 투쟁 없이 마음속에서의 깨달음이 곧 실천이라는 생각은 불교적 깨달음이지 유교적 깨달음은 아니다. 또, 도덕적 측면에서도 준칙이란 객관적 준칙이어야지 주관적 자가준칙은 자의적인 것에 불과하다. 왕부지는 이런 관점에서 왕수인의 지행합일설을 비판했다.(王夫之,『思問錄』, 內篇)

즉리에서 치양지로의 변화는 이론적 전회라든가 개념적 전환이라든가 입장의 변화 등이 아니라 체험을 통한 생생한 심화라 할 수 있을 것이다. 이렇게 도달한 양지는 곧 "자신의 〔행위의〕준칙〔自家準則〕"이다.

> 내가 말한 바 '치지격물'은 내 마음의 양지를 사사물물(事事物物)에 이르도록 하는 것이오. 내 마음의 양지가 바로 흔히 말하는 천리인 것이오. 이 내 마음의 양지인 천리를 사사물물에 이르게 하면 사사물물은 모두 그 리를 얻게 되오. 내 마음의 양지를 이르게 하는 것이 바로 치지인 것이오. 이처럼 사사물물이 모두 그 리를 얻는 것이 격물이오. 바로 이것이 '심'과 '리'가 합치하여 하나가 된다는 것이오.(『傳習錄』, 卷中, I, §6)

여기서 우리는 주자의 '격물치지' 개념이 완전히 탈-구축되어 있음을 확인하게 된다. '치지'가 '치양지'로 대체된 것이다. 또, 리와 심의 불일치 문제에 대한 그의 해결책인 '심즉리'의 사유가 더 심화되어 있음을 확인할 수 있다. 왕수인이 생각한 이 자가준칙을 현실적으로 보여주는 것이 바로 사단이다. 시비지심 등 사단이야말로 양지의 실재를 확인해주는 경험적 증거가 아니던가. 이 점에서 왕수인의 치양지설은 결국 사단이라고 하는 맹자 사유의 핵심 ── '도덕감정'의 존재 ── 을 새롭게 사유한 것이라고 할 수 있다. 양지야말로 "천고의 제성(諸聖)이 면면히 전해온 적골혈(滴骨血)"이며, 치양지야말로 "성문(聖門)의 정법안장"인 까닭이 여기에 있다.

그러나 '자가준칙(Auto-Maxim)'이란 결국 내면적인 깨달음이기에 이를 도덕의 준칙으로서 제시할 수 있는가가 문제가 된다. 왕수인은 양지의 깨달음은 '정좌'로도 '사상마련(事上磨鍊)' ── 그때그때의 일에 처해서 깨달음을 얻어가는 것 ── 으로도 가능하다고 보았거니와, 이는 어느 경우든 각각의 주관에 의해 다른 형태를 띨 수 있음을 뜻한다. 왕수인은 양지라는 대체에 어긋나지 않는다면 이런 차이들이 문제가 되지 않는다고 보았다. 이는 후에 실존주의가 매우 다양한 형태를 띠면서 전개된 것과 유사한 맥락이다. 이러한 양명학의 특징은 개성의 긍정이라는 새로운 경향을 가져오기도 했지만, 한편으로는 양명학이 후계자들에 의해 사분오열되는 결과를 초래하기에 이른다.

계승의 갈래들

'치양지'라는 대전제를 깔고 있기는 하지만, 양명학이 개성의 긍정을 그 주요 가치로 담고 있는 한 왕수인의 사유가 계승자들의 각 개성에 의해 굴절되어 전개되는 것은 필연적이었다. 양명학은 사람의 마음을 '성'에 정박시키고 있는 닻을 풀어서 현실의 바다로 진수시켰으며, 현실에서 살아가는 자연스럽고 맑은 마음을 긍정하고자 했다. 하지만 이 사람의 마음이라는 것이 어디로 향할지 모르는 불안정한 에네르기라면 어찌할 것인가? 왕수인은 양지의 선함과 도덕성(새로운 뉘앙스에서)을 믿었지만, 사람의 마음이란 욕망이 이성을 압도하는 곳이라면 어찌할 것인가? 왕수인은 사람의 마음인 양지에 자가준칙을 부여했지만, 주관적인 도덕준칙이 도덕적 삶의 근거가 될 수 있을까? 인간이란 스스로 도덕적일 수 있는 존재인가, 아니면 어떤 형태로든 외적인 준칙을 통해서만 자신을 가다듬을 수 있는 존재인가?(결국 인간이란 선한가 악한가?) 왕수인 이후의 양명학은 근본적으로 이런 문제를 둘러싸고서 전개되었으며, 다양한 형태의 계승·비판·극복의 갈래들이 전개되었다.

왕수인의 후학들은 그가 남긴 본체론과 공부론 사이의 관계를 둘러싸고서 이견을 나타냈고, 여러 갈래의 사상들을 전개했다. 그 발단은 다음과 같은 사구종지(四句宗旨)이다.

> 無善無惡是心之體　선도 없고 악도 없는 것이 마음의 본체이고,
>
> 有善有惡是意之動.　선도 있고 악도 있는 것이 의념[6]의 운동이다.

---

6) '의념(意念)'은 삶에서의 구체적인 지각(앞에서 언급했듯이, 동북아에서의 '지각'이란

知善知惡是良知   선을 알고 악을 아는 것이 양지이고,

爲善去惡是格物.   선을 행하고 악을 없애는 것이 격물이다.[7]

　왕기(王畿)라든가 태주학파(泰洲學派)를 비롯해 당대의 많은 사람들은 이 구절을 본체에 즉하는 것 자체가 공부임을 뜻하는 것으로 받아들였다. 그리고 이러한 흐름이 시대를 관류했다. 이른바 '현성양지(現成良知)'의 입장이다. 자연(본래의 생) 자체를 직접='매개 없이(immediately)' 긍정하는 입장이라고 할 수 있다. 다시 말해, 진정한 양지에 도달하려면 의념의 차원을 단번에 제거해야 한다고 본 것이다. '파사현정(破邪顯正)'과 같은 논리이다. 이는 현실의 구체적인 것들을 티끌과도 같은 것들로 여기면서 오로지 본체＝양지의 세계로 침잠해 들어가는 태도이다. 이것은 현실적 삶을 거부하는 것이 아니다. 오히려 양지로써 현실을 사는 것, 현실을 자체로서 긍정하는 것을 말한다. 그러나 이럴 경우 공부는 거부한 채 선악을 초월한 본체에만 즉하게 되고, 이것은 결국 선불교와 아무 차이가 없는 결과를 가져오지 않을까? 또, 깨닫지 못한 사람이 이와 같은 무매개성을 휘두른다면 양지를 가리고 있는 현실의 마음 그대로를 긍정하는 것 즉 삶의 현실 그대로를 단적으로 긍정하는 지경이 되지 않겠는가? 강우학파(江右學派)에 속하는 추수익(鄒守益), 구양덕(歐陽德)을 비롯한 여러 다른 양명 후학들은 이런 이유에서 본체에 즉하는 것 자체가 공부라는 입장을 비판했다.[8] 이처럼 양명학은 교종과 선종이 겪었던 갈등과 유사한 갈등을 겪으면서 분화하게 된다.

　'인식'과 거의 같은 것을 뜻한다)을 말한다. 의념에는 항상 선·악이 동반된다. 그러나 마음의 본체인 양지에는 선·악이 존재하지 않으며(양지는 선악을 초월하며), 이 때문에 양지는 현실적 선·악을 초월한 절대 선의 경지이다.

7) 王守仁, 『傳習錄』, 卷下, §115.
8) 구스모토 마사쓰구, 김병화·이혜경 옮김, 『송명유학사상사』(예문서원, 2005), 529쪽 이하를 참조.

공부 없이 본체에 즉하기만 하면 된다는 해석에 앞서 인용한 "사람들은 누구나 알고 있다"는 구절을 중복시키면, 그저 하나의 신체만 갖추고 있어도 누구나 성인이라는 결론이 나오게 된다. 태주학파의 이런 성격 때문에 양명학은 주자학과는 달리 서민층에까지 파고들 수 있었다. 하지만 이럴 경우 도대체 도덕을 위해서 노력할 이유가 어디에 있으며 정치를 위해서 힘써야 할 이유가 어디에 있겠는가? 그렇다면 걸주도 이미 충분이 양지를 갖춘 것이고, 요순도 별달리 특별한 양지를 갖춘 것도 아니란 말인가? 현성양지의 사상은 불교사에서의 '즉신성불'설을 연상시킨다.('현성' 자체가 '수증(修證)'과 대비를 이루는 불교 용어이다) "나무아미타불"만 발해도 성불한다면, 불교의 심오한 교리를 연구할 이유가 어디에 있고 깨달음의 먼 길을 애써 걸어가야 할 이유가 어디에 있겠는가? 여기에서 한 발 더 나가면, 마치 신란의 '악인정기설'에서처럼, 양지의 경지에만 들어서기만 하면 현실적 선악을 무시해버리는 사람도 아니 그런 사람일수록 더더욱 성인에 가까운 사람이라 해야 할 것이다. 앞에서 누군가가 양지에 들어섰다는 '자가준칙'을 어떻게 객관적으로 확인할 수 있겠는가라는 문제점을 제시했거니와, 이제 이 정도가 되면 이는 거의 궤변에 가까운 것이 되어버리지 않겠는가. 물론 이것은 왕기 등의 본래 뜻이 아니었지만, 추수익을 비롯한 양명 후학들은 이러한 식의 위험을 감지하고 현성양지의 입장을 비판했다. 그 과정에서 이들은 오히려 정주학의 전통으로 다시 접근해갔으며, 어떤 사람들은 아예 정주학 쪽으로 돌아서기까지 했다.

그러나 시대는 현성양지의 시대였다. 어느 날 한 학자가 '방심(放心)'을 다잡는 것이 어렵다고 했을 때, (태주학파의 비조인) 왕간(王艮)은 그의 이름을 불렀다. 그가 일어나면서 대답했을 때, 왕간은 "네 마음이 지금 있는 그대로인데(見在) 다시 또 무엇을 구하는가?"라 답했다 한다. 『세설신어』의 주인공들이나 선사(禪師)들의 분위기와 흡사하다 하겠다. 그리고 두 갈래 사유 모두가 갈수록 속화와 희화화로 흘렀듯이, 현성양지 또한 유사한 길을 밟았다. 황종희가 "양명선생의 학문은 태주[왕간]와 용계[왕기]에 의해 천하에 퍼졌으나, 또한 바로 이들에 의해 점차 그 전승을 잃어버리게 되었다"고 한 것은 이와 같은 맥락에서였다.[9] 객관적 공부를 거부하고 주관적 깨달음으로 치닫는 길은 어떤 개성적 인물들에 의해 특이한/유일무이한 꽃으로 활짝 핀 후에는 급속히 조락해버린다. 그 후에 전개되는 것은 결국 옛사람들에 대한 우스꽝스러운 흉내와 개인적인 주관의 혼합일 수밖에 없기 때문이다. 불세출의 주인공이 사라지면 다시는 같은 수준으로 반복되기 어려운 한편의 연극처럼. 헬레니즘 시대의 견유학파나 중세 일신교 전통에서의 신비주의들, 죽림칠현, 선불교 등이 모두 그와 같은 전철을 밟았고, 양명학 역시 같은 길을 걷게 된다.

이 시대의 그러한 불세출의 주인공은 이지(李贄, 1527~1602년)였다. 사회의 부패가 극에 달하고 지식인들이 패배주의와 냉소주의 동굴 속에 들어가 자기만족의 세계에 침잠해버리는 시대일수록, 그에 비례해 시대에 저항하는 소수의 불꽃들도 더 강도 높게 타오르기 마련이다. 이지는 그중에서도 가장 밝은 불꽃이었다. "옷 입고 밥 먹는 것이 인륜이며 사물의 이치"라고 했던 그는 태주학파의 정점을 보여준다. 그는 "진실된 마음"으로서의 '동심(童心)'을 사람의 본연으로 보았고, 견문과 도리가 이 동심을 가린다고 보았다.[10] 그는 당대의 형해화된 유학에 공격을 퍼부었고, 왕충이 그랬듯이 기존 경전들에 대해서도 서슴지 않고 비판의 날을 겨누었다. 여성을 차별하는 풍조에 저항하면서 몇몇 여성들을 제자로 두기도 했다. 조

---

9) 黃宗羲, 『明儒學案』, 卷32, 「泰洲學案序」(驪江出版社, 1988), 505頁.
10) 왕수인에게 양지는 본체로서 단번에 환히 빛나는 측면과 도덕적 노력을 통해서 조금씩 도달해야 하는 측면이라는 두 얼굴을 갖는다. 마치 선불교에서의 돈오·점수 논쟁에서처럼, 강우학파가 후자를 강조했다면 태주학파는 전자를 강조했다. 그러나 태주학파에서도 의념을 잘라내는 파사현정의 과정은 필요하다. 이는 곧 정(情)과 욕(欲)을 있는 그대로 긍정하지는 않음을 뜻한다. 이지에 이르러서는 '정'과 '욕'이 현실태 그대로 긍정되기에 이른다. 그러나 '동심'이라는 것도 마음의 때를 노력을 통해 제거해야만 도달할 수 있다는 것을 상기하면, 이지에게서도 성리학의 구도 자체는 생생하게 살아 있다고 볼 수 있다.

조가 그랬던 것처럼 문학(좁은 의미)의 선양에도 크게 힘썼다. 완적이나 혜강 등은 제국유교를 강요하던 서진 왕조에서 비애감 어린 저항을 전개했지만, 이지 등은 부패와 퇴폐의 극을 달리던 명 제국 말기의 분위기에서 '광자(狂者)'와 같은 몸짓을 펼쳤다.[11] 그는 "기상이 격정적인 데다 행동 또한 괴이해서 이단을 배척하는 자들은 갈수록 눈을 더 흘겼다."[12] 이지는 마침내 하옥되기에 이르고, 스스로 목숨을 끊었다.

　이지의 사유에서 특히 중요한 것은 그가 '성'과 '심'이 아닌 '정'을 최고의 원리로 삼았다는 점이다. 그는 사람의 존재는 결국 부부에서 시작되므로 부부가 만물의 시초라고 보았다. 그리고 부부는 음기와 양기이므로, 이 두 기 위에 하나로서의 태극이나 리 또는 무 등은 존재하지 않는다고 보았다. 둘을 근본 원리로 보고 그 상위의 하나는 인정하지 않은 것이다. 주희가 성과 심의 관계를 태극과 음양의 관계에 유비적으로 설명했고, 왕수인이 성과 정을 포괄하는 심을 리와 동일시했다면, 이지는 음양 이기의 상위 존재들을 아예 잘라버린 것이다. 이지에게서 굳이 일원적 원리를 찾는다면, 그것은 오히려 정이다. 부부를 합하게 하는 것, 넓게 말해 음기와 양기를 합하게 해 만물을 낳는 것은 바로 정이기 때문이다.[13] 그러나 정은 음양 이기의 상위 존재가 아니다. 오히려 마음에서의 기의 활동이 곧 정이다. 이지의 존재론은 함축적으로 기 일원론이라 하겠다. 그러나, 결국 같은 것이기는 하지만, 그에게는 기 일원이 아니라 음양 이원이 더 본질적인 역할을 하고 또 정이 세계와 인간 이해의 핵심에 자리 잡고 있다고 할 수 있다.

　당시 사람들에게 이지를 비롯한 태주 좌파의 사상은 너무 극단적이고

---

11)　공자는 "[언행이] 중용에 합치하는 사람을 얻어 함께하지 못한다면, 반드시 과격한 사람[狂者]이나 고집 센 사람[狷者]과 함께할 것이다. 광자는 진취적인 면이 있고, 견자(狷者)는 하지 말아야 할 것은 끝내 하지 않는다"고 했다.(『논어』, 「자로」)

12)　이지, 김혜경 옮김, 『분서』(한길사, 2013), 64쪽. 그러나 이지가 비판한 것은 당대의 부패와 위선이었지 기존의 봉건적 가치 자체는 아니었다. 이 점은 그가 『충의수호전(忠義水滸傳)』에 붙인 서문 등에 잘 나타나 있다.

13)　이 내용은 이지의 『묵자주』에서 전개된다.

퇴폐적인 것이었다. 양명학자들은 감성적으로 자아와 타자의 화해, 만물의 일체-됨을 논했지만, 자신들이 몸담고 있던 명 제국은 멸망으로 치닫고 있었다. 명말청초의 마지막 성리학자들이었던 황종희, 왕부지, 고염무 등은 양명학이 빠진 이러한 행태들을 보면서 성리학을 재건하고자 했다. 이들은 왕기, 왕간, 태주 좌파 등의 입장을 비판하면서 최후·최대 형태의 성리학적 사유를 전개했다. 예컨대 황종희는 태주 좌파 사상가들이 심즉리에서의 리를 경시했다고 보았다. 리를 너무 경시하고 심을 한쪽 극단으로 몰아감으로써 양명학의 본래 성격에서 너무 멀리 일탈했다고 본 것이다.

이들이 볼 때 리에서 출발하는 주자학은 너무 추상적이고 정태적이었고, 심에서 출발하는 양명학은 너무 주관적이며 혼돈스러운 것이었다. 이들은 한편으로 보다 일원론적이고 경험적인 원리에 기반을 두고 다른 한편으로 이 원리에 입각해 사람의 마음을 통어하고자 했다. 리와 심 사이에 무엇이 있는가? 바로 기이다. 이지가 말했던 '정'도 더 넓게 말하면 결국 기의 한 얼굴이 아니겠는가. 이 마지막 성리학자들은 이 기를 과거보다 더 구체적으로 파악하고자 했다. 당대에 도래한 새로운 과학정신도 중요한 자극이 되었다. 황종희는 그의 스승 유종주(劉宗周)의 "기 바깥에는 도가 없다"(器外無道)는 말을 중시했다. 이는 형이상자로서의 도에 도달하기 위해서는 오히려 형이하자로서의 기에 달통해야 함을 뜻했고, 이는 이미 근대적 인식론의 천명이라고도 할 수 있었다. 당대의 철학자들은 서양에 유비적으로 말한다면, 중세에서 근세로 넘어가는 경계선에서 사유했던 것이다.

황종희는 주자학이 리와 심을 분리해버렸다고, 리를 객관적 이치로 심을 인식능력으로 규정함으로써 리와 심의 이분법을 유지했다고 비판했다. 그러나 "성즉리" 테제를 생각해보면 주자학에서 리와 심이 분리되어 있다는 생각은 잘못이다. 사실 특정한 인물을 떠나서, 리와 심의 불일이불이 관계는 성리학 자체의 근본 가정이다. 또, 심 자체가 성을 포함한다는 것을 생각해보면 성즉리 테제 자체에 이미 리와 심의 연속성이 전제되어 있다. 오히려 문제의 핵심은 성과 심의 관계라고 보아야 할 것이다. 성즉리와 심즉리에서 문제가 되는 것은 결국 성과 심인 것이다. 그런데 성은 심의 일부이다. 따라서 성과 심의 관계에서 진정으로 문제가 되는 것은 결국 정이다. 문제의 핵은 리와 심이 아니며, 성과 심조차도 아니다. 결국 사태의 핵은 감정의 문제인 것이다. 조선 철학사에서의 사단칠정론(과 인심도심론, 인물성동이론)도 모두 궁극적으로는 감정의 문제라고 할 수 있을 것이다. 16세기 이래 동북아 철학사를 추동해온 근본 문제는 결국 감정의 문제라고 볼 수 있을 것이다.

황종희는 양명학의 의의를 인정하고 받아들이면서도,[14] 감정 중심의 방향으로 치닫기보다는 기와 심으로 중심을 잡고 거기에 성(/리)과 정을 보듬는 방향을 택했다. 이전보다 구체적으로 파악된 기의 내재적 형이상학과 그에 입각한 심 개념을 중심으로 삼고, 이학의 전통적 가치와 당대의 주정주의가 내포하는 생동감을 가미한 그의 사유와 왕부지, 고염무의 사유는 성리학의 마지막 모습을 보여준다고 하겠다.

§2. 인정(人情)을 찾아서

조선 철학사에서도 16세기 후반 이래 '심즉리'가 주요 논제로 등장한다. 그러나 이는 반드시 양명학의 영향만은 아니며 주자학 자체 내에서의 논의들과 복잡하게 얽혀 진행되었다.

16세기에 이황과 이이에 의해 리·기와 심·성·정을 둘러싼 전형적이고

---

14) 황종희는 1) 왕수인이 '리'를 내면화함으로써 심성을 강령으로 사유를 전개했다는 점, 2) 진리를 먼 곳에 두기보다 생동하는 현실 속에 위치시킨 점, 3) 그럼에도 혼란의 시대를 수습해나갈 수 있는 가치로서의 성체(性體)를 놓치지 않은 점(이 때문에 황종희는 태주학파가 아닌 강우학파(江右學派)를 양명학의 정통으로 인정했으며, 자신의 『명유학안』에서 이지를 아예 제외했다), 4) 생동하는 의지(生意)로서의 주체인 마음의 능동성을 통해 내재적 세계 구원의 길을 제시한 점에서 양명학을 높이 평가한다.(이규성, 『내재의 철학 황종희』, 이화여자대학교 출판부, 1994, 30~43쪽)

대조적인 입장들이 개진된 후, 조선의 지식계는 퇴계학파와 율곡학파의 두 흐름이 이어졌다. 철학의 역사에서, 어떤 문제를 둘러싸고 대조적인 두 입장이 전개된 후 흔히 나타나는 현상은 두 입장 사이의 어딘가에 자리 잡는 입장들의 출현이다. 앞에서 언급했듯이, 철학이 철학 바깥의 역사/정치, 다른 학문들, 다양한 문화 등으로 열리고 여러 형태의 혼효/매개를 통해 스스로를 끝없이 새로이 하지 않는 한, 대개의 흐름은 그 논리적 가능성들, "입장"들을 모두 소진한 후에 결국 한계에 도달하게 된다. 스콜라철학이 그랬고, 인도의 철학, (사정이 좀 낫기는 했지만) 이슬람 철학도 그런 과정을 밟았다.[15] 철학적 사유에서 타자의 매개를 통한 스스로의 타자-화는 본질적인 것이다. 철학이란 메타적 문제들을 다루는 학문이며, 메타적 문제들이란 그 이전의 일차적 문제들과의 연계가 없을 경우 극히 추상적이고 형식적인 논의로 흘러가기 때문이다. 이러한 열림과 매개가 없을 때, 철학적 사유는 시계추가 왕복운동 하는 것과 유사한 반복을 계속하게 된다. 퇴계와 율곡 이후 조선 철학의 역사 역시 이와 유사한 흐름을 보여준다. 철학적 논변들이 현실/정치와 넓은/느슨한 관계가 없었던 것은 물론 아니지만, 대개는 자체의 차원에서 자폐적으로 흘러갔다고 할 수 있다. 그 결과, 철학사에서 늘 확인되듯이, 퇴계학파에서는 율곡학파 쪽으로 다소 가까이 가는 입장들이 그리고 율곡학파에서도 퇴계학파 쪽으로 다소 가까이 가는 입장들이 등장했고 결국 하나의 스펙트럼이 형성되었다.[16] 그러나 이와 같은 주

---

15) 사실 "중세"의 철학들은 다른 학문들과 문화들의 자극을 받을 수가 없었다. 학문이란 철학 자신밖에는 없었고, 철학과 문화(특히 예술)의 관계는 근현대에서처럼 밀접하지 않았기 때문이다. 유일하게 긴밀한 관계는 정치와 종교였다. 이 때문에 지중해세계의 철학과 인도의 철학은 종교와의 관계를 통해 전개되었고, 동북아의 철학은 정치와의 관계를 통해 전개되었다.

16) 물론 철학사의 이런 전개는 무의미하지 않은데, 이러한 과정을 통해서 가능한 가설들 전체의 별자리가 뚜렷해지기 때문이다. 우리가 근현대의 철학(과 다른 모든 학문들)의 도처에서 고중세 철학자들이 펼쳤던 논변들의 구도가 생생하게 반복됨을 목도하게 되는 것은 이 때문이다. 구체적 내용들은 달라지지만 근본 가설들의 구도/별자리 자체는 계속 반복된다. 그러나 고중세 철학을 공부하지 않은 학자 대부분은 이 사실을 거의 인

자학 일변도 가운데에서도 여러 다른 형태의 사유들이 등장했고, 특히 양명학의 도래는 조선 철학계에서 흥미로운 하나의 사건이었다.

주희와 왕수인의 핵심적 차이는 마음을 순선한 측면과 불순한 측면의 복합체로 보고 불순한 측면을 솎아내는가, 아니면 마음의 순선함을 믿고 불순함을 오로지 외재적인 것으로만 파악하는가에 있다. 주희에게 마음은 도덕적 본성과 물질적 차원의 복합체(심＝본연지성＋기질지성)로 그리고 더 일반적으로는 리와 기의 복합체로 파악되지만, 왕수인에게 마음은 그 자체로서 리로 파악되며 결국 기질지 '성' 같은 것은 부인된다. 마음 바깥에 리는 없는 것이다. 이 때문에 주자에게 '격물궁리'가 중요했다면, 왕수인에게는 오로지 "내 마음의 양지를 사사물물에서 다하는 것"(致吾心之良知於事事物物)만이 중요했다. 다시 말해, 주자는 마음 바깥에 객관적 규준으로서의 리가 존재하며, 마음속에서 이 리에 상응하는 것이 바로 성이라 본 반면, 왕수인은 마음 바깥에 리가 따로 존재하는 것이 아니라 마음 자체가 리라고 생각한 것이다.[17] 여기에서 더 나아가 리 자체를 거부하고 마음을 그대로 기/정으로서 이해한 인물이 이지였다.

왕수인의 학문은 조선에 동시대적으로 소개되었다. 명과 조선의 관계가 극히 가깝고 상호 왕래가 많았기 때문에, 주희의 학문이 그 한 갈래를 통해서 조선으로 들어왔다면 동시대 왕수인의 학문은 곧바로 동시대에 수용되었던 것이다. 그러나 초기에 그 이해 수준은 높지 않았고, 특히 강력한 주자학적 분위기에서 양명학은 이단시되어 피어나지 못했다. 이황, 류성룡(柳成龍), 한원진을 비롯한 많은 주자학자들이 양명학을 비판했다. 그러나

지하지 못한다.

17) 주희는 임종의 때에 "심과 리는 하나"라고 말했다고 한다. 그러나 이는 '심즉리'의 테제를 말한 것이 아니라, 심 속에서 인욕을 제거해(이럴 경우 심과 성이 일치하게 된다) 심과 리를 하나로 만들라는 가르침이라 할 수 있다. 주희에게 리는 어디까지나 객관적인 존재이다. 역으로 왕수인 또한 '성' 개념을 쓰긴 했으나, 그에게서 심과 성은 구분되지 않는다. '심＝성＝리'인 것이다.

이런 가운데에서도 양명학에 대한 관심은 꾸준히 이어졌고, 최명길(崔鳴吉), 장유(張維) 등을 거쳐 결국 하곡(霞谷) 정제두(鄭齊斗, 1649~1746년)에 의해 대성되기에 이른다. 정제두는 왕수인만큼이나 삶의 고통 속에 살아간 인물이다. 정제두의 당대는 당쟁 등을 비롯해 조선 왕조의 병이 깊어지던 시대이고, 대외적으로는 임진왜란과 병자호란을 겪었던 시대이다. 명이 청에 멸망함으로써(1644년) 동북아세계에서 유지해온 정체성에서의 혼란이 야기되기도 했다.[18] 개인적 삶 역시 부친과 아내를 비롯해 가까운 사람들을 차례차례 떠나보내는 시련의 연속이었다. 이런 와중에서 그 역시 마음의 등불을 들고서 인생을 헤쳐나가야 했으며, 그 과정에서 양명학을 발견하게 된다. 사실 정제두의 사유는 순수 양명학이라기보다 주자학과 양명학의 조화를 꾀한 사유라고 보아야 할 것이다. 주자학이라는 일반 문법과 양명학이라는 새로운 사상을 종합한 사유라고 할 수 있을 것이다. 그런데도 정제두는 자신의 학문-함이 "죽느냐 사느냐의 갈림길"이라고 했으니, 당시의 분위기를 미루어 짐작할 수 있다.

왕수인과 마찬가지로 정제두는 주희가 리를 외부에서 찾았다고, '물리(物理)'에 집착했다고 생각했다. 그러나 그는 이에 대한 반동으로 단적인 유심론을 취한 것이 아니라 리의 여러 층위를 분명히 하는 방식을 취했다. 그는 물체들을 주재하는 리와 생명체들을 주재하는 리 그리고 사람의 마음이라는 리를 구분하고, 가장 참된 리[眞理]는 바로 마음이라는 리임을 역설했다.[19] 아리스토텔레스가 영혼의 여러 층위를 분명히 하고(다만 아리스

---

18) 앞에서 논했듯이, 이와 같은 정체성 혼란 때문에 조선 왕조는 '소중화'의 이데올로기를 세우고 주자학을 강화하는 등 체제 정비에 힘썼던 것이다. 그리고 이 과정에서 '예송(禮訟)' 문제가 불거져 나오기도 했다. 그러나 이런 분위기에서 반(反)주자학적 사상들도 등장하기 시작했는데, 박세당, 윤휴(尹鑴) 등은 주자학을 명시적으로 비판하기도 했다. 이 과정에서 윤휴는 "사문난적(斯文亂賊)"으로 몰려 죽임을 당하기도 했다.

19) 이는 격물치지에 대한 비판을 함축한다. 마음을 제일 원리로 해야 한다는 것이다. 「존언 중」, 권9, 「존언 상」, 권8. 그러나 정제두는 주희와 왕수인이 양립 불가능한 두 사유를 펼쳤다고 생각하기보다 하나의 진리를 서로 반대의 방향에서 추구했다고 보았다.

토텔레스가 식물적 영혼, 동물적 영혼, 이성적 영혼의 삼분법을 구사했다면, 정제두는 물리(凡理), 생리, 진리라는 삼분법을 구사했다) 그 최상 층위인 관조적 영혼에 불멸의 존재론적 위상을 부여한 것을 떠올리게 한다. 그리고 정제두 역시 세 층위가 별도의 외연을 형성하기보다는 하위 층위에서 상위 층위가 차별화되어 나오는 구도를 제시했다. 물론 아리스토텔레스의 이성적 영혼 개념이 '관조'에 중점을 둔다면, 정제두의 진리=''사람의 마음' 개념의 중점은 '명덕'에 있다는 점에서 양자는 다르다. 생리와 진리 사이의 중요한 차이는 곧 전자가 선과 악을 함께 내포하는 데 비해, 후자는 순선하다는 점에 있다. 결국 정제두는 주희의 물리의 자리에 범리를 놓고, 심의 자리에 생리를 놓고, 성의 자리에 진리를 놓는다고 할 수 있다.[20] 거꾸로 말하면, 인간의 심과 성은 같은 것이며 참된 리이고, 생명체들은 주자학에서의 심과 같고, 물리는 최하위의 범상한 리로 격하된다. 달리 말해, 심 자체가 본연지성으로 이해되고 기질지성은 생명의 차원을 가리키는 것이 된다. 정제두의 사유는 곧 '심-즉-진리'로서의 '심즉리'의 사유이다.

이 점은 그의 양지 개념을 살펴봄으로써도 확인된다. 정제두에게도 양지는 마음의 천리이다. 그러나 왕수인이 마음을 그 전체로서 양지로 본다면, 정제두는 마음에서 성과 정을 구분한다. 또, 왕수인이 마음과 천지만물을 일체로 본다면 정제두는 마음(성과 정)과 만물을 분명하게 구분한다. 정제두의 양지 개념을 잘 보여주는 〈양지체용도(良知體用圖)〉는 세 동심원으로 구성되어 있고, 그 중앙에는 '성'이, 가운데에는 '정'이, 외곽에는 '만물'이

주자학이 만물에 대한 탐구로부터 성으로 나아가는 구심의 사유라면, 양명학은 심=성으로부터 만물로 나아가는 원심의 사유라 보았던 것이다.(그러나 앞에서 이미 언급했듯이, 주희에 대한 이런 이해는 오해라고 해야 한다) 정제두는 『하곡집』(민족문화추진위원회, 1982)를 참조해 인용한다.

20) 물론 유교의 근본 전제인 천리는 암암리에 전제되고 있다고 보아야 한다. 진리는 곧 천리에서 오는 것이다. 결국 천리를 직접 받은 진리와 거기에 기의 차원이 섞여 든 생리, 그리고 생명이 빠진 차원에서의 물리가 구분된다.

자리 잡고 있다.[21] 결국 정제두는 마음을 출발점으로 삼으면서도 '정'을 '성'과 구분해보기를 원했다. 이 점에서 그는 주자학을 따르고 있다. 그리고 성과 정의 관계를 체용관계로 파악해, 성을 마음의 체로 정을 마음의 용으로 보았다. 성이 양지의 체라면, 정은 양지의 용인 것이다. 또, 그는 성·정의 차원과 만물의 차원을 구분함으로써 마음과 천지를 관통하는 보편성이 아니라 양자의 구분을 분명히 하는 존재론적 위계를 강조하고 있다고 볼 수 있다. 결국 정제두는 심을 성과 동일시하면서 그것을 양지로 보면서도 다시 성=심에서 (좁은 의미에서의) 성과 정을 분명하게 구분함으로써, 마음속의 정이라는 차원을 따로 구분해보고자 한 것이다. 왜일까? 그것은 양명학이 마음을 감정에 맡겨 욕심을 따를 위험성을 내포한다고 보았기 때문이다.[22] 이는 바로 양명학이 태주학파와 같은 형태로, "임정종욕(任情縱欲)"으로 흐를 것을 걱정했기 때문이라고 볼 수 있다. 그에게서 정은 솎아내거나 통어해야 할 차원은 아니지만, 어디까지나 성을 그 체로서 전제하는 용의 위상을 띠어야 하는 것이다. 물론 성과 정은 실체적으로가 아니라 형식적으로/'체용'적으로 구분되며, 둘은 한마음[一心]의 두 측면일 뿐이다. 또 마음과 만물 사이에 분명한 선을 그음으로써, 한편으로 마음을 근본 원리로 보면서도 단순한 일원론적 유심론이 빠질 수 있는 주관주의에 일정 정도 제동을 가하고 있다고 볼 수 있다.

정제두의 철학은 양명학의 큰 영향 아래에서 성립했으나 역시 주자학의 그늘 아래에서 전개되었다고 할 수 있다. 이 때문에 그의 사유는 주자학 일변도의 조선 철학사에 일정한 다양성을 도래시키기는 했으나 근본적인 변혁을 가져오지는 못했다. 이는 정제두 자신의 한계라기보다는 조선 사회 그 자체의 성격에서 기인한다고 해야 할 것이다. 그의 사유는 조선 철학계에서는 "죽느냐 사느냐의 갈림길"을 언급할 정도로 파격적인 것이었으나,

---

21) 鄭齊斗, 「답민성재서(答閔誠齋書)」, 상, 38쪽.
22) 「존언 하」, 상, 315

명 제국의 양명학에 비추어보면 오히려 강우학파보다도 더 주자학에 가까운 것이었다는 사실은 조선 철학의 성격을 잘 보여준다고 하겠다. 그러나 정제두의 학문은 주자학과 양명학을 통합하려 한 의미 있는 시도였으며, 이후 강화학파(江華學派)로 이어지면서 조선 말의 정인보(鄭寅普) 등에 이르기까지 조선 철학사의 지속적인 한 갈래를 이루었다.

조선 철학에서의 양명학과 대조적으로 에도 막부에서의 양명학은 오히려 태주학파의 그것을 잇는 것이었다. 조선 왕조가 주자학의 나라였던 데 반해, 에도 막부에서의 주자학은 한 세기도 채 못가서 양명학, 고학(古學), 고의학(古義學), 고문사학(古文辭學) 등에 자리를 내주게 된다.

에도 막부 역시 초기에는 주자학을 통해 통치체계를 세웠으며, 에도 막부의 정도전이라 할 하야시 라잔(林羅山, 1583~1657년)은 전형적인 주자학자였다. 피비린내 나는 전국시대가 끝나자 사무라이들은 할 일을 잃고서 유한(有閑) 계층이 되어버린다. 농민들 위에 강력하게 군림했던 사무라이들은 이제 부초와 같은 존재들로 전락했지만, 핍박받던 농민들은 여전히 대지에 굳건히 발을 디딘 존재들이었다. 그리고 조선조의 중인(中人)에 해당하는 쵸닌(町人) 계층이 서서히 시대의 새로운 주인공으로 떠오르기 시작했다. 지중해세계에서 기사 계층이 몰락하고 부르주아 계층이 부상한 과정과 유사하다 하겠다. 이런 상황에서 막부로서는 사무라이들을 본래의 유교적 의미에서의 사(士)로 전환시켜 관료화할 필요가 있었다. 이제 더 이상 전쟁 상황에서의 주군-가신의 감정적 유대에 기초할 수가 없는 상황에서 정체성 위기에 빠진 사무라이들은 기사 계층과 대조적으로 '학문(學問)'과 '무사도(武士道)'를 통해 자신들의 입지를 세워나갔다.(이 역시 '무에 대한 문의 우위'의 한 국면이라고 할 수 있을 것이다) 또, 막부는 전국시대에 헝클어진 사회 전체를 새롭게 계층화해 엄격한 예와 법으로 구조화할 필요가 있었다. 아울러 새롭게 들어선 정권에 확고한 이념적 좌표를 세워야 했다. 이 모든 것에 주자학보다 더 적합한 것은 없었다. 이로써 에도 초기에 주자학은 국학과 같은 위치를 차지하게 된다.

그러나 조선의 경우와 대조적으로 에도 막부에서의 주자학은 겨우 반세기 정도의 전성기를 누린 후 급속히 쇠퇴의 길을 걸었다. 물론 현실에서 주자학은 에도 시대 내내 관학의 지위를 누렸고, '가쿠몬/가쿠분〔學問/學文〕'이라고 하면, 그것은 의례히 주자학을 가리켰다. 그럼에도 사상사적으로 주자학은 17세기 후반에 이미 극복되기 시작한다. 유럽에서든 동북아에서든, 중세의 거대한 형이상학 ─ 지중해세계 토마스 아퀴나스의 체계와 동북아세계의 주희의 체계가 대표적이다 ─ 이 무너지고 근대의 씨앗이 발아할 때 나타나는 중요한 세 가지 경향을 확인할 수 있다. 그 첫째는 도덕형이상학의 강고한 체계가 무너짐으로써 도래하는 인간적인 것의 발견이다. 둘째는 고대의 재발견/르네상스로서, 여기에는 중세적 신학을 비판하면서 고대적인 소박한 종교로의 회귀를 주장하는 흐름과 중세적 형이상학에 종속되어 있던 정치에 다시 자율성을 부여하는 '정치적인 것의 발견'이 있다. 종교와 정치에서의 이런 변화와 더불어, 과학에서도 뚜렷한 변화가 등장한다. 중세의 'meta-physica'에 종속되어 있는 'physica'가 자율성을 얻음으로써 경험적 지식이 추구되는 것이 그것이다. 여기에도 두 경향 즉 철학적 관심 자체를 벗어던지고 아예 개별적인 과학들로 가는 경향과 과학의 발달을 배경으로 하되 중세적 형이상학/'리'의 철학으로부터 새로운 자연철학/'기'의 철학으로 가는 경향을 구분할 수 있다. 물론 이 세 가지가 복잡하게 어우러지면서 근대성이 뚜렷해져갔다고 할 수 있다. 우리는 17세기 후반의 에도 철학에서 이러한 경향들을 모두 발견할 수 있다. 야마가 소코, 이토 진사이, 나카에 도주는 특히 새로운 자아의 발견을 보여주는 대표적인 인물들이다.

17세기 중엽에 이미 주자학을 비판함으로써 탄압을 받았던 야마가 소코(山鹿素行, 1622~1685년)는 주자학적 인간관에 회의를 표명하면서, 인간의 정(情)과 욕(欲)을 긍정했다.

스승께서 말씀하시기를, 사람에게 이 기품형체(氣稟形體)가 있는 한 정과 욕〔情

欲]이 있을진저. 사지의 동정에 있어서, 이목의 시청에 있어서, 희로애락을 안에서 느끼고, 음식남녀를 바깥에서 찾는 것, 이 모두가 정과 욕의 본성일지니, 사람과 동물이 모두 그렇다.[23]

인간을 정과 욕으로 보는 것은 성리학적 본연이 해체되고 경험적 인간을 그대로 본연으로 보는 입장을 말한다. 이는 곧 주자학적 본체주의에서 벗어나 현실을 살아가는 인간의 모습을 그대로 그 본성으로 파악하는 입장이다. 야마가 소코는 감정과 욕망이 없는 인간이란 기왓장이나 돌과 같다고 했으며, 이는 객관적 리로부터 인간의 성을 이해하기보다 물리와 생리를 구분해본 정제두의 입장에 가깝다. 그러나 정제두가 생리로부터 진리로 나아감으로써 도덕형이상학적 유산을 보존하고 있음에 비해, 야마가 소코는 경험주의적 인간관에 좀 더 다가섰다. 야마가 소코에게 중요한 것은 감정과 욕망을 넘어서는 것이 아니었다. 그에게서는 다만 감정과 욕망의 '과'와 '불급'만이 문제가 되었다. 이는 곧 '인간적인 것'에 대한 긍정에 입각해 도덕형이상학이 아닌 윤리를 추구한 사유였다고 할 수 있다.

이와 같은 이유 때문에 야마가 소코는 인간을 '정(靜)'에서보다는 '동(動)'에서 이해하고자 했으며, 이는 주자학적 정적주의를 거부하고 인간을 그 활동성에서 포착하려는 태도를 함축하는 것이었다. 이는 그가 병학자(兵學者)이기도 했고 또 상당 수준의 경제 사상가이기도 했다는 사실에서도 미루어 짐작할 수 있다. 이 때문에 그에게서 '격물'은 '궁리'라든가 '지경'에 연관되는 것이 아니라 사물들에 대한 보다 경험적인 인식에 그리고 적극적인 실천[力行]에 연관되는 것이었다.[24] 그리고 순자에게서처럼, 야

---

23) 山鹿素行, 「義利を論ず」, 『山鹿語類卷第三十三』. 야마가 소코는 『山鹿素行』(岩波書店, 1970)에서 인용한다.
24) 야마가 소코에게 역행은 곧 '극기복례'를 뜻했다. 자기를 이기고 예로 돌아가는 것이야말로 인이며, 이에 힘쓰는 것이 곧 역행이다.(「力行を論ず」, 같은 곳) 그러나 그에게 '극기복례'는 공자적 뉘앙스라기보다는 다분히 무사도적인 것이었다고 해야 할 것이다.

마가 소코에게 이런 인식과 실천은 내면적 방식이 아니라 외면적 방식을 취할 때 의미를 가지는 것이었다. 이는 곧 인간의 정적인 본체에 호소하는 것이 아니라 예·악·형·정이라는 객관적 구조에 호소하는 것이다. 야마가 소코가 마키아벨리나 홉스 등에게서 볼 수 있는 급진적인 근대적 인간관과 정치철학을 전개한 것은 아니다. 그의 저작들은 기본적으로 원시유학의 부활을 지향하는 고학의 성격을 띤다. 그럼에도 주자학이 펼쳐진 지 겨우 반세기 만에 나온 그의 사유에서 우리는 이미 감정과 욕망의 긍정, 경험적 지식의 추구, 객관주의적 정치철학의 지향 같은 요소들을 모두 확인할 수 있다. 이 점에서 야마가 소코는 근세 일본 사상사에서 중요한 특이점을 형성한다.

역시 고학 특히 '고의학'을 주창한 이토 진사이(伊藤仁齋, 1627~1705년) 또한 주자학의 도덕형이상학적 '성' 개념을 벗어나 새로운 자아 개념을 추구했다. 그는 단적으로 '성'은 '생(生)'이라 말한다. "성은 생이다. 사람이 태어난 그대로에 더한 것도 뺀 것도 없는 것이다."[25] 진사이에게 성이란 인간의 도덕형이상학적 본성이라기보다 그저 태어난 그대로의 본성일 뿐이다. 진사이는 매실은 시고 감은 단 것, 어떤 약은 따뜻하고 어떤 약은 차가운 것이 바로 성이라고 했거니와, 그에게 성은 '본체'/'본성'이라기보다는 '특성'이었다고 볼 수 있다. 이는 진사이의 사유가 조잡했기 때문에 아니라, 그가 의식적으로 주자학적 본질주의를 거부하고 경험주의를 택했기 때문에 나온 생각이라고 보아야 한다. 이 맥락에서 진사이는 성과 정 사이에 존재론적 위계를 두지 않는다. 예컨대 눈의 성이 색이라면 그 정은 미색을 보고 싶어 하는 것이고, 귀의 성이 소리라면 그 정은 좋은 소리를 듣고 싶어 하는 것이라고 생각했다. 다른 감각들의 경우도 마찬가지이다. 진사이에게는 '인정(人情)'이 중요한 것이었다. 결국 진사이에게 성과 정은 각

---

25) 伊藤仁齋, 『語孟字義』, 卷之上, 「性」. 이토 진사이는 『伊藤仁齋』(岩波書店, 1971)에서 인용한다.

각 특성/성향과 욕망을 뜻하는 것이라고 하겠다.[26] 이러한 경험주의적 사유를 펼쳤기에, 그에게 중요한 것은 '심'에 대한 정치한 분석이 아니라 현실적 삶에서의 덕이었다. 그는 공자가 심에 대해 세 번밖에 언급하지 않았으며, 심을 많이 논한 것은 불교 등이었음을 지적하기도 했다. 같은 맥락에서, 가치에 있어서도 주자학적인 '성'·'경'이 아니라 공자의 '인'을 역설했다.

인간 주체에 대한 이와 같은 새로운 시각은 세 가지 객체성과 맞물려 있다. 주자학적 사유에서 성은 리와, 정은 기와 운명을 같이하는 개념 쌍이었다. 성과 정을 나란히 놓고 경험주의적으로 파악하는 진사이에게 형이상학적 리는 자연철학적 기에 자리를 내준다. 진사이는 장재의 태허＝기 개념을 이어 세계는 일원적인 기로 되어 있다고 보았고, 더 나아가 천지가 하나의 거대한 생명체라고 생각했다.[27] 세계는 그 본질이 기화에 있으므로 '생생불식'하여 쉼 없이 흘러간다. 영허소장(盈虛消長) 하고 왕래감응(往來感應) 하는 쉼 없는 기화 과정인 것이다. 이 점에서 진사이의 존재론은 장재, 서경덕, 황종희, 왕부지 등의 기학을 잇고 있다고 볼 수 있다. 리는 단지 '조리'일 뿐이어서, 만물에 조리가 있다는 것은 사실이지만 이는 실체가 아니라 기라는 실체가 '화'해가는 방식을 뜻할 뿐이다. 그러나 진사이는 인간을 포함해 만물이 기로 되어 있다고 해서, 인간의 윤리 차원을 기로 환원할 수 있다고 보지는 않았다. 그는 기존의 성리학이 세계의 모두 것을 이어 연속적으로 파악하는 것을 비판한다.[28] 하늘, 땅, 사람을 하나로 이어

---

26) 이 점에서 이토 진사이의 사유는 정제두의 그것과 대비된다. 정제두는 성을 정 위에 놓는 명확한 위계를 설정하고 양명 우파에 가까운 사유를 전개했지만, 이토 진사이는 성과 정을 동등하게 보았고 나아가 어떤 면에서는 정을 사람의 근본으로 보았기 때문이다. 이런 차이는 조선 철학과 에도 막부 철학의 전반적 경향을 대변하는 것이라고도 할 수 있다.

27) 이토 진사이, 최경열 옮김, 『동자문』(그린비, 2013), 상권, 67장.

28) 진사이는 천도, 지도, 인도 또한 경험주의적으로 이해한다. "음양이 갈마들면서 운행하는 것을 일러 천도라 하고, 강유가 서로를 잇는 것을 일러 지도라 하고, 인의가 서로 행

서 총체화한 것이 리였다. 리가 해체되자 이 세 차원은 분리된다. 진사이에게 하늘은 경험주의적으로 파악되며, 하늘과 땅 사이에 특별한 존재론적 위계는 없다. 결국 진사이에 이르러 '자연과 역사'라는 근대적 이원 구도가 모습을 드러낸다. 진사이 사유의 핵심은 어디까지나 사람의 길에 있다.

그러나 진사이는 한편으로 근대로 나아간 인물이지만 다른 한편으로는 고대로 회귀한 인물이었다. 아니, 그에게 나타나는 근대적 면모는 어쩌면 고대적 맥락에서 나온 면모에 대한 착시일 뿐일 수도 있다. 진사이 평생의 노력은 오로지 공자의 길을 회복하는 데 있었을 뿐이다. 근세 초에, 중세의 신학적(지중해세계의 경우) 또는 형이상학적(동북아세계의 경우) 종교가 해체되면서 고대적인 소박한 종교, '인격신'을 믿는 종교로의 회귀 운동이 벌어진 것을 두 세계에서 공히 발견할 수 있다. 객체성을 오로지 자연철학적으로 파악한 진사이였으나, 그가 근대적인 유물론으로 나아간 것은 아니다. '고학'을 추구했던 그는 사람의 길을 보완해주고 정초해줄 종교적 차원이 필요했다.[29] 합리주의자는 모든 것을 연속성 면에서 파악한다. 존재론적 위계는 있을지언정, '별도의 차원' 같은 것은 없다. 경험주의자는 합리주의자의 "공허한 사변"을 비판한다. 그러고서는 그 반대 극으로 가서 전혀 경험적이지 않은 차원에 대한 믿음을 견지한다. 그는 학문의 차원과 '별도의 차원'을 아예 나누고, 양자에 대해 전혀 다른 태도를 취한다. 학문적 차원에서는 합리주의자의 '형이상학'/'사변'을 맹공(猛攻)하지만, 별도

해지는 것을 일러 인도라 한다." 진사이에게 도란 길(路)일 뿐이다. 하늘의 길이 음과 양에 있고, 땅의 길이 강과 유에 있고, 사람의 길이 인과 의에 있다. 진사이는 이 세 길을 섞어서 하나로 하면 안 된다고 말한다.(『語孟字義』, 卷之上, 「道」) 근대성의 중요한 한 계기는 중세적 연속성의 해체에 있다.

29) 윌리엄 오컴에 대해 논하면서(1권, 11장, §4) 언급했듯이, 합리주의자보다는 오히려 경험주의자가 종교를 더 적극적으로 받아들일 수 있다. 합리주의자는 종교까지도 합리적으로 이해하고자 하기 때문에 그것과 알력을 빚을 수 있다. 경험주의자는 오히려 '알 수 있는 것'과 '알 수 없는 것'을 아예 갈라버리고 이율배반적 태도(알 수 있는 것에 대해서는 철저히 경험주의적 태도를 취하면서 합리주의를 공격하면서도, 반대로 알 수 없는 것에 대해서는 아예 비-합리주의로 가버리는 태도)를 취하기 때문이다.

의 차원에 대해서는 아예 반(反)학문적 태도를 취하는 것이다. 이러한 식의 이원적 태도는 진사이에게서도 확인되며, 주희로부터 진사이로의 이행은 중세의 형이상학적 일원성으로부터 근세의 경험주의적 이원성으로의 이행을 잘 보여준다. 진사이는 '천도'는 경험주의적으로 탈구축하면서도, 오히려 고대적 뉘앙스에서의 '천명'을 역설한다. '천리'가 다시 '천명'으로 회귀한 것이다. 진사이보다도 더 경험주의적인 다산 정약용에게서 '상제(上帝)'라는 고색창연한 개념이 재등장하는 것(이는 서학의 영향 때문이기도 했지만)도 같은 맥락이라 하겠다.

형이상학에서 자연철학(나아가 자연과학)으로의 이행, 고대적 종교로의 회귀, 이 두 객체성과 더불어 또 하나의 객체성은 신학/형이상학으로부터 독립된 형태의 '사회'의 등장, '정치적인 것'의 발견이다. 첫 번째 객체성은 주체와 자연의 관계이고, 두 번째 객체성은 주체와 초월의 관계라면, 세 번째 객체성은 주체와 사회의 관계이다. 이 측면은 소코, 진사이, 그리고 고문사학을 전개한 오규 소라이에게서 공통으로 볼 수 있지만, 소라이의 사유가 정치적 형태를 띠었다면 진사이의 그것은 윤리적 형태를 띠었다. 진사이 윤리학의 핵은 공자로의 회귀에 있다. 그의 모든 노력이 이 점에 집중되었다고 할 수 있다. 진사이는 주자학의 도덕형이상학적 세계로부터 공자의 '인'의 세계로 회귀하려 했고, 그가 도달한 '인'의 세계는 엄격한 법치성(理)이나 규범(禮樂刑政)의 세계보다는 '정(情)'을 긍정하는 세계였다. 진사이는 주자학적 엄숙주의/엄격주의를 비판하면서 관유인후(寬裕仁厚)한 마음을 강조했고, 고원한 도덕을 잣대로 삼아 세상을 가혹하게 평가하기보다는 인지상정에 입각해서 따뜻한 윤리를 실천할 것을 역설했다. 그것은 공자로의 회귀와 당대에 대두한 '인간적인 것의 발견'이 중첩해 있는 사유였다.

에도 사상사에서도 인간적인 것의 발견은 양명학을 빼고는 논의할 수 없다. 묘하게도 에도 시대 양명학에서 마음은 아예 하느님과 동일시되어 버림으로써 한편으로는 최상의 존재로 격상되지만 다른 한편으로는 오히려 마음으로서의 그 핵심을 잃어버리게 된다. 이미 왕수인이 마음을 태허와 동일시하면서 우주적 마음을 논했지만, 이때 태허는 인격신은 아니었다. 따라서 이 경우 마음이 우주로 뻗어가는 것이지 우주가 마음을 포섭하는 것은 아니다. 그러나 일본에 양명학을 정착시킨 나카에 도주(中江藤樹, 1608~1648년)는 마음을 단적으로 인격신인 황상제(皇上帝)와 동일시했다. 이로써 마음은 하느님의 위상으로 격상된다. 더 정확히 말해, 마음은 인간 속에 들어온 하느님이다. '성즉리'가 '심즉상제'로 변환된 것이다. 결국 도주에서 리는 격하되고 그 자리에 상제가 들어앉는다고 할 수 있다. 왕수인의 경우 태허는 어떤 개별자가 아니다. 그것은 우주 자체이며, 따라서 마음이 우주로 편재하게 되는 것으로 볼 수 있다. 그러나 도주가 논하는 태허는 상제에 의해 주재되는 것이다. 도주에게서 황상제는 어떤 한 인격신이다. 즉, 하느님이라는 한 주체이다. 따라서 도주에게서 사람의 마음은 최상의 존재이기도 하지만, 또한 결국 어떤 한 사람의 마음이 아니라 보편자로서의 하느님의 한 국면이 되어버리는 것이다.

이 때문에 도주의 철학은 현대적 시각에서 볼 때면 마음을 절대시하는 주체적 사유로 보이지만, 사실은 그 반대로 철저히 타율적인 사유이다.[30] 이 점에서 그의 사유는 정토종을 비롯한 타율적 종교, 그러나 일신교의 형태를 띤 종교에 가깝다. 그에게 객체성은 추상적 리도 아니고 정치적 예악형정도 아니다. 도주에게 진정한 객체성은 바로 복선화음(福善禍陰)하는

---

30) 도주사상의 이런 성격은 그의 효(孝) 개념에서도 나타난다. 군신의 관계를 중시해서 '충'을 앞에 놓는 주자학과 달리 그는 보다 인간적 관계인 부자관계를 중시해서 '효'를 제일 덕목으로 역설했다. 그의 효 개념은 개인적 효보다는 묵자의 겸애를 연상시키는 사회윤리학적 효 개념이다. 또한 효 실천에서의 주체성과 자발성이 강조되기도 한다. 그러나 이런 효 개념은 어디까지나 봉건적 위계질서를 전제하고, 그것에 얼마나 자발적으로 따르느냐를 핵심으로 하고 있기도 하다. 그에게서는 마음이 그리고 주체성/자발성이 역설되고 있으면서도, 동시에 이는 하느님 그리고 봉건질서라는 주어진 객체성에 합치하는 한에서만 의미를 가질 수 있는 것이었다.(모리모토 준이치로, 김석근·이근우 옮김, 『일본 사상사』(이론과실천, 1994), 303쪽 이하)

상제인 것이다. 앞에서 양명학과 묵가 사이의 어떤 친연성에 대해 언급했거니와, 도주에 이르러 일신교적 면모는 분명하게 드러난다고 하겠다. 그러나 도주에게서 상제는 사람의 바깥에 존재하는 절대자가 아니라, 바로 사람 안으로 들어와 있기도 한, 바로 사람의 마음 자체가 바로 그인 존재이기도 하다. 이 점에서 그의 구도는 이중적이다. 한편으로 황상제라는 인격신을 도입함으로써 사람과 하늘을 분명하게 구분해 보면서도, 다른 한편으로 양명학자로서 황상제와 마음을 동일시하기도 하는 것이다. 또, 상제를 마음과 동일시하는 것은 도교를 연상시키는 면도 있다. 사실 '상제'라는 용어 자체가 일차적으로는 도교의 용어이다. 그러나 도교가 다신교적이고 객관주의적이라면, 성리학의 에피스테메 안에서 사유한 도주의 사상은 일신교적인 한편 초월성과 내면성을 동시에 함축한다. 도주의 사유는 주객합일의 사유이지만, 그 합일이 주와 객의 독립을 전제한 후 양자의 합일을 추구하는 사유가 아니라 양자가 애초에 즉자적으로 합일해 있는 사유이다. 이 점에서 근대 주체철학의 전개 이후에 나온 주객합일의 추구와는 그 성격이 다르다 하겠다.

상투적인 도식으로 말해서 주관주의/관념론의 성격을 띤다고 할 수 있는 양명학이 태허라든가 상제 같은 차원을 도입하는 것은 어떤 면에서는 필연적이었다. 양명학은 내 마음의 양지에 보다 강력한 객관성을 부여하기 위해 우주로 또는 하느님으로 나아갔던 것이고, 이 점은 일본 양명학에서 특히 노골적으로 추구되었다고 할 수 있다. '자가준칙'이 어느새 세계의 끝까지 뻗어나간 것이다. 주자학 역시 도덕형이상학을 밑에 깔고 있지만, 이론의 구도상 천인합일은 객관성과 주관성의 합일을 통해서 구성되었다. 반면 양명학은 마음에서 출발해 단번에 우주와 하느님으로 관통해

나가는 구도를 띠었다.

어떤 사유도 빛과 그늘을 띠게 마련이거니와, 양명학의 이런 식의 사유는 유난히 강렬한 빛과 그림자를 만들어냈다. 그 이유는 어디에 있을까? 한 인격체의 내면에서 생겨난 충만한 신념이 세계로 뻗어나갈 때, 그 인격체는 범인이 이루기 어려운 위대한 사건을 이룩하게 된다. 이러한 신념의 최고 경지는 곧 **죽음을 초월하는 것**, 개인적 사리사욕을 초월해 어떤 위대한 대의(大義)에 몸을 던지는 것에서 선명하게 나타난다. 그것은 죽음을 두려워하면서 사리사욕에 몰두하는 평범한 인간들에게서 기대하기 어려운 경이로운 경지이다. 양명학의 문제점은 흔히 말하듯이 단순히 주관적인 것, "관념적인" 것에 있지 않다. 앞에서 태허에 대해 언급했거니와, 양명학은 내면에 칩거하는 철학이 아니다. 오히려 세계를 양지로서 덮고자 한 뜨거운 철학인 것이다. 양명학의 문제점은 주관에 머문 데 있는 것이 아니라 오히려 객관으로 너무 멀리 나아간 데에 있다. 더 정확히 말해, 객관으로 **훌쩍 뛰어 건너간** 데에 있다. 우리의 철학사에서 여러 번 반복해서 언급했듯이, 내면으로부터 시작해 너무 먼 객체성 — 냉정한 시선으로 보면 다소 상상적인 객체성 — 으로 도약해 건너뛴 철학들이 철학사에 간간히 등장해왔다. 양명학의 문제도 이런 철학들과 동질의 것이다. 양명학의 문제는 주관에 머문 데에 있는 것이 아니라 주관으로부터 '태허', '하느님'으로 너무 쉽게 건너뛴 데에 즉 그 사이의 **구체적 객체성**으로서의 자연과 역사를 건너 뛰어버린 데에 있다. 자연과 역사라는 구체적 객체성과의 고투가 결여된 철학은 흔히 이처럼 너무 가까운 내면과 너무 먼 초월을 즉각적으로 이어버리곤 한다.[31]

양명학의 이러한 빛과 그림자는 역사를 화려하게 수놓았다. 스스로의 신

---

31) 일본 사상사 전반을 보면, 문제의 핵심은 역사에 있다고 볼 수 있다. 생래적으로 경험주의/실증주의의 기질을 가진 일본 지식인들은 에도 말 이후 자연에 관해서는 오히려 실증적 지식을 집요하게 추구했다고 보아야 하기 때문이다. 문제는 객관적 지식이 사회로 다시 회귀할 때 띠게 되는 역사의 방향성에 있다고 보아야 한다.

넘을 태허(또는 무엇이라 부르든)와 동일시하면서 뜨거운 사랑과 용기로 삶을 살아간 열혈남아/열혈여아라는 빛으로, 그러나 또한 그 신념의 불길의 방향이 빗나감으로써 세상을 태워버리고 잿더미로 만든 역사의 문제아라는 어둠으로. '신념'이란 양날의 검이다. 신념이란 역사의 위대한 업적을 낳기도 하지만, 또한 엄청난 파괴를 낳기도 한다. 지중해세계의 일신교야말로 그 대표적인 경우이다. '믿음'이라는 주관이 자신의 믿음일 뿐이라는 것을 망각하고 객관화하려 할 때 즉 인식론적 착각에 빠질 때, 그 결과는 항상 양날의 검으로 작동해온 것이다. 이러한 인식론적 착각은 믿음일 뿐인 것을 지식으로, 하물며 지식보다 더 상위의 "진리"로 위치 지우려는 종교적 행태들에서 그 극한적인 모습을 볼 수 있거니와, 우치무라 간조(內村鑑三, 1861~1930년) 등에게서 나타나는 기독교와 양명학의 친화성은 우연이 아닌 것이다. 객관적 인식은 인간을 다소 냉정하게 만든다. 때문에 엄정한 지식을 가져다주지만, 행위 앞에서는 머뭇거리게 만든다. 반면 주관적 신념은 인간을 뜨겁게 만든다. 때문에 때로 위대한 경지를 가져다주지만, 또 때로는 참혹한 불행을 가져다주기도 한다. 이 양자가 한 인간에게서 동시에 구현되는 것은 그토록 어려운 일일까? 역사는 그렇다고 답하는 것 같다. 어찌 보면 주자학과 양명학은 바로 이 두 경향을 나누어 가지고 있다고 할 수 있다. 그리고 바로 그렇기에 즉 인간이라는 존재의 두 측면을 가장 순수한 방식으로 표현하고 있기에, 두 철학은 동북아세계의 두 일반성의 역할을 했던 것이다.

양명학의 두 얼굴은 일본 양명학사를 살펴볼 때 뚜렷이 나타난다. 일본사에서 양명학의 신봉자들 또는 그것에 친화감을 느끼는 인물들은 긍정적 형태로든 부정적 형태로든 그 행동으로 큰 족적들을 남겼다. 에도 말기의 실정과 민중의 고통에 분연히 나아가 이른바 '오시오 헤이하치로의 난'(1837년)을 일으킨 오시오 추사이(大鹽中齋)는, 그 스스로는 양명학을 내세우지 않았지만, 양명학에 감명받은 인물이 사리사욕을 초월해 대의에 몸을 불사른 전형적인 예이다. 이러한 정신은 그 후에도 특히 막말명초(幕

末明初)의 요시다 쇼인(吉田松陰, 1830~1859년)을 비롯한 지사(志士)들에게서 뚜렷이 볼 수 있다. 이들의 사상에는 물론 모토오리 노리나가(本居宣長, 1730~1801년)의 민족주의적인 '국학'이라든가 천황중심주의에 입각한 '존왕양이'의 사상인 미토학(水戶學), 그리고 무엇보다 사무라이 정신 등의 다양한 정신적 배경이 있거니와, 양명학 또한 그 중요한 토양이었다. 요시다 쇼인이 나카에 도주를 사숙했다는 것, 옥중에서 이지의 글을 읽고 큰 감명을 받았다는 이야기는 잘 알려져 있다. 그에게 자신의 급진적 실천은 그만두려 해도 그만둘 수 없는("己むに己まれぬ") 것이며, 절실한 마음으로 시대에 몸을 던질 때 사람은 누구나 '광자'가 되는 것이었다. 그리고 이런 가르침을 받은 그의 제자들이 메이지유신의 주역들로서 활동했다. 이들만이 아니라 이 풍운의 시대에 몸을 불사른 많은 인물들에게서 민족주의, 무사도와 더불어 양명학의 영향을 발견할 수 있다. 이 인물들에 대한 평가는 시각에 따라서 다양하지만, 이들이 풍운의 시대에 자신을 바친 '마지막 사무라이'들인 것은 분명하다. 무사도와 양명학은 기질적으로 매우 가깝다. 마치 공화정 로마 귀족들 중 뛰어났던 인물들이 스토아철학이 생겨나기 전부터도 스토아적 인물들이었듯이, 사무라이들 중 뛰어났던 인물들은 양명학이 생겨나기 전부터도 양명학적 인물들이었다 하겠다.

　그러나 이러한 흐름은 청일전쟁(1894년)을 기점으로 방향을 틀기 시작해, 메이지유신 때와는 다른 성격과 의미를 띠기 시작한다. 청일전쟁에서 시작되어 1945년 원폭으로 끝난, 일본 제국주의와 파시즘의 역사는 사무라이들의 후손이라 할 일본 군부에 의해 자행되었으며, 이 군인들을 이끈 정신적 배경 또한 민족주의, 무사도와 더불어 양명학이었다. 이토 히로부미(伊藤博文)는 그 결정적인 분기점을 만든 인물이었다. 이들은 자신들의 "양지"를 세계로 투사해 타자들을 짓밟았으며, "광자"가 되어 아시아세계를 처절하게 파괴했다. 주관적으로는 같은 하나인 사상이 객관적으로는 너무나도 다른 두 행동을 낳은 것이다. 물론 이는 이들의 사상이 순수한 양명학, 건강한 형태의 무사도 정신이 아니라 민족주의 · 제국주의 · 파시즘과 결합되어 있었기 때문이다.[32] 하나의 사상은 다른 어떤 사상과 결합하느냐에 따라 그 성격을 달리하게 되기에 말이다. 따라서 우리는 "그런 양명학은 순수한 양명학이 아니다", "그것은 양명학의 왜곡이다"라고 말할 수 있다. 하지만 그렇다면 이렇게 물을 수 있지 않겠는가. "도대체 양명학은 왜 그처럼 반복적으로 그런 형태의 사상들과 결합하곤 하는가?"라고. 제국 헌법과 교육칙어의 이데올로그였던 이노우에 테츠지로(井上哲次郎)로부터 전후 민주주의 시대의 한가운데에서 자신의 배를 갈라서라도 반(反)민주주의를 외치려 했던 미시마 유키오(三島由紀夫)에 이르기까지 많은 지식인들이 직간접적으로 양명학자였다는 사실이 우연일까? 이는 답하기에 쉽지 않은 문제이지만, 자가준칙에 입각하는 양명학은 어떤 사상과 결합하느냐에 따라 매우 심각한 결과를 가져올 수 있다는 점은 분명하다.[33] 만일 마음은 그 자체로 지선이고 악은 바깥에서 오는 것이라면, 이를 왜곡했을 때 나는 선하고 세상은 악하다는 것이 된다. 그리고 여기에서 다시 한 번 비약하면, 이 악한 세상을 바로잡기 위해 선한 내가 무슨 짓을 해도 된다는 이상한 논리가 나오는 것이다.[34] 물론 제국주의, 파시즘 등과 결합됨으로써

---

32) '민족주의'는 그것이 어떤 맥락에서 발휘되는가에 따라 전혀 다른 두 얼굴을 가진다. 다음을 보라. 이정우, 「한국 민족주의의 두 얼굴」, 『전통, 근대, 탈근대』(그린비, 2011).

33) 하지만 양명학은 예컨대 나카에 초민(中江兆民), 고토쿠 슈스이(幸德秋水)와 같이 자유민권운동을 펼친 인물들에게서도 중요한 역할을 했다. 자가준칙을 기본으로 하는 양명학은 전혀 다른 사상 계열들과 결합할 수 있기 때문이다. 그러나 묘하게도 일본 양명학회는 이런 반-정부적 흐름들과 양명학의 연계성에 대해서는 부정한다.(小島毅, 『近代日本の陽明學』, 講談社, 2006, 127頁) 이는 일본 양명학이 그 근저에서 미토학과 결합했음을 뜻한다. 문제는 이 당시의 일본은 그 내용상 군국주의로 치닫고 있었다는 점이다. 막말의 지사들도 몸 바쳐 애국했고 이 양명학자들도 애국을 추구했지만, 그 애국의 내용은 이미 달라져 있었던 것이다. 아니 피해자에서 가해자로 이미 뒤바뀌어 있었던 것이다. 그러나 이 양명학자들은 애국이라는 형식에 양명학을 결합했을 뿐, 애국의 객관적 내용이 어떻게 바뀌었는가에 대해서는 인식하지 못했다. 결국 이들에게는 애국의 주관적인 '정신혈맥(精神血脈)'만이 보였을 뿐, 객관적인 역사적 맥락은 보이지 않았던 것이다.

34) 니체는 유대교의 심리를 '앙심'으로 파악한 바 있다. 이는 곧 "우리는 선하다, 그들은 악하다"는 논리이다. 그러나 유대교의 구도와 잘못된 양명학의 구도는 반대이다. 유대

인류에 해를 끼친 사상이 양명학만은 아니며, 따라서 이와 같은 식의 비판이 양명학에만 가해져야 하는 것도 아니다. 그러나 적어도 청일전쟁 이후 일본 양명학의 흐름에는 이런 어두운 면이 들러붙어 있다고 봐야 하지 않을까.

'전후 민주주의'의 대표적 인물들 중 한 사람인 마루야마 마사오는 그의 『일본정치사상사연구』[35]에서 일본 근대성의 뿌리로서 오규 소라이를 잡아내고 있다. 주자학을 서술한 후 고학에 초점을 맞추어 논의를 진행하고 있는 것이다. 그리고 묘하게도 나카에 도주나 구마자와 반잔(熊澤蕃山)은 그저 각주로 처리하면서 넘어가고 있다. 이는 일본 양명학사를 우선시하고 그 후에 주자학과 고학을 논한 이노우에와 묘하게 대조적이다. 일본 지성사에서 이노우에의 문제점과 마루야마의 성취는 의심할 바 없다. 그러나 역으로, 아니 바로 그렇기 때문에, 일본 사상사에서의 양명학의 의미에 대한 통찰은 오히려 이노우에에 의해 정확히 포착되었고 마루야마에 의해서는 포착되지 못했던 것이다. 마루야마에게 양명학이란 끄집어내기가 껄끄러운 그 무엇이었고, 그래서 그것을 (정신분석학적 뉘앙스에서) '억압'한 것은 아닐까? 긍정적이든 부정적이든 일본 근현대를 추동한 정신적 힘은 오히려 양명학의 전통이었다.[36] 그러나 마루야마에게 양명학은 숨기고 싶은 그 무엇이었고, 그 반대급부로서 오규 소라이라는 인물을 '발굴'해냈다고 해야 하지 않겠는가.

교는 자신들의 초월적 신에 입각해 양심을 부리지만, 잘못된 양명학자들은 자신들의 내면에 대한 확신에 입각해 양심을 부리기 때문이다. 이렇게 본다면, 잘못된 양명학의 내면은 곧 유대교적 초월신을 자신의 내면에 장착한 경우라고 볼 수도 있을 것 같다.

35) 마루야마 마사오, 김석근 옮김, 『일본 정치사상사 연구』(통나무, 1995)

36) 일본의 양명학자들은 중국 대륙에서의 양명학은 청 제국의 도래로 끝났다는 것, 일본으로 건너온 주순수(朱舜水)를 기점으로 양명학은 일본을 정통으로 하게 되었다는 것을 역설하곤 했다. 꼭 이들의 이런 주장이 아니라 해도, 일본의 유학사상 ── 이노우에의 정리에 따르면 주자학·양명학·고학 ── 중 일본 근현대사를 추동해간 것은 분명 양명학이었다.

맺는 말

고중세 시대 철학의 전개에서, 특히 문화의 다른 범주들과의 관련성에서 볼 때 일차적으로 중요한 여건이 되는 요소들은 정치와 종교이다. 현대 철학에 와서, 정치와 더불어 빼놓을 수 없는 것은 과학과 예술이다. 하지만 고중세의 철학은 순수 학문 전체를 아울렀기에 과학은 철학 자체 내에 포함되어 있었고, 예술은 아직 철학과 의미심장한 관계를 맺을 만한 중요성을 띠지 않았다. 결정적인 것은 철학이 정치 및 종교와 맺는 관계였다. 이렇게 볼 때 아시아세계에서 '哲學'[1]이 띤 성격과 지중해세계에서 'philosophia'가 띤 성격의 차이는 양 문명의 정치체제 및 종교의 성격과 밀접한 연관을 가진다고 하지 않을 수 없다.

---

1) 물론 '철학'이라는 말 자체는 서구어 'philosophia'를 번역한 말이다. 니시 아마네(西周)가 이 개념을 '哲學'이라 번역한 것은 현명한 것이었다. 철학은 세계의 어떤 특정 영역을 경험적으로 탐구하는 개별 '科學'(물리세계를 연구하는 물리학, 언어를 연구하는 언어학 등등)이 아니라 사유의 근본 원리들을 명료화하는(clarify), 그래서 우리의 삶의 의미와 가치를 밝히는(哲) 학문인 것이다. '철(哲)'이 명사가 아니라 형용사라는 사실을 잘 음미해볼 필요가 있다.

결정적인 것은 그리스(와 공화정 로마)가 고대 세계에서는 유일하게 민주정을 실시한 데에 비해, 아시아세계의 국가들은 기본적으로 '왕조'의 형태를 띠었다는 점이다. 이 점이 양 철학 전통의 성격을 결정적으로 좌우했다고 할 수 있다. 그리스와 로마의 철학이 민주정이 특히 활발하게 전개된 아테네와 로마에서 만개했고, 인도와 동북아의 철학은 상고 시대의 강고한 권력이 와해된 공간들에서 만개했다는 점은 시사적이다. 그러나 다시 아시아세계의 인도와 동북아는 다른 정치적 맥락을 띠었다. 인도의 철학자들이 정치의 세계와 거리를 둔, 어떤 면에서는 카스트제도에 의해 지배된 인도 사회 바깥에서 활동했다면, 동북아의 철학자들은 정치의 심장부에서 '문사-관료'들로서 활동해야 했다. 이런 정치적 환경에서 그리스-로마 철학과 인도 철학 그리고 동북아 철학은 서로 다른 성격을 띠게 된 것이다.

아울러 종교와의 연관성 또한 본질적이다. 그리스에서 유래한 철학 전통은 본래 다신교의 환경에서 성립했고 종교로부터 자유로운 공기를 호흡했다. 그러나 향후 지중해세계는 '일신교'의 문명을 구축하게 되며, 철학자들은 그 그늘 아래에서 '신과 세계와 인간'이라는 구도에 입각해 사유하게 된다. 반면 인도와 동북아에서는 다신교가 일반적인 형태였다고 할 수 있다. 인도의 경우 다신교의 전통 — 하지만 아바타라 개념에 입각한 '일즉다 다즉일'의 전통 — 을 이어갔고, 이 전통이 힌두교로서 정통의 자리를 점하게 된다. 이에 따라 힌두교와 다른 길을 취한 불교는 결국 동쪽으로 나아가야 했다. 각 문명에서 사제들의 권력 또한 달랐다. 지중해세계에서 사제들은 국가의 한 부분(그리스-로마 시대) 또는 국가와 권력을 양분하는 심급(중세)에 위치했다. 때문에 그리스-로마에서의 철학자자들은 사제 계층과 별다른 관련성을 가지지 않았으나, 일신교세계하에서는 어떤 형태로든 (국가만이 아니라) 교회라는 제도와 관련을 맺으면서 활동해야 했다. 그들은 주교 등이 되서 권력의 중심에 서든지, 교회 내에서 비판 세력을 형성하든지, 아니면 아예 교회 바깥에서 교회와 투쟁하든지 해야 했다. 반면 인도에서는 사제 계층이 귀족 위에 군림하는 특권층을 형성했고, 철학은 이 체제를 떠받치는 것이 되거나(힌두교) 아예 그 바깥으로 탈주하거나(불교를 비롯한 자유사상들) 양자택일을 해야 했다. 그 결과 유신론을 거부했던 불교는 동북아를 향하게 된다. 동북아의 경우 사제 계층은 존재하지 않았으며, 그에 해당하는 존재들은 '사적' 영역에 위치하는 것으로 이해되었다. 동북아 철학자들은 기본적으로 '문사-관료'로서 활동할 수 있었고, 다른 한편 '강호'의 철학자들이 될 수도 있었다.

이런 전체 구도로 보면, 고중세에 철학을 보다 순정하게 펼칠 수 있었던 곳은 그리스와 공화정 로마, 자유사상가들이 활동했을 때의 인도, 그리고 제자백가가 활약했을 때의 동북아였다고 할 수 있다. 강고한 권력(정치적 권력과 종교적 권력)이 군림한 제정 로마와 중세 일신교세계, 힌두교 지배가 공고화된 인도, 유교가 종교화되어야 했던 한 제국 등에서 철학은 정치와 종교의 그늘로 들어갈 수밖에 없었다. 이런 환경에서 철학은 권세를 얻는 동시에 퇴락해버리곤 했던 것이다. 우리는 철학이란 강고한 정치적-종교적 권력으로부터 자유로울 때 활짝 피어난다는 것, 정치적 권세이든 종교적 권세이든 권세를 얻은 철학은 철학 자체로서는 반드시 퇴락한다는 것을 분명하게 볼 수 있다.

동북아의 철학 전통은 상고 시대의 거대 권력이 무너지고 다른 세계에서의 사제에 해당하는 역할을 했던 무(巫) 계층의 권력이 약화되었을 때 활짝 피어났다. 하지만 서주 시대(와 더 멀리로는 요순의 시대)를 이상화하려는 역사철학과 주술성을 근간으로 하는 자연철학은 이 철학 전통에 끈질기게 따라다니는 두 테마가 되었다는 점에서 이 과정은 불연속의 과정만은 아니다. 전자는 특히 유교의 근간이 되었고, 후자는 역학을 비롯한 여러 담론들에서 확인된다. 상고주의와 주술성은 동북아 사상의 주요 테마로 지속된다.

주술('점')에서 시작했으나 점차 철학적 수준으로 승화된 역학과 자연에 대한 동북아 지식인들의 직관이 가장 농밀하게 녹아 있는 사유인 기학이 동북아 세계관의 기초를 형성했다. 지중해세계의 경우, 자연철학은 세계를 객관화해서 그 원리를 밝혀내는 작업이었고 형이상학은 그 위에서 자연적인 생성을 넘어서는 실재를 사유했다. 그러나 동북아에서 역학은 자연과 인간이 서로 맞물려 현상하는 차원에 초점을 맞추고, 그 차원에서 발생하는 사건과 그것의 의미 그리고 그 가치/행위를 사유하고자 했다. 아울러 기학은 지중해세계의 경우 파르메니데스 이래 부차적인 실재로서 격하된 유동적 실재를 제1의 실재로 삼고 그 위에서 삶의 길들을 찾고자 했다. 여러 차례 논했듯이 기와 도의 관계 설정에 따라 두 갈래의 사유가 면면히 부딪치면서 이어져 온 것도 사실이지만, 기 위에 도를 설정하는 경우에조차 양자 사이에는 지중해세계에서와 같은 날카로운 분리 같은 것은 존재하지 않았다. 이렇게 동북아 사유의 근저에는 내재적이고 경험적인 관점 그리고 유동적이고 실천적인 사유가 면면히 지속되어 왔다고 할 수 있다.

지중해세계의 철학은 기본적으로 자연철학, 형이상학(과 인식론)을 기반으로 하고 그 위에서 인문학적인 논의가 이루어졌다. 따라서 자연철학과 형이상학의 성격이 무엇인가에 따라 해당 철학의 전체적인 성격이 결정되었다. 그러나 동북아세계의 철학은 처음부터 끝까지 인문학적 사유이다. 설사 자연이나 다른 차원을 논한다 해도 그 논의의 성격은 전적으로 인문학적인 것이다. 이것은 동북아 철학이 반드시 인간중심주의적 성격을 띤다는 것을 뜻하는 것은 아니다. 도가철학은 오히려 유가철학의 인간중심주의를 비판하면서 '自然'을 지향하는 성격이 강했다. 그러나 이런 도가철학까지도 그 사유 양태 자체는 다분히 인문학적이었다. 이것은 인도 불교가 동북아에 건너와 어떻게 변형되었는지를 볼 때 더욱 선명하게 확인된다. 동북아에서 불교는 결국 인도 불교의 논리학적·인식론적/존재론적 측면을 상실하고 선불교의 형태를 띨 수밖에 없었던 것이다.

이러한 차이는 지중해세계 철학자들이 '아르케'를 찾기 시작한 국면과 동북아에서 공자가 '문(文)!'을 외쳤을 때 두드러지게 나타났다. 특정한 동일성을 상정해 다채로운 사물들과 현상들을 그 동일성으로 환원하는 사유는 지중해세계 사유의 특징이었고, 그 후 많은 변화가 있었으나 이런 구도는 일정 정도 오늘날까지도 서구 학문 — 특히 자연과학 — 을 지배하고 있다. 반면 공자 이래 동북아 철학은 '문'과 그 문을 통해서 드러나는 '인(人)'의 사유에 노력을 경주했다. 모든 학문적 노력은 항상 인간에 초점을 맞춘 것이었다.

그러나 늘 그렇듯이 사태를 지나치게 이분법적으로 보는 것은 곤란하다. 지중해세계의 철학은 소크라테스에 이르러 'psychē'의 새로운 차원을 발견하고 그리스적 휴머니즘의 전통을 만들어갔고, 동북아에서의 철학은 늘 '自然', '도'와 함께 전개되었다고 해야 하기 때문이다. 그러나 소크라테스가 그의 윤리학적 사유를 어디까지나 엄정한 개념적 정의에 뿌리두고자 했고, 공자가 제자들의 개성을 충분히 고려해서 가르침을 베푼 사실에서 잘 드러나듯이, 보편적이고 영원한 것을 추구한 지중해세계의 사유와 구체적이고 역사저인 것을 추구한 동북아 사유의 차이는 엄존한다고 해야 할 것이다.

지중해세계 사유와 동북아세계 사유의 두드러진 차이들 중 하나는 전자가 '작(作)'의 사유인데 비해 후자는 '생(生)' 또는 '화(化)'의 사유라는 점이다.('화'의 사유는 특히 힌두교에서 두드러진다) 지중해세계의 철학 역시 처음에는 내재적이고 유동적인 형태의 사유를 전개했지만, 파르메니데스를 고비로 동일성 철학의 구도를 갖추게 된다. 그리고 플라톤의 사유를 고비로 '제작적 사유'의 형태를 띠게 되며, 이 구도는 특히 일신교가 지배한 중세에는 확고한 형태로 굳어지게 된다. 반면 『주역』, 『회남자』를 비롯해 동북아세계 철학의 전체 구도를 압축하고 있는 저서들에는 제작적 사유는 그림자도 비치지 않으며(오히려 '작자'는 성인들로 상정된다), 이런 창조설은 적어도 지식인 세계에서는 일찌감치 거부되었음을 확인할 수 있다. 이것은 힌두교와 불교의 갈라짐에서도 다시 한 번 확인된다. 힌두교와 달리 무신론의 입장을 취한 불교는 결국 동아시아세계로 와 다시 꽃을 피울 수 있었던 것이다.

아시아세계에서도 종교의 맥락에서는 신들을 볼 수 있다. 그러나 이 신들은 지중해세계 일신교들에 등장하는 신 '들' ── 각각의 일신교는 자신들의 신이 '유일'하다고 믿지만, 그런 일신교 자체는 여럿이므로 ── 의 성격과 아시아세계에서의 신들 즉 힌두교와 도교의 신들은 그 성격이 판이하다. 때로는 귀여운 아기로 또 때로는 아름다운 여인으로, …… '화'해 나타나는 크리슈나 신이라든가 매우 다채롭고 게다가 계속 생성해가는 그리고 대개는 환한 웃음과 여유와 더불어 나타나는 도교의 신들을 지중해세계의 유일신들과 비교해보라. 이와 같은 차이는 사실상 오늘날까지도 알게 모르게 동과 서의 문명/문화의 성격에 스며들어 있음을 도처에서 확인할 수 있다.

이와 연관해 동과 서에서 어리석음, 무지몽매함이 나타나는 방식에서도 뚜렷한 차이가 보인다. 지중해세계에서의 무지몽매함이 주로 종교적인 광신(狂信)이나 집착, 강박과 연관되고 '종교전쟁'이라는 형태로 폭발하곤 했다면, 아시아세계에서의 무지몽매함은 주로 주술성, 엉뚱한 인과의 설정, 엉터리 상응관계 등을 통해서 나타났다. 그렇기 때문에 이 세계에서는 정치적 맥락에서의 전쟁은 자주 일어났어도 종교전쟁은 일어나지 않았다. 지중해세계의 일신교들(중세의 경우에는 세 일신교) 사이의 관계와 유·불·도가 맺어 온 관계 사이에서 나타나는 차이는 오늘날 지구촌에서 일어나는 사건들을 유심히 보면 지금도 여전히 작동하고 있다는 것을 알 수 있다.

지중해세계의 철학자들을 그 가장 긍정적인 측면에 초점을 맞추어볼 때 두드러지는 것은 객관적이고 엄밀한 지식에 대한 집요한 추구이다. 상식적으로 받아들이기 어려운 파르메니데스의 '논리'가 끼친 거대한 영향, 문제의 모든 측면들을 집요하게 탐사하는 플라톤의 대화편들, 아리스토텔레스의 저 인상 깊은 논리학 저서들, 에우클레이데스의 (실용적으로는 불필요한) 엄밀한 증명들의 시도 등등. 일신교의 그늘에서 사유했던 중세의 철학자들조차도 이런 논리적 엄밀성에 대한 요청을 잊지는 않았다. 서양적인 사유는 이 논리학적 – 수학적 엄밀성, 추상도 높은 사유의 추구를 그 생명으로 해서 발전해 왔다. 본 철학사에서 아시아세계의 철학으로 다루긴 했지만, 이런 특성은 인도의 사유에서도 발견된다.

　이에 비해 동북아 철학자들의 특장은 오히려 기의 흐름에 발맞추어가면서 현실의 생성을 사유한 점에 있다. '시중(時中)'에 대한 공자의 강조, 그리고 인물 한 사람 한 사람의 개성에 입각한 교육, 물의 유동적이고 타자중심적인 성격에 대한 노자의 경도, 기/생명의 흐름에 대한 감응(感應)을 기반으로 하는 한의학적 치유 등은 이 점을 잘 드러낸다. 동북아 철학자들에게 어떤 집요함이 있었다면 그것은 차라리 윤리적 - 정치적 맥락에서의 높은 도덕성과 실천성에 있었다고 해야 할 것이다. 조선 시대의 '선비'들은 그 산증인이다. 지중해세계 철학자들의 사유가 객관적이고 엄정한 탐구를 통해 어떤 궁극의 점을 찾았던 것에 비해, 동북아세계 철학자들의 그것은 인간적이고 역사적인 지혜를 통해서 끝없이 이어져가는 어떤 길을 찾았다. 때문에 지중해세계 철학의 기초는 '존재'의 탐구에 있었고, (불교를 포함한) 동북아세계 철학의 기초는 '사람의 마음'의 탐구에 있었던 것이다.

참고 문헌

가노우 요시미츠, 동의과학연구소 옮김, 『몸으로 본 중국 사상』, 소나무, 1999

가의, 허부문 옮김, 『과진론·치안책』, 책세상, 2004

_____, 박미라 옮김, 『신서』, 소명출판, 2007

가이즈카 시게키·이토 미치하루, 배진영·임대희 옮김, 『중국의 역사: 선진 시대』, 혜안, 2011

각묵스님 외 옮김, 『니까야 강독』, 초기불전연구원, 2009~2013

공자, 박종연 옮김, 『논어』, 을유문화사, 2006

곽동렬, 『주역과 한의학』, 성보사, 1997

구스모토 마사쓰구, 김병화·이혜경 옮김, 『송명유학사상사』, 예문서원, 2005

권오돈 옮김, 『예기』, 홍신문화사, 2003

그라네, 마르셀, 유병태 옮김, 『중국 사유』, 한길사, 2010

그레이엄, 앤거스, 나성 옮김, 『도의 논쟁자들』, 새물결, 2001

기정진, 박명희 옮김, 『노사집』, 경인문화사, 2015

길희성 역주, 『바가바드기타』, 서울대학교출판문화원, 2013

김미숙, 『인도 불교와 자이나교』, 씨아이알, 2013

김상일, 『대각선 논법과 역』, 지식산업사, 2013

김영두 옮김, 『퇴계와 고봉, 편지를 쓰다』, 소나무, 2003

김용옥, 『석도화론』, 통나무, 1992/1995

김인희, 『1,300년 디아스포라, 고구려 유민』, 푸른역사, 2010

김창민 외,『황제내경강의』, 청담, 1999

김학주 옮김,『서경』, 명문당, 2002

김희정,『몸·국가·우주 하나를 꿈꾸다』, 궁리, 2010

나카노 미요코, 김성배 옮김,『『서유기』의 비밀』, MONOGRAPH, 2014

노자, 최재목 역주,『노자』, 을유문화사, 2006

니시지마 사다오, 최덕경·임대희 옮김,『중국의 역사: 진한사』, 혜안, 2004

데라다 다카노부, 서인범·송정수 옮김,『중국의 역사: 대명 제국』, 혜안, 1995

도미야 이타루, 임병덕 옮김,『목간과 죽간으로 본 중국 고대 문화사』, 사계절, 2005

동중서, 남기현 해역,『춘추번로』, 자유문고, 2005

디코스모, 니콜라, 이재정 옮김,『오랑캐의 탄생』, 황금가지, 2005

라다크리슈난, 이거룡 옮김,『인도 철학사』, 한길사, 1999

라이트, 아서, 양필승 옮김,『중국사와 불교』, 신서원, 1994

료명춘 외, 심경호 옮김,『주역철학사』, 예문서원, 1994

류종목,『논어의 문법적 이해』, 문학과지성사, 2005

류종목 외 옮김,『시경』, 명문당, 2012

마스페로, 앙리, 신하령·김태완 옮김,『도교』, 까치, 1999

마루야마 도시아키, 박희준 옮김,『기란 무엇인가』, 정신세계사, 1986

마루야마 마사오, 김석근 옮김,『일본 정치사상사 연구』, 통나무, 1995

맹자, 우재호 옮김,『맹자』, 을유문화사, 2007

모리모토 준이치로, 김석근·이근우 옮김,『일본 사상사』, 이론과실천, 1994

묵자, 김학주 역저,『묵자』, 명문당, 2005

_____, 염정삼 주해,『묵경』, 한길사, 2012

미야자키 이치사다, 임대희 외 옮김,『구품관인법의 연구』, 소나무, 2002

바디우, 알랭, 현성환 옮김,『사도 바울』, 새물결, 2008

바수반두/세친, 권오민 역주,『아비달마구사론』, 동국역경원, 2002

_____, 박인성 옮김,『아비달마구사론 계품』, 주민출판사, 2006

박석준 외,『기학의 모험 2』, 들녘, 2004

박홍규,『박홍규 전집』, 민음사, 2004

반고, 진기환 역주,『한서』, 명문당, 2016

붓다고사, 대림스님 옮김,『청정도론』, 초기불전연구원, 2004

사마광, 권중달 옮김,『자치통감』, 삼화, 2010

사마천, 정범진 외 옮김, 『사기』, 까치, 1994

상앙, 우재호 옮김, 『상군서』, 소명출판, 2005

서경덕, 김학주 옮김, 『화담집』, 양우당, 1988

소강절, 노영균 옮김, 『황극경세서』, 대원출판, 2002

소여, 허호구 외 옮김, 『역주 춘추번로의증』, 소명출판, 2016

순자, 김학주 옮김, 『순자』, 을유문화사, 2012

슈워츠, 벤자민, 나성 옮김, 『중국 고대 사상의 세계』, 살림, 1996

쓰치다 겐지로, 성현창 옮김, 『북송 도학사』, 예문서원, 2006

신영대 편저, 『풍수지리학 원리』, 경덕출판사, 2004

알란, 사라, 오만종 옮김, 『선양과 세습』, 예문서원, 2011

여불위, 정하현 옮김, 『여씨춘추』, 소명출판, 2011

완적, 심규호 옮김, 『완적집』, 동문선, 2012

왕부, 임동석 역주, 『잠부론』, 동서문화사, 2009

왕양명, 김동휘 옮김, 『전습록』, 신원문화사, 2010

왕충, 이주행 옮김, 『논형』, 소나무, 1996

월운 스님 옮김, 『아함경』, 동국역경원, 2006~2007

유의경 찬, 임동석 역주, 『세설신어』, 동서문화사, 2011

유향, 임동석 옮김, 『전국책』, 동서문화사, 2009

윤찬원 외, 『태평경 역주』, 세창출판사, 2012

이규성, 『내재의 철학 황종희』, 이화여자대학교출판부, 1994

이간, 『외암유고』, 규장각한국학연구원, 2006

이기동 역해, 『논어 강설』, 성균관대학교출판부, 2005

이승률 외, 『죽간·목간에 담긴 고대 동아시아』, 성균관대학교출판부, 2011

이시다 히데미, 이동철 옮김, 『기, 흐르는 신체』, 열린책들, 1996

이운허 옮김, 『열반경』, 동국역경원, 2004

이이, 『율곡전서』, 한국정신문화연구원, 1987

_____, 임헌규 옮김, 『답성호원』, 책세상, 2013

이정우, 『천하나의 고원』, 돌베개, 2008

_____, 『주체란 무엇인가』, 그린비, 2009

_____, 『사건의 철학』, 그린비, 2011

_____, 『접힘과 펼쳐짐』, 그린비, 2011

_____,『전통, 근대, 탈근대』, 그린비, 2011

_____,『진보의 새로운 조건들』, 인간사랑, 2012

_____,『소은 박홍규와 서구 존재론사』, 도서출판 길, 2016

이지, 김혜경 옮김,『분서』, 한길사, 2013

이토 진사이, 최경열 옮김,『동자문』, 그린비, 2013

이황,『퇴계집』, 민족문화추진회, 1989

이황·기대승, 임헌규 옮김,『이황·기대승 사단칠정을 논한다』, 책세상, 2014

임성주, 이상현 옮김,『녹문집』, 한국고전번역원, 2015

임형석,『중국 간독시대, 물질과 사상이 만나다』, 책세상, 2002

잔스창, 안동준 외 옮김,『도교문화 15강』, 알마, 2006

장입문 주편, 김교빈 외 옮김,『기의 철학』, 예문서원, 1992

장자, 안병주·전호근·김형석 옮김,『장자』, 전통문화연구회, 2012

장재, 정해왕 옮김,『정몽』, 명문당, 1991

전재성 옮김,『니까야』, 한국빠알리성전협회, 2007~2013

정도전, 김병환 역해,『불씨잡변』, 아카넷, 2013

정병석 역주,『주역』, 을유문화사, 2010

정성본 역해,『벽암록』, 한국선문화연구원, 2006

정세근 엮음,『위진 현학』, 예문서원, 2001

정우진 역주,『노자 상이주』, 문사철, 2014

정제두,『하곡집』, 민족문화추진위원회, 1972

정해임,『율려와 주역』, 소강, 2007

조정환 외,『인지와 자본』, 갈무리, 2011

좌구명, 신동준 옮김,『춘추좌전』, 한길사, 2006

_____, 장세후 옮김,『춘추좌전』, 을유문화사, 2012

주백곤, 김학권 외 옮김,『역학철학사』, 소명출판, 2012

지앙꾸오쭈, 국방사상연구회 옮김,『주역과 전쟁윤리』, 철학과현실사, 2004

진수, 김원중 옮김,『정사 삼국지』, 민음사, 2007

진현종,『여기 공자가 간다』, 갑인공방, 2005

짐멜, 게오르크, 김덕영·윤미애 옮김,『짐멜의 모더니티 읽기』, 새물결, 2005

카츠라 쇼류, 권서용 외 옮김,『인도인의 논리학』, 산지니, 2009

콩이, 정용선 옮김,『죽림칠현과 위진 명사』, 인간의기쁨, 2014

풍우란, 박성규 옮김, 『중국 철학사』, 까치, 2012

한비, 이운구 옮김, 『한비자』, 한길사, 2011

한원진, 『남당집』, 규장각한국학연구원, 2006

한형조, 『조선 유학의 거장들』, 문학동네, 2008

한흥섭 옮김, 『예기』, 책세상, 2007

함석헌 주석, 『바가바드기타』, 한길사, 2003

허준, 동의과학연구소 옮김, 『동의보감』, 휴머니스트, 2002

현장 편역, 김묘주 역주, 『성유식론』, 동국역경원, 2008

혜강, 한흥섭 옮김, 『성무애락론』, 책세상, 2006

환관, 김한규·이철호 옮김, 『염철론』, 소명출판, 2002

加藤常賢 譯註, 『書經』, 明治書院, 1983

郭慶藩 撰, 『莊子集解』, 中華書局, 2010

荀子, 金谷治 譯註, 『荀子』, 岩波文庫, 2012

奇正鎭, 『蘆沙集』, 2006

吉田照子, 『韓詩外伝』, 明德出版社, 1994

吉川忠夫, 『六朝精神史研究』, 同明社, 1986

老子, 阿部吉雄 外, 『老子』, 明治書院, 1966

_____, 池田知久 譯註, 『老子』, 東方書店, 2006

段玉裁, 『說文解字注』, 上海古籍出版社, 1988

大澤眞幸, 『世界史の哲學: 東洋篇』, 講談社, 2014

渡辺信一郎, 『中國古代の王權と天下秩序』, 校倉書房, 2003

渡瀬信之, 『マヌ法典: ヒンドゥー教世界の原型』, 中公新書, 1990

渡辺義浩, 『儒敎と中國』, 講談社, 2010

_____, 『「三國志」の政治と思想』, 講談社, 2012

道元, 『正法眼藏』, 水野弥穗子 校注, 岩波文庫, 2012

黎翔鳳 撰, 梁運華 整理, 『管子校注』, 中華書局, 2004

鈴木由次郎, 『周易』, 弘文堂, 1957

劉安, 池田智久 譯註, 『淮南子』, 講談社, 2012

孟子, 小林勝人 譯註, 『孟子』, 岩波文庫, 2003

墨子, 淺野裕一 譯註, 『墨子』, 講談社, 2013

白川靜, 『中國古代の文化』, 講談社, 2012

福永光司, 『魏晉思想史研究』, 岩波文庫, 2005

山鹿素行, 『山鹿素行』, 岩波書店, 1970

山田慶兒, 『中國醫學の起源』, 岩波書店, 1999

石川忠久 譯註, 『詩經』, 明治書院, 1997

『性理大全』, 山東友誼書社, 1989

世親, 『俱舍論』(全4卷), 佛教書林中山書房, 2005

小島毅, 『近代日本の陽明學』, 講談社, 2006

小野澤精一 外, 『氣の思想』, 東京大學出版會, 1978

野間文史, 『春秋學』, 研文出版, 2001

王陽明, 溝口雄三 譯, 『傳習錄』, 中央公論新社, 2005

_____, 『王陽明全書』, 正中書局, 1955

王充, 張宗祥 校注, 鄭紹昌 標點, 『論衡校注』, 上海古籍出版社, 2010

王弼, 樓宇烈 校釋, 『王弼集校釋』, 華正書局, 民國 81

伊藤仁齋, 『伊藤仁齋』, 岩波書店, 1971

張継有 外 編審, 劉之謙 外 編著, 『黃帝内經素問吳注平釋』, 中醫古籍出版社, 1998

張引攝 撰, 『淮南子校釋』, 北京大學出版社, 1997

莊子, 郭象 注, 『莊子』, 上海古籍出版社, 1989

莊子, 池田智久 譯註, 『莊子』, 講談社, 2014

程顥 · 程頤, 『二程遺書』, 上海古籍出版社, 1991

左丘明, 小倉芳彥 譯, 『春秋左氏傳』, 岩波文庫, 1988~89

左丘明, 許鎬九 外 譯註, 『國語』, 傳統文化研究會, 2006

朱熹(朱子), 『四書集註』, 保景文化社, 1980

_____, 『朱子語類』, 中華書局出版, 1994

中村元, 『ナーガールジュナ』, 講談社, 1980

池田知久, 『郭店楚簡老子の新研究』, 汲古書院, 2011

青木健, 『アーリア人』, 講談社, 2009

村上嘉實, 『六朝思想史研究』, 平樂寺書店, 1974

貝塚茂樹 · 伊藤道治, 『古代中國』, 講談社, 2013

河上公, 王卡 點校, 『老子道德經河上公章句』, 中華書局, 1988

慧皎, 『高僧傳』, 吉川忠夫 譯, 岩波文庫, 2009

丸山敏秋, 『黃帝内經と古代中國醫學』, 東京美術, 1988

黃宗義, 『明儒學案』, 驪江出版社, 1988

Confucian Analects, by James Legge, Dover Publications, 1971

Gaodian Laozi, ed. by Sarah Allen and Crispin Williams, University of California, 2000

I Ching, Book of Changes, by James Legge, Random House, 1996

Lao Tzu's Tao Te Ching, Columbia University Press, 2000

Mimamsa Sutra of Jaimini, by N. V. Thadani, Bharatiya Kala Prakashan, 2007

Nyaya-Sutras of Gautama with the Bhasya of Batsyayana and the Vartika of Uddyotakara, trans. by Ganganatha Jha, 4 vols., Motilal Banarsidass, 1999

Philosophes taoistes, tome 1, par Liou Kia-Hway et al., Gallimard, 1980

Philosophes taoistes, tome 2, par Charles Le Blanc et al., Gallimard, 2003

The Bhagavadgita, by Radhakrishnan, Harper Collins India, 2010

The Complete Works of Zhuangzi, by Burton Watson, Columbia University Press, 2013

The Huainanzi, translated by John Major et al., Columbia Univ. Press, 2010

The Principal Upanishads, Harper Collins India, 1994

The Vaisesika Sutras of Kanada, trans. by Nandalal Sinha, Ulan Press, 2011

The Way and Its Power, trans. by Arthur Waley, Grove Press, 1994

The Works of Mencius, by James Legge, Dover Publications, 2011

The Yoga Sutras of Patanjali, by Edwin Bryant, North Point Press, 2005

Xunzi, by Eric Hutton, Princeton University Press, 2014

Yi King, Le livre des transformations, par Richard Wilhelm et Etienne Perrot, Médicis-Entrelacs, 1973

Asanga, *The Summary of the Greaat Vehicle*, by John Keenan, Numata Center for Buddhist Translation & Research, 2003

_____, *La somme du grand véhicule d'asange*, par E. Lamotte, Peeters, 1973

Badarayana, *The Vedanta-Sutras with the Commentary of Sankaracarya*, by George Thibaut, A Public Domain Book, 1912

_____, *The Vedanta-Sutras with the Commentary of Ramanuja*, by George Thibaut, Echo Library, 2006

Benjamin, Walter, *Gesammelte Schriften*, Bd. I-2, Suhrkamp, 1974

Vasubhandhu, *Seven Works of Vasubhandhu*, by Stefan Anacke, Motilal Banarsidass, 2008

_____, *Cinq traités sur l'esprit seulement*, par Philippe Cornu, Fayard, 2008

Deleuze, Gilles and Guattari, Félix, *Qu'est-ce que la philosophie?*, Ed. de Minuit, 1994

Dumont, Louis, *Homo hierarchicus: Essai sur le système de castes*, Gallimard, 1979

Ishwarakrishna, *The Sankhya Karika and the the Bhashya*, by H. Colebrooke and H. Wilson, Kessinger Publishing, 2007

Nagarjuna, *The Fundamental Wisdom of the Middle Way*, by Jay Garfield, Oxford University Press, 1995

Porkert, Manfred, *The Theoretical Foundations of Chinese Medicine*, The MIT Press, 1974

Shankara, *Les mille enseignements*, de Mahadevan et Anasuya, Arfuyen, 2013

인물 찾아보기

정제두(鄭齊斗) 808~11, 813, 815

정지운(鄭之雲) 755

정현(鄭玄) 103, 105, 425, 433, 435, 449~50,
457, 462

정호(程顥)/정명도(程明道) 180, 692, 717~25,
739

제갈량(諸葛亮) 454~60

제논(Zenon) 92, 259, 320

조비(曹丕) 37, 459~61

종밀(宗密)/규봉종밀(圭峯宗密) 107, 179, 677

종회(鐘會) 464, 476~77, 480~81

주공(周公) 단(旦) 37, 43~5, 52~3, 55, 69,
191~93, 196, 210~11, 217, 219, 239,
243, 251, 273~74, 282, 430, 454, 477

주돈이(周敦頤)/주렴계(周廉溪) 114, 180, 685,
698, 700~3, 710, 717, 719~21, 729

주순수(朱舜水) 824

주진(朱震) 114, 710

주희(朱熹)/주회암(朱晦庵)/주자(朱子) 67, 69,
72, 88, 90, 92~3, 95, 97, 103, 114, 125,
135, 180~81, 331, 334, 615, 663, 692,
695, 710, 713, 716, 725~36, 739~45,
747~54, 759, 764, 771, 773~75, 779,
782~89, 791~94, 796~98, 801, 803~5,
807~15, 817~19, 821, 824

지눌(知訥) 677~78

시둔(支遁)=시도림(支道林) 179, 657, 659~
60

지루가참(支婁迦懺) 655

지의(智顗) 674, 677

진단(陳摶) 88, 698

진덕수(陳德秀) 743

진량(陳亮) 734~36, 740, 742

진제(眞諦)=파라마르타(Paramārtha) 594, 656

진징팡(金景芳) 100

진헌장(陳獻章) 791

짐멜, 게오르그(Georg Simmel) 190

개념 찾아보기